天津市志

地震志

1991—2010

天津市地方志编修委员会办公室
天津市地震局
编著

方志出版社
Publishing House of Local Records

图书在版编目（C I P）数据

天津市志. 地震志: 1991—2010 / 天津市地方志编修委员会办公室，天津市地震局编著. -- 北京: 方志出版社，2018.6

ISBN 978-7-5144-3101-8

Ⅰ.①天… Ⅱ. ①天…②天… Ⅲ.①天津—地方志②地震志—天津—1991 - 2010 Ⅳ. ① K292.1

中国版本图书馆CIP数据核字（2018）第133076号

天津市志·地震志（1991—2010）

编　　著：天津市地方志编修委员会办公室
　　　　　天津市地震局
责任编辑：张　昊

出 版 人：冀祥德
出 版 者：方志出版社
　　　　　地址　北京市朝阳区潘家园东里 9 号（国家方志馆4层）
　　　　　邮编　100021
　　　　　网址　http://www.fzph.org
发　　行：方志出版社图书经销中心
　　　　　电话（010）67110500
经　　销：各地新华书店
印　　刷：北京中科印刷有限公司

开　　本：889×1194　　1/16
印　　张：50
字　　数：1161千字
版　　次：2018年 6月第1版　　2018 年6月第1次印刷
印　　数：0001~1000册

ISBN 978-7-5144-3101-8　　定价：360.00元

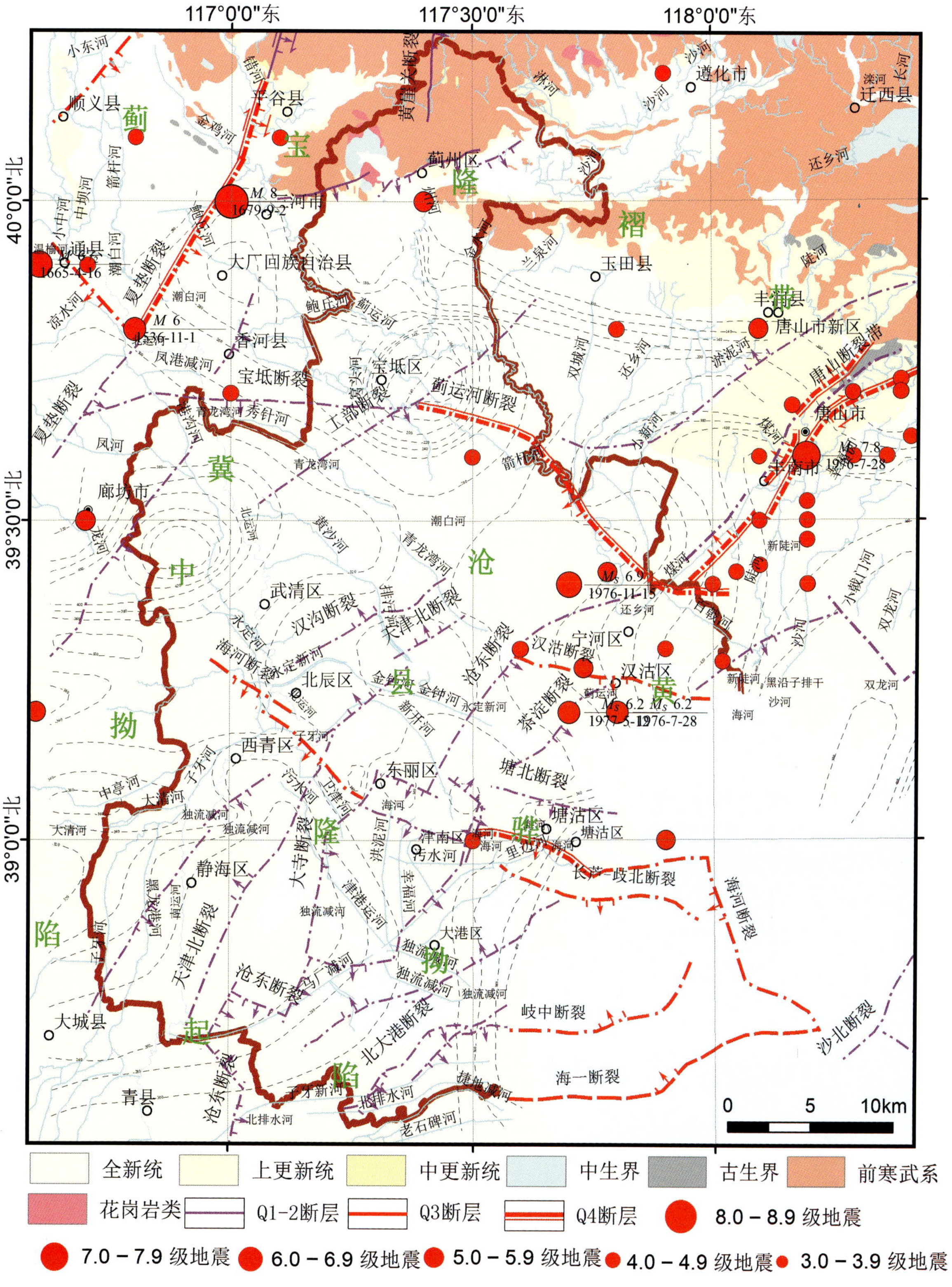
117°0'0"东
117°30'0"东
118°0'0"东
40°0'0"北
39°30'0"北
39°0'0"北
蓟
宝
隆
褶
带
冀
中
沧
县
隆
起
坳
陷
黄
骅
坳
陷
顺义县
平谷县
蓟州区
遵化市
迁西县
三河市
大厂回族自治县
通县
玉田县
丰润县
唐山市新区
唐山市
丰南市
香河县
宝坻区
廊坊市
武清区
北辰区
宁河区
汉沽区
西青区
东丽区
塘沽区
津南区
静海区
大港区
大城县
青县
黄庄断裂
夏垫断裂
宝坻断裂
蓟运河断裂
唐山断裂带
汉沽断裂
天津北断裂
汉沟断裂
海河断裂
沧东断裂
大寺断裂
茶淀断裂
塘北断裂
长芦—歧北断裂
海河断裂
歧中断裂
海一断裂
北大港断裂
沙北断裂
天津北断裂
M 8
1679-9-2
M 6
1536-11-1
1665-4-16
Ms 7.8
1976-7-28
Ms 6.9
1976-11-15
Ms 6.2
1977-5-12
Ms 6.2
1976-7-28
0
5
10km
全新统
上更新统
中更新统
中生界
古生界
前寒武系
花岗岩类
Q1-2断层
Q3断层
Q4断层
8.0－8.9 级地震
7.0－7.9 级地震
6.0－6.9 级地震
5.0－5.9 级地震
4.0－4.9 级地震
3.0－3.9 级地震

天津市地震地质构造图

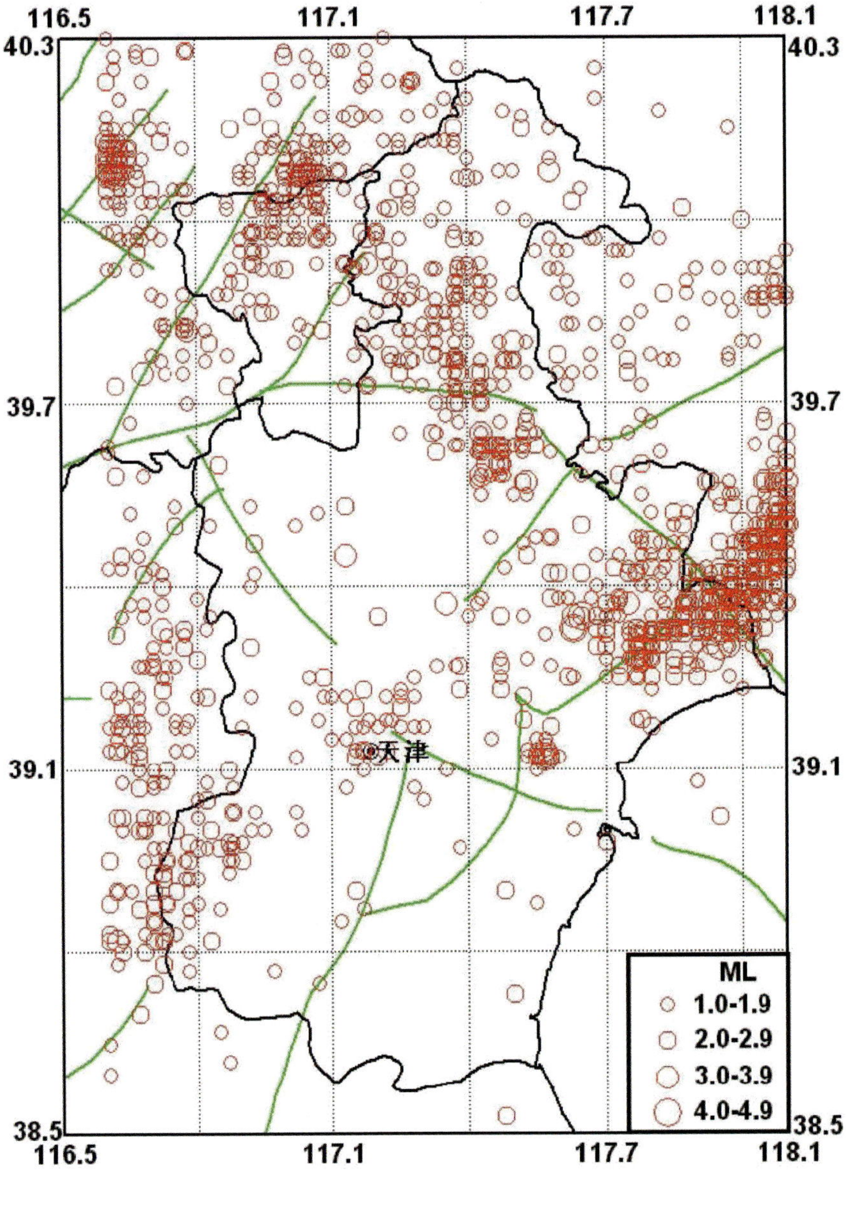

1991—2010年天津市及邻近地区ML≥1.0级地震空间分布图

1996 年 7 月 26 日，市委副书记、市长张立昌（右二），市委副书记、常务副市长李盛霖，市委常委、副市长曲维枝参观《天津市防震减灾知识展览》

1996 年 6 月 13 日，市委书记高德占（左三）在市地震局视察工作

1998 年 7 月 4 日，市委副书记、市长李盛霖（右）会见中国地震局局长陈章立，就推进首都圈防震减灾综合示范区建设交换意见

2007 年 7 月 28 日，市委副书记、市长戴相龙（前中）视察“7·28 防震减灾宣传活动”

1996年7月23日下午，国家地震局局长陈章立（前排左二）和市委常委、副市长曲维枝在市自然博物馆为“天津市防震减灾知识展览”开幕剪彩

2002年4月1日，中国地震局局长宋瑞祥（右二）到张道口地震台视察工作

2008年8月13日，中国地震局局长陈建民（前排右一）在市地震局检查指导奥运地震安全保障工作

1997 年 3 月 12 日，市委常委、防震减灾工作主管副市长曲维枝（左二）到张道口地震台视察工作

1998 年 6 月 28 日，防震减灾工作主管副市长梁肃（前排右三）出席市地震局与红桥区人民政府联合举办的“家庭防震减灾知识竞赛”活动致词

2010 年 2 月 12 日，防震减灾工作主管副市长王治平（右一）在市地震局视察工作

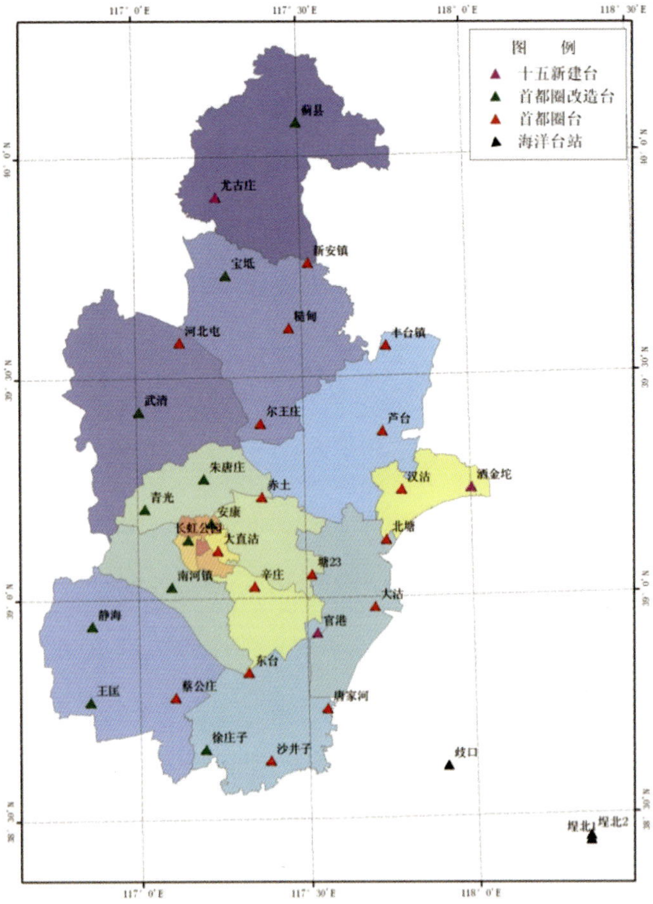

天津市数字地震台网

1998—2001年实施“首都圈工程”，2003—2007年实施“十五”数字地震台网工程，建成天津市数字地震台网，实现“网络到台站、IP到仪器”。

左图：天津市数字地震台网分布图

下图：天津市数字地震台网监控能力图

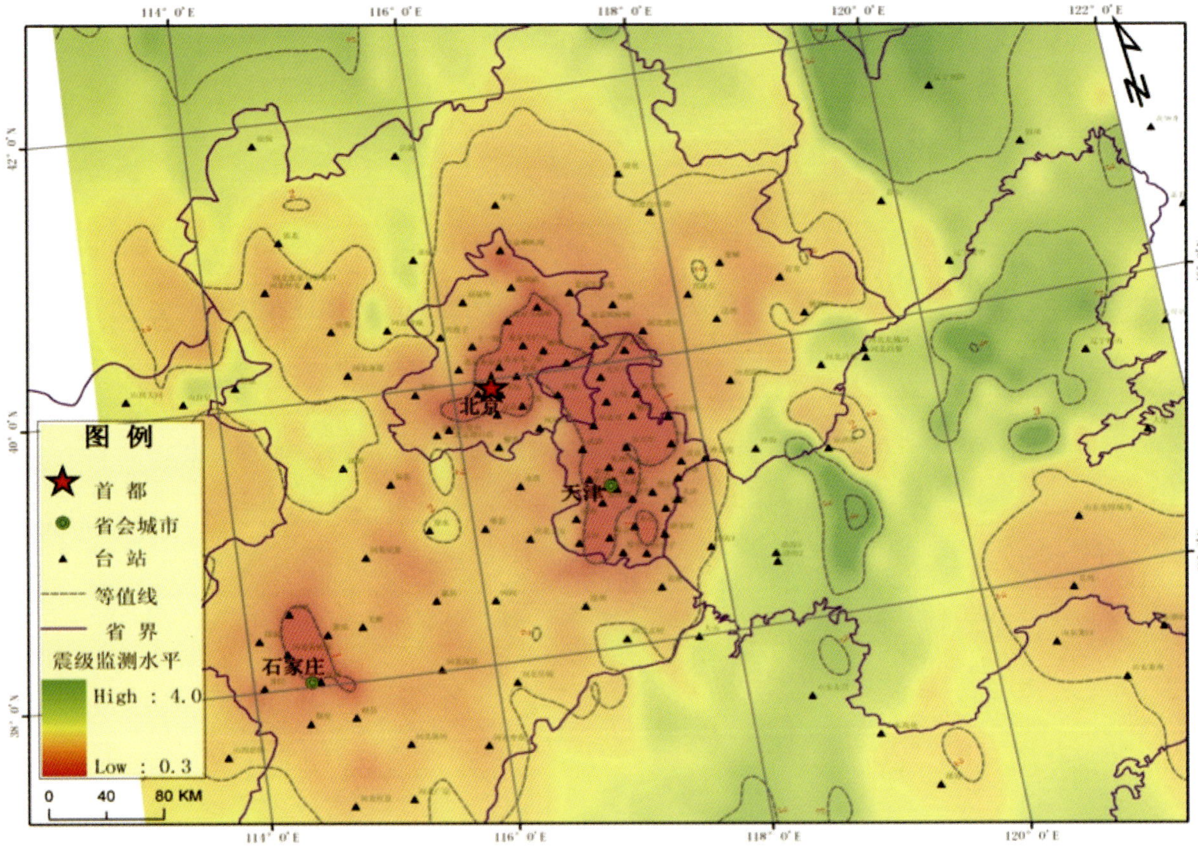

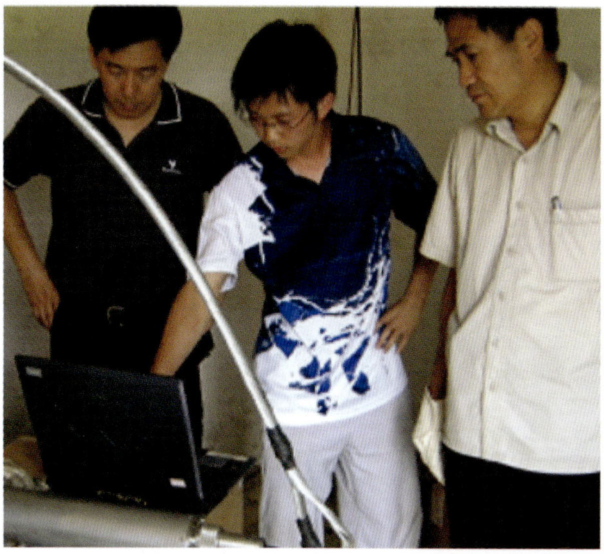

左 上：天津市数字地震台网数据接收处理中心
左 中：检测井下地震计
左 下：海上钻井施工现场
右 上：井下地震计安装现场
右 下：海底地震计封装

天津市数字地震前兆台网

2000—2001年实施“首都圈工程”，2004—2007年实施“十五”数字地震前兆台网工程，建成天津市数字地震前兆观测台网，实现观测信息的网络化传输、准实时汇集、数据库存储和动态监控。

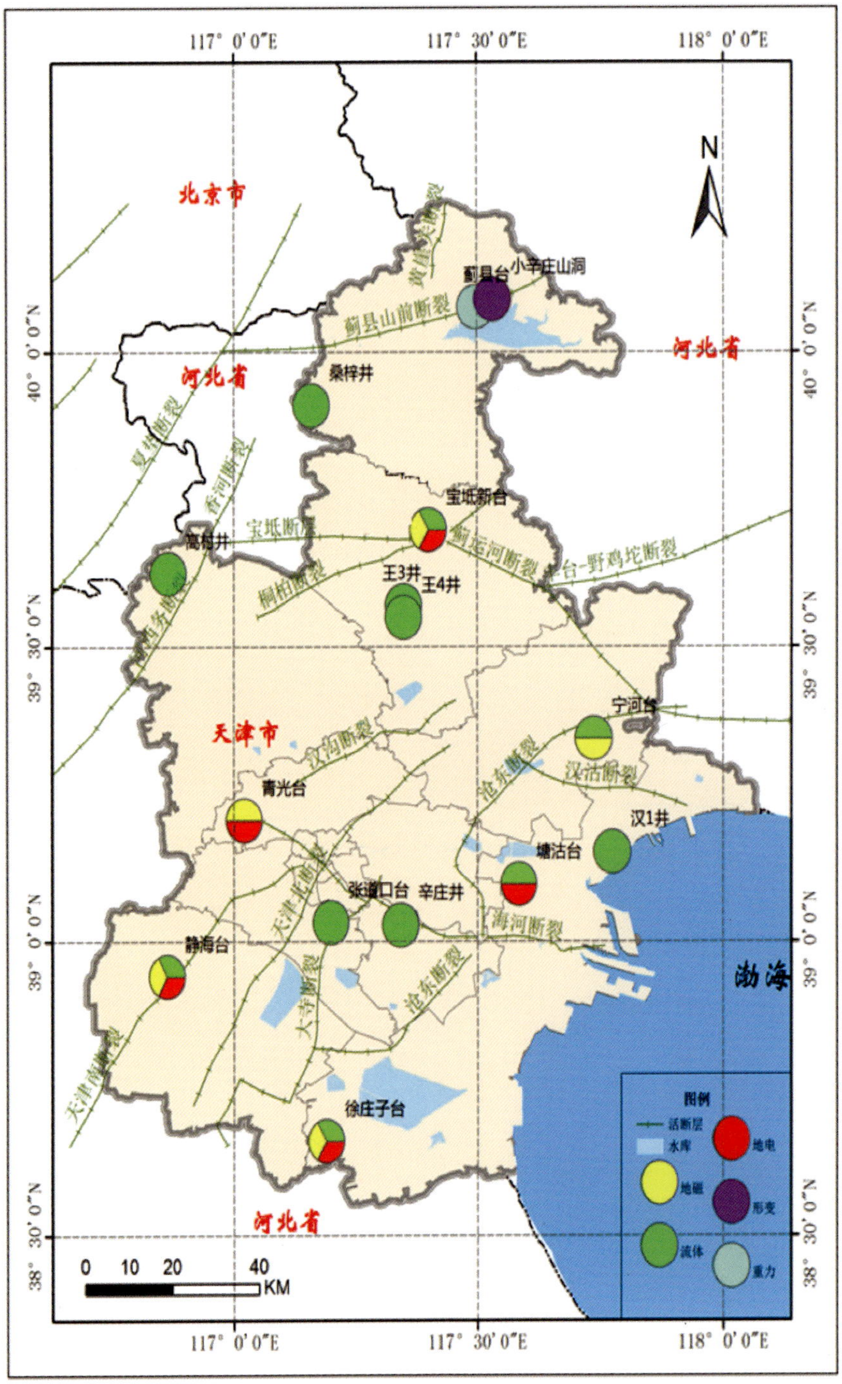

天津市数字地震前兆台网分布图

左①：蓟县地震台外景
左②：宝坻地震台台站大门
左③：静海地震台台站大门
左④：静海地震台观测区
右①：蓟县地震台监控值班室
右②：宝坻地震台综合观测楼
右③：静海地震台地磁比测亭

左 上： 张道口地震台台站大门

左 中： 宁河地震台综合观测室

左 下： 青光地震台综合观测室

右 上： 张道口地震台综合观测试验楼

右 中： 徐庄子地震台综合观测室

右 下： 塘沽地震台综合观测室

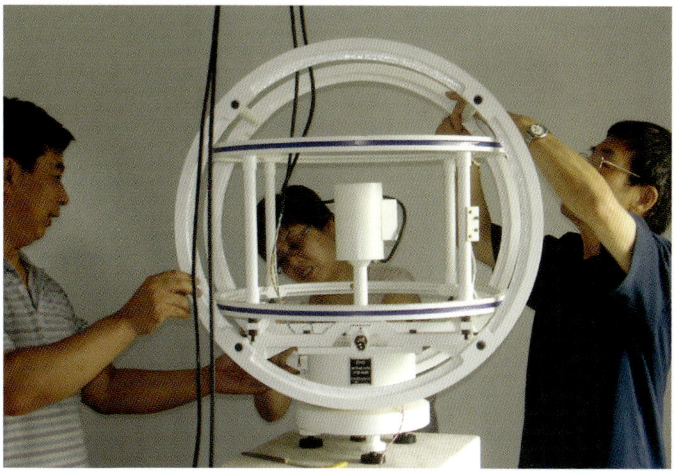

左 上： 滨海地震台综合观测楼

左 中： 安装调试 DSQ 型数字水管倾斜仪

左 下： 安装调试 FHD 磁力仪线图

右： 安装调试 SSQ-2I型数字化石英水平摆倾斜仪

天津市数字强震动台网

“九五”规划期间，新建14个实时传输数字遥测强震动台站、20个拨号传输数字遥测强震动台站以及强震动台网中心；“十五”期间，强震动台站数由“九五”期间的34个扩充到110个，台网密度达到每10平方千米1台。

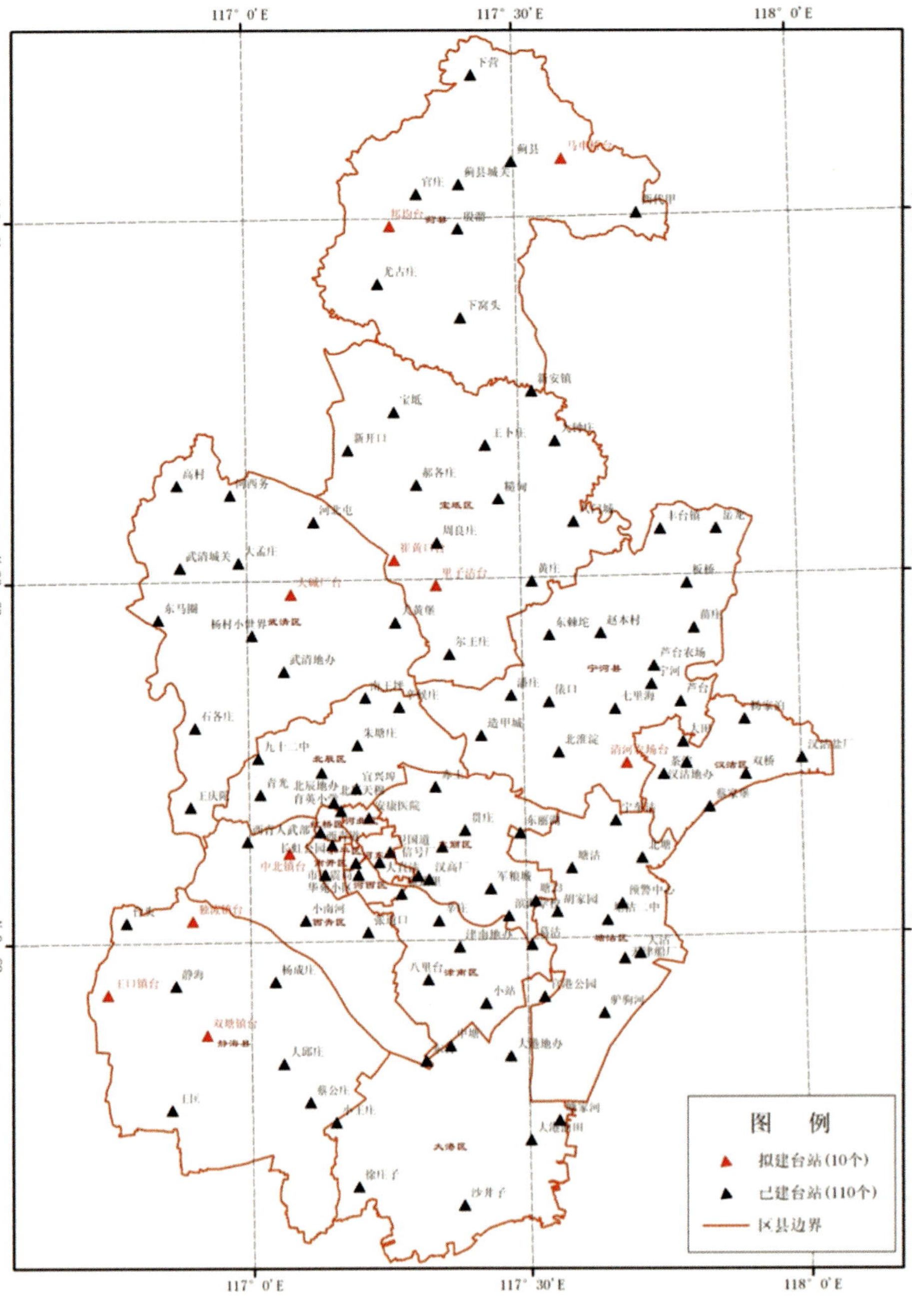

天津市数字强震动台网分布图

左 上：安装调试加速度计

左 下：强震动台台址钻孔测试现场

右 上：大直沽实时强震动观测台外景

天津市地壳运动观测网络

“九五”期间建成蓟县GPS基准站；“十五”期间建成宝坻、滨海GNSS基准站和蓟县连续重力观测站；“十一五”期间建设青光等8个GNSS基准站和1个数据信息中心，形成天津市地壳运动观测网络。

左 上：天津市地壳运动观测网络基准站分布图

左 下：安装调试GNSS接收机天线

右 上：蓟县GPS基准站外景

右 下：蓟县GPS基准站内景

1975年市地震局建局初期，建立了“周会商、月会商、年中会商、年度会商、联席会商、临时会商”等一整套震情会商制度。

1995年4月，国家地震局在津召开“天津及渤海附近地区震情会商会”，并就世乒赛期间震情监视与区域联防工作进行研讨，市政府副秘书长张绍宗会见与会专家。

2008年5—6月，塘沽地区连续两次集中出现地面冒泥浆，市地震局多次组织专家深入现场进行调查核实，最终认定地面冒泥浆系周边施工所至，排除前兆异常。

地震安全性评价工作

1998 — 2010 年，先后完成包括津塔、地铁一号线、天津西站交通枢纽、梅江会展中心、空客 A320总装厂等 331项重大建设工程和可能引发严重次生灾害工程的工程场地地震安全性评价工作。

左：津塔安评项目

右上：天津地铁一号线项目

右中：天津西站交通枢纽

右下：梅江会展中心项目

上：空客 A320 总装厂项目
中：钻孔探测（岩芯描述）
下：钻孔施工现场

左上：

钻孔波速测试现场

左中：

钻孔波速测试现场

左下：

断层气测试现场

右：

钻孔探测现场（岩芯描述）

活断层探测及地震危险性评价

1999—2010年，先后完成“海河断裂”“天津断裂”“沧东断裂”“天津近海海域隐伏活动断层”探测及地震危险性评价工作，为建设工程选址避开不利地段或采取加强抗震措施提供科学依据。

左 上： 地质钻探

左 中： 内陆河道声纳探测

左 下： 高精度重力测量

右 上： 浅层人工地震勘探

右 下： 2001年10月15日，市重点项目“海河隐伏断裂活动性定量评价工程”通过验收

左上：
2008年5月17—22日，天津市地震灾害紧急救援队一行45人，携带装备及车辆驰援汶川，在重灾区北川县城区参加幸存者搜寻及救助行动

左中：
2008年5月14—27日，市地震局现场应急工作队一行5人，在汶川地震现场开展震灾调查

左下：
2001年7月28日，天津市举行“天津市地震灾害紧急救援队成立暨授装备大会”

右下：
2008年7月10日，市地震局会同 市应急办、发改委、民政局、安监局、公安局、奥足办对天津奥林匹克中心体育场地震应急保障措施进行检查

上： 2009年10月24日，天津市举行重大地震灾害应急演练，图为演练队伍集结

左 上： 搜救生命

左 中： 扑救火灾

左 下： 医疗救助

右 上： 抢修燃气

右 下： 洗消污染

防震减灾法制建设与防震减灾规划

2001 年 7 月 18 日，《天津市防震减灾条例》经市十三届人大常委会第二十六次会议审议通过并公布实施

2001 年 7 月 20 日，市十三届人大常委会召开《天津市防震减灾条例》新闻发布会

2005 年 11 月 17 日，市发改委召开天津市防震减灾规划专家论证会，国家防震减灾规划编制领导小组组长汤泉（右三）、中国地震局副局长修济刚（左三）、中国地震局分析预报中心研究员丁国瑜院士（左二）等出席

国际交流与合作

2001年11月13—14日，天津市和惠灵顿市在津共同举办“天津—惠灵顿城市发展与减灾研讨会”

2002年11月19日，中韩合作数字化地震台网开通暨中韩合作数字化地震台网培训班开班仪式在蓟县地震台举行

2010年6月19日，天津市与惠灵顿市签署《天津市与惠灵顿市防震减灾深度合作框架协议》

上：2006年7月26日，天津市召开纪念唐山地震抗震救灾30周年座谈会

左下：2002年1月25日至2月3日，市地震局在天津市自然博物馆防震减灾宣传教育展室举办“天津市青少年防震减灾冬令营”活动

右下：2003年10月，应天津经济技术开发区国际学校邀请，市地震局专家为同学们讲解防震减灾知识

左上： 2006年7月26日下午，市灾防协会、地震学会在天津大礼堂联合举办天津市纪念抗震救灾30年学术研讨会

左中： 2007年7月，蓟县地震办公室将防震减灾科普知识编成“皮影戏”在县城繁华地段为群众演出

下： 2009年5月12日，市地震局、灾害防御协会、地震学会联合举办《汶川地震研究与思考》研讨会

2009年7月19日，市地震局、科委、教委、天津电视台联合在天津电视台大演播厅举办天津市家庭防震减灾知识竞赛（决赛），中国地震局副局长阴朝民（右一）、市政府副秘书长王志铭（右一）出席竞赛活动并为获奖队伍颁奖。

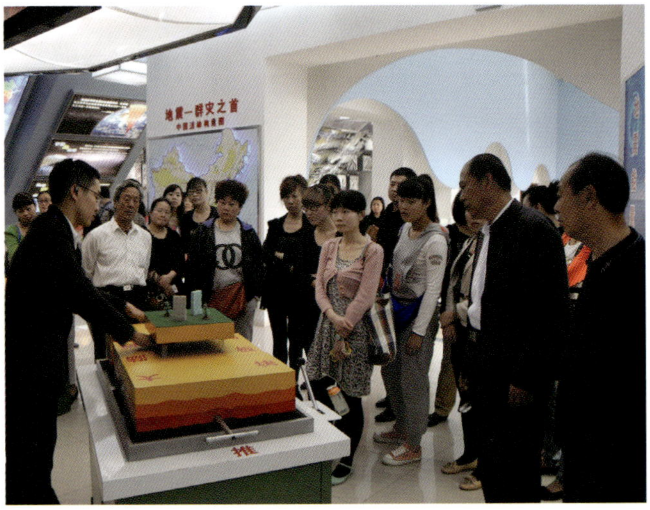

左 下： 2010年5月12日，在河西区友谊路街谊景村社区举行天津市“5·12”防灾减灾日系列宣传活动启动仪式，谊景村社区500余名社区居民参加

右 下： 滨海地震台举办地震科普知识展览

天津市地方志编修委员会组成人员

《天津市志·地震志（1991—2010）》
总编审人员

总　　编： 关树锋

执行总编： 张月光

分志主编： 沙　洵

分志编辑： 宋铭月　郭天天

评审人员：（以姓氏笔画为序）

王　超　王公学　刘爱平　关树锋　沙　洵

宋铭月　张月光　陈金林　罗澍伟　谭汝为

《天津市志·地震志（1991—2010）》编修委员会

（2007—2010 年）

主 任 委 员： 赵国敏

副主任委员： 李振海

委　　　员： 刘梦青　王树义　王玉生　孙继忠　刘允秀　姚兰予　付仲生　邵永新　董洪军　李　刚　张文清　黄德才

《天津市志·地震志（1991—2010）》编修工作领导小组

（2010 年—　　　）

组　长： 赵国敏

副组长： 冯俊生　聂永安　武丁辰

成　员： 董洪军　邵　娟　王玉生　刘允秀　崔晓峰　姚兰予　柴志勇　郝曼泽　董晓阳　曹井泉　陈宇坤　黄德才　李　刚　邱　虎

《天津市志·地震志（1991—2010）》编修办公室

（2010 年—　　　）

主　任：董洪军

副主任：刘允秀　黄德才　刘爱平

成　员：陈光磊　姚　蕾　曲阿丽　李津垚　刘子惠

《天津市志·地震志（1991—2010）》编辑人员

主　编：赵国敏

副主编：李振海　刘梦青　陈金林（专职）

编　辑：（以姓氏画为序）

王俊国　付仲生　刘允秀　刘爱平　孙继忠

王树义　王公学　吴　强　张文清　李　刚

陈宇坤　姚兰予　柴志勇　栗连弟　贾　敏

穆　萍　黄德才

凡　例

一、以马列主义、毛泽东思想、邓小平理论、“三个代表”重要思想、科学发展观和习近平新时代中国特色社会主义思想为指导，坚持解放思想、实事求是、与时俱进、求真务实，坚持辩证唯物主义和历史唯物主义立场、观点和方法，全面记述天津市防震减灾事业的历史与现状，为改革开放和社会主义现代化建设服务。

二、上限始于1991年，下限止于2010年，重要事项适当上溯或下延。

三、坚持志书基本体例。志、记、述、传、图、表、录等体裁并用。结构采用“篇、章、节、目”体。志书之首设综述、大事记，志书之末设人物、附录。以编年体为主，辅之以纪事本末体。

四、本志书采用规范的语体文记述体，寓观点于记述之中。

五、本志书采用标准的简化字。除引文和特殊情况必须用繁体字外，执行国家语言文字工作委员会1986年10月公布的《简化汉字总表》。书写格式自左向右横排。

六、标点符号的使用，遵照2011年12月国家技术监督局发布的国家标准《标点符号用法》（GB/T 15834—2011）执行。

七、计量单位名称、符号的运用，按1993年国家技术监督局公布的《量和单位》（GB 3100—3102—93）执行。

八、援引资料原文需要注明出处时，在文后用括号注明。

九、统计数字，有关全市性的，以天津市统计部门公布的数字为准，属于部门或企事业单位提供的，以其单位统计核定数为准。

十、机构、部门、社会团体、会议等名称和专用名词第一次出现时用全称并括注简称，再次出现时用简称。

十一、人物篇坚持生不立传原则。立传人物，以天津籍为主，以本行业人物为主；客籍人物在天津市有重要影响者，也予以立传。对业绩卓著的在世人物，做简介记述。

目 录

第三篇 地震灾害预防

第四篇 地震应急救援

第五篇 法制、规划、科技与外事

第六篇 组织机构与队伍建设

第七篇 人 物

附 录

综　述

综　述

一

天津市防震减灾工作从1967年河间地震开始，50年来，经历了“大震中创建”“总结与调整”“推进综合防御”和“强化能力建设”四个阶段。

在大震中学习并创建防震减灾体系。从1966—1976年，中国处于地震活动活跃期，其间，先后发生了邢台、通海、海城、龙陵、唐山等大地震。面对这种地震形势，周恩来总理发出 “一定要搞好地震预测预报和预防工作”的指示；国家制定“在党的一元化领导下，以预防为主，专群结合、土洋结合，依靠广大群众做好地震预测预防工作”的工作方针，采取在全国全面建立地震台网开展以预测预报为中心的防震减灾对策，动员各方力量，开展地震预测测预报和预防工作。

在此期间，在天津市附近地区发生了邢台、河间、渤海、唐山四次地震，天津市遭受不同程度的破坏。面对突如其来的地震，在国务院的领导和关怀下，天津市委、市政府按照周总理的指示和国家地震工作方针，领导全市人民创建了地震工作队伍、开展以预测预报为中心的预防工作和抢险救援工作，在大震中学习和创建了防震减灾体系。

在地震工作队伍建设方面，从1967年河间地震建立防震办公室起，经历地震办公室、地震队、地震局的演变过程，从无到有，从小到大，从分散到集中，从单项到综合，逐步建立了专群结合、土洋结合的地震工作队伍。1975年，以市地震局的成立为标志，天津市开始具有一个统一稳定的地震基本工作队伍。

在地震预测预报工作方面，先后建立了张道口、大毕庄、葛沽等形变观测站，徐庄子、塘沽、青光、宝坻、武清、蓟县、宁河、静海等综合地震台，张道口水化综合台以及群众测报点，为预测预报工作提供了基础数据，一些数据为国家地震局“京津一带、渤海北部地区1—2年内可能发生5至6级地震”的预报意见提供依据。与此同时开展了分析预报工作，探索地震预报的途径与方法，取得了一定的认识，为一些地震提出了预测意见。如1968年渤海地震前1.5小时做出了可能发生地震的预测；1976年唐山地震前的一年的时间里，市地震局多次提出了京津唐渤地区存在4.0—4.5级、5—6级地震背景的中期预测意见。

在地震预防工作方面，根据1974年6月国务院69号文《京津一带、渤海北部地区1—2年内可能发生5至6级地震》的预报意见，天津市对各类建筑物进行普查、修复加固，对重点单位实施一系列的抗震设防措施。1975 年 2 月 4 日辽宁省海城发生 7.3 级地震后，天津市防震抗震领导小组全面部署应急准备工作，内容包括：各区县成立了防震抗震的组织机构；在全市范围内开展房屋抗震检查与鉴定加固；制定和落实人员疏散方案、医疗救护队伍的组织与应急准备；建立市、区（局）两级专业抢险救灾队伍，以及饮食和各种生活急需物资的储运准备；加强易发生次生灾害部门的备震工作；制定临震时启用战备指挥系统与报警系统等的方案，为减轻唐山地震的损失作出了贡献。

在抢险救援方面，1966 年 3 月邢台地震，天津市迅速组织人力、物力，支援灾区人民抗震救灾。1967 年 3 月河间发生 6.3 级地震，天津市遭受破坏，造成人员伤亡。震后，天津市迅速组织了抢险救援。1976 年 7 月 28 日唐山发生 7.8 级地震，强烈波及天津，人民生命财产遭受重大损失。面对震灾，天津市委及时成立市抗震救灾指挥部，组织全市力量开展大规模的抗震救灾。

总结反思和调整整顿防震减灾工作。从 1976 年唐山地震到 1988 年澜沧—耿马地震的 12 年间，全国地震活动处在相对平静阶段，为对防震减灾工作进行总结提供了反思的良机。国家地震局及时部署并实施对上一个地震活跃期工作进行总结反思、科学技术的清理攻关、地震工作方针的研究和调整、地震系统管理体制的调整和改革等工作。

在此期间，天津市按照国家地震局部署，开展以地震对策总结反思和监测预报调整整顿为中心的防震减灾工作。

在监测预报方面，组织整理天津历史地震资料，开展地震监测预报的清理公关研究，对专业台站和群测监测台网进行调整和整顿，建立健全管理制度和规范，提高地震监测工作的质量。

在地震对策方面，以唐山地震为重点，对天津防震减灾工作进行全面总结，开展大城市防震人口疏散及避难对策、城市地震对策、城市地震损失估计与预测、1967 年河间地震天津地区的地震灾害及地震原因分析、海城地震灾害及其防御对策、地震对城市交通的破坏及其对策等研究。积极组织有关专家参加了《地震对策》《城市地震对策》的编写工作，撰写论文参加“地震对策国际讨论会”。这些总结反思和研究成果，为天津市防震减灾工作的全面开展，提供了经验，打下了基础。

全面推进防震减灾综合防御。以 1988 年云南澜沧—耿马 7.2 级地震为标志，20 世纪 90 年代，全国地震活动进入又一个相对活跃阶段。面对新的地震形势，国家确立“以预防为主，走综合防御的道路”的指导思想，采取一系列措施，包括法律、行政、科技等措施，全面推进防震减灾工作。1994 年召开的全国首次防震减灾工作会议，提出我国防震减灾十年目标和实现目标的“四个环节”“八项措施”；2000 年召开第二次全国防震减灾工作会议，明确提出大力推进地震监测预报、震灾预防、地震紧急救援防震减灾三大工作体系建设。“四个环节”“八项措施”和“三大工作体系建设”是综合防御的道路的集中体现。

根据国家的部署，天津市有计划有步骤地推进综合防御工作，以法制建设和规划建设为先导，全面开展地震监测预报、震灾预防、地震紧急救援防震减灾三大工作体系建设。

在法制建设方面，从 1994 年开始，天津市开始推进防震减灾立法工作，先后制定和修订《天津市建设工程地震安全性评价管理办法》《天津市防震减灾条例》《天津市群测群防管理办法》等地方法规或规章。

在规划建设方面，先后编制《天津市减轻地震灾害十年规划和“八五”计划》《防震减灾九五计划和 2010 年远景规划》《天津市防震减灾规划（2001—2015）》《天津市防震减灾第十一个五年规划》。

在监测预报方面，从 1995 年开始对模拟遥测地震台网和地震前兆台网观测技术系统进行数字化技术改造以及网络化升级改造，落实“网络到台站、IP 到仪器”的举措。

在震害防御方面，1991 年市地震局组建震害防御处，组织和管理减轻地震灾害及地震引发的次生灾害的综合防御对策工作。从 1993 年开始，天津市委、市政府加强防震减灾工作的领导，建立市委宣传部、地震局、教委等部门齐抓共管的防震减灾宣传教育工作领导体制和工作机制，加大防震减灾宣传教育的力度，使防震减灾宣传教育全面、深入发展。从 1998 年开始，依法开展重大工程场地地震安全性评价工作；从 1999 年开始在地壳基础探测方面，先后开展海河断裂、沧东断层、天津断层、近海海域隐伏活动断层探测和地震危险性评价；2007 年市政府颁布了《关于我市农村民居地震安全工程的实施意见》，组织实施农村民居地震安全工程；

在地震应急方面，从 1996 年开始，有计划有步骤地开展地震应急准备工作，内容包括：建立组织指挥机构、制定地震应急预案、建立地震救援队伍、建设应急避难场所和灾情速报网络、建设应急指挥技术系统、储备应急物资等，大大提高了应急处置和救援能力。2004 年，根据《中国地震局关于印发〈天津市地震局职能配置、机构设置和人员编制方案〉的通知》（中震发人〔2002〕106 号），天津市地震局进行机构改革，增设应急救援处，加强地震应急工作的组织和管理。

强化防震减灾能力建设。2008 年 5 月 12 日 14 时 28 分，中国发生了震惊世界的四川汶川 8.0 级特大地震，受灾地区人民生命财产和经济社会遭受了巨大损失，这是新中国成立以来破坏性最强、波及范围最广、救灾难度最大的一次地震。地震后，中国地震局进行了认真的总结与反思。党中央、国务院采取一系列加强防震减灾工作的重大举措。2010 年 6 月 9 日，国务院印发《国务院关于进一步加强防震减灾工作的意见》（国发〔2010〕18 号），制定了“坚持预防为主、防御与救助相结合，依靠科技，依靠法制，依靠群众，全面提高地震监测预报、灾害防御、应急救援能力，形成政府主导、军地协调、专群结合、全社会参与的防震减灾工作格局，最大限度减轻地震灾害损失，为经济社会发展创造良好条件”的指导思想，提出了针对“监测预报水平较低、城乡建设和基础设施抗震能力不足、应急救援体系尚不健全、群众防灾避险意识和能力有待提高等问题”，进一步加强防震减灾工作。

汶川 8.0 级地震后，天津市从发生重大地震灾害考虑，抓住薄弱环节，不断强化防震减灾工作措施。根据国务院关于进一步加强防震减灾工作的意见精神，天津市人民政府印发《关于进一步加强我市防震减灾工作的意见》（津政发〔2010〕50 号），制定指导思想，规划工作目标，从提高地震监测预报能力、城乡抗震设防能力、地震应急救援能力以及群众防震避险意识和能力角度，确定加强三大体系建设的具体任务，提出加强组织领导和政策保障措施。仅在“十一五”和“十二五”期间就投入近亿元，实施了“天津市地震安全基础工程”和“天津市防震减灾综合能力提升工程”。据此，天津市开展了以提高防震减灾能力为目的的强化防震减灾工作。

在监测方面，依托渤海海上石油平台建立2个海上地震观测台，填补了天津市在海域地震观测上的空白；依托全国地震信息通信网络汇接环渤海等地区测震信号，建成环渤海虚拟地震台网，提高渤海海域地震定位精度；依托滨海、宝坻和蓟县3个GNSS国家基准站，新建8个GNSS基准站和1个数据信息中心，建成天津市地壳运动观测网络，填补了平原地区形变监测的空白。

在震害防御方面，2009年8月20日，天津市人民政府颁布《天津市中小学校舍安全工程实施意见》，组织实施天津市中小学校舍安全工程，对存在安全隐患的中小学校舍进行抗震加固、迁移避险等防灾工作，提高中小学校舍抗震防灾能力。

在地震应急方面，重点提高应对重大地震灾害的能力。2008年，根据汶川地震和天津市地震应急经验修订了《天津市地震应急预案》，进行地震应急救援队伍的调整和扩编，进行新一轮地震应急物资保障准备工作。2008年11月，天津市国防动员委员会组织“天津市应对重大自然灾害快速动员网络指挥演练”。2009年10月，天津市政府第一次组织“天津市重大地震灾害应急演练”。2012年8月30日，市应急办、市地震局组织举办首次抗震救灾指挥部领导指挥决策模拟演练“天津市抗震救灾指挥部地震应急演练”。

二

进入20世纪90年代，中国地震活动进入相对活跃阶段，天津市委、市政府以最大限度地减轻地震灾害损失、保护人民生命财产安全、保障经济社会发展为出发点，加强防震减灾工作的组织领导，采取完善领导机构、召开防震减灾工作会议、印发政府文件等措施，全面推进防震减灾各项工作。

成立市防震减灾工作领导小组。为加强防震减灾工作的领导，市政府成立防震减灾工作领导小组，并建立防震减灾工作联席会议制度。

1996年3月21日，市长张立昌主持召开的加强防震减灾工作专题市长办公会决定成立市防震减灾工作领导小组。6月25日，市政府印发《关于成立天津市防震减灾工作领导小组的通知》（津政人〔1996〕45号）。1996—2010年，因政府换届及人事变更，三次对领导小组成员作出调整。

2000年6月12日，为贯彻《国务院办公厅关于成立国务院抗震救灾指挥部和建立国务院防震减灾工作联席会议制度的通知》（国办发〔2000〕17 号）精神，第 32 次市长办公会议决定参照国务院做法建立天津市防震减灾工作联席会议制度。

召开防震减灾（地震）工作会议。1991—2010 年间，市政府前后四次召开天津市防震减灾（地震）工作会议，贯彻全国防震减灾工作会议精神，部署天津市防震减灾工作。

1991 年 3 月 12—13 日，市政府召开天津市地震工作会议，传达贯彻国务院转发国家地震局等单位关于加强地震工作文件精神，明确地震工作的方向任务，强调加强各级政府对地震工作的领导和充分发挥地震工作主管部门政府职能及参谋助手作用，组织协调社会各方面的力量，共同做好天津市防御和减轻地震灾害工作。

2000 年 6 月 29 日，市政府召开天津市防震减灾工作会议，传达贯彻第二次全国防震减灾工作会议和温家宝副总理讲话精神，就加强天津市“地震监测预报、地震灾害预防、地震紧急救援三大工作体系建设”作出部署。会议强调，以对人民高度负责的精神，切实采取措施，进一步健全专家为主、专群结合的地震监测预报体系；建立工程和非工程措施并举的地震灾害预防体系；建立反应迅速、突击力强的地震紧急救援体系。

2004 年 11 月 5 日，市政府召开天津市防震减灾工作会议，传达贯彻第三次全国防震减灾工作会议和回良玉副总理讲话精神，研究部署防震减灾工作。会议要求各区县、各部门充分认识防震减灾工作的重要性，将防震减灾工作纳入本地区、本单位日常工作，切实抓紧抓好；进一步加强地震监测预报工作，不断地增强地震监测预报的科技含量；进一步加强抗震设防要求管理，高度重视农村民居的抗震设防工作；继续完善地震应急救援指挥系统，做好地震避难场所的规划与建设；做好防震减灾知识宣传普及，提高全社会防震减灾意识。

2010 年 3 月 30 日，市政府召开天津市防震减灾工作会议，传达贯彻第四次全国防震减灾工作会议和回良玉副总理讲话精神，科学分析震情形势，总结和部署防震减灾工作。会议要求从全局和政治高度，认真履行职责，把《中华人民共和国防震减灾法》《天津市防震减灾条例》和《天津市地震应急预案》落到实处；抓好震情监视和预报，对可能发生的地震力争做到“察觉在前、行动在先”；广泛开展科普宣传，提高社会公众的心理承受能力、应急避险能力和自救互救能力；摸清地震活动断裂带，开展地震安全性评价工作，确保重点领域、重点工程、重点项目达到抗震设防要求；全面贯彻落实《天津市地震应急预案》，强化协同和演练，提高快速反应能力和救援能力。

召开政府常务会议（市长办公会）、市防震减灾工作领导小组会。1996—2000 年期间，市政府多次召开政府常务会议（市长办公会）以及市防震减灾工作领导小组会议，研究、部署和协调有关防震减灾工作事宜。

1996 年 3 月 21 日，市长张立昌主持召开加强防震减灾工作专题会议，听取市地震局关于近期地震形势和天津市加强防震减灾工作的情况汇报，就有关问题进行研究。常务副市长李盛霖，副市长曲维枝，副秘书长刘玉麟、周思纯，市科委、计委、建委、人防办、卫生局、财政局、地震局及天津警备区有关负责人出席会议。会议要求各区县人民政府、各有关部门把防震减灾工作列入重要议事日程，加强领导，集中人力，增加投入，做好防震减灾工作。会议决定成立市防震减灾工作领导小组，市有关委局根据各自的职责作为领导小组下设的办事机构。会议同意将防震减灾工作纳入市国民经济和社会发展长远规划。会议明确市人防办会同关部门制定天津市破坏性地震应急预案；市地震局重点做好地震监测预报工作，加强工程建设场地地震安全性评价工作的管理以及震害预测及评估工作，加大防震减灾科学知识宣传力度，提高人民群众自我防护意识。

1997 年 1 月 17 日，市长张立昌主持召开市防震减灾工作领导小组会议，部署年度防震减灾工作。常务副市长李盛霖、副市长曲维枝以及市防震减灾工作领导小组成员出席。会议要求重视和做好地震应急准备工作；加大防震减灾宣传力度，让广大群众多了解一些地震知识；根据破坏性地震应急预案，搞一个抗震救灾指挥部行动方案，明确责任，提高可操作性。

1998 年 4 月 7 日，常务副市长李盛霖主持召开市防震减灾工作领导小组会议，副市长曲维枝、王德惠，警备区副司令员李风河，市政府副秘书长刘玉麟、周思纯以及有关部门负责人出席。会议就贯彻落实国办发〔1998〕1 号文件精神，加强防震减灾工作进行研究。会议强调，天津市处于首都圈地震重点监视防御区，各级领导、各有关部门要认真贯彻落实国务院办公厅文件精神，继续把防震减灾工作作为一项重要的战略任务和当前的一项紧迫任务抓紧抓好。会议决定市计委牵头，会同有关部门，组织编制天津市防震减灾规划，并将地下隐伏活断层定量评价工作纳入市整体规划；市应急办组织各级防震减灾工作领导小组人员调整、应急通讯网络完善和人员密集场所疏导方案的制定；市地震局组织制定贯彻《中华人民共和国防震减灾法》实施办法，拟定天津市地震安全性评价管理办法。

1998 年 8 月 18 日，市长李盛霖主持召开市防震减灾工作领导小组会议，传达首都圈防震减灾联席会议第一次会议精神，研究、部署天津市推进首都圈防震减灾示范区系统工程建设工作。会议要求，坚决贯彻首都圈防震减灾联席会议精神，按照联席会议统一安排，积极配合，做出努力，把天津的防震减灾工作落到实处。会议决定成立以副市长梁肃为组长、副秘书长周思纯为副组长的首都圈防震减灾示范区建设天津市执行领导小组；原则同意市地震局根据首都圈防震减灾示范区建设总体方案提出的建设目标，重点建设项目要尽快按规定程序申报立项，并认真搞好项目建设工作。

1999 年 4 月 8 日下午，市长李盛霖主持召开第 14 次市长办公会议，副市长杨新成、夏宝龙、王德惠、俞海潮、王述祖、梁肃，市政府秘书长陈洪江出席会议。防震减灾工作作为会议的第一议题，就贯彻落实《国务院办公厅转发中国地震局关于 1999 年地震趋势和加强防震减灾工作意见报告的通知》（国办发〔1999〕22 号）进行研究。会议指出，地震是一个十分敏感的问题，1999 年又是全国和天津市具有特殊意义的一年，要从维护社会稳定、保持和发展改革开放大好形势的高度来认识防震减灾工作，绝不能放松警惕，麻痹大意。

2000 年 6 月 12 日，市长李盛霖主持召开第 32 次市长办公会议，防震减灾工作作为会议的第三议题，听取市地震局关于全国防震减灾工作会议精神和天津及周边地区震情的汇报，研究了加强防震减灾工作的有关事宜。会议确定：参照国务院的做法，建立防震减灾工作联席会议制度；以政府名义批转《天津市防震减灾规划》；《天津市防震减灾条例》经政府常务会议讨论同意后，报市人大常委会审议；召开天津市防震减灾工作会议。

召开防震减灾工作联席会议。2003—2010 年期间，市政府每年召开防震减灾联席会议，研究、部署和协调年度防震减灾工作事宜。

2003 年 4 月 18 日，市防震减灾工作联席会议召开第一次会议，研究部署实施“三步走”发展战略，做好新时期防震减灾工作有关事宜。分管副市长出席并讲话；市政府副秘书长陈宗胜主持会议。

2008 年 3 月 11 日，召开 2008 年市防震减灾工作联席会议，副市长王治平出席讲话，市政府副秘书长王志铭主持会议并传达了国务院防震减灾工作联席会议精神，市地震局就近两年来全市防震减灾工作进行总结并部署 2008 年重点工作。会议要求把防震减灾工作与天津经济社会的加快发展紧密结合起来，统筹考虑，统筹安排和落实，充分发挥防震减灾工作在服务经济建设和促进社会和谐的作用，为实现天津科学发展、和谐发展、率先发展和进一步加快滨海新区开发开放做出新的贡献。

印发政府文件部署防震减灾工作。2005 年以后市政府以印发政府文件或政府办公厅文件的形式，部署防震减灾全面工作或专项工作。

2005 年 4 月 30 日，市政府印发《关于加强防震减灾工作的通知》，就贯彻落实全国防震减灾工作会议和《国务院关于加强防震减灾工作的通知》，提出加强防震减灾工作的意见。

2006 年 3 月 27 日，天津市人民政府办公厅转发市地震局《关于认真做好 2006 年防震减灾工作意见的通知》，就进一步做好 2006 年防震减灾工作提出意见。

2007 年 6 月 5 日，天津市政府办公厅转发市地震局市建委市农委《关于我市农村民居地震安全工程实施意见的通知》，就贯彻《国务院办公厅转发地震局建设部关于实施农村民居地震安全工程意见的通知》，全面推进农村民居工程的实施，努力提高农村民居防震保安能力提出实施意见。

2009 年 8 月 20 日，市政府办公厅转发市教委拟定的天津市中小学校舍安全工程实施意见的通知（津政办发〔2009〕120 号），就贯彻《国务院办公厅关于印发全国中小学校舍安全工程实施方案的通知》（国办发〔2009〕34 号），确保中小学校舍安全工程的顺利进行，保障师生生命安全提出实施意见。

2010 年 12 月 7 日，天津市人民政府印发《天津市人民政府关于进一步加强我市防震减灾工作的意见》（津政发〔2010〕50 号），就贯彻《国务院关于进一步加强防震减灾工作的意见》（国发〔2010〕18 号），加强防震减灾工作，提高地震监测预报能力、城乡抗震设防能力、地震应急救援能力以及群众防震避险意识和能力提出实施意见。

三

进入20世纪90年代，在市委、市政府领导下，市地震、应急、发改、建设、科技、教育、人防、民政等部门，强化防震减灾社会管理和公共服务职能，各司其职、密切配合，加快推进地震监测预报、震灾预防、紧急救援三大工作体系建设，防震减灾事业取得显著进展。

监测预报。在1990—2010年的20年间，天津市面对越发严峻的震情形势和数字观测技术的发展，开展了观测技术系统数字化、网络化建设，分析预报技术系统建设，以及预测预报方法探索研究，地震监测预报能力逐步提高。

地震监测信息技术系统建设。 通过实施中国地震局“九五”“首都圈防震减灾示范区系统工程项目”（简称“首都圈工程”），“十五”“中国数字地震观测网络项目”（简称“数字网络项目”）和“中国大陆构造环境监测网络项目”（简称“陆态网络项目”），“十一五”天津市地震安全基础工程项目（简称“地震安全工程”），大力推进地震监测信息技术系统建设，实现地震监测信息数字化、网络化。

1998—2001年，实施完成“首都圈工程”——天津市数字遥测地震台网项目。建成由27个井下数字遥测地震台、1个甚宽带数字遥测地震台和台网中心组成的天津市数字遥测地震台网。采用卫星小站（VSAT）及数据传输网络（DDN）将地震台站检测的地震波形数据信息实时传送到台网中心；应用TCP/IP网络传输技术通过高速DDN链路实现了与首都圈地区其他台网地震波形数据的实时共享；采用新研发的数据处理软件，实现地震事件实时检测与自动定位功能。经过首都圈工程的建设，测震台网的动态范围由70dB扩大到85—100dB，频率范围由1秒扩展到120秒，台网监控能力由ML≥2.5提高到ML≥1.5（城区ML≥1.0），网内网缘地震记录上限提高到Ms6.5。地震速报时间由10—20分钟缩短到4—10分钟，4分钟内可提供计算机自动处理的地震三要素，10分钟内可提供人机交互处理的速报结果。该项目荣获1999年天津市科技进步三等奖。

2000—2001年，实施完成“首都圈工程”——天津市数字化地震前兆台网工程。更新和新增37台套数字化地震前兆观测及辅助观测仪器，采用现场总线技术和DQS系列公用数字化设备实现了前兆台站系统集成。设立地震前兆台网中心。建成由4个国家基本台、4个区域台、6个无人值守台和一个省级前兆台网中心组成的数字化地震前兆台网。实现前兆观测由模拟记录向数字记录的转变，增强了地震前兆观测的自动获取和传输能力，提高了观测精度，扩大了信息量。该项目荣获天津市（2002年度）科技进步奖二等奖。

1998—2001年，实施完成“首都圈工程”——天津数字强震动观测台网项目。建成由14个实时传输台、20个拨号传输台以及数据汇集处理中心组成的天津数字强震动台网，填补了天津市强震观测的空白。

1999—2002 年，实施完成“首都圈工程”——天津市地震通信与网络系统建设项目。建立了地震信息汇集与交换中心，建成具有 Web、FTP 和 E—mail 等服务功能的小型计算机网络，为天津市防震减灾技术系统建设提供了技术支撑平台。

2003—2007 年，实施完成“数字网络项目”——天津市地震信息服务系统建设工程，采用现代地震观测技术、通信网络技术、信息处理技术，建成集地震监测、预报、科研、应急为一体的地震信息服务系统，实现地震监测、震情跟踪、科学研究数据信息的传递与共享，最大限度地满足了大地震发生时应急指挥及信息快速传递的需要。

2003—2007 年，实施完成“数字网络项目”——天津数字地震台网项目建设，进行网络化升级改造，实现“网络到台站、IP 到仪器”；依托渤海 QK18—2 石油钻井平台建成第一个海上地震观测站——岐口地震台，实现渤海海域测震信息和海域温度信息的自动采集与传输，填补了天津市在海域地震观测上的空白。

2004—2007 年，实施完成“数字网络项目”——天津数字地震前兆台网工程，建成综合化、数字化、网络化、智能化、标准化的现代地震前兆观测网络，实现了前兆观测数据的网络化传输、准实时汇集、数据库存储和动态监控。该项目荣获天津市（2009 年度）科技进步奖三等奖。

2007—2011 年，实施“陆态网络项目”——天津分项工程，建成中国大陆构造环境监测网络宝坻 GNSS 基准站、滨海 GNSS 基准站、蓟县连续重力观测站，完成蓟县 GPS 基准站的改造。

2006—2011 年，实施“地震安全工程”，对地震监测信息技术系统进行升级改造，并建成天津地壳运动观测网络。实施完成“地震信息服务系统完善与建设项目”，进一步扩大 MPLS VPN 网络系统的应用范围；重点加强网络中心安全系统建设，全面提升信息网络的安全能力；对核心交换系统进行升级，实现对 IPv6 网络系统的支持；同时建立 EMC 网络存储系统，通过 SAN 和 iSCSI 实现近地与远程数据备份。通过优化和改造，天津市地震信息网络完成由小规模网络向企业级网络的跨越，适应了宽带、高速网络的发展需求，促进了地震系统各项业务的信息化进程。在测震台网建设上，依托全国地震信息网络汇接环渤海地区辽宁数字地震台网 11 个台、山东数字地震台网 12 个台和河北数字地震台网 5 个台的测震信号，在滨海地震监测预警中心（滨海地震台）建成环渤海虚拟地震台网；依托埕北—B 号石油平台建成海上地震观测试验台——埕北地震台。在前兆台网建设上，实施“地震安全工程”——前兆仪器更新改造分项目，完成地磁、地下流体观测仪器的更新和升级，进一步优化与完善地震前兆台网，提高捕捉地震前兆信息的综合能力。在地壳运动观测网络建设上，依托滨海、宝坻和蓟县 3 个 GNSS 国家基准站，新建 8 个 GNSS 基准站和 1 个数据信息中心，形成布局合理的天津地壳运动观测网络，有效提升了天津地区区域构造活动的监控能力，填补了天津市平原地区形变监测的空白。

分析预报技术系统建设。经过“八五”期间世乒赛震情监视、“十五”期间首都圈防震减灾示范工程实施，天津市地震分析预报技术系统逐步得到加强与提高。

1994—1995 年，为满足世乒赛震情监视工作的需要，在国家地震局世乒赛震情监视专项经费的支持下，市地震局更新分析会商室的投影设备和用于震情资料分析处理的计算机设备，使分析预报技术系统建设长期落后的局面得到初步扭转。

1999—2001年，实施首都圈防震减灾示范工程——“天津市地震分析预报技术系统”项目，大力推进地震分析预报技术系统建设的步伐。完成分析会商室和辅助机房的扩建改造和布线工程；建立由服务器、计算机、外围设备组成的分析预报专用局域网；配置基于GPS的地震分析预报集成软件系统（MAPSIS），建立地震预报辅助判定数据库；应用远程可视技术，实现与中国地震局分析预报中心、北京市地震局及河北省地震局的远程可视会商。“天津市地震分析预报技术系统”项目获得天津市（2002年度）科技进步奖三等奖。

预测预报方法探索研究。坚持“边观测、边研究、边预报”的原则，应用地震预测方法及理论研究的成果，开展一年尺度的、以天津及邻近地区为主包括华北地区、首都圈地区未来一年地震趋势预测研究工作，取得一批重要的预测预报研究成果。

1991年，市地震局根据国家地震局的部署研制完成“天津市地震分析预报程式指南应用系统”，建立适合天津地区的短临预报指标体系和前兆信息处理方法软件。

1992年，市地震局与香港大学合作完成“地磁短周期变化研究”，获得国家地震局1994年度科学技术进步奖二等奖；与国家地震局分析预报中心、上海市地震局合作完成“模糊数学及其与灰色系统理论及分维在地震预报与地震工程中的应用”课题研究，获得国家地震局1994年度科学技术进步奖三等奖；与南开大学合作完成“地震波理论与计算在地震研究中的某些应用”科研课题，获得国家地震局1995年科技进步二等奖。

1997—1999年，市地震局完成天津市科委1997年下达的天津市科技发展计划第5批重点攻关项目“天津及邻近地区地下流体地震预测技术研究”获得天津市（2000年度）科技进步三等奖。

2001年以来，市地震局科研人员围绕天津及邻近地区中短期地震预报技术，开展一系列专题研究工作，并承担中国地震局“十五”国家重点科技攻关计划项目“中国大陆强震短期预测方法及预测机理研究”的部分工作。

2001—2004年，市地震局完成天津市科学技术委员会2001年度重点攻关项目“天津市中短期地震预报技术系统研究”，获得2004年度天津市科技进步三等奖。

预测预报探索实践。在长期地震预测预报实践中，全市地震科技工作者通过不断探索和总结积累，取得对某些强震震前地震活动异常特征以及中等地震前兆异常特征的基本认识；依据地震孕育的阶段性特征，逐步形成“场的动态监视与源的过程跟踪分析相结合”的科学思路以及“长、中、短、临”渐进式跟踪预报的工作程序。对1998年张北6.2级地震及强余震做出较为成功的中短期预测。对2000年唐山4.4级地震、2002年丰南4.7级地震、2003年宁河4.3级震群、2006年文安5.1级地震以及2008年卢龙4.1级等中等地震也曾做出较为成功的预测。

1998年12月31日，天津市地震局分析预报中心获得中国地震预报奖励基金会颁发的“对1998年1月10日河北张北—尚义6.2级地震中、短期预报正确”的奖励证书。

1999年年初，天津市地震局获得中国地震局根据年度地震趋势研究报告评审结果、地震观测资料质量与分析预报工作的评比成绩、年度中短期与短临地震预报卡的实际检验以及监测预报管理、地震现场等工作的综合评价结果授予的“1998年度全国地震监测预报工作先进单位”的荣誉称号。

20年来，市地震监测信息技术系统建设取得重大进展，完成观测技术系统从模拟向数字化、网络化的过渡。具备市行政区域内1.0级以上地震的监测能力，能够在3分钟内得出3.0级以上地震的初步测定结果；能够在20分钟内完成地震烈度速报。地震预测预报工作取得较大进展，建立了功能较为齐全的分析预报技术系统，取得对某些强震震前地震活动异常特征以及中等地震前兆异常特征的基本认识，能够做到对本市可能发生的破坏性地震震前作出一定程度的预测，对天津市有显著影响的地震震后1小时内给出全市震后趋势判定结果。

震灾预防。1990—2010年的20年间，天津市全面并强化震灾预防工作。依法开展建（构）筑物抗震设防管理和重大工程场地地震安全性评价工作；探索并有计划地开展活动断裂探测和地震危险性评价工作；不断加大防震减灾宣传教育的力度。

建（构）筑物抗震设防。进入90年代，天津市积极推进抗震设防要求和地震安全性评价的法制化管理，对一般工业与民用建筑采用地震动参数区划图进行抗震设防；对重大工程和可能引发严重次生灾害的工程，通过地震安全性评价确定抗震设防要求，进行抗震设防，保障建设工程具备抗御本地区地震基本烈度的能力；并对农村民居、学校实施安全工程，提高民居和学校抗御地震灾害的能力。

1998—2010年，天津市有322个重大建设工程和可能引发严重次生灾害的工程进行了工程场地地震安全性评价。1995年到2008年，天津市有7个城镇、大型厂矿企业开展了地震小区划工作。1992年到2007年，天津市行政区域内的16个建设工程进行了地震烈度复核。地震安全性评价工作的开展为建设工程抗震设防提供科学安全的设防标准。

2007年起，市地震局、市建委、市农委组织实施农村民居地震安全工程，对全市农村民居进行调查和评估；编制适合各种民居形式的建造、加固图集；开展民居抗震设防宣传，提高农村防震减灾意识，促进农村民居的抗震设防。

2009—2011年，市教委组织实施“天津市中小学校舍安全工程”，对存在安全隐患的中小学校舍进行抗震加固、迁移避险等防灾工作。总计加固、重建面积93.67万平方米。该项工程天津市走在全国的前列，2010年还被列为天津市的20项民心工程之一。工程的实施，实现学校校舍安全使用，提高了学校的综合防灾能力。

活动断层探测。1999—2010年，天津市先后对海河断裂、天津断裂、沧东断裂、近海海域隐伏活动断层等开展活动断裂探测和地震危险性评价工作，基本探明天津市主要断裂的地下结构，并评价其活动性。

1999年5月，海河断裂探测和地震危险性评价项目由市计委正式批准立项，到2001年9月完成规定任务。该项目是全国最早开展的活动断裂探测和地震危险性评价之一。该项目获得2002年度天津市科技进步奖二等奖和中国地震局防震减灾优秀成果二等奖。

2002年4月，“天津断裂、沧东断裂探测与地震危险性评价”项目由市计委和市建委批准立项，到2007年10月完成规定任务。该项目获2008年度中国地震局防震减灾优秀成果奖二等奖和天津市科技进步三等奖。

2008年10月，天津市发展和改革委员会批准“天津近海海域隐伏活动断层探测和地震危险性评价”项目立项。2012年12月全面地完成规定任务。

2009年4月，天津市国土资源和房屋管理局向天津市地震灾害防御中心下达“滨海新区主要断裂及其活动性探测与研究”的项目任务书，2010年4月通过天津市国土资源与房屋管理局验收。

防震减灾宣传。1993年全国防震减灾宣传工作会议之后，天津市委、市政府加强防震减灾工作的领导，建立市委宣传部、地震局、教委等部门齐抓共管的防震减灾宣传教育工作领导体制和工作机制，加大防震减灾宣传教育的力度，防震减灾宣传教育全面、深入发展。

从1996年开始，加大面向社会公众的日常性宣传教育活动的开展。如1996年市地震局与天津自然博物馆合作，在自然博物馆院内建设《天津市防震减灾知识展览》；1998年市地震局和红桥区政府联合举办“家庭防震减灾知识竞赛”；2000年市地震局组织全市“做防震减灾小主人”征文比赛活动；2003年市地震局与市教委共同编写《天津市中学生防震减灾知识读本》；天津人民广播电台经济台早间新闻《专家观点》栏目记者专访市地震局专家就宁河县三次有感地震的有关知识、地震应急机制等群众普遍关心的问题作了解答；2010年市地震局与天津人民广播电台滨海广播开设《防震减灾知识在线课堂》专栏。日常性宣传教育活动持续不断的开展，防震减灾知识普及率不断提高。

从1996年开始加大利用唐山地震纪念日、科技周、防灾减灾日、防震减灾法实施日、法制宣传日等开展集中宣传活动。如1996年7月28日，为唐山地震20周年纪念日，开展全市性防震减灾宣传教育系列活动。2005年5月15—21日是天津市第19届科技周。天津市地震局组织主题为“树立科学发展观，促进人与自然和谐发展”的活动。2006年7月28日是唐山地震30周年，于7月初至8月上旬，举办“天津市纪念抗震救灾30周年”系列活动。2009年5月12日是首个国家防灾减灾日，在全市范围内组织开展了以“提高防灾意识，建设平安天津”为主题的序列宣传活动。集中宣传活动的开展，提高了防震减灾宣传的显示度，引导社会关注防震减灾知识和防震减灾工作。

从1997年开始，有计划地开展面向特定人群的专项宣传活动，针对不同对象，抓好六个渠道，积极推进防震减灾宣传“进学校、进机关、进家庭、进社区、进乡村”，进一步提高防震减灾知识宣传教育的普及面、针对性和实效。

从1999年开始，开展防震减灾基础建设，包括宣传教育展室、公众传播技术系统、科普教育网站、新闻发布会和新闻发言人制度等，为防震减灾宣传提供基础保障。

20年来，天津市新建、改建、扩建工程能够按抗震设防要求进行设计；重大建设工程和可能发生严重次生灾害的建设工程依法进行地震安全性评价；农民自建房普遍采取抗震措施；对存在安全隐患的中小学校舍进行抗震加固、迁移避险等防灾工作，能够实现“大震不倒、中震可修、小震不坏”的要求。防震减灾宣传教育不断深入开展，全社会震灾避险技能和防震减灾意识普遍提高。

地震应急。在1990—2010年的20年间，天津市以制定地震应急预案为核心，开展了包括建立组织指挥机构、制定地震应急预案、建立地震救援队伍、建设应急避难场所、储备应急物资等工作，全面并强化地震应急工作。

建立组织指挥机构。从1996年开始建立抗震救灾指挥机构，为地震应急实施提供组织保障。

1996年天津市破坏性地震应急预案明确天津市抗震救灾组织指挥体系包括：市级，区、县和委办局级，街道、乡镇级。地震应急组织工作，在统一指挥下分级实施。同时明确天津市抗震救灾指挥部的构成和主要职责。根据天津市破坏性地震应急预案，1997年2月24日，市防震减灾工作领导小组应急工作办公室编制并印发《天津市抗震救灾指挥部编成及行动方案》。

2003年7月，天津市政府印发《关于调整市防震减灾工作领导小组成员的通知》（津政人〔2003〕023号），明确一旦发生破坏性地震，领导小组即为抗震救灾指挥部。

制定地震应急预案。在20多年间，组织4次地震应急预案制修订工作，为处理地震应急事件提供依据，并推动地震应急准备工作的开展。

1990—1992年组织《天津市防震救灾应急反应预案》制定工作，1992年3月，《天津市防震救灾应急反应预案》由市人防办、地震局、建委抗办三部门联合发文报市政府，市政府明确该预案作为市政府处理地震应急事件的依据。

1996—1998年组织《天津市破坏性应急预案》制定工作，1996年6月26日，市政府以津政发〔1996〕31号文件，批转了市建委、市人防办、市地震局制定的《天津市破坏性地震应急预案》。该预案是天津市第一部发布的地震应急预案，也是中国省、自治区、直辖市最早的破坏性地震应急预案之一。

2005—2006年组织《天津市地震应急预案》制定工作，2005年11月，市地震局会同市有关部门完成了《天津市地震应急预案》的制定。2006年3月，市地震局对该预案进行了压缩，形成《天津市地震应急预案（简本）》。2006年4月18日，天津市人民政府以津政发〔2006〕36号文印发了《天津市突发公共事件总体应急预案》，《天津市地震应急预案》被列为与之配套的专项预案。

2007—2008年组织《天津市地震应急预案》修订工作，2008年9月25日天津市人民政府（津政发〔2008〕74号文）印发《天津市地震应急预案》。

1997年2月24日，市防震减灾工作领导小组以津防震组〔1997〕2号文件印发《天津市强有感地震应急反应预案》。强有感地震应急反应预案的制定对于天津市强有感地震的应对具有重要的指导作用，对其他城市有感地震应急预案制定和应对具有重要影响。

1997年7月至1998年9月，天津市大型商场、影剧院、车站、机场、码头、医院、学校、宾馆饭店等共计 271 个单位制定震时人员疏导方案；全市 1500 个重点目标都制定了应急抢险抢修预案。人员密集场所地震应急疏导预案、重点目标地震应急预案，是天津市特有的地震应急预案。

建立地震救援队伍。在 20 多年间，伴随地震应急预案的制定，两次组织地震救援队伍建设，为地震应急提供基础保障。

2001 年 7 月 28 日，“天津市地震灾害紧急救援队”成立，这是全国第一支省级地震灾害紧急救援队伍。2008 年 11 月 5 日，市地震局会同市应急办、天津警备区、武警 8630 部队、市公安局、市公安消防局、武警医学院附属医院、市国土房管局召开天津市地震灾害紧急救援队重组会议，制定重组方案。经过两年的工作，完成队员登记造册和有关制度建设，天津市地震灾害紧急救援队由原来的 180 人扩编至 300 人。

1996—1997 年，按照《天津市破坏性地震应急预案》规定，天津市防震减灾工作领导小组地震应急办公室会同有关部门规划建设 8 支共 1 万人的地震灾害专业应急抢险队伍。包括：工程抢险队、电力抢险队、特种救援队、医疗救护队、通信保障队、应急运输队、机动消防队、治安、交通管理队等。2008 年，按照《天津市地震应急预案》规定，天津市地震局会同有关部门规划建设组建 10 支共 4 万人的应急救援队伍。包括：地震灾害紧急救援队、抢救抢险队、消防防化抢险队、医疗救护队、通信抢修队、工程抢险队、电力抢险队、物资运输队、治安交管队、水利抢险队。

此外，还建立了现场地震应急工作队和社区地震应急救援志愿者队伍。

避难场所建设。从 2007 年开始逐步推进应急避难场所建设，为地震应急安置提供基础保障。

2007 年 7 月 3 日，地方标准《应急避难场所标志》（DB12/330—2007）发布，并于 8 月 3 日实施。

2007 年 7 月 28 日，天津市第一批 28 个应急避难场所立牌公布，开始投入使用。

2008 年 7 月 26 日，长虹公园标准应急避难场所先期落成启用，这是天津市第一个按照国家一类应急避难场所标准进行设计的标准避难场所。

2014 年 4 月 28 日，市政府第 52 次常务会议审议通过了天津市应急避难场所规划（2014—2020）。

地震应急演练。从 1998 年起，天津市开展了不同主体、不同形式的地震应急演练，从组织单位划分，可分为政府演练、部门演练、企事业单位演练、基层组织演练；形式上有桌面演练和实战演练；内容上有单项演练和综合演练。地震应急演练，有效地提高了地震应急指挥和处置能力。

2009 年 10 月 24 日上午，天津市政府组织重大地震灾害应急演练活动。市 22 个有关部门、西青区政府和 14 支专业应急救援队伍，以及社区居民、学校学生共 2400 余人参加演练。这次演练是天津市政府第一次组织的应对重大地震灾害综合性演练。通过演练，使天津市抗震救灾指挥部各成员进一步熟悉《天津市地震应急预案》，提高组织指挥能力，增强应急救援能力，不断推进防震减灾工作的落实，为天津市经济社会又好又快发展提供可靠保证。

2008 年 11 月 25 日，北京军区国防动员委员会以天津市某地发生 7.1 级重大地震灾害为背景，组织天津市应对重大自然灾害快速动员网上指挥演练。演练以市、区（县）国防动员指挥机构为主体，依托国防动员综合指挥信息系统，演练天津市应对重大自然灾害快速动员的内容、程序和方法，检验论证国防动员的运行机制，提升国防动员队伍的实战能力，增强全民国防观念，铸牢天津市应对多种安全威胁、完成多样化任务的思想基础。

2012 年 8 月 30 日，市应急办、市地震局组织举办首次抗震救灾指挥部领导指挥决策模拟演练“天津市抗震救灾指挥部地震应急演练”。演练模拟天津市某区发生 6.0 级地震后，市抗震救灾指挥部启动《天津市地震应急预案》二级响应，实施应急处置工作。设置震情处置、预案启动、部署紧急救援行动等科目。市应急办、市地震局、市委宣传部、天津警备区、市外办、市建交委、市公安局、市卫生局、市民政局、市通信管理局、市水务局、滨海新区政府、滨海新区塘沽管委会 13 家单位参加演练。

2014 年 8 月 20 日天津市政府组织“天津市地震应急综合演练”；演练设立震情处置、震情会商、信息报送、队伍集结、物资调配、危化品抢险、灾后气象监测等科目；28 个部门和单位、14 支专业应急救援队伍共 1000 余人参加了演练。

应急物资保障。伴随 1996 年、2008 年地震应急预案的制定，开展两次大的地震应急物资保障准备工作，为地震应急安置和抗震救灾提供基础保障。

1996 年地震应急物资保障准备按物资分类（应急救灾物资、生活必需品、专业抢险救灾）分别由市计委、市商委和有关部门制定救灾物资保障计划，并按计划进行物资储备等工作。

2009 年地震应急物资保障准备落实到 17 个保障计划中，分别由有关部门进行物资储备等工作。

从 2000 年开始，天津市开始进行救灾物资储备库建设。2003 年 9 月天津市救灾物资储备站建成投入使用。

2008 年汶川地震后，天津市不断加大救灾物资的储备，截至 2012 年底，累计投入 1200 多万元，储备的帐篷、棉被、棉衣、折叠床等救灾储备物资，已能保障 1 万人的基本生活所需。

在 20 年间，天津市未发生过灾害性地震，但发生了 10 次有感地震和多次地震谣传事件。有感地震和地震谣传事件发生后，地震部门及有关部门迅速处置，采取措施，稳定社会，取得明显的社会效益。2008 年 5 月 12 日四川汶川地区发生了 8.0 级强烈地震，地震发生后，天津市委、市政府，有关部门快速部署，全面展开支援四川抗震救灾的工作。

20 多年来，天津市依法编制或修订各级各类地震应急预案，建立较完善的抗震救援队伍体系，地震应急能力有了很大的提高。可以预计，当遭遇破坏性地震时，可以做到天津市人民政府关于进一步加强全市防震减灾工作的意见（津政发〔2010〕50 号）提出的工作目标：1 小时内展开专业救援行动，12 小时内受灾群众基本生活得到安置。

回顾过去，天津市的防震减灾事业已经取得长足的进步，地震灾害综合防御能力得到明显提升。展望未来，由于科技水平与经济发展的制约，全市的防震减灾能力和水平与经济社会发展的需要尚有不小的差距，防震减灾依然任重道远。随着经济社会的持续发展与科学技术的不断进步，天津防震减灾事业的明天将会更加美好。

大事记

1991 年

3 月 12—13 日 市政府召开“天津市地震工作会议”，传达贯彻全国地方地震工作会议、全国震情会商会和国务院转发国家地震局等单位关于加强地震工作有关文件的精神，总结近年来地震工作的成绩和经验，明确今后地震工作的方针和方向任务，部署下一阶段的工作任务。国家地震局局长方樟顺、市委常委王成怀、副市长李振东出席会议并讲话；市政府副秘书长刘文藩主持。

3 月 21 日 市地震局完成《天津市地震防灾减灾工作十年规划和“八五”计划》的编制，上报市计委（津震发〔1991〕20 号）。

5 月 29—30 日 唐山老震区连续发生 M4.8 和 M5.1 强余震，天津市大部分地区有震感，部分群众出现恐慌。市地震局及时作出“近期我市没有发生破坏性地震的可能”的判定意见，并在电视台播出。

10 月 8 日 天津市灾害防御协会召开成立大会，市人大副主任赵今声、副市长陆焕生出席大会。大会推举市人大常委会主任吴振、天津警备区司令员杨志华为名誉会长；选举陆焕生为会长；选举产生由地震、地质、气象、水利等部门领导和专家组成的第一届理事会和常务理事会。

10 月 9 日 天津市灾害防御协会组织举办“国际减灾日”大型宣传活动，市地震局、市气象局、市水利局、市海洋局、市消防局等 10 多个部门单位在抗震纪念碑摆摊设点，宣传防灾减灾知识。天津市副市长陆焕生、国家地震局副局长高文学参加并指导了宣传活动。

12 月 27—28 日 市地震局主持召开“天津市 1992 年度地震趋势会商会”，对 1992 年度全市及临近地区地震趋势进行会商研判。市科委副主任徐润达出席并讲话。

1992 年

7 月 22 日 宁河、汉沽交界发生 M_L4.5 级地震，汉沽、宁河及塘沽地区震感强烈，社会影响较大。市地震局迅速组织应对。市委副书记、常务副市长张立昌赴宁河调查了解情况、听取汇报，对做好震灾防御，提高全民防震减灾意识做了重要指示。

9 月 10 日 市地震局承建的世界银行贷款“华北地震重建项目”：天津遥测地震台网与华北地区各测震台网实现联网、张道口地震台增上 XG—4 型数字测汞仪、宝坻地震台增上 SZW—1A 型地温观测仪三个子项通过国家地震局授权的自行验收。

12 月 8—10 日 市地震局主持召开“天津市 1993 年度地震趋势会商会”。市政府办公厅委派专人出席会议。

是年 市人防办、地震局、建委编制《天津市防震救灾应急反应预案》报市政府。

1993 年

1 月 14 日 天津市灾害防御协会召开“天津市一九九三年度自然灾害趋势会商会”，会长、副市长陆焕生出席大会并做了题为“增强忧患意识，做好灾害防御工作”的讲话。各区县，有关委、局，有关单位的分管领导和专家出席会议。

4 月 30 日 市委宣传部、地震局联合印发《关于贯彻执行中共中央宣传部、国家地震局〈关于防震减灾宣传工作的规定〉的通知》（津党宣发〔1993〕22 号）。

11 月 2 日 市地震局印发《关于转发〈工程建设场地地震安全性评价许可证书管理办法（试行）〉等规定及有关问题的通知》（津震发〔1993〕90 号），部署天津市工程场地地震安全性评价工作从业单位和从业人员资质管理工作。

12 月 29 日 市地震局制定《确保 1995 年第 43 届世乒赛的顺利召开，天津市地震局采取的实施计划》（津震发〔1993〕103 号），上报第 43 届世乒赛组委会。

1994 年

3 月 30 日 市地震局局长办公会议决定成立“天津市地震局迎世乒赛工作领导小组”，负责组织和领导世乒赛期间震情监视和地震安全保障工作。

6 月 8 日 市地震局编制《天津市地震局世乒赛震情监视与地震对策工作总体方案》，报第 43 届世界乒乓球锦标赛组委会和国家地震局。

8 月 31 日 市地震局召开局长办公会议部署亚乒赛期间震情监视工作，印发《关于做好亚乒赛期间震情监视工作的通知》（津震发〔1994〕67 号）。

9 月 22—28 日 市地震局参加市第八届科技周活动，组织开展防震减灾知识系列宣传活动。

10 月 7—8 日 市地震局在宁河县举办“无线通信网技术培训班”，并在宁河县及周边宝坻、武清地区进行“野外应急通信演练”。

11 月 25—27 日 首届“全国防震减灾工作会议”在广州召开，会议提出防震减灾工作的“四个环节和八项措施”。天津市政府办公厅主任武书昌、市地震局局长尹伯忠参加会议。

1995 年

4 月 5—7 日 国家地震局在津召开“天津及渤海附近地区震情会商会”，对近期天津及渤海附近地区的震情趋势、世乒赛期间的震情监视与区域联防工作进行研讨。市政府副秘书长张绍宗出席并会见与会专家。

4 月 25 日 市地震局召开世乒赛期间强化震情监视工作动员大会，宣布 4 月 25 日至 5 月 15 日，全市地震系统进入强化震情监视值班阶段。

4 月 26—27 日 国家地震局在津召开“世乒赛期间震情会商会”。市地震局将会商会上做出的判断意见向市委、市政府和组委会作书面报告。

8 月 1—4 日 市地震局组织召开区县地震办公室主任“地震综合防御学习研讨会”，就贯彻落实地震综合防御的四个环节和八项措施、开展工程建设场地地震安全性评价、地震灾害评估和灾情上报等职责进行研讨。

1996 年

3 月 21 日 市长张立昌主持召开加强防震减灾工作专题会议，常务副市长李盛霖、副市长曲维枝以及市有关方面领导出席会议。会议决定，成立市防震减灾工作领导小组；将防震减灾工作纳入市国民经济和社会发展长远规划；加大防震减灾科学知识宣传的力度，提高人民群众的自我防护意识；市人防办牵头，会同市有关部门制定天津市破坏性地震应急预案；市地震局加强地震监测预报、工程建设场地地震安全性评价管理、震害预测及评估等工作。

5 月 16 日 国家地震局副局长岳明生率人事司负责人到津，在市地震局职工大会上宣布组成新一届天津市地震局领导班子：徐德诗任局长，郝团生、赵国敏任副局长。

5 月 16—17 日 副市长曲维枝会见到津检查工作的国家地震局副局长葛治洲一行。

5 月 23 日 市委宣传部、市地震局联合印发《关于加强我市防震减灾宣传工作的意见》（津党宣发〔1996〕14 号）。

6 月 6 日 市政府批转市建委、市人防办、市地震局制定的《天津市破坏性地震应急预案》（津政发〔1996〕31 号），要求各区、县人民政府和各委、办、局，制定本地区、本部门预案及专业预案。

6 月 13 日 市委书记高德占到市地震局检查工作，听取工作汇报并题词：“防震减灾，造福人民”。

6 月 25 日 市政府决定成立“天津市防震减灾工作领导小组”，市长张立昌任组长，常务副市长李盛霖、副市长曲维枝、副市长王德惠和警备区副司令员李风河任副组长（津政人〔1996〕45 号）。

6 月 27—28 日 受国务院委托，国家地震局局长陈章立率检查组到津检查防震减灾工作。市委常委、副市长曲维枝向检查组汇报了自京津冀三省市震情通报会以来天津市贯彻国办发〔1996〕2 号文件和三省市震情通报会决定事项的落实情况。检查组听取了宝坻、静海县政府的工作汇报，视察了宝坻地震台、静海地震台震情监视工作。

7 月 23 日 市政府召开“天津市纪念唐山地震 20 周年暨表彰大会”，市委常委、副市长曲维枝、国家地震局局长陈章立出席会议并讲话，市政府副秘书长周思纯主持会议。下午，曲维枝和陈章立在市自然博物馆为“天津市防震成灾知识展览”剪彩。

7 月 26 日 市长张立昌，常务副市长李盛霖，副市长曲维枝、王德惠，副秘书长周思纯及防震减灾领导小组 48 位部、委、办成员参观《天津市防震减灾知识展览》。同日，张立昌为防震减灾工作题词：“未雨绸缪，居安思危”。

7 月 28 日 “7·28”大型防震减灾宣传咨询活动在市抗震纪念碑前举办。常务副市长李盛森、副市长曲维枝、副秘书长周思纯与中国地震局副局长何永年等领导出席。

9 月 23 日 市地震局与第 10 届科技周组委会办公室共同举办防震减灾报告会，邀请联合国十年减灾委员会委员、中国工程院院士、国家地震局工程力学研究所所长谢礼立作“防震减灾高科技发展趋势”的报告。市政协副主席陆焕生，市科委、科工委、科协等有关领导及有关委、办、局、区县、大专院校、科研单位、人民团体分管减灾工作的同志共 200 人参加了报告会。

12 月 20 日 市地震局、规划设计管理局联合印发《关于认真贯彻〈地震观测设施和观测环境保护条例〉的通知》（津震发〔1996〕183 号）。

是年 人事部和国家地震局授予天津市地震局宝坻地震台“全国地震系统先进集体”荣誉称号。

1997 年

1 月 7 日 市委常委、副市长曲维枝在市迎宾馆会见到津出席“1997 年全国地震趋势会商会议”的国家地震局局长陈章立、副局长葛治洲一行。8 日，副市长王德惠出席“1997 年全国地震趋势会商会议”开幕式并讲话。

1 月 17 日 在市防震减灾领导小组会议上，张立昌市长指出，“地震宣传也可以搞个防震知识明白纸，讲清地震来了应该怎样做。”

1 月 25 日、27 日 市委宣传部、市委科工委、市科委、市科协和市地震局等五单位在武清县崔黄口镇和宝坻县城关镇共同主办了科技下乡服务活动，市地震局六名专家和工作人员参加下乡服务团，开展现场咨询。

2 月 24 日 市防震减灾工作领导小组印发《天津市强有感地震应急预案》（津防震组〔1997〕2 号）。

3 月 6 日 市防震减灾工作领导小组副组长、天津警备区副司令员李风河到青光地震台视察。

4 月 26 日 国家地震局，北京市、天津市、河北省政府联合签署《关于建立首都圈防震减灾综合示范区及成立协调小组问题的请示》（中震发〔1997〕117）报国务院。

5 月 15 日 市人大常委会副主任黄其兴和市人大教科文卫委员会主任武善谋到市地震局检查实施执法责任制工作情况。

6 月 12 日 中国科学院院士、活动断裂研究专家丁国瑜到津作“隐伏活断层定量评价学术报告”，市科委、计委、滨海办、地震局以及市规划、科技、地震、地矿、油田等单位的领导和专家参加报告会。

7月28日 市地震局与市应急办、国家地震局第一地形变监测中心以及各区县地震办公室在抗震纪念碑广场联合举办纪念“7·28”唐山地震21周年防震减灾知识咨询活动。市委常委、副市长曲维枝、市人大副主任王成怀、市政协副主席陆焕生及市政府副秘书长周思纯参加了咨询活动。

8月18日 国家地震局局长陈章立到市地震局监测信息数据中心视察，市人大副主任鲁学政陪同。陈章立题词：“常备不懈，防患未然。”鲁学政题词：“加强防震减灾工作，为天津市经济建设和社会发展保驾护航。”

8月21日 市人大常务委员会副主任王成怀、市人大教科文卫委员会主任武善谋到市地震局检查防震减灾法规建设工作，视察地震监测信息数据中心。

9月19日 市人大常委会副主任黄其兴、刘文藩和部分市人大常委会组成人员及人大代表到市地震局检查防震减灾工作，视察地震监测信息数据中心。

10月9日 全国人大常委杨竞衡到市地震局视察并题词：“依靠科技与法制，加速防震减灾事业发展。”

12月18日 市地震局召开“天津市1998年度地震趋势会商会暨1997年度监测预报、防震减灾宣传表彰会”，市委常委、副市长曲维枝和市科技工委书记张道成出席。

12月23日 “天津市地震安全性评定委员会”成立。天津市地震安全性评定委员会是天津市重大建设工程项目工程场地地震安全性评价的评审和咨询机构，由计划、规划、经济、建设、科技、交通、水利、公用、市政、电力、地矿、地震等部门以及高等院校的专家和管理人员组成。

12月30日 市政府办公厅转发《市地震局、市计委、市财政局关于建立健全我市防震减灾计划体制及相应经费渠道的意见》(津政办〔1997〕60号)。

1998年

1月10日 河北省张北县发生6.2级地震，天津市大部分地区有震感。市地震局立即做出快速反应。市委常委、副市长曲维枝到市地震局指挥震情应急工作。

2月16日 市委常委、副市长曲维枝，市人大副主任王成怀，市政府副秘书长周思纯出席“全国宣传、贯彻《中华人民共和国防震减灾法》电视电话会议”。会后，市政府当即就推进宣传、贯彻、实施《中华人民共和国防震减灾法》的工作做出部署。

3月 国家地震局更名为中国地震局。

3月1日 市地震局与法制办、应急办等单位在市抗震纪念碑广场共同举办学习、宣传《中华人民共和国防震减灾法》咨询活动。国家地震局副局长何永年，市委常委、副市长曲维枝，市人大副主任王成怀，副市长王德惠，市政协副主席陆焕生和有关委、办、局及区政府有关领导参加。

3月14日 市委书记、市长张立昌在北京出席全国人大会议期间会见国家地震局局长陈章立，就加强大城市防震减灾工作充分交换了意见。

4 月 7 日 常务副市长李盛霖主持召开市防震减灾工作领导小组会议，会议研究确定加强防震减灾宣传、编制防震减灾规划、制定人员密集场所疏导方案、制定地震安全性评价管理办法、建立强震动观测台网以及地震台站的改扩建等事宜。副市长曲维枝、王德惠，警备区副司令员李风河，市政府副秘书长刘玉麟、周思纯以及有关部门负责人出席会议。

5 月 8 日 市地震局举行天津市防震减灾行政执法证颁发仪式。副市长王德惠、中国地震局副局长汤泉、市政府副秘书长周思纯、法制办主任张秉银、地震局局长徐德诗为全市首批取得防震减灾行政执法资格的 58 名执法人员颁发证书。

6 月 8 日 副市长梁肃在迎宾馆会见中国地震局副局长何永年一行，就贯彻落实国务院关于加强首都圈防震减灾示范工程建设进行协商。

6 月 28 日 市地震局与红桥区人民政府联合举办“家庭防震减灾知识竞赛”（决赛），中国地震局副局长汤泉、副市长梁肃、市政府副秘书长周思纯以及有关部门的领导观摩比赛，并为获奖家庭颁奖。

7 月 4 日 市长李盛森、副市长梁肃在市迎宾馆会见中国地震局局长陈章立，就推进首都圈防震减灾综合示范区工程举行工作会谈。

7 月 14 日至 8 月 5 日 市地震局组织全市各界近 8000 人参加“全国地震·防震·法规知识竞赛”活动。

7 月 15 日 副市长梁肃、副秘书长周思纯和市地震局局长徐德诗在北京参加国务院召开的“首都圈防震减灾综合示范区建设联席会议”第一次会议。

7 月 28 日 在天津市抗震纪念碑前举办“7·28 防震减灾宣传咨询活动”，市人大副主任黄其兴、副市长梁肃、市灾害防御协会会长陆焕生等出席咨询活动。

7 月 29 日 天津警备区副司令员杨冀平、李凤河一行视察市地震局。

8 月 18 日 市长李盛霖主持召开贯彻首都圈防震减灾联席会议精神，推进防震减灾示范区建设的专题会议。会议决定成立以副市长梁肃为组长、副秘书长周思纯为副组长的首都圈防震减灾示范区建设天津市执行领导小组；原则同意市地震局根据首都圈防震减灾示范区建设总体方案提出的建设目标，按程序尽快做好重点建设项目的申报立项。

9 月 8—10 日 市委宣传部、市地震局在蓟县联合召开“天津市防震减灾宣传工作交流研讨会”。中国地震局副局长汤泉出席会议并讲话；市地震局局长徐德诗做主题报告；市委宣传部副部长刘凤银出席闭幕式并讲话。

9 月 25 日 市地震局、教委、教育局、劳动局联合印发《关于进一步加强我市各级各类学校防震减灾知识宣传、教育、普及工作的通知》（津震发〔1998〕124 号）。

10 月 19 日 天津市人民政府第七次常务会议审议通过《天津市建设工程地震安全性评价管理办法》。11 月 4 日，市长李盛霖签署第六号市政府令发布实施。12 月 9 日，市地震局、法制办联合召开宣传贯彻《天津市建设工程地震安全性评价管理办法》会议。

10 月 20 日 市地震局召开全局职工大会，中国地震局副局长岳明生、人事教育司司长李友博和市委组织部、市委科技工委领导出席，大会宣布刘连柱任天津市地震局党组书记、局长。

12 月 14 日 天津市灾害防御协会召开第二次代表大会，选举产生第二届理事会、常务理事会。陆焕生当选会长。

1999 年

4 月 8 日 市长李盛霖主持召开第 14 次市长办公会议。会议原则同意市地震局关于进一步加强我市防震减灾工作的意见。副市长杨新成、夏宝龙、王德惠、俞海潮、王述祖、梁肃，秘书长陈洪江出席会议。

5 月 21 日 “天津市海河隐伏断裂活动性定量评价”项目由市计委批准立项(津计投资〔1999〕290 号)

9 月 12 日 “九五”天津数字地震遥测台网项目通过中国地震局和天津市科委组织的鉴定验收。

9 月 16 日 中国地震局局长陈章立到津检查国庆庆典和，99 天津体操世锦赛期间的震情保障工作。市长李盛霖会见陈章立一行，并就做好特殊时期的震情保障以及全面推进防震减灾十年目标交换意见。

9 月 23 日 市地震局和中国地震局工程力学研究所合作完成的《天津经济技术开发区震害预测和防震减灾对策示范工程》通过中国地震局震害防御司、天津市科委组织的鉴定验收。

11 月 11 日 市物价局、财政局联合印发《关于印发〈天津市地震安全性评价收费标准〉的通知》(津价费〔1999〕897 号)。

12 月 1—4 日 经市政府批准，市地震局局长刘连柱率代表团出席在菲律宾首都马尼拉举行的第二届国际地震与特大城市动议（EMI）研讨会，与新西兰惠灵顿市达成地震“结对城市”意向。

12 月 30 日 市政协副主席张德铨率市政协城建委部分委员到市地震局视察，观看数字遥测地震台网地震速报模拟演示和“土耳其大地震的经验教训”资料片。

是年 中国地震局授予天津市地震局“1998 年度全国地震监测预报工作先进单位”荣誉称号。

2000 年

1 月 13 日 副市长梁肃视察蓟县地震台和 GPS 基准站。

1 月 14 日 天津市重点科技攻关项目“天津及邻近地区地下流体地震预测技术研究”通过市科委组织的鉴定验收。

5 月 12 日 第二次全国防震减灾工作会议在唐山市召开，温家宝副总理代表国务院提出建立健全地震监测预报、地震灾害预防和地震紧急救援三大体系的防震减灾工作任务。天津市副市长梁肃、副秘书长周思纯，市地震局长刘连柱参加会议。

6月12日 市长李盛霖主持召开第32次市长办公会议，会议第三议题研究防震减灾工作。会议同意建立防震减灾工作联席会议制度；原则同意以政府名义批转《天津市防震减灾规划》；原则同意《天津市防震减灾条例》报市政府常务会议审议。

6月29日 市政府召开防震减灾工作会议贯彻落实第二次全国防震减灾工作会议精神，就加强地震监测预报、地震灾害预防、地震紧急救援三大工作体系建设作出部署。副市长梁肃出席会议并讲话。

7月20日 市政府调整市防震减灾工作领导小组的组成人员（津政人〔2000〕23号）。市长李盛霖任组长，常务副市长杨新成、副市长王德惠、副市长梁肃和警备区副司令员杨冀平任副组长。明确市防震减灾工作领导小组平时以市防震减灾工作联席会议形式开展工作，一旦发生破坏性地震转为抗震救灾指挥部。

12月20日 市政府办公厅转发《天津市防震减灾规划》（津政发〔2000〕80号）。

12月24日 中国地震局局长陈章立与参加国家重大科学工程中国地壳运动观测网络项目验收的国家计委、财政部、科技部有关领导和科学家考察蓟县GPS基准站。

是年 人事部和中国地震局授予天津市地震局张道口地震台“全国地震系统先进单位”荣誉称号。

2001年

2月12日 市政府第35次常务会议审议通过《天津市防震减灾条例（草案）》。

6月11—13日 以中国地震局局长陈章立为组长的国家防震减灾工作行政检查组到津检查防震减灾工作。市长李盛霖会见了陈章立一行；副市长代表市政府做汇报，市计委、建委、财政局、地震局、应急办等有关部门负责人出席汇报会。检查活动结束后，陈章立向市政府反馈了检查意见。6月21日，李盛霖在市地震局“关于国家防震减灾工作行政检查组到津检查情况的报告”在上作了“做好规划，各方努力，分步实施，常抓不懈”的批示。

7月18日 市人大常委会第26次会议审议通过《天津市防震减灾条例》并公布实施。20日，市人大常委会召开《天津市防震减灾条例》新闻发布会，人大常委会副主席王鸿江、庄公惠出席会议并讲话。26日，市人大教科文卫委、法制办、司法局、地震局联合印发《关于做好〈天津市防震减灾条例〉宣传实施工作的通知》（津震发〔2001〕55号）。28日，市委宣传部、地震局、应急办和市内六区政府在市抗震纪念碑广场联合举行贯彻实施《天津市防震减灾条例》大型宣传活动。

7月28日 天津市举行“天津市地震灾害紧急救援队成立暨授装备大会”，分管副市长为紧急救援队授旗，市政协副主席梁肃、中国地震局副局长何永年以及有关方面领导出席大会。

10月15日 市重点项目“海河隐伏断裂活动性定量评价工程”通过验收。

11 月 13—14 日 天津市和惠灵顿市共同主办的“天津—惠灵顿城市发展与减灾研讨会”在津举行。天津市市长李盛霖、分管副市长、惠灵顿市市长凯丽·彭德佳、中国地震局局长陈章立、EMI 主席方德·本迪麦尔德出席开幕式并致辞。分管副市长和凯丽·彭德佳分别作了天津、惠灵顿两市经济发展与防震减灾对策的主旨报告。新西兰驻华大使、副大使、参赞出席会议并会见了部分会议代表。

12 月 30 日 首都圈防震减灾示范区系统工程天津分项目工程通过中国地震局和天津市人民政府联合组织的竣工验收。

2002 年

1 月 25 日至 2 月 3 日 市地震局在天津市自然博物馆防震减灾宣传教育展室举办 “2002 天津市青少年防震减灾冬令营”，来自南开、河西、河北、东丽、津南、和平区的 309 名中学生参加活动。

4 月 1 日 市长李盛霖在市迎宾馆会见到津检查防震减灾工作的中国地震局局长宋瑞祥一行。

4 月 5 日 市政府副秘书长陈质枫到市地震局就推动“十五”防震减灾计划的落实与实施进行调研。

4 月 12 日 “天津断裂、沧东断裂探测与地震危险性评价”项目由市计委和市建委批准立项（津计地区〔2002〕238 号）。

5 月 14 日 市委宣传部、市地震局联合召开天津市防震减灾宣传工作会议，部署“十五”期间的防震减灾宣传工作。

6 月 1—5 日 中国地震局在津召开“全国地震台站建设工作研讨会”，中国地震局局长宋瑞祥、副局长汤泉、岳明生出席会议，与会代表考察了静海地震台、张道口地震台台站改造和建设情况。

7 月 5 日 市委宣传部、市依法治市领导小组办公室、市委科技工委和市地震局部署开展“天津市领导干部防震减灾法规知识答卷活动”。该活动历时 56 天，近 15000 名处级以上领导干部和大型企业负责人参加。

7 月 15—16 日 市人大常委会对《天津市防震减灾条例》颁布一年来实施情况开展执法检查，市人大副主任李振东、王鸿江、庄公惠、卢金发、陈洪江，市人大常委会教科文卫委、财经委、城建环保委负责人和部分市人大科技专业代表参加。

7 月 28 日 市委宣传部、地震局、应急办和市内六区政府在市抗震纪念碑广场联合举行贯彻实施《天津市防震减灾条例》大型宣传活动。

8 月 13 日 市计委、地震局联合印发《关于将地震安全性评价和抗震设防要求纳入基本建设管理程序的通知》（津计投资〔2002〕615 号），规范抗震设防审批管理。

8月21—22日 新西兰惠灵顿市副市长亚力克·肖率代表团来津进行工作访问。市长李盛霖会见代表团一行，双方就加强两市在防震减灾、文化教育等领域的合作问题进行探讨。市委常委、市总工会主席散襄军及市外办、市地震局、市教委有关领导参加会见。

11月19—22日 中国地震局和韩国地质矿产资源研究院在蓟县地震台联合举办中韩合作数字化地震台网培训班。

是年 中共中央宣传部、中国地震局授予天津市地震局“防震减灾宣传工作先进集体”荣誉称号。

2003年

1月30日 “天津奥林匹克中心体育场建设场地地震安全性评价”通过国家地震安全性评定委员会评审（中震安评〔2003〕6号），交付委托方在结构抗震设计中使用。

2月12日 市人大常委会副主任俞海潮到市地震局调研防震减灾立法和执法工作。

3月6日 副市长崔津渡听取市地震局关于“十五”地震数字观测网络项目进展情况的汇报，要求各有关单位要积极配合，确保“十五”防震减灾重点项目的顺利实施。

3月20—22日 中国地震局副局长刘玉辰到津检查防震减灾工作，视察了张道口地震台和青光地震台。

4月18日 市防震减灾工作联席会议召开第一次会议，研究部署进一步推进年度防震减灾三大工作体系建设工作，分管副市长出席并讲话，市政府副秘书长陈宗胜主持会议。

4月23—24日 宁河县七里海镇和俵口乡一带相继发生4.1、4.3和3.8级有感地震。宁河县震感强烈并伴有明显地声，中心城区普遍有震感。震后，市地震局、宁河县地震办及有关方面按照应急预案立即组织应对。24日，宁河县发生地震谣传，市地震局迅速派工作组赶赴现场，与县、乡干部一起深入地震谣传较重的乡镇，逐乡逐村做工作。同日，分管副市长会见到津检查宁河地震后震情监视工作的中国地震局副局长陈建民及地震预报专家，就震后震情监视和应急工作交换意见。

5月22日 针对5月中旬以来在全市流传的5月21日要发生7—8级大地震的谣传，市地震局编写“我市近期不会发生破坏性地震”的新闻通稿，报经审定后，由市委宣传部协调新闻媒体播发。

6月13日 市地震局召开职工大会，中国地震局党组成员、纪检组长李友博率人事司负责人到津宣布赵国敏任天津市地震局党组书记、局长，李振海任党组成员、副局长。

7月9日 市政府调整市防震减灾工作领导小组成员（津政人〔2003〕28号），市长戴相龙任新一届领导小组组长，副市长夏宝龙、陈质枫和警备区副司令员俞森海任副组长。明确市防震减灾工作领导小组设立联席会议办公室，办公室主任由市地震局局长赵国敏兼任，办公地点在市地震局。市防震减灾工作领导小组设立应急工作办公室，办公室主任由市人防办主任刘国光兼任，办公地点在市人防办。

7 月 24—31 日 市地震局组织开展以“认识有感地震与提高社区防震减灾意识”为主题的“7·28”防震减灾集中宣传活动。24 日，市地震局与今晚报《科学与生活》专栏联合推出“纪念 7·28 特刊”，刊载了《认识有感地震》《宁河地震释疑》等地震科普文章。30 日，市地震局、教委合编的《天津市中学生防震减灾知识读本》出版发行。

8 月 12 日 市地震局在全市群众性精神文明创建活动中，被天津市精神文明建设委员会命名为 2001—2002 年度市级文明机关。

10 月 12 日 市灾害防御协会组织完成的“天津市国土规划中综合防灾减灾及其对策研究”通过国土资源部组织的专家评审。

11 月 14 日 经市政府批准，成立以市地震局为组长单位，市计委、建委、农委、经委、规划局、法制办等部门参加的“天津市地震安全性评价检查领导小组”。从 11 月中旬起对全市自 2002 年 1 月 1 日以来开始立项、(预)可研、设计、施工的建设工程开展地震安全性评价专项检查。

同日 市地震局召开天津市 2004 年度地震趋势会商会，中国地震局分析预报中心副主任李志雄、研究员张永仙应邀做 2004 年全国地震形势研究报告，市政府副秘书长陈宗胜出席并讲话。

12 月 11 日 塘沽区发生 4.0 级有感地震，震区震感明显并伴有地声，全市普遍有震感，市地震局迅速组织应对。12 日，市委书记张立昌在津收阅字〔2003〕343 号《市委收文》(关于塘沽 4.0 级地震应急工作情况的报告)上批示：“要强化预测预报工作。”

是年 中国地震局授予天津市地震局“2003 年度全国地震监测预报工作先进单位”荣誉称号。

2004 年

1 月 14 日 市地震局召开地震安全性评价检查工作领导小组会议，总结地震安全性评价检查工作，研究部署加强地震安全性评价工作的措施。市计委、建委、经委、交委、商委、规划局、地震局等部门领导出席。

2 月 16 日 市人大常委会副主任俞海潮、副秘书长郝树勋率市人大教科文卫委负责人到市地震局视察。

同日 市地震局召开天津市地震活动断层探测与地震危险性评估项目设计方案论证会，中国科学院院士、中国地震局地质所研究员邓起东等参加论证。

2 月 25 日 市地震局纪检监察干部李建华在中共天津市纪律检查委员会第七次全体会议上被中共天津市纪律检查委员会、天津市监察局授予 2003 年度“天津市十佳纪检监察干部”荣誉称号。

3 月 8 日 市重点科技攻关项目“天津市中短期地震预报技术系统研究”通过市科委组织的鉴定验收。

4 月 21 日 市政府召开防震减灾工作联席会议，分管副市长出席并讲话，陈宗胜副秘书长主持会议。

5 月 19 日 市政府第 27 次常务会议审议通过《〈天津市防震减灾条例〉修正案（草案）》。

7 月 20—21 日 第三次全国防震减灾工作会议在北京召开，分管副市长率全市地震、建设、民政部门的负责人参加。会议期间，分管副市长与中国地震局局长宋瑞祥举行工作会晤，就加强本市防震减灾工作交换意见。

7 月 28 日 市委宣传部、地震局、河西区政府联合主办，市内其他五区政府协办的纪念唐山地震 28 周年大型宣传咨询活动在河西区佟楼公园举行。市人大副主任梁肃、分管副市长、市政协副主席周绍熹、中国地震局副局长赵和平等领导到活动现场参加咨询。

8 月 27 日 市委宣传部、地震局组织召开媒体防震减灾宣传工作交流研讨会，天津电视台、广播电台、天津日报社、今晚报社、每日新报社和城市快报社等媒体的领导、记者和编辑出席了会议。

10 月 13—15 日 天津市与新西兰惠灵顿市在新西兰惠灵顿市联合举行“城市发展与减灾研讨会”，分管副市长和惠灵顿市副市长亚历克 肖出席。会议期间，两市政府签署《关于天津城市生命线工程及地震危害性分析项目发展的谅解备忘录》，发表《天津市人民政府和惠灵顿市政府联合公报》。

10 月 18 日 市地震局作为首批具有行政审批职能的市级政府职能部门之一，入驻市行政许可服务中心。

11 月 5 日 市政府召开天津市防震减灾工作会议，传达贯彻第三次全国防震减灾工作会议和回良玉副总理重要讲话精神，研究部署当前和今后一个时期的防震减灾工作。分管副市长出席并讲话，市政府副秘书长陈宗胜主持会议。

11 月 17 日 市地震局召开天津市 2005 年度地震趋势会商会，中国地震台网中心副主任张晓东应邀到会作报告，市政府副秘书长陈宗胜出席并讲话。

11 月 18 日 市地震局在河西区挂甲寺街鹤望里社区开展震灾避险进社区活动，全市 18 个区县地震工作机构的负责同志 30 余人应邀到场观摩。

12 月 6—8 日 以中国地震局副局长岳明生为组长，由国务院办公厅、国家发改委、民政部、安监局和中国地震局组成的全国地震应急工作检查组，对本市地震应急工作进行检查。

12 月 21 日 天津市第十四届人大常委会第十六次会议审议通过《天津市防震减灾条例（修正案）》。

2005 年

1 月 14 日 宝坻区黄庄洼农场发生 $M_L3.2$ 地震，震中地区震感较强，宝坻城区部分群众有震感。中国地震局副局长岳明生在《地震局值班信息》上作“密切注视震情，加强分析研究”的批示；市委秘书长王文华、市政府分管副市长、市政府副秘书长陈宗胜等领导打电话询问震情，作出指示。

1 月 21 日 “天津市防震减灾规划编制工作领导小组”成立。市政府副秘书长陈宗胜任组长，地震局局长赵国敏任副组长，市委宣传部、发展和改革委员会、城市建设管理委员会、教育委员会、财政局、规划与国土资源管理局、民政局、安全生产监督管理局、人防办分管领导为成员。

2 月 3 日 分管副市长在迎宾馆会见到津检查春节期间震情监视工作的中国地震局局长陈建民一行，双方就进一步加强天津市防震减灾工作交换了意见。

3 月 27—30 日 应日本兵库县政府邀请，由地震、消防、人防、气象等部门组成“天津市防震减灾、震后重建经验交流赴日考察团”，出席在日本神户举行的“阪神淡路大地震震后重建纪念会”。

4 月 5 日 市地震局与市经济技术开发区就共同建设天津市滨海地震监测预警中心举行签字仪式，市地震局局长赵国敏和经济技术开发区管委会主任李勇分别在协议书上签字。

4 月 21 日 市政府召开市防震减灾工作联席会议，传达国务院防震减灾工作联席会议精神，研究和部署当前以及今后一段时期全市防震减灾工作。分管副市长出席会议并讲话，市地震局作主题报告，市发改委就区县防震减灾“十一五”规划的编制工作做出具体安排。会议由市政府副秘书长陈宗胜主持。

4 月 30 日 市政府印发《关于加强防震减灾工作的通知》（津政发〔2005〕035 号），贯彻落实全国防震减灾工作会议和市防震减灾工作会议精神，部署全面加强全市防震减灾工作。

8 月 12 日 市政府副秘书长陈宗胜主持召开天津市防震减灾“十一五”规划编制领导小组会议，讨论通过《天津市防震减灾“十一五”规划（讨论稿）》。16 日，市委副书记、常务副市长听取关于编制防震减灾“十一五”规划的汇报。

9 月 15 日 天津市地震台网中心大楼基建工程举行开工奠基仪式。

9 月 20 日 天津市灾害防御协会召开第三次代表大会。大会听取并审议通过第二届理事会工作报告、修改章程报告，选举产生第三届理事会和常务理事会。市委常委、副市长孙海麟当选本届理事会会长。

11 月 17 日 市发改委组织召开天津市防震减灾规划专家论证会，国家防震减灾规划编制领导小组组长汤泉出席，并作为规划评审专家组组长主持完成天津市防震减灾规划的论证。中国地震局副局长修济刚出席论证会并讲话。

2006 年

3 月 27 日 天津市人民政府办公厅转发市地震局《关于认真做好 2006 年防震减灾工作意见的通知》（津政办发〔2006〕17 号）。

4 月 7 日 市政府召开市防震减灾工作联席会议。市委常委、分管副市长出席并讲话，市政府副秘书长陈宗胜主持会议。

4 月 18 日 天津市人民政府印发《天津市突发公共事件总体应急预案》（津政发〔2006〕36 号），将《天津市地震应急预案》列为与之配套的专项预案。

7 月 4 日 河北省文安县发生 5.1 级地震，全市普遍有震感，市地震局迅速组织应对。

7 月 26 日 天津市召开纪念唐山地震抗震救灾 30 周年座谈会，市委副书记邢元敏、中国地震局副局长修济刚、市委常委、市委科技工委书记陈超英、副市长陈质枫、市政协副主席王家瑜、天津警备区副司令员王建盈等领导及各界代表出席。同日，在天津大礼堂前广场举行了“天津市纪念抗震救灾 30 周年”主会场宣传活动。

8 月 29 日 市政府批转《天津市防震减灾第十一个五年规划》（津政发〔2006〕75 号）等 12 个专项规划。

9 月 29 日 市政府印发《关于调整天津市防震减灾工作领导小组应急工作办公机构的通知》（津政人〔2006〕032 号），决定市防震减灾工作领导小组下设的应急工作办公室调整为市防震减灾工作领导小组办公室，办公室设在市地震局，负责防震减灾的组织、协调和管理工作。

11 月 15 日 市委副书记邢元敏到市地震局调研，听取工作汇报并视察了市地震台网中心大楼工程。

2007 年

6 月 5 日 天津市政府办公厅转发市地震局、市建委、市农委《关于我市农村民居地震安全工程实施意见的通知》（津政办发〔2007〕52 号）。

6 月 12 日 市地震局会同市委宣传部、市教委、市科委印发《关于创建防震减灾科普示范学校活动的通知》（津震发〔2007〕53 号），对防震减灾科普示范学校建设工作做出全面部署。

7 月 3 日 市质量技术监督局发布《应急避难场所标志》地方标准（DB12/330—2007）。

7 月 28 日 天津市第一批 28 个应急避难场所公布并立牌。

10 月 29 日 《天津市活断层探测与地震危险性评价》工程通过中国地震局验收。

10 月 31 日 “十五”中国数字地震观测网络项目天津市数字测震台网工程、天津市数字地震前兆台网工程、天津市地震信息服务系统建设工程通过中国地震局验收。

12 月 28 日 “十五”中国数字地震观测网络项目天津市数字强震动台网建设工程通过中国地震局验收。

是年 天津市政府办公厅授予天津市地震局“天津市科普工作先进单位”荣誉称号。

2008年

1月29日 市政府副秘书长李福海到中国地震局对国家地震灾害紧急救援队参与蓟县山体滑坡救援行动表示感谢。中国地震局副局长赵和平会见李福海，双方就建立应急救援联动机制和进一步加强紧急救援合作进行交流。

3月11日 市政府召开市防震减灾工作联席会议，副市长王治平出席会议并讲话，市政府副秘书长王志铭主持会议。

5月4日 《天津市汉沽区城区地震小区划报告》通过国家地震安全性评定委员会和市地震安全性评定委员会评审。

5月12日 四川省汶川县发生8.0级地震，全市普遍有震感。震后，市地震局立即启动应急预案，进入应急工作状态。市委副书记、市长在市地震局《地震快讯》上批示："高度关注汶川县地震发生后的情况及趋势，监测我市及周边地区地震可能性。"

5月13日 市委书记张高丽主持召开市委常委扩大会议，部署支援汶川抗震救灾工作。

5月14日 以市地震局副局长李振海为队长的天津市地震现场应急工作队赴四川地震灾区支援现场地震工作。

5月17日 市地震灾害紧急救援队抵达北川地震灾区投入救援工作。

5月22日 副市长王治平主持召开《天津市地震应急预案》修订工作专题会议。要求结合汶川地震应急工作，完善地震应急预案，提高可操作性，做到应急工作有序、有力、有效。

6月12日 中共天津市委召开天津市支援抗震救灾工作暨表彰先进党组织、优秀共产党员大会。市委书记张高丽出席并讲话。市地震局地震现场应急工作队临时党支部被授予"天津市支援抗震救灾先进党组织"荣誉称号，并在大会上汇报了先进事迹。

同日 市人大常委会副主任李亚力、李润兰率部分市人大常委会组成人员和市人大代表到市地震局进行调研，考察地震台网中心和地震应急指挥中心。

7月10日 市地震局会同应急办、发改委、民政局、安监局、公安局、奥足办组成联合检查组，对天津奥林匹克中心体育场和官员、运动员、记者下榻的酒店进行了地震应急保障措施检查。

7月14日 市地震局举办"公共安全与地震应急避险"为主题的地震应急知识培训班，对承接新闻媒体记者下榻的天津君豪酒店200余名员工进行培训，中国地震局地球物理研究所研究员张少泉讲解地震知识和公共安全理念与自我保护意识。

7月26日 长虹公园应急避难场所落成启用，副市长王治平及各有关委办局负责人出席落成仪式。

8月12日 天津市发展和改革委员会批准"天津近海海域隐伏活动断层探测和地震危险性评价"项目立项。

8月13日 副市长王治平在政府会议楼会见到津检查指导奥运地震安全保障工作的中国地震局局长陈建民一行，双方就进一步加强天津市防震减灾工作交换意见。

9月8日 市长主持召开市政府第14次常务会议，审议通过新修订的《天津市地震应急预案》。

11月25日 市国防动员委员会以天津市某地发生7.1级地震灾害为背景，组织开展应对重大自然灾害快速动员网上指挥演练。市委副书记、市长、市国防动员委员会主任下达演练命令。中央军委委员、国务委员兼国防部长、国家国防动员委员会常务副主任梁光烈亲临会议并现场指导演练。

2009年

3月24日 天津市政府召开全市防震减灾工作联席会议。副市长王治平出席会议并讲话，天津警备区副司令员李德生出席会议。会议由市政府副秘书长王志铭主持。

4月10日 天津市国土资源和房屋管理局向天津市地震灾害防御中心下达了“滨海新区主要断裂及其活动性探测与研究”的项目任务书。

4月22日 中国地震局、国务院法制办等联合召开全国贯彻实施《中华人民共和国防震减灾法》电视电话会议。市地震局、市政府法制办公室、市建设管理委员会、市民政局、市卫生局等部门负责同志和各区县政府法制办公室、地震办公室负责人出席天津分会场会议。

5月8日 天津市“12322”防震减灾公益服务热线正式开通。

5月10日 天津市“5·12”防灾减灾日系列宣传活动启动仪式在天津大礼堂前广场隆重举行。市人大常委会副主任李亚力，副市长王治平，市政协副主席陈质枫出席启动仪式。

5月12日 市地震局、灾害防御协会、地震学会联合举办《汶川地震研究与思考》研讨会，围绕地震监测预报、汶川地震机理、汶川地震震害特点、国内外应急救援、灾后重建规划等方面进行广泛的交流和研讨，并对加强和完善天津市防灾减灾工作提出对策建议。

6月6日 天津市地壳运动观测网络建设工程开工仪式在宁河地震台举行。

7月19日 市地震局、市科委、市教委、天津电视台联合在天津电视台大演播厅举办天津市家庭防震减灾知识竞赛决赛，和平区、红桥区、东丽区、塘沽区、汉沽区和蓟县的6个家庭代表队参加了决赛。中国地震局副局长阴朝民、市政府副秘书长王志铭出席竞赛活动并为获奖队伍颁奖。

8月5日 中国地震局主办、天津市地震局承办的全国防震减灾知识竞赛东部赛区比赛活动在天津举行，北京市、天津市、河北省等11个代表队参加比赛。

8月20日 市政府办公厅转发市教委拟定的《天津市中小学校舍安全工程实施意见的通知》（津政办发〔2009〕120号）。

8月19日 市地震局和市应急办向市政府提出开展全市性地震灾害应急综合演练的建议。24日，市长作出批示，同意举行天津市重大地震灾害应急演练。

10 月 13 日 市政府召开 2009 天津市重大地震灾害应急演练工作部署会议，市地震局、市应急办等参演单位有关负责人参加会议。王治平副市长出席会议作重要讲话，副秘书长王志铭主持。市地震局局长赵国敏介绍应急演练方案，市应急办方秋明副主任介绍演练安排事项。

10 月 24 日 “2009 天津市重大地震灾害应急演练”在天津警备区教导大队训练场举行，武警、公安、消防、卫生、通信、地震等 23 个单位共计 2400 余人参加演练。副市长王治平、警备区副司员李德生、市政府秘书长李泉山指挥并参加演练；国务院应急办副主任王守兴、中国地震局副局长阴朝民应邀观摩。

11 月 24 日 市地震局召开天津市防震减灾“十二五”规划编制工作会议。

是年 中国地震局授予天津市地震局“奥运地震安全保障工作先进单位”荣誉称号。

是年 中国地震局授予天津市地震局“2008 年度全国地震应急救援工作先进单位”荣誉称号。

2010 年

3 月 30 日 市政府召开防震减灾工作会议，副市长王治平出席会议并讲话，副秘书长王志铭主持会议。

5 月 12 日 全市“5・12”防灾减灾日系列宣传活动启动仪式在河西区友谊路街谊景村社区举行，谊景村社区 500 余名社区居民参加启动仪式。

5 月 17 日 市地震局与天津人民广播电台滨海频道合作开设的《防震减灾知识在线课堂》专栏开播。该专栏围绕地震基本知识、地震监测预报、震灾预防、地震应急救援、法律法规等内容，通过知识讲座、专家问答等形式，全面系统地宣传普及防震减灾知识。

7 月 27 日 “7・28”防震减灾宣传周系列活动启动仪式在和平区胜利公园举行。

9 月 17 日 市地震局组织召开天津市防震减灾“十二五”规划专家咨询会，邀请全国地震系统专家对《天津市防震减灾“十二五”规划》进行咨询和论证。

11 月 11 日 市人大常委会副主任李亚力、市人大教科文卫委员会主任委员程津新及部分市人大代表到滨海新区就天津市防震减灾条例立法进行调研。

12 月 1 日 市地震局召开市地震灾害紧急救援队工作会议，重点研究联动、培训演练、信息通报、应急响应等有关制度建设方案。

12 月 7 日 天津市人民政府印发《天津市人民政府关于进一步加强我市防震减灾工作的意见》（津政发〔2010〕50 号）。

12 月 28 日 天津市人民政府第 63 次常务会议审议通过《天津市防震减灾条例(修订草案)》。

第一篇

地震活动、地震地质与地震区划

地震活动、地震地质与地震区划是地震工作的基础史料，本篇分别记述地震活动、地震地质与地震区划方面的史料。1995 年出版的《天津通志・地震志》已记述 1990 年以前的地震活动情况，本续志记述 1991—2010 年地震活动情况。1995 年出版的《天津通志・地震志》对地震地质、地震区划史料进行了全面、系统、细致的记述，本续志在原有的基础上进行了缩编，并根据 1991—2010 年期间新的工作成果和认识，进行补充和修正。

第一章　地震活动

自 20 世纪 60 年代以来，华北地震活动显示出较明显的准周期活动特征。1966—1977 年强震活跃，其间在邢台、河间、渤海、海城、唐山等地先后发生了 7 次 6—7 级地震。1978—1988 年地震活动相对平静，除强震区余震外，5 级以上地震共发生 6 次，最大为山东菏泽 6.0 级地震；1989—2000 年中强地震活跃，先后在大同、包头、张北等地发生 12 次 5 级以上地震，其中 6 级以上地震 3 次；2001—2010 年地震活动较为平静，仅在河北文安发生 1 次 5.1 级地震。

天津及邻近地区（北纬 38°30′—40°18′，东经 116°36′—118°06′）作为华北地质构造区的一部分，其地震活动趋势及总体水平直接受其控制、影响。1991—2010 年天津市及邻近地区地震活动与华北地震活动基本相符，较为平静，共发生 M_L≥1.0 级地震 1134 次，其中 M_L3.0 至 M_L3.9 地震 23 次；M_L4.0 至 M_L4.9 地震 6 次，最大地震为 1992 年 7 月 22 日宁河 M_L4.9 地震。

第一节　地震活动综述

1991—2010 年天津市及邻近地区（北纬 38°30′—40°18′，东经 116°36′—118°06′）共发生 1134 次 M_L≥1.0 级地震，其中的 699 次地震发生在天津市行政区范围内。

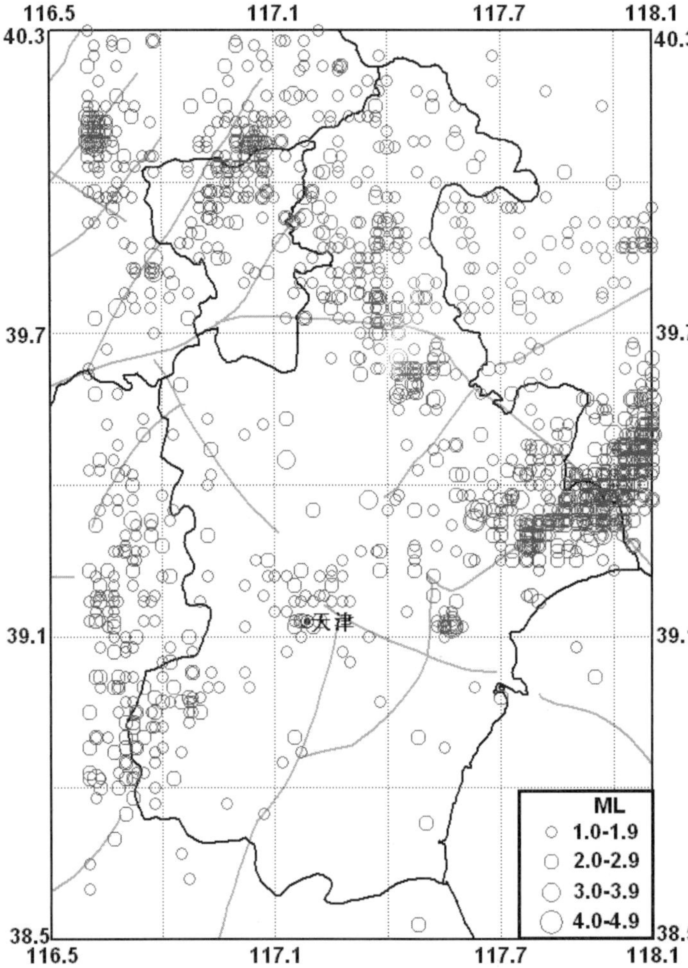

图 1-1-1-1 1991—2010 年天津市及邻近地区 M_L≥1.0 级地震空间分布图

天津市行政区范围内的地震，1999—2001 年的地震频次比较低，都在 20 次/年以下；而 2003 年和 2004 年的地震频次较高，都在 80 次/年左右，主要发生在宁河和塘沽一带，其中 2003 年发生了 2 次显著性地震事件，一次是 4 月的宁河地震序列，另一次是 12 月的塘沽地震序列。2003 年 4 月 23 日至 24 日宁河连续发生了 M_L4.1 级、M_L4.3 级、M_L3.8 级地震，震时，天津市大部分地区明显有震感，震中烈度达到Ⅴ度。2003 年 12 月 11 日在塘沽发生了 M_L4.0 级地震。震时，天津市大部分地区明显有震感，北京市和河北省的少数居民有轻微震感。

1991—2010 年天津市及邻近地区 M_L≥1.0 级地震年频次

表 1-1-1-1

年份	1991	1992	1993	1994	1995	1996	1997	1998	1999	2000
天津及邻区	76	88	66	63	70	149	87	58	44	51
天津行政区	34	38	31	34	35	37	22	24	15	19
年份	2001	2002	2003	2004	2005	2006	2007	2008	2009	2010
天津及邻区	37	91	155	106	69	77	80	71	78	86
天津行政区	19	40	87	79	40	25	31	27	28	34

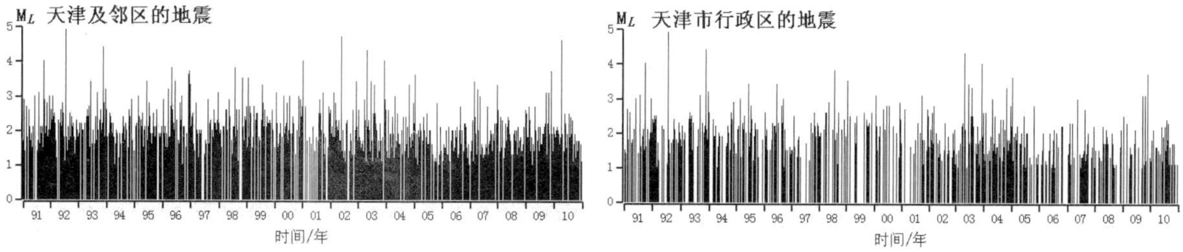

图 1-1-1-2　1991—2010 年天津市及邻近地区和天津市行政区 $M_L \geq 1.0$ 级地震 M—t 图

1991—2010 年天津市及邻近地区 $M_L \geq 1.0$ 级地震的 b 值为 0.86；天津市行政区范围内地震的 b 值为 0.80。

1991—2010 年天津市及邻近地区 $M_L \geq 1.0$ 级地震不同震级档次统计

表 1-1-1-2

年 / 震级 M_L	1991	1992	1993	1994	1995	1996	1997	1998	1999	2000
1.0—1.9	45	49	32	45	44	92	59	26	21	27
2.0—2.9	24	36	30	28	24	45	27	30	21	20
3.0—3.9	4	2	3	0	2	12	1	2	2	4
4.0—4.9	3	1	1	0	0	0	0	0	0	0
地震总数	76	88	66	63	70	149	87	58	44	51
最大震级	4.0	4.9	4.4	2.9	3.4	3.8	3.1	3.8	3.5	3.1
年 / 震级 M_L	2001	2002	2003	2004	2005	2006	2007	2008	2009	2010
1.0—1.9	24	72	126	89	56	69	65	60	61	72
2.0—2.9	12	16	22	16	14	13	13	13	16	13
3.0—3.9	1	2	6	2	1	0	4	0	3	1
4.0—4.9	1	1	3	0	0	0	0	0	0	1
地震总数	38	91	157	107	71	82	82	73	80	87
最大震级	4.0	4.7	4.3	3.3	3.6	2.7	3.4	2.6	3.7	4.6

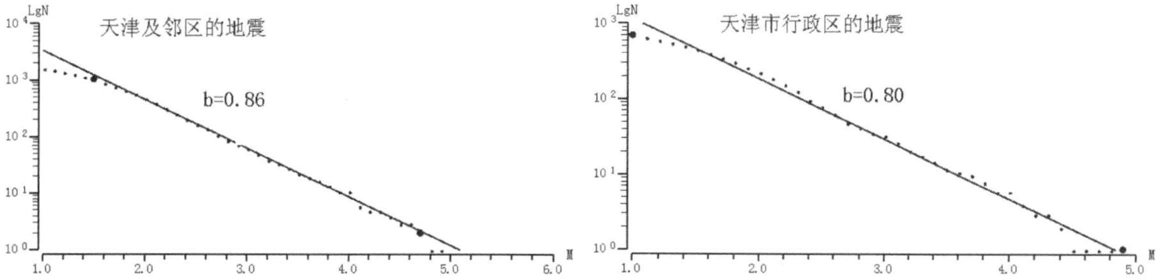

图 1-1-1-3　1991—2010 年天津市及邻近地区和天津市行政区 $M_L \geq 1.0$ 级地震 G—R 关系

第二节 天津市M_L3.0以上地震

本节所记述的地震震级采用里氏震级（M_L），又称为近震震级或地方震震级。1991—2010 年天津市行政区域内共计发生 M_L3.0 级以上地震 27 次，均属于中小（地）震，其中：M_L3.0 级至 M_L3.9 级地震 22 次；M_L4.0 级至 M_L4.9 级地震 5 次。1991—2010 年天津市行政区域内最大地震是 1992 年 7 月 22 日发生在宁河县城与汉沽区交界处的 M_L4.9 级地震。

1. 1991 年 6 月 1 日宁河 M_L3.0 级地震

发震时刻：16 时 3 分；震中坐标：北纬 39°32′，东经 117°45′；参考地点：宁河县芦台农场；地震震级：M_L3.0。

地震发生时当地有震感。

2. 1991 年 8 月 1 日汉沽 M_L3.1 级地震

发震时刻：3 时 13 分；震中坐标：北纬 39°18′，东经 117°46′；参考地点：汉沽区大田庄；地震震级：M_L3.1。

地震发生时当地有震感。

3. 1991 年 10 月 5 日宁河 M_L4.0 级地震

发震时刻：5 时 44 分；震中坐标：北纬 39°18′，东经 117°57′；参考地点：宁河县汉沽农场；地震震级：M_L4.0。

地震发生时当地强烈有感。

4. 1991 年 12 月 16 日蓟县 M_L3.0 级地震

发震时刻：1 时 23 分；震中坐标：北纬 39°48′，东经 117°30′；参考地点：蓟县；地震震级：M_L3.0。

地震发生时当地有震感。

5. 1992 年 7 月 21 日蓟县 M_L3.2 级地震

发震时刻：23 时 58 分；震中坐标：北纬 39°55′，东经 117°24′；参考地点：蓟县上仓；地震震级：M_L3.2。

地震发生时当地有震感。

6. 1992 年 7 月 22 日宁河 M_L4.9 级地震

发震时刻：5 时 43 分；震中坐标：北纬 39°16′，东经 117°55′；参考地点：宁河县城以东与汉沽区交界处；地震震级：M_L4.9。该震是唐山老震区西南端自1987年以来较强的一次余震活动。

地震发生时伴有地声，宁河、汉沽及塘沽地区震感强烈，社会影响较大。

7. 1993年11月18日宝坻 M_L4.4级地震

发震时刻：7时5分；震中坐标：北纬39°36′，东经117°27′；参考地点：宝坻县黄庄洼农场；地震震级：M_L4.4。

地震发生时当地有震感。

8. 1993年12月24日宁河 M_L3.2级地震

发震时刻：10时16分；震中坐标：北纬39°22′，东经117°52′；参考地点：宁河县汉沽农场；地震震级：M_L3.2。

地震发生时当地有震感。

9. 1995年2月20日宁河 M_L3.0级地震

发震时刻：6时29分；震中坐标：北纬39°18′，东经117°58′；参考地点：宁河县汉沽农场；地震震级：M_L3.0。

地震发生时当地有震感。

10. 1995年6月15日蓟县 M_L3.4级地震

发震时刻：15时45分；震中坐标：北纬39°55′，东经117°10′；参考地点：蓟县桑梓；地震震级：M_L3.4。

地震发生时当地有震感。

11. 1996年6月20日宝坻 M_L3.4级地震

发震时刻：8时13分；震中坐标：北纬39°39′，东经117°25′；参考地点：宝坻县黑狼口；地震震级：M_L3.4；震源深度：14千米。

震中位于宝坻县东南王卜庄乡，震时王卜庄乡龙虎村等地强烈有感。

12. 1996年9月11日宝坻 M_L3.0级地震

发震时刻：14时40分；震中坐标：北纬39°34′，东经117°25′；参考地点：宝坻县黄庄洼农场；地震震级：M_L3.0。

地震发生时当地有震感。

13. 1998年7月28日蓟县 M_L3.8级地震

发震时刻：7时30分13秒；震中坐标：北纬39°52′，东经117°16′；参考地点：蓟县尤古庄；地震震级：M_L3.8；震源深度：5千米。

地震发生时当地有震感。

14. 1999年1月20日宁河 M_L3.5级地震

发震时刻：14时13分26秒；震中坐标：北纬39°19′，东经117°57′；参考地点：宁河县汉沽农场；地震震级：M_L3.5；震源深度：5千米。

地震发生时当地有震感。

15. 2000年1月26日蓟县 M_L3.1级地震

发震时刻：16时21分37秒；震中坐标：北纬40°04′，东经117°34′；参考地点：蓟县马伸桥；地震震级：M_L3.1。

此次地震震源较浅，当地震感较为强烈，震时伴有地声。

16. 2001年9月28日武清 M_L3.1级地震

发震时刻：16时37分11秒；震中坐标：北纬39°12′，东经117°07′；参考地点：武清区拾棉庄；地震震级：M_L3.1。

地震发生时当地有震感。

17. 2003年4月23—24日宁河 M_L4.1、4.3和3.8级地震

2003年4月23日21时45分、24日2时39分和16时15分，在宁河县七里海镇和俵口乡一带相继发生4.1、4.3和3.8级有感地震。

最大震级：M_L4.3；震中位置：北纬39°21′，东经117°39′；震中烈度：Ⅴ度；参考地点：七里海镇和俵口乡；震源深度：23千米。

地震发生时宁河县震感强烈并伴有明显地声，中心城区及其他区县普遍有震感，引起部分群众恐慌，造成较大社会影响。

18. 2003年6月22日武清 M_L3.4级地震

发震时刻：10时38分49秒；震中坐标：北纬39°22′，东经117°21′；参考地点：武清区上马台；地震震级：M_L3.4；震源深度：10千米。

地震发生时当地有震感。

19. 2003年8月1日宝坻 M_L3.3级地震

发震时刻：8时11分21秒；震中坐标：北纬39°39′，东经117°31′；参考地点：宝坻区林亭口镇；地震震级：M_L3.3；震源深度：15千米。

地震发生时当地有震感。

20. 2003年12月11日塘沽 M_L4.0级地震

发震时刻：12月11日22时48分48秒；震中位置：北纬39°07′，东经117°34′；参考地点：塘沽区永河村；地震震级：M_L4.0；震源深度：16千米。

地震发生后，原震区 24 小时内又连续发生 3 次 M_L≥3.0 地震，即：当日 22 时 49 分 M_L3.7 地震、23 时 14 分 M_L3.3 地震和次日 10 时 57 分 M_L3.2 地震。截至 27 日 22 时震区共发生 M_L≥1.0 地震 26 次，其中：M_L1.0—1.9 地震 19 次，M_L2.0—2.9 地震 3 次，M_L3.0—3.9 地震 3 次，M_L4.0 地震 1 次。

地震发生时，塘沽区明显有震感；中心城区及其他区县普遍有震感；北京市和河北省少数居民轻微有震感。地震发生时震区震感明显并伴有地声，创业村村民普遍有上下颠的感觉，个别村民跑到户外。

21. 2004 年 5 月 5 日宁河 M_L3.0 级地震

发震时刻：8 时 55 分 24 秒；震中坐标：北纬 39°19′，东经 117°37′；参考地点：宁河县任凤庄；地震震级：M_L3.0；震源深度：20 千米。

地震发生时当地有震感。

22. 2004 年 11 月 2 日宝坻 M_L3.3 级地震

发震时刻：10 时 34 分 54 秒；震中坐标：北纬 39°36′，东经 117°28′；参考地点：宝坻区黄庄洼农场；地震震级：M_L3.3；震源深度：15 千米。

天津市部分地区有震感。

23. 2005 年 1 月 14 日宝坻 M_L3.2 级地震

发震时刻：00 时 11 分 46 秒；震中坐标：北纬 39°34′，东经 117°31′；参考地点：宝坻区黄庄洼农场；地震震级：M_L3.2；震源深度：13 千米。

震中地区震感较强，震时伴有地声。宝坻区林亭口镇、八门城乡、黄庄乡、大钟镇、王卜庄镇、新安镇等普遍有震感，宝坻城区部分群众有震感，宁河县临近宝坻的部分乡镇有震感。

24. 2007 年 5 月 13 日宁河 M_L3.0 级地震

发震时刻：12 时 38 分 42 秒；震中坐标：北纬 39°21′，东经 117°55′；地震震级：M_L3.0；参考地点：宁河汉沽农场。

地震发生时当地有震感。

25. 2009 年 9 月 25 日汉沽 M_L3.1 级地震

发震时刻：7 时 42 分 8 秒；震中坐标：北纬 39°16′，东经 117°46′；地震震级：M_L3.1；参考地点：汉沽区大田庄；震源深度：13 千米。

地震发生时当地有震感。

26. 2009 年 10 月 30 日汉沽 M_L3.1 级地震

发震时刻：3 时 2 分 22 秒；震中坐标：北纬 39°16′，东经 117°46′；地震震级：M_L3.1；参考地点：汉沽区大田庄；震源深度：5 千米。

地震发生时当地有震感。

27. 2009 年 11 月 22 日宁河 M_L3.7 级地震

发震时刻：17 时 9 分 56 秒；震中坐标：北纬 39°28′，东经 117°48′；参考地点：宁河县宁河镇；地震震级：M_L3.7；震源深度：15 千米。

此次地震震中距宁河县城约 12 千米。宁河县、汉沽区有震感，其中芦台农场震感较强，许多人跑到了街上。南开区、河东区、和平区个别人有震感。据宁河当地群众反映，地震过程中听到隆隆的地声。

第三节　波及天津造成影响的地震

本节所记述的地震采用面波震级（M 震级）。1991—2010 年天津市行政区外发生的波及天津市造成有感或部分有感的地震 20 次。唐山老震区、天津市周边地区及渤海海域发生的波及天津的地震 17 次，影响较大的有 1991 年 5 月 29 日唐山 4.8 级地震、1991 年 5 月 30 日唐山 5.1 级地震、1995 年 10 月 6 日滦县雷庄 4.9 级地震、1998 年 4 月 14 日唐山 4.7 级地震、2004 年 10 月 11 日渤海海域 3.6 级地震和 2006 年 7 月 4 日文安 5.1 级地震等。距天津市数百千米范围内发生波及天津的地震有 2 次，即 1998 年 1 月 10 日张北 6.2 级地震和 2003 年 8 月 16 日内蒙巴林左旗 5.9 级地震。距天津市上千千米范围内发生波及天津的地震有 1 次，即 2008 年 5 月 12 日汶川 8.0 级地震。上述地震波及天津时，除造成普遍有震感或部分区域有震感外，均未对天津市造成破坏。

1. 1991 年 5 月 29、30 日唐山 4.8、5.1 级地震

1991 年 5 月 29 日和 30 日河北省唐山老震区发生 M4.8 和 M5.1 晚期强余震。4.8 级地震的微观震中在北纬 39°43′，东经 118°18′；5.1 级地震的微观震中在北纬 39°41′，东经 118°16′。两次地震的宏观震中均位于古冶西南约 5 千米的刁家套乡东李家套村附近，与微观震中较一致。震中烈度为Ⅶ度。有感范围北至秦皇岛、遵化一带，西至遵化、玉田、天津，南至天津到渤海一带。

震时天津市明显有震感。

2. 1995 年 10 月 6 日滦县雷庄 4.9 级地震

发震时刻：6 时 26 分 52 秒；震中位置：北纬 39°40′，东经 118°20′；地震震级：M4.9；震源深度：5 千米；参考地点：河北滦县雷庄。

震时天津市普遍有震感。

3. 1998 年 1 月 10 日张北 6.2 级地震

发震时刻：11 时 50 分 37 秒；震中位置：北纬 41°09′，东经 114°27′；参考地点：张北县大河乡与海流图乡之间；地震震级：M6.2；震中烈度：Ⅷ度；震源深度：10 千米。张北 6.2 级地震波及范围较大，西至包头、呼和浩特，东到秦皇岛、天津，南至石家庄、太原，都有震感。

地震发生时天津市有震感。

4. 1998 年 4 月 14 日唐山 4.7 级地震

发震时刻：10 时 47 分 48 秒；震中位置：北纬 39°41′，东经 118°28′；地震震级：M4.7；参考地点：河北唐山。

震时天津市市区普遍有震感。

5. 2000 年 6 月 25 日唐山古冶 3.9 级地震

发震时刻：14 时 39 分 44 秒；震中位置：北纬 39°49′，东经 118°20′；地震震级：M3.9（M_L4.4）；参考地点：河北唐山古冶。

震时天津市有震感。

6. 2001 年 7 月 16 日泊头 4.2 级地震

发震时刻：12 时 21 分，震中位置：北纬 39°49′，东经 118°20′；地震震级：M4.2；参考地点：河北省沧州泊头。

天津市部分地区有震感，社会影响较大。

7. 2002 年 5 月 19 日丰南 4.7 级地震

发震时刻：07 时 09 分 20 秒；震中位置：北纬 39°22′，东经 117°59′；地震震级：M4.7；参考地点：河北丰南。

天津东北部区县及市区局部有震感。

8. 2003 年 8 月 16 日内蒙巴林左旗 5.9 级地震

发震时刻：18 时 58 分 42 秒；震中位置：北纬 43°54′，东经 119°42′；地震震级：M5.9；参考地点：巴林左旗白音沟乡与阿鲁科尔沁旗乌兰哈达乡之间；震中烈度：Ⅷ度。

此次地震距离天津市约 500 千米，震时中心城区以及塘沽区、西青区居住在高层建筑和处于静止状态的居民有轻微震感。

9. 2004 年 1 月 20 日滦县 5.0 地震

发震时刻：16 时 34 分 11 秒；震中位置：北纬 39°44′，东经 118°47′；地震震级：M5.0（M_L5.4）；参考地点：河北滦县。

天津市有震感。

10. 2004 年 10 月 11 日渤海海域 3.6 级地震

发震时刻：9 时 55 分 18 秒；震中位置：北纬 38°20′，东经 118°13′；地震震级：M3.6（M_L4.1）；

震源深度：10千米。

震中距天津市65千米，地震发生时，天津市塘沽区及市内部分高层建筑少数居民有轻微震感。

11. 2006年5月3日唐山连续发生3.4、3.7级地震

5月3日21时53分40秒和22时2分25秒在河北唐山分别发生M3.4和M3.7地震，震源深度分别为11千米和15千米。震中位置：北纬39º46′，东经118º27′；参考地点：河北唐山。

地震发生时天津市普遍有震感。

12. 2006年7月4日文安5.1级地震

发震时刻：11时55分；震中位置：北纬38º54′，东经116º17′；地震震级：M5.1；震源深度：19.3千米；参考地点：河北省文安。京、津、冀震感显著。

此次地震距天津市界约40千米，震时全市各区县普遍有震感，其中静海、和平、南开、河北、河东、红桥、河西、北辰、塘沽、西青、宝坻等区县震感较强。

13. 2008年3月11日卢龙3.9级地震

发震时刻：4时24分17秒；震中位置：北纬39º54′，东经118º54′；地震震级：M3.9；震源深度：12千米；参考地点：河北省卢龙。

地震发生时天津市局部有震感。

14. 2008年5月12日汶川8.0级地震

发震时刻：14点28分04秒；震中位置：北纬31º00′，东经103º24′；地震震级：M8.0；震中烈度：11度；震源深度：14千米；参考地点：四川省汶川县映秀镇。

此次地震距天津市约1500千米，由于震级较大，仍造成全市普遍有震感，其中北方金融大厦、今晚大厦等高层建筑震感强烈。

15. 2009年4月9日丰南4.1级地震

发震时刻：18时51分58秒；震中位置：北纬39º30′，东经118º12′；地震震级：M4.1；震源深度：13千米；参考地点：唐山丰南。

宁河、汉沽有明显震感。宁河、汉沽地区地震烈度达到Ⅳ度，芦台农场地震烈度达到Ⅴ度。

16. 2009年11月22日丰南3.1级地震

发震时刻：17时9分56秒；震中位置：北纬39º24′，东经117º48′；地震震级：M3.1；参考地点：唐山市丰南区与天津市宁河县交界处。

宁河县宁河镇、芦台镇、芦台农场部分人有震感，汉沽区城区、大田镇、杨家泊镇部分人有震感。

17. 2010年3月6日唐山4.2地震

发震时刻：3月6日11时00分45秒；震中位置：北纬39º42′，东经118º30′；地震震级：M4.2；

震源深度：15 千米；参考地点：唐山市滦县与唐山市市辖区交界处。

地震发生时天津市局部有震感。

18. 2010 年 4 月 9 日丰南 4.1 地震

发震时刻：18 时 51 分 58 秒；震中位置：北纬 39°30′，东经 118°12′；地震震级：M4.1；震源深度：13 千米；参考地点：唐山丰南。

天津市普遍有震感，其中汉沽区、宁河县震感强烈。

第二章　地震地质

1999 年以来，天津市相继对海河断裂、天津断裂、沧东断裂、汉沽断裂、近海海域断裂等开展了探测和地震危险性评价工作，对上述断裂的几何特征、活动性和地震危险性得出了许多新的认识。

本章依据 1999 年以来天津市断裂探测和地震危险性评价的结果，结合以往的研究结果，对天津市及附近地区区域大地构造、区域新构造运动特征、地质构造单元和主要断层、深部构造等地震构造环境作一综述。

第一节　区域大地构造位置

华北地区地处欧亚板块东部，长期以来受到印度板块、欧亚板块和太平洋板块相互作用的影响，特别是受菲律宾板块和太平洋板块向大陆俯冲的影响，形成了近北东东向的水平挤压应力场，使原本比较稳定完整的地壳在新生代初期发生显著的破裂和分异，形成以北东向为主，北东和北西两组断裂组成的构造体系和隆起、坳陷相间的构造格局。这是当今欧亚板块内部主要地震活动区之一，更是中国大陆东部最重要的地震区，历史上曾发生多次 7 级乃至 8 级大地震。

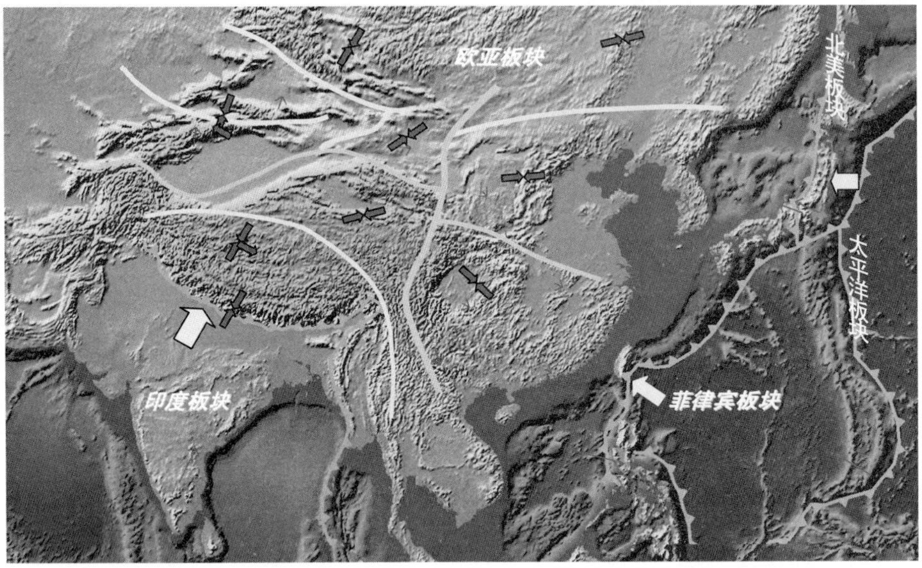

图 1-2-1-4　中国及邻区板块构造图

天津市地处华北地区东北部，东临渤海，地貌上为广阔的平原。大地构造上位于华北地台东北部的冀渤断块坳陷（渤海湾裂谷盆地）的中、北部，并跨越了燕山断块隆起南部。区域跨越了燕山断块隆起带、太行山断块隆起带、鲁西断块隆起、胶辽断块隆起、冀渤断块坳陷带等主要二级构造单元。

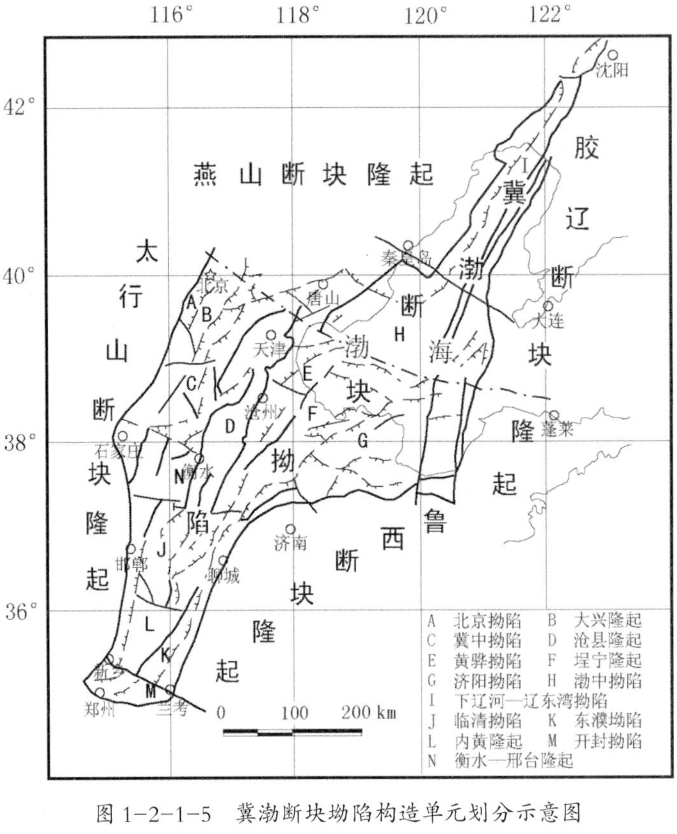

图 1-2-1-5　冀渤断块坳陷构造单元划分示意图

各断块构造的基本特征如下。

一、燕山断块隆起

北界为张家口—北票断裂，南界为南口—孙河断裂、宝坻断裂、蓟运河断裂和昌黎—宁河断裂。为燕山期以来的强烈隆起区，总体走向东西向转北东向。新生代时期主要表现为间歇性、阶段性整体抬升，形成多级夷平面，北台期夷平面海拔 1000 米左右，唐县期夷平面海拔 500 米左右。新近纪以来，该断块隆起内部差异运动不明显，除河谷中发育堆积阶地外，广大地区均为剥蚀区。

二、太行山断块隆起

东界为太行山山前断裂。该断裂为华北平原（华北断陷盆地）与太行山区的天然界线，是一条规模很大，上陡下缓的正滑脱断裂。断裂带两侧断块间差异运动十分显著，西侧山区表现为间歇性整体抬升，剥蚀和夷平作用形成多级阶状地貌面。其中形成于古近纪初的五台期夷平面和新近纪中、上新世时期的唐县期剥蚀面，以及第四纪河流谷地中发育的多级阶地在区域上分布广泛，地貌特征明显，反映了断块隆起区较强的以间歇性上升为主构造的运动特点。

三、鲁西断块隆起

鲁西断块隆起位于冀渤断块坳陷的东南，其东西两侧分别以聊城—兰考断裂带和郯庐断裂带为界，轴向北北东—南南西，为一向北突出的弧形隆起。

鲁西断块隆起基底主要为太古宙的泰山杂岩，盖层缺失中上元古界，古生界大面积不整合其上。燕山运动以来，垂直差异运动显著，鲁西断块强烈隆升，古近系及中生界大面积缺失，新近系直接覆盖在石炭系—二叠系或中奥陶系之上。新近纪以来，垂直差异运动的强度大大减弱，表现为大面积的缓慢沉降。

四、胶辽断块隆起

胶辽断块隆起西以郯城—庐江断裂带与冀渤坳陷相邻，是一个长期隆起区。其基底由太古界和下元古界组成。中元古代晚期的蓬莱运动结束了地槽发展阶段，而后长期处于隆升阶段，遭受剥蚀，盖层极不发育。中生代断块差异运动加强，古近系及中生界大面积缺失。新近纪以来的构造运动基本上继承了前期的运动特点，以升降运动为主，但强度大大减弱。区内盖层构造以北东向、北北东向断裂为主，褶皱不发育。

五、冀渤断块坳陷

冀渤断块坳陷是一周边被一系列深大断裂和隆起山区围成的断陷块体，周围分别被上述二级构造单元所包围，坳陷北以宝坻断裂、蓟运河断裂、昌黎—宁河断裂和南口—孙河断裂为界与燕山断块隆起相邻，西以太行山山前断裂为界与太行山断块隆起相接，南以聊城—兰考断裂为界与鲁西断块隆起相邻，向东延伸到渤海湾以郯庐断裂带为东界与胶辽断块隆起相接。

区内由北北东向—北东向、北西西向—北西向断裂带构成了基本断裂网络。这些断裂中有的为断至岩石圈的深断裂，有的为切割基底的地壳断裂，有的为断至沉积层的盖层断裂；有数百千米的主干断裂，也有几十千米的一般断裂。按活动时间划分，有古近纪断裂、新近纪中、上新世断裂和第四纪活动断裂。这些大小不等的断裂将本区切割成规模不等的构造块体，控制发育了一系列坳陷和隆起与次级凹陷和凸起，形成多隆多坳、多凸多凹的多重复合型构造盆地。

第二节　区域新构造运动特征

新生代以来，区域构造进入了以断块差异活动为主的发展阶段，历经了古近纪裂陷（断陷）和新近纪以来后裂陷（坳陷）两个主要演化阶段。这两个阶段的动力学环境和构造应力状态截然不同：古近纪为地壳伸展裂陷的构造环境，构造应力场的压应力轴近于直立，张应力轴为西北—东南向，近水平，具裂谷应力场的特征；新近纪以来，由于青藏高原东北部块体向东北推挤和太平洋板块往北西西俯冲，本区的构造应力场逐渐转为东北东—西南西水平挤压应力场，在此应力场作用下，地壳中产生由右旋走滑的东北断裂和左旋走滑的西北向断裂组成的共轭剪切破裂系统。新近纪以来形成的新构造，与古近纪发育的构造有联系，但更有区别。根据区域新构造时期地质、地貌等资料，可将研究区新构造运动的主要特征归纳如下几点。

一、整体间歇性抬升和沉降

根据构造地貌和沉积等资料：在渐新世甸子梁期剥夷面形成（35 百万—25 百万年前）之后，区域新构造运动以山区间歇性抬升和盆地阶段性沉降为总体特征。区域内的燕山及邻区的胶辽和鲁西山地在中新世早—中期总体抬升，到中新世晚期和上新世构造活动稳定，地表遭受强烈剥蚀均夷，形成唐县期剥夷面（7 百万—3 百万年前）。第四纪时频繁间歇性抬升，一般发育 4 级河流阶地，而渤海湾盆地则表现为阶段性沉降，新近系和第四系一般沉积厚 1000 米以上，并形成渐新统与中新统、上新统与第四系之间的沉积不连续面。渤海第四系内也具有 4 个不整合（平行和角度）面。山区间歇性抬升和盆地阶段性沉降彼此相应，相反相成。

二、动力学环境和构造应力状态发生显著变化

古近纪时，研究区属于地壳伸展裂陷构造环境，构造应力场为西北—东南向水平拉张，玄武岩浆喷溢活动十分强烈，如井径雪花山玄武岩、无棣大山玄武岩等。新构造时期，研究区所在的华北断块区，处于青藏高原区东部块体被挤出向东北推挤与太平洋板块往北西西俯冲的两侧挤压构造环境，构造应力场渐转为东北东—西南西水平挤压。第四纪初期岩浆活动逐渐停止。

三、活动构造具有继承和新生的二重性

由于新构造时期动力学环境和构造应力状态发生了显著变化，故该期的断裂构造相对于古近

纪发育的先存构造既具继承性，又有新生的特点，既有利用或迁就先存断裂继续活动的构造，也有不受先存断裂控制而新产生的断裂构造。前者如西北向张家口—渤海断裂带，后者如东北向唐山—河间—磁县断裂带。当然也有部分先存构造被“废弃”的，如北东北向的太行山山前断裂带等。只有继承和新生两种类型的构造，才能组成完整的新构造格局，二者缺一不可。新构造格局不同于古近纪的构造格局。

四、地壳共轭剪切破裂系统控制的断块活动

无论是华北乃至我国大陆地区，断裂及其控制的断块活动是新构造运动的主要方式。研究区在东北东—西南西水平挤压应力作用下，发育右旋走滑的东北向唐山—河间—磁县断裂带等，以及左旋走滑的西北向张家口—渤海断裂带等，它们组成的共轭活动断裂系统决定了断块的划分和断块活动方式。垂直与水平构造变形速率较古近纪有所降低，应变低速率积累，达到断裂极限需较长时间，造成断层黏滑破裂原地复发周期漫长，在地震弱活动和长期平静背景上突然错动发生大地震，即地震周期长，强度大，频度低，突发性强。

第三节 地质构造单元和主要断层

冀渤断块坳陷内部由北北东—北东向和北西西—北西向断裂带构成了基本断裂格架，始新世以来，在喜马拉雅运动的影响下，断裂构造中垂直升降运动增强，它们将盆地切割成一系列次一级的隆起和坳陷，形成一系列北北东向的三级构造单元，如北京坳陷、大兴隆起、冀中坳陷、沧县隆起、黄骅坳陷、埕宁隆起、渤中坳陷、济阳坳陷等。这里着重将与研究区关系密切的冀中坳陷、沧县隆起、黄骅坳陷等作简要介绍。

一、地质构造单元

1. 冀中坳陷

冀中坳陷位于华北平原地震带内，为一北北东向的开阔坳陷，北界为涿县—宝坻断裂带，南界为石家庄—衡水断裂带，东与沧县隆起为邻。受北北东向活动断裂控制，古近系厚度达 7000 米，新近系厚度达 800 米，第四系厚度达 300—400 米。冀中坳陷大致以中部的满城—新安北北东向断裂为界，南北构造特征有所不同。从历史地震情况来看冀中坳陷强震活动不多，但在次级凹陷的边缘断裂上也曾发生过 6 级以上地震。如河间的里坦凹陷于 1967 年曾发生 6.3 级地震，说明这些凹陷的近代构造活动与 6 级以上地震的关系密切。

2. 沧县隆起

沧县隆起北起天津北，向西南经静海、献县、阜城、至临清一带，夹于黄骅坳陷与冀中坳陷之间，东西两边分别被沧东断裂和大城东断裂围割，为一北北东向的狭长隆起，西北呈缓坡状向

冀中坳陷过渡。隆起带东陡西缓，平行轴向的断裂发育，并伴生有近于直交的张性断裂，后者主要有海河断裂等。受这些断裂的围割，发育了相间排列的凹陷和凸起，如潘庄凸起、白塘口凹陷、小韩庄凸起等。

3、黄骅坳陷

黄骅坳陷位于冀渤断块坳陷中部，为一裂谷型断陷盆地，西侧以沧东断裂与沧县隆起相邻，东部进入渤海湾，北以宝坻—乐亭断裂与唐山隆起相接，东南部以埕西断裂与埕宁隆起分界。坳陷轴向北北东，向北转为北东向，北宽南窄，平行轴向的张性断裂很发育，并有伴生的北西西—北西向断裂，受这些断裂的交错分割，区内凹陷和凸起相间排列。该区新生代火山活动较强烈，火山岩分布在海兴、黄骅和沧县附近。黄骅坳陷北缘历史上曾发生过多次6级以上强震。

二、活动断裂带

本区由北北东向—北东向、北西西向—北西向和东西向断裂带构成了基本断裂格架。这些断裂纵横交错，方向和活动时代、强度不一，将华北断块围限切割成不同大小的次级隆起和坳陷构造。华北地区的中强地震几乎都发生在这些大小构造的边界断裂上。形成有规律的网络分布。天津地区位于北东向河北平原断裂带与北西向的张家口—渤海断裂带的交汇部位，区域内的断裂主要属于河北平原断裂带和张家口—渤海断裂带，渤海海域的断裂属于张家口—渤海断裂带和郯庐断裂带。

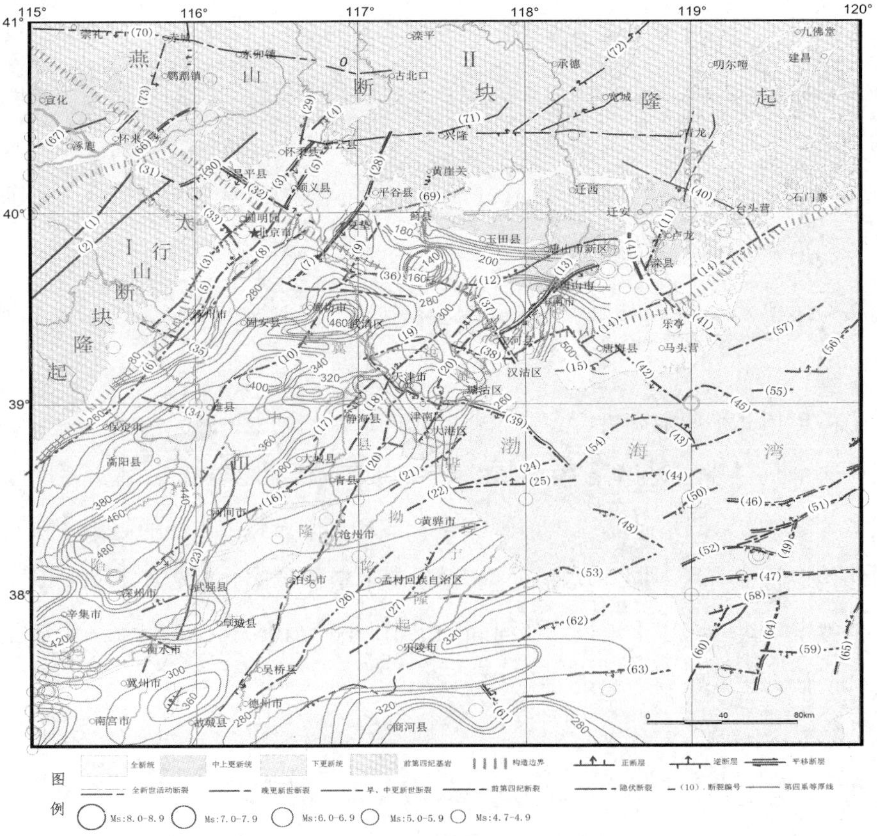

图 1-2-3-6 区域地震地质与断裂分布图

（1）孙庄子—乌龙沟断裂（2）沿河城—紫荆关断裂（3）黄庄—高丽营断裂（4）北石城—河防口断裂（5）顺义—良乡断裂（6）保定—石家庄断裂（7）夏垫断裂（8）南苑—通县断裂（9）香河断裂（10）河西务—牛东断裂（11）卢龙断裂（12）榛子镇断裂（13）唐山断裂（14）宁河—昌黎断裂（15）西南庄断裂　（16）大城东断裂（17）天津南断裂（18）天津北断裂（19）汉沟断裂（20）沧东断裂（21）北大港断裂（22）南大港断裂（23）沧西断裂（24）海1井断裂（25）海17井断裂（26）徐黑西断裂（27）埕西—羊二庄断裂（28）程各庄断裂（29）青石岭断裂（30）南口山前断裂（31）施庄断裂（32）南口—孙河断裂（33）永定河断裂（34）安新断裂（35）东垒子—涞水断裂（36）宝坻断裂（37）蓟运河断裂（38）汉沽断裂（39）海河断裂（40）建昌营断裂（41）滦县—乐亭断裂（42）柏各庄断裂（43）沙东断裂（44）沙南断裂（45）石臼坨3号断裂（46）渤南1号断裂（47）黄河口断裂（48）埕北断裂（49）BZ34断裂（50）沙南3号断裂（51）渤南2号断裂（52）黄北断裂（53）埕南断裂（54）沙北断裂（55）石臼坨1号断裂（56）秦南断裂（57）秦北断裂（58）垦北断裂（59）莱北断裂（60）垦东断裂（61）益都断裂（62）义南断裂（63）陈南断裂（64）KL3断裂（65）蓬莱1号断裂（66）延矾北缘断裂（67）怀涿盆地北缘断裂（68）密云—喜峰口断裂（69）蓟县山前断裂（70）尚义—平泉断裂（71）平坊—桑园断裂（72）上黄旗—赤城断裂

1. 河北平原断裂带

该带展布于太行山东侧河北平原上。主要由切割冀渤块陷的一系列北北东向铲式右旋正断层及一些北东及东西向断裂组成。它西起太行山山前断裂，东到营潍断裂带和聊考断裂，北至张渤断裂带西段和宁河—昌黎断裂，南至新乡—兰考断裂。断裂带大都是形成于始新世初期，切割至结晶基底。各断裂相互切割断陷，形成了不同规模的坳陷和隆起。控制着冀渤断块坳陷内部各级构造单元新生代以来的演化，该断裂是由太行山山前断裂扩展发育而成。

新近纪至第四纪，断裂活动出现了新生性。新近纪以来明显活动的断裂多集中分布在唐山—河间沿线。沧县隆起北段新近纪以来新发育了一系列北北东向的断裂，明显切割了古近纪以前的断裂。这些断裂断续密集成带分布，构成了一丛新近纪和第四纪活动的北东向断裂构造带，据大城东断裂与次级断裂的组合型式，可认为该断裂带是一条右旋平移正断性质的断裂带。

断裂控制着冀渤块陷各坳陷带新生代以来的演化，各断裂不同时代的活动决定了沉积的迁移规律。如冀中坳陷受控于北北东向的保定—石家庄等断裂。黄骅坳陷主要受控于沧东断裂，其构造活动从南向北发展。新近纪中、上新世以来歧口凹陷为沉积中心，深达3400米。由此可见，盆地沉积中心的迁移受断裂活动控制。本区盆地轴向主要为北北东、北东向，表明该方向断层规模大，活动强烈。断裂运动方式以倾滑为主，兼具右旋走滑。

北东向河北平原断裂带发生地震的强度一般较大。在空间上，6.0级以上强震和大部分中小地震群集于该断裂带与北西向断裂带交汇的地段。

2.张家口—渤海断裂带

张家口—渤海断裂带西起张家口以西，向东经怀来、南口、顺义、三河和天津等地，穿过渤海向东南一直延伸到蓬莱和烟台北边的北黄海海域，总体呈北西向展布，全长约700千米。断裂带形成于中生代，对当时两侧的沉积、岩浆活动和构造发育有一定的控制作用。该断裂主体由燕山山前断裂逐步演化扩展南移，偏转而成。

该断裂带为由近20条北西向—北西西向断裂组成的断裂带，这些断裂一般长40—60千米，倾角较大，多具正—平移性质。断裂带新生代活动由中部向西北和东南发展，总体表现左旋走滑性质。由于受几条北北东—北东向构造带的切割，使断裂带具有明显的分段性。自西而东可分出张北—怀来、南口—三河、天津—塘沽、渤海中部和蓬莱—烟台等五个构造段。

据历史和现代仪器记录，在张家口—渤海断裂带及其邻近地区，从公元294年至今，约有26次6级以上的地震和大量的中小地震，其中7级以上地震7次。

3.郯庐断裂带

郯庐断裂带是纵贯我国东部巨型断裂带，总体走向北北东向，从黑龙江畔肇兴、罗北，顺辽东湾、莱州湾沿渤海西部向南至湖北广济，历经七省，全长2400多千米。郯庐断裂带在重力上表现为北东向线性的重力异常梯度带，深部重力异常表现为东高西低。断裂带在航磁上为线性正负异常分界带，通过渤海到营口附近。人工地震资料表明，郯庐断裂带为一条穿越莫霍面的深断裂带，两侧的地壳结构具有明显差别。20世纪80年代国家地震局地质研究所研究成果表明：郯庐断裂是一条近代还在活动的黏滑型的活断裂。整个郯庐断裂最新活动性状都不一样，具有明显的分段性。

郯庐断裂穿切了中国东部四个固结时期不同的大地构造单元，即吉黑断拗、华北断块区、北淮阳断褶和扬子断块。根据它所在的大地构造单元的形成与演化、断裂带本身的结构构造、运动规程、岩浆—沉积建造、新构造与地震活动性等方面差异，可以把郯庐断裂划分成明显不同三大段，而且这三段在规模、结构、形成时代和运动学特征等方面都各不相同。北段从华北断块区的北部边界（赤峰—西丰深断裂）为界往北，构成北东走向的依兰—伊通中、新生代地堑断裂带，发育于吉黑断拗。中段从辽宁昌图往南穿过华北断块区，至淮河南岸被江苏响水—嘉山大断裂所截。这一段长达1160千米，为郯庐断裂的主体，长期活动，结构复杂，以断堑构造为特征，最新活动强烈，为中国东部主要强震发生带之一。从淮河往南至广济一带为南段，发育于北淮阳断褶和扬子断块，成为江淮中、新生代单断构造盆地的主边界。

郯庐断裂带中段新近纪晚期活断层最发育，历史时期的平均地震滑动速率和现今地形变测量资料求得的运动速率也最大，历史强震（$M>6.5$）均集中分布在中段。通过不同的大地构造单元特性和最新活动性状对应关系的分析，郯庐断裂未来主要强震仍将集中于中段，尤其是那些与北西向活断裂带相交切而又缺少历史强震的空位，或者已发生过强震但距今较久远的历史地震区，它们相对于近期发生过强震的地段更可能潜伏着强震的危险。

三、主要断裂及活动性

天津地区北东向和北西向断裂相互交错，将本区切割成一系列不同级次的断块隆起和坳陷。海河断裂、沧东断裂、天津断裂、宝坻断裂、蓟运河断裂基本控制了本区构造格架和各次级构造单元的演化和沉积发展。“九五”、“十五”期间，对海河断裂、沧东断裂、天津断裂进行了较为系统的探测与评价。

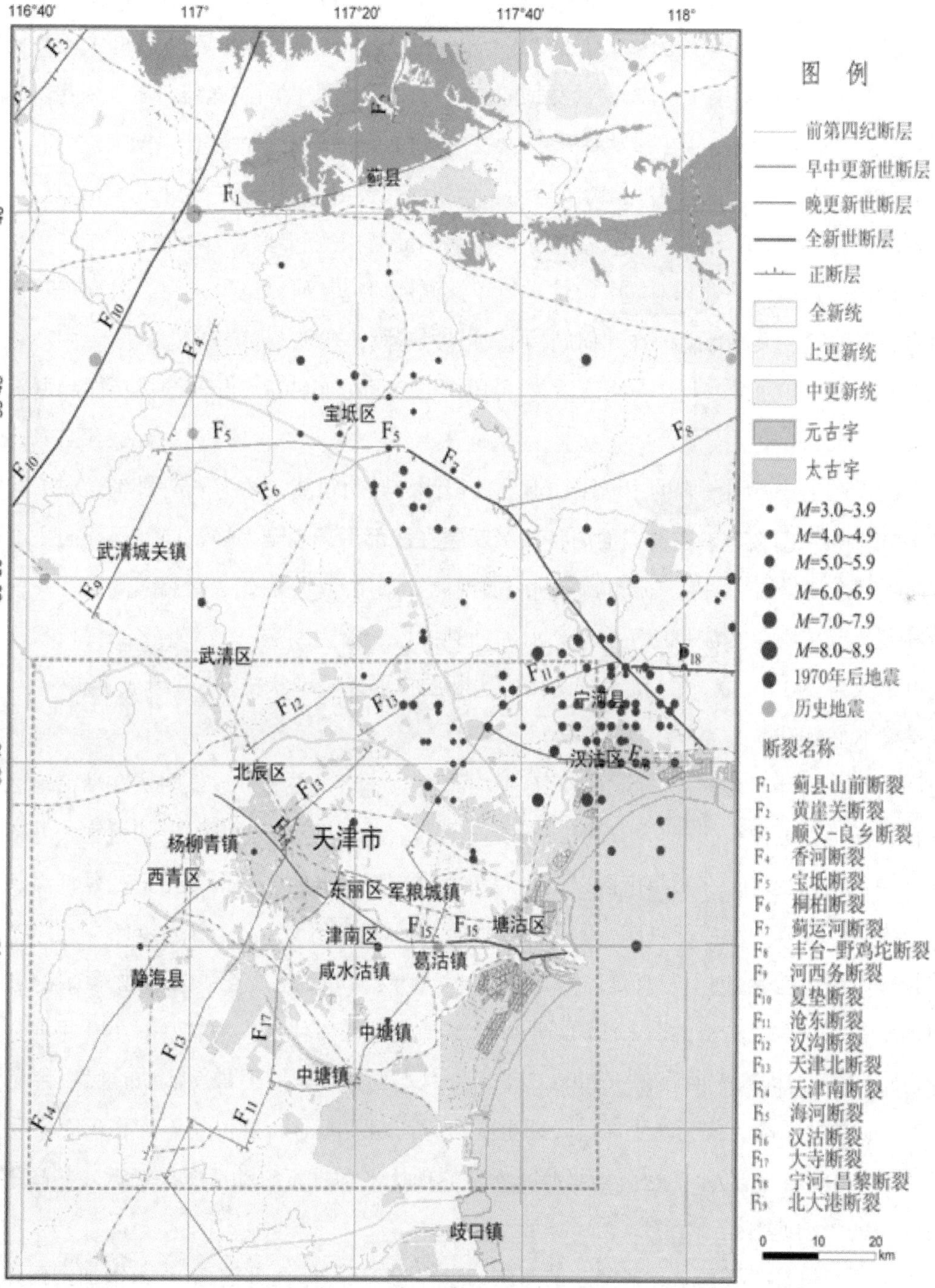

图 1-2-3-7 天津地区地震构造图

1. 海河断裂

海河断裂是北西向张家口—渤海断裂构造带的重要组成部分。海河断裂走向西北—北西西，沿着天津海河发育，从北辰双口经天津市中心市区、东丽区、塘沽区，从大沽口入海，一直延伸到渤海，总长 140 千米，其中陆地上长 85 千米，海域部分长约 55 千米。该断裂贯穿了冀中坳陷、沧县隆起和黄骅坳陷北部，为潘庄凸起与白塘口凹陷、塘沽鼻状凸起与板桥、歧口凹陷的分界断裂。该断裂在平面上是由一系列平行斜列、倾向相同或相对的次级断裂构成的断断续续的隐伏断裂带，而不是单条连续的断层。如塘沽地区海河断裂海上段与陆上段构成了左阶斜列，在陆上段又构成了塘沽、东丽、市区、北辰等多个区段，各区段之间一般有北东向张性断层连结，形成相互切割、相互限制的关系。这表明海河断裂在其发展历程中曾经历过复杂的演变。中生代主要表现为右旋运动，并有从南向北的逆冲，即右旋逆冲斜滑式运动，到新生代转化为张扭式左旋正断斜滑。

1999 年 5 月至 2001 年 9 月，天津市完成了海河断裂探测和地震危险性评价项目，对海河断裂的几何特征，最新活动性和地震危险性进行了探测和研究，研究结果认为：以沧东断裂和大寺断裂为界，海河断裂天津市境内在几何结构上划分为三段，东段（沧东断裂以东）、中段（沧东断裂—大寺断裂段）和西段（西站—武清段）。各段落的空间分布特征、几何结构特征和深部构造特征、活动性特征均存在差异。

在横剖面图上，海河断裂的主断裂向上延伸很浅，倾角很陡，约为 65°—80°，向下倾角变缓为 30°—40°，构成断裂带的主滑脱面。各次级断裂在浅部形态表现多样，向下逐渐向主滑脱面收敛。海河断裂东段呈“Y 字形”分布，主断裂向南倾，倾角 60°左右，主断裂南侧发育一些向北倾的次级断裂，与主断层构成小地堑构造；海河断裂中段，沿主断裂一侧产生多条树枝状断裂，断裂带宽度最大可达 10 千米；海河断裂西段，主次断层主要以阶梯状排列，并组成了次一级的地堑、地垒或单斜箕状构造。

海河断裂在深部存在着一个低阻层，其平均深度为 8 千米左右。该低阻层在塘沽地区十分错乱，并在垂向上呈近似线状分布，是深部断裂作用的结果，显示海河断裂已切过它，并向中下地壳延伸，倾角迅速变陡；在天津市区以西的展布十分平直，海河断裂向下呈铲状延伸至该低阻层顶部 8 千米处，没有切穿该低阻层，但是在该低阻层底部 10 千米处，开始出现一个直立的断层，该断层切穿了中下地壳，向下一直延伸到 30 千米深度。这与邢台地震震源区的地壳结构非常相似。

海河断裂东段在晚更新世以来活动较明显，其最新活动时代至少为 7200 ± 140 年前，已进入了全新世早中期。海河断裂西段在 36290 ± 2680 年前以来有过活动，但最新活动时代不会晚于 8415 ± 115 年前，主要活动时代为晚更新世晚期至全新世初期。海河断裂东段全新世 0.72 万年以来垂直滑动速率为 0.333 毫米/年，这与华北地区断裂的现代平均垂直滑动速率很接近，并高于市区及以西段断裂的滑动速率。

海河断裂东段位于渤西上地幔隆起的西侧，地壳厚度从渤海西部的 28 千米增加到天津塘沽地区的 32 千米。向西在天津市区内地壳厚度逐渐增大到 35 千米。继续向西在武清—永清一带又存在一个上地幔隆起，地壳厚约 31 千米。海河断裂天津段正好位于渤西和冀中这两个上地幔隆起中间，两端分别为两个上地幔隆起的边缘，具有发生中强地震的构造背景。

海河断裂在天津市范围内可以划分为塘沽新城和北辰双口两个潜在地震危险区，震级上限分别为 6.5 级和 6.0 级。两个危险区的地震活动性评定结果如下：对于 M≥5.5 级和 M≥6.0 级地震，其年发生率分别为 0. 0113 和 0.0038。复发周期分别为 88.2 年和 260.1 年。以上两个地震危险区发生 6.5 级和 6.0 级地震时，其震中烈度相同，均为Ⅷ度，但影响范围差别较大；均不会在地表出现与基岩错动相贯通的地表裂缝，未来对地面建筑物的影响将主要是由地震强地面运动和地基失效所造成的。

2. 沧东断裂

沧东断裂是华北地区一条切割结晶基底并对沉积盖层产生重大影响的大断裂，为沧县隆起和黄骅坳陷的分界断裂，其活动和发展控制了沧县隆起和黄骅坳陷发育与演化历史。

沧东断裂从天津宁河北淮淀以北起，向南经葛沽、小站，河北沧州、泊头、东光、吴桥至山东德州，长约 230 千米，在天津范围内长约 130 千米，构造复杂，是由多条分支断层组成的基底断裂。断裂总体走向北北东，倾向南东，倾角平均 60°左右，断层面宽约 5 千米—13 千米，平面上由北北东和北西西两组断裂形成箱状展布。剖面上表示为基底滑脱的铲式正断层。

沧东断裂位置由石油部门有依据大量的三维人工地震资料所确定。古近纪，黄骅坳陷的西界断裂形成，断陷幅度最大达 6 千米。此阶段是沧东断裂的主要活动时期，基本塑造了沧东断裂的现今形态。自新近纪起，沧东断裂活动性较弱，并被新近系和第四系更、全新统覆盖，成为隐伏断裂。

2003—2007 年，天津市完成了沧东断裂天津段的探测和地震危险性评价工作。综合最新的探测结果，根据其断面结构、几何特征以及对凹陷中地层沉积控制的层位等，将沧东断裂划分为二段：

（1）北段：该段北起蓟运河断裂，向西南经芦台农场、七里海水库、北淮淀、山岭子、么六桥、军粮城农场、无暇街，至葛沽附近的海河断裂。该段在么六桥至军粮城农场附近受海河断裂影响，断裂走向转变为北西向，与海河断裂走向一致，向南又恢复为北东走向，使整个断裂带呈转折状，长 60 余千米。倾角也较南段缓，在 60° —75° 范围。

（2）南段（大十八户—葛沽）：北起于葛沽，大体向南西方向延伸，经小站、中塘、万家码头、蔡公庄东、小王庄、西翟庄等，从唐官屯东附近出天津境，长 60 余千米。断层走向变化颇大，呈锯齿状分布。该段拐折多，倾向存在一定不一致，倾角在 62° —80° 范围内，变化大，几何特征相对复杂。

浅层地震勘探表明，沧东断裂南段上断点埋深平均为 180 米左右，北段平均为 150 米左右。钻孔地层对比及活动性鉴定结果显示，该断裂断错最浅地层埋深为 100 米左右，对应的活动时代为中更新世。地震危险性评价结果表明沧东断裂北段具有发生中强地震的构造背景，其潜在地震最大震级为 M_S6.4 级，平均复发间隔为 540 年，断裂活动不会产生地震地表破裂。

3. 天津断裂

天津断裂分为天津南断裂和天津北断裂。

天津南断裂系指天津市区西南部的一条断裂，历来有人称之为天津南断裂，有人称之为天津西断裂，有人称之为大城断裂北沿部分。画法上也有一定差异。天津北断裂原为天津东北部宁河潘庄至天津市区的一条北东北断裂，发现较早。

2003—2007 年，天津市完成了天津断裂的探测和地震危险性评价工作。

详细探测的结果表明，天津南断裂南起静海县沿庄乡，经王二庄、府君庙，止于自来水河以北一带，全长 50 千米，走向东北 40° ，断面倾向东南，倾角较陡，一般在 70°—80°。与天津北断裂共同控制本区的新近系—第四系。在中、深层人工地震剖面上，新近系中、上新统底界断点最大落差可达 200—300 米，断层两侧上古生界地层有明显变化，呈现上升盘薄下降盘厚的现象，说明新近系中、上新统沉积前该断层活动强度较大，对断层两盘地层有明显控制作用。天津南断裂向南延伸与大城东断裂斜列排列，控制了大城凸起和里坦凹陷。浅层人工地震探测结果表明，显示断层的上断点埋深深度存在由南向北加深趋势，最浅约为 100 米；并显示断层未延伸进入市区，而在外环侯台附近尖灭。钻探结果表明，天津南断裂在南端比较活动，上断点埋深延伸到 50.5 米，对应的活动时代为中更新世中晚期，在北端自来水河剖面上没有延伸到 100 米以上的深度，断层活动性明显变弱。

天津北断裂北起宁河潘庄农场附近，向南经潘庄、大毕庄，在市区与海河断裂复杂交汇，在市区南部向南进一步延伸，经水上公园、李港铁路、小南河、陈台子等至静海唐官屯附近，长近 85 千米，走向北东北，倾向西北。为潘庄凸起与武清凹陷的分界断裂。中深层人工地震剖面上，天津北断裂向下延伸至基底以下，向上进入了新近系中、上新统。该断裂以海河断裂为界，可分为南北两段。北段从市区向北延至北辰潘庄附近，长 35 千米；南段向南延至唐官屯附近，长 50 千米。天津北断裂在市区内，断层产状变化较大，走向和倾向均形成扭曲，也出现了分支断层，局部出现了陡倾或反倾断层，主要是受北西西向海河断裂的影响的结果，这在浅部人工地震剖面上有很好的显示。钻孔勘探与地层对比结果显示该断裂上断点埋深 165 米以下，对应的活动时代为新近纪晚期至早更新世，中、晚更新世以来基本不再活动。

地震危险性评价结果表明天津南断裂具有发生强震的构造背景，其潜在地震最大震级为 M_S6.1 级，平均复发间隔为 440 年，断裂活动不会产生地震地表破裂。天津北断裂活动性弱，其地震危险性可参照本地区本底地震考虑，即其潜在地震最大震级为 M_S5.5 级。

第四节　深部构造

地震的孕育发生受深部震源物质、结构特征、物理状态及应力—应变环境等多种因素的制约。通过深部探测技术，获取地壳上地幔深部结构特征，对认识大震孕育发生的深部构造条件具有重要意义。自 20 世纪 80 年代开始，深部构造探测逐渐成为国内外十分活跃的研究领域，深部探测技术发展也向更高精度、高分辨、高可靠性的水平迈进。

华北地区是开展深部构造研究与探测较早的地区之一。早在 20 世纪 80 年代，冯锐（1985 年）就运用三维重力反演技术，对中国地壳厚度及上地幔密度分布进行了研究，并给出了华北地区重力场与沉积构造的关系；刘福田等（1986 年）运用地震层析成像技术，研究了华北地区的地壳速度结构；刘国栋等（1983 年）应用电磁测深技术对京津唐渤地区开展了地壳上地幔探测，并对唐山地震震源构造进行了深入研究；孙武城（1988 年）利用人工地震测深技术获得了华北地区的地壳上地幔速度结构，张先康等（1998 年）利用深地震宽角度折射/反射剖面技术对华北地区的地壳上地幔的精细结构进行了探测。通过这些研究，特别是对华北主要强震区的地震构造分析，发现强震区地壳普遍具有独特的构造组合型式：地壳浅部存在铲式正断层，它们是在中生代基础上发育的古近纪正断层，在 5 千米—10 千米的深度逐渐消失，没有再向下延伸；中、下地壳发育高角度的深断裂，此类断裂往往是强震的发震断裂；中地壳下部或下地壳上部发育高导体或低速体，它们对下地壳的韧性变形和中地壳的弹性变形起到了解耦的作用；地壳底部往往存在上地幔隆起。这些构造的组合，构成华北地区比较普遍的强震发生的构造条件。本节记述第十个五年计划（2000—2005 年）期间，天津市开展的重力、航磁资料反演与解译、天然地震波层析成像、大地电磁测深以及深地震宽角度折射/反射探测取得的最新成果。

一、重力、航磁资料反演与解译

天津市地震局对布格重力和航空磁力测量资料进行了反演与解释。从重力异常图上可以看出，本区自北西向南东重力异常呈现北东—南西向条带形状的低—高—低—高—低的起伏变化趋势，其自北西向南东依次为：①北西边部重力低。其极小值出现在研究区的西北角达—45 毫伽以下；②蓟县—廊坊北重力高值带。该高值带内异常非均匀展布且多数地段呈现梯度变化；③武清重力低值带。该低值带以武清县为中心形成北东向略长的重力低，其极小值达—35 毫伽以下。其与武清断凹有很好的对应关系；④丰台—天津—王匡重力高值带。该高值带与沧县断隆直接对应，极大值达 25 毫伽以上，较明显地展示了本区区域构造的展布趋势；⑤南东边部重力低。主要分布在北塘—徐庄子连线的南东方向，极小值达—5 毫伽，其主体部分与黄骅断陷北部相对应。

从重力异常图中还发现，近东西向展布的宝坻断裂位于宝坻重力高值带与武清重力地值带的衔接处，北东向展布的天津断层与丰台—天津—王匡重力高值带西北边缘的重力梯度带对应；沧东断层则与该高值带南东边缘重力梯度带相对应。这种对应关系表明在这两大断层的发育过程中，断裂带两侧地层有较大的相对错动，已造成了明显的重力异常变化。

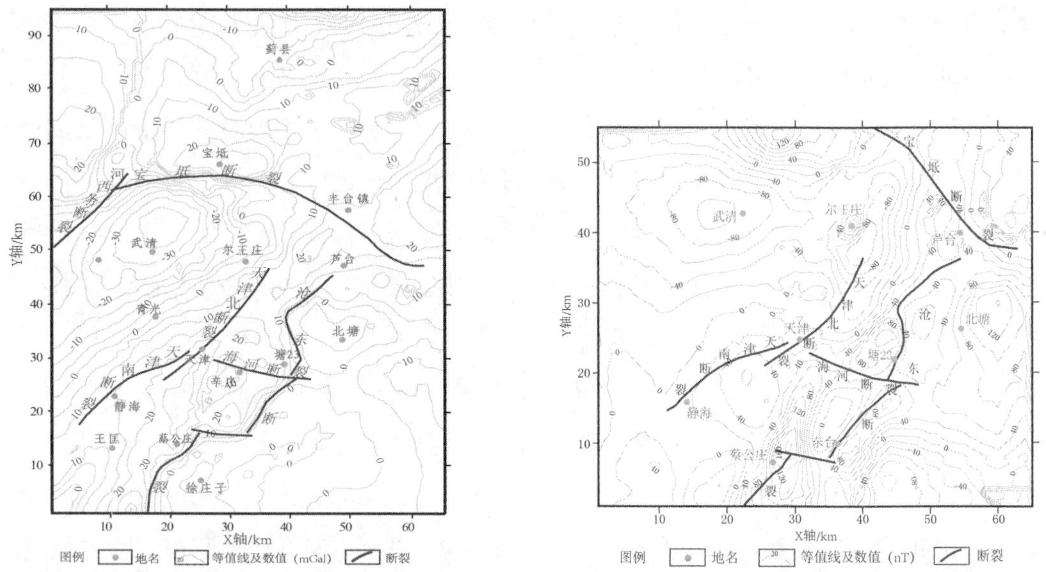

（a）布格重力异常平面等值线图　　（b）航磁异常平面等值线图

图 1-2-4-8　天津地区重力、磁异常平面等值线图

从航磁异常平面等值线图上可以看出，整体上该区磁场展布以北东向为主。从局部地段上看，可将其自北西向东南分为特征不同的三大部分，以尔王庄—静海连线的北西地段，以平缓圆滑的相对值较低的磁场为主，它基本上反映了武清断凹及其与沧县断隆之间过渡带的磁场特征；而以尔王庄—静海连线的南东直至北塘—东台连线所围成的北东向宽带内，呈现为北北东向排列的，相对升高、降低的正负相间的磁异常带，这些异常的幅值较强，一般为100纳特斯拉以上。它基本上反映了沧县断隆的构造特征。升高的磁异常带，推测为中酸性侵入岩体的反映。位于北塘—东台连线东南的地段，展布有面积较大的平缓降低负磁场区，在地质上对应于黄骅断陷。

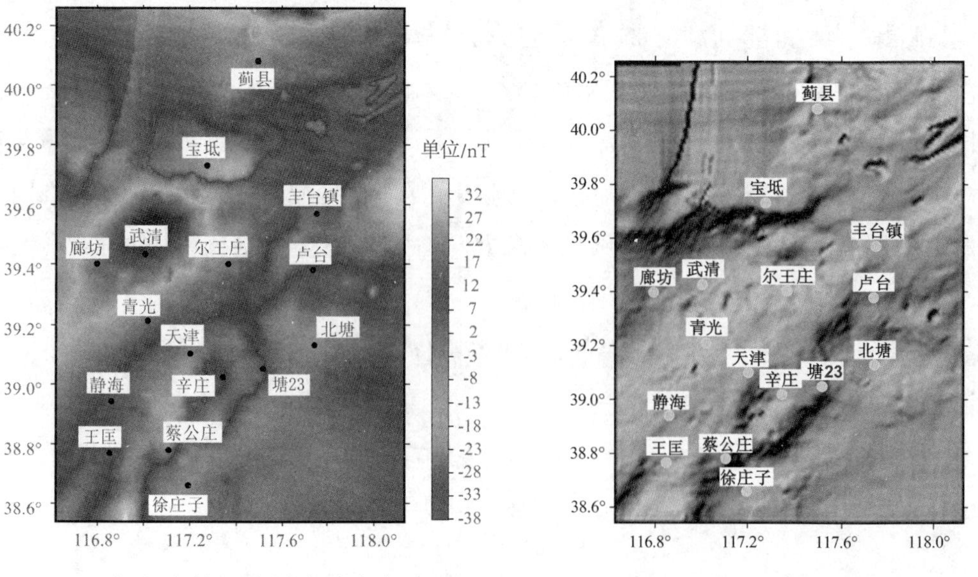

（a）布格重力异常彩色灰度图　　（b）立体阴影图

图 1-2-4-9（a）　布格重力异常彩色灰度图、（b）立体阴影图

二、天然地震层析成像

天津市地震局利用天津、河北、辽宁和山东测震台网记录的1970—2005年的天津及邻区天然地震及人工地震资料（震级：模拟记录为 $M_L \geq 3.0$ 以上；数字记录为台网能记录到的所有地震事件），通过反演计算，获得了区域内地壳的速度结构，给出了速度异常体等反演结果。结合本地区的地质构造特征和深部构造，对上述结果进行了地质解释。

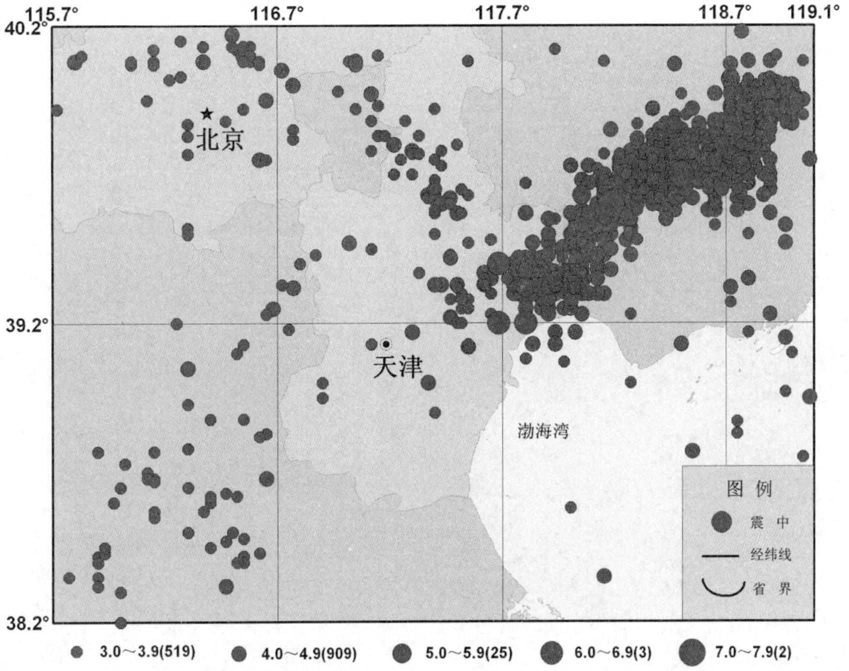

图 1-2-4-10　震相到时数据的地震事件分布

根据地震层析成像结果，开展了地壳速度剖面研究，以了解天津地区及唐山强震区的地壳速度结构。该剖面（北纬39.5°，东经116.5°—北纬39.5°，东经118.4°）从廊坊至武清、宝坻、宁河，到达滦南。同时，将该剖面两侧各40千米范围内的地震事件投影到剖面上。从剖面上可以看出，该剖面在15千米—20千米深度范围内速度的横向不均匀性非常明显。从宝坻至滦南存在一条明显的低速带，其上、下部分别为高速带，高、低速带之间速度差异明显。从投影结果看，大部分地震发生在地下8千米—15千米及25千米—35千米深度范围内，在15千米—25千米深度范围发生的地震非常少。由此可见，大部分地震发生在低速体上方的高速体内，特别是在高低速偏高速一侧边缘地震分布尤为密集，唐山地震就发生在这一深度，而低速体内发生的地震很少。

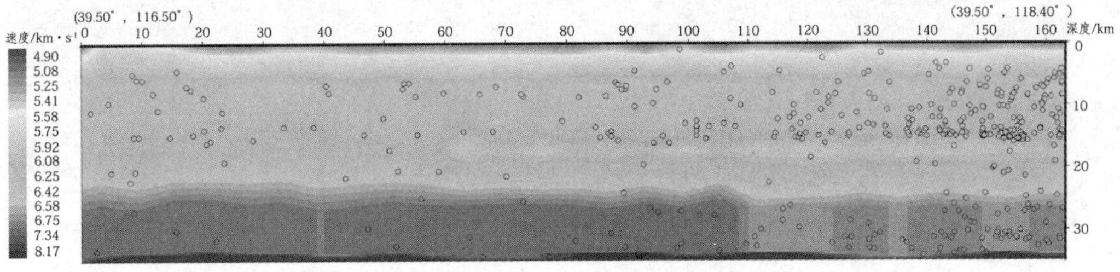

图 1-2-4-11　地壳速度结构与震源深度剖面图

三、大地电磁测深

天津市地震局与华北有色地质勘察局合作，在天津南部开展了大地电磁测深工作。

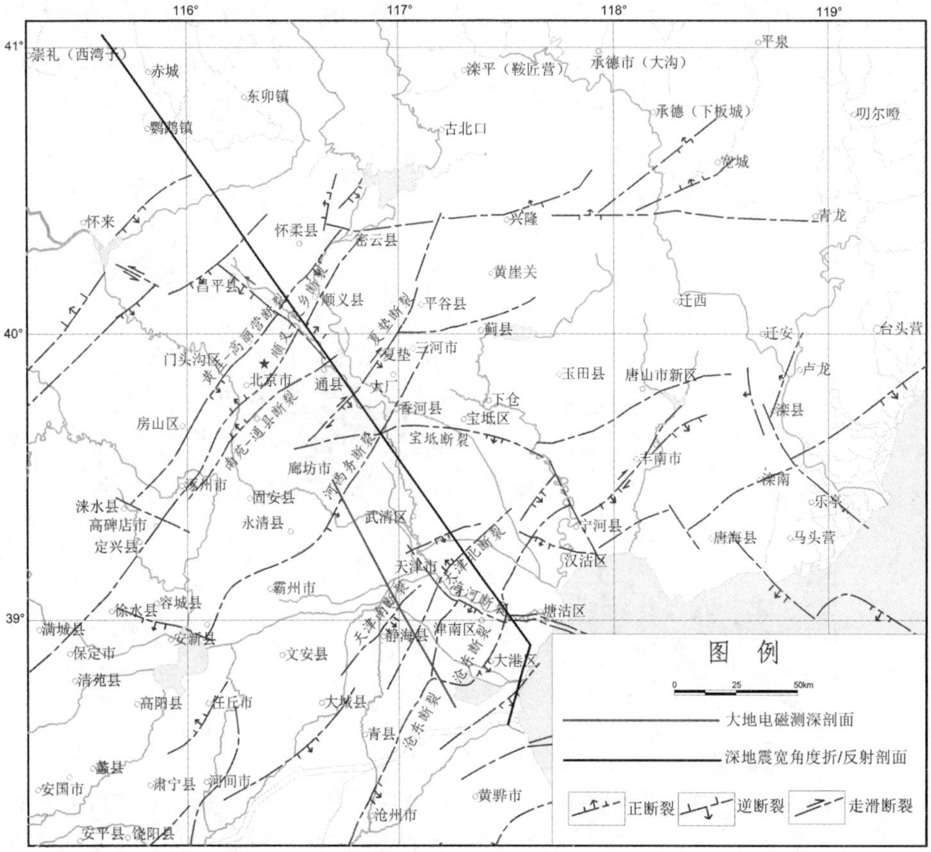

图 1-2-4-12　深部构造探测测线位置示意图

通过对 MT 资料的综合解释，可清晰地显示了冀中坳陷、沧县隆起、黄骅坳陷三个不同构造单元及其过渡带的电性结构特征。由“天津大港—河北廊坊大地电磁剖面反演及地壳上地幔解译成果图”可见，不同构造单元具有不同的电性结构，表现了凹凸相间的构造格局。总体来说，地壳和上地幔都有比较明显的分层现象，电性差异较大，上地壳构造复杂，中下地壳具有横向不连续的低阻高导体，在断裂构造附近常有错断，并有与上地幔高导流体相连通的渠道。

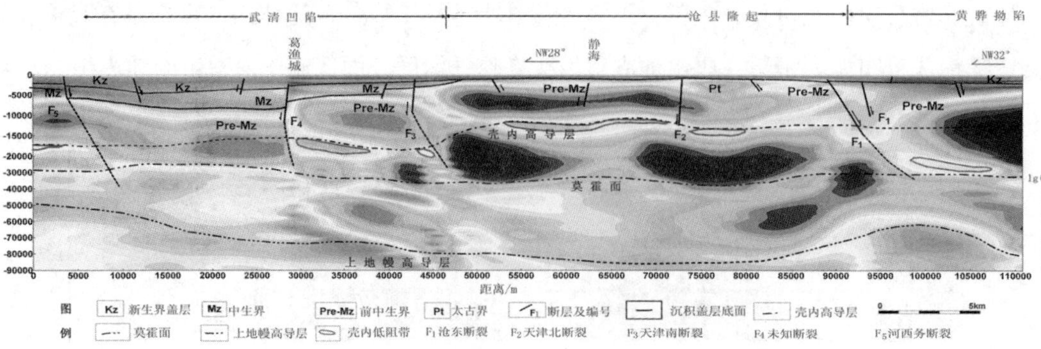

图 1-2-4-13　天津大港—河北廊坊大地电磁剖面反演及地壳上地幔解译成果图

在冀中坳陷内存在厚层的新中生界沉积盖层，与电阻率曲线表现一致，存在厚层的地壳高阻体，但整体电阻率值较沧县隆起和黄骅坳陷都低。低阻极值点对应频率较低且明显，说明存在深部高导层。在距起点距离16千米处，新生界沉积厚度最大，约达5000米，自西向东逐渐变薄，下部有约2000米的中生界沉积，在断裂构造处相对较深，沉积基底成凹凸相间的特征。

地壳厚度表现为两端厚中间薄的特征，上部覆盖层电阻率约在几个欧姆，下部阻值高达几百欧姆。剖面上距起点10千米—30千米范围内，反演断面没有发现壳内高导层的存在，推测受构造运动影响，地壳破碎、张性裂隙发育、富水导致电阻率下降。但在该区段的两段约18千米深度在壳内发现有相对低阻体的存在。剖面上距起点45千米附近在20千米—90千米范围内出现高阻和低阻块体的相互堆积，电性边界较陡，推测该处为强烈的构造变形活动后，上地幔软流层上涌，中下地壳遭破坏后的结果。

根据长周期补充工作成果显示，在深度50千米—70千米深度存在相对连续的高导层，电阻率值仅几个欧姆，厚度约6千米，推测为上地幔高导层的反映；上地幔盖层表现为中低阻的互层，说明该区岩石圈厚度较薄，并存在软流圈内流体向上运移的现象。这与马杏垣等（1987年）及刘国栋（1994年）等人的研究结果符合较好。

沧县隆起段上、中、下地壳相对比较连续，同时也表现出局部的块状特征。上地壳上部为近地表厚约1000米、电阻率值在几十个欧姆的低阻沉积盖层，上地壳下部为高阻，厚度约在8千米—12千米；中上地壳存在相对连续的低阻高导层，下地壳表现为高阻，上地幔表现为横向不均匀的低、中、高阻特征，说明地幔盖层并不稳定。莫霍面及上地幔高导层显示非常清楚，在距起点距离62千米附近可能存在轻微的上地幔隆起区，莫霍面深度约在32千米—36千米，上地幔高导层深度约在70千米—80千米，在大丰堆附近有可能超过90千米。

黄骅坳陷段地壳表现出与冀中坳陷类似的特征，地壳内高导层表现不明显，相对冀中坳陷而言，上部新、中生界沉积盖层较薄，下地壳约在15千米—20千米，中下地壳厚度较薄，受剖面长度限制，界面显示不是很清楚。25千米深度在断裂带附近存在的高导体，可能是遭破坏的壳内高导层，也有可能是上地幔热流物质的上涌造成。上地幔表现为高阻，距起点距离100千米附近在70千米深度左右发现存在近10千米宽的低阻块体，推测为上地幔高导层的局部隆起，而地幔高导层的隆起区往往与断裂构造带和地震活动联系在一起。

综上所述，在构造单元边界的划分上可以依据沉积盖层的厚度变化和第一高阻层的明显错断和各单元总体电性差异，作为边界划分的依据。沧县隆起沉积盖层薄，电性特征表现为高阻，地壳分层现象明显，两坳陷呈相对低阻，壳内高导层反映不明显。

在电性构造层的划分上可以把第一高阻层上部约15欧姆米的密集梯度带划归为沉积盖层的底界面，在冀中坳陷段最深，局部厚度达7000米，黄骅坳陷段次之，沧县隆起段最薄；第一高阻层下电阻率约为5—10欧姆米的不连续低阻带认为是中上地壳高导层的表现，在沧县隆起段显示最为明显，深度约在11千米—15千米，在断裂近坳陷段向下错断；下地壳总体显示为高阻特性，以其底界实现莫霍界面的划分；上地幔盖层相对为中、低阻特性，下部相对低阻条带的顶面作为岩石圈界线。

四、深地震宽角度折/反射探测

天津市地震局与中国地震局地球物理勘探中心、北京市地震局合作，在天津—北京—河北赤城一带开展了深地震宽角度折/反射试验探测。剖面南起河北省黄骅县，经天津大港区、天津津南区、天津北辰区、天津武清区、河北香河县、北京顺义区、北京昌平区至河北赤城县。剖面呈北西走向，全长约400千米，跨越了黄骅坳陷、沧县隆起、冀中坳陷、大兴隆起、顺义坳陷和燕山断块隆起带。

通过对该剖面的探测及对资料的处理和解译，获得了该地区的地壳波速结构剖面。结果显示：

1. 地壳波速分层结构比较明显。近地表新生界的波速一般为3.5—4.5千米/秒，其下部中生界、古生界波速逐渐上升到6千米/秒左右，到中下地壳的结晶基底，速度增加到6.5—6.8千米/秒，在30千米以下的地壳底部，波速迅速增加到8千米/秒；

2. 坳陷和隆起的反应明显。在冀渤断块坳陷带内，新生代坳陷内的波速普遍低于4.5千米/秒，揭示的坳陷深度达2千米—4千米，其中黄骅坳陷、沧县隆起、冀中坳陷、大兴隆起顺义坳陷等次一级的坳陷和隆起的新生代沉积厚度也有较大差异，如大兴隆起和沧县隆起上的新生界深度不到2千米，而黄骅坳陷最深达4千米多；

3. 深部存在两层低速构造层。在12千米—15千米，22千米—28千米的深度分别出现了断续分布的中下地壳低速体构造层，这种低速构造层在冀渤断块坳陷带内分布比较明显，这与前面的地震层析成像获得的低速层及大地电磁测深反映的壳内高导层位置对应的比较好；

4. 显示出地壳深度的变化。地壳厚度从西北的燕山山区向东南的渤海湾盆地逐渐减薄。河北赤城一带的地壳厚度达到40千米，向东南逐渐减薄，到黄骅坳陷地壳厚度达到30千米以下。在黄骅坳陷和沧县隆起的交界部位，出现了明显的上地幔隆起区，地壳厚度最浅为28千米，本地区也是沧东断裂和海河断裂的交汇部位；

5. 揭示了断裂构造的深部特征。断裂构成了隆起和坳陷的边界，海河断裂和沧东断裂黄骅坳陷和沧县隆起的交界位置，二者在深部构造上也正好位于上地幔隆起部位；

6. 揭示了在上地壳断层下部存在中下地壳深部断裂。如海河断裂东段、沧东断裂、天津断裂、夏垫断裂等。这些深部断裂呈高角度，与地壳浅部断裂汇而不交，中间往往以低速层分隔，可能是壳内相对较软弱的部分，它们对下地壳的韧性变形和中地壳的弹性变形起到了解耦的作用，这些构造组合在一起，构成地震发生的深部构造条件。

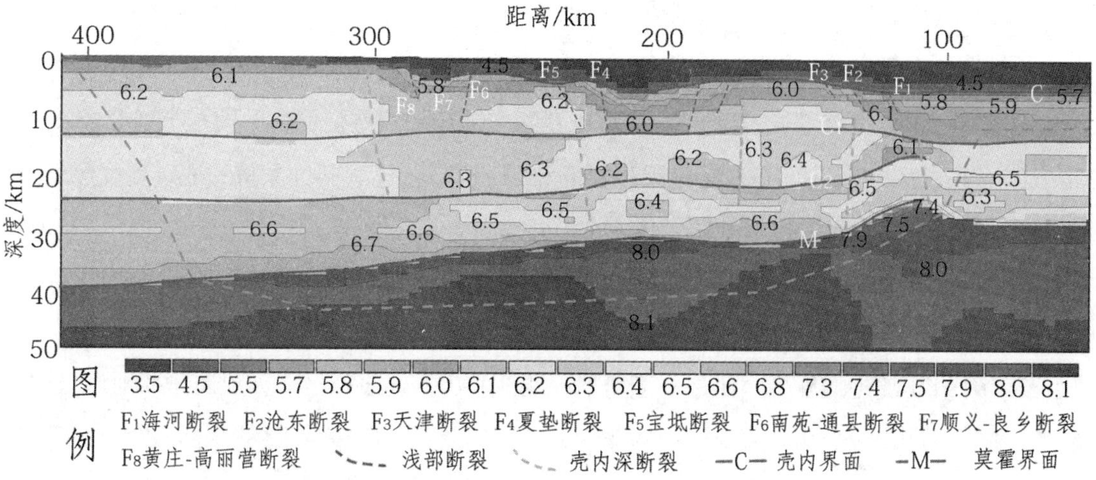

图 1-2-4-14　天津大港—河北赤城深地震宽角度反射/折射试验探测剖面波速结构图

第三章　地震区划

地震区划是按照可能遭受的地震影响和危险程度对国土进行区域划分，对不同的区域规定不同的抗震设防要求。这种区域划分综合考虑了地震环境、国家经济承受能力及所要达到的安全目标等因素，为建、构筑物的抗震设计和国土利用规划提供依据。

新中国成立以来，曾四次开展地震区划工作，即 1956 年李善邦等主持的中国地震烈度区划、1977 年国家地震局组织的中国地震烈度区划、1990 年国家地震局组织的中国地震烈度区划、2001 年中国地震局组织的中国地震动参数区划。

地震区划的工作过程，主要包括地震区、带划分和地震活动水平研究；地震潜在震源的划分、地震烈度衰减关系研究、基岩和覆盖层地震反应研究；图件编制等主要技术环节。

本章按地震区、带划分，地震潜在震源的划分，地震区划图三部分叙述四次地震区划工作中与天津相关的情况。

第一节　地震区、带划分

地震区、带是指地震活动特点和地震地质条件都密切相关的地区。其中地震区是指大区域范围（地震十万、几十万平方千米范围）内地震活动和大地构造活动的特点具有明显相关的地区。

地震带是指同一地震区内地震活动性和地质构造条件密切相关的地带。

一、地震区、带划分的沿革

1923 年地质学家翁文灏运用的历史地震资料结合地质构造特征，把中国东部划分成 15 个地震带，其中燕山坳褶断裂带的东段穿过天津北部地区。1956 年李善邦等主持的地震烈度区划工作，天津位于燕山地震带和沧县隆起地震带内。

1977 年，国家地震局组织地震烈度区划工作，按地震区、亚区、带三级划分，中国划分为 10 个地震区、23 个地震亚区、30 个地震带。华北地震区地震活动强度大、频度较高的地震区。华北地震区分为华北平原地震亚区、阴山—燕山地震亚区和山西地震亚区。天津属华北地震区内华北平原地震亚区和阴山—燕山地震亚区。两亚区分界以涿县宝坻断裂带为界穿过天津。在华北平原地震亚区内天津中南部地区属邢台—河间地震带；在阴山—燕山地震亚区内天津北部地区属三河—滦县地震带。

1990 年国家地震局组织中国地震烈度区划工作，把全国划分为 8 个地震区 25 个地震带。华北地震区地震活动强度大、频度较高的地震区。该区划分 4 个地震带：汾渭地震带、华北平原地震带、郯庐地震带、银川—河套地震带。天津属华北地震区，位于华北平原地震带，毗邻郯庐地震带。

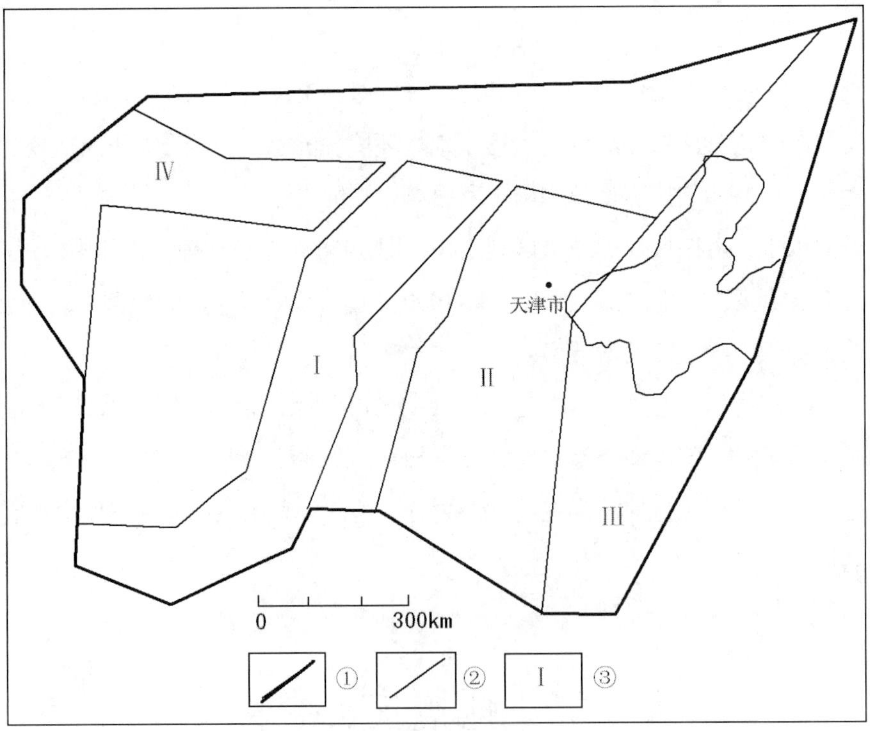

图 1-3-1-15　华北地震区地震带划分图（1990 年）

①华北地震区界线；②地震带界线；③地震带编号

Ⅰ.汾渭地震带；Ⅱ.华北平原地震带；Ⅲ.郯庐地震带；Ⅳ银川—河套地震带

2001 年中国地震局组织中国地震动参数区划工作，在总结了前人地震区、带划分工作的基础上，充分吸收我国及邻区地震活动性、地质构造、地球物理以及地球动力学等方面的最新研究成果，给出了具有地震统计区含义的中国地震区、带划分方案，强调了地震区、带应具有较好的大小地震比例及其他统计要求，对原有的一些地震带进行了归并，划分出 7 个地震区，4 个地震亚区，23 个地震带。

华北地震区是我国东部大陆地区地震活动最强烈的一个地震区。华北地区地震活动的空间分布特征具有成带性，在地震带内地震分布是不均匀的，具有交汇网络特点。地震空间分布着一系列北东北向的地震带，从东向西可划分出：郯庐地震带、华北平原地震带、汾渭地震带和河套—银川地震带等。天津属华北地震区，位于华北平原地震带，毗邻郯庐地震带。

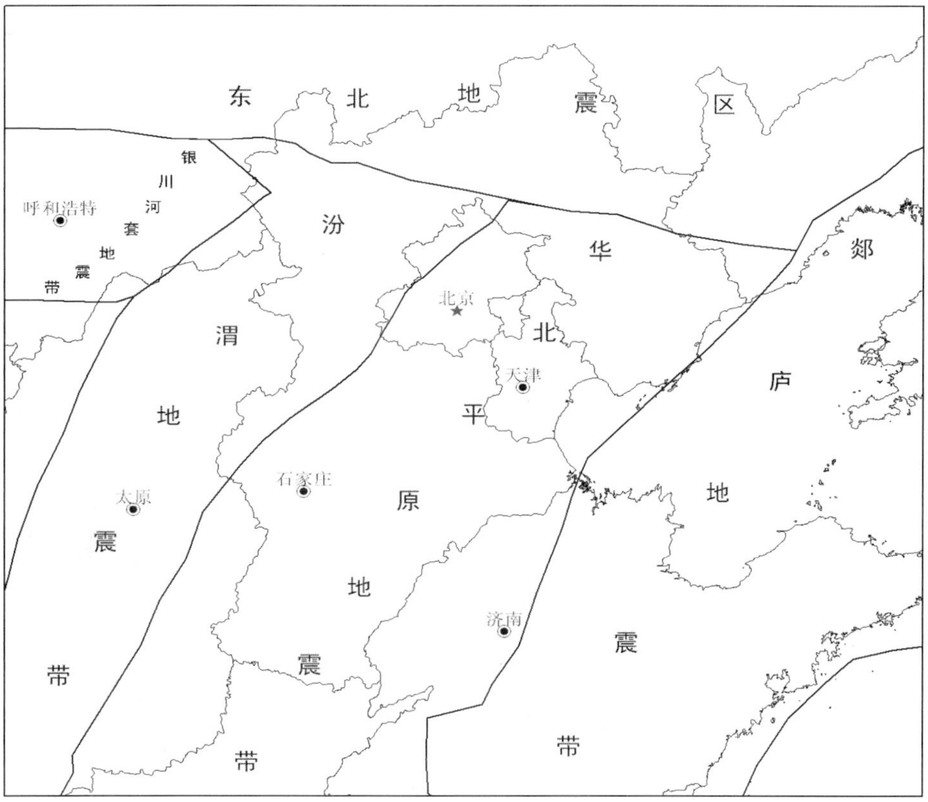

图 1-3-1-16 地震带划分图（2001 年）

二、天津及附近的地震带

在天津及附近地区，对天津市地震区划有重大影响的主要有两大地震带，即华北平原地震带和郯庐地震带。

（一）华北平原地震带

华北平原地震带包括太行山以东、燕山以南、鲁西山地以西大面积平原地区，地震活动频度高、强度大，是华北地震区内一个重要的强震活动带。带内地震活动具有集中成带分布的特点，邢台—河间—唐山为最显著的北东向强地震活动条带。

华北平原地震带自有历史记载以来共记录到 $M_S \geq 4.7$ 级地震 365 次，该带历史上曾发生 8 级地震 1 次，7—7.9 级地震 5 次，6—6.9 级地震 29 次（含 1484 年以前 7 次）。

（二）郯庐地震带

郯庐地震带是我国东部规模最大的地震带，地震活动呈北东北向带状展布，贯穿整个华北地台区的东部，从辽宁顺辽东湾、沿渤海中部、莱州湾向南。带内主要强震受我国东部地区最大、切割最深的郯庐断裂带控制。历史强震（M_S>6.5 级）均集中分布在中段。通过对带内大震空间分布和最新活动性分析认为，未来强震仍将集中于中段。

郯庐地震带自有记载以来共记录到 M_S≥4.7 级以上地震 128 次（1484 年以前 8 次），1484 年前历史记载地震较少，地震记录有可能丢失，认为资料可靠性较差。1484 年至今地震记录资料较丰富，地震记录丢失较少或没有丢失，认为资料可靠。该带历史上曾发生 8½ 级地震 1 次，7—7.9 级地震 5 次，6—6.9 级地震 15 次（含 1484 年以前 2 次）。该带最新活动强烈，为中国东部主要强震发生带之一。尤其是 1484 年以来先后发生 1548 年渤海 7 级地震、1597 年 7 级地震、1668 年郯城 8½ 级地震、1888 年渤海 7.5 级地震、1969 年渤海 7.4 级地震、1975 年海城 7.3 级地震。

第二节　地震潜在震源区

1957 和 1997 年地震区划采用的是“地震危险区”的概念，从 1990 年地震区划开始，采用“潜在震源区”概念取代“地震危险区”概念。

地震潜在震源区指未来可能发生破坏性地震的区域。“未来”的时间尺度不是几十年或百年，而是几千年或更长时间；“可能”具有概率含义，未来距现今时间越短、发震的概率越小，距现今时间越长，发震概率越大。

一、1990 年区划与天津市有关的潜在震源区

1990 年国家地震局编制的《中国地震烈度区划图》，依据地震地质构造类比和地震活动重复性的研究结果，划分出未来可能发生破坏性地震的区域并给出震级上限。在天津市及其附近地区主要有：

（一）天津区

本区北西向蓟运河断裂与海河断裂属走滑断裂，蓟运河断裂断至晚第三世，海河断裂在第四纪时仍在活动。在北西向蓟运河断裂与海河断裂之间，沧县隆起向北的倾伏处，有一些规模不大的北东向断裂。北西向活动的主干断裂是发震的构造。天津市东南的海河断裂附近发生过 5 级地震，在北部引滦明渠中发现两次古地震遗迹。震级上限为 7 级。

（二）宝坻区

本区以北东向新安镇断裂为界分为两部分，西部为向南倾斜的第三纪基岩斜坡；东部为北东

向的大八里庄断裂控制的新近纪—第四纪鸦鸿桥断陷。西部南界为东西向宝坻断裂，东部南界为北西向蓟运河断裂。区内地震震级低、频率高。构造类比可能发生中、强震，震级上限为 6.5 级。

（三）唐山区

区内北东向的陡河及大八里庄断裂为第四纪活动断裂。根据物探发现，在唐山市东侧有一走向北北东，倾向南东的断裂，深达 5 千米，倾角 26 度，其正下方上地幅有错断现象，推测是 1976 年唐山地震的发震构造。震级上限为 8 级。其西南端进入天津宁河地区。

二、2001 年区划与天津市有关的潜在震源区

2001 年，在《中国地震动参数区划图》（GB 18306—2001）的编制过程中，潜在震源区划分采用“二级划分”的基本原则，即在划分地震区、带的基础上划分潜在震源区。在中国大陆及邻区共划分出 986 个潜在震源区。

华北地震区是我国东部大陆地区地震活动最强烈的一个地震区，也是我国晚第四纪构造活动强烈的地区，8 级以上的地震就发生了 5 个，最大的为 1668 年郯城 8½ 级大地震。自西向东断裂活动具有明显的分带性，潜在震源区就沿这些构造活动带展布。华北地震带共划分出高震级的潜在震源区有，8 级潜在震源区 2 个、7.5 级潜在震源区 7 个、7 级潜在震源区 7 个。郯庐地震带高震级的潜在震源区有 8.5 级潜在震源区 1 个、8 级潜在震源区 1 个、7.5 级潜在震源区 5 个、7 级潜在震源区 8 个。天津及邻区潜在震源区主要有：

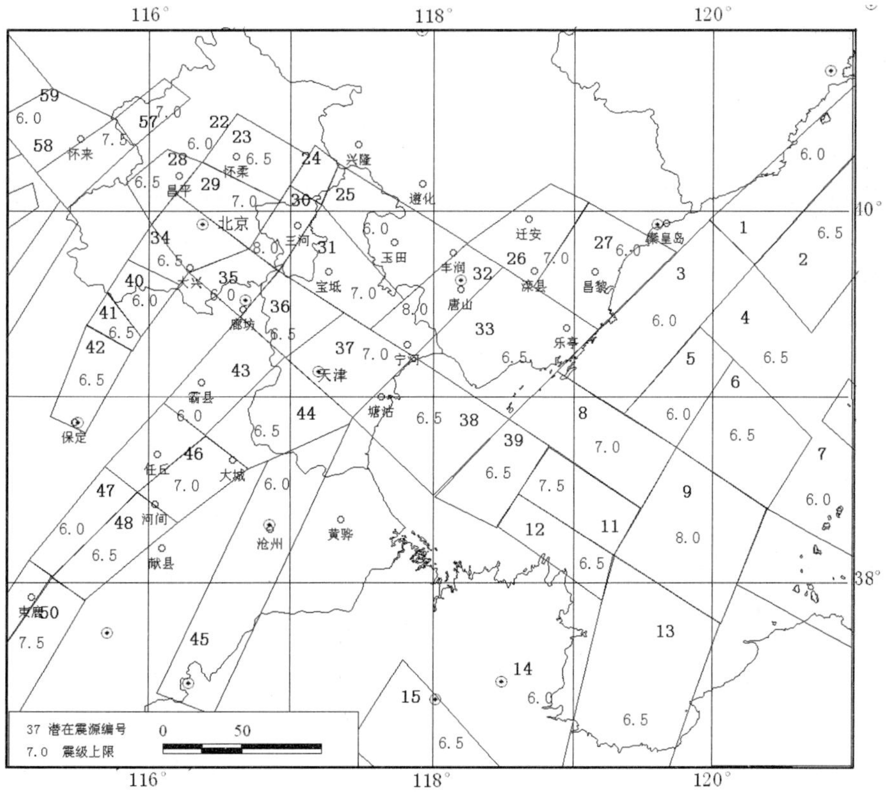

图 1-3-2-17　潜在震源区分布图（2001 年）

（一）天津潜在震源区

该区位于唐山潜在震源区之南，大城—唐山地震构造带与张家口—渤海地震带的交汇区，区内有北东向沧东断裂通过，并与海河断裂、汉沽断裂、蓟运河断裂等北西向断裂相交汇，并处于上地幔、莫霍面隆起的边缘部位，未来具有发生强震的构造背景。现代小震活动也较为频繁。历史上曾发生宁河 6.9 级地震。根据历史地震重演原则，其震级上限定为 7.0 级。

（二）塘沽潜在震源区

该区位于塘沽附近的滨海地带及北塘凹陷的南端，是黄骅坳陷由北东转向东西的转折部位。区内除有北东向的沧东断裂东支与近东西向海河东段断裂交汇外，尚有一系列北东向及北西向次一级断裂错综分布，海河断裂并由此东延入海。根据前面的研究，该断裂东段为晚更新世至全新世活动断裂，曾经发生过葛沽 5.0 级地震和塘沽新港 5.5 级地震，近期一些小震屡有发生，表明该区构造有一定的活动性。对该断裂的地震危险性评估表明，其震级上限为 6.5 级。

（三）武清潜在震源区

北东向牛驼镇断裂通过该区，并与北西向海河断裂在区内交汇。区内曾发生过两次 4.5 级左右地震和两次 3.5 级左右地震，并发生过多次 2—3 级小震。根据构造类比原则，震级上限定为 6.5 级。

（四）宝坻潜在震源区

该区位于唐山潜在震源区之西，区内有宝坻凸起和王草庄凸起，西侧与三河凹陷相邻。区内主要有东西向的宝坻断裂分别与北西向的蓟运河断裂交汇、与北东向的桐柏断裂交汇。人工地震反射剖面资料表明，宝坻断裂是一条第四纪有明显活动的断裂。该潜在震源区中小震活动十分活跃，历史上及近期发生过 5.0、5.5、5.8 级地震。根据构造类比原则，将本区震级上限定为 7.0 级。

（五）玉田潜在震源区

该潜在震源区位于北西向渤海—张家口强震带活动影响区中。区内分布有北北东向第四纪活动断裂。考虑到本区内未见有晚第四纪活动断裂、近代小震活动弱、并且不在北西向强震带主体活动区中等因素，其震级上限定为 6.0 级。

（六）唐山潜在震源区

该区位于磁县—唐山北东向断裂带与燕山—渤海北西向断裂带的交汇部位，处于上地幔隆起的边缘地带。最近一些学者根据人工地震测深资料认为区内东北断裂为切割莫霍面的深大断裂。1976 年唐山 7.8 级大地震发生后，形成了东北向的余震密集分布区，其分布范围大致与潜源边界尺寸相当，垂直形变资料表明该区为明显的形变异常带，构造活动非常活跃。按照历史地震重演的原则，将该区震级上限定为 8.0 级。

（七）大城潜在震源区

该潜在震源位于天津潜在震源区之南侧。区内主要有沧东断裂的中段和大城断裂通过，该段断裂在新近纪仍有活动。地震能量释放及频次空间扫描的结果均为高值区。根据构造类比原则，震级上限定为6.5级。

第三节　地震区划图

地震区划图是以图件形式表示的地震影响和危险程度的国土区域划分，国家以一定的方式和程序颁布作为抗震设防的标准。地震区划图分两类，一类是以烈度表述的地震区划图，另一类是以地震动参数表述的地震区划图。

2009年5月1日起施行的《中华人民共和国防震减灾法》第三十五条第一款规定："新建、扩建、改建建设工程必须达到抗震设防要求。"该条第二款又针对一般建设工程规定："必须按照国家颁布的地震烈度区划图或者地震动参数区划图规定的抗震设防要求进行抗震设防。"地震区划图是一般建设工程抗震设防的强制性标准。地震区划图还是国家经济建设和国土利用规划的基础资料，制定减轻和防御地震灾害对策的依据。

新中国成立以来，伴随国家四次地震区划工作，国家编制并颁布了四次地震区划图。

一、1956年地震烈度区划图

1956年由李善邦等人编制的《中国地震烈度区划图及其说明书》(1/500万)，发表在1957年地球物理学报上。该区划图采用单一的地震烈度参数，所规定的烈度区划没有时间概念，表征了一个地区所能遭遇的最大地震危险性。图中大于Ⅸ度区域的国土面积较大，鉴于当时的抗震技术和国家财力限制，仅在重大工程选址和设计中使用，未普遍使用。

在该图中，天津南部划为Ⅵ度，中部及北部划为Ⅶ度，宁河、武清部分地区划为Ⅷ度。1956年，李善邦先生编制了第一张地震区划图，天津市区、天津南部、西部、武清南部、塘沽、宝坻南部、汉沽划为Ⅶ度区，武清北、宝坻县城附近、蓟县南、宁河东等地区划为Ⅷ度区，静海为Ⅵ度区。

二、1977年地震烈度区划图

唐山大地震以后，1977年国家颁布了第二代中国地震烈度区划图，该图采用单一的地震烈度参数，划定的地震基本烈度的含义是"在未来100年内，在一般场地条件下，该地可能遭遇的最大地震烈度"。

在该图中，天津市区、静海东部和大港北部、塘沽区、汉沽区、宁河县、武清南部、北辰区、东丽区、西青区划为Ⅷ度，其他地区为Ⅶ度。按这次烈度区划，天津三分之二的地区为Ⅷ度区。

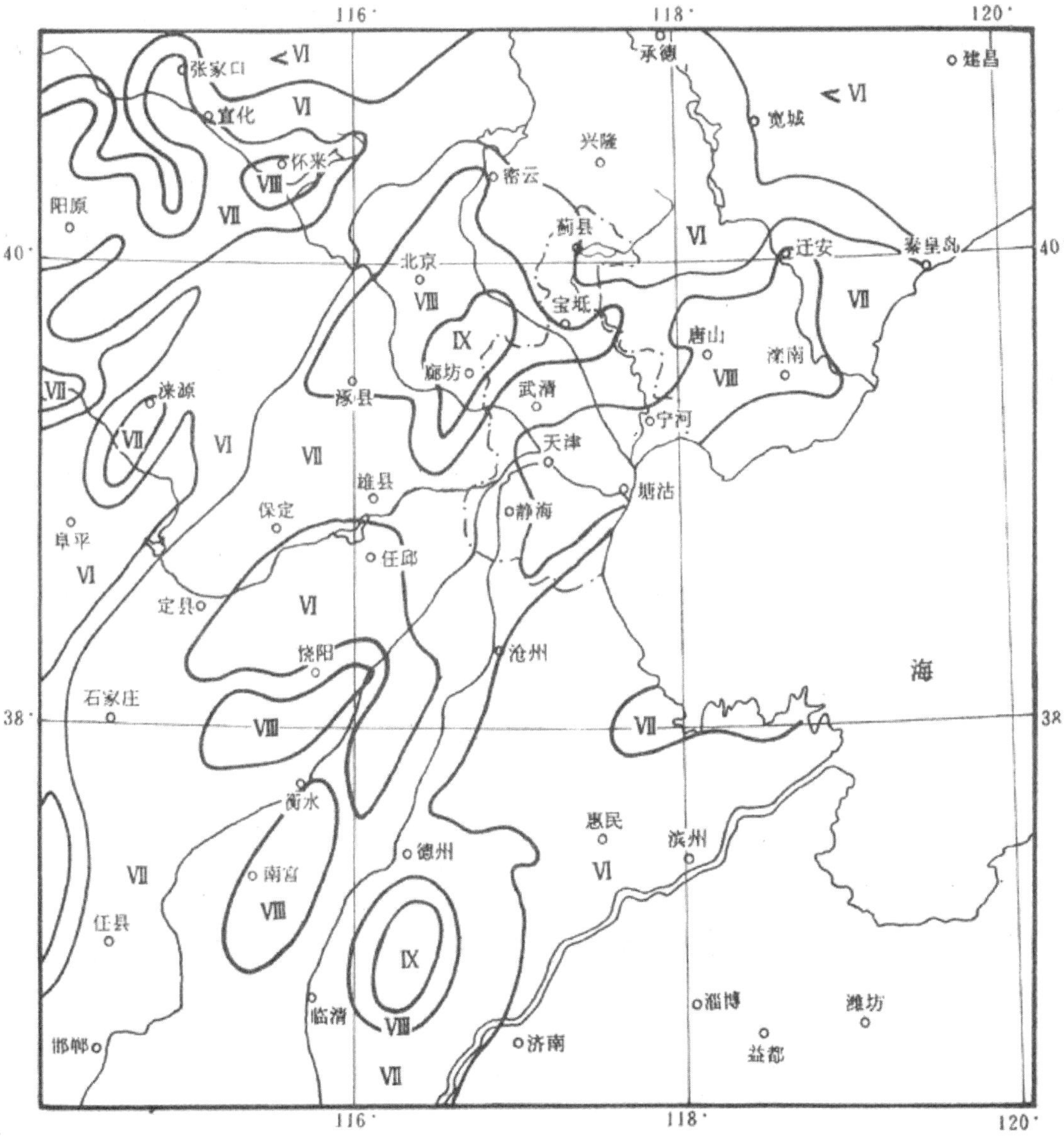

图 1-3-3-18　1977 年中国地震烈度区划图（天津及附近地区）

三、1990 年地震烈度区划图

1990 年，国家颁布了第三代中国地震烈度区划图，该图采用单一的地震烈度参数。该图首次引入了地震趋势分析的概念，将区划图赋予了时间预测的含义；首次采用地震危险性概率方法，采用 50 年超越概率 10%的风险水平定义了地震基本烈度的概念。图中划定的地震烈度的风险水平为 50 年内被超越的可能性为 10%，称为基本烈度。该图由国务院批准，国家地震局和建设部联合颁布，作为一般建设工程的抗震设防要求。

该图中，天津市东丽区东北部、宁河县、汉沽区北部、武清区北部、宝坻区西部和蓟县西部仍为Ⅷ度，其余包括中心市区在内的大部分地区划为Ⅶ度。天津市中心市区在内的大部分地区比

1977 年区划图降低了一度，主要的影响因素是预测的时间尺度由 1977 年地震烈度区划图的 100 年变成了 50 年。

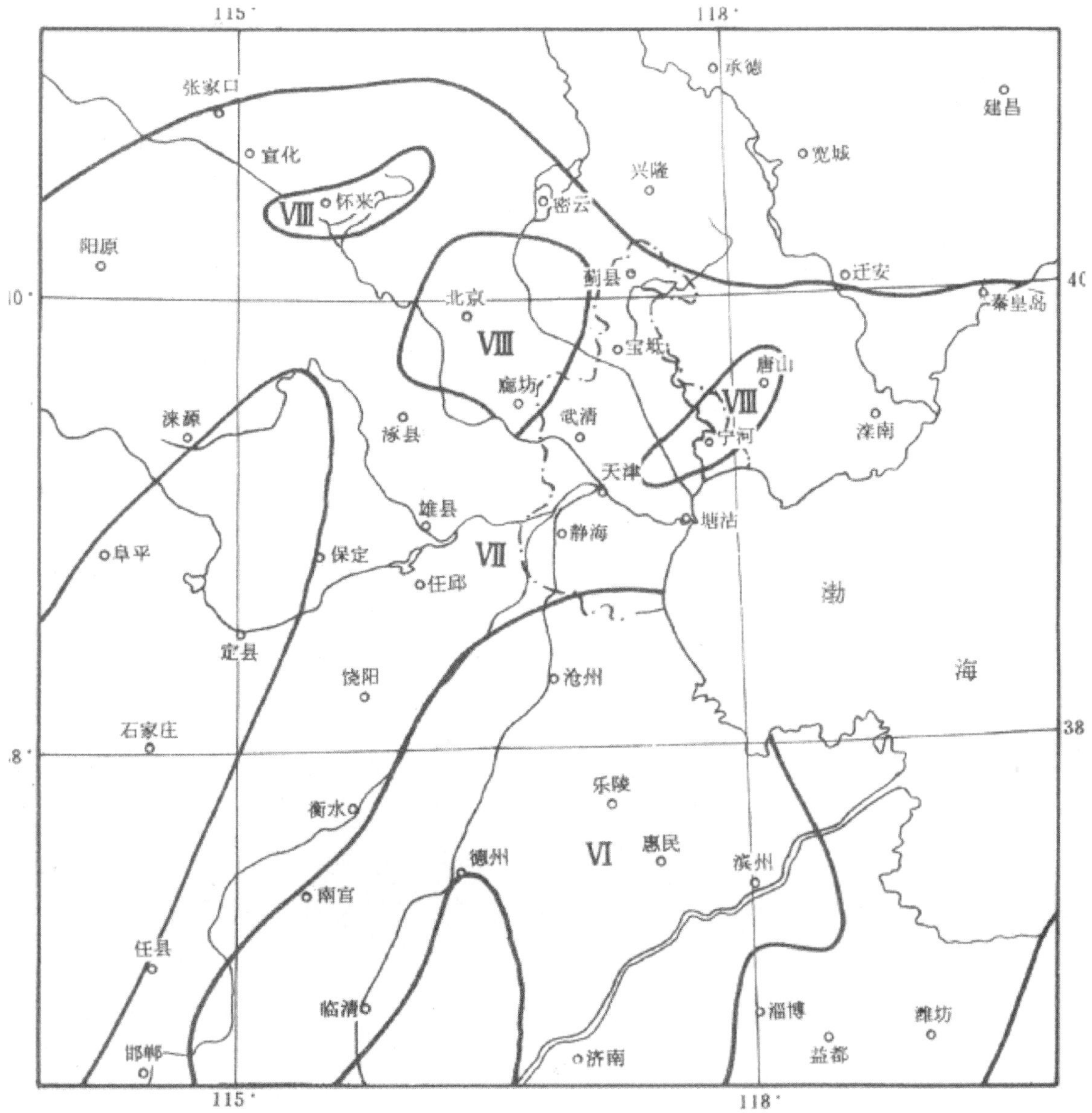

图 1-3-3-19　1990 年中国地震烈度区划图（天津及附近地区）

四、2001 年地震动参数区划图

2001 年，国家颁布了强制性标准《中国地震动参数区划图》（GB 18306—2001），是我国第一次以国家强制性标准形式颁布实施的地震区划图。该图吸收了我国近 10 年来地震区划基础资料及其综合研究的最新成果，采用国际上最先进的地震动峰值加速度和特征周期双参数进行编图，使这幅地震区划图成为国际上最先进的地震区划图之一。

该地震动参数区划图图由两图一表构成，两图即《中国地震动峰值加速度区划图（GB 18306

—2001 图 A₁）》、《中国地震动反应谱特征周期区划图（GB 18306—2001 图 B₁）》、其比例尺为 1：400 万，设防水准为 50 年超越概率 10%，适用场地条件为平坦稳定的一般（中硬）场地。一表为《地震动反应谱特征周期调整表》，采用四类场地划分。

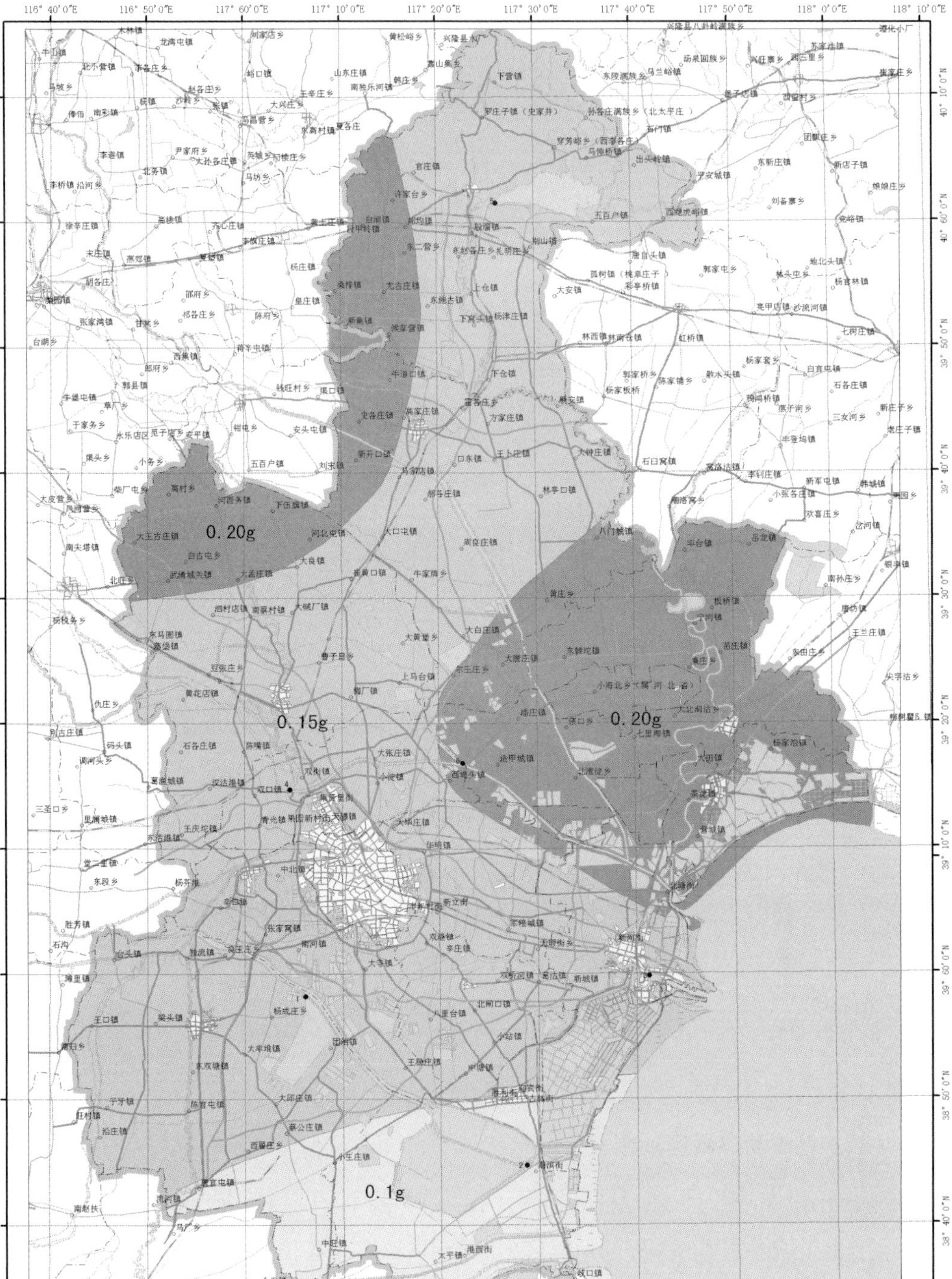

图 1-3-3-20 天津市地震动峰值加速度区划图

（据《中国地震动峰值加速度区划图（GB 18306—2001 图 A₁）》）

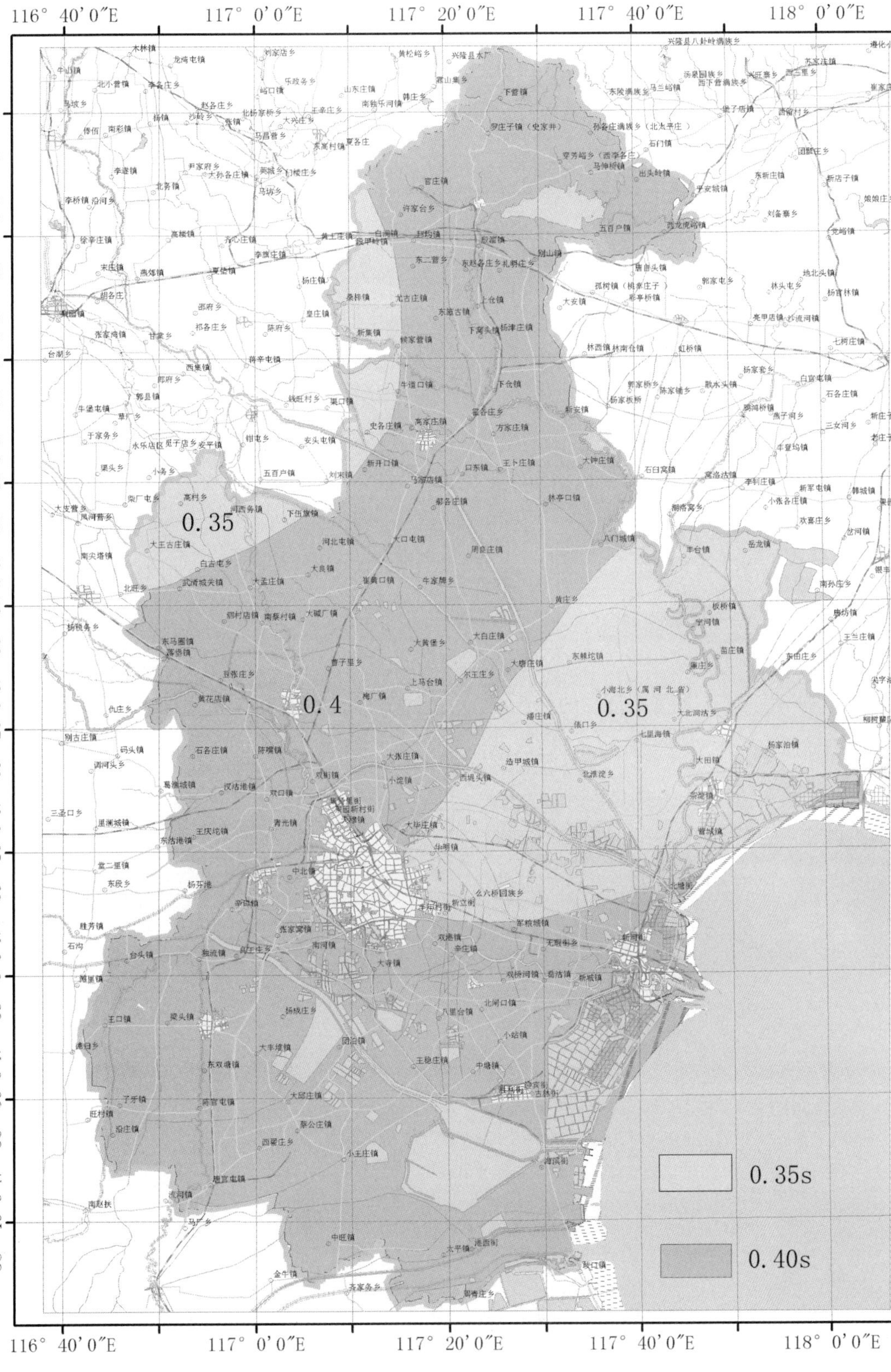

图 1-3-3-21　天津市地震动反应谱特征周期区划图

（据《中国地震动反应谱特征周期区划图（GB 18306—2001 图 B_1）》）

地震动反应谱特征周期调整表

表 1-3-3-3

场地类别	Ⅰ	Ⅱ	Ⅲ	Ⅳ
T_g分区一区	0.25	0.35	0.45	0.65
T_g分区二区	0.30	0.40	0.55	0.75
T_g分区三区	0.35	0.45	0.65	0.90

在《中国地震动峰值加速度区划图》中，天津市分属三个区。武清大孟庄西北、宝坻城关以西、蓟县邦均以西所围成的天津西北部地区地震动峰值加速度为0.20g（g为重力加速度），相当于地震基本烈度Ⅷ度。宝坻东部与宁河接壤部分以东至宁河汉沽全境、塘沽北塘以北所围成的天津东北部地区地震动峰值加速度为0.20g，相当于地震基本烈度Ⅷ度。大港城区至静海中旺以南的天津东南部地区地震动峰值加速度为0.10g，相当于地震基本烈度Ⅶ度。包括中心城区在内的其他大部分地区地震动峰值加速度为0.15g，相当于地震基本烈度Ⅶ度半，与1990年中国地震烈度区划图相比提高了半度。

在《中国地震动反应谱特征周期区划图》中，天津市分属两个分区。特征周期0.35秒区划范围包括蓟县西部，宝坻区西部和东部，武清区北部，宁河县绝大部分地区、汉沽区全境，东丽区部分地区和塘沽区北部地区；其余部分属0.40秒区划范围。按照《地震动反应谱特征周期调整表》，天津市位于特征周期0.35秒区划范围的地区，属Ⅲ类场地的，应调整为0.45秒，属Ⅳ类场地的，应调整为0.55秒；天津市位于特征周期0.40秒区划范围的地区，属Ⅲ类场地的，应调整为0.55秒，属Ⅳ类场地的，应调整为0.75秒。

“两图一表”提供了特征周期分区：1区（近震区），2区（中远震区），3（远震区），设计地震分组是将特征周期的各区调整为设计地震的第一，二，三组，并按场地内给出设计特征周期值。

第二篇

地震监测预报

地震监测预报是地震监测与地震预报的统称。地震监测内容包括对地震活动和地震前兆信息的观测。地震预报内容包括对未来发生地震的预测及根据预测意见依法进行审定及向社会的发布。地震监测预报就其涉及的科学技术而言，指为获取与地震发生有关的信息所开展的检测、传递、处理和分析，以及在此基础上进行的地震危险区的确定和未来可能发生地震时间、地点和震级的预测。地震监测预报是防御和减轻地震灾害的基础环节。

天津市地震监测工作起于1967年河间地震，经过数十年的艰苦努力，经历了从无到有、从单一手段到多手段综合观测、从单点到成网观测的不断完善的发展历程，逐步建成包括地震前兆台网、测震台网、强震动台网、地壳运动观测网络和地震信息通信网络的地震监测信息系统。

1967年河间地震后，地质部水文所在天津建立了水化观测队，河北省地质局水文队建立了地下水位观测点，河北省地质局测绘队建立了张道口、大毕庄、葛沽三个形变观测站。1969—1970年，地质部华北地质研究所受市地震办公室委托，先后建立了徐庄子、塘沽、青光三个综合地震台。1974年隶属于河北省地震队的宝坻、武清两个综合地震台随行政区划调整归入天津市地震队。1975—1976年，根据国家地震局对"京、津、张、渤"台网建设的统一部署，市地震局相继建立了蓟县、宁河、静海三个综合地震台以及张道口水化综合台。1984年建成以井下观测为特色、采取模拟调制技术和有线与无线混合组网方式的天津电信传输地震台网（天津模拟遥测地震台网）。1999—2001年，通过"首都圈防震减灾示范区系统工程"项目的实施，对模拟遥测地震台网和地震前兆台网观测技术系统进行数字化技术改造，全面推进了数字地震台网建设的步伐。2003—2007年，通过"十五"中国数字地震观测网络项目建设，对地震监测台网技术系统进行网络化升级改造，实现了"网络到台站、IP到仪器"。

伴随地震监测工作的开展，天津市地震预测预报工作随之开展。地震工作者贯彻执行"边观测、边研究、边开展预测预报实践"的原则和要求，通过不断探索和总结积累，取得了对某些强震震前地震活动异常特征以及中等地震前兆异常特征的基本认识；依据地震孕育的阶段性特征逐步形成了"场的动态监视与源的过程跟踪分析相结合"的科学思路以及"长、中、短、临"渐进式跟踪预报的工作程序；在地震预测预报实践中对张北6.2级强震和5.6级强余震做出了较为成功的中、短期预测，对唐山老震区的一些中等地震也曾做出了较为成功的预测。

第一章 地震观测台网

地震观测台网又称为测震台网，其主要功能是观测记录地震活动信息，测定地震发生的时间、地点和震级。

天津市地震观测台网经历了人工观测台站组网、模拟遥测地震台网和数字地震台网三个大的发展阶段。

人工观测台站组网观测阶段。1969—1970年天津市相继建成徐庄子等地震台，采用国产维开克型和三分向64型地震仪以人工观测台站组网方式开展地震观测。

模拟遥测地震台网建设阶段。1976年唐山大地震后，市地震局开始筹建电信传输地震台网。1984年建成以井下观测为特色，采取模拟调制技术和有线与无线混合组网方式，由六个有线传输台（宝坻、武清、静海、东台、省局、芦台）、两个"无线——有线"传输台（尔王庄、旺五）和一个接收记录中心组成的天津电信传输地震台网，即天津模拟遥测地震台网。

数字地震台网建设阶段。1997—1999年，实施中国地震局下达的"九五"天津数字地震台网建设项目，成为天津测震台网数字化改造的始端。此次改造，除沿用原有模拟地震计外，在数采、传输、接收、实时监控、人机交互处理以及自动报警等环节均将模拟设备更新为具有16位精度的数字设备。1999—2001年，实施"首都圈防震减灾示范区系统工程"——天津市数字遥测地震台网建设项目，全面推进测震台网数字化改造与建设的步伐。2003—2007年，实施"十五"天津市数字观测网络项目——数字测震台网分项工程，依托同期建设的地震信息网络系统，对数字遥测地震台网进行网络化升级改造，实现了"IP到仪器和网络化传输"。2008—2011年，作为数字地震台网建设的重要拓展，积极推进试验和环渤海虚拟数字地震台网的建设。

本章重点记述1990年以来模拟遥测地震台网、数字地震台网、网络化升级改造、环渤海虚拟地震台网以及渤海海域地震观测实验等建设情况。

第一节　模拟遥测地震台网改造与建设

1991—1992年，市地震局组织实施天津遥测地震台网强化建设（"333"专项）、华北遥测地震台网联网（"世行"项目）和遥测台网有线改无线工程（"八五"项目）三个项目，对天津模拟遥测地震台网进行改造与建设。

一、天津遥测地震台网强化建设项目

1991年财政部以财文字〔1991〕333号文件下达"强化首都圈地震监测技术系统建设"专项（简称"333"专项），强化首都圈地震监测技术系统建设与改造，重点解决地震台站仪器老化和观测环境恶化等问题。国家地震局下达给天津遥测地震台网的"333"专项强化建设任务包括台网中心技术系统改造、中心机房维护和子台维修等内容。台网中心购进IBM—286微机、数字化仪各一台，与世界银行华北联网项目技术系统配套，组成自动与人机结合的地震速报、数据处理及观测报告编辑系统；为微机设备配备了UPS电源和防病毒卡；更新了两台"768"六笔记录器；

为中心机房配备了两台窗式空调，更新了机房的照明设备；完成武清、尔王庄和省局等三个遥测子台危漏井房的修缮任务。

二、华北遥测地震台网联网工程项目

1991 年国家地震局实施华北联网工程，以北京遥测地震台网为中心，将首都圈及邻近地区现有的天津、大同、呼和浩特、太原、临汾、邯郸、郑州、嘉祥等八个遥测地震台网通过无线传输或有线话路实现波形数据和震相参数共享，形成华北地区大孔径遥测台网。根据华北联网项目技术组提供的技术要求和工作安排，对天津遥测地震台网原有传输专线进行调整，撤销一条“天津—北京”的专线，用节省的线路租金开通“天津—蓟县”专线；完成天津遥测台网与北京遥测台网互换 6 个点位测震波形信号的调整；经过人员培训、设备验收、参数调整和联网调试等工作，实现与华北各区域遥测台网以数字方式交换震相数据及定位结果的功能，有效提高了网缘地震的定位精度（变网外地震为网内地震）。

三、遥测台网有线改无线工程项目

1991 年针对部分有线信道存在问题成本高、故障多等现实问题，实施遥测地震台网有线改无线工程，以无线信道替代有线信道将东台、旺五和尔王庄三个子台的测震信号直接传送到台网记录中心。

东台遥测地震台测震信号原采用 PTY—8 遥测设备经电话专线传送到台网中心；旺五遥测地震台测震信号经 768—11 单路无线遥测设备传送至东台台后并入有线传输系统。从 1990 年 6 月 3 日起，因通信线缆中断且短期无望修复，东台、旺五两台已被迫停测近一年。尔王庄遥测地震台原采用 768—11 单路无线遥测设备将信号传输到芦台台后并入有线传输系统。为恢复东台台、旺五台的观测和提高尔王庄台的传输效率，遥测地震台网购进 DWY 型无线遥测仪以及场强仪、频率计、功率计等测试维修设备，并在东台等 3 个遥测地震台分别进行了无线信道测试与传输试验。从 1991 年 5 月开始，东台台和旺五台用 DWY 型无线遥测设备替代有线传输设备将测震信号直传台网中心。从 1991 年 8 月 31 日开始，尔王庄台采用 DWY 型无线遥测设备将测震信号直传台网中心。

第二节　模拟地震台网数字化改造

1997—1999 年，根据中国地震局关于中国数字地震观测系统建设（课题编号 95—01—01）的统一部署，实施“天津数字地震台网建设工程”，采用了速度量观测、16 位数据采集、台站 GPS 授时、数字数据传输、固态存储和计算机网络等先进技术，对蓟县等 8 个遥测地震台和台网数据处理中心进行数字化改造，实现了数据采样、数据传输、连续记录、事件自动检测和报警、自动及人机结合数据处理、数据文件自动生成和存储等功能。与改造前的模拟地震台网相比，系统灵敏度、时间精度、动态范围、抗干扰能力、数据处理速度、资料连续性、设备可靠性等方面均得到提高。台网地震波形记录清晰，观测动态范围从 40 分贝提高到 70 分贝；网内地震检测震级下限从 2.0 提高到 1.7，上限从 4.5 提高到 5.5；地震速报时间缩短到 10 分钟以内。

1999 年 9 月 12 日，“天津数字地震台网建设工程”通过中国地震局和天津市科委组织的工程验收和技术成果鉴定。

一、遥测地震台数字化改造

蓟县、宝坻、武清、芦台、静海、东台、旺五和尔王庄等 8 个遥测地震台延用原有井下短周期地震计，新配备 EDAS—3 型 16 位数据采集器。蓟县、宝坻、武清、芦台和静海等 5 个台采用数字传输网络（DDN）数据传输方式；东台、旺五和尔王庄等 3 个台采用 GDFM—97 无线调制解调器+DWY 数字无线遥测设备数据传输方式。

遥测地震台数字化改造情况一览表

表 2-1-2-4

序号	台站名称	观测方式	高程（米）	仪器类型	地震计	传输方式	数采	备注
1	蓟县	地面	65	短周期	DS—1 型，垂直向	DDN	EDAS—3	
2	宝坻	地面	5	短周期	DS—1 型，垂直向	DDN	EDAS—3	
3	武清	井下	—460	短周期	JD—2 型，三分向	DDN	EDAS—3	
4	芦台	井下	—267	短周期	JD—2 型，垂直向	DDN	EDAS—3	
5	静海	井下	—371	短周期	JD—2 型，三分向	DDN	EDAS—3	
6	东台	井下	—505	短周期	JD—2 型，垂直向	GDFM—97 无线调制解调器+DWY 数字遥测设备	EDAS—3	
7	尔王庄	井下	—460	短周期	JD—2 型，垂直向	GDFM—97 无线调制解调器+DWY 数字遥测设备	EDAS—3	
8	旺五	井下	—479	短周期	JD—2 型，垂直向	GDFM—97 无线调制解调器+DWY 数字遥测设备	EDAS—3	

二、台网中心技术系统建设

台网中心技术系统由地震数据接收器、实时检测计算机（两台）、人机交互处理计算机、编目计算机以及记录和存储设备等构成。台网中心计算机设备通过网卡、集线器连接，并接入市地震局信息网络。

地震数据接收器负责接收遥测台站传送到台网中心的地震数据。实时检测计算机部署 SCO UNIX 操作系统、地震数据汇集记录软件包（EDSP—MCS）和地震实时处理软件包（EDSP—RTS），完成信号记录、事件检测、综合判别、事件报警、数据存储、自动分析计算、实时波形显示和采集器参数设置、系统标定、运行状况记录等工作。两台实时检测计算机采取平行工作方式。人机交互处理计算机部署 SCO UNIX 操作系统和人机交互分析处理软件包（EDSP—IAS），完成波形回显、震中重检、精细定位、摘编实践、数据管理、报表输出等。编目计算机部署 WIN98 操作系统，主要完成编目、刻录光盘以及其他日常工作。

台网中心保留 2 台原有 768 模拟记录器。一台用于记录经数/模转换后的 5 路模拟信号和未进行数字化改造的省局遥测台（低倍率）信号；另一台用于记录华北联网传来的天津外围台的 6 路模拟信号。

第三节　数字地震台网建设

1998—2001 年，市地震局实施首都圈防震减灾示范区系统工程——天津市数字遥测地震台网建设项目，全面推进数字化地震台网建设。内容包括：新建、改造 28 个数字遥测地震台，开通两个 DDN 专线和 10 个卫星信道、建设台网数据接收处理中心，开展地震速报、观测报告与信息服务。

2001 年 10 月 1 日数字遥测地震台网进入考核运行；12 月 4 日通过首都圈防震减灾示范区工程管理中心和天津市科委联合组织的验收和鉴定。

经过首都圈防震减灾示范区工程建设，天津市数字遥测地震台网监控和速报能力得到增强。台网监测地震震级下限中心市区为 M_L1.0，其他区域为 M_L1.5。台网地震速报 4 分钟提供计算机自动定位结果，10 分钟内做出经人工复核后的地震参数速报。

一、数字遥测地震台建设

数字遥测地震台站的主要功能是完成地面运动波形数据采集，通过实时或准实时方式向台网中心发送地动信息及台站有关信息。天津数字遥测地震台网工程总共新建和改造数字遥测地震台 28 个，其中：新建井下数字遥测台 18 个、改造井下遥测台 9 个、改造地面遥测台（蓟县遥测地震台）1 个。数字遥测台站技术系统由地震计、数据采集器、GPS 时钟、数据传输设备、供电避雷设备等构成。在 28 个台中，27 个井下遥测台装备三分向电子反馈式井下地震计（FSS—3DBH 型井下地震计）；1 个地面遥测台（蓟县遥测地震台）装备 120 秒甚宽带地震计（CTS—1 型甚宽频带地震计）。28 个数字遥测台全部装备 24 位高精度数据采集器。18 个台站采用数据传输网络（DDN）传输方式（简称 DDN 台）；10 个台采用卫星小站（VSAT）传输方式（简称卫星台）。18 个 DDN 台的实时波形数据，经由 DDN 专线传送到天津台网中心进行数据汇集，再通过连接北京的高速 DDN 链路发送到首都圈地震台网中心；10 个卫星台的实时波形数据，经由卫星信道（速率 9.6 千比特每秒）汇集到首都圈地震台网中心后，再由首都圈地震台网中心通过高速 DDN 链路传回天津台网中心。

（一）钻井工程

根据工程设计，总共新钻观测井 22 口（其中：18 个新建台共新钻 18 口观测井；徐庄子、宝坻、尔王庄和武清台等 4 个改造台各新钻 1 口观测井）。经过市政府投资与采购评审中心公开招标，市第二地质勘探大队和冶金工业部第一地质勘察局 5322 队分别承接钻井工程。2000 年 10 月至 2001 年 3 月完成 18 个新建台观测井钻井任务。2001 年 7 月 16 日至 8 月 4 日完成 4 个改造台观测井孔钻井任务。

（二）观测室建设

2000 年 11 月至 2001 年 4 月，完成 18 个新建台观测室基建。新建台观测室建筑面积为 20 平方米，按Ⅷ度进行抗震设计，做房屋基础时预埋地线，内墙装修采用 5 厘米厚金属聚苯乙烯夹芯板，安装双层门（内层为塑钢密封门，外层为全封闭防盗门）。其中在卫星台观测室基建时，在屋顶中央预埋卫星天线基础，并在观测室侧面建 12 米高自立式三角形避雷塔。与此同时，对 10 个改造台观测室进行了必要的维修。

（三）设备安装

2001 年 3 月 15 日完成第一台井下数字地震计在青光台的下井安装任务。到 8 月 8 日，27 个井下数字地震计的下井安装工作全部完成。8 月 15 日完成蓟县遥测地震台仪器设备安装调试工作。

天津数字遥测地震台网 28 个遥测地震台简表

表 2-1-3-5

序号	台站名称	建设类型	观测方式	高程（米）	仪器类型	仪器型号	数采	传输方式	备注
1	蓟县	改造	地面	65	甚宽带	CTS—1	24 位	DDN	
2	宝坻	改造	井下	—245	短周期	FSS—3DBH	24 位	DDN	新钻观测井
3	糙店	新建	井下	—247	短周期	FSS—3DBH	24 位	DDN	新钻观测井
4	丰台镇	新建	井下	—247	短周期	FSS—3DBH	24 位	DDN	新钻观测井
5	武清	改造	井下	—244	短周期	FSS—3DBH	24 位	DDN	新钻观测井
6	芦台	改造	井下	—248	短周期	FSS—3DBH	24 位	DDN	
7	朱唐庄	新建	井下	—247	短周期	FSS—3DBH	24 位	DDN	新钻观测井
8	汉沽	新建	井下	—247	短周期	FSS—3DBH	24 位	DDN	新钻观测井
9	青光	新建	井下	—241	短周期	FSS—3DBH	24 位	DDN	新钻观测井
10	安康	新建	井下	—247	短周期	FSS—3DBH	24 位	DDN	新钻观测井
11	长虹	新建	井下	—247	短周期	FSS—3DBH	24 位	DDN	新钻观测井
12	大直沽	改造	井下	—210	短周期	FSS—3DBH	24 位	DDN	
13	南河镇	新建	井下	—247	短周期	FSS—3DBH	24 位	DDN	新钻观测井
14	辛庄	新建	井下	—248	短周期	FSS—3DBH	24 位	DDN	新钻观测井
15	大沽	新建	井下	—249	短周期	FSS—3DBH	24 位	DDN	新钻观测井
16	静海	改造	井下	—277	短周期	FSS—3DBH	24 位	DDN	

续表 2-1-3-5

序号	台站名称	建设类型	观测方式	高程（米）	仪器类型	仪器型号	数采	传输方式	备注
17	东台	改造	井下	—273	短周期	FSS—3DBH	24位	DDN	
18	蔡公庄	新建	井下	—247	短周期	FSS—3DBH	24位	DDN	新钻观测井
19	新安镇	新建	井下	—246	短周期	FSS—3DBH	24位	卫星	新钻观测井
20	河北屯	新建	井下	—245	短周期	FSS—3DBH	24位	卫星	新钻观测井
21	尔王庄	改造	井下	—247	短周期	FSS—3DBH	24位	卫星	新钻观测井
22	赤土	新建	井下	—247	短周期	FSS—3DBH	24位	卫星	新钻观测井
23	北塘	新建	井下	—246	短周期	FSS—3DBH	24位	卫星	新钻观测井
24	塘23	改造	井下	—275	短周期	FSS—3DBH	24位	卫星	
25	王匡	新建	井下	—246	短周期	FSS—3DBH	24位	卫星	新钻观测井
26	唐家河	新建	井下	—247	短周期	FSS—3DBH	24位	卫星	新钻观测井
27	徐庄子	改造	井下	—247	短周期	FSS—3DBH	24位	卫星	新钻观测井
28	沙井子	新建	井下	—248	短周期	FSS—3DBH	24位	卫星	新钻观测井

二、通信信道建设

2001年3月29日开通青光台至台网中心DDN专线；7月6日开通天津市地震台网中心至首都圈地震台网中心384千比特每秒DDN专线，为18个DDN台信号进京做好条件准备。到7月31日18个DDN台的DDN专线全部开通。7月16日开通新安镇、河北屯、赤土、北塘、王匡、唐家河、沙井子等7个新建卫星台卫星信道；8月16日开通尔王庄、塘23、徐庄子等3个老台卫星信道。

三、台网数据接收处理中心建设

台网中心记录和数据处理系统由网络连接设备，信号输入、分配与汇集设备，数据处理、存储设备以及交换、输出等设备组成。各种专用设备采取局域网方式进行连接。台网中心通过384千比特每秒高速DDN专线与首都圈地震台网中心实现网间互联；通过100兆双绞线接入天津地震信息网，为地震应急指挥中心提供实时波形数据和地震速报结果，并通过天津市地震局门户网站发布地震信息。台网中心部署了首都圈工程管理中心组织研发的基于计算机网络的具有数据接收、事件检测、地震速报、人机交互处理、数据存储和系统监控功能的地震数据处理专用软件。

台网数据接收处理中心位于在新扩建的市地震局科研办公楼二楼（河西区友谊路19号），面积约为200平方米。2000年9月在保证台网监测的情况下完成“九五”台网中心技术系统的搬迁；2001年6月完成台网中心新设备的安装；8月20日完成台网中心软件部署，并进入系统联调；10月1日进入系统考核运行。

（一）地震信号输入、汇集与发送

18 个 DDN 台的地震信号由信号分配器分配给实时数据汇集与发送服务器。该服务器除负责汇集天津本地 18 个 DDN 台的实时连续波形数据外，还负责下载天津 10 个卫星台以及首都圈地震台网其他 79 个台的实时数据，并把汇集到的实时数据分发给台网中心其他服务器与处理机。

（二）地震事件自动检测、报警与定位

承担地震事件的自动检测与处理工作专用计算机检测到 4 个台以上信号满足设定触发条件时，即发出报警声响，同时生成地震事件文件，并将地震波形按收到时间的早晚顺序显示在屏幕上，同时将触发前 30″ 到事件结束后 30″ 之间的波形数据，存储到数据存储服务器的磁盘阵列上。计算机可逐台按长、短时窗均值比较方法识别出 P 波、S 波，并在 S 波后一定时间内找出最大振幅，从而计算出地震三要素。

（三）人机交互处理

台网中心设有 4 台人机交互处理机。对于自动识别不正确的震相可通过人机交互窗口进行人工识别，修正自动定位结果。一些震级较小而未自动触发的地震，也可通过人机交互方式取得定位结果，编入台网地震目录。分析人员在人机交互处理机上可以对地震波的到时、直达纵波（Pg 波）初动方向及初动清晰情况、直达横波（Sg 波）的到时及最大振幅、地震波延续时间等进行测量和标注，还可测量出地震的初动方位角，从而得到地震的发震时刻、震级、震中经、纬度、震源深度等地震要素，并将标注值和测定结果一并保存在结果文件。

（四）数据存储

数据存储服务器用于实时接收测震和强震连续波形数据、存储测震和强震连续波形数据文件和触发事件文件、实时生成速报事件文件、数据连续率统计、文件格式转换以及文件系统磁盘管理等。为保证数据安全，将每天的实时数据刻成光盘保存。台网 28 个台每天的实时文件数据量共 1200 兆，经压缩后为 620 兆，每天刻一张光盘。

（五）数据服务与信息发布

数据库服务器和光盘塔管理和存储日常连续波形数据和地震触发事件，为地震系统内部网提供地震事件波形数据和定位结果文件，向天津地震信息网发布地震信息。地震信息共享服务器和 WWW、FTP 服务器实时发布地震速报定位结果和显示首都圈台网中心以及北京、河北台网中心的速报定位结果；全球广域网（Web）服务器向局内发布地震信息；通过地震信息网向局内提供实时地脉动波形数据、地震事件波形数据以及实时加速度波形数据和烈度数据；提供网上地震目录和地震波形数据检索等。

（六）系统运行监控与报警

台网中心安装有实时监控与报警机，可实时监控各个台站传输状态和台网中心局域网内设备的连通情况，发现中断立即发出报警和提示。

四、地震速报、观测报告与信息服务

（一）地震速报

负责责任区内 M_L ≥3.0 地震的处理，并将处理结果（包括地震的发震时刻、震级、震中位置）向市地震局震情值班室报告，再由震情值班室向有关领导和上级单位报告。

（二）编辑出版地震目录和观测报告

负责发生在责任区内和邻区的 M_L ≥1.0 地震和爆破事件的精确定位，并把定位结果存入地震目录数据库，按月出版地震观测报告和地震目录。

（三）地震观测信息存储

按月将每个台站的连续波形数据记录刻录成光盘；按月将事件数据刻录光盘；按季度将事件数据压缩后存储到光盘塔上。

（四）台网产出服务

台网中心局域网 FTP 服务器提供台网连续波形数据和地震事件数据下载服务；台网中心局域网主页提供台网地震目录和观测报告查询服务。

第四节 数字地震台网网络化升级改造

2003—2007 年，实施“十五”天津市数字地震观测网络项目——“数字测震台网分项工程”，在“首都圈示范工程”建设的数字地震台网基础上，依托同期建设的地震信息网络系统，对数字地震台网进行网络化升级改造。任务源自中国地震局《关于天津市数字地震项目投资概算调整的批复》（中震函〔2007〕241 号）。主要建设内容包括：改扩建数字地震台网中心；新建尤古庄、官港和汉沽盐厂 3 个井下宽频带数字测震台；根据“首都圈示范工程”与“十五”数字地震观测网络项目衔接实施方案，对 11 个首都圈测震台进行升级改造。

2003 年 3 月，完成“天津市数字测震台网初步设计”；2005 年 8 月，完成“天津市数字测震台网施工设计”；2005 年 7 月，完成新建 3 个井下宽带数字地震台钻井工程；2007 年 7 月，完成新建 3 个井下宽带数字地震台设备安装调试；2007 年 5 月，完成台网中心软件系统安装与调试；2007 年 7 月，天津市数字测震台网进入试运行；2007 年 10 月 31 日，天津市数字测震台网工程通过中国地震局组织的专家验收。

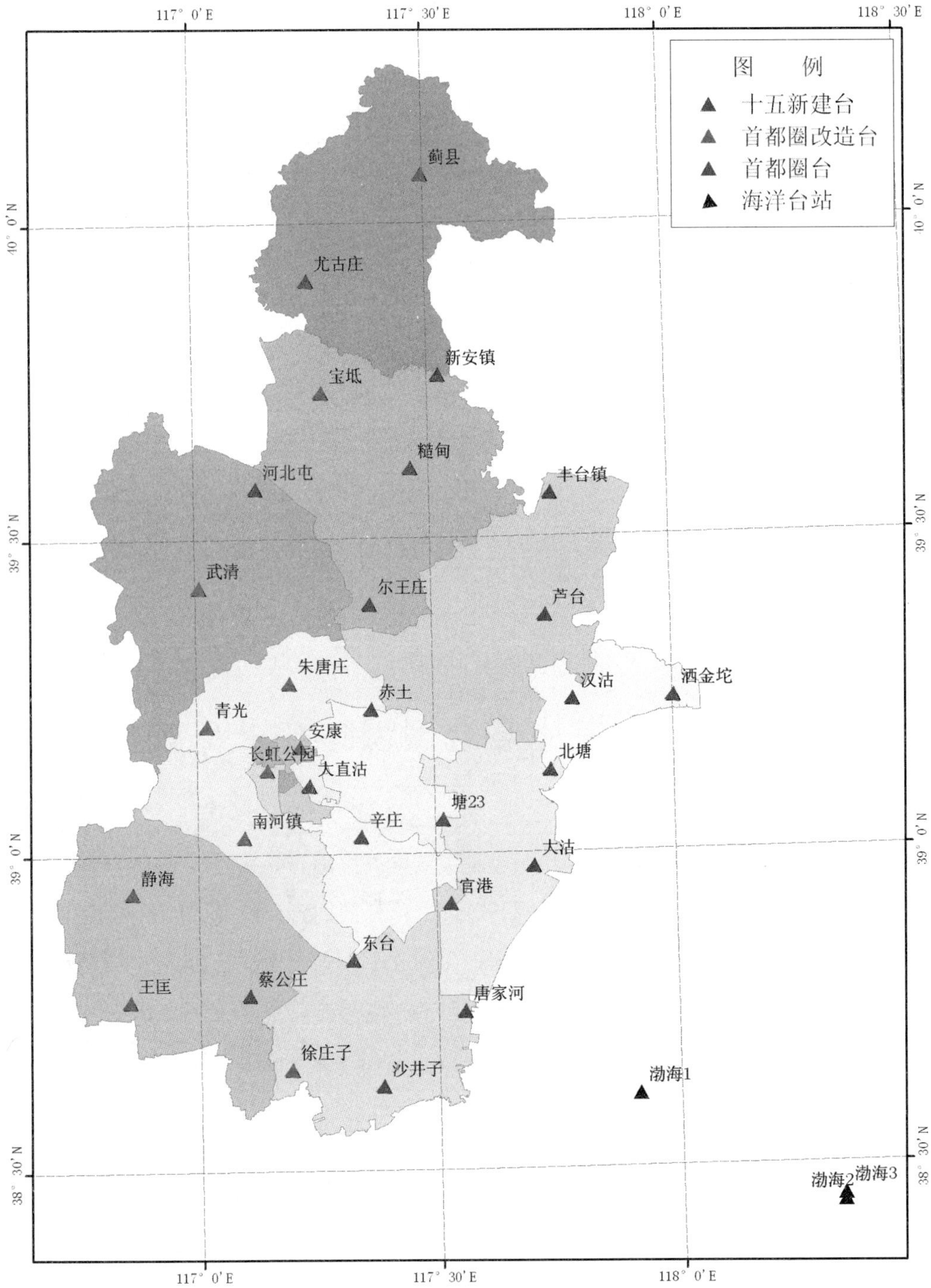

图 2-1-4-22 天津数字地震台网台站分布图

经升级改造后，天津市数字地震台网台站总数由 28 个增加到 31 个，布局更趋合理；首次采用井下宽频带地震计，宽带（甚宽带）台站由 1 个增加到 5 个，扩大了台网的观测频带；新建和升级改造台站采用带有网络接口和本地存储功能的 24 位数据采集器，采样频率由 50 点提高到 100 点，增大了信息量；通过 DDN、光纤、CDMA 等多种传输方式将台站信号实时传送到台网中心，实现数据汇集；台网中心采用基于数据库和分布式网络环境的 JOPENS 系统，实现数据库服务、流服务、实时处理服务、人机交互快速处理与速报、JOPENS 控制台和地震编目等功能，并在 Mysql 数据库中实现数据的存储和备份。经过网络化升级改造，提高了天津数字遥测地震台网监控和速报能力。监测震级的下限：天津市行政区内达到 $M_L \geqslant 1.0$—1.5 级、首都圈地区达到 $M_L \geqslant 2.0$ 级。地震速报能力：1 分钟提供计算机的自动处理结果、8 分钟完成人机交互处理的地震参数速报。

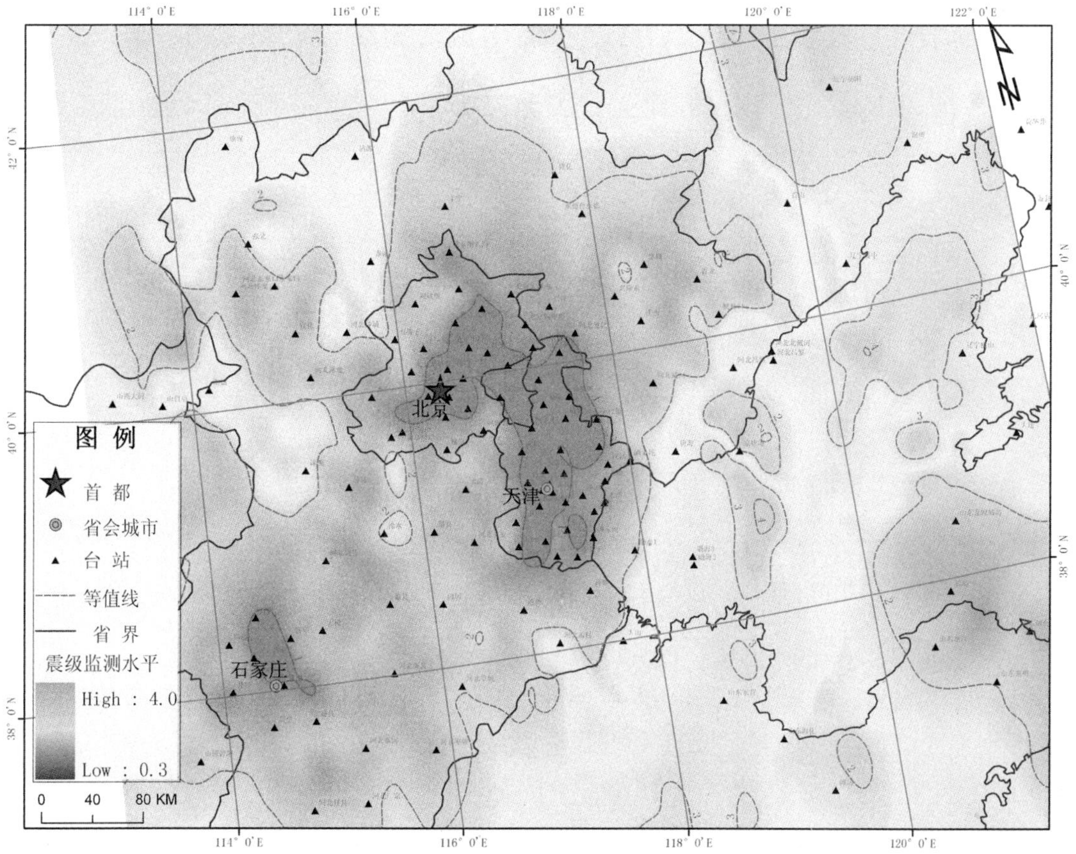

图 2-1-4-23　天津数字地震台网监控能力图

一、新建 3 个井下宽频带数字遥测台站

为弥补台网布局北部台站偏少和提高东部沿海区域地震监测能力，在尤古庄、官港和汉沽盐场增建三个井下数字遥测地震台站。

新建井下数字遥测台站建设基本情况简表

表 2-1-4-6

台　名	观测标高（米）	场地类型	地震计	数据采集器	传输方式	备　注
尤古庄	—167	井下	CMG—3TB	CMG—DM24 B3	CDMA	
官港	—250	井下	CMG—3TB	CMG—DM24 B3	MPLS VPN 10M 光纤	
汉沽盐场	—250	井下	CMG—3TB	CMG—DM24 B3	MPLS VPN 10M 光纤	

“十五”数字测震台站的主要功能是完成地面运动波形数据采集，通过实时或准实时方式向台网中心发送地动信息及台站有关信息，并接受台网中心的控制命令，实现对台站技术系统的标定、参数设定等。“十五”数字测震台站技术系统由数字地震计、数据采集器、GPS时钟、数据传输设备、供电避雷设备等构成。

2005年5月23日至7月20日，完成3个新建台钻井工程（尤古庄台井深为167米、官港和汉沽盐场台井深均为250米）。各台建井房（观测室）面积15平方米、高3.5米，砖混结构，按Ⅷ度进行抗震设防。室内配电箱装有漏电保护器及电源避雷设备。建房开槽时，在观测室四角分别砸入1.2米长镀锌钢管，用镀锌扁铁连接，组成接地地网。用镀锌扁铁将接地地网引入观测室作为设备接地母线。供电电源采用两级避雷器。数据专线、网络线路、GPS天馈线、无线设备（卫星）天馈线均安装信号避雷器。

2007年7月初完成3个新建台仪器设备的安装调试。地震计为井下宽频带地震计（CMG—3TB型），数据采为带IP及本地存储功能的24位数据采集器（CMG—DM24 B3）；官港和汉沽盐厂台采用MPLS VPN 10兆字节光纤数据传输方式，尤古庄台采用CDMA无线数据传输方式；供电系统采用市电+UPS在线方式。

二、升级改造11个首都圈测震台

根据“首都圈示范工程”与“十五”数字地震观测网络项目衔接实施方案，对11个“首都圈工程”建设的测震台进行升级改造。2008年1月9日，11个“首都圈”测震台升级改造工程通过验收。

（一）更换地震计

蓟县台更换甚宽频带地震计（BBVS—120）；王匡、南河镇、武清和安康4个台更换井下短周期地震计（FSS—3DBH）。

（二）更换数据采集器

宝坻、静海、青光、长虹公园、朱唐庄、徐庄子和王匡7个台站数采升级为具有本地存储功能和IP接口的24位数据采集器（EDAS—24IP）；采样频率从50点/秒增加到100点/秒；波形数据记录由文件方式变更为数据库方式。

（三）变更通信方式

长虹公园、朱唐庄、安康医院、南河镇、武清等5个台由DDN串口改为MPLS VPN 10兆字节光纤网络通信；蓟县、静海、青光、宝坻等4个台由DDN串口变更为网口，直接接入台站信息节点；徐庄子台由卫星传输变更为网络通信，直接接入台站信息节点；王匡台由卫星串口改为卫星网口通信。

11 个升级改造测震台建设情况简表

表 2-1-4-7

台　名	观测标高（米）	场地类型	地震计	数据采集器		传输方式		备注
				升级前	升级后	升级前	升级后	
安康医院	—247	井下	FSS—3DBH	EDAS—24		DDN	MPLS VPN 10M 光纤	更换井下地震计
青光	—241	井下	FSS—3DBH	EDAS—24	EDAS—24 IP	DDN	SDH10M 光纤	
南河镇	—247	井下	FSS—3DBH	EDAS—24		DDN	MPLS VPN 10M 光纤	更换井下地震计
长虹公园	—247	井下	FSS—3DBH	EDAS—24	EDAS—24 IP	DDN	MPLS VPN 10M 光纤	
王匡	—246	井下	FSS—3DBH	EDAS—24	EDAS—24IP	卫星串口	卫星网络	更换井下地震计
朱唐庄	—247	井下	FSS—3DBH	EDAS—24	EDAS—24 IP	DDN	MPLS VPN 10M 光纤	
蓟县	65	山洞	BBVS—120	EDAS—24		DDN	SDH10M 光纤	更换甚宽频带地震计
宝坻	—245	井下	FSS—3DBH	EDAS—24	EDAS—24 IP	DDN	SDH10M 光纤	
武清	—244	井下	FSS—3DBH	EDAS—24		DDN	MPLS VPN 10M 光纤	更换井下地震计
静海	—277	井下	FSS—3DBH	EDAS—24	EDAS—24 IP	DDN	SDH10M 光纤	
徐庄子	—247	井下	FSS—3DBH	EDAS—24	EDAS—24 IP	卫星	SDH10M 光纤	

三、改扩建数字地震台网中心

改扩建后的数字地震台网中心以高速网络为工作平台，基于关系型数据库，具有海量数据存储处理、自动监控台网运行状态、自动处理地震参数、快速准确速报地震功能。

（一）台网中心机房

改扩建后的数字地震台网中心设在新落成的天津市地震台网中心大楼（河西区友谊路 19 号）三层，与地震信息网络中心、前兆台网中心、强震动台网中心共用中心机房，进行统一规划设计和系统集成。数字地震台网中心包括服务器机房、监控、速报工作区和速报值班室。改扩建后台网中心的工作环境更利于仪器设备的运转，更适于值班人员处理各种地震应急事件。

（二）台网中心技术系统构成

台网中心技术系统为基于计算机网络的分布式系统，由实时数据接入服务器、数据库服务器、数据应用服务器、数据处理工作站、交互分析处理 PC 机、网络打印机以及路由、交换等设备构成。新建和改造升级台站数据采样频率为每秒 100 采样点，采取光纤、CDMA 等实时传输方式。未进行升级改造台站的数据采集、传输方式不变。台网中心流服务器安装了两个 10/100/1000 兆网卡，通过相应网段网卡下载"首都圈"测震系统的台站数据，通过相应"十五"网络网卡下载新建和改造升级 14 个台站的观测数据，从而实现 31 个台站数据的汇集。同时，通过中国地震信息网络将山东、辽宁、河北测震台网部分台站的实时数据下载到台网中心。

（三）台网中心软件系统安装与调试

台网中心部署了具有数据接收、存储、实时处理、交互分析、地震速报、地震编目、资料归档等功能的基于数据库和分布式网络环境的 Jopens 数据处理系统。台网中心数据处理软件系统部署工作分两个阶段完成。（1）2006 年 10 月广州测震软件（测试版）培训班结束后，在不影响“首都圈”台网数据处理系统正常运转的前提下，在台网中心部署了“十五”区域台网数据处理测试版软件，接收和处理“首都圈”台网 28 个子台的实时波形数据。“十五”区域台网数据处理测试版软件在 FreeBSD+Mysql 下运行，包括：SSS 流服务软件包、地震数据库 Jopens 软件包（存储连续波形、事件波形、台站参数、地震目录等数据）、实时波形浏览 Ipplot 软件包、实时地震数据处理 RTS 软件包、人机交互地震数据处理 Msdp 软件包、地震数据管理、服务、台站系统运行状态、台网部服务器系统运行状态监控 JBOSS 软件包等。（2）2007 年 3 月部署 Suse Linux10.1 系统下的 Jopens3.0 地震处理软件包；2007 年 5 月升级为 Suse 系统下的新版本 Jopens0.4 第四版本地震处理软件包，并将“十五”期间新建和改造台站和其他“首都圈”台站的数据汇集接入该系统。

（四）台网中心主要任务

台网中心主要任务是负责本区域内及首都圈数字测震台站波形数据的汇集、分析、在线存储；责任区内的地震速报、地震编目；将实时数据上传至中国地震台网中心以及数据交换、离线数据备份；提供责任区内实时波形数据服务、编目数据服务以及地震震源参数计算分析结果等服务。

（五）台网中心主要功能

台网中心具有实时数据汇集与转发、实时地震波形数据自动处理与存储、人机交互常规数据分析与处理、系统运行监控与报警、地震信息发布与共享、地震数据管理与服务等功能。（1）将通过光纤、CDMA、DDN、网络信息节点等多种方式传送的地震台站观测数据实时汇集到台网中心，经处理后送入数据库服务器，并以网络交换方式实现数据共享。（2）对实时波形数据流进行事件检测和震相识别，并利用检测到的地震波形及震相数据自动测定地震事件的基本参数，分别以连续波形数据库文件和事件波形数据库文件将地震波形数据载入数据库。检测到地震事件和完成地震参数测定后，以警报方式提醒值班人员对地震事件进行复核和对自动测定参数进行校对。当天津市行政区内发生 $M_L \geq 1.0$ 地震或责任区发生 $M_L \geq 2.0$ 地震时，计算机在震后 5 分钟内自动完成地震三要素的测定。（3）人机交互分析处理系统完成地震数据日常分析处理和地震速报工作，包括事件复核、分析定位、连续波形数据浏览和微震事件拾取、波形归档。为保证系统安全，分别运行 LINUX 和 WINDOS XP 操作平台下的交互处理应用软件。经交互处理的结果，直接存入数据库、通过网络速报或提供计算机网上查询。台网自动检测记录或人工截取的地震事件由值班人员和编目人员进行更精细的人机结合定位分析处理（精确结果）。（4）对地震台站的运行状态进行实时监控，对台网中心实时接收与处理系统运行状态进行监视与维护，提供系统运行日志，检查系统标定，对系统运行状况进行统计，当系统出现故障或检测到地震事件时发出警报。（5）台网中心通过 100M 双绞线接入天津市地震信息网络，实现测震实时波形数据库在天津市地震信息网络中心进行备份和向地震应急指挥中心发送地震速报结果以及向天津市地震信息网（内部网）发布地震信息。同时，通过“地震信息发布与共享全国联网系统”共享全国乃至全球地震信息。（6）采用刻录 DVD 光盘的方式对地震波形数据进行永久保存。定期编辑印发“天津市地震观测报告”和“天津市地震目录”。应用 Mysql 数据库和 TCP/IP 网络协议，建立了基于 Client/Server 模型的地震数据库和地震信息库，对地震波形数据、地震目录、震相数据进行保存和管理，提供地震事件文件和目录浏览、地震信息发布等多种数据服务。

第五节　环渤海虚拟地震台网建设

“十一五”期间，为增强对渤海海域地震的监控能力，以天津数字地震台网为基础，依托全国地震信息通信网络汇接环渤海地区辽宁数字地震台网 11 个台、山东数字地震台网 12 个台和河北数字地震台网 5 个台的测震信号，在滨海地震监测预警中心（滨海地震台）建成环渤海虚拟地震台网。

图 2-1-5-24　环渤海虚拟地震台网分布图

环渤海虚拟地震台网建设项目是“天津‘十一五’地震安全工程项目”的子项工程。2008 年 8 月完成《环渤海虚拟地震台网实施方案》编制，2009 年 3 月完成《环渤海虚拟地震台网施工设计》，2009 年 9 月完成机房综合布线、供电线路布设以及避雷地线，2009 年 12 月完成设备安装调试，2010 年 1 月 1 日投入试运行，2011 年 4 月通过工程竣工验收。

环渤海虚拟地震台网可对渤海海域以及渤海周边地区 20 千米范围内的 $M\geq 2.0$ 地震实施有效监测。2010 年 1 月 1 日至 2011 年 1 月 1 日期间，环渤海虚拟地震台网共记录到环渤海地区地震 370 个，其中：渤海海域地震 45 个，最大地震是渤海 $M_L4.3$；黄海海域地震 14 个，最大地震是黄海 M_L 3.0；天津境内地震 73 个，最大地震为宁河 M_L 3.7；河北境内地震 105 个，最大地震为丰南 $M_L4.6$；辽宁境内地震 147 个，最大地震为普兰店 $M_L3.8$。

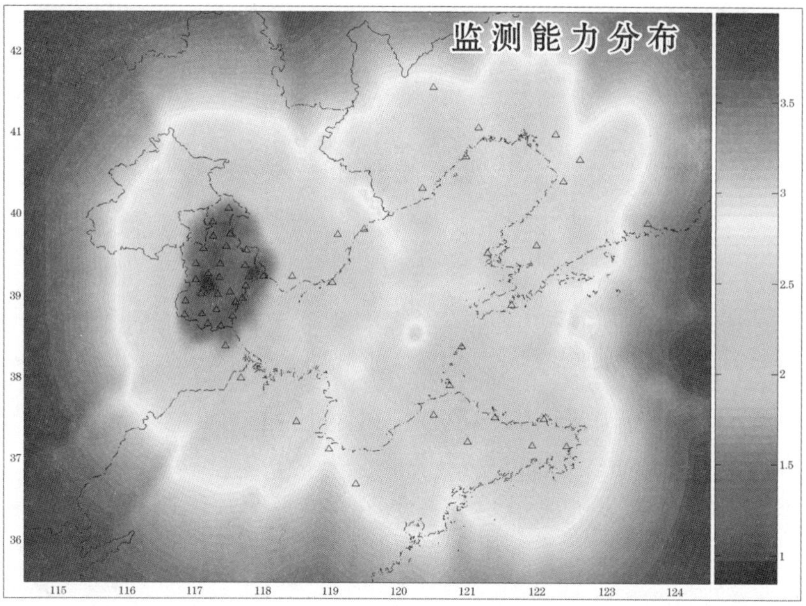

图 2-1-5-25 环渤海虚拟地震台网监测能力图

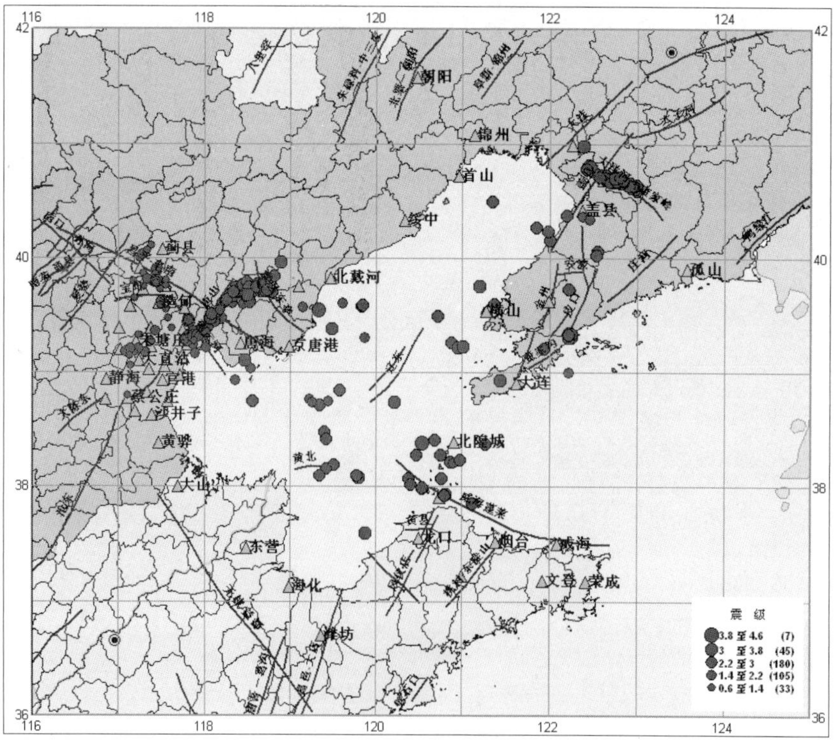

图 2-1-5-26 环渤海虚拟地震台网记录地震震中分布图

第六节 渤海海域地震观测试验

为优化地震监测台网布局和提高渤海海域地震监测能力，市地震局渤海海域地震监测试验小组于1985年12月和1986年8月，携带井下地震遥测设备分别到渤海石油7、8号钻井平台利用废弃石油钻孔开展海域井下地震观测试验。通过768无线通信设备，经东台子遥测台中转，将海域测震信号传回遥测地震台网数据记录中心。试验期间记录到1985年12月21日河北南皮4.2级地震。由于受井管和海浪影响，系统放大倍率较低，地震记录不很清晰。“十五”和“十一五”计划期间，执行“十五”《中国数字地震观测网络》项目和“十一五”《天津市地震安全基础工程》项目，分别在渤海海域的岐口和埕北各建立一套海上地震观测试验系统。两套海上地震观测试验系统的建成并投入运行，有效地提高了渤海海域地震的监测和速报能力，为开展渤海海域断层和地质构造探测与研究奠定了基础，并将推进对渤海海域地震的预测研究。

一、天津市海上地震观测试验系统建设

《天津市海上地震观测试验系统》建设任务源自“十五”《中国数字地震观测网络》项目。主要建设内容是以渤海海上石油平台为依托，在距石油平台500米处钻裸孔安装井下宽频带数字地震计和24位数据采集器，在石油平台上建观测室并安装供电及卫星通信系统。2006年9月16日至10月3日进行第一次海上施工。施工后信号已传回台网中心，但不久发生信号中断的状况。2008年5月14日至5月22日重新组织第二次海上施工。在距石油钻井平台100米处完成海底泥面以下113米深钻孔和地震计安装，地震计安装深度位于海底泥面以下105米处；另在靠近石油钻井平台桩腿附近，用高压水枪吹出一深度2米、直径2米的坑，安放了两套地温计探头。将地震计电缆从井口铺设至QK18—2平台，电缆每隔5米绑配重块沉到海床上。最终依托渤海QK18—2石油钻井平台建成第一个海上地震观测站——渤海海域岐口地震台，实现渤海海域测震信息和海域温度信息的自动采集与传输，填补了天津市在海域地震观测上的空白。该项目于2008年10月27日通过中国地震局监测预报司组织的专家验收。

二、“十一五”海上地震观测试验系统建设

海上地震观测试验系统建设项目源自天津市发展与改革委员会《关于天津市‘十一五’地震安全基础工程可行性研究报告的批复》（津发改投资〔2008〕543号）和天津市发展与改革委员会《关于天津市‘十一五’地震安全基础工程二期项目实施方案的批复及下达该项目2009年固定资产投资计划的通知》（津发改投资〔2009〕667号），由市发改委、市财政局和滨海新区政府共同投资建设，工程总投资600万元。主要建设内容是依托渤海海上石油平台建立海上地震观测试验

台，开展海域地震观测试验。

2008 年，完成渤海海上地震观测试验台台址勘选；2009 年 4 月，完成《天津市海上地震观测试验系统施工图组织设计方案》；2009 年 9 月完成《天津地震局海上地震观测试验台建设项目施工方案》；2009 年 10 月，完成海上钻井、海上井下地震计和温度感应探头安装、电缆铺设；2009 年 12 月完成地震观测室（位于石油平台）数采、供电及通信设备的安装和系统调试；2010 年 1 月 14 日，进入系统试运行；2011 年 4 月 14 日，通过工程竣工验收。

海上地震观测试验台依托埕北—B 号石油平台进行建设（埕北—B 号石油平台距离天津塘沽大约 88 千米）。在距石油平台 100 米处，钻两眼 100 米深钻孔，两钻孔相距约 15 米。两裸孔内安装 FSS—3DBH 型三分向海底井下短周期地震计和温度感应探头（地震计和温度感应探头集成在不锈钢筒内）。两台海底井下地震计分别位于海底泥面以下 95 米处和 75 米处。中海油田服务股份有限公司物探事业部负责完成海上钻井施工。

在埕北—B 号石油平台上建地震观测室。2 4 位数据采集器、卫星通信系统和供电系统等设备置于地震观测室内。海底地震计和温度感应探头通过海底电缆与地震观测室的数据采集器相连接。海底电缆采用耐高压、耐腐蚀，密封良好的海底井下专用不锈钢 19 芯铠装电缆。海底测震和温度数据通过卫星小站实时传送至中国地震台网中心，再由中国地震台网中心转发至天津市地震台网中心。

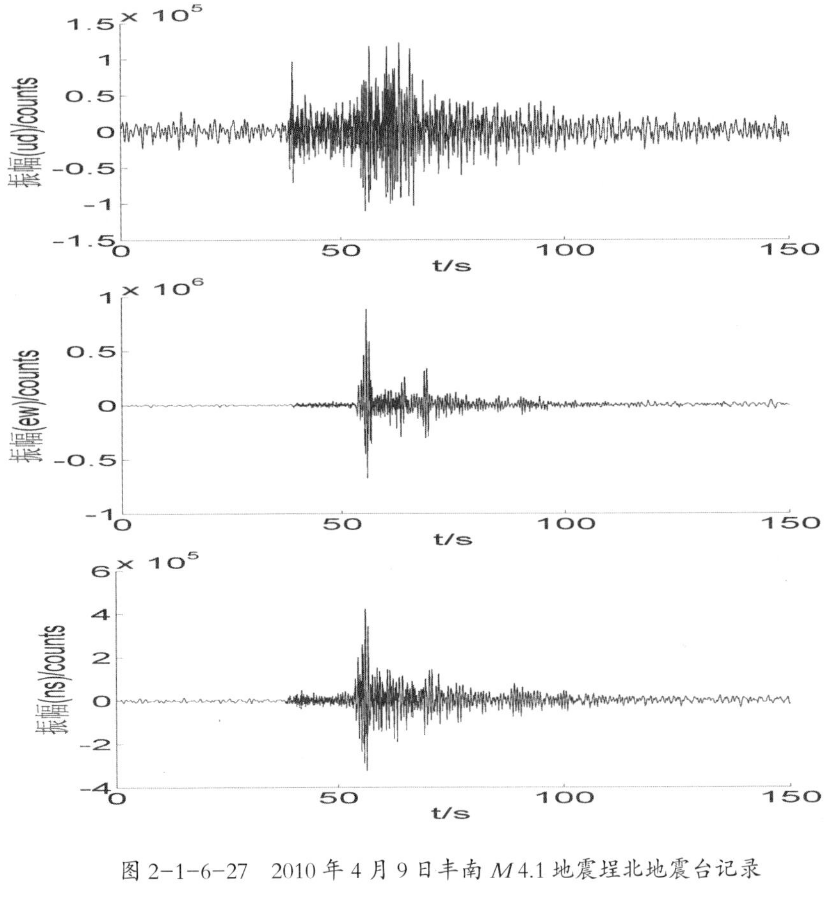

图 2-1-6-27 2010 年 4 月 9 日丰南 M4.1 地震埕北地震台记录

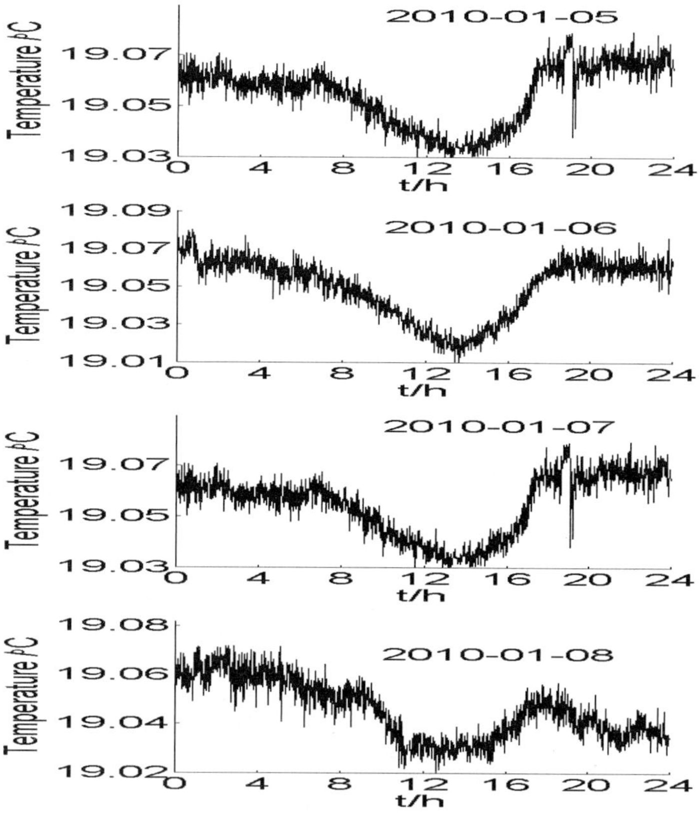

图 2-1-6-28 2010 年 1 月 5—8 日埕北地震台地温仪数据记录

第二章 前兆观测台网

地震前兆信息是开展地震预测预报研究工作的基础，地震前兆台站（网）及观测技术系统是监测和获取地震前兆信息的重要途径。从 1969 年中央地震工作领导小组决定在天津市建立专业地震台开始，天津市地震前兆台网建设经历了模拟地震前兆台网建设、前兆台网数字化改造和前兆台网网络化升级改造三个重要的发展阶段。

一、模拟地震前兆台网建设阶段。

1969—1970 年，天津市建成徐庄子、塘沽、青光等三个综合地震台。到 1978 年已形成由徐庄子、塘沽、青光、宝坻、武清、蓟县、宁河、静海、张道口、东台子等 10 个专业地震台站组成的模拟地震前兆观测台网。1978—1981 年，针对台站基础薄弱、技术水平不高和观测资料较差等状况，国家地震局在全国范围内组织开展了以业务技术整顿为中心、以提高观测资料质量为重点的地震台站业务整顿工作，拉开了地震台站正规化、规范化建设的序幕。1980 年在清理整顿基础上，市地震局对天津市地震前兆观测台网布局进行调整，将形变、重力、地磁、地电等地球物理基本场观测和地下水位组网观测列为天津地震前兆台网建设和发展的重点。1984 年 8 月 9 日，武清和东台子地震台因观测环境条件不佳，经国家地震局批准被撤销。到 1989 年末，天津市地震前兆台网已形成“4 个国家基本台”和“4 个区域台”的基本格局。4 个国家基本台，即：蓟县地震台（全国形变基本台）、宝坻地震台（全国地电、重力基本台）、静海地震台（全国地磁二类台）、张道口地震台（全国水化基本台）；4 个区域台，即：青光地震台、塘沽地震台、徐庄子地震台和宁河地震台。

二、前兆台网数字化改造阶段。

在全国地震系统应用现代电子技术、数据通信技术、计算机网络技术对传统的模拟地震前兆台网进行技术改造的背景下，从“九五”计划开始天津市地震前兆台网建设进入数字化改造阶段。2000—2002 年，实施“首都圈示范工程”以数字化、综合化为主要内容对前兆台网进行技术改造，首次建立了地震前兆台网中心，更新和新增了一批数字化地震前兆及辅助观测仪器。

三、前兆台网网络化升级改造阶段。

2006—2007 年，实施“十五”天津市数字观测网络项目，依托同期建设的天津市地震信息网络对地震前兆台网进行网络化升级改造，实现了“网络到台站、IP 到仪器”。2009—2011 年，实施“十一五”天津市地震安全基础工程——“前兆仪器更新改造”分项目，对数字地震前兆台网进行进一步的优化与完善。

本章重点记述 1990 年以来模拟前兆台网技术改造、前兆台网数字化改造、前兆台网网络化升级改造等内容。

第一节 “八五”期间地震前兆台网技术改造

1991—1995 年，在财政部“333”专项、世行贷款项目和国家地震局“八五”重点项目等支撑下，市地震局推进“九〇调优方案”的实施。新增观测物理量较清楚、映震能力较好的短临前兆观测项目；适当压缩水动态观测台网规模，优化调整布局，开展重点井孔的遥测和综合观测；立足现有基础，充分挖掘潜力，积极推进地震前兆观测系统的技术改造。

一、新增短临前兆观测手段

为弥补天津市地震前兆台网短临前兆监测手段的不足，1991 年执行世行“华北地震重建”项目，张道口地震台增上 XG—4 型数字测汞仪，从 1991 年 1 月 1 日起开展水汞观测；宝坻地震台增上 SZW—1A 型地温观测仪，从 1991 年 10 月 1 日起开展地温观测。1992 年执行“333”专项，张道口地震台购置电导仪、105K 测氡仪各一台。为提高宝坻地震台综合观测能力，1994 年在地温观测井中增加水位观测（SWY 型水位仪）。

二、地电观测技术系统改造

1991—1992 年，执行“333”专项，对宝坻、塘沽、青光和徐庄子 4 个台站的地电观测技术系统进行改造。先后完成宝坻等 4 个台站地电外线路的维护与改造（其中：由于经费所限，塘沽台仅更换了部分破损十分严重的电杆）。塘沽地震台地电观测仪器由 DDC—2A 型电子自动补偿仪更新为 C—ATS 微机地电仪；徐庄子和青光地震台地电观测仪器由 DDC—2A 型电子自动补偿仪升级为 DDC—2B 型电子自动补偿仪。为宝坻等 4 个台站配备了发电机，解决了因停电造成的停测、漏测问题。

三、台站观测数据处理技术系统建设

1991—1992 年，执行“333”专项，为蓟县、张道口和静海地震台配备微机（IBM—286），对宝坻地震台原有微机进行更新和维修。至此，宝坻等 4 个重点台站均装备了微机。

四、水动态观测台网调整优化

1991 年，根据“适当压缩规模，集中力量做好重点井孔观测”的要求，对水动态观测网进行调整，其中停测张道口（东）、渔轮厂、汉沽一中、大白庄、荒草坨、沿庄、梅厂、双桥 2、俵口和北淮淀等 10 个井孔。1993 年年末，再次对水动态观测网做出调整，停测张道口（西）、宁河台、徐庄子台、静海台、上古林 1、炒米店和 100 中等 7 口井孔的水位。调整后的水动态观测网由 15 口井组成，其中：国家井网井 10 口（增 4、东台子、天船、塘 19、汉 1、双桥 1、信号厂、辛庄、92 中和宝坻台）；市级井网井 5 口（塘 12、上古林 2、小站、蔡公庄和潘庄）。在适当压缩规模的同时，充分利用现有井孔，开展井温、井压、流量等综合观测。

五、“首都圈地震台站优化和技术改造”项目

1993—1994 年，国家地震局分两次以震发计〔1993〕282 号文件和震发计〔1994〕076 号文件下达“首都圈地震台站优化和技术改造”（项目编号：85—01—03—01）专项经费共计 10.5 万元，用于“张道口、宝坻、宁河等台站恢复观测”和“塘沽台更换地电外线路电杆”。1993 年 8 月宝坻地震台修复完成被盗割地电观测外线路；11 月宁河地震台完成遭雷击损坏电力变压器的更换；12 月张道口地震台采用抽水方式恢复水化观测；1994 年 11 月塘沽地震台完成 100 余根地电外线路电杆和 1300 米测量线缆的更换。

六、静海地磁二类台建设

静海地震台从 1991 年年初开始着手安装调试由青光地震台调入的 57 型磁变仪，经过近一年的调试和试运行，仪器工作正常、观测记录清晰、观测数据稳定。至此，静海地震台地磁测项已达到国家地磁二类台的基本要求。

七、地磁绝对观测抗干扰探头研制

进入九十年代后，由于台站周边经济和社会的发展，核旋仪的正常观测受到干扰。市地震局

综合观测中心从 1994 年开始着手研制抗干扰探头，替代 PPM—739C 型质子旋进磁力仪探头。1995 年 1 月 1 日抗干扰探头在徐庄子台投入观测，2 月 24 日—3 月 7 日抗干扰探头又先后在塘沽、静海、宝坻和青光 4 个台站安装使用，均取得显著效果。新研制的抗干扰探头体积仅为原探头的三分之一，与"73—1 型分量仪补偿线圈"的匹配问题得到改善。

第二节 "九五"数字化地震前兆台网建设

"九五"计划期间，中国地震局实施"九五"国家重点建设项目——"地震前兆台站（网）技术改造"和"首都圈防震减灾示范区系统工程"——数字化地震前兆台网建设，以综合化、数字化为目标，对地震前兆观测台网进行全面技术改造。

2000—2001 年，天津市地震前兆台网实施数字化改造，任务分属在"九五"国家重点建设项目和"首都圈防震减灾示范区系统工程"。工程总投资 1147.18 万元（中央投资 806.29 万元、地方投资 340.89 万元）。

该项目于 2000 年 4 月完成编制《天津市数字化地震前兆台网工程实施方案》；5 月 12 日，中国地震局以中震发测〔2000〕160 号文件，批准该工程实施方案；2001 年 4 月，完成前兆台站基建与观测环境条件改造；7 月，完成数字化前兆观测仪器安装调试和前兆台站观测技术系统集成；8 月，完成前兆台网中心《EPCC 通信控制软件》和《台网中心版数据服务软件》的安装调试，并建立地震前兆数据库；2001 年 9 月 1 日至 10 月 31 日，数字化地震前兆台网进入考核运行；同年 12 月 20 日，数字化地震前兆台网工程通过"首都圈工程管理中心"组织的专家验收。

一、观测环境条件改造

（一）新建台网中心

数字地震前兆台网中心设立在市地震局（河西区友谊路 19 号）科研办公楼二楼，面积 20 平方米，室内安装有防静电地板、石膏板吊顶、双层玻璃窗以及室内空调，达到防静电、保温、防尘等技术要求；室内完成供电、网络、避雷等布线工程，并配置 3 千伏安在线式 UPS 电源。

（二）前兆台站观测条件改造

根据地震前兆台网数字化改造与建设的需要，先后完成蓟县地震台新建综合观测室及配套工程、台站观测山洞改造、小辛庄形变山洞避雷系统建设以及桑梓井房改造；宝坻地震台观测室、会商室、附属设施、地电外线路以及高村井房改造；张道口地震台台站井房改造，王 3 井、王 4 井井管以及井口管道维护、井房改造重建以及脱气装置研制；静海地震台新建综合办公楼，重建地磁绝对观测室、相对记录室、电器室、比测亭，改建准绝对观测室以及附属工程；青光、塘沽和徐庄子地震台观测室以及地电外线路改造；辛庄井房重建等。

二、更新和新增数字化观测仪器

采用我国自行研发的数字化地震前兆观测仪器和国外较为成熟的数字化地震前兆观测仪器，替代原有模拟地震前兆观测仪器和新增数字化地震前兆仪器及辅助观测仪器。在蓟县、宝坻、张道口、静海、青光、塘沽、徐庄子等 7 个专业地震台站（宁河地震台未列入本次改造范围）和王 3、王 4、桑梓、辛庄、高村等 5 个流体观测点总共更新和新增了 32 台（套）数字化前兆仪器及 5 套气象三要素辅助观测仪器。

地震前兆台站改造与建设简表

表 2-2-2-8

台站		更新或新增数字化前兆观测及辅助观测仪器	数字化公用设备	条件保障系统建设
蓟县地震台	主台	GS15 重力仪	DSQ—1 型	新建综合观测室以及供电、供水、避雷系统改造等。
		PTR—3 型气象三要素仪		
	小辛庄山洞	DSQ 型水管倾斜仪	DSQ—4 型	改造观测室、新建避雷系统、开通程控电话等。
		SS—Y 型伸缩仪		
		VS 型垂直摆倾斜仪		
	桑梓井	LN—3 型数字水位仪	DSQ—4A 型	开通程控电话
		SZW—IA 型数字地温仪		
宝坻地震台	主台	ZD8B 数字地电仪	DSQ—1 型	避雷系统改造、地电外线路改造和大地电场外线路架设等。
		ZD9A 型大地电场仪		
		LN—3 型数字水位仪		
		SZW—IA 型数字地温仪		
		PTR—3 型气象三要素仪		
	高村井	LN—3 型数字水位仪	DSQ—4A 型	观测室及避雷系统改造，开通程控电话。
		SZW—IA 型数字地温仪		
		PTR—3 型气象三要素仪		
张道口地震台	主台	LN—3 型数字水位仪	DSQ—1 型	改建观测室、值班室，改造井房，新建供电、供水、避雷系统等。
		SZW—IA 型数字地温仪		
		SZW—I 型深井地温仪		
		SD—3A 型自动测氡仪		
		PTR—3 型气象三要素仪		
	王 3 井	SD—3A 型自动测氡仪	DSQ—4A 型	改造自流井管道，研制脱气装置，开通程控电话以及观测室、值班室、供暖、供电、避雷系统改造等。
		DFG—B1 型测汞仪		
	王 4 井	SD—3A 型自动测氡仪	DSQ—4A 型	改造自流井井孔，研制脱气装置，开通程控电话以及井房、观测室、供暖、供电、避雷系统改造等。
		DFG—B1 型测汞仪		

续表 2-2-2-8

台站	更新或新增数字化前兆观测及辅助观测仪器	数字化公用设备	条件保障系统建设
静海地震台	FHD—1 型质子磁力仪	DSQ—1 型	新建绝对观测室、相对记录室、电器室、比测亭，改造准绝对观测室、流体观测井房，新建综合观测办公楼以及台站供水、供电、供暖、避雷、道路、围墙建设。
	GM—3 磁通门磁力仪		
	CTM—DI 仪		
	G856 核旋仪		
	ZD9A 型大地电场仪		
	LN—3 型数字水位仪		
	SZW—IA 型数字地温仪		
	PTR—3 型气象三要素仪		
辛庄井	LN—3 型数字水位仪	DSQ—4A 型	新建井房、新埋设避雷地网、开通程控电话。
	SZW—IA 型数字地温仪		
塘沽地震台	ZD8B 数字地电仪	——	观测室、值班室改造和供电、避雷系统改造等。
徐庄子地震台	ZD8B 数字地电仪	——	观测室、值班室改造和供电、避雷系统改造等。
青光地震台	ZD8B 数字地电仪	——	观测室、值班室改造和供电、避雷系统改造等。

三、前兆台站技术系统集成

采用现场总线技术和中国地震局地壳应力研究所研发的DSQ系列台站公用数字化设备对前兆台站技术系统进行集成。将多台数字化前兆观测仪器及辅助观测仪器通过光隔离器接入台站现场总线，实现台站公用数字化设备对多台前兆观测仪器的自动控制、数据采集、集中存储、数据预处理和远程通信。

前兆台站系统集成采取 4 种模式。第一种为主台——子台集成模式，应用于蓟县地震台（主台）与小辛庄山洞子台和张道口地震台（主台）与王 3 井、王 4 井子台。主台采用 DSQ—1 型公用数字化设备，子台采用 DSQ—4 型公用数字化设备。主台允许前兆台网中心或其他台站调取主台的前兆原始观测数据，可通过程控电话（PSTN）收取子台的前兆观测数据。第二种为单纯主台集成模式，应用于宝坻地震台、静海地震台。采用 DSQ—1 型公用数字化设备，汇集和管理本台站的前兆观测数据。前兆仪器通过现场总线接入公用数字化设备。第三种为无人值守有线子台集成模式，应用于高村井、桑梓井和辛庄井。采用 DSQ—4/4A 型公用数字化设备，由主控台站或台网中心通过程控电话（PSTN）收取前兆观测数据。第四种为单数字化前兆仪器台站集成模式，应用于徐庄子、青光和塘沽地震台。由于徐庄子、青光和塘沽地震台仅有一种数字化前兆仪器（ZD8B 数字地电仪），故未采用 DSQ 系列公用数字化设备，而是将 ZD8B 数字地电仪通过光隔离器直接连接到台站的计算机上。由台站计算机负责采集前兆观测数据，并通过程控电话（PSTN）以 FTP

方式传输至市地震局局域网，最后汇集至前兆台网中心。

四、数字地震前兆台网中心建设

在地震前兆台网数字化改造与建设中首次建立了地震前兆台网中心，依托市地震局计算机网络系统，对前兆台站观测数据实施收集、控制和管理；地震前兆台网中心建立了地震前兆数据库，对前兆数据进行存储、处理和提供服务，并通过全国地震计算机网络实现数据交换和信息共享。

地震前兆台网中心以小型计算机局域网和 TYZ 型有线通信单元为工作平台。中心局域网由数据库服务器、备份数据库服务器、PC 机以及智能交换机等设备组成。数据库服务器、备份数据库服务器安装 Windows Server 2000 操作系统和 SQL Server 2000 数据库软件。两台数据库服务器通过数据库复制方式实现数据备份。PC 机安装 Windows 98 操作系统、EPCC 通信控制软件、台网中心版数据服务软件。

TYZ 型有线通信单元安装有“EPCC 通信控制软件”，采用程控电话（PSTN）建立与各前兆台站通信链路，以台网中心调取或台站报送两种方式，收集和管理前兆台站的观测数据，实现台网中心对全市数字化前兆台站数据的汇集、台站设备的控制与管理等功能。“EPCC 通信控制软件”与台网中心通信设备、台站通信设备、台站前兆仪器或数据采集器进行集成设计，具有通信口自动切换、有线/无线 MODEM 自动中继、有线 MODEM 自动唤醒等功能。

地震前兆台网中心具有数据汇集、数据处理、台网管理、数据服务、数据交换和数据安全等 6 项主要功能。

第三节 “十五”地震前兆台网网络化升级改造

2004—2007 年，市地震局实施“十五”中国数字地震观测网络项目——天津数字地震观测网络分项目——数字地震前兆台网工程。任务源自中国地震局《关于天津市数字地震观测网络项目投资概算调整的批复》（中震函〔2007〕241 号），旨在“九五”地震前兆台网数字化改造的基础上，依托同期建设的地震信息网络，对前兆台网实施网络化升级改造，建立综合化、数字化、网络化、智能化、标准化的现代地震前兆观测网络，实现前兆观测数据的网络化传输、准实时汇集、数据库存储和动态监控。

该项目于 2004 年 3 月完成初步设计；2005 年 12 月完成施工图设计及工程预算；2007 年 5 月完成新增仪器设备的安装调试；2007 年 5 月完成前兆软件部署和系统联调；从 2007 年 6 月 1 日开始数字地震前兆台网工程进入为期 3 个月的试运行；2007 年 10 月 31 日“十五”数字地震前兆台网工程通过竣工验收。

一、台站观测环境改造

根据地震前兆台网网络化升级改造的需要，蓟县地震台完成集中监控室改建和小辛庄形变观测山洞石英水平摆倾斜仪观测室改造；宝坻地震台完成避雷系统建设；静海地震台完成 FHD 观测室改造、N—MT 外线路架设；徐庄子台完成地磁相对观测室新建、地电外线路架设和避雷地网建设；宁河地震台完成观测室改造、地下流体观测井房建设和避雷系统建设；青光地震台完成地电外线路迁移改造、避雷系统建设等观测环境改造任务。

二、新增具有 TCP/IP 网络传输功能的数字化前兆观测仪器

在“十五”数字地震前兆台网工程建设中，静海地震台新增 MinGeo DIM 磁通门经纬仪、FHDZ—M15 地磁总场与分量综合观测仪和 N—MT 电磁综合观测仪，宝坻地震台新增 FHD—2B 质子磁力仪，蓟县地震台新增 SSQ—2I 型数字化石英水平摆倾斜仪，徐庄子地震台新增 GM4—LD 磁通门磁力仪、ZD9A—II 大地电场仪和气象三要素仪，青光地震台新增 ZD8BI 地电阻率仪和气象三要素仪，宁河地震台新增 LN3A 数字水位仪、SZW—1A 数字地温仪和气象三要素仪，共计新增 10 台（套）“十五”数字化地震前兆观测仪器（其中：形变学科 1 套，磁电学科 7 套，流体学科 2 套）和 3 套辅助观测仪器。新增的数字化前兆观测仪器符合《地震前兆台网专业观测设备网络通信技术规程》，支持 TCP/IP 协议，具备网络通信功能。“十五”数字化地震前兆观测仪器的基本采样率为 1 次/分钟，部分仪器采样率为 1 次/秒，大大提高了前兆观测的频带和信息量。

新增前兆观测仪器和辅助观测仪器简表

表 2-2-3-9

台站	新增前兆观测仪器	新增辅助观测仪器
蓟县台	SSQ—2I 数字石英水平摆倾斜仪	
宝坻台	FHD—2B 质子磁力仪	
静海台	MinGeo DIM 磁通门经纬仪 FHDZ—M15 地磁总场与分量综合观测仪 N—MT 电磁综合观测仪	
宁河台	LN3A 数字水位仪 SZW—1A 数字地温仪	WYY—1 型气温、气压、雨量综合测量仪
徐庄子台	GM4—LD 磁通门磁力仪 ZD9A—II 大地电场仪	WYY—1 型气温、气压、雨量综合测量仪
青光台	ZD8BI 地电阻率仪	WYY—1 型气温、气压、雨量综合测量仪

三、台站技术系统集成

“十五”期间，蓟县、宝坻、青光、宁河、静海和徐庄子等 6 个地震台站均建立了地震网络信息节点，并完成网络布线。“十五”数字化地震前兆观测仪器就近接入台站局域网，实现“十五”台站观测技术系统的集成。

信息节点配备有数据库及应用服务器、客户机、网络交换机等设备。数据库及应用服务器上部署 SUSE Linux 10 操作系统、Oracle 10g 分布式数据库和中国地震前兆台网数据管理系统（B/S

架构），具备数据采集、存储、交换、下载与服务等功能，可产出原始观测数据、预处理数据、仪器运行日志、采集日志、上报日志、交换日志、监控日志、备份日志、台站工作日志、观测日志等数据产品。客户机上部署中国地震前兆台网数据处理系统、中国地震前兆台网运行评价系统、天津市地震前兆台网管理软件和基于 GIS 的地震分析预报系统等应用软件。地震台站每天依据各学科规定的数据处理内容、处理时间、产出要求等，完成数据处理预处理，形成数据产品。

2008 年，为提高运行效率和降低运行成本，撤销青光台、宁河台和徐庄子台的数据库及应用服务器（即将青光台、宁河台和徐庄子台由“十五”独立节点台站调整为区域中心直属台站）。上述 3 个台站的观测数据采集、处理和填报日志等工作改由台站值班员登录前兆台网中心数据库服务器完成。

四、前兆台网中心建设

前兆台网中心是天津市地震前兆台网数据汇集、设备监控、数据处理、数据交换、系统管理以及数据服务的中心，具有数据汇集、处理、存储和服务等功能。

（一）前兆台网中心机房

前兆台网中心设在天津市防震减灾中心大楼（河西区友谊路 19 号）的三楼，与测震、强震、信息网络共用的中心机房内，总建筑面积 320 平方米。中心机房建有符合国家有关技术规范的供电系统、接地系统、防火报警系统、消防系统、网络综合布线和机房安全监控等基础设施。

（二）“十五”前兆台网中心技术系统

前兆台网中心以局域网为工作平台，由数据库服务器、数据库备份服务器、网络交换机、客户机等设备构成。数据库服务器为 DELL 公司生产的 PowerEdge1900，部署 SUSE Linux 10 操作系统、Oracle 10g 分布式数据库软件和中国地震前兆台网数据管理系统（B/S 架构）。数据库备份服务器为 IBM 公司生产的 XSeries 336，部署 SUSE Linux 10 操作系统、Oracle 10g 分布式数据库软件和中国地震前兆台网数据管理系统（B/S 架构），每天自动将 Oracle 数据库及应用服务器中的数据增量存储到 Oracle 数据库备份服务器中。前兆台网管理计算机为 DELL 公司生产的 OPTIPLEX GX620，部署 Windows XP SP2 操作系统、中国地震前兆台网数据处理系统、中国地震前兆台网运行评价系统、天津市地震前兆台网运行管理软件和基于 GIS 的地震分析预报系统等应用软件，完成前兆数据检查处理、数据质量分析评价，并对前兆台站服务器、仪器设备运行状态进行监控。网络交换机为华为公司生产的 H3C S3100 Series 交换机，实现与主干网络、内部网络的连接。

（三）保留“九五”工作平台

“十五”数字地震前兆台网工程完成后，天津市地震前兆台网在运行的前兆观测仪器总共有 44 台（套），其中：自动观测仪器 39 台（套）、人工观测仪器 5 套。在 39 台（套）自动观测仪器中，采用“十五”技术的仪器 15 台（套），采用“九五”技术的仪器 24 台（套）。为保证全网的运行，实行了“九五”（首都圈）系统与“十五”系统并行的运行模式。为此，在前兆台网中心保留了“九五”工作平台。

“九五”工作平台由数据库服务器、值班计算机、数据采集（汇集）计算机等组成。数据库服务器部署 Windows Server 2000 操作系统和 SQL Server 2000 SP4 数据库系统，用于存放“九五”数字化和人工观测数据，通过数据库复制方式上报国家前兆台网中心。台网中心日常值班计算机用于人工数据录入、“九五”数据采集（汇集）和“十五”数据处理等。台网中心“九五”数据采集（汇集）计算机安装了 Windows 98 操作系统、EPCC 地震前兆通信控制软件和天津市地震前兆台网运行管理软件，用于“九五”数据采集、数据处理、数据压缩、数据上报、数据下载、数据解压缩、数据转换和数据入库等。

蓟县台、宝坻台、青光台、张道口台、塘沽台、宁河台、静海台、徐庄子台等 8 个有人值守台站通过 EPCC 通信控制软件采集本地“九五”仪器数据；小辛庄山洞、桑梓井、高村井、辛庄井等 4 个无人值守台站由主台通过有线通信单元采集远程“九五”仪器数据；前兆台网中心通过有线通信单元也可直接采集台站的“九五”前兆观测数据。

（四）地震前兆台网中心主要功能

通过前兆台网网络系统，收取汇集台站前兆观测仪器产出的数据；处理和检查台站产出的数据，进行数据预处理，产出中间数据产品，为地震预报提供前兆观测数据；监控天津市前兆台站前兆仪器运行状态，保障与维护台网的正常运行；观测仪器出现问题接受报警，并及时对出现的异常情况进行处理；实现对前兆数据的管理和服务，检查前兆数据产出的质量，提供专业数据服务；在地震信息网络数据库系统平台上，建立地震前兆数据库，并通过中国地震信息共享与服务系统，实现中国地震行业内部的地震前兆数据交换与共享。

第四节　“十一五”地震前兆仪器更新改造

2009—2011 年，市地震局实施“十一五”天津市地震安全基础工程——“前兆仪器更新改造”分项目，在“十五”地震前兆台网建设基础上，对地磁、地下流体观测仪器进行更新和升级，进一步优化与完善地震前兆台网，提高捕捉地震前兆信息的综合能力。

“前兆仪器更新改造”分项目工程源自天津市发展与改革委员会《关于天津市‘十一五’地震安全基础工程可行性研究报告的批复》（津发改投资〔2008〕543 号）和天津市发展与改革委员会“关于天津市‘十一五’地震安全基础工程二期项目实施方案的批复及下达该项目 2009 年固定资产投资计划的通知”（津发改投资〔2009〕667 号）。工程总投资 235 万元（其中：仪器设备更新及安装 163.6 万元、配套建安工程 58 万元、其他 13.4 万元）。

该项工程于 2009 年 6 月开工建设；2010 年 7 月完成建设任务；2011 年 8 月 1 日至 2011 年

10月31日进行试运行；2011年12月通过天津市地震局组织的专家验收。

一、更新改造前兆观测仪器

更新改造前兆观测仪器重点是选用符合《地震前兆台网专业观测设备网络通信技术规程》、支持TCP/IP协议、具备网络通信功能的数字化观测仪器，对“九五”地磁和地下流体观测仪器进行更新与升级。为此，购置GM—4磁通门磁力仪3台套、G856T磁力仪及线圈5台套、SWY—1A水位仪11台套、SZW—1A水温仪8台套、WGK—1氡气仪1台套，共计28台套前兆仪器。

（一）地磁观测仪器更新升级

用具有TCP/IP网络传输功能的G856T型分量质子旋进磁力仪替代日本产PPM—739C型质子旋进磁力仪和73型分量仪。（1）宝坻台在G856T型分量质子旋进磁力仪替代PPM—739C质子旋进磁力仪基础上，新增GM4型磁通门磁力仪开展地磁综合观测，实现秒采样连续测量和记录地磁场D、H、Z随时间的变化，达到国家二类地磁台观测标准。（2）徐庄子台G856T型分量质子旋进磁力仪替代PPM—739C质子旋进磁力仪后，其观测数据作为台站已有GM4型磁通门磁力仪基线值的计算依据，使该台达到了国家二类地磁台的观测标准。（3）静海地震台用G856T型分量质子旋进磁力仪替换了“九五”期间安装使用的G856质子旋进磁力仪；用GM4磁通门磁力仪替换了“九五”期间安装使用的GM3磁通门磁力仪（4）塘沽地震台用G856T型分量质子旋进磁力仪替代了PPM—739C质子旋进磁力仪。（5）徐庄子地震台用G856T型分量质子旋进磁力仪替代了PPM—739C质子旋进磁力仪。

（二）地下流体观测仪器更新升级

宝坻新台井、高村井、王3井、塘沽台井、徐庄子台井、潘庄新井、下辛口井、东张庄井、邦均井均安装了具备TCP/IP网络传输功能的SWY—1A型数字水位仪。其中：宝坻新台井、王3井、塘沽台井、徐庄子台井、潘庄新井、下辛口井、邦均井为新增井孔；高村井、东张庄井为观测仪器升级改造井孔。

宝坻新台井、高村井、王3井、张道口—1井、东张庄井、邦均井均安装了具备TCP/IP网络传输功能的SZW—1A型数字水温仪。其中：宝坻新台井、高村井、王3井、东张庄井、邦均井为新增水温观测；高村井、张道口—1井为观测仪器升级改造井孔。

王3井安装了中国地震台网中心研制生产的WGK—1型数字测氡仪。

“十一五”前兆仪器更新改造一览表

表2-2-4-10

台 站	仪器名称	台套数	建设类别	仪器安装完成时间
地磁观测仪器				
静海台	质子旋进磁力仪（G856T）	1	更新G856	2011年7月18日
	磁通门磁力仪（GM4）	2	GM3升级为GM4	
徐庄子台	质子旋进磁力仪（G856T）	1	G856T替代PPM—739C	2011年7月20日

续表 2-2-4-10

台　站	仪器名称	台套数	建设类别	仪器安装完成时间
塘沽台	质子旋进磁力仪（G856T）	1	G856T 替代 PPM—739C	2011 年 7 月 21 日
青光台	质子旋进磁力仪（G856T）	1	G856T 替代 PPM—739C	2011 年 7 月 19 日
宝坻台（新址）	磁通门磁力仪（GM4）	1	新增	
	质子旋进磁力仪（G856T）	1	G856T 替代 PPM—739C	2011 年 7 月 22 日
地下流体观测仪器				
邦均井	水位仪（SWY—1A）	1	新增	2010 年 7 月 6 日
	水温仪（SZW—1A）	1	新增	2010 年 7 月 6 日
高村井	水位仪（SWY—1A）	1	升级	2010 年 7 月 5 日
	水温仪（SZW—1A）	1	升级	2010 年 7 月 5 日
王 3 井	水位仪（SWY—1A）	1	新增	2010 年 7 月 4 日
	水温仪（SZW—1A）	1	新增	2010 年 7 月 4 日
	测氡仪（WGK—1）	1	新增	2011 年 6 月 28 日
东张庄井	水位仪（SWY—1A）	1	新增	2010 年 7 月 2 日
	水温仪（SZW—1A）	1	新增	2010 年 7 月 2 日
潘庄新井	水位仪（SWY—1A）	1	新增	2010 年 6 月 29 日
塘沽台井	水位仪（SWY—1A）	2	新增	2010 年 6 月 29 日
徐庄子台井	水位仪（SWY—1A）	1	新增	2010 年 6 月 30 日
下辛口井	水位仪（SWY—1A）	1	新增	2010 年 7 月 1 日
张道口台（张道口—1 井）	水温仪（SZW—1A）	1	升级	2011 年 7 月 29 日
宝坻台（新址）	水位仪（SWY—1A）	1	新增	
	水温仪（SZW—1A）	2	新增	
前兆台网中心	水位仪（SWY—1A）	1	备份	
	水温仪（SZW—1A）	1	备份	

（三）无人值守站点配备具有远程监控功能 UPS 电源

为高村井、王 3 井、邦均井、东张庄井和下辛口井等 5 个无人值守站点配备具有网络远程监控功能的华科 UPS 电源。台站、前兆台网中心可远程监控 UPS 工作状态，及时处理停电等事项。

（四）网络连接方式

高村井、王 3 井、邦均井、东张庄井和下辛口井等 5 个无人值守站点采用 CDMA+VPDN 组网方式。水位仪、水温仪、测氡仪、UPS 等网络化仪器设备通过 CDMA 无线路由器，接入市地震局 VPDN 内网。宝坻台（新址）、张道口台（张道口—1 井）、塘沽台、静海台、徐庄子台等有人值守台站水位仪、水温仪、质子旋进磁力仪、磁通门磁力仪通过光纤接入台站信息节点；潘庄新井的水位仪、水温仪通过光纤接入潘庄 GNSS 观测站信息节点。区域前兆台网中心（天津前兆台网部）通过"十五"中国地震前兆台网管理系统实现台站观测设备的数据采集入库、数据处理、数据质量监控和数据上报。

二、配套建安工程

与观测仪器更新升级相关连的配套建安工程包括：改造青光台、塘沽台和宁河台地磁绝对观测室；新钻潘庄新井、徐庄子台井和塘沽台井；修缮改造部分流体观测井房等。

（一）地磁绝对观测室改造工程

对青光台、塘沽台和宁河台地磁绝对观测室进行改造。拆除原有屋顶，重建木结构坡屋顶（安装木制人字梁、木屋板，铺设 SBS 防水卷材和无磁性建筑陶瓷瓦）；拆除墙体至上窗口，在原墙体上浇筑上圈梁（上圈梁采用玄武岩纤维筋现浇混凝土）；拆除室内原有地面，提升室内地面高度（青光台、塘沽台提升 50 厘米；宁河台提升 20 厘米），地面以下回填无磁性石灰石石子（回填深度不小于 80 厘米）；拆除原有观测墩及基础，安装无磁性大理石观测墩；采取室内墙体粘贴聚苯板、室内屋顶装双层聚苯板和安装双层木制窗等措施，提高观测室保温性能。实施中，工程项目组对观测室改造所采用的建筑材料及施工过程实行了严格的无磁性控制。改造后，经实地检测，青光台、塘沽台和宁河台地磁绝对观测室室内地磁场梯度较改造前降低了一到两个数量级，均达到规范要求。

（二）咸水层流体观测井钻井工程

天津地区自第四纪以来发生了数次规模不等的海侵事件，形成了四层海相地层，在第四系浅表形成咸水层。咸水层上下有较好的隔水层，与外界联系较弱，开发程度较低，埋藏较浅（一般在 100 米以内），适于开展地震前兆观测。为与潘庄井进行对比观测，并加强天津东南部流体观测，经研究决定在宁河县潘庄中学、塘沽地震台、徐庄子地震台新打深 100 米咸水层观测井开展咸水层水位观测。2009 年 6 月 15 日至 7 月 4 日先后完成潘庄、塘沽和徐庄子咸水层流体观测井钻井工程。潘庄新井、塘沽台井、徐庄子台井连同西青区地震办公室下辛口井初步形成天津市新一代咸水层水位观测井网。

（三）观测井房修缮改造工程

在新钻的潘庄新井、徐庄子台井和塘沽台井井口处新建井口构筑物，用以保护井口、仪器探头和信号线；对高村井观测室进行修缮，并将原位于二层的观测仪器搬迁到一层，同时对位于二层的井管予以拆除；根据王 3 井增上水位和氡观测的需要，拆除原采油树，在井管法兰盘上焊接直径为 13 厘米、高为 1.5 米的套管，用于安装流体观测仪器探头；为高村井、王 3 井、邦均井和下辛口井铺设避雷地网。

第三章 强震动观测台网

强震动观测是地震工程学的基础之一，其直接目的是记录和确定地震影响场和不同场地、结构的地震动特征，对开展地震工程、震害评估、地震预警等具有重要意义和作用。

天津市强震动观测开始于1972年，中国地震局工程力学研究所在天津医院布设RDZ1—12—66型自动触发电流计记录式12道地震加速度仪进行强震动观测。拾振器在该院7层住院部大楼（钢筋混凝土框架结构）东西两翼的不同楼层（一、三、五、七层）布设。1976年11月15日宁河6.9级地震时，完整地记录到各楼层地震动速度、加速度和位移，被称为“天津地震波”。该记录为开展工程抗震设计、地震烈度复核、地震科学研究提供了重要的科学依据。

“九五”期间，市地震局有计划地推进了强震动观测台网建设，建成由14个实时传输台、20个拨号传输台以及数据汇集处理中心组成的天津数字强震动台网。“十五”期间进行改造和增建，强震动台站数量扩大到110个，并全部实现网络传输功能；改建强震动台网中心和地震烈度速报系统，实现对所辖台站准实时监控与数据自动汇集，具备10分钟内完成辖区内地震烈度达到Ⅳ以上地震的烈度速报能力。

第一节 “九五”强震动观测台网建设

“九五”强震动观测台网建设任务源自中国地震局下达的“九五”中国数字地震观测系统——天津市数字强震动台站建设和“首都圈工程管理中心”下达的首都圈示范工程——天津市数字遥测强震动台网建设。“九五”强震动台站建设与“首都圈工程”强震动台网建设一并实施。两项建设任务共计新建14个实时传输数字遥测强震动台、新建和改建20个拨号传输数字遥测强震动台和新建1个强震动台网中心。

该项目于1998年12月至1999年2月完成14个新建实时强震台站的台址勘选、测试工作；1999年3月完成20个新建拨号强震台站的台址勘选、测试工作；2000年11月至2001年4月完成14个实时强震台站和20个拨号强震动台站基建；2001年5—11月完成20个拨号强震动台站设备安装；2001年11月全网进入试运行；2001年12月28日，天津市数字遥测强震动台网建设工程通过首都圈工程管理中心和天津市科委联合组织的鉴定和验收。

一、强震动台站建设

天津市数字遥测强震动台网根据市区及邻近区域相对密集、其他区域相对稀疏和网格化分布原则进行布局规划。场址勘选和设计按照自由场观测要求进行，以获取强地震近场记录及完成地震烈度速报要求。

（一）台址勘选

1998 年 12 月至 1999 年 2 月，完成与测震台站同址的 14 个实时强震动观测台台址勘选、测试工作。地脉动测试采用的是短周期数字微震仪。

1999 年 2—3 月，完成 20 个拨号强震台站的台址勘选、测试工作。盘山、友谊路、塘沽、殷溜、宁河、宜兴埠、新华路、滨海、大寺、大邱庄等 10 个拨号台地脉动测试采用数字强震仪；其余 10 个拨号台地脉动测试采用的是短周期数字微震仪。

在完成台址勘选后，及时与当地有关单位或部门办理土地使用手续，签订托管协议。

天津数字强震动台站信息简表

表 2-3-1-11

序号	台 名	台　址	高程（米）	场地类型	传输方式	备　注
1	盘山	蓟县盘山风景区大门口	160	基岩	拨号	
2	友谊路	河西区友谊路（市地震局）	2	土层	拨号	
3	塘沽	塘沽区塘沽地震台	1	土层	拨号	
4	沙井子	大港区沙井子	1	土层	拨号	
5	殷溜	蓟县殷溜镇政府	8	土层	拨号	
6	宝坻	宝坻区城西（宝坻地震台）	4	土层	拨号	
7	糙甸	宝坻区糙甸	2	土层	拨号	
8	尔王庄	宝坻区尔王庄	2	土层	拨号	
9	宁河	宁河县地震办公室	0	土层	拨号	
10	汉沽	汉沽区地震办公室	2	土层	拨号	
11	宜兴埠	北辰科技园区管委会	1	土层	拨号	
12	新华路	和平区新华路（和平区委）	2	土层	拨号	
13	长虹	南开区长虹公园	2	土层	拨号	
14	安康	河北区（安康医院）	2	土层	拨号	
15	青光	北辰区（青光地震台）	6	土层	拨号	
16	辛庄	津南区辛庄	2	土层	拨号	
17	滨海	开发区气象预警中心	2	土层	拨号	
18	大寺	西青区经济开发区管委会	2	土层	拨号	
19	大邱庄	静海县大邱庄镇政府	2	土层	拨号	
20	王匡	静海县东滩头乡	3	土层	拨号	
21	蓟县	蓟县仓上屯蓟县地震台	80	基岩	DDN	
22	新安镇	宝坻县新安镇地震台	2	土层	卫星	

续表 2-3-1-11

序号	台 名	台 址	高程(米)	场地类型	传输方式	备 注
23	河北屯	武清区河北屯地震台	4	土层	卫星	
24	丰台镇	宁河县丰台镇地震台	1.6	土层	DDN	
25	武清	武清区前河淤村	7	土层	DDN	
26	芦台	芦台农场	1	土层	DDN	
27	赤土	东丽区赤土	2	土层	卫星	
28	北塘	塘沽区北塘	2	土层	卫星	
29	大直沽	河东区八号路	3	土层	DDN	
30	大沽	塘沽区大沽	3	土层	DDN	
31	静海	静海县(静海地震台)	3	土层	DDN	
32	东台	西青区东台	2	土层	DDN	
33	唐家河	大港区唐家河	2	土层	卫星	
34	徐庄子	大港区(徐庄子地震台)	2	土层	卫星	

(二)台站基建

实时强震动观测台与同址的数字地震台网遥测台共建共用同一个观测室。观测室建筑面积 20 平方米,按Ⅷ度进行抗震设计。加速度计观测墩位于观测室的墙角处,与两侧墙壁各相距 10 厘米。观测墩为整体浇筑的混凝土墩,长宽各 30 厘米,高出室内地面 30 厘米。

拨号强震台站未建独立观测室,以托管单位现有房屋为基础进行改建。其中:在拨号强震台站中的土层台,将室内地面回填土挖出后整体浇筑混凝土观测墩,墩子平面尺寸 70 厘米 × 80 厘米,高出室内地面 30 厘米;在拨号强震台站中的基岩台,选择完整岩石打凿出光滑水平面用于安装加速度计。

(三)台站观测技术系统

实时传输台站由 SLJ—100 型三分量力平衡式加速度计和与测震共用的 EDAS—C24/6 型 6 通道数据采集器组成。数据采集器采集的 50SPS 强震动数据流通过测震传输信道实时传送到强震动台网中心。同时,数据采集器在检测到地震事件时,自动生成 200SPS 的强震动事件数据存储在 2M 缓存内,待通信线路空闲时由台网中心人员调取。

拨号传输台站由 SLJ—100 型三分量力平衡式加速度计和 GDQJ—1A 型固态地震动强度记录仪组成,通过程控电话拨号方式(PSTN)与强震动台网中心进行数据通信。拨号传输台站地震触发后,生成强震动参数数据文件(内容包括最大峰值加速度,0.1 秒、0.125 秒、0.2 秒、1.0 秒四个周期对应的反应谱值,主频,持时和参考烈度值),由台网中心在地震后调取。

二、强震动信号传输方式

8 个 DDN 实时传输台通过 DDN 信道将信号直传至市强震动台网中心,传输模式为异步 9.6 千比特每秒。台站端使用的调制解调器有 T—1496t、LOOP—U3500、MTA 三种;台网中心接收端使用 DTU—2601 和 DTU—2606。6 个卫星实时传输台通过以色列吉来特卫星通信有限公司的 SSA VSAT 卫星小站设备，将台站信号传送到首都圈强震动台网中心。

20 个拨号传输台通过电话拨号方式向天津市强震动台网中心发送观测数据，台站端使用的调制解调器为捷豹 2000，台网中心三条两路 ISDN 数据线路通过 5 个 MODEM 与中心 5 台烈度数据接收客户端相连，实现 20 个拨号传输台站强震动烈度数据的汇集。

天津市强震动台网中心通过共享测震台网中心与首都圈台网中心之间的 384 千比特每秒高速 DDN 传输线路，实现了 6 个卫星信道传输台实时强震动信号的回收，而且共享了首都圈地区其他省局的 58 个强震动台站的观测数据。

三、强震动台网中心记录和数据处理系统

数字强震动台网中心以局域网为工作平台，具有自动接收、汇集、存储、处理强震动观测信息，自动生成烈度分布图等功能。

（一）台网中心局域网

强震动台网中心局域网由网络交换机、路由器、服务器、客户机、打印机等设备组成（其中大部分设备是与测震台网中心共用的）。网络交换机、路由器等承担网络连接、路由选择和完成数据信息的输入、输出及交换。台网中心局域网通过 100M 双绞线连接天津市地震信息网络。

（二）信号输入、汇集与发送

本地 8 个 DDN 实时传输台的强震动信号由测震台网数据汇集服务器汇集后直接分发到实时强震动数据处理服务器上进行强震动数据处理；6 个卫星传输台以及北京、河北等首都圈地区其他强震动台网的 58 个实时强震动台站的观测数据通过天津—北京之间的 384 千比特每秒高速 DDN 专线传至天津测震台网中心数据汇集服务器，再分发到实时强震数据处理服务器进行数据处理。同时，台网中心还可以人工调取 14 个实时传输台的 200SPS 强震动事件波形数据。

20 个拨号传输台通过 3 条两路 ISDN 数据线路将强震动烈度速报参数文件传送到 5 台烈度接收客户机上，再由客户机上的烈度上传软件分别把各客户机所接收到的烈度大于 4 度的烈度参数文件汇集至烈度数据处理与速报服务器，最后生成烈度速报结果，进行烈度速报和强震动信息发布。同时，通过 5 台客户机还可以收集拨号传输台的强震动记录文件。

（三）地震事件自动检测、记录与处理

实时传输台通过测震传输信道将 50SPS 数据实时地传输到台网中心，并在台网中心通过实时强震动数据处理服务器对其进行处理，拨号传输台通过对数采设置不同的触发算法（包括电平、STA/LTA 比值、STA—LTA 差值等），当发生符合触发条件的地震时，强震动记录仪立即对触发记录进行计算，快速生成包括峰值加速度、持续时间、卓越周期、烈度等参数在内的强震动速报结果文件，并自动启动拨号程序向台网中心上传强震动速报结果文件；与此同时，还自动生成强震动数据记录文件，保存在强震动记录仪的存储器内，供震后台网工作人员调取。

（四）人机交互处理

地震发生后，强震动台网中心将汇集所有台站的强震动记录数据，并对收集的记录进行基线校正、滤波、水平向合成、峰值加速度等值线绘制、卓越周期统计、富氏谱、反应谱、三联反应谱、参考烈度计算、速度和位移求取等强震动常规处理。

（五）数据存储

强震动台网中心对强震动台网日常产生的数据及地震时生成的强震动数据记录以及处理结果文件按文件类型分别存储于数据存储服务器中。台网中心工作人员定期将上述数据刻录光盘进行备份以供长期保存。

（六）数据服务与信息发布

强震动台网中心通过与测震台网共享的数据存储与信息发布服务器，对外发布强震动信息，并提供强震动数据服务。

（七）系统运行监控与报警

通过测震台网中心实时监控与报警机监控各实时传输强震动台的实时传输状态，出现传输中断时将自动报警。强震动台网中心通过人工定期拨号检查的方式，监控拨号传输台的工作状态。

四、台网设计与设备方面存在的明显缺陷

经过运行，强震动台网获取了数百条近场加速度记录，获取了烈度大于Ⅳ度地震发生时实时台站及拨号台站加速度烈度，同时也暴露出在系统设计以及设备性能方面存在的缺陷。一是，大部分拨号传输台使用所在单位的现有房屋，未建专门观测室，经常受到人员活动及机械振动干扰；二是，地震发生时，多个拨号传输台排队等待上传数据，影响烈度及波形数据的及时汇集；三是，拨号传输台站记录设备存在误触发、波形失真、断记、烈度值异常、死机以及拨号电话不掉线等问题；四是，在调取实时传输台站200SPS地震事件数据时常常引起数据采集器死机；五是，在台网中心未实现实时传输台和拨号传输台观测数据的有效整合。

第二节　“十五”强震动台网建设

2002—2007年，为弥补“九五”强震动观测台网存在的不足和加快推进强震动观测，市地震局根据中国地震局的部署，组织实施“十五”天津市数字地震观测网络项目——“数字强震动台网分项工程”。主要建设内容包括：建设布局合理、功能完备、性能稳定、技术先进的30个固定强震动观测台站和80个烈度速报观测台站；建设基于高速信息网络和关系型数据库，具备自动汇集处理强震动数据、自动或者人机交互进行地震动强度（烈度）速报的烈度速报中心。

2003年3月至2004年1月完成“十五”天津市数字强震动台网的初步设计；2004年1—9月，

完成对拟建台站的位置、交通、供电、台基岩性、周围环境以及运行维护等的初步认定；2005 年 1—5 月，在项目初步设计的基础上，完成数字强震动台网施工图设计，并委托设计部门进行不同抗震设防标准下强震动观测房建筑、结构施工图设计；2005 年 7—11 月，完成 110 个强震动台站的土建（新建砖混结构观测房 29 个、新建玻纤水泥活动观测房 35 个、新建彩钢房 6 个、改建砖混结构观测房 40 个）；2006 年 9—10 月完成第一批台址岩土工程勘察；2006 年 11—12 月，完成第二批台址岩土工程勘察；2006 年 12 月开始进行强震动台站仪器设备安装；2007 年 6 月完成烈度速报中心网络环境搭建和基于 Oracle 数据库系统的《天津市地震局强震动台网监控平台》软件部署；2007 年 7 月 1 日天津市数字强震动台网工程进入试运行；2007 年 12 月 28 日，天津市数字强震动台网建设工程通过中国地震局组织的专家验收。

经过“十五”强震动台网建设，强震动台站总数由“九五”期间的 34 个扩充到 110 个，台站密度达到 1 台/10 平方千米。中心数据汇集由基于光纤网络的集中汇集方式替代了原来的 PSTN 电话分布式汇集方式，解决了多个台站数据同时汇集无须排队等待问题。开发了基于 Suse Linux 开源系统、Oracle 数据库和 Java 平台的强震动台网监控系统和基于 Matlab 平台的地震烈度速报应用软件，实现了对辖区强震动台站、中心服务器等设备的自动监控、远程管理；实现了强震动波形数据的自动汇集与存储、地震事件自动检测、烈度数据自动处理、烈度等值线绘制及烈度速报功能；台网的地震烈度速报能力得到进一步提升。

一、强震动台站建设

根据总体设计方案，在天津市行政区域内新建和改建 30 个固定强震动观测台、80 个烈度速报台。与“九五”期间强震动台站建设相比，在工程实施中加强了观测室、仪器观测墩、防雷地网等基础设施建设，台站的观测环境条件得到大幅度提升，改变了过去主要依靠现有房屋的局面；通过台站技术系统集成和避雷供电系统的应用，提高了技术系统的安全可靠性；更新了台站观测设备，观测数据精度达到 18 位以上，部分台站数据精度达到 24 位；改善了通信条件，观测数据实现了基于 IP 的准实时传输，部分台站具备了实时传输能力。

（一）台址勘选

固定强震动观测台站是以获取自由场强震动记录为目的。台址选址首选自由场地，无合适自由场地时以独立的一层或二层小房为宜。烈度速报台站主要承担烈度速报任务，在台址布局上应尽可能做到均匀分布。

1.台址初勘

2004 年 1—9 月，项目实施组首先对拟建台站的位置、交通、供电、台基岩性、周围环境以及运行维护等方面进行初步认定。每个初步认定的拟建台站确定 1—2 个备选位置，分别进行环境噪声测试。2005 年，依据《中国数字强震动台网技术规程》（JSGC—03）约定的台站勘选技术指标对拟选台址进行综合评价确定台址，并完成 110 个台站的勘选报告。

2.场地地脉动测试

选择白天和夜间连续30分钟的时间段在台网中心远程记录4至5次1分钟左右的地脉动噪声，选取外界偶然干扰事件较少的记录作为台站背景噪声，进行加速度数据常规处理和分析，取得场址加速度背景噪声水平和场地卓越周期。总共完成30个固定强震动台和80个烈度速报台地脉动测试与数据处理，将测试与处理结果作为基础资料编入各台的建台报告。

3.场地钻孔测试

按照《中国数字强震动台网技术规程》（JSGC—03）对强震动土层台站台址钻孔测试的技术要求，编制“天津市强震动台站台址勘选钻孔施工技术要求”。经政府采购选定华北有色勘察院承担台址钻孔测试工作。2006年9月28日至10月30日完成第一期52眼台址钻孔测试勘选任务，其中：60米深钻孔12眼、30米深钻孔40眼，总钻孔深度1920米。2006年11月15日至12月15日完成第二批56眼台址钻孔测试任务，其中：60米深钻孔18眼、30米深钻孔38眼，总钻孔深度2180米。整个野外施工历时近3个月，两批总共完成钻孔深度延米4140米，剪切波速测试4140点，岩心取样样本3242个，标贯试验480个，常规土工试验2667组，土样颗分试验569组，土动力试验36个，形成钻探岩土勘察与剪切波速测试报告108份。

天津数字强震动台网固定强震动台站简表

表2-3-2-12

序号	台站名称	台站地址	高程（米）	场地类型	建设类型	通信方式	设备型号
1	尤古庄	蓟县尤古庄镇镇中心小学	8.5	土层	合建	GPRS	MR2002/SLJ—100
2	官庄	蓟县官庄镇南营中学	41	土层	新建	CDMA	MR2002/SLJ—100
3	下营	蓟县下营顶新小学院	195	基岩	新建	CDMA	MR2002/SLJ—100
4	下窝头	蓟县下窝头镇政府	5.1	土层	新建	CDMA	MR2002/SLJ—100
5	八门城	宝坻区八门城镇养老院	1.6	土层	新建	CDMA	MR2002/SLJ—100
6	板桥	宁河县板桥镇芦台一中	1.6	土层	新建	CDMA	MR2002/SLJ—100
7	俵口	宁河县表口乡表口水力站	1.3	土层	新建	CDMA	MR2002/SLJ—100
8	蔡家堡	汉沽营城镇蔡家堡村村委会	2.5	土层	新建	CDMA	MR2002/SLJ—100
9	大黄堡	大黄堡乡政府	4.2	土层	新建	CDMA	MR2002/SLJ—100
10	大邱庄	静海县大邱庄镇政府	2	土层	新建	GPRS	MR2002/SLJ—100
11	大钟庄	宝坻区大钟庄乡政府	2.5	土层	新建	CDMA	MR2002/SLJ—100
12	汉沽盐厂	汉沽长芦汉沽盐场一分场	3	土层	合建	光纤	MR2002/SLJ—100
13	郝各庄	宝坻区郝各庄镇中学院	2.9	土层	新建	CDMA	MR2002/SLJ—100
14	河西务	武清河西务五七村	9.2	土层	合建	CDMA	MR2002/SLJ—100
15	胡家园	塘沽胡家园街街道办事处	0.5	土层	新建	CDMA	MR2002/SLJ—100

续表 2-3-2-12

序号	台站名称	台站地址	高程（米）	场地类型	建设类型	通信方式	设备型号
16	黄庄	宝坻县黄庄乡政府	1.8	土层	新建	CDMA	MR2002/SLJ—100
17	军粮城	军粮城镇刘台村军粮城中学	1.9	土层	新建	CDMA	MR2002/SLJ—100
18	驴驹河	塘沽大沽街驴驹河居委会	2.7	土层	新建	CDMA	MR2002/SLJ—100
19	苗庄	宁河县苗庄镇苗庄中	2	土层	新建	CDMA	MR2002/SLJ—100
20	南王坪	北辰区南王坪中心小学	2.3	土层	新建	CDMA	MR2002/SLJ—100
21	宁车沽	塘沽北塘街宁车沽东村	1.6	土层	新建	GPRS	MR2002/SLJ—100
22	七里海	宁河县七里海镇南涧中学	0.5	土层	新建	CDMA	MR2002/SLJ—100
23	台头	静海县台头镇第二小学	2.7	土层	新建	CDMA	MR2002/SLJ—100
24	官港公园	官港森林公园管理处苗圃站	1.8	土层	合建	光纤	MR2002/SLJ—100
25	八里台	津南区八里台镇八里台中学	3.2	土层	新建	CDMA	MR2002/SLJ—100
26	小站	津南区小站镇实验中学	2.5	土层	新建	GPRS	MR2002/SLJ—100
27	辛侯庄	北辰辛侯庄砖厂南	3.9	土层	新建	CDMA	MR2002/SLJ—100
28	新开口	宝坻县新开口镇中学	4.8	土层	新建	CDMA	MR2002/SLJ—100
29	赵本村	宁河县东棘坨镇赵本村	2.4	土层	新建	CDMA	MR2002/SLJ—100
30	中塘	大港区中塘镇政府	1.3	土层	新建	CDMA	MR2002/SLJ—100

天津数字强震动台网烈度速报台站简表

表 2-3-2-13

序号	台站名称	台站地址	高程（米）	场地类型	建设类型	通信方式	设备型号
1	蓟县	蓟县地震台	65	基岩	改建	光纤	GSR—18/SLJ—100
2	塘沽	塘沽地震台	1	土层	改建	光纤	GSR—18/SLJ—100
3	张道口	张道口地震台	2	土层	改建	光纤	GSR—18/SLJ—100
4	宝坻	宝坻地震台	4	土层	改建	光纤	GSR—18/SLJ—100
5	青光	青光地震台	6	土层	改建	光纤	GSR—18/SLJ—100
6	宁河	宁河地震台	0	土层	改建	光纤	GSR—18/SLJ—100
7	徐庄子	徐庄子地震台	2	土层	改建	光纤	GSR—18/SLJ—100
8	静海	静海地震台	3	土层	改建	光纤	GSR—18/SLJ—100
9	北辰地震办公室	北辰区地震办公室院内	2	土层	新建	光纤	GSR—18/SLJ—100
10	大港地震办公室	大港区地震办公室院内	1.4	土层	新建	光纤	GSR—18/SLJ—100
11	和平地震办公室	和平区人防办公室院内	2	土层	新建	光纤	GSR—18/SLJ—100
12	武清地震办公室	武清杨村区地震办公室	3.2	土层	新建	光纤	GSR—18/SLJ—100

续表 2-3-2-13

序号	台站名称	台站地址	高程（米）	场地类型	建设类型	通信方式	设备型号
13	汉沽地震办公室	汉沽地震办公室院内	2	土层	新建	光纤	GSR—18/SLJ—100
14	地震局	地震局院内	0.7	土层	新建	光纤	GSR—18/SLJ—100
15	卫国道	卫国道河东地震办公室材料厂	0.6	土层	新建	GPRS	GSR—18/SLJ—100
16	蔡公庄	静海县原蔡公庄农场场部	2.2	土层	新建	光纤	GSR—18/SLJ—100
17	东台	西青区东台子村	2	土层	改建	光纤	GSR—18/SLJ—100
18	东丽广场	东丽区跃进路与栖霞道交口	1.4	土层	改建	光纤	GSR—18/SLJ—100
19	丰台镇	丰台镇镇北 600 米处	1.6	土层	改建	光纤	GSR—18/SLJ—100
20	小世界	武清区杨村小世界内	4	土层	新建	光纤	GSR—18/SLJ—100
21	河北屯	武清区河北屯防雹站院内	4	土层	改建	GPRS	GSR—18/SLJ—100
22	芦台农场	河北芦台农场内	1	土层	改建	光纤	GSR—18/SLJ—100
23	塘 23	东丽区军粮城 3 村东 20 米	0	土层	改建	GPRS	GSR—18/SLJ—100
24	塘家河	大港区油田唐家河供水站内	0	土层	改建	CDMA	GSR—18/SLJ—100
25	长虹公园	南开长虹公园（院外东北角）	0	土层	改建	光纤	GSR—18/SLJ—100
26	滨海学校	东丽区滨海实验学校内	1.3	土层	新建	GPRS	ETNA/Epsensor
27	茶淀	汉沽茶淀镇茶淀中学	0.7	土层	新建	GPRS	ETNA/Epsensor
28	东棘坨	宁河县东棘坨中学院内	2.4	土层	新建	GPRS	ETNA/Epsensor
29	杨家泊	汉沽杨家泊镇政府院内	—0.3	土层	新建	GPRS	ETNA/Epsensor
30	东马圈	武清区东马圈镇政府院内	7.6	土层	新建	GPRS	ETNA/Epsensor
31	葛沽	津南区葛沽镇新房小学	1.2	土层	新建	GPRS	ETNA/Epsensor
32	蓟县城关	蓟县城关第一中心小学院内	32	土层	新建	GPRS	ETNA/Epsensor
33	九十二中	北辰区九十二中学院内	2	土层	改建	GPRS	ETNA/Epsensor
34	育英小学	河北区育英小学院内	0.5	土层	新建	GPRS	ETNA/Epsensor
35	天津船厂	塘沽天津造船厂院内	1.3	土层	新建	GPRS	ETNA/Epsensor
36	王庆陀	武清区王庆坨镇中学内	7.7	土层	新建	GPRS	ETNA/Epsensor
37	预警中心	滨海地震监测预警中心	2	土层	新建	GPRS	ETNA/Epsensor
38	武清城关	武清城关镇武清城关中学	7.2	土层	新建	GPRS	ETNA/Epsensor
39	人武部	西青区人民武装部院内	4	土层	新建	GPRS	ETNA/Epsensor
40	小王庄	大港区钱圈水库管理所院内	2.8	土层	新建	GPRS	ETNA/Epsensor
41	信号厂	东丽区天津铁路信号厂内	1.1	土层	新建	GPRS	ETNA/Epsensor
42	杨成庄	静海县杨成庄乡中心小学	1.6	土层	新建	GPRS	ETNA/Epsensor
43	岳龙	宁河县岳龙镇岳会村村委会	2.6	土层	新建	GPRS	ETNA/Epsensor
44	造甲城	宁河县造甲城镇政府院内	2.8	土层	新建	GPRS	ETNA/Epsensor
45	周良庄	宝坻区周良庄乡尹家铺村	2.3	土层	改建	GPRS	ETNA/Epsensor
46	北淮淀	宁河县北淮淀乡政府院内	1.6	土层	新建	GPRS	MR2002/SLJ—100

续表 2-3-2-13

序号	台站名称	台站地址	高程（米）	场地类型	建设类型	通信方式	设备型号
47	北塘	塘沽区八一盐场队部院内	2	土层	改建	GPRS	MR2002/SLJ—100
48	段溜	蓟县段溜镇镇政府院内	2	土层	改建	GPRS	MR2002/SLJ—100
49	雅致里	雅致里小区	12	土层	新建	CDMA	MR2002/SLJ—100
50	大港油田	大港区滨海街边办事处院内	1.5	土层	新建	GPRS	MR2002/SLJ—100
51	大沽	塘沽区大沽炮台西侧 100 米	3	土层	改建	GPRS	MR2002/SLJ—100
52	大孟庄	武清区大孟庄镇政府院内	7.9	土层	新建	GPRS	MR2002/SLJ—100
53	大田	汉沽大田镇大田供热管理站	0.5	土层	新建	GPRS	MR2002/SLJ—100
54	尔王庄	宝坻区尔王庄中学东南角	2	土层	改建	GPRS	MR2002/SLJ—100
55	贯庄	天津国际温泉高尔夫俱乐部	2	土层	新建	GPRS	MR2002/SLJ—100
56	津南地震办公室	津南区东张庄观测站院内	0.5	土层	改建	GPRS	MR2002/SLJ—100
57	高村	武清区高村乡兰城村	10	土层	改建	GPRS	MR2002/SLJ—100
58	潘庄	宁河县潘庄镇中学院内	2	土层	改建	GPRS	MR2002/SLJ—100
59	东丽湖	东丽区东丽湖旅游度假村	1.9	土层	新建	GPRS	MR2002/SLJ—100
60	沙井子	大港区沙井子乡沙井子粮站	1	土层	改建	GPRS	MR2002/SLJ—100
61	石各庄	武清区石各庄镇政府	10.2	土层	新建	GPRS	MR2002/SLJ—100
62	双桥	汉沽双桥 1 前兆观测井房内	1.8	土层	改建	GPRS	MR2002/SLJ—100
63	塘沽二中	塘沽区塘沽第二中学院内	—0.5	土层	新建	GPRS	MR2002/SLJ—100
64	王卜庄	宝坻区王卜庄镇中学院内	2.4	土层	新建	GPRS	MR2002/SLJ—100
65	西青道	红桥区西青道中学院内	1.5	土层	新建	CDMA	MR2002/SLJ—100
66	华苑小区	南开区华苑（天津中学旁）	1.4	土层	新建	GPRS	MR2002/SLJ—100
67	汉高厂	东丽区卫国道北侧	1	土层	新建	GPRS	MR2002/SLJ—100
68	新安镇	宝坻区新安镇养老院后 5 米	2	土层	改建	GPRS	MR2002/SLJ—100
69	芦台	宁河县芦台镇稻地村村委会	0.2	土层	新建	CDMA	MR2002/SLJ—100
70	王匡	静海县王匡村腌制厂内	3	土层	改建	GPRS	MR2002/SLJ—100
71	安康医院	河北区安康医院院内南侧	2	土层	改建	光纤	GSMA2400/SLJ—100
72	北辰天穆	北辰区天穆小学院内	2.6	土层	新建	GPRS	GSMA2400/SLJ—100
73	西代甲	蓟县出头岭镇西代甲村东	23	土层	改建	GPRS	GSMA2400/SLJ—100
74	大直沽	天津地调中心院内	3	土层	改建	光纤	GSMA2400/SLJ—100
75	朱塘庄	北辰区朱塘庄中学操场北侧	5	土层	改建	光纤	GSMA2400/SLJ—100
76	小南河	西青区南河镇水利管理站	0.9	土层	改建	光纤	GSMA2400/SLJ—100
77	赤土	东丽区国防教育基地东北角	2	土层	改建	CDMA	GSMA2400/SLJ—100
78	宜兴埠	北辰区开发区管委会院内	1	土层	新建	GPRS	GSMA2400/SLJ—100
79	辛庄	津南区白塘口辛庄中学内	2	土层	改建	光纤	GSMA2400/SLJ—100
80	糙甸	宝坻县糙甸乡糙甸中学院内	2	土层	改建	光纤	GSMA2400/SLJ—100

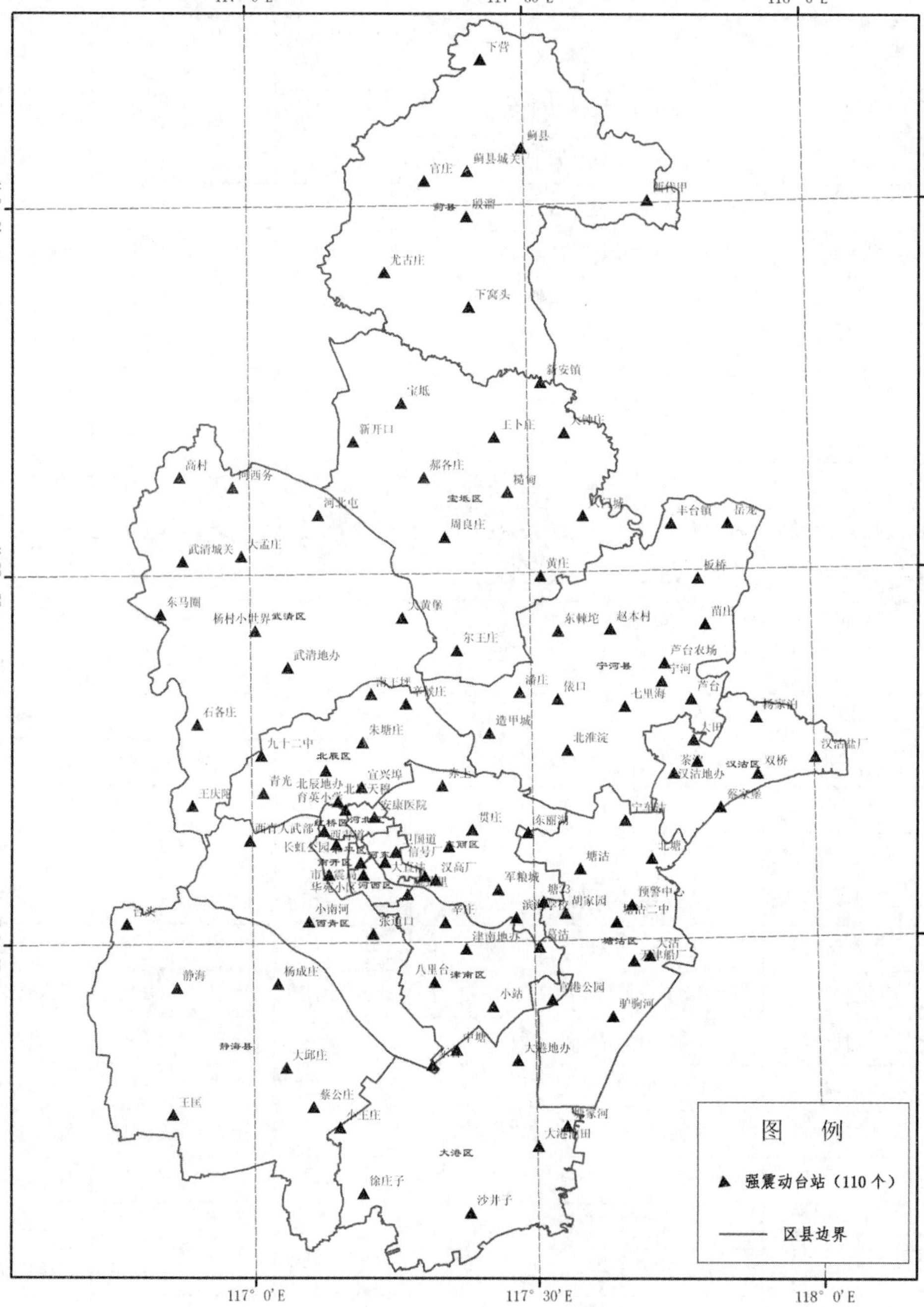

图 2-3-2-29 强震动台网分布图

（二）台站基建

强震动台站观测室采取三种办法进行建设。原有房屋能满足强震动观测室技术要求的，在原房屋基础上进行改建；属于已有长期规划的区域，新建 10.5 平方米砖混结构观测室；无长期规划且观测室位置不确定的，建玻纤水泥活动房或者彩钢活动房。2005 年 7 月至 2007 年 11 月，完成全部 110 个强震动台站土建工程，其中：新建砖混结构观测房 29 个、新建玻纤水泥活动观测房 35 个、新建彩钢房 6 个、改建砖混结构观测房 40 个。

（三）设备选型

30个固定强震动台站全部采用瑞士SYSCOM公司生产的MR2002型记录器和哈尔滨威波瑞科技有限公司生产的SLJ—100FBA—T型加速度计。

在80个烈度速报台站中，20个台采用美国KINEMETRICS公司生产的ETNA型烈度速报记录器和内置EPSENSOR力平衡加速度计；25个台采用MR2002型烈度速报记录器和SLJ—100FBA—T型加速度计；25个台采用瑞士GEOSIG公司生产的GSR—18型强震动记录器和SLJ—100FBA—T型加速度计；10个台采用北京港震机电公司的GSMA—2400IP型烈度速报记录器和SLJ—100FBA—T型加速度计。

（四）供电方式

交流电通过观测室内的二级电源避雷器接入集成机柜。集成机柜内安装有电表、漏电保护器、三级电源避雷器以及面板插座。仪器设备采用电瓶供电方式，在市电中断情况下，保证台站技术系统正常工作达到48小时以上。在充电部分加装了欠压保护设备，用以防止电瓶因长时间断电出现过放电而遭到损坏。

（五）避雷接地

接地地线采用专用接地体，以多点成网状布设，接地体间用镀锌扁铁串接，并加入化学降阻剂。各种电子设备采取一点接地法进行接地，接地电阻小于4欧。

为增强供电系统的避雷效果，采取二级避雷模式。避雷器件选用响应时间短、阀值可靠的TDKU1—C40/385型二级电源避雷器、TDKU1—D20/320型三级电源避雷器。

二、台站设备安装及数据通信方式

2006年9月12日至2007年8月21日，先后完成所有110个数字强震动台站的设备安装调试工作。安装调试的设备包括加速度计、记录器、通信设备、供电设备、避雷设备和室外GPS天线等。

强震动台站数据传输采取无线和有线两种网络通信方式。无线网络选用天津联通CDMA无线网络和天津移动GPRS无线网络；有线网络选用天津网通MPLS VPN光纤网和地震信息网络（接入台站、地震办公室信息节点）。为此，在台网中心与天津移动间和与天津联通间各架设了1条2兆E1光纤，与天津网通间架设了1条100兆MPLS VPN光纤。

110个强震动台站中的79个台站采用InRouter300工业级的CDMA/GPRS无线路由器通过串口连接记录器，实现对台站仪器运行状态的自动监控与强震动数据的自动回传；另外的31个台站采用InRouter500LN工业级的VPN宽带路由器将设备接入测震台站10M MPLS VPN光纤网络或地震台站信息节点，实现对台站仪器运行状态的自动监控与强震动数据的自动回传。

台站系统定时或者准实时检测强震仪记录和生成的强震动数据，通过通信链路将强震记录以及烈度参数文件自动上传到台网中心的通信网络服务器。

三、地震烈度速报中心记录和数据处理系统

台网中心主要功能包括台站强震动记录及烈度数据的汇集与存储、数据常规处理、台网监控

与管理、数据共享与服务、烈度速报等。

（一）技术系统构成

中心技术系统包括服务器、路由器、交换机、图形工作站、监控显示屏系统、个人计算机、笔记本、网络打印机、扫描仪等设备，以局域网方式进行连接。服务器包括通信网络服务器、数据存储服务器（强震数据库）、Web 服务器、FTP 服务器以及地震数据处理服务器等。

服务器之间连接采用 100M/1000M 双绞线，工作站、处理机及外围设备之间连接采用 100M 双绞线。台网中心服务器、路由器、交换机等设备全部安装在地震信息网络主服务器机房的集成机柜内。

系统与应用软件包括服务器操作系统、数据库系统、强震动数据处理和烈度速报软件及台网中心监控软件等。通信网络服务器、数据库服务器、Web 服务器、FTP 服务器部署 Suse linux10.1 操作系统，工作站安装 Windows 操作系统。

通信网络服务器台网监控软件（EQMONITOR）；数据库服务器部署 Oracle 数据库，并建立数字强震动数据存储与台网管理数据库（earthquake）；Web 服务器安装 earthquake 软件包；中心的两台常规处理个人计算机部署台网技术人员自主研发的基于 Matlab 平台的具有自动检测台网中心数据库地震触发事件和绘制基于 GIS 地图数据的烈度等值线图功能的地震烈度速报处理软件。

（二）数据汇集存储

台网中心通信网络服务器部署了基于 Oracle 数据库和 WEBGIS 界面的 OVDP 台站运行监控与管理平台；实时监控各台站的运行状态，接收台站 CDMA／GPRS 无线路由器和宽带路由器转发的强震仪触发记录、功能检查波形数据及基于触发记录计算得到的地震动强度（烈度）数据；将汇集的强震数据载入数据存储服务器（强震数据库）。

（三）数据常规处理

数据常规处理 PC 计算机调用中心数据库的强震波形数据，进行基线、仪器校正后，按照《中国数字强震动技术规程》要求对数据进行格式转换，上报国家强震动台网中心。同时，可对强震动数据进行时域、频域里的积分、滤波、反映谱等方面的计算与分析，开展强震动数据的应用研究工作。

（四）台网运行监控

通过部署在台网中心通信网络服务器及 Web 服务器上的各功能模块，实现了对全部台站及台网中心各服务器的监控与管理。Web 管理服务器提供 Web 界面方便管理员进行强震仪状态监控、参数设置及远程控制等。台网管理员通过 Web 控制页面将指令发送到远端的强震动仪，远端强震仪的响应数据通过系统反馈给管理员，实现管理员对系统的控制与管理；定时监测强震仪运行状态，将运行状况及数据存入数据库，并自动生成年、月、日报表。当通信网络服务器检测到远端强震仪出现故障时，通信网络服务器通知 Web 管理服务器，Web 管理服务器通过 Web 监控主页面报警，同时通过短信向预先设置的接收人报警；为系统管理员提供了对强震仪进行分组管理的功能，通过预先设置将远端强震仪分组组成虚拟子网，并可将管理子网的 Web 页通过互联网映射到远端服务器，形成与强震动台网中心数据共享区域中心。

（五）地震烈度速报

当监视区内发生烈度大于Ⅳ度的地震时，烈度速报处理软件自动调取存储于数据库服务器的烈度速报参数和强震动波形数据，自动或者人机交互完成对波形数据的批处理得到地震动强度（烈度）数据，经校核无误后绘制烈度等直线图，并确定宏观震中。整个烈度速报过程在 10 分钟内完成。

台网建成投入运行后，记录距离台网监控范围较近的最大地震为 2010 年 4 月 9 日丰南 M 4.1 地震，这次地震天津强震动台网共触发记录了 30 余个台站的加速度波形数据，台网监控系统在震后 13 分钟内完成收集全部触发台站的地震事件波形数据，并在 2 分钟内完成地震事件波形数据的格式批量转换、基线校正、仪器校正、滤波、峰值加速度提取、主频确定、烈度数据计算及烈度等值线的绘制工作。

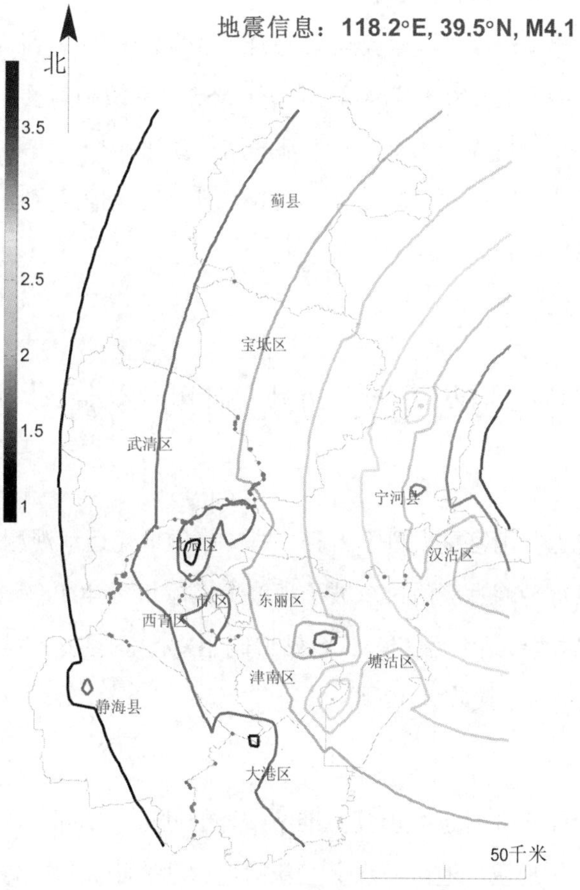

天津市强震动台网综合烈度速报结果

图 2-3-2-30 2010 年 4 月 9 日丰南 M 4.1 地震烈度等值线图

（六）数据共享服务

外部客户可通过 Internet 浏览器访问台网中心的 Web 服务器，Web 服务器设置自己的用户访问安全认证体系，用户可以通过向台网中心系统管理员申请特定权限的账号，即可取得相应的服务内容，一般为查询台网中心的地震信息及下载强震波形数据、台网基础资料等；台网中心设 1 台 FTP 服务器，专供台网中心与国家强震动台网中心以及其他区域强震动台网中心交换数据用。

第四章 地壳运动观测网络

地壳运动观测网络是采用全球导航卫星系统（Global Navigation Satellite System——简称“GNSS”）空间大地测量技术，服务于地震监测预报，兼顾大地测量、工程测量以及地理信息系统（GIS）和远红外遥感（RS）系统的综合观测系统。地壳运动观测网络又被称为与测震、强震动和前兆台网并列的第四大观测台网。

“九五”期间，天津市建成中国地壳运动观测网络蓟县 GPS 基准站。“十五”期间，建成中国大陆构造环境监测网络宝坻 GNSS 基准站、滨海 GNSS 基准站和蓟县连续重力观测站。“十一五”期间，依托滨海、宝坻和蓟县 3 个 GNSS 国家基准站，新建 8 个 GNSS 基准站和 1 个数据信息中心，形成布局合理的天津地壳运动观测网络，有效提升了天津地区区域构造活动的监控能力，填补了天津市平原地区形变监测的空白。

第一节 中国地壳运动观测网络蓟县基准站建设

蓟县基准站是“九五”国家重大科学工程——“中国地壳运动观测网络”的 25 个 GPS 连续观测站之一，位于蓟县穿芳峪乡壕门村东坡子高地（坐标北纬 40.08°、东经 117.53°，高程 65 米），基础岩性为石灰岩。台站编号 JZ03，台站编码 JIXN。蓟县基准站地形开阔，可同时接收到 8 颗以上卫星信号，最多时可接收到 12 颗。

一、站址勘选

1997 年 5 月至 1998 年 3 月进行蓟县基准站站址的勘选。期间，项目组踏勘了蓟县地震台周边的大部分山头，收集了地质、地震、水文、新构造运动等相关基础资料；调查了周边区域内微波站、通讯站和高压输变电设施的分布情况，并对电磁噪声背景进行了考查和实地测量；收集了于桥水库历年蓄水资料，并就水库蓄水量对 GPS 观测的影响开展研究。经过反复论证，最终将站址选定在基础岩性条件好、电磁干扰小、仰视角小于 10 度的壕门村坡子高地。

二、土建工程

1998 年 4 月办结 2954.8 平方米建站土地征用手续。同年 5 月，在站址顶部的 1200 平方米范围内沿岩层倾斜开挖 4 条探槽、沿岩层走向开挖 2 条探槽。经过对槽探结果的反复对比研究，选定墩基位置。同年 7—8 月，进行土建工程施工。为保持基岩的完好，在墩基开挖过程中不禁止使用大型施工设备和放炮，全部以人工开凿的方法进行；为保证墩体质量，墩体浇注采取一次浇注完成，并在现场架设两台经纬仪随时监测墩体的垂直度。8 月 6 日观测室土建工程竣工。观测墩和观测室土建工程由蓟县渔阳建工集团第二建筑工程公司承建。

三、设备安装联测及后续工程

基准站技术系统由 ASHTECH Z—12 CGRS 型 GPS 接收机、扼流圈双波段天线、卫星通信小站、UPS 不间断电源、DELL 服务器、PTH 气象参数测试仪和外置式贺氏调制解调器等设备组成。1998 年 8 月 25 日完成卫星接收设备的安装，8 月 26 日进行全国联测。10 月接入程控电话。12 月底安装服务器、太阳能电池、UPS 电源等设备（与接收机集成在一同机柜内）。1999 年 3 月在观测室外基岩上完成钢筋混凝土卫星通信天线基座的浇筑。4 月 1—3 日完成卫星小站安装调试，实现与北京数据中心的卫星通信。1999 年 4 月建成 25 米高避雷塔和 200 多延米标准避雷地网，接地电阻 2 欧姆。1999 年初修通基准站至邦喜公路的道路，同年 10 月安装气象三要素观测仪器。2001 年 8 月底至 10 月初，建基准站围墙和 912 平方米停车场，并将上山道路浇筑成混凝土路。

四、试运行及工程验收

从 1999 年 3 月开始，蓟县 GPS 基准站进入 180 天的试运行，每日以电话拨号、卫星通信两种通信方式，定时将连续 24 小时 GPS 观测数据发送到位于北京的中国地壳运动观测网络数据中心。

1999 年 7 月 24 日，蓟县 GPS 基准站工程通过中国地震局、中国科学院、国家测绘局、总参测绘局等四部委专家组的验收，评定为优秀工程。

第二节 中国大陆构造环境监测网络项目天津分项工程

“十五”期间，执行国家高技术产业发展重大科技基础建设项目——《中国大陆构造环境监测网络》（简称“陆态网络”）天津分项工程，新建宝坻 GNSS 基准站、滨海 GNSS 基准站和蓟县连续重力观测站，改建蓟县 GPS 基准站。任务源自《国家发展改革委关于核定中国大陆构造环境监测网络国家重大科技基础设施项目初步设计概算的通知》（发改投资〔2007〕2667 号）和中国地震局《关于下达天津市地震局中国大陆构造环境监测网络初步设计概算的通知》（中震函〔2007〕329 号）。

该分项工程于 2007 年 12 月 18 日开工建设，2011 年 6 月 23 日通过中国地震局组织的“陆态网络”天津分项工程验收。

一、宝坻 GNSS 基准站工程

宝坻 GNSS 基准站位于宝坻区方家庄镇老鸦台村南，坐标北纬 39.69° 、东经 117.39° ，高程 3 米。台站编号 ZD002，台站编码 TJBD。宝坻 GNSS 基准站是土层观测站，台基为第四系砂黏土层。站址周边无高大物体遮挡，水平方向高度角均小于 15 度。周边无电磁和振动干扰源。

基建工程包括新建 26.14 平方米观测室（内设 1 个 GNSS 观测墩和 1 个绝对重力观测墩）以及供电、避雷、通信等配套工程。土建工程由天津市人防建筑科研设计院（乙级）进行施工图设计，天津新安建筑工程有限公司承建，北京震科监理有限公司负责工程监理。防雷工程由天津市中力防雷公司（甲级）进行设计与施工。

2008 年 10 月初，由中国地震局第一监测中心负责对宝坻地震台新台址（宝坻区方家庄镇老鸭台村）的 GPS 观测环境进行勘选测试，确认各项环境指标均符合 GNSS 基准站建站要求。随后，市地震局向地壳运动监测工程研究中心提交关于将宝坻 GNSS 基准站站址调整到宝坻地震台新址的申请（《关于申请变更中国大陆构造环境监测网络宝坻 GNSS 基准站站址的函》），获得批准。

在 GNSS 观测墩墩基开凿前，项目组委托黑龙江省第一水文地质勘察院天津分公司（甲级资质）在拟建观测墩附近钻一眼 30 米深地质勘察孔，经计算地基承载力，将 GNSS 观测墩墩基深度确定为 21.5 米。2008 年 10 月 25 日墩基孔工程开钻，开孔直径 0.9 米。10 月 27 日完成墩基孔的开挖和钢筋笼绑扎。10 月 28 日进行 GNSS 观测墩和重力观测墩浇注。GNSS 观测墩为变径圆柱体，采用 C30 商品混凝土一次连续浇注完成。观测墩正负零以下部分直径 0.9 米、深 22.5 米；正负零到观测室顶部直径 0.5 米、高 3.0 米；探出屋顶部分直径 0.38 米、高 1.0 米。在浇筑过程中同时埋设了强制归心装置和水准标志。重力观测墩长 1.2 米、宽 1.2 米、深 1.0 米。墩内不设置钢筋，一次浇筑完成，在浇筑的过程中同时埋设了重力标志。

11 月 1—20 日进行 GNSS 基准站观测室土建以及防雷接地网布设。观测室为框架结构，建筑面积 26.14 平方米，室内净高 2.8 米。防雷接地网建在观测室四周，在距观测室外墙 1.5 米处挖宽 0.5 米、深 0.8 米的沟。每隔 1.5 米砸入 1.5 米长镀锌角钢，用镀锌扁铁将镀锌角钢焊连。经天津市宝坻区防雷中心现场检测，地网接地电阻值为 0.3 欧姆。

2009 年 5 月进行观测室电气工程以及防雷工程施工。采用 3×16 平方米铠装电缆以地埋方式从台站配电室接入 220 伏交流电，室内采取暗埋方式布线，设置有 1 盏照明灯和 3 个电源插座。在观测室房顶四周的女儿墙上设置避雷线与房顶钢筋网焊连。在房顶的两个对角各设置一根长 3 米避雷针，与房顶钢筋网及房屋构造柱钢筋焊连，并用镀锌扁铁下引至接地地网。电源系统采取三级避雷，在市电接入处安装 SPD 一级避雷器；在室内配电箱出口安装 SPD 二级避雷器；在仪器接入插座处安装 SPD 三级避雷器。信号避雷，在通信专线与路由器之间安装 RJ45 避雷器。

2009 年 12 月进行 GNSS 基准站 GNSS 接收机（Trimble NetR8）及扼流圈天线、三要素气象仪（WUSH－PTU）、网络存储设备 NAS（CloudStor CSA Mini）、路由器（MSR30—10）、直流不间断

供电电源（科华 KHD34）、交流不间断供电电源（科华 KR1000L）及电池组等设备的安装与调试。主要产出 50 赫兹、1 赫兹和 30 秒采样率的 GNSS 原始数据及气象三要素数据，用于生成地壳运动变化图像、水汽含量变化图像和电离层变化图像等。在 GNSS 基准站观测室与台站信息节点之间铺设 10MB 六类网线，将 GNSS 基准站观测技术系统接入天津市地震信息网络。观测数据及相关信息通过地震信息网络汇集到位于市地震局的数据中心和位于北京的国家数据中心。

2010 年 9 月 28 日至 2011 年 4 月 30 日宝坻 GNSS 基准站进入试运行；2011 年 6 月 23 日通过工程竣工验收。

二、滨海 GNSS 基准站工程

滨海 GNSS 基准站位于滨海地震台西南约 100 米处（滨海新区第十三大街泰达森林公园内），坐标北纬 39.08°、东经 117.69°，高程 2 米。台站编号为 ZD003，台站编码为 TJBH。滨海 GNSS 基准站是土层型观测站，基础岩性为黏土。站址周边无高大物体遮挡，水平方向高度角小于 15 度。周边无电磁和振动干扰源。

基建工程包括新建 26.14 平方米观测室（内设 1 个 GNSS 观测墩和 1 个绝对重力观测墩）以及供电、避雷、通信等配套工程。土建工程由天津市人防建筑科研设计院（乙级）完成施工图设计，天津新安建筑工程有限公司负责承建，北京震科监理有限公司进行工程监理。防雷工程由天津市中力防雷公司（甲级）进行设计与施工。滨海 GNSS 基准站工程的建设内容、施工设计、技术要求与宝坻 GNSS 基准站工程大致相同。

（一）实施进度

2006 年 11 月 2 日完成滨海 GNSS 基准站站址勘选。2009 年 5 月 5 日墩基孔工程开钻。5 月 10 日完成墩基坑开挖和钢筋笼绑扎。5 月 12 日完成 GNSS 观测墩和重力观测墩浇注以及水准标志、强制归心标志和重力观测标志的设置。5 月 16—20 日完成 GNSS 基准站观测室土建工程以及防雷接地网的布设。2009 年 12 月完成 GNSS 接收机、气象仪、路由器、直流不间断电源、交流不间断电源等设备的安装与调试。2010 年 6 月 30 日完成通信光纤接入和设备联调。2010 年 9 月 28 日至 2011 年 4 月 30 日滨海 GNSS 基准站进入试运行；2011 年 6 月 23 日通过工程竣工验收。

（二）电源系统

以电缆地埋方式将 220 伏交流电引到观测室内，室内布线采用暗埋方式；为保障 GNSS 基准站可靠供电，配备了直流不间断电源和交流直流不间断电源等设备。

（三）避雷系统

采取建筑物避雷、供电避雷及通信避雷三种避雷措施。

（四）通信系统

在观测室设置路由器，连接 GNSS 接收机、三要素气象仪、网络存储设备（NAS）等设备，通过 100 兆光纤接入滨海地震台台站信息节点交换机，实现网络通信。

（五）观测设备

GNSS 接收机及天线、三要素气象仪等。

（六）数据产出

主要产出 50 赫兹、1 赫兹和 30 秒采样率的 GNSS 原始数据及气象三要素数据，用于生成地壳运动变化图像、水汽含量变化图像、电离层变化图像等。

三、蓟县 GNSS 基准站改建工程

蓟县 GNSS 基准站改建工程是将原蓟县 GPS 基准站改建成 GNSS 基准站。改建任务包括危桥修缮，观测室和院内环境整修，供电、避雷和通信系统改造，观测技术系统更新。

危桥修缮工程由天津市三鼎建筑工程公司负责承建，于 2008 年 12 月完成。观测室、院内环境以及供电、避雷系统改造由天津蓟县马伸桥建筑工程公司负责承建，2009 年 6 月完成观测室墙面粉刷、花墙粉刷、观测室门窗油漆、屋顶防水、观测场区铁艺围墙油漆、小站卫星天线墩粉刷、观测室外搓板路整修、外线路改造以及供电、避雷系统改造；2009 年 9 月完成室外场地清整和场地绿化；2010 年 9 月完成机房防雷工程。

2010 年 7 月完成 GNSS 接收机及天线、气象仪、直流不间断电源、交流不间断电源以及交换机、路由器、网络存储（NAS）等设备的安装调试。2010 年 10 月完成中国网通 10MB 光纤接入，实现网络数据通信。

2010 年 8 月 26 日至 2011 年 4 月 30 日，蓟县 GNSS 基准站进入试运行；2011 年 6 月 23 日通过工程竣工验收。

四、蓟县连续重力观测站工程

蓟县连续重力观测站是“陆态网络”基准网 30 个连续重力站之一，采用定点连续重力观测技术，为“陆态网络”数据系统提供连续重力观测数据。该观测站位于蓟县地震台内（蓟县仓上屯），站点编号 12006，台站编码 TJJX，基础岩性为震旦系石灰岩、矽质灰岩。

蓟县连续重力观测站土建工程包括重力观测室改造、观测山洞改造以及台站综合观测楼直击雷防护工程等。重力观测室及观测山洞改造工程由天津翠湖建筑工程公司负责承建，北京震科监理有限公司进行监理。防雷工程由天津市中力防雷公司（甲级）进行设计与施工。

2010 年 9 月，完成重力观测室改造、观测山洞改造以及台站综合观测楼直击雷防护工程。拆除了观测室内原有观测墩；对洞室进行防水处理；在基岩面上采用混凝土现浇方式重筑观测墩，观测墩混凝土强度为 C25；墩面高出地面 30 厘米，四周做 5 厘米宽隔震槽（内填粗沙）；墩面设置重力和水准测量标志。在观测山洞内加装 3 道船舱门；更新观测山洞照明线路；更换防水瓷灯口。根据 GB 50057—94（2000 年版）《建筑物防雷设计规范》及 GB 50343—2004《建筑物电子信息系统防雷技术规范》的相关标准和要求，采取“建筑防雷、电源防雷和信号防雷”三种防护措施，防治直击雷对台站综合观测楼的侵袭。

因蓟县地震台新凿山洞工程施工的影响，经请示中国地震局地壳运动监测工程研究中心批准，从2011年4月开始，G—Phone相对重力仪安装调试与观测工作临时调整到小辛庄山洞进行。2011年4月20日在小辛庄山洞进行连续重力观测技术系统的安装与联调。将重力仪（G—Phone型便携式固体潮重力仪）、不间断电源（2千伏安双变换单进单出高频在线式UPS）、数据存储设备（NAS）连接到路由器和交换机，通过10MB光纤接入地震信息网络，实现观测数据的网络实时传输。

2011年4月20日至2011年6月20日，蓟县连续重力观测站技术系统进入试运行；2011年6月23日通过工程竣工验收。

第三节　天津市地壳运动观测网络工程

天津市地壳运动观测网络建设工程是“十一五”天津市重点工程项目——《天津市地震安全基础工程》的分项工程。该项目任务是：宝坻、滨海和蓟县3个国家GNSS基准站为依托，建立8个GNSS基准站和1个数据信息中心，构建天津市地壳运动观测网络。建设任务源自市发改委《关于天津市‘十一五’地震安全基础工程可行性研究报告的批复》（津发改投资〔2008〕543号）和市发改委“关于天津市‘十一五’地震安全基础工程一期项目实施方案的批复及下达该项目2008年固定资产投资计划的通知”（津发改投资〔2008〕757号）。

该项目于2009年3至5月完成8个GNSS基准站站址地质勘察；2009年6月6日在宁河县举行“天津市地壳运动观测网络开工仪式”；2009年6—11月完成8个GNSS基准站设施建设；2010年5月，完成数据信息中心硬件安装和软件配置；2010年7月完成数据信息中心与基准站联调；2010年7月完成网络中心与各基准站设备的联调；2010年8月1日至2011年2月1日，系统进入试运行；2011年4月12日通过局内工程竣工验收。

天津市地壳运动观测网络相邻站点间的基线长度年变化率的测定精度优于0.2厘米，相对静态定位精度达到10^{-8}—10^{-9}。天津市地壳运动观测网络的投入运行，有效地提升了天津地区区域构造活动的监控能力，填补了天津市在平原地区开展形变监测的空白。

一、布局方案

根据中国大陆构造环境监测网络建设和中国地壳运动观测有关技术标准，经过图上设计和现场勘察，并由中国地震局第一检测中心进行了现场GNSS信号测试，确定在徐庄子、静海、张道口、青光和宁河5个地震台以及潘庄中学、武清城关中学和官港森林公园3处新建8个GNSS基准站。

天津市地壳运动观测网络基准站一览表

表 2-4-3-14

序号	台站名称	纬度/N	经度/E	高程（米）	所属构造	岩性	观测项目
1	徐庄子	38°39'38"	117°11'30"	2.0	黄骅凹陷港西凸起，西距沧东断裂约23公里	松散沉积	形变、重力、水准、气象三要素
2	静海	38°56'27"	116°51'43"	3.0	河北凹陷区沧县隆起，东距大城断裂约2.5公里	松散沉积	同上
3	张道口	39°01'45"	117°12'22"	2.0	沧县隆起双窑凸起，东距大寺断裂0.5公里	松散沉积	同上
4	青光	39°12'16"	117°01'11"	6.0	黄骅凹陷港西低凸起，东距汉沟断裂约11公里	松散沉积	同上
5	宁河	39°21'00"	117°44'00"	2.5	黄骅凹陷，西距沧东断裂2公里左右	第四系沙粘土层	同上
6	潘庄	39°20'15"	117°28'44"	3.0	黄骅凹陷，南距天津南断裂约5公里	第四系沙粘土层	同上
7	官港公园	38°55'45"	117°30'10"	2.0	黄骅凹陷带北部，西距苍东断裂3公里	松散沉积	同上
8	武清城关	39°30'49"	116°52'11"	3.2	武清凹陷，西距河西务断裂约2公里	冲湖积亚粘土	同上

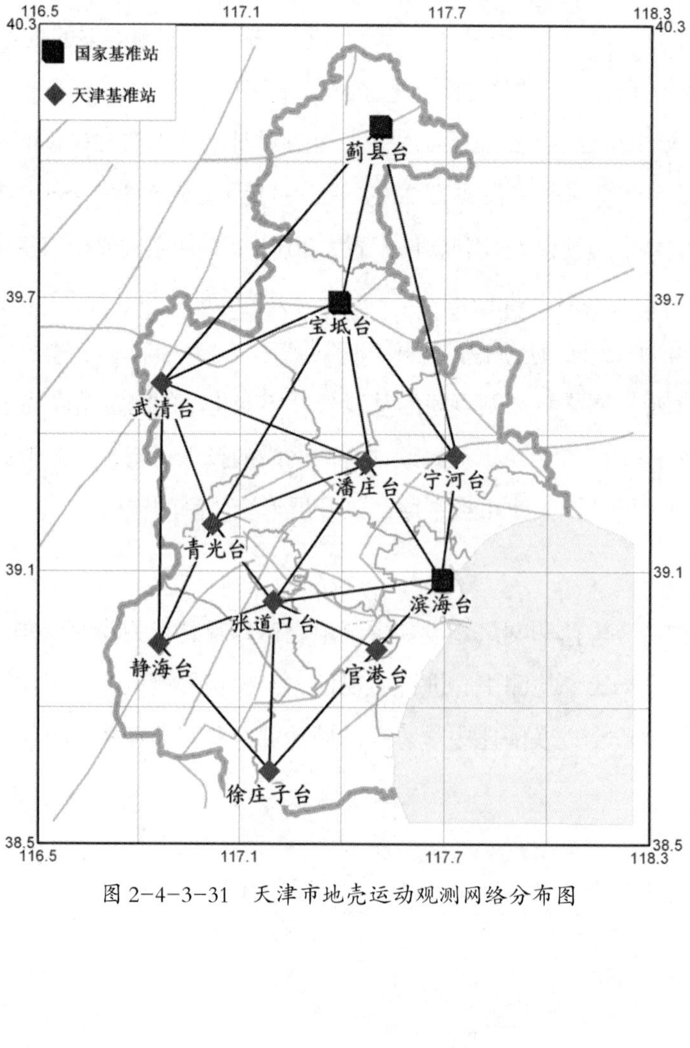

图 2-4-3-31 天津市地壳运动观测网络分布图

二、基准站建设

（一）站址地质勘察

2009年3至5月，委托黑龙江省第一水文地质勘察院天津分公司（甲级资质）对8个基准站进行地质勘察，获取各基准站的柱状图等地质资料信息，并据此确定各站土建实施方案。

（二）基准站土建工程

2009年5月，委托天津市泛亚工程机电设备咨询有限公司对8个基准站观测墩和观测室土建工程进行公开招标，最终经天津市建筑工程招标监督管理站确认，天津市东天建筑工程有限公司中标，负责该项目建设。

2009年6月6日，在宁河县举行“天津市地壳运动观测网络开工仪式”，基准站建设工程全面铺开，2009年11月，完成主体建设任务。主要建设内容包括：8个基准站的GNSS观测室、GNSS观测墩、重力观测墩、供电线路、消防设施等。

8个基准站的GNSS观测墩均建立在第四纪松散地层上，为确保观测墩的稳定性，在满足观测墩底部揭露地层为稳定连续的均质地层的前提下，观测墩地下部分深度均超过20米。为实现与陆态网络的数据共享，在观测室内建有重力观测墩，在GNSS观测墩底部埋设水准联测标志。观测室按照当地抗震设防标准提高一度进行设防，且具备避雷、防火、防水、保温和隔热等性能。

（三）避雷系统

避雷系统由天津市中力防雷公司（甲级）进行设计与施工，于2010年5月完工，主要包括直击雷防护、接地系统和感应雷防护三个部分。

（四）供电系统

为保障各GNSS基准站可靠供电，各站在接入220伏交流电源的基础上，均配置JEIDAR 1千伏安在线式UPS一套，并配置4块蓄电池，采用串联方式，串联电压48伏，在交流断电情况下可维持超过24小时的连续工作时间。

（五）观测技术系统

2010年7月前，完成8个基准站GNSS接收机及天线、气象仪、路由器及交换机等设备的安装调试工作。2009年11月，武清城关、潘庄两个GNSS基准站完成中国联通10MB光纤接入，实现网络数据通信；静海、宁河、青光、徐庄子、官港和张道口等6个GNSS基准站基于台站TCP/IP网络节点，实现基准站观测数据的实时传输。

三、数据信息中心建设

在天津地震台网中心大楼内新建地壳运动观测网络数据信息中心。

（一）系统构成

地壳运动观测网络采用以基准站为子节点、数据信息中心为中心节点的星型网络结构。各基准站经MPSL VPN光纤网络与数据信息中心连接。数据信息中心以局域网为工作平台，安装有交换机、路由器、服务器和工作站等设备，分配有了独立的 IP 网段。

数据信息中心硬件系统于 2010 年 4 月完成全部设备的政府采购（含协议供货），包括 1 台交换机、3 台服务器、2 台工作站及数台工作用微机。

数据信息中心软件系统由 GPSNET 系统管理软件、FTP 服务器软件、数据质量检查软件 TEQC、数据处理软件 GAMIT/GLOBK 等组成。GPSNET 和 RTKNET 与基准站设备配套采购，负责基准站 GNSS 设备的运行监控和管理、故障报警，GNSS 数据和气象辅助数据的实时采集、存储和备份，并用于实时数据的对外发布；GAMIT/GLOBK 软件是由美国麻省理工学院（MIT）和斯克里普斯海洋研究所（SIO）联合开发的一套高精度的数据处理分析软件，主要用于分析研究地壳变形、高精度 GPS 测量数据处理等领域，是一套完全开放的免费软件，在 Linux 系统下运行和使用；TEQC（Translation，Editing and Quality Checking）是功能强大且简单易用的 GNSS 数据预处理软件，是由 UNAVCO Facility（美国卫星导航系统与地壳形变观测研究大学联合体）研制的为地学研究 GPS 监测站数据管理服务的公开免费软件，主要用于 GNSS 数据的格式转换、数据编辑和质量检核。

经过综合、精简，分别在 3 台服务器中部署了文件服务（数据存储、文件管理）、FTP 服务（远程文件传输服务）、网络管理服务（系统主控，网络管理，设备监控）、网络安全服务（防火墙，用户鉴别）等软件。在工作站中部署了 GNSS 数据质量监控、数据处理分析等软件。

2010 年 8 月 1 日至 2011 年 2 月 1 日系统试运行期间，GNSS 数据的连续率达到 98%以上，MP1 和 MP2 值（分别表示 L1、L2 载波上的多路径效应对伪距和相位影响的综合指标，能够比较直接的反映基准站数据质量情况）均小于 0.5（一般来说，按国际 IGS 站的通行标准，MP1 值不超过 0.50，MP2 值不超过 0.75，即可满足观测要求），表明系统达到设计要求。

（二）主要功能

数据信息中心具备数据汇集、数据处理、数据存储、数据备份、台网监控、数据服务等功能。GPSNET 软件实现了对基准站设备的实时动态监控，及时发现故障并报警；实时采集 8 个基准站的观测数据，完成数据的格式转换和存储，并以数据包的形式及时将数据发送至数据备份服务器，确保数据安全；TEQC 软件每天对存储的数据进行质量检查和预处理，及时发现数据缺失、环境干扰等问题，检查结果以质量日报上传至服务器供技术人员及时查阅和处理；GAMIT/GLOBK 软件用于 GNSS 数据的精密处理和分析，由具有相关专业知识的技术人员掌握和计算，运算结果主要服务于与地壳形变监控和地震前兆分析，供地震预报技术人员使用。

（三）数据产出

数据信息中心主要产出四类数据。

第一类是原始观测数据，包括 GNSS 观测数据和气象辅助观测数据。在线提供 1 秒采样 GNSS 观测数据文件和 30 秒采样 GNSS 观测数据文件，并能够提供有感地震发生前后数日内的 0.02 秒采样的 GNSS 观测数据文件。观测数据文件采用国际通用的 Rinex 2.11 版本格式存储。以在线式共享方式提供 60 秒采样的气温、气压和湿度等气象观测数据，观测数据文件为 Met 格式。

第二类是质量监控日报。每日对观测数据文件和气象数据文件进行质量检验，对数据连续率、MP1 和 MP2 等进行统计并提供在线共享，记录数据故障原因分析等情况，供技术人员检查和分析使用。

第三类是 GAMIT/GLOBK 计算结果文件。应用 GAMIT 软件与国际 IGS 站联合解算，计算结果在线存储，供专业技术人员进一步分析使用；提供 GLOBK 计算的 ITRF2008 框架下的基准站坐标时序变化等结果文件，直接供预报人员分析使用。

第四类是 RTKnet 软件提供的实施数据流。可为工程测量、大地测量等提供虚拟参考站服务。

第五章　地震信息通信系统

地震信息通信系统是地震行业技术系统的重要组成部分，随着信息通信技术的进步和地震监测预报、震害防御、应急救援对数据信息传递需求的增强，逐步得到进步与发展。

地震信息通信系统建设按通信方式改变可分为：即短波和超高频无线通信网络建设、计算机网络系统建设、宽带网络系统建设三个发展阶段。

从 1976 年唐山大地震起到 1990 年代初期为短波和超高频无线通信网络建设阶段。1976 年唐山大地震发生后，驻津空军部队和河东区武装部迅即派出数名部队和民兵报务员，携带无线电台（军用八一短波电台）到天津市地震局协助工作。其后天津市地震局先后建立了采用 XB—C301 型调频无线电话机的短波无线电话网、超高频地震专用无线通信网。但就总体讲，当时天津市地震通信设施和服务能力仍较薄弱，地震业务信息和观测数据报送与交换主要靠信函、电话及无线电台等方式。

从 20 世纪 90 年代中期到 90 年代后期为计算机网络系统建设阶段，期间先后加入国家地震局分析预报中心建立地震分析预报计算机信息网络（简称 APnet 网）、首都圈分析预报计算机信息网络（CAPnet）和“大震速报网络”（FDEnet），建成具有 Web、FTP 和 E—mail 等服务功能的小型计算机网络。为数字地震遥测台网、地震前兆台网和分析预报会商系统提供了互联互通的技术平台，实现了与中国地震局和其他省区市地震局信息网络的互联和信息交换，承担了地震台站、区县地震办公室前兆观测数据报送等信息通信业务。

从 20 世纪 90 年代后期到 21 世纪后为宽带网络系统建设阶段，建成基于 MPLS VPN 技术的宽带网络系统。天津市成为全国地震行业中第一个区域级高速网络系统。实现地震监测、震情跟踪、科学研究数据信息传递与共享，最大限度地满足大地震发生时应急指挥及信息快速传递的需要。

第一节 短波和超高频无线通信网络建设

1978年国家地震局开始在全国地震系统组建地震短波通信网，市地震局设立了短波通信电台和计算机数据传输终端，成为全国地震短波通信网的成员单位。1992年6月，为提高地震应急通信能力，扭转市地震局与各区县地震办公室和地震台站间通信联络单靠市话网的局面，经市政府和国家地震局批准建设天津市地震专用无线通信网。

一、短波无线通信和计算机远程数据通信

1978年，市地震局在局机关大院架设200瓦单边带电台，进入国家地震局一号通讯网，以莫尔斯电报方式承担观测数据的报送与交换等业务。1979年底改用FDD—2型短波单边带电台，1988年改用IC—M700TY短波单边带电台。“八五”计划期间，中国地震局在全国建成地震短波通信网、计算机数据传输网。市地震局通信站进入全国地震无线短波主干通信网，使用IC—M700TY短波单边带电台，配备PK232短波通信调制解调器与计算机，安装地震专用无线短波通信软件，实现远程计算机数据通信。此项工作一直延续到2003年全国地震短波无线通信网关停。

二、超高频地震专用无线通信网建设

1991年，市地震局向市政府和国家地震局提交建设超高频地震专用无线通信网的申请。1992年6月，市政府和国家地震局批准建设天津市地震专用无线通信网，并分别拨付工程建设款总共40万元（市财政30万元、国家地震局10万元）。1992年9月完成“工程建设方案”设计；1993年6月完成基地台天线塔工程；1993年7月完成基地设备安装调试，随后各子台的入网工作陆续展开；1994年9月制定《天津市地震专用无线通信网运行管理暂行规定》，系统进入试运行；1996年1月17日该工程通过国家地震局专家组验收。

天津市地震专用无线通信网为星形结构，由设在市地震局的基站、主台，分设在各区县地震办公室和地震台站的子台（固定台、车载台、手持机）组成，具有选呼、群呼、自动中继和有线/无线自动转接功能。基站负责中继、接入市话和网络运行管理，基站中继台选用日本建武公司生产的TKR—820双工中继台，中继台控制器选用美国先创公司研制的先创145。主台设在市地震局震情值班室，有值班电台和监测电台各一部。值班电台24小时有人值班，负责观测数据、震情信息以及其他业务信息的收集与交换；监测电台是系统管理电台，负责系统运行的监测与管理。用户电台为子台。主台和子台的固定台、车载台选用日本建伍公司生产的小型UHF频段TK—808和TM—441调频电台。

通信网定点通信半径70千米，车载台移动通信半径40千米，手持机通信半径15千米—20

千米。自开通以来在震情值班、数据报送、大震速报、应急通信、野外作业、遥测台网维修以及日常行政管理中发挥了重要作用。(1)1994年夏，青光地震台因邮电部门电话线缆发生故障，造成3个月电话通信中断。在市话故障期间，无线电台承担起与外界通信的全部工作，保障了观测数据的及时报送和行政业务通信联系。(2)塘沽地震办公室为塘19井和天船井测报员配发手持机，解决了观测数据及时报送问题。(3)通信网的开通，为遥测地震台网开展系统标定和设备维修调试工作提供了通信联络渠道，给野外工作带来便利，提高效率。(4)当1995年10月6日河北滦县发生5.0级地震，市话再次出现阻塞时，市地震局利用无线通信网将"震情信息"传递到各区县地震办公室，为及时组织震后应急工作争取了时间。

第二节 计算机网络系统建设

1996—1997年，市地震局组织实施"天津市地震快速反应系统建设"项目——计算机网络系统建设。计算机网络系统是"天津市地震快速反应系统"应用程序的运行平台，不仅为地震快速定位与震后早期趋势估计子系统提供网络联通支持，还承担区县地震办公室、地震台站与市地震局间前兆观测数据报送以及管理信息通信业务，是天津市在地震信息网络系统建设方面的首次尝试。

1996年7月18日"天津市地震快速反应系统建设技术方案"通过市地震局学术委员会评审；1996年10月26日计算机网络子项开始实施；1997年2月计算机网络建成并开通运行；1997年12月10日"天津市地震快速反应系统建设"项目通过市科委和国家地震局组织的专家鉴定和验收。

市地震局计算机网络（局域网）采用星形拓扑结构，网络布线采用5类双绞线，配线设备与网络设备集中放置于位于市地震局科研办公楼二层的网络中心机房。网络服务器为HP公司生产的LH/100。网络交换采用3COM公司生产的3C16900 Linkswitch 1000，其中100兆比特每秒端口相连网络服务器HP/100 LH，其他10 BaseT端口连接局内工作站。局内工作站微机机型为IBM、HP、AST或兼容机，内存>1614B，硬盘>1G。网络中心设置一台远程访问服务器（3COM Access Builder），为区县地震办公室、地震台站等计算机远程用户通过程控电话拨号入网提供服务。

市地震局计算机网络（局域网）共设置26个具有可扩展功能的信息点，通过10兆共享式集线器与网络中心互联，基本实现了局领导办公室、机关处室以及业务部门计算机联网；实现了地震快速反应系统多台应用服务器（工作站）间的互联，为地震前兆数据报送、地震快速定位、震后趋势快速判断、信息快速传递和指挥查询等应用系统提供了强有力的技术支持。

第三节 “九五”天津市地震通信网络系统建设

1997—1999 年，市地震局根据中国地震局下达的 95—02—01 项目首都圈通信网络工程——天津市地震通信网络系统建设任务，要求建成功能全面与完善的具备 Web、FTP 和 E—mail 等服务功能的小型计算机网络系统，为数字地震遥测台网、地震前兆台网和分析预报会商系统提供了互联互通的技术平台，实现了与中国地震局和其他省区市地震局信息网络的互联和信息交换，承担了地震台站、区县地震办公室前兆观测数据报送等信息通信业务。

该网络系统建设 1997 年启动；1997 年底完成网络布线和机房改造工程；1998 年上半年完成网络中心建设并开通 X.25 信道，同期完成台站和大部分区县地震办公室微机联网工作；1998 年 12 月制定《天津市地震通讯网络系统使用管理暂行规定》和《天津市地震通讯网络系统操作使用约定（试行）》，并组织开展网络应用服务技术培训；1999 年 5 月 7 日“天津市地震通信网络系统”通过市科委和中国地震局监测预报司组织的专家鉴定验收。

该网络系统建设在地震应急处置中发挥重要作用。1998 年 1 月 10 日张北 6.2 级地震发生后，通过网络迅速将地震参数发送到各区县地震办公室，为稳定社会发挥了良好的效能。1998 年 4 月 14 日 10 时 47 分河北唐山发生 Ms 4.7 级地震，天津市普遍有震感。地震发生后，各区县地震办公室通过网络迅速获取信息，为快速稳定市民恐慌情绪起到了积极作用。1998 年春节期间天津市部分区县出现地震谣传，市地震局通过网络迅即将有关平息谣传工作的要求及“统一口径”下达到相关区县地震办公室，由区县地震办公室及时做好平息工作。

该网络系统建设项目包括网络中心建设、局域网建设和广域网建设。

一、局域网建设

局域网采用以结构化布线为基础的快速交换式以太网，其主干速率为 100Mps，客户机接入速率为 10/100 兆比特每秒。市地震局局办公大楼采用星型联接的全五类 100 兆布线系统，选用 100 兆的 AT&T 五类双绞线和五类模块及信息插座，全大楼共设置 26 个具有可扩展功能的信息点。

二、广域网建设

租用 X.25 专线作为连接天津市地震信息网络中心与北京中国地震局信息网络中心的通信链路，实现与中国地震局信息网络以及各省区市地震信息网的互联，并通过中国地震局信息网络中心连接因特网。区县地震部门和地震台站远程用户采用程控电话拨号方式（PSTN）接入信息网络，进而实现与因特网的连接。

三、网络中心技术系统建设

网络中心由 SUN/UNIX 工作站、NOVELL 服务器、远程访问服务器、交换与路由设备、网络管理工作站及外部设备等组成。

（一）主服务器

网络中心主服务器有 Sun Ultra30 工作站和 HP Net Server 服务器各一台。以 Sun Ultra30 工作站为平台，在 Unix 系统下建立域名服务器、Web 服务器、FTP 服务器、邮件服务器、登录服务器。以 PC 服务器为平台向网络用户提供文件共享服务。

Sun Ultra30 工作站操作系统为 Solaris V2.6，采用 TCP / IP 网络通信协议。基于该协议为局域网用户以及远程用户提供 NFS、TELENET、E—mail、FTP、DNS 等传统的 Unix 应用服务。作为全国地震通信网络系统的一个节点，具有正式的 IP 地址与域名，可向全国地震通信网络和互联网提供 World Wide Web 服务。

HP Net Server 服务器操作系统为 NOVELL 的 NETWARE4.10，网络通信协议为 IPX/SPX，具有较强的安全机制和用户管理功能，主要向局域网用户提供文件服务与打印服务。PC 服务器加载 NFS 外加软件模块后，实现了与 Unix 系统的互联，可向局域网上的 Unix 主机提供文件服务与打印服务。

（二）交换与路由设备

路由器和远程访问服务器是广域网间互联和远程工作站入网的关键设备。网络中心配有一台 Linkswitch 1000 交换机和 3 台集线器，所有联网计算机均安装网卡。广域网部分经过路由器（Clsco2509）和基带调制解调器，通过速率为 64 千比特每秒的 X.25 线路接入全国省级防震减灾中心至国家防震减灾中心的主干通信网。使用 3COM AB2204 访问服务器经异步调制解调器连接两条 PSTN 线路，实现全市 8 个地震台站和 16 个区县地震办公室等远程用户的拨号接入。

四、中心机房改造与建设

对网络中心机房进行改造，铺设防静电地板、增加空调设备、改善通风和照明条件。中心机房配置 1 台 1 千伏安/8H UPS，为网络中心主要设备提供不间断电源。

五、管理与服务

随着建设任务的完成和投入运行，制定了网络管理规定、入网约定、数据报送约定、数据共享使用办法等一系列管理规定。利用网络的各种服务功能开展地震数据发布与服务。网络用户可利用 Web 浏览器、FTP 或 PC 服务器的文件服务功能从网上下载信息通告、地震目录、震情灾情等（部分内容须经授权）；地震台站、区县地震办公室用户可利用 FTP、PC 服务器的文件服务功能报送数据；网络用户彼此之间可通过 E—mail 或双机通信软件交换信息。

自主研发了基于网络平台的台站前兆管理软件，从 1999 年开始正式采用计算机网络报送观测数据，实现了地震台站前兆观测数据处理、报送、存储及分析会商的一体化。每日，台站、地震办公室前兆观测数据按约定格式汇集到网络中心服务器，网络中心利用转换程序将报送来的数据分类转换入库。分析预报人员在各自岗位计算机上可随时查询和处理前兆观测数据。

建立了内容丰富、服务能力强的网络 Web 主页，实现通过 Web 网站发布地震速报、地震目录、震情信息、前兆数据、地震法规、地震科普等各种信息。

第四节 “首都圈工程”天津市地震通信与网络系统建设

1999—2002 年，根据首都圈防震减灾示范区系统工程的总体设计，组织实施“天津市地震通信与网络系统建设”项目，对“九五”期间建立的“地震信息计算机网络系统”进行升级改造，建立地震信息汇集与交换中心，为天津市防震减灾技术系统建设提供支撑平台。建设任务包括地震通信网络中心、局域网、广域网、数据库系统以及机房辅助环境等五部分。工程总投资 661 万元（其中：中央 396 万元、地方 265 万元）。

2000 年年初完成地震信息计算机网络系统工程技术设计；2000 年 7 月完成新扩建科研办公楼布线和地震通信网络中心机房装修工程；2000 年 10 月完成主要设备的招标采购；2000 年 11 月完成主要设备的安装调试；2001 年 4 月完成旧办公楼布线；2001 年 7 月完成机柜组装、设备联调、链路开通以及应用软件研发；2001 年 8 月开始试运行；2001 年 9 月 20 日至 10 月 19 日进行考核运行；2001 年 11 月 20 日“天津市地震通信与网络系统建设”项目通过工程竣工验收。

经过“首都圈示范工程”——天津市地震通信与网络系统建设项目的实施，提高了网络宽带接入能力、防范入侵能力和信息服务能力，天津市地震信息网络达到中型企业网络规模，进入宽带计算机网络的行列。

一、局域网建设

局域网采用星型拓扑结构。交换机位于星形拓扑结构的中心，所有服务器和网络中心的主要设备均连接在主交换机上；市地震局机关大楼各楼层安装楼层交换机（二级交换机），楼层用户分别连接在二级交换机上。二级交换机与主交换机通过 1000M 光纤进行连接。主交换机采用 3COM 公司的 4007 模块化交换机，同时一台 3300 交换机作为主交换机的备份。各楼层安装 3COM 公司的 3300SM 千兆交换机作为二级交换机。

对原有网络布线进行了全面改造。网络接入点由 26 个扩大到 190 个。网络中心主设备线路由 100 兆提高到 1000 兆；其他设备线路由 10 兆提高到 100 兆；用户端线路由 10 兆提高 100 兆。

网络中心已成为天津市防震减灾技术系统的信息通信枢纽。测震台网、强震台网、分析预报、前兆台网、应急指挥、局办公网等各专业技术系统通过 100 兆线路连接二级交换机，接入局域网。前兆台网、分析预报系统、应急指挥系统网址与网络中心为同一网段，可直接与网络中心进行通信；测震台网、强震台网通过路由器实现与网络中心的跨网段通信。

二、广域网建设

网络中心通过 512K 帧中继专线与北京中国地震局信息网络中心以及北京市、河北省地震局信息网络中心实现互联，并在中国地震局信息网络中心接入国际互联网。将原来的 X.25 信道改为备用信道。网络中心设置远程访问服务器 RAS 1500，将地震台站、地震办公室等远程用户接入局域网，较“九五”网络具更强远程用户接入功能。

三、网络中心建设

网络中心由服务器群、工作站、交换与路由设备、访问服务器与高速缓存、防火墙与存储设备、输入输出设备等组成。采用 HP OpenViewNNM250 及 3Corn Transcend Enterprise Manager 建立了网络管理系统。

（一）服务器群

网络中心服务器群有主服务器、FTP 服务器、E—mail 服务器、数据库服务器、Web 服务器和备用文件服务器，共 6 台服务器。主服务器采用 Sun Enterprise450，操作系统为 Solaris8，安装有 1000MSX 光纤网卡。FTP 服务器采用 SGI 公司 1450 服务器，操作系统为 Red HatLinux7.0，提供 FTP 服务。E—mail 服务器采用 SGI 公司 1450 服务器，操作系统为 Red Hat Linux7.0，提供 E—mail 电子邮件服务。SQL Server 服务器采用 SGI 公司 1400 服务器，操作系统为 Microsoft Windows 2000 Advanced Server，主要提供 SQL Server 数据服务，同时为指挥中心的 GIS 震后快速评估系统提供数据服务。Web 服务器采用 Sun Ultra30（为网络中心原有的服务器），安装 Solaris8 操作系统，对外提供 Web 服务。NetWare 文件服务器采用 HP NetServer（为网络中心原有的服务器），安装 NetWare 操作系统，提供目录与文件服务。

（二）工作站

网络中心设置有 3 个工作站，即 1 个网管工作站和 2 个应急系统工作站。网管工作站为 SGI550 图形工作站，操作系统为 Microsoft Windows 2000 Professional，主要用于日常网络管理与维护，系统中安装有 3COM 公司的 Transcend Enterprise Manager 设备维护与网络管理软件。1 个应急系统工作站为 Dell 530MT 图形工作站，操作系统为 Microsoft Windows 2000 Professional，主要用于应急系统的监测与自动启动控制，安装有 GIS 系统（ArcInf08）、震后快速评估与辅助决策系统等软件。另 1 个应急系统工作站部署在 7 楼应急指挥大厅，系统配置与位于网络中心的应急系统工作站相同。

（三）交换与路由设备

主交换机采用 3COM 公司的 4007 模块化交换机，同时一台 3300 交换机作为主交换机的备份。各楼层安装 3COM 公司的 3300SM 千兆交换机作为二级交换机。为最大限度地降低链路失效的风险，提高局域网的可用性，建立了基于 ReSilient 技术的冗余系统。网络中心路由器为 Cisco2612，有两个 100 兆网络端口，两个 2M 的同步端口，1 个 ISDNBRI 端口。路由器的一个同步端口连接 512K 帧中继专线，实现与中国地震局信息网络中心的互联。路由器的一个网络端口与网络中心防火墙网络端口连接。

（四）访问服务器与高速缓存

访问服务器为3COMRAS 1500，安装有1个4口56K Modem模块，1个2口ISDN模块，提供台站与地震办公室用户电话拨号（PSTN）上网提供服务。网络中心接入两条供台站与地震办公室上网使用的PSTN电话线，由于FTP服务器未对外开放，故台站与地震办公室用户只能通过访问服务器接入网络。访问服务器设置了4个动态IP地址，用户可从服务器上临时取得网址，既方便了用户使用，也减少了网络维护的工作量。网络中心安装有一台因特网高速缓存，作为局内非注册用户的上网访问服务接口。

（五）网络安全

为保障网络安全，网络中心安装了具有访问控制、地址转换（NAT）、端口映射、代理、防IP盗用、流量控制、计费等功能的中网IP防火墙；安装了瑞星网络版的防病毒软件，增大了防病毒侵害的能力。

（六）输入输出设备

网络中心配置一台 HP8550DN 网络彩色激光打印机、一台 AO 幅面的喷墨绘图仪和一台SCANDESK 9600XL的A3幅面的扫描仪，为全局用户提供网络打印服务。

四、数据库及信息服务系统建设

（一）数据库系统

网络中心建有SQL Server和Sun平台下Mysql两套数据库系统。SQL Server数据库系统既作为前兆台网中心数据库的备份，又装有供地震应急系统使用的天津市1∶50000电子地图及正射影像图（GIS数据）。Mysql数据库系统为地震应急指挥技术系统提供数据库服务。网络中心的数据库服务器为SGI 1400，数据库系统为微软公司的SQL SERVER 2000，它主要用于存取GIS数据，供地震应急系统使用，同时作为前兆数据库的备份，为前兆数据提供备份服务。

（二）数据存储与备份系统

网络中心配置两台Escort DA—3500磁盘阵列。一台（8X73G）用于地震应急指挥中心数据库系统；另一台（8X36G）为分布数据库提供存储与备份空间。网络中心同时配置有一台4毫米12G磁带机和3台8速CD－RW刻录机，提供备份数据服务。

（三）数据中心建设

网络中心又是地震数据信息中心。SQL Server数据库为前兆台网中心提供数据库备份，并作为前兆数据另一提供点，实现前兆数据全网共享。Sun E450服务器Mysql数据库建立Web数据录入窗口，实现地震信息数据共享。在应急数据库基础上建立公众新闻发布系统、地震事件检测与报警系统等应用软件。

（四）网络服务能力

新建网络中心配置的主服务器为Sun Enterprise 450、FTP服务器SGI 1450、SQL Server数据库

服务器 SGI 1400、E—mail 服务器 SGI 1400，将以前由一台服务器实现的多项服务分离到不同的服务器上，提高了系统的可靠性。2002 年自主建设了天津市地震信息网主页系统，将原来静态方式的主页，变成了基于数据库系统并具有维护功能的动态主页。网络中心已向本地及远程网络用户提供 Telnet、DNS、NFS、E—mail、FTP、Web 及文件、打印等服务。

（五）信息发布功能

Web服务是向网络用户提供服务的主要方式,用户使用浏览器可查询Web上的各种数据信息。Web 服务因授权不同,分为外部与对内两个部分。外部 Web 服务向社会各界提供信息浏览与查询,包括最新工作消息、地震信息、机构简介、监测系统、工程项目、科技成果、图书资料、对外合作、公众新闻发布、科普知识、站点连接等信息。对内的 Web 服务主要提供软件下载与数据查询等服务。在 Web 信息管理上，实现了 PHp+lvlysql 的动态管理功能，使 WWW 服务的管理与维护工作变得更为便捷。

（六）地震和前兆观测数据传递

随着 IT 技术的发展，地震和前兆观测数据通过计算机网络进行传递已经成为发展的方向。地震信息网络为地震和前兆观测数据的网络传输提供了条件，地震和前兆数据通过 TCP/IP 协议将观测数据转换成 IP 包，实现在网络上传输。分布式数据库通过网络进行实时数据复制。

五、机房建设

地震通信网络中心与地震台网中心、强震动台网中心共用位于市地震局新扩建的科研办公楼二层的中心机房。中心机房总面积约 270 平方米，其中地震通信网络中心机房面积为 100 平方米。网络中心机房内铺设防静电地板，安装 3 台 5 匹空调，建有烟雾检测器和二氧化碳灭火系统，达到防静电、防尘、防雷、防火等技术要求。网络中心不间断电源系统采用 APC 公司 DB310E 型 UPS，容量为 10 千伏安，外接 8 小时延时电池。

第五节　“十五”天津市地震信息服务系统建设

2003—2007 年，根据中国地震局部署，实施“十五”天津市地震信息服务系统建设工程，采用现代地震观测技术、通信网络技术、信息处理技术，在已有地震信息网络系统建设的基础上，建设集地震监测、预报、科研、应急为一体的地震信息服务系统，实现地震监测、震情跟踪、科学研究数据信息传递与共享，最大限度地满足大地震发生时应急指挥及信息快速传递的需要。天津市地震信息服务系统建设任务源自《中国地震局关于天津市数字地震项目的投资和概算调整的批复》（中震函〔2007〕241 号）。该工程由中国地震局和天津市政府共同投资建设，总建筑面积 824.48 平方米，专业设备 130 台套，工程总投资 874.57 万元（其中：建安工程 176.74 万元、设备及安装 697.83 万元）。

主要建设内容是建立地震信息网络服务中心（地震信息服务部）、台站地震信息节点和区县地震信息节点，构建市地震行业计算机信息网络（INTRANET），形成分层次的地震信息宽带服务系统。市地震信息网络服务中心是天津市地震信息服务系统的枢纽，是提供地震数据信息共享服务的中心节点。在中心节点下建 8 个地震台站和 18 个区（县）级地震信息节点。

2003 年完成天津市地震信息服务系统发展规划和信息服务系统建设报告编制；2004 年 3 月完成地震信息服务系统初步设计；2004 年 12 月 21 日信息服务系统高速行业网方案通过论证；2005 年完成地震信息服务系统工程实施方案编制；2005 年 8 月 2 日完成静海地震台信息节点设备安装（试点）；2005 年 9 月 2 日完成宝坻地震台信息节点设备安装（试点）；2006 年 1 月完成地震信息服务系统施工图设计；2006 年 6 月完成天津市“十五”数字地震观测网络系统集成方案设计；2005 年 8 月至 2007 年 5 月完成信息网络服务中心和地震台站、区县信息节点设备的安装调试，并开通 28 条 10/100M MPLS VPN 光缆；2007 年 5 月底完成以信息节点为单位的系统调试、集成施工和阶段验收；2007 年 12 月“十五”网络项目天津市地震信息服务系统建设通过专家验收。

该项目的建设完成，改善了网络环境，为全市地震监测数据传输、信息共享和测震、强震、前兆、GNSS、地震应急等业务系统提供网络平台，并提供 WWW、E—mail、FTP、NTP、VoIP、VOD、IM、VMWare 虚拟化、数据库、统一数据存储等通用或专用网络服务。所有地震台站和区县地震办公室通过 MPLS VPN 专线实现互联，互联速度大于 10 兆，形成高速宽带区域网络系统；实现了网络到台站、IP 到仪器，极大地提升了天津市防震减灾工作的现代化水平；良好的网络环境为地震前兆台网、测震台网的数据传输、存储、处理提供了足够的带宽和存储能力；市地震信息网络服务中心的建立，使数据和信息服务提高到专业化水平，通过与中国地震局信息网络的联通，实现了数据共享和信息服务面向全国的目标。经过“十五”建设，天津市地震信息网络适应了宽带、高速网络的要求，促进了市地震局各项工作的信息化进程，标志着天津市地震信息网络系统由小规模网络开始迈入企业级网络。

一、网络平台

天津市地震信息网络为星型拓扑结构，以千兆交换机组作为星型拓扑结构的中心（具备光纤接入能力），支持 TCP/IP、IPX/SPX、Applc Talk 协议，适与运行 Unix、Window、Macos 等主流操作系统的计算机网络互联。地震信息网络中心建有 100/1000M 局域网络系统和无线网络系统，统一划分 VLAN，统一进行 IP 地址规划；建成与中国地震局间 3X2M SDH 专线网络，建成与台站、区县信息节点间 100 兆高速行业网络，建有 100 兆高速互联网出口；在网络环境规划基础上，实现测震台网、强震台网、前兆台网、应急指挥系统、GPS 网络系统与信息服务系统的集成，包括通信线路、UPS 电源、避雷接地、设备分配、地址分配等。

（一）网络规划

完成包括信道规划、IP 地址规划、路由和域名规划、网络管理与安全规划等内容的网络规划，为天津市地震信息网络建设奠定了基础。

（二）通信信道

信息网络中心通过 8 兆（6 兆信息系统、2 兆政务系统）SDH 光纤实现与中国地震局信息网络中心互联，实现天津市数字地震观测网络系统各专业台网与行业网的互联互通；地震信息网络中心采用 MPLS VPN 技术，以 10 兆比特每秒的速率实现与地震台站、区县地震办公室信息节点间的互联。

2004 年地震信息网络中心开通 10 兆光纤信道作为本地互联网接入，2005 年将互联网信道升级到 100M，作为全网的因特网总出口，出口 IP 地址 64 个。地震信息网络中心利用 100 兆 Internet 出口，通过 IPsec+GRE 方式与中国地震局信息网络中心建立一条 VPN 通道，作为行业网备份信道。

根据中国地震局统一要求，建设一条 2 兆卫星应急通信信道，用于地震应急期间有线网损毁时的应急专用数据传输。

（三）交换路由与网络布线

网络中心采用双核星形交换模式。在信息、测震、强震动、前兆、应急、活断层和 GPS 等 7 大专业台网中心和各楼层设置独立的接入层交换机。接入层交换机通过 1000 兆光纤分别接入核心系统。原办公楼与地震台网中心通过地埋光纤实现互联，速度为 1000 兆（可扩充至 10G）。在地震台网中心大楼及原办公楼 1—2 层设无线局域网，实现无线接入。

由于天津市数字地震观测网络 7 大专业技术系统通过 MPLS VPN 技术进行互联，数据交换方式从原来的路由方式改为三层交换方式，核心交换设备除提供标准的局域网内数据交换外，还具备承担中心与各二级节点间的大容量数据交换的能力。系统采用华为 6506、6502 和 3COM4007 核心路由交换机作为核心交换层主设备。华为 6506 作为信息服务、应急指挥和全局网络用户的主交换机，同时作为数字测震台网、数字强震动台网、数字前兆台网、活断层探测技术系统、GPS 网络观测系统的备份交换机。6502—4007 作为数字测震台网、数字强震动台网、数字前兆台网、活断层探测技术系统、GPS 网络观测系统的主交换机，同时作为信息服务、应急指挥和全局网络用户的备份交换机。市地震台网中心大楼内的接入层交换机为华为 LS—3952P—SI，其上有两个 1000 兆 Base—X LC 接口和 48 个 100 兆 Base—T RJ45 接口，100 兆接口作为楼层用户接入，1000 兆光纤口通过两条光纤分别接入核心交换机 6506 和 6502—4007。各专业台网的交换系统，测震系统采用 Cisco2950、Cisco2948；强震系统、前兆系统采用 H3C 3600；地震应急指挥技术系统采用 H3C 6502、3952 系列交换机。无线网络（WLAN）交换系统采用华为 WA1208E—DG—AC 无线 AP。

网络路由系统分为 Internet 路由、区域内节点间路由、行业网路由和局域网内部路由。Internet 路由采用静态路由方式，实现数据包的快速转发。区域内节点间通过 MPLS VPN 线路互联，MPLS VPN 系统由联通公司建设，节点作为末端节点接入，全部采用静态路由方式互联。行业网间路由根据中国地震局统一的设计要求，采用 OSPF 协议，OSPF 在行业网核心路由器 CISCO3845 和 VPN

路由器港湾 582 上进行汇聚，进行全行业路由发布与学习，实现行业网互联。局域网内部路由采用 VLAN 进行各业务系统、各部门间的网络分割，路由模式为三层核心交换系统中的静态路由。

市地震台网中心大楼垂直干线子系统使用光纤连接，垂直主干速度满足 1000M 传输要求（每层铺设 12 芯多模光纤），同时采用 6 类线作为备用垂直干线备份线路，从传输带宽和路径上实现冗余设计功能。大楼水平干线子系统，网络中心机房和管理机房使用超 5 类或 6 类线连接，满足 1000M 级传输要求；其他办公室等使用超 5 类线连接，满足 100 兆/1000 兆传输要求，布设信息点位按照冗余设计。核心设备连接均采用光纤或超 5 类双绞线连接，满足 1000 兆传输要求。

（四）台站、地震办公室信息节点

8 个地震台站和 18 个区县地震办公室二级节点计算机网络系统与市地震局网络中心通过 MPLS VPN 线路，以 10 兆或 100 兆速率互联，实现平时地震数据交换共享、监测信息上传、工作信息交流和应急处置期间各类指令的上传下达。

区（县）地震办公室和地震台站信息节点建立独立机房或利用原有网络系统机房，机房设计面积 20 平方米，机房建设标准要符合《规程》要求。节点内使用 100/1000 兆线路连接，办公区使用超五类线缆连接，信息点位按满足网络工作的需求布设，实现 100 兆局域网交换速度，可升级为 1000 兆交换网络。

二级节点的网络设备主要包括服务器、个人计算机、打印机、三层交换机、UPS 电源等。服务器为 DELL、IBM 工作站级服务器，安装 Suse 10 Linux 操作系统和 Oracle 数据库系统；个人计算机机为 DELL PC 机，安装有多媒体系统，可实现在线软件视频会议接入；打印机采用网络打印服务，满足网内共享打印需求；UPS 电源为 3 千伏安容量，可延时 40 分钟；三层交换机为 24 口 100M+4 口 1000M 交换机，实现行业网互联与本地接入。

在地震台站二级节点中，蓟县地震台分配有 8 个 C 类网段，其余 7 个台站各为 4 个 C 类网段；18 个区县地震办公室各分配 1 个 C 类网段。各节点 VLAN 划分中，分为监测仪器与网络设备 VLAN，行业网接入 VLAN 和用户 VLAN 三个网段，不同网络间实现访问策略控制，提升网络应用安全。

二、数据平台

以 Oracle 数据库系统为工作平台建立地震数据共享系统，提供观测数据共享、地震数据信息存储、地震数据信息查询、地震数据信息发布等服务。地震信息网络服务中心配置了 EMC CX3—20 高容量的盘阵系统，在线存储能力达到约 15T（EMC 系统 9T，各类服务器本机存储容量 6T 左右），采用 RAID 技术实现数据与系统存储，增加了存储安全性，并缓解了网络中心存储空间紧张的局面，为网络中心开展数据信息服务打下了坚实的基础。

（一）数据库服务器

数据库服务器为 IBM—P550 小型机，操作系统为 AIX 5.3，配置四块 146G SCSI 硬盘、8G 内存、4 个 CPU、4 个网络接口、2 块（4G 带宽）HBA 光纤卡，与 EMC 存储建立 400G 共享数据盘，系统以 HA 模式工作。

（二）Oracle 数据库

地震信息服务系统数据库采用 Oracle10g，并通过 IBM 小型机实现 RAC 服务模式。该技术具有以下特点：重新启动数据库核心进程和应用，只需几十秒到几分钟；系统切换的过程，由双机软件自动进行，客户端与服务器之间的数据库连接中断后，切换完毕，客户端和应用程序重新连接，又能连续工作；故障机正常后，仍可继续做灾难的备份切换，采用此种技术提升了全市地震数据信息服务的安全可靠性。Oracle1 数据库软件版本为 Oracle10.2.0.3。

（三）WebLogic 中间件

信息服务系统的中间件采用 BEA WebLogic。BEA WebLogic 是用于开发、集成、部署和管理大型分布式 Web 应用、网络应用和数据库应用的 Java 应用服务器。信息服务系统总共部署了两套 Weblogic 系统，分别为 Arc IMS 系统和内网服务使用。

（四）WebGIS 基础平台

WebGIS 信息服务系统是地图数据发布和共享平台。该系统采用 Browser/Server 架构，综合 WebGIS 技术、J2EE 技术和 Oracle 数据库技术进行建设，具有界面美观、运行稳定快速、地图浏览检索分析功能强大等特点。WebGIS 服务服务系统采用美国 ESRI 公司的 ArcGIS9 系列产品，操作系统为 SUSE10，安装 ArcSDE 和 ArcIMS，另外还有桌面版的 ArcGIS desktop 及 ArcGIS 引擎。

（五）数据存储与备份

数据存储系统建设集中在数据保护、数据管理和数据访问三个方面，由磁盘阵列和存储管理软件这两部分组成。存储系统管理和服务为天津市地震系统的在线与离线数据提供存储平台，保证数据安全。

（六）统一数据交换平台

统一数据交换平台负责提供不同节点间的大容量、高速数据交换任务，是较为新型的数据平台业务。此次部署的统一数据交换平台，除完成本区域内数据交换任务外，还实现了与中国地震局信息网络中心的数据交换，从而实现了全网数据交换的工作模式。

三、应用服务

建立数据信息服务系统，提供数据信息共享服务、地震消息发布服务和多媒体、音视频传递服务。

（一）门户网站

采用清华同方开发的门户网站系统，建立了具有自助内容管理和发布、身份认证和权限控制、与 GIS 融合、全文检索等功能的天津市地震局信息门户，成为访问市地震局门户信息的统一入口。

（二）Web Service

专业数据封装 Web Service 软件是在中国数字地震观测网络项目信息服务系统应用软件总体

框架和各分项数据平台的基础上开发、建立，为实现全行业分布式专业数据和业务应用逻辑共享与服务奠定必要的基础。

（三）日志管理系统

日志管理软件系统的主要任务是对各种日志进行采集、存储与管理，包括系统日志、运行日志、观测日志、仪器维护日志等等。

（四）台站参数管理

部署了统一研发的全国台站参数管理系统，可实现对台站设备、参数等数据的统一管理，方便记录台站设备参数变更信息，实现监控数据更好的管理与应用。

（五）协同工作平台

部署了 V2 Conference 5 协同工作平台。该协同工作平台具有白板／文档协作功能、应用程序共享功能、网络文件管理功能、电子投票和表决功能、议程安排功能和高质量的音视频效果。

（六）VoIP 系统

在天津市地震系统部署 VoIP 系统，市地震局机关、8 个地震台站、18 个区县地震办公室进入全国地震系统 IP 电话系统。

（七）地震信息显示与消息通告系统

部署了统一研发的地震信息显示与消息通告系统，用于系统内部信息进行消息分类与定制，实现即时通信，使地震信息更快更好地在行业内部获得应用。

（八）地震综合信息获取上报系统

部署统一研发的地震综合信息获取上报系统，提供了通过网络、电话和手机短信等手段及时快速上报汇集地震前兆、震时、震后信息的途径。

四、网络安全系统

采用防火墙、入侵检测系统、防病毒墙和网络防病毒软件等措施，对网络安全进行保护与管理。

（一）网络防病毒系统

建有两套网络版防病毒系统，分别对应终端用户和各种服务器。终端用户防病毒程序采用瑞星公司企业版网络防病毒系统，服务器使用趋势公司网络版服务器防病毒系统。基于防病毒系统本身安全性的考虑，对服务器和用户计算机建立分离的、不同厂商的防病毒系统。在某一种防病毒系统遭到破坏时，可将影响范围缩小到各自的应用领域，避免全网遭受攻击的可能性。

（二）系统漏洞修补系统

市地震局计算机数量约 200 台（含二级节点的计算机），80%为 Windows 平台。为对已经证实的系统漏洞进行统一、快速、安全修补，将因操作系统漏洞导致的安全问题减少到最低程度，设置 Windows 系统补丁升级服务器 WSUS。

（三）网络防病毒过滤网关

根据行业网建设的统一要求，在 Internet 线路接口上配置硬件防病毒过滤网关系统，负责对进出 Internet 数据及邮件系统进行过滤。

（四）防火墙系统

在市地震台网中心 512K 帧中继线路上部署一台专用防火墙，用以防止从行业网发起的对本中心的各种非法访问；在天津市防震减灾中心 Internet 线路出口上部署 Internet 防火墙；在地震应急指挥技术系统网络平台和台网中心网络平台之间，将布置一台专用防火墙，实现其他系统对应急指挥技术系统的限制性访问。

（五）入侵检测系统（IDS）

建立入侵检测系统，主要用于检测系统内部的攻击行为，如内部计算机用户对于服务器或其他计算机的攻击行为，或植入木马的系统对其他系统发起的攻击行业等。

五、机房建设

（一）网络中心机房

地震信息网络中心机房位于天津市防震减灾大楼三楼（河西区友谊路 19 号），建筑面积 320 平方米。机房地面采用抗静电三防板活动地板，规格 600×600×38 毫米，铺设高度为 20 厘米。机房安装不锈钢饰面框架全玻璃隔断墙，门窗采用无框玻璃门和防火板窗帘盒挂竖窗帘。机房供电采用一路 30 千伏安，两路 10 千伏安 UPS。线路全部用铜芯线穿铁制线槽敷设，以达到电磁屏蔽，减少对计算机信号的干扰。在大楼基建时，采用 25 平方毫米铜线将信息服务部机房地线连接到大楼的总等电位接地点。机房内镀锌钢管、金属软管、金属接线盒外壳等均进行了可靠接地。中心机房采用机房专用空调，安装感烟、感温探测器，配置自动气体灭火系统和二氧化碳火灾触发式干粉灭火器。

（二）台站、地震办公室信息节点机房

各信息节点机房采用全钢防静电活动地板，地板安装高度 20 厘米，并安装防静电地板专用踢脚线，安装防尘塑钢窗。区（县）地震办公室信息节点配备在线 UPS，断电后可持续供电约 40—60 分钟；台站信息节点配备在线 UPS，断电后可持续供电 1 小时。各信息节点均配有二氧化碳灭火器。

第六节　“十一五”地震信息服务系统完善与建设

2008—2011 年，实施地震信息服务系统完善与建设项目，在“十五”地震信息网络建设的基础上，对信息服务系统进行完善与提升改造。进一步扩大 MPLS VPN 网络系统的应用范围；重点加强网络中心安全系统的建设，全面提升信息网络的安全能力；对核心交换系统进行升级，实现对 IPv6 网络系统的支持；同时建立 EMC 网络存储系统，通过 SAN 和 iSCSI 实现近地与远程数据备份；建立滨海地震台信息网络中心。

该项目源自天津市发展与改革委员会《关于天津市“十一五”地震安全基础工程项目实施方案的批复及下达该项目2008年固定资产投资计划的通知》（津发改投资〔2008〕757号），由市发展与改革委员会、市财政局和滨海新区共同投资。其中，市地震信息网络中心专业设备260台套，总投资213.0万元；滨海地震台网络中心总建筑面积为60平方米，专业设备35台套，总投资216.0万元。

2008年3月至5月完成建设现场勘察，主要内容为机房位置、电力、安全等条件以及信息节点所在地的通信条件等；2009年1月至2010年8月，完成市地震信息网络中心系统节点设备的安装调试；2009年1月至2010年3月，完成滨海地震台网络中心系统节点设备的安装调试；2010年9月1日至11月30日市地震信息网络中心建设进入试运行；2010年4月1日至6月30日滨海地震台网络中心建设进入试运行；2011年4月13日“十一五”地震信息服务系统完善与建设项目通过专家验收。

一、扩展 MPLS VPN 网络范围

在“十五”MPLS VPN区域网络系统基础上，新增12个接入节点，实现了由4个分组的，包括54个节点组建成的MPLS VPN通信网。MPLS VPN通信网共采用58条10M或100M光纤互联实现高速通信，其中新建的滨海地震台网络系统通过100M线路与市地震信息网络中心独立互联，为网络中心与滨海地震台间数据高速交换共享提供保障。市地震信息服务系统MPLS VPN网络成为全国地震行业中第一个区域级高速网络系统。基于该网络，在各类常规信息服务的基础上，先后建成异地负载均衡网站、无人值守台站视频监控、全网即时通信等高速网络应用服务，为全国地震行业高速区域网络建设与应用提供了参考。

二、网络安全系统建设

网络中心在网络安全设计中采用硬件防火墙、入侵防御系统、漏洞扫描、网络防病毒、端点准入防御系统、网页防篡改、网络安全综合管理平台、SSL VPN等系统来增加网络的安全性，将网络中心划分为不同的安全域，分类保护不同的信息资源。

三、IPv6 系统建设

网络中心通过两台H3C 3040路由器与滨海地震台实现6to4的IPv6网络通信，构成天津地震信息服务系统中的IPv6网络系统。此系统通过网络中心的100M Internet出口，与中国地震台网中心实现6to4连接，接入行业IPv6测试网络，成为行业中第一家接入IPv6网络的省级单位。在此系统中，开展了WWW、DNS等应用测试服务，为后期IPv6网络的应用奠定基础。

四、存储系统建设

建立了功能较为完备的EMC网络存储系统，为测震、前兆、信息等系统提供了统一的数据存储空间，其中测震JOPENS系统的硬盘空间达到2TB，测震实时数据存储能力由3个月提升到10

个月，测震实时数据备份速度提高了 50%。

采用 iSCSI 技术，通过地震信息网络中心与滨海地震台之间的 100M MPLS VPN 光纤，实现网络中心与滨海地震台两地间的重要观测数据的实时互备。

五、滨海地震台网络中心建设

滨海地震台网络中心建设主要包括广域网、局域网与 Ipv6 网络、服务器群、存储备份系统、安全系统和机房基础环境等建设内容。

（一）广域网

在滨海地震台与天津市地震局间建立 100M 的行业网络通信线路，同时建立本地 10M Internet 出口，并预留其他通信出口。

（二）局域网与 IPv6 网络

局域网达到 100/1000M 通信能力。IPv6 网络采用双栈路由器，实现 IPv6 网络的基本应用。建成基于无线 AP 和无线接入控制器的无线接入网络。

（三）服务器群

建成基于服务器群的网络应用服务。

（四）存储备份系统

建成 IP—SAN 大容量存储系统，实现本地数据存储与备份，并作为天津市地震局的异地数据备份系统。

（五）安全系统

部署了防火墙、入侵检测、漏洞扫描等设备，构成与天津地震信息网络相统一的安全防护体系。

（六）机房环境建设

建设统一的核心机房，部署 UPS 电源、机房空调等系统。

六、网络应用与服务

天津地震信息网络为全市地震监测数据传输、信息共享和测震、强震、前兆、GNSS、地震应急等业务系统提供网络平台，提供 WWW、Email、FTP、NTP、VoIP、VOD、IM、VMWare 虚拟化、数据库、统一数据存储等通用或专用网络服务。

第六章　地震群测群防测报网络

地震群测群防测报网络（以下简称为“群测网络”）是专业地震监测台网的重要补充，在捕捉地震前兆异常中发挥出重要作用。

天津市地震群测群防测报网络建设始于1967年。1967年河间6.3级地震后，市防震办公室贯彻周恩来总理的指示，开始组织协调社会各方面的力量，建立了一批以观察井水水质、水位变化以及采取土办法（土地电、土地磁、土形变）开展地震前兆观测的群众测报点；建立了一批以动物园、牲口棚、养鱼池为主的地震前兆宏观测报点或观测哨。

天津市地震群测群防测报网络建设经历起步、整顿调整、优化改造和调整方向等四个阶段。其中起步、整顿调整阶段在1990年以前进行，其情况与事件已在《天津通志·地震志》中记叙。本续志续前记叙1990年以后的优化改造和调整方向两个阶段。

第一节　群测网络的优化改造

1990—1999年市地震局对群测网络进行优化改造，主要工作是对地下流体观测井网布局进行调整，并增加了"电磁扰动"、"井水水温"以及"土壤溢出气"等新的观测手段。

一、优化调整地下流体动态观测井网

1990年，根据天津市地震观测台网调整优化方案，对天津市地下流体观测网进行调整，适当压缩规模，将30眼井压缩到20眼井，并初步形成天津市第三代地下流体动态观测井网。第三代地下流体动态观测井网技术特点是：（1）观测技术系统实现数字化，消除了由于人为参与带来的各种偶然误差和传递误差，提高了观测数据的真实性和可靠性；（2）观测数据处理、存储和应用实现微机化，便于异常信息的实时跟踪；（3）观测数据资料实现共享，观测资料的社会价值得到显著提高。

二、增加新观测手段

1991年，为增强天津市地震短临前兆监测能力，津南区和塘沽区地震办公室增上电磁扰动观测，与宝坻县已有电磁扰动观测形成由三个观测点组成的电磁扰动观测网络。宝坻县口东观测站和塘沽区邓善沽观测站采用由测震仪改制的DJ—1型电磁辐射测量仪；津南区东张庄观测站采用南京产DPJ—3型电磁辐射观测仪。

1992年，市地震局群防处牵头，津南区、塘沽区、宝坻县参加，与廊坊地区地震办公室电磁波室建立业务联系，通过资料交换、经验交流，积极探索电磁扰动预报地震的方法。

1996年，宁河、静海和西青等区县分别在宁河地震办公室井、独流井和炒米店井采用西安产的TD96型温度检测仪开展水温观测。

1999年根据震情短临跟踪工作的需要，蓟县、宝坻、武清、汉沽地震办公室开展了土壤溢出气——二氧化碳（CO_2）观测。

三、优化改造群测网络

1994—1995 年，市地震局群防处组织实施“天津市地方地震监测系统建设专项”，对地方地震监测系统进行优化改造。1994 年完成一期工程：新建 2 个水位观测井，维修改造 9 个水位观测井房，改造 2 个水氡观测站；更新 5 台水位观测仪和 1 台 CPR—98 型鹦鹉监测仪；为 3 个电磁波观测站配备了稳压电源和电瓶。1995 年完成二期工程：维修改造 6 个水位观测井房、更新 2 台水位观测仪；改善 1 个动物宏观观测站（津南）、3 个电磁扰动观测站、2 个水氡观测室的工作环境（大港、蓟县）；建成由 3 口井（宁河地震办公室井、静海独流井和西青炒米店井）组成的地温观测网；为 3 个区县地震办公室配备了微型计算机。

四、培训群测网络业余测报业务技术骨干

1993 年，市地震局举办群测群防观测人员技术培训班，天津市群测系统的 5 个水氡观测点、3 个电磁波观测站的观测人员参加，邀请国家地震局分析预报中心、廊坊地区地震局以及天津市地震局等单位的专家授课。1994 年，市地震局群防处和局综合观测中心联合举办地下流体观测技术培训研讨班。

第二节　地震宏观观测网络建设

温家宝在2000年全国防震减灾工作会议上的报告指出“认真研究新形势下如何开展地震群测群防工作，进一步发挥群测群防在防震减灾尤其是在地震短期和临震预报中的作用”。为贯彻落实全国防震减灾工作会议精神，天津市群测网络建设在前段优化改造的基础上，调整方向，进入以地震宏观观测为主要内容的建设阶段，重点加强包括动物宏观观测网和地下流体观测网的地震宏观观测网建设。

一、动物宏观观测网建设

2000—2010 年的十余年间，在津南区动物观测站、市动物园、北宁公园、海河公园为骨干的动物宏观观测网基础上，从优化动物宏观观测网布局入手，采取编写培训教材开展业余测报员业务培训、为动物宏观观测点（哨）授牌、制发《地震宏观异常填报表》等措施，加强了动物宏观观测点（哨）的建设与管理，动物宏观观测点（哨）得到了发展。截止到 2008 年年底，全市动物宏观网观测点达到 185 个。

全市动物宏观网观测点分布统计表

表 2-6-1-15

序号	区 县	宏观观测点	序号	区 县	宏观观测点
1	塘沽区	22	7	津南区	10
2	汉沽区	5	8	武清区	10
3	大港区	10	9	宝坻区	24
4	东丽区	2	10	蓟县	52
5	西青区	7	11	宁河县	4
6	北辰区	21	12	静海县	18

2000 年，动物宏观观测点（哨）总数达到 150 余个。每个动物宏观观测点（哨）有 1—2 名固定观测人员，各观测点（哨）有明确的职责任务、确定的通信联络方式和信息上报程序。

2005 年，为及时捕捉地震前兆信息，各区县普遍加强了对宏观测报网的管理。其中，津南区地震办公室对全区动物宏观观测点（哨）业余测报人员进行业务培训，为考核合格者颁发了证书。

2007 年，各区县地震办公室进一步完善了动物宏观观测网的点位布局，落实了观测人员，开展了业务培训，规范了观测和异常报告程序。其中，塘沽区地震办公室以“一定的观测规模、固定的观测场地、固定的观测人员和确定的通信联络方式”为主要内容，进一步强化了宏观观测网的建设；武清区地震办公室组织召开群测点工作会议，总结、部署工作和交流经验，推动了全区地震监测工作的开展；静海县地震办公室以提高“三网一员”队伍素质和工作能力为目的，组织召开了“三网一员”队伍建设经验交流会；北辰区地震办公室定期与各动物宏观观测点（哨）进行信息沟通，了解是否存在异常情况；津南区地震办公室每月与各动物宏观观测点（哨）进行一次电话沟通。

2008 年 5 月 21 日，市地震局印发《关于继续做好“三网一员”建设的通知》（津震发〔2008〕53 号），要求各区县在已有工作基础上继续推动“三网一员”建设，进一步发挥群测群防在防震减灾工作中的重要作用。年内，各区县地震办公室认真贯彻落实市地震局《关于继续做好“三网一员”建设的通知》精神，进一步加强了动物宏观观测网的建设与管理。津南区地震办公室将区内部分养殖基地和养殖示范户列为宏观观测户纳入动物宏观观测网。宝坻区地震办公室对原有地震宏观观测网重新进行调整，调整后的动物宏观观测点（哨）为 24 个；制定了地震宏观监测周报制度和工作组联络制度；为动物宏观观测点（哨）统一授牌、颁发聘书，对观测员进行集中培训并向观测员发放了年度通讯补贴费。武清区地震办公室在全区每个村街、居委会普遍建立了宏观观测点（哨），并加大了地震宏观异常信息收集与上报工作的管理。蓟县地震办公室完成动物宏观网布局的优化与调整，宏观观测点（哨）由 2006 年的 46 个，增加到 52 个。蓟县地震办公室举办防震减灾“三网一员”培训班，邀请市地震局有关部门负责人讲授了“三网一员”主要任务和工作职责、地震宏观异常搜集与报送、防震减灾科普宣传等课程。

2009 年 8 月 18 日，市地震局举办识别宏观异常培训班，对来自全市 18 个区县地震办公室、各区县部分宏观观测点的 40 余名有关人员进行了培训。

2009 年，北辰区地震办公室认真加强动物宏观观测点（哨）的管理，做到经常化、制度化，每季度对各观测点（哨）进行一次巡视。北辰区地震办公室为增强动物宏观观测点（哨）观测员的荣誉感和责任感，为各动物宏观观察哨授牌。

2010 年，蓟县地震办公室进一步完善动物宏观观测网，覆盖到全县 26 个乡（镇）900 多个行政村，各观测哨（点）均达到观测场所、观测对象、联系人、联系电话四固定的基本条件。2010 年 7 月 28 日，宝坻区地震办公室对“三网一员”进行业务培训。年内，宝坻区地震办公室按时向各动物宏观观测哨（点）发放了年度通讯补贴费。

二、地下流体观测网建设

地下流体观测（水位、压力、温度、水氡等）是适宜群测群防业余测报队伍开展的观测手段之一。由于自然老化以及环境干扰等原因，致使地下流体观测网面临着井孔淤（漏）、观测仪器陈旧老化、观测室（井房）年久失修等突出问题。2001—2010 年的十年间，有关地震办公室根据实际情况淘汰、关停了一些水位观测井，重新勘选新建了一批水位观测点，并根据数字化、网络化的发展要求，完成了部分井孔观测技术系统的升级改造，使地下流体观测井网在调整中得到巩固和发展。

2001 年，大港区地震办公室完成上古林 1 号井、2 号井基础设施及观测技术系统的升级改造。升级改造后，大港区地震办公室上古林 1 号井、2 号井在 2002 年全市地震观测资料评比中，分别获得无线传输水位第一名和第三名。2001 年 8 月，津南区地震办公室在东张庄动物观测站院内新钻一眼水位观测井，井深 124.5 米。12 月安装了 SSC—4 型水位数字传输设备，从 2002 年 1 月起正式投入运行。2001 年 10 月，北辰区地震办公室在区人防办院内新打一眼水位观测井，井深 57.6 米，从 2002 年 4 月开始采用红旗—1 型水位观测仪进行观测。

2002 年，东丽区地震办公室完成位于天津市铁路信号厂院内西北角的信 4 井（井深 390 米）、信 5 井（井深 290 米）水位观测技术系统的数字化改造。

2003 年 6 月，汉沽区地震办公室投入 1.6 万元资金自筹资金，完成双桥 1 井、双桥 2 井井房的翻建和观测条件改造。是年 6—10 月，在天津船厂的大力支持下，塘沽区地震办公室完成天船井观测井房的翻建。

2004 年 9 月，北辰区地震办公室在 92 中学新扩建操场西南角新打一眼水位观测井，井深 58.3 米。从 10 月开始采用红旗—1 型水位仪进行水位观测。是年年内，蓟县地震办公室在距县城 20 千米的西龙虎峪乡西代甲选井建水位观测站，安装 LN3—A 型数字化水位仪，水位观测数据稳定性和内在精度较高可清晰记录到固体潮汐的变化。该水位观测站的建成，填补了天津市北部地区地下流体观测的空白。

2006 年 4 月至 9 月，武清地震办公室在扬村小世界公园内新打一口 600 米深流体观测井，9 月底投入观测。

2007 年 10 月，东丽区地震办公室完成东丽湖井新水位观测点建设，井深 400 多米，安装了 ZKGD3000G 型水位仪（北京中科光大自动化技术有限公司研制）。该井水位观测数据通过中国移动通信网络接入市地震局前兆台网中心。是年年内，北辰区辛侯庄井（井深 1780 米）开始进行水位观测。

2009年，西青区地震办公室自筹资金在下辛口村选址新打一口咸水层水位观测井，井深100米，安装了具备TCP/IP网络传输功能的SWY—1A型数字水位仪，以无线方式（CDMA）将观测数据汇集到市地震局前兆台网中心。是年年内，汉沽区地震办公室投资近万元完成数据接收中心机房改造，并为数据接收中心购置专用微机；经与中新生态城管委会和长芦汉沽盐场多次磋商与协调，为汉1井架设了专用桥梁，为双1、双2井铺设了专用道路。2009年6—7月，宁河地震办公室在潘庄中学新钻一眼100米深水位观测井，命名为潘庄新井，安装了具备TCP/IP网络传输功能的SWY—1A型数字水位仪，以无线方式（CDMA）将观测数据汇集到市地震局前兆台网中心。

2010 年 4 月，汉沽区地震办公室对汉 1 井观测技术系统采用 SWY—1A 型水位仪进行升级改造。是年 7 月，津南区东张庄井水位观测仪器升级为 SWY—1A 型水位仪（带 IP 地址的“十五”数字化仪器），新增水温观测项目（SZW—1A 型水温仪）。观测数据采取 CDMA 无线通信方式传送至市地震前兆台网中心进行汇集。津南区地震办与咸水沽镇政府、东张庄村委及供电营业所进行协商，最终投资 2.8 万元架设单独供电线路，解决了观测井房的用电问题。是年年内，蓟县地震办公室在邦均镇新选一口水位观测井（定名邦均井），安装了具备 TCP/IP 网络传输功能的 SWY—1A 型数字水位仪和 SZW—1A 型数字水温仪，以无线方式（CDMA）将观测数据汇集到市地震局前兆台网中心。

第七章　地震台站优化改造

天津市地震台站大多建于 20 世纪的 60—70 年代，到 20 世纪 80 年代末，各台站房舍破损严重，基础设施陈旧老化，已不能满足观测要求。因此，从九十年代初开始，国家和天津市相继设立工程项目，加大专项资金投入，逐步解决台站基础设施、观测环境和工作条件方面存在的突出问题，并对地震台站进行优化改造。

第一节　蓟县地震台优化改造

蓟县地震台始建于 1975 年，是以地壳形变综合观测为主的国家形变基本台，也是天津市唯一的基岩台。该台由位于蓟县县城东约 9 千米仓上屯村北的主台和小辛庄形变观测山洞、壕门 GNSS 基准站、桑梓流体观测井三个子台组成。

蓟县地震台（主台）在 1975 年初建时占地 21.8 亩，后因事业发展和观测环境保护的需要，于 2006 年在紧邻台站东侧新征山坡地 12.252 亩。1981 年根据开展洞体地壳形变观测的需要，经与北京军区协商并报请国家地震局批准，将位于台站东约 5 千米的小辛庄战备山洞辟为形变观测子台。1983 年底完成小辛庄形变观测山洞子台基建。1998 年 4 月根据中国地壳运动观测网络项目建设的需要，在台站东约 3.5 千米的壕门村坡子高地征地 4.4 亩，并于同年 8 月 6 日在此建成壕门 GNSS 基准站。2001 年 8 月，市地震局将位于蓟县桑梓乡的桑梓流体观测井划归蓟县地震台管理，作为无人值守的地下流体观测子台。

蓟县地震台自建立以来，不包括子台基建，蓟县地震台先后进行六次较大规模的优化改造与建设。

一、“333”专项

1991—1992 年执行《强化首都圈地震监测技术系统建设》专项工程（“333”专项），对小辛庄形变观测山洞、台站（主台）环境进行改造与治理。

（一）小辛庄形变观测山洞改造

在形变观测山洞内加装五道船舱密封门，解决气流对形变观测的干扰问题；在洞口重建观测室，将记录室、值班室和电源室分置，且加强了安全防范和通风等措施；修缮上山的道路。为解决小辛庄形变观测山洞密封不严问题，曾先后采取加装多道橡胶门帘、泡沫拉门等措施，效果均不理想。这次从塘沽拆船厂买来船舱密封门，在山洞内总共加装了五道，致使洞体气流稳定，观测质量大为提高，即使遇到 6—7 级大风的恶劣天气，水管倾斜仪记录曲线仍清晰平滑。该项成果在厦门召开的全国形变台站观测质量评比会上获得专家的一致好评，并获得推广应用。

（二）台站（主台）环境治理

对观测室及宿舍屋顶进行防水处理，解决房屋漏雨问题；新建锅炉房，安装了新购置的小型干熘反射常压供暖锅炉，台站供暖面积达到 170 平方米；改造和装修了会议室；整修院落和绿化环境等。

二、观测环境和工作条件改造工程

1998—2001 年，在“九五”市财政地震台站优化改造专项资金和“首都圈示范工程”项目的支持下，对台站观测环境和工作条件进行了一次较大规模的全面改造。

（一）新建综合观测室

1998年12月28日举行新建综合观测室工程奠基仪式，1999年7月工程竣工并投入使用。新建的综合观测室位于台站观测山洞的西侧，建筑面积230平方米，内设观测记录室、值班室、会商室、卫生间，观测记录室与观测山洞洞口房相连。该项工程由天津市城乡建筑设计院设计，天津市津阳建筑有限责任公司承建。

在新建综合观测室工程施工中，拆除了山洞西侧已出现严重开裂的石坝墙，用水泥浆重新进行砌筑；在新建观测室北侧因基础开挖形成的陡坎砌筑了高5米、长36米的石坝墙；在北山坡新建一座10立方米水塔解决新建观测室的供水；从台站配电室到观测室地埋90米铠装电缆，解决新建观测室供电。

（二）台站院落改造

1999年7月，在新建观测室门前空场修筑长约100米、高4米石坝墙，从院西北角取土回填压实，表层换好土。在正对观测室大门的坝墙处开4.5米豁口，建通向食堂及下排房斜坡长17米、垂直高约6米的台阶，台阶两侧砌石坝墙。1999年10月，在观测室西侧建30米长石坝墙，坝墙上建花墙。在中间部位开3米豁口，修9步台阶，建300 平方米停车场。2000年6月，修筑西侧上山道路，在原路基基础上铺一层碎石，路面打15厘米厚混凝土。

（三）供电、供水、避雷系统改造

将原来20千伏安变压器更换为30千伏安节能型变压器，将所有架空电线改为铠装电缆进行地埋。更换潜水泵，并重新铺设自来水管道。为做好对仪器、设备的防雷保护，在院内埋设了180平方米接地网，并与自来水管网焊连。经测定，接地电阻为0.8欧姆。

（四）小辛庄山洞避雷工程

经过对1991—2000年小辛庄山洞雷害资料的分析，表明该区域大多为感应雷害，仅有少数直击雷害。小辛庄山洞防止设备遭受雷击的关键是降低接地电阻，解决电荷快速泄放通道问题。为此，在距山洞观测室约250米处的山下果园建避雷接地网。在果树间的空隙，挖0.8米深沟，间隔1.5米砸入一根1.5米长63×63×6毫米角钢作为接地体，沟内撒入少量食盐作为降阻剂。接地体间用63×6毫米扁铁焊接成20米×20米的闭合网格。挖0.8米深沟，填加碳粉、食盐、石灰等配比的降阻剂，用扁铁做引线（作法同避雷接地网）将接地网延伸到山洞观测室和距接地网最近的电线杆处。为防止感应雷经架空线进入观测系统，用铠装电缆和铠装电话线缆分别将市电和电话线地埋后引入观测室。观测室屋顶用直径12毫米螺纹钢编钢筋网，屋顶北侧的东、西两端焊接直径8毫米镀锌圆钢引到地面，接入避雷地网。沿观测室内墙焊一圈镀锌扁铁作接地母线。所有仪器设备的接地线与接地母线相接。

（五）桑梓井观测室改造

2001年8月，对桑梓井进行了室内供电线路的改造，安装了封闭的铝合金隔断。增上水位仪、地热仪，安装电话、数据采集和传输设备，将该台建设成为无人值守的地下流体观测台。

三、综合观测室扩建及山洞洞口改造工程

2004—2005 年，实施综合观测室扩建及山洞洞口改造工程，接建综合观测室二层、解决观测山洞洞口漏雨以及在洞口房顶建观景平台。

（一）综合观测室扩建工程

随着台站观测仪器的增多，现有观测室已不能满足需要。鉴于观测室的基础是按二层进行设计的，故决定在原单层结构基础上采用轻体结构接建二层。2004 年 8 月开始办理接建二层的设计及相关手续。经天津市房屋安全鉴定设计院鉴定，认为符合接建二楼标准，同时要求二层房间隔断及屋顶、地面须选用轻型建筑材料。该工程由天津市滨海设计院设计，河北省魏县第四建筑工程有限公司承建。2004 年 11 月 16 日施工队伍进场，2005 年 9 月完工，10 月 6 日通过验收并交付使用。该工程的实施，有效地提高了台站综合观测楼的使用功能，满足了“十五”技术系统建设的需要。

（二）解决台站观测山洞洞口漏雨

为解决台站内观测山洞的漏雨问题，对山洞上方长 21 米、宽 6 米的区域做了防雨处理。挖取山土 50 厘米，浇注厚 15 厘米混凝土，作 SBS 防水，复原地表覆盖。同时清整周边场地，使雨水能自由排放，保证洞顶周边不存水。在山洞洞口引房房顶修建 108 平方米观景平台。

四、优化改造工程

2006—2007 年，实施 2006 年度全国重点地震监测台站优化改造项目——蓟县地震台优化改造工程。该工程包括台站用房改造、变压器增容、道路和台站环境整治以及办公设备购置等。2006 年 5 月初完成实施方案的编制和前期准备，中国地震局监测预报司和发展与规划司于同年 6 月批准蓟县地震台优化改造方案。2007 年 4 月 19 日工程竣工。该项工程总投资 96 万元（其中：国家投资 90 万元，地方财政配套资金 6 万元）。

（一）台站用房改造

为满足科研与教学实习基地建设的需要，对中间排宿舍加建卫生间和欧式走廊；前排房、中间排房、厨房及配电室屋顶平改坡，加装彩钢屋顶总共 650 平方米；改造综合观测室锅炉房和新建 3 平方米煤棚。

（二）电源变压器增容

随着事业发展，原有的 30 千伏安变压器已不能满足需要。根据现实需要和长远发展，将 30 千伏安变压器增容为 100 千伏安变压器。此项工程由天津市蓟县光源电力有限公司委托蓟县城关镇电业所于 2007 年 1 月 25 日完成。

（三）道路和台站环境整治

台站连接邦喜公路的出行道路原为砂石路，经雨水多年冲刷，路面早已坑洼不平。为解决台

站出行难问题，在县乡路办的支持下，将砂石路改造为混凝土乡村公路。该工程于10月末完成。改造后的道路全长800米，路基宽5米、混凝土路面宽4米、混凝土厚度大于20厘米。改造中，新建台站围墙250延米，改建旧围墙延310米，合计560延米。硬化了台站院内道路和地面。

（四）办公家具、设备购置

购置了办公桌椅、床、衣架、沙发、窗帘、电视、洗衣机、电热壶等办公家具及用品。

五、“十五”数字地震观测网络项目配套工程

2007—2009年，作为“十五”数字地震观测网络项目的配套工程，先后完成小辛庄形变观测山洞石英水平摆倾斜仪观测洞室改造、通信光缆架设以及避雷系统建设等。

（一）石英水平摆倾斜仪观测洞室改造工程

针对“SSQ—2I数字化石英水平摆倾斜仪”试验观测期间所使用洞室存在洞室渗水和水泥墩影响稳定性问题，决定另选耳洞进行改造。新选耳洞位于山洞进洞50米第二密封门里东侧，耳洞洞室进深8米、宽1.8米、高3米，室内干燥无渗水。

耳洞改造工程，首先用空压机破除原有水泥地面，向下开挖出平整山体岩石面；购置两块长1.6米、宽1米、高0.5米花岗岩石墩，利用倒链和滚杆运抵耳洞；把石墩安放在开凿出的岩石面上，利用水准尺找平，石墩与岩石面用500号水泥沙浆粘接，周圈设置隔震槽；在两个仪器墩（石墩）之间垒一道砖墙（中间开门），将耳洞分割成里外两个仪器室；在耳洞进出口处垒两道砖墙，墙面用水泥浇光，外侧墙安装船舱密封门，内侧墙安装塑钢门。

（二）架设小辛庄山洞光缆

委托网通公司为小辛庄山洞架设一条通信光缆。光纤未架前，小辛庄山洞与台站之间靠电话拨号传输数据，无法实现实时传输。光纤开通后，实现与主台和天津地震台网中心间的数据通信和实时监控。

（三）避雷系统建设

2009年3月18日，蓟县地震台作为中国地震局监测司组织的前兆仪器防雷系统安装试点，广州徕信电子科技有限公司技术人员来台站安装避雷系统。蓟县地震台主台用电系统实行三级防雷：台站配电室安装一级防雷装置，观测室配电箱安装二级防雷装置，各供电设备安装防雷插座。公共数采、测震仪安装信号防雷器。小辛庄山洞子台电源配电箱安装一级避雷装置，各仪器使用防雷插座进行二级防雷，水管仪、伸缩仪、垂直摆、石英摆安装信号防雷器，公共数采做电话避雷处理。

六、观测山洞开凿工程

1978年9月，台站建设初期在院内建成一座观测山洞，山洞进深70米、宽2米、高2.5米，洞内设三个耳洞。洞顶覆盖厚度约20米，洞内常温16摄氏度左右，年温差3摄氏度左右，湿度60%（雨季可达85%）。曾安装金属摆倾斜仪、目视水管仪等仪器开展形变观测。由于山洞进深较

浅，覆盖层较薄，洞内年温差较大，不适合高精度形变仪器观测。1984年，形变观测项目迁址到距台站5千米的小辛庄山洞。经过多年观测，发现小辛庄山洞也存在众多不足之处：周边为重落雷区，雷害损失严重，防雷工作难度大；山洞位于山体的边缘，洞体稳定性较差；山洞周边抽水井对应变和地倾斜观测干扰较大；洞体存在漏风漏水现象，洞内气压对形变观测的干扰无法避免，雨季洞内湿度达100%；山洞离台站较远，给管理维护带来很大不便；洞内用于安装观测仪器的耳洞较少，不利于长远发展等。基于以上原因，“十一五”期间在“天津市地震安全工程”中安排“蓟县地震台山洞开凿”分项工程，在蓟县地震台主台院内老山洞东侧30米处新开凿一座观测山洞。

新山洞设计总长约420米。其中：引洞长91米(主要为增加洞顶覆盖层厚度及岩石的完整性)；主洞长127米，在洞体两侧分别开凿10个用于安放测震、重力以及形变摆式仪器的耳洞；支洞长150米，呈直角三角形展布（两条直角边边长均为50米，天文方位为正南北向和正东西向，用于安放长条型形变观测仪器；为减少气流对形变观测的影响，斜边仅凿进50米，末端未与另一直角边形成闭合）；主洞中耳洞10个（其中：深6米、宽3米、高2.8米的耳洞2个，深5米、宽3米、高2.8米的耳洞8个）。引洞、主洞被覆后的尺寸为宽1.8米、高2.2米；支洞被覆后的尺寸为宽2米、高2.2米；耳洞被覆后的尺寸为宽3米、高2. 4米。支洞（主观测区）洞顶覆盖厚度约80米。

2008年5月，天津市地震局委托河北省地球物理勘察院对蓟县地震台拟建山洞周边环境进行岩土工程勘察、水文地质勘察、工程测量、工程物探。2008年6月，委托天津市环保局对现场进行环境评价。2008年8月，天津市发展和改革委员会批准形变观测山洞开凿工程立项（津发改委投资〔2008〕543号）。2008年12月，项目实施组完成蓟县地震台山洞建设初步设计。2009年4月，委托天津市人防建筑科研设计院完成山洞开凿工程设计。2009年4—5月在洞口开凿钻孔应变井1口(兼作地质勘探井)，井深90米，孔径0至50米φ219mm，51米至90米φ130mm。2009年，蓟县规划局批准下达建设工程规划许可证。2009年11月26日，天津市通达建设工程招标代理服务有限公司面向社会公开招标，天津城建隧道股份有限公司中标。2010年1月18日，完成开工许可证办理工作。2010年5月6日工程正式开工。

第二节 宝坻地震台优化改造与搬迁重建

宝坻地震台位于宝坻区城西2千米处，占地17亩，是以“地电、地磁、流体”观测为主的综合性地震台，也是天津地区唯一的国家基准地震台。宝坻地震台由原石油部第三普查大队705队于1968年负责选址、征地和筹建，1971年移交河北省地震队，1974年划归天津市地震队。1979年根据增上重力观测项目的需要，并购了紧邻台站东院南侧原宝坻县科委所有的约2400平方米土地及地面建筑；随后，新建了两间地下仪器室、三间重力观测室和三间地电观测室。2001年由中国地震局分析预报中心管理的位于武清区高村的高村流体观测井划归宝坻地震台，作为远端地下流体子台。2006年王3、王4地下流体观测井划归宝坻地震台管理。2008年台站整体搬迁至宝坻区方家庄镇老鸦台村南。台站新址占地面积30亩。

宝坻地震台自建立以来，曾先后进行了三次较大规模的优化改造和一次整体搬迁。

一、"333"专项

1991—1992年，执行"333"专项，按照防尘、防潮、绝缘、保温、整洁、美观等要求，完成地电、地磁、地温、重力观测记录室改造；完成东院外宾接待室改造（增建后走廊、装修会客室、改建带卫生间客房、改建冲水卫生间、安装土暖气和太阳能淋浴设备）；完成地电观测外线路维护；购置一辆雁牌双排座货车，解决台站交通工具。

二、首都圈示范工程项目

1999—2001年，在"首都圈示范工程"项目实施中增建值班室、锅炉房、卫生间、厨房等公用设施，改造围墙及大门口，维修台站房屋。对高村井井房进行了改造和维修，开通程控电话。对包括地电外线路在内的地电阻率观测技术系统进行了较彻底的改造，改变了多年来影响观测系统的设备陈旧老化、技术落后、故障率高、抵御气象干扰能力差等问题。新外线路投入运行以来，经历了雨季的考验，证明方案设计合理，施工质量较高。经过数次例行检查，各项指标均达到观测规范技术要求。

三、台站优化改造工程

2005年实施2005年度全国重点地震监测台站优化改造项目——宝坻地震台优化改造工程。该工程包括西院改造和东院改造两部分。2005年5月初完成实施方案编制和前期准备，同年6月中国地震局监测预报司和发展与规划司批准该台优化改造方案，6月中旬进行工程招标，6月28日施工队伍进场，同年9月29日工程竣工。工程总投资45万元。

（一）西院部分

按照将西院辟为封闭观测区的思路，完成了对地磁观测室的改造和综合观测井房的维修，整修院落、围墙和路面。地磁观测室改造中，拆除了原观测墩及基础，在新浇的无磁性混凝土基础上安装整体大理石观测墩，室内铺设大理石地面；屋顶铺设SBS防水层和加装加厚玻璃钢彩光瓦。经改造后，地磁观测室室内磁场梯度、墩体之间的距离等指标均得到显著改善，基本满足了观测技术规范的要求。观测井房经改造后，不仅满足了水位和地热观测项目对观测场地条件的要求，为"十五"期间在观测井房增设强震动观测提供了条件。

（二）东院部分

完成了对观测、办公和生活设施的改造，为王3井、王4井水化检测工作由张道口地震台调整到宝坻地震台，为"十五"项目地震信息节点建设，为台站观测技术系统的集成和实现集中监控提供了场地条件。完成了台站供电系统的改造，将原在西院房顶上的50千伏安变压器迁到东院，安装了配电箱，铺设了低压供电线路，消除了供电安全隐患。引自来水进入台站，并完成供水管网改造，根除了由于井水水质含氟过高，水塔和供水管路破旧等长期困扰台站职工生活的顽症，从根本上解决了台站饮水问题。同时，对台站的供暖和排水系统也进行了改造。

四、台站整体搬迁重建

2006年10月16日宝坻区人民政府致函市地震局（宝坻政函〔2006〕54号），提出将宝坻地震台整体迁出宝坻城区规划区，并根据《地震监测管理条例》等有关规定将在新台址的选址和搬迁费用上予以支持。市地震局与宝坻区人民政府经过多次协商，为保护地震观测环境，兼顾当地经济社会发展，并报中国地震局批准，同意将宝坻地震台进行整体搬迁。2007年11月初，市地震局在拟选新台址完成高密度电法测深、电测深勘测以及地磁梯度背景探测。2008年1月29日，市地震局与宝坻区政府就宝坻地震台新址及搬迁方案等事宜达成协议，并签署《宝坻地震台搬迁协议书》。市地震局局长赵国敏、副局长聂永安，宝坻区区长孙宝华、副区长孟宪昆出席签字仪式。新台址位于宝坻区方家庄镇老鸦台村南。2008年初完成新台址30亩土地的征用工作。2008年10月15日，市地震局成立宝坻地震台搬迁工作领导小组，领导小组下设实施组和技术组具体负责组织宝坻地震台新台址基建工程和搬迁。2008年10月18日，举行新台址基建工程奠基仪式，随即基建工程全面展开。

（一）台站围墙工程

新建围墙600延米。基础槽深0.6米、宽0.8米；用水泥砂浆砌筑毛石梯形基础，高出自然地面0.5米，基础底部宽0.8米，向上收至0.5米；在毛石基础上砌24砖墙高2.5米，每隔5米砌37×50砖垛，墙体顶部抹水泥砂浆，插碎玻璃；在大门口砌门垛三个，规格为0.8米×0.8米，高出围墙0.3米，预留大门预埋铁，砌碑墙1座。该项工程于2008年10月26日开工，2009年3月竣工，由天津滨海联合市政工程有限公司承建。

（二）消防水塘及院内垫土工程

在台站院内开挖长62米、宽32米、深3.8米消防水塘，水面面积1860平方米，储水量1500—5000立方米。用开挖消防水塘取出的泥土，对台站院内及出入台站的道路进行垫高。院内东围墙向西60米范围以及大门外宽7米、长40米的道路整体垫高0.4米；院内其余部分整体垫高0.3米。该项工程于2008年12月开工，2009年3月竣工，由天津滨海联合市政工程有限公司承建。

（三）GNSS基准站建设工程

GNSS基准站基建工程包括新建观测室（内设1个GNSS观测墩和1个绝对重力观测墩）以及供电、避雷、通信等配套工程，天津市人防建筑科研设计院（乙级）完成施工图设计；天津新安建筑工程有限公司负责工程施工；北京震科监理有限公司进行工程监理。天津市中力防雷公司（甲级）负责防雷工程的设计与施工。

2008年10月27日完成墩基孔开挖和钢筋笼绑扎；10月28日进行GNSS观测墩和重力观测墩浇注；11月20日完成GNSS基准站观测室土建以及防雷接地网布设。观测室为框架结构，建筑面积26.14平方米，室内净高2.8米。2009年12月完成GNSS接收机及扼流圈天线等设备的安装与调试；2010年9月28日进入试运行；2011年6月23日通过工程竣工验收。

（四）综合观测办公楼建设工程

综合观测办公楼为框架结构，局部三层，建筑面积1148.06平方米。由黑龙江省第一水文地质工程勘察院进行地质勘察；天津市天友建筑设计有限公司设计；天津富凯建筑工程有限公司施工；天津环外建设监理有限公司监理。2010年5月8日举行综合观测办公楼建设工程开工仪式；2009年12月27日工程竣工；2010年12月27日通过工程竣工验收。

（五）地磁相对记录室、绝对观测室工程

地磁相对记录室采用玻璃钢管材建造。地下部分管材直径3.6米、长12米，内设3个大理石观测墩。地下部分管材水平于地面埋设深度约7米，设有垂直于地面的上下通道，上下通道直径1.2米、长3米。该工程由天津滨海天联集团有限公司承建，于2010年11月17日开工，2011年6月25日竣工。

绝对观测室建筑面积48.85平方米，采用石灰石毛石、实木木材和碳纤维筋等材料建造。建筑方式为毛石垒砌加内外保温、上下圈梁、四角加柱、木质坡屋顶挂弱磁陶瓦和塑钢门窗。绝对观测室内设3个大理石观测墩。该项工程于2011年4月22日，2011年6月29日竣工。设计方为天津筑赫建筑设计有限公司，施工方为天津市求实建筑工程有限公司。

（六）测震、流体观测井钻井工程

天津地热勘察开发设计院在台站院内先后完成测震、流体两口观测井的钻井工程。测震观测井于2011年7月4日开钻，8月7日终孔。成井终孔深度150米，终孔套管直径146毫米×5毫米的无缝钢管。井管最下端为8米长的无磁性材料（壁厚4.5毫米的不锈钢无缝管）；井管底部进行密封焊接，并进行≥1米的水泥封底。成井后井管露出地面≥1.5米，并做好井口保护装置。流体观测井于2011年8月8日开钻，9月26日终孔。成井终孔深度523米，131.7米以上孔套管直径273毫米×6毫米，131.7米以下孔套管直径146毫米×5毫米。

（七）地电外线路架设工程

2012年2月13日至4月13日，天津市盛景建筑工程有限公司承建地电外线路架设工程。以中心点（北纬39°41′55.30″，东经117°23′20.30″）为圆心，半径600米围成的区域为地电布极区，中心点至台站综合观测办公楼地电观测室的直线距离约900米。地电阻率观测采取对称四极布极方式，南北、东西供电极距1000米，测量极距200米。板状双供电极埋设，深电极埋深3.5米，浅电极埋深3米，测量极埋深3米。大地电场观测采取“L”型布极方式，南北、东西长极距400米，短极距200米。筒状电极埋设，埋深10米。外线路采用架空方式，架设高度8米。

第三节 静海地震台优化改造与规划重建

静海地震台位于静海县梁头镇小李庄村，距市区约 50 千米，始建于 1976 年，是以电磁综合观测为主，辅以地下流体观测的国家地磁基准台。台站初建时占地 17 亩，后因台站发展建设需要 1995 年征地 8 亩、1999 年征地 20 亩，台站面积扩大达到 45 亩。2006 年，因 FHD 准绝对观测室距台站西围墙较近，以租借方式租用台站西侧 7.5 亩土地作为观测环境保护用地。2007 年，因地磁实验室距台站南围墙较近，以租借方式租用台站南侧墙外 13.3 亩土地作为观测环境保护用地。

静海地震台自建立至今，经历了四次较大规模的优化改造与建设。

一、“333”专项

1991—1992 年执行“333”专项，新建一间 10 平方米洗像室；购置发电机解决了磁照图因停电不能及时烘干的问题，既保证了磁照图的质量，又确保观测数据的及时处理；新建花墙 95 延米，铺设甬道 200 平方米，修缮油漆门窗，安装土暖气；购置一辆东风牌后三轮货运摩托车，解决台站交通问题。

二、整体规划重建

1999—2001 年为把静海地震台建设成为国内一流的国家地磁基准台，在“九五”市财政地震台站优化改造专项资金和“首都圈示范工程”的支持下，对台站进行规划重建。1999 年 7 月完成静海地震台重建规划和改造方案；1999 年底完成征地任务，台站面积达到 45 亩；2000 年 9 月 8 日举行静海地震台改造工程开工仪式；2001 年底完成各项改造与建设任务。

（一）布局方案

根据观测仪器配置和观测工作需要，新建地磁绝对观测室、相对记录室、准绝对观测室、电器室、比测亭等五个地磁观测用房和集工作、科研和生活于一体的办公楼一座。采用工作生活区（S 区）与观测区（G 区）分离的设计方案，既充分利用了有限的土地资源，又保证了工作生活用房与各观测室之间的保护距离。绝对观测是整个台站的总标准，置于 G 区东北角，既可最大限度减小由于 S 区人员活动造成的干扰，又有利于与设于围墙以外的方位标志通视。相对记录室位于各观测单元的中部，环境得到最好的保护。电器室位于各观测单元的西南，既顾及它与各观测室的技术距离，又离 S 区最近，方便工作。

（二）新建绝对观测室

绝对观测室上下圈梁和构造柱由复合碳纤维筋混凝土建造，与墙基分离的连体观测墩基础由杜拉纤维和玻璃纤维混凝土构成，墙体由精加工石灰岩条石和石英砂水泥砂浆砌筑而成；室内设置 6 个整体大理石观测墩，所有观测墩与比测亭以及全部方位标志均具备良好的通视条件，北面三个观测墩全部能观测到北极星。

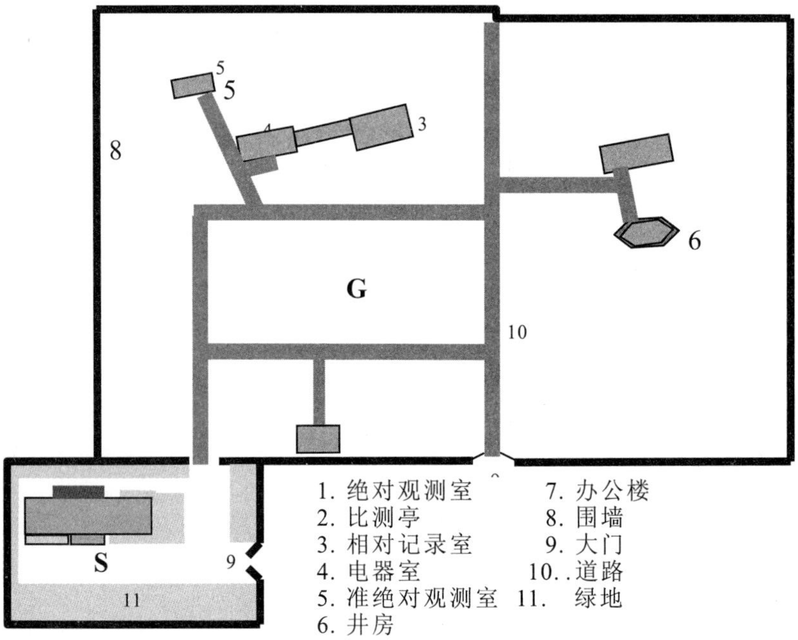

图 2-7-3-32 静海地震台总体布局图

（三）新建相对记录室

相对记录室的设计能力为安装 2 套模拟记录磁变仪和 4 套数字记录磁力仪或安装 8 套数字记录磁力仪。

相对记录室采用全地下混凝土结构。鉴于碳纤维筋混凝土具有抗拉强度大、重量轻、耐腐蚀、无磁性以及价格低廉等特点，同时又可避免铜筋产生的屏蔽和电磁感应问题，故在地下壳体结构建造上采用碳纤维筋替代铜筋。

地磁相对记录室设四个相互独立的房间，既可满足模拟记录（光记录）的避光要求，又可减小房间跨度，降低工程造价。记录室与电器室之间建有 25 米长的地下甬道，甬道入口至每个单体房间共设五道密封门，便于防尘和保温。所有墩基均与建筑体基础分离，其间隔缝隙由塑性防水材料密封。

（四）改建准绝对观测室

利用台站原有的地磁房改造成准绝对观测室。

（五）新建比测亭和方位标志

在比测亭内建 40 厘米 × 40 厘米 × 100 厘米大理石观测墩，可直接观测北极星和所有方位标志杆，可与绝对地磁观测室南排及北排两个观测墩直接通视。

在绝对观测室东面 500 米、300 米和南面 400 米、200 米处各建造一个方位标志杆，考虑到标志使用的长久性和连续性，每个标志杆的顶端安装一个铜标杆，铜标杆下面的杆壁上，面向观测室方向安装两个搪瓷标志牌，一个观测，一个备用。

（六）新建电器室

电器室通过 25 米长的甬道与相对记录室相连，具有保温、防潮功能；为了防御雨水灌入，室内地面（建筑 ±0）高于室外自然地面 0.7 米，进入地下室以前，设有两道木制门，双层木制门窗；埋设完全由铜材制作的接地网；设有完善的避雷系统；设有供电、通讯电缆铺设通道。

（七）新建综合观测楼

综合观测楼是台站观测数据采集处理中心，也是台站工作、科研、生活的场所。2001 年 4 月 18 日静海地震台新建办公楼通过验收。

（八）总体评价

重新建造地磁绝对观测室、相对地下记录室、综合观测楼等，各类房屋建筑面积总和为 907 平方米。新建的地磁绝对观测室、地磁相对记录室等各类建筑的各项观测技术指标均达到国家地磁基本台的要求，为上马数字化仪器设备，为观测方式由模拟记录转变为数字化记录奠定了良好基础。台站的水、电、暖等基础设施亦有了较大的改善，工作生活条件得到了进一步的提高。

经过重新规划建设，台站内所有建筑物之间的相互距离均优于《规范》要求；所有地磁观测室室内磁场梯度均符合《规范》要求。

重建前后观测区各项技术指标对照表

表 2-7-3-16

项　目	重建前	重建后	规范指标
台站总面积	25 亩	45 亩	
绝对磁房建筑面积	42 平方米	120 平方米	
绝对观测仪器墩	3 个	6 个	4 个
绝对磁房水平磁场梯度	>100nT/m	<1nT/m	<1nT/m
绝对磁房观测墩梯度	>84.1nT/m	<1nT/m	<1nT/m
能观测北极星的观测墩个数	0 个	3 个	1 个
能观测方位标志的观测墩个数	1 个	6 个	4 个
方位标志到磁房距离	150 米	500 米	500 米
墩体基础	分体	连体	连体
墩体材质	水泥墩	大理石礅 $<1\times10^{-6}$CGSM	$<1\times10^{-6}$CGSM
相对记录室面积	70 平方米	160 平方米	
相对纪录仪器墩	2 个	8 个	2—4 个
相对记录室日温差（最大）	0.3℃	<0.　03℃	<0.3℃
相对记录室年温差	30℃	4℃	10℃
相对记录室记录墩梯度	40 nT/m	< 1nT/m	< 1nT/m
相对记录室水平磁场梯度	100 nT/m	< 1nT/m	< 1nT/m
准绝对观测室水平磁场梯度		< 1nT/m	< 1nT/m
比测亭水平梯度		< 1nT/m	< 1nT/m

三、“十五”数字地震观测网络项目配套工程

在“十五”数字地震观测网络项目实施中，完成 FHD 地磁观测室改造、N—MT 测量场地建设、避雷接地工程等配套工程。

（一）FHD 地磁观测室改造

2004 年 11 月，为适应高精度仪器观测的需要，对 70 年代所建地磁观测室进行改造。拆除室内原有观测墩等设施，在室内中心位置新建 0.5 米 × 0.5 米 × 1.5 米观测墩，墩四周与室内地面留有 0.05 米宽的隔震槽。观测墩为混凝土浇筑，磁化率小于 $4\pi \times 10^{-8}$（1×10^{-5}CGSM）。改造的地磁观测室经检验，室内 F 水平梯度和垂直梯度，均不大于 1.5nT/m，达到观测规范要求。

（二）N—MT 测量场地建设

2007 年 1 月，完成 N—MT 测量场地外线路架设和测量电极埋设。N—MT 测量场地外线路南北方向采用租用电信部门电话线路，测量极距 2.6 千米；东西方向为自架测量线路，测量极距 2.4 千米。在自架的测量线路中，中间的 1.5 千米租用了电话局的线杆，两端的 1.5 千米为自架线杆。测量电极选用廊坊市物探局生产的不极化电极。电极埋深 3 米，电极常年处于水饱和层位。电极引线采用塑料套管保护。

（三）避雷工程

2007 年 3 月，委托天津市中力防雷技术有限公司完成避雷工程。电源避雷方面，220 伏市电经由 20 米地埋铠装电缆引入监控室，并在市电引入端加装避雷系统模块；台站监控室 UPS 电源前端串联接入 CPB—M2030SG 多级集成避雷箱。仪器避雷方面，采取与监控室内其他仪器采用“等电位接地法”接地，共用同一避雷地网。经实地检测，避雷接地电阻为 1.76 欧姆。

四、台站优化改造工程

2007—2008 年，实施 2007 年度全国重点地震监测台站优化改造项目——静海地震台优化改造工程。2007 年 3 月完成实施方案编制和前期准备；4 月中国地震局监测预报司和发展与规划司批准静海地震台优化改造方案。改造内容为新建地磁实验室以及台站环境整治等。工程总投资 92 万元（其中：国家投资 70 万元，地方配套资金 22 万元）。

（一）新建 220 平方米地磁实验室

该工程从 2007 年 5 月中旬开始勘查、设计和无磁性建筑材料选材；8 月中旬进行工程招标；9 月 30 日施工队伍进场。由于工程特用水泥采购受阻等不可预见因素，工程延期至 2008 年 7 月 15 日竣工。

新建成的地磁实验室采用小跨度、多单元设计，既降低了工程造价，又有效避免了各实验仪器相互间的干扰；以玄武岩复合纤维筋混凝土为框架，镶嵌无磁性植物纤维建筑板墙和屋面板，既无磁又节能环保。经测试，地磁实验室内部地磁场水平梯度和垂直梯度均小于 1nT/m，是国内规模最大，性能最好的地磁实验室之一，将为地磁学科的发展提供重要的技术支撑。

（二）环境整治工程

台站环境整治工程包括改造围墙 220 延米和改建大门一座，2007 年 6 月 25 日开工，9 月 15

日竣工。

第四节　张道口地震台优化改造

张道口地震台位于西青区大寺镇门道口村北，占地 9.5 亩，是国家地下流体观测基本台。

1975 年 2 月海城地震后，为加强京、津、唐地区的震情监视工作，国务院决定由石油部支援天津钻凿三口地震专用观测井，其中一口位于西青区门道口村北。1975 年 4 月开钻，8 月成井。井深 1406.13 米、水温 84 摄氏度、日流量 2000 立方米（自流），压力 3 个大气压。从 1976 年初开始，采用 γ 自动测氡仪进行现场观测。1977 年开始台站基建。1978 年 2 月，市地震局水化实验室从局机关搬至张道口（门道口村北）。1981 年建第二幢化验室（110 平方米）；1982 年在原化验室北侧扩建 150 平方米，用作会议室、自记观测室和加热间；1983 年续建标准源地下室、危险品库房和储油库等。

1982 年宝坻区周良庄乡尹家铺村王 3 井、王 4 井（均为石油部报废井）纳入张道口地震台管理。征地 1.5 亩，为王 3 井、王 4 井各建一座水塔和井房，并安装采油树。从 1983 年 4 月 1 日开始每日将水样以铁路快件方式运抵天津，在张道口地震台进行检测。1987 年，重建王 3 井、王 4 井水塔，并对围墙及房屋进行维修。

1991—2010 年，张道口地震台及王 3 井、王 4 井前后经历了三次较大规模的改造与建设。

一、“333”专项

1991—1992 年执行“333”专项，针对热水井（自流井）已出现流量逐年减少的趋势，为延续观测期限，保证热水处于自流状态，对热水井水塔进行改造。新建了一座高 4 米、底面积 3.25 平方米的蓄水池，保证热水直接流入新建蓄水池。为提高热水的利用率，利用抽水泵，将蓄水池内热水压到原 10 米高水塔；安装水位控制器自动控制蓄水池水位；对供水管路进行相应改造，解决台站生活及冬季利用热水采暖问题。同时，完成观测室改造、吃水井洗泵及水塔维修以及台站庭院绿化等。1992 年 12 月 19 日，张道口地震台水化观测井断流。1993 年后采取抽水方法恢复水化观测（水氡、水汞、水质、电导）。后因数据不稳定，无法为分析预报所采用，故于 1996 年 4 月 20 日停止抽水观测。

二、地下流体综合观测技术改造

1996 年 6 月，《张道口地震台地下流体综合观测技术改造方案》经国家地震局和市地震局有关专家论证，列入“九五”计划。从 1996 年 6 月开始进行水位、水温试验观测，1997 年 1 月 1 日转为正式观测。同年台站引进了自来水，安装了茶炉式采暖锅炉，解决了台站长期饮用咸水的问题。

三、"九五"及首都圈项目配套工程

1998年5月至2001年10月拆除旧观测室290平方米，新建综合观测楼560平方米；对院内后排平房及配电室等进行改造；拆除旧围墙重建新围墙；拆除标准源地下室、危险品库、传达室、浴室等6处旧建筑物。2000年10月至2001年4月对王3井、王4井进行改造，拆除旧观测室和围墙，新建王3井92 平方米观测室和25延米围墙；新建王4井33 平方米观测室和15延米围墙。该工程由天津市斯瑞建筑设计所设计，宝坻县第一建筑工程公司负责承建。根据王3、王4井的实际情况，设计、加工了两套脱气装置，每套由脱气罐和冷凝器组成，采用2毫米厚不锈钢用亚弧焊接制成，脱气罐体积为0.07立方米。经过"首都圈防震减灾示范区系统工程"的改造与建设，形成了以张道口为主台，以王3井、王4井为子台，开展地下流体综合观测的格局。张道口—1井增上逸出氡、地热、水位观测；张道口—2井新上地热、水位观测，地热探头放置与热水井（张道口—1井）相一致的—168米处；王3井、王4井新上逸出氡、逸出汞观测（2006年4月，王3井、王4井的管理与观测工作调整到宝坻地震台）。

第五节　塘沽地震台优化改造

塘沽地震台位于塘沽四道桥，东距渤海约12千米，占地17.5亩。该台于1969年7月开始筹建，1970年6月完成观测记录室、办公室以及生活用房建设，是以"地电、地磁"观测为主的区域地震台站。

塘沽地震台自建立至2010年，经历了三次较大规模的优化改造。

一、"333"专项

1991—1992年，执行"333"专项对台站进行改造。改造前台站一直沿用建台初期使用的水泥柱挂铁丝的简易围墙，改造中采取台站职工自己动手挖基础、自己组织进料、外包劳务的办法，用150延米的经费完成190延米的新建围墙任务。维修改造电法外线路，更新17根破损严重的电杆。翻修观测室危漏房顶250平方米。引进自来水，解决了台站吃水问题。购置一辆二手雁牌双排座货车。

二、首都圈示范工程项目

2000年10月至2001年5月，在"首都圈防震减灾示范区"工程实施过程中对台站观测环境、基础设施进行了较大规模的优化改造。增建后排观测室外走廊 60 平方米；改造地磁绝对观测室30平方米；修缮台站办公和附属用房；全面改造台站环境，基本实现了整齐、美化、适用的要求；新架设地电外线路，各项指标均达到《规范》要求。

三、“十一五”前兆仪器更新改造项目配套工程

在“十一五”天津市地震安全基础工程——“前兆仪器更新改造”分项目实施中，完成改造地磁绝对观测室和新钻咸水层流体观测井两项配套工程。

（一）咸水层流体观测井钻井工程

2009年6月完成台站咸水层流体观测井钻井工程，与潘庄新井、徐庄子台井、下辛口井等初步形成天津市新一代咸水层水位观测井网。新钻观测井井深100米，在井口处建用以保护井口、仪器探头和信号线井口构筑物。

（二）地磁绝对观测室改造工程

2010年完成地磁绝对观测室改造工程。拆除原有屋顶，安装木制人字梁、木屋板，铺设SBS防水卷材和无磁性建筑陶瓷瓦；拆除墙体至上窗口，在原墙体上采用玄武岩纤维筋现浇上圈梁；拆除室内原有地面，提升室内地面高度50厘米；地面以下回填深度不小于80厘米的无磁性石灰石石子；拆除原有观测墩及基础，安装无磁性大理石观测墩；采取室内墙体粘贴聚苯板、室内屋顶装双层聚苯板和安装双层木制窗等措施，提高观测室保温性能。实施中，对建筑材料及施工过程实行了严格的无磁控制。改造后，地磁绝对观测室室内磁场梯度降低一个数量级，达到规范要求。

第六节 青光地震台优化改造

青光地震台位于北辰区青光镇西，占地25.48亩。该台于1969年10月开始筹建，1970年11月完成观测记录室、办公室以及生活用房建设，是以“地电、地磁”观测为主的区域地震台站。

青光地震台自建立至今，经历了四次较大规模的优化改造与建设。

一、“333”专项

1991—1992年，实施“333”专项，台站院内修建了小花墙，铺设了679平方米砖路，绿化美化台站环境；对值班室和地电观测室进行了修缮和室内简单装修，安装了土暖气；对地电测量外线路进行改造，并配备发电机解决因停电漏测问题。

二、首都圈示范工程项目

2000年10月20日至2001年5月18日，在“首都圈”项目实施过程中，对台站观测环境、基础设施进行了较大规模的优化改造。主要内容包括：观测室、办公室内外装修，宿舍房屋门窗修缮；更换地电外线路电杆、瓷瓶、线缆，埋设避雷地网，埋设供电电缆；供暖、供电系统改造等。通过这次改造，台站观测和工作环境都大为改观，更新地电观测外线路后，彻底改变了观测数据受天气变化干扰以及长期以来测量线的漏电问题；观测室调换到会议室后，扩大了室内面积，

改变了原来仪器摆放拥挤的状况；新观测室加装空调，改双层窗，室内温度、湿度均达到观测技术规范要求。

三、“十一五”前兆仪器更新改造项目配套工程

2010年实施“十一五”天津市地震安全基础工程——“前兆仪器更新改造”分项目，对地磁绝对观测室进行改造。拆除原有屋顶，安装木制人字梁、木屋板，铺设SBS防水卷材和无磁性建筑陶瓷瓦；拆除墙体至上窗口，在原墙体上采用玄武岩纤维筋现浇上圈梁；拆除室内原有地面，提升室内地面高度50厘米；地面以下回填深度不小于80厘米的无磁性石灰石石子；拆除原有观测墩及基础，安装无磁性大理石观测墩；采取室内墙体粘贴聚苯板、室内屋顶装双层聚苯板和安装双层木制窗等措施，提高观测室保温性能。实施中，对观测室改造所采用的建筑材料及施工过程实行了严格的无磁性控制。改造后，地磁绝对观测室室内磁场梯度降低一个数量级，达到规范要求。

四、台站优化改造工程

2010—2011年，实施2010年度全国重点地震监测台站优化改造项目——青光地震台优化改造工程。该工程包括新建观测与办公平房，拆除危旧房屋；改造供水、供电、供暖系统；维修围墙、新建大门、硬化道路等。工程总投资80万元。2010年5月完成新建观测与办公平房工程施工图设计、工程招标、签订施工合同和委托监理；5月5日观测与办公平房开工建设，8月20日竣工；8月中旬至12月底完成危旧房屋拆除、围墙维修、大门重建和供水、供水、供热系统改造；2011年3月完成院内场地平整、路面硬化；3月18日，青光地震台优化改造项目通过竣工验收。

（一）观测与办公房改造

为了改善台站的观测和工作条件，在原台站办公室北面新建砖混结构，集观测、办公、生活功能于一体的台站观测与办公平房一幢，总建筑面积273.75平方米，内设台站信息节点机房、数据处理中心机房、观测室、办公室、会议室、配电室、厨房、餐厅、卫生间、锅炉房等。对台站院内东北角原有4间房屋（60平方米）进行整体改造，拆除原有屋顶，加建钢结构彩钢板房顶；在台站西北角新建30 平方米车库和库房。拆除了台站院内危旧平房440平方米。

（二）基础设施改造

铺设供电线路；安装节能节水储水罐设备一套；安装供热面积为300平方米锅炉一台。

（三）工作环境改造

重建围墙395延米，重建台站大门；院内办公区约600平方米路面全部铺设15厘米厚混凝土进行硬化；对台站局部环境进行绿化等。

第七节　徐庄子地震台优化改造

徐庄子地震台坐落在滨海新区徐庄子村南 350 米处，占地 16.2 亩。该台于 1969 年 5 月开始筹建，1969 年 10 月建成并投入地震监测，是天津市建立的第一个综合地震台，是以“地电、地磁”观测为主的区域地震台站。

徐庄子地震台自建成至今，经历了五次较大规模的优化改造。

一、“333”专项

1991—1992 年，实施“333”专项，对墙壁已严重泛碱的观测室进行大修；改造台站院落环境；购置一辆东风牌后三轮货运摩托车解决台站交通问题。

二、首都圈示范工程项目

2001 年实施首都圈项目，拆除重建台站观测室、仪器室 108 平方米，新建观测室 175 平方米；观测室配备空调，室内温度一般在 24 摄氏度、湿度在 60%左右；对地电外线路进行改造与维护；台站院内新凿井深 250 米测震钻孔，安装井下数字短周期地震计，并入天津数字地震台网。

三、“十五”新建地磁相对记录室

地磁相对观测室建设工程由吉林省吉规设计院设计、天津安固特建筑技术有限公司施工、北京震科监理公司监理。2007 年 1 月开始进行勘察设计，4 月 25 日开始施工，12 月 29 日工程竣工并通过验收。

地磁相对观测室为圆柱形的地下建筑，外径 4 米、内径 3 米，基底埋深—4.25 米，室内净高 2.1 米，顶部距地面 1.5 米。基底充填 60 厘米厚 2—4 分石子。在回填石子层上浇筑 15 厘米厚混凝土，铺两毡三油防水层预留向上做外墙体防水的接茬。在防水层上铺设碳纤维筋网，浇筑直径为 4.1 米、厚度为 30 厘米的圆形 C20 混凝土基础，在中心位置安放 30 厘米 × 30 厘米 × 120 厘米大理石仪器墩。在基础层上垒梯形无磁混凝土砌块，块与块之间用水泥砂浆黏结。在顶部排双层碳纤维筋，浇筑 35 厘米厚 C20 混凝土屋顶。施工中所采用的砂子、石子、水泥、白灰、碳纤维筋、玄武岩纤维布、SBS 防水材料等均经过无磁材料测试，实测所有建材磁性均小于 2NT。地磁相对观测室建成后，经实测自然日温差小于等于 0.3 摄氏度，年温差小于等于 10 摄氏度，符合《地磁台站建设规范》要求。

四、台站优化改造项目

2008 年实施 2008 年度全国重点地震监测台站优化改造项目——徐庄子地震台优化改造工程。该工程包括地磁绝对观测室改造、办公及生活用房改造以及台站环境改造等。工程总投资 60 万元。

2007年12月完成方案论证及施工图设计；2008年3月至6月进行地磁观测室选材，同期进行围墙与大门改造和危旧房屋拆除施工；2008年7月至8月进行办公室和地磁观测室工程招标；8月中旬至11月底完成工程土建施工；2008年12月竣工验收。

（一）地磁绝对观测室改造

鉴于“十五”项目实施中已新建地磁相对记录室，既有的地磁相对记录室虽已破旧，但其主体结构尚好，故决定将其改造为地磁绝对观测室。在改造中，拆除了原相对记录室中的房中房和观测墩；拆除重做屋顶防水、屋檐板、地面；新建两个整体大理石观测墩；室内回填无磁性石灰石石子，现浇无磁性混凝土垫层，铺设大理石地面；为满足磁偏角观测之需，加开了两个窗户；更换了旧有门窗，整修了外墙面。

（二）办公及生活用房改造

拆除台站院内北面所有危漏平房；在既有办公和生活用房基础上接建110平方米；在院内东北角新建一幢仓库房。

（三）台站环境改造

重建围墙395延米，重建台站大门一座；对台站院内路面进行硬化，对局部环境进行绿化等。

五、“十一五”前兆仪器更新改造项目配套工程

2009年6月，实施“十一五”天津市地震安全基础工程——“前兆仪器更新改造”分项目，新钻一眼井深100米咸水层流体观测井。井口建有保护井口、仪器探头和信号线的构筑物。

第八节 宁河地震台优化改造

宁河地震台位于宁河县大北涧沽乡大北涧沽村西，东距渤海湾约25千米—30千米，占地15.2亩。该台于1975年5月开始筹建，1976年基本建成，是以“地磁、地下流体”观测为主的区域地震台站。

宁河地震台自建成至2010年，经历了三次较大规模的优化改造。

一、“台站观测及办公平房”改造

2001年在首都圈示范工程项目的支持下，对“台站观测及办公平房”进行了改造。改造内容包括：接建外走廊60平方米，修补漏雨屋顶，更换双层窗户，改造供暖系统、改造厨房、改造卫生间等项内容。经过本次改造，台站观测及办公平房的整体面貌大为改观，由破旧灰暗变得整洁明亮。通过采取接建外走廊、更换双层窗户、安装供暖锅炉和暖气设备等措施，起到了很好的防尘、保暖效果。观测记录室加装空调后，室内温度、湿度均达到规范要求，仪器工作环境得到保

障；改造厨房、室内卫生间等，完善了台站的基本生活设施。

二、台站优化改造项目

2004—2005 年，实施 2004 年度全国重点地震监测台站优化改造项目——宁河地震台优化改造工程。该工程包括绝对磁房改造、新凿流体观测井、新建井房、低压供电系统改造和附属设施改造等。总投资 49 万元（其中：国家投资 40 万元、地方财政配套 9 万元）。2004 年 8 月中旬开始设计，9 月初进行工程招标，9 月 20 日施工队伍进场，2005 年 3 月 15 日工程竣工。2005 年 3 月 29 日，财政部专项资金项目绩效考评专家组从工程预算执行情况、工程质量、社会效益以及专项资金管理等方面对该项工程进行严格考核，取得 2004 年度全国重点地震监测台站优化改造项目绩效考核总分第二名。

（一）地磁绝对观测室翻建工程

拆除原观测室上窗口以上部分，拆除观测室内墙、观测墩、门窗等，挖除地面以下 80 厘米内回填土；重新做木结构坡屋顶，屋顶用两层聚苯板作保温处理；重新制做木质门窗，铺设大理石窗台、石灰石台阶；内墙和顶棚用 10 厘米厚聚苯板作保温层；以整体石材，建两个无磁性观测墩。翻建后的地磁观测室，无论地磁场水平梯度，还是保温性能均达到区域地磁台观测规范的技术要求。

宁河地震台地磁绝对观测室改造前后主要技术指标对比

表 2-7-8-17

技术内容	改造前参数	改造后参数	改善程度	规范标准
室内宽度	2.3 米	3.0 米	高 30%	3.0 米
墩体材料	混凝土浇筑	整体大理石	显著改善	
墩体中心至内墙距离	0.5 米	1.5 米	3 倍	1.5 米
相邻墩体间距	2.0 米	3.0 米	提高 50%	3.0 米
墩面磁场梯度	100nT/m	1.2nT/m	80 倍	5nT/m
室内磁场梯度	100nT/m	1.5nT/m	60 倍	5nT/m

（二）钻井和井房工程

新钻水位、地热综合观测井孔。井深 350 米；井材采用直径 146×5 毫米无缝钢管；在 300—350 米之间的含水层下滤水管；井斜不大于 4.5° 。新建 16.34 平方米井房，建筑高度 3.6 米，按Ⅷ度进行抗震设计。新建井房安装铁制防盗门，预埋信号线和电源线过路管道。

（三）低压供电系统改造工程

低压供电系统改造工程包括配电室、院内电缆埋设、室内供电线路改造等。电缆埋设深度不小于 80 厘米。

（四）台站环境及附属设施改造工程

采用 SBS 防水卷材，按国家有关操作规范，完成办公与生活用房的屋面防水；新建铁艺大门和 376 延米围墙；铺设宽 4 米、厚 20 厘米，从台站大门到办公室门前的混凝土道路；重建水塔及公共卫生间；拆除院内废弃建筑，做到场地平整、规则，排水通畅。

三、“十一五”前兆仪器更新改造项目配套工程

2010年实施“十一五”天津市地震安全基础工程——“前兆仪器更新改造”分项目，对地磁绝对观测室进行改造。拆除原有屋顶，安装木制人字梁、木屋板，铺设SBS防水卷材和无磁性建筑陶瓷瓦；拆除墙体至上窗口，在原墙体上采用玄武岩纤维筋现浇上圈梁；拆除室内原有地面，提升室内地面高度20厘米。实施中，所用建筑材料及施工过程严格实行无磁控制。

第九节　滨海地震台建设

滨海地震台（滨海地震监测预警中心）坐落天津市经济技术开发区第十三大街，位于泰达森林公园北麓，面对泰达大学城，占地面积2173.50平方米，建筑面积4531平方米。滨海地震台是以测震、强震、GNSS观测为主的综合地震台。滨海地震台除承担地震监视、预测预警任务外，还承担滨海地区的震灾预防、地震应急等公共服务与社会管理职能，是防震减灾三大体系功能较为齐全的综合性区域防震减灾中心。

2003年3月，市地震局致函滨海新区管委会提出与市经济技术开发区共同建立滨海地震监测预警中心建议，得到滨海新区管委会的呼应。2005年4月5日，市地震局与经济技术开发区举行签字仪式，决定共同建设天津市滨海地震监测预警中心。2007年滨海地震监测预警中心基建工程竣工并通过验收。2007年6月21日，中国地震局批准设立天津市地震局滨海地震台（中震发人〔2007〕68号）。

一、台站基建工程

2005年完成“天津市滨海地震监测预警中心”建设场址勘察、建设方案、施工设计。2006年3月18日举行基建工程奠基仪式。2006年底完成综合观测楼主体工程。2007年基建工程竣工并通过验收。该项工程由天津滨海建筑设计院设计、天津泰达工程管理咨询有限公司管理、中天建设咨询管理公司监理、中国地质工程集团公司天津分公司施工。

二、滨海GNSS基准站工程

“十五”期间，根据国家高技术产业发展重大科技基础建设项目——《中国大陆构造环境监测网络》工程建设总体规划，在滨海地震台兴建滨海GNSS基准站。站址位于滨海地震台西南约100米处（滨海新区第十三大街泰达森林公园内），2006年11月2日完成GNSS基准站站址勘选；2009年5月完成观测室土建工程；2009年12月完成GNSS接收机、气象仪、路由器、直流不间断电源、交流不间断电源等设备的安装与调试；2010年6月30日完成通信光纤接入和设备联调。

三、滨海地震信息网络中心建设

“十一五”期间，实施天津市地震安全基础工程——“天津市地震局滨海新区网络中心”分项工程。2008 年 3 月至 5 月，完成包括机房位置以及电力、安全、通信条件等内容的信息节点勘选报告。网络中心机房位于滨海地震台（滨海地震监测预警中心）大楼二层，建筑面积 60 平方米。2009 年 1 月至 2010 年 3 月，完成路由器、交换机、曙光服务器、存储系统、防火墙、入侵防御、应用控制网关、网络防毒墙等设备安装调试。2010 年 4 月开通两条（一组）100M MPLS VPN 光纤，实现与天津市地震局行业网互联；开通一条 10M Internet 光纤作为本地网络出口。2010 年 4 月 1 日至 6 月 30 日，滨海地震信息网络中心进行系统试运行。2011 年 4 月，通过工程竣工验收。滨海地震信息网络中心项目的建设完成，实现了滨海地震台办公环境的网络全覆盖，通过 100M MPLS VPN 专线高速接入全国地震行业网，形成高速宽带区域网络。良好的网络环境为环渤海虚拟数字地震台网、滨海地震预警中心应急指挥系统、GNSS 基准站、地震宣传教育科普基地提供了多类网络应用与数据存储服务。

四、地震应急指挥平台建设

“十一五”期间，实施天津市地震安全基础工程——“滨海地震应急指挥平台建设”分项工程，参照中国地震局一级区域抗震救灾指挥部技术系统建设要求，在滨海地震台（滨海地震监测预警中心）大楼负一层建立服务于滨海新区的地震应急指挥大厅及指挥技术系统。应急指挥大厅会议厅面积 196 平方米，控制室面积 37 平方米。2008 年 4 月完成项目可研报告；2008 年 8 月完成实施方案编制；2009 年 3 月完成施工设计；2010 年 3—12 月完成设备安装和系统调试；2010 年 12 月进入系统试运行；2011 年 4 月 13 日通过工程竣工验收。

第八章 地震监测管理

加强地震监测管理是确保台网运行和发挥台网效能的重要手段。地震监测管理主要涉及地震监测台网规划与建设、地震监测台网运行与管理以及地震监测设施和观测环境保护等方面。

地震监测台网建设规划是指导未来一段时间（五至十年或稍长）台网建设的大纲和蓝图，编制地震监测台网规划是防震减灾法赋予地震行政管理部门的一项重要职责。市地震局从 1980 年开始，分别编制了《天津地震观测区域台网布局方案》（简称“八〇布局方案”）、《天津市地震观测台网调整优化方案》（简称“九〇调优方案”）、《天津市地震监测预报方案（试行）》，对“十五”期间地震台网建设做出规划；2005 年编制完成《天津市防震减灾规划》，对“十一五”期间地震台网的建设与发展提出了思路和构想。

为获取连续、可靠的观测数据，市地震局以制度建设为中心加强台网运行管理，促进了地震观测质量的提高。1997 年，为有效抑制观测质量出现的下滑趋势，市地震局制定《关于加强台站观测工作质量管理的若干规定》并采取了一系列加强观测质量管理的措施。经过努力，1998—2010 年观测质量在全国统评中持续保持较高水平，为地震预测预报和地震科学研究工作提供了重要的支撑。

地震监测台网是获取地震及前兆信息的重要载体，地震监测设施和地震观测环境是保障台网运行的必要条件。为制止破坏地震监测设施的行为，确实保护地震观测环境免遭干扰，国务院于 1994 年、2004 年先后发布《地震监测设施和地震观测环境保护条例》（第 140 号令）和《地震监测管理条例》（第 409 号令）。以宣传贯彻上述两个条例为契机，市公安、规划、地震等部门加强沟通与协作，区县地震工作部门、地震台站以及有关方面密切配合，不断加大保护地震监测设施和地震观测环境的工作力度。“地震观测环境和监测设施受法律保护”意识不断得到增强，破坏地震监测设施和影响地震观测环境的情况得到有效遏制，保障了地震监测工作的正常开展。

第一节　地震监测台网建设规划

编制地震监测台网建设规划是不断适应和满足防震减灾事业发展需求，实现地震监测台网科学发展的重要基础环节。市地震局根据全国地震监测台网建设总体规划，结合天津市地震监测预报任务，前后四次编制和修订了地震监测台网建设规划。

一、1980 年地震观测区域台网布局方案

1980 年 6 月，国家地震局在全国范围内组织编制“全国地震观测台网的布局方案”。此项工作是在 1976 年唐山地震后全国震情形势趋于缓和的背景下提出的，是我国全面开展地震预报研究以来首次对地震监测台网现状、监测能力、效益及存在问题进行的一次全面、系统的调研和分析研究。市地震局根据国家地震局的部署，针对天津市地处华北平原地震带和位于地震重点监视防御区的特定情况，对原有台网进行了认真的清理，并按照“因地制宜、扬长避短、不强求一律”和“重点发展测震、地形变和地下流体（包括水氡、水化学、水动态等）观测，积极试验、探索新观测项目和手段”的要求，编制完成《天津地震观测区域台网布局方案》（简称“八〇布局方案”）。“八〇布局方案”服务期限为 1980—1990 年。

“八〇布局方案”规划要点：（1）鉴于大工业城市、地处华北平原、覆盖层厚等特定情况，测震“以井下测震为主，建立遥测地震台网，逐步替代人工值守测震台站组网观测方式”。（2）前兆以重点发展地下流体观测研究为主，“开展短临前兆映震较好的地下水位组网观测”。（3）以获取地震中短期前兆信息为目的，“开展重力、地磁、地电、形变等地球基本场的探索性实验观测工

作”。（4）在台站发展规划上，拟建立“一个综合台（宝坻综合台）、三个专业台（张道口水化台、静海地磁台、蓟县形变台）和若干一般台”。

二、1990 年地震观测台网调整优化方案

1989 年在我国大陆地震活动进入一个新活跃期的背景下，为提高重点地震监视防御区监测能力，调整优化台网布局，加强台站综合治理，推进监测系统的正规化、现代化建设，国家地震局组织开展“全国地震监测系统调整优化方案”的编制工作。根据国家地震局的部署，市地震局在完成天津市地震观测台网监测效能分析评估的基础上，于 1990 年年底编制完成《天津市地震观测台网调整优化方案》（简称“九〇调优方案”）。1990 年 12 月 10 日国家地震局以震发科〔1990〕495 号文件批准市地震局上报的“九〇调优方案”。

“九〇调优方案”规划要点：（1）加强地震遥测台网的建设，进一步提高地震速报和震后快速响应能力。把一条“天津—北京”邮电专线改为“天津—蓟县”，将蓟县地震台测震信号接入台网数据处理中心；在台网数据处理中心引进计算机实时检测定位处理系统；将现行的模拟观测技术逐步发展为数字观测技术。（2）高度重视渤海海域地震对天津市及首都圈东部地区的影响，做好渤海及其沿岸的地震监测工作。（3）继续保持地震前兆台网 4 个国家基本台和 4 个区域台的基本格局。（4）增加短临前兆观测测项，提高地震短临监测能力。改善蓟县地震台小辛庄山洞观测条件，研究解决山洞条形仪器的避雷问题，停测小辛庄山洞 SSY—Ⅱ伸缩仪观测；撤销青光地震台地磁相对观测，将 57 型磁变仪调整到静海地震台；改善静海地震台观测环境条件（新建磁房），完善地磁观测仪器的配套，在现在地磁二类台的基础上，达到一类台的标准；开展断层气动态测量；加强群测网点管理，更新观测仪器。（5）调整优化水动态观测台网，适当压缩规模，抓好重点井孔的遥测和综合观测。建立由双桥、汉 1、增 4、东台 4 个水位观测井组成的天津水动态遥测台网。（6）为地震台站增添微机和必要的无线通信设备，提高数据处理、数据报送和震后应急通信能力。（7）完善台站供电设施，解决个别台站（静海、塘沽、青光）饮用水水质差问题，解决台站职工住宅问题，增加职工教育技术培训经费，逐步改善和提高台站职工工作和生活条件。

三、“十五”地震台网建设规划

1999 年市地震局根据防震减灾法有关条款和中国地震局发布的《全国地震监测预报方案（试行）》，结合国家防震减灾十年目标和天津市防震减灾规划，编制完成《天津市地震监测预报方案（试行）》。该方案对“十五”期间天津市地震观测台网的建设与发展做出较全面的规划。

“十五”测震台网建设规划要点：（1）台网规划、设计和布局与首都圈防震减灾示范区系统工程总体设计相协调，台网运行实行独立管理和数据共享。（2）“九五”期间，建立数字地震观测系统和强震动观测系统，基本实现数字化。“十五”期间，在完善地震观测技术和自主开发能力的基础上，全面实现地震数据传输和处理现代化，使全市地震观测系统全面达到同期国际先进水平。（3）在“九五”期间完成模拟遥测地震台网数字化改造基础上，“十五”期间新建 10 个数字遥测

地震台（其中，宽频带数字地震台4个、渤海海域地震观测台2个），使天津数字遥测地震台网的观测台站由28个增加到38个。数字遥测地震台网的监控能力：天津市区的可监测震级下限达到M_L1.0级，天津其他地区达到M_L1.5级，震后5—10分钟做出参数准确的地震速报。（4）“十五”期间，强震动观测台由34个增加到160个（其中，增建自由场数字强震动观测台20个、增建烈度速报数字强震动观测台100个、新建场地影响观测台阵1个）。强震动观测台网的监控能力：对烈度为Ⅳ度以上的地震，10分钟内提供实用烈度分布速报。

“十五”前兆台网建设规划要点：（1）以8个综合地震台和19口地下流体观测井作为天津地震前兆观测系统的基本构成，进行综合化和数字化改造。各区县地震管理部门视条件和需要，布设2—3个以地下水位为主的观测点，以弥补观测台网的不足。（2）以宝坻地震台、静海地震台为骨干，以青光地震台、塘沽地震台、徐庄子地震台、宁河地震台为辅助，建设数字电磁观测网。宝坻地震台在现有电阻率、自然电位观测基础上，增设大地电场观测和定点大地电磁测深观测，全面实现数字化观测。10年内将宝坻地震台建成具有国际先进水平的地球物理综合台。静海地震台进行地磁观测环境改造，按照国家一类地磁台的标准配齐观测仪器，在地磁综合观测的基础上增设大地电场测量，实现电磁综合观测。5年内基本形成国家一类地磁台的观测规模。5—10年内全面实现青光、塘沽、徐庄子和宁河地震台电磁观测数字化改造，实现电磁观测数据的实时传输与实时分析处理。根据需要和可能，发展高精度磁通门磁力仪和绝对地磁场自动观测以及海底磁测与深井磁测技术。（3）地下流体观测网在现有19口观测井（深井10口、中深井5口、咸水井4口）共计38个测项的基础上，进一步调整井网布局，优先发展中深井和深井观测，重点加强对天津主要断裂的监视。（4）将蓟县地震台建成地壳形变多参数测量、观测技术先进的地壳形变综合台。5年内，增设重力固体潮观测，改造倾斜固体潮和应变固体潮本体并更换记录仪器；改造观测山洞的供电系统和解决观测山洞的避雷问题。5年内形变观测项目全部实现数字化和自动化，10年内实现遥测传输。

四、“十一五”地震台网建设思路与构想

2005年编制“十一五”天津市防震减灾规划过程中，市地震局认真贯彻全国防震减灾工作会议和全国地震台站工作会议精神，总结台网建设与管理方面的经验教训，根据天津市经济社会发展对防震减灾工作的新要求，跟踪地震观测技术发展前沿，提出“十一五”天津市地震观测台网建设的基本思路与构想。

“十一五”地震台网建设思路与构想要点：（1）通过资源整合与结构调整，进一步加强蓟县地震台、静海地震台和滨海地震台（滨海地震监测预警中心）观测环境改造和基础设施建设，增强综合功能和辐射能力，形成三个区域监测中心。以三大支点为基础，逐步实现以“重点台管理一般台”“有人台管理无人台”为特征的天津市地震观测网络。（2）把蓟县地震台建成以地倾斜、地应变、重力、GPS等地壳形变观测为主，兼有甚宽频带地震观测，具有综合和辐射功能的区域

监测中心。(3)把静海地震台建成以地磁观测为特色，进入国际交换，集地震监测、预报、科研于一体，具有综合和辐射功能的区域监测中心。(4)将滨海地震监测预警中心建成以经济技术开发区为中心，面向滨海新区，具备测震、强震动和多种前兆监测手段，集地震监测预报、震灾防御、应急指挥为一体的区域防震减灾中心，并为开展渤海海域地震观测提供技术支持和条件保障服务。(5)开展卫星遥感(RS)、GPS 等技术在地震监测预报方面的应用研究，推进地壳运动观测网络和深井综合观测系统建设，构筑立体化地震监测网络体系。(6)在“十五”渤海深井地震观测试验台建设的基础上，“十一五”期间在渤海建设 1—2 个海洋深井综合观测台站，推进渤海深井地震台的实用化建设，开展海域地震观测技术的应用研究。(7)依托“十五”期间建设的天津市地震高速行业信息网，与辽宁、河北、山东等省地震部门合作，应用 IP 数据传输技术，建立以海岸、海岛地震观测为主，辅以海洋深井观测的环渤海地震台网(虚拟台网)。

第二节　台网运行及观测质量管理

1978—1981 年国家地震局组织开展“以业务技术整顿为中心，以提高观测资料质量为重点”的地震台站业务整顿工作。市地震局认真执行观测规范和技术标准，积极推进地震监测台网的正规化、规范化和标准化建设，全面加强观测质量目标管理，台网观测质量得到大幅提升。1997 年市地震局制定《关于加强台站观测工作质量管理的若干规定》以及稍后采取的一系列以岗位责任制为核心的规章制度建设等举措，有效遏制了观测质量出现的滑坡。进入 21 世纪后，为适应数字化地震监测台网带来的新变化，着力加强数字化台网的运行管理，台网运行及观测质量总体水平继续保持全国地震系统的先进行列。

一、台网整顿及正规化建设

70 年代末至 80 年代中期是天津市地震监测台网建设的起步阶段。1978—1981 年，市地震局根据国家地震局的工作部署，针对地震台站基础工作薄弱、技术水平不高以及观测资料较差的状况，开展了“以业务技术整顿为中心、以提高观测资料质量为重点”的地震台站业务整顿工作。其间，组织各地震台站学习贯彻国家地震局《地震台站观测规范(试行)》等规定，建立起以岗位责任制为核心的各项规章制度。1979 年 6 月，在宝坻地震台(台站业务整顿工作试点)召开“贯彻《地震台站观测规范》，执行《地震台站工作质量检查暂行规定》现场会”。1979 年下半年，市地震局根据《地震台站观测规范(试行)》及有关规定，制定各观测手段检评标准，并按季度组织开展观测资料的质量检评工作。质量检评以台站互检互查为主，台管处(业务主管部门)负责审查并写出质量检评工作简报。简报对每个台站观测工作做出评价并对需要改进和提高的地方提出要求。1980 年“测震、地磁、地电和形变观测资料检评”采取现场检查方式进行。由台管处管理人员和台站同志联合组成评议小组，对各台站、各观测手段三个月的资料进行检查，并在检评期间举办小型观测资料展览和经验交流座谈会。

1980年市地震局制订《天津市地震局地震台站技术资料图纸检查、整理、总结、归档规定》。1980年10月28日，市地震局在“台站整顿验收工作安排意见”中强调：“继续深入贯彻《地震台站观测技术规范》，坚持按季度进行质量评比，在实践中不断充实完善质量考核标准，通过考核、评比、交流，推进台站观测质量的全面提高。”

1981年初市地震局举行第一次台站观测成果归档检评经验交流观摩会。

1982年5月11日制订《天津市地震局地震台站人员岗位职责》，对地震台台长、技术副台长、专业组组长、观测员的任务职责做出明确规定。

1982年5月11日制订《天津市地震局地震台站职工奖惩施行办法》。同年制定《台站观测资料质量评奖办法》对检评组织方式做出调整，由台管处负责组织，分析预报室负责具体检评。

1984年7月25日，市地震局修订《台站观测资料质量评奖办法》，提高了观测资料的质量标准，适当调整（提高）了奖金数额。

从1984年开始部分台站观测资料相继参加了由国家地震局各学科技术协调组组织的全国观测资料质量检查评比。宝坻地震台1983年重力在首次参加的全国重力台站观测资料评比中夺得头名。1984年7月，全国重力学科专家组在江苏无锡召开全国重力资料清理攻关阶段成果交流和重力台站工作研讨会。会上公布了在同一台计算机上，使用“中比合作”时的计算程序，对全国重力台站1981—1983年观测资料进行计算分析和精度评定的最终结果。结果显示：宝坻地震台重力观测自1983年正式报数以来连续率达到100%，观测精度检验小于1微伽的占93%，潮汐因子精度达到国际水平，创造了重力观测的最好纪录。1984年12月7日，市地震局授予宝坻地震台重力组“团结协作，勇于攻关”先进观测组的荣誉称号，并对有功人员予以嘉奖。

二、观测质量目标管理

1987年10月20—22日，市地震局在宝坻地震台召开“重点台站重点观测手段目标管理达标研讨会”，学习兰州地震研究所目标管理工作经验，对重点台站重点观测手段实行目标管理。会议传达了国家地震局转发的兰州地震研究所1987—1990年目标管理经验；各台站、手段负责人就加强岗位责任制建设、狠抓观测技术规范落实和开展观测质量捡评等工作进行交流；就重点台站重点观测手段1988—1990年奋斗目标、现有基础、存在差距以及工作措施进行研讨。会议初步确定1988—1990年观测质量目标：“宝坻台重力、张道口台水氡争取保持全国评比第一；宝坻台地电争取进入全国评比前三名；静海台争取进入全国地磁二类台优良行列；蓟县台水平摆倾斜仪争取进入全国基本台优秀行列；蓟县台水管倾斜仪、石英伸缩仪积极开展试验研究，尽力避免雷击，取得连续观测资料参加全国评比，力争优异成绩。”

实行目标管理促进了地震台站建设和观测质量的提高。张道口地震台水氡测项在1983—1987

年全国水氡观测质量评比中，连续五年取得第一名。该项成果荣获国家地震局 1989 年度科技进步奖一等奖。宝坻地震台重力测项在 1983—1988 年的 6 年间，除 1985 年经国家地震局批准对重力仪进行检修未参评外，其余 5 年均取得全国重力观测质量评比第一名。资料连续率平均达到 99.0% 以上，Nakai 检验精度和潮汐因子精度达到了国际同类仪器的先进水平。该项成果荣获国家地震局 1990 年度科技进步奖一等奖。宝坻地震台地电阻率测项在 1988—1992 年全国地电阻率观测质量检评中，连续五年取得前三名，其中：第一名一次（1992 年），第二名三次（1988 年、1989、1991）年，第三名一次（1990 年）。该项成果荣获国家地震局 1994 年度科学技术进步奖三等奖。宝坻地震台重力测项在 1989—1993 年全国重力观测质量评比中，连续五年取得前两名（1989 年第一名、1990—1993 年第二名），在为地球物理及地震前兆观测积累宝贵资料的同时也积累了一整套重力台站观测管理的经验和方法。该项成果荣获国家地震局 1995 年度科学技术进步奖二等奖。

三、贯彻执行“三级验收、检查和评比”制度

1992 年 4 月 1 日，国家地震局科技监测司《关于进一步加强学科专业技术管理及做好全国地震观测资料和分析预报工作评比改革试点工作的通知》（震科〔1992〕023 号）决定，地震观测资料评比工作实行基层台站、省级地震工作主管部门和国家地震工作主管部门三级地震观测资料验收、检查和评比办法。1993 年 5 月 19 日，国家地震局科技监测司印发《地震台站（台网）观测与工作质量省级评比办法》（震科〔1993〕035 号文），将地震观测资料评比工作主要交由省级地震主管部门。

根据国家地震局的部署，市地震局建立健全了以省级地震主管部门为主的三级观测质量检评制度。每年年初，地震台站（台网）各观测手段组按照观测资料归档要求，做好观测资料的清理和归档工作，并及时移交局资料室。归档的资料包括原始记录图纸、原始记录手簿、全年格值标定记录、观测数据日报表、值班日志、图纸、报表、观测报告等。按照《地震台站（台网）观测与工作质量省级评比办法》及检评标准，对上一年度本台站（台网）各学科手段观测资料的质量进行自检，于当年 2 月底前将自检结果和自检报告报市地震监测业务主管部门。未完成观测资料归档、自检成绩达不到良好以上或无自查报告的取消参加省级质量参评资格。

为做好年度地震观测资料验收、检查和评比工作，市地震局成立观测资料检评工作领导小组；聘请有关专家组成测震、电磁、形变、流体、信息等检查评比学科组负责质量的检评；主管地震监测工作职能部门负责检评工作的组织与协调。检评工作采取现场检评和会议集中检评两种方式进行。年度检评工作开始前，市地震局正式印发“通知”，公布参加年度检评的台站及测项、检评工作的程序、组织方式、时间进度及有关要求等事项。3 月中旬，各检评学科组完成本学科的检评工作，并及时向局检评工作领导小组提交检评工作报告（检评结果、存在的问题及改进措施、建议等）。3 月 20 日前，天津市地震局检评工作领导小组召开会议审定评比结果，并将检评结果上报中国地震局监测预报司，报送中国地震局各学科技术协调组。年度检评工作结束后，市地震

局正式发文公布年度观测质量的检评结果。

在年度检评基础上，市地震局从天津市评比获得优秀成绩的台站中推荐一名参加全国统评的预评。国家地震局各学科技术协调组对省级地震部门报送参加全国统评的台站，根据省级评比成绩及各学科技术管理组对台站资料质量定量统计成绩和平时掌握的台站运转状况等进行预评审，从中评选出优秀台站参加全国统评。国家地震局组织全国地震观测质量统评，设第一、二、三名和优秀等成绩。1995 年 6 月 13 日，国家地震局科技监测司《关于贯彻质量评比办法改革的通知》（震科〔1995〕036 号），在原有各学科单项评比的基础上，按学科增设台站（台网）综合评比。随着全国统评内容的拓展，1997 年国家地震局将“全国地震观测资料质量统评”更名为“全国地震监测预报工作质量统评”。

四、强化以岗位责任制为核心的观测质量管理

在 1996 年度全国质量统评中，天津市参评的 11 个测项全部进入优秀行列，但无一项进入全国前三名，引起了市地震局领导和各有关部门的高度警惕。1997 年 8 月 11 日，市地震局制定《关于加强台站观测工作质量管理的若干规定》。在制度建设方面，要求各地震台站进一步建立健全以岗位责任制为核心的各项规章制度。在目标管理方面，要求各手段组按年度制定观测工作目标，围绕目标制定措施，确保实现。在观测责任方面，要求观测人员进行自检和互检；台站和手段组进行月检；台站业务管理部门对台站贯彻执行“规范”进行指导，对观测质量进行检查。在奖惩机制方面，明确提出观测资料质量是衡量观测人员工作优劣的主要标准，对达到工作目标的台站给予奖励，对非客观原因未达标的台站进行通报批评；对全国统评前三名的台站和手段给予表彰或奖励，对连续三年以上取得全国统评第一名的手段在晋级、职称评定方面给予优先；对在观测工作中不负责任，出现责任事故的人员，给予批评教育和必要的经济处罚。

1997 年，张道口地震台在广泛征求意见的基础上，率先制定和补充完善 20 项规章制度。市地震局台站管理中心在地震台长工作会议上推广了张道口地震台的做法和经验。到 1998 年 2 月底，全局 8 个地震台站相继制定或补充完善了岗位责任制、操作规程及各项管理制度。市地震局台站管理中心将 8 个台站的规章制度进行整理后，编印成《台站管理规章制度汇编》。从 1998 年开始，台站观测工作质量纳入市地震局年度工作目标。《天津市地震局 1998 年工作要点》明确提出：“严格执行观测规范和质量评比制度，增强责任心，严把质量关，使观测资料质量上一个台阶，力争参加全国观测质量评比项目有 2—3 项进入全国先进行列”。《天津市地震局 1999 年工作要点》明确提出：“以提高观测质量为重点，加强台站建设与管理，采取切实可行的措施，在提高观测质量上狠下功夫，力争观测条件与观测质量上一个新台阶，实现‘保优、争三、拼一’的奋斗目标。”（注：保优，即保证参加全国统评测项全部达到优秀；争三，即争取有 3 个测项进入全国前三名；拼一，即在 3 个测项目标基础上再拼出 1 个测项进入全国先进行列。）

强化管理取得明显效果，既有效抑制了观测质量的滑坡，又促进了台网运行管理和观测质量的提高。在 1997 年度全国地震监测预报工作质量统评中，张道口地震台地热测项首次参评取得第三名。在 1998 年度全国地震监测预报工作质量统评中，张道口地震台 4 项进入前三（其中：地下流体学科综合第三名、水位第三名、水汞第二名、地热第二名）。1998 年全局 8 个专业地震台站共计 16 个主要测项全年观测连续率 99.8%，优秀率 99.5%。其中，12 个测项的连续率达到了 100%。

五、数字化台网运行管理

20 世纪末，随着“九五”防震减灾计划项目和“首都圈示范工程”的实施，天津市地震台网观测技术系统发生了从模拟观测到数字观测的根本性变化。为适应地震监测信息系统建设发展的要求，自 2001 年以来，市地震局加强了以数字化台网运行管理制度建设为龙头的数字化地震台网运行管理和观测质量管理。

（一）数字遥测地震台网运行管理制度建设

2003 年 2 月 26 日，根据中国地震局“关于印发《〈全国地震速报规定〉补充规定》的通知”（中震发测〔2003〕22 号）精神，修订和完善天津市《地震速报规程》和《上报市委、市政府地震紧急信息规程》。

2004 年 6 月 24 日，根据中国地震局新颁布的《中国地震局地震速报及地震参数发布规定》，修订了《天津市地震局地震速报及信息上报规程》，进一步明确了技术要求，理顺了工作流程。

2006 年，为作好地震速报及信息上报工作，根据《中国地震局地震速报及地震参数发布规定》和《天津市地震局地震速报及信息上报规程》，遥测地震台网中心组织开展岗位练兵，进一步理顺工作流程，明确技术要求，按照《首都圈地区地震数据产出与服务管理办法（试行）》明确的格式和技术约定，及时向国家地震台网中心报送地震日报和月报。

2007 年 6 月 4 日，根据中国地震局《地震速报及参数发布规定》（2007 年 4 月），修订天津市地震局地震速报规定。

2008 年 9 月 28 日，根据中国地震局《地震速报技术管理规定》，市地震局制定《地震速报技术管理规定实施细则》，对在全国速报数据交换平台（EQIM2.2 版本）上完成速报责任区内地震参数的测定与发布等做出明确规定。

2008 年 9 月 28 日，根据中国地震局《测震台网运行管理办法》，市地震局制定《天津市地震局测震台网运行管理办法实施细则》，对 31 个遥测地震台站和台网中心技术系统的管理与维护、地震速报、地震编目、地震数据管理等做出明确约定，保障了测震台网的正常运行，提高了运行质量和服务水平。

（二）数字地震前兆台网运行管理制度建设

2005 年 11 月 22 日，市地震局根据中国地震局《地震前兆台网运行管理规定（修订稿）》制定《天津市地震局地震前兆台网运行管理实施细则（试行）》。该细则明确，地震前兆台网中心负责前兆台站地震前兆数据的收集、整理、质量控制、入库及管理，负责向国家前兆台网中心、邻省前兆台网中心报送或交换观测数据，协助地震监测中心做好前兆台网运行状态监控维护及维修；地震台站和区县地震办公室按照新的技术约定和要求报送数据。

2006年为进一步规范地震前兆台网的运行管理，提高观测质量，地震监测中心和各台站认真学习中国地震局颁布的《地震前兆台网运行管理规定》，贯彻落实《天津市地震局地震前兆台网运行管理实施细则（试行）》。为加强地震前兆台站观测与数据质量管理，并结合天津市地震局实际制定了“地震前兆台站观测与数据质量检评办法（试行）”。根据中国地震局关于加强前兆台网运行管理及数据报送工作的总体要求，9月初在蓟县地震台举办“三网运行维护和地下流体观测数据报送”培训班。各台站和区县地震办公室均已按新的技术约定和要求报送数据。前兆台网中心还自行设计编制地下流体观测数据报送软件及台站日常数据报送格式软件，并通过数据库复制功能直接将前兆观测数据报送到国家地震前兆台网中心。

2008年9月28日，根据中国地震局《地震前兆台网运行管理办法》制定《天津市地震局前兆台网运行管理办法实施细则》，对地震前兆台站和地震前兆台网中心的职责任务以及观测质量控制等方面做出明确约定，保障地震前兆台网的正常运行，提高运行质量和服务水平。根据实施细则，前兆台网中心对蓟县台、宝坻台、青光台、张道口台、塘沽台、宁河台、静海台、徐庄子台8个有人职守台站施行综合评比。

2008年建立天津市地震前兆台网运行月报、年报制度。台网月报包括台网概况、台网运行、典型事件记录、其他问题等方面，产出台网观测数据目录（数据连续率、完整率）。台网年报包括台网概况、台网运行、质量监控、跟踪分析与典型事件、台网产出与服务、专题讨论、大事记等方面，系统梳理台网各项工作完成情况、存在问题及解决建议。

2009年开始编制前兆台网运行资料手册，包括“规章制度，台站平面图、测点分布图、仪器布设图、地磁场地图、地电场地图、洞体图、井孔图，中心技术系统设备拓扑图、区域台网拓扑图、区域台网空间分布图，观测仪器基础信息表，观测变更备案报告，仪器标定、校测年度汇总表，观测数据目录，应用软件登记表，仪器设备故障及维修记录表，观测数据归档清单，工作人员名单”等技术资料。

2010—2011年，市地震局根据中国地震局发布的《区域地震前兆台网运行管理技术要求》（中震测函〔2010〕173号）、《地震前兆台网运行管理评比办法》（中震测函〔2011〕35号）先后制定了《天津区域前兆台网中心与台站运行值班制度》、《天津区域前兆台网观测系统、技术系统管理与维护制度》、《天津区域前兆台网数据管理与服务制度》、《天津区域前兆台网数据产品产出制度》、《天津区域前兆台网登记与备案制度》和《天津区域前兆台网资料归档制度》等6项地震前兆台网运行管理制度。

（三）地震信息网络运行管理制度建设

2009年1月8日，市地震局为加强地震信息网络管理，规范地震信息网络建设与运行，根据中国地震局《地震信息网络管理暂行规定》，制定《天津市地震局地震信息网络管理细则》。该细则明确，应急救援处是地震信息网络的主管部门，信息中心是地震信息网络的运行管理部门，各区县地震办公室和地震台站负责管理运行所属地地震信息节点。

2009 年 3 月 10 日，市地震局根据中国地震局《地震信息网络运行管理办法》制定《天津市地震局地震信息网络运行工作细则》。该细则明确，信息中心负责天津市地震信息网络系统运行的技术管理，包括基础网络环境、局域网系统、广域网络系统、行业互联网络系统、二级节点网络系统、无线网络系统、网络服务系统、网络安全系统、网络故障处理、报告产出等。

2009 年 7 月 28 日，市地震局印发“关于开展区县地震办公室、地震台站信息网络节点运行试评比工作的通知”，建立信息网络节点运行试评比制度，对各信息节点运行维护工作实行检查评比。

2009 年建立《天津市地震信息网络运维年报》制度，主要记载一年来天津市地震信息网络的运行情况、重大故障处置、特色应用、年度工作和下年度工作计划等内容，系统总结各项工作的完成情况及存在的问题。2010 年 1 月发布《2009 年天津市地震信息网络运维年报》，2011 年 1 月发布《2010 年天津市地震信息网络运维年报》。

（四）数字化地震监测台网观测质量管理

为进一步做好在新技术系统下的观测资料统评工作，促进观测资料质量的提高，使我国的地震监测水平迈上新台阶，中国地震局在继续沿用模拟资料评比办法的基础上，制定并试行各学科数字化评比办法。根据中国地震局的部署市地震局监测业务主管部门认真组织台站（台网）观测技术人员学习、熟悉数字观测技术规范，做好数字地震观测系统的运行维护和数据产品的产出。在模拟和数字两套观测技术系统并行观测的过渡阶段，市地震局在组织省级年度观测资料质量检查评比中，明确要求“模拟和数字并行观测的台站将包括数据、曲线、手簿、报表等模拟和数字两套观测资料一并带到会上参评。”

2000—2010 年，市地震局所属台站（台网）在全国地震监测预报工作质量统评中，继续保持较高水平。张道口地震台 1997—2002 年地热观测连续 6 年取得前三名（1997 年第三名、1998—2000 年第二名、2001 年第三名、2002 年第二名）。该项成果荣获中国地震局 2004 年度防震减灾优秀成果三等奖。张道口地震台 1998—2004 年水位观测连续 7 年取得前三名（1998 年第三名、1999 年第二名、2000 年第三名、2001 年水位第一名、2002 年第二名、2003 年水位第三名、2004 年第二名）。该项成果荣获中国地震局 2006 年度防震减灾优秀成果三等奖。蓟县地震台 1999—2005 年重力潮汐观测连续 7 年获得全国第一名。1999—2003 年重力观测成果荣获中国地震局 2005 年度防震减灾优秀成果二等奖。蓟县地震台 2000—2005 年倾斜潮汐观测，除 2003 年为优秀外，其余 5 年均取得全国评比前三名。该项成果荣获中国地震局 2007 年度防震减灾优秀成果三等奖。静海地震台地磁观测 1997 年由及格进入全国地磁Ⅱ类台优良行列；1999 年进入全国地磁Ⅱ类台优秀行列；2000—2002 年因台站改造停测，未参加全国统评；2003—2005 年连续三年第二名；2006—2008 年连续三年第一名；2009—2010 年地磁秒采样连续两年第三名。

信息网络中心和前兆台网中心从 2009 年开始参加全国地震监测预报工作质量统评。2009 年市地震前兆台网中心首次参评，取得系统运行第一名；2010年取得系统运行和产出两个第一名。2010年市地震信息网络中心取得综合第三名、网络运行第二名和信息服务第三名。

六、天津地震观测台网观测质量成果统计

从1983年宝坻地震台重力、张道口地震台水氡观测资料参加国家地震局组织的全国观测资料质量检查评比开始，到2010年的28年间，市地震局总共取得全国前三名130项，其中：第一名33项、第二名33项、第三名64项。

天津市地震局参加全国监测预报工作质量统评取得前三名成果统计

表2-8-2-18

年度	前三名成果（项）				备注
	合计	第一名	第二名	第三名	
1983	2	2			宝坻台重力第一名；张道口台水氡第一名。
1984	2	2			宝坻台重力第一名；张道口台水氡第一名。
1985	1	1			张道口台水氡第一名。
1986	2	2			宝坻台重力第一名；张道口台水氡第一名。
1987	2	2			宝坻台重力第一名；张道口台水氡第一名。
1988	2	1		1	宝坻台重力第一名、地电第三名。
1989	2	1		1	宝坻台重力第一名、地电第三名。
1990	2		1	1	宝坻台重力第二名、地电第三名。
1991	2		2		宝坻台重力第二名、地电第二名。
1992	3	1	1	1	宝坻台地电第一名、重力第二名、地热第三名。
1993	2		2		宝坻台重力第二名、地热第二名。
1994	1			1	宝坻台重力第三名。
1995	2	1		1	宝坻台重力第一名、地热第三名。
1996	0				
1997	1			1	张道口台地热第三名。
1998	4		2	2	张道口台流体学科综合第三名、水位第三名、水汞第二名、地热第二名。
1999	6	2	4		蓟县台重力潮汐第一名；宝坻台地电第二名；张道口台流体学科综合第一名、水位第二名、地热第二名、水汞第二名。
2000	6	2	3	1	蓟县台重力潮汐第一名、倾斜潮汐第二名；张道口台流体学科综合第一名、水氡第二名、地热第二名、水位第三名。
2001	9	3	1	5	蓟县台重力潮汐第一名、倾斜潮汐第三名；宝坻台地电场第二名、地电阻率第三名；静海台地电场第三名；张道口台流体学科综合第一名、水位第一名、水氡第三名、地热第三名。
2002	11	2	3	6	蓟县台重力潮汐第一名、倾斜潮汐第三名；宝坻台地电场第一名、高村水位第三名；张道口台流体学科综合第二名、水氡第三名、水汞第三名、水位第二名、地热第二名；徐庄子台定点核旋第三名；市地震局主干通信网第三名。
2003	7	1	1	5	蓟县台重力潮汐第一名；宝坻台地电场第三名、高村水位第三名；静海台地磁Ⅱ类台第二名；张道口台流体学科综合第三名、水汞第三名、水位第三名。

续表 2-8-2-18

年度	前三名成果（项）				备　注
	合计	第一名	第二名	第三名	
2004	7	1	2	4	蓟县台形变学科综合第三名、重力潮汐第一名、倾斜潮汐第三名；静海台电磁学科综合第三名、地磁Ⅱ类台第二名；张道口台流体学科综合第三名、水位第二名。
2005	11	1	1	9	蓟县台重力潮汐第一名、倾斜潮汐第三名；宝坻台地电场第三名；静海台地磁Ⅱ类台第二名、定点核旋第三名；张道口台流体学科综合第三名、王 4 水汞第三名、地热第三名、王 4 气氡第三名；徐庄子台定点核旋第三名；市地震局主干通信网第三名。
2006	7	1	1	5	宝坻台流体学科综合第三名、王 4 水氡第三名、高村水位第三名、高村地热第三名；静海台电磁学科综合第二名、地磁Ⅱ类台第一名、地电场第三名。
2007	8	3	2	3	蓟县台重力潮汐第一名、倾斜潮汐第三名；宝坻台王 4 水氡第三名；静海台电磁学科综合第二名、地磁Ⅱ类台第一名、定点核旋第二名；测震台网Ⅱ类单位编目第一名；预报中心年度会商报告二类局第三名。
2008	9	1	4	4	蓟县台形变学科综合第三名、重力潮汐第三名；宝坻台流体学科综合第二名、宝坻台王 4 水氡第三名、高村水位第二名；静海台电磁学科综合第二名、地磁Ⅱ类台第一名、定点核旋第二名、地电场第三名。
2009	8	1	1	6	蓟县台倾斜潮汐第三名、重力潮汐第三名；宝坻台地电场第三名、水位第三名；静海台地磁基准第三名；张道口台水温第三名；徐庄子台地磁秒采样第二名；前兆台网中心系统运行第一名。
2010	11	2	2	7	蓟县台倾斜潮汐第三名；宝坻台流体学科综合第三名、水位第三名、高村水温第三名、台站信息节点第二名；静海台地磁秒采样第三名；前兆台网中心系统运行第一名、产出第一名；地震信息网络中心综合第三名、网络运行第二名、信息服务第三名。
总计	130	33	33	64	

第三节　地震观测环境保护

随着经济建设的迅猛发展和城市化进程的提速，原本地处偏僻的地震台站进入城镇边缘，甚至被城镇包围，影响地震观测的干扰随之而来，正常观测工作受到越来越严重的威胁。为确保地震监测台网的正常运行，天津市政府及其有关部门采取制定法规制度、宣传、依法监管等措施加强对地震监测设施和观测环境的保护，地震观测环境和监测设施受法律保护的意识得到增强，地震观测环境遭到破坏和影响的情况逐步好转。

一、制定法规、规章及规范性文件

天津市颁布保护地震监测设施和地震观测环境法规、规章和规范性文件主要有：

1. 天津市保护各种监测装置暂行规定

1985 年 1 月，天津市人民政府颁布《天津市保护各种监测装置暂行规定》（津政发〔1985〕12 号），将包括地震监测台站、地震观测井孔、地下水动态观测井孔在内的监测装置纳入保护范围。

2. 关于贯彻执行《地震监测设施和地震观测环境保护条例》的通知

1994 年 2 月，市地震局、公安局于联合印发“关于贯彻执行《地震监测设施和地震观测环境保护条例》的通知”。要求各区县公安分局、派出所要认真履行职责，配合各级地震行政主管部门，保障地震监测设施和地震观测环境的安全，制止和处罚危害、破坏地震监测设施和地震观测环境的行为，保证地震监测工作的正常开展。

3. 关于认真贯彻《地震监测设施和地震观测环境保护条例》的通知

1996 年 12 月，市地震局、规划设计管理局联合印发“关于认真贯彻《地震监测设施和地震观测环境保护条例》的通知”（津震发〔1996〕183 号）。要求各区县地震办公室、规划土地管理局（处）及有关单位要把学习、宣传、贯彻《条例》作为当前一项重要工作，结合本地实际，切实加强领导，完善规章制度，促进这项工作沿着法制轨道健康发展；要加强执法监督检查，发现违反《条例》行为要及时采取有效措施予以制止；各区县地震主管部门、地震台站和城市规划行政主管部门要密切合作，确保《条例》的贯彻实施。

4. 天津市防震减灾条例

2001 年 7 月 18 日，天津市人大颁布《天津市防震减灾条例》。第六条规定：任何单位和个人不得损害地震监测设施和破坏地震观测环境，不得干扰和妨碍地震监测台站的工作。地震监测设施所在地人民政府和各级公安、规划部门应当依法保护地震监测设施和地震观测环境。新建、扩建、改建建设工程，应当避免对地震观测环境造成妨害；确实无法避免的重点建设工程，建设单位在工程设计前应当征得市或者区、县地震工作主管部门的同意，并增建抗干扰工程或者迁移地震监测设施，其费用以及由此造成的损失由建设单位承担。

二、宣传地震监测设施和观测环境保护法规

从 1994 年《地震监测设施和地震观测环境保护条例》颁布之日起，天津市公安局、规划局、地震局和各区县政府以及区县公安、规划、地震等部门坚持开展有关地震监测设施和地震观测环境保护法规宣传工作。

1994 年 2 月 21 日，市地震局印发《认真贯彻<地震监测设施和地震观测环境保护条例>的通知》（津震发〔1994〕20 号），就做好地震监测设施和地震观测环境保护工作做出部署。通知要求各区、县地震办公室肩负起区、县地震工作主管部门保护地震监测设施及其观测环境的监督、检查、指导和协调责任，并尽快将辖区内地震监测台网分布地点和观测环境保护范围通报到同级公安和城乡规划部门；通知要求各地震台站将本台站监测设施需要保护的环境条件尽快向当地政府和村民委员会进行通报并利用多种形式做好宣传和保护落实工作。通知发出后，各区县地震办公

室将依法保护地震监测设施和地震观测环境工作列为行政执法和防震减灾宣传的重要内容；各地震台站把保护地震监测设施和地震观测环境纳入台站目标管理，主动到周边村镇进行宣传，并加强巡视检查。

1997年3月6日，市地震局、规划设计管理局联合召开“天津市贯彻《地震监测设施和地震观测环境保护条例》工作会议”。市地震局和规划设计管理局有关部门负责人，各区县地震办公室、规划土地局（处）以及地震台站的负责同志参加会议。市地震局局长徐德诗、市规划设计管理局副局长张中夫出席并讲话。徐德诗在讲话中指出，两局联合发文和召开这次会议，对认真贯彻国务院第140号令具有重大意义和作用，表明全市在保护地震监测设施和地震观测环境方面有迈出了新的一步，必将有力促进全市防震减灾工作的发展。张中夫在讲话中强调当前贯彻实施《条例》的重要意义，明确规划土地部门在保护地震监测设施及环境的任务，并就做好落实工作提出要求。

2000年3月1—8日，市地震局与塘沽区、大港区、静海县、宝坻县人民政府分别在塘沽地震台、徐庄子地震台、静海地震台和宝坻地震台所在地联合组织“地震观测环境需要我们共同保护”主题宣传活动。3月1日在静海地震台所在地小李庄村，3月3日在徐庄子地震台所在地徐庄子村，3月6日在宝坻地震台所在地圣人庄村、3月7日在塘沽地震台所在地四道桥村。各区县宣传、规划、公安部门领导以及地震台站所在乡（镇）、村的负责人和市地震局有关处室、台站同志参加这次活动。市地震局副局长郝团生、赵国敏和有关区县主管地震工作的领导出席指导。这次活动紧紧围绕地震观测环境保护这一主题，采取了参观、座谈和实地考察等形式，进一步宣传了防震减灾法和《地震监测设施和地震观测环境保护条例》，重点介绍了地震监测工作的地位、作用以及全市监测设施和观测环境保护工作的现状。座谈会上，大家针对地震观测环境保护工作，集思广益，都发表了很好的意见。在这次活动中，地震部门与当地政府、基层单位领导相互交流情况、沟通信息，在法律法规的基础上对地震观测环境保护工作形成共识，并针对存在的问题确定了解决的思路、措施和方法。

2005年《地震监测管理条例》颁布实施后，市地震局法规处和监测预报处于3月17日联合举办“学习贯彻《地震监测管理条例》培训班”，重点讲解《地震监测管理条例》中涉及地震监测设施和观测环境保护的条款以及“地震台站观测环境技术要求”（国家标准）等有关内容。全市各区县地震办公室以及各地震台站的负责人参加了培训。

三、依法监管地震监测设施和观测环境保护

从1994年《地震监测设施和地震观测环境保护条例》颁布之日起，市公安局、规划局、地震局和各区县政府以及区县公安、规划、地震等部门采取措施依法监管地震监测设施和观测环境保护。

1997年6月9日，市地震局、规划设计管理局联合印发《关于对贯彻<地震监测设施和地震观测环境保护条例>进行联合检查的通知》（津震发〔1997〕068号），要求各区县人民政府地震办公室、规划土地管理局（处），对学习、宣传、贯彻、执行《地震监测设施和地震观测环境保护条

例》工作进行认真的自查，发现问题要及时采取有效的措施，确保地震监测工作正常开展。在各区县地震办公室、规划土地管理局（处）自查基础上，市地震局与规划局联合组成检查组，对宝坻、静海县贯彻执行《地震监测设施和地震观测环条例》工作进行检查。结果表明，宝坻、静海两县坚持以《条例》为准绳，充分发挥在监测设施和观测环境保护中的作用，维护了国家利益。宝坻县地震办公室将《条例》印成小册子，发放到25个乡（镇），对宝坻地震台和地震观测点的观测环境、设施情况进行了检查，并将检查结果及时向县政府报告。针对宝坻地震台地电观测环境干扰问题，地震办公室和台站联合与有关单位，有关人员进行交涉使问题得到解决。静海县地震办公室和县公安局联合下发了贯彻《条例》的通知，并与地震台站合作，协调有关部门合理解决了新建高压输电线路线避开静海地震台的规划设计问题。

2003年11月25日，市地震局以津震函〔2003〕70号致函市公安局，商联合制作地震监测设施和地震观测环境保护警示标志。经双方商定后，在2003年年底前全市地震台站、遥测子台、观测井孔以及野外监测设施等部位全部设置了由市地震局与市公安局联合署名的保护地震观测环境和监测设施警示牌。

2004年6月21日，市人民政府2004年第26号令发布《关于公布市级保留、调整、取消的实施行政许可主体的决定》，其中市地震局被列为保留的行政许可主体，“危害市及区县级地震监测设施和地震观测环境的工程建设项目”被列为保留的行政许可项目并进入市行政服务大厅。为此，市地震局在市行政服务大厅网站上公布天津市地震监测设施分布及地震观测环境保护要求等信息，公布取得危害地震监测设施和地震观测环境的工程建设项目行政许可办理程序。办理程序规定，申请人可到市行政许可服务中心101窗口依法申领、报送《天津市危害地震监测设施和地震观测环境的建设工程项目许可申请表》；市地震局接件后进行审查，并根据需要进行现场勘察；市地震局自受理之日起8日内做出决定并说明理由，并通知申请人；申请人到同一窗口领取危害地震监测设施和地震观测环境的建设工程项目许可的批复文件。2005年，市行政许可服务大厅受理了宝坻中专新建学生宿舍楼项目和鑫奥塑料制品有限公司新建办公楼项目建设申请。按照有关规定采取相应措施后，上述两个建设单位拟建工程均取得涉嫌危害地震监测设施和地震观测环境的建设工程项目许可。

2005年4月4日，市地震局印发“关于做好地震监测设施及保护范围报告和通报工作的通知”（津震发〔2005〕44号），要求各区县地震办公室按照《地震监测管理条例》第30条之规定，将辖区内地震监测设施点位及保护范围及时向区（县）人民政府报告，并通报到公安机关和国土资源、城乡规划等有关部门。同时要求各区县加强宣传和行政执法检查，切实把地震监测设施和地震观测环境保护工作落到实处。为推进此项工作，武清区以区人民政府文件方式印发了《关于我区内地震监测设施分布地点及保护范围的通报》；蓟县人民政府办公室印发了《关于做好地震监测设施保护工作的通知》；北辰区人民政府办公室转发了《天津市地震局关于做好地震监测设施及保护范围报告和通报工作的通知》；汉沽区以区政府办公室文件批转了区地震办公室《关于依法保护我区地震监测设施和地震观测环境的意见》；塘沽、津南、大港、宝坻等区县地震办公室先后将各自行政区内的地震监测设施分布地点及保护范围，分别向区县政府以及公安、国土、规划、测绘等有关部门进行了报告和通报；塘沽区地震办公室工作与区公安分局以及派出所同志专程到区内各地震监测站点进行一次实地巡查。

2005 年 10 月 13 日，市地震局根据《地震监测管理条例》第 30 条中关于地震部门“应当将本行政区域内的地震监测设施的分布地点及其保护范围，报告当地人民政府，并通报同级公安机关和国土资源、城乡规划、测绘等部门”之规定，以津震函〔2005〕58 号函，将天津市数字遥测地震台网、地震前兆台网以及强震动台网站点位置及保护的要求报送市规划局，请市规划局依照《条例》第 31 条、第 32 条中关于“土地利用总体规划和城乡规划应当考虑保护地震监测设施和地震观测环境的需要”以及“对在地震观测环境保护范围内的建设工程项目，县级以上地方人民政府城乡规划主管部门在核发选址意见书时，应当事先征求同级人民政府负责管理地震工作部门或机构的意见”之规定，共同做好地震监测设施及观测环境的保护工作。2006 年，天津市规划局将地震台站和地震监测设施的详细位置标注在 1：10000 规划图上，并注明保护范围。

四、采取措施，防范地震监测设施和观测环境破坏

区县地震办公室、地震台等基层地震部门和单位根据“预防为主”的原则，注意收集地震监测设施和观测环境信息，加强与地方政府的沟通，及时做好有关工作，防范地震监测设施和观测环境破坏。

2002 年 1 月 11 日，蓟县主管副县长率县科委、地办负责同志到蓟县地震台调研，并与正在台站检查工作的市地震局领导就蓟县地震台站长远发展和做好地震观测环境保护等工作进行磋商。

2003 年 4 月，静海地震台获悉静海县梁头镇政府为发展经济拟在静海地震台台站东约 500 米处设立工业园进行招商引资的信息后，及时与梁头镇政府进行沟通并向市地震局作了汇报。市地震局副局长郝团生携局机关有关部门负责人赴梁头镇政府和镇领导就发展经济与保护地震台站观测环境等问题进行沟通，并就在工业园招商引资中，兼顾地震监测设施和地震观测环保护，鼓励引进劳动密集型轻纺等项目，限制大中型钢铁企业等项目达成谅解。

2003 年 9 月 12 日，宝坻区副区长倪守强在宝坻地震台就地震台站观测环境保护问题进行现场办公，区政府办、国土与资源管理局、城关镇、地办等领导参加。副区长倪守强在做总结时提出四点意见：一是加强宝坻地震台、区地震办公室、土地规划部门相互间的沟通；二是继续做好防震减灾法和《地震监测设施和地震观测环条例》的宣传，特别是要向相关部门进行宣传；三是各部门领导要更多地了解地震知识，安排建设项目时要注意保护地震观测环境，不能只考虑一时的政绩；四是规划部门要做好规划，不在地震观测环境保护范围内安排大型建筑设施，可以考虑建公园、绿地及健身广场等。

2005 年 7 月，宁河地震台在对台站周边环境巡查中获悉某民营企业主正拟购置紧邻宁河地震台的地块兴建散热器厂的信息，在与对方进行初步沟通的同时，及时向市地震局职能部门做汇报。局职能部门派人配合台站与民营企业主再次进行沟通，使对方知晓《地震监测管理条例》中涉及台站观测环境保护的有关规定，把问题解决在萌芽状态，有效地保护观测环境。

2009 年 12 月，宁河县地震办公室获悉宁河县大北镇大北村拟在宁河地震台附近兴建村办企业后，为避免兴建村办企业对台站观测环境可能造成的影响，立即前往大北镇政府调查了解情况。大北镇政府派专人配合县地震办公室工作，到现场进行巡视并与大北村村委会进行座谈。经过宣传解释，大北村村委会对原规划的建设项目做出调整，改为对台站地震观测环境不构成影响的建设项目。

五、依法制止处罚破坏地震监测设施和地震观测环境行为

1995 年 7 月 6 日，蓟县地震台发生 DD—1 型测震仪拾震器、DK—1 型测震仪拾震器被在校中学生拆毁盗窃案。当日，蓟县地震台值班人员发现 DD—1 型测震仪记录出现异常，值班人员当即进入安放拾震器的观测山洞进行检查。当走进至离洞口 45 米的安放拾震器耳洞时发现一少年和被拆毁的测震仪拾震器。台站值班人员马上对嫌疑人进行控制。检查发现 DK—1 型测震仪的水平向拾震器已被盗走；传输用的 DD—1 型测震仪两个水平向拾震器已被拆除，垂直向拾震器局部受损；台站自用的 DD—1 型测震仪一个水平向拾震器被拆除。台站立即向当地派出所报案。派出所人员进洞察看了现场，根据现场发现的重要线索，迅速查清案情，涉案当事人为 3 名台站附近中学的在校学生。经教育后，派出所依据《地震监测设施和地震观测环境保护条例》第十八条第二款和《治安处罚条例》对当事人做出罚款决定，并责成学校对 3 人进行教育和处理。学校对 3 人做出留校察看处分。事件发生后，蓟县地震台认真查找了漏洞，加强了巡视检查和治安防范措施。

六、依法改建或迁建地震监测站点

当地震监测设施和观测环境保护与重点工程建设发生冲突时，地震部门主动依法做好地震监测站点的改建或迁建工作，为重点工程建设让路，又保证了地震观测需求。

1. 长虹公园遥测地震台改建

天津数字遥测地震台网长虹公园遥测地震台坐落在天津市南开区。2003 年，根据南开区城市建设规划，长虹公园遥测台所在地辟为高档住宅区。该地块开发商为此通知市地震局迁建长虹公园遥测地震台。2003 年 5 月 29 日，市地震局致函南开区人民政府《关于保护南开井下数字遥测地震台站的函》（津震函〔2003〕27 号函），就做好长虹公园遥测台保护工作请南开区政府予以支持与协助。其后，市地震局与南开区政府有关部门及开发商就长虹公园遥测台保护问题进行了多次磋商。2004 年 5 月，在市规划局的协调下，开发商调整了建设布局方案。在保持原台址不变和保证基本观测条件的前提下，由开发商负责对地面建筑进行拆改重建，既保留长虹公园遥测台，又满足小区建设景观要求。所需费用由开发商承担。长虹公园遥测台于 2004 年 5 月 26 日进行停测、改建。

2. 武清遥测地震台迁建

武清遥测地震台是天津地震台网遥测子台，位于武清区东浦洼乡前河淤村东，始建于1982年，建有460米和250米地震观测专用井各一眼。2006年，位于前河淤村东的武清遥测地震台纳入武清开发区的规划建设范围，面临搬迁。由于开发区规划建设任务紧迫，开发区管委会希望短期内拆除地震台，有关搬迁地点和赔偿问题可以边迁、边谈。鉴于该台站在台网整个布局上的重要地位和必要性，市地震局申明《地震监测管理条例》第三十三节第二款的规定，在新台建成并进行比测后方可对原台站进行拆除。后经市地震局、武清区地震办公室与开发区管委会协商，为支持当地经济建设和社会发展，根据《地震监测管理条例》第三十三节第一款和第三款的规定，同意对武清遥测地震台（前河淤）进行搬迁。经勘察后，新台址选在杨村小世界公园内。2006年6月，市地震局与武清开发区管委会就武清遥测地震台搬迁问题签署搬迁协议。开发区负责征地4亩用于新台址建设。钻250米测震和600米流体观测专用井各一眼，建观测井房，购置并安装地震仪、水位水温仪及数据传输等设备。迁建所发生的费用由武清开发区管委会负责提供。2006年11月，位于杨村小世界公园内的武清遥测地震台新台建成，测震、流体测项陆续投入观测。2010年下半年，因杨村小世界公园地块整体出让，武清区政府与市地震局就武清遥测台搬迁事宜进行协商。经过几次实地考察和勘测，新址选定在位于武清区四村店扬水站旁。根据双方签署的协议，武清区政府相关部门负责在新址钻300米测震观测井和700米流体观测井；建14.2平方米观测室；建围墙、大门以及桥梁；提供供电、通信等条件保障。2010年11月，位于四村店的武清遥测地震台新台基建完成。2011年4月光缆架通后，位于杨村小世界公园内的测震和流体观测仪器设备一并搬迁至四村店新台址进行观测。

3. 宝坻地震台整体搬迁重建

根据市政府批准的《宝坻区城市总体规划（2005—2020）》，2007年实施的宝平公路改线工程将途经宝坻地震台。为不影响地震监测工作，并从长远发展考虑，宝坻区政府提出将宝坻地震台整体迁出宝坻城区规划区，根据有关规定在新台址选址和搬迁费用上予以支持。2006年10月16日，宝坻区人民政府就宝坻地震台整体搬迁事宜致函市地震局（宝坻政函〔2006〕54号）。市地震局与宝坻区人民政府为兼顾地震台站观测环境保护与当地经济社会发展，经协商，拟将宝坻地震台整体搬迁至宝坻区方家庄镇老鸦台村南。2007年11月初对初选台址进行了高密度电法测深、电测深勘测及地磁梯度背景探测。2008年1月29日，市地震局与宝坻区政府签署《宝坻地震台搬迁协议书》。市地震局局长赵国敏、副局长聂永安，宝坻区区长孙宝华、副区长孟宪昆出席签字仪式。随后，新址土地征用及总体规划、基建全面展开。

4. 津南区地震观测站改建

津南区地震观测站位于东张庄海河公园内，占地面积两亩，建有房屋6间（129.18平方米）和围栏，于1998年在建成。2001年3月在院内打成地震观测井，有水位和强震两个观测项目。2008年1月，区政府实施海河改造工程，津南区地震观测站位于改造工程范围内。津南区地震办公室依据《地震监测管理条例》于工程建设方区水利局、咸水沽镇政府商定津南区地震观测站方案。就监测井和现有监测设施原地不动的前提下，大力支持地方建设，实现共同发展，由建设方负责，拆除原有房屋和围栏，在监测井上新建具有景观造型特点的观测房屋和围栏。

七、纠正和制止损害地震监测设施和地震观测环境行为

按照“及时发现、及时治理”的原则，地震台站加强对周边环境的巡视检查工作，在有关方面的大力支持配合下，及时纠正和制止破坏地震观测环境的行为，保障地震观测系统的正常运行。

2003 年 5 月 4 日，宝坻地震台工作人员对台站周边环境进行例行巡查时发现位于台站地电阻率观测布极区内的某汽车修理厂正在对原有平房进行拆除，拟新建三层楼房。拟建楼房建筑面积约 500 平方米，基础采用“满堂红”整体浇筑方式，供水管道使用金属管材道。汽车修理厂拆除平房兴建三层楼房的做法已对台站监测设施和观测环境构成影响和损害。在宝坻区地震办公室及有关部门的协调下，宝坻地震台与汽车修理厂签订保护地震监测设施和观测环境的协议。协议包括 4 项内容：（1）清理地震监测设施处和附近的干扰源，恢复地震监测设施的原状；（2）建筑地下部分改用新型建筑材料，不使用金属网筋；（3）地下管道全部使用 PVC 材料；（4）在地电布极区内超出《条例》规定及禁止使用的用电设备。在汽车修理厂厂房改建中，宝坻区地震办公室和地震台对施工所选用的材料进行严格审查，并对施工过程实施有效监督。

2003 年 5 月 21 日，塘沽地震台工作人员在对周边环境的巡视中发现位于地电阻率布极区内的某单位要埋设铸铁自来水管。为此，塘沽地震台站及时与对方进行接洽，宣传国家对保护地震监测设施和地震观测环境的规定。为保护地电观测环境，经积极做工作，对方同意将原铸铁自来水管改为无磁性的 PVC 管材。

2003 年 9 月 6 日，北辰区青光镇某民营企业在青光地震台东侧 20 余米处开始兴建一座占地一百余亩的大型奶牛场。青光地震台地电阻率观测数据 NS 向从 9 月 12 日起出现下降趋势，经市地震局有关专家现场技术鉴定，认定青光台地电阻率 NS 向下降为奶牛场施工影响所致。2003 年 11 月 17 日，市地震局以津震函〔2003〕67 号《关于加强青光地震台观测环境保护的函》商北辰区人民政府予以关注并解决。北辰区人民政府高度重视，分别于 12 月 3 日和 12 月 22 日，在北辰区区政府和市地震局先后两次召开会议，协调解决奶牛场干扰青光地震台地电观测问题。经初步研究决定采取“地电观测区向西迁移”的解决方案，工程所需经费由奶牛场业主负责提供。在执行过程中，由于“地电观测区向西迁移”牵扯到两个乡镇村民的土地，协调难度很大，造成实施工作搁浅。为摆脱被动局面，市地震局邀请全国地震系统有关专家进行了多次技术论证，最终决定采取将东供电极和测量极西移，改对称式布极为非对称式布极的方案。实施后，在一定程度上减小了奶牛场对地电阻率观测的影响和干扰。

2005 年 7 月 5 日，宝坻地震台值班员发现地电阻率 EW 向观测值从当日 9 时开始出现一阶跃变化，上升幅度达到 2.25%。经查，该异常是台站北围墙外路北的地电观测布极区内正在进行的

大型奶牛场围墙施工所致。新建围墙的钢筋地梁正好埋设在地电观测布极区西供电极与西测量极之间，而且地电阻率 EW 向出现的上升变化与埋设钢筋施工在时间上同步。7 月 6 日上午，市地震局监测预报处及有关部门负责人在宝坻地震台约谈了大型奶牛场企业主。首先指出，新建围墙施工已对地震观测构成干扰，根据《地震监测管理条例》第 28 条的规定，要求奶牛场业主尽快予以纠正。鉴于奶牛场位于地电测量布极区内，要求场区内地下埋设的各种管道不得使用导电材料，牛棚等地面建筑的钢架结构需采取绝缘措施以防止对地面构成短路；在运营期间也要严格遵守保护地震监测设施和地震观测环境的规定。市地震局专家从确保地震监测和促进当地经济发展的角度出发，提出由业主方负责将新建围墙地梁的钢筋以两米为一段从中间断开的方法，解决对地电观测的干扰问题。从当日 17 时开始，地电阻率 EW 向观测值回复到正常值。

第九章　地震预测预报

地震预测是对某一地区未来地震活动状态，包括地震发生时间、地点和震级范围的估计和推测的技术行为。地震预报是在预测的基础上提出预报意见、进行评审、决策并向社会发布预报的行为，既有技术行为，也有行政行为。在 1998 年以前，地震预测和地震预报不加区分，统一称为地震预报。1998 年 12 月 17 日《地震预报管理条例》颁布，将地震预测和地震预报加以区分。

地震系统的地震预测预报工作包括：信息处理和分析、异常落实、提出预测意见，震情会商、震情监视、提出预报意见等内容，通常把这些工作统称为地震分析预报工作。

1966 年河北邢台 7.2 级地震发生后，周恩来总理发出“一定要搞好地震预测预报和预防工作”的号召，拉开了我国全面开展地震预报工作的帷幕。1967 年河北省河间县发生 6.3 级地震，天津市成立防震办公室，开始组织和协调社会力量开展地震监测与预报工作。1971 年天津市地震队成立，地震分析预报工作由此开始。1975 年天津市地震局成立，地震分析预报工作得到规范。

经过四十余年的不懈努力，天津市逐步建立了包括“震情值班、分析会商、异常核实和预报意见管理”等一整套行之有效的工作制度，切实加强了对地震分析预报工作的管理；积极推进包括“地震及前兆观测信息数据库、计算机及数据处理软件、会商演示、震后早期趋势快速判定”等分析预报技术系统建设，不断提高地震分析预报工作的实效；坚持“边观测、边研究、边预报”的原则，支持和鼓励分析预报科研人员开展地震预测方法探索研究和预测实践，依据地震孕育的阶段性特征，逐步形成“场的动态监视与源的过程跟踪分析相结合”的科学思路及长、中、短、临渐进式跟踪预测的工作程序。

在地震预测预报长期实践中，天津市地震工作者立足首都圈、着眼大华北，深入开展地震预测方法的探索研究，并运用所取得的攻关研究成果及实践经验，对张北6.2级强震和5.6级强余震等做出较为成功的中、短期预测，对天津市及邻区发生的一些中等地震也曾做出较为成功的短临预测。

第一节　地震分析预报工作制度建设

地震预测预报是一个科学、严谨的过程，包括地震预测意见的提出、地震预报意见的评审和地震预报的发布等重要环节。在地震预测预报的长期实践中，市地震局依据《中华人民共和国防震减灾法》和《地震预报管理办法》等法律法规，建立健全了与震情、市情及地震分析预报水平相适应的“震情值班及报告、震情分析会商、前兆异常落实、预报意见评审与发布”等一整套分析预报工作制度。

一、震情值班及震情报告制度

为了做到不贻误震情，及时处置震情信息，市地震局从1975年建局起就设立震情值班室，并逐步建立健全带班工程师、震情值班报告、震情监视报告等工作制度。

（一）震情值班室职责

1975年，市地震局设立震情值班室，实行24小时值班。震情值班室的主要职责是：（1）24小时坚守岗位，及时处理有关事宜；（2）按照国家地震局有关编报和报送数据的规定，准确及时收发观测数据和接收报来情况与预报意见；（3）按规定认真完成各项值班任务，做好有关记录；（4）重大情况及时向带班工程师和分析预报室主任报告。

（二）震情值班报告制度

从1975年建局开始，为了保障震情信息的及时准确传递，市地震局建立震情值班室周工作报告、方法手段组震情日志、方法手段组周（月）监视报告、分析预报室周（月）震情监视报告等报告制度。

1．震情值班室周工作报告。报告包括一周值班室工作情况、数据报送情况、地震速报情况等工作内容。每周六经震情值班室负责人签字后，报分析预报室主任，并报局领导。

2．方法手段组震情日志。各方法手段组将本学科方法当日的变化情况及分析意见记录在震情值班室的专用记录本上，然后由带班工程师签署处理意见，形成每日一记。

3．方法手段组周、月监视报告。各方法手段组每周末提交周震情监视报告，每月会商会后提交月震情监视报告。由带班工程汇总后报分析预报室主任。

4．分析预报室周、月震情监视报告。带班工程师每周末要编写一周综合震情监视报告，月底前编写月综合震情监视报告。分别于周六和月底前经分析预报室主任审阅后，上报国家地震局分析预报中心和天津市地震局领导。

（三）震情监视报告制度

从 1991 年下半年开始，市地震局为及时通报震情、沟通信息、反映地震工作动态，建立震情监视报告制度。《震情监视报告》每月一期，报市委、市政府、市人大和天津警备区主要负责同志，发各区、县地震办公室及有关部门。1997 年根据市领导关于适当压缩报告报送范围的指示精神，对《震情监视报告》报送范围做出调整。2004 年，根据市领导关于“加强震情值班，有重要情况及时上报”的指示精神，市地震局进一步加强了震情信息上报工作，以“地震快报”、“震情通报”和“震情监视报告”等方式将天津市及邻近地区发生的地震活动、月会商会形成的趋势判定意见以及国内外强震震害等信息及时向市委、市政府领导及有关部门报告。

二、震情会商制度

震情会商是对震情进行分析与研究的专门会议，是集地震科技人员的经验和知识共同对地震趋势进行分析判定的重要形式，也是现阶段形成地震预报意见和地震形势分析意见的基本方式。为做好震情分析会商工作，市地震局建立了较为严格的震情会商制度。

（一）1975 年建立震情会商制度

1975 年，市地震局建立震情会商制度，以〔1975〕津震发字 58 号文件对召开震情会商会有关工作及要求做了约定：（1）每季度末召开市会商会一次，讨论中长期地震趋势，交流工作情况。各区县地震办、地震台及在津有关地震单位和协作单位参加会议；（2）每月下旬召开局会商会一次，讨论短期趋势。根据需要酌请部分地震台和区、县地震办参加；（3）每周三、四，区县地震办、地震台（组）会商一次，星期四 18 时前向局震情值班室汇报。每周五分析室汇总和会商有关情况；（4）遇有紧急情况，市局、区县地震办、地震台随时会商。

（二）1979 年有关震情会商的规定

1979 年，市地震局制订《分析预报室任务、岗位责任制及有关制度和规定》。该规定进一步明确了各类震情会商会召开的时间、参加人员及有关要求：（1）手段组周会商，每周五上午进行；（2）室周会商，每周五下午进行，一般情况下由各组值班分析人员参加；（3）室月会商，每月最后一周的星期五进行，全室分析人员参加，必要时邀请有情况或有预报意见的台站、地震办和协作单位参加；（4）季度会商，每季度末召开季会商会，台站、地震办、协作单位参加；（5）紧急会商，根据震情的需要召开紧急会商会，会议的规模和形式视需要确定；（6）国家地震局在津外召开的会商，分析预报室要派员参会并做好参会的各项准备工作。

（三）1988 年震情会商制度

1988 年 7 月，市地震局制定《震情分析预报工作管理办法（试行）》，对周会商、月会商、年度会商等做出具体规定和要求。

1.年度震情会商会

年度震情会商会的主要任务是：总结近年地震监视预报工作情，对近年地震活动和其他各种观测资料的变化情况进行综合分析，讨论下一年度或稍长时间天津市邻近地区地震活动的可能性趋势，对可能发生的破坏性地震进行预测。

年度震情会商会于每年11月上旬召开。年度会商会由主管局领导主持。分析预报室，地下水监测预报室，前兆研究室，各业务主管部门以及各有关台站地震办的代表参加。

2.月会商会和周会商会

月会商会和周会商会的主要任务分别是：对上次月会商，周会商的结论进行检查，小结，研究地震活动和其他观测资料变化的新情况，对下月下周的震情做出综合分析判断。

月会商会原则上在每月25日，周会商会一般在每周五召开。月会商会和周会商会分别由分析预报室主任和带班工程师主持。参加的人员一般为震情分析预报室和地下水监测预报室直接从事震情分析的有关人员，必要时可邀请台站，地震办和其他处室代表参加，主管局长和有关业务部门的负责人一般也应参加月会商会。

周、月会商会的结果由分析预报室带班工程师先用电话报国家地震局分析预报中心，书面意见随后寄出。各地震办在每月月底前将会商结果简要报局分析预报室。

3.临时会商会

临时会商会是在出现特殊的震情事件的情况下召开的，其任务视具体情况而定。

4.会商会有关要求

各种震情会商会及各手段组的会商意见都应有一个比较明确的倾向性（或综合性）结论，同时也要注明少数人的不同意见。

各种会商会均应认真做好记录，包括开会的日期，地点、参加人员，主持人，会议议程，发言要点：会商总结和领导讲话要点等寸会商会前必须认真地作好各项准备工作。年度会商意见必须打印，提交全国年度会商会报告应附有关的图。其中，作为预报主要依据的重大异常必须在全国会商会前作好异常核实工作并附异常调查核实报告。年度会商意见应于全国年度会商会前两个月寄到国家地震局科技监测司和国家地家局分析预报中心各两份。

（四）2004年震情会商制度（修订）

2004年，为规范各类震情会商工作，市地震局在总结多年震情会商工作经验的基础上进一步修订完善震情会商制度。

1.例行会商

例行会商包括周、月会商、半年会商和年度会商。

（1）年度会商。主要任务是跟踪研究年度地震危险区及天津市及周边地区各项异常的发展情况，下一年度的地震趋势做出判定，并形成《年度地震趋势预测研究报告》。《年度地震趋势预测研究报告》经市地震局预报意见评审委员会评审和局领导签发后，报中国地震台网中心。年度地震趋势会商会一般在每年的11月中旬召开。参会人员为监测预报处、地震预报中心、台网管理中心、信息中心及局各部门的负责人及地震预报中心人员，以及市有关领导部门、各区县地震办和台站负责人，邀请中国地震局第一监测中心、大港油田、开发区防灾指挥部等协作单位参加。监测预报处负责会商会的筹备工作，地震预报中心负责会商技术报告及震情会商的准备工作。

（2）半年会商。主要任务是跟踪和分析年初确定的地震危险区及天津市和周边地区震情（异常）发展情况，对下半年的地震趋势做出分析判定，形成《年中地震趋势研究报告》。《年中地震趋势研究报告》经市地震局预报意见评审委员会评审和局领导签发后，报中国地震台网中心。会议一般确定在每年六月中旬召开。参会人员为监测预报处、预报中心、台网中心、信息中心及局各部门负责人、分析预报及三网人员，以及各区县地震办和台站负责人。监测预报处负责会商会的筹备工作，地震预报中心负责会商技术报告及交流的准备工作。

（3）月会商。主要任务是跟踪分析震情发展，判断未来一个月或稍长时间的地震活动趋势，形成《月震情监视报告》，报中国地震台网中心。监测预报处负责编发《月震情监视报告》报市委、市政府主要领导同志。月会商一般在当月最后一周的周三上午八时半召开，地震预报中心负责组织，地震预报中心、地震监测中心、监测预报处有关同志参加。

（4）周会商。主要任务是跟踪和分析上一周以来华北与天津市及邻近地区的地震活动与前兆观测异常的发展变化，对未来一周的地震活动趋势做出判断，形成《周震情监视报告》，报中国地震台网中心。周会商一般每周三上午九时召开，由地震预报中心负责组织，地震预报中心、地震监测中心、监测预报处有关同志参加。

2.临时会商

临时会商包括紧急会商和加密会商。

（1）紧急会商一般是指当天津市及邻近地区发生破坏性地震、中等有感地震或 $M_L \geq 3.0$ 震群时召开的紧急震情会商会。

（2）加密会商一般是指根据重大节日和重大活动等强化时段地震安全保障工作需要，为严密监视震情发展变化，采取的每日会商或隔日会商制度。

三、落实（核实）异常工作制度

落实（核实）地震异常是震情监视和短临跟踪的一项重要工作内容，是开展地震分析预报工作的重要基础，是把地震监测信息应用到分析预报的必要环节。

为做好落实（核实）地震异常工作，市地震局制定了一系列有关落实（核实）地震异常工作的规章制度。

（一）1988年地震前兆异常上报与核实工作规定

1988 年 7 月 16 日，市地震局为加强和规范管理，提高分析预报工作的水平，制定《天津市地震局震情分析预报工作管理办法（试行）》。该办法对疑似地震前兆异常的上报与核实工作做出了明确规定，即：（1）地震台站和县、区地震办公室发现疑似地震短期和临震异常时，要立即报告局分析预报室，并抓紧核实；短期异常在一周内报告核实结果，临震异常在 24 小时内报告核实结果；对动物、地下水等宏观临震异常必须同时了解并报告周围地区是否发现类似的异常现象。（2）分析预报室值班人员收到台站、地震办关于短临异常情况的报告或者分析预报人员在资料分析中发现短临异常，应立即向分析预报室带班工程师和室主任报告；属地下水方面的异常，还应立即转告地下水监测预报室，由该室提出处理意见后报分析预报室汇总。（3）分析预报室主任在收到短临异常信息的报告后，决定是否召开临时会商会；对性质不明的重大短临异常应派人到现场，与台站或地震办共同对异常进行核实研究。（4）异常调查核实工作结束后，除口头报告核实结果外，应及时编写异常调查报告，并附相应的资料、照片、图件，交分析预报室；分析预报室主任应组织有关人员进行讨论，并提出处理意见；最后由综合组负责登记、存档。

（二）1996年制定《地震宏观前兆观测暂行规定》

在地震孕育和发生过程中会伴随出现各种宏观前兆异常现象，如地下水位和水温短时间内的大幅度升降、井水翻花、冒泡、变色、变味；动物出现行为异常；地表出现喷水、冒沙、冒油等。1996年8月8日，为做好前兆宏观异常的搜集、核实和上报工作，市地震局制定《地震宏观前兆观测暂行规定》。该规定包括日常观测、异常核实和信息上报三部分。（1）各区县地震办公室和专业地震台站要建立巡视制度，做到巡视的时间相对固定，并做好巡视记录，以备查证。（2）各区县地震办公室和专业地震台站要严格执行值班制度，加强与各宏观观测点、哨的联系，接到宏观异常报告后的两个小时内组织有关人员赶赴现场进行调查，核实情况。（3）获取宏观前兆信息后，各区县地震办公室和专业地震台站要立即将“异常信息来源、发生时间、地点、具体内容和详细过程”等信息上报市地震局震情值班室；完成宏观前兆异常现场调查核实后，尽快编写“宏观异常落实情况报告”上报市地震局。

（三）2002年制定《地震异常落实工作规定》

2002年4月9日，市地震局在认真总结落实地震异常工作实践经验的基础上，为进一步规范天津市落实地震异常工作，保证落实地震异常工作的顺利进行，及时判明异常变化原因和属性，促进地震监测预报工作，尤其是地震短临预报工作水平的不断提高，制定《地震异常落实工作规定》（以下简称《规定》）。《规定》包括总则、异常的发现与上报、落实异常工作的基本程序、落实异常工作的基本要求、落实异常工作结果的处理和附则等6章，共计23条。

《规定》强调，各级地震工作部门及从事地震监测预报工作的人员都有及时发现异常、及时上报的责任与义务。《规定》明确落实异常专家组在接受任务后按工作程序应完成的主要工作内容，即：落实异常工作的准备；观测资料的核实与室内初步分析；现场调查与落实；异常的震兆性质研究；落实异常工作卡片的填报或落实异常工作报告的编写与上报。《规定》对落实地震异常工作卡片的填写和落实异常工作报告的编写都提出明确要求。填写落实地震异常工作卡片时，要求对异常的基本情况进行概要介绍，说明落实异常工作的主要过程和技术途径以及所得到的基本结论。落实异常工作报告有一般应包括异常的发现过程、异常的基本情况、落实异常工作的组织与实施、异常成因的调查与试验研究、震兆性质的分析与确认、工作的基本结论、存在的问题及对下一步工作的建议等。

（四）2004 年制定《地震异常落实管理工作规定》

2004 年 8 月 17 日，市地震局为及时判定异常变化原因和属性，促进地震监测预报，尤其是地震短临预报水平的提高，在总结天津市近年来落实地震异常工作实践的基础上，对 2002 年制定的“地震异常落实工作规定”进行修订，并更名为《天津市地震局地震异常落实管理工作规定》（以下简称《工作规定》）。该规定包括总则、异常的发现与上报、落实异常工作程序及要求、资料归档、奖励与处罚和附则等 6 章，共计 19 条。

《工作规定》进一步明确地震台站、区县地震办公室在落实异常方面的责任及要求。在震情监视和短临跟踪工作中捕捉到地震异常或接到群众报告的宏观异常后，要在力所能及的范围内，迅速查明情况，做出初步判定，并及时向局震情值班室报告；震情值班室接到台站、地震办公室或来自群众的异常情况报告后，应问明情况，作好记录，及时向监测预报处和地震预报中心负责人报告，遇有紧急情况可直接向局领导报告；地震分析预报工作人员在日常震情监视和分析工作中发现前兆异常，要及时与有关地震办公室、台站沟通核实情况，作出初步判断，并向地震预报中心负责人汇报；出现重大异常时，监测预报处应及时向中国地震局监测预报司和中国地震台网中心报告。《工作规定》进一步明确有关部门落实异常的责任及要求。一般性微观异常的落实工作由地震预报中心牵头，会同地震监测中心及地震台站、有关地震办公室进行，两日内完成，给出异常落实的基本结果；重要、重大微观异常的落实工作，由监测预报处负责组织协调，地震预报中心牵头，会同地震监测中心及台站、有关地震办公室组成工作小组实施，24 小时内做出落实异常的基本结果；宏观异常的落实工作，由地震预报中心会同工程地震研究中心、有关地震办公室组成工作小组，24 小时内做出落实异常的基本结果。《工作规定》对资料归档工作提出明确要求，即：地震预报中心建立地震异常信息库和落实异常工作档案，详细记载每次地震异常落实工作并妥善保存。

四、地震预报意见评审与发布制度

为做好地震预报意见评审与发布工作，天津市依据防震减灾法和有关规定，建立相应的评审与发布制度。

（一）地震预报意见评审制度

根据国家地震局关于地震预报意见实行国家级和省级两级评审，省级地震预报评审委员会负责评审辖区内的地震预报意见的评审的规定，天津市建立地震预报评审制度，并成立天津市地震预报评审委员会及办事机构。

1.1988 年市地震局关于天津地区短临预报意见实行评审的规定

1988 年 7 月，市地震局制定的《天津市地震局震情分析预报工作管理办法（试行）》规定：“经会商分析后形成的对于天津地区的短临预报意见，需报局业务主管部门，经组织局学术委员会地震预报专业组审议及局领导签署同意后，形成正式预报意见，报国家地震局和市人民政府。”

2.1999 年成立市地震预报评审委员会并制定工作章程

1999 年 6 月 3 日，市地震局根据《地震预测管理条例》关于地震预报意见实行评审制度的规定和国家地震局关于地震预报意见实行国家级和省级两级评审的要求，成立“天津市地震预报评审委员会”，负责天津市辖区内形成的可能发生破坏性或具有较大社会影响的地震预报意见的评审。市地震预报评审委员会是在市地震局领导下，负责评审天津市辖区内形成的可能发生破坏性或具有较大社会影响的地震预报意见的咨询机构，并接受中国地震预报评审委员会的业务指导。天津市地震预报评审委员会主任：刘连柱；副主任：赵国敏；委员：王公学、王安滨、王俊国、孙继忠、刘允秀、李一兵、郑文俊、赵根模、聂永安。天津市地震预报评审委员会下设办公室，挂靠天津市地震局预测预防处。

根据《天津市地震预报评审委员会工作章程》的规定，评审委员会受理评审的地震预报意见包括：市年度地震趋势会商会形成的地震预报意见；市地震局震情会商会所形成的 5 级以上或可能造成较大社会影响的地震短期（三个月内）或临震（10 日）预报意见；各区县震情会商会所形成，经市地震局地震预报中心初审过的 5 级以上或可能造成较大社会影响的地震预报意见（不含参加年度全市地震趋势会商会的意见）；中国地震局、天津市人民政府等上级领导部门指定需进行评审的地震预报意见等。

3. 2004 年修订市地震预报评审委员会工作章程

2004 年 11 月 12 日，市地震局为严格执行地震预报评审制度，促进地震预报管理工作的科学化和规范化，参照《中国地震预报评审委员会工作章程》，对“天津市地震预报评审委员会工作章程”进行修订。进一步明确了地震预报意见的评审内容，即：地震预报意见的科学性、可能性；地震预报的发布形式；地震预报发布后可能产生的社会、经济影响等。同时，根据机构和人员调整，对天津市地震预报评审委员会成员做出调整（津震发〔2004〕94 号）。调整后的天津市地震预报评审委员会主任：赵国敏；委员：王俊国、田山、孙继忠、陈化然、陈宇坤、陈金林、郑文俊、邵永新、聂永安、蒋淳；秘书：何巧云。

（二）地震预报统一发布制度

为了避免多渠道发布地震预报可能给社会造成混乱和不良后果，根据国家关于地震预报实行统一发布规定，天津市建立了相应的地震预报统一发布制度。

1. 1988 年市地震局关于发布地震预报的规定

1988 年 7 月，市地震局根据《国家地震局震情分析预报工作管理办法条例》，结合天津市实际情况，制定《天津市地震局震情分析预报工作管理办法（试行）》。该办法规定：对天津市做出的地震短临预报需报国务院批准由天津市人民政府发布，任何个人或单位都无权发布。同时规定：向市政府报告短临预报意见时，市地震局应就是否向社会发布、何时发布、怎样发布、应采取哪些措施等提出建议；如短临预报意见预报的区域涉及邻省时，务必事先与邻省地震局进行商讨，向市政府的报告中应说明邻省地震局的判定意见。

2.《天津市防震减灾条例》关于地震预报统一发布制度规定

2001年7月18日，天津市人民代表大会常务委员会颁布《天津市防震减灾条例》，该条例规定："天津市行政区域内的地震长期预报、地震中期预报、地震短期预报和临震预报由市人民政府发布；新闻媒体刊登或者播发地震预报消息必须以市人民政府发布的地震预报为准；任何单位和个人提出的地震预测意见应当向区、县以上地震主管部门书面报告，也可以直接向国家地震工作主管部门书面报告，不得擅自扩散"。

第二节　分析预报技术系统建设

地震分析预报技术系统是为满足地震分析预报工作的需要，实现地震预报信息的快速传递、数据信息资源共享、资料快速分析处理建立的，具有显著提高地震分析预报工作实效的技术支撑系统。地震分析预报技术系统建设在内容上包括：地震及前兆观测数据库系统、计算机网络及数据处理软件系统、会商显示及辅助决策系统和震后早期趋势快速判定系统等4个系统建设。

天津市分析预报技术系统建设在建设的进程上包括：世乒赛震情监视设备更新、"首都圈防震减灾示范工程"和"十五"数字地震观测网络项目等三个建设阶段。

一、地震及前兆观测信息数据库系统建设

地震观测信息数据库及分析预报辅助判据数据库建设是地震分析预报技术系统的一项基础性工作。下面按数据库类别和建设时间记述如下。

（一）基于dBASE—3的天津区域地震综合数据库

1989年，市地震局课题组根据国家地震局关于在IBM机（微型计算机）上研发区域地震综合数据库系统的工作部署，依据国家地震局制定的《地震数据库系统技术规范》，采用汉字dBASE—3和高级BASIC语言，在IBM机上研发了数据库管理系统和区域地震综合数据库。1989年研制完成"综合地震数据库管理程序"。1990年完成1980—1989年8个专业地震台站、遥测地震台网以及地下水动态观测网全部观测数据的录入工作，形成27个库文件，总字节数约28MB。天津区域地震综合数据库系统具有较强的库结构管理功能以及对数据的编辑、查询、复制、检查、绘图、制表等功能；具有多种类型的输入接口，为数据录入提供了方便；具有多种专用和通用输出接口和信息处理接口，可实现数据库与其他高级语言及"地震分析预报实用化公关软件"的连接。1990年10月该系统通过国家地震局组织的专家验收，并于1993年荣获"1992年度国家地震局科技进步三等奖"。

（二）前兆数据发送、管理及分析应用系统 Fox Base 数据库

1996—1997 年，市地震局组织实施天津市地震快速反应系统建设工程——“前兆数据发送、管理及分析应用系统”建设，在网络服务器上建立 Fox Base 数据库及管理系统，依托台站、地震办公室联网微机以 FTB 文件方式实现前兆观测数据报送和入库。1996 年 7 月完成地震前兆观测数据库结构的创建，1997 年 6 月完成前兆数据入网约定、操作使用方法制定。前兆数据发送、管理及分析应用系统的使用改变了以往前兆数据靠电话报送和手写记录的状况，减少了数据录入的重复工作，提高了数据查询、入库和使用的效率。

（三）天津市数字化地震前兆台网中心 SQL Server 数据库

2000—2001 年，市地震局实施首都圈示范工程——天津市数字化地震前兆台网建设项目，建立了以小型计算机局域网和 TYZ 型有线通信单元为工作平台的前兆台网中心。中心局域网数据库服务器、备份数据库服务器部署了 Windows Server 2000 操作系统+ SQL Server 2000 分布式数据库。两台数据库服务器通过数据库复制方式实现数据备份。前兆台网中心局域网 PC 机部署了 Windows 98 操作系统和 EPCC 通信控制软件以及数据服务软件。“EPCC 通信控制软件”通过 PSTN 通信链路完成地震台站前兆观测数据的汇集和入库。SQL Server 数据库采用数据库复制方式与国家中心进行数据交换；以数据库访问方式，为取得授权的地震监测、预报和科研人员提供数据服务。

SQL Server 数据库建立之前，分析预报人员使用的前兆观测数据存放于 Fox Base 数据库，共计 70 多个 DBF 库文件。为方便使用历史数据，前兆台网中心编制格式转换软件，将 Fox Base 数据库中的前兆观测数据转录到 SQL Server 数据库。前兆台网中心 SQL Server 数据库支持中国地震局监测预报司组织编写的“基于 GIS 的地震分析预报集成软件系统（MAPSIS）”，极大地方便了分析预报人员的使用。

（四）“十五”地震前兆台网 Oracle 数据库系统

2006—2007 年，实施“中国数字地震观测网络工程”——天津市数字地震前兆台网建设项目，依托同期建设的地震信息网络，对前兆台网实施网络化升级改造，在台站信息节点和前兆台网中心数据库服务器上建立了基于 Suse Linux 10 操作系统 + Oracle 10g 分布式数据库的地震前兆观测数据库及管理系统，通过中国地震局组织研发的“中国地震前兆台网数据管理系统”软件，将台站观测数据写入 Oracle 数据库。各级节信息点通过数据交换共享前兆观测数据。

（五）天津市地震科学数据共享节点建设一期工程

2007—2008 年，市地震局实施天津市地震科学数据共享节点建设一期工程（系国家地震科学数据共享工程的子项工程）。一期工程于 2008 年 9 月 10 日通过中国地震局组织的专家验收。

1. 收集整理 2001—2007 年天津地震观测台网地震目录数据 1639 条，数据量约 0.11M；地震速报目录数据 101 条，数据量约 7K；震相数据 45025 条，数据量约 3.58M；28 个台站的地震仪器响应参数。

2. 收集整理 2001—2007 年 19 个台站的流体、地磁、地电、重力、形变等 443 个前兆测项的

观测数据，数据量达 4G。2001 年以来的“模拟”、“九五”数据通过数据库复制方式上报。完成“九五”观测日志补充入库。

3. 采用全国统一风格的门户页面，初步建立天津区域地震科学数据服务网站（data.tjdzj.com），具备数据服务、元数据、导航服务、用户反馈服务、用户统一认证、服务数据统计等功能；测震、前兆数据按照不同权限级别实现共享与公开；台站位置、地震事件等地理信息基于 Google Maps API 通过 Web 平台实现展示。

（六）天津市地震科学数据共享节点建设二期工程

2008—2009 年，市地震局实施天津市地震科学数据共享节点建设一期工程（系国家地震科学数据共享工程的子项工程）。二期工程于 2009 年 12 月 17 日通过中国地震局组织的专家验收。

1. 收集整理 1990—2000 年、2008 年共计 12 年的天津地震观测台网地震目录数据 1340 条、震相数据 18932 条、107 个台站的地震仪器响应参数和台站技术参数、天津近震地震事件波形数据 170 多条、远震地震事件波形数据 1367 条。总数据量约 25G。整合上报 1990—2000 年、2008 年共计 12 年的全部地震事件目录数据、地震事件震相数据。

2. 收集整理 1980 年 1 月至 2000 年 12 月、2008 年 1—12 月的地磁、地电、重力、形变和地下流体观测数据，总数据量 150MB。上报前兆参数文件，包括：台站技术参数文件、数据库基本信息文件、模拟、“九五”数据库台站信息表、模拟、九五数据库测项信息表、模拟、“九五”数据库台站测项信息表、天津台站基本信息表、天津市地震局观测数据清单、天津市地震局台站行政位置、构造部位、测点基本描述、观测环境状况描述表。

3. 按照地震科学数据共享工程省级节点数据共享网站统一模版，采用 Ajax、Javascript、Xml、Google Map Api 等技术，应用 Oracle、Serversql2000 和 Mysql 等数据库，建立了天津区域地震科学数据服务网站（data.tjdzj.com）。通过 Google Map API 实现了地震目录在线 GIS 展示。

（七）地震预报辅助判据数据库

2000 年，市地震局根据全国地震趋势会商会和首都圈地震短临跟踪工作启动会的部署，完成前兆异常信息库、前兆异常指标库、地震震例库、预报意见库等 4 个短临跟踪信息数据库的建库工作。入库数据总量已达 50M，包括 33 个台点 120 个测项资料和 1989 年以来首都圈中等以上地震与首都圈邻区中强以上地震的 31 个震例资料。2001 年，积极推进地震预报方法实用化攻关成果的应用，补充完善了前兆异常信息库、前兆异常指标库、地震震例库、预报意见库等基础数据库。2003 年在《天津市中短期地震预报技术系统研究》课题实施中，根据地震中短期预报的实际问题，结合天津市所在区域的地震、地质环境特点，在首都圈工程项目建立的分析预报技术系统和地震基础信息库的基础上，把观测系统、信息系统和预测系统有机地结合起来，建立起实用的地震预测技术系统和相应的地震预报辅助判据数据库。

二、计算机网络及分析预报数据处理软件建设

计算机网络及分析预报数据处理软件建设按软件类别和建设时间记述如下。

（一）研发地下水动态观测干扰排除的实用化数据处理软件

1989年，市地震局与山东省地震局、河北省地震局科研人员合作，在多年工作基础，对地下水位的主要干扰因素及其排除方法进行剖析，根据各种干扰因素和水位异常特征，提出月、日、时三种不同时间序列的干扰因素排除方案，进而在IBM微型计算机上研发了地下水动态观测干扰排除的实用化数据处理软件。

（二）研制“地下水动态分析预报软件”

1991—1992年，以高文海为组长的科研组依据中国地震局发布的地震分析预报方法指南，采用C++语言，编制完成地下水动态分析预报软件。该软件既是中国地震分析预报软件系统（SSEPC）的一个子系统，又是可拆卸的独立系统。主要功能包括：地下水常规处理及基本图件绘制；主要干扰因素排除；异常提取；三要素预报等。

（三）引进中国地震分析预报软件系统（SSEPC）

1992年，市地震局引进国家地震局科技监测司软件技术组研发的中国地震分析预报软件系统（SSEPC）。该软件系统以《中国地震分析预报方法指南》所提出的地震分析预报工作的科学思路为指导，依据预报工作的内容、判据、指标与预报方法，采用C++语言编制的用于地震分析预报的应用软件系统。

（四）地震分析预报数据处理工作平台建设及基于GIS的地震分析预报集成软件

1999—2001年实施“首都圈防震减灾示范区系统工程”——天津市地震分析预报技术系统项目，建成“地震分析预报数据处理工作平台”并引进基于GIS的地震分析预报集成软件系统（MAPSIS）。地震分析预报数据处理工作平台建设方面，在市地震局科研办公楼二层建立面积为90平方米的计算室，配备15台联想台式计算机以及网络服务器、网络打印机、彩色激光打印机、刻录机、扫描仪、数码相机等设备，组成局域网。地震分析预报数据处理局域网通过100M线路连接市地震局局域网的二级交换机，并入地震信息网络系统。应用软件建设方面，引进了中国地震局监测预报司组织研发的基于GIS的地震分析预报集成软件系统（MAPSIS）。该集成软件系统以GIS为研制平台，以数据库、知识库为基础，实现地震活动、地震前兆数据、地质构造、地球物理环境及其他空间信息的综合分析，是直接服务于地震系统分析预报部门日常分析预报、地震会商、地震趋势判定的软件技术支持系统。由地理信息查询分析管理、测震资料分析处理、地震前兆资料分析处理、震后趋势分析、综合分析、工具调用、会商演示、系统帮助和系统安装等9个子系统构成。

（五）建立基于局域网的桌面分析预报数据处理系统

“十五”期间，随着天津市防震减灾中心（大楼）的落成，分析预报中心整体变迁到落成的天津市防震减灾中心（大楼）。地震分析预报数据处理计算机由联想台式电脑升级为戴尔台式电脑；计算机由在计算室集中摆放，变更为分别摆放到分析预报人员的办公桌面上；网络传输速率为10M/100M。

（六）引进升级版的地震分析预报集成软件系统（MAPSIS）

随着 Mapinfo 版本的不断升级，多种数据库（SQL Server、SYBase、Access、DBF 等）逐步统一到 Oracle 系统，以及地震科学研究的深入，中国地震局监测预报司推出地震分析预报集成软件系统(MAPSIS)升级版软件。该软件加入了更为丰富的数据库和知识库信息，增加了对 Google Earth 插件的支持。

三、会商显示及辅助决策系统建设

分析会商是地震分析预报部门的一项经常性工作。早期的会商会通常在会议室或较大房间进行；从 1994 年开始设立兼有会议、培训等功能的会商室；1997 年后开始建立功能相对齐全的会商室。在会商室建设过程中，会商显示及辅助决策系统逐步得到加强和完善。

（一）兼有会议、培训等功能的会商室

1994 年市地震局在科研办公楼的六层建立兼有会议、培训等功能的会商室，面积约 40 平方米，地面铺地板革，配备胶片投影仪、幻灯机、磁性白板等会商演示设备。

（二）独立震情会商室建设

1997 年 6—8 月，市地震局实施“地震信息数据中心改造工程”，对位于科研办公楼二层的中心机房进行重新布局和装修改造，分隔出测震台网中心、震情会商室、震情值班室和应急指挥室等空间。将位于六层的震情会商室搬迁到二层，面积扩大到 60 余平方米。新购置会商桌椅，配备投影仪等会商演示设备。

（三）“首都圈示范工程”扩建会商室

2000 年 8 月，随着市地震局科研楼改扩建工程的竣工交付使用，震情会商室由 60 余平方米扩大到 90 平方米。2001 年 3 月完成震情会商室室内装修。新购置会商桌椅，网线、电源及其他信号插座固定在桌面；配备悬挂式投影仪、电动式投影屏幕、实物展示台等视频设备以及话筒、调音台、音箱等音响设备；采用“快思聪（Crestron）”中央控制系统，对音响、视频、灯光等设备实施控制和切换；采用 ISDN 线路实现与中国地震局、北京市地震局、河北省地震局分析预报部门的联席会商。

（四）“十五”项目新建会商室

2007 年，在新落成的天津市地震台网中心大楼二层新建 80 余平方米会商室。新会商室装有防静电地板；配备了会议桌椅和悬挂式投影仪以及一台震情分析会商专用（保密）计算机。

四、震后早期趋势快速判定系统建设

震后早期趋势快速判定结果是政府迅速采取应急工作措施的主要依据。　地震发生后，对地震序列的类型和震后趋势做出准确判断常规作法是要获取完整的余震序列速报目录。但足够数量余震的发生需要一段时间，地震速报目录的编目工作也需要一定的时间。为利用历史地震资料，尽快做出对地震序列类型和震后趋势的早期判断，市地震局分别于 1988 年和 2001 年建立了天津及邻近地区地震类型和震后趋势判定档案箱和地震分析预报集成软件系统（MAPSIS）——震后趋势快速判定软件。

（一）天津及邻近地区地震类型和震后趋势判定档案箱

1988年市地震局分析预报室组织开展地震类型和震后趋势判定研究，在微型计算机上建立了地震类型的判定和趋势预测系统（DZHLX）。1994年完成天津市及邻近地区9次中等地震的震例总结，为震后趋势快速判定提供更为丰富的判定依据。1997年组织震后早期趋势估计系统研究。在震例分析总结基础上建立震例特征档案；针对不同区域的震例进行综合分析，归纳出各区域地震序列的共性特征，研制《天津及其邻近地区震时地震类型和震后趋势可能性估计档案箱》及相应软件。课题组梳理了天津及其邻近地区和渤海海域及其周边地区历史上1700年中发生的中强以上地震空间分布概况，得出区域历史地震活动的总体背景，将天津及其附近地区划分为六个研究区域。对天津及其邻近地区的六个小区和渤海海域及其周边地区1970年以来发生的地震活动进行了空间分布特征、震级分布特征、时间序列分布特征等分析；通过对27年间发生的65次显著地震事件的分析，建立学习样本，获得了不同区域地震序列基本特征的认识，可供震时早期地震类型判定和震后趋势预测时借鉴应用。为适应地震快速反应的需要，研制了相应的资料查询、地震类型判定和震后趋势预测软件系统。地震发生后，将震中位置和震级参数输入微机，启动“档案箱”查询系统，即可得出地震类型和震后趋势估计意见。

（二）地震分析预报集成软件系统（MAPSIS）——震后趋势快速判定软件

2001年市地震局引进中国地震局组织研发的基于GIS的地震分析预报集成软件系统（MAPSIS），该软件“震后趋势分析”部分的震后趋势快速判定模块，在天津市震后早期趋势快速判定中获得广泛应用。

第三节　震情短临跟踪

震情短临跟踪是在年度中短期预测的基础上，以地震孕育、发展进入短临阶段的震源演化过程及该过程中的地球物理效应为理论基础，以环境动力作用为影响条件，以现有多学科观测系统所获取的众多5级以上地震震例所归纳的短临指标体系为基本依据，开展的震情监视及分析预报工作。主要工作内容：一是做好年度地震趋势会商会确定的地震重点危险区的判定依据中各种异常的跟踪；二是根据历史地震震例开展本地区破坏性地震短临异常指标的研究；三是以捕捉临震异常为目的，采取紧急监测措施，做好重点监视地区的监视。

1999年3月，中国地震局印发《年度全国地震短临跟踪科学思路和技术方案（试行）》和《年度全国地震短临跟踪实施方案（试行）》（中震发测〔1979〕076号）。2000年3月，中国地震局印发《首都圈地区震情跟踪与预报工作方案》(中震发测〔2000〕066 号)。为贯彻中国地震局地震短临跟踪工作部署，2000 年 3 月 9 日，市地震局召开“2000 年震情短临跟踪工作启动会”，部署年度震情短临跟踪工作。其后，震情短临跟踪作为地震预测预报的一项工作制度在天津市确立下来。

一、震情短临跟踪的组织管理

2000 年，市地震局明确震情短临跟踪工作实行在局党组统一领导下，局长亲自抓，分管副局长具体组织，有关职能部门和单位分级负责的责任制。监测预报处负责组织、协调；地震预报中心技术牵头；其他有关处室、中心、地震办公室、台站按照职责分工各自承担震情跟踪的具体工作。

2000 年，成立短临预报专家组、短临异常判定组。2001 年，将短临预报专家组、短临异常判定组合并组成震情短临跟踪专家组。震情短临跟踪专家组的主要职责是参与全局震情跟踪工作的组织管理，提出意见和工作建议；参加日常会商、紧急会商、半年会商和和年度趋势会商，及时掌握震情信息；参加短临预报意见的评审；配合“首都圈震情判定组”做好落实异常与分析研究。

二、震情短临跟踪工作措施

为保障震情跟踪工作的顺利进行，市地震局采取了一系列行之有效的工作举措。

(一)制定震情短临跟踪工作方案

自 2000 年全面开展震情跟踪工作以来，每年年初根据中国地震局关于加强震情跟踪的工作部署和全国及天津市年度地震趋势会商会的判定意见，制定该年度的震情短临跟踪工作方案；地震预报中心、地震监测中心和各区县地震办公室以及专业地震台站制定各自年度震情短临跟踪工作实施方案，将任务、责任落实到部门和专人。年中，根据首都圈地区震情和中国地震局在年中会商会上对首都圈地区震情监视工作的总体部署，结合年初制定的工作方案，制定“下半年震情短临跟踪工作方案”，指导下半年的震情短临跟踪工作。在震情监视和震情短临跟踪工作过程中，市地震局根据震情的发展和强化监视工作的需要，适时制定有关加强震情短临跟踪工作的通知，部署和组织强化震情监视工作。

(二)制定短临预报对策方案和短临预报指标体系

2001 年 10 月 19 日，市地震局在总结多年地震分析预报和应急工作实践基础上，研究制定《天津市地震局短临预报对策方案》和《天津市地震短临预报指标体系》(津震发〔2001〕65 号)。《天津市地震局短临预报对策方案》分为短临预报意见的提出、短临预报意见提出后的震情监视工作对策和短临预报意见提出后的应急工作对策三部分。《天津市地震短临预报指标体系》分为中强地震短期预报的背景依据、短期预报指标(包括前兆异常指标、综合预报指标)和临震预报决策三部分。

(三)制定落实地震异常工作规定

2002 年 4 月 9 日，为进一步规范落实地震异常工作，及时判明异常的属性及原因，促进地震短临预报工作水平的提高，制定《地震异常落实工作规定》。2004 年 8 月 17 日，根据近年来天津市落实地震异常工作实践，在“地震异常落实工作规定”基础上，制定《天津市地震局地震异常落实管理工作规定》，进一步明确了部门职责和要求，规范了落实异常工作程序。

（四）建立“津唐廊沧”震情联防区

为进一步做好首都圈东部地区的震情监视和短临跟踪工作，加强震情信息沟通，天津市地震局、唐山市地震局、廊坊市地震局、沧州市地震局在2004年初召开的“天津及邻近地区地震趋势研讨会”上，经友好协商，共同发起成立“津唐廊沧震情联防区”。2004年3月9日，在津召开“津唐廊沧震情监视联防区”成立暨第一次工作会议。会议审议通过《津唐廊沧震情联防区工作制度》，推举天津市地震局为震情联防区牵头单位。根据震情联防区工作制度，每年定期召开震情联防区工作例会，沟通震情信息、商讨联防工作；震情联防区各成员单位间做到及时沟通与交换震情信息，实现震情信息共享（震情信息包括：周会商意见、月会商意见、半年趋势判定意见、年度趋势判定意见、微观和宏观短临异常信息等）；遇有紧急震情，由成员单位提出，召开紧急震情研讨会或会商会；根据震情需要，工作例会和紧急震情研讨会可吸收区县地震机构和地震台站的代表参加。2009年，秦皇岛市地震局、承德市地震局提出申请，经“津唐廊沧震情监视联防区”成员单位一致同意，吸纳秦皇岛市地震局、承德市地震局加入联防区。

三、震情短临跟踪专题研究

针对年度地震趋势会商会提出的，作为地震重点危险区判据的各种异常，组织开展一系列地震异常短临跟踪专题研究以及破坏性地震短临异常指标研究。

（一）华北地区震情短临跟踪研究

2001年通过对华北地区地震活动进行的全时空跟踪分析，研究中短期异常动态演化过程，及时进行短临跟踪分析判定。2002年，通过对我国大陆5级以上地震活动的时空关联度和可能出现的有序性特征的跟踪分析与研究，密切追踪昆仑山8.1级地震对华北地区地震活动可能产生的影响，对华北地区中强地震的危险性开展跟踪研究；通过对华北地区3级左右地震和首都圈地区2级左右小震活动时空动态跟踪分析，运用小震调制等测震学短临预测方法，对首都圈地区可能发生的5级左右地震做出短期危险性判定。

（二）首都圈地区中强地震危险性跟踪判定

2000年针对首都圈地区存在的较为明显的中强地震异常背景，且有由中期向短期过渡的迹象，采用空间图像和时间序列的方法，对首都圈及其周边地区的地震活动进行全时空扫描，开展首都圈地区地震活动时空演化及异常跟踪研究；跟踪天津市及邻近地区前兆异常时间进程和部分短临性异常发展变化，从华北北部地震活动对本区及周围前兆异常的调控作用方面认识和把握异常的发展，对该区中强地震危险地点和孕震阶段做出较为准确的分析判定与研究。

2001年以前兆异常资料分析研究为基础，重点跟踪分析首都圈中部及环渤海地区前兆异常发展趋势，对首都圈中部地区5级左右地震和渤海海峡中强地震的孕育和发生做出较为准确的分析判定。

（三）渤海海峡强震危险性跟踪研究

2000 年，针对渤海海峡及其周边地区在张北 6.2 和大同晚期强余震后出现的中小地震响应性活动显著等情况，从强震孕育的地壳结构和构造条件分析入手，结合历史地震活动资料，对强震发生的危险性进行跟踪研究。

2001 年，从强震孕育的地壳结构和构造条件分析入手，结合历史地震活动资料和当前震情，运用模糊地震系统预测方法，对渤海海峡中强地震发生的危险性进行了跟踪研究。

（四）宝坻台地电阻率异常的短临跟踪研究

2002 年，以宝坻台地电阻率趋势下降为研究对象，开展机理研究，对异常属性做出进一步明确的判定。

2003 年，针对宝坻地电阻率南北向和东西向存在的 3 年多的趋势性下降异常，通过现场调查和对比观测实验等方法，对其性质及震兆意义做出判断。

2004 年，针对宝坻地电阻率出现的长期下降，开展地电勘探体电性结构、水文地质环境方面的调查，分析和探讨造成宝坻地电阻率下降的原因。

2005 年，宝坻地电阻率自 1970 年开始观测以来，先后 4 次出现趋势下降，分别对应了华北北部的 6 级以上地震活动。自 2000 年开始的下降异常，目前已达到低值，但华北北部尚未发生 6 级以上地震，因此应予以足够重视并将结合“十五”攻关课题，开展宝坻地电阻率观测变化机理的探测研究。

2006 年，宝坻台地电阻率下降变化与台站附近南北向地裂缝相关性研究，对宝坻地震台台站附近出现的近南北向地裂缝与地电阻率下降变化在时间上存在同步性问题，在已开展高密度电法测深基础上，采用人工地震方法对该地地裂缝进行探测研究。

（五）塘沽台地电阻率异常的短临跟踪研究

2006 年，对塘沽地震台地电阻率 NS 向自 2005 年年中开始出现的年变幅上升 0.6%的异常变化进行跟踪研究。

（六）静海台、徐庄子台地磁 Z 分量下降变化的跟踪研究

2006 年，对静海台、徐庄子台地磁 Z 分量与昌黎台的差值从 2005 年 3 月开始出现的下降变化，采取扩大研究范围和利用同台址磁通门观测资料进行相关分析等方法，对上述异常做出判定，并对其发展进行跟踪研究。

（七）王 3 井、王 4 井水氡、水汞短临异常跟踪研究

2002 年，针对王 4 井水氡自 2000 年 5 月份以来测值偏高异常变化进行深入分析研究。

2003 年，针对王 3 水氡存在的短期异常以及王 3、王 4 井水氡、水汞异常频繁出现等情况，实施加密观测和分析研究，及时对异常性质做出判断。

2005 年，针对王 3 井、王 4 井水氡不断出现的高值突跳，进行加密观测，并配合其他水化点

异常的分析，对其异常性质做出分析判断。

（八）静海、宝坻水温持续升高异常的跟踪研究

2004年，针对静海台水温持续高值发展的情况，对该井的观测资料进行全面的收集与分析，同时就井孔的观测现状、水质成分及其对异常产生的影响开展调查研究。

2005年，针对静海、宝坻水温持续升高，开展水文地质及水质状况的全面调查，并对其中的干扰因素做定量分析，分析和判定该变化是否具有震兆意义。

（九）潘庄、天船井水位异常跟踪研究

2004年，针对天船井水位等持续高值发展的情况，对该井的观测资料进行全面的收集与分析，同时就井孔的观测现状、水质成分及其对异常产生的影响开展调查研究。

2008年，针对潘庄、天船井咸水位异常情况进行水位异常跟踪和咸水层水位震例研究。

2009年，对潘庄、天船两口井的观测条件、观测环境等可能的影响因素做进一步的详细调查与核实，排除人为或环境因素造成的干扰。在此基础上，进一步分析两口井历年震例，对其异常与地震关系进行系统研究，并对天津地区咸水井历史资料进行必要的研究和分析。

（十）地壳形变异常的短临跟踪研究

2000年，针对年初以来蓟县小辛庄山洞水管倾斜仪观测中出现的异常变化，收集周边邻台短水准观测资料，开展对比分析研究，对异常性质做进一步分析判定。

2002年，采用调和分析、卡尔曼滤波与契比雪夫拟合等方法，对蓟县水管倾斜和金属摆倾斜数字化观测资料开展动态跟踪，并通过对固体潮波形畸变的深入研究，确定异常与地震活动的相关关系。

2006年，就蓟县地震台垂直摆倾斜、石英伸缩仪东西向M2波潮汐因子2005年出现偏离背景值的下降变化，同时垂直摆倾斜东西向日均值出现反年动态变化，对台站周边存在的干扰因素开展调查。

2007年，研究蓟县形变观测数据与周边发生的强震的映震关系，发现和识别地震异常，并以前兆阶段性特征为线索来判断进入短期阶段的标志，建立利用形变固体潮资料预报地震的指标体系。

2009年，对蓟县小辛庄水管、垂直摆倾斜和伸缩应变日均值数据做排除降雨干扰分析，对目前各测向的趋势变化做出客观的判定；对重力资料进行气压相关性分析，排除气压干扰，获取可靠的重力变化信息；继续加强固体潮形变各测项分钟值曲线异常信息的提取和分析，跟踪其微动态变化。

第四节　预测预报探索实践

自 1975 年市地震局成立以来，按照“边观测、边研究、边预报”的原则，市地震局积极推进地震预测预报的探索与实践工作。

地震预测预报分为长期、中期、短期、临震四种类型，其中中期预测预报对于地震预防具有关键作用，而年度地震趋势会商会及其结果是中期预测预报的好形式。多年来，市地震局坚持开展年度地震趋势会商会，提出地震大形势和年度地震趋势预测意见，取得服务社会的好效果。

在地震预测预报实践中，天津市地震部门和地震工作者积累了较为丰富的经验，取得了一些强震前地震活动特征及前兆异常特征的认识，并对 1998 年张北 6.2 级地震及强余震做出了较为成功的中短期预测，对天津及周边地区一些中等地震也曾做出过较为成功的预测。

本节重点叙述年度地震趋势预测与较为成功预测震例的情况。

一、年度地震趋势预测

从 1975 年开始，天津市在每年年底前召开一次由市地震局有关处室、专业地震台站、区县地震办公室和有关协作单位参加的全市地震趋势会商会，对本年度震情监视工作进行回顾总结，并就下一年度天津及邻近地区震情趋势进行会商。年度地震趋势会商会以市地震局分析预报部门提交的“下一年度地震趋势预测研究报告”和有关单位提交的趋势预测研究报告为基础，重点对各方提出的趋势判定意见及判定依据进行会商，最终形成会商结论，即下一年度地震趋势的判定意见。年度会商会形成的年度地震趋势判定意见是指导未来一年震情监测跟踪工作的重要依据；年度地震趋势预测研究报告提及的异常是下一年度震情短临跟踪工作的重点。

（一）年度地震趋势预测研究报告

地震趋势研究包括地震大形势研究和年度地震趋势预测研究两部分。地震大形势研究主要是对未来三年华北地区地震的发展趋势做出预测，采用的手段以测震学方法分析为主，也包括前兆观测长趋势性异常的分析。地震大形势研究一般每三年开展一次，三年以内的大形势研究属跟踪性质。在大形势跟踪中，可根据异常的变化与发展情况，对地震大形势预测的结论进行修正。年度地震趋势预测研究在地震大形势预测研究基础上，跟踪上一年度各项异常发展与落实情况，结合本年度震情的全面分析，对下一年度地震趋势及地震危险区做出判定。2008 年，中国地震局在总结多年年度地震趋势研究报告工作基础上，对各省级地震部门年度地震趋势研究报告的内容做了进一步规范和明确。规定年度地震趋势研究报告包括：“年度地震活动、震情跟踪及预测预报检验情况；前兆观测资料及异常跟踪分析；地震形势分析；年度地震趋势和危险区综合判定”等内容，并对报告结构、内容、危险区（包括注意地区）的大小、分析依据、观测资料的使用长度等作了详细的规定。

一般情况下，年初分析预报室（中心）测震、形变、电磁、流体、综合等各学科组根据上年度地震趋势判定意见以及确定的前兆异常情况，制定本学科组年度短临跟踪工作方案，开展短临跟踪专题研究。5 月底，各学科组对上半年异常跟踪情况、新发现异常的落实、分析研究情况进行总结，依此形成天津市地震局对下半年地震趋势做出估计和预测的研究报告，并确定是否对年度趋势预测意见进行修正。如需修正，则将修正后的意见上报中国地震局监测预报司预报处备案。随后，根据年度短临跟踪方案（或修订的跟踪方案）继续组织下半年的跟踪工作。10 月底至 11 月初，各学科组根据年度震情跟踪以及专题研究成果，形成学科组下一年度震情趋势研究报告。测震学科地震趋势研究报告中所使用地震观测资料的截止时间为当年 9 月 30 日；各前兆及综合学科所使用的各项地球物理场观测资料的截止时间为当年 10 月 31 日。分析预报室（中心）在各学科工作基础上，汇总、起草天津市地震局下一年度地震趋势预测研究报告。

根据中国地震局的统一安排，各省级年度地震趋势会商会一般在 11 月 15 日前召开。在年度地震趋势会商会召开之前，由分析预报室（中心）组织各学科召开下一年度地震趋势研讨与会商会，然后，将各学科下一年度地震趋势研究结果进行汇总，形成下一年度地震趋势研究报告。该研究报告初步形成后，再组织召开全（省）市年度地震趋势会商会。天津市从 1975 年开始，每年年底召开一次年度地震趋势会商会，由市地震局有关处室、专业地震台站、区县地震办公室以及有关协作单位参加，会议主要是对由市局预报中心提交的地震趋势判定的依据与结论，提出修正或补充意见，并最终形成对下一年度天津及邻近地区震情趋势预测结果与报告。会后，将年度趋势判定意见提交天津市地震预报委员会评审。经天津市地震预报委员会审议后，连同年度地震趋势研究报告一并上报中国地震局分析预报中心。

（二）年地震趋势判定意见（1991—2010 年）

年度地震趋势判定属中期震情分析判定工作。年度地震趋势判定意见是年度地震趋势研究报告的重要结论，包括对潜在地震发生时间、地点和强度做出的预测。预测的时间尺度以一年为主，预测的地域范围由天津及邻近地区扩展至首都圈地区、华北地区，以天津及邻近地区为主。

1976—1990 年的年度地震趋势预测意见及判定依据在前志书中已有记载，故本书仅收录了 1991—2010 年的年度地震趋势预测意见及判定依据。经检验，除个别年份有对震情估计偏高的情况外，绝大多数年份对地震活动的判定与实际情况大致相同，表明地震趋势预测具有一定的信度。

1991—2010 年年度地震趋势判断意见汇总简表

表 2-9-4-19

年度	形成时间	年度趋势判断意见	主要判据	备注
1991	1990.11	1. 1991 年华北地区仍存在发生 5—6 级地震的可能。 2. 京西北地区存在发生 5—6 级地震的背景。 3. 1991 年天津及邻近地区不会发生 5 级以上地震。 4. 唐山老震区 1991 年度存在发生 4.5 级左右余震的起伏。	1. 华北归一化熵值扫描结果显示，渤海、京西北地区存在地震危险背景；模糊数地震学、统计预报及诱发前震多种方法预测，华北具有发生 5.0—6.0 级地震危险趋势。 2. 京西北地区存在地震空区背景和熵值扫描异常； 3. 本地区地震活动集中度 c 值、熵值的扫描结果及本区小震调制比、地震频次、能量、b 值等均无异常显示。 4. 唐山余震最大震级衰减缓慢；天津双桥井水位、王 4 井水氡异常变化。	华北及天津、唐山地震趋势预测与地震活动实况相符，即 1991 年 3 月 26 日大同发生 M_S5.8 地震，1991 年天津及邻近地区无 5 级以上地震发生，唐山老震区最大余震为 5 月 29 日唐山 M_S4.8。
1992	1991.11	1. 1992 度华北北部存在发生 M_S5.0—6.0 地震的可能性较大。 2. 首都圈地区 1992 年或稍长时间存在发生 M_S5.0—6.0 地震的可能，最大可能的发震地区是京西北及北京附近地区。 3. 1992 年度天津宁河、汉沽及邻近地区存在发生 M_S4.5 左右地震的可能性，从现在起到明年第一季度是值得注意的发震阶段。	1. 1991 年北京马坊、安平、山东莱州湾等小震群均为前兆性震群（信度为 0.25）；华北北部 1988 年和 1990 年出现地震低熵值异常。 2. 京、津、张地区具有长达 10 个月的 M_L≥2.0 地震平静异常；其年频度是 10 年以来最低的一年；小震空间、蠕变释放、R—T 空间扫描方法给出的异常集中分布在京西北及北京附近地区（信度为 0.3）。 3. 天津市宝坻县黑狼口一带存在着小震空区异常，据该空区的面积、强度及存在时间推算的结果。	1992 年华北与首都圈地区无 5 级以上地震发生。 天津宁河、汉沽及邻近地区预测与实际情况相符，即 7 月 22 日天津宁河发生了 M_S4.4 地震。
1993	1992.11	1. 1993—1994 年华北发生 M_S≥5.5 级地震的可能性较大，主要危险地区为：京西北—北三省交界（CF=0.5）、山西带（CF=0.4—0.5）、黄海北部（CF=0.4—0.5）。 2. 京西北地区 1993 年存在发生 5 级左右地震的可能。 3. 天津及邻近地区 1993 年发生 M_S≥5.0 级地震的可能性很小。	1. 华北地震活动分幕特征、缺震、频度、能量各曲线的分析表明未来两年华北地震将活跃；熵值、b 值扫描异常相对集中，京西北—北三省交界各项异常较显著。 2. 首都圈地区 4.5 级地震的时间间隔、b 值、频度、能量及缺震曲线存在异常，京西北空区演变的分析结果。 3. 天津宁河、汉沽地区余震衰减正常，能量释放比较充分，标明未来天津市地震活动强度为中等水平。	华北地震趋势预测总体偏高，该区域 1993 年最大地震仅为 3 月 28 日的黄海 M_S4.4，且京西北地区亦无 4 级以上地震活动。天津及邻近地区预测结果与实际相符，即 1993 年最大地震为 11 月 18 日的宝坻 M_L4.4。
1994	1993.11	1. 华北地区 1994 年度或稍长时间的地震活动水平可能为 5.0—6.0 级，主要危险地区为山西带北部。 2. 京西北—张家口地区 1994 年有发生 M_S4.0—5.0 级地震的可能。 3. 天津及邻区 1994 年发生 M_S≥5.0 级地震的可能性很小。	1. 华北中等以上地震年频度，能量释放低值异常。 2. 山西带北部存在中强以上地震危险的空区背景。 3. 天津市及邻区地震活动正常，各项测震学指标变化平稳，无明显缺震与应力增强或集中的迹象。	华北地震趋势预测总体偏高，该区域 1994 年最大地震仅为 12 月 13 日沙城 M_L4.3。天津及邻区预测与实际情况基本相符，即最大地震为古冶 M_L4.0。

续表 2-9-4-19

年度	形成时间	年度趋势判断意见	主要判据	备注
1995	1994.11	1. 华北 1995 年地震活动水平可能为 6.0 级左右，未来主要危险地区是山西带北部。 2. 京西北—张家口地区 1995 年发生中强以上地震的可能性不大。 3. 天津市及邻区 1995 年发生中强以上地震的可能性不大，但存在发生 4 级左右中等地震的可能。 4. 唐山老震区 1995 年度余震活动水平为 M_L4.5 级左右。	1. 1980 年以来地震能量释放起伏特征、缺震曲线异常及当前中等连发形势的分析。 2. 京、津之间存在小震空区，该空区具有中等地震背景。 3. 天津市及邻区地震活动、测震学指标及前兆观测结果基本正常。 4. 唐山余震序列的年频度及年最大震级衰减统计、外推与余震 b 值（高）预测的结果。	华北地区预测意见总体偏高，该区域最大地震为 10 月 6 日山西应县 M_S5.0。天津市及邻区无 4 级以上地震发生。唐山老震区最大地震为 9 月 20 日唐山 M_S5.2。
1996	1995.12	1. 华北（35°—42°，111°—123°）1996 年地震活动水平可能为 M_S5.5 级左右；渤海地区（37°30′—39°30′，119°00′—122°00′）1996 年存在发生 M_S5.5 或稍强地震的可能。 2. 京西北地区的沙城及其百公里的范围内 1996 年存在发生 M_L4.0—5.0 地震的可能性。 3. 天津市及邻区 1996 年发生 M_S≥5.0 地震的可能性不大，但存在发生 4 级左右地震的可能。今后几个月宁河—汉沽一带可能有中等地震活动。	1. 地震能量释放、地震年频次、年最大震级的统计分析，模糊数学的聚类、自相关系数、时空分维、地震簇等方法综合预测。 2. 1990 年以来张家口—涿鹿一带的 M_L≥3.0 地震空区，空区边缘发生沙城前兆震群。 3. 天津市北部小震空区及其孕震时间估计；部分前兆观测项目的趋势变化及其中短期异常特征的分析。	华北地震趋势预测总体水平偏高，1996 年预测区范围内无 5 级以上地震，京西北地区亦无中等地震发生。天津市及邻区中等地震活动水平的预测与地震活动实际情况相符，即 1 月 19 日滦县发生 M_L4.1。
1997	1996.12	1. 继续认为 1997 年华北地区可能发生 M_S≥6.0 地震危险的地区是渤海海峡及其沿岸地区、京西北—晋、冀、蒙三省交界地区，尤应注意山东半岛北部及附近海峡地区。 2. 1997 年张家口—逐鹿地区存在发生 M_S≥5.0 地震的可能。 3. 1997 年或稍长时间，京津之间存在发生 5 级左右地震的可能，但 1997 年上半年发震的可能性不大，应注意发生中等地震的可能。 4. 1997 年唐山余震区最高活动强度为 M_L4.5 级左右，宁河、汉沽一带的最高活动强度为 M_L4.0 级左右。	1. 华北 M_L≥4.0 地震带且其交汇区地震平静异常追踪分析、预测；地震波速分布确定该区具有发生强震背景与条件。 2. 1995 年 7 月沙城 M_L4.1 前兆震群。模糊地震学等多种方法的综合预测。 3. 天津及邻近地区地震活动的各项测震学指标的分析。 4. 唐山余震区缺震曲线与余震衰减一般规律的分析。	华北地震趋势预测意见偏高，1997 年该区域内最大地震为 5 月 25 日张家口 M_L4.7 和 9 月 18 日烟台 M_L4.8。 1997 年京津之间与唐山余震区均无中等地震发生。

续表 2-9-4-19

年度	形成时间	年度趋势判断意见	主要判据	备　注
1998	1997.11	1. 1998 年华北重点危险区及其发震概率为：晋、冀、蒙交界区的（39.5°—41.5°N，113°—115°E），发生 M_S≥6.0 地震的概率为 0.6；渤海海峡及其沿岸重点危险区（37°—39°N，120°—122°E）1998 年发生 M_S≥6.0 地震的概率为 0.3；文—霸以东及邻近值得注意的地区（37°—39°N，116°—117°E）M_S≥5.0 地震的概率为 0.4。 2. 天津及邻区存在发生 M_L≥4.0—5.0 地震的概率为 0.5，但近期发震迹象尚不明显。	1. 采用模糊预测、神经网络及物元分析综合评判等模型分析，预测对华北地区 1998 年发生 5.5 级以上地震的概率为 0.6；晋、冀、蒙交界存在测震学多项指标异常，其中，加卸载响应比方法给出的短期异常结果显示，该危险区发震紧迫性强。 2. 天津及邻区中等地震活动频度偏低，但各前兆观测无明显异常变化；唐山余震活动及其系列衰减基本正常。	在华北三个重点危险区中，突出强调了晋、冀、蒙交界危险区的短期发震紧迫性，与 1998 年 1 月 10 日发生张北 M_S6.2 的情况相符。 天津及邻区 1998 年无中等地震发生，年度预测意见偏高。
1999	1998.12	1. 1999 年渤海海峡及其沿岸重点危险区和首都圈中部地区发生 M_S6.0 左右地震的概率为 0.6；南黄海地区发生 M_S6.0 地震的可能不大；山西中南部发生 M_S≥5.0 左右地震的可能性不大。 2. 1999 年唐山余震活动的最高强度不大于 M_L5.0。 3. 1999 年张北地震序列起伏强度可能会达到 M_S5.0 级左右。	1. 地震活动性指标分析认为，华北地区 1999 年地震活动强度为 6 级水平；模糊地震学等空间扫描结果判定，渤海海峡及沿岸地区、首都圈中部具有中强地震的中短期趋势，而南黄海、山西中南部的地震中期危险趋势不明显。 2. 唐山余震序列的频度、能量衰减基本正常。 3. 张北震区余震衰减起伏性显著。	年度预测意见与华北实际地震活动情况不符，即各预测危险区内无 5 级以上地震发生。张北及唐山地区的余震活动水平的预测正确，即 3 月 11 日张北发生 M_S5.6，唐山余震最大为 5 月 12 日迁安 M_L4.2。
2000	1999.12	1. 华北未来具有发生 M_S≥7.0 地震危险区是晋、冀、蒙交界地区，未来 10—15 年发震概率为 0.3—0.6。 2. 2000 年度渤海海峡及其沿岸地震危险区有发生 M_S≥6.0 地震的可能，发震概率为 0.6；京西北—晋冀蒙交界地区发生 M_S≥6.0 地震的可能性不大；张北、大同震区上半年内有发生 4.0—5.0 级地震的可能。 3. 首都圈中部地区有发生 M_S5.0 级左右地震的可能，尤应注意京津地区。	1. 地震大形势的分析预测；晋、冀、蒙交界地区存在 M_S≥5.0 丛集发生的背景；模糊地震学中期地震趋势的预测研究结果。 2. 华北地区地震活动性及测震学各项指标的分析；各学科对华北北部的三个主要地震危险区的发震趋势分析预测与跟踪研究的结果。 3. 首都圈中部地区存在缺震背景及测震学指标异常；京津地区存在小震空区及部分前兆异常。	渤海预测危险区年内无 5 级以上地震发生。 对京西北—晋冀蒙交界地区的预测基本正确，即张北震区 4 月 10 日发生 M_L4.3 地震，而大同震区年内最大地震为 11 月 5 日 M_L4.5。 首都圈年内最大地震为陡河 M_L4.4，预测意见偏高。
2001	2000.11	1. 华北地震危险区及其 2001 年度发震概率： ①渤海海峡及其邻区 2001 年度发生 5.0—6.0 级地震的概率为 0.6； ②晋、冀、蒙北三省交界地区 2001 年发生 5.0—6.0 级地震的概率为 0.4； ③首都圈地区尤其中部地区有发生中强地震的可能，2001 年度发震概率为 0.6。 2. 唐山余震区 2001 年地震活动为中等水平。	1. 中国大陆（2001—2003）地震大形势对华北地震活动趋势影响的研究，及一年来对华北各地震危险区的震情跟踪研究结果。 2. 唐山震区余震序列衰减特征及其趋势的分析预测。	华北趋势预测意见总体偏高，即各预测危险区内无 5 级以上地震发生，其中最大的地震活动仅为 9 月 19 日渤海 M_L4.7。 唐山余震活动水平估计正确，年内该区最显著地震为 1 月 3 日丰南 M_L4.0。

续表 2-9-4-19

年度	形成时间	年度趋势判断意见	主要判据	备　注
2002	2001.12	1. 2002年或稍长时间内，华北地区发生5.0—6.0级地震的可能，主要危险地区是渤海海峡极其周边地区和京西北至北三省交界地区，其发震概率为0.6。 2. 2002年首都圈地区发生中强地震的可能性不大。 3. 天津及邻区有发生 4.5 级左右地震的可能。	1. 华北地震基本趋势判定、该区2002年度地震重点危险区极其发震危险性多方面的预测研究。 2. 首都圈地区地震活动强度及中部地区的地震活动趋势分析预测。 3. 天津及邻区地震频度、能量释放曲线分析等结果。	华北地区预测结果偏高，最大地震仅为河北隆尧 M_S4.8。首都圈地区未发生中强地震，天津及邻区的最大为宁河东 M_S4.2，以上两区的预测结果与实际情况相符。
2003	2003.12	1. 我国大陆地区今后几年内仍有可能发生 M_S7.5 级左右强震，但2003 年发震的可能性较小。川、青、藏交界地区 2003 年上半年有发生 M_S6.0 级或稍强地震的可能，发震概率为 0.68。 2. 华北地区有发生中强地震的可能，主要危险区是晋、冀、蒙交界区的西部，发震概率为 0.7，应注意河北平原带的中南端与渤海海峡及周边地区地震活动发展； 3. 首都圈西北—北三省地区存在5级地震背景，2003年发震概率为0.5；首都圈中、东部有发生 M_L4.5级地震的可能。	1. 我国大陆地震活跃期的强震频次、能量释放水平、本活跃期6级地震G—R关系以及 7.5 级以上强震对未来地震活动的影响等多项分析预测的结果。 2. 我国大陆强震活动对华北地震趋势影响的分析、华北6级以上平静时间间隔统计、华北地震活动异常特征及其活动性指标的分析，以及测震学预测因子空间扫描的结果。 3. 首都圈和天津地区前兆异常跟踪，地震活动异常特征及其活动性指标的分析，测震学预测因子空间扫描以及预测模型预测的结果。	华北地区预测结果与实际情况基本相符，即在2003年11月25日山西洪洞发生 M_S5.0 地震；首都圈预测结果与实际情况基本相符，即2003年4月24日及12月11日发生宁河 M_L4.3 和塘沽 M_L4.0 地震。
2004	2003.12	1. 中国大陆未来 3 年强震活动主体地区仍在西部，可能发生 7.5 级左右的强震。主要危险区是川、青、藏交界地区，新疆地区，滇西南地区。 2. 华北地区有6级地震背景，2004年有发生5.5级左右或6级以上地震的可能主要危险区：晋冀、蒙交界以西地区，河北平原带的南部，山东半岛东南及南黄海地区。 3. 首都圈地区2004年度地震活动水平为5.0级左右，京津和唐山地区地震活动水平为4.5级左右。	1. 中国大陆强震活动分期特征、强震活动频次、能量释放、强震相关性的分析及本活跃期6级以上G—R关系外推结果。 2. 华北强震平静时间间隔统计、地震活动异常特征及活动性指标分析、测震因子空间扫描结果。 3. 首都圈前兆跟踪分析、该区地震活动异常特征及其活动性指标的分析，测震学预测因子空间扫描以及预测模型预测的结果。	华北地区预测意见偏高，各预测危险区均无 5 级以上地震发生；首都圈地区预测结果与实际情况相符，即 2004 年 1 月 20 日滦县发生 M_L5.0 地震。
2005	2004.12	1. 2005年华北存在发生中强以上地震危险的地区：晋、冀、豫三省交界区，震级为 M_S6.0 左右，发震概率为0.74；晋、冀、蒙三省交界及其以西地区，震级为 M_S6.0 左右，发震概率为 0.7；山东半岛东南及黄海地区，震级为 M_S5.0—6.0 左右，发震概率为 0.7。 2. 首都圈地区2005年度存在发生M_S5.0左右地震的可能。 3. 天津及邻区2005年地震活动水平为 M_L4.5 左右。	1. 华北地震活动空间图像和时间序列异常特征的分析；测震因子空间扫描的结果；对该地区前兆异常变化的分析。 2. 首都圈前兆跟踪分析、该区地震活动异常特征及其活动性指标的分析，测震学预测因子空间扫描的结果。 3. 天津及邻区地震活动强度、频度水平偏低，且存在少数前兆观测异常。	华北地区预测意见偏高，各预测危险区均无 5 级以上地震发生，最大地震仅为4月27日河南范县 M_L4.3 及5月9日山东烟台海域 M_L4.5。

续表 2-9-4-19

年度	形成时间	年度趋势判断意见	主要判据	备 注
2006	2005.11	1. 2006年华北可能发生地震的强度为 M_S5.0—6.0； 2. 主要危险区： ①晋、冀、豫三省交界地区（35.5°—36.5°N，113.0°—115.5°E），震级为 M_S5.0—6.0，预警等级：黄色； ②晋、冀、蒙三省交界以西地区（40°—41.5°N，111.0°—114.0°E），震级为 M_S5.0—6.0，预警等级：黄色； ③山东半岛以东海域（35°—36.5°N，120.0°—123.0°E），震级为 M_S5.0—6.0，预警等级： 3. 首都圈地区2006年度最高地震活动水平为 M_S5.0左右。 4. 天津及邻近地区2006年度地震活动水平为 M_L4.5左右。	1. 地震活动强度预测： 最大震级曲线处于1960年以来的最低值、M_S≥5.0缺震异常亦达1900年以来的最长时间间隔，并存在地震活动的模糊地震学方法多项异常；lg∑N（ML）—ML关系外推结果表明，华北地区存在中强地震的可能。 2. 主要危险区判定： ①晋、冀、豫三省交界地区存在 M_L≥3.5地震条带交汇、空区及C值、D值、MF值的异常分布；地震活动指标可拓综合预测模型的危险预测；据空区计算孕震背景震级平均值为 M_S6.3左右。 ②晋、冀、蒙交界地区存在 M_L≥3.0地震空区及C值、D值、MF值异常分布；地震活动指标可拓综合预测模型的危险预测；据空区计算孕震背景震级平均值为 M_S6.0左右； ③山东半岛东南沿海地区存在 M_L≥3.0地震空区，C值、D值、MF值异常分部，该空区计算孕震背景震级平均值为 M_S6.0左右； 3. 首都圈地区存在缺震异常、最大地震曲线低值异常，且2000年以来 M_L≥2.0地震lg∑N（ML）—ML关系外推结果表明，该区具有发生 M_S5.0左右地震的可能；该区还存在宝坻台、塘沽台的地电阻率年变异常、静海台地磁值下降及马17井水位突升等项前兆观测异常。 4. 天津市及邻区存在小震频度、地震活动标度、断层总面积及缺震等项异常，且2000年以来 M_L≥2.0地震lg∑N（ML）—ML关系外推结果，该区2006年地震活动强度为4.5级。	华北地区预测意见偏高，各预测危险区没有发生相应地区；首都圈地区2006年7月4日文安发生 M_S5.1地震，年度预测意见与实际情况相符； 天津地区无预测的中等地震发生。
2007	2006.11	1. 2007年华北可能发生地震的强度为 M_S5.0—6.0。 2. 主要危险区是： （1）晋、冀、豫三省交界地区（35°30′—36°30′N，113°00′—115°30′E），震级为 M_S5.0—6.0，预警等级：黄色； （2）晋、冀、蒙三省交界以西地区（40°00′—41°30′N，111°30′—	1. 地震活动强度预测： 华北地区存在 M_L≥4.0地震频度、缺震、低b值等异常；模糊地震学的多项方法异常；据G—R关系外推该区地震活动强度为 M_S5.4左右。 2. 主要危险区判定： (1)晋、冀、豫三省交界地区 存在 M_L≥3.5地震条带交汇及C值、D值及MF值空间扫描等异常；据该区 M_L≥3.5	年度地震活动趋势预测估计偏高，华北范围的两个预测危险区及首都圈地区均无相应地震发生；天津及邻近地区地震趋势预测与实际地震活动水平基本相符，即至2006年

年度	形成时间	年度趋势判断意见	主要判据
		114°00′E），震级为 Ms5.0—6.0，预警等级：黄色； 3. 首都圈地区 2007 年度存在发生 Ms5.0 左右地震的可能； 4. 天津及邻近地区 2007 年度发生大于 M_L5.0 地震的可能性不大。	地震空区计算孕震背景震级为 Ms6.3 左右。 ⑵晋冀蒙（北三省）交界地区存在 C 值、D 值及 MF 值空间扫描等异常，据该区 M_L≥3.0 地震空区推算孕震震级为 Ms6.0 左右。 3. 首都圈地区存在缺震、3 级地震频度等异常；G－R 关系外推结果，首都圈地区缺少一次 M_L5.3 左右的地震；可拓综合方法、模糊神经网络等预测模型计算结果表明，该地区 2007 年存在发生 Ms5.0 左右地震的可能；该区还存在宝坻地电阻率、宁河台地磁的趋势变化异常。 4、天津及邻近地区的地震活动标度、断层总面积、缺震曲线异常；该区存在 M_L≥2.0 地震空段和 M_L≥1.0 地震条带交汇的异常背景；据 G—R 关系外推结果，天津地区存在发生 M_L4.8 左右地震的可能。
2008	2007.11	1. 华北地区存在发生中强地震的可能，主要危险区是： 山西北部至晋冀蒙交界地区（N38.3°—40.3°，E112.1°—114.1°）存在发生 Ms5.0—6.0 级地震的可能，发震概率为 0.68，预警等级：黄色。 2. 首都圈地区 2008 年地震活动水平为 Ms5.0 左右，存在发生 ML5.0 地震的可能。 3. 2008 年度，天津地区中小地震活动水平可能有所提高，有发生 M_L4.5 级左右地震的可能。	1. 山西北部至晋冀蒙交界地区存在 b 值、Mf 值、调制比 Rm 值、危险度 D 值等空间扫描异常；地震学空间场异常信息合成和地震活动性参数动态寻优预报模型预测的异常结果。 2. 首都圈地区存在 M_L≥2.0 级空区、2.0 级左右地震的平静—密集活动的异常图像；各种综合预测模型、模糊综合评判与基于预报效能的地震学指标跟踪预测结果均表明，2008 年度发生 M_S≥5.0 级左右地震的概率为 0.540。 3. 天津宝坻—蓟县一带 M_L2.0 级左右地震平静—密集活动差异性显著；从 8 月底开始京津地区 M_L2.0 级左右地震空区内出现小震活动；各种综合预测模型结果的综合评判表明，2008 年度地震强度为 M_L4.5 级。
2009	2008.11	华北存在两个需注意的地震危险区： 1. 渤海海峡地区（37.5°—39.0°N，119.5°—121.5°E），存在发生 5 级左右地震的可能； 2. 冀、鲁、豫交界地区（35.0°—36.8°N，114.0°—115.8°E）存在发生 5 级左右地震的可能。 3. 首都圈地区 2009 年地震活动水平最高为 Ms5.0 级。 4. 天津及邻近地区 2009 年存在发生中等地震的可能。	1. 渤海海峡地区： 辽东半岛—渤海海峡存在孕震空区、渤海海峡有短期空区；海峡地区的地震 b 值、Mf 值、D 值、A（b）值等空间扫描结果显示异常；地震学空间场信息与华北 RTP 模式识别分析的空间扫描结果显示异常。 2. 冀、鲁、豫交界地区存在中等地震活动非稳态特征空间跟踪结果异常；河南封丘 M_L4.8 级地震为圆心、半径 100 千米左右范围地区存在 b 值、Mf 值、A（b）值、地震频度、地震能量空间扫描等异常；地

续表 2-9-4-19

年度	形成时间	年度趋势判断意见	主要判据	备　注
			震学空间场信息合成扫描结果异常。 3. 首都圈地区 $M_L \geq 4.0$ 地震活动具有在时间尺度上的成组活动特征；该区 $M_L \geq 3.0$ 地震的频次处于低值水平；η值、b 值、Mf 值、调制比 Rm 值的时间跟踪分析存在异常； 4. 天津地区 4 级地震长期缺失；天津及邻区的缺震和断层破裂总面积处于低值水平；该地区 b 值、A（b）值、缺震、Mf 值、Rm 值和 A 值等 6 项测震学指标存在异常；潘庄井水位、天船井水位异常。	
2010	2009.11	1. 华北地区总体 2010 年地震活动水平在 5.5 级左右。 2. 冀鲁豫交界地区（35.0°—37.0°N，114.6°—116.1°E）存在发生 5 级左右地震的可能。 3. 首都圈地区 2010 年地震活动水平为 5 级。 4. 天津及邻近地区 2010 年最高地震活动水平为 5 级，上半年内存在发生中等以上地震的可能。	1. 华北地区具有长达 141 个月的 $M_S \geq 6.0$ 地震平静和 40 个月的 $M_S \geq 5.0$ 地震平静异常背景；该地区蠕变释放曲线计算结果表明，存在发生 5.3 级左右地震的可能。 2. 冀鲁豫交界地区存在 A 值空间扫描异常、SQIP 方法空间扫描结果异常。 3. 首都圈地区缺震异常继续发展；该地区存在高 b 值、$M_L \geq 3.0$ 地震频次异常；且 $M_L \geq 3.0$ 地震活动在时间上成丛、空间上呈有序分布的特征；该区域地震蠕变释放累积缺失的折合震级约为 $M_S4.9$；地震可拓方法综合等预测模型对首都圈地区预测结果显示，存在发生 $M_S4.6$ 地震的可能； 4. 天津地区 $M_L1.0$—4.0 级各震级档次的年频度均处于低值水平，且京津之间 $M_L \geq 4.0$ 地震长期平静；2003 年以来存在高 b 值异常；蠕变曲线计算结果表明存在发生 $M_S4.6$ 左右地震的可能；蓟县垂直摆、宝坻地电阻率、天船井水位等测项存在中短期异常	华北地区无 5.5 级左右地震发生； 首都圈地区最大地震为 2010 年 3 月 6 日滦县 $M_L4.8$ 级，预测与实际情况基本相符； 天津及邻区最大地震为 4 月 9 日丰南 $M_L4.6$ 地震，年度预测与实际情况相符。

二、较为成功预测震例

在地震预测预报长期实践中，天津市地震科技工作者坚持大胆探索、勇于实践，积累了较为丰富的经验，取得了对一些强震前地震活动特征及前兆异常特征的认识，其中，对 1998 年张北 6.2 级地震及强余震做出了较为成功的中短期预测，对 2000 年唐山 4.4 级地震、2002 年丰南 4.7 级地震、2003 年宁河 4.3 级震群、2006 年文安 5.1 级地震和 2008 年卢龙 4.1 级等中等地震也曾做出过较为成功的预测。

较为成功预测震例简表

表 2-9-4-20

序号	地震	主要判定依据	预测意见	备注
1	1998年1月10日，张北6.2级地震	华北地区1997年地震活动偏低；渤海—张家口形成一条北西向 $M_L \geq 3.0$ 地震条带、1997年下半年以来小震群活跃；该区地震加卸载响应比异常显著；灰色模糊预测模型、华北地区 $Ms \geq 5.0$ 的统计、预测、神经网络预报模型、物元分析综合评判模型等分析，认为华北地区1998年发生 $Ms \geq 5.0$ 地震的概率达到60%—70%。	在1998年度全国地震趋势会商会上提出："晋、冀、蒙交界地区1998年上半年发生 $Ms6.0$ 以上地震的可能性较大"的中短期预测意见	天津市地震局《1998年度地震趋势研究报告》
2	2000年6月25日，唐山4.4级地震	2000年4月25日至6月23日，王3井水汞连续出现了多次单点高值突跳异常；王4井水汞5月12—13日连续两天出现307纳克/A+、398纳克/A+的高值突跳	2000年5月30日月会商及6月周会商结论："6月份天津及邻近地区存在发生中等地震的可能"	天津市地震局《月会商报告》和《震情监视报告》
3	2002年5月19日，丰南4.7级地震	2002年4月2—7日，王3井水汞相继出现成丛大于100ng/L的高值异常，其中4月4日出现321ng/L高值异常	2002年4月周、月会商及5月前两周会商结论："3个月内天津及邻近地区，特别是唐山老区近期存在发生 M_L 4.5地震的可能"	天津市地震局《月会商报告》和《震情监视报告》
4	2003年4月23日，宁河4.3级震群	首都圈及唐山地区缺震及能量释放分别达到近十年的最低值；王3井水汞2月17—19日出现突跳，最高值超过基值近三倍；王4井水汞2月20日至3月5日出现突跳，最高值超过基值近两倍；蓟县重力3月4—23日出现83微伽的下降变化	2003年3月26日月会商结论："4月份天津及邻近地区发生5级以上地震的可能性不大，但应注意唐山震区发生中等地震的可能"	天津市地震局《月会商报告》和《震情监视报告》
5	2006年7月4日，文安5.1级地震	2006年2月23日以后天津及邻近地区形成一个 $M_L \geq 1.0$ 地震空区，当年5月以后又快速形成一个近NS向的 $M_L \geq 1.0$ 小震条带；潘庄井水位6月6日出现大幅度上升变化，至26日开始转折下降；高村井水位出现突升及固体潮畸变异常	2006年6月28日月会商结论："天津及邻近地区存在发生中等地震的可能"	天津市地震局《月会商报告》和《震情监视报告》
6	2008年3月11日，卢龙4.4级地震	蓟县小辛庄伸缩应变仪EW向、潘庄井水位、天船井水位及塘沽土壤气 CO_2 出现异常。	2008年3月5日周会结论："下周天津及邻近地区存在发生中等地震的可能"	天津市地震局《周会商报告》

（一）1998年张北6.2级地震及5.6级强余震

1998年1月10日11时50分河北省张北县发生6.2级地震。市地震局分析预报中心根据区域中等地震活动条带、局部地区中地震活动平静和信号震等异常指标，震前做出较成功的中、短期预测。

1996年5月发生的内蒙古包头6.4级地震和11月发生的长江口外黄海6.2级地震，华北地区地震活动显现出强震连发的活跃态势，区域地震活动也出现明显的异常特征。1996年2次6级地震的发生，打破华北地区地震活动的低水平状态，然而1997年的地震活动水平再次跌入低谷，多源孕震的地震活动空间分布格局继续发展；经对华北地区1989—1996年5级以上地震发生时间分布特征的分析，预计1998年3月（误差为±5个月）是华北地区发生5级以上地震的危险时段；根据1910年以来首都圈地区5级以上地震的时间序列特征，平均发生周期为11.3±1.2年，以1989年10月大同6.1级地震为参照，首都圈地区1998—2000年间存在发生5级以上地震的可能；曾经是3.5级以上地震频繁发生的晋、冀、蒙交界地区，1989年10月大同6.1级地震后，3.5级以上地震突然平静下来，时间长达8年之久，显示强震孕育的应变能积累过程；恰恰在晋、冀、蒙交界地区3.5级以上地震平静时间段内，1997年5月25日张家口附近发生一次4.2级地震，该地震具有明显的信号震性质，反映地震活动闭锁区边缘的早期预破裂。同时，首都圈及华北地区许多前兆测项（如地电、地磁、重力、地形变、地下水位、地球化学等）都观测到震前不同时段的异常变化。

根据对上述有关地震活动异常特征的分析，市地震局分析预报中心在1998年度地震趋势研究报告中，根据华北地区1997年地震活动偏低、渤海—张家口形成了一条北西向 $M_L \geqslant 3.0$ 地震条带以及1997年下半年以来小震群活跃等异常指标分析，认为“目前华北地区的地震活动仍处于不正常的状态。尤其中等地震和小震群活动有向北西向地震带两端发展的趋势，应引起注意”。在时间的预测上，根据灰色模糊预测模型、华北地区 $M_S \geqslant 5.0$ 统计、神经网络预报模型、物元分析综合评判模型的分析，认为华北地区1998年发生 $M_S \geqslant 5.0$ 地震的概率达到60%—70%。通过对晋、冀、蒙交界地区和渤海海峡及其沿岸地区两个危险区的跟踪分析，认为晋、冀、蒙交界地区1998年上半年发生 M_S 6.0以上地震的可能性较大。

1998年12月31日，中国地震预报奖励基金会为天津市地震局分析预报中心颁发“对1998年1月10日河北张北—尚义6.2级地震中、短期预报正确”奖励证书。1999年年初，中国地震局根据年度地震趋势研究报告评审结果、地震观测资料质量与分析预报工作的评比成绩、年度中短期与短临地震预报卡的实际检验以及监测预报管理、地震现场等工作的综合评价结果，授予天津市地震局“1998年度全国地震监测预报工作先进单位”荣誉称号。1999年4月5日，“1998年张北6.2级地震的中期预报（含华北地区地震活跃动期、危险程度及危险区的预测研究）”项目获得天津市地震局（1999年度）科技进步二等奖。

在成功预测张北6.2级地震基础上，市地震局分析预报中心继续关注张北老震区地震活动的发展趋势，认真做好跟踪，较好地预测了1999年3月11日发生在张北老震区的5.6级强余震。震前，市地震局分析预报中心针对1998年下半年以来张北余震序列衰减的不正常情况，在认真分析能量释放、缺震和相应比等异常指标的基础上，在1999年2月24日召开的月会商会上明确提出：“张北余震活动目前仍处异常之中，应注意3月份发生 M_S5.0—5.5级地震的可能。”在3月3日和3月10日周会商意见中均强调“应注意该地区发生中强地震的可能”。

（二）2003年4月宁河4.3级震群

2003年4月23日21时45分、24日2时39分和16时15分，天津市宁河县七里海镇和俵口乡一带相继发生4.1级、4.3级和3.8级有感地震，震中区烈度Ⅴ度，宁河县震感强烈，市区及其他区县普遍有震感。

震前，市地震局根据首都圈及唐山地区地震活动方面存在的缺震与能量释放的低值异常，以及宝坻王4井水汞等异常的综合分析，做出较为准确的短临预测意见。震后各级党委、政府以及地震部门迅速采取一系列有效应急措施，发生在“抗击非典”这一特殊时期的有感地震未对天津市社会生产和社会生活构成重大影响。

测震方面，从2003年2月开始首都圈及唐山地区的缺震及能量释放分别达到近十年的最低值，引起分析预报人员的高度警觉。前兆方面，震前相继出现宝坻王3井水汞、王4井水汞、蓟县重力等三项异常。宝坻王3井水汞2月17—19日出现突跳，最高值达86纳克/升，超过基值近三倍；王4井水汞自2月20日至3月5日出现突跳，最高值达116纳克/升，超过基值近两倍；蓟县重力3月4—23日出现83微伽的下降变化（2002年5月19日宁河4.7级地震前的4月23—28日曾出现65微伽的下降变化）。

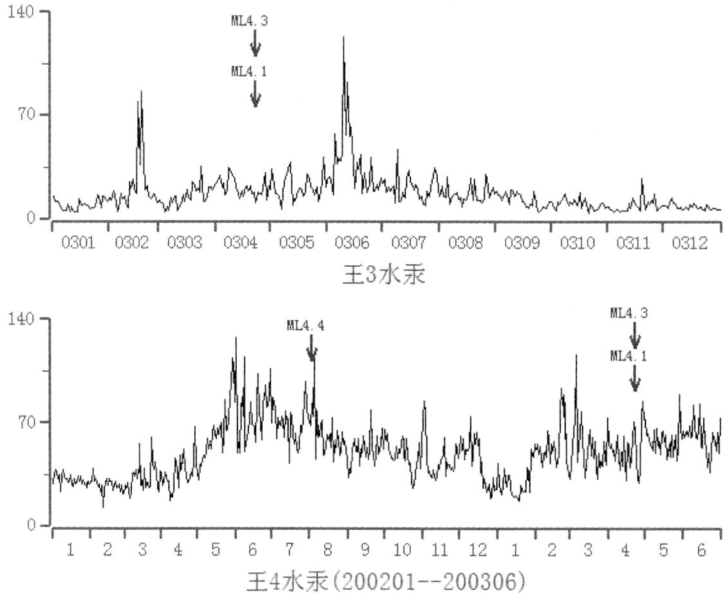

图2-9-4-33　王3井、王4井水汞日观测值曲线

3月26日市地震局分析预报中心召开月震情趋势会商会，根据对首都圈地区地震活动性以及宝坻王4井水汞等前兆异常的综合分析，提出“4月份天津及邻近地区发生5级以上地震的可能性不大，但应注意唐山震区发生中等地震的可能”的预测意见。分析预报部门根据这一预测意见进一步加强短临跟踪，密切注视前兆异常的发展变化，对蓟县重力以及地下流体异常进行现场核实；对张道口深井深层水温、浅井水位与浅层水温等异常情况进行现场调查研究。

震后至4月底，市地震局分析预报部门实行每日加密会商，并从宁河震群特征、震前异常及

综 面进行全面总结。从本次短期预测实践看，尽管此类地震一般不大可能造成破坏，但 是短临预测，对于作好震后应急和保证社会稳定仍具有不可忽视的意义。通过此次 步增强了对此类地震短临前兆特征的认识，丰富和完善了短期预测的判据指标。

年 7 月文安 5.1 级地震

4 日 11 时 55 分，河北省文安县（北纬 38°54′，东经 116°17′）发生 M_S5.1 地震，界约 40 千米，是 1991 年 6 月以来天津及邻近地区发生的最大一次地震。

天津及邻近地区异常总量虽不多，但地震活动和地下流体异常较为明显。天津市 中心在 2006 年 5 月、6 月的周、月会商中连续多次提出“天津及邻近地区存在发 ”的预测意见。

2006 年 2 月 23 日以后天津及邻近地区形成了一个 M_L≥1.0 地震空区，2006 年 5 月 成了一个近南北向的 M_L≥1.0 小震条带。上述情况在 1993 年 11 月 18 日宝坻 M_L4.4 地 ，即 1992 年 12 月 13 日至 1993 年 11 月 5 日在天津西部地区形成了一个 M_L ≥1.0 小 93 年 5 月 20 日到 1993 年 10 月 31 日在天津中北部地区形成了一个 M_L ≥1.0 小震 空区内发生了宝坻 M_L4.4 地震。故认定，此次小震活动图像对应存在发生中等地震 带与地震对应关系分析，地震应发生在条带的两端，即北京或文霸地区；从空区 震应发生在天津的中北部地区。

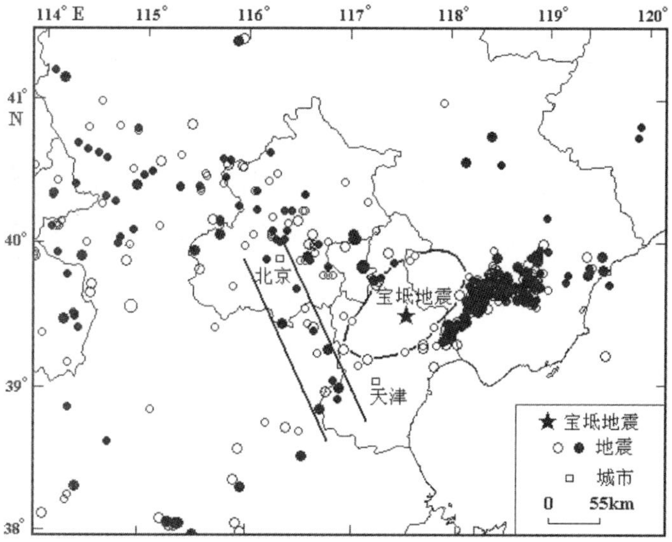

○ 1992.12.13–1993.11.05间地震； ● 1993.05.20–1993.10.31间地震；

○ ● M_L=1.0～1.9；○ ● M_L=2.0～2.9；○ ● M_L=3.0～3.9；○ ● M_L=4.0～4.9

图 2-9-4-34　宝坻 M_L4.4 地震前小震条带与空区

分析，王 3 井、王 4 井水汞异常出现后，分析人员和观测人员从仪器稳定性、取样 剂等环节进行检查，并到井点进行现场取样、现场测量，未发现明显干扰。根据王 井水汞以往震例，否定王 3 井、王 4 井水汞 5 月 5 日出现的异常是 5 月 3 日唐山 M_L 4. 地震后效的可能，认定为前兆异常。因此，根据以往震例，王 3 井、王 4 井水汞出现异常并结束后，在未来90天时间内多有地震发生，且其优势发震时间应在异常结束后的60天左右；发震地点多在天津及邻近地区；震级多为中等地震。此次，王3井、王4井异常自5月5日开始，王3井主异常9日已结束，王4井主异常仅持续了两天。由此判定，未来地震的发生时间应在7月中旬以前。

根据测震学及王3井、王4井出现的上述异常，市地震局分析预报中心在5月的周、月会商及6月的周会商中连续提出“天津及邻近地震存在发生中等地震的可能”的判定意见。

随着震情的发展，潘庄井水位2006年6月6—25日连续出现大幅度上升变化，到26日水位开始转折下降。此次变化，水位从6月5日的—8.75米，上升到6月25日的—4.62米，20天的时间内总共上升了4.13米。经校测，水位变化属实。统计该井以往震例，潘庄井水位在震前往往表现出大幅度上升变化，地震大多发生在水位从高值转折并出现大幅度下降后两个月的时间内，个别也有发生在异常结束后4个月的时间内或异常高值阶段，总体上讲地震发生在水位出现转折后3个月的时间段内。地震发生的地点主要在天津及邻近地区，地震强度多为中等地震。根据潘庄井水位异常发展过程分析，判定其优势发震时间在6月25日以后的三个月内；从异常下降的速率分析，6月25日后转折下降过程中，由于其下降速率较小，应不是其优势发震时段。

鉴于上述异常及分析结果，市地震局分析预报中心在2006年6月28日的月会商会上再次做出“天津及邻近地区存在发生中等地震可能”的预测意见。结果7月4日文安了发生5.1级地震。震后经震例总结发现，震前3天天津市高村井水位出现突升及固体潮畸变异常，该现象的出现可能预示着已经进入地震的临震阶段。

（四）2008年3月卢龙4.4地震

2008年3月11日04时23分，河北省卢龙县发生 M_L4.4地震（北纬39.98º，东经118.9º）。震前蓟县地震台小辛庄伸缩应变仪东西向、潘庄井水位、天船井水位及塘沽台土壤气—二氧化碳（CO_2）出现异常。

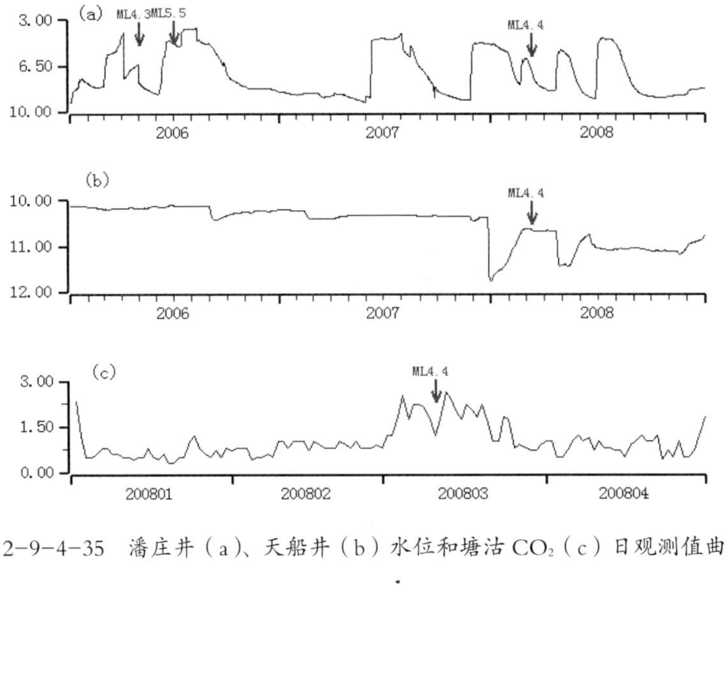

图2-9-4-35 潘庄井（a）、天船井（b）水位和塘沽 CO_2（c）日观测值曲线

蓟县地震台小辛庄伸缩应变仪观测受季节性抽水和强降雨干扰较多，如春季和冬季抽水会使仪器两分向出现加速拉张变化，而雨季强降雨又会引起两分向加速压缩。两分向的长趋势压缩变化，与区域水平应变场变化相一致。为了提取短周期信息，分析人员对观测资料日均值用 K－L 最佳直线拟合方法进行拟合，发现从 2007 年 11 月下旬开始出现加速拉张变化，到 12 月 4 日张性达到最大，随后在 2 倍方差值附近波动，2008 年 2 月下旬又恢复加速拉张。

2007 年潘庄水位出现了两次大幅度上升异常。第一次异常出现于 6 月 10—12 日，水位突升 4.3 米，之后在高值波动，8 月初转为下降变化，至 11 月中旬基本恢复到突升前水平。11 月 28 日水位第二次出现突升变化，至 12 月 11 日水位上升了 4.32 米，2008 年 1 月 8 日转为下降变化。下降过程中，于 2 月 21 日出现转折上升，至 3 月 1 日上升了 1.99 米，3 月 2 日又转为下降。

天船井水位自投入观测以来，曾在 1999 年 11 月 1 日山西大同 *Ms* 5.6 和 11 月 29 日辽宁岫岩 *Ms* 5.4 地震前，水位下降了 3.05 米，这两次地震后水位都立即恢复到原水平。2007 年 12 月 26 日天船井水位开始加速下降，至 2008 年 1 月 1 日累计下降了 1.375 米。1 月 2 日转为缓慢上升，至 2 月 25 日缓升变化结束，水位保持平稳，直至 3 月 11 日卢龙地震发生。

为做好 2008 年北京奥运会期间的震情监视保障工作，市地震局在宝低、静海、塘沽、张道口 4 个专业地震台站又增加了土壤气——二氧化碳（CO_2）动态观测手段。具体监测方法是：在地下设 1.5 米深的观测孔，孔内每天吊入一支 CO_2 测定管并密封孔口，采用累积测量法连续观测 24 小时，即可获得土壤的 CO_2 释放量。自 2008 年 1 月 1 日开始观测以来，该观测点 CO_2 含量背景值小于 1 × 104 毫克/立方米。但从 3 月 1 日 CO_2 含量出现了明显上升变化，3 月 4 日出现异常峰值，为 2.5 × 104 毫克/立方米，是背景值的 2—3 倍，之后出现转折性下降。

根据上述异常变化，市地震局地震预报中心在 2008 年 2 月 27 日召开的月会商中做出“天津及其邻近地区下月发生中等以上地震的可能性不大，注意唐山老震区中等地震活动”的预报意见，并以《震情监视报告》的形式上报市政府。2008 年 3 月 5 日在周会商中提出“下周天津及邻近地区存在发生中等地震的可能”预测意见。

附录：落实地震异常工作实录

根据地震异常的表现形式，分为微观异常和宏观异常两类。微观异常一般是指地震前兆台网各类观测技术系统记录到的异常信息，如观测数据或记录波形偏离正常年变形态（周期、幅度、速率等发生改变）；宏观异常一般是指地表、地下水、动物及其他疑似与地震孕育过程相关联的异常现象。根据异常的震兆属性不同，又分为具有震兆意义的异常、非震兆意义的异常和有待跟踪观察研究的异常。落实异常是震情监视、短临跟踪和震情趋势分析会商的一项经常性工作。1991

—2010年的20年间，市地震局分析预报部门、监测部门的工程技术人员每年少则十数次、多则数十次深入现场，在各专业地震台站、区县地震办公室以及群测群防队伍的配合下，完成对异常的调查核实工作。经现场落实，被确认为具有震兆意义异常的，一方面作为研判震情趋势的重要依据，另一方面继续做好跟踪观察；被确认为非震兆意义异常的，则根据异常现象影响程度和范围做好对周边群众的疏导与解释工作；经过反复落实，一时无法做出准确判定的，除继续做好跟踪观察外，根据异常情况组织专家开展专题研究。

一、微观异常落实（核实）工作

1. 塘沽地震台电阻率整点值扰动性变化——经现场落实，判定该异常与轻轨运行相关，排除了地震短临前兆异常的可能。

2003年12月至2004年3月，塘沽地震台地电阻率观测值出现扰动性变化加大的异常现象，引起市地震局领导的高度重视，先后组织地震预报中心技术人员数次深入到塘沽地震台进行落实。4月29日，中国地震局首都圈电磁学科专家组应邀携带WINTEL PS100高精度地电测仪抵达塘沽地震台，与台站ZD—8B地电仪进行对比观测。对比观测从5月2日13时开始，至5月3日23时结束。两台仪器观测结果呈现较好的一致性，表明扰动异常变化的客观存在，排除了扰动异常现象出自台站测量仪的可能。从5月6日起，将扰动变化较大的南北测向4个电极全部更换。更换电极后，地电阻率整点值的扰动幅度有所减小，但每天的扰动变化并未消失，由此也排除了因电极极化造成干扰的可能。

在上述工作无果的情况下，工作组将查找干扰源的范围逐步向外扩展。发现在距塘沽地震台约6千米处，有新建成的津滨轻轨通过。轻轨列车属大功率用电设备，电源为1500伏直流电，工作电流为400—600安，极有可能对地电阻率观测构成干扰。工作组在津滨轻轨公司了解到：从2003年9月30日开始轻轨列车进行空载运行，运行车辆较少；2003年12月1—10日进行载客运行，接送市区居民到滨海会展中心参观“天津市三、五、八、十成就展”，此间运行较频繁；2004年3月28日起进入试运行，行车间隔为20—30分钟，每日5时55分从胡家园站驶出第一班列车，20时46分最后一班列车返回到胡家园车库。经与地电阻率观测资料的相关分析发现，2003年12月初和2004年3月底出现的电阻率扰动现象与轻轨运行是吻合的；地电阻率均方差从2004年3月底开始出现比较规则的日变、每天扰动出现和消失的时间与轻轨运行的时刻是一致的。经比测试验、调查研究和相关分析表明，塘沽地震台地电阻率观测整点值扰动及观测误差突跳异常与轻轨运行相关，不是地震短临前兆异常。

2. 王3井水汞和王4井水汞相继出现高值突跳变化——经现场核实，判定该异常属实，根据震例判定为具有震兆意义的异常。

2004年7月30日至8月1日，王3井水汞连续出现高值变化，最高值为83.5ng/L；7月24日至8月1日，王4井水汞出现3次高值变化，最高值为157.0纳克/升。

8 月 2 日地震预报中心和张道口地震台有关人员根据 2004 年 7 月末至 8 月初王 3 井、王 4 井水汞相继出现高值变化，到现场进行落实。技术人员检查了水汞自动观测仪及所用试剂，未发现影响观测值变化的干扰因素；检查了采样现场及周围未发现影响水汞观测值变化的因素。随后，在王 3、王 4 井进行现场取样（每隔 20 分钟取一个样，每口井取四个样），以观测值超二倍均方差为异常点，对现场采样结果进行分析研究。结果表明水汞存在明显的高值突跳变化，故确认两井水汞观测数据可靠，异常变化属实。地震预报中心在周、月震情会商会上，以王 3 井和王 4 井水汞相继出现的高值变化为判据，并结合地震活动性方面存在的异常，对 8 月份至 9 月中旬震情趋势做出“天津及邻近地区有发生中等地震的可能”的判定意见。9 月 19 日宝坻发生了 2.5 级小震群活动，在预测期结束 12 天后的 10 月 11 日渤海发生 M_L 4.1 地震（此次地震距天津市 65 千米，地震发生时天津市东部地区有震感）。

3. 静海地震台大地电场观测出现加速上升异常变化——经现场落实，确认该变化系更换电极和强降雨引起，排除地震前兆异常。

静海地震台地电场观测的长极距南北向和北东向从 2004 年 9 月 15 日开始持续出现加速上升的现象，到 9 月 20 日南北向电场上升了约 44 毫伏/千米、NE 向上升了约 28 毫伏/千米。9 月 20 日上午，地震预报中心经与台站同志进行电话沟通，初步判定该异常疑似干扰所致。为慎重起见，地震预报中心与地震监测中心的同志又一起赶到台站就观测仪器状态和测量电极环境进行调查，并与台站同志研究分析地电场长极距南北向和北东向观测值出现加速上升的原因。通过调查，确认观测仪器工作正常，确认观测场地环境也未出现明显改变。从对原始观测数据的分析发现，自 7 月 5 日地电场测量系统更换南电极（S 电极）后，一直存在漂移现象；9 月 15 日当地曾出现强降雨过程，之后南电极（S 电极）漂移现象加剧；虽然长极距的两个方向均出现异常，但短极距电场测量则未出现相应异常变化。综合上述情况，最终确认此变化是由南电极（S 电极）漂移引起，故其不具有震兆意义。

4. 宝坻地震台地电阻率观测曲线出现阶跃变化——经现场落实，认定该异常是由台站附近新建大型奶牛场的围墙基础施工引起，非地震前兆异常。

2005 年 7 月 5 日宝坻地震台值班员发现该台地电阻率东南向观测值从当日 9 时开始出现一阶跃变化，地电阻率东南向观测值由 5645 跳升至 57.72，上升幅度达到 2.25%（正常年变一般不超过 3%）。台站值班人员首先对测量系统进行检查无误后，又对测区的环境进行巡视。巡视发现，在台站北面围墙外跨过马路，有一新建大型奶牛场正在进行围墙施工。经了解，该奶牛场新建的围墙高 5 米，围墙基础为钢筋地梁，施工的地点正好位于台站的地电阻率观测布极区西供电极与西测量极之间，地电阻率 EW 向观测值出现的上升变化在时间上与埋设钢筋施工同步。综合调查结果，初步认定宝坻地震台地电阻率观测曲线出现的异常变化为围墙工程施工所致。7 月 6 日上午，市地震局有关部门及台站的有关同志就奶牛场围墙工程对台站观测构成影响事宜与奶牛场业主进行交涉，为了兼顾地震观测和当地经济发展，提出由业主方负责将围墙地梁的钢筋按两米一段断开。从7月6日下午17时开始，地电阻率东南向观测值回复到正常值。

5. 潘庄井和天船井水位相继出现突升、突降变化——经现场落实，未发现明显干扰源，异常属实，根据以往震例，认定为具有震兆意义的前兆异常。

2007年6—12月，潘庄井水位出现两次大幅度上升异常，最高上升幅度为4.32米；2007年12月26日—2008年1月1日，天船井水位出现加速下降变化，最低下降幅度为1.375米。针对自2007年6月以来，潘庄和天船井水位出现的异常变化，市地震局组织地震预报中心、宁河地震办公室和塘沽地震办公室有关人员先后多次到现场进行一场核实。经对观测仪器工作状况进行检查，表明仪器工作正常；采用测绳、测钟对水位进行校测，校测值与观测值基本一致；经现场调查，井区及周围环境均未发现有明显干扰因素存在；经对异常井孔及其附近地表水进行水质检测分析，表明异常井孔与地表水没有联系；潘庄井、天船井均为咸水层井，咸水层含盐量非常高，没有开采价值，含水层也没有被开发。经确认两井水位观测数据可靠，异常变化属实。在地震预报中心2008年2月27日召开的月会商会上，综合潘庄井、天船井水位等异常变化，做出2008年3月份“天津及其邻近地区下月发生中等以上地震的可能性不大，注意唐山老震区中等地震活动”的预测意见。3月11日河北卢龙发生M_L4.4地震（此次地震距潘庄井128千米，距天船井139千米）。

6. 徐庄子地震台大地电场观测曲线出现不规则方波状干扰——经现场落实，认定为环境干扰，排除震兆异常可能。

从2009年10月30日开始，徐庄子地震台大地电场观测南北向、东西向同步出现不规则方波状干扰。方波状干扰出现的时间有时早、有时晚，上升或下降的持续时间有时长、有时短，但每次的上升或下降的幅度基本一致。市地震局监测预报中心与台站工作人员对台站大地电场观测的外线路、观测仪器以及台站用电等情况进行了详细检查，并架设新仪器进行对比观测，排除了观测仪器和人为操作不当等方面的原因。在走访附近村民时了解到，由于当年冬天天气特别寒冷，个别村民时有偷电现象，其方式是将回路直接接地。由此初步判定徐庄子台地电场干扰变化可能与此有关，并非地震前兆异常。从2010年4月上旬开始，地电场观测资料的方波状干扰消失。

二、落实（核实）宏观异常工作

1. 宁河县丰台镇北埋珠村出现地裂缝——经现场调查，地裂缝因大量抽水引起局部沉降所致，排除地震前兆异常。

2003年4月30日市地震局接到宁河县出现地裂缝的报告，市地震局专家组紧急赶往宁河县，与县地震办公室的同志会合后直奔出现地裂缝的丰台镇北埋珠村。北埋珠村地裂缝在2003年4月23—24日宁河M_L4.1、M_L4.3地震震中的东北方向，距震中约35千米。地裂缝出现在新播种的棉花地里，是村民在进行灌溉时发现的。该地裂缝长20多米，缝隙最宽处10厘米，可探深度60厘米，总体走向约北西40度，属张性地裂，无错动痕迹。专家组在现场还了解到，北埋珠村东北方向的岳龙镇岳龙庄唐山地震后就一直有地裂缝，且时开时合。北埋珠村东北方向约10千米处的前棘坨村是天津应急水源地，已抽水一月余。专家组赶到岳龙镇时，岳龙庄地裂缝已被填埋。在返回的路上顺便到天津应急水源地进行了察看。应急水源地在半径不足 100 米的区域内有管径 311 毫米机井 15 口，取水深度 750 米，每台水泵抽水能力为 400 立方米/小时，从 3 月 25 日开始有 8 台水泵连续工作，每日抽水量不少于 60000 立方米。综合上述考察结果，专家组认为北埋珠村出现的地裂缝与 4 月 23 日、24 日两次地震关系不大，主要是由于大量抽水引起局部沉降所致。

2. 蓟县上埝头村出现地裂缝——经现场调查，地裂缝因连续干旱引起，排除地震前兆异常。

2004 年 6 月 28 日蓟县上埝头村出现多半米宽、几十米长的地裂缝，立即在当地村民中引起议论和恐慌。接报后，市地震局组成调查组，在蓟县地震办公室的配合下深入现场开展工作。地裂缝位于两片苗圃的周边和苗圃内，长度不等，长者 30—40 米，短者几米。裂缝的宽窄不一，宽者 80—90 厘米，窄者仅 1—2 厘米。两片苗圃相距 1 公里左右，而每片苗圃的面积约为 60 米 × 50 米。除此而外，在其它大田里也出现有地裂缝。调查组对上埝头村地裂缝展布特征、裂缝性状以及当地浅表地质环境条件进行了调查，对产生地裂缝的原因做出判定。该区域原为故河滩地，地下浅埋沙层厚度达几米且富含水，苗圃内致密的杨树苗不断地吸收和蒸发着地下的水分，由于近年的连续干旱，更加大了苗圃局部地下水的散失，造成地下沙层的局部沉陷，在地表处形成裂缝。工作组判定该地裂缝属非构造性裂缝，并将地裂缝形成的机理及时向县、乡领导以及当地群众做了汇报和宣传，从而稳定了村民的情绪。

3. 蓟县马伸桥镇孔庄子出现水井水温增高现象——经现场调查，水井水温增高系潜水泵漏电引起，排除地震前兆异常。

2006 年 2 月 10 日蓟县马伸桥镇孔庄子潘姓村民在从井中抽水洗车时发现，井水突然变热，用温度计一测，竟达 28 摄氏度。该镇居民经历过唐山大地震，故对井水突然变热现象非常敏感，立即向县地震办公室报告并及时与镇政府地震灾情速报员取得联系。数十群众在现场围观，议论纷纷，唯恐是地震来临，不知所措。蓟县地震办公室接到电话后，立即向市地震局震情值班室报告了情况，并派出 3 名工作人员组成调查组赶到现场进行调查。在潘姓村民的后院有一眼井深 32 米，井管直径 33 厘米的水井，潜水泵下在 20 米处，已使用多年。调查组取了一桶水，用水温计进行测量，温度达到 27 摄氏度。在距离该水井东 100 米处，还有一眼水井，水井深 30 米，属于同层水位。对该井进行取水测温，温度为 13 度，属正常水温。调查组初步判定，井水温度突然升高可能与潜水泵有关。2 月 11 日，在电工的协助下，更换了潜水泵。再次抽水测温时，井水水温恢复到 13 度。据此分析认为：此次井水水温突然升高系潜水泵漏电所至，非属地震前兆异常。调查组及时向围观群众解释了这个现象，并希望村民发现异常情况要及时报告，及时用科学方法做出分析和解释，以免造成不必要的恐慌。

4. 塘沽区连续两次集中出现地面冒泥浆现象——经现场调查，地面冒泥浆现象系煤气管道铺设施工所致，非地震前兆异常。

2008 年 5 月 3 日、9 日、16 日，塘沽区新城镇邓善沽村北桃园街相继出现地面冒泥浆现象。

市地震局接报后，立即组织有关科技人员到现场进行调查，并提取泥浆样品。2008年6月3日、4日、5日，塘沽区新河村又出现更大范围的冒泥浆现象，据当地居民反映冒泥浆时，民房及屋内地面出现开裂并发出声响。经调查，6月3日后出现的冒泥浆地点沿新北路展布，与北桃园村冒泥点位构成一线。泥浆颜色、品相与5月份出现的情况基本相同，均为棕红色的滑腻软泥浆。相继出现的地面冒泥浆和房屋出现开裂的情况在当地群众中间产生各种猜测和恐慌，一些群众已不敢在家居住，也引起了市和塘沽区领导的高度关注。6月5日，市地震局及中国地震局有关专家对出现冒泥浆现象附近地区的居民进行走访，并对附近工程施工作业情况进行调查。走访调查中，一名热心市民为调查组提供了一条非常重要的线索，说煤气公司正在进行的煤气管道铺设施工中所用泥浆与地面冒出的泥浆非常相似，并在其带领下来到施工地点。据施工现场负责人介绍，正在进行的煤气管道施工采用的是无开挖工艺，即通过钻进方式钻入地下约20米深处打水平钻孔，到设计长度时通过GPS定位将钻头钻出地面，之后将煤气管道引入所打的钻孔中。为护壁和减小摩擦，将澎润土搅拌成浆后，以7—8千克/平方厘米压力沿钻杆内孔压入钻杆直至钻头。在压力的作用下，澎润土浆液沿土层缝隙或松软部位冒出地面。新河村冒浆地点正处于煤气管道施工的上方，且该地又处在土质松软的古河道上。根据调查结果，认定塘沽区两次集中出现的冒泥浆现象是煤气管道铺设施工所至，并非地震前兆异常。

5. 红桥区民宅出现自来水变热现象——经现场核实，自来水变热是太阳能热水器中贮存的热水回灌所致，排除地震前兆异常。

2008年5月24日红桥区佳园北里某居民家中出现自来水变热，温度达到40摄氏度，其对门邻居家中的塑料水管已烫变形。2008年5月25日上午8时30分，市地震局有关同志与红桥区地震办公室同志到现场进行调查。查明该现象是因自来水停水检修，4层一户居民的太阳能热水器中贮存的热水回灌到自来水管道中，致使塑料水管发热产生变形。向居民说明情况后，居民表示满意并表示感谢。

6. 北辰区西堤头镇东赵庄村地面油脂物调查——经查油脂物仅存于地表，确认是人为所致，与地震因素无关。

2008年6月18日北辰区地震办公室报告西堤头镇东赵庄村地面冒出油脂物。市地震局调查组到现场开展工作，发现所报现象属实。据当地村民介绍，该现象发现于5月30日前后，地面冒出的油脂物呈黄色，不燃烧，气味与黄油相似，遇水呈乳白色。调查组到现场后看到的物质呈黑红、黄色，可能是由于氧化所致。调查组调用挖掘机开挖探槽，在近2米深的范围内没有发现油脂物及上涌的通道。

调查组就这一现象专程请教了市地矿局研究员李明朗和国土资源部天津地质调查大队研究员李凤林。专家认为，从该物质的颜色、气味、透明度等物理特征分析，与原油大不相同，很可能是一种人工合成的化学物质或化学废料；从地质的角度分析，如果是从地下向上冒出的，首先地下应存在这种物质，其二是要有物质上涌的通道，第三是要有自下向上涌出所需要的动力。6月

19日，调查组再次到现场，发现开挖的探槽中没有出现油脂物，同时对冒出油脂物的地点进行清理后发现，油脂物仅存于地表。调查组认定该现象是人为所致，与地震因素无关。

7. 宁河县芦台镇曙光街霞光楼楼前绿地出现喷沙冒水现象——经现场落实和调查，喷沙冒水现象系工程施工引起，非地震前兆异常。

2008年6月26日下午宁河县芦台镇曙光街霞光楼楼前、路边及绿地出现喷沙冒水现象。居民发现后担心是地震前兆异常，立即将该现象向县地震办公室做了报告。县地震办公室工作人员到达现场时，楼前绿地中直径为5厘米的喷沙孔冒沙已停止，但长6米宽1米左右沙水遗留物清晰可见，附近的几处较小冒沙孔冒沙也已停止。经走访查询，暂未发现附近有明显干扰源。县地震办将初步调查的情况火速报市地震局震情值班室。市地震局接报后，立即派专家组火速前往，下车后仔细对现场进行勘查，并细心听取当地群众的描述，经初步分析认定该现象为浅层沙土液化，可能是附近浅层土施压施工所致。次日，县地震办了解到，县供水站正在给芦台镇时代花园社区做引水管道穿越津榆支路工程，工程队在距曙光里霞光楼 50 米处的水务局排灌公司院内施工，拉管正好穿越喷沙冒水区域。结论，6月26日下午芦台镇曙光街霞光楼发生的喷沙冒水是工程作业引起，不是地震前兆异常。

8. 东丽区四合庄河冒出黑色污物调查——经现场调查，冒出的黑色污物为河底淤泥，认为该现象与降雨时向河内排水、排污有关，排除地震前兆异常。

2008年6月27日市地震局接东丽区地震办公室报告位于东丽区四合庄村津塘公路跨河桥两侧各50米左右河段内（河流为南北向）冒出黑色污物并伴有气泡。市地震局落实异常工作组到达现场后，初步判定冒出的黑色污物为河底淤泥。随后向当地村民了解到以下情况：（1）2007年秋冬，该河段曾进行过清淤作业；（2）2008年6月25日晚曾下过一场大雨，河中水位达到4m左右；（3）2008年6月26日晚7点左右，位于河西岸的东丽开发区排污站曾向河中排污。经综合分析认为，该河床底部淤泥较为松散，降雨时向河内排水和排污站向河内排污，都会使河中淤泥产生扰动。之后，又观察几日，再未发现此类情况。表明这一现象与地震因素无关。

9. 蓟县黄崖关民俗村一水井出现井水变混浊现象——经现场调查，井水变混浊系井壁周围土层塌陷所致，并非地震前兆异常现象。

2008年6月11日黄崖关民俗村史姓村民使用的吃水井出现混浊现象，井水最混浊呈红色，并伴有气泡冒出。接报后，市地震局专业技术人员于当日上于赶到现场进行落实。经观察，井水呈浑浊现象，与其邻居家的井水存在明显不同。经调查周围其他井孔，未发现类似现象。对该井及其邻居家的井水取样进行水质成分分析，表明两井属同一来水源。说明该居民家中水井出现的现象应是局部异常所致。

出现异常的井孔位于黄崖关西断裂东侧。井深8米，水深7米左右，井径60厘米左右。水位多年变化不大，含水层为全新统冲洪积砾石层，水量充沛。据蓟县水利局李姓高级工程师讲，从水变红的特征分析，其中水质应含有较多三价铁离子，而来源应不是全新统含水层中的成分，因为该层为砾石层，其来源可能是当地Q2地层中粘土层。6月15日，该居民使用潜水泵抽水，抽出大量泥砂，水呈红色。表明该井在成井过程中，固井工序没有做好，井水发红是由于井壁周围土层塌陷所致。

10. 静海县子牙镇三呼庄一水井冒泥浆现象调查——经现场调查，井中冒泥浆系打桩施工作业引起，排除地震前兆异常。

2010年7月29—30日，静海县子牙镇三呼庄一水井陆续冒出大量泥浆，泥浆为褐黄色粘土，冒出时间均在夜间。与该井类似的其他井孔未发现冒泥现象。8月2日，市地震局接报，组成工作组到现场进行调查核实。据调查，该井为附近公路施工取水专用井，井深50米，套管为直径50厘米的水泥管，于2008年秋季开凿，公路施工结束后已不使用。

工作组经走访了解到距该井400米处有一工厂正在进行打桩施工，从7月14日开始，一直到30日。28日及以前白天施工，29日以后改为16时30分至24时施工。桩深15米，直径40厘米，现已完成117棵桩。施工工艺是使用6.3吨重的柴油锤将预制桩打入地下。调查结果表明，冒泥浆井仅有此一口，并且是在距井孔最近的位置打桩时出现的，冒泥浆时间与施工时间相吻合。初步分析认为，由于这种打桩施工工艺会对地面产生较大震动，同时因冒泥井孔可能存在成井工艺上的瑕疵，当打桩产生足够大的振动时，使井管产生错位或其他破坏，导致地下淤泥上涌。

11. 津南区小站镇坨子地村养鱼池鱼跃现象调查——经现场调查核实，养鱼池出现鱼跃现象系池中氧气和食物供应不足引起，并非地震前兆异常现象。

2010年4月21日17时左右市地震局监测预报中心接到宏观异常报告，称津南区小站镇坨子地村一养鱼池出现鱼儿不断跃出水面的现象，怀疑是地震前兆。落实异常工作组抵达现场时，由于天色已晚，已看不清鱼跃的场景，依稀能听到鱼儿跳跃的声音。第二天上午10时，落实异常工作组再次来到现场，并邀请天津农学院教授徐景阳参加。当时，正下着细雨，池塘中仍不时看到小鱼翻跃，每分钟约有四五十条跃出水面。

经调查，该鱼池为人工挖掘池塘，池水主要来自周边渗入水和自然降水，池水咸度较高。鱼池中养殖的品种为海梭鱼，鱼苗是2009年春天投入的。自2010年4月初出开始现鱼儿翻跃出水面的异常现象，已有20余天。周边其他养鱼池养殖的是鲫鱼或鲤鱼等，未见鱼儿频繁跃出水面的现象。

工作组对养鱼池的水质进行观察发现池水较浑浊，且鱼池周边有一圈约50厘米宽的黄带。落实异常工作组取水样送农业部渔业环境及水产品质量监督检验测试中心（天津），对池水pH值、氨氮、CODMn、铜、锌、镉、铅等进行检测。除pH值和CODMn两项超标外，其他指标均在合格范围。天津地区地下水pH值一般都偏于碱性，pH值8.6尚属正常范围；CODMn方法的检测值虽高于国标，但天津地区养鱼一般都是污水养殖，CODMn测值31并不导致鱼的跳跃现象。后又了解到，该养鱼池水域面积约有十几亩，2009年向池中投放2000余斤鱼苗，投放的鱼苗数量过大；养鱼池数天才喂食一次。综合分析认为：由于海梭鱼天性活泼、善跳跃，加之池中鱼的密度过大，且喂食的时间间隔较长，造成水中氧气和食物供应不足，引起鱼儿频频跳出水面，与地震因素无关。

第十章　特殊时段地震安全保障工作

强化元旦、春节、两会、五一、国庆等特殊时段震情监视及应急戒备工作，为社会稳定提供地震安全保障，是地震部门社会管理与公共服务职能的具体体现。

为加强特殊时段的震情监视及应急戒备工作，2000年市地震局把此项工作纳入《天津市地震局地震应急预案（修订）》，2004年把每年的“元旦、春节、两会、五一、国庆以及重大赛事”等列为强化特殊时段，建立特殊时段震情应急工作制度。

天津市特殊时段的震情监视及应急戒备工作起于1995年第43届世界乒乓球锦标赛，到2010年止，除了元旦、春节、两会、五一、国庆等日常时段外，先后实施六次重大活动震情监视及应急戒备工作。本章记述1995年第43届世界乒乓球锦标赛、1999年第34届世界体操锦标赛、2008年第29届夏季奥林匹克运动会三次重大赛事的震情监视及应急戒备工作。

天津市重大活动震情监视及应急戒备工作

表 2-10-0-21

时间	活动名称
1994—1995年	第43届世界乒乓球锦标赛
1997年	迎香港回归和“十五大”
1999年	第34届世界体操锦标赛
2008年	第29届夏季奥林匹克运动会天津夏季达沃斯论坛
2009年	中华人民共和国成立60周年庆典
2010年	天津夏季达沃斯论坛世界气候大会

第一节　天津世乒赛期间震情监视工作

第43届世界乒乓球锦标赛于1995年5月在天津举行，根据市委、市政府和国家地震局的统一部署，市地震局组织开展“世乒赛”震情监视工作。

一、组织领导

1994年3月30日，市地震局召开局长办公会议，分析研究地震监测、信息传输、分析预报、震后对策以及宣传等各环节的工作，确定工作目标、分解任务、划分了段、明确责任。决定成立以副局长尹集刚为组长的“天津市地震局迎世乒赛工作领导小组”，负责组织和领导世乒赛期间震情监视和地震安全保障工作。

1994年6月8日，市地震局编制《天津市地震局世乒赛震情监视与地震对策工作总体方案》报第43届世界乒乓球锦标赛组委会和国家地震局。同时印发市地震局各部门、各单位和区县地震办公室、地震台站贯彻执行。

1995年2月7日，市地震局印发“关于进一步增强震情观念，全力以赴做好震情跟踪工作的意见”。提出与世乒赛有关的具体工作包括：（1）局分析预报中心立即着手准备“世乒赛震情趋势会商研究报告”和“渤海地震活动趋势及影响研究报告”；（2）适时召开津东唐联防区、津西北联防区和津西南联防区会商会，会商震情、部署世乒赛震情监视工作；（3）抓紧制定世乒赛期间地震突发事件对策方案。

二、准备工作

根据《天津市地震局世乒赛震情监视与地震对策工作总体方案》，准备阶段的各项工作从1994年下半年开始全面展开。

台网准备。1994年下半年至1995年年初，遥测地震台网、地震台站完成对各类观测仪器的检修和标定，以最佳状态投入世乒赛震情监视工作。遥测地震台网完成蓟县地震台测震信号入网、无线遥测接收系统改造、地震台网中心记录设备维修、系统标定和野外子台维修等工作。

通信准备。为确保世乒赛期间电信专线的畅通，与电信部门进行了洽商。1994年6月市财政下达“地方地震监测系统建设与改造工程”专项经费10万元，先后完成了地下流体（水位、水化）、电磁波观测站点以及动物观测站的调整、优化和改造，改善观测条件，更新仪器设备，并对观测人员进行业务培训。为保障世乒赛期间震情信息传递和应急快速响应，加快推进“天津市地震专用无线通信网工程”建设进度，工程由实施转入试验运行。1994年10月7至8日，在宁河举办“无线通信网技术培训班”，并组织“野外应急通信演练”。

分析预报准备。从1994年年中开始，分析预报部门开展一系列的预测研究和分析预报系统的建设工作。组织科技人员对天津及邻近地区的9次中等地震震例进行系统总结，为地震趋势判定工作提供更为丰富的判据。加强水位、水化、地温、电磁波等短临前兆观测资料的解释工作，总结提取短临前兆信息的方法，积极推进其在震情建设与短临跟踪中的应用。根据日本阪神大地震后出现的新的地震活动态势，组织科技力量，加强对首都圈和渤海震情趋势及对天津影响的预测研究工作。完成“天津地区地震活动概况及近期地震趋势预测”、“1995年天津43届世乒赛期间及前后震情形势研究报告”和“渤海地区地震活动及趋势预测研究”等3份专题报告。召开邻近地区震情联防会议，与周边省市地震部门建立了震情和观测资料信息交换制度。在国家地震局专项经费的支持下，市地震局更新分析会商室的投影设备和用于资料处理的计算机，分析会商和计算系统建设长期落后的局面得到初步扭转。

对策准备。学习借鉴北京亚运会地震突发事件应急处置的成功经验，开展了综合防御对策研究，修订市地震局地震应急预案，明确了各部门的任务、职责和行动方案。组织分析预报人员开展了地震类型快速判断工作演练，提高快速响应能力。编写“解答世乒赛期间震情的统一口径”和“世乒赛期间天津市不会发生破坏性地震”的新闻稿格式。

三、强化震情监视工作

进入 1995 年，世乒赛期间震情监视工作进入最后冲刺阶段，有关地震部门进入强化震情监视工作阶段。

分片区召开联防区震情会商暨研讨会。1995 年 3 月 3 日在唐山市召开“津东唐联防区震情研讨会”。天津市地震局副局长尹集刚、河北省地震局副局长杨国宝出席并讲话，河北省地震局分析预报中心、唐山市地震局，天津市地震局分析预报中心，汉沽、塘沽、津南、东丽、宁河等区县地震办公室的有关领导和专业技术人员参加会议。4 月 16—17 日在西青区召开“天津市西南片震情会商暨研讨会”。静海县、大港区、西青区地震办公室，沧州市地震局，徐庄子地震台，市地震局监测处、分析中心，河北省局地方处等有关领导和专业技术人员参加会议。4 月 19 日在武清县召开“京津冀地震联防会”。国家地震局，北京市地震局，天津市地震局，廊坊市地震局，北京市通县地震办公室以及天津市武清、北辰、宝坻、蓟县等区县地震办公室的有关领导和专业技术人员参加会议。

国家地震局召开天津及渤海附近地区震情会商会。1995 年 4 月 5—7 日，国家地震局在津组织召开“天津及渤海附近地区震情会商会”，国家地震局分析预报中心等直属单位以及河北、辽宁、山东、内蒙古、天津等省市地震局从事地震分析预报工作的专家，对近期天津及渤海附近地区的震情趋势进行了深入的研究，并就加强世乒赛期间的震情监视与区域联防工作进行研讨。市政府副秘书长张绍宗出席，并会见了与会专家。经过认真分析会商，做出“世乒赛期间天津及邻近地区不会发生 5 级以上地震，不会影响世乒赛正常进行”的判定意见，报告市委、市政府和世乒赛组委会。4 月 12 日，国家地震监测预报司以震科〔1995〕029 号文件转发“天津及渤海附近地区震情会商会纪要”，并要求首都圈及环渤海地区的地震部门都要支持天津市地震局认真做好世乒赛期间的震情监视与跟踪工作。4 月 17 日，国家地震局以震发办〔1995〕105 号文件，将“世乒赛期间震情及有关工作措施”向国务院作了专题报告。

4 月 26—27 日，国家地震局再次在津召开震情会商会，就赛事期间的地震趋势再次进行会商。会后，市地震局及时将会商意见，向市委、市政府和组委会作了书面报告。赛事期间，国家地震局局长方樟顺率专家小组亲临天津指导世乒赛期间震情监视工作。

强化震情监视值班与会商。1995 年 4 月 25 日，市地震局召开赛事期间强化震情监视工作动员大会，市地震局局长尹伯忠就做好世乒赛期间的震情监视工作进行动员和部署，全市地震系统进入赛事期间强化震情监视值班阶段。地震系统各级领导干部按职责和任务分工进入各自岗位；地震办公室、台站、台网、震情值班室、电台、车队以及后勤保障部门实行 24 小时值班；地震办公室、台站的月会商改为周会商；辽宁、河北、山东省地震局和国家地震局京区直属单位分析预报部门按照国家地震局的指示，及时将周会商意见电传到市地震局震情值班室；市地震局分析预报中心实行每日会商制度，严密注视震情的发展变化。

四、总结表彰

1995 年 5 月 29 日，市地震局根据市委、市政府和国家地震局的部署，完成“天津市地震局世乒赛震情监视工作总结”。

6 月 19 日，在市委、市政府召开第 43 届世乒赛工作总结表彰大会上，市地震局王俊国、陈金林被授予“第 43 届世乒赛组织工作先进个人”荣誉称号。

6 月 21 日，市地震局组织召开“世乒赛震情监视工作总结表彰大会”。局党组书记、局长尹伯忠主持会议并讲话；局迎世乒工作领导小组组长、副局长尹集刚做总结报告；副局长郝团生宣布“天津市地震局关于表彰第 43 届世乒赛期间震情监视工作先进集体和先进个人的决定”，分析预报中心、遥测地震台网等 5 单位为第 43 届世乒赛震情监视工作先进集体，王俊国、李广鑫等 14 人为第 43 届世乒赛震情监视工作先进个人。震情监视工作先进集体分析预报中心和汉沽区地震办公室在会上分别汇报了经验和体会。

第二节　国庆 50 周年暨天津世体赛震情监视工作

1999 年 10 月 1 日是国庆 50 周年纪念日，第 34 届世界体操锦标赛于 1999 年 10 月 8—16 日在天津市举行，根据市委、市政府和中国地震局的统一部署，市地震局组织开展国庆 50 周年暨天津世体赛震情监视和地震安全保障工作。

一、组织领导

1999 年 7 月 15 日，市地震局根据《1999 年天津世界体操锦标赛筹备工作总体方案》，借鉴 1995 年第 43 届世界乒乓球锦标赛期间震情监视和地震安保工作的成功经验，制订《世体赛期间强化震情监视工作实施方案》，报送天津世界体操锦标赛组委会和中国地震局。市长李盛霖、副市长梁肃、副秘书长周思纯分别对《世体赛期间强化震情监视工作实施方案》做圈阅。8 月 24 日，中国地震局对“世体赛期间强化震情监视工作实施方案”做出批复（中震测〔1999〕075 号）。强调在天津举行的第 34 届世界体操锦标赛是继 50 周年国庆庆典活动后在首都圈地区举行的又一重大活动，必须切实加强该时段的震情监视工作，为世体赛期间的社会稳定提供保障。

9 月，中国地震局监测预报司召开“首都圈地区震情联席会商会”，针对天津世体赛，要求中国地震局分析预报中心和天津市地震局将国庆强化监视期延长至 10 月 20 日。

根据市委、市政府和中国地震局的部署，市地震局成立以局领导为组长的“强化震情监视工作领导小组”，负责组织国庆 50 周年和世体赛期间强化震情监视工作。

9 月 10 日市地震局印发“关于国庆节和世体赛期间强化震情监视工作的通知”，对震情值班、地震监测、异常落实、短临跟踪、分析会商、地震应急、震情保密等项工作作出具体安排。要求全市地震系统各单位、各部门领导和全体职工，以高度的政治责任感认真做好强化监视期的各项工作；切实加强领导，实行局领导、部门负责人、地震办公室主任、地震台台站带班；成立“天津市地震局震情监视专家组”指导全市地震监测预报及短临跟踪工作。

9 月 12 日市地震局召开区县地震办公室主任和地震台长会议，部署国庆节和世体赛期间强化震情监视工作。会议传达“首都圈地区震情联席会商会”精神和陈章立局长的重要讲话。会议明确，根据中国地震局和市委、市政府的要求，为做好国庆和世体赛期间震情保障工作，天津市 9 月 15 日至 10 月 20 日进入强化震情监视特殊工作时段，执行三级震情跟踪应急工作方案。副局长赵国敏主持会议，局长刘连柱出席并讲话。

9 月 16 日中国地震局局长陈章立率工作组到津检查建国五十周年国庆庆典和天津世体赛期间的震情保障工作。市长李盛霖在迎宾馆会见陈章立一行。双方还就做好国庆和世体赛期间震情保障工作以及全面推进防震减灾十年目标充分交换意见，取得共识。中国地震局监测预报司司长徐德诗、中国地震局分析预报中心主任陈建民；市政府秘书长陈洪江、市政府副秘书长周思纯、市地震局局长刘连柱参加会见。陈章立在津期间先后到市地震局震情值班室、天津数字遥测地震台网中心、张道口地震台、中国地震局第一地形变监测中心、塘沽区地震办公室检查震情值班和强化跟踪措施落实情况；分别听取了市地震局局长刘连柱和第一地形变监测中心主任李延兴落实“首都圈地区震情联席会商会”精神，做好特殊时段震情监视预报工作的汇报。

10 月 7 日，中国地震局监测预报司在北京召开“天津体操世锦赛期间强化震情监视工作会议”。中国地震局局长陈章立、副局长岳明生出席并讲话。中国地震局监测预报司、中国地震局分析预报中心和天津市地震局领导及分析预报专家 30 余人参加会议。会议听取天津市地震局关于世体赛期间强化震情监视准备工作的汇报；听取中国地震局分析预报中心和天津市地震局关于震情短临跟踪研究结果与趋势判定的汇报；会议就做好体操世锦赛期间震情保障工作进行了研究和部署。

二、强化震情监视工作

中国地震局召开“天津及邻区震情研讨会”。1999 年 9 月 26 日，为准确把握国庆节和世体赛期间的地震活动趋势，中国地震局在津召开“天津及邻区震情研讨会”。来自首都圈地区有关单位

（中国地震局分析预报中心、第一监测中心、北京市地震局、河北省地震局）分析预报专家和全国震情跟踪专家工作组部分成员参加了会议。与会专家全面系统地分析首都圈地区地震活动及地震前兆观测资料，对国庆和世体赛期间的地震趋势进行了深入的研究。经过充分讨论会商，形成对国庆节和世体赛期间首都圈、天津及邻近地区地震活动趋势的短期判断意见。中国地震局监测预报司司长徐德诗、中国地震局分析预报中心主任陈建民和市地震局局长刘连柱出席并讲话。市政府副秘书长、世体赛组委会秘书长周思纯出席并会见与会专家。9 月 28 日，中国地震局监测预报司印发了《天津及邻区震情研讨会纪要》

9 月 15 日至 10 月 20 日，全市地震系统进入强化震情监视特殊工作时段。

增上短临观测手段。在蓟县、宝坻、武清、汉沽等区县地震办公室和张道口地震台增上土壤溢出气二氧化碳（CO_2）流动观测；在大港油田和塘沽区地震办公室增上油井动态观测；在塘沽、宝坻、津南等区县地震办公室恢复电磁波观测。

实行特殊时段工作制度。9 月上旬对天津市地震及前兆观测台网所有测项的观测仪器及通信设备进行巡检，及时发现和排除隐患，保证了监测系统的正常运行，确保 APnet、局域网、无线电台等通信的畅通。9 月 14 日和 9 月 29 日再次对观测仪器、监测设施等进行检查，保障地震观测工作正常进行。监测预报人员认真做好地震观测、数据报送和分析会商；发现异常及时落实认真分析，做到不贻误震情；加强与首都圈地区各单位的数据交换和信息沟通。各地震办公室、台站严格执行当天观测数据当天上网及时报送制度，APnet 网文件下载由每天 2 次增加为每天 4—5 次。分析预报中心实行加密会商，赛事期间执行隔日会商制度，严密监视震情的发展变化，会商意见及时通过 APnet 网上报。

及时落实地震异常。针对宝坻、塘沽、徐庄子、青光台地电阻率，王 3 井、王 4 井水汞和水氡，双桥、天船、潘庄等井孔水位出现的异常，以及静海西南部和河北大城地区出现的地裂缝等，先后 40 余人次深入现场开展勘察、核实与分析，并将有关情况及时上报。其中，先后 3 次组织有关专家到静海和大城地裂缝现场开展工作，将分析判定意见及时上报中国地震局和市政府，并通报静海县政府。9 月 16 日，王 3 井井压出现由 60 千帕突降为 56 千帕的变化，10 月 1 日恢复后，10 月 3 日又出现上述变化。分析预报中心与台站管理中心先后两次现场调查核实，对异常属性及时作出分析判断，并进一步加强短临跟踪研究。

开展专题研究。根据震情发展变化和短临跟踪工作的需要，组织开展“地电阻率趋势变化机理分析及震兆异常研究”和“地下流体短临指标及首都圈中等以上地震短临跟踪研究”等专题研究工作。根据中国地震局监测预报司领导在“天津及邻区震情研讨会”上提出的工作要求，进一步开展了“宝坻、塘沽、徐庄子和青光台地电阻率异常性质判定”和“天船、双桥 1、92 中、潘庄等井孔水位异常分析”，组织监测预报骨干进行现场核实、资料处理与专题研究，按时完成《天津地区地电、地下水异常短临临跟踪专项研究报告》。

地震应急准备。修订完善了《地震应急预案》、《地震速报规程》和《地震紧急信息上报规程》，制定了《发生地震谣传或有感地震时的应急工作程序》和统一回答口径，印发到市地震局各有关部门和区县地震办公室、地震台站。

震情形势报告。10月6日市地震局以津震〔1999〕101号文件，向世体赛组委会报告“世体赛期间天津及邻近地区地震趋势的判定意见”。10月8日市地震局以津震〔1999〕102号文件，向市政府汇报了在北京召开的“天津体操世锦赛期间强化震情监视工作会议”的有关情况，并报告了世体赛期间震情趋势的判定意见。经专家会商认为：世体赛期间，天津及邻近地区不会发生5级以上地震；即使有3—4级地震发生，也不会影响世体赛的正常进行。10月11—18日，市地震局分析预报中心实行隔日会商，并以“世体赛期间震情监视情况报告”的方式，连续四期将天津及邻近地区当前震情和近日地震活动趋势分析预测意见向市政府、世体赛组委会和中国地震局监测预报司做出报告。

三、总结表彰

特殊时段强化震情监视工作结束后，市地震局对国庆节和世体赛期间的震情保障工作进行全面认真的总结，并于1999年11月1日将“天津市地震局国庆节和世体赛期间强化震情监视工作总结”报中国地震局。

市地震局在国庆节和世体赛期间强化震情监视工作得到市委、市政府和中国地震局的肯定。在1999年10月30日召开的天津市世体赛总结表彰大会，被中共天津市委、天津市人民政府授予“1999年天津世界体操锦标赛组织工作先进单位”荣誉称号。在2000年1月召开的“2000年度全国地震趋势会商会”上，中国地震局授予天津市地震局分析预报中心“建国五十周年庆典期间震情保障工作优秀集体”荣誉称号；授予张道口地震台“1999年度地震监测预报及现场工作优秀集体”荣誉称号。

第三节　北京奥运会暨天津夏季达沃斯论坛地震安全保障工作

2008年8月8—24日，第29届夏季奥林匹克运动会在北京举办。天津市作为北京奥运会的协办城市，承接了火炬传递和12场足球预赛的任务。9月26—28日，夏季达沃斯论坛在天津滨海新区举行。根据中国地震局和市委、市政府的部署，按照“保稳定、保平安，帮忙不添乱”的原则，天津市地震系统从地震监测、震情跟踪、应急准备、新闻宣传等方面努力做好火炬传递、奥运足球预赛的地震安全保障工作，并协助北京市地震局完成奥运会、残奥会期间的地震安全保障工作。

一、组织策划

2006年2月10日，中国地震局在北京召开“奥运地震安全保障工作座谈会”。2006年2月

28日，市地震局根据座谈会精神，编制“天津市地震局奥运地震安全保障工作方案”报中国地震局。2006年9月市地震局就奥运地震安全保障工作与市奥足办进行沟通，建立了联络方式。

2007年6月，市地震局根据中国地震局对首都圈地区奥运震情保障工作的统一部署，在“天津市地震局奥运地震安全保障工作初步方案”的基础上，编制完成《天津市地震局奥运震情保障工作实施方案》。

从2008年1月开始市地震局每月向市奥足办通报奥运地震安全保障工作计划执行情况，并将“月震情会商意见”抄送市奥足办。2008年2月3日，市地震局副局长聂永安到市奥足办汇报奥运地震安全保障准备阶段工作的进展情况。

2008年2月26日，市地震局成立了以局长赵国敏为组长的奥运地震安全保障领导小组，全面负责组织天津市奥运地震安全保障工作。领导小组下设震情跟踪、新闻宣传、应急处置、条件保障等4个工作组。

市地震局借鉴奥运地震安全保障工作方案，组成以局长赵国敏为组长的达沃斯论坛地震安全保障领导小组，并制定《2008天津夏季达沃斯论坛地震安全保障工作方案》。

二、准备工作

从2007年开始，根据《天津市地震局奥运震情保障工作实施方案》认真做好准备阶段的各项工作。

（一）强化震情监视工作

加强地震监测台网的运行管理。对测震、强震、前兆台网观测设备进行了全面的检修，确保以最佳状态，投入赛事期间的震情监视工作。测震台网中心安装REIS地震自动速报系统，有效缩短了地震速报用时；完成EQIM地震上报系统升级；结合首都圈地震奥运震情保障以及地震速报的有关规定，编制了地震速报及信息上报工作流程图；加强业务培训，台网值班人员熟练掌握速报操作程序，提高震相识别和地震速报能力。强震动台网中心安装部署了强震速报软件。

强化地震台站监测工作。张道口地震台更新地热观测仪；宝坻地震台地电阻率观测由ZD8B型仪器更新为ZD8BI型仪器；徐庄子地震台配备了5千伏安汽油发电机；蓟县地震台在小辛庄形变观测山洞洞口观测室旁新铺设碳棒接地网，改善了观测仪器设备的接地条件；宝坻、塘沽、徐庄子和青光等4个地震台站维护改造地电外线路。

强化流体监测工作。结合武清遥测台搬迁，新打一口地下流体观测井（井深600米），从2007年5月开始与中国地震局预测研究所合作开展水位、水温和气象三要素观测；自2008年1月1日开始，宝坻、静海、塘沽、张道口4个地震台开展土壤二氧化碳（CO_2）观测；为弥补王3井断流造成的影响，在宝坻温泉城新选水化观测点，从2008年6月1日开始正式观测。北辰区地震办公室新建辛侯庄观测井（井深1780米）、东丽区地震办公室新建东丽湖观测井（井深400多米），采取无线传输方式同时观测水位和水温。

（二）强化震情分析预报工作

市地震局结合震情预测结果及奥运地震安全保障工作要求，制定《奥运震情分析、异常跟踪保障方案》和《2008 年度震情短临跟踪工作方案》；分管领导、职能管理部门负责人和专家每月至少一次参加首都圈地区的震情会商及奥运震情保障工作会议；学习、借鉴兄弟单位相关学科较为成熟的研究方法和途径，开展数字地震资料处理方法在地震预报中的应用；与首都圈有关单位共同努力，编制完成《首都圈地区预会商库震情趋势判定系统》，该系统具备首都圈范围内发生较强地震发生后，较快做出震后趋势初步判断的功能；编制《宏观异常落实实例》，指导日常宏观落实工作，配备专用录音笔；加强岗位练兵，提高预报人员熟练使用会商软件的能力。

2008 年 5 月 12 日，汶川地震后，开展《5 月 12 日汶川 8.0 级地震后首都圈地区近期地震活动分析和预测》、《蓟县垂直摆倾斜资料异常分析及地震趋势预测》、《华北地区地磁绝对观测 Z 长期变简要分析》、《流体异常落实与地震趋势预测》研究工作，并形成 4 个专题报告；与市地质调查研究院合作，利用市地质调查研究院监控地面沉降的地下流体资料，开展大批量井孔水位资料的跟踪监视工作，为及时了解天津地区地下流体异常提供了保障；加强与周边地区地震部门震情信息的交流，充分利用“天津、唐山、沧州、廊坊”四城市联席会商机制，做好天津及邻近地区的震情判定和跟踪工作。

在汶川地震后华北、首都圈地区地震趋势专题研究基础上，市地震局组织有关专家对奥运期间天津及邻近地区地震风险开展评估。2008 年 7 月 10 日，市地震局以津震发〔2008〕81 号文件，将“奥运期间天津地震风险评估结果”及“控制与应对措施”分别向市政府、市奥足办和中国地震局做出书面报告。2008 年 7 月 15 日，副市长王治平在市地震局的报告上做“加强奥运期间的地震监测工作十分必要重要，只有这样才能做到有备无患”的批示。

针对奥运时段可能的地震风险，制定 6 项控制与应对措施：（1）建立奥运地震安全保障工作机制。成立市地震局奥运地震安全保障工作领导小组，严格执行首都圈地区奥运震情保障工作的统一部署和安排。（2）强化地震的监测和预测。2008 年 7 月 16 日至 9 月 30 日，天津市地震系统进入奥运地震安全保障特殊工作时段。（3）做好地震信息沟通和发布工作。建立市地震局与市奥足办和中国地震局间的信息快递通道，确保震情灾情信息的及时沟通和上报。（4）落实奥运地震安全保障工作措施。编制《2008 年度天津市地震局特殊时段地震安全保障工作指南》，使各项工作措施更具操作性和实效性。（5）开展应急疏散准备检查。会同市有关部门对天津市奥运场馆、运动员住所的应急疏散预案、疏散通道、疏散示意图及疏散场地等进行检查。（6）强化奥运期间的应急值守工作。实行 24 小时“领导带班、双岗双班、重要岗位多人值班”制度。

（三）应急准备工作

根据中国地震局《特殊时段地震应急保障工作方案》，结合奥运特殊时段地震应急工作的特点，编制完成《2008 年奥运地震安全特殊时段地震应急工作预案》和《天津市奥运地震应急新闻发布工作预案》。制定《地震现场工作规定》，调整现场应急工作人员，配备必要的工作设备。完成市抗震救灾应急指挥中心与市应急指挥中心指挥信息平台的链接，实现了互联互通。市地震局震情值班室购置了传真群发系统，加快通过传真向中国地震局、市委、市政府和奥足办报送震情信息的速度。成立奥运地震安保新闻办公室和专家组，建立两级新闻发布制度，制定5种情况下的奥运新闻工作预案，编制了敏感问题和重要问题新闻口径，印发《天津市奥运地震安全新闻保障工作手册》。开展奥运地震安全保障新闻发布模拟实战演练，邀请市政府新闻发布专家对全市地震系统处以上领导干部和新闻工作人员进行了业务培训。与市各大主流媒体建立新闻发布渠道。

2008年7月10日，市地震局会同应急办、发改委、民政局、安监局、公安局、奥足办组成联合检查组对天津奥林匹克中心体育场和官员、运动员、记者下榻的酒店进行了地震应急保障措施检查。7月14日，市地震局对承接新闻媒体记者下榻的天津君豪酒店200余名员工进行以“公共安全与地震应急避险”为主题的地震应急知识培训。培训班邀请中国地震局地球物理研究所研究员张少泉授课，深入浅出地讲解了地震知识、公共安全理念与自我保护意识等内容，受到酒店领导、广大员工的热烈欢迎。

三、强化工作

根据中国地震局的统一部署，2008年7月16日至9月30日，天津市地震系统进入奥运地震安全保障特殊工作时段。

2008年7月16日，市地震局召开奥运地震安全保障工作动员大会，对做好奥运前及奥运期间的监测预报、地震应急、新闻发布等有关工作动员部署。

会后，市地震局编制《奥运地震安全保障特殊时段工作指南》、《天津达沃斯论坛地震安全保障实施方案》、《2008年奥运会地震应急新闻发布工作预案》以及台网运行、震情跟踪、异常落实、应急指挥、谣传应对、网络支持等预案或方案。各区县地震办公室结合本区县实际相继制定了“奥运地震安全保障工作方案”。

在特殊工作时段期间，取消干部休假，局领导在岗带班，有关职能处室实行24小时值班；测震台网、强震动台网、前兆台网加强仪器故障排查，确保系统运行；测震台网采用两套系统进行地震编目，做到每日更新地震目录；信息中心增加技术维护力量，时刻注视数据汇集、数据处理、存储与备份、数据服务和数据上报等环节的工作状态；对确定为零报告的地震前兆测项，实行零报告制度，每天向中国地震局上报其动态变化；分析预报人员24小时值班，及时处置震情；预报中心实行每天会商，奥运火炬传递预演和正式传递期间每2小时上报一次最新震情。

在特殊工作时段期间，地震应急指挥系统每周开展1次演练；地震信息网络安全每月进行1次演练；应急指挥大厅每天进行4次机房、设备工作状态检测；应急指挥系统每天进行4次本地或远程系统运行情况检查。

在8月1—2日奥运火炬在天津市传递期间，市地震局实行领导带班和各职能处室到岗值班；预报中心早上五点半之前完成震情会商，将会商结果报送到市火炬传递办公室，随后间隔两小时进行一次会商并上报。8 月 6—15 日奥运足球天津赛区赛事进行期间，市地震局三大处室全体人员在岗待命，预报中心实行每日会商并将会商结果报送市奥足办。

2008 年 8 月 6 日中国地震局震灾应急救援司通过视频会议系统对市地震局奥运地震安全应急保障准备工作进行检查。市地震局向中国地震局检查组汇报奥运地震安全应急保障各项准备工作的完成情况，包括地震应急工作流程检查、地震应急个人装备和设备检查等。

8 月 13 日中国地震局局长陈建民一行莅津检查指导奥运地震安保工作，王治平副市长会见陈建民局长一行。在津期间，陈建民局长检查天津地震台网中心和市抗震救灾指挥中心，看望工程技术人员；听取市地震局局长赵国敏关于奥运地震安全保障工作情况的汇报，并就进一步加强奥运地震安全保障工作和通过汶川特大地震科学总结与反思全面加强防震减灾工作等提出具体要求。

2008 年 9 月 22—30 日全市地震系统进入达沃斯论坛地震安全保障特殊工作时段，地震安全保障工作围绕地震速报、震情跟踪、新闻宣传和应急处置等四个方面展开。根据筹组委会的安排，市地震局副局长聂永安率领工作组进驻会场提供现场震情服务，确保一旦发生地震事件时及时进行有效处置。

四、总结表彰

2008 年 12 月，中国地震局召开奥运地震安全保障工作总结表彰大会，授予天津市地震局“奥运地震安全保障工作先进单位”荣誉称号；授予市地震局监测预报处“奥运地震安全保障工作先进集体”荣誉称号；授予市地震局聂永安、邵永新、陈金林、姚兰予、刘允秀“奥运地震安全保障工作先进个人” 荣誉称号。

2009 年 1 月 15 日，市地震局召开奥运地震安全保障工作总结表彰大会，决定对在奥运地震安全保障工作中表现突出的监测预报处等 13 个优秀集体和聂永安等 53 名先进个人进行表彰。

第三篇

地震灾害预防

地震灾害预防是指地震发生前或所谓“平时”所做的避免和减轻地震灾害的防御性工作。地震灾害预防是防震减灾的根本环节，对于减轻人员伤亡和财产损失具有特别重要的作用。

地震灾害预防的内含具有一个逐步演化过程。开始的地震灾害预防内含比较宽泛，把各种地震灾害预防工作都纳入其中，内容包括：法制，规划、计划，建（构）筑物抗震设防、活动断层探测、地震应急、宣传教育、地震保险等。随着防震减灾工作的发展，法制，规划、地震应急等相继形成独立领域，从地震灾害预防中脱离出去，目前的地震灾害预防领域，主要指建（构）筑物抗震设防、活动断层探测、防震减灾宣传等三个方面。就是通常所说的“地上搞结实、地下搞清楚、公众搞明白”。

建（构）筑物抗震设防，即所谓的“地上搞结实”，通俗地说就是把房子盖得足够结实，把桥梁、水坝等等各种建设工程建得足够坚固，当地震来袭的时候不被破坏或者受影响程度很轻，从而达到减少人员伤亡和财产损失的目的。“地上搞结实”的主要环节有：通过制定地震动区划图和对建设工程场地进行地震安全性评价，为抗震设计和施工提供科学合理的地震动参数；通过对新建工程进行抗震设计和施工，通过对老旧建筑和存在安全隐患的建筑进行除险加固，使其达到抗御本地区未来可能遭遇的地震破坏。

活动断层探测，即所谓的“地下搞清楚”，通过探明地下结构，研究岩层结构、断裂分布和断层活动性，进而评估地震危险性。地壳基础探测在地震灾害预防领域的主要作用是，为建设工程选址时避开不利地段或采取加强抗震措施提供依据，为城市规划提供依据。

防震减灾宣传，即所谓的“公众搞明白”，就是通过各种渠道，采用包括宣传、教育、演练等多种形式，面向社会普及地震以及地震灾害知识，普及避险、自救和互救常识，使公众搞明白，增强防灾自救的能力。

建（构）筑物抗震设防，天津市起于 1974 年。当年，根据 1974 年国务院“京津一带渤海北部地区 1—2 年内可能发生 5 至 6 级地震”的预报意见，天津市对各类建筑物进行普查、修复加固，对重点单位实施一系列的抗震设防措施。唐山地震后，天津市按抗震设防标准开展大规模的恢复重建，对危陋房屋进行改造并继续进行抗震加固。进入 20 世纪 90 年代，天津市积极推进抗震设防要求和地震安全性评价的法制化管理，对重大工程和可能引发严重次生灾害的工程，通过地震安全性评价确定抗震设防要求，进行抗震设防，保障建设工程具备抗御本地区地震基本烈度的能力并对交通、通讯、供水、供电等生命线工程和水库大坝、危险化学品生产和储存等易引发次生灾害的工程以及学校、医院等人员密集场所，制定更加严格的管理制度和高于一般工程的抗震标准。

活动断层探测起于 1996 年，这年，天津市地震局向市政府提出在第九个五年计划期间开展城市活断层探测研究的建议，得到市政府的支持。1999 年 5 月，海河断裂探测和地震危险性评价项目由市发展计划委员会正式批准立项，由天津市地震局负责实施。2004 年“天津市活断层探测与地震危险性评价”纳入国家“十五”重点科学工程计划，继海河断层研究之后，又对沧东断层、天津断层开展探察和地震危险性研究。随后的第十一个五年计划期间，2008年起对天津近海海域隐伏活动断层探测和地震危险性评价。

防震减灾宣传教育，天津市起于1972年，天津市地震办公室举办题为《预防地震》的大型展览，编写《地震》科普小册子，自此拉开天津市防震减灾宣传教育工作的序幕。1975年天津市地震局成立后，将防震减灾宣传教育列为日常工作中的一项重要内容，防震减灾宣传教育逐步扩展。1993年全国防震减灾宣传工作会议之后，天津市委、市政府加强防震减灾工作的领导，建立市委宣传部、地震局、教委等部门齐抓共管的防震减灾宣传教育工作领导体制和工作机制，加大防震减灾宣传教育的力度，防震减灾宣传教育全面、深入发展。40年来，防震减灾宣传教育基础建设不断完善，面向社会公众的普适宣传教育持续不断、深入发展，有针对性的专项宣传教育不断开拓，为减轻地震灾害、保持社会稳定、促进防震减灾工作的开展做出显著的成绩。

建（构）筑物抗震设防在内容上涉及抗震设防要求确定、抗震设计和施工等环节，在管理上涉及地震、建设等多个部门。本篇主要记述涉及地震部门的工程场地地震安全性评价的有关内容，其他内容在有关部门的志书中记述。

第一章　工程场地地震安全性评价

《中华人民共和国防震减灾法》规定“新建、扩建、改建建设工程，必须达到抗震设防要求”。对于一般工程的抗震设防必须按照国家颁布的地震烈度区划图或者地震动参数区划图规定的抗震设防要求，进行抗震设防。重大建设工程和可能发生严重次生灾害的建设工程，必须进行地震安全性评价；并根据地震安全性评价的结果，确定抗震设防要求，进行抗震设防。和区划图相比地震安全性评价工作对基础资料的精度和研究工作的深入程度有更详细的要求；根据不同类别建筑工程给出相应设防概率水平的地震动参数；地震安全性评价可提供区划图不能提供的长周期反应谱、地震动时程和场地地震地质灾害评价。

工程场地震安全性评价是根据对建设工程场址和场址周围的地震与地震地质环境的调查，场地地震工程地质条件勘测，通过地震地质、地球物理、地震工程等多学科资料的综合评价和分析计算，按照工程类型、性质、重要性，科学合理地给出与工程抗震设防要求相应的地震动参数，以及场址的地震地质灾害预测结果。地震安全性评价工作的主要内容包括：工程场地和场地周围区域的地震活动环境评价、地震地质环境评价、断裂活动性鉴定、地震危险性分析、设计地震动参数确定、地震地质灾害评价等。

天津市的工程场地地震安全性评价工作起于20世纪80年代，在20世纪80—90年代，主要进行的是地震烈度复核。1998 年 10 月 19 日，天津市政府制定的《天津市建设工程地震安全性评价管理办法》发布施行。受《天津市建设工程地震安全性评价管理办法》的推动，工程场地地震安全性评价工作逐步开展。

按照国家标准《工程场地地震安全性评价》(GB 17741—2005)规定，地震安全性评价工作分四级：Ⅰ级工作适用于核电厂等重大建设工程项目中的主要工程；Ⅱ级工作适用于Ⅰ级以外的重大建设工程项目中的主要工程（GB 17741—1999 规定为Ⅲ级工作）；Ⅲ级工作包括区域性地震区划和地震小区划（GB 17741—1999 规定为Ⅱ级），适用于城镇、大型厂矿企业、经济建设开发区、重要生命线工程等；Ⅳ级工作为地震动峰值加速度复核（GB 17741—1999 为地震烈度复核），适用于一般建设工程。到 2010 年为止，天津市没有进行过核电厂等重大建设工程项目的Ⅰ级地震安全性评价工作。

本章分三节记述重大建设工程项目、地震小区划、地震烈度复核和地震动峰值加速度复核的地震安全性评价工作。

第一节　重大建设工程项目地震安全性评价

据统计，1992 年至 2010 年，有 7 家从业单位完成了天津境内 322 项重大建设工程的地震安全性评价工作。从业单位包括：天津市地震灾害防御中心（天津市地震工程研究中心）、中国地震局第一监测中心、天津市地震工程研究所、中国地震局地壳应力研究所、中国地震灾害防御中心、黑龙江震工科技有限公司、中国地震局工程力学研究所。

1998—2010 年天津市地震安全性评价项目统计表

表 3-1-1-22

年份	项目数量（个）	代表性项目名称
1992	1	天津保税区国贸大厦地震安全性评价
1994	1	大港油田炼油厂提改工程场地地震地震安全性评价
1998	3	天津市滨海电厂厂址地震安全性评价
1999	3	潮白新河公路大桥场址地震安全性评价
2000	5	天津滨海国际机场航站楼区域工程场地地震安全性评价
2001	4	天津地铁 1 号线工程场地地震安全性评价
2002	8	天津医科大学总医院扩建工程场地地震安全性评价
2003	10	天津奥林匹克体育中心体育场工程场地地震安全性评价 天津市第四中心医院急救中心大楼建设工程场地地震安全性评价 天津市美术学院美术馆工程建设场地地震安全性评价 京沪高速公路天津段一期工程场地地震安全性评价

续表 3-1-1-22

年份	项目数量（个）	代表性项目名称
2004	22	天津地铁 3 号线工程场地地震安全性评价 天津卫生防病中心新建应急指挥楼及病原实验楼工程场地地震安全性评价 京津高速公路天津段工程场地地震安全性评价 天津市农科大厦建设工程场地地震安全性评价
2005	23	天津陈塘热电厂三期扩建工程场地地震安全性评价 今晚传媒大厦工程场地地震安全性评价 西北—东北直流联网线路工程天津直流换流站工程场地地震安全性评价 营口道地铁上盖物业发展项目工程场地地震安全性评价
2006	30	天津和平广场（津塔项目）工程场地地震安全性评价 天津市安定医院工程场地地震安全性评价 天津农学院教学主楼工程场地地震安全性评价 天津站综合交通枢纽工程场地地震安全性评价
2007	36	空客 A320 飞机中国总装线项目工程场地地震安全性评价 中钢国际广场（天津）项目工程场地地震安全性评价 塘承高速公路项目工程场地地震安全性评价 天津市宁河县医院扩建工程场地地震安全性评价
2008	66	中央大道（一期）海河隧道段工程场地地震安全性评价 天津西站至天津站地下直径线工程场地地震安全性评价 天津港北港池杂货码头工程场地地震安全性评价 天津市八里洲碧桂园酒店工程场地地震安全性评价
2009	54	津滨高速公路改扩建工程地震安全性评价 蓟州体育馆工程地震安全性评价 天津大港沙井子风电场工程地震安全性评价 天津市南水北调中线配套工程王庆坨水库工程场地地震安全性评价
2010	56	天津现代城 B 区工程场地地震安全性评价 于家堡站交通枢纽配套市政公用工程场地地震安全性评价 全箭振动塔与静力试验厂房工程场地地震安全性评价 20 万吨标准阴极铜空项目（环保烟囱）工程场地地震安全性评价

按照国家标准《工程场地地震安全性评价》（GB17741—2005）规定，重大建设工程项目地震安全性评价工作内容包括：区域地震活动性和地震构造评价、近场区地震活动性和地震构造评价、地震动衰减关系确定、地震危险性概率分析、场地工程地质条件及地震地质灾害评价、场地地震动参数确定。本节按工程类别记述部分有代表性工程场地地震安全性评价项目，重点介绍近场区断裂探查与活动影响评价、地震动参数确定和场地工程勘测及地震地质灾害评价。

一、道路、隧道、桥梁工程

地震安全性评价中涉及的道路、隧道、桥梁工程包括：公路、铁路上的长度大于五百米的多孔桥梁或者跨度大于一百米的单孔桥梁，长度大于一千米的隧道。此类工程共完成 41 项。以下列举两项代表性的工程。

1. 中央大道（一期）海河隧道段工程场地地震安全性评价

中央大道（一期）海河隧道段工程线路起始于永泰路和三槐路交叉口南侧约 258 米，在三槐路的西侧平行于三槐路向南，分别过友谊路、于新路和规划路后，进入天海联营集装箱中转站，以 R=2000 米的平曲线半径向西折向京海石化运输有限责任公司，从该公司码头东侧直线穿越海河。南岸的登陆点位于天津市船厂码头船坞处，上岸后在天津市船厂内设置南岸工作井，经规划路和津沽公路，到达设计终点。线路全长 2556 米。受海河下游开发有限公司委托，天津市工程地震研究中心于 2008 年 4 月完成地震安全性评价工作，依据《工程场地地震安全性评价》（GB 17741—2005）工作等级为Ⅱ级工作。海河断裂直接穿过工程线路，对隧道工程造成较大影响，开展海河断裂的现场探测，确定该断层的精确位置、几何结构特征与活动性，进行断层的抗断评价及工程影响评价，是本项地震安评工作的重点和难点。

近场区断裂探查与活动影响评价。为弄清海河断裂几何特征与活动性参数，对该断裂进行综合探测。布置了四条浅层地震勘探测线，测线总长近 6000 米；在海河河道内开展了 40 千米的水上浅部声学地层探测；在海河断裂上布置了一条钻孔地层对比剖面。通过海河断裂综合探测，在海河河道内没有发现断层存在的迹象，表明海河断裂在该段并没有沿海河河道发育，而从海河南岸以南约 180 米附近的区域通过。海河断裂在该段埋深约 150 米，断错了第一海相层以下地层，对应的上断点最浅埋深为 18 米。海河断裂在该段的年均垂直滑动速率为 0.136—0.181 毫米每年，年均水平滑动速率约为 0.27—0.36 毫米每年。未来 100 年期间的最大垂直运动幅度约 20 毫米，最大水平运动幅度约 40 毫米。因此，该断层虽然通过了海河隧道工程的陆地区段，但其影响可以通过设计施工进行控制，在该区段建设隧道工程是基本可行的。沧东断裂、汉沽断裂、塘北断裂和长芦断裂对工程线路影响较小。

地震动参数确定。通过对海河隧道场址进行地震危险性概率分析和土层地震反应计算，确定该隧道工程 50 年和 100 年不同超越概率水平下的地震动参数评价结果。

工程场地不同超越概率水平地震动参数评价结果

表 3-1-1-23

超越概率	站 点	Amax（米/秒^2）	Kh	T_1（秒）	Tg（秒）	α max	β max	γ
50 年 63%	地表	0.559	0.057	0.15	0.60	0.14	2.8	0.9
	隧道底部	0.33	0.034	0.15	0.75	0.09	2.8	
50 年 10%	地表	1.595	0.163	0.20	0.75	0.48	2.9	0.9
	隧道底部	1.059	0.108	0.20	0.85	0.34	3.0	

续表 3-1-1-23

超越概率	站　点	Amax（米/秒^2）	Kh	T1（秒）	Tg（秒）	α max	β max	γ
50 年 2%	地表	2.958	0.302	0.30	0.90	0.90	3.0	0.9
	隧道底部	1.876	0.191	0.30	1.00	0.70	3.5	
100 年 63%	地表	0.819	0.084	0.15	0.60	0.22	2.9	0.9
	隧道底部	0.431	0.044	0.15	0.80	0.14	3.3	
100 年 10%	地表	2.052	0.209	0.20	0.80	0.62	3.0	0.9
	隧道底部	1.348	0.137	0.20	0.90	0.44	3.3	
100 年 3%	地表	3.144	0.321	0.30	0.90	1.00	3.2	0.9
	隧道底部	2.144	0.219	0.30	1.05	0.75	3.6	

场地工程勘测及地震地质灾害评价。在场址区布置深钻孔 9 口，进尺 722 米，剪切波速测试 2 口，进尺 220 米，动三轴测试 11 组，综合分析得出场地地质条件和地震地质灾害评价结果：工程场址区场地类别为Ⅲ类。在地震烈度为Ⅶ度时，可忽略发震断裂错动对地面建筑的影响。场地在烈度为Ⅶ度时的震陷估算值为 30 毫米，烈度为Ⅷ度时的震陷估算值为 150 毫米。工程线路沿线在地震烈度为Ⅶ度时 15.0 米范围内的饱和粉土不发生液化。唐山地震实际震害表明在于家堡地区有液化现象发生，综合分析应考虑场地土液化的影响。

2. 津滨高速公路改扩建工程地震安全性评价

津滨高速公路改扩建工程起于津滨大道与外环线互通式立交的西侧引路起点，沿原津滨高速公路线位向东，在外环线以东与津北公路并线，与驯海路设置菱形互通立交主线上跨驯海路后向东，从新兴村北、刘辛庄村北、流芳台村南经过，在郭家台村北与空港加工区规划路七相交并设置互通式立交，再向东经军粮城镇北、唐山村南、一村村中、二村村中、三村村北穿过，之后向东在胡家园立交以东与津塘公路相接，止于塘黄路，路线全长 28.507 千米。主要桥梁有四座，分别是津蓟津汕联络线互通立交、东金公路立交、开发区西区立交和西中环立交。受天津泰达津滨高速公路有限公司委托，天津市地震灾害防御中心于 2009 年 5 月完成地震安全性评价工作，依据《工程场地地震安全性评价》（GB 17741—2005）工作等级为Ⅱ级工作。提供主要桥梁的抗震设计地震动参数是本次安评的工作重点。

近场区断裂探查与活动影响评价。为查明近场区断裂空间位置和活动性，开展了 6 条断层氡气探测，测线长度达 24.62 千米；12 条浅层人工地震勘探，测线长度达 22.85 千米；钻孔地层对比剖面两条。探测结果表明海河断裂位于工程线路南部，距工程线路最近距离 3.3 千米，海河断裂东段为全新世活动断裂，断裂规模大，活动性强，对本工程线路影响较大。沧东断裂与工程线路相交于东丽区三村附近，为更新世中期活动断裂，晚第四纪活动性不明显，因此不会对工程线路产生直接的错断影响。天津断裂、大寺断裂、汉沽断裂和汉沟断裂为早中更新世断裂，对本工程线路的影响不大。

地震动参数确定。通过对四个主要桥梁场地进行地震危险性概率分析和土层地震反应计算，确定该各桥梁场地不同超越概率的设计地震动参数。

工程场区 50 年不同超越概率水平地震动参数评价结果

表 3–1–1–24

工程场地	超越概率	Amax（米/秒^2）	K_h	T_1（秒）	Tg（秒）	β max	γ
津蓟津汕联络线互通立交	63%	0.695	0.071	0.1	0.5	2.6	0.9
	10%	1.726	0.176	0.2	0.8	2.9	
	2%	3.384	0.345	0.3	1.1	2.9	
东金路立交	63%	0.656	0.067	0.1	0.5	2.6	
	10%	1.749	0.178	0.2	0.8	2.7	
	2%	3.292	0.336	0.3	1.0	2.8	
开发区西区立交	63%	0.711	0.072	0.1	0.6	2.6	
	10%	1.696	0.173	0.2	0.8	2.9	
	2%	3.395	0.346	0.3	1.0	2.8	
西中环立交	63%	0.621	0.0633	0.1	0.5	2.6	
	10%	1.759	0.179	0.2	0.8	2.7	
	2%	3.432	0.3498	0.3	0.9	2.8	

场地工程勘测及地震地质灾害评价。在工程沿线布置深度 100—120 米地震钻孔 4 口，进尺 440 米，剪切波速测试 4 口 440 米，动三轴测试 37 组，综合分析得出场地地质条件和地震地质灾害评价结果：东金路立交桥场地类别为Ⅲ类，津蓟津汕联络线互通立交、开发区西区立交和西中环互通立交场地类别为Ⅳ类。在地震烈度为Ⅶ度时，可忽略发震断裂错动对地面建筑的影响。由于沧东断裂和工程线路相交，为安全起见建议在该段设计施工时采取适当的构造措施，以防治断层活动引起的差异变形，将其影响减小至最低。场地在地震烈度为Ⅶ度时各控制点场地会产生小于 30 毫米的震陷。本工程在抗震设防烈度Ⅶ度条件下，在东金路立交和西中环互通立交附近场地不存在液化土层，可不考虑液化影响；津蓟津汕联络线互通立交附近场地为轻微液化场地；开发区西区立交附近场地为中等液化场地。

二、轨道交通工程

轨道交通工程包括城市快速轨道交通、地下铁路工程。此类工程共完成 10 项。以下列举两项代表性的工程。

1. 天津地铁 1 号线工程场地地震安全性评价

天津市地铁 1 号线北起天津市西北部的刘园，经红桥区、南开区、和平区、河西区至天津市东南部的双林地区，全长 27 千米。工程主要包括北段刘园至西站和南段新华路至双林新建段、中段西站至新华路既有线改造段、双林车辆段、刘园停车场、海光寺控制中心等。受天津市地下铁道总公司委托，天津市工程地震研究中心于从 2001 年 7 月完成天津市地铁 1 号线工程地震安全性评价工作，依据《工程场地地震安全性评价技术规范》（GB 17741—1999）工作等级为Ⅲ级。海河断裂与工程线路多次相交，开展海河断裂的现场探测，进行海河断裂影响评价及提供主要车站的抗震设计地震动参数是本项地震安评工作的重点和难点。

近场区断裂探查与活动影响评价。为查明近场区断裂空间位置和活动性，开展12条断层氡气探测，测线长度达31.45千米；11条浅层人工地震勘探，测线长度达21.24千米；钻孔地层对比剖面一条。海河断裂与地铁1号线工程多次相交，海河断裂最新活动持续到晚更新世晚期至全新世早期，鉴于海河断裂具有一定的分段特点，宜兴埠断裂又将海河断裂西段分为两个结构段，这使得海河断裂的发生强震的可能性大大降低。大寺断裂的主断裂虽然穿过地铁1号线，但活动时代较老，因而对线路影响有限。天津南断裂和天津北断裂穿过地铁1号线，这两条断裂最新活动不会晚于晚更新世，全新世以来没有活动，因此对地铁工程的影响不大。宜兴埠断裂与海河断裂的交汇部位存在发生6级左右或稍强地震的可能。这一地区正好是天津西火车站、地铁1号线、中环线等交通枢纽，在对地铁1号线工程进行设计施工时，建议对天津西客站等重要交通枢纽工程进行抗震加固处理。

地震动参数确定。地铁1号线路经过了潘庄凸起、双窑凸起、白塘口凹陷等三个次一级构造单元，本次安评工作中，在三个不同的次级构造单元上各布一个控制点，以使每个钻孔分别代表本单元典型的地层特性。根据地震危险性概率分析及土层地震反应分析结果，对各控制点给出其地表50年超越概率63%、10%、5%和2%时的地震动参数。

50年不同超越概率水平地震动参数评价结果

表3-1-1-25

位置	概率水平	Am（gal）	T_0（秒）	T_1（秒）	T_g（秒）	β_{max}	γ	α_{max}
控制点1地表	50年63%	54.05	0.04	0.19	0.40	2.89	1.26	0.16
	50年10%	176.52	0.07	0.20	0.67	2.55	1.64	0.46
	50年5%	227.35	0.08	0.21	0.76	2.49	1.69	0.58
	50年2%	310.78	0.09	0.27	0.90	2.44	1.84	0.77
控制点1地下5.2米	50年63%	24.47	0.04	0.11	0.54	2.62	1.04	0.07
	50年10%	95.18	0.07	0.17	0.77	2.48	1.36	0.24
	50年5%	131.39	0.08	0.21	0.81	2.44	1.38	0.33
	50年2%	210.42	0.09	0.31	1.00	2.38	1.72	0.51
控制点1地下7.2米	50年63%	23.35	0.04	0.12	0.56	2.54	1.02	0.06
	50年10%	94.07	0.07	0.18	0.81	2.36	1.40	0.23
	50年5%	129.03	0.08	0.23	0.90	2.41	1.48	0.32
	50年2%	205.71	0.09	0.30	1.03	2.33	1.75	0.49

续表 3-1-1-25

位置	概率水平	Am（gal）	T_0（秒）	T_1（秒）	T_g（秒）	β_{max}	γ	α_{max}
控制点 1 地下 11.3 米	50 年 63%	22.11	0.04	0.15	0.59	2.49	1.02	0.06
	50 年 10%	88.24	0.07	0.23	0.90	2.30	1.44	0.21
	50 年 5%	117.06	0.08	0.28	0.95	2.39	1.51	0.29
	50 年 2%	181.31	0.09	0.33	1.11	2.30	1.77	0.42
控制点 2 地表	50 年 63%	44.70	0.04	0.12	0.34	2.90	1.16	0.13
	50 年 10%	170.79	0.07	0.13	0.60	2.56	1.57	0.44
	50 年 5%	279.60	0.08	0.16	0.71	2.44	1.79	0.69
	50 年 2%	344.01	0.09	0.16	0.79	2.46	1.85	0.86
控制点 2 地下 13.2 米	50 年 63%	32.00	0.04	0.18	0.41	2.68	1.08	0.09
	50 年 10%	121.45	0.07	0.20	0.67	2.49	1.43	0.31
	50 年 5%	159.41	0.08	0.24	0.81	2.38	1.55	0.39
	50 年 2%	217.00	0.09	0.29	0.81	2.04	1.63	0.45
控制点 2 地下 6.7 米	50 年 63%	22.97	0.04	0.12	0.51	2.54	0.93	0.06
	50 年 10%	98.63	0.07	0.14	0.75	2.18	1.32	0.22
	50 年 5%	124.28	0.08	0.19	0.95	2.32	1.54	0.29
	50 年 2%	177.44	0.09	0.25	1.03	2.39	1.67	0.43
控制点 2 地下 9.0 米	50 年 63%	21.56	0.05	0.11	0.55	2.40	0.90	0.05
	50 年 10%	87.92	0.07	0.13	0.91	2.17	1.44	0.19
	50 年 5%	118.52	0.08	0.20	1.00	2.29	1.56	0.28
	50 年 2%	164.02	0.09	0.20	1.11	2.32	1.71	0.39
控制点 3 地表	50 年 63%	45.04	0.05	0.15	0.41	2.88	1.25	0.13
	50 年 10%	159.63	0.07	0.21	0.65	2.57	1.62	0.42
	50 年 5%	212.66	0.08	0.22	0.75	2.54	1.69	0.55
	50 年 2%	272.06	0.09	0.24	0.87	2.50	1.79	0.69

场地工程勘测及地震地质灾害评价。在工程沿线布置深度 80 米地震钻孔 3 口，动三轴测试 5 组，综合分析得出场地地质条件和地震地质灾害评价结果：三个控制点的场地类别均为Ⅲ类，场地土为中软场地土；在地震烈度为Ⅶ度时，可忽略发震断裂错动对地面建筑的影响；在烈度为Ⅶ度条件下，软土震陷问题较小，其震陷值远小于 30 毫米；地铁 1 号线呈现较低的液化势，液化问题不明显。

2. 天津地铁 3 号线工程场地地震安全性评价

天津市地铁 3 号线为天津市西南至东北方向的骨干线，南西起西青区华苑新技术产业园区滨渠路，东北至北辰区小淀，全长 28 千米，其中地面段约 2 千米，高架桥约 3.8 米，过渡段约 0.6 千米，其余段为地下段。全线设站 21 座，其中地面站 5 座，在华苑新技术产业园区附近设车辆段，在小淀站附近设停车场。沿线穿过卫津河、海河、新开河等河流。受天津市地下铁道总公司委托，天津市工程地震研究中心于2004年12月完成了天津市地铁3号线工程地震安全性评价工作。依据《工程场地地震安全性评价技术规范》（GB 17741—1999）工作等级为Ⅲ级。海河断裂与工程线路相交，开展海河断裂的现场探测，进行海河断裂影响评价及提供主要车站的抗震设计地震动参数是本项地震安评工作的重点和难点。

近场区断裂探查与活动影响评价。为查明近场区断裂空间位置和活动性，开展了9条断层氡气探测，测线长度达26.276千米；8条浅层人工地震勘探，测线长度达15.572千米；钻孔地层对比剖面一条。查明地铁3号线工程与海河断裂西段相交于和平路站南侧，海河断裂西段为第四纪活动断裂，活动性稍弱，对该段地铁工程影响不大。天津北断裂分别与地铁3号线在小树林站南侧几十米处、水上北路站西侧约500米处相交通过。天津北断裂为第四纪活动断裂，晚更新世以来活动迹象不明显，对该段地铁工程的影响不大。天津南断裂在位于地铁3号线以西，距离华苑车辆段1.6千米。天津南断裂属第四纪活动断裂，对地铁工程的影响不大。大寺断裂和沧东断裂距工程线路较远，活动性较弱，对线路影响不大。

地震动参数确定。该评价工作选定华苑产业园区站、吴家窑站、营口道站和铁三院站、宜兴埠站、磨床厂站为评价工作的6个控制站点。根据地震危险性概率分析及土层地震反应分析结果，对各控制点给出其地表50年超越概率63%、10%和2%时的地震动参数。

50年不同超越概率水平地震动参数评价结果

表3-1-1-26

站点名称	深度（米）	概率水平	Amax（米/秒^2）	Kh	T_1（秒）	Tg（秒）	β max	γ
华苑车辆段	地表	50年63%	0.341	0.035	0.20	0.45	2.8	0.9
		50年10%	1.313	0.134	0.25	0.75	2.8	1.2
		50年2%	2.321	0.237	0.30	1.10	2.8	1.6
吴家窑站	地表	50年63%	0.359	0.037	0.15	0.45	2.6	0.9
		50年10%	1.515	0.154	0.20	0.75	2.6	1.2
		50年2%	2.321	0.237	0.30	1.10	2.8	1.6
	涵洞中部9.2米	50年63%	0.255	0.026	0.20	0.50	2.6	0.9
		50年10%	1.056	0.108	0.25	0.90	2.6	1.2
		50年2%	1.709	0.174	0.25	1.40	2.6	1.6
	涵洞底部15米	50年63%	0.221	0.023	0.15	0.55	2.6	0.9
		50年10%	0.832	0.085	0.20	1.20	2.6	1.2
		50年2%	1.651	0.168	0.40	1.40	2.6	1.6
营口道站	地表	50年63%	0.335	0.034	0.15	0.45	2.6	0.9
		50年10%	1.454	0.148	0.20	0.70	2.6	1.2
		50年2%	2.440	0.249	0.25	1.10	2.6	1.6
	涵洞中部6.95米	50年63%	0.293	0.030	0.15	0.50	2.6	0.9

续表 3-1-1-26

站点名称	深度（米）	概率水平	Amax（米/秒 ^{2}）	Kh	T_1（秒）	Tg（秒）	β max	γ
营口道站	涵洞中部6.95米	50年10%	1.276	0.130	0.20	0.80	2.6	1.2
		50年2%	2.205	0.225	0.25	1.20	2.6	1.6
	涵洞底部12.4米	50年63%	0.245	0.025	0.20	0.45	2.5	0.9
		50年10%	0.859	0.088	0.20	1.00	2.5	1.2
		50年2%	1.671	0.170	0.30	1.35	2.5	1.6
铁三院站	地表	50年63%	0.282	0.029	0.15	0.45	2.5	0.9
		50年10%	0.282	0.029	0.15	0.45	2.5	1.2
		50年2%	1.806	0.184	0.25	1.30	2.5	1.6
	涵洞中部9.0米	50年63%	0.217	0.022	0.20	0.50	2.5	0.9
		50年10%	1.023	0.104	0.25	0.90	2.5	1.2
		50年2%	1.595	0.163	0.25	1.35	2.5	1.6
	涵洞底部14.8米	50年63%	0.165	0.017	0.15	0.60	2.3	0.9
		50年10%	0.812	0.083	0.20	1.20	2.3	1.2
		50年2%	1.348	0.137	0.40	1.60	2.3	1.6
宜兴埠站	地表	50年63%	0.359	0.037	0.15	0.40	2.6	0.9
		50年10%	1.713	0.175	0.2	0.7	2.6	1.2
		50年2%	2.260	0.230	0.25	1.25	2.6	1.6
	涵洞中部4.6米	50年63%	0.305	0.031	0.20	0.45	2.6	0.9
		50年10%	1.540	0.157	0.20	0.75	2.6	1.2
		50年2%	2.048	0.209	0.25	1.30	2.6	1.6
	涵洞底部9.2米	50年63%	0.223	0.023	0.15	0.60	2.5	0.9
		50年10%	1.116	0.114	0.20	1.00	2.5	1.2
		50年2%	1.756	0.179	0.40	1.40	2.5	1.6
磨床厂站	地表	50年63%	0.376	0.038	0.20	0.40	2.5	0.9
		50年10%	1.907	0.194	0.25	0.7	2.5	1.2
		50年2%	3.127	0.319	0.30	1.10	2.5	1.6

场地工程勘测及地震地质灾害评价。在工程沿线布置深度 100 米地震钻孔 4 口，并进行标准贯入试验和波速测试，动三轴测试 109 组，综合分析得出场地地质条件和地震地质灾害评价结果：六控制点的场地类别均为Ⅲ类，场地土为中软场地土；在地震基本烈度为Ⅶ度时，可忽略发震断裂错动对地面建筑的影响；沿线工程场地均不具备震陷的条件；各控制点所在区段在地震烈度为Ⅶ时不液化；磨床厂站场地在Ⅷ度地震烈度条件下存在中等液化的可能，其余各站在Ⅷ度地震烈度条件下不液化。

三、铁路车站、机场工程

铁路车站、机场工程指铁路特大型站的候车楼，机场中的候机楼、航管楼、大型机库。此类工程共完成9项。以下列举两项代表性的工程。

1. 天津站综合交通枢纽地震安全性评价

天津站综合交通枢纽工程是集普速铁路、京津城际高速铁路、城市轨道交通、公交和周边市政道路于一体的特大型综合项目。工程分为后、前广场及周边道路改造工程三部分。后广场主要为城际铁路及站房工程、地铁2、3、9号线换乘工程、停车楼广场、公交枢纽工程；前广场主要工程为地下停车场及公交中心工程；市政交通工程主要为五经路地道、海河东路地道等工程。受天津城投建设有限公司委托，天津市工程地震研究中心于2006年6月完成天津站综合交通枢纽地震安全性评价工作，依据《工程场地地震安全性评价》（GB 17741—2005）工作等级为Ⅱ级工作。城际站房工程地上两层，地铁2、3、9号线工程地下四层，前广场地下停车场工程为地下一层，局部二层，提供该工程场地地表和地下相关深度的抗震设计地震动参数是本项地震安评工作的重点和难点。

近场区断裂探查与活动性评价。为查明近场区断裂空间位置和活动性，开展5条断层气测线的勘测，测线长12681米；6条浅层人工地震测线勘测，测线长11744米；钻孔地层对比剖面一条。查明海河断裂位于工程场区的南侧约0.6千米，该断裂的最新活动持续到晚更新世晚期至全新世早期，场区所在的中段地震危险性较小。天津北断裂和天津南断裂从场区西侧通过，距离场区分别约为0.4千米和4.5千米，这两条断裂最新活动都不会晚于晚更新世晚期，全新世以来没有活动，未来50年内发生6.5级以上强震的可能性不大。沧东断裂为第四纪活动断裂，场址距离该断层约22千米，人工地震探测和钻孔探测资料对场址影响不大。大寺断裂位于场区东南侧距离约9千米，活动时代较老，因而影响不大。汉沟断裂位于场区北侧距离约16千米以上，为第四纪活动断裂，地震活动水平较低。

地震动参数确定。该评价工作选定城际站房工程、地铁2、3、9号线工程换乘工程、前广场地下停车场位置布设3个控制点。根据地震危险性概率分析及土层地震反应分析结果，确定工程场地3个控制点地表和不同深度的50年超越概率63%、10%和2%三种超越概率危险水平时的地震动参数。

50年不同超越概率水平地震动参数评价结果

表3-1-1-27

控制点		超越概率	PGA（米/秒^2）	PGA/g	T_1/秒	T_g/秒	T_2/秒	α_{max}	γ	η
城际站房	地表	63%	0.364	0.037	0.15	0.5	3.0	0.094	0.9	0.0014
		10%	1.679	0.171	0.25	1.0	4.5	0.460	0.9	0.0084
		2%	3.751	0.382	0.40	1.5	5.0	1.000	0.9	0.0194
	地下8米	63%	0.364	0.037	0.15	0.5	3.0	0.094	0.9	0.0014
		10%	1.679	0.171	0.25	1.0	4.5	0.460	0.9	0.0084
		2%	3.751	0.382	0.40	1.5	5.0	1.000	0.9	0.0194

续表 3-1-1-27

控制点		超越概率	PGA（米/秒^2）	PGA/g	T_1/秒	T_g/秒	T_2/秒	α_{max}	γ	η
地铁 2、3、9 号线换乘工程	地表	63%	0.364	0.037	0.15	0.5	3.0	0.094	0.9	0.0014
		10%	1.679	0.171	0.25	1.0	4.5	0.460	0.9	0.0084
		2%	3.751	0.382	0.40	1.5	5.0	1.000	0.9	0.0194
	地下 10.5 米	63%	0.284	0.029	0.15	0.7	3.0	0.070	0.9	0.0014
		10%	1.350	0.138	0.30	1.1	4.5	0.430	0.9	0.0086
		2%	3.043	0.310	0.30	1.6	6.0	0.900	0.9	0.0200
	地下 17.1 米	63%	0.223	0.023	0.10	1.0	3.0	0.050	0.9	0.0012
		10%	1.248	0.127	0.20	1.2	4.5	0.330	0.9	0.0066
		2%	2.740	0.279	0.30	1.0	5.0	0.860	0.9	0.0172
	地下 24.6 米	63%	0.238	0.024	0.10	1.1	3.0	0.042	0.9	0.0010
		10%	1.117	0.114	0.25	1.2	4.5	0.300	0.9	0.0060
		2%	2.420	0.247	0.40	1.0	5.0	0.830	0.9	0.0166
	地下 30.2 米	63%	0.205	0.021	0.10	1.1	3.0	0.040	0.9	0.0010
		10%	1.005	0.102	0.20	1.2	4.5	0.270	0.9	0.0044
		2%	2.105	0.214	0.30	1.1	5.0	0.730	0.9	0.0146
前广场地下停车场	地表	63%	0.382	0.039	0.15	0.45	3.0	0.097	0.9	0.0013
		10%	1.770	0.180	0.25	0.90	4.5	0.450	0.9	0.0084
		2%	3.514	0.358	0.30	1.35	5.0	1.000	0.9	0.0194
	地下 14.5 米	63%	0.231	0.024	0.15	0.80	3.0	0.058	0.9	0.0012
		10%	0.261	0.129	0.25	1.10	4.5	0.360	0.9	0.0068
		2%	2.531	0.258	0.45	1.40	5.0	0.880	0.9	0.0160

场地工程勘测及地震地质灾害评价。本次工作完成 71 个工程钻孔，勘探孔间距一般 30.0 米，各钻孔深度介于 40—110 米之间。并进行标准贯入试验和波速测试，动三轴测试 20 组，综合分析得出场地地质条件和地震地质灾害评价结果：工程场区场地类别为Ⅲ类，场地土类型为中软土；在地震基本烈度为Ⅶ度时，可忽略发震断裂错动对地面建筑的影响；沿线工程场地均不具备震陷的条件；后广场近地表 20 米以上地层内分布的饱和粉土在场地遭受Ⅶ度地震影响时可发生轻微液化，前广场场地在遭受Ⅶ度地震影响时不发生液化。

2. 天津滨海国际机场二期扩建项目地震安全性评价

天津滨海国际机场二期扩建项目工程场地位于天津东丽区境内，机场南至津滨高速公路，西距东外环路约 500 米，北界至津汉公路。本期建设规模：旅客航站楼 T2 及配套设施；航站区站坪及配套设施；第二条平行滑行道、第三条垂直联络滑行道及配套系统；航站楼前高架桥系统、停车设施、南主进场路、工作区道路系统；外围配套设施；生产辅助、办公生活及公用配套设施；供油工程。受天津滨海国际机场委托，天津市地震灾害防御中心于 2009 年 8 月完成地震安全性评价工作，依据《工程场地地震安全性评价》（GB 17741—2005）工作等级为Ⅱ级工作。提供本工程场地抗震设计地震动参数是安评工作的重点。

近场区断裂探查与活动影响评价。为查明近场区断裂空间位置和活动性，开展6条断层气测线的勘测，测线长18251米；13条浅层人工地震测线勘测，测线长22348米；3条钻孔地层对比剖面。对比勘探结果及其他成果资料分析认为，海河断裂中断属中更新世断裂，活动性较弱，其位于工程场地南侧，断裂分支距离场地较近，但未穿过场地，不会对工程场地产生由断层错动导致的直接破坏；海河断裂东段活动性强，对场地产生的影响较大。建筑设计和施工应严格按安评工作提供的抗震设防要求进行设防。沧东断裂距离较远，对工程场地影响较小。汉沽断裂规模较小，距离工程场地为28千米，对场地影响有限。大寺断裂活动性较弱，对场区影响很小。

地震动参数确定。该评价工作在工程场地布置两个控制点，据地震危险性概率分析及土层地震反应分析结果，确定了工程场地50年超越概率分别为63%、10%和2%对应的地表地震动参数。

工程场地不同超越概率水平地震动参数评价结果

表3-1-1-28

超越概率	PGA（米/秒^2）	α_0	T_1/秒	T_g/秒	T_2/秒	α_{max}	γ	η
63%	0.599	0.061	0.1	0.55	2.75	0.14	0.9	0.003
10%	1.777	0.181	0.2	0.7	3.5	0.48	0.9	0.01
2%	3.090	0.315	0.3	0.9	4.5	0.92	0.9	0.018

场地工程勘测及地震地质灾害评价。本次工作完成两个地震钻孔工作，进行标准贯入及波速测试工作，完成动三轴测试21组，建立场地反应计算模型，给出了地震地质灾害评价结果：工程场地的场地类别为Ⅲ类，场地类型为中软土。可忽略发震断裂错动对地面建筑的影响；当抗震设防烈度为Ⅶ度时，可不考虑震陷的影响，场地不发生液化。

四、电厂及变电站

电厂及变电站工程指单机容量大于三十万千瓦或者规划容量大于八十万千瓦的火力发电厂，五百千伏和二百二十千伏的变电站。此类工程共完成20项，以下列举1项代表性的工程。

1. 天津华电南疆热电厂一期（2×300MW级）工程场地地震安全性评价

天津华电南疆热电厂一期（2×300MW级）工程场址位于天津市塘沽区南部李港铁路与津晋高速交叉点以南新规划区内，处于邓善沽村以南、大沽街以西。本期工程拟建设2×300MW级供热机组，机组额定供热能力如下：额定采暖抽汽量为550吨/小时，采暖抽汽压力为0.45兆帕，可对外供热量为720MW，供热面积约1250万平方米。受天津华电南疆热电项目筹建处委托，天津市工程地震研究中心于2008年10月完成地震安全性评价工作，依据《工程场地地震安全性评价》（GB 17741—2005）工作等级为Ⅱ级工作。提供工程场地地表的设计地震动参数是安评工作的重点。

近场区断裂探查与活动影响评价。为查明近场区断裂空间位置和活动性，开展3条断层氡气探测，测线长 7934 米；3 条浅层人工地震探测，测线长 6321 米；3 条钻孔地层对比剖面。对比勘探结果及其他成果资料分析认为，海河断裂东段从场区北侧约 5 千米处穿过，规模较大，活动性强，是对本工程场区影响较大的一条断裂。沧东断裂从场区西侧约 8 千米处穿过，其与海河断裂、汉沽断裂以及蓟运河断裂等全新世或晚更新世断裂的交汇部位未来有发生破坏性地震的可能，对场区将有一定影响。长芦断裂位于场区北侧，与海河断裂近平行，距离场区 0.5 千米，规模很小，第四纪以来活动迹象不明显，对场区影响很小。塘北断裂、大张坨断裂、板桥断裂活动性较弱，且距场址较远对场区影响很小。

地震动参数确定。分别在工程场地布置了两个控制点，据地震危险性概率分析及土层地震反应分析结果，确定了工程场地 50 年超越概率分别为 63%、10% 和 2% 对应的地表地震动参数。

工程场地不同超越概率水平地震动参数评价结果

表 3-1-1-29

超越概率	PGA（米/秒^2）	α_0	T_1/秒	T_g/秒	T_2/秒	α_{max}	γ	η
63%	0.657	0.067	0.25	0.50	2.50	0.19	0.9	0.004
	1.654	0.169	0.40	1.00	5.00	0.56	0.9	0.011
2%	2.705	0.276	0.70	1.15	5.75	0.95	0.9	0.019

场地工程勘测及地震地质灾害评价。本次工作完成了 12 个地震钻孔，钻孔深度 60—100 米，并进行了标准贯入和剪切波速测试，完成动三轴测试 9 组。建立场地反应计算模型，给出了地震地质灾害评价结果：工程场地的场地类别为Ⅳ类，场地类型为软弱土。可忽略发震断裂错动对地面建筑的影响；当场地遭受Ⅶ度地震影响时，可能会产生震陷值≤30 毫米的震陷，建议采取相应措施；抗震设防烈度为Ⅶ度时，场地不发生液化。

五、重大厂矿企业工程

重大厂矿企业工程是指占地范围较大、位于复杂工程地质条件区域的大型厂矿企业以及新建开发区。此类工程共完成 20 项，以下列举 2 项代表性的工程。

1. 空客 A320 系列飞机中国总装线工程场地地震安全性评价

空客 A320 系列飞机中国总装线工程场地位于天津市滨海新区临空产业区内。项目总用地约 0.6 平方千米，建筑面积约 11 万平方米，包括总装配线库、交付中心、称重机库、飞行机库和喷漆机库、大部件库及办公配套设施等多座建筑物。受天津保税区投资有限公司委托，天津市工程地震研究中心于 2007 年 1 月完成地震安全性评价工作，依据《工程场地地震安全性评价》（GB17741—2005）工作等级为Ⅱ级工作。提供场地设计地震动参数和场地地震地质灾害评价是本次安评工作的重点。

近场区断裂探查与活动性评价。为查明近场区断裂空间位置和活动性，开展了断 5 条层氡气探测，测线长 22725 米；9 条浅层人工地震探测，测线长 16793 米；一条声学地层（声呐）探测，测线长 4 千米；2 条钻孔地层对比剖面。对比勘探结果及其他成果资料分析认为，场址位于海河断裂中段北部，距北侧滑脱面断层 4.0 千米，场区内没有海河断裂的分支断层通过。海河断裂中段属于第四纪晚期活动断裂，活动性较东段弱，影响不大。沧东断裂距场址 7 千米，晚第四纪以来活动性较弱，对场区的影响小。场区距离天津北断裂最近约 13 千米，该断裂属第四系活动断裂，晚更新世以来活动迹象不明显，对本场区的影响不大。天津南断裂在市区与海河断裂复杂交汇，为晚更新世活动断裂，对本场区的影响不大。大寺断裂位于场区西南侧约 7 千米处，活动不明显，不构成对场区的影响。汉沽断裂位于场区东北侧约 25 千米，由于距离较远，对场区影响很小。汉沟断裂位于场区西北侧约 23 千米，第四纪活动性不强，对场区不构成影响。总装线项目工程场区内没有断层通过，不会由于断层直接错动导致场区发生破坏。

地震动参数确定。在总装配线库、称重机库与交付中心、飞行机库与喷漆机库处各布置一个控制点，据地震危险性概率分析及土层地震反应分析结果，确定了工程场地 50 年超越概率分别为 63%、10%和 2%对应的地表地震动参数。

工程场地不同超越概率水平地震动参数评价结果

表 3-1-1-30

超越概率	PGA（米/秒²）	α_0	T_1/秒	T_g/秒	T_2/秒	α_{max}	γ	η
63%	0.598	0.061	0.15	0.55	3.0	0.15	0.9	0.003
10%	1.799	0.183	0.25	0.75	3.5	0.55	0.9	0.011
2%	3.133	0.319	0.35	1.10	4.5	1.05	0.9	0.022

场地工程勘测及地震地质灾害评价。该工作完成了 6 口 110 米深地震钻孔，并进行剪切波速孔测试，完成动三轴测试 26 组。建立场地反应计算模型，给出地震地质灾害评价结果：工程场地的场地类别为Ⅲ类。可忽略发震断裂错动对地面建筑的影响；Ⅶ度地震烈度影响下工程场地将产生小于 30 毫米的震陷，可不采取措施；在Ⅷ度地震烈度影响下工程场地将产生 150 毫米左右的震陷；在遭受Ⅶ度和Ⅷ度地震影响时工程场区只有局部区域发生轻微液化，对建筑危害性小。

2. 全箭振动塔与静力试验厂房工程场地地震安全性评价

全箭振动塔与静力试验厂房位于天津市经济技术开发区西区内。全箭振动塔建筑面积 10200 平方米，层高 10 层，总高度 90 米，跨度 6—24 米，采用框剪结构。静力试验厂房建筑面积 5200 平方米，层高 1 层，总高度 50 米，跨度 45 米，采用钢排架结构。受中国运载火箭技术研究院委托，天津市地震灾害防御中心于 2010 年 1 月完成地震安全性评价工作，依据《工程场地地震安全性评价》（GB 17741—2005）工作等级为Ⅱ级工作。本次评价工作主要解决的问题是：查明是否有断裂从工程线路通过，并对近场区内的海河断裂、天津断裂、沧东断裂等对工程场地的影响做出评价；确定 50 年超越概率分别为 63%、10%和 2%对应的地表地震动参数。

近场区断裂探查与活动性评价。为查明近场区断裂空间位置和活动性，开展了断层氡气测线 1 条，测线长 3740 米；9 条浅层人工地震探测，测线长 17210 米；两口地质钻孔对比剖面。对比勘探结果及其他成果资料分析认为，工程场地位于海河断裂东段北侧 11.0 千米，该段断裂规模大，活动性强，对工程场地的影响较大，但断裂活动不会对工程场地造成直接的错断影响。沧东断裂位于本工程场地西侧约 1.0 千米。活动性较弱，但沧东断裂为区域性大断裂，且距场地较近，对工程场地的仍有一定的影响。汉沽断裂位于工程场地北侧 22.0 千米，活动性弱，对工程场地的影响较小。近场区范围内除上述断裂外，还有一些新近纪上新世或第四纪早期的小断裂，如塘北断裂、长芦断裂、汉沟断裂、大寺断裂等。这些断裂规模较小，活动性弱，因此对工程场地基本无影响。

地震动参数确定。据地震危险性概率分析及土层地震反应分析结果，确定工程场地 50 年超越概率分别为 63%、10%和 2%对应的地表地震动参数。

工程场地不同超越概率水平地震动参数评价结果

表 3–1–1–31

超越概率	PGA（米/秒^2）	α_0	T_1/秒	T_g/秒	T_2/秒	α_{max}	γ	η
63%	0.528	0.054	0.1	0.55	2.75	0.14	0.9	0.003
10%	1.737	0.177	0.2	0.75	3.75	0.45	0.9	0.010
2%	3.039	0.310	0.3	0.90	4.50	0.90	0.9	0.020

场地工程勘测及地震地质灾害评价。该工作共布置施工勘探孔 42 个。其中 3 口孔深 120 米的地震钻孔，并进行了剪切波速孔测试，完成动三轴测试 10 组。建立场地反应计算模型，给出了地震地质灾害评价结果：场地类别为Ⅲ类场地。在抗震设防烈度为Ⅶ度时工程场地可忽略断裂直接错动对地面建筑的影响，可不考虑震陷和液化影响。

六、超高层建筑

超高层建筑指八十米以上高层建筑物、构筑物。此类工程共完成 110 项，以下列举两项代表性的工程。

1. 天津和平广场（津塔项目）工程场地地震安全性评价

天津和平广场（津塔项目）场地位于天津海河南岸海河东路北侧，兴安路与张自忠路围成的地块。项目包括一栋超高层办公塔楼，一栋住宅塔楼和一栋 22 米高的餐厅裙房。办公塔楼约 340 米高，总建筑面积达 20.57 万平方米。 住宅塔楼约 100 米高，总建筑面积达 5 万平方米，餐厅裙房高 22 米，面积为 2444 平方米。受金融街控股股份有限公司—金融街津塔（天津）置业有限公司的委托，天津市工程地震研究中心于 2006 年 6 月完成地震安全性评价工作，依据《工程场地地震安全性评价》（GB 17741—2005）工作等级为Ⅱ级工作。本工程属于超高层建筑，地下两层，地基基础在地下 22 米深度。最高建筑物高度达 340 米，主塔楼自振周期为 6—10 秒，提供场地地表和地下 22 米深处的 50 年和 100 年不同超越概率的设计地震动参数及长周期地震加速度反应谱是安评工作的重点。

近场区断裂探查与活动影响评价。为查明近场区断裂空间位置和活动性，开展 5 条断层气测线探测，测线长度 10881 米；7 条浅层人工地震的勘探测线，测线长度 13250 米，跨断层地质钻孔剖面一条，对比勘探结果及其他成果资料分析认为，海河断裂主断层位于工程场区的南侧约 260

米，最新活动持续到晚更新世晚期至全新世早期，未来发生超过 6.5 级强震的可能性不大，该断裂直接错动对场区造成的影响不大。天津北断裂从本项目场区西侧通过，距离主塔楼距离约 200 米。活动迹象不明显，对本项目场区的影响不大。天津南断裂位于场区西侧约 4.5 千米处，该断裂对场区影响很小。沧东断裂和大寺断裂距场区较远，对场区影响很小。

地震动参数确定。该工程属于超高层建筑，地基基础埋深 22 米，结构类型采用核心筒和周边框架梁钢结构框架，根据建设工程性质，提供阻尼比 0.05 地表及地下 22 米不同超越概率的设计地震动参数，及阻尼比 0.035 地表不同超越概率的设计地震动参数。

工程场地不同超越概率水平地震动参数评价结果（阻尼比 0.05）

表 3-1-1-32

位置	超越概率	PGA（米/秒²）	α_0 PGA/g	T_1/秒	T_g/秒	T_2/秒	α_{max}	γ	η
地表	50 年 63%	0.532	0.054	0.1	0.5	2.6	0.140	1.0	0.0024
	50 年 10%	1.516	0.155	0.1	0.8	4.0	0.420	1.0	0.0080
	50 年 2%	2.702	0.275	0.1	1.0	5.0	0.800	1.0	0.0160
	100 年 63%	0.752	0.077	0.1	0.6	3.0	0.20	1.0	0.0030
	100 年 10%	2.018	0.206	0.1	0.8	4.0	0.58	1.0	0.0116
	100 年 3%	3.139	0.320	0.1	0.9	5.0	0.92	1.0	0.0184
地下 22 米	50 年 63%	0.256	0.026	0.1	0.8	4.0	0.07	0.9	0.0014
	50 年 10%	0.929	0.095	0.1	1.0	5.0	0.23	0.9	0.0046
	50 年 2%	1.662	0.170	0.1	1.1	5.5	0.52	0.9	0.0104
	100 年 63%	0.396	0.040	0.1	0.8	4.0	0.10	0.9	0.0020
	100 年 10%	1.244	0.127	0.1	1.0	5.0	0.35	0.9	0.0070
	100 年 3%	1.961	0.200	0.1	1.1	5.5	0.56	0.9	0.0112

工程场地不同超越概率水平地震动参数评价结果

表 3-1-1-33

阻尼比	超越概率	PGA（米/秒²）	α_0 PGA/g	T_1/秒	T_g/秒	T_2/秒	α_{max}	γ	η
0.035	63%	0.428	0.044	0.1	0.5	2.7	0.14	0.92	0.0026
	10%	1.634	0.167	0.1	0.65	3.5	0.42	0.92	0.0092
	2%	3.392	0.346	0.1	0.90	4.5	0.82	0.92	0.0180

场地工程勘测及地震地质灾害评价。现场共完成勘探钻孔 34 个，钻孔深度 90—150 米，主塔楼选择三个 155 米深钻孔为控制孔，公寓楼选择 3 个 90—100 米深钻孔为控制孔。并进行剪切波速孔测试，完成动三轴测试 10 组。建立场地反应计算模型，给出地震地质灾害评价结果：场地类别为Ⅲ类，场地土类型为中软土。当场地遭受Ⅶ度地震影响时，在抗震设防烈度为Ⅶ度时工程场地可忽略断裂直接错动对地面建筑的影响，可不考虑震陷和液化影响。

2. 天津现代城 B 区工程场地地震安全性评价

天津现代城 B 区工程场地四至地块为东至赤峰道，南至现代城 C 区伊势丹，西至哈尔滨道，北至陕西路，占地面积 9 千多平方米，建筑面积 23 万平方米，地下四层，底板板底标高约—20 米，地上裙房八层，一栋 41 层的五星级酒店，建筑高度为 180 米，一栋 66 层甲级写字楼，建筑高度为 280 米。天津现代集团有限公司的委托，天津市地震灾害防御中心于 2010 年 1 月完成地震安全性评价工作，依据《工程场地地震安全性评价》（GB 17741—2005）工作等级为Ⅱ级工作。本项目为超高层建筑，本次地震安全性评价工作的重点是给出了地表及地下四层底面（埋深 20 米）处 0.02、0.04 和 0.05 阻尼比下，50 年年超越概率 63%、10%、2%设计地震动参数，100 年年超越概率 63%、10%、3%设计地震动参数，及周期为 12 秒的长周期地震加速度反应谱。

近场区断裂探查与活动影响评价。为查明近场区断裂空间位置和活动性，开展 5 条断层气测线探测，测线长度 10881 米；7 条浅层人工地震的勘探测线，测线长度 13250 米，跨断层地质钻孔剖面一条，对比勘探结果及其他成果资料分析认为，海河断裂主断层位于工程场区的南侧约 260 米，最新活动持续到晚更新世晚期至全新世早期，未来发生超过 6.5 级强震的可能性不大，该断裂直接错动对场区造成的影响不大。天津北断裂从本项目场区西侧通过，距离主塔楼距离约 200 米。活动迹象不明显，对本项目场区的影响不大。天津南断裂位于场区西侧约 4.5 千米处，该断裂对场区影响很小。沧东断裂和大寺断裂距场区较远，对场区影响很小。

地震动参数确定。该工程属于超高层建筑，地基基础埋深 20 米，结构类型采用钢筋混凝土框架—核心筒结构体系，根据建设工程性质提供阻尼比 0.02、0.04 和 0.05，地表及地下 20 米不同超越概率的设计地震动参数。

工程场地地表不同超越概率水平地震动参数评价结果

表 3-1-1-34

阻尼比	超越概率	PGA（米/秒^2）	α_0 PGA/g	T_1/秒	T_g/秒	T_2/秒	α_{max}	γ	η
0.05	50 年 63%	0.518	0.053	0.1	0.5	2.5	0.14	0.9	0.003
	50 年 10%	1.605	0.164	0.2	0.75	3.75	0.42	1.0	0.008
	50 年 2%	3.083	0.314	0.3	1.0	5.0	0.8	1.0	0.016
	100 年 3%	0.691	0.070	0.1	0.65	3.25	0.19	0.9	0.004
	100 年 10%	2.090	0.213	0.2	0.85	4.25	0.6	1.0	0.012
	100 年 3%	3.109	0.317	0.3	1.0	5.0	0.95	1.0	0.020
0.04	50 年 63%	0.518	0.053	0.1	0.5	2.5	0.15	0.91	0.003
	50 年 10%	1.605	0.164	0.2	0.75	3.75	0.45	1.01	0.009
	50 年 2%	3.083	0.314	0.3	1.0	5.0	0.86	1.01	0.017
	100 年 63%	0.691	0.070	0.1	0.65	3.25	0.20	0.91	0.004
	100 年 10%	2.090	0.213	0.2	0.85	4.25	0.65	1.01	0.014
	100 年 3%	3.109	0.317	0.3	1.0	5.0	1.02	1.01	0.022
0.02	50 年 63%	0.518	0.053	0.1	0.5	2.5	0.18	0.95	0.003
	50 年 10%	1.605	0.164	0.2	0.75	3.75	0.55	1.05	0.010
	50 年 2%	3.083	0.314	0.3	1.0	5.0	1.06	1.05	0.019
	100 年 63%	0.691	0.070	0.1	0.65	3.25	0.25	0.95	0.005
	100 年 10%	2.090	0.213	0.2	0.85	4.25	0.79	1.05	0.014
	100 年 3%	3.109	0.317	0.3	1.0	5.0	1.25	1.05	0.023

工程场地地下 20 米处不同超越概率水平地震动参数评价结果

表 3-1-1-35

阻尼比	超越概率	PGA（米/秒²）	α_0 PGA/g	T_1/秒	T_g/秒	T_2/秒	α_{max}	γ	η
0.05	50 年 63%	0.264	0.027	0.1	0.8	4.0	0.07	1.0	0.001
	50 年 10%	1.014	0.103	0.2	1.0	5.0	0.25	1.0	0.005
	50 年 2%	1.887	0.192	0.3	1.1	5.5	0.55	1.0	0.011
	100 年 3%	0.409	0.042	0.1	0.95	4.75	0.10	1.0	0.002
	100 年 10%	1.239	0.126	0.2	1.05	5.25	0.36	1.0	0.007
	100 年 3%	2.015	0.205	0.3	1.1	5.5	0.6	1.0	0.012
0.04	50 年 63%	0.264	0.027	0.1	0.8	4.0	0.08	1.01	0.001
	50 年 10%	1.014	0.103	0.2	1.0	5.0	0.27	1.01	0.005
	50 年 2%	1.887	0.192	0.3	1.1	5.5	0.59	1.01	0.012
	100 年 63%	0.409	0.042	0.1	0.95	4.75	0.11	0.91	0.002
	100 年 10%	1.239	0.126	0.2	1.05	5.25	0.39	0.91	0.008
	100 年 3%	2.015	0.205	0.3	1.1	5.5	0.65	0.91	0.013
0.02	50 年 63%	0.264	0.027	0.1	0.8	4.0	0.09	1.05	0.002
	50 年 10%	1.014	0.103	0.2	1.0	5.0	0.33	1.05	0.006
	50 年 2%	1.887	0.192	0.3	1.1	5.5	0.73	1.05	0.013
	100 年 63%	0.409	0.042	0.1	0.95	4.75	0.13	0.95	0.002
	100 年 10%	1.239	0.126	0.2	1.05	5.25	0.47	0.95	0.009
	100 年 3%	2.015	0.205	0.3	1.1	5.5	0.79	0.95	0.014

场地工程勘测及地震地质灾害评价。现场共完成地震钻孔 5 个，钻孔深度 100—150 米，并进行了标准贯入和剪切波速孔测试，完成动三轴测试 14 组。建立场地反应计算模型，给出地震地质灾害评价结果：场地类别为Ⅲ类，场地土类型为中软土。当场地遭受Ⅶ度地震影响时，在抗震设防烈度为Ⅶ度时工程场地可忽略断裂直接错动对地面建筑的影响；场地不存在软弱土层，可不考虑震陷影响；在抗震设防烈度为Ⅶ度时，可发生轻微液化影响。

七、大型公共建筑

大型公共建筑指五百张床位以上的医院，六千个座位以上的大型体育馆，一千二百个座位以上的大型影剧院，建筑面积在一万平方米以上的、人员活动集中的多层大型公共建筑。此类工程共完成 107 项，以下列举两项代表性的工程。

1. 天津奥林匹克体育中心体育场工程场地地震安全性评价

天津奥林匹克体育中心体育场位于天津市南开区，北临滨水道与天津市体育馆相邻，西为水上东路，南侧为红旗南路。建设用地 0.24 平方千米，总建筑面积 13.5 万平方米。工程为可举办国际性足球及田径比赛的甲类体育场，观众座席 6 万个，建设内容包括:竞技场地、看台、疏散平台及辅助用房等。体育场的结构体系由平面形状近似椭圆形的看台和覆盖于其上的屋顶构成，框架结构，结构总高 36 米，局部 7 层，基础类型拟采用独立柱下桩基础，基础埋深 2.0 米。受天津天奥体育产业有限公司委托，天津市工程地震研究中心于2003年2月完成项目地震安全性评价工作。依据《工程场地地震安全性评价技术规范》（GB 17741—1999）工作等级为Ⅲ级。本次评价工作主要解决的问题是：查明是否有断裂从工程线路通过，并对近场区内的海河断裂、天津断裂、沧东断裂等对工程场地的影响做出评价；确定50年超越概率分别为63%、10%和2%对应的地表地震动参数。

近场区断裂探查与活动性评价。近场区开展了3条断层气测线的勘测，测线长18600米，和3条钻孔剖面对比分析，查明海河断裂西段位于场区北侧，距离场区约5.4千米，为晚更新世断裂，以天津断裂为界，海河断裂西段又可分为两个次级段落，这使得海河断裂发生强震的可能性大大降低；天津北断裂从场区西侧附近穿过，距离场区数百米，天津北断裂最新活动不晚于晚更新世晚期，全新世以来活动迹象不明显，未来50年内发生6.5级以上强震的可能性不大；大寺断裂位于场区东侧距离8千米处；汉沟断裂位于场区西北侧距离20千米以上。这些断裂因为活动性或距离等原因都对场区影响不大。

地震动参数确定。根据地震危险性概率分析及土层地震反应分析结果，确定工程场地50年超越概率63%、10%和3%三种危险水平的地震动参数。

工程场地不同超越概率地震动参数评价结果

表 3-1-1-36

超越概率	PGA/g	T_1/秒	Tg/秒	T_2/秒	β max	α max	γ	η
50年63%	0.039	0.19	0.44	3.5	2.7	0.105	1.25	0.0007
50年10%	0.137	0.21	0.65	3.5	2.7	0.370	1.51	0.0044
50年3%	0.213	0.29	1.14	5.0	2.7	0.575	1.90	0.0077

场地工程勘测及地震地质灾害评价。在场地工程地质条件勘察中，共布置勘探点180个，深度15—100米，其中地震钻孔4口，深度100米，在这180个钻探孔中进行多手段的勘测工作，与场地地震效应评价有关的勘测工作有控制性取样、土样物理力学参数测量、标贯试验、剪切波速测试等。建立场地反应计算模型，给出地震地质灾害评价结果：场地类别为Ⅲ类；抗震设防烈度为Ⅶ度时，可忽略断裂直接错动对地面建筑的影响；场地不存在软弱土层，可不考虑震陷影响；可不予考虑液化对本工程的影响。

2. 团泊新城国际网球中心工程场地地震安全性评价

拟建团泊新城网球中心包括10000座中心赛场一座，4000座半决赛场一座，体育会所一座。中心赛场主体建筑地上5层，地下1层，屋面结构上弦中心线最高点标高32米，地下一层，罩棚钢结构上弦中心线标高为24米；体育会所主体建筑地上4层，地下1层，屋面钢结构上弦中心线标高为30米。受天津滨海团泊投资发展有限公司委托，中国地震局第一监测中心于2004年12月完成地震安全性评价工作，依据《工程场地地震安全性评价技术规范》（GB 17741—1999）工作等级为Ⅲ级。

近场区断裂探查与活动性评价。近场区开展7条断层气测线的勘测，测线长13890米，11条浅层人工地震的勘探测线，测线长度18250米。查明场址位于天津北断裂东侧1千米处，该断裂是早、中更新世活动断裂，晚更新世以来活动迹象不明显，对场址影响较小；大寺断裂和宜兴埠断裂活动性较弱，对场址影响不大。

地震动参数确定。根据地震危险性概率分析及土层地震反应分析结果，确定工程场地50年超越概率63%、10%和3%三种危险水平时的地震动参数。

工程场地不同超越概率地震动参数评价结果

表3-1-1-37

超越概率	PGA（米/秒^2）	PGA/g	β_{max}	T_1/秒	T_g/秒	T_2/秒	γ	η1
63%	0.576	0.059	2.6	0.1	0.6	3.0	0.9	0.02
10%	1.519	0.155	2.8	0.2	0.8	4.0	0.9	0.02
2%	2.678	0.273	2.8	0.3	1.0	5.0	0.9	0.02

场地工程勘测及地震地质灾害评价。在场地工程地质条件勘察中，共布置勘探点40个，深度45—100米，其中地震钻孔2口，深度100米，并进行了标准贯入测试和剪切波速孔测试，完成动三轴测试15组，建立场地反应计算模型，给出了地震地质灾害评价结果：场地类别为Ⅲ类；抗震设防烈度为Ⅶ度时，可忽略断裂直接错动对地面建筑的影响；场地不存在软弱土层，可不考虑震陷影响；可不予考虑液化对本工程的影响。

第二节　地震小区划

地震小区划是对某一特定区域范围内地震安全环境进行划分，预测这一范围内可能遭遇到的地震影响分布，包括地震动小区划和地震地质灾害小区划。按《建设工程抗震设防要求管理规定》第九条要求，下列地区应当根据需要和可能开展地震小区划工作：（一）地震重点监视防御区内的大中城市和地震重点监视防御城市；（二）位于地震动参数0.15g以上（含0.15g）的大中城市；（三）位于复杂工程地质条件区域内的大中城市、大型厂矿企业、长距离生命线工程和新建开发区；（四）其他需要开展地震小区划工作的地区。按照国家标准《工程场地地震安全性评价》（GB 17741—2005）规定，地震小区划工作属于Ⅲ级地震安全性评价工作（GB17741—1999规定为Ⅱ级）。

自二十世纪八十年代以来，天津市积极推动地震小区划工作，已有天津经济技术开发区等9个城镇、大型厂矿企业开展了地震小区划工作（表3—2—1）。

地震小区划工作一览表

表 3-1-2-38

序号	项目名称	区划面积	完成时间
1	大港油田地震小区划	18.7 平方千米	1988 年
2	天津市汉沽区营城工业区地震小区划	10 平方千米	1989 年 6 月 3 日
3	天津市区地震小区划	180 平方千米	1995 年 12 月
4	天津市经济技术开发区地震小区划	33 平方千米	1999 年 9 月
5	天津石化 100 万吨乙烯炼化一体化项目地震小区划	7.1 平方千米	2006 年 9 月 9 日
6	天津港东疆港区工程场地地震小区划	30 平方千米	2006 年 10 月 27 日
7	天津市蓟县城区地震小区划	25 平方千米	2007 年 6 月 19 日
8	天津市汉沽区城区地震小区划	34 平方千米	2008 年 4 月 15 日
9	中新天津生态城南部综合片区地震小区划	32.1 平方千米	2008 年 7 月 2 日

本节记述天津港东疆港区地震小区划、天津市蓟县城区地震小区划、天津市汉沽区城区地震小区划项目情况。

一、天津港东疆港区地震小区划

天津港东疆港区位于天津港港区陆域东北部，南临天津新港主航道，向西与在建的天津港集装箱物流中心相连，为浅海滩涂人工造陆形成的三面环海半岛，港区南北长 10 千米，东西宽 3 千米，分为码头作业、物流加工、港口综合配套服务三个区域，具有码头装卸、集装箱物流、商务办公、生活居住、休闲旅游五个功能，总面积 30 平方千米。受天津港岛建设开发有限公司委托，天津市工程地震研究中心于 2006 年 2—10 月承担了天津港东疆港区地震小区划工作。

该地震小区划以往工作为基础，补充进行工作场区、近场区及区域范围内的地震地质、地球物理场、地震活动性等方面的资料收集，及地形地貌踏勘、地球物理、地球化学探测等项工作，给出穿过工作场区塘北断裂的空间位置，并对近场区内的沧东断裂、海河断裂、大张坨、大寺断裂及塘北断裂对场址的影响做出评价。确定潜在震源的地震活动性参数，选择适合本地区的地震动衰减关系，采用地震危险性概率分析方法，对区划场地进行地震危险性分析计算，确定区划场地的基岩输入地震动。根据工作场区的地质勘探和工程地震地质钻孔勘探与测试数据，进行工程地质单元分区。依据分区结果布置 25 个控制点，获得各控制点的场地土层土动力学模型；进行场地地震动反应计算，获得各控制点位置的地震动参数。在此基础上，进行工作场区地震动参数小区划和地震地质灾害小区划，提供场地的地震动参数区划结果及地震地质灾害区划结果。供工作区的规划建设和抗震设防使用。

该小区划工作依据土层地震反应分析结果，确定工程场区地表的地震动参数，给出场地 50 年超越概率 63%、10%、2%的地震动参数分区结果。结果显示，工程场区 50 年超越概率 10%对应的地表水平峰值加速度在 1.402 米/秒^{2}到 1.726 米/秒^{2}之间变化，相当于场地基本地震烈度Ⅷ度。工作区中地表水平峰值加速度和反应谱特征周期变化幅度均较大，将整个工程场区分为 A、B 两个区。

工程场地地震动参数分区表（1g=9.81 米/秒 ^{2}）

表 3-1-2-39

分区	50 年超越概率	地表水平峰值加速度（米/秒 ^{2}）		反应谱特征周期（秒）	
		计算值范围	建议值	计算值范围	建议值
A 区	63%	0.512—0.600	0.06g	0.70—0.75	0.75
	10%	1.402—1.584	0.16g	0.90—1.00	0.95
	2%	1.706—2.995	0.28g	1.00—1.30	1.15
B 区	63%	0.560—0.601	0.06g	0.60—0.65	0.65
	10%	1.611—1.726	0.17g	0.75—0.85	0.80
	2%	3.086—3.265	0.31g	0.85—0.95	0.90

图 3-1-2-36 天津港东疆港区地震动参数小区划图

该小区划工作结合工作区的工程地质条件给出地震地质灾害评价结果。评价结果认为，本工程场区可忽略发震断裂错动对地面建筑的影响。在发生地震烈度达到Ⅶ度时，场区可产生震陷值小于 30 毫米的轻微震陷；在地震烈度达到Ⅷ度时，场区内将产生 150 毫米左右的中等或比较严重震陷；在地震烈度达到Ⅸ度时，场区内将产生大于 350 毫米的严重震陷。在地震烈度达到Ⅶ和Ⅷ度时，除个别控制点发生轻微液化，其他区域不发生液化。

（Ⅶ度） （Ⅷ度）

图 3-1-2-37 工程场区地震液化分区图

二、蓟县城区地震小区划

天津市蓟县城区地震小区划工作区位于蓟县山前地带。工作区为一不规则长方形区域，地势变化较大，主要表现为东北高，西南低，工作区覆盖了县城城区全部，北边界沿着剪营村、东路庄、黑马泉一线，向东延至东大屯村北；西侧以剪营村、豆腐营村为边界，南侧以西大屯、辛庄子、州河西侧、凤凰山西侧、邦—喜公路北侧为界，东边界到东大屯村东。工作区占地面积约为 25 平方千米。受蓟县人民政府地震办公室委托，天津市工程地震研究中心 2006 年 10 月至 2007 年 6 月承担了天津市蓟县城区地震小区划工作。

该地震小区划以往工作为基础，补充进行工作场区、近场区及区域范围内的地震地质、地球物理场、地震活动性等方面的资料收集，及地形地貌踏勘、地球物理、地球化学探测等项工作，给出了穿过工作场区蓟县山前断裂的空间位置，并对近场区内的黄崖关断裂及蓟县山前断裂对场址的影响做出评价。确定潜在震源的地震活动性参数，选择适合本地区的地震动衰减关系，采用地震危险性概率分析方法，对区划场地进行地震危险性分析计算，确定区划场地的基岩输入地震动。根据工作场区的地质勘探和工程地震地质钻孔勘探与测试数据，进行工程地质单元分区。依据分区结果布置 25 个控制点，获得各控制点的场地土层土动力学模型；进行场地地震动反应计算，获得各控制点位置的地震动参数。在此基础上，进行工作场区地震动参数小区划和地震地质灾害小区划，提供场地的地震动参数区划结果及地震地质灾害区划结果。供工作区的规划建设和抗震设防使用。

据土层地震反应分析结果，确定工程场区地表的地震动参数，给出场地50年超越概率63%、10%、2%的地震动参数分区结果。结果显示，工作区50年超越概率10%对应的地表水平峰值加速度在1.450—1.854米/秒^{2}之间变化，相当于场地基本地震烈度Ⅶ度。整个工程场区50年超越概率10%的地表水平峰值加速度从西向东逐渐减小，有明显的分区特性，将工程场区划分为4个区。工程场区中反应谱特征周期变化幅度也较大，有明显的分区特性，将工程场区划分为3个区。

工程场区地表水平峰值加速度分区表 （1g=9.81米/秒^2）

表3-1-2-40

分区	50年超越概率	地表水平峰值加速度（米/秒^2）	
		计算值	建议值
Ⅰ区	63%	0.443—0.466	0.05g
	10%	**1.817—1.854**	**0.19g**
	2%	3.193—3.302	0.33g
Ⅱ区	63%	0.415—0.511	0.05g
	10%	**1.715—1.778**	**0.18g**
	2%	3.002—3.640	0.33g
Ⅲ区	63%	0.422—0.454	0.05g
	10%	**1.627—1.648**	**0.17g**
	2%	3.253—3.342	0.34g
Ⅳ区	63%	0.352—0.407	0.04g
	10%	**1.450—1.551**	**0.15g**
	2%	2.782—3.054	0.30g

工程场区地表水平加速度反应谱特征周期分区表

表3-1-2-41

分区	50年超越概率	反应谱特征周期（秒）	
		计算值范围	建议值
Ⅰ区	63%	0.40—0.55	0.55
	10%	**0.55—0.70**	**0.70**
	2%	0.75—0.95	0.90
Ⅱ区	63%	0.40—0.45	0.45
	10%	**0.50—0.65**	**0.55**
	2%	0.65—0.90	0.70
Ⅲ区	63%	0.35—0.40	0.40
	10%	**0.40—0.45**	**0.45**
	2%	0.50—0.60	0.55

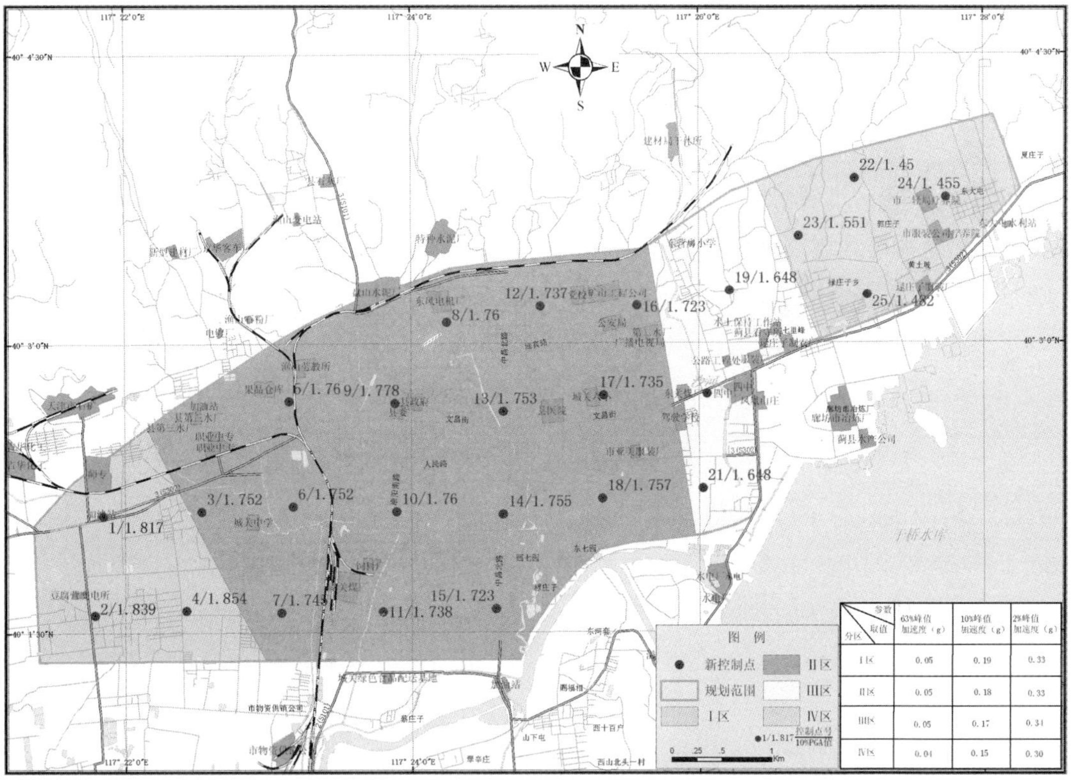

分区＼取值＼参数	63%峰值加速度（g）	10%峰值加速度（g）	2%峰值加速度（g）
I区	0.05	0.19	0.33
II区	0.05	0.18	0.33
III区	0.05	0.17	0.34
IV区	0.04	0.15	0.30

图 3-1-2-38　蓟县城区地震动峰值加速度区划图

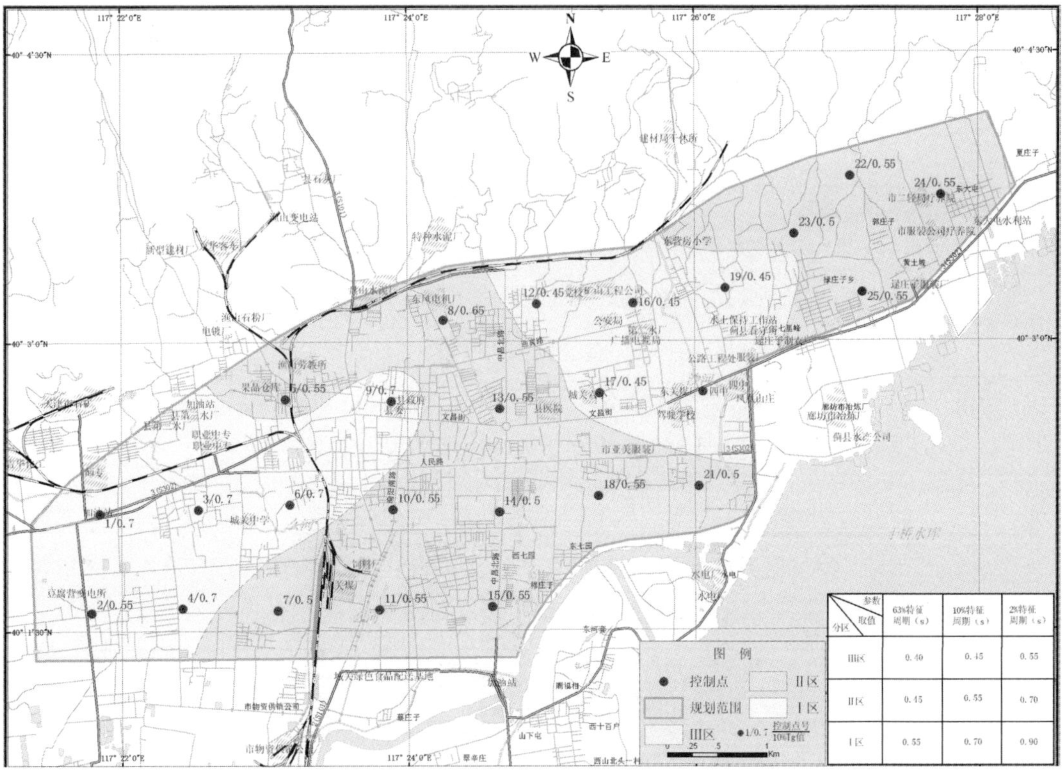

分区＼取值＼参数	63%特征周期（s）	10%特征周期（s）	2%特征周期（s）
III区	0.40	0.45	0.55
II区	0.45	0.55	0.70
I区	0.55	0.70	0.90

图 3-1-2-39　蓟县城区地震动反应谱特征周期区划图

该小区划工作结合工作区的工程地质条件给出地震地质灾害评价结果。工作区存在的蓟县山前断裂地震活动水平不高，对工作区场地的直接地震影响较小，不会形成地震地表破裂带。就工作区东北部及临近山区的地形、地貌坡积物、汇水面积等特征来看，有发生泥流、泥石流的可能性。工作区在遭受Ⅶ度地震影响时不发生震陷和液化。

三、汉沽区城区地震小区划

天津市汉沽区城区地震小区划工作区位于天津市汉沽城区及城区向东南延伸的区域。工作区为一不规则形状，以汉沽城区为主，向东南延伸的区域目前是盐池，地势变化很小，占地面积约为 34 平方千米。根据《工程场地地震安全性评价》（GB 17741—2005）的有关规定，地震小区划是工程场地地震安全性评价Ⅲ级工作。受天津市汉沽区建设管理委员会委托，天津市工程地震研究中心 2007 年 9 月至 2008 年 4 月承担了天津市汉沽区城区地震小区划工作。

该地震小区划以往工作为基础，补充进行工作场区、近场区及区域范围内的地震地质、地球物理场、地震活动性等方面的资料收集，及地形地貌踏勘、地球物理、地球化学探测等项工作，给出穿过工作场区汉沽断裂和茶淀断裂的空间位置，并对近场区内的沧东断裂、海河断裂、蓟运河断裂、汉沽断裂和茶淀断裂等对场址的影响做出评价。确定了潜在震源的地震活动性参数，选择适合本地区的地震动衰减关系，采用地震危险性概率分析方法，对区划场地进行地震危险性分析计算，确定区划场地的基岩输入地震动。根据工作场区的地质勘探和工程地震地质钻孔勘探与测试数据，进行工程地质单元分区。结合场区工程地质条件、施工条件，选取了 34 个控制点，开展了 80—120 米深 34 口工程地震钻孔勘探，获得各控制点的场地土层土动力学模型；进行场地地震动反应计算，获得各控制点位置的地震动参数。在此基础上，进行工作场区地震动参数小区划和地震地质灾害小区划，提供场地的地震动参数区划结果及地震地质灾害区划结果。供工作区的规划建设和抗震设防使用。

该小区划工作根据土层地震反应分析结果，确定了工程场地地表的地震动参数，给出了场地 50 年超越概率 10% 的地震动参数小区划结果。工作场区 50 年超越概率 10% 对应的地表水平峰值加速度在 1.837—2.097 米/秒^{2}之间变化，相当于场地基本地震烈度Ⅷ度。

整个工程场区 50 年超越概率 10% 的地表水平峰值加速度变化在 20% 以内，分区特点不明显，因此，本报告对 10% 的地表水平峰值加速度进行了统一分区。

工程场区地表水平峰值加速度分区表（1g=9.81 米/秒^2）

表 3-1-2-42

50 年超越概率	PGA 区间（米/秒^2）	PGA 均值（米/秒^2）	α_0 均值（g）	α max	β_{max}	γ
63%	0.543—0.628	0.578	0.06	0.15	2.6	0.9
10%	**1.837—2.097**	**1.932**	**0.20**	**0.55**	**2.8**	**0.9**
2%	3.857—4.460	4.057	0.41	1.15	2.8	0.9

场区地表水平加速度反应谱特征周期具有一定的分区特点，可将场区划分为两个区。场区特征周期总体差别不大，场区中部特征周期相对较小，平均值为 0.80 秒，场区西部蓟运河沿岸和东部滨海地带特征周期值较高，平均值为 0.85 秒。场区特征周期分区与场地的工程地质条件对应较好，反映场地土对反应谱特征周期的影响比较明显。

工程场区地表水平加速度反应谱特征周期分区表

表 3-1-2-43

分区	50 年超越概率	反应谱特征周期（秒）	
		区间范围	均值
Ⅰ区	63%	0.55—0.60	0.55
	10%	0.80—0.85	0.80
	2%	0.90—1.00	1.00
Ⅱ区	63%	0.60—0.70	0.60
	10%	0.85—0.95	0.85
	2%	1.00—1.15	1.10

图 3-1-2-40　汉沽区城区地震动反应谱特征周期小区划图

该小区划工作地震地质灾害评价结果。评价结果认为，本工程场区可忽略断裂直接错动对地面的影响。该场区上覆软土层较厚，地基承载力较低，易产生震陷和液化。在发生地震烈度达到Ⅷ度时，场区内将产生150毫米左右的中等或比较严重的震陷；在发生地震烈度达到Ⅸ度时，场区内将产生大于350毫米的严重的震陷。综合判定显示，整个场区都需要考虑150毫米的震陷影响。在场区中部有一条沉降带贯穿，该带内的震陷量至少为350毫米。在地震烈度为Ⅷ度时场地可发生轻微至中等程度的液化。

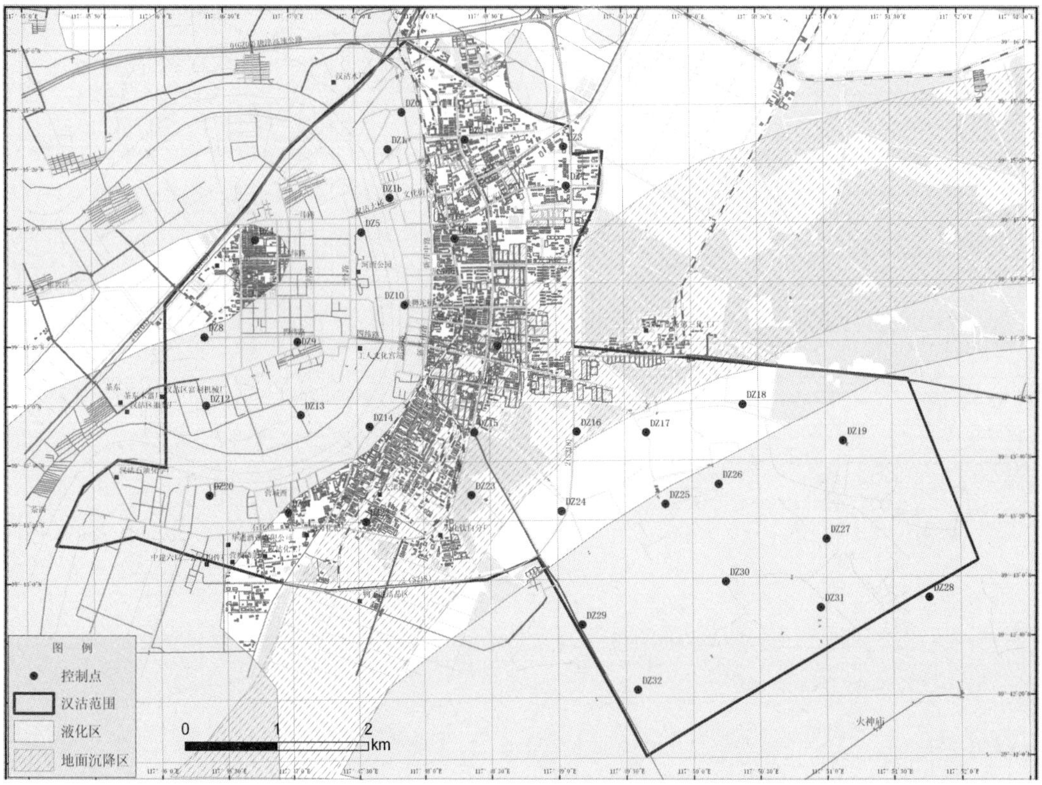

图 3-1-2-41　汉沽区城区地震地质灾害分区图

第三节　地震烈度与地震动峰值加速度复核

地震烈度与地震动峰值加速度复核指位于地震烈度或地震动峰值加速度区划图中分区界线附近和资料缺乏地区的工程场地的烈度或峰值加速度进行专门研究和确认。复核的工程对象主要是新建、扩建、改建的一般建设工程。按照国家标准《工程场地地震安全性评价技术规范》（GB 17741—1999）和《工程场地地震安全性评价》（GB 17741—2005）的规定，地震烈度与地震动峰值加速度复核工作属于Ⅳ级地震安全性评价工作。

在1991—2000年之间，天津市地震部门依据行业标准《工程场地地震安全性评价工作规范》

（DB 001—94）、国家标准《工程场地地震安全性评价技术规范》（GB 17741—1999）的规定，对天津市行政区域内的16个建设工程进行了地震烈度复核。

2001年国家标准《中国地震动参数区划图》（GB 18306—2001）的颁布，抗震设防指标由地震动峰值加速度代替了地震基本烈度，地震烈度复核也相应的转变为地震动峰值加速度复核。2001—2010年天津市地震局按照国家标准《工程场地地震安全性评价技术规范》（GB 17741—1999）和《工程场地地震安全性评价》GB 17741—2005）规定，为建设工程开展的地震动峰值加速度复核工作共5项。

天津市地震局（1991—2000年）为建设工程提供地震基本烈度一览表

表3-1-3-44

编号	项目名称	地震基本烈度	时间
1	关于海委建立80米微波铁塔的地震设防烈度证明	Ⅶ	1992年11月
2	关于天津市特殊钢厂新址的地震烈度证明	Ⅶ	1992年12月
3	关于天津汽车发动机制造厂扩厂厂区的地震烈度证明	Ⅶ	1993年2月
4	关于振兴水泥厂新厂址的地震基本烈度证明	Ⅶ	1993年2月
5	中国建筑材料工业建设天津矿山工程公司的地震烈度证明	Ⅶ	1993年8月25日
6	关于天津市玻璃厂地震设防烈度证明	Ⅶ	1994年4月13日
7	天津毛条厂厂区地震地质及地震烈度证明	Ⅶ	1994年6月16日
8	关于尔王庄水库的区域稳定性及地震烈度评定	Ⅶ	1995年11月25日
9	关于津南区咸水沽地区地震烈度的初步评定	Ⅶ	1996年1月20日
10	关于天津特殊钢厂新址地震烈度的评定意见	Ⅶ	1996年2月14日
11	关于武清开发区的区域稳定性及地震烈度评定意见	Ⅶ	1996年5月14日
12	关于天津北辰科技园区地震烈度证明	Ⅶ	1996年7月15日
13	天津津邯散装水泥中转站厂址地震烈度复核报告	Ⅶ	1997年6月
14	天津市LG—大沽PVC聚合、干燥技改工程厂址地震烈度复核	Ⅶ	1999年3月
15	天津市地震局科研楼扩建工程地震烈度复核	Ⅶ	1999年8月
16	天津滨海500千伏变电所工程厂址地震烈度复核报告	Ⅶ	2000年5月

天津市地震局（2001—2010年）为建设工程提供地震动参数复核情况表

表3-1-3-45

编号	项目名称	地震峰值加速度（g）	时间
1	轩泰大厦工程场地地震动参数复核报告	0.15	2001年10月
2	天津市商务委员会办公楼工程场地地震动参数复核报告	0.15	2006年4月
3	东丽区敬老院工程场地地震动参数复核报告	0.15	2006年8月
4	天津市西青医院新建综合楼工程场地地震动参数复核报告	0.15	2006年8月
5	华夏未来艺术中心二期工程场地地震动参数复核报告	0.15	2007年4月

第四节 地震安全性评价工作管理

天津市地震安全性评价工作始于20世纪80年代。为加强地震安全性评价工作的管理，提高地震安全性评价工作的质量，从1993年开始，市地震局按照国家有关地震安全性评价工作的规定和要求，逐步推进地震安全性评价工作的管理。

1993年以来，市发展改革、财政、物价、地震部门根据法律法规的规定，制定下发规范性文件5件，对行业和从业人员资质管理、收费标准、审批程序等进行具体规定。

1998年11月4日天津市人民政府第六号令发布施行《天津市建设工程地震安全性评价管理办法》。办法规定市地震工作主管部门是天津市地震安全性评价工作的主管部门；区、县地震工作主管部门负责本行政区域内地震安全性评价管理工作。市计划、规划、建设、财政、物价等有关主管部门，依照各自的职责，协同做好地震安全性评价工作。办法还规定应当进行地震安全性评价的工程范围和管理程序，规定管理部门以及建设单位不依法履行管理职责、不依法履行义务应当承担的法律责任。

2001年7月18日，市人大常委会公布实施《天津市防震减灾条例》，细化应当进行工程场地地震安全性评价的工程范围和管理程序，并将地震安全性评价纳入基本建设管理程序，明确规定地震、规划、建设等部门的管理职责。规定管理部门、建设单位不依法履行管理职责或者不依法履行义务的法律责任。

1993年以来，有关部门认真履行法律赋予的抗震设防要求管理职能，坚持地震安全性评价工作《许可证》制度，严格执行评价工作承担单位提交地震安全性评价报告、地震安全性评定委员会评审、地震部门审定的法定程序，确保了地震安全性评价的质量，为建设工程提供科学合理的抗震设防标准。

一、单位资质管理

1993年，国家地震局印发《工程建设场地地震安全性评价工作许可证书管理办法（试行）》和《地震安全性评价工作上岗证书的颁发和管理程序（试行）》。据此，1993年11月2日，天津市地震局印发《关于转发〈工程建设场地地震安全性评价许可证书管理办法（试行）〉等规定及有关问题的通知》（津震发〔1993〕90号）。该通知对天津市贯彻执行国家地震局的两个文件要求进行部署，工程场地地震安全性评价工作进入从业单位和从业人员资质管理阶段。

1996年5月，天津市地震局下属的天津市减灾咨询服务中心获得国家地震局颁发的工程建设场地地震安全性评价乙级资质，天津有了第一支工程场地地震安全性评价工作队伍。

1999年5月，天津市地震局在地震研究室的基础上成立天津市工程地震研究中心，该中心为处级独立法人事业单位，主要承担工程建设场地地震安全性评价、地震工程、地震分析预报研究、计算机信息处理等方面的研究工作。经过两年的基础设施建设和人才队伍建设，2001 年 6 月，天津市工程地震研究中心经中国地震局批准获得工程场地地震安全性评价甲级资质。

2003 年 2 月，中国地震局第一监测中心获得地震安全性评价乙级资质。2004 年 5 月，天津市建设管理委员会所属天津市地震工程研究所获得地震安全性评价乙级资质。至此，在天津市范围内共有三家工程场地地震安全性评价持证单位。

二、从业人员资质管理

天津市对地震安全性评价从业技术人员的资质管理经历上岗证管理、注册管理两个阶段。

1993 年，国家地震局印发《地震安全性评价工作上岗证书的颁发和管理程序（试行）》。根据文件要求，从 1993 年开始，市地震局组织开展推荐、培训和考核等工作。1994 年 4 月，聂永安等 5 人获得上岗证；1998 年 5 月，崔晓峰等 3 人获得上岗证；2002 年 10 月，薄万举等 13 人获得上岗证。到 2002 年 10 月止，天津市共 21 人获得国家地震局颁发的上岗证书。

2005 年 9 月 26 日，人事部和中国地震局联合印发《关于印发〈地震安全性评价工程师制度暂行规定〉、〈地震安全性评价工程师资格考试实施办法〉和〈地震安全性评价工程师资格考核认定办法〉的通知》（国人部发〔2005〕72 号），确立了地震安全性评价工程师注册管理制度。2008 年 7 月 10 日，天津市人事局、天津市地震局联合印发《关于印发〈天津市二级地震安全性评价工程师资格考试实施办法〉、〈天津市地震安全性评价工程师注册执业管理暂行办法〉和〈天津市二级地震安全性评价工程师资格考核认定办法〉的通知》（津人专〔2008〕28 号），建立了天津市二级地震安全性评价工程师注册管理制度。

为了做好考核认定工作，2008 年 7 月 10 日天津市成立天津市二级地震安全性评价工程师资格考核认定领导小组。领导小组组长由天津市地震局副局长李振海担任，副组长由天津市人事局专业技术人员管理处处长袁长青、市地震局人事教育处处长王树义、市地震局震害防御处处长刘允秀担任。

2008 年 7 月 30 日，天津市地震局印发《关于成立二级地震安全性评价工程师资格考试专家委员会的通知》（津震发〔2008〕99 号），成立了专家委员会。专家委员会主任由陈宇坤担任，副主任由赵瑞斌担任，委员由工程地震、岩土工程、地震学、行政法学专业专家组成。专家委员会的职责是：根据中国地震局《二级地震安全性评价工程师考试大纲》的要求，建立二级地震安全性评价工程师资格考试题库；负责二级地震安全性评价工程师考试命题和阅卷评分。

2008 年 9 月 27 日至 28 日，在天津市电子计算机职专进行二级地震安全性评价工程师资格考试。2010 年 8 月，天津市地震局协同市人事局和市人才考评中心在天津市电子计算机职专组织第二次二级地震安全性评价工程师资格考试。二次考试采取向社会发布公告，网上报名的方式进行。天津市地震局协同市人事局和市人才考评中心认真做好考试报名、资格审查、发放准考证、考场安排等考试考务工作。

截至2010年，天津市陈宇坤等9人获得一级地震安全性评价工程师资格、薄万举等20人获得二级地震安全性评价工程师资格，基本满足地震安全性评价工作的需要。

三、评审管理

天津市政府办公厅《防震减灾有关工作的会议纪要》(〔1994〕40号）和《关于加强天津市防震减灾工作的会议纪要》(〔1996〕11 号)，明确要求加强工程建设场地地震安全性评价报告的审定和抗震设防要求的审批工作。据此，1997年12月，天津市成立了地震安全性评定委员会。

天津市地震安全性评定委员会成立大会于1997年12月23日在天津市地震局召开。国家地震局副局长何永年，天津市人民政府副秘书长周思纯出席会议并讲话，国家地震局预测预防司司长刘昌祥到会祝贺。

天津市地震安全性评定委员会由地震、规划设计、土木工程领域的专家学者29人组成，主任由天津市地震局局长、高级工程师徐德诗担任。

天津市地震安全性评定委员会是天津市重大工程及可能产生严重次生灾害工程建设场地地震安全性评价评审和咨询机构，主要职责是评审工程场地地震安全性评价报告，审定与地震安全性评价有关的技术标准，审查申请工程场地地震安全性评价资质证书单位的资格，提供重大工程地震安全性评价工作的技术咨询。地震安全性评价报告的评审结论意见，作为地震安全性评价结果审定和抗震设防要求确定行政审批的要件之一。

2004 年 12 月天津市地震安全性评定委员换届，第二届天津市地震安全性评定委员会由天津市地震局、天津市发展和改革委员会、天津市建设委员会、天津市经济委员会、天津大学、天津市城市建设学院、天津市建筑设计院、天津市市政设计院、天津市地质勘查局等单位的32名专家组成，主任由天津市地震局局长、研究员赵国敏担任。天津市地震安全性评定委员会下设办公室，办公室设在天津市地震局，主任由副局长李振海兼任。

地震安全性评价报告的评审采用召开评审会议会审和书面函审两种方式。评审专家组中，具有地震地质、地震、工程地震等三个专业高级专业技术职称的专家不少于总人数的三分之二，其中，持有一级地震安全性评价工程师资格证书的专家不少于3人，且地震构造评价、地震活动性评价、工程场地地震影响评价专业每个专业不少于1人。

五、收费管理

国家物价局、财政部《关于发布地震安全性评价收费项目及标准的通知》(〔1992〕价费字399号）规定，对国家规定必须进行地震安全性评价的项目，实行行政事业性收费，对自愿委托的地震安全性评价项目实行技术服务性收费。2002年，天津市发展计划委员会清理调整行政事业收费项目，取消地震安全性评价行政事业收费项目，将地震安全性评价项目收费全部纳入技术服务收费管理。

1999年，为了规范地震安全性评价项目收费，根据国家物价局、财政部《关于发布地震安全性评价收费项目及标准的通知》(〔1992〕价费字 399 号)以及《天津市建设工程地震安全性评价管理办法》(市政府令〔1998〕第 6 号)规定，天津市物价局和天津市财政局 1999 年 11 月联合发布《天津市地震安全性评价收费标准》(津价费〔1999〕897 号)，规范地震安全性评价技术服务市场的收费行为。

《天津市地震安全性评价收费标准》规定：一、凡在天津市行政区域内进行地震安全性评价工作的单位，其收费均应按照《天津市地震安全性评价收费标准》执行，不得擅自提高收费标准。二、地震安全性评价工作的范围，包括地震烈度复核、活断层评价、地震危险性分析、地震小区划、工程地震和震害预测等工作。三、从事地震安全性评价单位应当严格执行国家质量技术监督局发布的《工程场地地震安全性评价技术规范》(GB 17741—1999)。四、凡在天津市行政区域内从事地震安全性评价单位应当持有地震行政主管部门颁发的地震安全性评价许可证以及在天津市地震局注册登记的文件，到市物价局办理《收费许可证》。五、从事地震安全性评价工作的单位对按国家规定必须进行地震安全性评价的工程，收费时使用市财政局监制的行政事业性收费票证，收费资金纳入同级财政专户管理，实行收支两条线；对按自愿委托方式进行地震安全性评价的工程，收费时使用税务部门印制的发票，收费收入依法纳税。六、各级物价部门和财政部门要加强对收费单位的监督检查，对违反规定乱收费、只收费不提供服务，按照有关法规认真查处。

为了规范工程场地地震安全性评价的收费行为，按照市物价局的要求，2001 年 11 月，天津市工程地震研究中中心有两人参加天津市物价局举办的收费员培训班，通过考试，获得地震安全性评价收费员上岗证书。

第二章　活动断层探测与地震危险性评价

活动断层探测与地震危险性评价，是利用地球物理、地球化学、钻探等手段对地下隐伏断层的位置、长度和几何特征进行探测，研究其最新的活动年代和活动强度，对地震危险性做出评价，为城市建设规划和重大工程选址提供依据。

天津市活动断层探测与地震危险性评价起于 20 世纪 90 年代后期，1999 年 5 月，海河隐伏断裂活动性定量评价项目由市发展计划委员会正式批准立项，开创城市隐伏断裂探测和地震危险性评价的先河。其后在第十个五年计划期间，完成了天津断裂、沧东断裂探测与地震危险性评价项目。在第十一个五年计划期间，完成天津近海海域隐伏活动断层探测和地震危险性评价项目和滨海新区主要断裂及其活动性探测与研究项目。

第一节　海河隐伏断裂活动性定量评价

海河断裂是一条贯穿天津市区和滨海新区的隐伏性区域大断裂。该断裂发现于 1960 年代初期，石油地质部门的勘探资料，确定这条断裂的存在。但受巨厚的第四系覆盖层限制，系统的勘探工作难以开展，对它的空间展布、几何特征以及活动性缺乏深入了解。

1998 年 4 月 7 日，李盛霖市长主持召开防震减灾工作会议，明确提出由市计委会同有关部门提出天津市地下隐伏活动断层定量评价工作方案，统一纳入天津市防震减灾整体规划（津政纪〔1998〕11 号）。

1999 年 5 月 21 日，“天津市海河隐伏断裂活动性定量评价”项目由市计委批准立项（津计投资〔1999〕290 号,《关于天津市海河隐伏断裂活动性定量评价工程项目建设书的批复》），明确由市地震局负责实施，项目建设期两年半，项目总投资 350 万。项目的工作任务为：使用遥感、物探、化探、形变测量、钻探等多项手段，对天津市境内海河断裂进行全面探查，探查范围：从武清—市区—滨海新区总长度约 60 千米，宽 10 千米，面积约 600 平方千米。在详细探查基础上确定海河断裂的空间位置和活动性质，进行地震危险性和危害性进行定量评价，满足城市建设规划的需要。

该项目从 2000 年 1 月 6 日正式启动，到 2001 年 9 月全面地完成了规定的任务。

一、项目设计与分工

“天津市海河隐伏断裂活动性定量评价”项目立项后，市地震局编制了项目总体设计书《海河隐伏断裂活动性定量评价工程实施方案》并报市计委批准。总体设计书根据任务的要求与学科特点，把总项目分解为 15 个二级项目。

二级项目的名称分工表

表 3-2-1-46

序号	项目名称	负责人（单位）
1	海河断裂地震地质评价	卫鹏飞研究员（天津市工程地震研究中心） 陈宇坤副研究员（天津市工程地震研究中心）
2	海河断裂地震学评价	聂永安研究员（天津市地震局）
3	天津及邻区隐伏活动断裂遥感判译	郑文俊高级工程师（天津市地震局分析预报中心）
4	航磁、重力资料在天津海河隐伏断裂鉴定中的应用	陈化然研究员（天津市地震局）
5	海河隐伏断裂断层气测量	李一兵研究员（天津市工程地震研究中心） 刘允秀高级工程师（天津市工程地震研究中心）
6	天津市中环内地区高精度重力测量成果	金宜声（地质矿产部区域重力调查方法技术中心）
7	天津隐伏断裂浅层地震勘探工作	刘保金（中国地震局地球物理勘探中心）
8	天津隐伏断裂浅层人工地震探测	徐明才（中国地质科学院地球物理地球化学勘查研究所）

续表 3-2-1-46

序号	项目名称	负责人（单位）
9	天津海河断裂大地电磁测深	汪青松（安徽省勘察技术院）
10	天津海河断裂钻探	杨永明（中国地震局第一监测中心）
11	天津海河断裂钻孔样品微体古生物鉴定	王强（天津华北地质勘查局地质研究所）
12	海河断裂带垂直形变资料处理与分析	谢觉民（中国地震局第一监测中心）
13	海河断裂带水平形变资料处理号分析	谢觉民（中国地震局第一监测中心）
14	天津海河断裂钻孔岩芯绝对年龄测定	尹金辉（中国地震局地质研究所）
15	海河断裂的地震危害性评价	聂永安研究员（天津市地震局）

二、项目实施

（一）组织管理

建立了质量监管体系。一是实行项目总工程师负责制，由项目总工程师负责技术工作和质量监督工作，指定赵根模研究员为该项目总工程师，成立了项目总工程师办公室；二是成立项目实施协调组，负责统一协调资源配置、人员调度、工程进度控制和质量控制等工作；协调组由市地震局计划、科技等业务主管部门负责人组成，市地震局副局长赵国敏、牟光迅担任正、副组长；三是建立项目经费支出管理制度，制定《海河隐伏断裂活动性定量评价项目财务管理办法实施细则》，统一规范了项目经费的开支范围、标准，项目经费分配的原则和监督、管理程序。四是建立项目顾问制度，聘请中科院院士丁国瑜等科学家担任项目顾问，为重大问题决策提供咨询。

实行合同制管理办法。总项目为一级项目，由项目负责人和总工程师负责组织、实施和全面管理。各二级项目负责人（或单位）与一级项目法人签定合同，明确任务的内容，技术要求，实施进度、工作量与所需经费，到期按合同验收。对于人工地震、高精度精密重力测量、大地电磁测深等这类需要由高度专业化技术队伍承担的二级项目，由总工办提出技术要求，委托国内权威科研单位承担，以保证取得成果的科学性与可靠性。

项目负责人：刘连柱、赵根模，项目组主要成员有：陈宇坤、陈化然、赵国敏、刘晓年、聂永安、卫鹏飞、李一兵、唐仲兴 、郑文俊、杨港生、田山、邱虎、牟光迅、刘赤兵、崔晓峰、任峰、邵永新、郭瑞芝、张翠芬等。

（二）实施步骤

按照总体设计书的要求，项目实施工作主要分以下七个阶段：总体设计，普查，详查，资料解释与反演计算，成果综合分析研究，活动断层地震危险性和地震危害性研究，总结验收。

普查阶段的工作内容包括：基础资料的收集；卫星遥感图像解释；断层气体（Rn、Hg）勘测；航空磁测构造解释；大地电磁测深；天然地震波地壳层析成像。根据普查结果确定开展详查的区域和方法布置。

详查阶段的工作内容包括：浅层人工地震勘探；高精度精密重力面积勘查；地层钻探；岩芯样品的微体古生物鉴定；岩芯样品的绝对年龄测定；地形变水准测量等。通过详查确定海河断裂的具体位置、几何特征和活动年代。

资料解释与反演计算阶段的工作内容包括：人工地震资料解释；航磁资料解释；高精度重力资料解释；遥感资料判读；大地电磁测深资料解释；地震层析成像；应力场计算；介质Q值计算；垂直地形变资料计算；水平地形变资料计算；GPS资料计算；钻孔剖面对比。对地球物理、地形变、地球化学、钻探资料作出地质解释。

成果综合分析研究工作内容包括：对普查、详查资料解释结果进行综合分析研究，产出海河断裂的具体位置、几何特征和活动年代的综合成果。活动断层地震危险性和地震危害性研究：根据综合研究成果，划分海河断裂的潜在震源区，确定潜在震源区的最大震级和复发周期，对地震动参数、地震基本烈度以及地震引起的地表构造性破裂作出评价。

（三）主要工作量

在项目的实施过程中，共完成人工地震勘测88.035千米（原定80千米）、高精度精密重力测量面积100平方千米（原定80平方千米）、断层气体勘测长度86.74 千米（原定80 千米）、解释航空磁测资料约3万平方千米（原定1万平方千米），钻井验证取样点进尺700米（原定1200米）。提交文字成果报告、附图集及多媒体光盘。

海河隐伏断裂活动性定量评价主要工作量统计表

表3-2-1-47

类别	项目	测线（条）	长度（千米）	井孔（个）	进尺（米）	取芯（米）	样品（块）	范围（平方千米）	成图（幅）	备注（物理点）
野外探查	人工地震	30	88.0							6043
	高精度重力							100		864
	断层气体	20	86.7							
	大地电磁测深	3	37							
	钻探			6	701	601				
	电阻率测井			6	701					
	波速测井			1	250					
样品鉴定	微体古生物鉴定			5			422			
	^{14}C 年龄测定			5			7			
	光释光年龄测定			5			27			
	热释光年龄测定			5			27			
资料解释与反演计算	人工地震	48	222					天津及邻区	49	
	航磁							天津及邻区	6	
	高精度重力							10	19	
	遥感判读							2.25万	6	
	大地电磁测深							天津及邻区	3	
	地震层析成像							天津及邻区	4	121

续表 3-2-1-47

类别	项目	测线（条）	长度（千米）	井孔（个）	进尺（米）	取芯（米）	样品（块）	范围（平方千米）	成图（幅）	备注（物理点）
	应力场计算							天津及邻区	2	
	介质Q值计算							天津及邻区	1	
	垂直地形变							天津市	10	
	水平地形变							天津市	1	
	GPS							天津及邻区	2	
	钻孔剖面对比	6	117	26				海河断裂	6	

三、主要成果

（一）工作报告

在项目实施过程中，15 个二级项目完成了 15 份成果报告，在综合研究阶段完成了 3 个综合报告以及《天津市海河断裂位置图 1：5 万》、《天津市海河断裂地震危险性及危害性评价图 1：5 万》等综合性图件 15 张。

1.综合报告

《天津市海河隐伏断裂活动性定量评价工程工作报告》;

《天津市海河隐伏断裂活动性探查实际材料报告》及附图册;

《天津市海河隐伏断裂活动性定量评价工程综合评价报告》及附图册。

2.二级项目报告

《海河断裂地震地质评价报告》;

《海河断裂地震学评价报告》;

《天津及邻区隐伏活动断裂遥感判译报告》;

《航磁、重力资料在天津海河隐伏断裂鉴定中的应用报告》;

《海河隐伏断裂断层气测量报告》;

《天津中环内地区高精度重力测量成果报告》;

《天津隐伏断裂浅层地震勘探工作报告》;

《天津隐伏断裂浅层人工地震探测报告》;

《天津海河断裂大地电磁测深报告》;

《天津海河断裂钻探报告》;

《天津海河断裂样晶微古生物鉴定报告》;

《海河断裂带垂直形变资料处理与分析报告》;

《海河断裂水平形变资料处理与分析报告》;

《海河断裂钻孔样品绝对年龄测定报告》;

《海河断裂的地震危害性评价》。

（三）科学成果

“天津市海河隐伏断裂活动性定量评价”项目基本查明西起武清区，东至塘沽区，长60千米、宽10千米、面积600平方千米范围内海河断裂空间分布，明确了断裂的空间位置、倾向、倾角、上断点、断距、滑动速率、断层应力场等几何学、运动学参数；确定断层最新活动年代，评价断层地震危险区段、最大潜在震级、地震动参数及发生地表破裂的可能性与影响范围等。具体成果如下：

1.海河断裂的分段性

海河断裂是一条区域性的活动断裂带，其活动一直持续到距今一万年以来。该断裂的活动并不是全线贯通的，而是具有明显的分段性，沿断裂各段落的活动强度和活动时代明显不同。

以沧东断裂和天津断裂为界，海河断裂天津市境内划分为三段：涧河断裂—沧东断裂段（东段）、沧东断裂—天津断裂段（中段）和天津断裂以西段（西段）。各段落的几何结构、晚第四纪活动性及深部构造特征均存在较大差异。

2.海河断裂东段活动性强

海河断裂东段在晚更新世以来活动较明显，其最新活动时代至少为7200±140a B.P.，已进入了全新世早中期。海河断裂东段全新世0.72万年以来垂直滑动速率为0.333毫米每年，这与华北地区断裂的现代平均垂直滑动速率很接近，并高于市区及西段断裂的滑动速率。海河断裂西段在36290±140a B.P.以来有过活动，但最新活动时代不会晚于8415±115 a B.P.，最新活动时代为晚更新世晚期至全新世初期。

3.海河断裂不存在发生地震地表破裂的可能

海河断裂在天津市范围内可以划分为塘沽新城和北辰双口两个潜在地震危险区，二者的最大潜在震级分别为6.5级和6.0级。

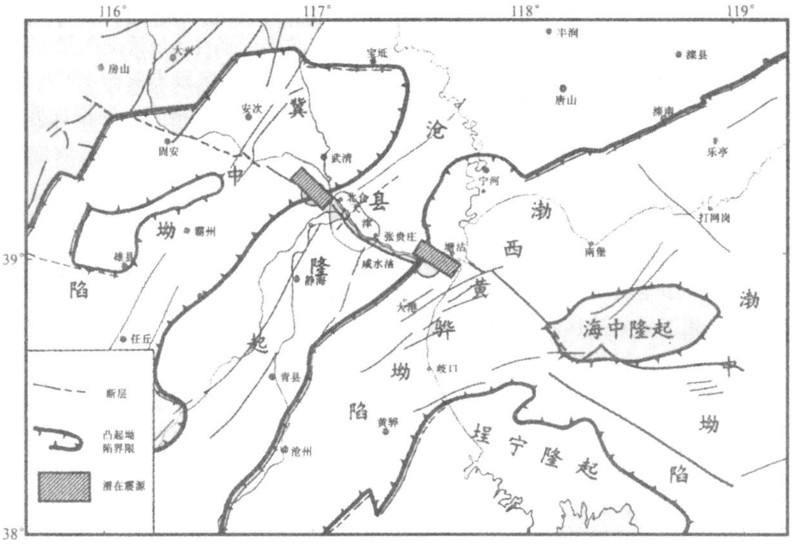

图3-2-1-42 海河断裂潜在地震危险区划分图

两个地震危险区发生 6.5 级和 6.0 级地震时，其震中烈度相同，均为Ⅷ度，但均不会在地表出现与基岩错动相贯通的破裂，即不存在发生地震地表断裂的可能，对地面建筑物的影响将主要是地震强地面运动和地基失效。由于天津地区软弱土层非常厚，达到 400 米以上，因此地下深部即使发生 6.5 级地震，也不会产生与深部基岩错动相贯通的地表破裂，而未来对地面建筑物的影响将主要是地震强地面运动和地基失效，在城市规划和建设工程选址时可以不用避开海河断裂。

4.精细探测成果填补了空白

地球物理探测工作填补了天津海河断层探查的空白；成果精度大大提高，特别是在市区营口道、成都道、绍兴道等一些重要街道上开展的人工地震、断层气测量工作以及据此给出的海河断裂在相应地段的具体位置。

5.钻探为海河断裂活动性分析提供了重要依据

钻孔取芯、样品化验取得了一批有关断裂活动相对时代及绝对年龄的实测数据，钻孔剖面的岩性、测年资料的对比分析为评价海河断裂活动性提供了重要依据。

6.查明了海河断裂深浅构造关系

大地电磁测深、浅层人工地震勘探和钻探，首次查清海河断裂深浅构造关系和切割深度（已经达到地壳底部）。该断裂在地表至—10 千米范围内为铲状的正断层，在—10 千米至—30 千米范围内为近直立正断层。

7.攻克地球物理精细探测的技术难题

积累了干扰强烈的大城市开展浅层人工地震勘探、精密重力勘探等方法的施工技术和数据处理计算方法，保障探测数据满足精度要求。

8. 提出海河断裂附近建设工程的对策

从土地利用规划和工程设防角度提出对策与建议，主要建议有：在潜在震源区应提高一般建筑物的抗震设防要求，且不宜建造超高柔性建筑；而重要建设工程则应依法进行专门的场地地震安全性评价工作。在潜在震源区范围内大量存在人工填土场地、古河道及河塘堤岸的边坡，易于产生地震诱发的重力性地表破裂，大型工程项目在工程地质勘察期间应重视液化判别和震陷评价工作，在设计时应注意采取抗液化措施。

第二节 天津断裂、沧东断裂探测与地震危险性评价

沧东断裂是华北地区一条切割结晶基底并对沉积盖层产生重大影响的区域性断裂，是渤海湾裂谷盆地内最大的断裂，为沧县隆起和黄骅坳陷的分界断裂，其活动和发展直接控制了沧县隆起和黄骅坳陷发育与演化历史。

天津断裂分为天津南断裂和天津北断裂。天津南断裂系指天津市区西南部的一条断裂，天津北断裂为天津东北部宁河潘庄至天津市区的一条断裂。

2002 年 4 月 12 日，“天津断层、沧东断层探测与地震危险性评价”项目由市计委和市建委批准立项（《关于“天津断层、沧东断层探测与地震危险性评价工程”项目立项的批复》(津计地区〔2002〕238 号)。该项目由中国地震局和天津市政府共同投资，投资总额 1613.09 万元，其中天津市政府投资为 1024.0 万元。执行期为 2003 年至 2007 年。项目的总体任务是在对工作区进行区域地震地质调查的基础上，重点是对目标区内的沧东、天津断层开展详勘与地震危险性、危害性评价，提供以 GIS 管理的城市活动断层咨询服务系统，为国土规划、城市建设和市政府防震减灾决策提供依据与技术支持。

2005 年 12 月 6 日，该项目纳入“《中国数字地震观测网络》城市活断层探测分项”，并更名为“天津市活断层探测与地震危险性评价”，市地震局正式启动该项目建设，到 2007 年 10 月完成规定的任务。

一、项目设计与分工

2005 年 12 月，市地震局编制《天津市活断层探测与地震危险性评价施工设计》，并得到市发展计划委员会批准。

施工设计书确定了工作区与目标区范围。工作区范围：以天津市区为中心，东西宽 128 千米，南北长 190 千米，地理坐标为东经 116.63°—118.13°，北纬 38.54°—40.25°。构造上跨越燕山断块隆起南部及冀渤断块坳陷中的沧县隆起北部、黄骅坳陷北部和冀中坳陷东部，包括北东向的天津断裂、沧东断裂、夏垫断裂、河西务断裂等和近东西及北西向的蓟县山前断裂、蓟运河断裂、宝坻断裂、汉沽断裂、海河断裂等。目标区范围大致以天津市城区为中心，东西长 97.5 千米，南北长 80 千米，地理坐标为东经 116.68°—117.82°，北纬 38.67°—37.39°，包含天津断裂全部，沧东断裂北段（天津部分)，海河断裂、汉沽断裂、大寺断裂、汉沟断裂等。

施工设计书选定直接从天津市区穿过的天津断裂和沿天津滨海新区分布的沧东断裂。需要详细探测的断层总长度达 270 千米。

需要探测的主要断层基本情况表

表 3-2-2-48

序号	断层名称	走向	性质	第四系厚度（米）	上更新统厚度（米）	目标区内长度（千米）	隐伏段长度（千米）	裸露段长度（千米）
1	天津北断层	北东	正断层	150—200	30—40	85	85	0
2	天津南断层	北东	正断层	150—200	30—40	50	50	0
3	沧东断层	北东	正断层	250—400	50—80	130	130	0
总计						270	270	0

施工设计书将天津市活动断层项目中主要的工作任务分解为 23 个二级专题项目。

天津断裂、沧东断裂探测与地震危险性评价二级专题项目表

表 3-2-2-49

序号	二级项目名称	负责人（单位）
1	天津市区域地质资料收集和地震地质调查	卫鹏飞研究员（天津市工程地震研究中心） 李一兵研究员（天津市工程地震研究中心）
2	天津、沧东断层遥感图像处理与解译	郑文俊高级工程师（天津市地震局分析预报中心） 单新建研究员（中国地震局地质研究所）
3	天津、沧东断层地球化学探测	李一兵研究员（天津市工程地震研究中心）
4	试验与控制性电阻率 CT 法探测	刘允秀高级工程师（天津市工程地震研究中心） 田　山研究员（天津市地震局分析预报中心）
5	天津、沧东断层试验与控制性浅层地震勘探	赵根模研究员（天津市工程地震研究中心） 徐明才教授级高工（中国地质科学院地球物理地球化学勘查研究所）
6	第四纪标准地层剖面建立	邵永新高级工程师（天津市工程地震研究中心） 陈宇坤副研究员（天津市工程地震研究中心）
7	天津、沧东断裂钻孔初步勘探与地层对比	邵永新高级工程师（天津市工程地震研究中心） 陈宇坤副研究员（天津市工程地震研究中心）
8	区域地震构造环境与 1：25 万地震构造图说明书	李一兵研究员（天津市工程地震研究中心） 卫鹏飞研究员（天津市工程地震研究中心）
9	沧县隆起与黄骅坳陷关系的研究	卫鹏飞研究员（天津市工程地震研究中心） 李一兵研究员（天津市工程地震研究中心）
10	目标区主要断层鉴定与 1：5 万断层分布图说明书	卫鹏飞研究员（天津市工程地震研究中心） 杨绪连工程师（天津市工程地震研究中心）
11	航磁、重力勘测资料构造解译	陈化然研究员（天津市地震局） 吴国有研究员（天津市工程地震研究中心）
12	天然地震波层析成像	崔晓峰副研究员（天津市地震局） 李文栋高级工程师（天津市工程地震研究中心）
13	高分辨地震宽角反射/折射试验探测	方盛明研究员（中国地震局地球物理勘探中心） 张先康研究员（中国地震局地球物理勘探中心）
14	远参考大地电磁测深剖面探测	徐新学副研究员、张宝华研究员（华北有色地质勘查局地球物理勘探公司）
15	天津、沧东断层钻孔详勘与活动性鉴定	邵永新高级工程师（天津市工程地震研究中心）
16	区域应力场与形变场特征研究	姚兰予高级工程师（天津市工程地震研究中心） 郭良迁研究员（中国地震局第一监测中心）
17	天津、沧东、海河断裂水上地震地层探测	刘保华研究员、郑彦鹏副研究员、韩国忠研究员（国家海洋局第一海洋研究所）
18	天津、沧东断裂地震危险性评价	陈宇坤副研究员（天津市工程地震研究中心）
19	沧东断裂（天津段）、天津断层人工地震资料解释说明书	李一兵研究员（天津市工程地震研究中心） 卫鹏飞研究员（天津市工程地震研究中心）
20	天津、沧东断裂浅层人工地震详细勘探	赵根模研究员（天津市工程地震研究中心） 丁志峰研究员（中国地震局地球物理研究所）
21	天津、沧东断裂地震危害性评价	赵伯明教授（北京交通大学）
22	天津活动断层基础数据库与信息管理系统	杨绪连工程师（天津市工程地震研究中心） 刘芳工程师（天津市工程地震研究中心）
23	天津市活动断层探测与地震危险性评价项目多媒体展示系统	陈树岩研究员（中国地震局地质研究所） 付仲生高级工程师（天津市工程地震研究中心）

二、项目实施

（一）组织管理

建立职责分明的管理体系。在管理方面，确定“十五”项目领导小组组长、法人代表赵国敏局长为活动断层探测与评价项目的负责与第一责任人；“十五”项目领导小组副组长李振海副局长分管该项目；震害防御处为主管处室，天津市工程地震研究中心为项目实施部门。在技术方面，设立了以陈宇坤博士为技术负责人的总负责制，在总项目下设立的23个专题中，分别设立专题负责人，逐级负责，并接受项目总技术负责人指导、检查，完成一个专题验收一个专题，为总项目的合成和验收奠定基础。聘请中科院院士丁国瑜等科学家担任项目顾问，为重大问题决策提供咨询。

实行工程招标、监理和跟踪审计制度。严格实行工程招投标制，凡需要招标的项目，一律实行招投标，保证了项目实施工程中的公开、公正、公平。委托中震建立公司对工程实施的全过程进行监理。

实行跟踪审计制。从项目启动就建立了跟踪审计制度，所有合同的签订、经费支付等重要环节都事先请审计部门审签。

实行工程经费预算控制。工程预算控制严格遵循中国数字地震观测网络项目各建设单位投资概算和任务书要求。各项探测工程的收费标准参照相关行业的收费标准和单价制定。工程经费预算、投资控制以及项目实施过程中的经费实行集中管理、一支笔审签。

成立了项目管理组。成员由牟光迅、冯俊生、聂永安、武丁辰、刘梦青、王玉生、王树义、刘允秀 、刘晓年组成，负责项目实施中的资源配置、人员调度等协调工作。

项目总负责人：赵国敏，技术总负责人：陈宇坤，项目主管领导：李振海；项目组主要成员有赵国敏、陈宇坤、李振海、邵永新、杨绪连、崔晓峰、聂永安、杨港生、刘芳、李一兵、卫鹏飞、陈化然、赵根模、付仲生、任峰、郑文俊、刘允秀、姚兰予、田山、吴国有、李文栋、高武平、王志胜、赵阳、王向东、闫成国、邱虎、杨菲、孙晶岩等。

（二）实施步骤

天津市城市活断层与地震危险性评价项目根据项目内容按6个阶段组织分步实施。

1. 区域探查与断层活动性初步鉴定

通过室内已有地震、地质与地球物理等文献资料收集、汇编、整理，以及地形图数字化、地震地质调查、遥感图像的处理与解译等，了解区域的地震地质概况；开展控制性地球化学探测，对工作区的主要断层分布情况进行普查；进行浅层地震、电阻率 CT 试验与控制性，首先确定各方法在本地区的有效性以及最佳的排列组合参数，结合控制性钻孔探测与地层对比等工作，确定目标区活断层分布概况、初步估计其活动性，给出区域1：25万地震构造图。

2. 深部孕震构造条件探测

通过深地震宽角度折/反射、大地电磁测深等手段，结合航磁、重力资料解译以及天然地震层析成像研究结果，进行断层深部地壳精细速度结构和孕震构造的探测，了解地壳及上地幔的几何结构、地壳速度结构、断层的深部构造特征、地壳介质特性和深浅部构造关系，揭示目标区各断层的深部孕震构造条件。

3. 断层详细探测与精确定位

对石油部门的中、深层地震勘探资料进行重新解译，利用浅层和超浅层人工地震勘探和钻孔精细勘探等手段对目标断层进行详细探测，确定地震活动断层准确的空间位置、产状和上断点埋深等情况。利用GPS定位仪，对测线端点及断层的关键部位（如交汇点、拐弯点等）进行精确定位，给出活动断层延伸迹线和精确空间位置。查明北东向天津、沧东断层与北西向的交切关系。编制目标区1：5万活动断层分布图，确定目标区主要地震活动断层的空间位置。

4. 断层地震危险性综合评价

利用浅层和超浅层地震勘探（包括水上地震地层探测），获得断层断错地层的上断点和断错幅度；结合对天津市第四纪地层学研究，建立第四纪地层标准剖面，为评价断层活动性提供年代地层标尺；开展钻孔地层勘探，通过微体古生物样品鉴定，为钻孔地层对比提供标志层；进行地层对比分析，获取断层断错的第四纪层位、上断点埋深、垂直位错量等数据，结合岩心样品的测年分析，获得断层的活动年代、活动强度等参数；开展综合测井，为断层的地球物理勘探数据的解译提供基本参数，为地震危害性分析提供基础数据；

开展沧县隆起、黄骅坳陷的地震构造环境及区域应力场与形变场特征研究，确定目标区断层发震的动力学背景。进行天津断裂、沧东断裂的地震危险性综合评价，确定断层发震的危险区段、潜在地震最大震级以及未来发震的危险性。

5. 活动断层地震危害性评价

综合地球物理探测与目标区场地地脉动测试分析数据，结合目标区工程地质勘探资料，建立目标区震源模型和场地三维模型，依据天津、沧东断层探测及地震危险性结果，进行地震危害性评价，评定有发震危险的主要活动断层（段）近场强地面运动的分布特征，针对活动断层类型以及城市环境特点，对天津、沧东断层地震地质灾害进行评价，并提出城市规划建设的对策建议与断层危害性防范措施。

6. 城市活动断层信息咨询服务部建设

建立天津市活动断层基础数据库及地理信息系统管理平台，建设面积约100平方米的活动断层信息咨询服务部，将活动断层项目产生的所有数据资料、成果及图件进行动态、可视化管理，实现活动断层探测与地震危险分析、危害性评价成果资料的动态查询、更新和演示。

（三）主要工作量

天津市十五活动断层项目设计工作量与实际工作量对比表

表 3-2-2-50

序号	专题名称	单位	细目	设计工作量	完成工作量	完成情况
1	地形、地质图数字化处理	幅	1∶5 万	30	30	完成
		幅	1∶1 万	280	280	完成
2	遥感信息的处理与解译	景	MSS、TM、ETM 卫片资料购置、处理与解译数字影像	12	12	完成
3	区域地震构造图编制（1:25 万）	幅		1	1	完成
4	控制性地球化学探测	千米		144	142.3	完成 98.9%
5	控制性多道直流电法探测	千米		15	17.7	完成 118%
6	控制性浅层地震探测	千米		53	56.8	完成 107%
7	控制性钻孔探测与第四纪（标准）地层划分	口·米	标准地质钻孔	3 口 600 米	3 口 600 米	完成
		口·米	控制性钻孔探测	10 口 760 米	10 口 760 米	完成
		口·米	测井	7	7	完成
		个	年代样品测试	53	53	完成
		个	微古样品测试	1270	1340	完成 106%
		个	古地磁测试	550	550	完成
8	地震地质调查与断层活动性初步鉴定	项		1	1	完成
9	1:5 万活动断层分布图编制	幅		1	1	完成
10	人工地震宽角反射/折射剖面探测	千米	中国地震局试验探测项目	120	120	完成
11	远参考大地电磁测深剖面	千米		100	110	完成 110%
12	航磁重力勘测资料解译	项	数字化、反演、解译重磁资料 50 幅	1	1	完成
13	天然地震层析成像	项	地震层析成像，Q 值分析、小震精确定位	1	1	完成
14	活动断层钻探及岩芯样品分析	口·米	钻探及取样（钻孔 60、100 米深）	20 口 1600 米进尺	16 口 2014 米	完成 125.9%
		口·米	测井	10 口 1000 米进尺	8 口 1214 米	完成 121.4%
		个	年代样品分析	120	92	完成 76.7%
		个	微古样品测试	1600	1600	完成
15	区域应力场与形变场特征研究	项		1	1	完成
16	超浅层水上地震地层探测	千米	水上声呐探测（<1 米分辨率）	60	95	完成 158%
17	地震活动断层鉴定与危险性综合评价	项		1	1	完成
18	石油中深层地震勘探资料重新解译	千米	剖面 52 条，长 660 千米	660	660	完成

续表 3-2-2-50

序号	专题名称	单位	细目	设计工作量	完成工作量	完成情况
19	浅层地震勘探	千米	1—3 米道间距（含中国地震局试验探测测线 40 千米）	60	60.4	完成 100.6%
20	主要活动断层高精度定位与综合制图	平方千米	目标断层长 235 千米	470	/	变更取消
21	确定地震活动断层未来强变形带的展布和位移量	套		1	1	完成
22	近断层强地面运动影响场评价	套		1	1	完成
23	项目集成与出版	套		1		完成
24	基础数据库建设	套		1	1	完成
25	地震活动断层地理信息系统建设	套		1	1	完成
26	系统的联网试运行与维护			/	/	/

注：未 100%完成的为工作任务进行了调整

二、主要成果

（一）技术报告

天津市城市活断层与地震危险性评价项目完成了 23 个专题技术报告。专题技术报告如下：

1. 天津市区域地质资料收集和地震地质调查
2. 天津、沧东断层遥感图像处理与解译
3. 天津、沧东断层地球化学探测
4. 试验与控制性电阻率 CT 法探测
5. 天津、沧东断层试验与控制性浅层地震勘探
6. 第四纪标准地层剖面建立
7. 天津、沧东断裂钻孔初步勘探与地层对比
8. 区域地震构造环境与 1：25 万地震构造图说明书
9. 沧县隆起与黄骅坳陷关系的研究
10. 目标区主要断层鉴定与 1：5 万断层分布图说明书
11. 航磁、重力勘测资料构造解译
12. 天然地震波层析成像
13. 高分辨地震宽角反射/折射试验探测
14. 远参考大地电磁测深剖面探测
15. 天津、沧东断层钻孔详勘与活动性鉴定
16. 区域应力场与形变场特征研究
17. 天津、沧东、海河断裂水上地震地层探测

18. 天津、沧东断裂地震危险性评价

19. 沧东断裂（天津段）、天津断层人工地震资料解释说明书

20. 天津、沧东断裂浅层人工地震详细勘探

21. 天津、沧东断裂地震危害性评价

22. 天津活动断层基础数据库与信息管理系统

23. 天津市活动断层探测与地震危险性评价项目多媒体展示系统

（三）科技成果

天津市城市活断层与地震危险性评价项目取得的主要科技成果如下：

（1）明确天津断层、沧东断层空间展布位置与几何学、运动学特征。

天津断层由天津北断层和天津南断层组成，否定所谓的天津西断裂的说法；天津北断层经过陈台子之后，还继续向南延伸到静海的唐官屯一带，长度由以往认识的50千米实际增加到85千米；天津南断层向北并没有延伸到天津市区内，而是在候台以南逐渐尖灭；沧东断层在经过北淮淀以后还继续向北东方向延伸，止于蓟运河断裂，在天津境内长达130千米。

（2）建立天津地区第四纪标准地层剖面

根据钻孔勘探和高精度古地磁测定，结合 ^{14}C 和光释光测年和生物地层、岩性地层研究，重新划分天津地区第四系内部的分层界线，建立天津地区第四纪年代地层标准剖面，改变对本地区第四纪地层的传统认识，为该地区活动构造和第四纪地质研究提供年代地层学的标尺。

结果表明，沧县隆起的第四系底界埋深仅为162米左右，远远浅于前人的划分结果；晚更新世以来，本地区普遍存在至少两次沉积间断事件。

（3）确定天津断层和沧东断层的活动特征

以标准钻孔剖面为时间标尺，依据浅层人工地震探测、钻探等综合探测结果，研究确定天津断层和沧东断层的活动特征。研究表明：天津南断层的上断点埋深为47米左右，对应的最新活动时代中更新世；沧东断层的最浅上断点埋深在100米左右，对应的活动时代为早、中更新世。天津北断层的上断点埋深则在130米以下，对应的活动时代为上新世至早更新世。

（4）加深对天津断层和沧东断层深部特征和孕震构造背景的认识

依据大地电磁测深、深地震宽角折射/反射探测结果，结合天然地震层析成像及航磁、重力反演，加深天津断层和沧东断层的深部特征和孕震构造背景的认识。研究表明：天津地区的地壳分层结构比较明显，中地壳分别存在电性和速度异常层。天津地区还存在独特的深部构造特征，这些构造特征组合在一起，反映天津地区也具有华北地区地震孕育和发生的深部构造条件。

（5）评价天津断层和沧东断层地震危险性与危害性

查明目标区内天津断层和沧东断层的第四纪的活动性，评价它们在未来的地震危险性，分别在沧东和天津南断裂上划分宁河和静海两个潜在地震危险区段，通过对断层规模、活动特征、断层地震活动性及深部构造条件的综合评估，认为它们分别具有发生最大震级为6.4和6.1级的潜在

地震危险性，并给出它们在未来时段内发生地震的概率水平；在断层地震危险性评价基础上，计算近断层强地面运动特征及其分布，分析地震时的场地效应，对地震地表破裂进行了预测和评价，并提出断层地震危害性防范的对策与建议。

（6）建立天津断层和沧东断层基础数据库和地理信息系统

建立天津断层和沧东断层探测与评价数据库；建立活断层探测与评价成果的管理和查询地理信息系统，设立活断层信息咨询服务部，实现活断层探测与评价数据与资料的动态查询、展示与更新。

（7）探索滨海平原区完全深隐伏断层的综合探测与地震危险性评价方法

探测研究表明，从陆地、水上及空间对隐伏断层进行多手段综合探测与评价，是滨海平原区完全深隐伏断层探测的必要手段和成功的保证。

（8）完成不同比例尺的天津地区地震构造图、天津断层和沧东断层分布图和断层地震危险性及危害性评价图等大量基础图件与资料，产出博士论文1篇，出版专著1部，正式发表论文7篇。

第三节　天津近海海域隐伏活动断层探测和地震危险性评价

天津近海海域隐伏断层的活动性探测研究工作开展较少，对断层的准确展布位置及其活动性没有确切认识。随着近海海域开发利用的力度不断加大，探测和研究近海海域断层分布及其地震危险性具有迫切性和现实意义。

2008年10月，天津市发展和改革委员会批准“天津近海海域隐伏活动断层探测和地震危险性评价”项目立项。该项目由天津市发改委、天津市财政局和滨海新区管委会共同投资，总经费为967万元，工作周期为2009年1月至2012年12月，由天津市地震局组织实施。项目属于天津市“十一五”防震减灾规划项目地震安全基础工程的分项工程。

项目的主要工作任务是根据天津滨海地区的地质构造特征和区域经济发展状况，在对区内断裂构造进行普查基础上，选择对天津近海海域的海河断裂、海一断裂、歧北、歧中断裂开展探测与地震危险性、危害性评价，并有针对性地提出防震减灾对策，建设以GIS管理的城市活动断层信息咨询服务系统，为国土规划，城市建设和市政府防震减灾决策提供依据与技术支持。

该项目2009年3月启动，2012年12月全面地完成了规定的任务。

一、项目设计与分工

近海海域隐伏活动断层探测和地震危险性评价立项后，市地震局编写了《天津近海海域隐伏活动断层探测和地震危险性评价项目设计书》，2009年6月获市发改委批准。

设计书明确工作区范围包括天津近海海域、滨海新区及部分天津市区，东西宽95千米，南北长约98千米。构造上跨越了沧县隆起、黄骅坳陷、埕宁隆起等三个三级构造单元，包括沧东断裂、海河断裂、海一断裂、汉沽断裂、大张坨断裂、北大港断裂等13条断裂。目标区范围主要是天津近海海域的范围，东西宽62千米，南北长59千米，包含海河断裂海域段、海一断裂、歧北断裂、歧中断裂等。

设计书明确主要对天津近海海域的海河断裂海域段、海一断裂、歧北断裂、歧中断裂进行探测与评价，对目标区内的沧东断裂、大张坨断裂、北大港断裂、塘北断裂、板桥断裂做次要的探测与评价。

目标区主要断层基本情况

表3-2-3-51

断层名称	长度（千米）	产状	性质	活动年代
海河断裂东段	75	NWW/SSW∠60—70°	正断层	Q_P^{3-4}
海一断裂	55	NE/NW∠50—70°	正断层	Q_P^3
长芦—歧北断裂	40	NWW/SSW∠50—60°	正断层	Q_P^3
歧中断裂	40	NEE/NNW∠50—70°	正断层	Q_P^3

目标区次要断层基本情况

表3-2-3-52

断层名称	长度（千米）	产状	性质	活动年代
沧东断裂	130	NE30°/SE∠50—65°	正断层	Q_P^2
大张坨断裂	35	NE50°/NW∠55—62°	正断层	Q_P^{1-2}
北大港断裂	35	NE/SE∠40—60°	正断层	Q_P^{1-2}
塘北断裂	20	NWW/NNE∠50—70°	正断层	N_2
板桥断裂	15	NE/NW∠60°	正断层	N_2

设计书根据工作内容和学科特点，将总项目分解为8个二级项目。

二级项目表

表3-2-3-53

序号	项目名称	负责人（单位）
1	区域地质资料搜集与浅层人工地震勘探	陈丽萍研究员、王凤刚高级工程师（北京宇畔科技发展有限公司）
2	区域航磁、重力勘测资料构造解译	天津地热勘查开发设计院
3	人工地震资料收集解译与相关服务	高武平工程师（天津市地震灾害防御中心）
4	天津渤海近海断层声呐探测与构造解译	梁瑞才研究员、郑彦鹏研究员（国家海洋局第一海洋研究所）
5	海上钻孔勘探与地层对比研究	天津津新岩土工程有限公司
6	1∶25万天津近海海域地震构造图说明书	杨菲工程师、王志胜工程师（天津市地震灾害防御中心）
7	区域构造应力场研究、活动断层制图与地震危险性评价	闫成国工程师、刘红艳工程师（天津市地震灾害防御中心）
8	断层地震危害性评价与GIS系统建设工程	杨绪连高级工程师、刘芳高级工程师（天津市地震灾害防御中心）

设计书对工作进度的安排为：2009 年 3 月至 2010 年 3 月，区域地质资料搜集与地震地质调查；2009 年 10 月至 2010 年 12 月，区域航磁、重力勘测资料构造解译；2010 年 1 月至 2011 年 4 月，目标区活动断层鉴定与制图；2010 年 10 月至 2011 年 12 月，区域构造应力场研究与地震危险性评价；2010 年 1 月至 2012 年 6 月，断层地震危害性评价与 GIS 系统建设； 2012 年 4 月至 12 月，项目集成、运行与验收。

二、项目实施

（一）组织管理

按有关规定建立职责分明的管理体系，实行工程招标制、监理制、跟踪审计制度等制度，严格工程经费预算控制。

天津市地震局明确天津市地震灾害防御中心为项目实施部门，副局长王玉生分管该项目，震害防御处为主管处室。总项目共设八个专题，分别设立专题负责人。

为了做好项目实施的协调工作，成立由孙晶岩，杨毅诚，戴永锋，王金龙组成的项目管理组，负责项目实施中的资源配置人员调配等工作。

项目负责人为陈宇坤博士，项目技术负责人闫成国 。项目组主要成员有高武平、刘红艳、王志胜、杨绪连、杨　菲、刘　芳、张春丽、任　峰、张文朋、纪静、姚新强、王向东等。

（二）实施步骤

天津近海海域隐伏活动断裂探测和地震危险性评价项目工程内容及实施步骤主要包括五个方面：

1. 资料搜集与断层探测：区域地震地质、钻孔资料收集，中深层人工地震资料探测，浅层人工地震探测，断层初步定位与编图；

2. 深部孕震构造条件研究：深部资料搜集与分析，航磁、重力资料反演与解释，断层深部孕震构造环境；

3. 地震活动断层鉴定与制图：声学地层探测，钻孔勘探与地层对比，年代与环境样品测定，断层活动性鉴定，断层空间展布与分布图；

4. 断层地震危险性评价：断层现今应力场与形变场，活动断层地震危险性综合评价与制图；

5. 断层地震危害性评价与 GIS 系统建设：断层地震危害性评价，GIS 系统与综合制图，项目集成与防震减灾对策。

（三）主要工作量

该项目自 2009 年开始实施以来，项目组从大港油田、渤海油田、地矿部门等收集了大量的地质与地球物理资料，包括 SEGY 格式数字中深层地震剖面 20 条，总长约 1600 千米，二维地震解释剖面图 28 条，总长约 1500 千米，深层钻孔 10 口，总进尺 42363.3 米；航磁、重力异常等值线图、地壳厚度等厚线图、地质构造图、沉积相图、成果报告等几十份，并对这些资料及图件进行了详细的综合分析与研究，初步查明工作区内主要断裂的空间展布及构造特征，在此基础上，项目组跨工作区内的主要断裂布设了浅层人工地震测线 15 条，总长约 31.7 千米，水上声纳测线 4 条，共 100 千米，钻孔 20 口，总进尺 2220 米，微体样品 1663 个，光释光年代样品 64 个，获得了工作区内主要断裂准确的空间位置、上断点埋深及最新活动时代，并对目标断层进行了地震危险性评价和地震危害性评价，完成了工程设计目标和全部的工作任务。

天津市天津近海海域隐伏断层探测设计工作量与实际工作量对比表

表 3-2-3-54

序号	专题名称	单位	设计工作量	完成工作量	完成情况
1	区域地质资料搜集与浅层人工地震勘探	幅	1：25 万区域地震构造图	1	完成
		条	渤海海域中深层地震资料搜集并解译	27 条	完成
2	区域航磁、重力勘测资料构造解译	项	1	1	完成
3	人工地震资料收集解译与相关服务项目	条	中深层人工地震资料搜集 15 条	21 条	完成 140%
		千米	浅层人工地震勘探 15 条，共 30 千米	15 条 31.67 千米	完成 105.6%
4	天津渤海近海断层声呐探测与构造解译	千米	开展水上声呐探测 100 千米	100	完成 100%
5	海上钻孔勘探与地层对比研究	口·米	20 口 1680 米	20 口 2220 米	完成 132.1%
		个	微体样品 1600	1663	完成 103.9%
		口	综合测井 20 口（剪切波速、密度）	20 口	完成 100%
		个	动三轴样品 50 个	71 个	142%
6	光释光样品年代测试	个	测年样品 60 个	64 个	完成 106.7%
7	区域构造应力场研究、活动断层制图与地震危险性评价	项	区域构造应力场研究	1	完成
		副	1:5 万近海海域活动断层分布图		完成
		项	断层地震危险性评价		完成
8	断层地震危害性评价与 GIS 系统建设工程	项	断层地震危害性评价		完成
		套	GIS 系统建设	1	完成

二、主要成果

（一）专题报告

天津近海海域隐伏活动断层探测和地震危险性评价项目完成了 8 个专题技术报告。专题技术报告如下：

1. 区域地质资料搜集与浅层人工地震勘探
2. 区域航磁、重力勘测资料构造解译
3. 人工地震资料收集解译与相关服务项目
4. 天津渤海近海断层声呐探测与构造解译
5. 海上钻孔勘探与地层对比研究
6. 1：25 万天津近海海域地震构造图说明书

7. 区域构造应力场研究、活动断层制图与地震危险性评价

8. 断层地震危害性评价与 GIS 系统建设工程

（二）主要科学成果与创新

天津近海海域隐伏活动断层探测和地震危险性评价项目取得的主要科技成果如下：

1. 明确海河断裂海域段、海一断裂、歧北、歧中断裂等断层的空间展布位置与几何学、运动学特征

在中、深层地震资料重新构造解译的基础上，通过浅层人工探测、水上地震地层探测、钻孔勘探等综合探测方法，明确天津近海海域范围内海河断裂海域段、海一断裂、歧北断裂、歧中断裂的空间展布位置、几何学与运动学特征，编制完成 1∶5 万天津近海海域隐伏活动断层分布图。

2. 确定海河断裂海域段、海一断裂、歧北、歧中断裂的第四纪活动特征

水上地震地层及钻孔勘探与地层对比结果表明海河断层海域段的最浅上断点埋深为 22.7 米，断距在 6.9 米左右，其最新活动时代为晚更新世晚期。

歧北断裂最浅上断点埋深为 32 米，断距 2.1 米；歧中断裂的最浅上断点埋深在 36 米左右，平均断距为 5.3 米，其最新活动时代为晚更新世中期。

钻孔勘探与地层对比结果表明海一断裂最浅上断点埋深为 36.9 米左右，断距在 4.5 米左右，其最新活动时代为晚更新世早期。

3. 加深对渤海海域深部构造特征和孕震构造背景的认识

对渤海海域的重力、航磁异常、大地电磁测深、地温场特征及地壳厚度的研究结果表明，渤海海域及邻近区域地壳结构具有水平成层性和横向不均匀性特征。包括渤海海域在内的整个渤海湾盆地区的地壳和岩石圈相对于周边隆起区都有明显的减薄现象。下辽河—渤中—黄骅一带为上地幔隆起区，也是热流和温度梯度相对较高的地带。

4. 评价海河断裂海域段、海一断裂的地震危险性

评价海河断裂海域段、海一断裂在未来的地震危险性，其潜在地震的最大震级分别为 6.8 级和 6.3 级，并给出它们在未来时段内发生相应震级档地震的平均复发间隔和发震概率。

5. 评价天津近海海域活动断层的地震危害性

海河断裂海域段潜在地震的最大震级为 6.8 级，未来断层发震有产生地震地表破裂的可能，断裂带附近为建筑物抗震设防不利地段。海一断裂潜在地震的最大震级为 6.3 级，活动强度相对较弱，未来难以产生地震地表破裂。

6. 建立基础数据库和地理信息系统

7. 探索超浅层水上声呐技术与中深层水上地震勘探的综合应用

本项目成功应用水上高分辨率声呐地层探测技术，获得了研究区海域内高分辨率连续地层剖面，对目标断层的晚第四纪活动特征进行了细致的研究。同时，广泛搜集石油中深层地震勘探剖面，并重新进行活动断层的构造解译，使深浅部构造解译完全结合起来，形成本地区完整的构造

活动图像，为天津近海海域隐伏断层活动性探测提供了新的途径。

8. 为近海海域及滨海新区的规划建设、国土资源开发和重大工程建设提供基础依据

第四节　滨海新区主要断裂及其活动性探测与研究

天津滨海新区基底断层纵横交错，断裂活动时代、活动性质不清、断裂的几何学特征、运动学特征及相互之间的切割关系、断层分段、地震活动性、地震危险程度等均有待于进一步查明。

为查清滨海新区主要断层的空间分布和活动性，为滨海新区城市建设规划提供依据，天津市国土资源和房屋管理局在天津市矿产资源补偿费项目中安排滨海新区断层探测与研究项目。2009年4月10日，天津市国土资源和房屋管理局向天津市地震灾害防御中心下达“滨海新区主要断裂及其活动性探测与研究”的项目任务书（国土房任〔2009〕20 号），明确任务是探明滨海新区地下隐伏断层的空间位置、延伸范围与活动性质，科学评价其地震危险性和断层活动影响范围。

滨海新区主要断裂及其活动性探测与研究项目实际落实投资总额 280.0 万元，其中天津市国土资源和房屋管理局投资 200.0 万元，天津市地震局配套投资 80.0 万元。

该项目于 2009 年 1 月启动，2010 年 4 月通过天津市国土资源与房屋管理局验收。

一、项目设计

项目立项后，天津市地震灾害防御中心编写《滨海新区主要断裂及其活动性探测与研究项目设计书》并报市国土资源和房屋管理局批准。

设计书确定本项目的工作区范围为天津市滨海新区及渤海海域的部分区域。

工作区内包括北东向的沧东断裂、茶淀断裂、板桥断裂、大张坨断裂、北大港断裂及岐中断裂，近东西及北西向的海河断裂、汉沽断裂、塘北断裂、长芦断裂、歧北断裂及海一断裂等，其中海河断裂（海域段）、歧北断裂、岐中断裂及海一断裂为海域断层。

设计书确定控制滨海新区主要构造格局的沧东断裂、海河断裂（塘沽段）及汉沽断裂作为主要的探测断裂，其余断裂作为次要的探测断裂；为配合中新生态城的建设开发，重点对中新生态城内的隐伏断裂进行了探测。

工作区主要断层基本情况

表 3-2-4-55

断层名称	长度（千米）	产状	性质	活动年代
沧东断裂	105	NE30°/SE∠50—65°	正断层	Q_{1-2}
海河断裂（塘沽段）	45	NWW/SSW∠60—70°	正断层	Q_{3-4}
汉沽断裂	30—40	NWW/S∠30—70°	正断层	Q_{2-3}

工作区次要断层基本情况

表 3-2-4-56

断层名称	长度（千米）	产状	性质	活动年代
茶淀断裂	25	NE/SE∠50—70°	正断层	不清
塘北断裂	20	NWW/NNE∠50—70°	正断层	不清
长芦断裂	20	NWW/SSW∠50—60°	正断层	不清
板桥断裂	10	NE/NW∠60°	正断层	不清
大张坨断裂	35	NE50° /NW∠55—62°	正断层	不清
北大港断裂	35	NE/SE∠40—60°	正断层	不清
海河断裂（海域段）	30	NWW/SSW∠60—70°	正断层	Q_{3-4}
歧北断裂	28	NWW/SSW∠50—60°	正断层	不清
岐中断裂	30	NEE/NNW∠50—70°	正断层	不清
海一断裂	35	NE/NW∠50—70°	正断层	不清

项目设计书设计的工作任务是对天津滨海新区范围内的主要隐伏断裂进行探测，确定各断裂准确的空间位置、延伸范围和几何结构，进行深部孕震构造条件研究；查明各断裂的运动特征，给出各断裂的定量活动参数，确定活动断裂和非活动断裂，评价活动断裂的活动性；评价断层未来发生地震的可能性和等级，确定地震灾害的可能影响范围；建设活动断层地理信息系统，建立活动断裂评价和成果查询服务平台；提出地震灾害防范措施和滨海新区规划开发的建议。

二、项目实施

（一）组织管理

项目由天津市地震灾害防御中心组织实施，项目负责人由中心主任陈宇坤研究员担任，技术负责人由闫成国担任；项目组主要成员有陈宇坤、闫成国、杨绪连、高武平、傅仲生、王志胜、任　峰、杨　菲、杨港生、李文栋、刘红艳、纪静、张春丽、刘芳、雷生学、王向东等。

项目按照《滨海新区主要断裂及其活动性探测与研究》项目任务书（国土房任〔2009〕20 号）所下达的工作任务实施。在实施过程中遵守《国土资源调查预算标准——地质调查部分实施手册》（国土资源部，2007 年 10 月）；天津市地质项目管理办法（天津市国土资源和房屋管理局，2008 年 7 月 1 日）；中国地震活动断层探测技术系统技术规程（中国地震局，JSGC—04）等技术规章和规范。

（二）实施步骤

滨海新区主要断裂及其活动性项目工程内容及实施步骤主要包括五个方面：

1. 资料搜集与断层探测：区域地震地质、钻孔资料收集，地球化学探测，浅层人工地震探测，断层初步定位与编图；

2. 深部孕震构造条件研究：深部资料搜集与分析，航磁、重力资料反演与解释，断层深部孕震构造环境；

3. 地震活动断层鉴定与制图：水上地震地层探测，钻孔勘探与地层对比，年代与环境样品测定，断层活动性鉴定，断层空间展布与分布图；

4. 断层地震危险性评价：中深层人工地震资料解释，断层现今应力场与形变场，地震危险性综合评价；

5. 断层地震危害性评价与 GIS 系统建设：断层地震危害性评价、GIS 系统与综合制图，项目集成与防震减灾对策。

（三）主要工作量

滨海新区主要断裂活动性探测项目设计工作量与已完成工作量对比表

表 3-2-4-57

序号	专题名称	单位	设计工作量	完成工作量	完成情况
1	区域地震构造图编制（1—25 万）	幅	1	1	完成
2	航磁重力勘测资料解译	项	1	1	完成
3	地球化学探测	千米	10 条 30 千米	10 条 31.05 千米	完成 103.5%
4	浅层人工地震探测	千米	14 条 20 千米	15 条 31.35 千米	完成 156.75%
5	超浅层水上地震地层探测	千米	60	96.2	完成 160.3%
6	钻孔勘探与地层对比工作	口·米	16 口 1600 米	21 口 2370 米	完成 148.1%
		个	测年样品 45	48 个	完成 111.6%
		个	微体样品 1000	1002	完成 100.0%
7	1：5 万活动断层分布图编制	幅	1	1	完成
8	区域应力场与形变场特征研究	项	1	1	完成
9	断层地震危险性综合评价	项	1	1	完成
11	地震活动断层地理信息系统建设	套	1	1	完成

三、科学成果

滨海新区主要断裂及其活动性探测与研究项目取得的主要科技成果如下：

1. 明确控制滨海新区主要构造格局的沧东断裂、海河断裂东段、汉沽断裂的空间展布位置与几何学、运动学特征，基本弄清沧东断裂与海河断裂及汉沽断裂的交切关系。

在中、深层人工地震资料重新解译的基础上，通过地球化学探测、浅层人工探测、水上地震地层探测、钻孔勘探等综合探测方法，明确控制滨海新区主要构造格局的沧东断裂、海河断裂东段、汉沽断裂的空间展布位置、几何学与运动学特征，编制完成了 1：5 万天津滨海新区主要断裂分布图。

2. 初步确定茶淀断裂、塘北断裂、板桥断裂、大张坨断裂、北大港断裂隐伏断裂的空间展布及活动性

3. 探明了天津中新生态城内隐伏断裂的构造特征及活动性

根据浅层人工地震探测结果，中新生态城区域内确实存在一条近东西向的断层，但该断层上断点埋深至少为 350 米，活动性很弱，第四纪以来不再活动，该断层不会产生对地表有强烈影响的破坏性地震，不会对天津中新生态城的规划建设和产业布局形成影响。

4. 通过钻孔勘探与地层对比确定沧东断裂、海河断裂东段、汉沽断裂的第四纪活动特征

沧东断裂上断点埋深 100 米左右，最新活动时代为中更新世早中期；海河断裂东段上断点埋深 16.4—18.0 米左右，最新活动时代为晚更新世晚期至全新世早期；汉沽断裂上断点埋深 47.7 米，最新活动时代为中更新世至晚更新世早期。

5. 评价沧东断裂、海河断裂东段、汉沽断裂的地震危险性

评价沧东断裂、海河断裂东段、汉沽断裂在未来的地震危险性，其潜在地震的最大震级分别为 6.4 级、6.8 级和 6.4 级，并给出它们在未来时段内发生相应震级档地震的平均复发间隔和发震概率。

6. 对滨海新区隐伏断裂的地震地表破裂进行预测

沧东断裂、汉沽断裂未来均难以产生地震地表破裂；海河断裂东段规模大，活动性强，未来断层发震有产生地震地表破裂的可能，断裂带附近为建筑物抗震设防不利地段；滨海新区内的其余隐伏断裂上断点埋藏较深，活动性较弱，规模较小，均难以产生地震地表破裂。

7. 提出对防御地震灾害的建议

根据断裂地震危险性和地震地表破裂预测与评价结果，从土地规划利用和工程抗震设防角度提出以下对策与建议：

（1）沧东断裂、汉沽断裂未来均难以产生与基岩错动相贯通的构造性地表破裂带，在制订土地利用规划时可不考虑地震地表破裂对建筑物的影响，特别是沿沧东断裂没有必要开展绿化避让带，而应考虑地面强震动对建筑物的影响；

（2）在沧东断裂、海河断裂东段、汉沽断裂预期强震的近场范围内大量存在人工填土场地、古河道及河塘堤岸的边坡，易于产生地震诱发的重力性地表破裂，在工程项目前期应加强工程地质勘察和地震工程地质调查与评价工作；

（3）海河断裂东段为晚更新世晚期至全新世断裂，规模大，活动性强，因此重大工程选址应注意避开断裂；

（4）中新生态城区域内存在一条近东西向的断层，该断层活动性弱，倾角非常缓，不会产生对地表有强烈影响的破坏性地震，不会对天津中新生态城的规划建设和产业布局形成影响；

（5）滨海新区第四系松散土层较厚，淤泥质软土层厚度大且埋深浅，这种软土场地对地震动具有明显的放大作用，同时软土场地的滤波作用会使反应谱谱形加宽，特征周期变大，不易于高层柔性建筑物的抗震设防。在进行高层建筑物的抗震设计时，针对软土的放大与滤波作用，可采取适当的工程措施减弱或避免软土场地对建筑物的危害，如软土地基深开挖。

第三章 防震减灾宣传教育

防震减灾宣传教育的任务是通过开展各种形式的宣传教育活动，提高全社会的防震减灾意识和科学知识水平，引导平时主动地采取预防措施，震时采取正确的应对方法，最大限度地减轻地震灾害。防震减灾宣传教育是防御与减轻地震灾害的重要环节，是地震灾害预防的最重要的非工程性措施。

防震减灾宣传教育的内容包括：地震基本常识、防震减灾工作方针政策、防震减灾法律法规、地震监测预报知识、地震灾害预防知识、地震应急救援知识、居家防震准备和避险、自救互救知识等。

1966—1969 年间，天津经历了邢台、河间和渤海地震，天津人民渴望了解地震知识。1972 年，天津市地震办公室举办题为《预防地震》的大型展览，编写《地震》科普小册子，自此拉开天津市防震减灾宣传教育工作的序幕。1975 年天津市地震局成立后，将防震减灾宣传教育列为日常工作中的一项重要内容，防震减灾宣传教育逐步扩展。1993 年全国防震减灾宣传工作会议之后，天津市委、市政府加强防震减灾工作的领导，建立市委宣传部、地震局、教委等部门齐抓共管的防震减灾宣传教育工作领导体制和工作机制，加大防震减灾宣传教育的力度，防震减灾宣传教育全面、深入发展。40 年来，防震减灾宣传教育基础建设不断完善，面向社会公众的日常宣传教育持续不断，集中宣传活动定期开展，有针对性的专项宣传教育不断开拓，为减轻地震灾害、保持社会稳定、促进防震减灾工作的开展做出了显著的成绩。

第一节 组织领导

防震减灾宣传教育涉及方方面面，必须加强组织领导、协调配合、调动各方面的力量，才能科学有效、经常持久地开展。天津市委、市政府高度重视防震减灾宣传工作，不断加强对防震减灾宣传教育工作的组织领导。1975 年天津市地震局成立后，将防震减灾宣传教育列为日常工作中的一项重要内容，开展发放宣传品、举办知识展览、举办知识竞赛等宣传活动，防震减灾宣传教育逐步扩展。1992 年和 2002 年全国防震减灾宣传工作会议之后，市委、市政府采取一系列举措加强防震减灾宣传工作，形成市委、市政府领导，市委宣传部牵头，地震局、教委、科委、科协齐抓共管的防震减灾科普宣传教育工作领导体制和工作机制，确立从改革发展稳定的大局出发，将防震减灾宣传工作作为一项重要措施和长期任务坚持不懈地抓下去的基本工作原则，防震减灾宣传教育工作全面稳步发展。

1992 年，中共中央宣传部和国家地震局联合召开“全国防震减灾宣传工作会议”，通过《关于防震减灾宣传工作的规定》。1993 年 4 月 30 日，市委宣传部和市地震局以津党宣发〔1993〕22 号联合下发《关于贯彻执行中共中央宣传部、国家地震局〈关于防震减灾宣传工作的规定〉的通知》。通知强调做好防震减灾宣传工作的重要意义，明确防震减灾宣传的目的在于增强全社会的防震减灾意识和功能，提高群众防震减灾的自觉性和对付灾害的能力。通知要求各区县宣传部门要加强防震减灾宣传工作的领导，把防震减灾宣传列入议事日程，纳入社会宣传计划；党委宣传部门要积极负责地担当起组织协调工作，地震部门要主动适时地提供宣传内容并负责宣传口径把关；宣传部门和地震部门要建立起联系协调制度，共同制定宣传计划指导工作。通知还特别强调报刊、电台、电视台等新闻媒介，要充分发挥其覆盖面广、传播快的优势，在宣传部门和地震部门的指导下，积极参与防震减灾宣传，利用多种形式普及防震减灾知识。

1996 年，时任天津市委书记高德占和市长张立昌先后就转变观念，加强正面宣传教育，提高全社会的防震减灾意识，普及群众的地震科普知识，增强对地震事件的心理承受能力做出指示。根据高德占和张立昌的指示精神，1996 年 5 月 23 日，市委宣传部和市地震局联合下发《关于加强天津市防震减灾宣传工作的意见》（津党宣〔1996〕14 号）。意见明确防震减灾宣传工作的指导思想和方针原则，重点内容、宣传形式和宣传材料；在宣传形式中明确：要把防震减灾知识列为学校科普知识教学的内容纳入教学计划；各基层单位要做好单位内部的防震减灾知识宣传；利用各种新闻媒体进行防震减灾宣传；利用科普工作网络加强有关地震知识宣传。在宣传材料中明确地震部门编写防震减灾宣传提纲。意见明确防震减灾宣传工作的职责分工，规定防震减灾宣传的组织、协调工作，主要由党的宣传部门，地震部门协助；防震减灾宣传内容、宣传口径的把关由市地震局负责；并鼓励各单位各部门进行各种形式的科普宣传工作。

根据 1993 年和 1996 年市委宣传部和地震局印发的通知和意见，1996 年，天津市委宣传部和天津市地震局联合编制《天津市防震减灾宣传提纲》，发至全市各委、办、局机关、事业单位、部队、学校、大型企业和各区县。

1998 年 9 月 10 日，市委宣传部、市地震局在蓟县联合召开《天津市防震减灾宣传工作交流研讨会》，各区县党委宣传部门、教育部门、地震部门共 70 多人参加会议。市委宣传部副部长刘风银作了“努力做好防震减灾宣传工作”的讲话，国家地震局副局长汤泉作了“总结经验 抓住机遇 开拓防震减灾宣传新局面”的讲话，市地震局长徐德诗作了“解放思想、实事求是，努力推进防震减灾宣传经常化、制度化”的报告。会议明确提出了“努力实现防震减灾宣传工作经常化、制度化”的工作目标和“年年有创新，月月有活动，周周有声像，日日有信息”的具体要求。

2002 年 5 月 14 日，市委宣传部、市地震局联合召开天津市防震减灾宣传工作会议，传达全国防震减灾宣传工作会议精神，总结近年来天津市防震减灾宣传工作的主要经验，部署“十五”期间天津市防震减灾宣传工作。会议由市委宣传部常务副部长孟宪硕主持，市委宣传部副部长张秉诚，市人大教科文卫委员会副主任任宝阳，市人防办公室副主任杨海，市地震局局长刘连柱、副局长郝团生、赵国敏、牟光迅出席会议。会上，市委宣传部副部长张秉诚和市地震局副局长牟光迅分别做“努力开拓天津市‘十五’防震减灾宣传工作新局面”的工作报告和“进一步加强天津市防震减灾宣传工作”的重要讲话，刘连柱局长宣布表彰决定。各区县委宣传部、地震办公室，市委各工委，市政府有关委办局，市各新闻单位的有关负责人约 120 人出席会议。会议回顾近年来天津市各地区、各部门开展防震减灾宣传和科普工作的情况及取得的成绩。总结近年来防震减灾宣传工作的主要经验，并对天津市近年来在防震减灾宣传工作中做出突出成绩的 15 个先进集体和 45 个先进个人进行表彰。会议明确，要从改革发展稳定的大局出发，将防震减灾宣传工作作为一项重要措施和长期任务坚持不懈地抓下去，努力开拓防震减灾宣传工作新局面。会议确定当前和今后一个时期，天津市防震减灾宣传工作的总要求：认真贯彻“积极、慎重、科学、有效”的防震减灾宣传工作方针，以震灾预防为重点，适度、稳妥地开展好防震减灾宣传工作，为天津市经济建设和社会发展服务。会议要求，天津市各地区、各部门要从改革发展稳定的大局出发，正确认识做好防震减灾宣传工作的必要性，将防震减灾宣传工作作为一项重要措施和长期任务坚持不懈地抓下去；要准确把握防震减灾宣传政策，进一步明确防震减灾宣传的任务，因地制宜、因时制宜地开展防震减灾宣传；要抓住天津市经济和社会发展的各个领域全面与国际接轨的机遇，以与时俱进，求实创新的精神，努力开拓“十五”防震减灾宣传工作新局面。

2004 年 8 月 27 日，市地震局与市委宣传部共同组织防震减灾宣传研讨会。天津市电视台、广播电台、天津日报、今晚报、每日新报、城市快报等新闻媒体的记者、编辑、领导参加交流研讨。市委宣传部常务副部长龚建生，天津日报社副社长刘亚群、天津电视台总编翟振江出席研讨会。赵国敏局长在座谈会讲话。会议对如何规范防震减灾宣传工作，如何解决地震新闻宣传的社会性、时效性与科学性、敏感性的矛盾，如何为进一步提高社会公众防震减灾意识，不断改进宣传的方式、方法等进行了热烈的交流研讨。一致认为，防震减灾宣传要以稳定社会、履行政府公共服务职能为出发点。应通过建立制度来规范采访、审稿工作；建立地震部门与新闻媒体之间高效、稳定的交流渠道和联络网；各媒体除做好地震突发事件处置中的新闻报道外，还要充分利用各种版面，开展丰富多样的防震减灾知识的日常报道；在新闻总量控制下，既要做到宣传不断档，又要避免过度集中；新闻媒体在提高新闻报道时效性的同时，要严格遵守有关法规制度，地震部门要加强新闻窗口建设，进一步提高新闻稿件的科学性、可读性。

2001—2010 年，全市年度防震减灾宣传工作计划由天津市委宣传部与天津市地震局共同发文布置，指导全市防震减灾宣传工作的开展。

第二节　日常宣传教育活动

日常宣传教育活动指面向广大社会公众的经常性防震减灾宣传教育活动。日常宣传教育的内容包括防震减灾宣传的全部内容；主要宣传形式包括：发放宣传品、举办展览、举办报告会、文艺宣传、媒体传播等。

一、编辑发放宣传品

编辑发放防震减灾知识宣传品是的防震减灾宣传教育的基本形式。这种形式在天津市开展得较早，并持久深入开展。

1972 年，天津市地震办公室编写《地震》科普小册子，印刷 20 万册，广为散发。

1973 年 8 月，市地震局编绘《地震》科普画册，这是我国首次出版的《地震》科普画册。截至 1974 年底，先后四次印刷，共印刷 350 万册，发行至全国与港澳地区。在 1985 年全国群测群防地震工作会议上被国家地震局评为优秀科普作品一等奖。

1976 年唐山地震后，市地震局编汇印发《地震来了怎么办？》10 万册，地震知识招贴画 10 万套，各种防震抗震知识宣传画 20 万张，《地震知识讲话》8 万份，《地震常识》40 万份，由天津市委宣传部发至全市各基层党支部和居民委员会、厂班组。

1983—1985 年，市地震局连续三年以挂历的形式宣传地震知识，三年共印制地震知识挂历 100 万本，全国几十个省、地、县地震部门订购。制作内含 24 幅地震知识画面内容的异变尺 10 万套。

1986 年 6 月，国家地震局主持，天津市地震局组织编写的地震对策画册《地震瞬间》，由地震出版社出版发行 3 万册。

1988 年 4 月，市地震局根据城市和新建工程抗震设防、农村建筑抗震以及抗震加固并取得抗震实效典型事例内容编绘《抗震大计》，由地震出版社出版发行了三万多册。

1988 年 5 月，市地震局编写《动物之谜》画册，由地震出版社出版发行，第一次印刷 8 万册。该画册融科学性、真实性、趣味性于一体，采用一谜一例的手法编绘，介绍古今中外大地震前出现的动物异常现象。

1997—1999 年，通过企业赞助、政府出资等多种渠道，市地震局编印不同内容的《防震减灾知识明白纸》350 万份，通过社区和学校等途径发放到市民家庭。

1998 年，市地震局印发防震减灾法宣传挂图 4000 套、《防震减灾法简问简答》5000 份。

2001 年，市地震局在天津日报专版宣传《天津市防震减灾条例》，制作条例宣传画 3000 套发到各区县张贴。

2003 年，市地震局与市教委共同编写《天津市中学生防震减灾知识读本》。

2004年，“防震知识明白纸”改版，由原文字版改为对开图文版，在“7·28”防震减灾宣传周期间印发40万份。

2005年，市地震局编印彩色折页宣传品“地震灾害启示录”，在科技周和“7·28”防震减灾宣传周期间发放20万份。

2006年，市地震局编印彩色折页宣传品“地震应急知识”，在科技周和“7·28”防震减灾宣传周期间发放10万份。

2007年，中共天津市委宣传部与市地震局编印“中小学校防震减灾知识挂图，配合防震减灾示范学校建设活动，在全市发放1万份。

2007年，市地震局制作30分钟的“居安思危、防患未然”电视片，在“7·28”防震减灾宣传周期间在天津电视台新闻台播放。

2008年，市地震局编辑制作“汶川大地震图片展”和“提高忧患意识建设安全家园”展牌，其中“提高忧患意识建设安全家园”展牌制作15套，在全市巡展20次。

二、举办知识展览

举办防震减灾知识展览是防震减灾宣传的重要形式。这种形式在天津市有两个繁盛的时段，即20世纪70年代和20世纪90年代。随着社会的变迁与发展，防震减灾知识大型展览已逐步减少，取而代之的是展板、橱窗等形式。

1972年，天津市地震办公室在天津市工业展览馆举办了首次题为《预防地震》的展览。该展览在1985年全国群测群防地震工作会议上被国家地震局、中国地震学会和《地震报》评为优秀科普作品三等奖。

1974年，天津市地震办公室在天津自然博物馆举办《地震知识展览》，占用展厅10个，面积达600平方米，组织市内六个区各行各业的职工、大、中、小学学生在13个场地巡回展览。并由当地讲解员以背篓精神将留下复制的小型展牌带到乡村巡回展览，当时人们称这种展览方式为“母鸡下蛋”。

1996年，天津市地震局与天津自然博物馆合作，在自然博物馆院内建设完成《天津市防震减灾知识展览》。展览分为防震减灾法、地震基础知识、地震预报、地震灾害预防、地震应急和震后自救互救常识等基本内容。之后于1996年12月起，展览先后在全市十八个区县巡回展出，1998年12月20日在蓟县结束，参观人次达35万余人次。

2001年7月，天津市地震局在天津市自然博物馆内建成《防震减灾宣传教育展室》，该展室具有动、静结合、可视性和可参与性等特点，为天津市社会公众提供一处接受防震减灾知识教育和技能训练的固定场所，填补天津市一项科普教育空白。

三、举办夏令营活动

举办夏令营活动是防震减灾宣传形式之一，主要适用青少年防震减灾宣传教育。早期的夏令营活动规模大、时间长、内容广。随着社会的变迁，大型夏令营活动已逐步减少，取而代之的是短小的“一日营”活动。

1983 年到 1986 年间，市地震局连续举办了四届青少年地震科技夏令营活动。参加者近 500 人。1985 年 7 月 18—25 日，天津市第三届青少年科学地震夏令营在河南登封、洛阳举行。来自全市 40 所学校的地震业余测报员、三好学生和地震战线的职工子女共 60 人参加活动。营员们参观汉代张衡存放地动仪的观星台，听取张衡发明地动仪测量地震的过程和地质构造、地貌知识讲座，宣读小论文，还游览少林寺、龙门石窟等名胜古迹。

1999 年 7 月 12—16 日，市地震局与天津市地震学会在唐山和北戴河共同举办“青少年探索地震科技夏令营”活动，来自全市各区、县中小学生和辅导员共计 53 人参加活动。在唐山，营员们参观唐山地震纪念馆、瞻仰唐山抗震纪念碑、考察唐山地震遗迹遗址、游览新唐山市容。在北戴河，营员们参观地震台，了解地震信息和前兆信息检测、传递和分析处理的全过程。7 月 16 日，举行地震科技小论文比赛。

2000 年 7 月 29 日，“天津市青少年地震科技夏令营”在大连举办，来自全市数十名中小学生及辅导员参加了活动。活动期间，营员们听取岫岩 5.6 级地震成功预报的经验，参观大连地震遥测台网、大连地震台、旅顺日俄监狱和日俄战争遗址。每个营员都写了一篇感想，抒发对祖国、对地震事业的热爱。

2002 年 1 月 25 日至 2 月 23 日，市地震局在市防震减灾宣传教育展室开办以“学习知识、锻炼能力”为主题的“青少年防震减灾冬令营”，来自南开、河西、东丽、津南和和平区的 309 名中学生在区地震办公室和学校老师的带领下参加这一活动。冬令营活动由观看电视科普片、观看展板、模型演示、救助训练和有奖竞答等形式组成，由展室讲解员和地震工作者任辅导员，带领学生分组循环、依次参加全部过程。在活动中，辅导员为营员们认真地讲解知识和原理，同时也向他们提出问题，引发思考。活动的整体安排注重学生的参与程度和实践机会，营员对各种动态模型设备，都亲自动手进行演示和操作，其中竞答活动，注重施展学生对防震减灾知识的了解和运用的能力，趣味性强，深受师生的欢迎。天津有线电视台采访冬令营活动现场，并以“寒假的第一天”为题报道此次活动。

2002 年 8 月，市地震局与天津市地震学会在河北省张家口市张北地区共同举办“青少年地震科学考察夏令营”。营员们考察张北震区部分遗址遗迹和震后重建第一村，参观张家口市地震局网络中心和张家口中心地震台，瞻仰位于张北县野狼窝的苏蒙联军烈士陵园。

2004 年，市地震局与天津市自然博物馆在天津市防震减灾宣传教育展室联合组织了“勿忘 7·28，学会生存本领”一日营活动。来自津南、南开、武清等区县的中小学生、社区干部共计 200 余人参加活动。

2010 年 7 月 29 日，天津市地震局在蓟县地震台举办防震减灾一日营活动，来自和平区、河西区、河北区、南开区、红桥区的防震减灾示范学校的学生代表 30 余人到蓟县地震台 GPS 观测站和小辛庄山洞参观地震监测仪器，认真听取台站的讲解，并进行详细记录。

四、举办知识竞赛

举办防震减灾知识竞赛是防震减灾宣传教育重要形式，主要适用于学校、家庭、社区等防震减灾教育。这是天津市开展较早，且持久坚持的形式之一。

1984 年，组织天津市 70 多所中学举办地震知识竞赛，参赛学生达 7 万多人，并选出 3 名学生代表天津市参加全国地震知识竞赛，获得优秀奖。

1985 年，市地震局、地震学会联合举办“天津市中学生地震知识竞赛”。经过半年的初赛，14 个区、县各选出一组（3 名）选手参加市级选拔赛。市级竞赛分两步进行：首先 14 组选手通过笔试产生前 6 名，作为决赛单位。12 月 22 日，以口试的方式进行决赛。宝坻城关中学、杨柳青一中和静海一中分获前三名，并于寒假期间代表天津市中学生参加全国五城市（北京、天津、上海、广州、济南）中学生地震知识竞赛。

1988 年，与天津市青少年科技辅导员协会联合举办天津市小学生地震知识竞赛，全市 601 所小学参赛，天津市领导张再旺、赵今声、廖灿辉观看竞赛并为获奖者发奖。

1989 年，与天津市地震学会、市青少年科技辅导协会联合举办天津市中学生小论文演讲比赛，全市 110 多所中学参加以比赛。天津市领导张再旺、赵今声、廖灿辉出席决赛，并为优胜者发奖。

1996 年 6 月，先后组织开展东丽区中小学生地震科普知识竞赛和塘沽区“康师傅杯”地震知识竞赛活动。

1998 年上半年，市地震局和红桥区政府联合举办以“强化家庭防震减灾意识、掌握自救互救常识”为主题的“家庭防震减灾知识竞赛”，全区 1500 多个家庭参赛。6 月 28 日，在老干部活动中心举行决赛，中国地震局副局长汤泉、市政府梁肃副市长观摩比赛。该活动经制作后在天津电视台、各区县有线电视台反复播放，观众达十几万人次。

1998 年 10 月 10 日，津南区科委、教委与地震办公室联合举办“宏程杯中学生防震减灾知识竞赛”活动。全区 22 所中学 5000 名学生参加竞赛，竞赛内容包括地震、防震、法规、地理、地质等知识。经过激烈的角逐，后营中学获一等奖，小站一中、葛沽一中获二等奖，咸水沽三中、新农中学、葛沽二中获三等奖。

2000 年，东丽区地震办、教委联合举办中学生防震减灾知识竞赛活动。这次竞赛活动历时 4 各月，分两个阶段进行。第一阶段为初赛，来自 16 所中学的 600 名学生参加书面竞答，以学校为单位计团体总分，从中选出 6 支优秀代表队进入决赛。第二阶段为决赛，采取问答、题板连线、才艺表演三种形式，决出第一名至第六名，军粮城中学获第一名。

2003 年，河西区挂甲寺街鹤望里社区举办社区防震减灾知识竞赛，社区内党员组、家庭组、大学生组、小学生组以及两个自愿者队伍共 6 个组参加了角逐。试题内容涉及地震基本知识、震时应急措施、震后自救互救技能以及社区在防震减灾工作中应发挥的作用等，贴近社区生活，形式生动形象，天津有线电视台《都市报道》栏目对竞赛活动进行报道。

2007 年 11 月 28 日上午，和平区地震办公室与和平区教育局在和平区新兴街道办事处联合举办了和平区“和谐怀”社区防震减灾知识竞赛活动。全区有 6 个街道办事处的代表队参加竞赛。该项活动自 4 月份开展防震减灾知识进社区活动，在全区 63 个居委会成立“和平区防空防灾知识训练辅导站”，开展防震减灾宣传、知识辅导、现场演练等活动。

2008 年“7・28”防震减灾宣传周期间，东丽区举办中学生防震减灾知识竞赛，通过预赛选出 6 支代表队于 7 月 28 日在区有线电视台演播大厅举行决赛。

2009 年 7 月 19 日下午，市地震局、市科委、市教委和天津电视台联合在天津电视台大演播厅举办“天津市家庭防震减灾知识竞赛（决赛）”。中国地震局副局长阴朝民、市政府副秘书长王志铭出席竞赛活动并为获奖队伍颁奖。来自和平区、红桥区、东丽区、塘沽区、汉沽区和蓟县的 6 个家庭代表队参加决赛。决赛采取必答题、猜词题、抢答题、才艺表演题、风险题等五种形式，内容涉及我国地震工作方针政策、法律法规、地震基本知识、地震监测预报、震害防御、地震应急救援和震前异常判断、识别地震谣传、震前如何准备、震后应急避险、如何自救互救等多方面的防震减灾科普知识。对于公众掌握防震减灾知识和提高防御地震灾害能力具有很强的针对性。经过激烈的角逐，最终东丽区代表队获得第一名，蓟县和汉沽区代表队分获第二名，和平区、红桥区和塘沽区代表队获得第三名。

2009 年，天津市津南区举办中学生地震科普知识竞赛。市地震局有关职能部门负责人及津南区委宣传部、区政府办、区地震办、区教育局、区科委、区科协等防震减灾工作领导小组成员单位的负责同志出席活动。来自咸水沽一中、咸水沽三中、葛沽一中、小站实验中学、双桥河中学、双港中学的 6 支代表队参加了竞赛。竞赛围绕地震基本常识、如何科学避震、怎样自救互救等内容，分为必答题和抢答题，经过紧张激烈的角逐，最终，小站实验中学获得了一等奖，双桥河中学和双港中学获得二等奖，咸水沽一中、咸水沽三中、葛沽一中获得三等奖。

五、征文活动

防震减灾有关征文活动是防震减灾宣传教育的形式之一，该活动多在学校中进行，历史上有两次较大的全市活动，很多区县开展此项活动。

2000 年，市地震局组织全市“做防震减灾小主人”征文比赛活动，有 2 万多中小学生报名参加。同学们结合亲身参加防震减灾宣传、地震宏观观测以及地震考察等活动的体会，写出一篇篇生动、活泼的文章。经评选推荐，有 82 篇征文获天津市地震局颁发的奖项。并从获奖作品中选出 27 篇文章汇编印制成科普读物供学生阅读。

2006 年，为纪念唐山地震 30 周年，提高公众防震减灾意识，市地震局、今晚传媒集团今晚报社，会同中国人寿保险公司天津分公司共同举办为期半年的“中国人寿杯 1976 年唐山大地震征文”活动，出版《1976 年大地震》一书。该书记叙在大灾面前，天津人民发扬艰苦奋斗的精神，与地震灾害进行不屈不挠斗争，建设新生活的感人事迹，书写天津历史特殊的篇章。

2007—2008 年，蓟县城关第一小学开展防震减灾知识征文活动。活动自 2007 年 8 月开始，历时半年，全校 2000 余名学生积极参与踊跃投稿。同学们结合课堂上所学知识，以作文、心得体会等形式写出文章，经过班、年级、学校层层评选，最终评出 46 篇优秀征文，并于 2008 年 1 月 26 日召开了防震减灾知识优秀征文表彰大会，对获奖同学进行了表彰奖励。蓟县电视台对此次活动进行了专题报道。

六、科普报告会

举办科普报告会是最早的防震减灾宣传教育的形式，也是运用最广泛的防震减灾宣传教育的形式，而且随着防震减灾宣传教育的深入，这种形式越来越多地被运用。

1999 年 12 月 27 日，天津市人民政府在第 18 次常务会议之前安排地震科技知识讲座，市地震局局长刘连柱做题为“土耳其大地震的教训与启示”的报告。

2003 年 4 月 3 日，中国石油化工集团天津石油化工公司举办防震减灾知识讲座。市地震局副局长、研究员赵国敏应邀作题为“防震减灾知识讲座”的专题报告。赵国敏从地震基本知识、天津市防震减灾三大工作体系建设、城市防震减灾、企业如何防震减灾等四个方面，深入浅出地阐述防震减灾知识。赵国敏还结合石油化工产业的特点，谈大型企业如何做好防震减灾工作的建议和意见。一是加强防震减灾知识的宣传与普及；二是制定并积极落实强有感地震和破坏性地震应急预案；三是合理规划建设布局，对新建工程严格按照抗震设防要求进行抗震设防。

2008 年 5 月 22 日，市委宣传部、市教委、市科委、市地震局、市灾害防御协会、市地震学会在南开中学联合举办中小学生防震减灾科普知识讲座，市地震局有关专家授课，市内六区中小学生代表 1000 余人参加报告会。报告会以多媒体形式，通过汶川大地震中中小学生自救互救的成功事例，向同学们阐述震后自救互救在保护生命安全中的重要性，并详细介绍在不同地点、不同条件下开展避震和自救互救的常识与技能，使学生们了解和掌握正确的自救互救方法。报告会后，市地震局向到会学校赠送《防震减灾知识科普挂图》和《防震减灾知识明白纸》。

七、文艺宣传活动

开展文艺宣传活动是防震减灾宣传教育的特殊形式，该活动一般在特定的条件下进行，多适用于基层的防震减灾宣传教育。

1972 年，由天津市地震队组成电影放映组，深入到各郊区、县的放映队，在放映正片这前加映地震科教片，平均每年放映 70 多场，观众达十几万人次。

1976—1977 年，在天津市地震局支持下，红桥区地震办公室组织区内文艺工作者自编自演曲艺、相声、魔术等二十多个地震知识内容的文艺节目，在民族文化宫演出了 20 多场，场场满座。之后脚本印刷成册发至全市各区宣传推广，排练演出。

1990 年，由天津市地震局、市地震学会、市青少年科技中心联合举办“天津市地震知识小品汇演”，参加汇演的有九个代表队。天津市著名艺术家马超观看演出并讲话。

2007 年“7·28”防震减灾宣传周期间，蓟县地震办公室连续三天在县城繁华地段举办防震减灾知识消夏晚会，用“皮影戏—王山拜寿”曲调填上防震减灾知识内容演唱，受到群众的欢迎。

八、新闻媒体宣传活动

媒体、网络开展防震减灾知识宣传教育是现代防震减灾宣传教育的最重要的形式。该项宣传活动起于20世纪80年代，随着时间的进程，该项宣传不断扩大、深入，发挥着其他形式不可替代的作用。

（一）报纸刊登防震减灾科普文章

1997 年，《天津日报》、《今晚报》刊登防震减灾知识文章 10 篇，区（县）报纸刊登 41 篇，累计文字达 4.8 万字。

1998 年 3 月，《天津日报》发表时任天津市地震局局长徐德诗题为“防震减灾事业的新阶段”的署名文章，发表科普文章 7 篇。

1999 年，土耳其 7.8 级大地震和台湾 7.6 级大地震后，《天津日报》刊载地震专家撰写“地震与板块运动”“城市地震灾害预防”等科普文章。

2000 年，与《今晚报》合作开辟防震减灾知识特刊，刊登“天津市地震监测系统昼夜监视地震活动”“地震科学发展迅速”“地震科技服务社会”“上半年地震活动频繁吗”“浅谈地震与活断层”“从地震仪到数字信息”“建抗震房保人民平安”等科普文章。

2003 年 7 月 24 日，天津市地震局与《今晚报》“科学与生活”专栏联合推出“纪念 7·28 特刊”，刊载“认识有感地震”“宁河地震释疑”“关注地震活动”“动物帮助人类躲避灾难”等地震科普文章，并在《天津日报》公布天津市地震局与 18 个区县地震办公室的地震热线电话。

（二）电台播送防震减灾知识系列讲座

1998 年，为配合防震减灾法的颁布实施，天津人民广播电台举办“防震减灾知识系列讲座”，从 3 月 1 日开始连续播出半年，以每周两次播出 26 讲，累计 160 分钟。

2010 年 5 月 17 日开始，天津市地震局与天津人民广播电台滨海广播（调频 87.8 兆赫，中波 747 千赫）合作，在每周一下午 4 点钟播出的《滨海直播间之民生零距离》节目中开设 3—5 分钟的《防震减灾知识在线课堂》专栏。专栏围绕地震基本知识、地震监测预报、震灾预防、地震应急救援、法律法规等内容，通过知识讲座、专家问答等形式，全面、系统地向广大听众朋友们宣传普及防震减灾知识和自救互救技能。

（三）电视台播放防震减灾专题片

1997 年，天津电视台播放防震减灾宣传教育片 1 部，各区（县）有线电视台播出 160 部次，天津电台播出防震减灾科普知识 1 次，各区（县）电台播出 210 多次，累计约 113 小时。

1998 年 3 月，天津电视台播出天津市委常委、副市长曲维枝关于贯彻实施《中华人民共和国防震减灾法》的专题节目，天津有线电视台播出《防震减灾法与老百姓》电视专题片。

2000 年，天津电视台播放《世纪冲动——科学能使我们远离灾害吗？》和《迎接挑战——99 震灾警示录》两部专题片。

2003 年，各区县有线电视台滚动播放宣传口号和专题录像片。

（四）电台、电视台开展防震减灾专访

1999 年 3 月 1 日，天津人民广播电台《天津早晨》直播间，《公众时间》栏目记者专访市地震局局长刘连柱，刘连柱局长就防震减灾法的法律地位、颁布实施的意义以及与老百姓的关系做宣传，并就群众关心的建房、住宅装修的抗震问题做解答。

2003 年 7 月 28 日，天津人民广播电台经济台早间新闻《专家观点》栏目记者专访市地震局局长赵国敏。局长赵国敏就 4 月 23—24 日宁河县三次有感地震的有关知识、地震应急机制等群众普遍关心的问题做解答。

2004 年“7·28”唐山地震纪念日活动期间，天津电视台科教频道和新闻部《新闻视线》栏目记者分别专访天津市地震局局长赵国敏，赵国敏追忆 1976 年唐山大地震的惨痛教训，讲授震后自救互救的基本技能，介绍当前天津市防震减灾工作的进展及取得的成绩。《天津日报》刊登赵国敏局长的署名文章“勿忘 7·28，营造安全居住环境”。

2007 年“7·28”防震减灾宣传周期间，天津人民广播电台《公仆走进直播间》栏目记者专访局长赵国敏，赵国敏局长介绍天津市防震减灾工作的主要进展，现场解答公众关心的地震预报水平、建筑物抗震设防、农村民居抗震等热点话题。

2008 年 7 月 23 日，天津人民广播电台《公仆走进直播间》栏目记者专访局长赵国敏，赵国敏局长介绍全市防震减灾工作，并就抗震设防要求、地震应急避险、震后自救互救知识等社会公众所关心的热点问题现场回答听众提问。

2009 年 7 月 27—28 日，天津政务网和天津北方网记者专访市地震局局长赵国敏。赵国敏局长从社会公众普遍关心的有关地震安全问题和社会需求出发，针对主持人提出的目前群众住房抗震性能的现状、怎样提高民居抗震性能、如何提高震后自救互救能力，应急救援体系建设情况和防震减灾法律法规等方面的内容进行详细介绍。

2009 年 8 月 19 日，天津人民广播电台《公仆走进直播间》栏目记者专访市地震局局长赵国敏，赵国敏局长介绍全市防震减灾工作，并就地震应急预案的内容、应急避难场所建设、农村建房如何抗震设防、公众如何提高应急避险和自救互救能力等社会公众所关心的热点问题现场回答听众的提问。

（五）新闻报道

防震减灾新闻报道包括地震及灾害信息报道、抗震救灾报道、防震减灾工作报道等。1993 年以来，天津市有关新闻媒体加强了防震减灾新闻报道工作，除报道张北、汶川以及天津市的一些强有感地震及灾害信息、抗震救灾信息外，还适时报道天津市防震减灾工作的进展，特别是对防震减灾集中宣传教育活动做报道。

1998 年 1 月 10 日，张北地区发生 6.2 级地震，天津市强烈有感，地震成为当时的热点。天津日报派出记者赴张北地震现场，以第一手资料，从地震灾害的成因、震后趋势和抗震救灾等方面情况进行及时、深入地报道，起到稳定社会的作用。

2003 年 4 月 23、24 日，宁河相继发生 4.1 级、4.3 级和 3.8 级三次强有感地震，由于正值 SARS 期间，引起公众的恐慌，部分地区出现地震谣言。根据市委、市政府的要求，新闻媒体和市地震局一起，开展多层次、大范围的震情动态新闻报道和有关地震背景、震源机制等深层次的防震减灾知识宣传，解除疑惑，安定民心，稳定社会秩序。

2008 年 5 月 12 日，四川汶川发生 8.0 级地震。地震发生的当天，组织召开 3 次渐进式新闻发布会，向在津的 12 家主流媒体发布地震发生的时间、地点、震级和专家对天津市地震趋势的判定意见，18：10 分，针对社会上“今晚天津、北京交界将要发生大地震”的谣传，举行专题新闻发布进行辟谣。天津电视台《新闻报道》、《都市报道》、《公共新空间》，天津电台《整点新闻》、《时代天津》、《综合新闻》，新华网、人民网《天津视窗》、北方网《自采新闻》、今晚报、城市快报、每日新报等媒体均在第一时间将新闻发布会内容刊播，防止地震谣言的蔓延，安定民心，稳定社会秩序。从 5 月 14 日第一支地震应急现场工作队授命出发赴四川灾区，到 6 月 23 日灾区过渡房场地地震安全性评价专家顺利完成任务抵津，市主要新闻媒体跟踪报道市地震局支援灾区抗震救灾工作的有关情况，弘扬抗震救灾精神。人民网《天津视窗》、北方网《自采新闻》、今晚报、城市快报、每日新报、天津电视台《天津新闻》、《公共新空间》、《都市报道》等栏目分别对赴灾区支援抗震救灾工作的两支队伍的领队和部分队员进行专访，特别是《都市报道》栏目，连续十几天与地震应急现场工作队连线，采访播出他们在灾区不怕牺牲、艰苦奋战的工作情况。

从 1986 年唐山地震十周年开始到 2010 年，《天津日报》、《今晚报》、天津电视台、天津电台等新闻媒体，在重大集中宣传活动期间，不仅采用开辟专栏、记者专访等形式宣传防震减灾知识，而且对集中宣传活动的情况进行报道。

（六）天津市地震局门户网站宣传活动

天津市地震信息网是市地震局的门户网站，于 2002 年初投入运行。该网站除刊登政务信息、实时地震活动信息和灾情信息外，还设有地震科普知识专栏，专栏中有地震科学知识、自救互救知识图、文和视频资料，可以阅读或下载。除此以外，还有网民互动板块，网民可以提出问题由专家解答。在每年的科技周、“7·28”防震减灾宣传周期间，在网站首页开辟专题栏目进行宣传。在国内外有重大影响的地震事件发生后，也在网站首页开辟专栏开展有针对性的宣传活动。例如 2004 年“7·28”防震减灾宣传周期间，在主页上开辟了《勿忘“7·28”，营造安全的生存环境》的专题栏目，宣传建筑物的抗震知识；2008 年 5 月 12 日，四川汶川发生 8.0 级特大地震后，在主页上开辟《汶川 8.0 级特大地震》专题栏目，除跟踪报道市地震局派往地震现场的工作队的工作情况以外，对市民如何应对突发地震灾害的知识和自救互救技能进行科普宣传。

第三节 集中宣传活动

与地震、灾害有关的事件是非常敏感的。与地震、灾害有关的一些活动往往会引起一些群众的猜忌，有时甚至引起谣传事件，造成社会影响。为广泛深入宣传防震减灾知识，又不引起群众的猜忌，早期的防震减灾宣传活动往往选择在地震与灾害有关纪念日前后集中进行，久而久之，便形成在地震与灾害纪念日前后集中进行防震减灾宣传活动的惯例。由于集中宣传活动声势大，涉及的内容多、范围广，负面影响小，因此被长期广泛使用。

早期的防震减灾宣传活动主要选择在“国际减灾日”“科技周”“唐山地震纪念日”等时间，后来发展到“防震减灾法实施日”“法制宣传日”“防灾减灾日”等。早期的防震减灾集中宣传活动形式主要是摆摊设点，后来发展到集摆摊设点、讲座、新闻报道、媒体专栏等综合的宣传活动。本节主要记述天津市“国际减灾日”“科技周”“唐山地震纪念日”“防灾减灾日”等时间的一些重大的集中宣传活动。与防震减灾法实施纪念有关的集中宣传活动在法制章中记述。

另外，国内外一些重大地震灾害或天津市有影响的地震发生后，往往需要开展应急宣传，这是另一类的集中宣传活动，本节记述 2008 年汶川地震和 2003 年宁河、塘沽两次有感地震发生后的应急宣传活动。

一、唐山地震纪念日宣传活动

1986 年 7 月 28 日，唐山地震 10 周年之际，天津市首次举办了防灾减灾大型宣传活动，开创了利用地震和地震事件纪念日期间集中进行防震减灾宣传活动的先河。由于唐山地震天津市人民亲受其害，特别是 2001 年制定的《天津市防震减灾条例》规定，每年“7·28”所在周，全市集中进行防震减灾宣传教育活动。因此从 1986 年开始每年“7·28”期间都坚持开展集中宣传活动，从不间断。本目记述几次重大的唐山地震纪念日集中宣传活动。

唐山地震纪念日集中宣传活动情况表

表 3-3-3-58

年份	宣传主题	主要活动	参加活动领导
1986		唐山地震抗震纪念碑揭幕仪式、广场宣传咨询、防震减灾知识展览、东丽区中学生地震知识竞赛、防震减灾学术研讨会	国务院副总理万里、市委书记倪志福，市长李瑞环
1996	勿忘唐山大震灾，努力做好防震减灾工作	抗震纪念碑广场宣传咨询、防震减灾知识展览、表彰大会、学术研讨会	市长张立昌，副市长李盛霖、曲维枝、王德惠，国家地震局局长陈章立，副局长何永年

续表 3-3-3-58

年份	宣传主题	主要活动	参加活动领导
1997	做好地震应急和加强防震减灾基础工作	抗震纪念碑广场宣传咨询	副市长曲维枝、人大常委会副主任王成怀、政协副主席陆焕生
1998	宣传《中华人民共和国防震减灾法》，提高全民防震减灾意识	抗震纪念碑广场宣传咨询，专家报告，家庭防震减灾知识竞赛，全国地震、防震、法规知识竞赛，防震减灾知识巡回展	市人大常委会副主任黄其兴、副市长梁肃、市灾害防御协会会长陆焕生
2000	勿忘“7·28”，提高城市地震综合防御能力	区县街头宣传咨询，今晚报开辟“防震减灾知识特刊”，电视台播放灾害专题片	
2001	宣传《天津市防震减灾条例》，提高全社会防震减灾意识	抗震纪念碑广场宣传咨询、青少年防震减灾知识一日营活动、在报纸刊发《天津市防震减灾条例》	
2002	城市发展与防震减灾	宣传咨询、电视台播知识片、领导干部知识答卷	
2003	认识有感地震，提高社区防震减灾意识	区县广场宣传咨询、在报纸刊发有感地震知识、编发有感地震知识简答、领导走进电台直播间	
2004	勿忘“7·28”，营造安全的生存环境	佟楼公园广场宣传咨询、举办防震减灾知识一日营活动、公仆走进电视台直播间	市人大副主任梁肃、市政府分管副市长、市政协副主席周绍熹，中国地震局副局长赵和平
2005	勿忘“7·28”，提高自救救互能力	市地震局门前宣传咨询、大型科普报告会、地震安全工程科普知识下乡活动、科普宣讲	
2006	关注地震灾害，建设安全家园	纪念抗震救灾 30 周年座谈会、大礼堂前广场宣传咨询、《足迹》展览开展、举办征文活动、召开学术研讨会	市委副书记邢元敏、中国地震局副局长修济刚、市委常委陈超英、副市长陈质枫、市政协副主席王家瑜、天津警备区副司令员王建盈
2007		应急避难场所揭牌、各区县广场咨询活动、电视台播放《居安思危、防患未然》电视片、公仆走进电台直播间	市长戴相龙、副市长崔津渡
2008	做好防震减灾工作，保障奥运地震安全	河西区危改广场宣传咨询、局长走进电台直播间	
2009	关注地震安全，掌握防震知识	广场宣传咨询、局长赵国敏做客天津政务网和天津北方网、家庭防震减灾知识竞赛决赛	
2010	减灾从社区做起	和平区胜利公园宣传咨询、专家接受电台记者专访	无

（一）唐山地震十周年集中宣传活动

1986 年 7 月 28 日，天津市政府举办抗震纪念碑落成揭幕仪式和防震减灾宣传咨询活动。上午，举行唐山地震抗震纪念碑揭幕仪式。国务院副总理万里出席揭幕仪式并为抗震纪念碑揭幕，中央政治局委员、天津市委书记倪志福，天津市市长李瑞环出席揭幕仪式。揭幕仪式后，在纪念碑广场举办了大型防震减灾宣传咨询活动。天津电视台播放反映唐山地震恢复重建工作成就的电视片《城市之光》，天津人民广播电台播放纪念唐山地震 10 周年的录音采访稿件“天津市地震监测预报的发展”。天津日报、今晚报刊登纪念文章。当日，各区、县也都开展纪念和宣传咨询活动。

之前，天津市地震学会、天津市建筑学会、天津市土木工程学会联合召开纪念唐山地震10周年学术研讨会，征集论文80余篇，东丽区组织学生地震知识竞赛。7月份，市地震局与市自然博物馆联合举办防震减灾知识展览，组织中小学生参观。

（二）唐山地震二十周年集中宣传活动

1996年7月28日，为唐山地震20周年纪念日，在“7·28”前后，开展全市性防震减灾宣传教育系列活动。7月23日上午，在天津科技大厦召开纪念唐山地震20周年暨表彰大会，下午在天津然自博物馆举办天津市防震减灾宣传教育展室落成剪彩仪式，天津市市长张立昌、天津市副市长李盛霖、曲维枝、王德惠，国家地震局局长陈章立、副局长何永年等领导参加纪念活动和剪彩仪式。7月24日，市科协、灾害防御协会举办“防震减灾学术研讨会”。7月25日，18个区县开展“勿忘7·28”防震减灾宣传咨询活动。7月28日，在抗震纪念碑前组织的规模宏大的防震减灾科普宣传咨询活动，天津市常务副市长李盛霖、副市长曲维枝，国家地震局副局长何永年等领导参加了活动。

（三）2001年“7·28”集中宣传活动

2001年7月28日，不仅是唐山地震纪念日，还是《天津市防震减灾条例》实施日。在“7·28”前后，市地震局与有关部门组织主题为“宣传《天津市防震减灾条例》，提高全社会防震减灾意识”的宣传周活动。主要活动有：市地震局与市人大教科文卫委、市法制办、市司法局、市人防办、市建委等部门在抗震纪念碑前联合举行学习、贯彻《天津市防震减灾条例》大型宣传咨询活动；各区县在当地举办天津市防震减灾条例宣传咨询活动；在天津日报全文刊登《天津市防震减灾条例》和条例宣传讲话；在全市各宣传长廊、橱窗等处张贴天津市防震减灾条例宣传画及条例单行张。市地震局和市自然博物馆在天津市防震减灾宣传教育展室共同举办青少年防震减灾知识一日营活动等等。

（四）2004年“7·28”集中宣传活动

2004年“7·28”防震减灾宣传周期间，组织开展以“勿忘7.28，营造安全的生存环境”为主题的大型系列防震减灾宣传咨询活动。7月25日，市委宣传部、市地震局、河西区政府在河西区佟楼公园联合举办纪念唐山抗震救灾28周年大型宣传咨询活动。市人大副主任梁肃、市政府分管副市长、市政协副主席周绍熹、中国地震局副局长赵和平等领导参加活动。活动采用专家咨询、展板展示、播放专题科普电视片、悬挂横幅标语、发放宣传材料、万人签名等多种形式开展。在万人签名活动现场，过往群众在“防震减灾，造福人民”的布幅上留下自己的签名。河西区马场道街、挂甲寺街、体院北街在活动中组织有奖竞猜、舞狮、腰鼓队表演等喜闻乐见的活动。7月28日，全市18个区县分别在本辖区广场或繁华街道举办宣传咨询活动。7月28日晚市地震局在局大院门前举行宣传咨询活动。

（五）唐山地震三十周年集中宣传活动

2006年7月28日是唐山地震30周年。经市政府批准，于7月初至8月上旬，举办“天津市纪念抗震救灾 30 周年”系列活动。

7 月 26 日上午，“天津市纪念抗震救灾 30 周年座谈会” 在天津大礼堂召开。市委副书记邢元敏、中国局副局长修济刚、市委常委陈超英、副市长陈质枫、市政协副主席王家瑜、天津警备区副司令员王建盈等领导，以及市防震减灾联席会成员单位负责同志和全国地震系统兄弟单位负责同志共 200 余人出席会议。会上，中国地震局副局长修济刚、副市长陈质枫做了重要讲话。天津警备区和市建委、卫生局、民政局、宁河县政府等负责同志分别作了发言。

7 月 26 日上午，在天津大礼堂前广场举行“天津市纪念抗震救灾 30 周年”主会场宣传活动。宣传活动展出“难忘的记忆”主题展牌，发放地震科普宣传品，组织专家进行现场咨询。《今晚报》在现场举行地震征文集《1976 年大地震》首发式和作家签名售书活动。河西区举行社区应急救援志愿者队伍成立和授旗仪式，并进行现场救护演练。参与宣传活动的群众和各界人士五千余人。

从 7 月初至 8 月中旬，全市 18 个区县陆续组织开展不同形式的纪念活动和宣传活动。汉沽区召开了纪念大会、座谈会，举办了摄影展，编辑出版《难忘的岁月》一书，举行区四套班子参加的大型报告会。蓟县地办自编自演反映抗震救灾精神和宣传地震知识的皮影剧，在乡镇巡回演出 30 余场。河西区编制《家庭防灾实用手册》和“新河西报”专刊发放全区，组织“老百姓防震减灾知识宣讲团”进行巡回宣讲。和平区举办区四套班子及全区处以上干部等总共 1100 余人参加的大型报告会，印刷“明白纸”7 万份发至全区各家庭。宁河县召开纪念大会、座谈会和系列宣传活动。静海县制作《纪念抗震救灾 30 周年》新闻片，出版了“静海文汇”地震知识专版发至全县。其他区县也分别举行各种形式的纪念和宣传活动。

7 月 26 日上午，《足迹》展览剪彩仪式在市地震局隆重举行。中国地震局副局长修济刚、市委宣传部副部长龚建生等领导同志和全国地震系统 40 多个兄弟单位共 120 余人参加剪彩仪式，并参观展览。该展览利用生动活泼的文字、图片、实物和模型等多种形式，展示全市广大地震工作者几十年不懈奋斗的光辉足迹，反映天津防震减灾发展的艰辛历程和取得的丰硕成果。

7 月 26 日下午，天津市抗震救灾 30 年学术研讨会在天津大礼堂举行。市社团管理局、市灾防协会、地震学会各理事单位的领导和地震系统部分专家共 100 余人参加会议。会上，中科院院士陈顒等 4 名专家做“减轻地震灾害和地下明灯计划”“城市群地震安全与和谐社会建设”等 4 个专题学术报告。报告结合当前和今后一个时期天津经济和社会发展的需求和当前天津防震减灾工作实际，提出今后新的研究课题和开拓领域。

二、国际减灾日宣传活动

1989 年 12 月，第 44 届联合国大会决定从 1990 年至 1999 年开展“国际减轻自然灾害十年”活动，规定每年 10 月的第二个星期三为国际减灾日，在全球倡导减少自然灾害的文化，包括灾害防止、减轻和备战。从 1991 年开始，到 1999 年，天津市灾害防御协会会同天津市地震、气象、水利等学会每年举办程度不等的防灾减灾集中宣传活动。

1991年10月9日，天津市灾害防御协会成立的第二天，就组织举办“国际减灾日”大型宣传活动，市地震局、市气象局、市水利局、市海洋局、市消防局等10多个部门单位在抗震纪念碑摆摊设点、摆挂展牌，宣传防灾减灾知识。天津市副市长陆焕生、国家地震局副局长高文学参加并指导了宣传活动。

三、科技周宣传活动

科技周是天津市各行各业的科技活动周。从1987年天津市首届科技周开始起，市地震局逐年在科技周组织规模不同的活动，进行防震减灾宣传教育活动，主要形式有街头宣传咨询、科普展览、报告会、研讨会等。

1996年9月18—23日市是天津市第10届科技周。市地震局组织3次防震减灾科普宣传活动：组织7名地震专家到武警机动大队、58中学、区街等8单位做防震减灾科普报告，听众达1.3万人。9月20日参加市政府组织的科普宣传一条街咨询活动，4名专家到现场咨询，摆放6块地震知识展牌，发放宣传材料3000多份，被河西区评为区级科技周活动先进单位。9月23日，与科技周组委会办公室共同举办防震减灾报告会，邀请联合国十年减灾委员会委员、中国工程院院士、国家地震局工程力学研究所所长谢礼立作了“防震减灾高科技发展趋势”的报告。市政协副主席陆焕生、市科委、科工委、科协等领导同志及有关委、办、局、区县、大专院校、科研单位、人民团体分管减灾工作的同志公200人参加报告会。这是此届科技周11项重点活动之一。

2005年5月15日—21日是天津市第19届科技周。天津市地震局组织主题为“树立科学发展观，促进人与自然和谐发展”的活动。主要活动有：5月18日在地震局门前摆放宣传展板、设立专家咨询台、发放宣传材料，开展宣传咨询活动；赵国敏局长为大港区政府领导班子和天津广播电视网络公司等作防震减灾科普报告；市地震局专家，在蓟县一个乡，利用农民赶大集时间，宣传安全住房知识；召开“综合减灾与构建和谐天津学术研讨会”；组织中学生参观张道口科普教育基地。

三、防灾减灾日宣传活动

经国务院批准，自2009年起，每年5月12日为“全国防灾减灾日”。从2009年开始，天津市每年开展防震减灾集中宣传活动。

（一）2009年活动

2009年5月12日是首个国家防灾减灾日，根据中国地震局和天津市政府的要求，在全市范围内组织开展以“提高防灾意识，建设平安天津”为主题的序列宣传活动。

5月10日上午，天津市“5·12”防灾减灾日系列宣传活动启动仪式在天津大礼堂前广场隆重举行。市人大常委会副主任李亚力，副市长王治平，市政协副主席陈质枫等领导出席启动仪式。市地震局、市委宣传部、市应急办公室、市建委、市民政局、市卫生局、市人防办公室、市公安消防局、河西区政府等主办单位的负责同志参加了启动仪式。李亚力副主任宣布“5·12”防灾减灾日天津市系列宣传活动开幕，市地震局局长赵国敏代表主办单位致辞。中小学生、医护人员、武警和公安消防官兵、社区居民等各界代表1000人编成5个方队参加了启动仪式。各主办单位将大型抗灾救灾指挥指挥通信系统、抢险救援设备、医疗救护设备、灾民安置设备等46台（套）在现场展出并向市民现场演示，共设立专家咨询台14座，发放宣传品42种计5万余份，展出科普宣传展牌520块，专家接受咨询2千余人次。天津电视台天津卫视、天津6套《科教大视野》、天津电视台公共频道，天津电台新闻台、滨海台，《天津日报》、《今晚报》、《渤海早报》,《北方网》、中华人民共和国中央人民政府门户网站对活动进行了转载报道。

5月10—12日期间，各区县开展分会场活动12场，共发放科普宣传品7万份，展出展牌370余块，参观人数4万余人。各区县电视台对活动进行报道。

5月12日，天津市地震局、市灾害防御协会、市地震学会在市地震局共同主办《汶川地震研究与思考》研讨会。来自地震、市政、规划、大专院校等单位的科技人员和各理事单位代表近百人参加了研讨会。 会上，地震、气象、消防、市政工程等方面专家以“反思汶川地震，努力加强防灾减灾”为主题，围绕地震监测预报、汶川地震发生机理、汶川地震震害特点、国内外应急救援、灾后重建规划等方面内容进行交流和研讨，并提出完善天津市防灾减灾工作措施的建议和对策。

5月8日，“12322”防震减灾公益服务热线开通。市地震局、市应急办、联通天津分公司领导出席开通仪式。天津电视台、每日新报、北方网、新华网、新华社天津分社等新闻媒体应邀出席采访。当晚，天津电视台《天津新闻》、天津电视台《都市报道》、天津电视台公共频道、天津电台新闻台、滨海台、对活动进行报道。《每日新报》《城市快报》《渤海早报》进行刊载。《北方网》、《新华网》、新华社天津分社进行报道。

7月19日下午，天津市地震局、市科委、市教委和天津电视台联合在天津电视台大演播厅举办“天津市家庭防震减灾知识竞赛（决赛）”。中国地震局副局长阴朝民、市政府副秘书长王志铭出席竞赛活动并为获奖队伍颁奖。天津市地震局局长赵国敏出席竞赛并代表主办单位致辞。中国地震局监测预报司副司长吴书贵、市地震局副局长李振海、市科委副主任李宝纯、市教委副主任岳腾仑等主办单位有关负责同志出席竞赛并为获奖队伍颁奖。来自和平区、红桥区、东丽区、塘沽区、汉沽区和蓟县的6个家庭代表队参加决赛。天津市家庭防震减灾知识竞赛活动分选拔赛、复赛、决赛三个阶段举行。选拔赛由各区县组织，共有140个家庭参加选拔赛，选拔出优胜者14个家庭。

5月8日，由中国地震局主办、天津市地震局承办的全国防震减灾知识竞赛复赛东部赛区比赛活动在天津举行。中国地震局副局长刘玉辰、震害防御司司长卢寿德、天津市地震局局长赵国敏、副局长李振海、纪检组组长武丁辰出席比赛活动并为获奖代表队颁奖。来自北京、天津、河北、辽宁、江苏、浙江、福建、山东、广东、海南共十一个省市代表队参加比赛。

5月8日至12日，全市12所中小学开展了地震应急疏散演练，参加师生15000余人，有98所中小学校的领导参加观摩。5月6日至18日，防震减灾知识宣讲团深入学校开展科普宣讲活动，共宣讲12场，听众1万余人。

防灾减灾日宣传活动期间，天津市各主要新闻媒体充分发挥传播速度快、覆盖面广的优势，对宣传活动进行跟踪报道，并采取领导、专家走进直播间、专题采访等多种形式宣传普及防震减灾知识和自救互救知识。5月11日，天津市地震局局长赵国敏应邀参加天津电台新闻台《公仆走进直播间》栏目，播出时间1小时，现场回答听众问题。天津市地震局高级工程师刘允秀做客《北方网》，播出视频40分钟，与网民交流。5月12日，5月13日，《今晚报》《每日新报》《城市快报》分别以专家采访的形式，刊载了地震监测预报、建筑物抗震设防要求、科学避震、应急救援能力等科普文章8篇。5月1日，天津市地震信息网开辟“5·12”防灾减灾日系列宣传活动专栏。

（二）2010年活动

2010年5月12日是第二个全国防灾减灾日。5月12日上午，市地震局与河西区政府在友谊路街谊景村社区联合举办了天津市“5·12”防震减灾日系列宣传活动启动仪式。市地震局局长赵国敏、河西区区长彭三、副区长张金英及有关部门领导出席启动仪式并讲话，街负责同志及500多名社区群众参加启动仪式。这次宣传活动以“减灾从社区做起”为主题，采取专家咨询，摆放展牌、发放宣传材料、防震减灾知识有奖竞猜等多种形式，向社区居民广泛宣传防震减灾科普知识和自救互救知识。该集中活动为期8天，内容包括“防震减灾与科学发展青年论坛”“编辑地震知识丛书”“组织学生应急演练”“推进科普知识进党校”“媒体刊播科普知识”等。

四、汶川地震后的应急宣传活动

2008年5月12日，四川省汶川发生8.0级特大地震，人民生命财产遭受重大损失，全国震惊，世界震惊。为做好抗震救灾工作，维持社会稳定，市地震局将防震减灾新闻宣传和科普宣传紧密结合，开展一系列宣传活动。

汶川8.0级特大地震地震，14时28分发生，天津市部分高层建筑有震感，少部分高层的住户和商务办公人员从楼上跑下。与此同时，市地震局接到的社会各界的咨询电话明显增多，争相询问地震情况。14时30分，市地震局按照新闻发布工作方案，开展一系列工作。首先，迅速获取地震三要素，形成新闻通稿并按程序进行报审；其次，新闻发言人按照有关规定立即进入工作岗位；再次，制定记者接待方案，要求门卫通知来局记者在局四楼会议室集中，安排人员做好接待工作。15时10分，市地震局召开第一次新闻发布会，新闻发言人向天津电视台、天津人民广播电台、天津日报、今晚报、北方网、新华网等12家媒体发布地震三要素即地震的时间、地点和震级等基本信息。16时30分第二次召开新闻发布会，发布地震对天津的影响、近期天津及附近地区没有破坏性地震的趋势预测意见等信息。16时左右，社会上开始出现“晚间天津北京将有6级地震发生”的谣传，此据，迅速组织收集素材，拟定宣传对策。18时，第三次召开新闻发布会。天津电视台《新闻报道》《都市报道》《公共新空间》，天津电台《整点新闻》、《时代天津》、《综合新闻》，人民网《天津视窗》、北方网《自采新闻》、今晚报、城市快报、每日新报等媒体均在第一时间将新闻发布会内容刊播。通过三次渐进式新闻发布，及时、准确、客观、全面地向社会提供权威的地震信息，做到信息公开，坚持正确的导向，掌握舆论的主导权，消除群众的恐慌心理，没有出现人员夜间滞留屋外的情况，维护社会的稳定，保障群众正常的生产和生活秩序。

汶川地震后，公众对汶川大地震的情况和防震避震知识有很高的需求，也成为新闻媒体报道的焦点和热点。市地震局和新闻媒体密切合作，开展规模空前的防震减灾知识宣传活动。据统计，汶川大地震发生一个月来，积极协调天津电视台《财经视界》、《公共新空间》、《聚焦房地产》、《党的生活》《科教大视野》、天津电台《综合新闻》、滨海台等媒体组织直播节目 3 次，采访录播 10 次，电台和电视台几个栏目连续播放达 20 余天，播放时间累计达 6 小时。今晚报、每日新报刊载地震科普知识文章 8 篇，新华网、人民网、北方网、搜狐网播出专家访谈节目 4 篇。科普教育内容涉及公众普遍关心的汶川地震背景资料、防震减灾公共政策、建筑物的抗震能力、地震科学知识、防震避震知识和自救互救知识、科学的防灾理念等领域，其广度和深度都达到前所未有的程度。在此期间，还向社会各界发放科普材料 5 万余份；与市自然博物馆协作，在自然博物馆恢复防震减灾知识展览；天津市地震台网中心大楼一楼“足迹”展览接待 4 批次参观。编制《汶川大地震图片展》和《提高忧患意识建设安全家园》展板，其中《提高忧患意识建设安全家园》在全市范围内制作了 15 套在社会上巡展。

五、宁河、塘沽两次有感地震后的地震应急宣传活动

2003 年，宁河、塘沽两次发生有感地震，市地震局和有关区县按照中国地震局和市委、市政府对地震宣传报道的规定，适时开展地震应急宣传工作。

1. 认真接听电话，回答群众最关心的问题

地震发生后，立即开通热线电话，安排专人 24 小时值班，按照统一口径回答群众的询问。一方面将正面消息传递给群众，稳定群众情绪，消除恐慌；另一方面及时发现和掌握地震谣传信息，了解地震谣传的传播范围和起因。

2. 利用天津地震信息网，及时向社会提供动态信息

地震发生后，在天津地震信息网上开辟专栏，及时发布地震信息。震后，先后发布地震发生的时间、地点、震级、震感范围以及震后趋势判定意见，跟踪报道地震应急响应工作，就有关地震知识和社会普遍关注的问题进行宣传解释。

3. 利用新闻媒体，发布地震信息稳定社会

地震发生后，新华社、天津电视台、天津电台、天津日报、天津滨海台、今晚报、北方网等多家媒体进行追踪报道，不仅向社会各界公布有关震情信息，而且针对群众关注的热点问题，如为什么宁河地震震级不大，震感强？为什么连续发生三次有感地震？为什么还是唐山老震区的余震活动等问题采访地震专家及有关人员。

4. 开展现场宣传，安定震中群众情绪，平息地震谣传

震中地区由于震感强烈，群众情绪往往容易波动。市地震局派出现场工作组进行考察、监测

和宣传，现场工作组不失时机地向当地群众介绍地震情况，对群众提出的问题逐一进行解答，并宣传防震减灾的科普知识，促进震中地区社会稳定。针对宁河有感地震后发生的地震谣传，市地震局及时派出工作组，与当地政府一道深入地震谣传最严重的乡镇，向群众面对面作工作。由于工作主动，措施得力，迅速平息地震谣传，防止了谣传的蔓延。

两次地震应急宣传的具体情况，详见第四篇第三章第一节。

第四节 专项宣传教育活动

面向特定对象的专项宣传活动指面向学校、机关、社区、家庭等特定对象开展的针对性的防震减灾宣传活动。面向特定对象的专项宣传的内容根据宣传教育对象的需求决定，主要宣传形式包括：发放宣传品、举办讲座、知识竞赛与征文、知识答卷、演练等。

从 1997 年开始，在市委宣传部和市地震局的统一的组织领导下，有计划地开展面向特定人群的专项宣传活动，针对不同对象，抓好六个渠道，积极推进防震减灾宣传“进学校、进机关、进家庭、进社区、进乡村”，进一步提高防震减灾知识宣传教育的普及面和成效。

一、进学校

学生具有敏感性和接受能力强、扎根家庭的特点，在学校开展防震减灾教育可起到“教育一个学生、带动一个家庭、影响整个社会”的作用；另外，学生不具有完全行为能力，发生地震灾害时容易受到伤害，在学校开展防震减灾教育可起到减轻伤害的作用。因此，防震减灾知识教育始终把学校作为工作重点来抓。

学校防震减灾知识宣传教育最早可追溯到 1983 年，组织了青少年夏令营活动。1998 年之前，市地震局与有关部门组织一系列与学校有关的防震减灾宣传活动，包括：组织青少年夏令营活动、在学校举办知识竞赛与征文活动、防震减灾知识展览进学校巡回展出、在课外活动学习防震减灾知识等活动，为防震减灾宣传教育进学校打下了基础。1998 年代之后，市委宣传部和市地震局开始全面推进防震减灾进学校的工作。学校防震减灾知识宣传教育经历了历夏令营—知识竞赛与征文—课外活动—课堂教学—培训演练的过程。

1998 年 9 月 25 日，根据 1996 年 5 月 23 日市委宣传部和市地震局联合下发《关于加强天津市防震减灾宣传工作的意见》（津党宣〔1996〕14 号）“要把防震减灾知识列为学校科普知识教学的内容纳入教学计划”的要求，天津市地震局、市教育委员会、市教育局、市劳动局联合印发“关于进一步加强天津市各级各类学校防震减灾知识宣传、教育、普及工作的通知”（津震发〔1998〕124 号），通知明确，小学和初中学生可通过开设的地理课、常识课教学，适当增加防震减灾知识的内容，也可利用科技教育活动课时间，进行比较系统的防震减灾知识教育；高中和高等院采用开设讲座，举办报告会，观看展览、录像等形式普及防震减灾知识。通知还要求采用地震知识竞赛、地震科学论文赛、地震科学夏令营、地震应急演习等都是行之有效的宣传、教育、普及方式。

为做好工作上述，1998年，成立天津市学校防震减灾知识宣传、教育、普及工作领导小组，推动各级各类学校防震减灾知识宣传教育普及工作，形成市地震局、市教委、市科委、市科协齐抓共管的防震减灾科普宣传教育工作机制。

从1999年开始，市学校防震减灾知识宣传、教育、普及工作领导小组和市地震局采取一系列措施推进学校防震减灾宣传教育工作。

1999年10月15日，市地震局组织在红桥区子牙里小学“防震减灾知识教学观摩活动”。来自市内六区地办、区教委以及试点校校长、老师30余人参加活动，并就推进中小学防震减灾教育工作进行座谈。

2000年5月，市地震局组织教委有关领导及部分区县地震办参加“防震减灾知识课堂教育研讨会”，研讨会就教学大纲、教学计划、教材、课时、师资等问题进行了研讨。在充分讨论的基础上，结合实际提出解决防震减灾知识课堂的思路和办法。会后，塘沽、津南、汉沽、红桥、南开等区县分别制定“中小学防震减灾知识课堂教育方案”并组织实施。

2001年，市委宣传部、市科委、市教委、市地震局以及各区县密切配合，以提高全社会防震减灾意识为目标，大力开展防震减灾宣传，取得明显实效。为总结交流天津市在中小学开展防震减灾宣传教育和阵地建设方面的经验，推进此项工作的深入发展，先后召开“天津市中小学防震减灾教育先进学校表彰暨经验交流会”和“大港区防震减灾科普宣传阵地建设现场会”，组织“汉沽五中防震减灾宣传周观摩活动”。通过总结交流，进一步肯定开展防震减灾知识课堂教学是中小学生中普及防震减灾知识的重要途径；肯定大港区等单位结合城市规划，建设和管理防震减灾科普阵地的成功经验。

2003年，与天津市教育委员会共同编写了《天津市中学生防震减灾知识读本》。该读本是天津市近年来第一部结合现有地理学科对中学生进行系统防震减灾知识教育的公开出版物。分管副市长作序，市政府副秘书长陈宗胜任主编。2004年7月，与天津市教委共同举行《天津市中学生防震减灾知识读本》赠书仪式，区县教育局、市直属学校、各区县地震办公室有关领导近100余人参加了仪式会上。会上向全市18个区县教育局赠书15000余册。

2007—2008年市地震局会同市委宣传部、市教委、市科委开展全市范围内的防震减灾科普示范学校创建活动。2007年6月12日四部门发出通知（津震发〔2007〕53号），对防震减灾科普示范学校建设工作做出全面部署。通知发布《天津市防震减灾科普示范学校建设标准》，并明确成立以四家单位为成员单位的创建工作领导小组，市地震局为领导小组日常办事机构。经过一年多的工作，第一批创建活动结束，共创建示范校22所，2008年12月上旬，21所示范校通过四委、局联合验收组的验收，达到创建标准。通过示范校的创建工作，提高学生的防震减灾意识和自救互救能力，提高学校应对地震突发事件的能力。例如蓟县四小和汉沽五中等学校，利用课间操进行反复的应急疏散演练，疏散时间已接近两分钟。

2009年1—12月，市地震局组织全市20所中小学生共10余万人次在地震监测台站开展中小学生防震减灾知识实践体验活动。活动旨在通过参观和讲解，使学生亲身体验和更直观地学习和了解防震减灾科普知识。活动形式主要采取利用周末、寒、暑假等节假日时间，由市地震局和20所防震减灾科普示范学校共同组织，以学校或年级为单位，到部分监测台站开展防震减灾知识校外实践体验活动。活动时间可为1—2天。活动内容主要包括参观知识展览、体验实地监测、观看模型演示、参与逃生训练等。

2010年，适用天津市中小学校使用的《安全教育》教材编写完成。该教材是根据天津市教委制定的地方教材课程标准，依照教育部《中小学公共安全教育指导纲要》编写。《安全教育》有三个版本，分别供1—3、4—6、7—9年级使用。三个版本中都含有地震安全内容，7—9年级版本中有《地震》专门内容，包括：什么是地震、如何设别地震前兆、地震发生时的应急措施、如何自救互救、积极参与互救、家庭防震等。

从1998年开始，各区县积极推进防震减灾知识进学校工作，取得了明显的进展：

南开区：1998年5月6日，地办和教委联合召开“南开区教育系统开展防震减灾教育活动大会”，对开展防震减灾教育进行部署。2004年，南开区教研室组织地理教师开展《中学生防震减灾知识读本》课堂教学研讨。2008年11月30日，为配合防震减灾知识课堂教学，南开区育红中学组织60余名师生，到市地震局进行防震减灾知识和自救互救技能学习实践活动。参观了“天津防震减灾三十年”和“天津市地震系统支援汶川地震抗震救灾”展览，听取地震专家题为“沉着冷静、应对震灾”的科普报告，并在现场就课堂教学中讲到的地震基本知识、防震、避震知识和自救、互救技能等问题与专家进行了交流、互动。

红桥区：1999年4月7日，举办“中小学防震减灾师资培训”；7月6日，召开“中小学防震减灾教育经验交流会”，并观摩子牙里小学紧急避险和疏散演练活动。2000年11月29日，在区外国语中学召开“红桥区防震减灾教育现场推动会”，全区29所公、民办中学的校长、教务主任参加会议。会议推广外国语中学“以课堂教学为主、课外宣传为辅”和“利用课间操进行避震疏散演练”的防震减灾宣传教育的经验。

河北区：1999年4月21日，由区教育局组织对全区各中小学校德育处主任106人进行防震减灾知识培训。地震办主任就如何使防震减灾知识进课堂、1999年宣传工作重点和宣传方式提出了要求。

2009年5月5—12日，天津市河北区汇森中学开展为期一周的纪念“5·12”汶川地震一周年防震减灾系列宣传活动。活动期间，该校先后两次召开校会、学生集会，组织学生学习新颁布的防震减灾法，并利用主题班会、专题讲座、板报设计、图书阅览和观看图片展等形式，在学生中深入开展防震减灾知识科普宣传教育。为充分发挥“教育一个学生、带动一个家庭、影响整个社会”的作用，学校还将开展系列宣传活动的意义和防震减灾科普知识分别编印成《告知家长书》

和《地震安全与自救互救手册》发到每个学生和家长手中。5 月 11 日，学校组织 1300 余名学生和教职员工，以“一个永远不能忘记的日子”为主题，隆重举行纪念活动，并开展地震应急避险疏散演练。

汉沽区：2000 年，积极推进防震减灾知识课堂教学活动。3 月，举办“师资培训班”对中小学地理老师进行培训。5 月，在汉沽五中举办防震减灾知识示范课并制作录像，在全区推广使用。

塘沽区：2000 年决定将“防震减灾知识”编入中小学教学大纲，纳入课堂教学，明确小学结合《自然》课、高中结合《地理》课讲解。

津南区：2000 年 11 月，教委、地办联合召开“地震知识进课堂推动会”要求把防震减灾知识教育作为学校素质教育的重要内容，实行课内与课外、学习与演练、点与面三个结合，推动全区中小学校防震减灾知识宣传教育。其后，区教研室教研员和全区地理老师，结合地理课内容认真制作计算机辅助教学软件，开展防震减灾知识教育，使地震知识进课堂活动丰富多彩。

2003 年津南区地办和教委教研室一起利用高中阶段研究性教学课时开展防震减灾宣传教育。为推动研究性教学活动的开展，确定小站一中为试点校。该校的刘子良老师在区教研室研究员的指导下积极设计教学方案，带领学生们进行大胆尝试，结合教育大纲、教材以及津南区的实际，开展“地震与我们生活”为主题的研究性教学活动。活动中将参与活动的 50 多名学生分成六个小组，确定案理分析、地震的成因、地震预测、地震与建筑、当地震发生时如何逃生六个课题开展调研。学生们利用一个多月的时间搞调查研究，搜集资料。通过参观天津市地震局地震台站、参观天津市地震知识展览，搞问卷调查，走访座谈，请爷爷、奶奶、爸爸、妈妈讲唐山地震的亲身经历，上网查询，到图书馆、到地震办公室查找资料等形式掌握了大量的素材，经过精心地分析、整理后完成子课题并较成功地进行成果展示汇报。同学们汇报的材料有图表、有文字、有漫画、有诗歌，还有简单的小实验，汇报的形式有学生之间的问答、有学生与专家的讨论，形成学生与专家互动、有专家的点评等，汇报的内容也既丰富又翔实。学生们对参与研究性活动反映强烈，通过参与研究教学活动得到很好的锻炼，同时也对地震知识更进一步加深了解。

北辰区：1998 年地办三次与教委协商，决定将北辰二中、苍园小学作为宣传普及防震减灾知识的试点校，并召开两校校长、教务主任会议，对试点工作提出要求。

河东区：2010 年 1 月 20 日，河东区地震办公室会同区教育局，开展一次防震减灾教育研讨活动。区地震办、区教育局的有关负责同志和区属各中学负责防震减灾教育的任课教师参加活动。活动中，与会人员结合各自实际工作情况，分别介绍和回顾 2009 年防震减灾教育工作开展的情况，交流和探讨好的经验和做法，并就 2010 年防震减灾教育工作提出新的设想和建议。一致认为，在新的一年里，要把学校防震减灾教学课程和地震应急疏散救援演练结合起来，并使之常态化、制度化。

二、进机关

防震减灾是一项复杂的社会系统工程。减轻地震灾害，必须推进地震科技进步与应用、政府领导职能、以及公众参与的结合，其中最关键的是要充分发挥政府的防震减灾领导职能。因此，市委市政府高度重视防震减灾知识教育进机关工作，采取一系列措施提高领导干部和公务人员的防震减灾意识和知识的水平，促进加强防震减灾工作的领导。

1999 年 12 月 27 日，天津市人民政府在第 18 次常务会议之前安排地震科技知识讲座，市地震局局长刘连柱作题为“土耳其大地震的教训与启示”的讲座。李盛霖市长与市政府组成人员出席。市长李盛霖在讲座结束时强调指出，天津位于首都圈地震重点监视防御区，今天的讲座具有重要的现实意义，一定要强化防震减灾意识，贯彻“经济建设同减灾一起抓”的思想，不断提高天津市地震监测和防御能力。

2002 年 7 月，市委宣传部、市依法治市领导小组办公室、市委科技工委和市地震局共同组织了天津市领导干部防震减灾法规知识答卷活动，全市近 15000 名处以上领导干部和大型企业负责人参加。

2008 年 5 月 5 日上午，天津警备区司令部为“2008 年天津警备区战役集训”安排了防震减灾知识讲座，市地震局局长赵国敏为参加集训的警备区干部和 18 个区县武装部负责人共计 300 余人作题为“加强防震减灾，构建和谐天津”专题报告。警备区副司令员李德生亲自参加讲座。

2010 年 6 月 3 日，市委党校第五期应急管理干部培训班安排防震减灾知识讲座，市地震局局长赵国敏为培训班 140 余名学员作题为“地震灾害与防震减灾”的专题报告，围绕地震的成因和分类、地震活动及其灾害特点、天津地区地震构造与地震活动背景、天津防震减灾工作现状及如何应对突发地震事件等五个方面作了深入浅出的讲解。

在市地震局统一组织协调下、各区县加强对基层领导干部防震减灾知识培训工作。

1997 年 4 月 18 日，南开区中心组学习安排防震减灾知识讲座，区各大机关领导听了报告。市地震局局长徐德诗就我国防震减灾的背景、当前地震形势和推进防震减灾法制建设的意义作讲解，并通报当时中央和市领导对防震减灾工作的指示。

1997 年 4 月 23—24 日武清县举办委、办、局和企事业单位负责人防震减灾知识培训班，全县 200 多名领导干部参加了培训。

1998 年，东丽区委宣传部、区司法局、法制办、地震办联合举办领导干部防震减灾法答卷活动，全区处以上干部 410 人，其中包括地师级干部 30 人参加答卷活动，试卷回收率达到 95%，成绩全部达到 90 分以上。

1998 年 11 月 13 日，和平区委区政府在八一礼堂举办防震减灾报告会，全区各街、局、公司、居委会负责同志共 1100 余人参加报告会，区委、区人大、区政协领导出席。中国地震局监测预报司司长徐德诗做了报告。

1999 年 7 月 21 至 8 月 4 日，经塘沽区区委、区政府批准，区委宣传部与地震办以“每人读一本书、看一场展览、听一次报告、看一部录像、答一份试卷、拿一个证书”的六个一活动为载体，分两期对区届和驻区机关、企事业单位的科级以上领导干部进行防震减灾知识培训。为组织好这次培训，区领导主持召开各系统、各单位主要负责人会议做部署；印发《关于举办防震减灾培训班的安排意见》；区财政拨出专项培训经费。全区各级主要领导带头报名参加，按时到会听取市地震局专家的报告，准时参观防震减灾知识展览。经统一考试合格，1232 人领到防震减灾知识培训上岗证书。

2000 年 7 月 27 日，武清县委、县政府联合举办领导干部防震减灾工作报告会。县级五大机关领导、各乡镇党委副书记、副乡长、县直各委局负责人共 200 余人参加报告会。市地震局局长赵国敏作主题报告。报告介绍全国防震减灾工作会议和天津市防震减灾工作会议主要精神，就当前地震形势、首都圈防震减灾示范区建设、各级政府防震减灾责任、乡镇防震减灾工作任务等内容作了阐述。

2005 年 4 月 11 日，大港区 “领导干部法制培训班” 上安排防震减灾知识讲座，市地震局局长赵国敏做了报告。大港区政府领导以及区政府组成部门主要负责人共 70 余人到场参加。赵国敏报告的题目是“加强防震减灾，构建和谐天津”，从天津市近年来防震减灾法律法规建设，地震监测预报、震灾预防、紧急救援三大工作体系建设，以及天津市“十五”、“十一五”重点项目的完成情况和长远规划等几个方面向与会领导作介绍。讲座中，他还以去年 12 月 26 日发生在印度洋的地震海啸造成的巨大灾难为例，就地震的成因、地震灾害的特点和对大城市造成的危害做详细阐述。

三、进家庭

家庭是社会的基本单元，为提高社会防震知识的普及率，从 1997 年开始，在做好日常宣传的同时，加强开展防震减灾进家庭活动。

1997 年 1 月 17 日，在市防震减灾领导小组第七次会议上，张立昌市长指出“那年我去武清，在田头看到农民手里拿着宣传科学施肥知识‘明白纸’，地震宣传也可以搞个防震知识明白纸，讲清地震来了应该怎样做”。根据张立昌市长的指示精神，市地震局立即编写面向广大市民的防震减灾宣传材料《明白纸》报市领导审示，2 月 3 日张立昌市长阅后批示“简单易懂”。《明白纸》主要内容包括：我国未来一段时期内的地震形势、地震预报的发布程序和规定、地震发生后采取的应急措施等，全篇仅 1000 多字，通俗易懂。曲维枝副市长指示，《明白纸》发送到各街基层单位，做到家喻户晓。为把《明白纸》及时发送到市民手中，市地震局积极争取企业赞助，印刷了《明白纸》150 万份。通过区一街一居委会和科普宣教网络，从 9 月 17 日开始在中心市区和塘沽区组织发放，《明白纸》平稳进入市民家庭。市民普遍反映地震局为全市老百姓办了一件好事实事。

1997—1999 年，通过企业赞助、政府出资等多种渠道，是地震局又编印不同内容的《防震减灾知识明白纸》350 万份，通过社区和学校等途径发放到市民家庭。

1998 年 7 月 28 日，市地震局和红桥区政府在市老干部活动中心共同举办《家庭防震减灾知识竞赛》（决赛），天津市副市长梁肃、中国地震局副局长汤泉出席活动并颁奖，天津电视台做了现场录像并于“7·28”唐山地震纪念日向全市播放。

四、进社区

社区是党和政府进行社会发展、实施社会管理的基本单位和主要依托。把防震减灾工作落实到基层，是促进防震减灾工作社会化的重要环节，是地震后成功地实现避险、自救互救的可靠保障，对于最大限度地减少人员伤亡、减轻灾害损失具有特别重要的意义。因此，从2002年开始，在做好日常宣传的同时，加强开展防震减灾进社区活动。

2002年11月17—18日，根据天津市2002年防震减灾宣传教育工作计划和天津市2002年科普工作计划的安排。天津市地震局和天津市科委在天津宝成宾馆举办天津市社区防震减灾知识培训班。来自全市各区县政府地震、科技等部门的管理人员和街道、乡镇政府的社区防震减灾管理人员共45人参加学习培训。培训班以讲座为主要形式。中国地震局地震数据信息中心副主任、研究员谭先锋，中国地震局地震数据信息中心研究员卢振恒，北京市地震局高级工程师王越三位专家分别讲解地震和地震灾害；防震减灾重点在城市；建立有备无患的社区三个专题讲座。在讲座的基础上，培训班还组织模拟一次城市强烈地震发生后，《社区救灾行动方案》制定与实施的演练活动。学员们态度认真、动作迅速，均在指定时间内完成任务。此次培训班由于具有明确的目的和任务，注重理论和实践的结合，收到预期效果，对推动全市社区防震减灾宣传工作的开展，具有很好的指导作用。在开幕式上，市地震局副局长赵国敏做动员讲话。他指出，开展社区防震减灾知识普及工作是天津市在“九五”期间开展的一系列富有成效的宣传教育活动基础上的又一新举措，是宣传教育工作的深化，社区防震减灾知识普及工作是今后天津市防震减灾宣传教育工作的重点，开展社区防震减灾宣传教育工作是各级地震、宣传、科技、教育等有关部门和基层社区管理人员的共同责任。市科委社会发展科技处的负责同志在讲话中提出，要将本期培训班像火种一样，发挥好传播作用，将天津市社区防震减灾科普宣传工作逐步全面铺开。

2003年，市地震局以“建设有备无患的社区”为主题，推进社区防震减灾知识宣传普及工作的开展。要求各区县对社区管理人员举办各种培训活动，年内确定1—2个社区作为试点。

2004年，市地震局将“防震减灾工作进社区”纳入本年度的宣传工作计划，开展“震灾避险进社区”的活动。11月，在河西区挂甲寺街召开“天津市震灾避险进社区观摩会”。国务院地震应急工作检查组在检查鹤望里社区的工作后给予高度赞扬，认为鹤望里社区将震灾预防工作做到社会的最基层，值得推广。

从1998年开始，各区县积极推进防震减灾知识进社区工作，取得明显的进展：

1998年，南开区地办对全区居委会干部分期分批进行防震减灾知识培训。据统计，共举办培训班15次，培训居委会干部520余人，发放自编地震知识材料700余份。

2003年7月24日武清区组织了全区街道干部、小区居委会干部、物业公司干部等30余人参加的“防震减灾知识进社区”报告会。

2003年7月25日红桥区召开由街道宣传干事参加的防震减灾知识进社区的推动会。

2003年，和平区在以体育馆街安乐村社区为防震减灾教育基地宣传教育的基础上，分别又在劝业场街滨西社区、滨江社区、华联社区、花园社区、小白楼街崇仁里社区、体育馆街育文坊社区开展了防震减灾知识宣传巡回展。

2003年，河北区组织以防震减灾知识进社区为主要内容的防震减灾知识培训班，来自全区十个街的武装部长、宣传科长和15个防震减灾知识进社区试点居委会主任等共计35人参加培训。区地震办主任宋立宪做题为《建立有备无患的新社区》的讲座；组织观看防震减灾知识录像；进行问卷调查和座谈；部署全区防震知识教育工作进社区的安排意见。各街道宣传科长表示要对本街道的居委会主任进行培训。

2003年7月25日，红桥区召开“防震减灾知识教育进社区工作会议”，各街道分管领导和部分社区干部参加，对举行一次防震减灾知识讲座、举办一次展览、建立一个宣传橱窗的“三个一”活动进行了安排部署。7月28日到9月29日，防震减灾知识教育进社区“三个一”活动在全区全面展开。根据《红桥区2003年防震减灾知识进社区各种安排》，区地震办制作讲座电脑课件，制作宣传展牌、横幅、宣传资料和橱窗宣传挂图。各街道提供宣传场所，组织社区居民参加活动。先后在芥园街隆春里小区、三条石街御河湾小区、双环村街社区服务礼堂、邵公庄街科园公寓、铃铛阁街会议室、咸阳北路街办事处、西于庄街子牙里小区、西沽街龙禧园开展“三个一”活动，有数千名群众接受教育。

2003年7月25日，津南区地震办在近60名居委会干部中进行一次以“建立有备无患的社区”为主要内容的知识培训，地震办工作人员结合当前国内外地震形势，从社区在防震减灾工作中的地位和作用到社区防震减灾工作的内容，深入浅出地进行讲解。近两个小时的培训受到居委会干部们的欢迎，大家纷纷要求今后要多搞一些有关地震方面的知识培训。

五、进乡村

为了普及农村防震减灾知识，增强广大农民的防震减灾意识，从1997年开始，在做好日常宣传的同时，定期开展防震减灾进乡村活动。

1997年1月25日，由市委宣传部、市科技工委、市科委、市科协和市地震局等五单位共同主办，在武清县崔黄口镇开展科技下乡服务活动。市地震局副局长赵国敏及有关专业技术人员为当地农民送去防震减灾知识宣传材料，并接受群众的现场咨询。1月27日，科技下乡服务活动转移到了宝坻县城关进行。

1999年3月，市地震局先后在静海、宝坻、宁河、蓟县开展“地震、防震、法规知识科普下乡活动”，以农村建房及识别地震传闻为主题，深入到城镇设咨询站，发放宣传资料、陈列展板、播放电视片等形式开展科普知识宣传，目的是提高农村干部和群众的抗震意识和抗谣意识和法制观念。

2000年3月，市地震局以地震监测设施和地震观测环境保护为主题在大港、塘沽、静海、宝坻召开区县职能部门领导和乡村干部参加的座谈会，宣传条例，分析问题，研究对策，增强干部群众观测环境保护的意识，为台站观测环境的依法保护，发挥了积极的作用。

2005年，市地震局会同蓟县、宁河、津南、汉沽等区县政府在农村大集上举行咨询宣传活动，得到了农民的欢迎。2005年8月19日市地震局与宁河县政府有关部门利用农民赶大集时间共同在宁河县潘庄镇开展防震减灾科普知识下乡活动，副局长李振海和有关专家参加活动。活动展出“地震灾害警示录”、“地震灾害预防”、“地震自救互救”展牌30余块、发放“提高震后自救互救能力”科普宣传材料1000余份，悬挂横幅标语3条，并设立地震专家咨询台为群众解疑释惑，宣传地震安全农居工程的重大意义及地震灾害预防、震后自救互救等防震减灾知识，受到当地农民朋友的热烈欢迎，受众达二千余人。2005年5月，在天津市第十九届科技周期间，深入蓟县山区乡镇向农民朋友介绍地震安全民居，得到当地群众的关注和欢迎。

第五节　宣传教育基础建设

必要的组织建设和设施支撑是做好防震减灾宣传教育工作的重要条件。从20世纪90年代开始，市地震局在做好日常性宣传教育工作的同时，逐步开展防震减灾基础的建设，包括宣传员网络、宣传教育展室、公众传播技术系统、科普教育网站、新闻发布会和新闻发言人制度等。

一、宣传员网络建设

20世纪80年代，市地震局在地震宏观前兆测报网（员）的基础上，增加学校、工矿企业、机关事业单位的人员，建立市、区（县）、街（乡、镇）三级防震减灾宣传网和专、兼职宣传员，兼职开展防震减灾宣传教育工作。

防震减灾宣传网建立后，市地震局和各区县地震部门采取一系列措施提高宣传员的素质和知识水平。如1999年10月18日，市科委、地震局在市科技馆举办“怎样做一个合格的防震减灾宣传员”报告会，邀请中国地震局地球物理研究所张少泉研究员作报告，对来自18个区县的防震减灾宣传员举行培训。1999年4月9日，河北区委宣传部、应急办、地震办采取以会代训的方式对区属各单位宣传干部（宣传员）共计62人进行培训。会议对防震减灾法的贯彻实施和防震减灾知识宣传教育提出了要求。

2008年5月21日，市地震局印发《关于继续做好“三网一员”建设的通知》（津震发〔2008〕

53 号），明确市内六区的宣传员体系要覆盖到社区和基层居委会，有农业的区和各县的宣传员体系要覆盖到居委会和自然村，同时要求各区县在辖区内的大中型企业也要设立宣传员。自 2008 年，全市的防震减灾知识专、兼职宣传员队伍达到 5000 余人。

二、宣传教育系统建设

1999 年 10 月，天津市防震减灾宣传教育系统建设项目启动建设，2001 年 7 月全部竣工。该项目是首都圈防震减灾示范区宣传教育系统工程的一项单项工程，也是天津市首都圈防震减灾示范区系统工程的二级项目工程，内容包括宣传教育展室和公众传播技术系统两部分。该项目实现了防震减灾宣传教育具有群众性、经常性、可视性和可参与性的要求，为天津市防震减灾宣传教育工作的及时、统一、规范提供重要支撑条件和技术保障。

（一）防震减灾宣传教育展室

天津市防震减灾宣传教育展室是中国地震局和天津市政府共同投资建设的首都圈防震减灾示范区工程项目，于 2001 年 7 月建成对社会开放。2002 年被天津市科委认定为天津市科普教育基地。

天津市防震减灾宣传教育展室建在天津自然博物馆，面积 360 平方米、展线 110 延米，由序厅、地震与震灾、地震监测预报、地震灾害预防、地震应急与救助重建四个知识展示区和信息资料服务区组成。展览的形式包括展板、模型、声像软件和图书资料等。展板 78 块，以图为主，辅以文字说明。模型包括《地震波传播的显示模型》《地震模拟信息采集系统模型》《共振现象模型》《建筑物抗震结构模型》和《减震建筑结构模型》。声像软件包括《认识地震》科普短片、《中外大地震查询演播系统》和《地震自救互救知识多媒体教习系统》。展室配套设备包括 17 英寸触摸屏两台；东芝 53 厘米背投彩电、松下 DVD 及电脑视频设备一套；半身 CDR—D 模型人配电子显示器、硬质四肢、创伤训练、四合一颈托安妮模两套；背景音乐设备一套。

天津市防震减灾宣传教育展室的建成，不仅为天津市的防震减灾宣传教育创造了基础条件，也为全国大中城市的防震减灾宣教基地建设提供经验和示范作用。北京市、河北省、广州市等地震局，河北省、福州市等科技馆，唐山抗震纪念馆等单位都曾到展室参观，给予“内容具有科学性、形式具有创造性，科普功能强”的评价。

（二）公众传播技术系统

公众传播技术系统设在市地震局办公大楼内，由演播室（410 平方米）和制作间（40 平方米）两部分组成。演播室建在局应急指挥中心（多功能厅），利用现有的监控系统、音频系统、视频系统、照明系统等功能，更好地发挥小型演播室的辐射传播作用。制作间设备由前期采集系统（摄像机）、动画制作（维恳、DELL 电脑、扫描仪）、后期编辑系统（编辑录像机、非线性编辑机、监视器）和资料保存（资料柜）四个部分组成，并配置相应的工作台、柜。

三、网络建设

2010 年 5 月，“防震减灾科普宣传教育网络”建设工程项目启动建设，2011 年 12 月全部竣工并运行。该项目是天津市“十一五”规划项目地震安全基础工程的一项单项工程，内容包括虚拟地震多通道立体演示系统、滨海防震减灾科普教育中心和天津市防震减灾科普教育网三个部分，总投资570万元。

（一）虚拟地震多通道立体演示系统

虚拟多通道立体演示系统建设场地位于天津市地震台网中心三楼，建设目的是依托地震监测技术系统和信息系统资源，配备弧型投影硬幕、投影机和其他辅助配件，开发融合拼接软件，实现地震监测、预测过程演示向公众开放。

弧型投影硬幕，根据空间情况设计，弧幕为5米左右，幕高为2.4米上下。投影机选用高流明投影机，分辨率1024×768，亮度6000流明以上。投影采用正投方式，根据银幕尺寸，长接近5米、宽2.4米；房高2.59米以上，采用两台三洋XM1500C投影机，加0.8短焦镜头进行投射，并采用硬件进行融合。控制服务器将视频、音响设备结合在一起，实现操作人员对整个系统的控制，即可单屏显示又可分屏显示。虚拟地震多通道立体演示系统充分应边缘融和技术与大屏幕拼接系统，带给观众完美的视觉冲击。边缘融合技术是指由多通道投影机投出的多组图像通过几何线性处理实现的一整幅图像，显示出的图像没有缝隙，更加明亮、清晰、超大，且画面的效果像是一台投影机投射的画面。大屏幕拼接系统是指整幅投影画面由不同的投影机投射画面拼接组成，每个单独的投影画面拼接中有着投影光线和画面内容的重叠部分，通过软硬件的结合处理，消除光线重合部分的多余亮度，从而确保整幅画面上面没有任何接缝，亮度均匀一致。实现各种图形、图像的任意选择、输出和放大，并可任意位置移动和任意组合，每一屏可单独显示，也可与相邻的几个屏组合显示一个图像，图像大小可任意缩放、漫游，能显示全局，也能局部特写。

（二）滨海防震减灾科普教育中心

滨海防震减灾科普教育中心建设在天津滨海地震台四楼，布展面积400平方米，由序厅与地震灾害展区、地震基本知识展区、监测预报展区、震害防御展区、应急救援展区和信息资料服务区六个部分组成。采取模型、教具等动态展示与灯箱、彩喷画等静态展示相结合的布展方式，并配备多种多媒体演播系统，可面向社会开展宣传、教育、训练等多层次、多方位的防震减灾知识科普教育。

该中心除灯箱、彩喷画等展示形式外，主要展览技术如下。地震监测台网三维可视化交互系统：该系统综合运用虚拟现实技术、多媒体仿真技术、数据库技术、海量数据存储技术、MIS集成技术，结合地震业务数据，形成全局的地震系统多媒体平台。在全局视图下，可以很方便地进行触摸操作，能够清晰显示天津境内所有地震监测台站实景，能够通过移动、缩放、点击等操作了解天津市地震监测台站信息。虚拟三维地球演示系统：由计算机存储控制系统、投影系统、球形屏幕和音响系统构成，形象演示地球构造。天津市地震地质构造多媒体演示沙盘：由天津市地理地貌综合模型沙盘、计算机存储与控制系统、触摸互动控制显示系统构成，能显示天津地质构造、断层的分布和活动性等信息。解析地震演示器：由地貌和建筑物模型沙盘、计算机控制系统、显示系统构成，观众能自主操作，演示不同强度的地震对地表建筑物的影响程度。构造地震模拟显示器：由应力感应装置、板块瞬动机构、楼体模型、断层地质模型等构成，观众能自主操作，演示构造地震的断层运动和对建筑物的破情况。地震前兆现象手影视别系统：由计算机和软件系统、显示系统构成，能演示地震前兆宏观异常与微观异常的分类等多项内容。地震是如何捕捉到的：由压力传感器沙盘、计算机和软件、显示系统构成，观众能自主操作，演示地震定位过程。防震减灾知识教习系统：由计算机控制系统、专业软件及数据库、抢答控制器、显示系统构成，观众能自主操作，进行防震减灾知识培训。沙土液化模拟演示：由沙盘、建筑物模型和电动控制系统构成，观众能自主操作，了解建筑物地基在大地震时的沙土液化过程。环幕投影展示系统：由计算机、投影融合机、LCD 显示系统、音响系统构成，能播放 3D 数字影像。家庭防震避震综合演练训练：由家庭实景小屋、红外感应器、避震提示牌等构成，能实景演示正确的避震方法。动手搭建抗震建筑：由沙盘、建筑构件、分级振动系统构成，观众能自主操作，演示不同建筑结构的抗震性能。地震知识虚拟翻书系统：由感应电子书系统构成，观众能自主操作，阅读防震减灾知识。伤员救护训练系统：由硅胶人体模型、传感器、自动识别、演示系统构成，能对观众进行伤员复苏等训练。

（三）天津市防震减灾科普教育网站

天津市防震减灾科普教育网站包括动态信息、图片新闻、震情通报、专家讲堂、影视广场、展览空间、图书大厅、资料中心和减灾沙龙等板块。可以向网民提供防震减灾新闻信息和政务信息服务、科技资料查询服务，通过专家讲堂、影视广场、展览空间、图书大厅学习防震减灾知识，利用专家讲堂可以开展远程防震减灾知识培训，通过减灾沙龙对关注的问题进行互动讨论。

四、新闻发言人制度建设

2006 年，市地震局征得市委宣传部同意，制定《天津市地震局新闻发布会和新闻发言人制度》，2006 年 10 月 24 日，市地震局印发《天津市地震局新闻发布会和新闻发言人制度》的通知（津震发〔2006〕104 号）。新闻发布会制度明确，新闻发布会的主要任务是：及时准确地向媒体及社会通报防震减灾工作，展示成就，发布信息，解疑释惑，增进社会对防震减灾工作的了解，创造良好的舆论环境。在下列三种情况下召开新闻发布会：发生地震突发事件时；政府高度重视，社会各界、公众和媒体热切关注的防震减灾重大事项；需要介绍全市防震减灾进展情况时。新闻发言人制度明确，局新闻发言人由办公室主任担任。

第四篇

地震应急救援

地震应急救援指地震发生前所做的应急准备、地震临震预报发布后的应急防范和地震灾害发生后的应急抢险救灾。地震应急救援是防震减灾的关键环节，对于减轻人员伤亡和财产损失具有十分重要的作用。

天津市地震应急救援工作从 1966 年邢台地震开始，经历了“大震中学习应急救援”“总结反思和研究应急对策”和“全面推进应急工作”三个阶段。

大震中学习应急救援。1966—1976 年，中国处于地震活动活跃期，在天津市附近地区发生邢台、河间、渤海、唐山四次地震，天津市遭受不同程度的破坏。面对突如其来的地震，在国务院的领导和关怀下，天津市委、市政府领导全市人民展开抢险救援工作，在大震中学习应急，不断创造、积累应急抢险救灾经验。

1966 年，邢台地震，天津市迅速组织人力、物力，支援灾区人民抗震救灾，拉开天津市地震应急救援工作的序幕。

1967 年 3 月，河间 6.3 级地震，天津市遭受破坏，造成人员伤亡。震后，天津市迅速组织抢险救援。

1974 年 6 月，国务院 69 号文指出“京津一带、渤海北部地区 1—2 年内可能发生 5—6 级地震”，针对这种情况，天津市委于 1974 年 7 月要求有关部门对各类建筑物进行普查、修复加固，对重点单位实施一系列的抗震设防措施。1975 年 2 月 4 日辽宁省海城发生 7.3 级地震后，天津市防震抗震领导小组全面部署应急准备工作，内容包括：各区县成立了防震抗震的组织机构；在全市范围内开展房屋抗震检查与鉴定加固；制定和落实人员疏散方案、医疗救护队伍的组织与应急准备；建立市、区（局）两级专业抢险救灾队伍，饮食以及各种生活急需物资的储运准备；加强易发生次生灾害部门的备震工作；制定临震时启用战备指挥系统与报警系统等的方案。

1976 年 7 月 28 日，唐山发生 7.8 级地震，强烈波及天津，人民生命财产遭受重大损失。面对震灾，天津市委及时成立了市抗震救灾指挥部，召开各种形式的动员会议，组织群众抗震救灾。首先向重灾区派遣医疗救护队，空投药品，运送粮食、衣物，调拨生活用品，保障灾区人民生活。组织设立临时医疗站、点，奋力抢救伤员。在市、区医院伤员爆满的情况下，按照党中央和国务院的部署，将七千多名伤员分别输送到七个省市进行治疗。在全市城乡大力开展卫生防疫工作，避免“大灾之后必有大疫”的情况发生。在房屋大量震毁，人民群众无栖身之处，组织各方力量，有计划、有组织地把群众疏散到宽敞的街道、路边、公园、学校体育场等宽旷场所，在公园、体育场等安全地带搭建简易棚舍，为灾民解决临时住所。中国人民解放军积极投入到抢救人民生命财产的救援工作中。市电力、邮电、公安等部门以最快的速度恢复供电、通讯、交通等城市功能。

总结反思和研究应急救援对策。从 1976 年唐山地震到 1988 年澜沧—耿马地震的 12 年间，我国地震活动处在相对平静阶段，地震工作者静下心来对上一个地震活跃期工作进行总结，认真反思，全面研究探索减轻地震灾害的对策。期间，市地震局组织专家认真对唐山、河间、海城等地震前后的应急准备以及震后的应急处置进行总结；开展地震谣传传播分析及其对策讨论、大城市防震人口疏散及避难对策、城市地震对策、城市地震损失估计与预测、1967年河间地震天津地区的地震灾害及地震原因分析、海城地震灾害及其防御对策、地震对城市交通的破坏及其对策等研究。参加《地震对策》、《城市地震对策》的编写工作，积极组织有关专家撰写论文参加“地震对策国际讨论会”。这些总结反思和研究成果为天津市应急工作的全面开展提供了实践经验，打下了理论基础。

全面推进应急救援工作。1988年11月，云南澜沧—耿马7.2级地震，以此作为标志，我国地震活动进入新的相对活跃阶段。为应对严重的地震形势，此后，天津市有计划有步骤地开展地震应急准备工作，内容包括：建立组织指挥机构、制定地震应急预案、建立地震救援队伍、建设应急避难场所和灾情速报网络、建设应急指挥技术系统、储备应急物资等，大大提高应急处置和救援能力。期间，在遭遇地震灾害和有感地震、地震谣言时，有力、有序、有效地进行应对，还对汶川地震抗震救灾进行支援，充分发挥应急救援工作减轻灾害、稳定社会的作用。

本篇主要记叙1988年云南澜沧—耿马7.2级地震后，天津市全面推进应急救援工作的历程和重大事件。

第一章　地震应急预案制定

地震应急预案是预先制定的应对地震的方案或计划。地震应急预案是应急处置地震事件的指南，也是推动震前应急准备工作的重要手段。政府和社会通过制定地震应急预案，有目的地作好地震应急救援准备工作，掌握地震应急反应的内容、程序和方法，就能有力、有序、有效地开展临震应急防范和震后应急救援工作，对于减轻地震灾害造成的人员伤亡、减少经济损失是不可或缺的环节。因此，制定地震应急预案是地震应急准备的首要工作。

地震应急预案可分为：政府预案、部门预案、企事业单位预案、人员密集场所预案、基层组织预案、重大活动预案六类。基层组织预案包括:街道办事处、居委会、村委会三类。其中的政府预案可分为市、区、乡镇三级，部门预案分为市、区两级。

天津市地震应急预案制定工作，最早开始的是地震部门预案，即1984年《天津市地震局备震措施》。1991年开始，天津市开始全市性的地震应急预案的制修订工作，先后组织4次大的地震应急预案制修订活动：1991年防震救灾应急反应预案制定；1996—1997年的破坏性和强有感等系列地震应急预案制定，把地震应急预案扩展到部门、人员密集场所、企事业单位预案，从级别上扩展到区县，部分街道、乡镇；2005年地震应急预案制定；2008年地震应急预案修订，吸取汶川地震应急工作经验，全面提高应急预案的质量。到2010年，天津市已建成比较完善的地震应急预案体系。

第一节　《天津市防震救灾应急反应预案》编制

1988 年 11 月 6 日，云南澜沧—耿马发生 7.6 级地震，我国地震活动进入新的活跃期。党中央、国务院对地震应对工作十分重视。1989 年 3 月 27 日，国家地震局、建设部、民政部印发《关于加强地震重点监视区的地震防灾工作的意见》（震发〔1989〕113 号）；1990 年 11 月，国务院批转国家计委、国家地震局《关于加强破坏性地震减灾工作意见》（国发〔1990〕62 号）；1991 年，国务院印发《国内破坏性地震应急反应预案》（国办发〔1991〕75 号）；加强部署地震应对工作，推动"对策方案和应急反应预案"的制定工作。

为落实中央一系列部署，1990 年 8 月，市地震局、市科委、市建委、市民政局、市人防办五部门联合发文《关于贯彻国务院办公厅转发国家地震局、建设部、民政部〈关于进一步加强重点监视区有关工作意见〉的通知的意见》（津震发〔1990〕46 号）报市政府，提出继续由市建委负责组织落实和完成天津市《城市地震对策适用化方案》的制定；还提出"鉴于天津市地震对策适用化方案的制定需要较长时间才能完成，为做好应急准备，由市地震局、人防办公室、民政局负责，有关单位参加，制定《天津市综合防御地震应急方案》，作为一项临时应急措施。"1991 年 4 月天津市防震工作领导小组地震工作汇报会，当时分管地震工作的副市长李振东明确，迅速制定天津市防震救灾应急反应预案，由市人防办、地震局、建委抗办负责，以人防办为主。经过三部门的共同工作，1992 年 3 月，《天津市防震救灾应急反应预案》完稿，由三部门联合发文报市政府，市政府明确《天津市防震救灾应急反应预案》作为市政府处理地震应急事件的依据，对其后的地震应急预案的制定和地震应急工作的开展奠定了基础。

第二节　《天津市破坏性地震应急预案》制定

1996—1998 年，天津市政府相继组织破坏性应急预案的制定工作。

1995 年 2 月 11 日，国务院发布《破坏性地震应急条例》（国务院令第 172 号），专门设一章，对政府、部门地震应急预案的制定审批程序和内容进行规定，明确"根据地震灾害预测，可能发生破坏性地震地区的县级以上地方人民政府防震减灾工作主管部门应当会同同级有关部门以及有关单位，参照国家破坏性地震应急预案，制定本行政区域内的破坏性地震应急预案"。

1996 年 3 月 21 日，市长张立昌主持召开会议，听取市地震局关于"近期地震形势和天津市加强防震减灾工作”的汇报，就加强天津市防震减灾工作进行研究和部署。为贯彻国务院《破坏性地震应急条例》，使天津市在出现破坏性地震时，高效有序地组织抢险救灾工作，决定由市城乡建设委员会、市人民政府人防办公室、市地震局负责编制。

根据3月21日市长防震减灾工作汇报议关于抓紧制定天津市破坏性地震应急预案的要求，市人防办、市建委、市地震局迅速组成联合起草班长，抓紧运作拟制。根据《破坏性地震应急条例》要求，借鉴外省市经验，紧密结合天津市的实际情况，在前期工作的基础上，拟制《天津市破坏性地震应急预案（草案）》，于3月25日上报张立昌市长、李盛霖、曲维枝、王德惠副市长。

1996年5月29日，受张立昌市长委托，常务副市长李盛霖、副市长曲维枝主持召开会议，听取市人防办关于拟定天津市破坏性地震应急预案的说明。会议原则同意天津市破坏性地震应急预案，要求根据大家提出的意见，抓紧修改完善，按程序报送审批。6月4日，常务副市长李盛霖再次召开会议，对防震减灾应急工作会议，对有关部门地震应急工作进行了协调。

其后，市人防办、市建委、市地震局根据5月29日和6月4日常务副市长李盛霖召开的会议精神和有关部门提出的意见对《天津市破坏性地震应急预案（草案）》进行修改，于1996年6月7日正式上报市政府。

1996年6月26日，市政府以津政发〔1996〕31号文件，批转市建委、市人防办、市地震局制定的《天津市破坏性地震应急预案》。

《天津市破坏性地震应急预案》根据地震灾害应急的特点，参照军事作战预案的编制方法编制。预案共分8个部分：（1）地震灾情背景，明确一定时间内的地震灾害背景和城市的薄弱环节；（2）指导思想及行动原则，提出要“着眼于地震灾害的突然性和破坏性，立足于抗大震，从思想上、组织上、物质上全面做好地震应急的各项准备工作，把地震灾害损失减轻到最低限度”；（3）破坏性地震类别划分及职责分工，根据天津市的灾害情况，把灾害分成三类，并明确市、区县政府的职责分工；（4）组织指挥系统，明确各级抗震救灾指挥部的职责和指挥位置；（5）市属抗震救灾队伍编成，明确建立工程抢险、电力抢险、特种就业、医疗救护、通信保障、应急运输、机动消防、治安交通管理等八支抗震救灾队伍；按灾害分类明确政府、抗震救灾指挥部、有关部门的地震应急任务；（6）应急行动任务区分，（7）启动本《预案》的时机和程序，按灾害类别规定预案启动部门和程序；（8）关于抗震救灾相关方案的拟制，规定有关部门应当制定的15项保障计划。

《天津市破坏性地震应急预案》是天津市第一部地震应急预案，也是我国省、自治区、直辖市最早的破坏性地震应急预案之一。《天津市破坏性地震应急预案》第一次把军事作战预案的格式运用到地震应急预案当中，其地震灾害背景设置、救灾队伍编成、应急行动区分、启动预案的时机与程序以及保障计划的制定等都是天津市预案特有的，在我国预案编制史中具有重要地位。

《天津市破坏性地震应急预案》发布后，市防震减灾领导小组应急工作办公室（以下简称市地震应急工作办公室）部署并指导“15个保障计划”的制定，到12月中旬，治安保卫、交通管理、消防、供电、供气、供水、道桥、救灾物资、生活必需品、通讯、运输、特种救援、医疗物资、灾民安置、宣传教育十五个专项保障计划草案制定完成。

1996 年 12 月 11 日，副市长曲维枝、王德惠主持召开会议，听取市地震应急工作办公室关于应急预案保障计划和下一步工作安排的汇报。会议要求有关部门要高度重视和认真做好应急预案及保障计划的制定工作。会议原则同意 15 个保障计划，要求根据各部门提出的意见，抓紧修改完善和细化，报市政府审批后，尽快报国务院备案。

在完成 15 个保障计划编制后，市地震应急工作办公室开始制定《天津市抗震救灾指挥部编成及行动方案》，目的是保障一旦发生地震时，市领导及相关部门能立即进入指挥位置，按照职责分工，有条不紊地开展抗震救灾工作。《天津市抗震救灾指挥部编成及行动方案》是对《天津市破坏性地震应急预案》的补充和细化。1997 年 2 月 24 日，市地震应急工作办公室印发《天津市抗震救灾指挥部编成及行动方案》。

1997 年 7—9 月，市地震应急工作办公室将各级各类地震应急预案装订成册，共计 24 册。

第三节　人员密集场所、重点目标地震应急预案制定

要实现最大限度地减轻地震灾害，必须将地震应急工作落实到基层单位，在完成政府和部门应急预案制定之后，天津市开展人员密集场所、重点目标等基层单位的应急预案的制定。

为避免人员密集场所震后由于人员慌乱和拥挤造成不必要的损失，保障震时高效有序地疏导群众，1997 年 7 月至 1998 年 9 月，天津市地震应急工作办公室推动人员密集场所地震应急疏导预案的制定工作。经过统一编发预案大纲、集中培训、个别指导修改等方式，天津市大型商场、影剧院、车站、机场、码头、医院、学校、宾馆饭店等共计 271 个单位制定震时人员疏导方案。

人口密集场所地震应急疏导预案内容包括：（1）场所（单位）的基本情况。包括场所性质、隶属关系、干部职工人数、建（构）筑物情况、抗震能力、各种保障能力、流动人员情况等。（2）灾情判断。发生地震时可能出现的情况预测，通常可考虑两种情况：一种情况（4—5 度），室内无破坏，仅可能出现人员跳楼、拥挤踩压情况；另一种情况（5 度以上），室内可能出现局部破坏，如装饰物掉落，设备翻倒、玻璃幕墙受损掉落等，同时伴有人员跳楼、拥挤等情况。（3）指导思想与原则。制定预案的目的、意义、指导思想和原则。（4）组织指挥体系。场所应急疏导的指挥、副指挥及各重要部位的任务和职责分工。（5）安全避震区域（安全岛）的设置。以图文形式指明安全岛的位置。（6）疏散路线及疏散责任区域划分。以图文形式指明疏散路线及疏散责任区域，并责任到人。（7）疏导程序。地震发生时和发生后，各部门应急处理程序，各部分、各楼层人员疏散顺序。（8）特殊情况的处理方法。包括对人员伤亡的救护和处理；对贵重物品和要害部位的安全保卫；对不法分子哄抢国家物资的处置；疏散过程中的安全保卫等。（9）保障措施。包括通

讯、广播、照明、出口标志、疏散路线指示、人员救护、次生灾害救护等各种保障措施。

为保障生命线系统和易产生次生灾害的工厂企业在震时和震后能得到及时控制和救援，避免造成次生灾害和尽快恢复城市正常功能，1997 年 7 月至 1998 年 9 月，天津市地震应急工作办公室推动重点目标地震应急抢险抢修预案的制定工作。

首先通过对十九个重点委、局、直属单位和十八个区（县）的防震重点目标情况的系统分析研究，确定全市 1500 余个地震重点目标，并依据其性质和重要程度将其分为三类（生命线类、救援类、次生灾害类）和三级（一、二、三级目标），从而做到对全市范围内的地震重点目标的数量、分布、性质、重要程度、薄弱环节等相关情况有较为系统完整的了解和掌握。

在分类分级的此基础上部署对地震应急抢险抢修预案的制定，明确一级预案由应急办公室组织制定，二、三级目标由区、县应急办组织制定。通过近一年的工作，全市 1500 个重点目标都制定应急抢险抢修预案，其中，市直接掌握的重点目标 330 个全部制定地震应急抢险抢修方案。

重点目标抢险抢修预案内容包括：（1）前言，说明制定重点目标应急抢险抢修预案的目的意义、指导思想和原则。（2）重点目标的基本情况，说明重点目标的性质、功能，隶属关系和人员情况，建（构）筑物和设备设施的基本情况和抗震性能，关键部位和薄弱环节。（3）灾情判断，对发生破坏性地震后，可能遭到破坏程度进行预测，包括：建（构）筑物、设备设施、工艺流程等可能遭到破坏的程度和影响的范围，可能发生的次生灾害、造成的危害及可能波及的范围。（按严重破坏性地震和一般破坏性地震两种情况考虑）（4）应急组织指挥，说明重点目标应急抢险抢修的组织指挥体系，包括：应急指挥、办事机构的人员和职权、职责，指挥位置及指挥方法，各重要岗位（关键部位和薄弱环节）的任务分工和人员职责。（5）应急抢险抢修措施，根据各重点目标震后建（构）筑物和生产设备、设施可能遭到的破坏种类和程度，按照应急组织指挥的职责和任务，制定具体可行的抢险抢修措施。并说明各类抢险抢修队伍的具体任务分工。应急抢险抢修措施一般应包括以下方面内容：1）建（构）筑物临震及震后加固、排险措施。2）生产设施、设备震后安全运行及调度措施。3）关键部位及薄弱环节安全保障措施。4）易发生次生灾害部位（场所）的紧急处置措施。包括：应急事故处理措施、震时震后限制生产措施和紧急停产、排险处理措施等。5）震后尽快恢复生产措施。（6）各种保障，包括抢险抢修队伍的组建、训练；专业技术保障；抢险抢修所需的工具、器材、运输保障；通信保障；医疗卫生和生活保障等。

人口密集场所地震应急疏导预案和重点目标抢险抢修预案是天津市特有的两项地震应急预案，为避免震后由于人员慌乱和拥挤造成不必要的损失、保障生命线系统、易产生次生灾害的工厂企业在震时和震后能得到及时控制和救援、避免造成次生灾害、尽快恢复城市正常功能，提供了保障。

第四节　强有感地震应急反应预案制定

1996年11月9日，南黄海发生6.1级地震，上海强有感，上海市政府采取一系列措施，稳定社会秩序，取得巨大的社会效益和经济效益。

对于天津市来说，有感地震发生的概率要比破坏性地震发生的概率要大得多。许多有感地震的情况表明，由于人们普遍存在恐震心理，有感地震，特别是强有感地震发生时，人们往往会发生心理恐慌，由此带来一系列社会问题。

借鉴上海市南黄海6.1级地震应急处置的经验，结合天津实际，天津市防震减灾工作领导小组应急办公室在南黄海地震后着手制定强有感地震应急反应预案。1997年2月24日，市防震减灾工作领导小组以津防震组〔1997〕2号文件予以印发。

强有感地震应急反应预案内容包括，(1)震情背景与震时状况分析；(2)指导思想及行动原则；(3)任务区分；(4)应急反应程序，分别规定了市政府、市地震局、市委宣传部、市应急办公室、市公安部门等的应急反应程序；(5)保障措施，包括疏导预案的制定、防震减灾知识宣传、通信、交通等方面的保障等。

强有感地震应急反应预案的制定对于天津市强有感地震的应对具有重要的指导作用，对其他城市有感地震应急预案制定和应对具有重要影响。

2003年4月23—24日，宁河连续发生4.1级、4.3级和3.8级有感地震。结合宁河地震应急工作的实践，市地震局及时组织对"天津市强有感地震应急预案"的修订工作。将有感地震应急工作从强有感地震应急预案中剥离出来，形成强有感地震和有感地震两个独立的预案，提高预案的针对性和可操作性；细化地震应急宣传、平息地震谣传等应急工作内容；进一步强化地震工作主管部门在有感地震和强有感地震应急工作中的主导作用。

第五节　《天津市地震应急预案》编制

2006年1月8日，国务院发布《国家突发公共事件总体应急预案》。2006年1月12日，国务院发布《国家地震应急预案》，该预案作为国家自然灾害类突发公共事件国家专项应急预案的一部分，第一次从应急管理的角度，提出在地震灾害发生时，协调、有序、高效地进行应急处理的办法及应急保障要求。

按照国务院的要求，根据《国家突发公共事件总体应急预案》，依据宪法及有关法律、行政法规，借鉴国内外处置突发公共事件的先进经验和做法，结合天津市实际情况制定《天津市突发公共事件总体应急预案》。

2005年下半年，市地震局会同市有关部门根据《国家地震应急预案》和《天津市突发公共事件总体应急预案》，对《天津市破坏性地震应急预案》和《天津市强有感地震应急预案》进行了整合与修订，形成《天津市地震应急预案》。2005年11月3日天津市地震局以津震发〔2005〕113号文报市政府。2006年初，根据天津市应急委的工作要求，依据《天津市突发公共事件总体应急预案（简本）》和《国家地震应急预案》，天津市地震局对市领导批准同意的《天津市地震应急预案》进行缩写，形成《天津市地震应急预案（简本）》于2006年3月1日呈报市政府。2006年4月18日，天津市人民政府以津政发〔2006〕36号文印发《天津市突发公共事件总体应急预案》，《天津市地震应急预案》被列为与之配套的专项预案。

2006年版《天津市地震应急预案》按《天津市突发公共事件总体应急预案》总体框架结合地震工作实际编制，内容共10章：（1）总则，包括编制目的、编制依据、工作原则、适用范围；（2）组织指挥机构及职责，包括市抗震救灾指挥部的职责和组成以及办事机构；（3）地震预警和预防机制，包括信息监测与报告、预警预防行动；（4）应急响应，包括响应分级、信息报送和处理、通讯、指挥与应急行动、地震现场监测与分析预报、地震灾害调查与灾害损失评估、信息发布、应急结束条件；（5）应急救援队伍；（6）后期处置，包括善后处置、保险理赔；（7）地震灾害救援专项保障方案的拟制；（8）其他地震事件处置，包括有感地震应急、平息地震谣言、特殊时期戒备；（9）其他，包括救灾物资和生活必需品储备、经费保障、紧急避难场所建设、涉外事务、宣传、培训和演习；（10）附则，包括预案管理与更新、监督检查。

第六节 《天津市地震应急预案》修订

2007年3月，根据市政府的指示精神，天津市地震局启动新一轮《天津市地震应急预案》修订，至2008年3月，在两次共征求64个区县人民政府、有关部门、专家意见，三次修改的基础上，完成了《天津市地震应急预案（征求意见稿）》报市应急办征求意见。正值征求市应急办意见过程中，2008年5月12日，汶川发生8.0级特大地震。

汶川地震发生后，市领导高度重视天津市地震应急预案的修订工作。5月13日，王治平副市长指示，结合汶川地震应急工作，尽快完善天津市地震应急预案，提高可操作性。按照王治平副市长的指示要求，天津市地震局立即组织开展对《天津市地震应急预案》的再次修订工作。经过近40天的工作，形成提请审议的《天津市地震应急预案（送审稿）》。

对于《天津市地震应急预案》的修订，有关市领导十分关心并亲自指导。5月26日，市委常委、常务副市长，副市长王治平到市地震局调研，指导预案制定工作。常务副市长强调，“汶川大地震给我们敲响了警钟，应急预案要进一步深化，要经常地充实完善，要经常地抽查检查，薄弱的地方要加强”。王治平强调，“地震灾害发生后的紧急救援是一项十分复杂的工作，为了做到有序、有力、有效，必须要做大量的、周密的准备工作，就是要做好预案”。王治平副市长三次召开专题会议，听取意见，对初稿、征求意见稿、送审稿进行审议。

在完成《天津市地震应急预案（送审稿）》之后，从 2008 年 7 月 1 日开始专项保障计划的修订，至 7 月 28 日，完成 17 项专项保障计划的修订和制订工作。17 项专项保障计划是：综合协调保障计划、抢救抢险行动保障计划、群众生活保障计划、地震监测预警保障计划、卫生防疫保障计划、消防防化行动保障计划、社会治安保障计划、交通疏导保障计划、市政设施抢修保障计划、公用设施抢修保障计划、电力抢修保障计划、交通运输保障计划、通信保障计划、水利安全保障计划、宣传教育保障计划、涉外事务协调工作保障计划、恢复重建保障计划。

2008 年 9 月 8 日，天津市人民政府第 14 次常务会议，审议通过新修订的《天津市地震应急预案》。2008 年 9 月 25 日天津市人民政府（津政发〔2008〕74 号文）印发《天津市地震应急预案》。

经过修订的《天津市地震应急预案》，对原预案章节进行了归并与调整，由十个章变为七个章，分别是：总则、组织指挥体系及职责、应急救援队伍、预警与预防、应急处置、恢复重建和附则。为了突出对灾害性地震的应急处置，将有感地震应急行动列入附件。

经过修订的《天津市地震应急预案》，在地震灾害分级响应上，突破了预案“四级灾害，四级响应”的模式，采取“四级灾害，二级响应”的方案，适合天津市面积相对较小，一旦发生破坏性地震，必然影响到全市，且市直管区县的实际。

经过修订的《天津市地震应急预案》，在指挥部的组成上，参考国务院**抗震救灾总指挥部工作组组成，**设置包括抢救抢险、基础设施抢修、治安消防等13个应急工作组；在应急队伍建设上，组建包括地震灾害紧急救援队、抢救抢险队、通信抢修队、电力抢险队、消防防化队等10支队伍；在处置内容上，增加公用设施、市政设施、电力等生命线工程的抢险抢修以及火灾、化学品泄漏等次生灾害处置等内容，符合天津市特大城市的特点。

经过修订的《天津市地震应急预案》，有效地对救援力量和资源进行整合与配置。全市组建10支共4万人的应急救援队伍。在抢救抢险队建设方面，整合天津警备区、驻津部队、武警部队、民兵预备役的力量；在治安消防应急队伍建设方面，整合公安局110指挥中心、119指挥中心和交管局的力量；在医疗救护队建设方面，整合卫生局系统医疗单位、医科大学系统医疗单位以及驻军和武警医疗卫生单位的力量；在基础设施抢修应急队伍建设方面，整合市政、公路、建设、房管、公用基础等各有关部门和企事业单位的力量。

经过修订的《天津市地震应急预案》，采用地震烈度作为震害级别判定的指标。天津市现建有由110个强震速报台组成的烈度速报台网，地震后可在短时间内确定地震烈度。在预案修订过程中，充分考虑到天津市在地震监测方面的这一优势，因此在地震灾害事件级别的初判条件上采用“烈度”指标，提高预案的科学性。

第七节　区、县和委、办、局等地震应急预案制定

伴随1996年《天津市破坏性地震应急预案》和2008年《天津市地震应急预案》的制定，天津市区县、委、办、局及部分基层组织开展相应的地震应急预案的制定工作。

一、1996 年破坏性地震应急预案制定

1996年6月6日，市政府批转市建委、市人防办、市地震局制定的《天津市破坏性地震应急预案》的同时，要求各区、县人民政府和各委、办、局以《天津市破坏性地震应急预案》为依据，尽快制定本地区、本部门的预案及专业预案，报市防震减灾工作领导小组审批备案。

从1996年6月开始，天津市地震应急工作办公室采取统一编制预案大纲、集中培训、指导修改等方式，推动区、县人民政府和委、办、局破坏性地震应急预案的编制工作。到1997年9月，区、县人民政府和委、办、局预案编制工作结束，18个区县和120多个委、办、局直属单位全部制定破坏性地震应急预案。

二、2009 年地震应急预案制定

2009年3月4日，市防震减灾工作领导小组办公室印发“关于贯彻落实《天津市地震应急预案》的通知”，要求各区县政府及有关单位按照“横向到边、纵向到底”的原则编制修订本级地震应急预案及其配套的各类保障计划，同时落实机构、队伍及经费，并做好技术、装备和物资保障工作。

2009年7月31日，市地震局与市应急办联合召开区县地震应急预案修订工作部署会，全面部署和指导区县地震应急预案修订工作。

到2009年10月，区、县人民政府和委、办、局预案编制工作结束，18个区县全部制定破坏性地震应急预案。

2010年12月13—14日，市地震局召开地震应急预案修编交流工作会议，全市16个区县地震办公室的主任和业务骨干40余人参加会议，会议就如何推进区县地震应急预案修编工作展开研讨，要求各区县高度重视，加强领导，以求真务实的态度，全面做好地震应急预案修编工作，确保实现“横向到边，纵向到底”。

三、社区和家庭地震应急预案的制订

河西区是开展基层地震应急预案较早的区县。2004年，河西区总结吸取非典突发事件的教训，提出将防震减灾应急预防的关口前移，下沉至社区、家庭。2004年在全区12个街道确定13个社区为防震减灾工作进社区试点。其中重点培养树立挂甲寺街鹤望里社区的工作典型，指导该社区委员会制定地震应急预案，指导该社区居委会组织社区居民家庭制定《家庭地震应急预案》。尔后在

其他12个试点社区进行推广。2005年召开专门会议，推广挂甲寺街鹤望里社区的经验和做法，印发津西应急办〔2005〕1号文件《关于加强街道社区地震应急工作的通知》。按照部署要求，全区所有社区相继制定《社区地震应急预案》、《地震灾情速报方案》、《居民社区疏散方案》。全区众多的家庭制定《家庭地震应急预案》。河西区在广泛普及防震减灾意识的基础上，指导居民编制家庭地震应急预案，此项工作在全国尚属首例。

此外，和平区、南开区、津南区、蓟县等区县也开展了社区地震应急预案制定工作。

和平区地震应急预案制定情况

表 4–1–7–59

预案名称	制定情况	备注
和平区破坏性地震应急预案及 19 项保障计划	1997 年 5 月 19 日，津政和〔1997〕58 号文件印发	2004、2005 年修订
和平区地震应急预案及 15 项保障计划	2009 年政府第 21 次区长办公会议通过，2009 年 8 月 21 日津政和〔2009〕58 号文件印发	
和平区抢险救灾指挥部成员就位行动预案	1997 年 5 月编制	
和平区强有感地震应急反应预案	1997 年 5 月编制	
街办事处地震应急方案	2004 年 12 月编制，包括区属 6 个街道	
学校地震应急预案、学校紧急疏散计划	2010 年 12 月编制，包括 13 所中学、职校	

河北区地震应急预案制定情况

表 4–1–7–60

预案名称	制定情况	备注
河北区破坏性地震应急预案及 14 个保障计划	1996 年 7 月 19 日，河北政发〔1996〕82 号文件印发	
河北区地震应急预案和 13 个保障计划	2009 年 8 月 12 日，河北政发〔2009〕35 号文件印发	
河北区强有感地震应急反应预案	1997 年 3 月编制	
河北区防震减灾指挥部编成及行动方案	1997 年 3 月编制	
部门地震应急预案	2010 年 8 月编制，包括房管局、卫生局、环卫局、民政局、文化局等部门	
中小学校地震应急预案	2009 年编制，共 19 所中小学	
街道办事处地震应急预案	2010 年 10 月编制，共 10 个街道	

河西区地震应急预案制定情况

表 4–1–7–61

预案名称	制定情况	备注
河西区破坏性地震应急预案及 18 项保障计划	1996 年 8 月 26 日，津西政〔1996〕27 号文件印发	2002 年修订
河西区地震应急预案及 14 项保障计划	2009 年 8 月 28 日，河西政〔2009〕37 号文件印发	
河西区防震减灾指挥部编成及行动方案	1997 年 4 月 7 日，津西政〔1997〕23 号文件印发	2002 年修订
河西区强有感地震应急反应预案	1997 年 4 月 7 日，津西政〔1997〕23 号文件印发	2002 年修订
人员密集场所地震应急疏导方案	2003 年编制，包括全区 22 所中学、56 所小学、21 所幼儿园及区属医院、影院、商场、体育馆等人员密集单位	
社区地震应急预案	2004 年 13 个社区编制，2005 年全部社区编制	

河东区地震应急预案制定情况

表 4-1-7-62

预案名称	制定情况	备注
河东区防震减灾应急预案及 18 项保障计划	1996 年 8 月 15 日，东政发〔1996〕71 号文印发	2002 年修订
河东区地震应急预案	2009 年 8 月 14 日，东政发〔2009〕25 号文件印发	
河东区应急救援实施方案	2009 年 8 月编制；区地震办存档	
河东区抗震救灾指挥部编成、领导就位及行动方案	1997 年 4 月 29 日，东应急办〔1997〕3 号文件印发	2002 年修订
河东区强有感地震应急预案	1997 年 4 月 29 日，东政发〔1997〕51 号文件印发	2002 年修订
人员密集场所地震应急疏散方案	2005 年 7 月编制，包括辖区 14 个人员密集单位；区地震办备案	

南开区地震应急预案制定情况

表 4-1-7-63

预案名称	制定情况	备注
南开区破坏性地震应急预案	政府第 122 次会议通过,1996 年 8 月 22 日南政发〔1996〕61 号文件印发	
南开区地震应急预案	区长办公会议通过，2009 年 8 月 12 日南政发〔2009〕22 号文件印发	
南开区抗震救灾指挥部编成、领导就位及行动方案	1997 年编制	
南开区强有感地震应急反应预案	政府第 136 次常务会议通过，1997 年 3 月 17 日南政发〔1997〕21 号文件印发	
街道破坏性地震应急预案及保障计划	1996 年 9 月编制，共 18 个街道；街道内部保存	
街道地震应急预案	2011 年 1 月编制，共计 12 个街道；街道内部保存，市地震局、区地震办备份	

红桥区地震应急预案制定情况

表 4-1-7-64

预案名称	制定情况	备注
红桥区破坏性地震应急预案	区长办公会通过，1996 年 8 月 16 日印发	
红桥区地震应急预案	政府 71 次区长办公会通过，2009 年 8 月 11 日红桥政发〔2009〕19 号文件印发	
红桥区抗震救灾指挥部编成、领导就位及行动方案	1997 年编制	
红桥区强有感地震应急反应预案	区长办公会通过，1997 年 3 月印发	
街道破坏性地震应急预案及保障计划	1996 年 9 月编制，共 10 个街道；街道内部保存	
街道地震应急预案	2010 年 10 月制定，共计 10 个街道；街道内部保存，市地震局、区地震办备份	

东丽区地震应急预案制定情况

表 4-1-7-65

预案名称	制定情况	备注
天津市东丽区破坏性地震应急预案	1996 年 08 月 07 日印发	1999、2000、2002、2005 年修订
天津市东丽区地震应急预案及 17 项保障计划	2009 年 8 月 17 日,东丽政发(2009)19 号文件印发	
天津市东丽区强有感地震应急反应预案	1996 年 04 月 02 日印发	
抗震救灾指挥部编成、领导就位及行动方案	1997 年编制	
天津市东丽区詹宾西里应急志愿者队伍应急预案	2009 年 07 月编制	
天津市东丽区街、学校、医院、村（居）地震应急预案	2011 年 05 月编制	

西青区地震应急预案制定情况

表 4-1-7-66

预案名称	制定情况	备注
西青区破坏性地震应急预案及 16 个保障计划	1997 年 7 月 7 日印发	
西青区地震应急预案	2009 年 8 月 13 日，西青政发〔2009〕28 号文件印发	
西青区防震减灾指挥部编成及行动方案	1997 年 7 月印发	
西青区强有感地震应急反应预案	1997 年 4 月 7 日印发	

津南区地震应急预案制定情况

表 4-1-7-67

预案名称	制定情况	备注
津南区破坏性地震应急预案及 14 项保障计划	2002 年 11 月 6 日，津南政发〔2002〕40 号文件印发	
津南区地震应急预案及 17 项保障计划	2009 年 7 月 6 日，津南政发〔2009〕14 号文件印发	
津南区抗震救灾指挥部编成及职责分工	2007 年 6 月 2 日，津南政发〔2007〕38 号文件印发	
津南区有感地震应急预案	2005 年 12 月 28 日，印发	
人员密集场所地震应急预案	2004 年编制，包括月坛商厦、超市、供销商厦、体育场、医院、宝成宾馆、光明楼社区等十四个社区	

北辰区地震应急预案制定情况

表 4-1-7-68

预案名称	制定情况	备注
北辰区破坏性地震应急预案及 13 项保障计划	1997 年 7 月编制，区防震减灾领导小组批准	2002、2004 年修订
北辰区地震应急预案及 17 项保障计划	2009 年 8 月	
北辰区防震减灾指挥部编成及行动方案	1997 年 7 月编制	2002 年修订
北辰区强有感地震应急反应预案	1997 年 7 月编制	2002、2004 年修订

续表 4-1-7-68

预案名称	制定情况	备注
人员密集场所应急疏导方案	1998 年 5 月编制，包括 5 所医院、6 所中小学校、3 个商场、1 个招待所、1 个影剧院、1 个小高层	2004 年修订
防震重点目标应急抢修抢险方案	2003 年编制，包括化工厂、武器仓库、水库	2008 年增加两个燃气站
委办局地震应急预案	2009 年编制，共 25 个	
镇、街地震应急预案	2004 年编制，共 13 个	2009 年修订
村、居地震应急预案	2009 年编制，共 126 个自然村、74 个居委会	

武清区地震应急预案制定情况

表 4-1-7-69

预案名称	制定情况	备注
武清县破坏性地震应急预案及 15 个专项保障计划	政府第 8 次县长办公会议通过，1996 年 8 月 2 日，武政呈〔1996〕23 号文印发	1997、2002 年修订
武清区地震应急预案及 16 项专项保障计划	政府第 21 次常务会议通过，2008 年 11 月 17 日，武清政〔2008〕32 号文印发	
武清县抗震救灾指挥部编成及行动方案	1997 年 5 月 10 日，上报市地震应急工作办公室	2002 年修订
武清县强有感地震应急反应预案	1997 年 5 月 10 日，上报市地震应急工作办公室	2002 年修订
武清县地震灾情速报工作预案	1999 年 12 月 8 日，武清政办〔2005〕2 号文件印发	2005、2010 年修订。
人员密集场所应急疏导方案	1998 年编制，包括县医院、宫宵大酒店、雍阳宾馆、礼堂等 4 个单位，区主管领导同意后上报市地震应急工作办公室	2004 年修订
防震重点目标应急抢修抢险方案	1 9 9 9 年 7 月编制，包括生命线工程类 48 个、次生灾害 18 个、救援类 26 个共 92 个防震重点目标，区主管领导同意后上报市地震应急工作办公室	

宝坻区地震应急预案制定情况

表 4-1-7-70

预案名称	制定情况	备注
宝坻县破坏性地震应急预案	政府第 43 次常务会议通过，1996 年 7 月 18 日，宝政发〔1996〕23 号文印发	
宝坻区地震应急预案	政府第 26 次常务会议通过，2009 年 8 月 13 日，宝坻政发〔2009〕11 号文印发	
宝坻区抗震救灾指挥部编成、领导就位及行动方案	1997 年编制	
宝坻县强有感地震应急反应预案	政府第 56 次常务会议通过，1997 年 5 月 7 日，宝政发〔1997〕20 号文印发	
宝坻区地震灾情速报工作预案	2003 年 5 月 10 日，区政府文件印发	2010 年修订
人员密集场所地震应急预案	2009 年 10 月编制，包括宝坻区宾馆、人民医院等；上报市地震局、区地震办、单位自用	
中学地震应急预案	2009 年 10 月编制，包括宝坻一中、宝坻中专；上报市地震局、区地震办、单位自用	

蓟县地震应急预案制定情况

表 4-1-7-71

预案名称	制定情况	备注
蓟县破坏性地震应急预案及 17 项保障计划	1996 年 8 月 7 日印发	2002 年修订
蓟县地震应急预案及 13 项保障计划	政府第 21 次常务会议通过，2009 年 8 月 17 日，蓟政发〔2009〕15 号文件印发	
蓟县防震减灾指挥部领导就位及行动方案	1997 年 4 月编制	2002 年修订
蓟县强有感地震应急反应预案	1997 年 4 月编制	
人员密集场所地震应急疏散方案	1998 年 4 月编制，包括渔阳商厦、世纪商厦、综合商场、蓟县医院、渔阳宾馆、东风旅馆、蓟县影剧院等 7 处	
防震重点目标抢修方案	1999 年 8 月编制，包括 26 个防震重点单位，49 处防震重点目标	
社区居委会震时应急疏导方案	2004 年编制，包括全县 18 个社区委员会	
中小学校制定了地震疏导方案	2005 年 8 月编制，包括全县 246 所中小学校	

静海县地震应急预案制定情况

表 4-1-7-72

预案名称	制定情况	备注
静海县破坏性地震应急预案及 19 项保障计划	1996 年 7 月 31 日，静政办发〔1996〕24 号文件转发	1997、2003 年修订
静海县地震应急预案及 8 项保障计划	2009 年 8 月 25 日，静海政发〔2009〕61 号文印发	
静海县抗震救灾指挥部编程及行动方案	1997 年 4 月 29 日，静政办发〔1997〕15 号文件转发	1997、2003 年修订
静海县强有感地震反应	1997 年 4 月 29 日，静政办发〔1997〕15 号文件转发	1997、2003 年修订
人员密集场所应急疏导方案	1998 年编制，包括县医院、静海宾馆、静海商城购物中心、静海贾苑大酒店、静海百货商场、静海影剧院、静海体委等 7 个单位	2003 年修订
重点目标应急抢险抢修方案	1999 年编制，包括 56 个防震重点目标	

宁河县地震应急预案制定情况

表 4-1-7-73

预案名称	制定情况	备注
宁河县破坏性地震应急预案及 13 个专业保障计划	1996 年 8 月 12 日，宁政发〔1996〕80 号文批转	2005 年修订
宁河县地震应急预案及 13 专项保障计划	2009 年 8 月 11 日，宁河政发〔2009〕24 号文批转	
宁河县抗震救灾指挥部编成及行动方案	1997 年编制。	
部门地震应急预案	2003 年编制，包括公安宁河分局、城乡建设委员会、供电有限公司 3 部门单位	2009 年修订

续表 4-1-7-73

预案名称	制定情况	备注
人员密集场所应急疏导方案	2003年编制，包括宾馆、芦阳大厦、新新商场、体育馆、家乐超市、医院、中医院、商品市场建设服务中心等8个单位	2009年修订
乡镇政府预案	2004年编制，共14个乡镇	2010年修订
芦台镇光明社区地震应急预案	2003年编制	2009年修订

塘沽区地震应急预案制定情况

表 4-1-7-74

预案名称	制定情况	备注
塘沽区破坏性地震应急预案	1997年7月编制	
塘沽区地震应急预案	政府第39次常务会议通过，2009年8月20日，塘沽政〔2009〕135号文件印发	
塘沽区防震减灾指挥部编成及行动方案	1997年7月编制	
塘沽区强有感地震应急反应预案	1997年7月编制	

汉沽区地震应急预案制定情况

表 4-1-7-75

预案名称	制定情况	备注
汉沽区破坏性地震应急预案及16项保障计划	1996年7月31日，汉政发〔1996〕34号文件印发	2002年修订
汉沽区地震应急预案及17项保障计划	2009年8月13日，汉沽政发〔2009〕20号文件印发	
汉沽区防震减灾指挥部编成及行动方案	1997年7月编制	2002年修订
汉沽区强有感地震应急反应预案	1997年7月编制	2002年修订
人员密集场所地震应急疏散方案	1998年5月编制，包括18个区属医院、影院、商场、体育馆等人员密集单位	
重点目标抢修抢险方案	1999年编制，包括自来水公司、供电局、石油公司、粮食局等17个重点单位部门	

大港区地震应急预案制定情况

表 4-1-7-76

预案名称	制定情况	备注
大港区破坏性地震应急预案及13项保障计划	1996年7月编制	
大港地震应急预案及17项保障计划	2011年7月21日，津滨港发〔2011〕84号文件印发	
大港区强有感地震应急反应预案	1997年7月编制	
大港区防震减灾指挥部编成及行动方案	1997年7月编制	
大港区水利局破坏性地震应急预案	1997年7月编制	
大港区官港街地震应急预案	1997年7月编制	
中国石化第四建设公司破坏性地震应急预案	1997年7月编制	
大港区民兵抗震救灾应急预案	1997年7月编制	

第八节　地震系统地震应急预案制定

从 1984 年开始，天津市地震系统开展地震应急预案的制定工作。天津市地震系统地震应急预案的形式和内容经历了三个阶段。最初的预案名为“备震措施”，它是地震应急预案的雏形；1992 年开始演变为“震情应急方案”，它是围绕震情（地震系统主要任务）的地震应急预案；1996 年开始采用“地震应急预案”的名字，它是包括震情、灾情、响应等内容的综合应急预案。

一、《天津市地震局备震措施》制定

到 1984 年，唐山地震后的平静期已经 8 年，按过去平静期一般 8—10 年估计，未来我国地震活动将进入新的活跃期。针对新的地震活跃的可能，为做到一旦发生中强地震，做到有条不紊，行动迅速，有效地开展应对工作，本着有备无患的精神，天津市地震局着手制定备震措施。1984 年 4 月 19 日，天津市地震局办公室印发《关于机关备震措施的安排意见》征求意见，后经修改形成《天津市地震局备震措施》。这是市地震局最早的地震应急预案，或者说是地震应急预案的雏形。

《天津市地震局备震措施》的内容分两部分，一是组织系统及其任务，规定设立一个总指挥部，并确定总指挥、副总指挥及成员名单；规定在总指挥部下设立震情动态分析、宏观考察、台网监测、后勤保障、群众接待和家属工作、组织联络等 6 个工作组，并分别确定相应的组长、副组长及人员名单；二是，备用物资，明确仪器设备，生活、工作物资、交通用车等三个方面的物资准备。

1984 年《天津市地震局备震措施》制定后，分别于 1986 年、1987 年、1989 年、1991 年进行了 4 次修订。1987 年的修订，把备震措施分为三类：（1）作出短期内可能发生破坏性地震的分析判断后的措施，包括加强值班、加强预测区的监视和分析工作，做好中强地震后现场工作准备等；（2）破坏性地震发生后的震情判断和现场工作措施，包括快速准确确定地震参数、地震趋势和震害预测、现场队伍的组成和任务等；（3）作出短期内可能发生破坏性地震的分析判断后或发生中强地震后的措施，主要明确组织系统及其任务，其内容基本同 1984 年一致，但工作组由 6 个增加到 8 个，工作组的名称变更为：现场指挥部、震情动态分析组、台网监测组、联络宣传组、后勤保障组、群众接待和家属工作组、指挥部办公室、安全保卫组。另外，还增设要求和纪律一章，该章规定的内容，如“掌握人员家庭住址，建立紧急联络网”、“遇有有感以上地震发生要立即返回机关”等规定，都是地震应急普遍适用的规则。

二、《天津市地震局震情应急方案》制定

1992 年，中国地震局针对“地震现场工作大纲”和“首都圈统一震情应急方案”，将天津市地震局纳入“首都圈震情监测预报工作体系”。按照上述有关工作、方案精神，市地震局对《天津

市地震局备震措施》进行修订，并更名为《天津市地震局震情应急方案》。

《天津市地震局震情应急方案》规定短期内天津市及邻近地区可能发生大于5级地震预报后各部门应采取的应急措施和中强地震发生后的紧急处置办法。《天津市地震局震情应急方案》分4章：第一章，总则；第二章，地震应急工作组织体系；第三章，地震短临预报发布后的应急工作；第四章，震后应急工作。《天津市地震局震情应急方案》强化各部门大震应急岗位责任，对地震速报、地震灾情速报和震灾快速评估工作做出明确要求，较好地解决了与“首都圈地区地震应急方案”的衔接。各区县地震办公室、各直属单位根据《天津市地震局震情应急方案》制定实施细则，层层分解任务、责任落实到人。

《天津市地震局震情应急方案》分别于1993年、1996年4月进行修订，由于机构调整和人员变动，1996年12月年进行第3次修订。1996年4月的修订，将第二章的地震应急工作组织体系拆分为“指挥机构”和“部门震情应急职责任务”两章，进一步明确指挥部职责并明示通信联系方式，进一步细化部门震情应急职责。1996年12月的修订，除变动人员外，在1996年4月修订的基础上，设章加强规范短临预报工作与决策程序。

三、《天津市地震局地震应急预案》制定

根据1996年12月25日国务院办公厅印发的《国家破坏性地震应急预案》和1996—1997年天津市发布的《天津市破坏性地震应急预案》《天津市强有感地震应急反应预案》，市地震局于1997年3月对《天津市地震局震情应急方案》进行修订，并更名为《天津市地震局地震应急预案》。

《天津市地震局地震应急预案》共六章：（1）总则；（2）应急组织指挥机构；（3）部门地震应急职责任务；（4）短临预报发布后的应急行动；（5）震后应急行动。还附设了五个附件：（1）短临预报工作程序与决策，（2）地震短临预报判据与指标，（3）天津市地震局部门应急实施细则，（4）天津市地震局部门应急实施分工图，（5）天津市地震局地震应急联络通信表。

《天津市地震局地震应急预案》分别于2000年、2004年、2006年、2009年进行4次修订。2000年的修订，根据《中国地震局系统地震应急预案》的要求，将地震应急分为：破坏性地震应急、有感地震应急、震情应急、临震应急、平息地震谣传和应急戒备等六类，分别规范应急行动。考虑到人员变动对地震应急预案的影响，2004年的修订，将原来指挥机构组成的实名制改为以职务代称制。2006年的修订，按照《国家突发公共事件总体应急预案》和《天津市突发公共事件总体应急预案》的要求，统一格式和内容要求，做到和有关突发公共事件总体应急预案相衔接；在附件中增加“市地震局地震应急通知流程”和“市地震局与地震办地震信息传递流程”。2009年的修订，按照2008年修订的《天津市地震应急预案》的要求进行修订，注重与市预案的衔接，在地震事件分类中，将地震事件分为破坏性地震事件和其他地震事件（包括强有感地震、有感地震、临震应急及地震谣传、震情应急、特殊时期应急戒备），破坏性地震事件引用震级和烈度双重量化指标，是对2006年局地震应急预案更进一步的完善。

四、区县地震机构地震应急预案制定

伴随《天津市地震局震情应急方案》《天津市地震局地震应急预案》和《地震灾情速报规定（试行）》的制定，天津市区县地震机构开展相应的地震应急预案的制定工作。

区县地震机构地震应急预案包括三项：震情应急预案、地震应急预案、地震灾情速报应急预案。震情应急预案在1993—1997年之间制定，地震应急预案在1997年之后制定，地震灾情速报应急预案在1999年之后制定。

1993年，市地震局制定《天津市地震局震情应急方案》，1997年市地震局对《天津市地震局震情应急方案》进行修订，并更名为《天津市地震局地震应急预案》。根据市地震局的统一部署，各区县地震机构制定震情应急预案和地震应急预案。

1999年8月21日，中国地震局（中震发测〔1999〕279号）印发《地震灾情速报规定（试行）》，为贯彻《地震灾情速报规定（试行）》，市地震局于1999年11月11日印发《天津市地震局实施〈地震灾情速报规定（试行）〉细则》，根据《地震灾情速报规定（试行）细则》的要求，各区县地震机构制定地震灾情速报应急预案。

天津市区县地震机构地震应急预案制定情况

表4-1-8-77

区县名称	预案名称	制定情况	备注
和平区	和平区地震办公室应急预案	2005年8月编制	
河北区	河北区地震办公室地震应急预案	1998年3月编制	2006年修订
	河北区地震灾情速报预案	2005年6月编制	
河西区	河西区地震办公室地震应急预案	1997年编制	2008年修订
河东区	河东区地震办公室地震应急预案	1997年9月8日编制	2006年修订
南开区	南开区地震办公室地震预案	1999年南政震发（2009）2号文件印发	2009年修订
东丽区	东丽区地震办公室震情应急预案	1996年8月20日印发	1998年修订
西青区	西青区地震办公室地震应急预案	1997年12月9日印发	
津南区	津南区地震办公室地震应急预案	2009年3月编制	
	津南区地震灾情速报预案	2005年，南政办发〔2005〕17号文件印发	
北辰区	北辰区地震办公室震情应急预案	1993年编制	1997、2002、2006、2009年修订
	北辰区地震办公室地震灾情速报工作预案	1999年编制	2004、2008、2010年修订
武清区	武清县地震办公室震情应急预案	1993年8月16日印发	1997、1998、2004、2006、2009年修订
蓟　县	蓟县人民政府地震办公室应急预案	2006年11月12日印发	
静海县	静海县地震办公室震情应急预案	1993年编制	1997、2003、2006、2009年修订
	静海县地震灾情速报工作预案	静科发〔1999〕11号文件印发	2005年修订

续表 4-1-8-77

区县名称	预案名称	制定情况	备注
宁河县	宁河县地震办公室震情应急预案	1993 年 8 月 28 日印发	1997、2004、2006、2009 年修订
汉沽区	汉沽区地震办公室地震应急预案	2004 年 9 月编制	2004、2006 年修订
大港区	大港区地震办公室 2009 年度震情短临跟踪工作方案	2009 年 3 月 6 日，津港震字〔2009〕1 号文件印发	
	大港区地震办地震应急预案	2009 年 9 月 8 日，津港震字〔2009〕3 号文件印发	

第二章　地震应急救援准备

地震应急准备指为保障震时能够有力、有序、有效地开展抗震救灾工作而在平时开展的准备工作。地震应急准备工作是抗震救灾工作的基础，对于最大限度地减少人员伤亡，减轻地震灾害损失具有决定意义。

地震应急准备包括人、财、物、精神等方面的准备。具体内容包括：应急预案制定、队伍建设、指挥系统建设、避难场所建设、培训演练、灾情速报网络建设、物资准备等。

天津市应急准备工作最早可追溯到唐山地震前，1974 年根据国务院发布的国发〔1974〕69 号文件精神，天津市适时地进行针对即将可能发生地震的紧急准备工作（详见 1991 年地震志第六篇第四节：应震部署），这是一种针对特定地震预报意见的带有临震性质的应急准备工作。

到了 80 年代，经历唐山地震 10 多年的地震平静期后，天津市逐步开展针对一个长时间新的地震活跃期的地震应急准备工作，这是有计划地促进事业发展的地震应急准备工作。这一准备工作开始于 1983 年，其标志性工作是 1983 年的《天津市地震局备震措施》制定。而全市全面的应急准备工作开始于 1995 年《破坏性地震应急条例》颁布之后，标志是天津市政府组织系列地震应急预案的制定。汶川地震后，地震应急准备更加深入和提高，其标志性工作是天津市政府组织了地震应急预案修订和重大地震灾害应急演练活动等。

地震应急预案制定已在第一章中记述，本章主要记述队伍建设、指挥系统建设、避难场所建设、培训演练、灾情速报网络建设、物资准备等内容。

第一节 应急队伍建设

应急队伍指预先组织的在地震发生后进行人员抢救、工程抢险、现场地震工作等的专门地震应急队伍，主要有紧急救援队、专业抢险队、社区自救互救队、现场地震工作队等。应急队伍是地震应急和救灾的基础力量，组建地震应急队伍是地震应急准备工作的第二项重要工作。

天津市地震应急队伍建设首先在地震部门开始，继而发展到政府社会。1984 年，《天津市地震局备震措施》首次确定一旦发生地震承担有关紧急工作的人员组成，形成地震部门地震应急队伍的雏形，1992 年，市地震局成立地震现场工作队伍形成了专门（兼职）进行地震现场工作队伍。1996 年受地震应急预案的推动，天津市有关部门建设 8 支共 1 万人的地震灾害专业应急抢险队伍。2001 年 7 月 28 日，“天津市地震灾害紧急救援队”成立，这是全国第一支省级地震灾害紧急救援队伍。2003 年以后，社区地震应急救援志愿者队伍在天津市不断建立。截至 2010 年，天津市地震应急队伍体系初步形成。

一、市地震灾害紧急救援队

天津市地震灾害紧急救援队于 2001 年 7 月 28 正式组建，2008 年汶川地震后，根据《天津市地震应急预案》进行调整和扩编，进一步提供应急救援的能力。

（一）天津市地震灾害紧急救援队组建

2000 年，根据《中华人民共和国防震减灾法》《破坏性地震应急条例》和《天津市防震减灾条例》关于建立应急队伍的规定及国务院关于建立地震灾害紧急救援队的要求，结合天津市的实际情况，天津市政府决定组建天津市地震灾害紧急救援队，历经一年多的筹备建设，2001 年 7 月 28 日宣告成立。

2001 年 7 月 28 日，举行紧急救援队成立暨授装备大会。分管副市长为紧急救援队授旗，并将“探生、切割、救生”等专用技术装备和五部应急车交付紧急救援队。他要求，紧急救援队全体官兵要时刻铭记肩负的神圣使命，努力学习地震知识和现场救助技术，开展实战模拟训练，早日具备参加地震灾害紧急救援的能力。市政协副主席梁肃、中国地震局副局长何永年以及有关方面的领导出席会议。

天津市地震灾害紧急救援队，以天津市辖区内发生破坏性地震后的紧急救援为主要职责，兼顾首都圈地区发生破坏性地震后的紧急救援，或按照上级命令执行其他严重恶性灾害事故和其他地区发生灾害的紧急救援任务。救援队员以驻津武警部队和消防特警大队为主。这支队伍不仅应具有军人的基本素质、崇高的觉悟和勇于献身的精神，同时还应具备丰富的专业知识，能熟练操作各种救援设备，具有一个战斗集体的能力，还可以以此队伍为核心迅速扩展预备人员，与社会救援力量相配合，形成全社会的抢险救援能力。

天津市地震灾害紧急救援队，按照“专兼结合、军民结合”的原则，由驻津武警部队官兵、消防特警大队官兵、卫生部门及有关部门的救援专家和技术人员组成，所有人员均为兼职，原任务和隶属关系不变。其编成和任务如下：

指挥组由天津市防震减灾领导小组应急办公室抽调指挥员和通讯人员组成。

紧急救援队分为三个救援分队。第一、二救援分队由武警工兵营组成，第三救援分队由市公安消防局特勤大队组成。每个救援分队下设两个救援组，每组10人，负责建筑物倒塌体的破拆和被埋压人员的搜寻、救生。

紧急救援队附设救护分队，由市卫生局120急救中心组成，负责伤员救护。

紧急救援队附设专家咨询组，由地震、危险品、工程、消防等专家组成，负责救援技术指导和咨询。

为满足复杂的救援现场实际需要，在目前财力的基础上，紧急救援队配备科技含量较高的先进救援器材和技术装备。其装备分为三类：

1. 破拆救援设备。用于对建筑倒塌物的剪切、扩张，为被埋压人员提供抢救的通道和空间。剪切设备有：剪断器、多功能钳、万向钳、切断器、动力锯、链锯、电弧切割机、破拆玻璃幕墙组套、便携式多功能钳、混凝土破拆设备；扩张设备有：扩张器、救援顶杆、起重气垫，另外还有开门器等其他设备。

2. 搜寻救护设备。用于被埋压人员的搜寻及抢救。主要有：生命探测仪、救援担架、肢体固定气囊、救援三脚架（配手动绞盘）、牵拉钢索及吊带等。

3. 辅助设备。包括车辆，灯光、通讯和队员防护等设备。主要有：依维柯箱式货车，车载800兆通讯电台，手提强光照明灯，防割耐磨手套，破拆专用头盔，破拆专用保护靴。

紧急救援队由天津市政府领导指挥。天津市地震应急办公室为市政府在应急救援方面的办事机构，负责紧急救援队的组织、协调和管理，各救援分队所在单位负责日常管理和训练。

天津市地震应急办公室设立“应急值班室”，建立24小时值班制度，负责灾情信息的收集和处理，及时提出启动救援队的建议，按照市领导的指令，及时准确地将紧急救援命令、指示下达到各救援分队，启动紧急救援程序。

紧急救援队到达现场后接受现场指挥部的统一指挥，市地震应急办公室派出现场指挥组，负责指挥协调工作，确保各项具体救援行动的顺利实施。

天津市地震灾害紧急救援队的组建，是继中国地震局成立地震灾害紧急救援队后，全国省、自治区、直辖市一级组建的第一支地震灾害紧急救援队，它标志着天津市应急救援体系的进一步完善，是天津市防震减灾工作的重要举措，它必将在减轻地震灾害中发挥重要作用。

（二）天津市地震灾害紧急救援队扩编

2008年，《天津市地震应急预案》明确，天津市地震灾害紧急救援队由“市地震局牵头组建，编制 300 人”。天津市地震灾害紧急救援队由原来的 180 人扩编至 300 人。

《天津市地震应急预案》发布后，市地震局会同市应急办、天津警备区、武警 8630 部队、市公安局、市公安消防局、武警医院附属医院、市国土房管局开始救援队扩编工作。2008 年 11 月 5 日，召开由上述单位参加的天津市地震灾害紧急救援队重组会议，制定重组方案。经过两年的工作，完成队员登记造册和有关制度建设，基本完成地震灾害紧急救援队扩编工作。

扩编后的天津市地震灾害紧急救援队，由天津警备区直属分队、武警 8630 部队工兵营、市公安消防局特勤大队、武警医学院附属医院、市地震局和市国土房管局共同组成，所有人员均为兼职，原任务、隶属关系不变。编制 300 人。天津市地震灾害紧急救援队下设指挥协调组、救援一分队、救援二分队、救援三分队和地震现场应急工作队。指挥协调组，由天津警备区、武警 8630 部队、市公安消防局、武警医学院附属医院、市地震局和市国土房管局主管部门负责人及有关专家组成，人数 8 人。组长由市地震局主管领导担任。救援一分队由天津警备区直属分队官兵（78 人）和地震技术人员（3 人）、医疗救护人员（5 人）、建筑技术人员（3 人）组成；救援二分队由武警 8630 部队工兵营官兵（78 人）和地震技术人员（3 人）、医疗救护人员（5 人）、建筑技术人员（3 人）组成；救援三分队由市公安消防局特勤大队官兵（78 人）和地震技术人员（3 人）、医疗救护人员（5 人）、建筑技术人员（3 人）组成；地震现场应急工作分队由市地震局有关专家组成（20 人）。分队长分别由天津警备区、武警 8630 部队、市公安消防局、武警医学院附属医院、市地震局有关负责人担任。地震技术人员由市地震局抽派，医疗救护人员由武警医学院附属医院抽派、建筑技术人员由市国土房管局抽派。每个救援分队均能够独立执行救援任务。

扩编后的天津市地震灾害紧急救援队由市抗震救灾指挥部调度指挥，市抗震救灾指挥部办公室负责日常管理。其主要任务是：负责制定和组织实施市地震灾害紧急救援队发展规划和年度工作计划；组织召集有关会议；组织救援队培训、演练；负责抗震救灾指挥部安排的其他工作。

二、专业应急抢险队伍

和天津市地震灾害紧急救援队建设情况类似，天津市地震灾害专业应急抢险队伍技术经历两个阶段，1996 年按照《天津市破坏性地震应急预案》要求建设阶段和 2008 年按照《天津市地震应急预案》要求建设阶段。

（一）1996 年编成的专业应急抢险队伍

1996—1997 年，按照《天津市破坏性地震应急预案》规定，天津市防震减灾工作领导小组地震应急办公室会同有关部门规划建设了 8 支共 1 万人的地震灾害专业应急抢险队伍。这 8 支队伍是：

1. 工程抢险队。由市市政局、市房管局、市公用局、市建工集团总公司抽调部分力量编成，指挥所设在市建委。

2. 电力抢险队。由市电力局抽调部分力量编成，指挥所设在市电力局。

3. 特种救援队。由市化学工业总公司、市环保局、市消防局、市卫生局抽调部分力量编成，指挥所设在市化学工业总公司。

4. 医疗救护队。由市卫生局抽调部分力量编成，指挥所设在市卫生局。

5. 通信保障队。由市邮电局、市人防通信站抽调部分力量编成，指挥所设在市邮电局。

6. 应急运输队。由市交通局、市公用局、天津铁路分局、市地方铁路局、民航天津管理局抽调部分力量编成，指挥所设在市交委。

7. 机动消防队。由市消防局编成，指挥所设在消防局。

8. 治安、交通管理队。由市公安局、武警天津总队抽调部分力量编成，指挥所设在市公安局。

（二）2008年编成的专业应急抢险队伍

2008年，按照《天津市地震应急预案》规定，市地震局会同有关部门规划建设组建包括地震灾害紧急救援队在内的10支共4万人的应急救援队伍，由市抗震救灾指挥部直接调动使用，各应急工作组具体组织指挥，主要用于重点方向、主要受灾区、危险目标及紧要时刻的应急救援。

该阶段工作《天津市地震应急预案》发布开始。经过一年的工作，10支救援队伍编成基本完成。2009年7月31日，市地震局与市政府应急办联合印发《关于进一步贯彻落实〈天津市地震应急预案〉的通知》的文件，10支救援队伍和物资、装备器材登记造册做明确要求。在各单位积极配合下，2009年9月完成了10支共4万人的人员备案登记；完成救援物资（如帐篷、衣服、被子）、生活必需品（如面粉、大米、食用油、食盐、猪肉）、医疗急救装备、化学中毒检测处理设备、放射现场检测处理设备、消毒器械、吊车、挖掘机、推土机、VSAT应急卫星通信车、大型应急通信车、小型卫星应急通讯车、海事卫星新干线、生物毒性快速测定仪等物资装备和设备的数量及存放地点的备案登记。随后，市地震局与市政府应急办对通信抢修等队伍的人员、应急装备、物资等日常应急准备工作进行抽查。抽查表明，各专业救援队伍及物资装备基本到位，为地震突发事件发生后市抗震救灾指挥部调拨使用做好准备。

除地震灾害紧急救援队之外的9支队伍是：

1. 抢救抢险队。天津警备区牵头组建，编制16000人。由天津警备区、驻津部队、武警天津总队、驻津武警部队、驻津军事院校、医院等单位编成。天津警备区统一编队。主要负责灾区的人员营救、灾民转移和紧急抢险等任务。

2. 消防防化抢险队。市公安局牵头组建，编制1500人。由市公安消防局、市安全监管局、市市容委、市卫生局、市环保局、渤化集团等单位编成。市公安局统一编队，主要负责地震引发的火灾、毒气泄漏等次生灾害的抢险救援及特殊建筑物的抢险救援；协助有关部门抢救国家重要财产。

3. 医疗救护队。市卫生局牵头组建，编制1600人。由市卫生局所属医疗机构、疾控机构、医科大学附属医院、中医药大学附属医院、市质监局、市食品药品监管局、医药集团等单位编成。市卫生局统一编队。主要负责伤员的医疗救治和卫生防疫、食品与药品监管等。

4. 通信抢修队。市通信局牵头组建，编制600人。由中国网通天津市分公司、中国移动天津有限公司、中国联通天津分公司、中国铁通天津分公司、中国电信天津市分公司、中国卫通天津市分公司等单位编成。市通信局统一编队。主要负责被毁坏通信设施的抢修和抗震救灾的通信保障。

5. 工程抢险队。市建委牵头组建，编制1万人（市政设施抢险4000人，公用设施抢险6000人）。由市市政公路局、建工集团、燃气集团、自来水集团、城建集团、住宅集团、市地铁总公司、津滨快速交通公司等单位编成。市建委统一编队，主要负责被毁坏道路、桥梁、轨道等重要交通设施和供水、排水、供气、供热设施的抢修；清除路障、疏通主要交通干道；对危险建筑物实施工程排险。

6. 电力抢险队。市经委牵头组建，编制1000人。由市电力公司编成。市经委统一编队，主要负责被毁坏的电力线路及设施的抢修，保障灾区生产生活用电。

7. 物资运输队。市交委牵头组建，编制5000人。由交通集团、天津港（集团）有限公司、天津海事局、北京铁路局天津铁路办事处、民航天津安全监督管理办公室、天津滨海国际机场、公交集团、天津铁路集团，以及各驻津的中央直属企业集团、重要民营企业等单位编成。市交委统一编队，主要负责被毁坏的铁路、港口、空港等重要设施的抢修和抢险救灾人员、救灾物资、伤员转运、灾民疏散的运输保障。

8. 治安交管队。市公安局牵头组建，编制2000人。由市公安系统编成。市公安局统一编队，主要负责灾区的治安管理、安全保卫和交通疏导，维护社会稳定。

9. 水利抢险队。市水利局牵头组建，编制2000人。由市水利局、市环保局等单位编成，市水利局统一编队，主要负责被毁坏水库、河道、海挡等水利设施的抢修，保证城市饮用水源安全。

（三）天津市区县专业应急抢险队伍

根据地震市政府的统一要求和区县地震应急预案的规定，天津市区县建立专业应急抢险队伍。天津市区县专业应急抢险队伍大多数开始于1996年，且于2009年进行一次大的重组，1996—2000年期间，有的区县进行整组。

2009年天津市区县专业应急抢险队伍情况

表4-2-1-78

区县名称	人员总数	队伍支数	队伍名称与人员数量
和平区	6962人	11支	地震灾害紧急救援队205人、抢救抢险队4300人、消防防化抢险队110人、医疗救护队125人、通信抢修队200人、工程抢险队332人、电力抢险队200人、运输专业队1100人、治安队110人、交管队80人、水利抢险队200人
河北区	850人	10支	地震灾害紧急救援队100人、抢救抢险队100人、消防防化抢险队100人、医疗救护队100人、通信抢修队50人、工程抢险队200人、电力抢险队50人、治安交管队50人、水利抢险队50人
河西区	600人	8支	应急救援队200人、消防防化专业队30人、医疗救护专业队100人、通信保障专业队10人、抢险抢修队150人、交通运输队80人、防疫专业队10人、治安专业队20人

表 4-2-1-78

区县名称	人员总数	队伍支数	队伍名称与人员数量
河东区		7 支	应急救援队（民兵预备役组成）、消防专业队 30 人、医疗救护专业队 100 人、通信保障专业队 30 人、抢险抢修专业队 200 人、防化防疫专业队 60 人、交通运输专业队 80 人、治安专业队 50 人
南开区		8 支	抢救抢险队（民兵预备役组成）、消防抢险队 30 人、医疗救护 100 人、防化防疫专业队 10 人、通信抢修队 10 人工程抢险队 150 人、物资运输队 80 人、治安专业队 20 人
红桥区	1400 人	9 支	抢救抢险队 200 人、消防防化救援队 100 人、医疗救护队 200 人、通信抢修队 50 人、工程抢险队 500 人、电力抢险队 100 人、物资运输队 100 人、治安交管队 100 人、水利抢险队 50 人
东丽区	1970 人	9 支	抢救抢险队 650 人、消防防化抢险队 100 人、医疗救护队 70 人、通信抢修队 80 人、工程抢险队 200 人、电力抢险队 70 人、物资运输队 300 人、治安交管队 400 人、水利抢险队 100 人
西青区	290 人	8 支	工程抢险抢修队 40 人、电力抢险抢修队 20 人、特种救援队 80 人、救护防疫队 20 人、通信保障队 40 人、物资运输队 20 人、治安交通管理队 40 人、水利抢险队 30 人
津南区	12881 人	10 支	地震灾害紧急救援队 6485 人。抢救抢险队 4985 人，消防防化抢险队 179 人，医疗救护队 22 人，通信抢修队 13 人，工程抢险队 60 人，电力抢险队 35 人，物资运输队 40 人，治安交管队 417 人、水利抢险队 45 人
北辰区	2700 人	10 支	地震灾害紧急救援队 200 人、抢救抢险队 800 人、消防防化抢险队 100 人、医疗救护队 200 人、通信抢修队 100 人、工程抢险队 300 人、电力抢险队 200 人、物资运输队 200 人、治安交管队 400 人、水利抢险队 200 人
武清区	9600 人	9 支	抢救抢险队 4930 人、消防防化队 200 人、医疗救护队 270 人、通信抢修队 75 人、工程抢险队 2750 人、电力抢险队 262 人、物资运输队 470 人、治安交管队 332 人、水利抢险队 311 人
宝坻区	3800 人	9 支	抢救抢险队 1000 人、消防防化抢险队 500 人、医疗救护队 200 人、通信抢修队 200 人、工程抢险队 600 人、电力抢险队 300 人、物资运输队 500 人、治安交管队 300 人、水利抢险队 200 人
蓟　县	6000 人	10 支	地震灾害紧急救援队 200 人、抢险抢修队 1000 人、消防防化队 200 人、医疗救护队 500 人、通信抢修队 200 人、工程抢险队 2000 人、电力抢险队 500 人、物资运输队 800 人治安交管队 300 人、水务抢险队 300 人
静海县	11460 人	10 支	抢救抢险队 9400 人、工程抢险队 270 人、电力抢险队 344 人、消防防化救援队 140 人、医疗救护队 200 人、通信抢修队 75 人、物资运输队 360 人、机动消防队 206 人、治安交管队 320 人、水利抢险队 145 人
宁河县	2430 人	10 支	紧急救援队 60 人、抢救抢险队 800 人、消防防化抢险队 150 人、医疗救护队 500 人、通信抢修队 100 人、工程抢险队 300 人、电力抢险队 150 人、物资运输队 100 人、治安交管队 120 人、水利抢险队 150 人
塘沽区	380 人	9 支	抢救抢险队 30 人、工程抢险队 30 人、电力抢险队 30 人、消防防化救援队 10 人、医疗救护队 100 人、通信抢修队 40 人、物资运输队 80 人、机动消防队 30 人、水利抢险队 30 人
汉沽区	4599 人	10 支	地震灾害紧急救援队 20 人、抢救抢险队 3325 人、消防防化抢险队 149 人、医疗救护队 300 人、通信抢修队 50 人、工程抢险队 440 人、电力抢险 100 人、物资运输队 100 人、治安交管队 100 人、水利抢险队 115 人
大港区	950 人	10 支	地震灾害紧急救援队 30 人、抢救抢险队 160 人、消防防化抢险队 80 人、医疗救护专业队 80 人、通信抢修队 30 人、工程抢险队 300 人、电力抢险队 30 人、物资运输队 120 人、治安交管队 60 人、水利抢险队 60 人

三、市地震局地震现场应急工作队

地震现场工作是一项紧急情况下的工作任务。要做好地震现场工作，关键在于平时的队伍建设和有关设备和装备的准备。

天津市地震应急现场工作队伍起源于20世纪80年代。在1983年制定的《天津市地震局备震措施》中，就规定了“现场地震工作队伍的组成和任务”和相应的“物资和设备”。

2000年3月15日，中国地震局印发《地震现场工作规定（试行）》，该规定对地震现场工作队的组成人员、职责和素质、人数、地震现场工作机构等作出明确规定。2000年9月19日，中国地震局印发《关于加强地震现场工作队伍建设的通知》，明确要求省级地震部门按照地震现场组织与管理、地震现场分析预报、流动观测、灾害损失评估、科学考察等工作，组建或充实地震现场工作队伍，制定或完善地震现场工作队伍管理制度，为地震现场工作队伍配备必要的技术和生活装备，并每年至少安排1次地震现场模拟演练。

2002年4月，为参加4月24日夜中国地震局组织的首都圈地区地震应急模拟演练，市地震局组建26人组成的地震现场工作队，其组成如下：指挥组3人、摄像组2人、灾害评估组2人、通信网络组3人、科学考察组2人、监测组5人、分析预报组1人、生活服务组3人、司机5人。

2004年，为及时有效地开展地震现场工作，市地震局组建现场协调通讯组、震害调查评估组、现场预报组、现场监测组、现场生活服务组10余人组成的市地震现场工作队，并由一名副局长负责。平时注重对现场人员的训练及业务培训，能做到“招之即来，来之能战”，做到震后30分钟内出发，迅速到地震现场开展地震工作。

2006年5月，根据中国地震局《关于进一步加强地震现场工作的通知》（中震发救〔2005〕126号）要求，结合市地震局地震现场应急工作实际，在广泛征求意见的基础上，对市地震局地震现场工作队人员进行调整和充实，将地震现场应急工作队员扩大到25人，并明确各现场工作组的职责任务（津震发〔2006〕56号），制定地震现场工作制度。

为贯彻中国地震局要求，市地震局先后制定包括：“天津市地震局地震应急现场设备管理办法”、“天津市地震局地震现场工作队工作制度”、“地震现场工作队职责”、“天津市地震局实施《地震现场工作规定（试行）》细则”等制度，加强地震应急现场工作队伍建设，规范地震应急现场工作队伍管理。

为提高现场工作能力和水平，2006年，市地震局加强对地震现场工作队伍设备、装备的配备。配备的主要设备、装备包括：短周期地震计、数字强震仪、数据采集器、图像采集卡、海事卫星电话、GPS手持机、逆变电源、雅马哈发电机、笔记本电脑、数字照相机、摄像机等专业装备21台套；应急灯、木把锹、折叠椅等公用装备31台套；睡袋、高筒雨靴、羊绒半大衣、背包等个人装备40台套。

为提高现场人员的工作能力和水平，2006年以后，市地震局有计划地加强对地震现场工作队伍的培训。

2006年9月，市地震局举办地震现场工作培训班，地震现场工作队队员、有关职能部门负责人及18个区县地震办公室的业务人员70余人参加培训。培训班以理论与实践相结合的培训方式，使学员学到了广泛、深刻、实用的地震应急现场工作知识，收获颇丰。特别是邀请具有地震丰富现场工作经验的哈尔滨工力所袁一凡教授讲课。袁教授以其亲身的地震现场工作经验和渊博的知识就地震现场工作内容、灾害损失评估内容及方法、科学考察等进行入浅出的讲解。

2008年4月，市地震局地震现场工作队通讯组成员及应急指挥技术系统运维人员进行为期3天的设备使用培训及系统运行演练，相关人员基本掌握包括卫星通讯、无线通讯、现场网络设备在内的地震现场应急指挥技术系统的使用，提高应急能力，取得明显效果。

2010年11月，市地震局组织地震现场应急工作队赴蓟县开展协作及体能训练，训练科目为陡峭的山地负重越野，旨在加强现场队各组之间以及组内人员协同合作能力，检验并提高现场队队员个人体能。

四、社区志愿者队伍

2003年3月31日，中国地震局地震灾害紧急救援工作协调办公室印发《城市社区地震应急救援志愿者试点工作研讨会议纪要》，推进社区地震应急救援志愿者建设工作。

天津市社区地震应急志愿者队伍建设起于2006年，汶川地震后，社区地震应急志愿者队伍得到大的发展。截至2011年年底，地震志愿者队伍已达73支6518人。

2006年，红桥区成立了天津市第一支社区地震应急志愿者队伍。2006年4月25日，中国地震局应急救援司副司长陈虹和红桥区人民政府副区长由明胜出席隆春里社区“防灾应急工作示范社区”揭牌仪式，并为隆春里社区防灾应急志愿者救援队授旗，隆春里社区的60名志愿者进行宣誓。

河西区是建立社区地震应急志愿者队伍最早的区县之一，2006年全区12个街道，每个街道均建立一支50人组成的防震减灾志愿者队伍，共计600人，2006年7月26日，在天津市纪念唐山抗震救灾30周年主会场（天津大礼堂广场）举行成立、授旗宣誓仪式。

汶川地震后，河北、和平、南开、东丽、北辰、宁河、宝坻等区县相继成立社区地震应急志愿者队伍。各区县社区地震应急志愿者队伍建设基本情况如下：

和平区：

2008年10月和平区成立街道志愿者队伍。全区6个街共有志愿者101人。2010年12月，对和平区街道志愿者队伍进行调整并增加社区志愿者，每个街道20名志愿者，每个社区100人，全区6个街道、62个社区共6320人。

河北区：

2007年7月27日，新开河街福家园社区成立20人的志愿者，对志愿者进行培训并播放《市民防灾减灾知识》等光盘。组织开展应急避震演练。2008年7月26日，月牙河街丹江里社区成立 20 人的志愿者队伍，常务副区长孙晓军为志愿者授旗并组织防灾应急志愿者进行对口培训、学习体验和演练。

河西区：

2004 年 7 月，鹤望里社区在创建防震减灾示范社区过程中，成立有社区党员、共青团员楼长及社区单位主管领导等参加的社区防震减灾志愿者队伍（125 人）。这是河西区建立最早的防震减灾社区志愿者队伍。2006 年，全区 12 个街道，每个街道均建立一支 50 人组成的防震减灾志愿者队伍，共计 600 人。2006 年 7 月 26 日，在天津市纪念唐山抗震救灾 30 周年主会场（天津大礼堂广场），举行成立、授旗宣誓仪式。

河东区：

2006 年 7 月 18 日，在全区 12 个街道办事处以街道防震减灾专业队为基础成立防震减灾志愿者队伍，平时编制 600 人，按《河东区社区志愿者地震应急训练工作计划》进行训练，震时按防震减灾预案扩编。

南开区：

2008 年 7 月 26 日，南开区成立第一支由 50 人组成的社区应急志愿者队伍，队伍名称为“社区应急志愿者队伍”。天津市副市长王治平为社区志愿者队授旗。截至 2009 年 5 月，社区应急志愿者队伍扩大到 12 支，每个街道成立 1 支社区应急志愿者队伍，每支队伍人数为 50 人。全区社区应急志愿者人员达到 600 人。各街道成立应急志愿者队伍以后，对志愿者信息进行登记造册，定期进行核对。

东丽区：

2008 年 8 月 28 日上午，天津市东丽区张贵庄街詹宾西里社区地震应急志愿者队伍成立授旗暨启动仪式在詹宾西里社区举行。詹宾西里社区地震应急救援志愿队伍共计 25 人，设队长 1 人，副队长 2 人，下设地震应急救援突击组，通讯、治安保障组，综合保障组，灾情速报组，医疗救护组，动物宏观异常观测组，防震减灾知识宣传教育组等 7 个组。为保证志愿者队伍地震应急工作的有序进行，制定《东丽区张贵庄街詹宾西里社区地震应急救援志愿队章程》。詹宾西里地震应急志愿者队伍是东丽区第一支社区地震应急志愿者队伍。

西青区：

2006 年 9 月，在张家窝镇田丽小区开展了防灾应急进社区活动，组建由社区居民为主的应急志愿者队伍，配备部分应急器材，志愿者队伍共计 30 人。

津南区：

2008 年 7 月，分别在小站镇、咸水沽镇、葛沽镇的 13 个社区成立了志愿者队伍，共 187 人。

北辰区：

2010 年区人防办联合区团委，在全区 9 个镇政府、4 个街道办事处各接受 10 名团员青年为志愿者。此项活动由各镇街团委组织，自愿报名参加，人员总数 130 人。

武清区：

2008 年，武清区成立社区志愿者队伍。在城区 28 个社区居委会共招募志愿者 4389 人。

宝坻区：

2010 年 6 月，区政府在乡镇街成立社区应急志愿者队伍，由乡镇（街）分管领导、各部门工作人员及村（居委会）负责人组成，共 24 支，3947 人。同时，制定《社区志愿者地震应急救援训练与考核大纲》。

蓟县：

2008 年 7 月，蓟县志愿者队伍成立，8000 人，队伍 10 支。

宁河县：

2008 年 7 月 30 日，光明社区地震应急救援志愿者队伍成立，队员 20 人；这是宁河县第一支社区地震应急志愿者队伍。2010 年 5 月 12 日，华翠社区地震应急救援志愿者队伍成立，队员 20 人。宁河县华翠社区举行社区地震应急救援志愿者队伍授旗仪式，副县长杨霞为志愿者队伍授旗并讲话。县科委、县地震办等有关部门负责同志出席活动。

第二节　灾情速报网建设

灾情速报网是指在震时能够在短时间内快速报告并接收地震灾情信息的网络，由速报员、速报平台组成。地震灾情速报网络建设是地震应急工作的重要环节，对于及时、准确速报灾情具有重要作用，是地震应急准备的重要工作。

天津市灾情速报网建设始于 20 世纪 90 年代，经过 20 年的努力，到 2010 年，已经建立包括区（县）、街（乡镇）、居委会（村）三级地震灾情信息速报人员网络和市、区县两级速报平台。2008—2009 年还建设完成“12322”热线和“12322”短信息平台。

“12322”热线和“12322”短信息平台是两个重要的速报平台。“12322”是全国统一的防震减灾公益服务热线和短信息号码，具有为社会公众提供防震减灾咨询服务、发布地震震情、应急公告以及接受地震灾区群众报告震情灾情等功能，是天津市防震减灾工作面向社会、服务公众的重要窗口，对提高社会公众的防震减灾意识和应急避险能力，促进天津市地震应急能力建设具有重要作用。

一、灾情速报网络建设

1999 年 8 月 21 日，中国地震局（中震发测〔1999〕279 号）印发《地震灾区速报规定（试行）》，明确要求各地区“建立能够覆盖辖区范围内的地震灾情信息速报人员网络”。2010 年 8 月 3 日，中国地震局印发《地震灾情速报工作规定》(中震救发〔2010〕67号),专门设章对地震灾情速报网建设作出细致的规定。

为贯彻《地震灾情速报规定(试行)》,加强地震灾情速报网络建设,市地震局于1999年11月11日印发《天津市地震局实施〈地震灾情速报规定(试行)〉细则》,该细则规定,"各区、县地震办公室应结合地震宏观网点、宣传教育网点等的建设和发展,组建地震灾区信息速报人员网络"。2005年5月12日,市地震局津震发〔2005〕63号文印发经修改的《市地震局实施〈地震灾情速报规定(试行)〉细则》,在印发通知中要求,各地办的地震灾情速报预案中"应包括灾情速报网络及人员通讯联络方式"。该细则规定"各区、县地震办公室要按照统一规划、合理布局的原则,结合地震宏观网点、防震减灾宣传教育网点等的建设和发展,建立覆盖辖区范围的区(县)、街(乡镇)、居委会(村)三级地震灾情信息速报人员网络,与此同时,还应与驻区的大型企事业单位建立起信息沟通联络机制。"

为贯彻《地震灾情速报工作规定》,市地震局于2010年11月25日印发《天津市地震局实施〈地震灾情速报工作规定〉细则》。该规定设章对灾情速报网建设作出新的要求,明确"市灾情速报网由地震灾情速报员和区县、市两级地震灾情速报平台构成",重点明确灾情速报员和灾情速报平台的职责任务和建设要求。

根据市地震局的统一部署,各区县地震办公室进行具体的实施工作。截至2004年,形成市、区县、街(乡、镇)、居委会(村)四级约2000人的灾情速报网络。各区县灾情速报网络建设基本情况如下:

和平区:

2008年6月4日,制定《关于健全和完善和平区震害预防"三网一员"机制的实施方案》和《和平区震害预防"三网一员"工作制度》。

2008年7月26日,区政府常务会通过《关于健全和完善和平区震害预防"三网一员"机制的实施方案》和《和平区震害预防"三网一员"工作制度》。

2008年8月12日,区地震办组织召开"三网一员"建设工作部署会。健全和完善区、街、社区"三网一员"机制,部署落实"三网一员"人员工作。

2008年11月,制定和平区《防震减灾"三网一员"工作手册》。确定和平区防震减灾助理员每个街道1人,全区共6人;防震减灾知识宣传员每个街道1人,每个社区1人,全区共68人;宏观异常观测员每个街道1人,每个社区一人,全区共68人;地震灾情速报员每个街道1人,每个社区1人,全区共68人。全区6个街道,62个社区,防震减灾"三网一员"队伍共210人,"12322"地震灾情短信息速报员全区共78人。

2008年11月22—23日,组织召开"和平区防震减灾三网一员培训班"。

2009年10月13—14日,组织召开"和平区防震减灾三网一员培训班"。

2009年12月,修订和平区《防震减灾"三网一员"工作手册》。"三网一员"数量保持不变，人员进行重新调整。

2010年，对和平区防震减灾“三网一员”队伍进行了调整，全区“三网一员”队伍共210人，12月16—17日组织召开“和平区防震减灾三网一员培训班”。对防震减灾“三网一员”人员进行培训。

河北区：

1999年建立灾情速报网络，由16个街居委会主任组成。2000年街道调整合并为10个街有170人组成。2004年每次换届后根据人员变化及时调整速报人员。截至2011年8月，全区共有地震灾情速报员680人。

河西区：

1999年初步建立，2005年完善，灾情速报人员275名，2010年重新核对、调整，现有灾情速报员197名。

河东区：

1999年建立，2006年完善，包括：防震减助理员、灾情速报员、应急志愿者共137人，相关资料编辑成表册存档。2010年2月19日重新核对调整登记。确定区防震减灾助理员每个街道1人，全区共12人；防震减灾知识宣传员每个街道2人，全区共24人；宏观异常观测员每个街道2人，全区共24人；地震灾情速报员每个社区1人，全区共149人。

南开区：

南开灾情速报网建立于1999年，2004年、2008年、2009年对灾情速报网进行了调整。网络结构为：区地震办公室主任总负责；每个街道由一名副主任或副书记负责本街道灾情速报工作，设一名灾情速报助理员，由武装部部长担任；每个居委会设1—2名灾情速报员。建立灾情速报网以后，对灾情速报人员进行个人信息登记汇总，定期进行个人信息核对。

1999年10月，区地震办制定《灾情速报管理办法》，2005年3月、2009年2月分别对《灾情速报管理办法》进行修订。《灾情速报管理办法》明确地震灾情速报人员职责、任务和速报程序。

2005年4月12日，对地震灾情速报人员进行培训与辅导，提高速报人员的业务技能。

东丽区：

2007年东丽区建立了震害预防“三网一员”机制，2008年建立东丽区灾害预防“三网一员”的机制，并登记所有工作人员的名单，共计9个街道173人。

西青区：

按照津震发〔2008〕53号文《关于继续做好“三网一员”建设的通知》要求，西青区印发《关于做好防震减灾工作“三网一员”建设的通知》，对做好全区的地震群测群防工作，加强防震减灾助理员队伍建设，完善地震宏观测报网、地震灾情速报网、地震知识宣传网体系建设提出要求，明确规定每个街镇至少配备1名有文化、懂科技、责任心强的人员作为防震减灾助理员，配合区地震部门做好防震减灾工作，每个村、居委会挑选1—2名责任心强、热心公益活动人员作为防震减灾应急志愿者和灾情速报员，选择有一定养殖规模养鸡场、养牛场以及鱼塘等作为动物宏观测报点，逐步形成群测群防网络。全区“三网一员”达到180人。

津南区：

2005年，组建由各镇政办主任和相关委办局、各村委会主任组成的津南区地震灾情速报网络。2009年，对地震灾情速报网进行调整充实和完善，建立区、乡镇（街）、村（街）、居委会三级地震灾情信息速报网。

为贯彻落实《市地震局实施〈地震灾情速报规定（试行）〉细则》，2005年 月 日津南区政府印发《津南区地震灾情速报预案》，建立区、镇、居委会（村）三级地震灾情速报网络，于2005年7月29日举办由9个街镇及区相关委局共22个单位参加的地震灾情速报员培训班。市地震局应急救援专家就灾情速报内容、速报工作的重要性、速报员工作职责、怎样做好灾情速报、地震基本知识、城市地震灾害等进行讲解。区地震办的有关人员还就《津南区地震灾情速报预案》中的有关要求进行说明。地震办向每位灾情速报员颁发证书，并印发有关的业务资料。

北辰区：

1998年组建由12个乡镇动物宏观哨观测员及水井测报点测报员共计26人组成的北辰区地震灾情速报网络。2004年对地震灾情速报网进行调整充实。2008年建立区、镇街、村居三级地震灾情信息速报网。截至2009年年底，全区共有地震灾情速报员219人。

武清区：

1999年，组建由各乡镇科技乡镇长和各测报点测报员共计43人组成的武清县地震灾情速报网络。2005年1月，武清区政府办公室转发区地震办公室拟定的《武清区地震办公室地震灾情速报工作预案》。按照《武清区地震办公室地震灾情速报工作预案》要求，武清区地震办公室对地震灾情速报网进行调整充实和完善，建立区、乡镇（街）、村（街）、居委会三级地震灾情信息速报网。2008年，2010年多次对地震灾情速报人员进行调整，截至2010年年底，全区共有地震灾情速报员927人。

宝坻区：

2010年12月，根据《天津市地震局实施〈地震灾情速报工作规定〉细则》（津震发〔2010〕91 号）文件精神，重新修订《宝坻区地震灾情速报预案》，同时，建立宝坻区灾情速报网络，覆盖全区24个乡镇（街）和760个村（居委会），共有灾情速报员781人。

蓟县：

2005年，初步建立乡镇街道地震灾情信息速报网，每个乡镇街道设立一名灾情速报员。2008年7月，县政府转发县地震办公室拟定的《蓟县防震减灾“三网一员”建设工作方案》（蓟县政办〔2008〕22号），对“三网一员”进行调整充实和完善。全县每个乡镇政府、街道办事处都设置1名防震减灾助理员（分管科技工作副职担任），全县各乡镇街、居委会设置地震宏观测报员、地震灾情速报员、地震知识宣传员各1名。截至，全县共有防震减灾助理员27人，三网人员964人。

从 2005 年开始，每年对 27 名灾情速报员进行一次防震减灾知识培训。

静海县：

1999 年，组建由各乡镇宣传委员和各测报点测报员共计 38 人组成的静海县地震灾情速报网络。2005 年，对地震灾情速报网进行调整充实和完善，建立县、乡镇、村地震灾情信息速报网。2008 年，2010 年多次对地震灾情速报人员进行调整，截至 2010 年年底，全县共有地震灾情速报员 418 人。

宁河县：

1999 年，组建由主抓科技工作的副乡镇长、乡镇政府办公室主任及测报点测报员共计 29 人组成的宁河县地震灾情速报网络。2005 年，对地震灾情速报网进行调整充实和完善，建立县、乡镇（街）、村（街）、居委会三级地震灾情信息速报网。2008 年，2010 年多次对地震灾情速报人员进行调整，截至 2010 年年底，全县共有地震灾情速报员 850 人。

汉沽区：

2007 年 10 月 31 日上午，汉沽区地震办举办对区内街道办、社区居委会地震灾情速报员业务培训活动，来自汉沽区各街办事处、社区居委会主管领导以及具体负责此项工作的同志 40 人参加培训。培训班主要对中国地震局《地震灾情速报规定（试行）》和市地震局《地震灾情速报规定（试行）细则》的主要内容、要求作了解读。参加培训的人员通过学习，提高防震减灾意识，掌握速报工作技能，受到防震减灾知识的教育。

塘沽：

塘沽灾情速报网建立于 2009 年，2011 年进行调整。网络由 12 个街、镇辖区内的 116 名联络员组成。网络结构为：区地震办公室主任总负责；每个街道由一名副主任或副书记负责本街道灾情速报工作，由武装部部长担任灾情速报助理员；每个居委会设 1 名灾情速报员。建立灾情速报网以后，对灾情速报人员进行个人信息登记汇总，定期进行个人信息核对。

大港：

2009 年 10 月 26 日上午，大港区地震办对辖区内的街道办、社区居委会的灾情速报员业务培训，来自区内各街道办事处居委会领导以及具体负责此项工作的 26 名人员进行培训。培训班主要对天津地震局《地震灾情速报规定（试行）》和市地震局《地震灾情速报规定（试行）细则》的主要内容、要求作了解读。参加培训的人员通过学习，提高防震减灾意识，掌握速报工作技能。

二、“12322”防震减灾服务热线建设

“12322”防震减灾公益服务热线主要用于向社会公众提供防震减灾咨询服务和防震避震常识普及宣传，地震后发布震情公告、稳定社会、收集灾情；还可以接收社会公众报告的各种与地震相关的信息以及公众对防震减灾工作提出的意见和建议；通过接收的宏观异常报告为地震预测预

报提供信息；通过震时快速发布震情消息，稳定社会秩序；通过震后接收灾情报告，快速确定灾情的影响范围，为各级领导的应急指挥决策提供依据。

（一）“12322”服务热线功能

1. 实现公众只需要记住全国统一电话号码——“12322”，手机、固话和小灵通用户均可直接拨打。系统按照属地化原则将公众呼叫分配到最近的地震部门服务座席。实现平时和震时双版本自动应答内容的切换，平时用于向公众提供防震减灾咨询与科普服务，震时用于收集和发布震情灾情和稳定社会。

2. 通过网通现有的虚拟呼叫中心资源，配置人工座席的普通电话、座席电脑终端和宽带网络，实现本地区域中心服务功能。可进行多级语音自动服务，并可通过软件转为人工座席电话终端（固定电话、小灵通和手机）服务。

3. 具有震时应急快速切换和扩容机制。在应对地震突发事件时，系统播放地震紧急自动语音，内容包括地震信息和避震知识。还可通过增加自动语音播报座席或人工座席来解决话路激增的问题。

4. 通过全国呼叫中心平台，实现全国各地座席协作联动和防震减灾知识库共享。“12322”服务热线以中国网络数据以及语音网络为基础构建，通过虚拟呼叫中心服务应用平台将基础网络与地震系统第三方应用有机整合。以充分发挥“12322”防震减灾公益服务热线防震减灾知识宣传的社会作用，获取公众对防震减灾事业的意见和建议，更好地提高地震灾情速报和应急响应能力。

（二）“12322”服务热线技术方案

1. 在虚拟呼叫中心技术平台上，通过人工座席软件，实现将呼叫从自动语音服务转为人工座席服务。座席电话终端拟安装在二楼震情值室内，由分析预报中心进行日常管理与维护。

2. 座席端使用普通 PC 机，安装网通虚拟呼叫中心的座席端软件，座席端电脑和座席电话一起构成市地震局“12322”热线座席端的工作环境。PC 机的配置要求：主频：1.25G 以上，内存：1G，硬盘：80G，预装微软的 Windows XP 操作系统。

3. “12322”热线的座席端与呼叫中心平台通过市地震局互联网专线连接。

4. 防震减灾知识库包含地震科普、政策法规、特殊时段回答口径、重点地区地震背景、投诉和建议处理流程等信息。中国地震构建全国的防震减灾知识库，供各省（市、区）地震局间共享。市地震局的防震减灾知识库的初期建设，包含天津市地震地质情况、地震活动背景、政策法规等信息。

（三）“12322”服务热线组织实施

2008 年 8 月 18 日，市地震局组织有关人员参加中国地震局召开“12322”防震减灾公益服务热线建设部署工作视频会议，认真听取“12322”防震减灾公益服务热线功能设计、技术方案、工作部署，会后组织编制天津市“12322”防震减灾公益服务热线建设方案。

2008 年 10 月 24 日，中国地震局震灾应急救援司召开“12322”防震减灾公益服务热线试点工作会议，天津、山东、河南、广东、广西、海南等省级地震局参加了按会议，市地震局按部署进行了相关的试点工作。

2008 年 12 月，局地震局先后派出两批共计 8 名工作人员参加中国地震局组织的“12322”防震减灾公益服务热线培训班，全面的学习了“12322”防震减灾公益服务热线建设方案和功能要求、“12322”系统的应用与管理、防震减灾知识库与座席工作软件操作、座席人员应答技巧培训。

2009 年 1 月 5 日，市地震局将启用“12322”公益服务电话号码的方案在市通信管理局正式备案（通信管发〔2009〕1 号）。备案后，积极与中国联通天津分公司沟通商洽，于 2009 年 3 月 1 日正式与中国联通天津分公司签订座席租赁协议。

2009 年 3 月 1 日至 2009 年 4 月 20 日，市地震局组织“12322”服务热线软硬件配置和制度制定等有关工作，内容包括：明确将“12322”的工作座席设在“地震应急信息中心”，话务员由该中心的人员承担；配置电脑、显示器等硬件设备；建设“12322”本地知识库；成立专家咨询团队；制定话务员的工作流程和值守规定等制度；并开展“12322”防震减灾公益服务热线开通的宣传。为确保正式开通的质量，市地震局于 2009 年 4 月 28 日至 5 月 8 日在地震系统内部开通运行并测试。

2009 年 5 月 8 日下午 3 时，天津市“12322”防震减灾公益服务热线正式开通。市地震局局长赵国敏及有关部门负责同志、天津市突发公共事件管理委员会办公室主任周键及有关部门负责同志，中国联合网络通信集团天津分公司总经理王金森、副总经理巩颖及有关部门负责同志出席开通仪式。天津电视台、晚报、北方网、新报、快报、电台共 6 家媒体宣传报道此次活动。

2011 年 6 月 28 日，根据中国地震局《“12322”防震减灾公益服务热线管理办法（试行）》（中震救发〔2011〕43 号），制定《天津市“12322”防震减灾公益服务热线管理办法（试行）》。该管理办法明确“12322”热线由应急救援处统一管理，地震应急信息中心负责“12322”热线日常运行和维护工作，监测预报处、震害防御处、应急救援处分别负责提供“12322”热线知识库所需的相关内容。并对“12322”热线工作规范、例会、培训与考核等方面做出了具体的规定。该管理办法为进一步规范“12322”防震减灾公益服务热线的各项工作，提高服务质量和服务效率提供制度保障。

三、地震灾情短信息速报平台建设

2008 年 5 月 4 日，中国地震局（中震救发〔2008〕62 号）《关于启用“12322”全国地震灾情短信息速报平台的通知》，明确中国地震局依托防震减灾公益服务“12322”号码建设全国统一的地震灾情短信息速报平台，对地震灾情短信息速报平台启用的准备工作、测试安排和启用要求提出了意见。

“12322”短号码是 2007 年 11 月原信息产业部为中国地震局核配的公益服务短号码，“12322”短信息平台在中国移动的大力支持下，实现了“统一组网，统一管理”全新的全国一体化虚拟组网的热线建设方案，实现了全国地震部门的应急联动。

“12322”短信平台是“12322”全国防震减灾公益服务号码的一个重要业务，它作为市地震局的信息传递平台，是天津市地震系统强化社会管理、拓展公共服务的重要载体。

“12322”短信平台2008年接入天津市。截至2013年，“12322”短信平台已完成包括天津市地震系统、天津市防震减灾工作领导小组成员单位、各区县政府、委、办、局、直属单位，地震灾情速报员等服务对象共3480名、21个组的通讯信息的录入工作，并完成系统和数据的更新备份工作。

（一）12322短信平台系统配置

“12322”短信平台系统是MAS系统的重要组成部分之一。在该系统里，管理员和用户可以完成短消息和彩信下发业务，可以实现对企业和个人手机终端的单发、群发、点点通业务，并且提供对发送和接收的短消息、彩信的查询和记录统计的功能。同时，管理员还可以设定和维护企业信息，对系统参数进行配置。

“12322”短信平台系统包括以下方面的操作：短信邮箱、彩信邮箱、常用业务、个人设置、系统管理、系统配置和统计报表。

系统配置情况如下：MAS（Mobile Agent Server），即移动代理服务器将行业客户的各类应用与移动通信业务应用集成结合，实现SMS（Short Message Service，短消息服务）、KJAVA（Kilobyte Java，以千字节为单位运行的Java程序）、USSD（Unstructured Supplementary Service Data，非结构化补充业务数据）、MMS（Multimedia Messaging Service，多媒体信息服务）、WAP（Wireless Application Protocol，无线应用协议）等方面的移动数据应用，是移动数据业务行业侧接入网元。它在企业自身数据库系统、IT系统和移动运营商的移动网络之间建立一条方便快捷并且相对安全的信息通道。

“12322”移动代理服务器正是针对移动数据业务的行业应用所存在的共性问题设计开发的产品。“12322”移动代理服务器提供通用的平台接口方式，便捷、灵活地与企业现有的办公、应用系统集成结合，以移动数据业务为媒介进行信息的收发双向传递和交互式传递，满足企业信息化、个性化、移动化的办公需求。

（二）“12322”短信平台天津市的使用情况

自2008年使用以来，“12322”短信平台在地震灾情信息的收集发送、重大应急演练以及内部的通讯检查等方面发挥了重要作用。

几年来，在天津市区域内发生有感地震及周边地区发生强有感地震波及天津市的地震事件处置中，该号码承担了地震局与社会公众之间的桥梁和纽带作用。“12322”短信平台在2012年5月28日唐山4.8级地震中发送短信15709条，通过平台得到有效灾情回复短信数百条，地震系统工作人员从“12322”短信平台的灾情收集信息更快捷地了解地震对各区县的影响情况。

“12322”短信平台也在日常指挥技术系统运维演练、首都圈应急演练以及通讯检查工作等多次实践中得到了测试性的使用。通过测试及日常运维，该平台目前运行良好。

第三节　应急指挥系统建设

应急指挥系统指建立在计算机技术、信息技术和系统工程方法基础之上，对地震应急指挥所需的信息实现信息收集、储存、传递、处理自动化功能，把指挥、控制、通信、信息有机地结合在一起，保障对地震应急工作实施指挥和控制的系统。

震后快速正确的地震应急指挥除了指挥员和指挥机构功能的发挥之外，重要的是必须有与科学技术水平相适应的应急指挥手段。地震应急指挥系统是地震发生后实施高效、有序的应急指挥的物质和技术保障。

天津市政府、中国地震局十分重视地震应急指挥系统建设，从“九五”开始，将地震应急指挥系统建设纳入工程项目计划，持续地开展地震应急指挥系统建设，不断提高地震应急指挥系统的水平。

天津市应急指挥系统建设按时间分为三个阶段。“九五”时期被列入“首都圈防震减灾示范区工程”，名称为“天津市地震应急指挥系统建设”；“十五”时期被列入“天津市数字地震观测网络项目”，项目的名称为“地震应急指挥分项建设”；“十一五”时期被列入“天津市地震安全基础工程——地震应急救援基础设施建设”，项目的名称为“地震应急响应系统建设”。另外，“十一五”项目还包含“滨海地震应急指挥平台建设”。

一、首都圈防震减灾示范区工程天津市地震应急指挥系统建设

1998 年 8 月，中国地震局会同北京市、天津市、河北省人民政府共同组织实施首都圈防震减灾示范区工程。地震应急指挥系统是该工程的八大工程之一。首都圈地震应急指挥系统分为三个层次，即国家应急指挥系统，北京、天津、河北三个省级指挥系统和石家庄、唐山等八个市级地震应急指挥系统。国家和省级地震应急指挥系统在技术上包括地震现场震情和灾情快速获取系统、地震应急指挥中心、震害快速评估与辅助决策系统三个层面。

1999 年 7 月至 2001 年 11 月，市地震局完成“天津市地震应急指挥系统”建设。该系统是“首都圈防震减灾示范区系统工程天津市分项工程”的子项工程，由地震现场震情及灾情获取系统、地震应急指挥中心系统和震害快速评估与决策系统三部分组成。

（一）天津市地震现场震情及灾情获取系统

市地震局作为主要设计单位参加“首都圈地震现场震情及灾情获取系统”总体设计。天津市首都圈地震现场震情及灾情获取系统工程按首都圈统一设计实施，负责系统采购、集成和试验工作。工程开始于 1998 年 11 月，结束于 2001 年 7 月。市地震局成立项目组负责系统集成和试验。

1. 系统构成

天津市首都圈地震现场震情及灾情获取系统工程建设主要包括地震现场指挥通信网络系统、地震现场动态图像传输系统和野外流动调查装备系统三项基本子系统。

地震现场指挥通信网络系统的功能是，当震时常规通信设施通遭到破坏，语音和数据通信中断时，解决地震现场与上级指挥中心在任何地点、任何时间的通信联络。

地震现场动态图像传输系统的功能是，把现场最前沿地区的震情、灾情和社情的动态图像传输给远端的指挥中心。

野外流动调查装备系统的功能是，协助调查人员完成地震灾害调查、信息收集以及野外考察任务。

2. 实施过程

项目组先后进行技术设备规格调研；图像及视频的采集、压缩、存储与传输技术方案选择，特别是在窄带宽下的视频实时传输方案。对 4 种硬件产品的通信传输试验，进行底层软硬件结合的二次开发，取得可靠的技术数据，为系统集成完成最主要的工作。其中主要有：

（1）野外地震现场仪器设备主要技术规格调研、考察，为设备招标提供技术规格指标；

（2）视频实时采集、压缩、存储卡（AV—8）与传输技术及软件研制开发；

（3）CTI 视频远程实时传输的 ISDN 和卫星信道的在线搭载通信试验；

（4）QRS 远程图像自动传输系统的开发、技术资料翻译、界面汉化、功能测试和远程传输试验；

（5）Intel Proshare Video System 500 视讯会议软件的传输测试，进行远程拨入“中兴”会议电视终端，为供货集成商选定为现场装备之一。

（6）多信道远程传输通信软件开发和测试，包括 PSTN、ISDN、Inmarsat、GSM 和无线扩频网络。

3. 主要成果和社会效益

该系统集现代通讯技术、GIS 技术和计算机信息处理技术于一体，实现破坏性地震发生后的地震现场灾害损失快速、动态评估和发送，实现现场震情、灾情动态图像、静态照片等信息的存储转发和实时传输，为上级领导和技术专家及时、真实了解地震现场震情、灾情和社情提供技术保障，为抗震救灾提供技术科学决策。确保首都圈发生强震后进行有效的地震快速应急响应，同时也对于全国地震部门、地震重点监视区人民政府提供了示范样板。系统的主要特色如下：

（1）具有“可靠易通、多信道、全天候保障”的通信链路，构造了地震现场与后方可靠通信链路，保证前线同后方的可靠及时的联系，突出了野外移动作业特点。

（2）胜任图像特别是动态的数字视频的传输发送，不仅具备高效率的对各类数据信息的存储转发能力，而且在 64Kbps 的窄带宽下，可以进行双向的视音频通信，是对于以前研制、推广的“地震现场动态图像传输系统”性能的一个重要的性能扩展和提升，具有推广示范意义。系统的建设竣工，显著提高现场应急考察工作的技术含量和快速反应能力和争得抢险救灾的黄金时间，提高地震工作对政府和社会公众的显示度。

（3）完成基于多信道保障机制通信软件，研制并采用了符合 TCP/IP 协议的通信软件，用客户机／服务器（Client/Server）方式，迅速实现 FTP 方式的文件上、下载。实现点到点（P to P）双向实时通信，互发会话短信息。系统在传输图像同时，自动检测现场人员用系统预置格式快速填写的描述说明文件。

（4）系统地提出对数字视频和图片进行高效二次压缩“瘦身”处理，具有重要的应用价值。对视频及图像图形文件进行有效的二次压缩处理，可以数倍、十余倍地精简文件体积，且图像质量不受到明显影响，达到事半功倍的效果。文件体积的大幅度“缩水”“瘦身”，客观上达到有效增加信道带宽的效果。

（二）天津市地震应急指挥中心建设

天津市地震应急指挥中心（又名：天津市防震减灾指挥中心）工程，开工于 1999 年 11 月，竣工于 2001 年 7 月底。指挥大厅设在天津局新扩建办公楼七层，面积约 260 平方米（包括操作室）。工程建设按照“首都圈防震减灾示范区地震应急快速响应系统工程技术设计书”的要求实施。市地震局成立应急指挥中心项目组负责项目的实施。项目组成员为：马少强、李刚、李振兴、吕自新、高逊、周利霞。

1. 工程建设内容

（1）硬件设备建设

1）指挥中心大厅及音响、灯光、会议系统。在指挥大厅内，安装有 Bose 会议音响一套，Sony VPL—PX30 液晶投影机一台，Pelco SD5DC—F1—X 全方位自动定焦摄像头三个，150 英寸电动玻珠幕布一块，Toshiba53 英寸背投两台，Olympus E－10 数码照相机一架。指挥大厅的控制室内安装有全套的音响、视频控制系统，用于控制整个大厅内的音响、视频系统。

2）服务器。在指挥中心内，安装有一台 Sun Enterprise250 服务器，配置为 2 个 400MHz 2M 缓存的 UltraSparc CPU，1G 内存，2X36G SCSI 内部存储器，8X73G 磁盘阵列，DVD—ROM，1000MSX 光纤网卡。此服务器作为指挥中心的分布式数据库服务器使用，建立天津市地震局的数据信息管理系统，包括各种地震数据的存储、备份等，为局内各中心、台站、地办以及全国地震系统提供相应的数据服务。

3）工作站及微机。在指挥中心内，安装有 GIS 开发工作站、图形工作站各一台，波形显示微机 1 台，日常办公微机 1 台。图形工作站主要用于处理指挥决策时的图形显示、编辑、打印等工作。波形显示微机主要用于与测震台网的数据通讯。日常办公微机主要用于指挥中心的日常办公。

4）输入输出系统。安装有一台 Lexmark w810 网络黑白激光打印机，安装有一台 Hp 3400C 型扫描仪。

5）不间断电源系统。由于局办公大楼安装有备用发电机，所以指挥中心只安装了一台 3KVA/2H

的 UPS 电源，主要供计算机设备使用。

6）数据库与 GIS 平台。指挥中心基于 GIS 平台的震后快速评估与辅助决策系统建立在 ArcInfo8.1 上，数据库系统采用 SQL Server2000，库中装有 1：50000 的天津市电子地图，为震后快速评估与辅助决策系统使用。

7）其他办公设备。指挥中心还安装有复印机一台，传真机一台、无绳电话十部等，供应急指挥使用。

（2）软件研制

根据天津市地震应急指挥中心需要，编制了相应的软件——《首都圈地震应急快速响应系统天津市地震应急指挥中心软件系统》，它在地震应急指挥中心负责所有地震信息（包括测震、强震、前兆、分析会商、新闻发布、灾情快速评估、震后趋势判定、地震现场评估、地震现场灾情、震前宏观、Apnet 数据等）的查询、显示、控制等。主要包括如下部分：

1）地震应急数据库。存放在 Sun E450 服务器上，为 Mysql 数据库，其中包括地震应急工作中所用的所有数据。包括地震事件记录表、强震事件记录表、地震宏观信息表、地震事件灾情评估结果表、地震事件震后趋势结果表、公众新闻发布信息表等内容。

2）地震事件入库与查询软件。为 Web 式工作软件，由操作人员通过网页连接到地震应急数据库，将地震事件的基本参数录入到应急数据库中，另外本软件有查询功能，可分类查询数据库中的所有记录。

3）强震事件入库与查询软件。为 Web 式工作软件，由操作人员通过网页连接到地震应急数据库，将强震事件的基本参数录入到应急数据库中，另外本软件有查询功能，可分类查询数据库中的所有记录。

4）震前的宏观信息录入与查询软件。由操作人员通过网页连接到地震应急数据库，将宏观信息内容录入到应急数据库中，另外本软件有查询功能，可分类查询数据库中的所有记录。此软件为 Web 式工作软件。

5）前兆数据接口软件。由于前兆台网已经有完整的数据获取、入库、查询、分析、处理软件，所以应急指挥中心中，只建立与前兆中心软件的接口。通过接口软件，可以在指挥中心调用、查询相应的前兆数据。此系统在 Windows 2000 下工作。

6）地震事件检测与报警系统启动软件。主要的功能是自动检测地震应急数据库中地震事件的更新，在检测到新的地震事件时，进行相应的判断处理，如果达到启动应急系统的条件，则该软件将启动所有注册到系统中的应急软件，如地震应急寻呼系统、震后快速评估与辅助决策系统、震后趋势判定系统等。此系统在 Windows 2000 下工作。

7）地震应急寻呼系统。在地震发生后，通过地震事件检测与应急系统启动软件自动启动执行。它完成对应急人员的自动寻呼，发布应急指令等功能。此系统在 Windows 2000 下工作。

8）震后快速评估与辅助决策系统接口软件。震后快速评估与辅助决策系统已经建立完成，安装于指挥中心的 GIS 工作站中，本系统中所建立的接口软件，负责在地震发生后为启动本系统建立相应的数据文件，同时负责在震后快速评估与辅助决策系统工作完成后，将存储在 GIS 工作站中的评估与辅助决策结果调到地震应急数据库中。此系统在 Windows 2000 下工作。

9）震后趋势判定系统接口软件。震后趋势判定系统已经建立完成，安装于指挥中心的应急工作站中，本系统中所建立的接口软件，负责在地震发生后为启动本系统建立相应的数据文件，同时负责在震后趋势判定系统工作完成后，将存储在应急工作站中的判定结果调到地震应急数据库中。此系统在 Windows 2000 下工作。

10）地震现场反馈信息软件。地震现场反馈信息软件，完成对《地震现场图像传输系统》现场反馈信息的数据入库工作，同时有相应的回放、显示功能。此系统在 Windows 2000 下工作。

11）公众新闻发布录入系统。公众新闻发布系统已经建立完成，此系统是为了完成更为广泛的新闻发布任务，它将设计成可以生成任何文字的 Web 格式文件生成系统，以便在地震应急工作时，可以更为简单的发布任何地震消息等。此系统在 Windows 2000 下工作。

12）灾情跟踪录入与显示系统。灾情跟踪录入与显示系统完成在地震发生后，对所有上报的灾情进行信息的录入工作，在工作人员录入参数到数据库中时，相应的结果会自动的显示在终端设备（大屏幕投影）上。

13）救灾组织体制、领导机构组成、联络方式显示系统。完成震后救灾组织体制、领导机构组成、联络方式的显示，方便应急工作领导对各方面做出协调、调度、指挥工作。

14）指挥电话号码查询系统。完成对应急人员、各级领导、相关单位等应急指挥电话的查询。

15）Apnet 网络连接系统。通过网络中心，完成应急指挥中心与 Apnet 网络的连接，及数据、震情、灾情、会商意见的上、下载功能。

16）分析预报中心会商意见存储系统。通过网络中心，完成对市地震局分析预报中心各种会商意见集中存储与管理，便于在应急指挥时领导、专家查阅各种会商意见。

17）其他软件与接口。建立一些通用软件与接口，以使一些无结构信息完成入库工作。

18）地震应急指挥中心总控软件。完成对以上所有软件的协调、调用、显示工作，使整个应急工作可以在一个系统上完成。对于各系统完成的评估结果、辅助决策信息、震后趋势判定等结果，以及会商意见、Apnet 数据等能够自如调用，同时对于各系统的相关处理分析软件可以灵活调用。

2. 实施过程

2000 年 7 月，指挥中心开始进行设备采购与安装。指挥中心建设采取边购置、边安装、边调试的方式进行。先后购置了 Bose 会议音响系统、Sony 投影机、Pelco 定焦摄像头、150 英寸 Dalite 幕布、TOSHIBA53 英寸背投、Olympus 数码相机、Sun E250 服务器、SGI500 工作站、Dell 微机、Lexmark 打印机等。2001 年 7 月，指挥中心将其他办公设备，如复印机、传真机、无绳电话安装到位等。整个中心全部设备是在 2001 年 7 月，在 Sun E250 服务器安装完成后完成的。在分析预报中心安装了远程会商系统后，指挥中心与其进行连接与测试。

在软件的编制中，指挥中心通过网络中心与各个中心都进行相应的连接与测试，保证软件设计功能的实现，实现数据的共享。

3. 主要成果与社会效益

指挥中心在建设完成后，实现项目设计书的所有要求，可以在发生破坏性地震时及稍后一段时间内为天津市政府的救灾指挥决策提供信息支持、判断依据和指挥场所。

在建设中，对于音响系统、视频系统、会议系统、计算机网络系统、数据库应用、接口软件等部分的系统集成工作做大量的研究与开发工作，编制《首都圈地震应急快速响应系统天津市地震应急指挥中心软件系统》，使指挥中心通过局域网与局内各个系统互联并实现信息共享及一定范围内的操作控制。

该系统取得的最大成果是建成天津市地震应急指挥中心及地震应急快速响应系统，使地震应急工作从过去的人工处理，过渡到计算机自动处理。系统在震后可快速全面的提供灾情信息，供各级领导做决策参考，这将使应急工作的效率有很大的提高，从而能更大的减少人民生命与财产损失。

防震减灾指挥中心的建成，为地震快速响应和震灾快速评估与辅助决策系统建立分层次的软硬件支持平台，在发生破坏性地震突发事件时能迅速启动该系统，对地震灾情进行快速收集，对地震趋势进行分析判断，对地震破坏的损失及人员伤亡情况进行估计，迅速为天津市政府进行抗震救灾指挥提供可视化信息显示、数据通信，同时，可为天津市政府的以便救灾指挥决策提供信息支持、判断依据及相应的通讯指挥场所，并能在适当时候以计算机网络向有关单位发出命令、指令和文件。为抗震救灾工作创造明显的社会和经济效益。

（三）天津市震害快速评估与辅助决策系统

天津市震害快速评估与辅助决策系统与天津市地震应急指挥中心相配套，并与国家防震减灾指挥中心的地震应急响应系统相接轨。

该系统可根据中期预报意见所确定的未来破坏性地震的位置和大小，通过一定的科学方法，对所预期的地震在天津市范围内造成的破坏情况作出的预测，为备震及抗震对策提供依据。该系统可以最快的速度收集各种有关的震害信息，了解与评估灾情，掌握灾情的发展，并以计算机联网的形式向救灾指挥中心及有关部门及时报告地震灾害现场的情况，为抗震救灾决策指挥提供依据。

该建设项目由聂永安、吴国有、姚兰予负责，邱虎、郭瑞芝、李志强、李刚、王俊国、张恒、郑熙铭、王向东、张彦华、刘芳等参加本项工作。天津市有关部门及 18 个区县政府地震办公室也参与本项目工作。其中的震后趋势判断软件的研制由市地震局分析预报中心完成，公众新闻发布应用软件就让市地震局信息中心研制完成。

该建设项目 2000 年 8 月启动，2001 年 10 月结束。

1. 系统构成

该系统在地理信息基础数据库的支持下，由地震灾害快速评估、震情趋势判断、辅助决策和公众新闻发布四个子系统构成。

地理信息基础数据库。在 GIS 及数据库平台下完成数据库建设，实现空间数据和属性数据的匹配，且空间数据具备拓扑一致性。震害评估所用地理信息电子底图比例尺 1∶5 万；正射影像图分辨率 1 米；数字化工程地质构造图比例尺 1∶20 万；数字化地震地质图比例尺 1∶100 万。

震害快速评估系统。破坏性地震发生后，在台网中心提供相应的地震速报参数后 15 分钟内，提供初步的震害评估结果，且该结果在 GIS 平台上具有良好的可视性和可查询性，还能根据地震现场反馈信息动态提供评估结果，其分辨率在城区达到街道一级，在郊县达到行政村一级。评估结果包括烈度Ⅵ度及Ⅵ度以上地区的人员伤亡总数及分布、无家可归人员总数及分布、直接经济损失大小及分布。

震情趋势判断系统。能够显示震中分布图像、前兆变化图像、地震活动性分析方法所产生的可视化结果并提供震情趋势判断结果。

应急辅助决策系统。能够动态地跟踪和体现震情和灾情的变化，为救灾决策提供辅助信息。

公众新闻发布系统。以超文本实现的对公众发布的新闻信息具有良好的可视性和可查询性，具有安全保障机制，可满足多人同时查询。

2. 实施过程

2000 年 8 月，由市地震局编制“天津市地震应急快速响应系统实施方案”，并经过首都圈工程管理中心审核及中国地震局的批准。到 2001 年 10 月，全部完成建设任务。具体实施进度是：

2000 年 7 月开始到 2000 年 10 月，完成以统计单元为单位的人口、经济、房屋建筑等基础数据的收集工作，在此期间还完成，电子地图的制作与验收；

2001 年 5 月，聘请有经验的老专家对资料收集的质量进行分片抽查与验收，并对天津市房屋现状进行了考察与评估；

2001 年 6 月，完成与应急辅助决策有关的基础数据收集工作；

2001 年 7 月，招标 Arc Info 软件完成；

2001 年 9 月，完成数据库建设工作，实现空间数据与属性数据的结合与匹配；

2001 年 10 月，完成公众新闻发布系统的软件及震后趋势判定软件研制工作；

2001 年 10 月，完成震害快速评估与辅助决策系统软件研制工作

2001 年 10 月，开始竣工报告、技术报告和财务报告等的编写工作。

3. 主要成果与社会效益

该项目的完成，为天津市防震减灾快速反应奠定了基础，使天津市防震减灾工作在科学化和信息化方面上了一个新的台阶。所取得的成果和效益主要表现在：

1）收集与人口、经济、房屋建筑有关的资料信息。建立人口、房屋、地名三个数据库，建立

与应急有关的包括学校、医院、危险源、大型企业、公园绿地、重点目标、消防、桥梁、通信枢纽、交通枢纽、水库、道路、河流、气象、供水、军警等方面的 16 个数据库。该项工作为天津市防震减灾工作打下良好的基础，它不仅可以服务于天津市应急指挥中心，而且也为今后开展地震保险提供基础数据。

2）建立市区，滨海新区，武清、宝坻、静海、宁河地区，蓟县等四个地区建筑物地震经济损失率模型，国内生产总值地震经济损失模型，地震人员伤亡模型和按照震后现场调查结果进行快速评估的修正方法，从而为天津市震害快速评估提供了科学依据，使评估结果更加正确。

3）建成基础地理信息库、地质数据库。可服务于地震监测、分析预报、震害评估、震害预测和断层活动性评估等工作。

4）研制天津市震害快速评估软件。该软件对天津市历史上 6 级以上地震灾害损失进行模拟，为天津市震害快速评估实现信息化创造条件。

5）研制破坏性地震震情趋势判断软件。能在震后 3 分钟内对未来震情作出判断，为政府采取决策赢得时间。

6）研制震情公众新闻发布系统软件。可及时向公众发布规范的信息，对群众情绪和社会的稳定将发挥重要作用。

7）研制破坏性地震应急指挥辅助决策软件。可为抢险救灾的现场指挥提供辅助决策信息，使天津市破坏性地震应急能力得到明显提高。

二、天津市数字地震观测网络项目——地震应急指挥分项建设

天津市数字地震观测网络项目——地震应急指挥分项建设，是国家“十五”重点项目“中国数字地震观测网络”第六部分“中国地震应急指挥技术系统”的组成部分。

地震应急指挥分项建设包括两项内容，分别为：天津市地震应急指挥技术系统建设和中国地震局区域现场地震工作系统（天津市）建设。

地震应急指挥分项建设的目标是充分利用现有高新技术，在全国一盘棋的指导原则下，建立覆盖天津全市并兼顾邻近区域的抗震救灾指挥部技术系统和地震现场应急指挥技术系统，为市政府进行地震应急、抗震救灾指挥提供指挥场所和各种必要的技术手段。在地震发生时，在基础数据库和现场信息的支持下，可以迅速判断地震的规模、影响范围、损失等情况，并据此提出一系列科学的救灾方案和调度方案，协助指挥人员实施各种地震救灾行为，实现地震应急信息快速传递、高效处理，提高应急救灾指挥与决策的技术水平，最大限度地减少震时的混乱和人员伤亡。项目具体的功能包括：（1）地震应急快速响应与灾害评估。通过地震监测和震情跟踪，监视破坏性地震的发生，一旦有紧急情况立即响应，对地震事件可能造成的损失和人员伤亡情况进行预评估，同时还可以根据不断获得的新情况进行地震灾害动态评估和地震趋势的动态跟踪。（2）地震应急指挥。在地震应急快速响应部分给出的结果表明需要进入紧急状态并进行抗震救灾指挥工作

时，即启动地震辅助决策及救援辅助决策功能，为有关政府部门进行抗震救灾指挥工作提供技术手段和信息支持。

地震应急指挥分项建设的原则是：基于国内外大量调研和相关系统的考察，采用最先进的GIS技术、GPS技术、卫星通信技术、网络技术等手段，充分吸收地震工程学、地震灾害学、决策管理学、系统工程学的最新研究成果，以及“九五”和“首都圈防震减灾示范区系统工程”的建设经验进行项目建设。本着“应急指挥为目的、基础数据为依托、现场信息为基础”，将实现“提供信息、出好主意、下达命令”的功能作为系统建设的核心环节，依据中国地震局一级区域抗震救灾指挥部技术系统建设要求，结合天津的特点将该项目建设成为具有示范性的抗震救灾指挥中枢。

地震应急指挥分项建设的技术指标包括四个方面：（1）可对天津市全市范围内实施地震应急监控、动态跟踪和救灾指挥。应急指挥技术系统能在破坏性地震发生后15分钟内做出灾害评估并准备好相应指挥信息，50分钟内全面进入指挥状态；（2）地震现场应急指挥技术系统应保证在地震发生后2小时内出发，到达地震现场30分钟后可发回第一次灾区信息，同时确保现场指挥场所和设备可进入工作状态；（3）应急基础数据库的数据结构合理、数据项完备、内容符合规定，可满足地震应急指挥需要。天津市抗震救灾指挥部技术系统基于1∶5万比例尺数据进行建设，中心城区基于1∶1万进行建设；同时，与各级指挥部技术系统之间的数据可通过网络进行交换；（4）系统的各种软硬件达到配置合理、功能齐备。系统运行无故障率不低于95%。

（一）天津市地震应急指挥技术系统项目

天津市地震应急指挥技术系统项目，开工于2004年5月，竣工于2007年12月。

为确保“天津市数字地震观测网络”项目的顺利开展和实施，市地震局成立以局党组书记、局长赵国敏为组长，各副局长为副组长，各有关机关处室、二级机构主要领导为成员的局“天津市数字地震观测网络”项目领导小组，负责项目工作的领导和决策。领导小组下设项目办，负责项目的具体管理。并设立项目实施组，负责整个项目的技术及具体实施。天津市地震应急指挥技术系统项目建设实施组由市地震局信息中心承担。

市地震局成立项目招标采购小组，土建工程和设备采购严格执行招投标制度。基建工程以及机房装修等实行公开招标。仪器设备购置实行招标和政府采购相结合。大型通用设备除国家局统一招标采购外，由局机关服务中心组织进行国内外公开招标；其他设备及材料等通过政府采购渠道购置。

北京震科监理公司数字地震项目监理部委派监理代表承担本项目实施的监理任务。

1. 施工设计

2004年3月，依据“中国数字地震观测网络”勘选技术要求，市地震局对天津数字地震观测网络工程建设中包括地震应急指挥分项在内的各分项技术系统所在的天津市地震台网中心大楼场址进行实地测试勘选。

2004年5月，项目实施组编写《天津市地震应急系统初步设计（代施工设计）》。设计方案包括技术系统设计方案和土建工程设计方案等。

2. 土建工程与配套设施建设

土建工程与配套设施建设开始于 2006 年 7 月，采用议标方式，由中标公司进行施工，于在 2007 年 1 月完成施工。

土建工程共完成土建面积 582 平方米。主要工作包括：工程场所建设及环境改造（指挥大厅的装修、机房装修、供配电、消防、接地避雷、综合布线、新风、空调、门禁系统等）。其中包括：1 个区域级抗震救灾指挥部技术系统建设土建面积 534 平方米和 1 个应急物资储备库建筑面积 48 平方米。

配套工程主要有：市电配线、UPS 配线、桥架分配安装、防雷与接地、门禁系统、消防、空调与新风、发电机组等。

土建工程与配套设施建设从功能分区包括：应急指挥大厅、辅助工作厅、服务器机房、控制机房、应急物资仓库、领导休息室等。其中的服务器机房位于天津防震减灾大楼三楼，建筑面积 15 平方米，建设工程主要包括：服务器机房装修、服务器机房供电、服务器机房接地、防雷系统、空调系统、应急照明系统等。

3. 技术系统建设

从 2005 年 12 月至 2007 年 12 月，按照中国地震局的要求，完成天津市地震应急指挥技术系统的建设任务。实现了以区域地震应急指挥大厅为中心，以数据库为基础，依托于地震应急网络节点，为地震应急决策服务的应急网络系统。系统安装、调试、运行、应用同步进行。

1）技术系统支撑平台建设

为地震应急指挥技术系统的正常运行和各项指挥功能的实现，建立大屏幕显示、音响系统、数字会议系统、地震现场信息接收与处理、存储系统、视频及监控系统、多媒体编辑制作系统、视频会议系统，并实施综合布线工程作为技术支撑，以满足应急指挥工作的要求。

2）硬件建设

主要硬件设备有：

1）大屏幕显示系统：2×4 拼接、多模式、多画面；

2）LED、大屏幕背投、液晶电视辅助显示系统：地震灾情信息及其他相关信息的显示；

3）数字会议系统：快速联动、数字扩音、远程汇接；

4）硬盘录像系统：4 路同时记录会场信息；

5）网络系统：内外网络保障信息传输；

6）工作站：待机状态，等待应急信息触发响应；

7）服务器：应急事务处置服务器等 24 小运行；

8）报灾电话数字录音系统：24 小时待命；

9）中央控制系统：全面控制电源、灯光、视频信号等的统一控制与调度。

3）地震应急基础数据库群建设

地震应急基础数据库建设起于2005年12月，完成于2007年7月，并于2007年7月中国地震局组织在山东省地震局召开的“全国地震应急基础数据库检查和数据库管理软件培训会议”上通过检查。主要工作内容有：依据中震救函〔2006〕41号文件 “《区域级抗震救灾指挥部地震应急基础数据库格式规范（修订稿）》”以及国家基础地理数据制作的相关标准进行加工处理，完成基础地理数据、地震行业数据、社会经济统计数据、人口数据等9大类、37类数据，70多张空间数据表和属性数据表。

4. 主要成果和科技创新

（1）主要成果

1）建成一个功能完备的地震应急指挥中心

天津市地震应急指挥中心以天津地震灾害紧急事务处置为核心目标，是国务院抗震救灾指挥部的一级区域地震应急指挥中心。

天津市地震应急指挥中心兼顾其他重大自然灾害紧急事务处置的技术支持，它标志着天津市有了区域级的专门应急技术系统，对今后天津以及周边地区的灾害应急起着积极和关键的作用。

天津市地震应急指挥中心建设形成了一个完整全面的地震应急三级联动体系。第一级为天津市抗震救灾指挥中心与国务院抗震救灾指挥中心、天津市抗震救灾指挥中心与其他省地震应急指挥中心之间；第二级为天津市抗震救灾指挥中心与天津市抗震救灾指挥部成员单位、天津市抗震救灾指挥中心与天津市公共突发事件应急指挥中心之间；第三级为天津市地震应急指挥中心与天津市地震局内包括预报、监测、强震、信息及各地震台站等部门之间的联动。

2）建成一个技术先进的地震应急指挥平台

天津市地震应急指挥技术系统根据主要成员单位、大厅空间布局、技术系统要求定制。主席座位有升降电脑和主持会议的发言单元，每一个成员席有一个会议发言单元、一部外线电话、一个外网接口、一个RGB接口和一个电源接口。通过三个子系统（灾情速报通讯系统、应急快速响应系统、应急数据库及软件支持系统）可以实现对同级的自然灾害、事故灾难、公共卫生事件、社会治安事件专业应急平台进行综合协调和联动指挥。

3）建成一个与天津灾害应急处置相适应的空间数据库

建成包括天津基础地理数据、地震行业数据、社会经济统计数据、人口数据等42大类数据，70多张空间数据表和属性数据表的天津市地震应急数据库。实现指挥部门全能调用、业务部门分类共享、社会公众部分访问。

天津市地震应急基础数据库的建立，不仅对天津市的地震灾害快速评估和应急决策起着重要的作用，对其他灾害的应急决策指挥也有很大的借鉴和参考作用。

4）研发一套可为地震应急提供快速评估决策服务的软件系统

多达16个专业应有软件的地震灾害快速评估系统的研发使用，使得天津市地震应急指挥系统从地震触发、灾害评估到报告生成，能在短短15分钟内完成地震灾害的评估并上报指挥长，为地震应急的快速决策提供有力的科学依据。

（2）科技创新

1）理论创新。建立地震灾情信息分类编码规范、灾情信息分类数据库格式规范，完成地震应急空间数据库建设，填补该领域的研究空白。

2）集成创新。利用空间信息技术、数据库技术、网络通信技术实现地震灾区灾情信息上传入库、地震快速触发响应、地震快速评估、地震辅助决策等集成应用。实现灾情的可视化、规范化和科学化管理。

3）应用创新。将空间数据库技术、GIS技术、网络通讯技术等应用于地震应急救援的实际工作中，可以提供定性、定量、定位的和图文表一体化的信息支持平台，以提高地震应急救援工作的效率。

"天津市地震应急指挥技术系统"建成与使用，产生很好的社会影响，获得中国地震局有关领导、专家和天津市相关厅局一致好评，成为天津市自然灾害应急指挥、抗震救援指挥、地震科普、地震科研等方面教育和示范基地。

（二）中国地震局区域现场地震工作系统（天津市）建设

中国地震局区域现场地震工作系统由中国地震局委托北京华胜天成科技股份有限公司统一设计并集成，由中国地震局组织统一测试验收。中国地震局区域现场地震工作系统（天津市）由市地震局以政府采购方式获取。

该项目建设于2006年11月7日签订政府采购供货合同，2007年3月到货。其后，北京华胜天成科技股份有限公司进行安装及使用培训。

1. 系统结构

该系统按照功能可以分为现场保障系统和现场工作系统，后方指挥中心配备相应的通信办公系统。

现场保障系统分为通讯保障和后勤保障两个子系统，其中通讯保障又可细分为现场外联系统和现场网络系统。通讯保障系统的功能是，为现场工作队建立现场和外界的通讯链路，以及地震应急现场本地的网络，提供常规语音电话，调度对讲语音，专网和因特网数据应用、移动视频传输、视频会议、现场流动单位跟踪监控等等通讯应用；后勤保障系统的功能是，为现场工作队提供电力、照明、野营生活和运输工具，建立良好的现场工作和生活环境。

现场工作体系分为现场指挥部办公和专业组流动作业两个子系统，其中流动作业又可细分为现场灾情获取与传递、现场调查灾害评估和科学考察、现场建筑物安全鉴定三个专业应用系统。现场指挥部办公系统为现场指挥人员提供完善的指挥办公场所，专业组的流动作业系统为专业组的提供专业工具和通讯设备，保障专业组的流动作业。

2. 系统设备配置

该系统主要设备适用于以下 3 个局：上海市地震局、天津市地震局、重庆市地震局。

重点城市现场地震工作系统设备表

表 4-2-3-79 单位：

序号	产品名称	产地及厂家	型号规格	数量
1	便携 VAST 自动天线	美国/AVL	1010K	1
2	3.7m 天线	中国	3.7m	1
3	路由器	台湾/QNO	FVR9614s	1
4	交换机	美国/Cisco	WS-C2950-24	1
5	IP 语音网关	中国/世纪网通	CNG800	1
6	编解码器	中国/先进视讯	AV1600e	2
7	海事卫星 BGAN 增强型终端（含 5 年基本月租）	丹麦/T&T	Explorer700	1
8	海事卫星 BGAN 终端（含 5 年基本月租）	丹麦/T&T	Explorer500	1
9	便携还是卫星 Mini—M 站车载/便携两用站	挪威/挪拉	NWP Voyager	1
10	CDMA 1X 路由器	中国/Galaxy	H7921—RC	1
11	视频记录仪	中国/忆志科技	MDR—ES0041	1
12	视频监视器	中国/瑞丰	RFG—170B	1
13	现场无线网状网	美国/Moseley	增强型中心基站（双扇区）ExcelMAX Enhanced AP	1
14			便携式用户终端 ExcelMAX Portable CPE	2
15	现场移动视频传输系统	中国/久华信	中心站设备	1
16			车载型移动终端	2
17	现场无限对讲系统	日本/ICOM	IC—36FI	4
18			IC—3600FI	5
19	WiFi 手机	美国/UTStarCom	F1000	3
20	无线网桥	以色列/奥维通	BreezeNet B14	1
21	无线 AP	美国/Cisco Linksys	WRT54G	1
22	现场服务器	德国/控创	KPR—6000	1
23	便携投影仪及屏幕	美国/3M	3M L20X	1
24	一体机打印机	HP/美国	LaserJet 3390	1
25	笔记本电脑	ThinkPad	ThinkPad Z61	4
26	数码照相机	佳能/日本	Digital IXUS WIRELESS	5
27	数码硬盘摄像机	日本/索尼	DCR—SR200E	2
28	GPS 定位仪	美国/Garmin	eTrex Vista	6
29	现场信息输入设备	美国/惠普	IPAQ HW6515	8
30	车载逆变电源	美国/GENPOWER	SPM300	4

表 4-2-3-79 单位：

序号	产品名称	产地及厂家	型号规格	数量
31	回弹仪	中国/地震局工程力学研究所		3
32	钢筋扫描仪	中国/地震局工程力学研究所		3
33	发电机	日本/本田	SH3900Ex	1
34	UPS	中国/山特	Castle C3K	1
35	帐篷及帐篷内照明设备	德国/维特尔	P129	1
36	气动升降照相机	德国/ TETLMAST	TETLMAST6	1
37	专用包装箱	定制		9

3. 系统达到的功能

系统集成度高，现场安装和部署时间快，现场队出发后，全程不间断保持和后方指挥中心的语音联系；到达现场 30 分钟内，地震现场工作队即发回第一次灾区信息（文字、图片、图像）；3 个工作人员在 120 分钟内可展开全部地震现场应急技术系统。

设备技术指标充分考虑现场工作需要，符合天津地区地域特点，达到以下要求：

能够适应不同地区地震现场的恶劣自然环境（高寒、高温、高湿等情况），保障现场工作的正常进行。

现场工作组外出流动作业时，携带的便携或背负式通信设备均内置电池，连续工作时间不少于 3 小时，并可利用车辆进行充电。

现场工作组外出流动作业时，携带的通信设备均内置 GPS 模块，在现场指挥部可通过相应的监控平台，很方便地进行现场跟踪、监控和调度。

所有设备和系统均采用加固手段，符合抗颠簸要求，适合长途运输。

移动中使用的车载设备可保证在车辆行驶速度不小 100 千米/小时正常工作。

第四节 避难场所建设

应急避难场所是重要的应急基础设施，在现代化大城市中用于民众躲避地震、火灾、爆炸、洪水等重大灾害的安全避难场所。建设应急避难场所是国际社会应对突发事件的一项重要的灾民安置措施。科学合理地进行应急避难场所规划与建设是一项十分重要而迫切的任务，是一项行之有效的应急准备措施，能够使灾后居民顺利渡过突发事件影响期，使灾民能够得到快速、有效地安置和救助，减轻突发事件引起的社会危害。

天津市应急避难场所建设始于 2004 年，至 2010 年，已完成避难场所规划、避难场所标志标准、避难场所挂牌和长虹公园等应急避难场所基础设施建设等工作。

一、地震应急避难场所建设部署

2004 年 12 月 23 日，中国地震局中震发救〔2004〕188 号文印发《关于推进地震应急避难场所·建设的意见》，对地震应急避难场所规划 建设提出指导意见，要求各省、自治区、直辖市地震局要加强与各地政府的沟通，在 1—2 年内，先在有条件的城市完成 1—2 个应急避难场所建设试点工作，随后在行政区域范围内逐步推进。

2006 年 4 月 19 日，市地震局，根据中国地震局的文件精神，印发《关于推进地震应急避难场所建设的意见》（津震发〔2006〕48 号），文件对各区、县应急避难场所近期建设任务、规划原则、建设要求、管理要求等方面提出意见。

二、制定避难场所规划

2004 年 9 月，市地震局会同市规划、国土资源、各区县有关人员前往北京市考察学习应急避难场所建设经验，实地考察元大都应急避难场所的做法。借鉴北京市的经验，2004 年 11 月 18 日，市规划和国土资源局向市政府上报“关于编制防灾减灾避难场所规划的请示”（规国规字〔2004〕2305 号），提出在天津市编制防灾减灾避难场所规划的建议。在随后的 2004—2006 年，市规划和国土资源局编制《防灾减灾避难场所规划》报市政府。

“十二五”期间，天津市进一步推动避难场所规划建设。2014 年，由市政府应急办牵头编制了天津市应急避难场所规划（2014—2020），2014 年 4 月 28 日，市政府第 52 次常务会议审议通过了这一规划。该规划以“资源整合、集约利用”、“总体平衡、重点突出”、“平灾结合、监管并重”为原则，以构建“安全城市”为目标，明确了总体布局思路、安全分区以及避难场所体系、疏散通道体系、信息指挥体系、保障设施体系等内容，为避难场所建设提供指导，进一步规范并加强全市应急避难场所的建设和管理。

三、制定《应急避难场所标志》地方标准

为了规范应急避难场所以及相关的应急设施、设备和周边道路指示的标志，为应急避难场所挂牌做准备，2007年4月5日，市地震局受天津市突发公共事件应急委员会办公室委托，向市技术监督局发了“关于防灾应急避难场所标志规范的函”，提出制定应急避难场所标志标准的建议，市技术监督局列入了当年标准制定计划。2007年4—5月，市突发公共事件应急委员会办公室、市地震局、市质量技术监督局共同起草了地方标准《应急避难场所标志（草案）》。市质量技术监督局通过征求意见、公示、专家评审等工作程序后，于2007年7月3日正式发布地方标准《应急避难场所标志》（DB 12/330—2007），于8月3日实施。

四、第一批应急避难场所揭牌

2007 年，市地震局，按照国务院《“十一五”期间国家突发公共事件应急体系建设规划》中

提出的“省会城市和百万人口以上城市按照有关规划和标准，加快应急避难场所建设工作”要求，在认真调研和充分论证的基础上，提出天津市第一批挂牌的应急避难场所名单，经天津市突发公共事件应急委员会办公室批准，在“天津市民应急避险手册”中公布。该手册发放到全市范围内的30余万家庭中，此后，在日常的地震宣传中，通过电视台、电台、报纸、网站等媒体，宣传手册等渠道广泛宣传全市应急避难场所分布，做到家喻户晓。

2007年7月28日，在“全市应急宣传日”之际，天津市第一批28个应急避难场所立牌公布，开始投入使用。市长戴相龙，副市长崔津渡分别在和平区中心公园、河西区银河广场、南开区长虹公园三个公园出席应急避难场所揭牌仪式。

天津市第一批应急避难场所分布一览表

表 4-2-4-80

序号	公园（广场）名称	面积（万平方米）	容纳人数（万人）	位　　置
1	中心公园	1.6	0.3	和平区辽宁路
2	睦南公园	1.4	0.2	和平区睦南道
3	银河广场	19.9	5.0	河西区友谊路
4	人民公园	14.2	3.6	河西区广东路
5	河东公园	10.0	3.0	河东区成林道
6	中山门公园	2.4	0.4	河东区中山门中心东道
7	天津水上公园	164.6	20.0	南开区水上公园西路
8	长虹公园	32.2	10.0	南开区红旗路
9	北宁公园	57.0	13.0	河北区北站北侧
10	王串场公园	7.8	2.0	河北区王串场三号路
11	西沽公园	35.0	10.0	红桥区光荣道
12	红桥公园	4.0	1.0	红桥区纪念馆路
13	河滨公园	4.0	0.8	塘沽区中心路南
14	世纪广场	2.7	0.8	塘沽区营口道
15	滨河广场	1.2	0.3	汉沽区蓟运河东侧
16	河西公园	1.2	0.3	汉沽区一经路东侧
17	世纪广场	10.0	0.3	大港区迎宾街
18	福苑里广场	1.7	0.5	大港区学府路
19	东丽广场	1.1	0.3	东丽区张贵庄街
20	御河公园	12.0	6.0	西青区府前街南
21	津沽休闲园	1.4	0.3	津南区咸水沽镇
22	高峰园	2.6	0.7	北辰区高峰路西
23	西苑公园	6.5	1.7	武清区杨村镇
24	文化广场	2.5	0.5	宝坻区城关镇
25	华翠公园	8.0	1.4	宁河县芦台镇
26	文化广场	3.1	0.7	静海县静海镇
27	鼓楼广场	1.3	0.3	蓟县城关镇
28	泰丰公园	21.7	5.9	开发区第四大道

五、天津市第一个示范性应急避难场所建设

应急避难场所立牌工作初步完成后，市地震局开始推进标准化应急避难场所示范建设，经多方协调，反复论证，将长虹公园等应急避难场所试点建设列入天津市“十一五”地震安全基础工程得到批准。该项目结合南开区长虹公园的提升改造，建设天津市第一个标准化的应急避难场所，为全市应急避难场所的建设提供示范；通过汉沽区应急避难场所规划的编制，为其他区县的应急避难场所规划编制提供经验；结合天津市规划的编制及建设的情况，参照外省市建设管理的经验，制定应急避难场所的标准及运行管理办法。该项目 2007 年启动，到 2010 年基本完成。2008 年 7 月 26 日长虹公园标准应急避难场所先期落成启用，副市长王治平及各有关委办局负责同志出席落成仪式，各大媒体作了报道。

长虹公园坐落在南开区繁华地带，周边有中环线在内的 3 条以上安全、畅通的交通干道，交通十分便利。公园周围无铁路、易燃易爆物或核放射物储放地、高压输变电线路和 60 米以上的建（构）筑物。长虹公园是正在改造的开放式休闲娱乐公园，规划占地 32.2 万平方米，其中水面占 10.0 万平方米，陆地面积为 22.2 万平方米。该公园地质状况良好，地下无断层分布，远离洪涝和地质灾害等其他自然灾害易发生地段，适宜建设应急避难场所。该公园周围分布小区的数量多且密集，人口众多，辐射人口近 50 万，建设应急避难场所十分必要。由于南开区政府正在对长虹公园进行提升、改造，改造后该公园的道路、供水、供电、厕所等基础设施将得到完善，为应急避难场所试点建设提供便利条件。

长虹公园应急避难场所，按照国家一类应急避难场所进行设计，由市地震局与南开区政府联合组织实施。长虹公园应急避难场所功能完善、设备齐全，设计可容纳人数 7 万人，紧急情况下可容纳 10 万人。园内设应急棚宿区 6 处，供临时安置灾民搭置帐篷或活动简易房；设应急停机坪 1 处，供应急救灾直升机紧急起降；改造应急机井 1 处，以备城市供水管道遭到破坏情况下，应急供应灾民饮用水；除正常使用的 6 处厕所外，另建暗坑式应急厕所 2 处（每处 10 个便坑），化粪池 2 个，供紧急状态下使用；物资库 1 个，供应急物资存放。园内设有应急指挥所、应急饮水点、医疗救护点、应急通信点、应急物资供应点、应急垃圾存放处、应急灭火器提供点、应急停车场、应急自行车停放区域、应急净化水设备和应急发电设备及广播、监控等设施；设置应急避难场所功能介绍牌、应急避难场所名称牌、场所内指示标志牌、场所内功能指示牌约 49 块；购置抢险救援、消防、帐篷等应急物资；编制长虹公园人员疏导方案和疏散图，编印应急避难场所应急疏导手册，设立长虹公园应急避难场所功能介绍图，LED 滚动条滚动画面等。

长虹公园应急避难场是天津市首个标准的应急避难的场所。它的落成启用，对天津市应急避难场所建设将起到重要的推动和示范作用。

第五节　地震应急演练

应急演练是应急准备的重要环节，通过应急演练，不仅可以检验预案的可行性，而且可以检验应急准备情况，提高应急反应能力。

1998年，天津市防震减灾领导工作小组应急工作办公室举办地震应急办主任应急指挥桌面演练，这是天津市第一个地震应急演练。其后天津市政府、有关部门、区县直至街道、社区、学校举办不同层级、规模、形式的演练。天津市地震应急演练，从组织单位划分，可分为政府演练、部门演练、企事业单位演练、基层组织演练；从形式上有桌面演练和实战演练，从内容上有单项演练和综合演练。从时间上，早期的演练主要是部门演练、桌面演练和单项演练，2008年以后，全市开展全方位的演练。

一、重大与典型地震应急演练

从1998年起，到2010年天津市共举行10多次重大与典型的应急演练，提高应急指挥和处置能力，并对有关地震应急演练具有重要影响。

天津市有影响的重大演练情况

表4-2-5-81

演练名称	时间	组织单位	内容	特点
地震应急办主任应急指挥桌面演练	1998年	天津市防震减灾领导工作小组应急工作办公室	大地震应急指挥部署	全国最早地震应急指挥桌面演练之一
河北区地震应急综合演练	2001年	天津市河北区政府	指挥部成员就位、组织指挥运作程序、救援队伍拉动	全国地市一级政府最早的地震应急演练之一
首都圈地区地震应急模拟演练	2002年	天津市地震局（参加）	队伍拉动、现场监测灾害评估	预先未通知具体时间和地点的类似实战的演练
应对重大自然灾害快速动员网络指挥演练	2008年	天津市国防动员委员	快速动员的内容、程序和方法	以民兵预备役为主的军民共演
重大自然灾害应急演练	2009年	天津市政府	地震速报、震情上报、紧急避险、城市管控、人员搜救、抢救抢险、排险抢修、卫生防疫、恢复重建等22个科目	市政府组织的一次大型综合演练

（一）2009年天津市重大地震灾害应急演练

2009年10月24日上午，天津市政府组织重大地震灾害应急演练活动。副市长王治平，天津警备区副司员李德生，市政府秘书长李泉山等领导同志组织指挥演练。市22个有关部门、西青区政府和14支专业应急救援队伍，以及社区居民、学校学生共2400余人参加演练。各区、县，市委、办、局，驻津部队，武警部队共240余名领导观摩演练。国务院应急办、国家地震局以及北京市地震局领导到现场观看指导演练。

演练由天津市人民政府主办，市地震局和市应急办负责组织策划。这次演练是天津市政府第一次组织的应对重大地震灾害综合性演练。演练以天津市发生重大地震灾害为背景，紧密结合天津实际，围绕以人为本、最大限度减轻地震灾害造成的生命财产损失为目的，按照贴近实情、突出实战、全程演练、综合检验的思路，系统演练地震应急响应阶段、紧急抢救抢险阶段、恢复重建阶段的应急工作。通过演练，达到检验预案、提高能力、促进工作的目的。

这次演练的指导思想是，以科学发展观为指导，以国家关于地震灾害应急救援的一系列方针政策为依据，以推进天津市地震灾害应急指挥及救援能力建设为牵引，以提高突发地震灾害事件应急指挥决策和救援能力为目的，针对天津市特大城市的特殊环境和目前潜在的破坏性地震威胁，在天津市地震应急反应指挥决策框架下，立足地震应急指挥现有体系及保障队伍现有装备，突出决策、训法、保障的创新，不断增强应急指挥及保障队伍在实战条件下的应急反应能力。通过演练，使天津市抗震救灾指挥部各成员进一步熟悉《天津市地震应急预案》，提高组织指挥能力，增强应急救援能力，不断推进防震减灾工作的落实，为天津市经济社会又好又快发展提供可靠保证。

1、演练产生背景和演练筹备工作情况

2009年7月12日，张高丽书记对中办秘书局《每日汇报》“防灾抗灾”中有关首都圈地区震情形势作出批示，市政府领导十分重视，责成市地震局、市应急办认真分析研究当前的震情形势，采取有效措施，做好应急准备各项工作，做到有备无患。市地震局、市应急办制定《天津市地震应急准备工作方案》，提出应对震情形势的思路和措施，特别提出举行一次全市性地震灾害应急演练的重大决定。8月19日，市地震局、市应急办联合呈报《关于2009天津市重大地震灾害应急演练方案的报告》（津震发〔2009〕85号），拟定于九月中旬开展一次地震灾害应急综合演练，报告了急演练的相关内容、规模、方式、总体框架及筹备工作组组成及职责。8月24日，天津市政府对《关于2009天津市重大地震灾害应急演练方案的报告》作出批示，同意举行天津市重大地震灾害应急演练。

市委、市政府高度重视此次演练，王治平副市长多次听取演练工作进展情况的汇报，专门召开会议研究修改完善演练方案，并在全市范围内对演练作出全面的动员和部署。各参演单位的领导也非常重视演练工作，带头落实本单位在演练中的职责任务，派出本单位的骨干和精英参加演练。各级领导的重视为演练的筹备与实施提供了强有力的支撑。

为保证演练能够顺利进行，成立以市政府副秘书长王志铭为组长、市应急办主任周键、市地震局局长赵国敏为副组长的演练筹备工作组，下设综合协调、策划导调、现场指挥、影像制作、交通治安、医疗卫生和后勤保障等7个工作组。演练筹备工作组制定《2009天津市重大地震灾害应急演练方案》和《演练总体框架》，并按照《方案》和《框架》的要求扎实稳步地推进演练的各项筹备工作。在筹备期间，演练筹备工作组多次召开会议对演练脚本的编写提出要求，对演练实施计划进行安排，明确各参演单位的演练任务，细化分工；通过组织开展桌面推演，对演练脚本进行全面细致的梳理，使演练脚本进一步得到丰富和完善。

2、演练实施情况

演练以模拟 10 月 24 日 9 时西青区发生 6.5 级强烈地震为背景，启动《天津市地震应急预案》Ⅰ级响应，展开地震速报、震情上报、紧急避险、城市管控、人员搜救、抢救抢险、排险抢修、卫生防疫、恢复重建等 22 个科目的演练。演练采取“一主多副”、全程演练的方式，指挥处置与实兵动作结合、现场演练与视频传送结合，全部演练历时 2 小时 30 分钟。

演练成立现场指挥部，市委常委、常务副市长任总指挥，副市长王治平任第一副总指挥，天津警备区李德生副司令员、市政府副秘书长王志铭、市地震局局长赵国敏任副总指挥。指挥部下设综合协调、抢救抢修、群众生活、地震监测、卫生防疫、通信保障、交通运输、水利安全、宣传教育、基础设施抢修、恢复重建、治安消防、涉外工作和西青区政府等 14 个工作组，各组组长由牵头单位主要负责同志担任，按照《天津市地震应急预案》的职责分工，开展各自工作。

演练采用一个主演练场与多个副演练场相结合的方式进行；地震监测预报、地震灾害评估、人员搜救、次生灾害排除等科目在主演练场集中展演，学生紧急避险与疏散、社区居民自救互救、交通管制、道路抢修等科目分别在各副演练场进行，并采用视频传输的方式进行展示。整个演练将紧急行动、指挥决策到抢救抢险、恢复重建等抗震救灾工作的各个环节纳入其中，全部作为演练的组成部分进行组织，使整个演练气氛严肃、效果逼真。

演练分为三个阶段。第一阶段地震应急响应。主要包括震情信息汇总与报告、启动市地震应急预案Ⅰ级响应、综合分析判断情况、定下应急救援决心、学生紧急避险与疏散以及群众自救互救、交通管制、道路抢修等先期行动。8 点 40 分，各位领导在市政府应急指挥中心就位，视频观看各演练分场待命情况。9 点整，演练总指挥、天津市常务副市长宣布启动地震应急预案Ⅰ级响应，演练正式开始。现场指挥部各成员立即乘车前往现场演练指挥部（天津警备区教导大队训练基地），途中通过视频观看学生和社区居民紧急疏散和自救互救、市地震灾害紧急救援队快速出动、交通管制、桥梁抢修等应急行动。到达现场演练指挥部后，迅速召开现场指挥部应急救援部署会议，听取各工作组关于抗震救灾工作的对策和建议。

第二阶段紧急抢救抢险。主要包括地震监测报告与评估、城市管控、人员搜救、医疗救护和卫生防疫、应急物资调配运输、生命线工程抢修、电力设施抢修、水利设施抢修、通信设施抢修、次生灾害消除等行动。地震现场应急工作队、通信抢修队、地震灾害紧急救援队、医疗救护队、工程抢险队、消防防化抢险队、治安交管队等队伍先后在主演练场进行现场震情监测预报、地震灾害损失评估与科学考察、现场通信保障、现场警戒封控、现场埋压受困人员搜救、高空灭火及火场受困人员解救、燃气受损管道抢修、卫生防疫、化学泄漏物排查及消除等 8 个科目的实兵演练。

第三阶段组织恢复重建。主要包括组织部署灾区恢复重建工作。经过全体军民的全力抢险和不懈努力，灾区交通、通信、供电、供水、供气等初步恢复，受灾群众得到安置，社会秩序趋于稳定。市政府决定开始逐步转入恢复重建工作，由恢复重建组组长部署恢复重建工作。

2009 天津市重大地震灾害应急演练实施计划

表 4-2-5-82

演练问题	演练内容	情况设想	时间	导调工作	市指挥部行动	各分指挥部与实兵行动	屏幕显示	解说词
演练准备	人员就位		K-30 至 K+0	检查参演单位和人员就位情况；宣布演练开始	视频会议系统开启，工作人员分发材料，市领导在指挥中心指定位置就位	各参演部门、单位视频会议系统开启，单位负责人或主管领导及相关人员在各单位指挥大厅就位	主屏：“2009 天津市重大地震灾害应急演练”主屏：解说词 LED：天津市应急指挥中心辅屏：各单位指挥大厅场景	男：各位领导，今天我们在这里进行“2009 天津市重大地震灾害应急演练”，目的是通过演练，使天津市抗震救灾指挥部各成员进一步熟悉《天津市地震应急预案》，提高组织指挥水平，增强应急救援能力，不断推进防震减灾工作的落实，为天津市经济社会又好又快发展提供可靠保证。女：参加这次演练的有市委常委、常务副市长，副市长王治平、天津警备区副司令员李德生、市政府秘书长李泉山等领导以及市委宣传部、市发改委、经信委、商务委、民政局、财政局、国土房管局、建交委、地震局、水务局、文化广播影视局、卫生局、外办、市政府应急办、新闻办、交通港口局、市政公路局、电力公司、燃气集团、通信管理局、西青区政府、天津警备区、武警 8630 部队、武警医学院附属医院等单位和市地震灾害紧急救援队、市地震现场应急工作队、抢救抢险队等 12 支抢险救援分队，共约 1200 余人。男：这次演习共演练三个问题：一是地震应急响应，二是紧急抢救抢险，三是组织恢复重建。演练采取“一主多副”、全程演练的方式，指挥处置与实兵动作结合、现场演练与视频传送相结合，演练时间约 2 小时 30 分钟。女：2009 天津市重大地震灾害应急演练现在开始！

续表 4-2-5-82

演练问题	演练内容	情况设想	时间	导调工作	市指挥部行动	各分指挥部与实兵行动	屏幕显示	解说词
第一演练问题：地震应急响应	地震速报	XX 年 10 月 24 日 9：00 天津市西青区张家窝镇发生 6.5 级强烈地震（东经 39°03′、北纬 117°02′），震中距市中心 15 公里，灾区破坏严重，震中地区部分建筑物倒塌，交通、电力、通讯中断，人员伤亡较大	K+0 至 K+5	1. 指导参演按计划展开； 2. 督促、检查演练人员等车、出发情况； 3. 检查沿途视频播放。 4. 观看地震局地震速报响应		（视频展示）短暂的地震场景（突出显示房屋晃动）。台网中心警报骤然响起，工作人员进入应急处置状态。（重点展示地震波形、地震自动定位过程画面）应急指挥中心启动，震害快速评估系统开始计算。震情值班室值班员接到地震初报参数后，立即向局长报告。震情值班室值班员：报告局长，9 时整在天津市西青区张家窝镇发生 6.5 级地震，震中距市区约 15 千米，报告完毕。赵国敏局长（画外音）：立即向市政府和中国地震局上报震情，并通知全体人员到岗，立即启动市地震局破坏性地震应急预案。震情值班室值班员以不同形式（传真、市应急平台）向市政府和中国地震局上报震情，并采用短信平台通知应急人员到岗。台网工作人员人工定位（修订参数）。与此同时，赵国敏局长向主管副市长汇报震情。市地震局有关人员在感知地震并接到震情短信后，立即到岗开始工作。指挥中心技术人员正在收集各种灾情信息。紧急会商会及局应急工作部署会议召开。赵国敏局长：下面我就各项工作做一具体分工：冯俊生副局长负责加强与市政府及相关部门的联系，协调市地震灾害紧急救援队做好出队前的各项准备工作；李振海副局长负责市地震现场工作队做好各项出队准备工作，并带队赴现场开展应急工作；聂永安副局长负责召开紧急会商会及现场会商会，并加强震情监测工作；武丁辰副局长负责做好各项应急后勤保障工作及应急车辆的调配。市地震现场应急工作队接到震情通知后，立即完成人员集结，并完成装备装车，列队待发。 现场工作队队长：报告局长，天津市地震现场应急工作队已做好出队准备，应到 30 人，实到 30 人，请指示。赵国敏局长：出发	主屏：[大字幕（叠加现场画面）]：地震应急响应[镜头]：地震局应急处置视频。LED：飞播震情字幕	男：现在的时间是 10 月 24 日 9 时，天津市西青区张家窝镇发生 6.5 级强烈地震。天津市的地震监测台网在第一时间记录到了地震的波形。随着震情警报的响起，市地震局启动了局破坏性地震应急预案，地震应急处置工作全面展开。女：地震发生的同时，地震自动定位系统利用天津市地震台网所记录的数据迅速锁定了震中位置，地震应急指挥技术系统启动，震害快速评估系统根据地震参数开始进行计算。震情值班室值班员接到地震初报参数后，立即向赵国敏局长汇报震情，并根据局地震应急预案及局长的指令进行应急处置。（拾现场同期声）男：市地震局赵国敏局长在获知震情初步参数后，立即通过专线电话向治平副市长进行汇报。女：当大地强烈颤动的那一刻，市地震局的工作人员立即赶赴各自的工作岗位。紧急震情会商会立即召开，地震预报专家们正在对各种前兆资料及余震活动情况进行分析，把握着震情的发展趋势；指挥中心技术人员正在收集各种灾情信息；现在各位领导看到的是市地震局应急工作部署会议正在紧张地召开。 （拾现场同声期）在地震局各部门进行紧张工作的同时，市地震现场应急工作队正在集结，等待出发。 （拾现场同声期）

续表 4-2-5-82

演练问题	演练内容	情况设想	时间	导调工作	市指挥部行动	各分指挥部与实兵行动	屏幕显示	解说词
第一演练问题：地震应急响应	震情上报	市政府立即启动市地震应急Ⅰ级响应，设立抗震救灾现场指挥部和分指挥部，奔赴西青区实施现场指挥；西青区政府和市有关部门展开自救互救，道路抢险，交通管制等先期处置；市指挥部到达现场后，根据地震现场工作已报告的震情灾情和有关分指挥部的意见建议，进一步分析判断情况，定下应急救援决心	K+5 至 K+7		市地震局通过视频会议系统向市委、市政府报告震情和灾情，并向市抗震救灾指挥部成员单位通报震情，建议启动市地震应急预案Ⅰ级响应，提出行动方案建议。市地震局赵国敏局长：报告市长，早 9 时在天津市西青区张家窝镇发生 6.5 级破坏性地震，震源深度约 11 公里，震中烈度达Ⅷ度强。根据收集到的灾情：灾区个别房屋倒塌，并已造成人员伤亡；震中及其附近的市政基础设施遭到严重破坏；群众可能会出现恐慌情绪。目前市地震局已启动了破坏性地震应急预案，迅速组织了会商、严密监视震情发展；派出了市地震现场应急工作队赴灾区开展现场工作。根据本次地震灾害情况，建议市政府：1.立即启动市地震应急预案Ⅰ级响应，成立市地震应急现场指挥部；2.派遣市地震灾害紧急救援队和其他专业救援力量，赶赴灾区实施救援；3.请求派遣国家地震灾害紧急救援队及驻津部队支援天津市救灾；4.增派警力，维护灾区交通治安秩序。报告完毕	各分指挥部收看市地震局震情、灾情报告	主屏：地震局视频会议信号。LED：飞播震情字幕	男：各位领导，现在的情况是市地震局赵国敏局长向市政府报告震情、灾情。（拾现场同期声）

续表 4-2-5-82

演练问题	演练内容	情况设想	时间	导调工作	市指挥部行动	各分指挥部与实兵行动	屏幕显示	解说词
第一演练问题：地震应急响应	预案启动、指挥部出发		K+7 至 K+10	通知各队伍准备出发。	市政府启动应急预案，现场指挥部设立，命令抗震救灾指挥部各成员单位主管领导立即向地震现场集结。总指挥：同志们，刚才市地震局报告了这次地震的震情、灾情情况，鉴于情况紧急，灾情严重，市政府决定：1. 立即启动天津市地震应急预案 I 级响应；2. 设立地震现场指挥部，由我任总指挥，治平副市长任第一副总指挥，志铭副秘书长、德生副司令、国敏局长任副总指挥；3. 各区县政府、部门立即启动分指挥部，按照地震应急预案开展地震应急工作；4. 市地震灾害紧急救援队立即出发；5. 向国务院报告灾情，请求国家地震灾害紧急救援队参加抢险救灾；6. 向天津市警备区和武警天津总队请求支援；7. 各现场指挥部成员单位主要负责人立即出发，赶赴灾区现场指挥部	各分指挥部收看市长决定	主屏：市应急指挥中心画面 LED：飞播震情字幕辅屏：各单位指挥大厅场景	（拾现场同期声）女：现在的情况是：市抗震救灾指挥部和各分指挥部指挥长准备赶赴现场组织指挥应急救援行动
	指挥部向地震现场开进		K+10 至 K+30	保证参演人员车辆，并协调、掌握各单位的到场时间。	市指挥部及各分指挥部在市政府统一乘车赴西青区现场演练指挥部（天津市人民武装学校训练基地）。			

续表 4-2-5-82

演练问题	演练内容	情况设想	时间	导调工作	市指挥部行动	各分指挥部与实兵行动	屏幕显示	解说词
第一演练问题：地震应急响应	学生疏散	地震发生时震感明显，学校师生正在上课，部分学生在室外上体育课。学校建筑物未遭到严重破坏。主震过后，建筑物晃动停止	K+30至K+37	在各车中播放演练视频	观看西青区杨柳青第一中学师生紧急疏散及自救互救视频	地震发生时，大部分学生在教室内上课、在感到地震后，老师迅速作出反应，向学生发出指令。 老师：地震了，蹲下。正在室外上体育课的同学立即就地避震。随后，疏散铃声响起，学校广播同时发出指令。广播：请所有老师按照紧急疏散预案对学生进行疏散（重复多遍）。各班学生在老师指挥带领下有秩序地撤离至学校操场。（老师在教室、楼道、楼梯口等处指挥。）在操场上，各班在指定位置集合，各班老师对学生进行清点，并向校长汇报。边明武副校长：请立即对受伤学生进行抢救。部分班级有个别学生受伤，学生对轻伤者进行头部三角巾包扎、骨折固定包扎。随后救护车到达，将受伤学生运走	[大字幕（叠加现场画面）]：学生紧急避震及疏散[镜头]：地震时建筑倒塌破坏场景。[镜头]：学生紧急避震及疏散各阶段、地点重点视频。（穿插进疏散全景场面，用画中画技术处理。）	女：各位领导，现在看到的是西青区杨柳青一中师生紧急避震和自救行动。男：强烈地震的发生，将使人们正常的生活环境遭到毁灭性的袭击，大家生活的这块土地突然间会变的路陷山摇，房倒楼塌，地震灾害给人们的生命、生产和生活带来极大的影响。女：地震发生时，利用自然环境实行紧急避震，科学避震，最大限度的减少地震灾害带来的损失，是保护生命安全最有效的措施。男：现在各位领导所看到的就是在地震发生的同时，天津市西青区杨柳青一中的师生按照该校的紧急疏散预案进行紧急避震、疏散与自救互救。女：正在教室上课的师生们突然感觉到教室在剧烈的摇晃，老师首先意识到地震的发生，立即大声向同学们发出了避震的指令。 （拾现场同期声）男：学生在老师的指令下按照平时的训练要领，躲在书桌旁，双手护头，就地避震。与此同时，在室外上体育课的同学们也立即在空旷场地就地避震。 （拾现场同期声）女：当剧烈的晃动停止后，学校的紧急疏散铃声响起，老师们立即按照学校紧急疏散预案所规定的疏散路线，引导学生快速有序的从各自的教室疏散至学校操场。 （拾现场同期声）男：在学校操场上，各班学生在指定的各自区域集合，班主任老师对班级学生人数进行清点，并对受伤学生进行统计。 （拾现场同期声）女：经过统计，部分班级有个别学生受伤，学生们对轻伤者进行头部三角巾包扎、骨折固定包扎等简单处置。男：急救中心在接到报警后立即派出了救护车辆和救护人员赶赴受灾学校。救护车到达学校后，立即将受伤学生运往附近的医院进行进一步的治疗

续表 4-2-5-82

演练问题	演练内容	情况设想	时间	导调工作	市指挥部行动	各分指挥部与实兵行动	屏幕显示	解说词
第一演练问题：地震应急响应	群众疏散	部分居民(老人为主)震时在家。地震发生时震感明显,部分居民楼未遭到破坏。主震过后,建筑物晃动停止	K+37至K+40	在各车中播放演练视频	观看田丽社区居民紧急疏散及自救互救视频	一楼居民跑向屋外的社区中的空旷场地。楼上居民则立即选取家中卫生间、厨房等空间较小的房间避震。楼内居民撤离至社区空地。社区医务人员对伤员进行包扎、固定等处理后等待医疗救护人员到来。在居民紧张自救互救的同时，个别居民楼内仍有被困群众，几名社区志愿者返回较为安全的楼内救出了多名被困群众	[大字幕（叠加现场画面）]：群众紧急避震及疏散[镜头]：社区群众紧急避震及疏散各阶段、地点重点视频。（穿插进疏散全景场面，用画中画技术处理。）	男：各位领导，现在看到的是西青区张家窝镇田丽社区居民紧急避震和自救互救行动。女：现在各位领导所看到的是在地震发生时,天津市西青区张家窝镇田丽社区的居民按照社区紧急疏散预案进行的紧急避震、疏散与自救互救。男：当人们感到剧烈的晃动时，住在一层的部分居民在确定安全后立即跑向屋外的空旷场地。楼上居民则立即选取家中卫生间、厨房等空间较小的房间避震。女：当房屋停止晃动后，楼内居民立即撤离至社区空地。强烈的地震及快速的疏散,造成部分居民不同程度受伤。社区医务人员对自行疏散出屋的伤员进行包扎、固定等救治处理，随后赶到的救护车将受伤群众转移至附近医院进行进一步的治疗。男：在居民紧张自救互救的同时，个别居民楼内仍有被困群众,几名社区志愿者返回较为安全的楼内救出了多名被困群众
	交通管制	震后,市区主要道路上聚集众多群众,车辆由于道路堵塞无法前进,应急指挥车队及运送救援物资的车辆需要选择通行条件较好的道路,并对道路进行交通管制	K+40至K+45	在各车中播放演练视频。	观看交通管制应急响应阶段视频。	交管局指挥中心接市公安局指挥中心电话：今日 9 时，西青区张家窝镇发生 6.5 级强烈地震，按照市政府关于启动地震应急预案 I 级响应的指令，市公安交管局立即进入震期应急处置状态。指挥中心值班长：报告志杰副局长，今日 9 时，西青区张家窝镇发生 6.5 级强烈地震，按照市政府关于启动地震应急预案 I 级响应的指令，市局长顺局长命令市地震局立即进入震期应急处置状态。我们正在通知各单位迅速集结，请您指示。志杰副局长：立即成立保障道路安全畅通临时小组。通知各应急保障分队负责同志尽最快速度到指挥中心集合。各分队集结完毕后向我报告。指挥中心电台通知各分队负责同志赶赴指挥中心，并收集队伍集结情况。指挥中心值班长：报告志杰副局长，地震应急保障队伍集结完毕，请您指示。志杰副局长：各分队要密切配合，按照各自职责开展地震应急处置工作，抓紧时间采集全市道路交通情况，维护正常交通秩序。在行动中要注意民警自身安全。将市地震局开展工作情况速向市局指挥中心报告。指挥中心值班长：明白，马上落实	[大字幕（叠加画面）]：应急响应[镜头]：交管局指挥中心应急响应流程。	男：各位领导，现在看到的是道路交通管控行动。女：道路交通作为生命线工程系统的重要组成部分，在震后应急处置、保障救灾工作顺利开展等方面发挥着重要作用。男：地震发生后，市公安交管局立即进入震期应急处置状态。成立“保障道路安全畅通临时小组”，应急处置分管局长在交管局指挥中心进行指挥调度。迅速集结交通管理、交通警卫、交通设施、宣传报道、后勤保障等 9 个震期应急保障分队，按照各自任务检查警力、装备情况，并部署开展应急处置工作（拾现场同期声）

演练问题	演练内容	情况设想	时间	导调工作	市指挥部行动	各分指挥部与实兵行动	屏幕显示	解说词
第一演练问题：地震应急响应	交通管制		K+45 至 K+47	在各车中播放演练视频	观看交通管制道路管控及交通保障阶段视频	公安交管局采取以下措施：1.加强巡逻管控，采集道路通行信息； 2.安排警力进驻市四大机关及抗震救灾指挥部；3.加强对党政机关、医疗机构、水电气热等重点单位周边道路的交通疏导，配合有关部门做好西青区杨柳青第一中学、张家窝镇田丽小区的疏散工作；4.封闭因地震导致交通阻断的京津塘高速公路、京津高速公路，并组织车辆分流；5.在被毁的桥涵道路处设立禁行标志。 6.根据道路交通情况，迅速部署指挥部开赴现场指挥部路线，沿线主要路口设置交通引导标志牌，全线部署警力加强疏导并采取交通管制措施；带道警车引导车队赶赴演练现场，车队按照规定时间安全抵达	[大字幕（叠加现场画面）]：道路管控及交通保障[镜头]：交管部门道路管控场景	男：震情就是命令。公安交管局各单位迅速部署警力加强对中心城区、各区县建成区主要道路，中心城区主要跨海河桥梁，重要国省道及高速公路的巡逻和管控，对因地震受损严重的京津塘高速公路、京津高速公路进行了交通管制并组织车辆分流，在受损的桥梁、涵洞处设置了禁止通行标志牌并引导车辆绕行。各区交警支队与本区政府应急部门密切配合，做好中小学校、居民社区等人员密集区域的疏散工作；对主要道路，特别是党政机关、水电气热、医疗机构等重点部门周边道路加强交通疏导。安排警力、带道警车进驻市四大机关及市抗震救灾指挥部，保证重要警卫对象出行安全、畅通。 女：在接到“各市抗震救灾指挥部领导赶赴现场指挥部”的命令后，交管局立即组织开展各项工作。根据全市道路交通情况，迅速部署车队行进路线，沿线主要路口设置了标有“抗震救灾专用通道”字样的指示标牌，引导车队通行。广大民警迅速调整执勤岗位，对行进路线采取交通管制，组织车辆分流。在现场指挥部周边指定了停车地点，确保救灾车辆进出顺畅
			K+47 至 K+50	在各车中播放演练视频	观看交通管制信息发布阶段视频	交管局指挥中心通过视频监控系统采集道路通行信息，协调新闻媒体向社会公布。对全市道路交通诱导显示屏进行维护、更新，及时反映各主要道路交通通行情况	[大字幕（叠加现场画面）]：信息发布[镜头]：通过视频监控系统采集道路通行信息，协调新闻媒体向社会公布。对全市道路交通诱导显示屏进行维护、更新，及时反映各主要道路交通通行情况	男：强震对天津市部分道路、西青区部分桥梁涵洞造成了严重破坏，道路通行能力显著下降。为引导社会车辆有序通行，减少因交通管制引发的交通阻塞，避免地震谣传引发市民恐慌，交管局协调新闻媒体对震后全市道路交通概况、采取的交通管制措施及交通诱导信息及时向社会公布；实时对交通诱导显示屏信息进行更新；同时，主动向上级部门汇报，协助各级领导指挥决策

续表 4-2-5-82

演练问题	演练内容	情况设想	时间	导调工作	市指挥部行动	各分指挥部与实兵行动	屏幕显示	解说词
第一演练问题：地震应急响应	桥梁抢修	地震发生后，造成天津市区桥梁不同程度受损，根据一线反馈信息以卫昆桥损坏最为严重。市政局立即采取措施进行道路抢修工作	K+50至K+55	在各车中播放演练视频	观看桥梁抢修演练视频	应急指挥小组办公室接获有关桥梁事故报警后，迅速向指挥领导小组组长汇报，启动应急指挥预案	[大字幕（叠加现场画面）]：桥梁抢修[镜头]：桥梁抢修各阶段重点视频。（穿插进全景场面，用画中画技术处理）	女：各位领导，现在看到的是桥梁抢修行动。男：及时修复地震破坏的道路、桥梁，保障应急救援人员 、物资运输畅通，是地震应急先期响应的一项重要行动。女：现在各位领导看到的是市基础设施抢修指挥部正在组织协调道桥抢修分队对通往西青区的主要桥梁进行抢修。按照预案，市市政公路管理局迅速调集道路桥梁管理处、公路处抢险救援队伍进驻现场，搭建临时桥梁，打通道路，确保救援队伍、抢险物资及时运往灾区
	紧急救援队出发	由于灾区部分建筑物倒塌，造成人员压埋、被困，按照指挥部命令，市地震灾害紧急救援队向灾区开进	K+55至K+60	在各车中播放演练视频	观看紧急救援队集结出发视频	武警8630部队作战指挥中心王参谋接到市抗震救灾指挥部《关于天津市地震灾害紧急救援队出动的命令》，作战值班员向赵继东师长汇报情况。市地震灾害紧急救援队武警8630部队分队快速集结；律照海参谋长现场督导检查、下达命令。市地震灾害紧急救援队武警8630部队分队登车。市地震灾害紧急救援队武警8630部队分队车队快速出动，向震区开进。市地震灾害紧急救援队市公安消防局分队集结出发	[大字幕（叠加现场画面）]：紧急救援队集结出发[镜头]：武警8630部队作战指挥中心王参谋接收命令。[镜头]：武警8630部队分队快速集结；律照海参谋长现场督导检查、下达命令。[镜头]：武警8630部队分队登车。[镜头]：武警8630部队分队车队出动。[镜头]：武警8630部队分队车队离开营区。[镜头]：市公安消防局分队集结出发	女：各位领导，现在看到的是天津市地震灾害紧急救援队集结出发。男：天津市于2001年成立了全国第一支地震灾害省级救援队伍，现由天津警备区、武警8630部队、市公安消防局、武警医学院附属医院、地震局、国土房管局共300人编成，主要救援装备目前有探测搜寻、破拆、救援救护、个人防护等器材。该支队伍是按照一队多用、军民结合、专兼结合 、平战结合的原则建设的，主要任务是应对天津市及周边地区发生破坏性地震时的紧急救援工作，并兼顾其他突发灾害事件的紧急救援。女：各位领导，现在画面显示的是武警8630部队作战指挥中心值班员在收到市抗震救灾指挥部《关于天津市地震灾害紧急救援队出动的命令》后，正在向值班首长赵继东师长汇报情况。 （拾现场同期声）男：现在各位领导看到的画面是市地震灾害紧急救援队武警8630部队分队根据出队命令快速集结。部队律照海参谋长正在现场督导检查、下达命令。 （拾现场同期声）女：现在画面显示的是地震灾害紧急救援队武警8630部队分队队员正在登车。男：现在画面显示的是地震灾害紧急救援队武警8630部队分队正在按照应急出动预案向震区快速开进。女：现在画面显示的是地震灾害紧急救援队市公安消防局分队正在集结出发

续表 4-2-5-82

演练问题	演练内容	情况设想	时间	导调工作	市指挥部行动	各分指挥部与实兵行动	屏幕显示	解说词
第一演练问题：地震应急响应	现场指挥部就位	现场抗震救灾指挥部到达地震现场后，迅速召开紧急会议，进一步了解震震情、灾情情况，听取各部门意见建议，综合分析判断情况，确定应急救援决心。《天津市地震应急预案》，现场指挥部设立，各工作组启动，牵头单位成立部门抗震救灾指挥部，协调各组成部门，收集灾情，确定部门救灾方案；各部门负责人在现场指挥部就位，向市指挥部汇报，等待进一步命令。指挥部成员及当地政府主要领导抵达灾情，进入现场指挥部，市抗震救灾现场指挥部开始运转。市地震现场应急工作队通过对灾情的初步调查及紧急会商，对震情灾情及地震活动趋势有了初步认识	K+60 至 K+65	指导各个单位按照顺序进入指定场地，安排现场秩序，调整、开启现场音频、视频设备。检查现场图件设施	指挥部各工作组于现场指挥部就位	参加现场实兵演练活动各分队在现场各集结地域待命		女：各位领导，现在的情况是市抗震救灾指挥部及各分指挥部到达地震现场后，迅速召开紧急会议，进一步了解震情、灾情，听取各部门意见建议，综合分析判断情况，确定应急救援决心
	现场指挥部署		K+65 至 K+67	切换大屏幕视频。并在大屏幕上展示灾区的震情区域地图，灾害范围及地震现场工作队工作视频	周键主任：总指挥，各应急指挥部指挥长均已到位。治平副总指挥：好！现在我们在抗震救灾现场指挥部召开一个紧急会议，主要是研究部署抢救抢险工作。先请副总指挥、市地震局国敏局长介绍一下震情和灾情。市地震局赵国敏局长：总指挥，本次地震震级为 6.5 级，极震区位于西青区张家窝镇宫庄子村，震中烈度为Ⅷ—Ⅸ度。据市地震现场应急工作队初步调查统计，地震造成已 12 人死亡，24 人失踪，168 人重伤，受灾面积达 600 平方公里，详细灾情仍在进一步的调查中。现场监测到的最大余震为 5.4 级，根据目前余震活动和前兆异常情况，并结合本区历史地震活动情况可知本次地震属于主 – 余震型，未来发生 6 级以上强余震的可能性不大。下一步我们仍将密切监视余震的活动情况，继续指导人员搜救，开展房屋安全性能鉴定，完成地震震害损失评估与现场科学考察工作。报告完毕		[镜头]：周键主任、王治平副市长讲话画面。[镜头]：赵国敏局长报告画面	

续表 4-2-5-82

演练问题	演练内容	情况设想	时间	导调工作	市指挥部行动	各分指挥部与实兵行动	屏幕显示	解说词
第一演练问题：地震应急响应	现场指挥部署		K+67 至 K+69	切换大屏幕视频。在大屏幕播放西青区汇报背景视频	灾区政府领导向指挥部汇报灾区基本信息、灾情汇总情况、极灾区位置及破坏情况，并请求市地震灾害紧急救援队前往救援。治平副总指挥：请西青区政府介绍一下具体灾情。西青区区长：今天9时，我区张家窝镇发生6.5级强烈地震，地震造成我区的城市基础设施和城市生命线工程严重破坏。京福公路、津静公路、京福公路中排干河桥等公路、桥梁受损，通往灾区的公路交通中断；震中附近的光缆、电缆、供水等生命线工程受到破坏；有线通讯、网络传输中断，自来水供应中断；张家窝镇田丽社区附近的天然气管道发生漏气并燃烧产生爆炸、京福加油站因地震造成罐体损伤，情况极度危险；蓝星石化炼油厂因地震发生油气泄漏，已经造成对周边环境的污染，周边居民生活受到严重威胁；张家窝镇联通、移动公司通讯中继站、发射塔设施受损，无线通讯受到严重影响。初步统计地震已造成30余人死亡，160余人受伤，我区大部分地区房屋遭到不同程度破坏，部分房屋倒塌，预计将有近万人需要紧急转移安置。死亡人数可能会进一步上升。我区已启动地震应急预案，按I级响应开展应急处置工作。现在我们正在组织群众开展自救互救。根据震情、灾情，请求市地震灾害紧急救援队前往救援。报告完毕		[镜头]：西青区区长报告画面	

续表 4-2-5-82

演练问题	演练内容	情况设想	时间	导调工作	市指挥部行动	各分指挥部与实兵行动	屏幕显示	解说词
第一演练问题：地震应急响应	现场指挥部署		K+69 至 K+71	切换大屏幕视频。在大屏幕播放民政局汇报背景视频	听取群众生活组（民政局）汇报救灾情况。治平副总指挥：请群众生活组指挥长汇报一下灾民安置和应急救助意见。群众生活组指挥长：总指挥，根据《天津市地震应急预案—群众生活保障计划》，我们已责成灾区各级民政部门立即启动救灾应急预案，迅速开展救灾工作；在第一时间将灾情上报国家民政部，请求中央特大自然灾害应急救助资金 5000 万元，民政部已经启动应急响应，中央现场工作组正赶往灾区第一线；根据应急救助的实际需要，建议：1、派出联合工作组赶赴现场，进一步核查灾情，指导灾区开展抗灾自救和应急救助工作；2、紧急转移安置灾民，根据转移人口数量，共需帐篷 5000 顶，目前市本级储备 2440 顶，正陆续运往灾区。不足部分将请求民政部从天津市代储中央救灾帐篷中紧急调拨（目前代储 34500 顶）。3、建立灾民救助点，首批已建成两个，灾民安置点的主要功能是搭建帐篷安置灾民，配合当地政府分发救灾物资，确保灾民食品和饮用水供应，配合卫生部门做好伤病群众的救治和疫病防疫工作。4、紧急下拨救灾资金和救灾物资。5、配合灾区政府发放抗震救灾宣传品，组织灾民自救互救。6、积极开展救灾捐赠工作。目前已通过媒体发布接收救灾捐赠的公告，天津市捐赠物资接收点已紧急运转，主动接收社会各界的救灾捐赠，并及时分配和下拨捐赠款物。报告完毕		[镜头]：民政局报告画面	

续表 4-2-5-82

演练问题	演练内容	情况设想	时间	导调工作	市指挥部行动	各分指挥部与实兵行动	屏幕显示	解说词
第一演练问题：地震应急响应	现场指挥部署		K+71 至 K+73	切换大屏幕视频。在大屏幕播放建交委汇报背景视频	听取基础设施抢修组（建设交通委）汇报灾区房屋、建筑物以及城市基础设施破坏情况。治平副总指挥：请基础设施抢修组指挥长汇报一下城市基础设施抢修意见。 基础设施抢修组指挥长：总指挥，地震发生后，我委已启动应急预案，目前正在按照重大破坏性地震等级开展应急救灾工作。据最新掌握情况，西青区破坏最为严重，大量房屋倒塌，部分市政道路和桥梁遭破坏。震中地区市政设施破坏严重，供水、供气中断，交通受阻。针对上述灾情，我委采取了下列措施：一是分管应急工作的领导已调派应急抢险队伍、物资赶赴现场，组织协调西青区做好抢险救援工作。二是组织指挥遭破坏市政交通设施的应急抢险抢修工作，尽快恢复功能。三是组织对本系统易发生次生灾害的设施采取紧急处理措施，排除险情，加强监控，防止次生灾害进一步扩大。 报告完毕		[镜头]：建设交通委主任报告画面	

续表 4-2-5-82

演练问题	演练内容	情况设想	时间	导调工作	市指挥部行动	各分指挥部与实兵行动	屏幕显示	解说词
第一演练问题：地震应急响应	现场指挥部署		K+73 至 K+75	切换大屏幕视频。在大屏幕播放卫生局汇报背景视频	听取卫生防疫组（卫生局）汇报灾区卫生状况及医疗救治准备工作情况。治平副总指挥：请卫生防疫组指挥长汇报一下医疗救援和卫生防疫工作意见。卫生防疫组指挥长：总指挥，地震发生后，市地震局已启动了《天津市地震灾害卫生防疫保障计划》，迅速组织了医疗卫生救援队，已向有关区、县卫生局和医疗机构下达指令，并做好了各项救援的准备工作。1.要求市急救中心将储备库中的急救药品、防护物品等立即分发到各救护车，迅速开赴地震灾害现场，做好院前急救和伤员的转运工作。2.已通知国药控股天津有限公司立即启动天津市卫生局突发公共事件卫生应急药品储备供应合作机制，做好药品供应准备，确保供应及时，按照市指挥部要求，将药品送到指定医疗机构，用于伤员抢救。3.医疗救援大队和卫生防疫大队已赶赴地震现场，开展医疗救援和卫生防疫工作。4.市血液中心已完成医疗救治所需血液供应准备工作。5.市和区、县医疗机构已建立了绿色通道，预留了床位，保证伤员得到及时救治。6.要求卫生监督执法大队按照职责，开展对灾区食堂、餐饮业和居民饮用水的监测和监督。 建议指挥部：1.对灾区采取集中供水措施，防止肠道传染病流行；2.立即动用市级药品和医疗器械物资储备；3.筹措资金，紧急购进相关疫苗和消毒药械；4.视灾情严重程度及人员伤亡情况，必要时市地震局报请市政府同意后，向国家卫生部请求支援。 报告完毕		[镜头]：卫生局局长报告画面	

续表 4-2-5-82

演练问题	演练内容	情况设想	时间	导调工作	市指挥部行动	各分指挥部与实兵行动	屏幕显示	解说词
第一演练问题：地震应急响应	现场指挥部署		K+75 至 K+77	切换大屏幕视频。在大屏幕播放通讯管理局汇报背景视频	听取通信保障组（通信管理局）汇报灾区通讯情况。治平副总指挥：请通信保障组指挥长汇报一下灾区通讯情况及恢复意见。通信保障组指挥长：总指挥，地震发生后，市地震局立即启动《天津市通信保障应急预案》，组织通信企业制定恢复通信的方案。同时，出动应急通信队伍迅速赶往受灾地区，恢复现场指挥部及救援现场的通信；随时向指挥部、工业和信息化部报告通信损失和恢复情况；以“指挥部优先、重灾区优先、灾民聚集区优先”为原则，统一组织、协调各通信运营企业的救灾工作；借鉴“5·12”汶川地震的经验，采取灾区电话可以拨出，外部电话不能拨入的管控方式，保证灾区通信畅通。 报告完毕		[镜头]：通信管理局局长报告画面	
			K+77 至 K+79	切换大屏幕视频。在大屏幕播放公安局汇报背景视频。	听取治安消防组公安局（公安局）汇报全市治安、交通情况。治平副总指挥：请治安消防组指挥长汇报一下治安、交通情况及处置措施。治安消防组指挥长：总指挥，市地震局已进入Ⅰ级响应状态，同时部署警力全力以赴投入抢险救灾工作。按照应急预案的要求，市地震局已组织力量加强社会面整体防控，严格首脑机关、通讯枢纽、交通枢纽、金融机构、医疗单位等重点部位的治安保卫，严密油库 （站）、危险品库、粮库、大型物资储备库、煤气天然气厂（站）等要害部门的巡逻控制，预防和打击各类违法犯罪破坏活动；果断采取有效措施处置因地震引起的火灾、毒气泄漏等次生灾害；维护道路交通秩序，实行交通管制，保证救灾车辆、人员通行安全。截至目前，全市社会治安良好，抗震救灾秩序稳定，各项抗震救灾工作正在进行当中。报告完毕		[镜头]：公安局局长报告画面	

续表 4-2-5-82

演练问题	演练内容	情况设想	时间	导调工作	市指挥部行动	各分指挥部与实兵行动	屏幕显示	解说词
第一演练问题：地震应急响应	现场指挥部署		K+79 至 K+81	切换大屏幕视频。在大屏幕播放电力公司汇报背景视频	听取基础设施抢修组（电力公司）汇报灾区电力设施受损情况。治平副总指挥：请基础设施抢修组副指挥长汇报一下灾区电力设施受损及处置情况。基础设施抢修组副指挥长：总指挥，本次地震造成天津市供电设施大范围受损，西青区和静海县供电设施损坏严重，位于西青区的 500kV 吴庄变电站全部停电。天津市各区、县均有不同程度的停电，部分重要用户供电中断，天津电网减供负荷 189 万千瓦，我公司已立即启动《天津市电力公司处置地震灾害事件应急预案》Ⅰ级应急响应，制定了电力设施恢复供电方案，出动了 10 支应急抢修队伍、40 辆抢修车、3 辆应急发电车，优先保证和恢复地震现场指挥部与上级供电系统的畅通，保证政府和重要用户供电的畅通。 报告完毕		[镜头]：电力公司经理报告画面	
			K+81 至 K+83	切换大屏幕视频。在大屏幕播放水务局汇报背景视频	听取水利安全组（水务局）汇报灾区水利设施受损情况。治平副总指挥：请水利安全组指挥长汇报一下水力设施受损及处置情况。水利安全组指挥长：总指挥，根据全市统一部署，市地震局已经启动天津市抗震救灾水利安全保障计划。目前，从市地震局各管理单位反馈的情况看，天津市只有个别水利工程出现不同程度损坏，但对周边不会构成威胁。只有北大港水库坝体 0+500 桩号处出现较大裂缝，情况十分危急，为尽快排除险情，市地震局采取了如下措施：1.已开设现场指挥部，并派出专家会同当地技术人员一起会诊受损情况，制定排险方案；2.已派出水利机动抢险队赶赴险情现场进行排险；3.已启动与北大港水库的会商系统，随时了解排险进展情况，指导排险；4.已安排全市水利管理单位加强工程巡视，发现问题随时上报。市地震局密切关注工程运行情况，有情况及时向市抗震救灾指挥部报告。 报告完毕		[镜头]：水务局局长报告画面	

续表 4-2-5-82

演练问题	演练内容	情况设想	时间	导调工作	市指挥部行动	各分指挥部与实兵行动	屏幕显示	解说词
第一演练问题：地震应急响应	现场指挥部署		K+83 至 K+85	切换大屏幕视频。在大屏幕播放警备区汇报背景视频	听取抢救抢险组（天津市警备区）汇报灾区抢险队伍准备情况。治平副总指挥：现在请副总指挥、警备区副司令员德生介绍一下抢救抢险队伍动员的情况。德生副总指挥：接到抗震救灾指令后，警备区第一时间指挥协调所属及驻津部队投入抢险救援行动。主要情况如下：1. 及时向北京军区报告了有关震情，请求动用驻津部队立即投入抢险救援行动，并派遣军区机动支援力量实施增援。2. 成立了驻津部队抢险救援指挥部，在西青区杨柳青镇开设了前进指挥所。3. 按照抗震救灾行动预案，派遣我区救援分队投入抢险救援行动，指挥协调装甲 1 师、武警 81 师和舟桥团就近投入抢险行动，其他现役抢险力量已完成抢先行动准备。4. 组织所属民兵预备役应急分队完成了收拢集结，预备役高炮 4 团和津南、西青、静海 3 个区县的应急分队已在震区展开救援行动。 报告完毕		[镜头]：警备区副司令员报告画面	

续表 4-2-5-82

演练问题	演练内容	情况设想	时间	导调工作	市指挥部行动	各分指挥部与实兵行动	屏幕显示	解说词
第一演练问题：地震应急响应	现场指挥部署		K+85 至 K+87	做好领导转场准备。通知观礼台及参演队伍做相应准备工作	总指挥布置抗震救灾工作。治平副总指挥：现在，请总指挥、常务副市长做指示。总指挥：同志们，刚才市地震局和西青区政府报告了震情和灾情，各组汇报了各单位采取的应急措施和建议。我完全同意。为了切实组织、指挥好抢救抢险行动，最大限度的减少损失，我再强调几点：一是要把人员搜救作为首要任务，作为当前抗震救灾工作的重中之重；同时做好灾民的安置工作，确保灾区社会安定、人心稳定。二是要进一步强化地震监测与震情会商工作，为抗震救灾各项工作的开展提供安全保障。三是要坚决防止各类地震次生灾害的发生，确保城市基础设施安全运行；同时要做好灾区的卫生防疫工作，严防灾区传染病流行。四是要加强协调，科学调度，强化责任，严明纪律，确保抗震救灾决策部署落到实处。现在各组立即展开抢救抢险行动		[镜头]：总指挥画面。	
	转场		K+87 至 K+92		指挥部人员准备观看实兵演练			女：各位领导，地震现场指挥部紧急会议到此结束，下面我们将演练第二个问题：紧急抢救抢险

续表 4-2-5-82

演练问题	演练内容	情况设想	时间	导调工作	市指挥部行动	各分指挥部与实兵行动	屏幕显示	解说词
		根据总指挥部的命令，地震现场各部门、各应急救援分队立即展开地震监测评估、人员搜救、医疗防疫、通讯保障、灾情封控、燃气抢修、电力抢修、水利抢修、卫生医疗、物资调配、次生灾害清除和社会管控等行动,力争将损失降到最低程度	K+92至K+93	做好实兵演练工作准备,确认各参演队伍就位状况	指挥、观看实兵演练			男：各位领导，根据市抗震救灾指挥部在地震现场作出的紧急部署，各现场分指挥部正在组织本系统、本行业展开抢救抢险工作
第二演练问题：紧急抢救抢险	地震现场工作队展开	先行出发的市地震应急现场工作队已抵达现场指挥部，地震现场工作展开	K+93至K+97	各个单位有序进行演练,进行摄像、大屏幕展示工作		现场工作队到达震区，选取相对安全平整的场地作为现场驻地，各组当即开展现场工作：搭建抗震救灾指挥帐篷，架设卫星通信系统，进行现场震情会商、灾害评估、架设流动地震监测仪器	[镜头]：地震现场应急工作队展开并工作。 [镜头]：地震现场应急工作队工作装备与仪器工作	男：首先到达地震现场的市地震现场应急工作队，他们以最快的速度携带工作装备及监测设备赶赴地震灾区。女：市地震现场应急工作队的主要职责是：帮助灾区群众开展自救互救，协助地震灾害紧急救援队进行现场搜救；开展现场震情监测预报、地震灾害损失评估与科学考察；协助灾区政府开展房屋安全性鉴定，进行地震宣传等其它有关工作。地震应急现场工作队下设秘书协调组、震情判定组、震害评估与科学考察组、流动观测组、后勤与通信保障组。男：震情判定组负责跟踪分析地震活动、前兆变化和宏观异常，把握震情动态，判定地震类型和地震趋势，向现场指挥部提出震情判定意见；流动观测组开展现场的地震前兆和强震动观测，获取余震活动、前兆信息和震区的强地面运动特征。女：震害评估与科学考察组开展建构筑物破坏情况调查、地表破坏情况考察、宏观异常落实，给出地震烈度分布和灾害损失评估结果；进行建筑物安全鉴定，协助地震灾害紧急救援队进行现场搜救；进行发震构造和发震地质灾害的科学考察，开展结构工程震害、生命线工程震害以及地震的社会影响调查；有针对性地开展防震减灾知识宣传，共同维护震区的社会稳定。男：请各位领导向正前方废墟区观看，现在震害评估组的队员已到达灾害最严重的地区，利用钢筋探测仪、回弹仪、GPS 定位仪等仪器设备开展震害评估、建筑物安全性能鉴定、科学考察和指导救灾等工作。女：与此同时，在演练场地左前方，流动观测组正运用强震仪记录现场余震的发生和强地面运动情况，运用测氡仪等捕捉地震前兆信息，这些数据将为地震趋势判断提供基础资料和依据。男：现在各位领导看到的是后勤和通信保障组已完成了工作队现场指挥部帐篷的搭建，并建立了与市抗震救灾指挥部的通信联系。帐篷内，震情判定组正在搜集各种前兆异常和地震活动信息，把握震区震情动态，判定地震类型与未来趋势；震灾评估的统计汇总工作正在紧张进行

续表 4-2-5-82

演练问题	演练内容	情况设想	时间	导调工作	市指挥部行动	各分指挥部与实兵行动	屏幕显示	解说词
第二演练问题：紧急抢救抢险	通讯保障	为了确保现场指挥部的通讯畅通及灾区救援工作的顺利开展，通讯保障队伍抵达现场指挥部及救援现场，架设临时通讯设备	K+97 至 K+100	各个单位有序进行演练，进行摄像、大屏幕展示工作		天津移动公司应急抢险队伍启动移动应急基站通信车，建立起以本地为区域的应急通信指挥系统、调度系统和应急公众通信系统，为救灾指挥部与救灾现场提供通信保障。天津联通公司应急抢险队伍启动 VSAT 卫星应急通信车，保证及时回传相关信息	[镜头]：通信保障队伍赶到灾区现场。[镜头]：通信保障队伍展开并工作	女：请各位领导请向右前方看，现在到达现场的是天津市通信抢修队，他们以最快的速度携带应急通信设备赶赴地震灾区。男：强烈地震往往造成灾区大范围的通信中断。为了确保现场指挥部的通讯畅通及灾区救援工作的顺利开展，现场指挥部要求通信保障组迅速恢复现场指挥部及救援现场的通信。女:天津市通信管理局牵头组建的通信抢修队，由三家基础电信运营企业的应急通信队伍和网络管理、运行维护及工程技术人员组成。男：现在各位领导看到的是天津联通公司和天津移动公司的应急抢险队伍，抢险人员正在启动 VSAT 卫星应急通信车。每辆卫星通信车能够同时提供语音通信与 Wlan 通信，同时各配备 4 部卫星电话。该设备传输距离远、信号质量好、设备体积小，便于在地震灾害等应急情况时安装使用，能在第一时间深入灾区并及时传送相关信息。女：现在各位领导看到的是天津移动公司应急抢险队伍，抢险人员正在启动移动应急基站通信车。该车卫星天线总高 19 米，能够为方圆 1.8 平方公里提供移动信号，建立起本区域的应急通信指挥、调度系统和应急公众通信系统，为救灾指挥部及救灾现场提供通信保障。目前在天津市共配备四辆同类型的应急基站通信车
	灾区封控	据现场工作队报告及当地政府反应，XX 社区部分房屋倒塌及严重破坏，部分人员被困及埋压。当地公安及民兵队伍对房屋倒塌区域进行封控。已抵达灾区的紧急救援队接到指挥部的命令，赴该区域开展人员搜救工作	K+100 至 K+102	各个单位有序进行演练，进行摄像、大屏幕展示工作		公安及民兵队伍抵达现场。民兵队伍在治安民警的指挥下，迅速对倒塌建筑区域进行封控	[镜头]：公安及民兵队伍进入废墟现场。[镜头]：公安及民兵队伍展开并工作	男：各位领导，请向正前方看，观礼台正前方的建筑物废墟是地震灾害紧急救援队的模拟废墟演练场地，紧急救援队将在这里展开紧急救援行动。女：强烈的地震所造成的最为直接的破坏就是房屋建筑物的倒塌。严重破坏或部分倒塌的建筑物仍有再次倒塌的危险。男：为了避免建筑物再次倒塌造成新的人员伤亡，同时也为了对暴露在外的居民财产进行保护，公安民警及当地的民兵队伍第一时间到达现场。在民警的指挥下，民兵队伍对破坏现场进行了封控，禁止无关人员接近该区域，以保证地震灾害紧急救援队到来前灾区现场的正常秩序

续表 4-2-5-82

演练问题	演练内容	情况设想	时间	导调工作	市指挥部行动	各分指挥部与实兵行动	屏幕显示	解说词
第二演练问题：紧急抢救抢险	人员搜救	据现场工作队报告及当地政府反应，XX 社区部分房屋倒塌及严重破坏，部分人员被困及埋压。当地公安及民兵队伍对房屋倒塌区域进行封控。已抵达灾区的紧急救援队接到指挥部的命令，赴该区域开展人员搜救工作	K+102 至 K+114			救援分队到达现场。队长：救援队员下车。警戒封控救援现场。队长：警戒封控组、疏导观察组就位。分队长：是，警戒封控组出动。警戒封控组组长：是。分队长：疏导观察组就位。疏导观察组组长：是。警戒封控组长：报告分队长，警戒封控组，已对救援现场达成封控，请指示。分队长：加强警戒，禁止无关人员进入现场。 警戒封控组长：是。 疏导观察组长：报告分队长，疏导观察组，已建立安全通道，派出安全员，请指示。 分队长：注意观察警戒。疏导观察组长：是。 （接下页）	[镜头]：救援队到达现场。 [镜头]：警戒封控救援现场。 [镜头]：搜寻现场幸存人员。 [镜头]：对被埋压和受困人员实施紧急救援	女：各位领导，现在进入演练场地的是天津市地震灾害紧急救援队武警 8630 部队救援分队的官兵。武警 8630 部队救援队成立于 2001 年 7 月 28 日，是武警机动部队唯一一支紧急救援队，是全国第一支省级地震灾害紧急救援队。建队八年来，该救援队曾先后参加过国家反恐办组织的反恐演练 、武警部队中心工作会议救援演练、“金盾－04”救援演习、奥运表演及国庆安保、天津蓟县山体滑坡被埋压人员搜寻、“5.8”滨海特大航弹排除、“5.12”汶川地震北川救援、“6.16”津沪高速抢险等重大任务。救援队在演练中成长，在实战中壮大，在总结中提高。男：专业地震灾害紧急救援队在救援现场中的主要任务是：在地震或其它突发事件造成建筑物倒塌、破坏后，通过使用破拆、顶撑、救援、救护等专业救援装备，对被埋压和被困幸存者实施专业救援。女：紧急救援队在参加部队日常训练的基础上，安排时间进行救援训练，保证救援专业技能的巩固和提高，经严格训练，救援队可持续 24 小时进行救援作业。男：各位领导，现在请向左前方观看，地震灾害紧急救援队武警 8630 部队救援分队已经到达现场。 （拾现场同声期）女：各位领导，为了便于观看，今天的紧急救援演练将采取分步实施的方式进行，主要演练三个内容：一是警戒封控救援现场，二是搜寻现场幸存人员，三是对被埋压和受困人员实施紧急救援。男：下面，首先演练第一个内容：警戒封控救援现场。 （拾现场同声期）女：警戒封控，是维护现场秩序的重要环节，是确保救援行动顺利实施的重要条件。各位领导，现在看到的是警戒封控组正在封控现场，划定警戒区域，设置警戒标志，禁止无关人员进入救援现场。 （拾现场同声期）男：各位领导，现在，疏导观察组人员已经到达救援现场，正在建立安全疏出通道，密切关注救援现场态势变化 。女：观察哨与安全员，是现场救援人员安全的基本保障，主要职责是及时观察报告现场危险因素，消除不安全隐患，确保救援人员自身安全。现在，观察哨与安全员已经到位，正在对现场情况进行监测，防止余震及次生灾害造成更大的损失。 （拾现场同声期）男：各位领导，现在紧急救援队已经完成对救援现场的警戒封控，并派出了疏导观察员，现场秩序进一步得到有效控制。（接下页）

续表 4-2-5-82

演练问题	演练内容	情况设想	时间	导调工作	市指挥部行动	各分指挥部与实兵行动	屏幕显示	解说词
第二演练问题：紧急抢救抢险	人员搜救	据现场工作队报告及当地政府反应，XX社区部分房屋倒塌及严重破坏，部分人员被困及埋压。当地公安及民兵队伍对房屋倒塌区域进行封控。已抵达灾区的紧急救援队接到指挥部的命令，赴该区域开展人员搜救工作	K+102至K+114			（接上页）搜寻现场幸存人员。 队长：探测搜寻组，立即对救援现场进行探测搜寻。 分队长：是，搜寻探测组出动。各组长分答：一组明白。二组明白。三组明白。 搜寻一组组长：报告队长，经人工搜索，在1号作业区内发现被困人员，请求救援。队长：做好救援准备，救援一组出动。救援一组组长：是。 搜寻二组组长：报告队长，经仪器探测，在2号作业区发现在电梯井内有幸存人员，请求救援。队长：做好救援准备，救援二组出动。救援二组组长：是。 搜寻二组组长：报告队长，经搜救犬搜寻，在3号作业区发现两处生命迹象，由于现场楼板、梁柱叠压严重，请求工程机械参与救援行动。队长：做好救援准备，救援三组立即出动。救援三组组长：是。 对被埋压和受困人员实施紧急救援。救援一组组长：报告队长，救援一组已成功解救九名被困人员，其中一名重伤，三名轻伤，请指示。队长：现场救护组对轻伤人员进行现场处置，对重伤人员立即送120救护点救治，继续搜寻周围区域。 救援一组组长：是。救援二组组长：报告队长，救援二组已成功解救一名在电梯井被困人员，该伤员腰椎、颈椎均严重受伤，现医护人员进行初步救治，请指示。队长：迅速用肢体固定气囊固定伤员，防止伤情进步恶化，迅速送入120医疗救护点，继续对周围区域进行搜救。救援二组组长：是	[镜头]：救援队到达现场。[镜头]：警戒封控救援现场。 [镜头]：搜寻现场幸存人员。 [镜头]：对被埋压和受困人员实施紧急救援。	（接上页）女：下面演练第二个内容：搜寻现场幸存人员。 （拾现场同声期）男：现在救援分队正在进入救援现场进行探测搜寻。探测搜寻主要包括三种方法：一是人工搜索法，二是仪器探测法，三是警犬搜寻法。女：各位领导，请向1号作业区看。1号作业区正在采取人工搜索法，搜寻受困人员。男：各位领导，现在请向2号作业区看。现在2号作业区正在采取仪器探测法，搜寻被埋压人员。女：各位领导，现在请向3号作业区看。现在3号作业区正在采取搜救犬搜寻法，查找生命迹象。 （拾现场同声期）男：各位领导，请向1号作业区看。搜寻队员已发现被困人员。根据现场指挥员的命令，救援队员迅速到达救援地点展开救援行动。 （拾现场同声期）女：各位领导，请向2号作业区看，搜寻队员在电梯井内发现幸存人员。救援队员根据现场指挥员的命令迅速到达2号作业区展开救援行动。 （拾现场同声期）男：各位领导，现在请向3号作业区看。3号作业区正在采取警犬搜寻法搜寻被埋压人员。搜救犬是地震救援重要的搜救手段，它是利用动物嗅觉灵敏的特性，发现被深埋的生命迹象，以达到对受困人员救援的目的。现在，搜救犬已在3号作业区内发现生命迹象，救援队员根据现场指挥员的命令迅速到达3号作业区展开救援行动。 女：下面演练第三个内容：对被埋压和受困人员实施紧急救援。男：现在请各位领导向1号作业区看。在1号作业区，由于房屋坍塌造成房门变形，致使人员受伤被困，现在救援队员正在利用撬门器撬启房门。女：现在房门已被打开，救援队员冲入房内，对受困人员进行紧急救护。男：在房屋另一侧，救援队员利用破拆工具对严重变形的房门实施破拆。女：现在，房门已被破拆队员打开，救援队员进入室内，对受困人员实施紧急救护。男：各位领导，请向2号作业区顶部看。救援队员现在正在利用救援三角架对电梯井内受困人员实施救助。女：现在各位领导请向2号作业区右侧看。救援队员正在使用起重气垫、救援顶杆和混凝土切割机等救援器材对受困人员实施紧急救援。男：各位领导，现在请向3号作业区看。在3号作业区，武警第81师自行改装的工程机械正在进行抢险救援作业。现在正在进行作业的是救援挖掘机，它是在不改变机械原有性能的基础上，添加了抓、夹功能，使挖掘机在救援行动中进一步加快了作业速度，有效提高了救援质量。女：各位领导，现在进行作业的是救援装载机，它是在不改变机械原有性能的基础上，添加了挑插功能，使装载机在救援行动中更加具有实战功能。 （拾现场同声期）

续表 4-2-5-82

演练问题	演练内容	情况设想	时间	导调工作	市指挥部行动	各分指挥部与实兵行动	屏幕显示	解说词
第二演练问题：紧急抢救抢险	卫生救护	据现场工作队报告及当地政府反应，XX 社区部分房屋倒塌及严重破坏，部分人员被困及埋压。当地公安及民兵队伍对房屋倒塌区域进行封控。已抵达灾区的紧急救援队接到指挥部的命令，赴该区域开展人员搜救工作	K+114 至 K+118			救护车到达现场。急救医生行使临时指挥权，并作为检伤官与急救人员对现场伤员进行检伤评估，挂上红、黄、绿、黑检伤卡，并对最危重伤员施救。应急指挥车、物资供应车到达现场、数辆救护车陆续到达现场。急救运输员依照医疗检伤官的检伤和治疗结果安排各伤员的运输车辆。现场搭建医疗救援充气帐篷，作为临时急救站抢救伤员	[镜头]：1 号救护车到达现场。[镜头]：检伤官对伤员进行检伤评估。[镜头]：增援车、指挥车、物资车到达现场	男：地震发生后，“120” 立即启动突发公共卫生事件应急预案，指挥距离震中最近的急救车出发；同时调度市内其他分站急救车出发；通知应急指挥车和物资保障车立即出发。女：现在请各位领导向正前方废墟区域看，第一辆救护车已到达现场。急救医生行使临时指挥权，作为检伤官对现场伤员进行检伤评估。检伤官将按照伤员病情严重程度，给伤员挂检伤卡，以不同颜色区分优先救治等级，红色为第一优先的危重伤员，黄色为第二优先的重伤员，绿色为第三优先的轻伤员，黑色表示死亡。检伤分类的目的即是以有限的人力救治最多的伤员。男：现在 120 应急指挥车、物资保障车已到达现场，并开始展开。应急指挥车可采集灾难现场视频并同步传输到指挥车和应急指挥中心，车上具有小型会议室功能，可于灾难现场发挥指挥作用。物资保障车上装备先进的急救设备、各种担架和应急防护物资，能完成 100 名以上伤员的现场抢救任务，可应对各种突发公共事件
	人员搜救		K+118 至 K+120			3 号作业区抢救被困人员。救援三组组长：报告队长，救援三组已成功解救两名被埋压者，伤情较重，现场医护人员进行了紧急处置，请指示。队长：将重伤员迅速送入 120 救护点，继续搜救。救援三组组长：是。队长：救援人员注意，现场搜救任务完成，迅速撤收器材，清整人员，做好执行新的任务准备。警戒封控组组长：警戒封控组明白。疏导观察组组长：疏导观察组明白。探测搜寻分队队长：探测搜寻分队明白。破拆救援分队队长：破拆救援分队明白。现场救护分队队长：现场救护分队明白	[镜头]：3 号作业区救援行动操作场景	男：各位领导，现在请向正前方废墟区域看，3 号作业区的救援队员经过紧张救援，终于将被埋压者从废墟中救出。（拾现场同声期）女：地震救援，是最紧迫的抢险任务，是对抢险救援队伍救援能力最为直接的考验。现在，地震灾害紧急救援队武警 8630 部队救援分队已完成现场搜救任务，正在撤收器材，清整人员，准备担负新的、更加艰巨的救援任务！

续表 4-2-5-82

演练问题	演练内容	情况设想	时间	导调工作	市指挥部行动	各分指挥部与实兵行动	屏幕显示	解说词
第二演练问题：紧急抢救抢险	卫生救护		K+120至K+123			数辆增援救护车陆续到达现场。医务人员救治伤员	[镜头]：在现场医疗站对重伤人员实施救护	男：各位领导，请向正前方近处看，现在急救人员已在现场安全区域搭建起了医疗救援充气帐篷，作为临时急救站对伤员进行抢救，并在现场设立红区、黄区、绿区三个救援分区。当被埋压的人员均被救出后，数辆增援救护车已陆续到达现场，医务人员对各类伤员进行抢救。现场急救原则是：先排除险情后实施救治，先救命后治伤，先治重伤后治轻伤，先抢救后转运。女：各位领导，请向红区看。现在医务人员已把伤员正确搬运到抢救区，开始基础生命支持，对患者实施人工通气，胸外按压等心肺复苏措施，应用先进的急救设备实施高级生命支持。男：现在看到的红区两名伤员为闭合性颅脑伤昏迷伴胸腰椎损伤。地震等重大灾害容易造成人员脊椎损伤，如处置不当，很容易使脊椎损伤加重，造成高位截瘫。医护人员立即使用颈托固定患者颈部、建立静脉通道，用负压担架对伤员进行颈胸腰椎固定，用铲式担架和移动担架床转送。铲式担架和负压担架是处置脊椎损伤伤员的专用设备，可以充分的固定受损脊椎，减少进一步损伤。黄区的两名伤员为上肢、下肢开放性骨折，医务人员正在对他们进行止血、包扎、负压夹折固定

续表 4-2-5-82

演练问题	演练内容	情况设想	时间	导调工作	市指挥部行动	各分指挥部与实兵行动	屏幕显示	解说词
第二演练问题：紧急抢救抢险	人员搜救		K+123 至 K+130			高层救援甲：报告指挥部，救援消防分队已经到场，经侦察和询问知情人得知，居民楼内有多名群众被困，并有多处火点。乙：收到，立即组织力量救人、灭火。 消防队员疏散被困群众举高车救人十五米拉梯救人普通担架救人 甲：报告指挥部，经过搜救，发现一名颈椎受伤的群众，自身没有行动能力。乙：命令你们利用多功能担架与躯体固定气囊配合，进行施救。 多功能担架救人高喷车出水 甲：报告指挥部，楼内被困的 20 名群众，包括 2 名轻伤员、1 名重伤员已经全部救出，火势被成功消灭。乙：明白，进一步加强监护	[镜头]：疏散被困群众。 [镜头]：举高车救人。 [镜头]：十五米拉梯救人。 [镜头]：普通担架救人。 [镜头]：多功能担架救人。 [镜头]：高喷车出水	男：请各位领导向右前方看，受地震影响，一栋居民楼遭受破坏，楼梯断裂，楼房倾斜，煤气管道破裂引发火灾，有大量人员被困。女：消防救援分队迅速出动。一部云梯消防车、一部高喷消防车、两部水罐消防车正赶赴现场。本次参演的天津市消防部队在市委、市政府和市公安局的领导下，全力打造津门消防铁军，圆满完成了“5.12”赴川抗震救灾、“12.6”华源油库火灾扑救、“7.15”津晋高速公路桥梁坍塌事故救援等一系列急、难、险、重任务，参与完成了“奥运和国庆安保”等重要保卫任务。 （备用词：“救人第一”是消防部队灭火救援作战的指导思想。无论现场情况多么复杂，条件多么恶劣，那里有险情，哪里就有消防官兵的身影。） 男：消防部队在楼层救生时一般采用内部疏散、外部登高救生和担架救助等方法。 （拾现场同声期）女：各位领导请看，消防队员到达现场后，迅速派出精干力量，强行开辟救生通道，将一楼、二楼被困群众引导疏散至安全地带。男：与此同时，消防举高车的云梯已经升起，救生通道随即形成。此类举高消防车，主要用于救助被困在高层建筑的人员，天津市已有 30 部，被科学合理地分布在市区，是消防队员高层救人的得力助手。女：现在，消防队员正在架设的两架拉梯叫做十五米拉梯，主要用于救助 4 层以下的被困群众。该梯具有操作灵活，受外部环境影响小等优点，天津市所有消防执勤中队均已配备，是居民楼火灾救生的重要工具。男：各位领导现在看到的救人方法叫做“一点吊”担架水平救助，主要用于紧急情况下轻度伤员的救助。当利用楼梯和登高工具救助伤员比较困难时，可采取这种救助方法，将被救助者用绳索固定在担架上，用救助绳和引导绳配合，将伤员救下。 （拾现场同声期）女：现在，消防队员向下施放的担架是多功能担架，里面使用躯体固定气囊，将伤员身体的各个部位牢牢固定住，这种方法主要用于伤残骨折人员特别是颈椎受伤者的救助，它可以有效地防止给伤员造成二次伤害。男：当最后 1 名群众成功获救后，早已待命的高喷车及时喷射出巨大的水流，对高层火势形成压制之势，火势很快被彻底消灭。 （拾现场同声期）

续表 4-2-5-82

演练问题	演练内容	情况设想	时间	导调工作	市指挥部行动	各分指挥部与实兵行动	屏幕显示	解说词
第二演练问题：紧急抢救抢险	卫生救护		K+130 至 K+132			救护车将伤员全部安全转送到医院	[镜头]：伤员转送	女：各位领导，现在请向正前方近处看。红区、黄区的伤员现已抢救完毕，准备转送医院。绿区的 12 名轻伤员经过医务人员简单救治后，依次被搀扶上两辆救护车，转送到医院接受进一步治疗。 男：在医护人员全力抢救伤员的同时，参与此次地震灾害现场抢险的各部门也有条不紊的进行协调、帮助伤员在第一时间得到救治。救护车陆续将全部伤员分流转送到医院
	电力抢修	XX 社区变压器、供电线路遭到破坏，给救援工作带来危险	K+132 至 K+134	各个单位有序进行演练，进行摄像、大屏幕展示工作		（视频展示）电力抢险队伍及工程车辆到达受损电力设施现场，修复损坏的供电线路及设施，排除隐患，快速恢复区域供电通畅	[大字幕（叠加现场画面）]：电力设施抢险 [镜头]：电力工程抢修车辆车赶到电力抢修现场。 [镜头]：电力设施抢修过程。 [插入]：电力抢修演练录像	女：各位领导，现在视频上显示的是电力抢修行动。 男：强烈地震的发生导致了天津电网大面积停电，市电力公司已启动了天津市大面积停电 I 级应急响应。震区的供电系统遭到破坏，工厂停产，群众生产、生活遇到了困难。电力抢修队在接到指挥部的命令后，火速赶到灾区，抢修损毁供电设备。 女：现在看到的是电力抢修队正在抢修损坏的变电站电力设备。 男：现在看到的是电力抢修队正在抢修受损输电线路设备和更换损毁的绝缘子串。 女：经过紧张的抢险抢修，部分倒塌的输电铁塔得到了恢复。与此同时，电力抢修队还为高危用户、重要用户提供了应急电源，确保了人民群众生命财产的安全，确保了政府生命线工程的畅通

续表 4-2-5-82

演练问题	演练内容	情况设想	时间	导调工作	市指挥部行动	各分指挥部与实兵行动	屏幕显示	解说词
第二演练问题：紧急抢救抢险	水利抢修	据报告，强烈地震引起XX水库土质坝体局部发现明显裂缝，库内蓄水有外泄的危险，将对库区附近村庄居民造成威胁	K+134至K+136	各个单位有序进行演练，进行摄像、大屏幕展示工作		（视频展示）水务局应急指挥中心接到北大港水库险情汇报后，按照指挥中心的命令防汛抢险指挥车、抢险指挥人员及工程抢险专家组到达现场。工程技术人员对大堤裂缝进行不间断的巡视检查和监测，专家组和技术人员对裂缝进行检查并拿出可行的技术处理方案。现场抢险总指挥向市抗震指挥部汇报险情情况，请求对影响范围的群众进行转移。抢险全体人员现场集结完毕，现场指挥向抢险队员发布抢险命令。挖掘机按照工程技术人员指导，对堤顶裂缝处开挖十字槽，然后用土回填，逐层压实。在迎水坡，铺覆膜编织布，上面压填充有碎石、沙、土的编织袋。在背水坡，队员们也进行了相应的处理。裂缝处理完成。抢险指挥向指挥长汇报执行情况	[大字幕（叠加现场画面）]：水利设施抢险 [视频]：水库大坝应急排险。	男：各位领导，现在视频上显示的是水利抢修行动。 女：地震发生后，水务局应急指挥中心接到北大港水库险情汇报，该水库东围堤 0+500 处发现较大的一条裂缝，有漏水的危险，情况十分危急。 男：为此水务局立即成立了现场抢险指挥部，并向市抗震指挥部汇报险情。 女：按照水务局应急指挥中心的命令，防汛抢险指挥车、抢险指挥人员、工程抢险专家组到达现场。北大港水库工程技术人员正在对大堤裂缝进行不间断的巡视检查和监测。专家组和技术人员在对裂缝进行检查后拿出可行的技术处理方案。根据处理案，将采取堤顶开挖回填，迎水坡截渗，背水坡排水加固的措施。 男：随后 30 余人的抢险队伍到达现场。同时到达现场的抢险设备有挖掘机、自卸汽车以及编织袋、编织布、土工布等必需的抢险物资。 女：现在各位领导所看到的是抢险过程。挖掘机在工程技术人员指导下，在堤顶裂缝处开挖十字槽，然后用土逐层压实回填。在迎水坡，抢险队员铺覆膜编织布，上面压填充有碎石、沙、土的编织袋。在背水坡，队员们正在清除软土，铺土工布，上面铺填充有粗沙、碎石和粘土的编织袋。 男：经过紧张的抢修，裂缝处理完毕。现场指挥长最后要求北大港水库管理处对水库大堤不断检测，特别是对已处理的裂缝加强监测，发现问题及时汇报
	燃气抢修	XX社区部分房屋倒塌及严重破坏，造成多处燃气管道破坏，燃气泄露，并引发多处火灾，影响了人员搜救	K+136至K+139	各个单位有序进行演练，进行摄像、大屏幕展示工作		燃气抢险车辆快速驶入地震现场，抢险队员迅速下车列队，按照分工各司其职。设立警戒区、灭火、实施降温，关闭相关阀门，用快速封堵钢带卡具对破损管道进行修复	[镜头]：工程抢修车辆车赶到燃气泄露现场。 [镜头]：燃气设施抢修过程。	男：城市生命线工程是维护城市生产、生活的基础，是一个城市存在和发展的命脉。 女：强烈地震发生后，会对城市生命线工程系统造成严重的破坏，及时恢复抢修城市生命线工程系统，是减轻地震灾害的一条有效的途径。 男：在地震灾区，中强地震造成天然气管道闪爆，燃气泄露着火，爆炸随时都可能发生，直接危及灾区居民及救援人员的生命安全。 女：请各位领导请向废墟区域右侧看，灾区一根 DN200 中压干管在地震中破损，工程抢险队公用设施抢险分队的燃气抢险队员，对受损管道实施抢修。 男：抢险人员，根据现场险情，立即启动相应预案，队员们按照分工迅速展开。 女：现在各位领导看到是队员们正在设立警戒区，安防警示器材，加强现场的安全监护。 男：现在看到是队员们用灭火器扑灭管道破损处燃烧的大火并实施降温，然后迅速关闭相关阀门，用快速封堵钢带卡具对破损管道进行修复。 女：经过紧张的抢修，破损的燃气管道在最短时间内修复，危险排除。

续表 4-2-5-82

演练问题	演练内容	情况设想	时间	导调工作	市指挥部行动	各分指挥部与实兵行动	屏幕显示	解说词
第二演练问题：紧急抢救抢险	社会控制	震后，部分公共设施遭到破坏，市区主要道路上聚集众多群众，随时可能出现混乱，少数不法分子可能趁乱对部分重点部门、场所进行冲击	K+139至K+141	播放社会控制演练视频		（视频展示）西青区公安分局收到震情通知后立即抽调 40 名警力赶赴现场，并迅速成立现场指挥部，启动处置预案。同时向市局指挥中心上报震情情况，请求市局指挥中心调动其他单位警力到达现场进行协助。西青区分局警力率先到达现场，迅速在银行外围设置警戒线，对周围进行控制，同时组织警力进入银行内了解情况，开展安全检查，并将情况上报现场指挥部。市局指挥中心派出其他单位的警力也陆续到达现场，根据现场指挥部指令，立即展开行动，维持好银行、学校、新闻单位、大型购物商场等重点单位的社会秩序。现场指挥部将处置情况上报市局指挥中心，并等待进一步的指示	[大字幕（叠加现场画面）]：社会维稳［视频］：社会维稳	女：各位领导，现在视频上显示的是社会管控行动。 男：地震打乱了人们正常的生活秩序，社会治安因此变得混乱，违法犯罪活动时有发生。女：现在的情况是：灾区的银行、新闻单位、大型购物商场等重点单位由于安保措施已经失效，存在被不法分子哄抢的风险。男：公安西青分局迅速调集警力到达现场，组织安全警戒，设置隔离带、警戒线，并及时有序地疏散人员至安全区域。市公安局根据现场情况，立即启动突发事件治安处置预案，调集警力赶赴现场。女：现在各直属单位警力已经陆续赶到了现场，按照现场指挥部要求，立即展开相应的工作。男：经保部门正在配合当地公安分局做好银行等重点单位的内部安全保卫；武警部队正在组织现场封控。市局派出的特警警力到达现场后，配合西青分局对银行、新闻单位外围加强了警戒。在各单位的协同配合下，银行等重点单位周边秩序恢复稳定
	救灾物资调配	地震灾区部分居民住房倒塌或严重破坏，无法居住，急需帐篷、饮用水、食品等救灾物资。按照相关部门调度，应急物资运输车队在天津市救灾物资储备站集结，并装载救援物资，运往灾区	K+141至K+144			（视频展示）为了使捐赠物资能够快速有序地运往灾区，在调运点内，分别设置“食品储备区”、“饮用水储备区”、“衣被储备区”、“帐篷、帆布储备区”、“药品、医疗设备储备区”“其他物资储备区”等 6 大功能区，并在整个接收调运点设有完善的标识。运送物资车辆有序地在标识的引导和现场调度人员的指挥下，按照车辆承载物资种类，分别驶向不同功能区。接收工作按照统一接收，分类储备的原则进行。各类物资卸车后，对各物资分别进行清点、整理并登记造册	[大字幕（叠加现场画面）]：物资调配［视频］：储备应急物资装载、运输及捐资物资接受、统一调运	女：各位领导，现在视频上显示的是救灾物资调配行动。 男：为了能使天津市接收的捐赠物资尽快发放到灾民手中，市民政局在天津市救灾物资储备库设立了救灾捐赠物资接收调运点。物资接收调运点内设置了“食品储备区”、“饮用水储备区”、“衣被储备区”、“帐篷、帆布储备区”、“药品、医疗设备储备区”“其他物资储备区”等 6 大功能区。所有运抵天津市的救灾物资都将在此按种类进行清点和整理，并根据市政府的统一调配，及时发放到灾民手中。女：目前，北京、河北等周边省市支援天津市地震灾区的首批捐赠物资已经运抵天津市，物资主要为帐篷、衣被、食品等。运送物资的车辆在路面指示标记和指挥人员的引导下驶入物资接收调运点，并办理接收手续及清点整理后统筹使用。 男：为了应对抗震救灾捐赠工作，市民政局及时安排工作人员，并按照《军队参加抢险救灾条例》的有关规定，商请驻津武警部队派出人员和车辆协助进行抢运，确保捐赠车辆不拥堵、物资不积压

续表 4-2-5-82

演练问题	演练内容	情况设想	时间	导调工作	市指挥部行动	各分指挥部与实兵行动	屏幕显示	解说词
卫生防疫	XX社区人员搜救结束，为了防止出现疫情，需要对该区域进行卫生防疫	K+144至K+146	各个单位有序进行演练，进行摄像、大屏幕展示工作		卫生防疫队到达现场，对废墟进行消毒	[镜头]：卫生专业防疫人员到达指定场地。[镜头]：进行消毒	男：大灾之后，往往出现疫情。为防止大灾之后出现传染病暴发和流行，卫生防疫队及时到达灾区，快速划定疫点范围，并对灾区废墟进行消毒。女：卫生防疫人员启动消杀车，采用先进的消杀设备，对疫区外围进行消杀，疾病控制人员正在用手提式消毒喷雾器对灾区废墟进行消杀灭菌	卫生防疫
第二演练问题：紧急抢救抢险	次生灾害处置	强烈地震导致该区XX化工厂部分设施受损，发生化学物泄漏，并引发火灾，情况十分紧急。厂房立即报警，消防防化队伍接到报警后迅速抵达现场，进行处置	K+146至K+153	安排相关人员进行点火、放烟。各个单位有序进行演练，进行摄像、大屏幕展示工作		消防防化抢险队伍及抢险车辆抵达现场。消防官兵实施侦检、警戒作业。甲：报告指挥部，经侦检，现场火势很大，毗邻的油罐受到威胁，反应釜发生泄漏，泄漏物质为二甲基硫醚，危害范围上风方向30米，下风方向100米，我们已经做好警戒。 乙：明白，立即实施冷却抑爆。 （接下页）	[镜头]：化工设施爆炸、起火。[镜头]：消防防化抢险队伍及抢险车辆抵达现场。[镜头]：消防官兵实施侦检 、警戒作业；[镜头]：消防官兵实施冷却作业；[镜头]：消防官兵实施灭火作业；[镜头]：消防官兵实施洗消作业	男：地震时除了引起房屋变形、倒塌以及对各种设施的破坏，导致人员伤亡和财产损失外，还会引起以震动破坏为导引的一系列其他灾害，如导致易燃、易爆物泄漏引发火灾、爆炸、有毒气体泄漏造成空气污染、人员中毒、震区发生疫情等多种次生灾害。女：因此，做好震后次生灾害的预防和处置，是地震应急抢险救灾工作的一个十分重要的环节。男：各位领导现在请向右前方远处看，受地震影响，该处化工生产装置遭受损坏，精馏塔发生爆炸，反应釜内大量化学物料发生泄漏，瞬间整个化工区燃起熊熊大火，火势沿管道、装置四处蔓延，现场一片火海。女：面对突如其来的险情，在市抗震救灾指挥部和市公安局的统一指挥下，天津公安消防总队一次性调派了多支处置力量，同时出动，迅速赶赴火灾现场。男：化工火灾具有爆炸危险性大、火势发展快、易形成立体大面积燃烧等特点，扑救十分困难。消防部队在处置此类灾害事故时，一般采取侦检警戒、冷却防爆、消灭火势、堵漏排险、洗消清理等5个战术步骤。女：通过侦检判明燃烧物质的性质和危害范围，划定警戒区域十分重要。现在一名消防队员利用可燃气体探测仪，测定出危害范围，两名消防队员用警戒桩划定了警戒区域，警戒区域内将严禁无关人员和车辆进入。 （备用词：消防队员使用的可燃气检测仪可以直接显示所测气体的浓度值。当气体浓度达到爆炸极限时，将发出声光报警。） （拾现场同声期） （接下页）

续表 4-2-5-82

演练问题	演练内容	情况设想	时间	导调工作	市指挥部行动	各分指挥部与实兵行动	屏幕显示	解说词
第二演练问题：紧急抢救抢险	次生灾害处置	强烈地震导致该区XX化工厂部分设施受损，发生化学物泄漏，并引发火灾，情况十分紧急。厂房立即报警，消防防化队伍接到报警后迅速抵达现场，进行处置	K+1 46 至 K+1 53	安排相关人员进行点火、放烟。各个单位有序进行演练，进行摄像、大屏幕展示工作		（接上页）消防官兵实施冷却作业。乙：指挥部命令，泡沫炮开始灭火。甲：明白。 消防官兵实施灭火作业。甲：报告指挥部，现火势已得到控制，我们建议用泡沫管枪消灭残火。乙：命令你们停炮换枪，消灭火势，同时对反应釜进行堵漏。消防官兵实施堵漏作业。消防官兵实施洗消作业。甲：报告指挥部，洗消完毕，火场报灭。乙：明白		（接上页）男：各位领导，现在场内类似坦克的消防装备叫灭火机器人。它的任务是冷却受火势威胁的化工装置和两个储油罐。 （备用词：灭火机器人是我国自行研制的先进灭火装备，由消防员遥控驾驶，装有大口径遥控水炮或泡沫炮，每分钟可喷射3600升灭火剂。在辐射热强、危险性大的火灾现场，它可以最大限度的接近火源，提高灭火剂使用效率，最大限度的保护消防队员生命安全。） （拾现场同声期）女：各位领导现在看到的是，大功率消防炮沫车利用车载泡沫炮向熊熊燃烧的化工装置喷射出强大的射流。 （备用词1：现在灭火的大功率泡沫消防车有灭火剂载量大 、泡沫炮射程远、有效控制面大等优点，是消防部队扑救化工火灾主战车型，此时火势已经得到了有效的控制。） （备用词2：近年来，为更好的服务于滨海新区的开发开放，为上升期的天津经济新跨越保驾护航，市委、市政府和市公安局高度重视消防工作，多方筹措资金购置了先进、实用的消防装备，极大的提升了消防部队综合实战能力。） （拾现场同声期）男：为彻底消灭火灾，消防官兵按照“泡沫炮压制火势、泡沫管枪消灭残火”的战术，又出动了6支泡沫管枪对化工装置区形成了合围之势，向火势发起了最后的总攻。女：各位领导，现在跑向反应釜的（正在反应釜旁作业的）消防官兵是堵漏组的队员，他们的任务是将正在泄漏的化学原料堵住，消除隐患。堵漏是扑救化工火灾中，防止引发次生灾害的重要环节。堵漏队员携带的工具是磁压帽式堵漏工具，它主要在立式罐、卧式罐罐体发生泄漏时使用，可以带压作业。 （备用词：有备无患、未雨绸缪，在市委、市政府和市公安局领导下，消防官兵枕戈待旦、昼夜值勤、闻警即出，以顽强的战斗作风、精湛的业务素质、一流的实战水平为天津实现新跨越保驾护航。）男：各位领导请看，刚刚还熊熊燃烧的大火已经被消防官兵彻底消灭了。女：现在，消防部队在车辆左侧开设了消防洗消站，主要用于参战官兵和装备器材的洗消。洗消的目的是为了防止有毒物质吸附在人员和装备上，致使人员中毒和造成环境二次污染。 （拾现场同声期）男：各位领导，至此，由于地震引发的化工装置火灾全部处置完毕
	新闻发布	抗震救灾工作取得阶段胜利，灾民得到妥善安置，各种险情得以排除。指挥部在灾区现场新闻中心进行新闻发布，介绍抗震救灾进展情况	K+1 53 至 K+1 54	播放新闻发布会视频		（视频展示）市政府新闻办公室召开地震现场新闻发布会	[大字幕（叠加现场画面）]：新闻发布[视频]：现场新闻发布	女：各位领导，现在视频上显示的是新闻发布场景。 男：在地震应急抢险救灾工作取得阶段性成果后，市政府适时召开了新闻发布会，通报抗震救灾工作的进展情况

续表 4-2-5-82

演练问题	演练内容	情况设想	时间	导调工作	市指挥部行动	各分指挥部与实兵行动	屏幕显示	解说词
第三演练问题：组织恢复重建	工作部署	应急期末，抢险救援工作取得阶段性胜利，即将进入恢复重建阶段	K+154 至 K+156	安排队伍检阅及装备展示准备工作	总指挥：同志们，根据目前抢救抢险工作的进展情况，市政府决定从现在开始逐步转入恢复重建工作。下面就由市发改委负责同志对灾后恢复重建各项工作进行部署。市发改委主任张志强：按照市领导的指示要求，现在我就灾区的恢复重建工作提出以下安排意见：1、做好地震灾害调查评估。主要是调查评估城镇和乡村受损程度，人员伤亡情况，房屋、基础设施、公共服务设施、工农业生产设施等的受损程度和数量、灾区经济社会发展和城镇建设条件等情况，为恢复重建工作提供可靠依据。2、编制恢复重建规划。重点是对城镇和乡村及人口的空间布局、城乡住房建设 、基础设施建设、公共服务设施建设、农业生产设施建设、工业生产设施建设 、防震减灾和生态环境建设、自然资源和历史文化遗产保护、土地整理和复垦等方面的恢复重建做出安排。3、整个恢复重建工作要按照统筹协调、科学组织、分工负责、先急后缓的原则，优先恢复重建与受灾群众基本生活相关的公共服务设施，稳妥地推进恢复生产和重建工作，促进灾区经济社会持续协调发展。具体工作请各部门按照《天津市抗震救灾恢复重建保障计划》组织实施。 总指挥：刚才市发改委主任张志强就震后恢复重建工作进行了部署，我再强调三点：一是要认真组织好地震灾害调查评估工作，确保数据资料的真实性、准确性和评估结论的可靠性，为恢复重建工作提供准确依据；二是恢复重建工作要分清缓急，突出重点，要以修复重要基础设施、恢复生产、保障群众基本生活条件为重点，妥善处理灾后恢复重建与解决原已有建设项目及正常建设的关系，合理安排，分步实施；三是各项工作的开展要在市委、市政府的统一领导下有序开展，各相关部门要强化沟通意识，加强协调配合。现在请各部门按照分工展开工作			男：经过全体军民的全力抢险和不懈努力，灾区交通、通信、供电、供水、供气等初步恢复，受灾群众得到安置，社会秩序趋于稳定。女：现在的情况是市政府根据抢救抢险行动进展情况，适时召集有关单位研究部署灾后恢复重建工作

续表 4-2-5-82

演练问题	演练内容	情况设想	时间	导调工作	市指挥部行动	各分指挥部与实兵行动	屏幕显示	解说词
演练结束	检阅参观		K+156 至 K+171		所有演练科目结束，参演领导和来宾现场参观救援车辆和装备，并检阅参演队伍			男：各位领导，应对重大自然灾害是一项长期艰巨的任务，我们决心在党中央、国务院和天津市委、市政府的领导下，着眼实战，立足实际，进一步作好应急准备，努力提高应急处置能力，为保障天津市经济社会又好又快发展，做出新的更大的贡献。女：各位领导，“2009 天津市重大地震灾害应急演练”到此结束

演练束后，市委常委、常务副市长，副市长王治平、国务院应急办副主任王守兴、中国地震局副局长阴朝民、现场指挥部的各位领导以及国务院应急办和中国地震局有关领导检阅参演队伍。阴朝民副局长对演练进行现场点评，常务副市长作总结发言，都对演练的圆满完成表示祝贺，对演练筹备工作组的工作给与充分的肯定，对各参演单位的表现给予高度评价。

阴朝民副局长指出，此次演练从实战出发，紧贴实际，综合检验，符合重大地震灾害应急程序，准备充分、部署周密、决策科学，有序完成了演练的各个环节，有效达到演练的预期目的，有力增强地震应急指挥及保障队伍在实战条件下的快速反应能力。在今后的防震减灾工作中要充分认识潜在的破坏性地震威胁，立足地震应急指挥体系，不断推进防震减灾工作各项措施的落实，为天津市经济社会又好又快发展提供可靠保证。

常务副市长要求各级政府、各部门要以科学发展观为指导，坚持以人为本，把抢救生命和救治伤员摆在救灾工作的首位。要以这次演练为契机，进一步增强防震减灾意识，要不断建立健全体制机制，完善预案体系建设，加强应急救援队伍建设，提高重大自然灾害应急处置能力。要广泛开展防震减灾知识的宣传教育，不断提高公众的防震减灾意识和自救互救能力，为天津科学发展、和谐发展、率先发展创造良好环境。

2009 年天津市重大地震灾害应急演练实兵演练科目

表 4-2-5-83

序号	演练科目	演练内容	表现形式	演练时间	参演队伍	负责单位
1	地震监测、评估与报告	地震现场工作队出发：紧急集结，整理装备并乘车出发。	沿途视频	2	地震现场应急工作队	市地震局
		开展地震现场应急工作：搭建现场指挥部卫星通信系统，进行现场震情会商，架设流动地震监测仪器；灾评组开展地震现场灾害评估与科学考察工作	现场演练	5		
2	紧急避险	学生避震疏散:指定班级学生在教师的指挥下原地避震；随后，疏散铃声响起，各班在老师指挥带领下有秩序地撤离至学校操场，进行人员清点、自救互救（包括简单包扎、固定等）	沿途视频	5	学生队伍	西青区政府
		社区居民避震疏散:指定家庭原地避震；随后，楼内居民撤离至社区空地并进行自救互救（包括简单包扎、固定、搬运等）		5	社区队伍	
3	城市管控	社会控制:对银行、政府机关、新闻单位等重点部位进行安全保卫，并维持公共场所的社会秩序	现场视频	2	治安总队	市公安局 市公安交管局
		交通管制:按照命令对相关道路实现交通管制，并在道路交口设置指示标牌	沿途视频	5	公安交管局	
	人员搜救 现场封控	公安及民兵队伍对倒塌建筑物周围区域实施封控	现场演练	2	治安总队、民兵	
4	紧急救援队出发	按照指挥部命令，紧急救援队向灾区开进	沿途视频	3	地震灾害紧急救援队	市地震局 武警 8630 部队 市公安消防局
	人员搜救	人员搜救:进行生命搜索，确定救援区域和救援方案，实施救援	现场演练	20		
5	医疗卫生	医疗救护:搭建简易医疗救助站，并对自行脱险及被救埋压人员实施救护	现场演练	4	医疗救护队	市卫生局
		卫生防疫:划定疫区及非疫区，并对疫区进行隔离；设置“卫生防疫和消毒点”的标志；对疫区灾民帐篷、车辆及废墟进行消毒		2		

续表 4-2-5-83

6	物资调配	应急物资调配:安排运输车辆于物资储备库集结，并迅速转载抗震救灾物资，赶赴灾区	现场视频	2	市民政局	市民政局
7	抢险抢修	道路抢修:高架桥梁坍塌，车队受阻，市政设施抢险队伍修复道路，快速恢复道路通行。	沿途视频	5	工程抢险队	市市政公路管理局
		燃气设施抢险:对天然气泄露导致的着火抢险和管道错断的焊接	现场视频	5		市燃气集团
		电力设施抢险:修复损坏的供电线路及设施，快速恢复区域供电通畅	现场演练	2	电力抢险队	市电力公司
		通信保障:架设临时应急通信设施，保障现场指挥部通信畅通	现场演练	3	通信抢修队	市通信管理局
		水利设施抢险救援:对坝体整体稳定性进行检测，并对水库大坝整体进行检查；对危险部位进行加固抢修；并在大坝设立监测站	现场视频	2	水利抢险队	市水务局
8	次生灾害抢险救援	次生灾害抢险救援:对化工设施进行灭火及泄露控制，并对附近人员进行紧急疏散	现场演练	6	消防防化抢险队	市公安消防局
9	新闻发布	在灾区新闻中心进行现场新闻发布	现场视频	1	市委宣传部 市政府新闻办	市委宣传部

注：现场演练时间合计 44 分钟，现场视频合计 12 分钟。

（二）2008 年天津市应对重大自然灾害快速动员网络指挥演练

2008 年 11 月 25 日，北京军区国防动员委员会第五次全体会议在天津召开。会议期间，以天津市某地发生 7.1 级重大地震灾害为背景，组织天津市应对重大自然灾害快速动员网上指挥演练。演练以市、区（县）国防动员指挥机构为主体，依托国防动员综合指挥信息系统，演练天津市应对重大自然灾害快速动员的内容、程序和方法，检验论证国防动员的运行机制，提升国防动员队伍的实战能力，增强全民国防观念，铸牢天津市应对多种安全威胁、完成多样化任务的思想基础。

中央军委委员、国务委员兼国防部长、国家国防动员委员会常务副主任梁光烈亲临会议并现场指导演练。参加演练的领导主要有：天津市国防动员委员会主任黄市长、天津市国防动员委员会常务副主任王小京司令员、副主任谢建华政委、熊建平副市长、韩宝恒副政委、秘书长杜克明参谋长。参加演练的部门有：市国动委综合办公室、人民武装动员办公室、国民经济动员办公室、人民防空办公室、交通战备办公室、政治动员办公室、科技信息动员办公室以及市政府应急办公室、地震局。天津市国动委领导和各专业办公室相关人员及部分区（县）国动委领导以及各专业办公室相关人员，预备役高炮师（团）首长机关部分人员，部分民兵预备役分队和市属专业分队，共计 2000 余人参加演练。

上午 10 时，天津市委副书记、市长、市国防动员委员会主任下达演练命令。演练于 11 时圆满结束。

演练以天津市发生重大地震灾害，出现大规模人员伤亡、建筑设施损毁、交通通信中断、水灾火灾危害、有毒液气泄漏、社会秩序混乱等复杂情况为背景。演练依托国防动员指挥信息系统，采取集中组织、异地同步、网上指挥、实兵配合的方法组织实施，时间约 60 分钟。

表 4-2-5-84

2008 年天津市应对重大自然灾害快速动员网上指挥演练实施计划

时间		演练问题	演练内容	情况设想	导调工作	演练行动			屏幕显示			解说要点（同期声）
作战	天文					市国动委	区（县）国动委	专业分队	左	中	右	
	K－5至K＋0	演练准备	人员就位						天津市应对重大自然灾害快速动员网上指挥演练			播放音乐，待首长和与会人员就位后，停播。 **同期声（军区会议主持人）**：下面，请大家观摩天津市应对重大自然灾害快速动员网上指挥演练。 **解说（女）**：各位首长（合）你们好！ **解说（男）**：天津市应对重大自然灾害快速动员网上指挥演练，现在开始！
	K+0至K＋2								多媒体课件显示：指导思想和目的			**解说（女）**：这次演练，以党的十七大精神、胡主席关于国防和军队建设的一系列重要指示为指导，深入贯彻落实科学发展观，着眼确保首都战略核心地带安全稳定，本着立足实际、创新实践、注重实效的原则，重点研练天津市应对重大自然灾害快速动员的内容、程序和方法，深入研究新形势下国防动员的特点规律，探讨实施应急动员组织指挥的招法对策，提升国防动员队伍的实战能力，推动国防动员建设的深入发展
					组织参演人员就位，督导做好导调保障和准备	市国动委领导在市动员指挥中心二楼会议室就位；各专业办公室人员在各指挥组就位	各区（县）国动委、预备役高炮师三团首长机关有关人员在各自指挥作业室就位	参演分队在指定位置就位	演练情况介绍	依次显示主要领导和各专业办公室画面	字幕显示:国防动员指挥机构网络图表	**解说（男）**：参加演练的领导主要有：天津市国防动员委员会主任黄市长、常务副主任王小京司令员、副主任谢建华政委、熊建平副市长、韩宝恒副政委、秘书长杜克明参谋长。 参加演练的部门有：市国动委综合办公室、人民武装动员办公室、国民经济动员办公室、人民防空办公室、交通战备办公室、政治动员办公室、科技信息动员办公室以及市政府应急办公室、地震局
	K＋2至K＋4									依次显示10个国动委和预备役三团指挥作业室画面	字幕显示:参演单位	**解说（女）**：参加演练的区（县）国动委有：和平区、河东区、塘沽区、汉沽区、大港区、东丽区、北辰区、武清区、宝坻区、蓟县国动委和预备役高炮师三团首长机关，4 个市属专业分队和 11 个民兵预备役应急分队，共计 2000 余人
									多屏显示各办公室画面	显示二楼指挥部画面	多屏显示各区（县）指挥作业室画面	

续表 4-2-5-84

时间		演练问题	演练内容	情况设想	导调工作	演练行动			屏幕显示			解说要点（同期声）
作战	天文					市国动委	区（县）国动委	专业分队	左	中	右	
									多媒体课件显示：演练背景			**解说（男）**：演练以天津市发生重大地震灾害，出现大规模人员伤亡、建筑设施损毁、交通通信中断、水灾火灾危害、有毒液气泄漏、社会秩序混乱等复杂情况为背景。共设置两个演练问题：一是组织先期筹划，进行动员准备；二是启动应急机制，实施快速动员
									多媒体显示：集中组织、异地同步、网上指挥、实兵配合			**解说（女）**：演练依托国防动员指挥信息系统，采取集中组织、异地同步、网上指挥、实兵配合的方法组织实施。时间约 60 分钟
10月14日10时00分	K+4至K+5	第一训练问题：组织先期筹划，进行动员准备	召开筹划会议	据中办国办下发中国地震局震情预测通报，近期，首都圈特别是天津地区有可能发生重大地震灾害。北京军区国防动员委员会下达了做好应急动员工作，加强抗震救灾准备的指示	通播作战时间，下发导调文书：1. 中办国办下发中国地震局震情预测通报；2. 北京军区动员准备工作指示	1. 接受上级通报指示；2. 召开市应急动员指挥部筹划会议	参加市应急动员指挥部筹划会议	参演分队在指定位置就位	字幕显示第一训练问题			**解说（男）**：下面，演练第一个训练问题：组织先期筹划，进行动员准备。
									字幕显示第一训练问题：组织先期筹划，进行动员准备（一）召开筹划会议	显示二楼市应急动员指挥部画面	字幕显示上级两份文件	**解说（女）**：现在的作战时间是：2010 年 10 月 14 日 10 时 00 分。 **解说（男）**：天津市接到了中办国办下发的震情预测通报和北京军区国防动员委员会关于做好应急动员工作，加强抗震救灾准备的指示。市委、市政府决定，以国防动员委员会为主体，吸收市政府应急办、地震局等有关职能部门参加，组成应急动员指挥部，统一组织指挥抗震救灾行动
	K+5至K+7									显示市长画面	字幕显示总指挥主持召开应急动员指挥部紧急会议	**同期声（市长）**：同志们，现在我们召开应急动员指挥部紧急会议，主要是针对天津市近期可能发生重大地震灾害，研究部署抗震救灾动员工作。首先，由金海传达上级有关指示精神
										显示杨金海画面	多媒体课件显示讲话内容	**同期声（杨金海）**：中办国办下发中国地震局震情预测通报：受印度板块和太平洋板块的推挤，今年，我国大陆地区地震活动强烈，地震形势十分严峻，有发生重大地震的可能，强震活动的主体区域在青藏块体及其边缘地带，主要危险区域有川滇地区、新疆西部地区、华北地区，特别是首都圈东部的天津地区近期发生 6—7 级地震的可能性很大。 北京军区国动委指示：各省、区、市要按照“内紧外松、上下联动、充分准备、有效应对”的原则，迅速展开抗震救灾动员准备工作。一是要建立震情速报、通报、趋势判定信息渠道，及时了解掌握震情趋势，密切关注震情动态。二是要完善国防动员应急机制，健全机构、充实人员、完善制度，确保快速高效地组织实施国防动员工作。三是要立足最复杂最困难的情况，修订细化抗震救灾动员预案，确保一有情况能够有效应对。传达完毕！
	K+7至K+8									显示赵国敏画面		**同期声（市长）**：下面，由地震局国敏对天津市地震有关情况做出分析。 **同期声（赵国敏）**：天津地处河北平原地震带与张家口－渤海地震带的交汇地区。从历史上看，天津共发生 5 级以上中强地震 18 次，大都发生在静海至霸州、武清至永清、葛沽、宁河一带，其中，76 年宁河 6.9 级地

续表 4-2-5-84

时间		演练问题	演练内容	情况设想	导调工作	演练行动			屏幕显示			解说要点（同期声）
作战	天文					市国动委	区（县）国动委	专业分队	左	中	右	
												震，使天津市遭受7—8度破坏，造成了严重人员伤亡和经济损失。从地质结构上看，天津市紧靠渤海，地质松软，共有14条地震断裂带。通过技术监测，发现近期天津北断裂、北沧东断裂和蓟运河断裂、以及宝坻、蓟县断裂比较活跃。我们判断，近期可能发生地震的地区主要是津北的宝坻、蓟县地区和津东的宁河、汉沽地区。一旦发生6至7级浅源地震，震中地区破坏烈度可达7至8度，波及范围可能达上万平方公里。报告完毕！
	K+8至K+15	第一训练问题：组织先期筹划，进行动员准备	召开筹划会议	同上	通播作战时间，下发导调文书：1、中办国办下发中国地震局震情预测通报；2、北京军区动员准备工作指示	召开市应急动员指挥部筹划会议	网上参加市应急动员指挥部筹划会议	参演分队在指定位置就位	字幕显示第一训练问题：组织先期筹划，进行动员准备（一）召开筹划会议	显示市长和王小京画面	多媒体课件显示讲话内容	**同期声（市长）**：下面，请小京提出意见建议。 **同期声（王小京）**：近年来，天津市社会经济建设迅猛发展，新型城市建筑群抗震强度达到8度以上，抗震能力明显增强。但由于天津市大部地区位于濒海冲积平原，土质松软，地震断裂带较多，一旦发生破坏性地震，将造成大规模人员伤亡、建筑设施损毁、交通通信中断、水灾火灾危害、有毒液气泄漏等复杂情况。从76年唐山7.8级地震对天津市造成的破坏来看，宁河、宝坻的地震烈度达到9度，塘沽大部分地区达到8度，市区及其他地区达到7度，市区部分地区存在8度异常区，亡2.4万人，重伤2.15万人，近70万居民受灾，直接经济损失39亿元，给天津市人民生命财产带来了严重损失。为此，我建议： 第一，要确立正确的指导原则。要本着统一组织、对口实施，突出重点、快速高效，分区负责、救人为先的原则，进行抗震救灾动员准备。 第二，要动员足够的救援力量。一是市属应急救援力量动员。按照《天津市地震应急预案》，迅速组织动员紧急救援、抢救抢险、消防防化、医疗救护、通信抢修、工程抢险、电力抢险、物资运输、治安交管、水利抢险共10类4万人的应急救援队，担负抗震救灾的应急机动救援任务。二是区（县）应急救援力量动员。抢救抢修力量，各区（县）分别动员人员抢救、燃气抢修、工程救援、卫生防疫、医疗救护、水电抢修各1支50至100人的专业分队，担负震后人员搜救、灾民转移、紧急抢险和机动救援任务。抗洪抢险力量，塘沽、汉沽、大港、宝坻、蓟县和宁河各动员1支不少于500人的水利抢险队，担负被毁水库、河道、海挡等水利设施的抢修和受灾人员、财产抢救的任务。核生化救援力量，塘沽、汉沽、大港、东丽、西青、北辰各动员1支不少于100人的核生化救援队，担负地震引发的有毒液气泄漏等次生灾害的抢险救援任务。交通保障力量，各区（县）分别动员物资运输、应急通信、道桥抢修各1支不少于100人的专业分队，担负被毁铁公路、港口、空港和通信设施的抢修，以及救灾人员、物资、伤员的抢运任务。社会维稳力量，各区（县）和预备役高炮团分别动员1个不少于120人的应急分队和1个不少于50人的心战分队，担负协助公安、武警维护社会秩序的任务。三是驻津部队应急救援力量协调。驻天津地区部

续表 4-2-5-84

时间		演练问题	演练内容	情况设想	导调工作	演练行动			屏幕显示			解说要点（同期声）
作战	天文					市国动委	区（县）国动委	专业分队	左	中	右	
												队共约10万人。尽快调整补充抗震救灾专业装备器材，作为抗震救灾的主要突击力量。 第三，要采取有效的行动方法。快速动员应按照先应急救援力量，后抢修抢险力量，再综合保障力量的方法步骤组织实施。救援行动应按照先救人、后抢险、再安置的方法步骤组织实施。确保抗震救灾工作高效有序进行。完毕！
	K+15至K+17									显示市长和谢建华画面		**同期声（市长）**：请建华提出意见建议。 **同期声（谢建华）**：地震灾害爆发突然，危害严重。抗震救灾情况复杂、时间紧迫，任务艰巨、责任重大，必须充分发挥政治工作的服务保证作用和直接参战功能，确保抗震救灾动员工作迅速展开、顺利实施。我建议： 一是统一思想认识。坚决贯彻上级关于做好抗震救灾准备的指示要求，认真做好抗震救灾政治动员准备，有针对性地搞好教育引导，统一思想，提高认识，增强各级党政机关和担负抗震救灾任务部队的使命感、责任感、紧迫感。 二是统一组织指挥。着眼抗震救灾全局，综合筹划救灾行动，整合各类救灾力量，充分发挥整体效能。建立健全各级党团组织，充实干部骨干，完善替补方案，确保对抗震救灾工作实施坚强有力的组织指挥。 三是统一宣传口径。普及灾害预防知识，增强应对地震灾害的心理承受能力和应急避险能力；加强对新闻媒体和信息载体的管控，及时发布有关情况；严厉查处散布谣言、扰乱治安的破坏分子，维护正常的社会秩序。完毕！
	K+17至K+19	第一训练问题：组织先期筹划，进行动员准备	召开筹划会议	同上	通播作战时间，下发导调文书：1、中办国办下发中国地震局震情	召开市应急动员指挥部筹划会议	网上参加市应急动员指挥部筹划会议	参演分队在指定位置就位	字幕显示第一训练问题：组织先期筹划，进行动员准备（一）召开筹划会议	显示市长和熊建平画面	多媒体课件显示讲话内容	**同期声（市长）**：请建平提出意见建议。 **同期声（熊建平）**：关于抗震救灾综合保障问题，应按照“先国企、后民营，先急需、后一般”的原则，组织储备、征集和征用。一是经费储备。市财政设立抗震救灾专项基金30亿元，各区（县）准备专项基金不少于5000万元，用于保障应急需要。二是生活给养。加大食品、粮油、日常生活用品储备，市属6个国储库储备不少于80万吨；各大型企事业单位按照本企业人数的3日份标准进行储备；各区（县）要建立生活物资储备中心，按照不少于20万人10日份标准进行储备。三是物资器材。市和各区（县）分别储备2000套平板房或帐篷，1000张床位、2000副担架、80吨必备医疗器械和药品，挖掘机、推土机、吊车各100台，棉衣、棉被4万套。四是科技信息。各级要依托高等院校、科研院（所）和高技术企业，动员储备各种专业技术人才、现代通信设备、高科技救援器材等，为抗震救灾行动提供有力支撑。完毕！
										显示		**同期声（市长）**：其他同志还有什么补充？

续表 4-2-5-84

时间		演练问题	演练内容	情况设想	导调工作	演练行动			屏幕显示			解说要点（同期声）
作战	天文					市国动委	区（县）国动委	专业分队	左	中	右	
					预测通报；2、北京军区准备工作指示					市长和韩宝恒画面		**同期声（韩宝恒）**：我补充一点意见，建议加强震情监测动员工作，依靠地震专业队伍和人民群众的力量，采取群专结合、土洋结合的方法，密切监视震情，及时发现征兆。各级各部门均要建立全时值班制度，及时报告通报情况，进行震情预警，争取抗震救灾行动的主动权。完毕！
										显示杜克明画面		**同期声（杜克明）**：总指挥，现在应迅速向驻津部队通报情况，协调做好抗震救灾各项准备工作，按天津市抗震救灾预案，加强对机场、车站、广播电台、水库、水厂、发电厂等279个重要目标的安全防护，对可能引发的次生灾害，尤其是核、生、化等设施，马上采取抗震防范措施、有备无患，最大限度减少损失。完毕！
	K+19至K+22									显示市长画面		**同期声（市长）**：刚才，大家讲了很好的意见建议，关于动员的指导原则、任务部署和方法步骤，我都同意。抗震救灾工作，事关人民群众生命财产安全，事关社会稳定，事关经济社会长远发展，我们必须强化政治意识、使命意识和忧患意识，以只争朝夕、时不我待的精神，全力以赴、集中力量抓好各项动员工作的深入落实。下面，我强调四点： 第一，要突出动员重点。坚持以人为本、救人为先的原则，在全面进行动员的同时，加大抢险搜救队伍、医疗抢救力量和生活保障物资的动员力度，选好各类专业技术人员，配强专业装备器材，加强临战训练，确保灾害发生时能够对人民生命财产实施及时有效的救援行动。 第二，要提高工作效率。发生地震灾害的时间地点具有极大的不确定性，这次动员时间紧、任务重、难度大。各级各部门工作都要往前赶，按照统一的计划要求，科学组织，狠抓落实。动员方案计划于10月30日前修订完毕，动员力量、物资、器材于11月15日前全部落实。 第三，要完善防范措施。广泛开展宣传教育，提高人民群众抗震救灾的警觉意识；建立健全值班备勤制度，及时发布震情预警信息；组织开展紧急疏散、抢险救援等针对性演练，提高组织指挥和快速反应能力；组织危陋住房人员转移至紧急避难场所，医院、学校、工厂、企业凡抗震等级达不到8度的，要采取先期疏散、紧急加固等措施，搞好综合防护、生活保障和秩序管控。 第四，要强化组织领导。各级要高度重视国防动员工作，树立全市一盘棋的思想，建立顺畅高效的指挥机制。各级领导要明确分工，亲自组织，靠前指挥。市属各部门、各系统要积极配合、密切协调，加强对口指导。各区（县）要服从统一指挥，加强请示报告，主动支援配合，确保抗震救灾任务圆满完成。 各指挥组要根据会议决策部署，迅速将有关情况上报北京军区国动委，修订天津市抗震救灾动员预案，下达命令指示，展开各项准备。立即执行！ **同期声（全体与会人员）**：是！ （值班参谋向王小京副总指挥呈送《天津市国防动员命令》。）

续表 4-2-5-84

时间		演练问题	演练内容	情况设想	导调工作	演练行动			屏幕显示			解说要点（同期声）
作战	天文					市国动委	区（县）国动委	专业分队	左	中	右	
	K+22至K+23	第一训练问题：组织先期筹划，进行动员准备	展开动员准备	同上	接收市应急动员指挥部报告，批复市应急动员指挥部决心	各指挥组拟制文书、下达命令，指导各区（县）进行动员准备	按市应急动员指挥部的指示展开动员准备	参演分队在指定位置就位	字幕显示第一训练问题：组织先期筹划，进行动员准备（二）展开动员准备	显示各指挥组利用系统工作的画面	多媒体显示国防动员指挥信息系统功能	**解说（女）**：各位首长，现在各指挥组正在利用国防动员综合指挥信息系统核实动员数据，修订方案，完善计划，下达命令指示。 **解说（男）**：国防动员综合指挥信息系统，是天津市投资 1800 余万元新建的。具备了潜力资源管理、地理信息查询、辅助决策评估、业务工作处理、可视化指挥等功能，实现了动员潜力、动员预案、动员行动的科学管理，提高了天津市国防动员信息化建设水平
										显示国民经济动员指挥组	显示数据库界面	**解说（女）**：现在，国民经济动员指挥组正在利用国防动员综合指挥信息系统核实潜力数据
										显示人民武装动员指挥组	显示计算机界面命令指示	**解说（男）**：现在，人民武装动员指挥组正在利用国防动员综合指挥信息系统下达命令指示
	K+23至K+26						和平区、河东区应急动员指挥部召开动员筹划会议			显示和平区应急动员指挥部画面	多媒体显示和平区、河东区应急动员指挥部召开动员筹划会议	**解说（女）**：现在，各区（县）应急动员指挥部正在根据市应急动员指挥部命令指示，展开各项抗震救灾动员准备工作。和平区、河东区应急动员指挥部正在召开动员筹划会议。 **同期声（和平区指挥长）**：同志们，现在我们开会。根据市应急动员指挥部关于做好抗震救灾准备的工作指示，结合我区实际情况，为扎实做好抗震救灾的各项准备工作，我讲以下几点：一是各级党委要统一思想，提高认识，充分认清面临的形势和任务。抗震救灾准备工作，事关广大人民群众的生命财产安全，事关社会安全稳定，各级各部门要密切配合、加强协调，增强使命感、责任感、紧迫感。 **河东区指挥长**：（发言内容同和平区指挥长）
							塘沽区、汉沽区应急动员指挥部正在核实兵员动员潜力			显示塘沽区应急动员指挥部画面	多媒体显示塘沽区、汉沽区应急动员指挥部核实兵员动员潜力	**解说（男）**：现在，塘沽区、汉沽区应急动员指挥部正在核实兵员动员潜力。 **同期声（塘沽区指挥长）**：顾副指挥长，根据市应急动员指挥部命令指示，你迅速组织人民武装动员指挥组利用国防动员综合指挥信息系统，核对全区兵员动员潜力，围绕抢救抢修、抗洪抢险、核生化救援、交通保障、社会维稳任务，修改完善动员方案，上报市应急动员指挥部，并及时通知有关单位，调整编成、配齐人员、装备，做好随时收拢集结准备。做到一有情况，能够拉得出、用得上、起作用。 **汉沽区指挥长**：（发言内容同塘沽区指挥长）

续表 4-2-5-84

时间		演练问题	演练内容	情况设想	导调工作	演练行动			屏幕显示			解说要点（同期声）
作战	天文					市国动委	区（县）国动委	专业分队	左	中	右	
	K+23至K+26	第一训练问题：组织先期筹划，进行动员准备	展开动员准备	同上	接收市应急动员指挥部报告，批复市应急动员指挥部决心	各指挥组拟制文书、下达命令，指导各区（县）进行动员准备	大港区、东丽区应急动员指挥部正在修订动员预案	参演队分在指定位置就位	字幕显示第一训练问题：组织先期筹划，进行动员准备（二）展开动员准备	显示大港区应急动员指挥部画面	多媒体显示大港区、东丽区应急动员指挥部修订动员预案	**解说（女）**：现在，大港区、东丽区应急动员指挥部正在修订动员预案。 **同期声（大港区指挥长）**：各指挥组，根据市应急动员指挥部赋予我区的动员任务，结合我区实际情况，你们迅速组织有关人员核实国防动员潜力。一是要按照统一组织、对口实施，突出重点、快速高效的原则，做好抗震救灾各项动员准备工作；二是要立足于最复杂、最困难的情况，明确任务、区分职责，把方案做细做实，做到每项工作有人抓、有人管，确保动员任务落实到位。三是要加强组织领导。 **东丽区指挥长**：（发言内容同大港区指挥长）
							武清区、北辰区应急动员指挥部正在下达动员命令指示			显示武清区应急动员指挥部画面	多媒体显示武清区、北辰区应急动员指挥部下达动员命令指示	**解说（男）**：现在，武清区、北辰区应急动员指挥部正在下达动员命令指示。 **同期声（武清区指挥长）**：曹子里乡主要任务是动员 1 个 120 人的应急救援分队、1 个 100 人的医疗救护分队和 1 个 80 人的工程救援分队，动员运输车 50 台，吊车、推土机、挖掘机等特种机械各 10 台，储备食品、粮油、生活日常用品 10 日份，储备 50 套平板房、100 顶帐篷、100 副担架；城关镇主要任务是动员 1 个 120 人的抢救抢险分队、1 个 80 人的运输保障分队、1 个 120 人的公路抢修分队和 1 个 100 人的抗洪抢险分队。 **北辰区指挥长**：（发言内容同武清区指挥长）
							宝坻区、蓟县应急动员指挥部正在调整物资器材动员方案			显示宝坻区应急动员指挥部画面	多媒体显示宝坻区、蓟县应急动员指挥部调整物资器材动员方案	**解说（女）**：现在，宝坻区、蓟县应急动员指挥部正在调整物资器材动员方案。 **同期声（宝坻区国民经济动员指挥组组长）**：指挥长，下面我就综合保障动员提出修改意见。一是经费储备。区财政设立抗震救灾专项基金 9000 万元，用于保障应急需要。二是生活给养。加大食品、粮油、日常生活用品储备，生活物资储备按照不少于 40 万人 10 日份标准进行储备。三是物资器材。储备 2000 套平板房或帐篷，1000 张床位、2000 副担架，挖掘机、推土机、吊车各 100 台，棉衣、棉被 4 万套。 **蓟县指挥部**：（同宝坻）
										显示指挥部画面	显示解说内容	**解说（男）**：组织先期筹划，进行动员准备，是在重大自然灾害尚未发生前进行的重要工作。目的是确保国防动员系统能够快速反应，及时启动应急机制，组织社会各种力量以快速高效的行动，有效应对各类重大自然灾害。

续表 4-2-5-84

时间		演练问题	演练内容	情况设想	导调工作	演练行动			屏幕显示			解说要点（同期声）
作战	天文					市国动委	区（县）国动委	专业分队	左	中	右	
11月24日10时30分		第二训练问题：启动应急机制，实施快速动员	启动应急机制，快速决策指挥	天津地区发生强烈地震，出现大规模人员伤亡、建筑设施损毁、交通通信中断、水灾风暴侵袭、有毒液气泄漏、社会秩序混乱等复杂情况	通播作战时间，下发导调文书	市国防动员指挥部主要领导召开碰头会，定下启动应急机制和动员决心	接收上级命令指示，启动应急机制	参演分队在指定位置就位	课件显示：训练问题			**解说（女）**：下面演练第二个训练问题：启动应急机制，实施快速动员
									字幕显示第二训练问题：启动应急机制，实施快速动员（一）快速决策指挥	录像显示地震情况	课件显示：解说内容	**解说（男）**：现在的作战时间是：11 月 24 日 10 时 30 分。 **解说（女）**：天津地区发生强烈地震。现在应急动员指挥部主要领导正在了解情况，做出紧急处置
	K+26至K+27									显示赵国敏报告的画面	字幕显示发言内容	**同期声（赵国敏）**：总指挥，据天津市地震台网测定，11 月 24 日 10 时 15 分，宝坻区发生 7.1 级地震，震中位于北纬 39° 43′ 53″ 、东经 117° 21′ 42″ ，宝坻城区以东 5 公里处，震源深度 20 公里。初步估计，遭受 6－9 度影响的区域范围近万平方公里。截至目前，震区共发生余震 10 次，其中最大余震震级为 5.8 级。报告完毕！
	K+27至K+28									显示周键报告的画面		**同期声（周键）**：据初步了解，宝坻地区 50%的建筑物坍塌，大量人员伤亡，其中宝坻城区、霍各庄、口东乡、王卜庄、黑狼口、林亭口、新安镇受灾最为严重；该区通信、电力设施严重破坏，有线电话、通信网络、手机信号全部中断；大面积停水停电，受灾人员聚集在广场和空旷地，社会秩序比较混乱；通往宝坻的京沈高速、津蓟高速、津围公路、九园公路和津蓟铁路等交通干线遭到严重破坏，青龙湾河、潮白新河、蓟运河上的桥梁严重损毁。其他区（县）均有不同程度的房屋倒塌和人员伤亡。详细情况正在进一步核查当中。报告完毕！
	K+28至K+29									显示王小京画面		**同期声（王小京）**：刚才，地震局和应急办报告了震情、灾情、社情和民情。目前看，宝坻区灾情非常严重，相邻的宁河、蓟县、武清、北辰、汉沽和市区北部地区也有不同程度损失。时间就是生命，震情就是命令。我建议： 一是迅速动员市属各类应急救援力量赶赴宝坻地区，抢救被埋人员和受伤群众；动员市属运输保障和道路抢修分队，对通往宝坻地区的主要道路和桥梁进行抢建抢修；动员市属人防应急通信分队赶赴宝坻以东地区，沟通市指挥部与重灾区乡镇的通信联络。二是立即向宝坻派出前进指挥组，在宝坻城区东侧开设，统一组织协调宝坻地区的抗震救灾行动，实施现场一线指挥。三是各区（县）迅速动员所属救援力量，组织自救互救，展开各种救援行动。市属其他专业分队迅速收拢集结，区分轻重缓急，展开机动支援。四是迅速动员公安、武警机动力量和预备役应急维稳分队赶赴宝坻城区，采取非常管制措施，加强社会治安，维护社会稳定。五是立即向社会发布地震信息，通报地震灾害情况；通过

续表 4-2-5-84

时间 作战	时间 天文	演练问题	演练内容	情况设想	导调工作	演练行动 市国动委	演练行动 区（县）国动委	演练行动 专业分队	屏幕显示 左	屏幕显示 中	屏幕显示 右	解说要点（同期声）
												各种渠道和手段，进一步查明全市各区（县）受灾的具体情况；市地震局派出现场震情监视和灾害评估人员，及时报告有关情况。六是迅速向上级报告情况，请求紧急支援，按照就近用兵的原则，指挥协调装甲1师赶赴宝坻城区及其以北地区，196旅赶赴宝坻城区以东地区，按照每乡1个营、每村1个排的要求，全面展开搜救、抢救行动。完毕！
	K+29至K+31									显示市长画面		**同期声（市长）**：同意小京的意见。第一，迅速启动应急Ⅰ级响应预案，建立应急指挥体系。各级党政军机关迅速收拢人员，全市进入应急状态；各级指挥机构按预案快速展开，加强抗震救灾行动的组织指挥。小京负责组织协调驻津部队和民兵预备役人员参加抗震救灾行动；建平带领前进指挥组和相关分队迅速赶赴灾区，实施一线指挥；金海迅速向上级报告震情、灾情，了解掌握上级和友邻支援天津市抗震救灾有关情况；国敏和周键要进一步掌握震情、灾情和社情，及时报告有关情况。第二，迅速下达紧急动员令，全面展开应急动员。受灾较重的地区要迅速恢复调整各级党组织和政府组织，展开自救互救，并迅速上报受灾情况。全市各级各部门按预案迅速收拢集结各类救援力量，市属专业队伍重点支援宝坻地区救援行动，各区（县）主要负责辖区内的救援行动，并做好机动支援宝坻地区抗震救灾准备。第三，加强各级应急值班，坚持全时值守。每日及时汇总受灾和救援进展情况，建立震情新闻发布制度，及时向社会通报震情灾情，让市民了解震情和救援工作。各级务于11月24日13时00分完成人员收拢集结和救灾物资器材征集。马上执行！ **同期声（全体与会人员）**：是
	K+31至K+34	第二训练问题：启动应急机制，	启动应急机制，快速决策指挥	天津地区发生强烈地震，出现大规模人员伤亡、建筑设	通过视频会议系统，检查督导各参演单位按演练进程组	国防动员指挥部和各指挥组迅速到位	根据上级命令，组织指挥各专业分队快速收拢集结，	参加演练的各分队进入演练位置就位	字幕显示第二训练问题：启动应急机制，实施快速动员（一）快速决策指挥	显示市长和王小京研究情况、区分任务、选择救灾路线画面	字幕显示：国防动员指挥机构网络图；尔后，显示指挥作业图	**解说（男）**：应急机制启动后，应急动员指挥部“一部七组”，正在快速展开工作。 **解说（女）**：现在总指挥和副总指挥等领导同志正在利用国防信息系统研究情况、区分任务、选择救灾路线

续表 4-2-5-84

时间		演练问题	演练内容	情况设想	导调工作	演练行动			屏幕显示			解说要点（同期声）
作战	天文					市国动委	区（县）国动委	专业分队	左	中	右	
		实施快速动员		施损毁、交通通信中断、水灾风暴侵袭、有毒液气泄漏、社会秩序混乱等复杂情况	织演练	展开，沟通通信联络，督导指挥各区（县）和市属专业分队进行快速动员	展开救援行动				上动态画面	
										显示人民武装动员指挥组工作画面	多媒体显示人民武装动员指挥组下达应急力量动员命令	**解说（男）**：现在人民武装动员指挥组正在下达应急力量动员命令。 **同期声（郑伟）**：温处长，立即根据应急动员指挥部命令，起草兵员应急动员命令，上报指挥部，并及时向各单位下达紧急动员命令指示。 **同期声（温华战）**：是
										显示交通战备指挥组工作画面	多媒体显示交通战备指挥组了解交通道路受损情况	**解说（女）**：现在交通战备指挥组正在了解交通道路受损情况。 **同期声（李少雄结合地图报告）**：指挥长，据武清区应急动员指挥部报告，该区通往宝坻的津蓟高速公路西段 53 公里处，受地震破坏严重，车辆无法通行。报告完毕！
										显示人民防空指挥组工作画面	多媒体显示人民防空指挥组指挥应急抢险分队快速出动	**解说（男）**：现在人民防空指挥组正在指挥应急抢险分队快速出动。 **同期声（杨海）**：指挥协调组，立即派出应急通信分队赶赴灾区，利用卫星通信系统沟通联络；组织工程抢险、医疗救护、特种救援 3 支人防专业队前往宝坻地区，实施机动救援。 **同期声（人防指挥协调组组长）**：是。应急通信、工程抢险、医疗救护、特种救援分队，我是协调组组长，我命令，你队迅速收拢人员装备，赶赴灾区实施救援行动

时间 作战	时间 天文	演练问题	演练内容	情况设想	导调工作	演练行动 市国动委	演练行动 区（县）国动委	演练行动 专业分队	屏幕显示 左	屏幕显示 中	屏幕显示 右	解说要点（同期声）
										显示科技信息动员指挥组工作画面	多媒体显示科技信息动员指挥组组织部署科技信息动员任务	**解说（女）**：现在科技信息动员指挥组正在组织部署科技信息动员任务。 **同期声（李家俊）**：指挥协调组，迅速从全市大专院校、科研院所征集救援专业技术人员 200 人，组成科技救援队，配发成套生命探测仪、超声波探测器、微波探测器等高科技救援器材设备，奔赴灾区实施生命探测搜救、信息网络恢复重建等任务。是否明白？ **同期声（指挥协调组组长）**：明白
										显示现场指挥组开进和系统执行重大任务的画面	多媒体显示应急指挥系统功能	**解说（男）**：现在市应急动员指挥部副总指挥熊建平带领前进指挥组正向震区开进。 **解说（女）**：近年来，天津市自主研发了军地联动应急指挥信息系统，07 年获军队科技进步一等奖。该系统可将现场实况实时传输到指挥组，实现了动中通、城区通和军地通，为实施指挥决策提供有力支撑，先后在“攻坚－06”演习、蓟县山体滑坡救援和奥运安保行动中，发挥了重要作用
	K+34 至 K+35									依次显示驻津部队进行紧急出动准备、快速机动的画面	课件依次显示驻津部队树形结构图	**解说（男）**：现在驻津各部队正在进行紧急出动准备，快速向灾区实施机动。 **同期声（组织者）**

续表 4-2-5-84

时间		演练问题	演练内容	情况设想	导调工作	演练行动			屏幕显示			解说要点（同期声）
作战	天文					市国动委	区（县）国动委	专业分队	左	中	右	
11月24日14时00分	K+35至K+36	第二训练问题：启动应急机制，实施快速动员	抢救抢险动员	同上	通播作战时间，下发导调文书；督导各参演单位按计划参加演练	接受情况报告，进行情况处置	及时上报有关情况，接收命令指示，指挥分队展开动员和救援行动	宝坻区工程救援分队收拢集结、快速出动	字幕显示第二训练问题：启动应急机制，实施快速动员（二）应急综合动员	显示宝坻区应急动员指挥部组织指挥工程救援分队清点装备器材画面	字幕显示抢救抢险动员和参演分队编制、人员、装备	**解说（女）**：现在各区（县）应急动员指挥部正在紧急动员指挥各专业分队展开救援行动。 **解说（男）**：现在宝坻区工程救援分队正在收拢人员、清点装备器材、展开救援行动。 **同期声（组织者）**
	K+36至K+37							市人民防空指挥组消防专业分队收拢集结、快速出动		显示市人民防空指挥组正在组织指挥消防专业分队快速机动画面		**解说（女）**：现在市人防消防专业分队正在快速向灾区实施机动。 **同期声（组织者）**
	K+37至K+38							市人民防空指挥组应急通信分队收拢集结、快速出动		显示市人民防空指挥组应急通信分队开设应急通信基站画面		**解说（男）**：现在市人防应急通信分队正在快速开设应急通信基站。 **解说（女）**：为快速恢复通信指挥，他们正在利用应急通信指挥车开通 VSAT 卫星电话、海事卫星电话、全球星电话、GSM 移动通信网沟通联络。
	K+38至K+39							和平区燃气抢修分队实施抢救抢修行动		现场转播和平区应急动员指挥部组织指挥燃气抢修分队抢救抢修行动画面		**解说（男）**：现在和平区正在组织燃气抢修分队实施抢修行动。 **同期声（组织者）**
	K+39至K+41							河东区医疗救护分队收拢集结、快速出动		现场转播河东区应急动员指挥部组织指挥医疗救护分队现场救援画面		**解说（女）**：现在利用应急机动指挥信息系统转播的是，河东区医疗救护分队实施现场救援行动的情况。 **同期声（组织者）**
	K+41至K+42							市交通战备指挥组运输保障分队收拢集结、快速出动		1、显示市交通战备指挥组运输保障分队队长报告的画面； 2、显示戚荣林下达命令的画面； 3、显示市交通战备指挥组运输保障分队车队编队、组织开进的画面		**解说（男）**：现在市交通战备指挥组正在组织指挥运输保障分队快速出动。 **同期声（运输保障分队队长）**：指挥长，我是运输保障分队队长，我队已完成收拢集结，随时准备出发，请指示。 **同期声（戚荣林）**：X 队长，命令你部于 11 时 30 分前，赶到塘沽区第 2 号物资储备中心，担负抗震物资运输任务。是否明白？ **同期声（刘洪军）**：明白。
	K+42至K+43							塘沽区公路抢修分队收拢集结、快速出动		显示塘沽区应急动员指挥部组织公路抢修分队检查装备器材、紧急出动画面		**解说（女）**：现在塘沽区公路抢修分队正在组织紧急出动，展开道路抢修行动。 **同期声（组织者）**

续表 4-2-5-84

时间		演练问题	演练内容	情况设想	导调工作	演练行动			屏幕显示			解说要点（同期声）
作战	天文					市国动委	区（县）国动委	专业分队	左	中	右	
	K+43至K+44	第二训练问题：启动应急机制，实施快速动员	抢救抢险动员	同上	通播作战时间，下发导调文书	接受情况报告，进行情况处置	及时上报有关情况，接收命令指示，指挥分队展开动员和救援行动	市国民经济动员指挥组物资保障分队清点物资器材，做好装载准备	字幕显示第二训练问题：启动应急机制，实施快速动员（二）应急综合动员	1、显示市物资保障分队队长报告的画面； 2、显示管理年下达命令的画面； 3、显示市物资保障分队组织清点物资器材的画面	字幕显示抢救抢险动员和参演分队编制、人员、装备	**解说（男）**：现在市经济动员指挥组正在组织指挥物资器材动员。 **同期声（物资保障分队队长）**：指挥长，我是物资保障分队队长，抗震物资器材已清点完毕，首批前运的救灾物资器材已做好装载准备。请指示！ **同期声（管理年）**：陈队长，运输保障分队将于11时30分前到达，请你们积极配合，抓紧装载，要在第一时间将救灾物资运往受灾地区，同时要进一步做好物资器材的持续动员，确保满足抗震救灾需要。是否明白？ **同期声（物资保障分队队长）**：明白！
11月25日11时00分	K+44至K+46		抗洪抢险动员						字幕显示第二训练问题：启动应急机制，实施快速动员（三）抗洪抢险动员	1、显示于桥水库大坝的画面； 2、依次显示市蓟县指挥长、市长、王小京画面	字幕显示报告内容	**解说（女）**：现在的作战时间是：25日11时00分，地震造成于桥水库大坝出现裂缝，库水渗漏。 **同期声（蓟县指挥长）**：黄总指挥，我是蓟县应急动员指挥部指挥长，受余震影响，于桥水库拦水坝南端出现裂缝，造成库水渗漏，随时都有溃堤的可能，我们正在组织动员民兵力量进行抢险准备。报告完毕！ **同期声（市长）**：明白。小京你有什么意见？ **同期声（王小京）**：目前，于桥水库库存量约为5亿立方米，一旦溃堤，蓟县、宝坻、宁河、河北玉田都将受到洪水威胁，尤其是对宝坻地区的抗震救灾行动造成极大影响。建议：一是立即组织指挥蓟县军地力量，抢修加固受损大坝；二是迅速做好库区下游群众的疏散转移准备；三是就近抽调武清、宁河防汛抢险分队，实施支援行动；四是必要时开闸放水，减轻大坝压力。完毕！ **同期声（市长）**：同意小京的意见。金海，迅速通知有关单位，快速动员力量，展开抢险行动。 **同期声（杨金海）**：明白！
								蓟县防汛抢险分队收拢集结、快速出动		显示蓟县防汛抢险分队人员收拢画面	字幕显示抗洪抢险动员和参演分队编制、人员、装备	**解说（男）**：现在蓟县防汛抢险分队正在收拢集结，快速出动，展开抢险行动。 **同期声（组织者）**
	K+46至K+47							武清区应急抢险分队收拢集结、快速出动		显示武清区应急抢险分队快速出动画面		**解说（女）**：现在武清区应急抢险分队正在收拢集结，紧急出动，支援蓟县抢险行动。 **同期声（组织者）**

续表 4-2-5-84

时间		演练问题	演练内容	情况设想	导调工作	演练行动			屏幕显示			解说要点（同期声）
作战	天文					市国动委	区（县）国动委	专业分队	左	中	右	
11月25日11时10分	K+47至K+49	第二训练问题：启动应急机制，实施快速动员	社会维稳动员	同上	通播作战时间，下发导调文书	接受情况报告，进行情况处置	及时上报有关情况，接收命令指示，指挥分队展开动员和救援行动		字幕显示第二训练问题：启动应急机制，实施快速动员（四）社会维稳动员	1、录像显示解说内容 2、显示北辰区指挥长报告画面 3、显示郑伟建议画面 4、显示王津生建议画面 5、显示市长组织指挥画面	课件显示解说、报告建议内容	**解说（男）**：现在的作战时间是25日11时10分。地震造成部分民众心理恐慌，北辰区部分超市出现抢购物品情况，个别不法分子乘机滋事，抢劫银行。 **解说（女）**：现在北辰区指挥长正在报告有关情况。 **同期声（北辰区指挥长）**：黄总指挥，华润万家北辰店等一些超市出现抢购物品的情况，附近的银行遭不法分子抢劫，公安、武警力量已封控现场，但由于围观人员较多，现场秩序十分混乱。建议：迅速抽调民兵预备役应急力量实施增援。报告完毕！ **同期声（郑伟）**：黄总指挥，我是人民武装动员指挥组指挥长，鉴于北辰出现的情况，我建议：就近快速动员应急维稳力量赶赴现场，搞好宣传教育，疏导围观群众，协助公安、武警严厉打击不法分子，恢复社会秩序。完毕！ **同期声（王津生）**：黄总指挥，我是政治动员指挥组指挥长，我建议：迅速将以上情况通报各区（县），加大对重点目标的管控力度，防止类似事件的发生；命令北辰区民兵心战分队快速出动，加强法律宣传，展开政治攻心。完毕！ **同期声（市长）**：同意你们的建议。北辰区要组织力量搞好教育引导，尽快恢复社会秩序，对乘机扰乱社会秩序的不法分子实施严厉打击；人民武装动员和政治动员指挥组，要迅速动员民兵预备役应急分队和心战分队赶赴现场，积极配合公安、武警行动。是否明白？ **同期声（王津生、郑伟、北辰区指挥长）**：明白
										显示郑伟画面	多媒体显示人民武装动员指挥组指挥长下达命令、部署任务	**同期声（郑伟）**：北辰、东丽区指挥部、预备役三团，我是人民武装动员指挥组指挥长，根据市应急动员指挥部命令，东丽区、预备役三团组织不少于120人的应急分队迅速赶赴北辰华润万家超市地区，配合公安、武警力量遂行维护社会稳定任务；北辰区组织心战分队快速出动，赶赴现场实施宣传教育和心理疏导。是否明白？ **同期声（东丽、北辰区、预备役三团指挥长）**：明白
	K+49至K+52							东丽区应急维稳分队收拢集结、快速出动		显示东丽区应急维稳分队收拢集结画面	字幕显示应急维稳动员和参演分队编制、人员、装备	**解说（男）**：现在东丽区民兵应急维稳分队正在收拢集结、快速出动，组织封控行动。 **同期声（组织者）**
								北辰区心战分队收拢集结、快速出动		显示郑伟、北辰区副总指挥画面；尔后转北辰区心战分队快速出动画面		**解说（女）**：现在北辰区民兵心战分队已赶赴现场遂行任务。 **同期声（北辰区副指挥长）**：市人民武装动员指挥组指挥长，我是北辰区副指挥长，我区民兵心战分队现已到达事发现场，请指示。 **同期声（郑伟）**：你们要主动了解现场情况，积极采取多种手段实施教育宣传，配合公安、武警展开疏导和说服教育行动。是否明白。 **同期声（北辰区副指挥长）**：明白。 **同期声（组织者）**
								预备役高炮师三团应急分队收拢集结、快速出动		显示预备役应急分队实施快速动员、紧急出动画面		**解说（男）**：现在预备役高炮师三团接到上级命令后，正在组织应急分队实施快速动员、紧急出动，协助公安人员维护现场秩序。 **同期声（组织者）**

续表 4-2-5-84

时间		演练问题	演练内容	情况设想	导调工作	演练行动			屏幕显示			解说要点（同期声）
作战	天文					市国动委	区（县）国动委	专业分队	左	中	右	
11月25日11时35分	K+52至K+54	第二训练问题：启动应急机制，实施快速动员	防化救援动员	同上	通播作战时间，下发导调文书	接受情况报告，进行情况处置	及时上报有关情况，接收命令指示，指挥分队展开动员和救援行动	汉沽区防化救援分队和大港区核生化防护分队收拢集结、快速出动	字幕显示第二训练问题：启动应急机制，实施快速动员（五）防化救援动员	1、录像显示化工厂厂景； 2、依次显示汉沽区指挥长、市长画面	课件显示解说内容	**解说（女）**：现在的作战时间是：25 日 11 时 35 分，天津化工厂 2 号原料库由于受强余震的破坏，造成化工原料泄漏，情况十分危急。 **同期声（汉沽区指挥长）**：黄总指挥，我是汉沽区指挥长，受强余震影响，天津化工厂 2 号原料库震裂受损，有毒液体气体泄漏，造成了 40 余名工人中毒，并有进一步扩大蔓延的趋势，我们正组织民兵防化救援分队赶赴现场。报告完毕！ **同期声（市长）**：第一，你们要按照“先控制、后处置、救人第一”的原则，迅速展开救援行动；第二，要紧急疏散周围群众，组织公安消防力量配合专业分队实施救援行动；第三，塘沽、大港迅速动员核生化救援分队赶赴天津化工厂，支援汉沽防化救援行动。 **同期声（塘沽、汉沽、大港区指挥长）**：是。
										显示汉沽区防化救援分队赶赴现场的画面	字幕显示防化救援动员和参演分队编制、人员、装备	**解说（男）**：现在汉沽区民兵防化救援分队正在快速赶赴事发现场
										显示大港核生化防护分队实施快速机动画面		**解说（女）**：现在大港区民兵核生化防护分队接到上级命令后，正在收拢集结，向汉沽区快速机动。 **同期声（组织者）**
	K+54至K+58									显示民兵核生化防护分队队长、汉沽区指挥长报告情况和组织指挥的画面；尔后显示汉沽区防化救援分队展开救援的画面		**同期声（防化救援分队队长）**：指挥长，我队现已到达天津化工厂，事发现场烟雾弥漫、异味扑鼻，我们正在查明有毒气体的性质。请指示。 **同期声（汉沽区指挥长）**：你们要按照救人为先的原则，立即展开救援行动，防止次生灾害进一步蔓延。是否明白？ **同期声（防化救援分队队长）**：明白。 **解说（男）**：现在利用应急机动指挥信息系统转播的是，汉沽区民兵防化救援分队正在实施救援行动的情况。 **同期声（组织者）**
										显示抗震救灾行动录像	滚动显示解说内容	**解说（女）**：天津市发生重大地震灾害后，在党中央、国务院、中央军委的正确领导下，广泛动员军地各种力量，团结协作、众志成城、连续奋战，最大限度地降低了人民生命财产损失，有效地维护了社会安全稳定，取得了抗震救灾的重大胜利
	K+58至K+60	演练结束			做好接受总部、军区首长接见的准备				字幕显示解说内容			**解说（男）**：国防动员系统，负有平时服务、急时应急、战时应战的重大使命，尤其在应对各种自然灾害、处置突发公共事件、维护社会安全稳定中，具有不可替代的重要作用
												解说（女）：这次演练，我们对应急动员的指挥机制、程序内容和方法手段进行了有益的探索，有些问题有待于继续研究解决
									字幕显示：敬请首长和同志们批评指正！			**解说（合）**：首长和同志们，天津市应对重大自然灾害快速动员网上指挥演练到此结束，敬请批评指正！

演练共设置两个演练问题：一是组织先期筹划，进行动员准备；二是启动应急机制，实施快速动员。

演练第一个问题，针对天津市近期可能发生重大地震灾害，研究部署抗震救灾动员工作。演练分为召开筹划会议、展开动员准备两个阶段。召开筹划会议内容包括：总指挥主持召开应急动员指挥部紧急会议，政府副秘书长杨金海传达震情预测通报，地震局局长赵国敏分析地震情况，王小京司令员就指导原则、救援力量、行动方法等作总体部署，谢建华政委就发挥政治工作的服务保证作用和直接参战功能、熊建平副市长就抗震救灾综合保障问题，韩宝恒副政委就加强震情监测动员工作，杜克明参谋长就协调驻津部队做好抗震救灾各项准备工作分别作出部署建议。最后，总指挥下达动员令。展开动员准备演练内容包括，各指挥组利用国防动员综合指挥信息系统核实动员数据，修订方案，完善计划，下达命令指示；各区（县）应急动员指挥部根据市应急动员指挥部命令指示，展开各项抗震救灾动员准备工作。

演练第二个问题，模拟宝坻区发生 7.1 级地震，全市遭受 6—9 度影响的区域范围近万平方公里的紧急应对。演练分为快速决策指挥、应急综合动员、抗洪抢险动员三个阶段。快速决策指挥演练内容包括：地震局局长报告震情、应急办主任报告灾情、王小京司令员部署应急救援工作、总指挥宣布启动应急Ⅰ级响应、下达动员令。应急机制启动后，应急动员指挥部“一部七组”，快速展开工作。应急综合动员演练内容包括：宝坻区工程救援分队收拢集结、快速出动，市人民防空指挥组消防专业分队收拢集结、快速出动，市人民防空指挥组应急通信分队收拢集结、快速出动，和平区燃气抢修分队实施抢救抢修行动，河东区医疗救护分队收拢集结、快速出动，市交通战备指挥组运输保障分队收拢集结、快速出动，塘沽区公路抢修分队收拢集结、快速出动，市国民经济动员指挥组物资保障分队清点物资器材，做好装载准备等。抗洪抢险动员模拟地震造成于桥水库大坝裂缝，库水渗漏的抢险救援。内容包括：指挥协调，蓟县防汛抢险分队收拢集结、快速出动，武清区应急抢险分队收拢集结、快速出动等。

为了配合市国动委开展天津市应对重大自然灾害快速动员网上指挥演练，天津市地震局派出专业技术人员参加了演练的前期准备、演练方案的编写、合练、演练等工作。市地震局赵国敏局长以综合指挥组的副指挥长身份参加了合练和演练。

（三）2002 年首都圈地震系统应急演练

为了进一步做好首都圈地区的地震应急工作，检验各单位地震应急快速响应能力和实战能力，中国地震局于 2002 年 4 月 24 日夜间组织开展了首都圈地区地震应急模拟演练。市地震局是中国地震局指定参加这次应急演练的单位之一。这是一次地震系统应急工作综合性实战演练，且是一次预先未通知时间和地点的演练。

1. 演练准备

2002 年 4 月 12 日，中国地震局召开首都圈地区地震应急演练动员大会，明确在近期准备组织一次首都圈地区地震应急模拟演练。当天下午，市地震局召开中层干部会议，对应急演练工作进行动员和部署，确定赵国敏副局长为应急演练工作总指挥。

2. 人员集结

24日晚7点，中国地震局指挥部下达第一道指令，即河北省三河地区发生了一次Ms4.5级地震（北纬39度55分，东经116度45分），鉴于震情形势的严峻，总指挥部命令市地震局立即组织现场应急人员迅速赶赴地震现场，协助河北省地震局开展现场工作。

接到指令后，市地震局立即通过联络员将地震参数通知震情值班室输入计算机，自动启动BP机寻呼系统和震害快速评估系统，并通过手机、家庭电话和BP机通知应急人员迅速集结。

当时已经下班，有的人正在回家的路上，有的人正在做饭，有的人正在吃饭，但不论大家处于什么情况下，都以最快的方式赶到局内，并以最快的速度进入工作岗位。

19：20左右，先期到达的应急演练人员已迅速将现场使用的地形图和各种图件资料以及现场应急备用金准备完毕，并将地震应急指挥系统和远程会商技术系统启动运行，现场工作设备、应急物资等也装运上车。

19：30，现场工作队集结完毕，开始奔赴指定的地震现场。现场工作队共出动5辆车，携带5台套监测设备（测震仪1台套、流动强震仪2台套、水氡测试仪1台套、断层测试仪1台套）、2台Inmarsat M4卫星和1台Mini M卫星电话、8台笔记本电脑、1台多功能复印机、3个GPS定位仪、2台摄像机和2台数码照相机及罗盘、皮尺、帐篷、发电机等工作设备与面包、矿泉水、医疗急救箱、棉衣、行军床等生活物资。

3. 现场工作队伍开进

现场工作队出发后，一路上沿着GPS仪的指示方向，向指定地点（北纬39度55分，东经116度45分）开进，并随时将工作队所在位置向中国局指挥部报告。

行进途中，中国地震局发出第二道指令，即在河北省三河地区（震中位于北纬39度57分，东经116度47分）又发生Ms6.5级地震，要求现场工作队迅速赶赴地震现场。

现场工作队接到指令后，根据地形图初步判断此次地震的微观震中在三河县燕郊镇，现场工作队在车载GPS定位仪的引导下到达燕郊地震学校地震应急演练现场。

4. 地震现场工作展开

市地震局现场工作队于21：30到达工作地点，迅速开展地震现场各项应急工作。22：00，各种仪器及帐篷架设完毕，各种观测仪器及发电机正常工作。

22：30，现场通信网络组完成了现场局域网络的搭建，架设好了Inmarsat M4卫星终端站并调整好卫星信号，并及时与中国局指挥中心取得了联系，做好了传送静态图片和动态视频图像的各项准备工作；测震组首先对短周期地震观测仪和强震观测仪进行了安装调试，并采用罗盘定向，随即开展观测，地脉动信号波形记录良好；断层气监测组根据震区地质构造和地表地裂缝分布情况，布设了两条跨断层测线，测线长度分别为170米和180米，测线距10米、测点距10米，23时完成第一条测线上18个点位的测量，并将原始资料、数据曲线和初步分析结果上报现场指挥部；

水氡观测组及时选取破坏较严重地点附近的水井与河流，用扩散负压采取一个水样，并采取真空扩散脱气方式将水样中氡气经鼓泡后送入电离室中让其静止 1 小时后产生衰变；科考组经过实地考察建筑物破坏情况，确定了宏观震中和两条地裂缝带，完成了第一条地裂缝带的考察；分析预报组启动预报软件，开展 6.5 级地震后的序列分析和震后趋势判定工作；震害评估组开展对震区的灾害调查并启动了现场评估软件，开展震害评估工作。

22：56，宋瑞祥局长、岳明生副局长等领导来到市地震局现场视察工作，并通过市地震局的卫星系统与中国局应急演练总部实时图像传输，视频图像与音频信号都很清晰。宋瑞祥　局长还仔细询问了正在开展的现场检测、分析预报和震害评估等工作，并走进市地震局的应急指挥部帐篷查看后勤保障物品。在检查期间，两位局长对市地震局的迅速到岗、正常有效地开展各项应急工作给予了充分的肯定，并提出了具体要求。

23：30，现场分析预报组根据区历史地震活动情况及对序列的分析研究后认为：该区地震多为主—余震型，6.5 级地震后，发生更大地震的可能性不大，但应注意 5.1 级左右强余震的发生，一天内发震的概率为 98.4%；水氡监测组计算出了现场水样水氡含量的结果；断层气监测组 23 时完成第二条测线上 18 个点位的测量；科考组完成了第二条地裂缝带的考察，并根据考察结果分析了发震构造和地震成因；震害调查评估组根据宏观震中位置及现场灾害情况，确定了三个评估工作区，根据职责对位于第三评估区的天津市蓟县、宝坻县及武清区境内的 11 个抽样点进行了建筑物破坏、室内财产损失等项的模拟调查。同时，对以上三个区县 45 个行政村的人员伤亡情况进行了统计。初步评估结果为：此次地震造成天津市死亡人数为 17 人，重伤人数为 62 人，轻伤人数为 1811 人，直接经济损失为 3519.43 万元。

现场通信网络组于 23:11 将 12 幅现场工作的静态图片传入中国局指定网址，23:20 将这 12 幅图片传至天津局指挥中心；25 日 00:59，将动态视频图像 4 段及现场震害评估报告 1 份传入中国局指定网址。

25 日凌晨 3:47，市地震局现场工作队圆满完成任务，返回天津。

5. 后方工作

4 月 24 日 17 时接中国地震局开始地震演习的指令后，市地震局震情值班室值班员立即启动自动寻呼系统及震害快速评估系统，后方应急工作人员及时进入工作岗位。

地震应急指挥系统及远程会商技术系统于 19：20 启动运行，震害快速评估结果于 19：30 送入中国地震局指定网址相应目录中。19：30 分析预报中心召开紧急会商会，针对 4.5 级地震的发生，及时给出震后趋势快速判定结果和紧急会商意见，并先后于 20:00 和 20：50 通过 Apnet 送入指定网址。市地震局向天津市政府领导报送的《震情通报》（应急演练第 1 期）也于会商会后编写完毕及时报出。

21：10 接到中国地震局给出的 6.5 级地震参数（北纬 39 度 57 分，东经 116 度 47 分），5 分钟后完成震害快速评估计算，计算结果于 21：18 上报。同时，市地震局又针对这次强烈地震召开第二次紧急会商会，并分别于 21：17 和 21：38 将震后趋势快速判定结果和会商意见送入演练指定网址。

4 月 25 日凌晨 02 时、02 时 30 分和 03 时，中国地震局在三河地区实施了三次人工爆破，市地震局遥测地震台网分别于 02 时 00 分 17.6 秒、02 时 30 分 19.1 秒和 03 时 00 分 33.2 秒开始接收到地震波记录，遥测台网值班人员随即对记录数据进行了分析处理，并分别于 02 时 05 分、02 时 45 分和 03 时 05 分给出了处理结果。数据处理结果已及时送入地震应急演练网址。

演练过程中，市地震局除模拟了向天津市领导报送的《震情通报》外，还及时编写了 4 期《地震应急演练情况简报》，将市地震局参加应急演练的人员情况和随时间进程的工作情况通过网络向中国地震局应急演练指挥部进行了报告。

（四）1998 年全市应急办主任集训与应急指挥桌面演练

根据年度工作计划和全市防震应急工作的需要，为进一步促进全市防震应急工作的落实，经市政府领导同志批准，市应急办于 10 月 27—29 日举办了防震应急业务集训班。全市十八个区县和二十七个重点委、办、局应急办主任及驻津部队的有关人员共 53 人参加了集训。建设部、国家地震局的有关领导出席了集训班活动。

集训以国家防震减灾十年目标为指针，以国家和天津市《破坏性地震应急预案》为依据，以天津潜在的地震危险为背景，以提高防震应急干部组织指挥能力和应变能力为目的，紧密结合天津的实际情况，立足于抗大震和应付复杂的情况，着眼于各级应急工作办公室的职能和任务，重点学习了地震知识，建筑物抗震加固及应急排险和震后救灾的组织指挥方法与程序，并以天津市发生破坏性地震为背景，结合各地区、各部门的实际情况进行了综合作业，研究、探讨了破坏性地震发生后各地区、各部门的应急行动原则和对策。

培训人员以各委、局、区、县地震应急办主任的身份，根据背景资料，提出本地区、本部门震后综合情况分析判断和组织应急救灾的行动建议。

通过集训，提高了大家对搞好防震应急工作的认识，增强了责任感和使命感；了解了地震和建筑物加固排险的相关知识；掌握了地震救灾的指挥程序和方法；提高了各级应急办工作人员的防震应急组织指挥能力和业务水平，为一旦发生破坏性地震，各级应急工作人员能高效有序地展开救援工作打下了基础；通过综合作业对各级防震应急预案的实用性和可操作性进行了检验，进一步促进了全市各级防震应急预案的深化和细化工作；并且在防震应急工作业务训练的组织形式、训练方法等方面摸索了经验，为今后搞好防震应急工作业务训练起到了引路和示范作用。

综合作业想定的地震背景是：19××年×月×日 0 时 24 分在渤海湾塘沽以东 80 公里处（北纬 38.5 度、东经 118.5 度）发生了 7.6 级强烈地震，震源深度 10 公里。天津市全境遭到不同程度的破坏，其中塘沽、汉沽、宁河部分地区地震烈度达 9 度。塘沽、汉沽、宁河部分地区以及大港、津南、东丽地震烈度达 8 度。市内六区地震烈度为 7 度，其中和平、河西、南开为 8 度异常区。其他地区为 6—7 度区。

综合作业想定的震灾损失如下:

塘沽、汉沽、宁河为灾情较重地区，人员伤亡约在 10% 左右。大港、津南、东丽及和平、河西、南开等区人员伤亡约在 5%左右，其他地区人员伤亡约在 2%—3%。目前全市尚有数万人被埋在塌陷的房屋中等待救援，被救和自救脱险的伤员急待抢救、转运，由于大沽路医药仓库倒塌，造成市内医药供应困难，特别是外伤药物和医疗器材缺乏，急待从外地调运。

全市各类房屋遭到不同程度的破坏。塘沽、汉沽、津南、大港 9 度地区，农村房屋大多倒塌，砖混结构、砖木结构及未按地震标准设防的建筑物遭受严重破坏。部分厂房倒塌和严重破坏。

东丽、宁河、和平、河西等 8 度区，农村房屋半数倒塌，砖木结构房屋遭受严重破坏，部分砖混结构建筑遭受中等破坏，其中友谊宾馆、西站、北站部分墙体倒塌，红桥区西站以南、和平区劝业场、河西区尖山、河东区大直沽、河北区天津站以北地区房屋毁坏较重，其他地区危旧建筑物均遭不同程度的破坏。

全市各主要道路和出市干道均有不同程度的破坏。津塘公路、京津塘高速路塘沽段、津歧公路、津沽公路、津汉公路汉沽段、205 国道北线宁河、汉沽段路面出现严重塌滑沉陷；无设防小桥大部分 塌陷；解放桥、金汤桥塌陷；新开路和金钟河大街地道涵洞塌陷；外环线海河桥、津沽公路立交桥断 裂、错位；津汉公路永定河桥和潮白河桥断裂、塌陷；海门大桥、万家码头大桥、芦台大桥、北塘大桥、西琉城大桥、芦台立交桥、胡家园、车站立交桥等出现桥基与桥墩位移；京山铁路塘沽、汉沽段铁轨严重扭曲变形，金溪河铁路桥塌落。

全市水、气供应约 50%中断，地下水、气主管道及排水管道多处扭曲断裂和位移。南大桥附近 ϕ1200 与 ϕ1800 供水干管交汇处断裂，天津肿瘤医院附近 ϕ1200、水上公园路与红旗路交口处 ϕ1800、南京路与曲阜道交口处 ϕ1000 等供水干管断裂。渤西油田向市输气管线在距塘沽 30 公里处断裂；大港至天津液化气输送管道在独流减河 2 个过河处及上古林处发生断裂，液化气大港压送站和柳林、詹庄子配气站受损。煤制气管道金钟河大街 ϕ500、狮子林大街 ϕ600、鞍山西道 ϕ350、苑西路 ϕ400 断裂；天然气管道黑牛城道 ϕ720、十经路 ϕ426、卫津路 ϕ720、营口道 ϕ325 断裂。全市电力系统近 20%供、配电线路和电杆拉断，军粮城、大港发电厂、第一发电厂机组输煤系统遭毁。市内陈塘庄 220 千伏，绍兴道、南京路 35 千伏变电站，由于地震引起设备摆动打火，导致起火被毁 ；塘、汉、大地区的宁河、汉沽、孟港后、大沽、上古林、钢管厂的 220 千伏变电站及塘沽、汉沽、大港地区大部分 110 千伏变电站及其他地区部分变电站 PT 支架倾斜，造成全市大面积停电。

通讯系统 9 度区地下管线多处扭曲、断裂和 9、8 度区架空线绝大部分拉断，造成部分地区有线通讯中断。其中京、津、沪长途同轴电缆，在长江道与南京路交汇处断裂，京、津、宁光缆在红旗路与鞍山西道交汇处断裂，造成京、津地区至南京、上海方向长途有线电话中断。震后来自全国的电话较多，使全市尚能使用的有线通讯处于饱和状态，有线通讯功能基本丧失。

化工和石化系统以天化、大沽化、天碱和大港地区石化系统灾情最重，石化系统炼油厂多座塔式设备蹋落和倾斜，储罐基础不均匀下沉；天碱液氨储罐与管道接口处扭曲断裂，造成液氨外泄；大沽化液氯管道多处法兰接口处断裂、电解槽位移，造成液氯外泄；华北氧气厂、染化五厂、染化七厂、药业公司多处管道震落断裂，造成有毒、易燃液体泄漏并伴有火灾。其他化工企业也遭到不同程度破坏。

由于煤制气、天然气管道及化工企业管道断裂，大量毒、易燃气体、液体泄漏，造成全市约150余处发生火灾，其中棉纺一厂、染化五厂、天津化工厂、卫津化工厂、第三石油化工厂、天津农药厂、北仓危险品库等单位火势较大。加之大面积停水、停电，如不及时抢救控制，会有蔓延成片的危险。

震后，全市急缺各种抢险救灾工具（如吊车、锹镐等）和大量竹笆、苇席、油毡等物资，用以安置房屋遭毁居民居住，此类物资和工具天津市库存不足，急需从外地调运。

震后全市居民恐慌的心理较重，加之将有更大地震发生的谣言传播，造成人心惶惶，居民大量涌向空旷厂地和街道，造成市内交通堵塞。和平路、大沽路、营口道、中山路、南马路等部分路段，均有倒塌物阻断交通。塘沽、汉沽地区大部分道路，被倒塌房屋阻断。同时全市大部分食品和生活必需品供应网点瘫痪、西站粮库部分粮堆塌陷，食品和生活必需品供应短缺，发生居民抢购食品现象，更有不法分子趁机哄抢国家财产，扰乱社会秩序，严重危害了全社会抢险救灾工作和正常的社会秩序。

（五）1998年河北区震灾应急救援组织指挥演练

为提高应急组织指挥能力，锻炼队伍，做好地震应急准备，1998年11月7日，天津市河北区组织一次以震灾为背景，内容包括指挥部成员就位、组织指挥运作程序、救援队伍拉动的演练。该次演练是我国地市一级中最早的一次地震应急演练，中国地震局震灾应急救援司有关人员观摩了这次演练。

这是一次领导、应急部门带部分专业救援分队的演练，既演练领导，又训练兵。演练领导在应急情况下，如何实施应急组织指挥和协调配合，提高组织指挥的效能。演练领导的同时训练兵，以促进专业队伍三落实工作（即组织落实、人员落实、工作职能任务落实）和提高应急队伍的拉动能力。

（1）演练目的和形式

演练的目的是检验《应急预案》《指挥部成员就位行动方案》等预案的可操作程度；检验各级组织指挥（包括专业队）应急处置能力，提高各级领导在城市防灾救灾中的指挥水平和业务素质；检验和锻炼应急救援分队的应变、机动和遂行任务的能力。

演练的重点是领导机关，即区抗震救灾指挥部及其成员。演练的主要环节是：指挥部成员就位；召开指挥部成员紧急会议，各部门依据预案按职责任务结合《演练基本想定》判断灾情，定下决心，提出处置意见。

整体演练活动分室内，室外两部分。室内主要是演练指挥部成员。室外主要演练部分救援分队紧急集合，快速拉动，展开作业等动作。

（2）组织与准备

6月初，区长在区国防动员委员会议上提出演练议题，至11月初演练结束，历时五个月，经历了思考、筹划、准备、协调和组织、实施等过程。大体可分为六个阶段。

1. 以编写演练文书为主的准备阶段。编写的主要文书有《城市假想震灾基本想定》《应急处置建议》《演练工作计划》以及动员部署会议材料和演练时召开紧急会议材料等。

2. 筹备和召开演练动员部署会议。向与会单位的领导讲清了目的意义和演练内容及程序。

3. 组织演练培训。围绕着演练内容组织各保障组（有重要局负责人）学习有关演练文书材料，布置“想定作业”，即按《演练想定》提出本系统本部门应急处置意见。

4. 组织指挥成员专题学习。学习《预案》和《演练基本想定》并按就位及组织指挥程序作了练习。

5. 进行室内、室外两个演练场地的准备工作。

6. 按照想定进行正式演练。

在这六个阶段中上至区机关、下至基层，分不同层次，先后召开了8次会议；牵动了25个委、局和部门400余人（其中有300余人参加演练），调动了7支专业队伍（其中通信专业队自始至终做好了通信保障）；涉及的主要委局和部门完成了10份演练作业；编拟演练文书和材料23份。

（3）演练实施

1. 室内演练

室内演练在区人防指挥所进行，其程序如下。

8时30分，市抗震救灾指挥部发来地震应急救援救灾命令。

8时50分，区抗震救灾指挥部总指挥（区长）率各副指挥（副区长）分别戴着“总指挥”“副指挥”的胸卡标志准时在指挥所就位，与此同时各保障组组长、副组长也佩戴着胸卡标志陆续就位。

8时59分，指挥部成员全部到位。

9时00分，区应急办主任以导演身份拉开了演练序幕。

区抗震救灾指挥部总指挥传达市指挥部发来的抗震救灾命令。并下达“河北区进入应急救灾状态”和“应急专业队集结”命令。

区应急办主任向指挥部提出了“抢险救灾的决心建议”。大屏幕投影仪启动，随着介绍大屏幕显示震情、灾情，并陆续显示救援分队集结地域、前线指挥所和医疗救护所开设位置等部署。

各保障组纷纷发言，提出了救灾决心和应急处置意见。副指挥、区武装部长代表武装军事部门发表了《关于组织和调动区民兵力量参加抗震救灾的安排意见》。

最后，由总指挥（区长）作救灾部署。他首先代表指挥部表明了“救灾决心”；原则同意了区应急办主任的“救灾决心建议”和各保障组的处置意见，郑重强调了“救灾行动原则”，作出了指挥部领导成员分工的决定；部署了各专业队抢险救灾的具体工作和任务；提出了“增强时间观念，强调时效性”“搞好协作配合”“做好宣传教育工作”等工作要求。

9 时 40 分区应急办主任向指挥部成员宣布：室内演练结束，转场至室外（八十四中）场地观看演练。

2. 队伍拉动及救援动作演练

各专业救援分队已准时到达救援（演练）现场。指挥部成员按计划正点转至室外演练场地就位。

10 时 20 分演练开始。首先是天士力中学、新开中学两校中学生代表全区接受三防知识教育的学生表演三防防护动作和防护衣具穿戴、三防简易器材制作及三防自救互救动作；随之特种救援队医疗救护队和机动消防队，按“演练想定”——城市假想震灾：新开河水厂、聚氨酯厂被震现场，分别进行了有毒区检测、设置标志、救护伤员和灭火洗消等表演。

3. 演练工作总结

11 时总指挥作演练工作总结。总指挥对室内想定作业和室外队伍拉动救援演练给予赞扬和肯定。要求：“演练虽结束，但思想上决不能有一丝一毫的松懈”，要居安思危，警钟长鸣，广泛深入地普及防灾减灾知识，增强全民的防灾减灾意识，精心做好各项基础性工作。

二、市地震和应急部门地震应急演练

（一）1996 年 8 月地震应急演练

在纪念唐山地震 20 周年之际，为检验防震预案的应急准备情况，市地震局、市卫生局近期分别组织了应急演习，对各项应急措施和应急能力进行检验。

市地震局在徐德诗局长的带领下，以天津市张道口附近发生 5.1 级地震为背景，以局机关为指挥部，张道口地震台为现场指挥部，组织了一次地震应急演习，全局各业务职能处室参加演习，演习以指挥部的开设、人员应急到位、震后余震序列判断和震情监测以及现场指挥部的派出，灾区现场观测和灾情评估为主要课目，对全局地震后的应急工作进行了综合演练。通过演习增强了应急意识，锻炼了队伍，同时也发现了地震应急过程中存在的问题，演习后在认真总结经验的基础上，进一步完善了地震应急预案，尽快解决存在的问题，把地震应急准备工作做在地震到来之前。

市卫生局在张愈局长带领下，近期在市体育中心前广场举行了以防汛、防震为题目的应急救护演习，医大总医院，医大第二医院，第一、二、三中心医院，第三医院，急救中心，天津医院，环湖医院，职防院等 10 所市属医院共 120 人，15 台急救车辆，携带抢救器械、药品和无线通讯工具参加演习，演习了应急救护队伍的集结；向预定区域的开进、展开；对挤压综合症、颈胸多发骨折、猝死、化学烧伤、次生灾害中毒、溺水等伤员现场分检、鉴别、抢救及转送等课目。通过演习，对全市医疗系统的应急能力和急救队伍的素质进行了检验。为全市医疗急救布点的进一步完善和全市医疗救护力量的应急组织与指挥提供了依据和经验。天津警备区李凤河副司令员等领导同志到现场进行了指导。

（二）以天津市西青区大寺镇发生 4.5 级地震为设定情况的模拟地震应急演练

2003 年 9 月 29 日晚，为提高震情观念，检验快速响应能力，市地震局组织了以天津市西青

区大寺镇发生 M_S4.5 地震为假定情况的模拟地震应急演练。

根据地震应急演练方案，9 月 29 日 20 时 00 分，天津数字遥测地震台网中心接到模拟地震警报，台网中心值班人员立即以 4 月 23 日宁河 4.3 级地震为模拟震例进行了速报，2 分钟后将地震参数报到震情值班室。震情值班室值班员接报后，立即将“震情信息”用电话报告局领导以及办公室和预测预防处负责人，并及时编发了“地震快讯”和“震情通报”。预测预防处和办公室负责人分别用电话通知各部门负责人，各部门负责人负责通知本部门应急人员。震情就是命令，接到通知后，应急人员从四面八方以最快的速度赶到机关，第一梯队的 42 名应急人员在“震后”30 分钟内全部到岗。各部门负责人到应急演练指挥部报到接受任务。

分析预报人员进入会商室，20 时 35 分震情紧急会商会召开；计划财务处将应急备用金准备到位；机关服务中心将应急物资器材准备到位；台管中心通过电话逐台检查了台站值班情况；办公室编写了报道此次地震的新闻通稿。地震现场考察组于 20 时 38 分携带器材和装备出发；测震与前兆现场监视组于 20 时 40 分携带仪器设备出发；现场物资保障组于 20 时 42 分携带发电、照明等物资出发；应急宣传和平息地震谣传工作组于 20 时 45 分出发。分析中心经过紧急会商，对震后趋势提出判定意见，及时报到指挥部和震情值班室。在应急指挥部的指挥下，整个应急演练过程紧张有序，各项工作有条不紊。

21 时 10 分现场队伍返回到局，应急演练结束。

（三）华北地震应急救援协作区各单位应急指挥中心联动协同处置和现场工作系统联动演练

2008 年 4 月 16 日上午 9 时，由中国地震台网中心、北京市地震局、河北省地震局、天津市地震局、山东省地震局、河南省地震局、山西省地震局和内蒙古自治区地震局等 8 家单位联合举行了华北区域地震应急指挥技术系统联调联测演练活动。市地震局领导班子成员、办公室、应急救援处、监测预报处、震害防御处及业务中心领导和技术骨干 20 余人参加了此次演练。通过演练，不仅增强了广大干部职工的震情观念和应急意识，而且提高了天津市地震局与华北区域成员单位协调联动的能力，取得了很好的效果。

2010 年 12 月 23 日，华北地区开展了 2010 年第四季度地震应急指挥技术系统联合演练。北京、天津、河北、山东、山西、辽宁、内蒙古 7 个省（直辖市、自治区）地震局参加了演练。演练以 23 日 9 时在天津市静海县（东经 116.9°，北纬 38.9°）发生 Ms7.8 级强烈地震为背景，进行了华北区地震应急救援协作单位各应急指挥中心联动协同处置和现场工作系统的联动演练。天津市地震应急现场工作队也同时进行了紧急出动奔赴现场的实兵演练。通过演练，进一步提高了华北地区的地震应急联动合作能力和应对、处置地震突发事件的协调指挥能力，为以后的地震应急工作积累了宝贵经验。

三、区县地震应急演练

天津市区县地震应急演练起于 1998 年。演练主要对象有中小学校、机关、企事业、社区、地震应急救援专业队伍。演练内容有应急避险紧急疏散、自救互救技能、抗震救灾指挥部演练和专业队抢险救援综合演练。演练的形式有桌面演练和实兵演练。演练组织者有政府部门组织、系统统一组织和单位自己组织等形式。

（一）和平区

2000 年 12 月在滨江商厦举行强有感地震群众疏散演练，滨江商厦职工和群众五百余人积极参加，《今晚报》和和平有线进行了宣传报道。

（二）河北区

2006 年 5 月 19 日，河北区委党校组织了《河北区委党校应对突发事件能力实践演练课》。演练课以渤海发生地震为背景，演练地震应急处置能力。整个演练过程全部由学员自己组织实施，41 名从准备到实施，密切配合，较好地完成了演练。演练中标绘了四幅抗震救灾图，学员对导演组出的情况判断准确，决心果断，真正设身处地进入了状态，对突发事件的处置比较合理。

2007 年 5 月 14—16 日河北区地震办与河北区委党校共同组织了《河北区委党校地震应急行动演练课》。内容包括：党校老师对中青班学员进行《领导者如何应对突发事件》的授课，区地震办人员讲解地震应急预案、应急处置原则、演练程序等相关内容，放映了《重托》等以地震为背景的录像片，现场应急行动演练。16 日全体学员在河北区地下指挥所进行了现场应急行动演练。这次演练以渤海湾发生 7.6 级地震为背景，设置抗震救灾指挥部和现场抗震救灾指挥部，演练抗震救灾指挥部和现场抗震救灾指挥部的应急处置工作。42 名学员分别编入七个指挥组，人人参与、现场处置。通过有线通信、视频网络会议系统及自动化指挥系统进行情况报告和处置，现场显示各种情况和各组情况处置图。学员对情况判断准确，决心果断，真正设身处地进入了状态，对突发事件的处置比较合理。整个演练过程都是由学员自己根据震后情况，进行分析判断和处置。市地震局、市区人防办、区委组织部、宣传部、区委党校、等有关领导观摩了演练课并做了重要讲话。市地震局冯俊生副局长就当前地震形势进行了介绍及今后如何做好震害防御和震后处置提出要求。

2010 年 5 月 6—7 日，河北区地办组织党校中青班学员在区应急指挥所举办了地震应急演练系列活动：一是在党校开设了公共应急演练课，组织中青干班 42 名学员进行授课，对地震预案、《中华人民共和国防震减灾法》及演练程序等进行了讲解；二是把应急指挥所作为党校的实践教育基地；三是与区委党校联合以地震为背景的室内应急组织指挥演练，将学员分成两个指挥部，进行接收灾情和救灾命令；召开紧急会议部署抗震救灾工作；各分指挥组收集报告情况，研究处置情况；光复道和望海楼街指挥部组织灾民安置和疏散。

2009 年 5 月 8 日，河北区在红光中学隆重举行了《河北区纪念汶川大地震一周年防空防灾应急行动演练》。演练以假想破坏性地震发生为背景，按照不同科目分别进行。随着警报声响起，区委党校中青干班学员进行应急组织指挥演练。红光中学的藏族学生进行了课堂地震避险、室外地震避险、紧急疏散演练。二十四中学、新开中学、五十三中学、连云路小学的中小学生现场表演了简易个人防护器材和应急包的制作，并进行了伤员包扎、固定、搬运等应急演练。市地震局、市人防办；区委组织部、区委党校、区人防办、地震办等领导观摩和指导了演练，区各中小学校长、德育主任和区委党校中青班教员和学员观摩了演练。

2010 年 5 月，纪念“5・12”防灾减灾日两周年之际，天津市河北区三十五中、天士力中学和求真高级中学分别组织了全校师生的地震应急避险疏散演练。演练中，全体师生从实战出发，态度端正，行动迅速，采取正确的方法应急避震，在规定的时间内紧急疏散到集结区。在老师指导下，学生们对紧急包扎、搬运伤员等自救互救动作进行了演练。

（三）河西区

2002年至2011年底，河西区开展地震应急演练290次，参加单位100个，参加人数114000人次。主要应急演练情况如下。

2004 年 12 月 8 日，挂甲寺街组织鹤望里社区进行了模拟临阵前社区抗震救灾指挥部如何实施社区地震应急指挥的演练。先后运作了指挥部成员就位、报告震情、传达上级指令、分析判断情况、决策部署社区地震应急工作任务等程序的演练。演练得到了国家地震应急工作检查组、天津市地震局领导及全市兄弟区县观摩同志的肯定和好评。

2004 年 12 月 8 日，挂甲寺街鹤望里社区居委会组织社区居民演练。当居委会干部吹响哨声后（代表地震发生），楼栋居民立即按照家庭地震预案采取应急避险行动，迅速关闭电、气开关，携带自制的应急包，迅速躲避到室内避震相对安全地方，以正确的姿势进行避险。期间，居委会人员进行检查。看是否态度认真、动作合理、措施得当。“地震”解除后，进行点评。演练得到了国家地震应急工作检查组、市地震局领导及全市兄弟区县观摩同志的肯定和好评。

2009年5月11日下午，天津市河西区在挂甲寺街景兴西里社区组织社区居民开展地震应急演练。区地震办公室等有关部门专家及向社区居民讲授了家庭防震避险及自救互救的知识和技能，并指导社区居民进行了模拟演练，受到了居民的欢迎。

2010年5月11日、17日，河西区中心小学东湖分校和第四十二中学分别举行“地震应急避险疏散演练”。随着指挥人员的一声令下，学校全体师生按照《地震应急预案》和《应急疏散预案》紧急避震，并迅速有序地从不同地点撤离到操场。演练结束后，两个学校还分别组织师生参观了防震减灾知识图片展。

（四）河东区

2006年4月13日，河东区在区委党校组织了一次处级干部进修班防空、防灾知识教学活动，并组织了一次公共应急组织指挥和处置模拟演练，60余名处级干部参加了公共应急组织指挥和处置模拟演练。这次教学实践演练，以城市发生重大地震灾害为假想背景，设定了“大量建筑物倒塌、数千人员被埋压等待救援、震灾引发大火和毒气泄漏”等想定情况，在辖区内基层不断上报“灾情”的紧急情况下，参训学员分别客串指挥角色，当场按照“召开会议、专家会商、灾情评估判断、定下决心、启动预案、救灾动员、应急部署和处置指挥”等程序进行模拟演练。此次演练，场景逼真，实战性强。在接受训练过程中，即使各位领导干部得到锻炼，又是对他们应急指挥能力的检验。

2007年4月17日，河东区地震办会同区委党校，举办了一次防震减灾专题教学活动，市地震局刘允秀处长主讲，区委党校部分教师、处级干部进修班学员和中青班全体学员到课学习。这次专题课的题目是“我国地震灾害与防震减灾”，通过对地震形势和地震趋势的分析，使学员们系统了解许多地震科学知识，进一步明确了防震减灾的工作目标和任务，掌握了许多开展防震减灾工作的对策和措施。结合这次公共应急教学实践课题，区委党校组织全体学员兵分三组，即区指挥部、抢险抢修指挥组和防化防疫指挥组，区地震办（科长站长）以预定方案为依据，以城市发生重大地震灾害为假想背景，设定了“大量建筑物倒塌、人员被埋压等待救援，震灾引发大火和毒气泄漏”等次生灾害发生情况下，在社区不断上报“灾情”的紧急情况下，按照“召开会议、专家会商、灾情评估判断、定下决心、启动预案、救灾动员、应急部署、情况处置和实施指挥”等程序进行了模拟演练，其场景逼真，实战性，从而增强了各位领导干部防震减灾意识，锻炼了各级指挥员应急组织协调能力。

2008年5月21日，按照年度工作安排，在汶川震灾救援之际，为体现防震减灾教育工作水平，加强中学生对地震应急的反应能力，区地震办会同天津第八中学成功组织开展了地震应急疏散演练活动，共有2000多师生参加了此次活动，随着指挥人员的一声令下，学校全体师生按照《地震应急预案》和《应急疏散预案》紧急避震，并迅速有序地从不同地点撤离到操场。演练结束后，区地震办向学校提供宣传材料2000份，组织师生参观了防震减灾知识图片展。

2009年5月12日，天津八中举行中学生地震应急疏散演练。9时45分，模拟地震发生的疏散信号响起，全校1700余名师生迅速有序地进行了紧急避险、疏散以及止血包扎、固定搬运等地震应急演练。市地震局有关职能部门负责人及河东区地震办公室、区教育局、区社区教育办公室、区人防办、鲁山道街办事处等有关单位负责人出席并指导演练。全区16所中学防震减灾专职教师现场观摩了演练。

2010年6月19日，由区抗震救灾指挥部直接调动、指挥，举行了河东区专业队拉动演练，抢险抢修、医疗救护、交通运输、防化防疫、通信、消防、治安等七个专业队，统一着装，携带装备，进行了集结拉动演练，向抢险抢修、医疗救护、交通运输、防化防疫、通信、消防、治安等七个专业队授旗配装。

（五）南开区

1999 年以来，南开区开展地震应急演练。截至 2011 年底，全区开展地震应急演练 36 次，参加单位 231 个，参加人数 55000 人次。主要地震应急演练情况如下：

1999 年 11 月 9 日，由南开区地震应急办公室（南开区人民防空办公室）牵头组织，南开区教育局、南开区地震办公室协办，在南开区慧翔职专进行了“人员密集场所强有感地震人员疏散演习”。参加演习的师生共 300 余名。演习内容有师生紧急疏散演练、灭火演练、救护演练等。天津市人防办主任刘国光、市地震局副局长赵国敏、南开区人大常委会副主任刘成生、南开区政府副区长成大功、冯绍宽、区武装部部长王万春出席，南开区相关单位的领导150余人参观演习。

2002年10月30日，南开区华苑街开展了“破坏性地震应急指挥部演习”。“破坏性地震应急指挥部演习”的目的是探索研究社区地震应急工作，提高社区对破坏性地震应急的组织指挥能力，增强居民的防震减灾意识，掌握自防自救互救的方法，最大限度地减少地震灾害带来的损失。指挥部演习内容分五个部分。第一部分：指挥部召开紧急会议。指挥部通报区政府地震应急工作会议精神，传达区抗震救灾领导小组对南开区抗震救灾的工作布置，分析华苑街抗震救灾准备情况。第二部分：修订预案，健全组织机构。调整修订《地震应急预案》，调整抢险抢修专业队、医疗救护专业队、消防专业队人员编制，做到人员编满，组织健全，配备必要的装备和工具。第三部分：模拟发生地震。指挥部接到上级通知，近期华北地区地震活动出现异常，有可能发生地震。指挥部根据通知精神，进行临震准备，对抢险抢修工作作出安排。对专业队进行强化训练。第四部分：震后的组织指挥。模拟天津市发生强烈地震，指挥部接到各小区受损情况报告，某小区部分楼房倒塌、倾斜，造成人员伤亡，某学校发生火灾，某小区燃气管道爆裂，某小区自来水管爆裂等情况，指挥部立即指挥各专业队前往出事地点进行抢险抢修。第五部分：情况汇总。各专业队将抢险抢修情况汇报给指挥部，指挥部将汇总后进行总结讲评。该演练由市防震减灾领导小组应急工作办公室与南开区地震办公室联合举办，参加观摩指导的领导有市人防办主任刘国光、市地震局局长刘连柱、市人防办副主任石振华、市地震局副局长赵国敏、市应急办副主任王如意、南开区委书记刘长顺、南开区委副书记、区长佘清文、南开区人大常委会副主任刘成生、南开区政府副区长冯绍宽、南开区政协副主席杨志斌、南开区武装部部长陈生代。参加观摩的还有18个区县应急办以及南开区12个街道的负责人。

2011年5月9日至2011年5月22日全国防灾减灾宣传周期间，全区中小学开展了地震应急疏散演练活动，活动由区教育局和地震办公室组织，36所中小学校开展了地震应急疏散演练活动，4200余名中小学师生参加演练。

2011年5月22日上午，天津市育红中学进行了地震应急疏散演练汇报表演，全校400余名师生参加了表演，表演分三部分：（1）紧急疏散：听到哨音后，各班级按照疏散预案迅速疏散到学校操场待命。（2）紧急救援：用担架、椅子等器材运送“伤员”，然后对“伤员”进行头部、臂部、腿部进行止血包扎固定。（3）制作简易防护器材：利用书包、床单、衣服、木棍、毛巾等就便器材，制作应急包、简易担架、防尘口罩、止血带等应急器材。活动由张崇仁老师主持，育红中学校长苏长质还介绍了全校近年来开展防震减灾活动情况。天津市科学技术学会副主席刘惠通、市教育局中学教育处处长黄炎、市人民防空办公室法制宣传处处长杜文兴、天津市青少年科技活动中心主任孙志敏、市科学技术学会科学普及部部长张新智、南开区应急办主任李长安等领导观看了师生们的表演。

（六）红桥区

2006年4月29日上午，区委党校和区人防办共同在区第22期中青年干部培训班组织了以地震灾害为主要内容的城市应急救援综合演练。这次演练是以天津市发生破坏性地震为背景，在红桥区遭到严重破坏的情况下，全体学员充当各职能部门指挥员，由学员分别组成街道指挥组、抢险抢修组、医疗救护组、防化防疫组、物资保障组、治安交管组、宣传教育组等七个职能工作组。按照《红桥区破坏性地震应急预案》的启动要求，对正确处置由地震引起的各种灾害的指挥程序进行演练。通过演练，提高了后备处级干部应对突发公共事件的分析判断能力，驾驭决策能力和应急处置能力，为今后的工作打下了良好的基础。

2009 年 11 月 19、20、24 日红桥区地震办分别在佳宁里小学、佳春小学、佳春中学举行了紧急避难演练。

2010 年 5 月 12 日上午，红桥区地震办与红桥区教育局、红桥区应急办在八十九中学联合开展了中学防灾避震应急疏散现场会。全校师生 1100 余人参加了疏散和自救演练。学生代表进行了发言并提出倡议：将学校学到的防灾应急知识向家人、邻居、朋友做好义务讲解，为周围人送去平安、幸福，要发挥宣传基地作用，积极开展一系列宣传教育活动。天津电视台（新闻台）记者采访了这次活动，并当晚在黄金时间进行了播报。

2010 年 5 月 12 日，红桥区地震办、红桥区应急办与红桥区教育局在红桥区第二十幼儿园共同举行了一场主题为“珍爱生命，从娃娃做起”的防灾减灾应急演练活动。在演练过程中，全园 300 名师生仔细参观和学习了地震办布置的防震减灾应急展牌，工作人员向师生发放了《家庭防震防灾知识》小册子及地震办自行制作的防震减灾卡通书签 1000 余份，并指导师生进行了逃生、急救、隐蔽等相关演练。最后，在教师的带领下，孩子们表演了多个自导自演的防灾应急小节目，在孩子们寓教于乐的同时，达到了防灾应急宣传的初衷。并要求孩子们熟记自救互救常识，回到家中向亲属讲述防灾减灾应急知识和自救互救技能，以此提升家庭成员防灾减灾意识，实现从娃娃抓起，推动社会的目的。

（七）东丽区

2007 年，东丽中学被定为东丽区防震减灾科普示范校定为，第一次开展了防震减灾应急演练活动。2009 年在鉴开中学进行了防震减灾应急演练。2010 年再次在东丽中学进行演练。

2009 年 5 月 8 日上午，天津市东丽区在鉴开中学组织了地震应急疏散演练。市地震局纪检组组长武丁辰及有关部门负责同志出席演练活动。区委宣传部、区应急办、区教育局、区地震办、区人防办等有关单位负责同志现场观摩和指导了演练。10：15 分，随着模拟地震发生的疏散信号响起，1300 余名学生和教职员工迅速有序地进行了紧急避险、疏散以及止血包扎、固定搬运等地震应急演练。

（八）西青区

2009 年天津市重大地震灾害应急演练在西青区进行。按照市应急办和市地震局的安排部署，区应急办、卫生局、教育局、杨柳青一中、张家窝镇田丽小区等单位的协调配合，圆满完成了演练任务。

根据演练的总体安排和《天津市重大地震灾害应急演练实施计划》中的职责分工，西青区组织杨柳青一中2000多人的学生队伍参加疏散演练，组织张家窝镇田丽小区居民150人队伍参加居民疏散、急救、疏散演练。组织了50人的民兵志愿者队伍参加集结和演练。

为做好演练工作，有关单位参加的动员部署会，明确责任分工，制定演练分脚本和子演练方案。针对各支队伍的不同任务，布置各支队伍进行了演练前的预演、训练等准备工作。对各支队伍的预演、训练总计达到14天。共调集租用车辆12台次对各支队伍的训练、预演予以支持，圆满完成参演任务。

（九）津南区

2009年5月8日上午，天津市津南区地震办公室、区人防办公室和区教育局联合在咸水沽三中组织了地震应急疏散演练暨防震减灾科普示范学校授牌仪式。随着模拟地震发生的疏散信号响起，全校28个班，1300多师生迅速有序地进行了紧急避险、疏散以及止血包扎、固定搬运等地震应急演练。市地震局局长赵国敏、津南区区长李广文、副区长刘恒志等领导出席授牌仪式并观看了演练。津南区各中小学校负责同志到现场进行了观摩学习。演练结束后，赵国敏局长代表市防震减灾科普示范学校创建工作领导小组向咸水沽三中授予了“防震减灾科普示范学校”荣誉称号。

（十）北辰区

2008年汶川地震以后，北辰区组织开展了一系列避险演练活动，提高广大群众避险意识。

2009年4月在区教育局的配合下，在北辰区汉沟小学生教学实践基地，对600多名小学生进行地震应急疏散演练。

2009年5月在北辰区南王平中学生教学实践基地，对到这里参加劳动实践教育的中学生进行地震紧急疏散避险演练。

2009年7月天津市烟草公司物流分公司进行了破坏性地震应急演练。

2010年5月与驻区的河北工业大学，举办了“舞动青春，珍爱生命”防震减灾知识讲座和应急避险演练活动。

（十一）武清区

2007年武清区下伍旗职中被定为防震减灾科普示范学校后，每年的3月到6月的春季农训期间和8月到10月的秋季军训期间，区地震办公室都会同下伍旗职中组织在这里参加农训的全区高二年级学生和军训的全区高一年级学生开展地震应急疏散演练活动。每年开展地震应急疏散演练活动22次，参加人数达12000余人。

2009年5月12日，武清区组织全区各级各类学校的14万名师生进行了应急疏散演练，提高了学生的防震减灾意识和震时应急避险逃生能力。

2010年5月10日，武清区组织杨村四中高二年级400名学生开展了地震应急疏散演练。随着模拟地震发生的警报响起，学生们迅速有序地进行了紧急避险、疏散到安全地点等科目的演练。

（十二）宝坻区

2009 年 5 月 7 日，区地震办会同区人防办、公安宝坻消防支队、区教育局在宝坻中专联合组织开展了地震应急演练活动，全校 37 个班 2000 余名师生参加演练。大口屯镇政府和王卜庄镇政府也组织所辖的中小学校开展了地震应急演练活动。

2010 年 5 月 12 日，区地震办会同区教育局，在全区 184 所中小学中开展了地震应急演练活动，景苑小学、顺弛小学分别组织本校全体师生开展了地震应急疏散演练。随着警报声的骤然响起，师生们迅速进入地震应急状态，快速、安全、有序地疏散到指定位置。宝坻区电视台对景苑小学、顺弛小学的演练活动进行了专题报道。

（十三）蓟县

2009年6月25日，天津市吉华化工有限公司进行一次综合模拟地震应急演练。此次演练活动以模拟强烈有感地震发生，以紧急避震、震后疏散、现场搜救、医疗救护、警戒与交通管制、易燃易爆品泄漏紧急处置为内容，进行综合演练。各参演单位，把演练当实战，从实际需要出发，认真组织密切配合，整个过程紧张有序，针对性强，收到了很好的效果。蓟县政府应急办、地震办公室、安监局、公安局、消防大队、发改委、气象局等相关单位，并有16家大型企业负责人参加观摩。

2011年9月21日下午，天津市消防系统在蓟县组织山体滑坡抢险救援演练活动。全市公安消防队、公安局、人防地震专业队、交通抢险专业队、电力抢险专业队、医疗卫生专业队共四百余人，身着统一配发的、具有专业特征标志的服装、头盔和臂章，进行演练。各个抢险专业队车辆在下午2：30时前到达指定场地后迅速集结，下午3时演练正式开始，各个队伍按照演练计划依次进行：突击队先行到达现场抢救生命，通讯专业队利用先进的通讯手段与指挥部通联，交通抢险专业队开辟滑坡破坏的道路，然后医疗救护专业队进场进行作业。蓟县人防地震通讯专业队参加了演练。

2011年11月24日，蓟县人防办、地震办在实验中学进行防火地震逃生演练。

（十四）宁河县

2010 年 5 月 12 日上午，天津市宁河县开展地震应急救援桌面推演。这次演练是宁河县多年来第一次组织的应对重大地震桌面演练。演练以熟悉《宁河县地震应急预案》为目的。演练分为两个阶段：一是地震应急响应，二是地震应急处置行动。演练模拟宁河县发生 6.5 级强烈地震，设置 15 个灾情情境，通过讲解、屏幕展示和问答的方式进行推演。各应急工作组按照应急职责任务报告应急处置情况，处置情况符合应急预案要求。宁河县抗震救灾指挥部 13 个成员单位参加了演练。副县长杨霞任演练总指挥，市地震局副局长聂永安应邀出席，市地震局及区有关部门负责同志到场观摩。

2010 年 5 月 11 日上午，宁河县宁河镇中学利用课间操时间组织学生开展地震应急疏散演练。随着疏散铃声的响起，全校 500 余名师生迅速有序地疏散到了指定地点，用时 4 分钟。演练结束后，县教育局、县地震办等有关领导分别进行了点评。

（十五）塘沽区

依据塘沽区地震应急预案，每年都组织各学校进行地震应急演练，指导塘沽二中、岷江里小学、一中心小学等学校做好这项工作.

（十六）汉沽区

2004 年 12 月，由国家四部委组成的防震减灾应急工作检查组到汉沽区检查，汉沽区第五中学师生开展紧急避震演练，受到检查组和天津市地震局领导肯定和好评。

（十七）大港

2009 年 5 月，区人防办公室与地震办公室共同在大港二中校园内开展紧急地震避难演练。

第六节　地震应急物资保障准备

地震应急物资保障准备是应急准备的重要环节。地震应急物资保障准备，对于有力、有序、有效开展应急抢险救灾，及时做好生活必需品供应具有重要作用。

天津市地震应急物资保障准备工作最早可追溯到唐山地震前，1974 年根据国务院发布的国发〔1974〕69 号文件精神，天津市适时地进行了针对即将可能发生地震的物资储运工作（见《天津通志地震志》第六篇第四节：应震部署）。其后，天津市根据上级的安排和震情的需要，开展了两次大的地震应急物资保障准备工作，并根据国家的统一部署，建立救灾物资储备库，储备救灾物资。

一、1996 年的地震应急物资保障准备工作

伴随 1996 年《天津市破坏性地震应急预案》的制定，相关的地震应急物资保障准备工作开始进行。

按照《天津市破坏性地震应急预案》，地震应急物资分为三类，一是应急救灾物资，专用于抢险救灾的物资；二是生活必需品；三是专业抢险救灾。

1996 年《天津市破坏性地震应急预案》明确，救灾物资保障计划由市计委负责组织有关部门拟制，生活必需品供应保障计划由市商委负责组织有关部门拟制。而专业抢险救灾物资含在有关的专业保障计划之中。根据《天津市破坏性地震应急预案》的要求，市计委、市商委和有关部门认真组织编制保障计划，并开展地震应急物资保障准备工作。

1. 救灾物资保障准备工作

《天津市救灾物资保障计划》明确救灾物资保障工作的指导思想是，本着长期准备、立足突发；预防为主、平震结合；统筹调度，分工负责；快速反应、高效有序的原则，千方百计地组织物资资源，全力以赴地把急需物资供应到抗震抢险救灾重建的第一线。

《天津市救灾物资保障计划》明确的救灾物资主要品种包括：一定规格型号的钢材，木材中

的小径木、檩材、板材，油毡，石棉瓦，水泥，沙石料，苫布，麻绳，铅丝，元钉，铁锨，钢镐，毛竹，苇席，塑料薄膜等物资。

《天津市救灾物资保障计划》明确建立物资应急供应体制，全市抢险救灾物资的调进和供应，在市抗震救灾指挥部领导下实行统一指挥、分批调度实施。按照市抗震救灾指挥体系分三级实施的预案，物资供应相应地设置三级管理层次。（1）市抗震救灾指挥部物资组集中管理市各物资专业公司冻结的物资。调集的物资主要用于市指挥部指定的重点地区和单位；（2）各区、县、局（集团）根据自身情况确定本地区、本系统储备物资的品种和数量，主要用于自保自救使物资迅速高效地到位；（3）街道、乡镇抗震救灾指挥部根据情况也可设置物资组，协调调度区域内物资企业经营的各类物资。组织这些物资经营单位直接面向居民供应应急物资。

《天津市救灾物资保障计划》明确的保障机制是：在市人民政府发布破坏性地震短临预报或出现突发性地震后，上述物资处于冻结态势。承担储备任务的各有关局（集团）、公司、仓库要进一步强化各项管理办法，严格落实责任制。物资出库要使用盖有市抗震救灾指挥部物资专用章的抢险救灾物资调拨单。事后由市抗震救灾指挥部物资组统一组织结算。抗震救灾物资调拨单由市抗震救灾指挥部统一印制管理。

2. 生活必需品供应保障准备工作

《天津市生活必需品供应保障计划》明确，发生破坏性地震后，在市委、市政府正确领导下，各部门竭尽全力恢复生产，恢复供应，保证居民基本生活必需品的需要。生活必需品供应保障工作的保障原则是：（1）面粉、食油、猪肉（回民牛肉）、食盐、药品、煤制品、棉布、秋衣、秋裤、絮棉、棚膜、铅丝计11种商品为震后基本生活必需品，切实保证供应。（2）市保货源，区、县保供应，明确分工，各负其责。（3）实行生活必需品定量供应制度，保障居民生活基本需要。保障措施是：（1）明确粮食局负责面粉、食油货源；食品工贸集团总公司负责猪肉（回民牛肉）货源；市盐业运销公司负责食盐货源；医药总公司负责医疗器械和药品货源；物资集团总公司负责煤制品货源；益商集团总公司负责铅丝、棉布、秋衣、秋裤货源；供销合作总社负责絮棉、棚膜货源。②明确建立储备制度，具体安排是：面粉：1.6万吨。其中：地方储备1万吨。食油：3万吨。其中：地方储备1.5万吨。肉类：2万吨。其中：猪肉1.8万吨，回民牛肉0.2万吨。民用食盐：3000吨。药品、煤炭、棉布、秋衣、秋裤、絮棉、棚膜、铅丝商品货源，由各有关货源单位根据不同季节安排一定数量的储备。

《天津市生活必需品供应保障计划》明确，在破坏性地震发生后的特殊时期，各货源单位根据各区县常住人口和震灾损失程度，核定分配计划，并报市商业委员会备案。市货源单位要提前制定所属生产厂和批发单位就近对口供应的安排计划，并提前与各区县做好工作衔接，保证基本生活必需品货源供应迅速，及时到位。

《天津市生活必需品供应保障计划》明确，区县确保居民供应。区、县政府要成立破坏性地震居民生活供应工作领导小组，负责组织区县粮食、百货、副食、煤建、五金等部门做好震后供应工作。区、县商业主管部门要提前与市货源单位做好工作衔接和制定货源调拨分配计划及具体的供应办法。破坏性地震发生后，各零售部门要创造条件，尽快恢复营业。一时不具备营业条件的，要设立临时供应专点、专柜或组织流动售货车，深入居民区方便群众购买。货源偏紧时，可采取凭卡（证）定量记数供应，方法（各区、县也可自定供应措施）必须保证每户居民都能买到生活必需品。对购买不便的孤老户、重伤人员要送货上门，搞好服务。

3. 专业救灾物资保障准备工作

《天津市破坏性地震应急通信保障计划》明确，根据应急通信保障的需要，配置以下通信器材和车辆（不包括区县局自备部分）：木杆 350 根；皮线 60 公里；电缆 20 公里；移动电话手机 20 部，话机，小交换机等其他通信器材若干；应急通信车 6 辆（包括机动通信设备）；其他车辆 40 辆。

《天津市破坏性地震道桥应急保障计划》明确，集中管理和调配专项救灾物资，做好物资保障工作，根据道桥抢修方案，迅速摸清物资底数，缺少和不足部分，进行全市调配。主要准备吊车、铲车、运输车、电气焊、发电设备及各种工具，以满足抢险救灾的需要。

《天津市破坏性地震供电保障计划》明确，加强物资器材储备，　根据发供电设施设备抗震强度和能力等级，准备相应的设备备品备件。发供电设备的事故及轮换备品适当补充后，作为抗震救灾物资。

《天津市破坏性地震应急消防保障计划》明确，公安消防局要保证 143 部现勤消防车，其中 94 部水罐车、13 部泡沫车、2 部干粉车、4 部联用车、　3 部照明车、7 部曲臂车、3 部云梯车、1 部升降车、1 部高喷车、1 台起重机、1 台装载机，均应处于良好状态。地震应急，一次要出动 99 部车，可供突击队消防救援使用，随车储备器材可满足二次出动需要。

《天津市破坏性地震天然气保障计划》明确，各抢险队配有指挥车、抢修车；通信配有车载电台、手提电话机、BP 机；当临震时各单位保健站配属抢修队一同行动；行政科备足一星期食品，保证抢修队伍急需。各种抢修车辆设备（电焊机、空压机及有关机具）平时放置于安全地点，避免地震时出现损失，影响抢修。

《天津市破坏性地震煤制气保障计划》明确，储备防爆手电 300 把，电池 900 节，应急灯 45 盏，防毒面具 180 套，产气用煤 10 万吨，对讲机 88 部，车辆 298 部，焊机 70 台，照明车 1 辆，救护车 1 辆，医疗应急药品齐备，方便食品若干等物资器材。

二、2009 年的地震应急物资保障准备工作

伴随 2009 年《天津市地震应急预案》的制定，新一轮地震应急物资保障准备工作开始进行。

2009 年《天津市地震应急预案》没有对应急物资进行分类，也没有设立独立的救灾物资保障

计划，有关应急物资保障准备工作落实到有关部门和有关保障计划之中，如《天津市抗震救灾群众生活保障计划》《天津市抗震救灾抢救抢险行动保障计划》等 17 个保障计划中。

1. 生活必需品供应保障准备工作

《天津市抗震救灾群众生活保障计划》明确，建立群众生活保障物资储备制度，一是储备用于灾民生活救助的应急物资；二是建立灾后市场供应保障机制。

应急物资的储备。由市民政局负责救灾帐篷、衣服、被子等物资的储备，原则上，市本级储备物资不低于：救灾帐篷 2000 顶、棉衣 50000 套、棉被 50000 床，由市救灾物资储备站负责储备和调拨等任务。如有必要，紧急申请调用天津市代储的中央级救灾物资储备（目前，每年代储中央级救灾专用帐篷 20000 顶左右）。同时市民政局对天津市民政系统仓储设施实施统筹规划，指导建立区县级或区域性储备点，并统一调度。由市商务委负责生活必需品面粉、大米、食用油、猪肉、食盐等物资的储备。储备数量：面粉 10000 吨、大米 7000 吨、小包装食用油 3000 吨、猪肉 5000 吨、食盐 2000 吨，由市粮食局、市肉联厂、中盐天津市长芦盐业有限公司负责储备和出库供应，面粉、大米、食用油的储备是城镇常住人口 10 天的供应量、猪肉储备是城镇常住人口 7 天的供应量，食盐储备是全市人口 15 天的供应量。由市商务委、市粮食局按照市政府指令下达调拨投放市场。

建立灾后市场物资供应保障机制。督促粮油、猪肉、食盐、药品等生产企业等生产企业做好原料储备，震后如具备生产条件，则开足班次增加产量；对社会现有的仓储、物流资源，通过协议、定购、代储等方式适时征用；请求国家有关部门对救灾物资和生活必需品给予支持，组织专人赴外省市组织货源，增强灾区市场应急保障能力。

2. 专业救灾物资保障准备工作

抢救抢险物资保障准备。《天津市抗震救灾抢救抢险行动保障计划》明确，驻津部队、民兵根据战备物资管理规定，按照携行、运行、储存标准，分别按级配套储备。储备的物资主要包括以下几类：抢险、抢修、抢救设备和物资；医疗防疫设备和物资；通信、电力等应急保障设备和物资；防救次生灾害设备和物资；帐篷、板房等应急居住物资；面粉、食油、食盐等生活必需品等。各单位要做好充足的抗震物资储备，存放地点在各单位相应战备物资库室。

卫生防疫物资保障准备。《天津市抗震救灾卫生防疫保障计划》明确，医疗救治药品储备地点：天津国药股份有限公司。医疗设备储存地点：市急救中心。卫生防疫器械及消杀灭药品、疫苗储存地点：天津市疾病预防控制中心。质量监督所需物资储备地点：市质监局。《抗震救灾卫生防疫保障计划》明确还明确，建立物资储备和使用机制。物资储备与使用实行计算机管理，建立物资信息管理系统，明确各类物资、器械的储备能力，制定相应管理制度，建立账务管理、使用流程、分配使用方案等。要合理安排物资储备的地点，做到防潮、防火、防虫、防盗。根据各类物资的使用情况和保存期限，及时进行补充与更新，确保应急物资使用时的可靠性。

消防防化物资保障准备。《天津市抗震救灾消防防化行动保障计划》明确，（1）市公安消防局按照保障任务的要求，根据出动的人员、设备，配齐相应的保障物资。（2）市安监局按照保障任务的要求，储备防化救援人员的个人防护用品以及现场救援所需的各种设备、测量仪器。（3）市环保局按照保障任务的要求，储备测试污染水域、大气、土壤污染程度所必需的设备、仪器。（4）市卫生局按照保障任务的要求，储备应急所用的医疗器械、药品、救护设备及做好防疫工作所必需的药品。（5）市渤海化工集团按照保障任务的要求，储备救援人员的个人防护用品和现场救援所需的设备。（6）市容委按照保障任务的要求，做好应急车辆平时的维护保养，储备救援人员的个人防护用品和救援设备。

市政设施抢修物资保障准备。《天津市抗震救灾市政设施抢修保障计划》明确，储备抗震救灾工程抢险所需挖掘机 21 辆、推土机 78 辆、压路机 264 辆、吊车 20 辆、运输车 108 辆、发电机 68 台等物资设备，储备地点为各参战单位。

公用设施抢修物资保障准备。《天津市抗震救灾公用设施抢修保障计划》明确，由抗震抢险应急突击工程队配备所需的车辆、物资、机具、备件。配备供水抢险车 50 辆、50 辆，供热装载机等抢修车辆 50 辆，地铁抢险车 8 辆、快速轨道抢险车 4 辆，确保应急反应迅速，排除险情及时。必要时组织市区专业队伍、驻津武警部队、预备役部队等相关力量对中心城区及以外区（县）事发地进行支援。供水抢险车和供气抢险车存放在各自营业所，供热装载机等抢修车辆存放在热电公司，地铁抢险车分别存放在本溪路站、海光寺站和双林站车辆段，快速轨道抢险车存放在轻轨车辆段。

电力抢修物资保障准备。《天津市抗震救灾电力抢修保障计划》明确，电力抢修物资和器材采取市电力公司所属单位分散储备与市电力公司物流管理中心集中储备相结合的方法。市电力公司所属单位按照各自所承担的任务单独储备抢修物资和器材，主要包括常见故障处理所需的备品备件。市电力公司物流管理中心储备包括 220 千伏主设备及各单位通用的备品。集中储备的应急抢修物资主要包括：220 千伏主变压器 2 台，110 千伏主变 1 台，35 千伏主变 3 台，220 千伏断路器 2 台，220 千伏隔离开关 4 组，35 千伏及以上避雷器 36 只，电压、电流互感器 24 只，高压电缆 1600 米，高压电缆附件 26 套，中压电缆 1600 米，中压电缆附件 56 套，中压开关 18 台，中压互感器、避雷器 30 只，线路抢修塔 2 基，导地线 8000 米，绝缘子 15000 片，塔材 30 吨，砼杆 100 根。存放地点：市电力公司物流管理中心。

通信物资保障准备。《天津市抗震救灾通信保障计划》明确，各基础电信运营企业应建立必要的应急资源保障机制，并按照应急通信保障的需要配备必要的通信器材及设备，以便于通信抢修。加强对应急资源和装备的管理、维护和保养，以备随时紧急调用。特殊设备储备如下：VSAT 应急卫星通信车 3 辆，存放地点：中国网通天津市分公司；海事卫星设备 2 套，存放地点：中国网通天津市分公司；全球星卫星电话 2 部，存放地点：中国网通天津市分公司；移动基站应急通信车 3 辆，存放地点：中国移动天津有限公司。

水利安全物资保障准备。《天津市抗震救灾水利安全保障计划》明确，抢险物资和设备采取市级储备和区县储备相结合的储备方法，按照各自所辖工程现状储备抢险物资。市级存储地点为：水利局珠江道仓库和杨柳青仓库。市级抢险物资主要包括：发电机 20 台、木桩 4084 根、应急灯 900 个、铁锹 7000 个、镐 1150 个、救生圈 2650 个、救生衣 33860 个、冲锋舟 54 只、橡皮船 120 个、帐篷 140 顶、编织袋 120000 个。

三、救灾物资储备库建设

从 2000 年开始，天津市开始进行救灾物资储备库建设。2000 年 10 月，天津市发改委批准立项，2002 年 11 月 11 日正式动工，2003 年 8 月主体竣工，2003 年 9 月完成验收，投入使用。天津市救灾物资储备站着落于天津市西青区大寺镇民政福利园区，设有救灾物资储备仓库 4 个，建筑面积 10406 平方米，仓储容积 9885 立方米，按《救灾物资储备库建设标准》属于小型库。储备站负责天津市救灾物资的储存与管理，同时承担中央级救灾物资代储、管理和调运等工作。在汶川地震、玉树地震以及舟曲特大泥石流灾害期间，储备站积极发挥职能作用，有力地支援了受灾地区，受到了民政部的肯定和表扬。同时由于储备库设计合理、管理规范，还被民政部列为对外交流窗口单位，多次承接外国使团的考察任务。为进一步加强救灾物资保障能力，从 2011 年起，在原有库的基础上筹建一个小型库专门用于代储中央级救灾物资。

2008 年汶川地震后，天津市不断加大救灾物资的储备，截至 2012 年底，累计投入 1207.75 万元，储备的帐篷、棉被、棉衣、折叠床等救灾储备物资已经能基本保障 1 万人的生活所需。

市级救灾物资储备情况统计表

表 4-2-6-85

储备品种（时间）	数量	原值（万元）
帐篷（1998 年）	440 套	123.2
帐篷（2008 年）	2000 套	268
棉被（2008 年）	18250 床	136.9
雨鞋（2009 年）	2000 双	三项共计 19.6 万元
雨伞（2009 年）	2000 把	
雨衣（2009 年）	2000 件	
棉大衣（2009 年）	5000 件	49
折叠床（2010 年）	3300 个	56
棉被（2010 年）	10000 床	78.7
毛巾被（2010 年）	5000 条	23.25
多功能袋（2010 年）	2000 条	6.2
折叠床（2011 年）	6700 个	113.9
棉帐篷（2012 年）	1000 套	230
棉大衣（2012 年）	5000 件	65
大型照明灯（2012 年）	25 套	38
合计		1207.75 万元

第三章 地震事件应对

地震事件应对指灾害性地震、有感地震以及地震谣传等地震事件发生后的紧急处置、紧急救援等活动。

从1990—2010年的20年间，天津市未发生过灾害性地震，但发生了十次有感地震和多次地震谣传事件。有感地震和地震谣传事件发生后，地震部门及有关部门迅速处置，采取措施，稳定社会，取得了明显的社会效益。

2008年5月12日14点28分04秒，四川汶川地区发生了8.0级强烈地震，这是一场新中国自新中国成立以来破坏性最强、波及分为最大的地震。地震发生后，天津市委、市政府，有关部门快速部署，全面地展开了支援四川抗震救灾的工作。这既是对汶川地震抗震救灾作出的应有的贡献，也是地震应急救援的一次重要的实践。

第一节 有感地震应对

有感地震是指人们有感觉但还未发生破坏的地震。1991—2010年天津市行政区域内共计发生有感地震27次，天津市行政区外发生的波及天津市造成有感或部分有感的地震20次。2003年4月23日宁河4.1级震群、2003年12月11日塘沽4.0级地震对天津市的影响最大。

有感地震应对主要措施包括：地震速报、紧急震情会商、震情监视、现场调查、应急宣传等工作。历次有感地震发生后，地震系统及有关部门迅速启动应急响应，开展了各项应对措施，取得了明显的社会效益，2003年4月23日宁河4.1级震群、2003年12月11日塘沽4.0级地震两次应对成效尤为突出。

一、1992年7月22日宁河4.5级地震

1992年7月22日凌晨5时43分，宁河、汉沽交界地区发生Ms4.5级地震。该震是唐山老震区西南端自1987年以来较强的一次余震活动，震时虽未造成破坏，但汉沽、宁河及塘沽地区震感强烈，社会影响较大，是天津市1992年较为突出的震情事件，引起各级政府和地震部门的高度重视。

地震发生后，市委副书记、常务副市长张立昌赴宁河调查了解情况、听取汇报，对做好震灾防御，提高全民防震减灾意识做了重要指示。张立昌还在市地震局编发的“震情监视报告”上做

了“还是要注意监视”的重要批示。

地震发生后，遥测地震台网按规定在20分钟内，向值班室报告了速报结果，蓟县地震台同时报来了速报参数。接报后，震情值班室立即通知主管局长，按领导要求及时沟通与各地办的联系，通报地震初定参数，了解各区、县的反应，并向市政府和国家地震局报告了地震情况。8时30分市地震局召开了紧急震请会商会，会上对震后趋势提出了判断意见，对现场考察和加强震情监视工作做了安排。会后，市地震局领导和分析预报中心负责人分别带队到宁河、汉沽进行现场考察。及时编发了“地震简报”将地震参数、震情趋势会商结果，社会反应以及采取的措施等情况上报市政府和国家地震局。

地震发生后，处于震中区的宁河、汉沽地办负责人和工作人员6时全部到岗，立即与市地震局取得联系，了解地震参数、汇报震感情况。7时宁河、汉沽地办派出考察组赴震中区调查情况，9时前将地震参数、初步考察结果向区、县政府做了汇报并积极协助市地震局现场考察组开展工作。

宁河、汉沽地区是唐山地震的重灾区，此次地震临近唐山地震16周年，人们普遍存在恐震心理，宁河、汉沽地办利用这次地震及时开展地震知识宣传。宁河县吴副县长亲自在宁河电视台发表了电视讲话，汉沽地办编写了广播稿在汉沽广播站播出，迅速安定了人心，社会秩序稳定，取得了较好的效果。

二、1995年10月6日河北滦县4.9级地震

1995年10月6日6时26分52秒，河北滦县雷庄发生4.9级地震，天津市普遍有震感。

地震发生后，市地震局遥测地震台网在19分钟内交汇出震中位置，迅速向市委、市政府报告了地震参数。半小时后，市地震局召开了紧急会商会，就地震对社会的影响及震后趋势进行了分析，做出本次地震属唐山老震区余震起伏活动，天津市震情平稳，近期不会发生5级以上地震的震情趋势判断意见，即刻编发了震情简报，向有关方面通报了情况。

市委书记高德占、市长张立昌和副市长宋平顺等主要领导同志对这次地震非常重视，震后不久便打来电话询问震情；高德占书记专门听取了市地震局关于震情监视及震后趋势的汇报，并就如何做好下一步工作做了重要指示；宋平顺副市长做了“请地震局加强监测工作”的批示。

当天下午，市地震局召开了处级以上干部会议，传达了市委书记的三点指示和市长的批示，就加强震情监视为社会稳定和经济发展做好服务工作做了具体安排，要求全局职工坚守岗位。

针对众多群众询问电话，市地震局按照市领导的指示精神，接受了新闻单位的采访，并根据有关规定和工作程序，从有利于社会稳定的角度出发，对这次地震的情况做了通报，并通过《天津日报》发表了有关这次地震的消息，消除了市民对地震的恐慌心理。

地震发生后，各区县地办都迅速做出了反应，积极开展了各项应急工作。区县政府对这次地震给予了高度重视，对震后工作做出了指示，对地办工作给予了积极支持。塘沽、蓟县、宝坻、北辰、静海、宁河、汉沽、东丽等区县地办同志，震后迅速到岗，及时沟通信息，了解地震和地

震影响情况，向当地政府汇报。其中，蓟县、宁河等地办同志还编发了震情简报，向区县各大机关报告震情情况。地办的应对工作得到了当地政府的重视和关心，东丽区当即表示将尽快解决无线电通讯设备问题。

地震发生后，驻津部队对震情非常关心和支持，纷纷副局询问，并到台站慰问，提出必要时提供支援和帮助，鼓励大家努力做好工作。

三、1998 年 1 月 10 日河北张北 6.2 级地震

1998 年 1 月 10 日 11 时 52 分，河北省张北—尚义发生 6. 2 级地震，天津市有感。市政府主管地震工作的副市长曲维枝在几分钟后赶到市地震局指导应对工作。地震发生后 30 分钟内，市地震局地震应急人员全部进入工作岗位，开展应对工作。市地震局分析预报中心在 30 分钟内召开紧急震情会商会，利用该中心研制的“天津及邻近地区震后早期趋势快速估计系统”在几分钟内绘制出了张北地震的地震强度预测图，据此向市领导提出了对天津市震情趋势的分析判断意见。

张北—尚义地震是近年来中国东部地区较大的一次地震。涉及张北、尚义、康保、万全四县 19 个乡、200 多个行政村，造成 49 人死亡、362 人重伤、11077 人轻伤，10 多万间房屋倒塌，4.4 万人无家可归，直接经济损失 8.36 亿元。

地震发生后，市委书记、市长张立昌对灾区人民十分关切，与河北省委省政府主要领导通话联系，慰问灾情。1 月 11 日，市委书记、市长张立昌代表市委、市政府和全市 900 万人民发出慰问电，向灾区人民表示亲切慰问。12 日零点，以市政府副秘书长刘红升为团长的慰问团启程，上午 10 时到达灾区，深入灾区，代表天津人民慰问受灾群众。地震局副局长赵国敏随同慰问。慰问团带去了 80 万元人民币和毛毯、棉大衣、药品、方便食品等价值 50 万元的救灾物资。随后，天津警备区、中国大塚制药有限公司、南开大学师生、鼎新国际集团、劝业场、天一纺织集团、康乐产业有限公司、惠丰锌锅制造厂向灾区捐赠了救灾物资，葛沽镇农民孔宪振捐赠大米 500 公斤。截至 16 日，天津市社会各界捐赠的各类救灾物资折款 400 余万元。

四、2000 年 1 月 26 日蓟县 3.3 级地震

2000 年 1 月 26 日 16 时 21 分，蓟县发生 3.1 级地震，当地震感较为强烈，社会反响较大。

地震发生后，市地震局遥测地震台网在震后 2 分钟即作出地震速报，震后 5 分钟分析预报中心召开紧急会商会，会商意见及时上报天津市政府和中国地震局，同时通报蓟县人民政府，17 时 15 分现场工作组整装出发。

地震发生后，市地震局及时派出专家小组赶赴现场，蓟县地办和地震台按统一口径答复群众询问，积极配合县政府做好震后应急工作。

由于地震测报迅速、震后趋势判定准确、应急措施及时得当，社会秩序迅速恢复稳定，当地政府和群众对地震部门的快速反应行动给予肯定和赞扬。

五、2003 年 4 月 23 日宁河 4.1 级震群

2003 年 4 月 23 日 21 时 45 分，宁河县发生 4.1 级地震，震中区烈度Ⅴ度，宁河县城震感较强，市区和其他区县普遍有震感。4 月 24 日 2 时 39 分和 16 时 15 分又先后发生了 4.3 级和 3.8 级地震。地震引起部分群众恐慌，造成较大社会影响。

地震发生后，国务院副总理回良玉在听取了中国地震局关于震情情况的汇报后立即就做好宁河地震应急和社会稳定工作作了重要指示。市委书记张立昌在《地震快讯》做了“注意观察动态，并会商中国地震局，对今后震情要有一个较准确的判断”的重要批示。市长戴相龙打电话询问震情，并指示“严格监测，及时分析上报，检查应急方案”。4 月 24 日中国地震局副局长陈建民带领分析预报专家专程到津指导应急工作。

地震发生后，市地震局立即启动《天津市地震局地震应急预案》，应急人员以最快的速度进入岗位投入应急工作。信息报送、趋势会商、现场调查、应急宣传等各项地震应急工作紧张有序地全面展开。震情值班人员将测震台网初定的地震参数上报市委、市政府和中国地震局值班室；现场调查组赶赴震区开展宏观考察和灾情调查；召开紧急会商会对震后趋势作出判定；通过局域网迅速向各区县地震办公室和地震台站通报震情，要求各单位加强值班，做好震情监视和维护稳定工作；及时编发《地震快讯》《地震通报》《情况专报》等信息，将后续应急工作信息及时上报。针对社会对地震信息的迫切需求以及震后群众普遍存在的恐惧心理，市地震局增加值班人员 24 小时值班，按照统一口径，认真解答群众电话问询解除疑虑。在天津市地震信息网开辟“宁河地震专栏”对宁河地震进行了全程跟踪报道，通过网络及时向公众发布 20 余条地震信息。震后 18 个小时内，公众从网上点击地震信息 2 万多次。市地震局先后接待新华社、天津电视台、天津日报社、今晚报社等媒体采访，编写了“新闻通稿”通过新闻媒体及时向公众发布地震信息，并适时宣传地震科普知识。通过一系列的宣传工作，达到了稳定社会秩序，提高市民防范意识的作用。

4 月 24 日 3.8 级地震发生后，加重了群众的恐震心理，“将要发生大地震”的谣传不胫而走，出现了个别人公然用村委会的大喇叭传播地震谣言的情况。为此，市地震局果断采取措施，派出由副局长带队的工作组，前往宁河县协助当地政府开展平息地震谣传工作，并通知各区县地震办公室密切关注，防止地震谣言蔓延。工作组抵达后，向县、镇政府分管领导传达了国务院及市委市政府领导的指示，听取了县、镇政府开展平息谣传稳定社会工作的情况介绍，调查摸清了地震谣传的起因并协助当地政府制定平息谣传工作方案。随后，到地震谣传较重的乡镇逐乡逐村进行宣传，对个别肆意传播地震谣言的村民进行了严肃的批评教育。经过深入细致的工作，到 4 月 26 日广大村民的恐慌心理逐渐消除，社会秩序趋于稳定。

地震发生后，各区县迅速启动了有感地震应急预案，紧急部署应急工作。通过积极稳妥有效的工作，确保了社会生产生活秩序的稳定。

1. 宁河县。宁河县强烈有感。地震发生后，县委、县政府领导亲自挂帅，组织乡、镇、村和县科委、公安宁河分局、县地震办、县广播电视局等单位，高效有序地开展应急工作。

地震就是命令，县地震办全体同志，县科委主要领导和部分同志在第一时间赶到单位，立即开展工作。首先是向市地震局报告震情、获取“地震三要素”参数，随即向县委、县政府、县人大报告震情，并及时与震中区周围乡镇取得联系，了解灾情。与此同时，接听了大量社会上的问询电话，并耐心回答了提出的问题，出动宣传车劝解在室外聚集的群众回到房间休息。

震后，县委书记段春华立即主持召开了有县长刘宝忠、县人大主任窦俊华以及有关县领导和相关部门主要负责人参加的紧急会议，研究确定了应对措施。会后，县委常委、县委办公室主任刘建国、副县长李振亮、县政府党组成员、政府办公室主任姜福元以及县科委、县公安局主要负责同志和县地震办同志组成了地震现场工作组，连夜奔赴震中区七里海镇，与市地震局地震研究室主任聂永安率领的现场工作组及七里海镇主要领导一起了解地震灾情和损失情况，并研究安排了震后的有关工作。

24 日凌晨发生第二次地震后，县科委立即向县领导和有关部门汇报了震情和有关情况。上午，县科委召开全体同志会通报了震情，要求大家按统一口径做好群众工作，注意收集宏观异常和社会动向，加强值班力量，严格值班制度。县地震办的同志及时与唐山市地震局沟通了情况，并和市地震局的现场工作组一同到芦台农场地震办、大北地震台、七里海镇、表口乡等地调查了解地震情况，做群众安抚工作。

24 日下午 4 点 15 分第三次地震发生后，副县长李振亮、科委主要负责同志立即召集县地震办的有关人员对震情进行了紧急会商。大家认真分析了当前抗击“非典”和连续三次地震的形势，估计很可能在群众中产生种种猜测，引起情绪不稳定，甚至发生地震谣传。据此，县科委编写了新闻稿在电视台播出。经有关县领导同意，县地震办以县政府的名义与有关乡镇打招呼，密切注意社会动向，一旦发生谣传和群众情绪不稳定情况，立即报告并采取措施。

24 日入夜后，震中区周围及以西几个乡镇先后发生地震谣传。有的给县地震办打电话，还有的给市地震局打电话询问是否夜间有大地震，有的群众不敢进屋，有的忙着搭防震棚。县委书记段春华再次召开紧急会议，会上县科委主要负责同志汇报了中国地震局、市地震局专家会商意见和部分乡镇发生谣传的情况，会议决定连夜采取措施稳定群众情绪。县委书记段春华亲自给谣传比较严重的五个乡镇党委书记通了电话，要求组织乡镇干部、村干部、公安派出所的干警立即到各村做工作。县委、县政府立即以明传电报的形式给各乡镇党委、政府发出了“关于做好震后稳定群众情绪工作的紧急通知”。同时指派县委常委、县委办公室主任刘建国和科委负责同志到谣传较严重的 5 个乡镇检查落实情况，协助开展工作。各乡镇党委政府主要领导对此十分重视，连夜组织乡镇机关干部和公安干警配合村干部一起逐人逐户做工作，还利用广播向村民做正面宣传。对传播谣言者予以严肃批评，并责成其本人在广播中辟谣。当晚县地震办接听了大量询问电话，并耐心回答群众提出的问题，专门派人到问题严重的村做劝说工作。这样在很短的时间里，全县上下迅速形成了平息谣传的宣传工作网络。

2. 津南区。津南区震感明显。地震发生后，区委书记郭天保亲自打电话到区地办询问震情；

区委常委、分管地震工作的副区长李树起亲临指挥；科委时玉成主任和地办的同志迅速到岗开展工作。

4月24日下午，区政府紧急召开全区防震减灾会议。会议由区政府办公室副主任范学栋主持，各镇镇长、各相关委局一把手等50多人参加。李树起副区长作了重要讲话，他要求：（1）各级领导一定要高度重视防震减灾工作，进一步增强防震意识，千万不要掉以轻心，真正把此工作重视起来，切实加强领导，把它列入重要的议事日程并作为单位的一项长期工作抓紧抓好，为防震减灾工作提供组织保证。（2）各单位要认真修改和完善地震应急预案和各种保障计划，要逐条落实，责任到人，措施到位，平时还要适时按照制定的应急预案搞好演练，真正作到一旦地震发生后能召之急来，来之能战，充分发挥作用。（3）要加强防震减灾知识的宣传教育工作提高人们的防震减灾意识和防震避震自救互救的能力。（4）地震部门要提高地震监测和速报能力及前兆信息的捕捉能力。

充实完善地震应急预案及保障计划和通讯网络。及时调整了津南区防震减灾工作领导小组，充实完善了我区抗震救灾指挥部编成及行动方案和各个相关单位的地震应急预案、保障计划，逐条逐项的责任到人。确保一旦破坏性地震发生后能顺利启动地震应急预案及各种保障计划，以便有条不紊，忙而不乱的开展抢险救灾工作。同时还调整充实了津南区防震减灾工作通讯网络，将我区防震减灾领导小组成员及相关单位领导的单位电话、家庭电话、手机电话编印成册，确保一旦地震发生后联系有保障。

地震办公室加强震情值班，恪尽职守。进一步加强震情值班，随时做好应付突发事件的准备。从4月23日第一次地震过后严格作到24小时有人职守，值班期间主任亲自挂帅，地办、科委的同志们一起上阵，轮流进行震情值班，认真作好震情监视，一丝不苟，一刻也不离岗。定时向分管区长报告震情信息。震情紧张时每天向分管区长报告震情信息一次，震情稳定时每周向分管区长报告震情一次，平时还要定期把市地震局的地震工作动态给分管区长传阅，为区领导决策提供依据。作好宣传，让大家保持良好的心态。三次地震期间地办共接听询问电话60余次，积极作好宣传工作，让大家保持良好的心态。（1）耐心解答部分居民的电话询问，在解答中向他们宣传防震减灾知识，告诉他们避震的方法。（2）深入光明楼居民较集中的社区进行防震减灾知识的宣传，出示展牌。据统计我们在社区共计解答居民的询问40余次，出示展牌35块。通过宣传，让居民们进一步了解地震，提高防震避震、自救、互救的能力。（3）把李区长的讲话发表在津南政务通报上，让机关干部了解防震减灾工作，提高防震减灾意识。

3. 静海县。静海县县城及东部地区部分有震感。地震办公室值班人员得到地震发生的信息后，及时通知地震办公室全体人员，十分钟内全体干部职工到岗就位。及时与市地震局取得联系，汇报静海地区震感情况，并了解到地震三要素。根据所掌握情况，及时向县政府做了汇报，并提出统一解答口径。地震后地震办公室电话不断，地办同志们都一一做了解答，稳定了人心，稳定了社会。为了让县级领导能及时了解震情形势，地办在24日早晨7时30分，以震情简报的形式向县委、县政府和有关领导做了汇报。鉴于天津市正处于防治“非典”的特殊时期，24日上午根据县领导提出的一定要抓好地震应急工作的指示精神，县科委召开全体干部职工会议。会议通报宁河地震震情后，提出了四项应急措施：（1）密切注视今后的发展趋势，做到内紧外松。（2）科委机关加强值班，24小时不断岗，有情况及时处理。（3）加强与周边地区地震部门的联系，及时掌握面上的工作。（4）加强观测点哨管理，确保仪器正常运转，利用两天时间检查各点哨工作情况，部署任务。4月25日科委和地震办的领导班子又根据市地震局的紧急通知精神，迅速召开专题会议研究部署平息地震谣传的有关工作，及时采用电话形式通知各乡镇政府，依靠各乡镇政府来了解情况和做好稳定工作。

4. 蓟县。4月23日21时50分，地办接到群众电话询问是否有地震发生后，地办人员及时向市地震局值班室了解震情，并形成书面报告，及时报送给了县委、县政府办公室，随后用电话向县长慈树成、主管县长贾英科和人防办主任聂洪波做了汇报。4月24日4.3级和3.8级地震后，地办马上向县委、县政府及主管领导电话通报了震情。从23日第一次地震发生到30日，共接到询问电话500余个，接待了干部群众咨询50人次。为了更好地监视震情的发展，县地办立即对蓟县境内的40个宏观点、哨，进行了详细的核查，并要求点、哨观测人员密切注意宏观异常，有情况及时上报。4月28日，主管县长贾英科、地办主任赵庆智等到蓟县地震台进行慰问。

5. 东丽区。地震办及时向市地震局了解震情，并立即向主管区长、区政府值班室、建委领导做了汇报，同时组织力量，及时解答群众的电话询问。4月24日清早，张传捷副区长深入地震办听取了地震汇报，并提出两点要求：（1）地办全体人员加强震情监视工作，并及时向区委、区政府、市地震局汇报情况；（2）要求地办组织人员到赤土等村了解震情，并将有关情况报告区委、区政府。建委领导也深入地震办了解情况，对下步工作做出了具体安排。地办召开了震情会商会，按照各级领导要求，确定了近期有关工作和预防措施：（1）每天上、下午各召开一次震情会商会，并及时将有关情况向区委、区政府和市局报告；（2）加强宣传工作，及时平息各类地震谣传，稳定群众情绪；（3）加强值班，组织力量到东丽区与宁河交界的村队了解情况，积极做好预防、预报工作。25日上午地震办公室向区政府汇报了当前震情趋势后，副区长张传捷立即召集各镇、街、乡领导开会，要求密切注视地震谣传，若有谣传发生应立即采取措施就地平息，防止扩散。26日上午地震办召开进一步做好防止谣传扩散的工作会议，并将拟采取的措施报告区政府，经区长同意，26—28日晚8时30分在区有线电视台播出东丽区人民政府地震办公室通告，同时公布了24小时咨询服务电话。地震办全体工作人员按照市地震局的宣传口径向群众进行解答。

6. 大港区。大港区普遍有震感。地震办工作人员迅速到达工作岗位，及时和市地震局值班室联系了解震情。向主管区长和政府值班室汇报了发生地震的时间、地点、震级及近期发生更大地震可能性不大的预测意见。区领导指示，当前正值抗击非典的重要时期，宁河地震大港区普遍有震感，要加强与驻区大企业和街道镇的联系，做好宣传和解释工作，保持全区人民的生活和工作稳定。根据区领导的指示，地震办召开紧急会议，制定了以下应急措施：（1）加强地震数据的观测和震情值班工作；（2）及时向区委、区人大、区政府、区政协领导汇报震情；（3）启动地震灾情联络员网，做好驻区大企业和街、镇的地震宣传和社会稳定工作，防止出现地震谣传；（4）以震情通报的形式，向区委、区人大、区政府、区政协领导和主管常务副区长报告。

在应急工作期间，大港油田集团公司、石化公司、石化四公司、板厂街办事处等单位及时向地震办报告了情况。地震办在接报的同时向以上单位通报了震情，与此同时地震办还向驻区的其他企业、街道、镇等通报了震情，加强了宣传和沟通。经过共同努力，全区生活和工作秩序稳定，没有出现地震谣传和不稳定现象。（大港区地震办公室）

7. 河西区。区委副书记、政府常务副区长张志方立即拨通区地震办公室的电话，询问震情，并指示地震办与市地震联系，确认震情，询问回答口径，迅速报告。地震办人员迅速到岗，开展应急工作。24日02点39分宁河4.3级地震后，地震办在安排好室内工作后，派人上街巡视，稳定人心。应急办主任李恩发及时与地震办沟通情况研究措施，并向区长作了汇报。24日上午，召开地震办和应急办全体干部会议，通报了震情，宣布了四条措施：（1）区地震办保持与市地震局的联系，密切关注震情的变化，及时反馈最新消息；（2）加强地震应急值班，从即日起白天安排2人、夜间3人，做到24小时有人值守，领导带班，确保及时接受震情信息及遇有紧急情况的及时处理；（3）立即写出震情报告，报送区委、区人大、区政府负责同志和常务副区长、主管副区长，口头向区委宣传部领导汇报，将震情统一口径送交区委、区政府办公室备用；（4）立即对地震应急准备情况进行一次检查，进一步落实完善地震应急准备工作。

六、2003年8月16日赤峰5.9级地震

2003年8月16日18时58分，内蒙古自治区赤峰市巴林左旗、阿鲁科尔沁旗之间发生5.9级地震，地震距离天津市约500公里，和平、河西、河北、南开、河东、塘沽、西青区居住在高层建筑和处于静止状态的居民有轻微震感。

地震发生后，市地震局领导及有关应急人员40余人迅速到局，按照《天津市地震局地震应急预案》的岗位职责和任务开展地震应急工作。

震后，遥测地震台网中心迅速判定出地震的发震时间、地点和震级三参数，以《地震快讯》立即报告市委、市政府和中国地震局。分析预报中心立即召开地震趋势紧急会商会，分析认为，此次地震对天津市不会构成影响，近期天津市辖区发生5级以上地震的可能性不大。据此，市地震局及时向市政府上报了《关于内蒙古5.9级地震对天津市影响程度及采取相应措施情况的报告》。局地震信息数据中心及时将有关的地震信息上传地震局主页，并通过局域网通知18个区县地震办公室和8个地震专业台站，要求加强震情监视和地震应急工作，统一回答口径认真解答群众的咨询电话，稳定市民的恐震心理。

刚刚于7月28日“防震减灾宣传日”公布的市地震局震情热线电话就接连不断地收到市民打来的咨询电话，值班人员均做出了认真的解答。同时，通过今晚报社、天津电视台、每日新报等

多家新闻媒体，及时将震情信息公告社会。

七、2003年12月11日塘沽4.0级地震

2003年12月11日22时48分46秒，塘沽发生4.0级地震。塘沽区明显有震感，市区及周边地区普遍有震感。

地震发生后，市委、市政府领导同志高度重视此次地震。市委副书记、市长戴相龙，市委常委、宣传部长肖怀远，市人大副主任梁肃和市政府副秘书长陈宗胜先后打电话询问此次地震情况并做出指示，要求做好地震应急处置工作，密切监视震情趋势。肖怀远部长要求市地震局尽快编写出新闻通稿，强调新闻媒体报道此次地震时，必须经市地震局把关确定文稿内容，统一报道口径。

地震发生后，10分钟之内，正在家中休息的地震应急人员立即赶赴地震局，按照各自的工作岗位，紧张有序地开展应急工作。正在外地开会的局地震应急工作总指挥、局长赵国敏打电话指挥开展地震应急工作。市地震局立即启动《天津市地震局地震应急预案》，局地震应急工作副总指挥、副局长郝团生、牟光迅、李振海按照预案的分工职责，对应急工作进行紧急部署，组织开展工作。

地震发生后，震情值班室人员在震后5分钟内迅速定出地震三要素。按照《天津市地震局地震速报规程》和《天津市地震局上报市委、市政府地震紧急信息规程》，迅速将地震速报结果"2003年12月11日22时48分46秒（北京时间），在天津宁河（震中位于北纬39.1度，东经117.6度）发生4.0级地震"报送市委、市政府和中国地震局。10分钟后，经过震中位置核定，再次报告了地震三要素："今晚22时48分46秒发生的4.0级地震在天津市塘沽区北塘附近"。

地震发生后30分钟，李振海副局长带领震害调查组人员，携带仪器设备迅速赶赴震区开展震害调查，并报告震害调查初步结果"尚未发现有建筑物破坏和人员伤亡情况"。震后40分钟，牟光迅副局长组织局分析预报中心人员对此次地震后的趋势进行紧急会商，做出了地震趋势判定意见。地震前兆台网中心立即将各前兆手段的地震数据进行收集、处理。各地震台站台长也赶到台站，组织台站值班人员开展地震监测和应急工作。

地震发生后，市地震局向社会公布的热线电话铃声不断，约360余人次电话打入，各区县有震感居民纷纷打电话咨询地震情况，各大新闻媒体也以不同的方式了解此次地震的情况。市地震局及时发布地震信息，将地震的参数刊载在《天津市地震信息网》主页，并就社会普遍关注的问题进行宣传解释。

为了进一步做好震情监视和地震应急工作，市地震局迅速发出"关于加强震情监视和地震应急工作的紧急通知"，要求各区县地震办公室及各地震台站，在当地政府领导下，加强震情值班，注意宏观异常收集、上报，做好解答群众咨询、了解震后社会反映、警惕谣传发生等稳定社会工作。

12日凌晨0时30分，郝团生副局长带领第二批现场工作人员，赶赴地震现场架设流动地震观测仪器和强震观测仪器在震区开展地震监测。

中国地震局领导高度关注这次地震。12 日凌晨 0 时 30 分，震灾应急救援司副司长孙雄率现场工作组分两路到津，赴地震现场开展地震现场调查，和天津市地震局分析人员共同分析会商地震趋势。

12 日凌晨 2 时 30 分，市地震局分管副局长和全体分析预报人员与赶到的中国地震局分析预报专家一起，就此次地震活动性质和该地区历史地震活动情况，以及天津市未来地震活动趋势等问题进行了进一步分析研究。

12 日凌晨 2 时 40 分，孙雄副司长率领的中国地震局现场工作组与市地震局先期到达震区的两个工作组汇合后，立即深入震区开展调查工作。

12 日早晨，市地震局召开会议对下一步震情监视工作做出部署。12 日下午，市地震局分别向市委、市政府上报了《关于塘沽 4.0 级地震应急工作情况的报告》。

由于措施得力，此次地震没有对天津市造成重大社会影响，塘沽及周边地区社会生产生活秩序井然。

八、2005 年 1 月 14 日宝坻 3.2 级地震

2005 年 1 月 14 日 00 时 11 分，宝坻林亭口发生 3.2 级地震，震时伴有地声，震感范围较大，除宝坻区外，天津市大港区、津南区以及北京市、河北省的部分地区也有不同程度的震感。00 时 24 分和 01 时 52 分当地又相继发生了 1.8、0.4 两次小震。

中国地震局、天津市政府十分关注此次地震发生。中国地震局副局长岳明生在《地震局值班信息》上作了“密切注视震情，加强分析研究”的批示；市委秘书长王文华、市政府副秘书长陈宗胜等领导亲自打电话询问震情，作出指示。

地震发生后，遥测地震台网在震后 3 分钟做出速报。接到震情值班室的报告后，局领导及有关技术人员迅速赶到机关，在对地震类型及震后趋势做出初步判断后，以《地震快报》形式将地震参数及震后趋势的初步判断意见向市委、市政府和中国地震局值班室作出报告。考虑到社会影响较小的现实，决定待天明后派考察组到现场进行宏观调查和地震影响考察。

经现场宏观考察确定，此次地震震中在林亭口镇南史庄一带，震中烈度为Ⅳ度强。

震中附近的前后辛庄、石碑店村、窝贝厂村等大多数人被震醒，少数人明显感到两次强烈的上下颠动，听到隆隆的地声；震时门窗、床等发出明显响声，少数住老房子的村民跑到屋外；未发现房屋、地表破坏情况。

宝坻区的八门城、大钟庄、新安镇、王卜庄、黄庄、城关、马家店等乡镇，以及大港区、津南区和北京市、河北省的部分地区也有不同程度的震感。

九、2006 年 7 月 4 日河北文安 5.1 级地震

2006 年 7 月 4 日 11 时 56 分，河北省文安县发生了 5.1 级地震，全市各区县普遍有震感，其中静海、和平、南开、河北、河东、红桥、河西、北辰、塘沽、西青、宝坻等区县震感强烈。地震发生后，市地震局开展了三项地震应急工作。

（一）启动应急处置程序，做好地震速报和震情监视

地震发生后，市地震局立即启动地震应急处置程序，各岗位应急人员及时到岗工作。

震后 9 分钟，地震台网测定出地震三要素，并以《地震快讯》迅速通过传真、网络分别向市委、市政府和中国地震局及有关部门进行了震情速报，通过手机短信息向各区县地震工作部门进行通报。震后 20 分钟，地震局组织召开临时会商会，做出“近期天津及邻近地区没有大地震发生”的趋势判定意见。

为应对可能突发的有关情况，增加了速报台网、震情值班室的值班力量。

为进一步做好震情监视工作，印发了《关于做好震情监视和地震应急工作的通知》。一方面，进一步加强遥测台网、强震动台网和前兆台网工作；另一方面，要求局属各单位、各地震台站和各区县地震工作部门密切注意收集、落实、上报各种前兆异常和宏观异常，加强震情值班，积极、稳妥地做好社会稳定工作。

（二）加大正面宣传，稳定社会秩序

为迅速稳定群众情绪和社会秩序，震后 20 分钟，市地震局就编发了新闻通稿，交由各主要新闻媒体进行了播发。分别向新华社天津记者站、人民日报天津记者站、天津日报、今晚报、城市快报、每日新报发出通稿，并先后接受了天津电视台的都市报道、天津新闻、新闻日记、今日经济报道等栏目，天津电台滨海台、生活台、经济台以及北方网等新闻媒体的采访。

与此同时，市地震局立即开通公众电话热线，在局互联网主页上刊发地震消息，接受社会各界的来电来访。各区县地震工作部门也根据市地震局的要求，积极向当地群众开展宣传解释工作。震后 1 小时，市地震局热线电话累计解答群众来电 300 余人次。当天互联网主页访问量高达 4500 余次数。

（三）及时派出工作队，参加地震现场工作

震后 30 分钟，市地震局派出两支地震现场工作队赴静海县等地开展地震影响考察，取得了第一手震害资料。

在震后约 2 小时，即当天中午 1：50 左右，现场工作队抵达距震中区最近的天津市静海县王口镇一带展开震害调查。调查组人员分别对当地学校、邮局、医院、饭馆、居民区等进行调查，对震时反应进行了解。工作队边调查边开展宣传解释工作，传达市委、市政府对当地群众的关心和问候。通过开展各项工作，避免了地震谣言的发生，当地群众也没有出现惊慌的现象，迅速稳定了当地群众情绪和社会秩序。

在确定天津市境内无震害损失情况后，天津市的两支现场工作队立即赶赴文安县震中区，编入由中国地震局副局长修济刚带领的国家地震现场工作队，与河北省、北京市等兄弟单位共同承担了震害现场调查和灾害评估工作。本次调查行程六百公里，涉及天津、河北两个省市县，5 个

乡镇的20多个村庄，调查群众2000多人，排查鉴定房屋1500多间。在震区几个抽样点的抽样率达60%以上。拍摄照片500多张，填写灾情统计表5份，灾情汇总表1份。形成文字报告3份。

第二节 地震谣传应对

地震谣传是指没有科学依据的所谓将要发生地震的传言。地震谣传如处置不及时，可能造成重大的社会影响，甚至社会动荡。地震谣传处置是一项重要的应急活动。

地震谣言的出现原因，一方面是部分人群心理恐慌，另一方面则暴露出人们地震知识的缺乏。因此，谣言应对的主要方法是加强地震知识的宣传和消除人们的心理恐慌，包括告知人们的真实情况等。

由于唐山地震时天津市遭受严重灾害，人们普遍对地震有恐慌心理，一有风吹草动就和地震相联系，因而20世纪80—90年代关于地震谣传较多。但随着时间的推移和人们地震知识的普及，地震谣传逐步减少。

一、1986年6—7月地震谣传

1986年6—7月，在市区、郊区和静海、武清、宝坻等县发生地震谣传，谣传涣散了人心，影响了工作和生活，个别地方发生抢购塑料布，有的搭了抗震棚。

6月初地震谣传先在市区流传，到六月下旬，谣传越来越多，波及郊区、静海、武清、宝坻等区县。谣传大致有两种情况：一是猜测。有人认为天热得早，气候反常，可能闹地震；有的认为唐山地震十年了，十年一周期，十年一闭合，七月可能有地震。有的听了电台播放钱刚的报告文学，认为这是政府涉放的地震信息。二是谣传。有的说地震是日本地震局测出的，震中在塘沽；有的说是苏联或美国测出的，震中在武清县或静海县。谣传使群众惶恐不安，涣散了人心。有的人遇有风雨天，和衣而卧；有的听到雷声，从床上跳下往外逃；有的人晚上不敢回家睡觉，露宿在外；有的职工怕地震，要求离津避险，严重影响人们的正常工作和生活。宝坻县杨家口乡有三个村家家搭起防震棚，70%的人家住进了防震棚，武清县崔黄口乡也有不少人家搭起防震棚，家里值更守夜。

市地震局对谣传十分重视，多次召开会议进行研究，根据情况发展采取措施。主要有：地震系统内部加强震情监视，积极落实异常，开展会商，并于北京、河北等地区联系；掌握社会动态，研究对外回答口径，防止混乱；坚持正面宣传，除对电话询问和来信来访予以正面解释外，还通过报纸、电台进行地震科普知识宣传，做好安定人心工作。

市委、市政府对谣传十分关心和重视。七月八日，副市长聂璧初听取市地震局的汇报，批准于七月九日在《今晚报》上刊登“本报记者就地震问题走访市地震局，天津市近期无发生较大地震迹象”的辟谣消息。市委、市政府办公厅于7月10日以津党厅〔1986〕51号文发出通知，要求严格按七月九日在今晚报上刊登的市地震局负责同志的答复口径向所属地区和单位的群众做好宣传解释工作。

郊县党委和政府对谣传极为重视，召开各种会议传达市委办公厅的通知，按要求进行部署，采取措施。各郊县地震办公室，除按今晚报口径解释外，采取多种形式开展地震知识宣传。

《今晚报》的消息、市委办公厅的通知发出后，市区的谣传即平息，到7月底，郊区和静海、武清、宝坻等县谣传也平息。

二、1991年8月地震谣传

1991年8月，武清、蓟县北部地区和宝坻史各庄一带发生地震谣传“近期要发生地震”。宝坻县牛家牌附近的一个村广播站广播了谣传，要求做好防震准备。当地有的村民搭起了临建棚，搭得最多的是宝坻县史各庄和赵各庄。

获知消息后，宝坻县一名副县长和地办的同志前往谣传区了解情况，进行平息工作。市地震局接到报告后，当即通知有关地办，说明地震部门没有发布地震预报意见，要求尽快做好群众工作。并向各区县地办、台站通报情况，要求注意情况的发展，及时做好有关工作。

这次谣传的原因据分析有三个方面：一是最近北京地区地震谣传较多，受北京谣传的影响；二是天津市各区县正在贯彻国务院关于加强防震减灾工作的文件精神，开展抗震加固工作，群众产生了误解；三是7月28日，中央电视台和北京电视台播放了地震科普知识资料片，引起了群众猜测。

三、1996年2月29日地震谣传

1996年2月29日，宝坻、静海、大港、塘沽等区县发生地震谣传，部分群众聚留户外。

清晨2时40分左右开始，市地震局震情值班室几部电话铃声接连不断，群众纷纷打来电话询问有无地震，局办公室、值班室，也不断接到电话询问情况。

根据来电地点的情况，市地震局立即与山东、河北地震部门进行联系，证明没有预报意见，判定此次事件属地震谣传。

上午8时30分，市地震局党组书记、局长尹伯忠立即组织有关人员研究平息谣传工作，强调一定要防止谣言影响市内，决定由副局长郝团生和有关处长带队，分四组分别深入大港、静海、宝坻、塘沽、宁河、汉沽等地区开展调查平息工作。同时将情况向市委、市政府值班室、七处和科工委作了汇报。

根据调查证实，地震谣传确是从河北黄骅地区传播过来的。天津市大港、静海、宝坻、塘沽四区部分群众情绪受影响较为严重。为尽快平息谣传，市地震局与当地政府，地办及有关部门积极配合，采取措施，深入到较大的企业和影响较重的乡镇开展辟谣工作。

在这次平息地震谣传事件中，有关区、县地办积极采取措施，主动开展工作。大港、静海县

地震办公室立即编写了辟谣宣传材料发至各乡、镇和各大工厂；宝坻地办听到谣传后，立即向县政府领导进行汇报，组织人员深入到现场开展工作，并在电视台进行辟谣广播；其他发生地震谣传的塘沽、东丽、津南、武清等区县地震办公室、也都及时向政府做了汇报，采取了相应的辟谣措施，为平息这次谣传开展了有成效的工作，为促进社会稳定作出了成绩。

四、1998年春节期间北部区县地震谣传

1998年春节期间天津市宝坻、宁河、武清、蓟县等北部区、县出现地震谣传。1月30日凌晨，宝坻县地办接到大钟庄镇居民反映当地谣传今夜要发生大地震。宁河县地办从30日凌晨4点开始相继接到宁河县北部部分乡镇部分村民打来的电话，反映有地震消息，6时电话达到高峰。武清县地办从凌晨2点至5点30分，相继接到崔黄口、后巷、大碱厂乡的6个村庄及杨村镇部门群众的电话反映，传闻1月30日2点半，天津、北京将发生地震。蓟县地办也接到别山乡、大横上乡、侯家营乡、刘家顶乡部分村镇打电话，静海县一些乡镇也出现了谣传。

地震谣传发生后，有关区县地办在当地政府的领导下，立即采取措施，迅速开展平息谣传工作。

宝坻县地办开会研究对策。一方面向市局和县领导汇报，一方面找到大钟庄镇政府值班领导，交代了三条意见：一是这起传闻纯属谣传，近期宝坻县和邻近地区不会发生破坏性地震，要迅速平息谣传；二是稳定群众情绪，控制事态发展，防止意外，保障节日安全；三是查清谣传来源，有情况及时报告。接到通知后，大钟庄镇政府立即组织机关全体人员深入到各村，开展工作。

宁河县依照《宁河县地震对策》，地办及时采取措施：一是进一步了解各乡情况，确定谣传来自何方、流传区域和受到影响的地区；二是将谣传流传情况向县委、县政府做了详细汇报。县领导极为重视，指示地办以政府名义，与发生地震谣传的乡镇联系，要求值班领导亲自向所属村队打电话或组织人员以最快方式，全力以赴进行辟谣，防止事态发展和谣传蔓延。

武清县地办迅速向市局和县有关领导报告，地办全体人员立即到岗进入应急状态，将统一答复口径通知有关乡镇，并不断了解事态的发展。

蓟县地办及时向主管县长做了汇报，按县领导的指示写了平息地震谣传的广播稿，电视台播放两次；紧急给有关乡政府打电话，要求乡政府出面制止谣言传播。地办人员于30日、31日，分别深入到有关乡村了解情况，进行辟谣。

2月3日4时，大港区接市局值班室电话后，地办全体工作人员立即赶到机关，将情况向陈玉贵区长做了汇报。根据区长和市局的要求，对地震谣传进行了调查，统一宣传口径以地震办名义印发驻区企业及各有关单位。

2月3日4时，西青区接市局值班室电话后，迅速向区政府汇报。政府值班室通知公安部门协助各乡镇按市局统一口径向群众做好解释工作。清晨6时，地办主任王长苓陪同郝团生副局长到王顶堤村、李七庄街、大寺乡平息地震谣传。区委、区政府的主要领导分别到大寺镇、王稳庄镇、李七庄街了解情况并做好稳定工作。为防止谣传进一步扩大，上午10点半，区委区政府在李

七庄街办事处召开由各乡镇和有关委局领导参加的紧急会议，进一步部署了防止地震谣传扩散的措施，决定利用有线电视台平息地震谣传。从中午 12 时开始，西青区有线电视台每隔半小时播放一次郝团生副局长平息地震谣传的讲话录像。

静海县 2 月 3 日凌晨静海县地办连夜通知地震谣传较重乡镇的值班领导，要求立即将辟谣宣传口径传达到各村委会；与此同时向县委、县政府和县委宣传部做了汇报，提出利用有线广播和有线电视做辟谣宣传的建议。为稳定社会和安定民心，县领导当场决定利用广播和电视辟谣。平息谣传的通知于 2 月 3 日上午开始在有线广播台播出，晚上又在电视台的《静海新闻》节目中进行了播出。

市委常委、副市长曲维枝在第九号值班报告上批示："春节期间地震局平息地震谣传工作及时有效。请认真总结经验，加强平时监测预报及地震宣传，找出薄弱环节和地方，加大工作力度。谢谢同志们!"

五、2000 年 7 月 20 日宁河、汉沽一带地震谣传

2000 年 7 月 20 日深夜，唐山地区发生将有大地震的谣传，并迅速传入天津市。宁河、汉沽一带受波及影响最重，许多群众不敢在室内过夜，纷纷露宿街头。

凌晨 1 时开始，市地震局震情值班室接连不断地接到群众打来的电话，询问是否会有大地震发生。接到值班员报告后，局领导连夜召集有关部门负责人和应急人员到岗，果断采取紧急措施，指导地办和台站迅速开展平息地震谣传的应急工作，并将情况及时上报中国地震局和天津市政府。

汉沽、宁河地办立即组织人员深入居民区，现场开展宣传释疑工作。由于行动及时、措施得当，工作效果显著。至清晨 5 时左右，基本控制了事态的发展，谣传逐渐被平息。这次平息谣传工作实现了将其波及范围控制到最小、影响时间控制在最短的预期目标。

六、2001 年 6 月 28 日静海县地震谣传

2001 年 6 月 28 日下午，静海县大丰堆乡发生地震谣传，许多群众不敢留在室内，纷纷跑到屋外，当地社会秩序较为混乱。

接到静海地办和静海地震台的报告后，局领导立即召集有关部门负责人和应急人员到岗，指导地办和台站迅速开展平息地震谣传的应急工作，并将情况及时上报中国局和天津市政府。

静海地办立即组织人员深入现场，开展宣传释疑工作。由于行动及时、措施得当，工作效果显著。至 17 点 20 分左右，控制住了事态的发展，谣传逐渐被平息。谣传平息后，静海地办及时会同当地乡政府和村委会领导，充分利用这次谣传事件作为反面教材深入开展防震减灾宣传教育，收到良好效果。这次平息谣传工作实现了将其波及范围控制到最小、影响时间控制在最短的预期目标。

七、2003 年 5 月防治非典期间地震谣传

2003 年 5 月中下旬，天津市河东区部分群众中流传"天津市将要发生大地震，震中在宁河县，

天津市将是重灾区”的谣传，引起了万新村地区居民的恐慌。津南区也出现了类似的“天津市将在5月23日发生大地震”的谣传。

5月中旬，市地震局也接连不断接到一些群众的电话询问：“听说天津市5月21日将要发生7级大地震，是否属实。”针对地震谣传，市地震局召开紧急会议，研究部署平息地震谣传，维护社会稳定，确保抗击“非典”和经济社会发展取得双胜利的应急对策。

市地震局要求各部门按照统一口径做好群众问询电话的宣传解释工作；加强值班，认真做好值班记录，了解谣传的区域分布和动向；迅速向各区县地震办公室发出紧急通知，要求充分认识地震谣传、误传对社会稳定和抗击“非典”斗争的危害性，要增强政治责任感，积极主动地采取措施，做好地震谣传、误传的预防和处置工作，确保社会稳定。市地震局重点加强了谣传主要集中区的河东区地震办公室的工作指导。

中共中央政治局委员、市委书记张立昌高度重视这次地震谣传，在《信息专报》（第98期）专门做出批示：“请地震局正面发一个没有强震的消息。”根据立昌书记的批示意见，市地震局迅速组织编写了“天津市近期不会发生破坏性地震，请不要听信地震谣传”的新闻通稿，报经分管副市长审定后，于5月23日分别在《天津日报》《今晚报》《天津电视台》《天津广播电台》《北方网》和《每日新报》上播发。新闻通稿主要内容如下。

“近期在天津市部分群众中流传天津市将发生大地震，记者为此专门走访了市地震局。经了解，天津市近期将要发生大地震的说法纯属谣传。4月份以来，天津市及周边地区相继发生几次有感地震，5月22日16时49分在河北省陡河又发生了4.0级地震，天津市部分地区有震感。据地震专家介绍，上述地震仍属唐山老震区正常地震活动，经分析认为，天津市近期不会发生破坏性地震，请不要听信地震谣传。”

根据市委部署，通过新闻媒体在全市范围内开展正面宣传以后，局震情值班室接听的群众咨询电话明显减少，群众的恐慌情绪趋于平稳，有效地遏制了地震谣传的蔓延。

八、2010年4月15日地震谣传

2010年4月15日上午，社会上出现“天津地区将有地震”的谣传，并迅速扩散到天津市各区县，严重影响了天津市的正常生产生活秩序。

察觉谣传事件后，市地震局党组高度重视，立即启动“地震谣言平息预案”，紧急召开工作会议进行部署，与市公安局、市教委、市卫生局、市商务委等有关部门联系沟通，按系统平息地震谣传。

围绕谣传重点地区，联系各区县政府，利用社区大屏幕，在重点社区滚动播发平息谣传的通知。与市委宣传部沟通联系，在天津电视台、天津人民广播电台、《天津日报》、《今晚报》、北方网等主流媒体，发布辟谣消息。在市地震局门户网站上发布正面消息，予以辟谣，密切注视互联网上的舆情发展情况，积极开展收集舆情并跟踪研判，随时做好信息发布。

第三节 汶川地震应急支援

2008年5月12日14点28分04秒，四川汶川地区发生了8.0级强烈地震。

地震发生后，天津市委、市政府，有关部门快速部署，全面地展开了支援四川抗震救灾的工作。在市委、市政府及时有效的指挥下，在全市各界人士和广大人民群众积极广泛的参与下，支援四川抗震救灾的工作搞得既轰轰烈烈又扎扎实实，取得了空前的效果。

地震发生后，天津市地震局启动地震应急响应。一方面，立即派出队伍，参加汶川地震现场搜救幸存者、震害调查评估与震情监视等工作，支援汶川抗震救灾。另一方面，加强汶川地震灾情信息收集工作，为市政府决策提供依据；同时加强天津市震情监视、地震宣传工作，维护社会稳定。

一、天津市地震应急支援综述

汶川地震发生后，从得到消息的那一刻，天津市就快速全面地展开了支援四川抗震救灾的工作。

（一）快速组织、快速行动

5月12日，四川地震刚刚发生不久，天津市委、市政府就立即向四川省委、省政府发去慰问电，并捐助500万元和一大批救灾物资。

13日上午，天津市委紧急召开常委扩大会议，向全市广大干部群众发出了支援地震灾区的动员令。自15日"天津市支援灾区抗震救灾协调领导小组"及其办公室成立，并提出"建立制度、高速运转、昼夜值班、及时调度，灾区人民需要什么我们就支援什么"的目标要求以后，天津市支援灾区抗震救灾的工作就更加紧张有序、协调有力地开展起来了。

人力支援。从13日中午到15日，仅仅三天的时间，驰援的人力有200名天津特警，200名天津市消防部队官兵，52名天津市医疗队员携带价值数十万元的急救药品、医疗救治器材、帐篷及食品等救灾物资，10名天津市电力公司医疗队员，5名天津市地震专家，20名天津市房屋抗震救灾小分队队员，天津市电力公司的2名技术人员携带5台卫星电话，天津网通的5人应急救援小组。

物资支援。从13日开始，天津市民航、铁路、交通等部门通力合作保证航班、列车及道路畅通；三日之内，驻津部队某旅、某师和武警部队出动了上百部车辆、千余名官兵抢装抢运救灾物资；天津市支援灾区抗震救灾协调领导小组特事特办，紧急开辟绿色通道，保证救灾物资随到随装随运。在第一时间内，就筹集并调运了多批灾区急需的物资，圆满完成了国务院救灾总指挥部紧急下达的募集任务。

财力支援。从13日开始，天津市三大接受捐赠机构将地址和捐赠热线在新闻媒体发布，并宣布 24 小时昼夜值班，服务捐赠，天津市的赈灾募捐活动便掀起了高潮。各级党政机关、各个街道社区、各个企业商场、各个学校医院、各个部队营房。当天，天津市慈善协会就收到各界捐款 340 万元；当天，天津市红十字会就募集捐款 1200 余万元并汇往灾区。到 15 日 16:00，天津市、区、县民政部门共接受捐款 2915.39 万元，天津市慈善协会共接收各界捐款 982 万元，天津市红十字会共接受捐款 1900 万元，而天津市接收各界捐款总额累计已达 5797.39 万元。

（二）全面发动、全面支援

在人力技术方面，除了上述几支救援队伍之外，从 16 日以后，天津市又接连派出了多支救援队伍，包括：天津市第二批赴川医疗救护队，由 ICU（重症监护）护士组成的天津市支援华西医院抗震救灾服务队，天津市检验检疫局首批、二批卫生消毒队，天津市首批“赈灾助老”护理员，天津市“12355”灾区青少年心理康复援助专家志愿团，天津市红十字会首批赴川援助队，天津市武警 8630 部队和天津市地震局组成的紧急救援队，天津市电力抗震救灾队，天津市质监局由特种设备专业技术人员组成的、负责检测灾区的电梯等特种设备抗震抢险队，配备 10 台装载机和 10 台挖掘机的抢险队，为四川灾区建设过渡安置房提供设计服务和技术指导的天津市建筑设计院首批赴川援建专家组和天津市援建四川灾区安置房工作前方指挥部人员、施工人员及 20 台大型施工设备等。这总共 20 余支、1400 多人的专业救援队伍，几乎涵盖了抗震救灾工作的所有内容，为灾区人民提供了全面的救助和服务。同时，天津人还热情地把灾区人民接到天津。

在物资材料方面，除了前面提到的以外，16 日，天津市支援的环卫设备——垃圾清运车 3 辆、洒水车 1 辆、吸粪车 1 辆、移动公厕 10 座运往四川德阳；天津市交通集团将天津警备区支援的 50 台汽油发电机组和 50 套强光搜索灯，送往甘肃陇南；天津市邮政公司支援的 100 台发电机运往灾区；天津市建委、天津工业大学和建工集团捐赠的可集中解决 2—3 万人的生活饮用水的膜净水设备运往灾区；20 日，天津市红十字会第 10 批救灾物资，天津市爱委会筹集的 150 吨漂白粉精，天津警备区调拨的 8764 公斤救灾物资，天津大学援助的首批 8 套“灭火洗消动力机组”，天津市魔力达置业有限公司赶制的首批 20 套木结构简易房，天津联通公司派专人运送的 100 套寻星仪均抵达灾区；天津市武清区万芳彩钢公司捐赠的 6 栋彩板房教室在北川县搭建。22 日，天津移动向四川地震灾区派出的卫星通讯车开赴灾区。23 日，天津市援建四川德阳的首批 2000 套安置房板材启运，天津市援建四川灾区过渡安置房首期 2 万套工程在绵竹开工。

在捐款捐物方面，28 日，市委组织部等 8 个部门和单位又共同主办了“支援灾区，重建家园”大型赈灾义演，并通过电视台现场直播，动员全社会开展捐赠活动。由于各级党政机关全面发动，加上广大市民的积极主动，使得此次赈灾募捐参加人数之众、范围之广、层面之多，超过了以往任何一次。

此外，天津人民还针对灾区人民的多种实际需要，提供了多种形式的援助，如天津妇联支援了妇女用品；天津市“12355”灾区青少年心理康复援助专家志愿团制作了儿童玩具；南开大学紧急编写印制了 1 万册《护心手册》；天津海关设立“抗震救灾进口物资专用窗口”，提供 24 小时快速通关服务；天津邮政提供了免费向灾区邮寄包裹服务，在津的金融机构提供了向灾区捐款不收汇费服务；在津通讯企业提供了向灾区打免费长途的服务等。

（三）效果空前

天津市支援四川抗震救灾的工作，在市委、市政府及时有效的指挥下，在全市各界人士和广大人民群众积极广泛的参与下，取得了空前的效果。

在捐款方面，截止到31日16时，累计达到6.068亿元；为灾区捐赠的物资总额达到1.205亿元；两项合计达到7.273亿元，创下了天津市为灾区捐款捐物数额的最高纪录，为灾区人民夺取抗震救灾的胜利提供了巨大的物质保证。

在救灾物资紧急供应方面。截止到28日，向灾区紧急抢运了价值达1.11亿元的各类救灾物资，为灾区人民提供了抢救生命、医治伤员的设备设施和急需的临时住所与生活必需品，及时缓解了灾区人民的各种困难。

在救援队伍方面，天津市派出了40多支、近2000人的救援队伍，辗转奋战在都江堰、绵阳、汶川、青州、广元等重灾区。据不完全统计，他们共协助疏散群众1315人，抢出粮食8.3万公斤、药品价值34万元，运输救援物资380吨、衣物2.5万件；救治伤员7123人，其中重伤654人，手术150例；转移伤员2002人；进行疾病抗控指导和卫生宣传8941人次；防疫消毒面积7.45万平方米；他们还坚守出现险情的水库，勘察房屋及内部设施的受损情况，为灾区清理垃圾和粪便……他们的工作，及时有效地保证了灾区人民的生命财产安全和生活稳定。

在过渡安置房方面，截止到6月26日，天津市援建队伍全面完成甘肃援建任务；7月24日，提前17天完成四川援建任务，总计建成过渡安置房4.743万套。天津市提前圆满完成援建任务，得到了住房和城乡建设部、受援市县和灾区群众的好评。

二、市地震局应急与支援

面对突如其来的巨大地震灾难，在中国地震局和市委、市政府的领导下，全局干部职工坚定地贯彻执行党中央、国务院的部署，同全市人民一道立即投入了支援汶川抗震救灾战斗，同时，坚守天津市防震减灾岗位，为市政府、广大公众提供应急服务，出色的工作得到了市委、市政府及有关方面的充分肯定。

（一）紧急响应与部署

地震发生后，市地震局立即启动应急响应。在第一时间以《震情快讯》方式将地震三要素向市委、市政府做出报告；随即召开紧急会商会，对汶川地震后天津及邻近地区的震情形势做出判定并上报；以渐进方式，连续三次召开新闻发布会，及时发布权威信息，消除了公众恐慌情绪，维护了社会稳定；地震现场应急工作队集结待命做好出发准备；局领导班子召开紧急会议，研究部署震情监视和地震应急工作；连夜下达《关于加强震情监视工作的紧急通知》，对各区县地办、地震台站工作做出部署；采取一切可能的渠道和方式，尽快收集灾区灾情、救援信息，连夜赶写汇报材料报市委、市政府。在随后的日日夜夜里，局领导坚持在岗带班，职能部门认真履行职责，加强了与市应急办、市支川办的信息沟通与上报工作。

（二）严密监视震情

地震预报中心实行日会商和预报人员24小时在岗值班制度，及时处理震情；分析预报各学科就该地震对华北及首都圈地区震情趋势的影响以及天津市观测台网出现的流体、形变等异常，组织开展专题研究，完成了《5月12日汶川8.0级地震后首都圈地区近期地震活动分析和预测》等4篇专题研究报告；对汶川地震前后在天津市相继出现的15起宏观异常，先后派出26批次专家组，到现场进行落实。各区县地震办、各地震台站实行领导24小时在岗带班，测震台网、强震动台网、前兆台网、信息网络加强运行维护，确保系统正常运行。

（三）加大宣传力度

针对社会公众渴望及时了解汶川地震信息和对防震避震知识需求突增的情况，与媒体密切合作，开展了规模空前的防震减灾知识宣传。据统计，震后一个月内，协调天津电视台、天津电台、天津滨海台等媒体组织了3次直播、10次采访录播，电台和电视台数个栏目连续播放达20余天。《今晚报》《每日新报》刊载地震科普知识文章8篇，新华网、人民网、北方网、搜狐网播出专家访谈4篇；向社会各界发放科普材料5万余份；制作《天津市地震系统支援汶川抗震救灾》图片展览和《提高忧患意识建设安全家园》展板。

（四）赶赴灾区，参加抢险救灾

灾难发生后，市地震局向中国地震局和市委、市政府积极请战，相继派出地震现场应急工作队、地震灾害紧急救援队和地震安评技术人员紧急赶赴灾区参加抢险救灾。

1. 震害调查评估与震情监视工作

5月13日，根据天津市政府和中国地震局的命令，天津市地震局成立了汶川地震现场工作队，现场工作队由5人组成，李振海副局长担任队长，陈宇坤任副队长，曹井泉、邱虎、杨绪连为队员。

5月14日凌晨6点，工作队乘机飞往四川灾区。14日晚抵达都江堰中国地震局地震现场指挥部以后，立即请缨到最困难最艰苦的地方去开展工作。15—18日，指挥部指派由天津局牵头，带领山东地震局、河北地震局和中国地震局地壳应力研究所共同组成联合调查组，在乐山市和成都市开展工作。19日受令到重灾区北川县城。在完成北川的地震现场工作以后，根据指挥部的命令，20日一早，从都江堰出发，经新津县、浦江县、芦山县、宝兴县，阿坝藏族羌族自治州的小金县、马尔康、红原县、松潘县，于23日到达绵阳市平武县。由于东南线道路阻塞，灾情最严重的地区之一——平武县，是当时还没有地震局地震现场工作队到达的地方。经过一天的工作，24日，撤出平武县。在灾区工作期间，工作队白天深入灾区和房屋查看震灾损失情况，确定地震烈度，晚上冒着余震危险还要整理资料，编录照片，向指挥部和天津市发回工作简报，讨论第二天工作方案，每天工作到半夜2、3点。

从5月14—27日的两周时间，天津市地震现场工作队行程3000多公里，每天休息3、4个小时，完成乐山市、成都市、雅安市、阿坝州和绵阳市的建筑物抽样点 22 个，烈度考察点 78 个，考察地震断层 2 条，考察崩塌、滑坡、堰塞湖等地震地质灾害点多处，完成了中国地震局现场调查最艰难一条路线的震灾调查工作，完成了南坝镇和平通镇两个地区的地震地表断裂带的地质考察和地震地质灾害考察，填补了中国地震局对雅安—宝兴—马尔康—松潘—平武一线震灾调查的空白，积累了大量宝贵的灾区的第一手图片、影像和地震破坏资料。并将灾区政府的请求和愿望及时向中国地震局总指挥部作了汇报，得到了指挥部和中国地震局专家和领导的一致赞扬和好评。

曹井泉先后两次奉命带队赴绵阳参加现场震情跟踪和余震预报工作，对震区的余震活动趋势和强余震活动做出了较准确的分析判定。在唐家山堰塞湖紧急排险的关键时刻，曹井泉再次受命空降到排险现场，为堰塞湖排险工作提供了较准确的震情信息，受到国务院抗震救灾总指挥部的高度评价。

6 月 8 —11 日，曹井泉作为中国地震局第二批专家组负责人，带队参加了唐家山堰塞湖抢险工作。在 6 月 8 日 18 时 15 分，唐家山西北约 10 公里发生 4.8 级地震后，果断做出“未来 1—2 天，唐家山周围 50 公里范围内发生 6 级以上地震的可能性不大；坝体周围发生 5 级左右地震造成全面溃坝的可能性较小，建议继续施工”的意见，保证了泄流槽的施工和群众的疏散，保障了唐家山堰塞湖险情成功地处置，受到国务院抗震救灾总指挥部的高度评价。

2. 北川搜救幸存者行动

根据中国地震局要求，受天津市委、市政府派遣，5 月 17 日，天津市地震灾害紧急救援队一行 45 人（武装警察 8630 部队 42 人，天津市地震局 3 人），由武装警察 8630 部队赵粉宝副部队长带队，携装备及车辆奔赴灾区执行震灾紧急救援任务。地震局的三名同志是董晓阳、陈最宜、孙晶岩。

5 月 17 日上午 10 时 30 分，天津市地震灾害紧急救援队抵达成都双流机场。在各方的支持下，救援队于 15 时 30 分赶到北川县。由于堰塞湖决堤的谣言，大量灾民外涌，道路堵塞，赵粉宝队长率领董晓阳等四名队员徒步 20 余分钟到达指挥部报到。按照指挥部安排救援队任务是在北川县城区搜救幸存者。领到任务后赵粉宝队长立即率领五名队员到北川县旧城区进行勘察，确定了 18 日搜救工作的基本方案。

18 日早，救援队抵达北川县旧城区后，分为五组开展搜救工作。在 10 时 30 分左右，第四组裴玉明技术员和崔伟班长搜索到品味礼品屋时，听到了回应喊话的敲击声，初步认定有可能存在幸存者。救援队立即展开了建筑物结构分析、幸存者可能存在地点的判定和作业面清理工作。初步判定该倒塌房屋为空心砖预制板梁柱搭建的二层楼房，楼房全部垮塌，幸存者生存空间很小，很难判定地点，救援工作难度非常大。江苏盐城消防队的搜救人员路过时，使用声音探测仪进行了多次探测，也确认能够听到微弱的敲击，为我们的搜救工作增强了信心。11 时，国家队派出四名搜救人员带两条搜救犬赶来参与救援。救援队分别在倒塌建筑南北两头各开了一个进入口，派队员尽量深入建筑物内探明空间环境及结构。12 时 14 分，两只国家队的搜救犬进入打开的狭小通道后确认有幸存者。13 时 45 分国家队队员携带的生命探测仪确定生存者的可能位置范围为 3 米 120 度圆锥范围内。结构专家也确定了搜救点坍塌情况及作业注意事项。13 时 50 分根据位置、范围和结构特点，赵粉宝队长迅速召集相关人员研究确定了具体救援方案，采取了分组轮流作业的方法进行废墟清理、切割水泥预制板和钢筋等工作。16 时国家队 2 只搜救犬又开始进入开辟的空间进行搜索，但搜救犬没有反应出有生命表征人员存在。16 时 45 分开始清除屋顶上的碎石，从横面方向进行清理，又打开一处缺口，派一名队员进入，没有发现人员存在，派出搜索犬继续进行搜索没有反应，队员反复喊话已经没有声音回应。但救援队依然不放弃，继续进行救援工作。18 时 30 分在全力搜救无果的情况下，经指挥部研究，决定放弃救援。

13 时 05 分有群众报告在远处一幢楼房中隐约传出声音，并有小石子滑落的动静。队长立即指派陈最宜等五名队员展开搜索。经详细探查，是两只鸽子在建筑物内发出的声响。

19 日，救援队 7 时 45 分准时从营地出发，分为五组对旧城区继续开展搜索。下午转入新城区。

20 日，按照指挥部指令，派出小分队轻装对指令地区进行搜索，其余人员在营地附近村落进行搜索，没有发现幸存者。

21 日，按照指挥部工作安排，救援队于 7 时派出小分队到指定区域进行拉网式排查，后从北川转场奔赴绵阳。

22 日，晚 9 时奉命从成都双流机场乘机返回北京，次日凌晨 3 时许回到天津。

在北川期间，救援队在执行搜索幸存者任务的同时，找到的 26 具遇难者遗体位置，迅速通知了负责清理遗体的部队，并协助清理了部分遗体上的埋压物。同时帮助 6 户灾民进入危房拿取贵重物品。救援队还将自己携带的给养发放给 50 余位灾民。

在执行任务期间，救援队受到了国务院副总理李克强的亲切接见和慰问。救援队队员牢记使命和职责，勇挑重担，高昂的士气和英勇顽强的战斗精神，得到了抗震救灾指挥部和灾区人民的充分肯定和高度赞扬。

3. 德阳市过渡安置房选址地震安全性评价工作

根据中国地震局的统一部署和要求，天津市地震局派李大华、刘砚越入川，执行灾区过渡安置房建设场地地震安全性评价工作。在川期间协助德阳市防震减灾局完成了德阳市 109 片活动板房场地的地震安全性评价工作。

李大华 6 月 1 日下午飞赴四川成都，到四川省地震局抗震救灾指挥部报到，参加灾区过渡安置房建设场地地震安全性评价工作。6 月 2 日下午和云南地震局的石光炬一起奔赴德阳，共同承担德阳地区过渡安置房建设场地地震安全性评价工作。在德阳，他们边了解建设计划，边进行评价工作，在一周内完成了 5 个市、县 75 片场地活动板房建设用地地震区划计算和基岩场地地震动参数计算，提供地震安全性评估结果。

刘砚越 6 月 17 日抵达四川省德阳市防震减灾局，继续进行过渡安置房建设场地地震安全性评价工作。历时 8 天，对 2 个市、县 34 片场地活动板房建设用地进行地形地貌、工程地质条件进行了调查与评价，提供地震安全性评估结果。

第四章　地震应急救援工作管理

地震应急救援工作管理是依法科学统一、有力有序有效地实施地震应急救援的保障。自 1967 年河北河间地震建立地震应急工作机构以来，天津市从完善组织机构、建立制度、加强检查监督等方面不断加强地震应急救援工作的管理，保障依法科学统一、有力有序有效地实施地震应急救援。

第一节　管理机构

天津市地震应急救援工作管理机构包括三个层次，即市地震局地震应急管理机构、市地震专项应急工作机构、市突发公共事件应急综合管理机构。

天津市地震应急救援工作管理机构是根据国家地震应急救援工作机构建设的部署和天津市应急救援工作需要，按照先单项后综合，先基层后全市的步骤逐步建立的。

一、市地震局地震应急管理机构

市地震局地震应急管理基本上分为三个阶段，1991 年之前，国家没有明确市地震局承担地震应急救援管理的职能，1991—2004 年，国家明确市地震局承担部分地震应急救援管理的职能，有关地震应急的职能由震害防御处负责承担。2004 年以后，国家全面明确市地震局承担地震应急救援管理的职能，成立应急救援处负责承担地震应急救援综合管理工作。

1976 年唐山地震后到 1986 年，我国地震活动处于相对平静阶段，地震应急工作不是那么突出，因此在 1983 年 8 月 2 日国务院办公厅印发《国务院关于转发〈国家地震局关于省、市、自治区地震工作机构和管理体制调整改革的报告〉的通知》（国办发〔1983〕63 号），未正式列出地震应急方面的职能。

1991 年 5 月 21 日，中国地震局文件批复（震人编〔1991〕111 号），同意天津市地震局对部分内设机构更名的意见，同年 12 月，天津市地震局确定各部门工作职责。其中震害防御处：组织和管理减轻地震灾害及地震引发的其他自然灾害的综合防御对策工作；组织推广工程防震和震后救灾技术；参与水库地震、工程抗震、防震救灾管理工作。

1995 年，根据中央编制委员会印发《关于印发省、自治区、直辖市地震机构改革方案的通知》

（中编发〔1995〕1 号）精神，国家地震局印发《国家地震局关于印发天津市地震局职能配置、内设机构和人员编制方案的通知》（震发人编〔1995〕163 号）。方案涉及地震应急方面的主要职责有：承担在破坏性地震发生后天津市政府抗震指挥部机构办事机构的职责；会同有关部门和协助政府拟定破坏性地震应急预案、综合防御措施，检查监督其落实；负责震情速报和地震灾情速报；管理地震灾害损失评估；参与制定地震灾区重建规划。

2002 年，根据中央编制委员会印发《关于印发省、自治区、直辖市地震机构改革方案的通知》（中编发〔2001〕2 号）精神，中国地震局印发《国家地震局关于印发天津市地震局职能配置、内设机构和人员编制方案的通知》（中震发人编〔2002〕106 号）。方案涉及地震应急方面的主要职责有：承担天津市人民政府抗震指挥部机构办事机构的职能；负责震情和灾情速报，会同有关部门组织地震灾害调查与损失评估；参与制定地震灾区重建规划。会同有关部门建立地震紧急救援工作体系，开展地震应急、救援技术和装备的研究与开发；会同有关部门组建和培训地震紧急救援队伍；协助区、县人民政府建立地震应急救援物资储备系统。

2004 年以前，有关地震应急的职能由震害防御处负责承担。2004 年，根据《中国地震局关于印发〈天津市地震局职能配置、机构设置和人员编制方案〉的通知》（中震发人〔2002〕106 号），天津市地震局进行机构改革。改革后的内设机构增设应急救援处，应急救援处的职能是：会同有关部门建立地震紧急救援工作体系；承办天津市抗震救灾指挥机构的日常事务，对地震震情和灾情进行速报；管理网络信息的安全保密工作；组织地震灾害调查与损失评估；提出对天津市破坏性地震所做出快速反应的措施建议；组织有关重点项目实施工作；制定和完善天津市地震应急预案并组织实施；会同有关部门负责社会地震应急的管理工作并建立破坏性地震应急预案备案制度；负责组织紧急救援技术和装备更新工作；负责地震应急与地震现场工作的组织实施；负责规划、建设和管理信息网络系统；负责督导区县的地震应急工作。

二、市地震应急专项工作机构

市地震专项应急工作机构成立于 1996 年，经历了办公室地点设在市人防办和市地震局两个阶段。

1995 年 2 月 11 日，国务院发布《破坏性地震应急条例》，1996 年，为实现国家 10 年减灾目标，为进一步加强天津市防震减灾工作的领导，天津市人民政府决定成立防震减灾工作领导小组。1996 年 6 月 25 日，天津市人民政府津政人〔1996〕45 号文《关于成立天津市防震减灾工作领导小组的通知》公布了领导小组成员名单和有关职能分工。通知明确，有关委、局（市建委、市地震局等）根据各自的职责作为领导小组下设的办事机构，负责防震减灾日常性工作。为了做好破坏性地震应急工作，市防震减灾工作领导小组下设应急工作办公室。办公室主任由刘国光兼任，副主任由刘凤银、市人防办王如意、市地震局王公学、市建委魏树森担任。办公室地点设在市人防办。主要负责破坏性地震应急预案的制定和日常应急性准备工作。为进一步加强天津市防震减灾工作，根据工作需要，1997 年 4 月 17 日，天津市人民政府津政人〔1997〕13 号文决定增补天津市地震局副局长赵国敏为市防震减灾领导小组应急办公室常务副主任。

为进一步加强天津市防震减灾工作，理顺和完善地震应急管理体制，2006 年 9 月 29 日，天津市人民政府〔2006〕32 号文决定将天津市防震减灾工作领导小组下设的应急工作办公室调整为天津市防震减灾工作领导小组办公室。办公室主任由市地震局局长赵国敏兼任，办公地点设在市地震局，负责天津市防震减灾的组织、协调、管理工作，做好破坏性地震的应急工作。

根据市政府关于“各专项指挥部、有关部门和驻津部队依据有关法律、行政法规和职责，负责相关类别突发公共事件的应急管理工作”的精神，天津市抗震救灾指挥部办公室（天津市防震减灾工作领导小组办公室）负责明确地震应急的组织体系和责任；制定和实施地震专项和部门应急预案；组建地震防控、抢险队伍；收集地震事件信息，预测、预报地震事件，及时向市应急委员会报告重要情况和建议；贯彻落实市应急委员会有关决定事项，承担地震应急指挥机构办公室的工作；建立应急信息系统，与市应急指挥中心、下级相关部门连通；指导和协助区县人民政府做好地震的预防、应急准备、应急处置和恢复重建等工作。

三、市突发公共事件应急管理机构

市突发公共事件应急管理机构成立于 2005 年，是包括地震应急管理在内的突发公共事件应急综合管理机构。

2005 年，为加强天津市突发公共事件应急综合管理工作，根据国务院的统一部署，天津市政府成立了天津市突发公共事件应急委员会（以下简称市应急委员会），作为天津市市突发公共事件应急管理的最高领导机构，天津市突发公共事件应急委员会下设办公室，作为常设办事机构。

天津市应急委员会主任由市长担任，为了有效应对突发事件的发生，根据工作需要，委员会由有关市领导、天津市警备区、武警天津总队及相关委办局负责同志组成。

天津市应急委员会负责领导全市突发公共事件的应急工作，研究制定全市应对突发公共事件重大决策和指导意见；审定市突发公共事件总体应急预案；组织指挥处置特别重大、重大突发公共事件；应对突发公共事件工作中协调与中央和国家机关各部委、天津警备区、武警天津总队及其他有关部门和单位的关系；领导区县突发公共事件应急委员会开展特别重大、重大突发公共事件的相关应对工作；分析总结全市年度应对突发公共事件工作。

市政府秘书长作为总协调人，市委、市政府主管副秘书长配合，市委、市政府办公厅主管副主任协助，协调突发公共事件应急工作。

应急办公室设在市政府办公厅，与市政府总值班室合署办公，加挂天津市应急指挥中心牌子（以下简称市应急指挥中心）。履行值守应急、信息汇总和综合协调职责，发挥运转枢纽作用，负责接收和办理向市突发公共事件应急委员会报送的紧急重要事项；指导全市突发公共事件应急体系、应急指挥信息平台建设；组织编制、修订《天津市突发公共事件总体应急预案》，组织审核专项应急预案，指导应急预案体系建设；收集突发公共事件信息，组织专业部门和专家对突发公共事件进行评估，报告评估结果和预案启动建议；按照市应急委的决定，组织、协调突发公共事件的处置和善后工作；对突发公共事件进行事件调查，并进行事后评估；向社会发布信息。

四、抗震救灾指挥机构

市抗震救灾指挥机构是统一领导、指挥、协调抗震救灾的机构。

1996年天津市破坏性地震应急预案明确天津市抗震救灾组织指挥体系包括：市级，区、县和委办局级，街道、乡镇级。地震应急组织工作，在统一指挥下分级实施。同时明确天津市抗震救灾指挥部的构成和主要职责。主要职责有：接受与传递市委、市政府关于抗震救灾的各项指令；部署市级抗震救灾专业队伍实施抢险救灾行动；下达各类救灾物资的调配供应计划；在重灾区开设现场指挥部。根据天津市破坏性地震应急预案，1997年2月24日，防震减灾领导小组应急工作办公室编制并印发了《天津市抗震救灾指挥部编成及行动方案》。《天津市抗震救灾指挥部编成及行动方案》明确，指挥长、副指挥长人选、指挥位置和职责；明确指挥部下设的职能组职责、指挥位置和正副组长人选。

2003年7月，天津市政府印发了《关于调整市防震减灾工作领导小组成员的通知》（津政人〔2003〕023号），公布了新一届领导小组成员名单和有关职能分工。通知明确，一旦发生破坏性地震，领导小组即为抗震救灾指挥部。

第二节　管理制度

天津市地震应急救援工作管理制度主要包括，灾情速报制度、地震应急预案制、修订和备案制度、应急检查制度、地震现场工作管理制度、地震灾害紧急救援队管理制度、防震减灾工作领导小组应急工作办公室工作制、华北地区地震应急区域协作联动制度等。

天津市地震应急救援工作管理制度根据国家地震应急工作部署和天津市地震应急工作的需要逐步建立和完善的。

一、灾情速报制度

历次破坏性地震和大中城市有感地震发生后，党和政府都要求地震部门迅速了解地震造成的灾害情况，并即时上报。地震灾情速报是地震部门的一项重要的任务。为规范各有关单位的速报行为，提高灾情速报效率，保证灾情速报及时、准确，各级地震部门都十分重视地震速报制度的建设。

1999年8月21日，中国地震局印发《地震灾情速报规定（试行）》（中震发测〔1999〕279号），该规定明确了地震灾情速报的内容、速报工作原则以及速报的时间，规定了有关单位的职责、速报的准备工作、速报的程序及要求。2000 年 3 月 17 日，中国地震局印发《关于进一步加强地震灾情速报工作的通知》（中震发测〔2000〕085 号文），强调要求有关单位制定灾情速报实施细则，落实应急工作责任制。2010 年 8 月 3 日，中国地震局（中震救发〔2010〕67 号）印发《地震灾情速报工作规定》，该规定是《地震灾情速报规定（试行）》的修订，对地震灾情速报有关工作作出了更加细致的规定。2010 年 11 月 12 日，中国地震局震灾应急救援司印发“关于贯彻落实《地震灾情速报工作规定》的通知”（中震救函〔2010〕54 号文），强调要求充分认识地震灾情速报工作的重要性，并就有关问题提出贯彻意见。

为贯彻《地震灾情速报规定（试行）》，天津市地震局于 1999 年 11 月 11 日印发了《天津市地震局实施〈地震灾情速报规定（试行）〉细则》。该细则分为 5 章。第一章总则，明确地震灾情速报的内容、速报工作原则以及速报的时间；第二章职责任务划分，分别明确市地震局、市地震局有关部门、地震台站、地震办公室有关地震灾情速报的职责任务；第三章地震灾情速报的准备，对地震灾情速报网络建设、通信手段和联络方式、基础资料调查与建库、业务技术培训做了规定；第四章地震灾情速报的程序及要求，规定速报的基本程序和时间要求以及有关单位的具体处置措施和相互之间的衔接关系；第五章附则，对地震灾情速报工作总结、奖惩事项作了规定。

2005 年，结合 5 年来地震灾情速报工作和各单位、部门机构变动的实际，对《细则》进行了修订，于 5 月 12 日以天津市地震局津震发〔2005〕63 号文印发了经修改的《天津市地震局实施〈地震灾情速报规定（试行）〉细则》，印发通知强调，地震灾情速报是各级地震部门、各单位的一项极其重要的职责，各单位领导要高度重视，认真组织学习《细则》，增强灾情意识，认真落实细则中提出的各项任务和要求，抓紧修订完善本单位的地震灾情速报预案。

为贯彻《地震灾情速报工作规定》，天津市地震局于 2010 年 11 月 25 日印发了《天津市地震局实施〈地震灾情速报工作规定〉细则》。该细则分为 6 章。第一章总则，明确地震灾情速报的含义、速报工作原则以及有关政策措施；第二章灾情速报工作职责划分，分别明确市地震局、市地震局有关部门、地震台站、地震办公室有关地震灾情速报的职责任务；第三章灾情速报网建设明确“市灾情速报网由地震灾情速报员和区县、市两级地震灾情速报平台构成”，对地震灾情速报员和区县、市两级地震灾情速报平台建设的具体问题作出规定。第四章灾情速报的内容、方法和程序，规定速报的内容、工作期限、上报方法、首报程序、续报程序，明确“12322”防震减灾公益服务热线作为报告灾情基本方法之一；第五章条件保障，明确经费投入、培训考核、奖惩等保障机制；第六章附则，对地震灾情速报工作总结等事项作了规定。本次规定最大的特点是，设章加强对灾情速报网建设提出新的要求，重点明确灾情速报平台职责任务和建设要求。

二、地震应急预案管理制度

地震应急预案管理制度主要包括，地震应急预案制定、审批、备案、修订等制度。

从 20 世纪 80 年代起，伴随地震应急预案制、修订工作，天津市地震应急预案管理制度逐步建立和完善。其大体分为两个阶段。2001年前，通常是市政府在发布地震应急预案时发文对应急预案的实施以及部门、区县应急预案制定作出规定。2001年颁布施行、2009年和2011年两次修订的《天津市防震减灾条例》，对地震应急预案的制定作出了系统的规定，地震应急预案管理进入法制化轨道。

1996年6月26日，市政府批转了市建委、市人防办、市地震局制定的《天津市破坏性地震应急预案》的通知（津政发〔1996〕31号文）中明确，各区县人民政府和各委、办、局都要以该《应急预案》为依据，尽快制定本地区、本部门的预案及专项预案，报市防震减灾工作领导小组审批备案。

2001年7月18日天津市第十三届人民代表大会常务委员会第二十六次会议通过的《天津市防震减灾条例》第17规定：市和区、县地震应急工作机构负责制定本行政区域内破坏性地震应急预案、强有感地震应急预案和抗震救灾指挥部编成及行动方案，由同级人民政府批准并组织实施。其中市破坏性地震应急预案，应当报国家地震工作主管部门备案。第18规定：大型商场、影剧院、车站、机场、医院、学校、宾馆等人员密集的公共场所，应当制定地震应急疏导预案，并设置紧急疏散通道和明显标志。通信、供电、供水、供气等设施、救灾保障和可能发生严重次生灾害等地震应急重点目标的所在单位，应当制定地震应急重点目标抢险抢修预案，并采取相应的防范措施。

2011年5月20日天津市第十五届人民代表大会常务委员会第二十四次会议通过的《天津市防震减灾条例》第34条规定：市和区、县地震工作主管部门会同有关部门制定本行政区域地震应急预案，报同级人民政府批准。市和区、县人民政府有关部门和乡、镇人民政府，应当根据有关法律、法规、规章、上级人民政府及其有关部门的地震应急预案和本行政区域的实际情况，制定本部门、本地区地震应急预案。市和区、县人民政府有关部门的地震应急预案报本级地震工作主管部门备案。乡、镇人民政府的地震应急预案报所在区、县地震工作主管部门备案。地震应急预案应当根据实际情况适时修订。经修订的地震应急预案应当重新备案。第35条规定：下列企业事业单位应当制定地震应急预案，并依法报所在区、县地震工作主管部门备案：（1）通信、供电、供水、供气、排水等城市基础设施的经营管理单位；（2）铁路、机场、港口、轨道交通等交通运输经营管理单位；（3）医院、学校、托幼机构、文体活动场馆、大型商场、宾馆饭店等人员密集场所的经营管理单位；（4）石油化工、易燃易爆、有毒有害、强腐蚀性、放射性、核设施、三级以上病原微生物实验室等可能发生严重次生灾害的工程项目或者设施的生产经营单位；（5）金融、广播电视、重要综合信息存储中心等单位；（6）档案馆、博物馆、市级以上重点文物保护单位；（7）因地震灾害可能产生严重后果或者影响的其他单位。其他单位可以根据实际需要制定地震应急预案，所在区、县地震工作主管部门予以指导。

三、应急检查制度

2007年11月，市地震局、市发改委、市民政局、市安监局根据中国地震局、国家发展和改革委员会、民政部、国家安全生产监督管理局等四部委《关于印发〈地震应急检查工作制度〉的通知》(中震发救〔2004〕136号)的要求，联合制定并印发了《天津市地震应急检查工作制度》，对应急检查工作进行了规范。

《天津市地震应急检查工作制度》明确，地震应急检查工作遵循实事求是、注重实效的原则，及时发现问题、总结经验，促进各项地震应急准备工作的落实，实现高效、有序地实施地震应急和救灾工作。地震应急检查工作在市政府的统一领导下，实行分级、分部门负责。市地震应急检查工作由市地震局会同市发展和改革委员会、市民政局、市安全生产监督管理局等有关部门共同进行。区县地震应急检查工作由本级地震工作主管部门负责，并会同有关部门组织实施。

《天津市地震应急检查工作制度》规定，地震应急检查的主要内容包括：(1)政府对地震应急工作的领导；(2)地震应急预案的编制与修订；(3)地震应急组织机构建设；(4)地震应急指挥技术系统建设；(5)地震应急救援队伍建设；(6)震情和灾情信息系统建设；(7)救援的资金、物资及设备储备情况；(8)重点目标(生命线设施、重大次生灾害源等)的应急保障措施；(9)政府及其有关部门、社会团体、公众的防震减灾意识、地震应急反应能力和自救互救能力；(10)地震应急知识的宣传、普及工作情况。

《天津市地震应急检查工作制度》规定，地震应急检查一般采取自查和抽查方式。市地震应急工作检查原则上每年进行一次，也可根据震情形势和工作实际，有重点地进行抽查。抽查方式包括：听取汇报、实地调查以及查看应急演练等。区县人民政府每年定期对辖区内的地震应急工作进行自查和检查，发现问题及时整改。

2011年6月，市地震局会同市政府应急办、市发展和改革委员会、市民政局、市安全生产监督管理局，对《天津市地震应急检查工作制度》进行了修订，并更名为《天津市地震应急工作检查管理办法》。

《天津市地震应急工作检查管理办法》对《天津市地震应急检查工作制度》进行细化，并增加了部分内容。共分六章，第一章总则，第二章机构组成与职责，明确全市地震应急工作检查，由市地震局会同市政府应急办、市发展和改革委员会、市民政局、市安全生产监督管理局共同组成全市地震应急工作检查组组织实施，并规定了检查组的职责。第三章检查对象与内容，地震应急工作检查的主要内容由原来的十条，合并为八条，并进行细化：(1)地震应急救援组织体系建设。地震应急管理工作部署与贯彻落实情况；抗震救灾指挥机构建设情况；地震应急工作机构建设情况等。(2)地震应急预案体系建设。地震应急预案和与地震相关的防灾减灾综合预案制定、修订情况；地震应急救援培训、演练计划制定和实施情况等。(3)地震应急和救援队伍建设。地震应急处置队伍建设情况；地震灾害紧急救援队伍建设情况；其他可从事地震抢险救援队伍建设情况等。(4)地震应急救援工作机制建设。地震应急救援工作制度建设情况；地震应急救援新闻发言人制度建设情况；震情灾情公告、通报、发布机制建设情况；地震应急资源与信息共享机制建设情况；地震应急协调联动机制建设情况等。(5)地震应急救援技术体系建设。地震应急指挥技术平台及灾情速报体系建设情况；地震应急社会联动技术系统建设情况等。（6）地震应急救援物资装备保障体系建设。抗震救灾的资金、物资及设备储备情况；地震应急救援财政投入和装备建设情况；应急避难场所规划及建设情况；重点目标（生命线设施、重大次生灾害源等）的应急保障措施等。（7）地震应急救援社会动员机制建设。地震应急救援志愿者队伍建设情况；企事业单位、社会团体和基层组织等应急救援能力建设情况；社会公众防震避险与自救互救能力建设等。（8）地震应急救援科普宣传教育。地震应急救援科普宣教制度与机制建设情况；地震应急救援科普宣教体系建设情况；社会公众应急救援知识宣传普及情况等。第四章检查方式与步骤，第五章检查总结，第六章附则。

四、地震现场工作管理制度

地震现场是防震减灾工作的前沿阵地，高效有序地开展地震现场工作，是维护地震灾区社会稳定、开展抗震救灾工作和积累科学资料的重要保证。地震现场工作是一项特殊时段的非常任务，要做好地震现场工作，关键在于地震现场工作管理制度建设。

天津市地震应急现场工作制度建设起源于20世纪80年代。在20世纪80年代制定的《天津市地震局备震措施》中，就有关“现场地震工作队伍的组成和任务”和“物资和设备”等方面的规定。从21世纪开始，在中国地震局的领导下，天津市地震局开展系统全面的地震现场工作管理制度建设。

（一）地震现场工作综合管理制度

为加强地震现场工作的科学管理，规范地震现场工作，2000年3月15日，中国地震局印发了《地震现场工作规定（试行）》（中震发测〔2000〕81号）；2007年8月24日，中国地震局对《地震现场工作规定（试行）》进行了修订，并更名为《地震现场工作管理规定》（中震发救〔2007〕91号）；2010年8月30日，根据汶川地震现场工作的经验和教训，中国地震局又对《地震现场工作管理规定》进行了再次修订（中震救发〔2010〕74号）。

为贯彻中国地震局的规定，2000年6月30日，天津市地震局制定印发了《天津市地震局实施〈地震现场工作规定（试行）〉细则》（津震发〔2000〕97号）；2009年3月6日，天津市地震局制定印发了《天津市地震局实施〈地震现场工作管理规定〉细则》（津震发〔2009〕19号）；2010年9月21日天津市地震局制定印发了《天津市地震局实施〈地震现场工作管理规定〉细则》（津震发〔2010〕78号）。

《天津市地震局实施〈地震现场工作规定（试行）〉细则》分总则、地震现场监测与预报、地震现场的灾情收集与灾害损失评估、地震现场的科学考察、地震现场的社会工作、地震现场工作的科学总结、附则共七章。2009年《天津市地震局实施〈地震现场工作管理规定〉细则》分总则、地震现场工作基本要求、地震现场工作组织与协调、地震现场监测、地震现场震情趋势分析、地震现场的地震灾情收集与报送、地震灾害损失评估、地震现场的科学考察、地震现场建筑物安全鉴定、地震现场的社会工作、地震现场工作的结束与总结、附则共十二章。2010 年《天津市地震局实施〈地震现场工作管理规定〉细则》分为：总则、地震现场工作基本要求、地震现场工作组织协调、地震监测、震情趋势判断、灾情收集报送、灾害调查与损失评估、建筑物安全鉴定、科学考察、新闻宣传、应急保障、地震现场工作的结束和总结、附则共十三章。

《天津市地震局实施〈地震现场工作管理规定〉细则》第一章“总则”规定，地震现场工作的总体任务和要求：服务人员搜救。震后 1 天内快速评估出人员密集压埋区域和人员搜救重点区域，初步提供极重灾区范围，极震区最大烈度估计，房屋破坏比率等，第 2 天初步提供重灾区范围，3—4 天提出重点排查乡镇和村庄社区。地震现场应急工作队的结构工程师要为救援队伍提供技术支持。服务抗震救灾。2—3 天初步完成重灾区内的主要交通干道的破坏调查并提出应急处置建议，震后 3—4 天初步确定地震灾区范围和区域等级，2—3 天内在重灾区和极重灾区，提出设置应急避难场所建议。服务恢复重建。震后 6—8 天内完成发震构造和地震地表破裂带调查并形成灾区地震地质环境报告，10 天内完成地震烈度分布评定和地震灾害调查评估报告，15 天内完成灾区房屋结构典型破坏分析，提出灾区重建优选结构措施建议。

第二章“地震现场工作基本要求”规定，天津市市地震现场工作分为以下 5 个类别：Ⅰ类：发生 6.0 级（含）以上地震；Ⅱ类：发生 5.5—5.9 级地震；Ⅲ类：发生 4.5—5.4 级地震；Ⅳ类：发生 4.0—4.4 级地震；Ⅴ类：发生 3.0—3.9 级地震。赴地震现场工作的人数（包括区县地震办公室和地震台站参加的人员）一般情况下：Ⅰ类：40 人左右；Ⅱ类：30 人左右；Ⅲ类：20 人左右；Ⅳ类：10 人左右；Ⅴ类：5 人左右。

第三章“地震现场工作组织协调”规定，地震现场工作视不同类别设立相应的指挥机构。Ⅰ、Ⅱ类：设立中国地震局地震现场指挥部，指挥长由中国地震局副局长担任，副指挥长由市地震局局长、中国地震局相关司室领导担任。Ⅲ、Ⅳ类：设立市地震局地震现场指挥部，指挥长由市地震局领导担任，副指挥长由市地震局有关处室负责人、地震发生地区县地震办公室负责人担任。Ⅴ类：设立市地震局地震现场工作组，组长由市地震局领导或处室负责人担任，副组长由地震发生地区县地震办公室负责人担任。选择现场指挥部的地点，要优先考虑与灾区政府指挥部较近，交通、联络和后勤保障方便的区域，现场应急工作队的驻地，要做建筑物安全鉴定，确保安全。在地震现场工作完成前，地震现场指挥部指挥长若要提前撤离，需指定现场工作负责人，确保地震现场工作的延续顺畅。地震现场工作视不同类别建立相应的地震现场应急工作队。Ⅰ、Ⅱ类地震现场工作采取联合组队方式，一般由中国地震局现场应急工作队，天津市地震局地震现场应急工作队、区县地震办公室、应急协作联动区省级地震局、其他省级地震局的现场应急工作队和有关人员联合组成，队长由市地震局副局长担任。Ⅲ、Ⅳ类地震现场应急工作主要是由市地震局和应急协作联动区省级地震局的现场应急工作队和有关人员组成，队长由市地震局副局长或处长担任。Ⅴ类地震现场应急工作主要是由市地震局和区县地震办公室的现场应急工作队和有关人员组成，队长由市地震局处长担任。地震现场应急工作队各组组长原则上为在册的具有现场应急岗位证书的地震现场应急工作队员担任。

第四章到第九章，对地震监测、震情趋势判断、灾情收集报送、灾害调查与损失评估、建筑物安全鉴定、科学考察等具体任务和要求进行了规定。第十章“新闻宣传”规定，地震现场应急工作队设立新闻发言人制度，设立信息公告板。新闻发言人归口与新闻媒体联系，负责回答媒体询问，及时通报现场应急工作进展等，现场应急工作队的秘书组负责准备新闻采访资料。信息公告板可实时发布余震序列，动态更新地震灾情和抗震救灾进展等。第十一章“应急保障”规定，地震现场应急保障的主要任务是：为地震现场指挥部、现场应急工作队提供工作环境、通讯及后勤保障服务。第十二章“地震现场工作的结束和总结”明确，地震现场工作的结束条件：当地震趋势已经明确，地震活动已明显衰减并趋于平稳，现场各项工作已经结束，灾区人民群众情绪基本稳定，灾区恢复重建工作已经全面开始，社会生活逐渐趋于平稳时，即可结束地震现场工作。第十三章“附则”，对奖励、施行时间等有关问题进行了规定。

（二）地震现场应急工作队工作制度

2006年5月19日，根据中国地震局《关于进一步加强地震现场工作的通知》（中震发救〔2005〕126号）要求，以天津市地震局文件《关于加强天津市地震局地震现场应急工作的通知》（津震发〔2006〕56号）印发“地震现场应急工作队组成及职责”和“地震现场应急工作队工作制度”。

“地震现场应急工作队组成及职责”明确：队长负责与地方政府、地方新闻媒体等的协调联络；负责整个现场工作队伍的管理；决定现场工作中的重大问题；负责召集每日的总结会，确定每日向局汇报的内容。副队长协助队长管理现场工作队伍和召集每日的总结会；负责现场工作简报的审核；负责协调组织现场工作队伍的业务活动。秘书组：承担地震现场指挥部办公室职责；负责与中国地震局、市地震局的联络沟通；汇总现场工作队各组工作情况，及时编撰《地震现场工作简讯》；承担现场工作队各组的协调、联络任务；负责现场的社会宣传和摄录像；负责组织每天晚上的现场工作例会。预报组负责对现场及其邻近地区与现场有关的地震和前兆观测资料的收集、分析处理；重大异常的核实与判断及宏观异常信息的收集和分析处理；负责对震后趋势提出初步判定意见；随时向秘书组报送震情信息。监测组负责现场监测台点的选点和仪器布设；负责对仪器时间服务系统和仪器特性的标定，并记录在案；负责对仪器记录数据的处理；负责对现场地震仪的管理和维护，使其随时处于良好状态；随时向秘书组报送现场震情监测信息。震害评估组负责现场宏观烈度考察和震害损失的调查与评估，给出地震烈度等震线、极震区和宏观震中位置，给出地震灾害损失预评估结果；负责组织建筑物安全鉴定工作；负责发震构造和发震地质灾害的调查；负责工程结构震害、生命线工程震害以及地震对社会影响等调查工作；随时向秘书组报送现场调查和考察的情况、图片等有关信息。通讯组负责现场与市地震局、中国地震局等的通讯联络，完成现场动态图像传输、语音及信息通信；在现场随时向秘书组报送的有关信息。后勤保障组负责现场工作队员的工作条件和生活条件保障；协助其他现场工作组开展工作。

2008年1月22日，天津市地震局再次印发了《地震现场工作队职责》（津震发〔2008〕6号）。

“地震现场应急工作队工作制度”共九条：（1）实行准军事化管理，严格工作和组织纪律，一切行动听指挥，服从统一调度和安排；（2）严格遵守地震现场工作规定，科学、规范地开展现场各项工作；（3）调查人员对被访问者要耐心、和蔼、礼貌，不得有歧视语言和行为；（4）严禁弄虚作假，每个现场工作人员应如实填写有关记录；（5）严守保密规定，未经允许，不准私下散布震情信息和灾害评估结果；（6）未经现场指挥部允许，不得接受新闻媒体的采访；（7）未经现场指挥部允许，现场工作队员不得单独行动或擅自离开地震现场；（8）现场人员保证所使用的仪器设备的安全，并确保处于正常工作状态；（9）严禁在工作现场酗酒、赌博。

（三）地震现场应急工作队个人装备管理制度

为加强地震现场应急工作队个人装备管理，确保装备在地震现场应急工作中发挥作用，2008年12月23日天津市地震局印发《天津市地震局地震现场应急工作队个人装备管理规定》（津震发〔2008〕148号）。管理规定明确：地震现场应急工作队个人装备主要用于地震现场工作、训练、演练和科学考察，每名现场工作队队员配备一套装备。地震现场应急工作队个人装备中耐用品原则上每3—4年进行一次更新，非耐用品在保质期前更新。地震现场应急工作队个人装备不得挪借他用。地震现场应急工作队队员在使用个人装备时应妥善使用和保管，如因非正常人为原因造成装备损坏，则酌情作价赔偿。应急救援部门专人负责地震现场应急工作队个人装备的日常管理。每月必须进行一次装备的检查，发现问题及时维护。

（四）地震应急现场设备管理制度

为确保市地震局地震应急现场设备在应急期间工作正常，使地震应急现场工作快速、高效、有序地开展，天津市地震局2005年4月13日印发《天津市地震局地震应急现场设备管理办法》（津震发〔2005〕47号）。

《天津市地震局地震应急现场设备管理办法》明确，地震应急现场设备由局应急救援处统一管理和调配。承担地震现场任务的各有关部门指定专人保管、保养和日常维护，确保地震应急设备随时处于可用状态。地震应急现场设备属地震应急现场专用。非地震应急工作使用时须征得局应急救援处同意。专管人员严禁擅自外借或对外租赁，因外借或对外租赁造成设备损坏由专管人员负责赔偿。专管人员要尽职尽责，建立专用设备档案，定期（平时每月1次、特殊时期随时）对设备进行检查与维护（如热启动、充放电等），并按设备流程进行操作，保证设备正常工作，并填写定期检测、维护记录表。局应急救援处对设备的情况不定期地进行检查。

《天津市地震局地震应急现场设备管理办法》还对海事卫星管理做出特殊规定，明确海事卫星M4地面终端必须每个季度开通一次信道进行例行检测和调试，以检查信号增益、星座方位及激活RF射频单元，确保设备始终处于高度可靠、稳定的待用状态。开通时长一般在1—2分钟。专管人员必须填写详细的例行通信检测、维护记录表。如果需要开通信道进行演练、演示或地震应急时，须由局领导或局应急救援处下达指令，专管人员在“海事卫星Inmarsat地面终端站通信通知单”上签字并经局领导核准后方可进行。开通信道并完成工作后应有操作人员和开通时间等记录。

五、天津市地震灾害紧急救援队管理制度

在天津市地震灾害紧急救援队组建的同时，天津市防震减灾工作领导小组应急工作办公室就组织起草地震灾害紧急救援队的管理制度，2001 年 8 月 7 日，天津市防震减灾工作领导小组应急工作办公室以津应急办（2001）14 号文印发了经市政府批准的《天津市地震灾害紧急救援队管理规定》。

《天津市地震灾害紧急救援队管理规定》共 16 条，对队伍性质、主要任务、指挥协调、启动程序、设备和装备管理、训练演练等方面作出规定。关于队伍性质，规定明确，紧急救援队是由天津市政府领导指挥，以驻津武警部队为主体组建，军民结合、平战结合的灾害事故救援的骨干力量。关于主要任务，规定明确，紧急救援队以破坏性地震发生后的紧急探生、破拆、救生为主要任务，同时兼顾其他灾害和严重恶性事故的紧急救援；紧急救援队以天津市辖区内发生破坏性地震后的紧急救援为主要范围，兼顾首都圈地区发生破坏性地震后的紧急救援，或按照上级命令执行其他灾害和其他地区的紧急救援任务。关于指挥协调，规定明确，震后紧急救援队受天津市抗震救灾指挥部指挥；紧急救援队到达现场后由市防震减灾指挥部派出的现场指挥组统一指挥。规定明确紧急救援队启动程序如下：（1）市应急办公室接到灾害信息后（地点、时间、灾损情况及发展趋势），及时准确报告有关领导，并按照领导的指令，及时准确地将紧急救援命令、指示下达到各救援分队（武警某师作战值班室、市消防局值班室和 120 急救中心）。（2）各救援队接到救援指令后，立即按照各自的指挥体系运作，迅速赶赴到指定地点进行救援或原地待命。（3）各有关专家接到救援指令后，携带相关资料，迅速赶赴指定地点或救援现场，为决策者提供科学可行的救援方法和依据。关于训练演练，规定明确，担负紧急救援任务的分队，要按照“平震结合”的原则，在完成自身日常战备、训练任务外，采取多种形式进行理论学习和使用技能的训练，每月不少于 4—5 个工作日。市应急办公室根据各分队训练的实际情况或其他特殊需要，开展综合演练，每半年一次。

六、天津市防震减灾工作领导小组应急工作办公室工作制度

2003 年 9 月 9 日，天津市防震减灾工作领导小组应急工作办公室以津应急办（2003）7 号文印发了经市政府批准的《天津市防震减灾工作领导小组应急工作办公室工作制度》。

（一）办公会议制度

明确防震减灾工作领导小组应急工作办公室实行办公会议制度。规定应急工作办公会议由办公室主任召集，联络员参加；有重大事项需研究时，邀请各相关单位主管领导参加。主要任务是：研究、确定地震应急工作任务与计划，总结、部署工作，协调解决有关问题。会议通常每年召开 1—2 次，特殊情况可随时召开。

（二）应急工作协调制度

明确应急工作办公室组成单位，按照平时各自职责，负责防震减灾应急日常工作。各组成单位可直接向领导小组分管领导汇报、请示工作，按照分管领导指示抓好落实。凡需向各区县、各委局部署的全局性地震应急工作，由市应急工作办公室牵头商各组成部门共同承办。

（三）文件承办制度

明确全局性地震应急工作文件实行办公室组成单位会签，领导小组领导审批制度，以领导小组名义印发。一般性业务工作文件，由应急工作办公室主任审批，以应急工作办公室名义印发。

（四）应急工作办公室成员调整制度

明确防震减灾工作领导小组应急工作办公室成员联络员的调整，由所在单位根据人员变化情况提出调整意见，报市应急工作办公室批准。

（五）破坏性地震应急预案修订制度

明确各级破坏性地震应急预案及其他相关的应急预案，根据情况的变化适时进行修改、完善。一般情况下每年修订一次，特殊情况可随时修订。规定重要内容修改要报上级应急工作办公室备案。

（六）工作检查制度

规定市应急工作办公室每年组织对各区、县，各委、局的地震应急工作进行一次检查。检查内容和方法按中震发测（2000）285 号文件《关于印发〈地震应急检查工作制度〉的通知》精神和《天津市地震应急工作检查评比标准》进行，并将检查情况及时通报。

（七）工作汇报制度

明确市应急工作办公室每半年听取一次各区、县，各委、局应急工作办公室工作汇报，特殊情况可随时汇报。汇报形式书面或口头。市应急工作办公室将有关情况以《防震应急工作简报》形式上报市防震减灾领导小组，并通报各单位。

（八）人员培训制度

明确各级应急工作办公室根据地震应急工作的需要，并结合相关工作，每年至少对应急工作人员组织一次业务培训，以提高应急工作人员的业务素质，适应应急工作需要。

（九）文件资料管理制度

规定防震减灾工作领导小组和应急工作办公室文件由应急工作办公室指定专人负责、专人管理，每年进行分类归档、妥善保管。管理人员要认真执行《中华人民共和国保密法》的规定，严守机密，对所了解的文档机密内容不得向外泄漏。

（十）应急值班制度

规定各级应急工作办公室要与本单位行政值班相结合，建立昼夜值班制度，值班人员要明确职责，熟悉相关情况和应急情况处置程序，严格交接班手续，坚守岗位。明确市应急值班室对各区、县，各委、局应急值班情况进行不定期检查。

七、华北地区地震应急区域协作联动制度

2006 年 9 月 7 日，中国地震局印发了《全国地震应急区域协作联动工作方案（试行）》的通知。《全国地震应急区域协作联动工作方案（试行）》将全国分成六个区域，开展区域地震应急联动工作。其中的华北地区包括：北京市、天津市、河北省、山西省、内蒙古自治区、山东省、河南省七省市。

根据中国地震局的安排，2006 年 12 月 12—13 日，“2006 年度华北地区地震应急区域协作联动联席工作会议”在北京召开。中国地震局副局长赵和平、震灾应急救援司司长黄建发到会并作了重要讲话。自此，华北地区地震应急区域协作联动工作开始运行。

华北地区地震应急区域协作联动工作先后制定了《华北地区地震应急区域协作联动工作方案（试行）》《华北地区地震应急区域协作联动联席会议章程》《华北地区地震应急区域协作联动震后应急组织指挥协调制度》《华北地区地震应急区域协作联动人员调配制度》《华北地区地震应急区域协作联动演练、培训制度》《华北地区地震应急区域协作联动资料共享制度》《华北地区地震应急区域协作联动资金与物资保障制度》。

《华北地区地震应急区域协作联动工作方案（试行）》分六章：第一章总则，明确协作区协作联动实行统一指挥、属地为主、资源共享、优势互补的原则。明确协作区内各省级地震局在本区域地震应急协作联动工作领导小组的指挥下，按照任务分工，各司其职，密切配合，共同做好本协作区的地震应急联动工作。第二章急区域协作联动组织及职责，明确建立协作区地震应急区域协作联动联席会议制度，设立协作区地震应急协作联动工作领导小组。协作区地震应急协作联动工作领导小组组长实行年度轮流担任制，组长为协作区地震应急协作联动联席会议年度牵头单位主管地震应急工作的领导，领导小组成员为本协作联动区域内其他省级地震局主管地震应急工作的领导。日常工作由各成员单位的应急救援处承担。第三章日常应急准备的协作联动，第四章应急响应的协作联动，第五章区域应急联动保障，第六章附则。

《华北地区地震应急区域协作联动联席会议章程》明确，联席会议是华北区地震应急区域协作联动的具体组织形式，是最高议事和决策组织。北京市、天津市、河北省、山西省、内蒙古自治区、山东省、河南省地震局依序轮流牵头组织召开年度地震应急区域协作联动联席会议，研究决定各项应急协作联动的重大事项，统一规划、组织实施区域地震应急协作联动日常工作。联席会议日常工作由牵头单位应急救援处承担。联席会议原则上每年召开一次例会，必要时经成员单位提议，可随时召开临时会议，由牵头单位负责组织实施。

《华北地区地震应急区域协作联动震后应急组织指挥协调制度》明确，震后成立应急联动现场指挥部，总指挥由震中所在地省级地震局负责人担任，成员为其他单位负责人，现场指挥部统一指挥协调现场应急行动。震中所在省局应当在地震发生后一小时内将初步震情、灾情通知联动区牵头单位。联动区牵头单位应当在接到通知后一小时内，通知震中所在省局参加现场应急工作

的人员名单和专业分工，震中所在省局应当做好联动区参加现场应急联动人员的现场有关准备工作。

《华北地区地震应急区域协作联动人员调配制度》明确，联动区调配人员包括科学考察、震害评估、分析预报、流动监测、网络通讯和房屋鉴定等方面的专业技术人员。联动区人员调配由地震发生所在地的省（区、市）地震局向联动区其他成员单位发出需求申请为启动条件。接到需求申请的联动区成员单位要积极组织、密切配合在最短的时间内派出联动应急人员。联动区各成员单位派出的应急人员接受发震所在地的省（区、市）地震现场应急指挥部的领导和指挥，统一编组和调配。

《华北地区地震应急区域协作联动演练、培训制度》明确，联动区内每年进行一次联动演练，联动演练的方式、规模、内容由年度联席会议确定，并报中国地震局震灾救援司备案。联动区每年组织一次本年度地震应急联合培训，培训方式、规模、内容由年度联席会议确定，并报中国地震局震灾救援司备案。

《华北地区地震应急区域协作联动资料共享制度》明确，建立常态下的日常交换机制和非常态下的应急准备期和地震现场的资料交换机制。建立华北地区地震应急联动资料共享论坛，各联动单位要将本单位可共享的资料上传论坛，供其他联动单位学习借鉴。

《华北地区地震应急区域协作联动资金与物资保障制度》明确，资金与物资保障工作遵循“统一领导、属地为主、合理分担、优势互补”的原则。年度地震应急协作联动日常工作经费由年度牵头单位负责筹集，纳入市地震局年度地震应急工作经费计划。各省级地震局应设立地震应急准备金，列入年度财务预算。各省级地震局要建立区域联动地震应急物资供应保障体系，以便应急时，能快速、有序、足量调配。

2008—2009 年市地震局局作为牵头单位承担了华北地震应急区域协作联动的组织协调工作，完成了对华北地区地震应急区域协作联动工作方案（试行）、华北地区地震应急区域协作联动联席会议章程、华北区域联动震后应急组织指挥协调、人员调配、演练培训、资料共享及资金与物资保障等制度、华北区域各单位协作联动工作实施方案等的征求意见和修改，并汇编成册。

第三节　地震应急工作检查

地震应急检查是一项行政监督措施，其目的是促进地震应急准备工作的开展；开展地震应急检查是防震减灾法赋予地震部门的一项职能。

中国地震局对天津市地震应急工作十分重视，自 2000 年国家四部委建立《地震应急检查工作制度》以来，中国地震局两次对天津市地震应急救援工作进行检查。

天津市地震应急工作办公室、天津市地震局对地震应急检查十分重视，坚持对地震应急工作进行检查监督，对天津市地震应急工作起到了重要的促进作用。

一、国家检查天津市地震应急工作

自2000年国家四部委建立《地震应急检查工作制度》以来，中国地震局两次对天津市地震应急救援工作进行检查。

（一）2000年检查

2000年3月11日（星期天），国务院办公厅秘书三局副局长黄文平、中国地震局岳明生副局长率检查组，对天津市蓟县地震应急工作和震情监视工作进行突击检查。

上午10时50分，检查组一行到达蓟县人民政府，向值班人员说明来意。主管地震应急工作的副县长胡元祥和县地震办主任王兰造接到通知后，15分钟迅速赶到县政府。首先，检查组首对主管地震应急工作的副县长处置突发地震灾害的能力进行考查。副局长黄文平提问："蓟县发生破坏性地震后，你作为主管地震工作的县领导，应该怎样处理？怎样调度指挥抢险救灾工作？"胡元祥副县长立即拿出《蓟县破坏性地震应急预案》，依据预案对所提问题一一作了回答。接着，检查组要求实地演练应急职能机构负责人集结和工作情况。根据检查组的要求，地震应急办公室、应急医疗救护队、应急运输队、机动消防队、应急救灾物资供应处等五个应急工作机构的负责人在40分钟内赶到了县政府。并对检查组提出的"抢险救灾物质供应能力？公路桥梁遭受严重破坏后能否马上恢复？发生火灾怎样处置？"等问题作了回答。地震办王兰造主任还向检查组汇报了1月26日蓟县3.3级有感地震后，县地震办配合市地震局开展宏观考察等工作情况。

随后，检查组一行到达蓟县地震台，查看了震情值班室、仪器室和观测山洞，询问了人员情况、"两会"期间震情监视的措施和出现异常后如何处理等问题。

检查组检查后表示，蓟县地震应急工作和震情监视工作成效突出，并对蓟县政府和有关部门、蓟县地震台的精神面貌给予肯定。

（二）2004年检查

2004年12月6—8日，按照国务院领导要求和《地震应急检查制度》，以中国地震局副局长岳明生任组长、震灾应急救援司司长黄建发任副组长，由中国地震局、国务院办公厅、国家发改委、民政部、国家安全生产监管局组成的全国地震应急工作检查组一行10人，对天津市市地震应急的日常性准备工作进行了检查。在津期间，分管副市长会见了检查组全体同志，并听取了检查情况的反馈意见。受市领导委托，市政府副秘书长陈宗胜作出安排部署，要求配合做好迎接检查的各项工作。受市领导委托，市地震局局长赵国敏和副局长冯俊生、李振海以及市发改委、市民政局、市安全生产监管局、市人防办负责同志陪同检查组检查工作。

6日下午，检查组一行听取了天津市地震应急工作汇报。7日至8日上午，检查组先后到河北区、河西区、汉沽区听取了区政府的地震应急工作汇报，实地检查了市第二医院、市电力总公司、河西区挂甲寺街鹤望里社区、汉沽五中等单位的地震应急工作。在津检查期间，在事先不告诉的情况下，模拟宁河地区发生了 6.8 级地震，对市地震局和市人防办处置突发地震事件的响应能力进行了抽查。8 日下午在地震应急工作检查总结会上，检查组将检查情况向市政府反馈，市领导陈宗胜出席。9 月上午，在圆满结束了为期 3 天检查工作之后，全国地震应急工作检查组的同志离津。

检查组检查后认为，天津市结合大城市的特点，做了许多具有开创性的地震应急工作，工作扎实、措施到位、责任明确，取得了很大成绩。主要体现在六方面：一是各级政府高度重视地震应急工作；二是修订完善四级地震应急预案，明确职责，为做好地震应急提供保障；三是建章立制，规范地震应急制度；四是注重落实工作，为做好地震应急提供了措施保障；五是各级政府所属部门和企业非常重视地震应急工作；六是突出大城市特点，抓住关键环节，使地震应急工作深入到社区，特别是将地震避险工作进入家庭，在全国是独创。在肯定工作成绩的同时，检查组也指出了天津市地震应急工作的薄弱环节和存在的不足，并提出了明确的建议意见。在通报地震应急工作检查情况时，岳明生对天津市努力推进地震应急工作进社区、进家庭的工作作法，给予了高度评价。他希望在市政府的领导下，通过市有关部门的积极努力，将这个开拓性的工作做得更加扎实、有效，同时积极探索和认真总结出地震应急工作中的新经验，在河西区试点社区成功实践的基础上，努力开创地震应急工作的新局面。

在听取了检查组的意见反馈后，分管副市长作了重要讲话。分管副市长首先代表市委、市政府对检查组一行在津期间的辛勤工作表示感谢。分管副市长指出，地震应急工作涉及人民生命安全，这次全国地震应急检查组对天津市的检查非常及时，体现了党中央、国务院对人民利益的重视，对人民生命安全的重视。全市各级领导、各有关部门都要从贯彻落实党的十六届四中全会精神和忠实实践“三个代表”重要思想的高度上，充分认识地震应急工作的重要性。分管副市长还指出，通过这次检查，各级政府都受到了教育和警示。面对随时可能发生的地震灾害，在思想上不能放松，要保持高度的警惕。一旦发生地震如果因为我们束手无策或者由于工作没有做好，造成更大的伤亡，这就是政府的失职，也是对不起党和人民的重大责任问题，因此各级政府和各部门要高度重视检查组提出的建议和意见。在谈到针对检查中发现的问题如何进行整改时，分管副市长要求，一是采取各种有效形式在年底前进行一次地震应急工作的全面检查。二是要深入到街道、班组，学校、部队、工厂，加强对全民防震减灾知识的宣传教育工作。三是要加大对地震应急工作的投入。每年市和区（县）财政都要列出预算，在经费的投入上都要有所增长。四是要抓紧时间研究地震应急工作管理体制问题的整改，适应地震应急工作的要求。五是要进一步完善、修订天津市的地震应急预案，协调理顺对地震应急预案的管理和拟定。六是在将避难场所建设问题已经列入城市总体规划的基础上，要积极付诸实施。七是每年度都要制定出详细的地震应急演练计划，不断增强地震应急演练的组织能力和水平，从而锻炼提高全社会的地震应急响应能力。

二、天津市地震应急工作检查

（一）天津市防震减灾工作领导小组应急工作办公室组织开展的地震应急工作检查

1996年6月，天津市防震减灾工作领导小组应急工作办公室建立后，为加强地震应急工作管理，促进地震应急准备工作，建立了应急检查制度和有关标准，分别于1997、1998、2000、2001、2003年开展地震应急检查工作。

1. 1997年检查

1997年6月24日至7月17日，为了解应急工作办公室建立一年来天津市地震应急准备工作的情况，天津市防震减灾工作领导小组应急工作办公室对部分重点单位的防震应急准备情况实施检查，检查的重点是防震重点目标工作及防震救灾队伍组建落实情况，检查的单位是公用局的第二煤制气厂、新开河水厂，医药总公司的药业公司、北草坝药库，化工总公司的大沽化工厂、天津碱厂，粮食局的西站储运贸易公司、红桥区粮食局，邮电管理局的电报大楼、卫星地面站，电力局的第一发电厂、变电站，石化总公司的炼油厂、联合化学公司等。

2. 1998年检查

1998年10月19—30日，根据市政府批转的《关于检查地震重点监视防御区大中城市地震应急工作的函》（中震发防〔1998〕150号）的要求和李盛霖市长的指示精神，市防震减灾工作领导小组应急工作办公室会同市建委、市地震局、市委宣传部、天津警备区，对天津市区县、部门地震应急工作落实情况进行了检查。此次应急检查，是在各单位自查的基础上，重点抽查了市内六区、塘沽区、北辰区、武清县和市公用局、电力局、卫生局、市政局、邮电局、天津铁路分局、渤海化工集团、建工集团、广播电视局、市交通委员会共19个单位。检查采取听汇报和实地实事检查的方法。各单位详细汇报了自1996年以来地震应急工作的情况，包括应急预案的制定，应急指挥所的建设，通讯联络的组织，重点目标防护，救灾队伍的组建，抗震加固，监测预报工作，地震应急宣传等。检查组仔细询问了应急工作有关细节，重点查看了应急预案的制定情况，应急指挥部和应急通讯设备及使用情况，对有关问题提出了落实意见。检查表明，天津市地震应急工作正积极、稳妥、扎实地开展，取得了很大的成绩。天津市的防震应急工作正在向更广泛、更深入、正规化、制度化方向发展。各地、各部门共同特点是：领导重视；防震应急机构健全；应急预案完善配套；应急指挥场所建设和防震通讯指挥网得到加强；应急队伍得到了落实；宣传工作效果明显，公众承受能力提高。不少区县、委、局结合自己的特点，在应急工作上创造了一些值得推广的好经验、好方法。存在的问题主要是：应急预案的可操作程度不同，有的单位还不够明确、具体；基层应急通讯还存在一些困难，应急指挥在通信保障上还不够完备等。

3. 2000年检查

2000年12月4日，为使天津市地震应急检查工作步入规范化、正规化管理轨道，市防震减灾工作领导小组应急工作办公室根据《关于印发〈地震应急检查工作制度〉的通知》（中震发测

〔2000〕285 号）精神，结合天津市地震应急工作的实际情况，制定了天津市地震应急工作检查评比标准，以津应急办〔2000〕3 号文印发执行。

天津市地震应急工作检查评比标准

表 4-4-3-86

项目	标 准 要 求	分数
组织机构建设 15 分	1. 地震应急组织机构健全。地震应急组织机构有单位的主要领导参加，编成、分工合理，职责明确。	6 分
	2. 根据人员变动情况及时调整组成人员，并有建立机构和人员调整文件（资料）。	6 分
	3. 有固定办公地点和办公设备。	3 分
应急预案和保障计划 20 分	1. 拟有《破坏性地震应急预案》、《强有感地震应急预案》、《人员密集场所应急疏导方案》。	8 分
	2. 拟有抢险救灾保障计划（通信、医疗、物资、生活必需品、治安保卫、运输、消防、特种救援、灾民疏散安置、供水、供电、供气、道路、桥梁等应急抢险保障计划）。	7 分
	3. 各种方案及保障计划修订及时、完善配套，便于实施，操作性强。	5 分
指挥通信建设 25 分	1. 有固定的应急指挥部（所）且维护、管理良好。	4 分
	2. 有指挥部编成及成员行动就位方案。	4 分
	3. 有指挥部成员职责。	2 分
	4. 建有地震应急指挥信息数据库。	5 分
	5. 有专用通讯设备（BP 机、800 兆、专线电话），设备运行正常。	4 分
	5. 有应急指挥部成员、抢险救灾专业队应急联络、收拢方案。	2 分
	6. 通讯设备操作使用、规范用语应答熟练。	2 分
	7. 有指挥资料、图片。	2 分
专业队伍建设 10 分	1. 应急抢险救灾专业队整组方案和训练计划。	5 分
	2. 专业队装备齐全、良好。	2 分
	3. 专业队编制合理、训练有素，遂行任务能力强。	2 分
	4. 有实力统计表和花名册。	1 分
值班建设 10 分	1. 有值班室管理规定和应急情况处置措施。	3 分
	2. 有应急带班领导、值班员安排和职责。	3 分
	3. 有专用值班室并悬挂标牌。	2 分
	4. 应急值班室整洁有序，设备、图表资料齐全。	2 分
日常工作管理 10 分	1. 备有历年上级、本级文件资料。	1 分
	2. 有应急工作情况反映、简报等文件资料。	1 分
	3. 文件资料齐全、归类分档细致、摆放有序。	1 分
	4. 有工作计划、请示报告、会议材料、统计、管理、训练、值班等各项工作规章制度和职责。	3 分
	5. 有宣传教育（包括发放宣传资料、上街宣传、展览等）计划和总结。	4 分

各区、县和有关委、办、局接到通知后，对照检查评比标准认真组织自查，并将自查结果于 12 月 30 日前报市应急办，市应急办于 12 月 17—20 日，对南开区、汉沽区、西青区、宁河县应急办和市自来水集团、民航天津管理局进行了抽查和工作调研。此外，还组织抗震救灾指挥部十六个指挥组的牵头单位进行座谈，了解地震应急工作开展情况，听取意见和建议。各单位对此次检查都很重视，认真进行自查和总结。被抽查单位准备充分，汇报详尽，并就一些做法和体会，存在的问题、建议以及今后工作打算与市应急办进行了交流。

从检查看出，各区县、各委办局的地震应急工作得到了较好的落实。主要表现在：（1）领导重视，机构健全。各级领导都十分重视地震应急工作，列入重要议事日程；地震应急工作组织领导机构也比较健全。机构调整以后，一些单位及时调整了领导小组成员和办事机构，妥善进行工作交接，确保了地震应急工作的延续性。（2）预案齐备。各区县、各委办局都制定了本区县、本系统的《破坏性地震应急预案》《强有感地震应急预案》和抢险救灾的专项保障计划，各区县还制定了《抗震救灾指挥部编成及行动方案》，从而形成了一整套应急预案。一些机构、职能发生了变化的单位，如粮食局、公用局、民航天津管理局等都及时对预案加以修订。（3）通信建设取得进展。各区县、相关委办局、直属单位都设有固定的指挥场所，配备了防震应急专线电话、无线800兆、应急寻呼机、会议机等通讯设备，设专人值班，保障通讯联络畅通。蓟县将地震应急通信纳入了县党政军指挥通信有线调度网，覆盖了整个县城，正向城外发展。部分单位如公安、电力、市政等还依托本单位、本系统的通讯设施建立了应急通讯网，制定有指挥部成员与抢险救灾专业队的应急联络和收拢方案，以保证及时有效地传达指挥部命令和应急救援队伍的收拢。（4）重点目标、人员密集场所应急工作按要求开展。经过近两年的努力，市、区两级重点目标的调查分级分类工作已全部完成，市内六区、塘沽区都已建立了重点目标数据库，将有关情况标绘在电子地图上。重要的目标制定了应急抢险抢修方案。一些重点目标单位还结合生产实际，发现薄弱环节，进一步完善抢修方案。（5）抢险救灾专业队伍落实。各区县、部分重点委办局都建立有抢险救灾专业队伍，为确保人员落实，装备落实，职责明确，反应迅速，每年进行整组和训练，提高专业技能和应急应变能力。此外，为保障遇有重大灾害时的应急抢险救灾行动，市应急办还在武警某师工兵营和市消防局特勤大队建立了一支地震灾害紧急救援队，配备有专用车辆和破拆、搜救、探生器材。这是全国第一支省级紧急救援队伍。该队伍通过培训，目前已形成战斗力。（6）应急演练逐步开展。为检验各项预案的可操作性并广泛开展地震应急工作，很多单位还组织了不同形式、不同内容的演练和培训。如河北区组织了指挥部成员就位、救援队伍集结演练，塘沽区进行了应急专业队伍拉动，和平、南开、河北、武清等区组织了人员密集场所应急疏导演练，红桥、河西、汉沽等区组织了防震减灾知识培训和示范学校经验推广等一系列活动。

从检查看出，天津市近年来的地震应急工作出现了新的特点：（1）地震应急工作正在逐步向基层扩展。许多区县如南开区、河东区、红桥区、汉沽区等，已经将领导机构、预案制定、人员疏散、应急宣传、演练等工作落实到了村、镇、居委会甚至居民小区、学校、医院；许多委局也要求其基层单位、关键部门建立指挥系统，制定岗位应急预案并及时进行修订。这些工作对天津市地震应急各项工作进一步向深层发展，做实做细起到了积极作用。（2）平战结合建设专业队伍有明显成效。为保障应急专业队伍的落实和提高抢险救灾、应急应变能力，一些单位在实践中不断摸索总结平战结合建设专业队伍的做法，一些经验和做法是可行的。如，许多区县都会同武装部，结合民兵应急分队和群众防空组织建设，组建起“一队多用，平战结合”的综合应急抢险专业队伍；一些生命线工程，如水、电、气、市政、通信、化工等部门，平时都有自己的应急抢修队伍，制定有应急处置方案。这些方案和队伍都被运用到地震应急队伍组训中去。以上做法使得各支专业队伍的人员得到很好落实，专业技术熟练，工作经验丰富，并可在平时的工作中得到锻炼和检验，反应速度较快。（3）开展未来城市地震灾害特点及救援方法研究。一些委局积极主动地开展工作，根据现代城市特点，分析未来地震可能造成灾害的特点，研究应对策略，提出了不少建议。如自来水公司根据未来城市地震火灾将加重的特点，研究自来水如何配合消防部门灭火救灾的问题。（4）地震应急工作管理更加规范化。为把地震应急工作做实做细，一些区县应急办按照市应急办对地震应急工作规范化建设的要求，制定了一系列工作制度，加强地震应急工作规范化管理，推动各项工作。如南开区制定了《南开区地震应急工作规范化管理标准》，以区政府的名义印发到全区各个部门进行落实，还在兴南街道办事处召开了落实规范化管理标准现场会，树立了样板，虚事做实，有力地促进了地震应急工作的开展。

检查也发现了一些问题，主要是：各地各单位的应急工作发展还不平衡，一些单位经过机构调整以后，职能、人员都发生了很大变化，地震应急领导和办事机构、应急预案还未来得及进行调整；一些单位保障地震应急工作的经费难以落实；部分新的应急工作人员对地震应急工作还不太熟悉，还有一些工作还浮于表面，有待于今后的工作中予以加强和提高。

4. 2001 年检查

2001 年 12 月 17—20 日，为全面掌握地震应急工作开展情况，进一步落实地震应急各项准备工作，并使之尽快步入正规化、规范化轨道，天津市防震减灾工作领导小组应急工作办公室在各区县、各相关委办局地震应急自查工作的基础上，重点对南开区、西青区、汉沽区、宁河县应急办和自来水集团公司、民航天津管理局进行了检查和工作调研。

检查是按照《天津市地震应急工作检查评比标准》的要求，对各单位的地震应急组织领导机构、应急预案和保障计划、指挥通信系统建设、重点目标、专业队伍、应急值班和日常工作管理等项内容进行了检查。通过检查可以看出，各单位对地震应急工作都给予了较高重视，充分认识到了开展此项工作的重要性，具备较强的责任感，认识到位，领导得力，职责明确，真正做到了有准备，有部署，有行动，各项工作得到了较好落实，为今后工作的开展打下了好的基础。同时，各单位不仅仅局限在按照年度工作要点进行落实，还结合本区县、本系统的实际情况和工作实践，不断总结经验，广开思路，提出问题，积极探讨，对如何进一步做好地震应急工作进行了较深入的思考。

此外，市应急办同时还进行了工作调研，更加直观、深入地了解了以上单位的现状、工作开展情况，发现了一些存在的问题，并就提出的部分问题、建设性意见和建议共同进行了探讨。

通过此次检查和调研，有力地促进了各区县、各委办局的地震应急工作，更加全面地掌握了全市地震应急有关情况，为进一步理顺工作关系，更有效地开展地震应急各项工作，不断提高应急应变能力打下了基础。

5. 2003 年检查

2003 年 12 月 2 日，天津市防震减灾工作领导小组应急工作办公室印发了《关于地震应急工作检查的通知》（津应急办〔2003〕13 号）文件，明确此次检查的依据是《天津市地震应急工作检查评比标准》；检查的内容包括：地震应急组织领导机构、应急预案和保障计划、指挥通信系统建设、重点目标、专业队伍、应急值班和日常工作管理等项；检查的方法是自查和抽查相结合。各区县、各委办局按照《天津市地震应急工作检查评比标准》，对本单位、本系统的地震应急工作情况进行了自查和总结。十三个委局和十一个区县应急办上报了自查总结。市应急办重点对十五个区县应急办进行了检查。从检查情况看，各区县、各委办局的地震应急工作得到了较好的落实。

（二）天津市地震局组织开展的地震应急工作检查

2004 年，为迎接国家应急检查，根据市领导指示，市地震局会同市发展和改革委员会、市民政局、市安全生产监督管理局和市人民防空办公室五委办局开展地震应急自查工作。2006 年 9 月天津市防震减灾工作领导小组办公室负责破坏性地震的应急工作管理后，于 2007 年 11 月 20 日，市地震局与市发展和改革委员会、市民政局、市安全生产监督管理局联合印发《关于印发〈天津市地震应急检查工作制度〉的通知》（津震发〔2007〕86 号）。按照《天津市地震应急检查工作制度》的要求，2008 年起至今，每年至少开展一次全市地震应急检查。其中 2008 年、2010 年的检查是多部门参加的、检查对象包括市政府部门、区县政府和基层单位内容全面的检查。2009 年的检查是地震局联合市应急办对市通信管理局进行的单项检查，另外在 2008 年还开展了奥运比赛场馆和运动员住宿宾馆地震应急保障措施检查。

1. 2004 年检查

2004 年 12 月 1—3 日和 28—30 日，由市地震局、市发展和改革委员会、市民政局、市安全生产监督管理局和市人民防空办公室五委办局组成的天津市地震应急工作查组，对天津市地震应急工作进行自查，分别对部分区政府、有关部门和重点企业的地震应急准备工作开展了检查。检查组先后听取了汉沽区、河西区、河北区、塘沽区和津南区 5 个政府的地震应急工作汇报，实地检查了天津石化公司、大港发电厂、汉沽五中、天津化工厂、河西区挂甲寺街鹤望里社区、天津市自来水集团管网四所、天津电力公司、天津市燃气集团、天津市第二医院、天津市红桥区外国语中学、天津市港务局、津南区咸水沽三中和津南区水务局等 13 个单位。

检查组对各区的地震应急工作给予了充分肯定和高度评价，各区都能按照国家和市政府的要求，建立了应急组织领导体系，制定了区、街道、居委会三级地震应急预案及与之配套的专项保障计划，组建了地震应急抢险抢修专业队伍，按照“四个一”的原则建立了地震应急指挥中心，加强了震情和灾情信息系统的建设，广泛开展了防震灾减灾知识的宣传教育。河北区建立了稳定坚固、通信联络可靠、基础资料完整的地上、地下两个应急指挥场所。河西区把地震应急工作深入到社区，组建了社区防震减灾志愿者队伍，指导 200 多户居民编制了家庭地震应急预案，这在全国尚属首例。汉沽区制定了地震应急避难场所规划建设方案，目前已选定了 8 处场所列入首批工程计划。

检查组对 13 个单位的地震应急工作给予了充分肯定和高度评价。天津市第二医院结合本单位的特点，成立了地震应急指挥部，制定了完备的地震应急疏导方案，并成立了一支由24人组成的地震应急医疗分队，储备了1个半到2个月的医疗物资。天津市电力总公司重视地震应急指挥机构建设，与其他应急处置指挥机构保持一致，与其他各项应急工作同安排、同布置，把地震应急工作纳入到电力安全生产范畴，作为电力日常管理的重要组成部分，在资金、人员、设备方面给予保证，使抗震减灾成为公司的一项常态工作。研究地震灾害和抗震能力分析，每年根据电网的变化，不断充实和完善各种情况下详细的事故处理预案。建立了6支专业抢险队伍，建立了完善的防震应急指挥系统和通讯网络。河西区挂甲寺街鹤望里社区开展了模拟社区地震应急指挥和社区志愿者自救互救演练，在景园里17号楼的两位居民家中实施了家庭地震避险演练。汉沽区五中成立了学校应急指挥领导小组，结合学校人员密集的特点制定了防震、避震、逃生、救护方案及防震避震疏散平面图，将防震减灾知识纳入课堂教学计划，还进行了震时的避险、震后的有序疏散及紧急救治等演练。

检查组认为，今后地震应急工作应注意的问题是：（1）大型企业应建立与本地区防震减灾工作主管部门的信息沟通联络机制，加强沟通联络；应对于属于本单位管辖的职工生活区灾民安置问题的计划，加强生活区紧急避难疏散预案的完善，设置防灾应急避难场所；（2）区县防震减灾工作相关部门间应理顺关系，加强沟通联络；（3）政府和各个单位的物资储备因为资金的限制可能无法满足突发事件后的救援需求，建议更新思路，增加物资储备的方式，充分利用市场储备，做到在突发事件发生时可将市场储备转化为应急储备；（4）由于历史原因，以及资金投入的问题，造成生命线工程里的管网老化、大型企业抢险队伍重型设备缺少，建议有关单位充分考虑应急抢险在地震应急工作中的重要性，逐步给予解决；（5）有些人员密集场所建立在周边建筑物密集地区，很不利于紧急疏散避险，建议进行改造，扩大紧急避难通道，并在以后的相关建设中充分考虑紧急避难通道的建设；（6）有些工作仍只是停留在领导层，基层人员的了解还不普遍，建议对各项制度加强学习和宣传力度，争取做到以点带面、人人皆知。

2. 2008年检查

2008年1月23、24日，由市地震局冯俊生副局长率领的由市突发公共事件应急委员会办公室、天津市地震局、天津市发展和改革委员会、天津市民政局和天津市安全生产监督管理局组成的天津市地震应急工作检查组，对南开区和河北区政府、个别重点企业和学校及街道的地震应急工作进行了检查。

检查组先后听取了南开区、河北区当地政府领导的汇报，检查了地震应急预案制定及各项保障措施落实情况，实地检查了市通信管理局、市新开河水厂、南开区华苑街办事处等的地震应急工作情况。

检查组认为被检查的区县政府及各单位的地震应急工作都比较扎实，主要体现在领导重视，机构健全，预案完善，职责明确，保障措施落实到位，应急知识的宣传教育工作开展广泛。存在问题和不足主要有：部分单位的地震应急预案修订不及时，可操作性不够强；应急物资保障不足；

应急经费和人员不足。检查组提出的建议主要有：应加强针对应急预案的演练，提高预案的可操作性；加强应急人员的培训，提高应急工作能力和水平；加强地震应急工作的宣传，提高各级领导、广大干部和公众的应急意识；研究建立市场经济体制下的应急物资储备机制；应加强资金的投入和人员的保障，确保地震应急各项工作的顺利开展。

检查组肯定南开区华苑街社区总结出的开展应急工作的五个强化："加强领导强化责任；拟制预案强化演练；做好宣传强化认识；适应特点强化反应；注重创新强化时效"的经验；肯定河北区新开河水厂根据地震灾害的特点，结合水厂电、水、危化品三大主要危险源开展预案的演练工作的做法。

3. 2010年检查

2010年12月7日至12月10日，市地震局冯俊生副局长率领由市应急办、市地震局、市发展和改革委员会、市民政局和市安全生产监督管理局有关人员组成的全市地震应急工作检查组对天津市部分区县政府、学校和社区的地震应急工作进行了检查。

检查组先后到滨海新区建设和交通局、东丽区政府和武清区地震办公室听取了三个单位就政府对地震应急工作的领导、地震应急预案修编、应急救援队伍建设、灾情速报网建设、应急物资储备、应急避难场所建设、应急知识培训及演练等方面工作的汇报；实地检查了东丽区詹滨西里社区和东丽中学地震应急工作开展情况。

检查组认为，被检查的区县政府对地震应急工作都比较重视，应急机构较为健全，地震应急预案较为完善，各项保障措施基本落实到位，应急知识的宣传教育工作开展广泛。存在问题和不足主要有：部分单位地震应急预案横向到边，纵向到底的力度不够，乡镇（街道）和企业地震应急预案修编工作不到位；部分单位开展地震应急演练偏于形式化；部分单位开展基层地震应急宣传不够；部分单位经费和人员不足。检查组提出的建议主要有：各区县要高度重视地震应急预案的修编，加大工作力度，严格贯彻落实地震应急预案横向到边，纵向到底，加快推进乡镇（街道）和企业地震应急预案的修编工作，进一步完善地震应急预案体系。各区县要大力加强针对应急预案的演练，要组织预案培训和演练，通过演练，达到有效落实应急准备、检验预案、锻炼队伍、磨合机制、明确职责、熟悉程序和提高能力的目的。要加强应急人员的培训，提高应急工作能力和水平。各区县要进一步拓展地震应急工作宣传进企业、进基层，提高各级领导、广大干部和公众的应急意识。各区县要加强资金的投入和人员的保障，确保地震应急各项工作的顺利开展。

4. 2008年奥运场馆和运住宿宾馆地震应急保障措施检查

2008年7月10日，为了落实地震应急保障措施，保障奥运比赛场馆和运动员住宿宾馆的地震安全，市地震局会同市应急办、市发改委、市民政局、市安监局、市公安局、市奥足办对市奥体中心和运动员、记者下榻的酒店进行了地震应急保障措施检查。市地震局局长、市防震减灾工作领导小组办公室主任赵国敏出席检查汇报会并做了重要讲话。检查组首先听取了天津奥林匹克中心体育场、喜来登大酒店和君豪酒店3个单位关于地震专项应急预案制定和落实情况，应急疏导指挥人员培训和演练情况的汇报，然后现场查看了应急疏散通道的标志设置和畅通情况。检查组认为，上述 3 个单位按要求编制了应对地震突发事件的紧急疏导避险预案，确定了疏散通道，设置了标志，根据预案完成了指挥、疏导人员的培训，并组织进行演练。做到了预案具有可操作性，应急疏导方案翔实，疏散通道畅通、标志齐全明显。检查组要求各单位要以高度的责任感，进一步完善和做好奥运地震安全保障工作。

第五篇

法制、规划、科技与外事

法制、规划、科技与外事是防震减灾事业发展的引导和保障。天津市从防震减灾工作开始起，就先后不同程度地开展法制、规划、科技与外事等工作。本篇分别记述防震减灾法制建设、防震减灾规划（计划）、地震科学技术研究、国际地震科技交流与合作等发生、发展的情况和重大事件。

第一章　防震减灾法制建设

防震减灾法制内容包括防震减灾立法、行政执法与监督、法制监督和普法等。防震减灾法制对于推进天津市防震减灾工作，提高防震减灾能力，实现防御与减轻地震灾害、促进经济与社会的可持续发展具有重要的保障和引导作用。

20 世纪 80—90 年代，天津市就开展了防震减灾法制有关工作，当时主要是宣传、贯彻、实施《发布地震预报的规定》《破坏性地震应急条例》等国家法律法规。

从 1994 年开始，天津市开始推进防震减灾立法工作，先后制定和修订了《天津市建设工程地震安全性评价管理办法》《天津市防震减灾条例》《天津市地震群测群防管理办法》等地方法规或规章。从 1998 年开始，地震行政执法与监督工作逐步推进，相继组建了执法队伍，完善了执法规章制度，并开展了行政执法与监督工作；2001 年《天津市防震减灾条例》发布后，法制监督工作逐步开展。自 1996 年开始，制定并实施了“三五”“四五”“五五”“六五”三个五年普法规划，认真系统地开展防震减灾法制宣传教育工作。经过十多年的努力，天津市防震减灾法律制度基本形成，行政执法与监督、法制监督和普法工作取得明显进展。

第一节　立　法

防震减灾立法包括法律法规、部门和政府规章及其他有关规范性文件的制定和修订。自 1994 年开始，天津市开始推进地方防震减灾立法工作。1998 年政府规章《天津市建设工程地震安全性评价管理办法》的公布，迈出了地方立法的第一步，随后《天津市防震减灾条例》等地方性法规、政府规章和其他有关规范性文件相继制定和修订，使天津市防震减灾工作做到有法可依。

一、制定《天津市建设工程地震安全性评价管理办法》

1994 年市地震局决定推进建设工程地震安全性评价管理方面法规的制定工作，组建了起草小组，进行有关的调研，起草了《天津市工程建设场地地震安全性评价管理暂行规定》，1995 年 1 月 7 日，以津震发〔1995〕7 号文报市政府，请求批准发布。

1996 年，政策法规处成立后，对地震安全性评价的有关科学技术问题和管理问题进行了深入的分析和研究，起草了《天津市建设工程地震安全评价管理规定》，并征求了市政府有关 30 个部门和单位的意见。后根据《中华人民共和国行政处罚法》的规定和部门单位意见，进行修改，完成了《天津市建设工程地震安全评价管理规定》报市政府，请求批准发布。

1997 年 4 月 23 日，市政府副秘书长周思纯召集市计委、市建委、市地震局协调地震安全评价管理问题。1997 年 8 月，市地震局和市计委共同起草了《天津市工程建设场地地震安全评价管理办法》，由市计委报市政府。1997 年 9 月 3 日，市建委回函提出了修改意见。

1998 年 1 月 4 日，市地震局向市政府提出尽快批准《天津市工程建设场地地震安全评价管理办法》的请示，市政府副秘书长周思纯批示："此办法应尽快出台"，张立昌市长、曲维枝副市长批示同意。其后，市地震局根据周思纯的批示要求，按照《中华人民共和国防震减灾法》的有关规定，重新对办法进行修改，1998 年 2 月 23 日，报市政府法制办审核。

1998 年 3 月起，市政府法制办按照立法程序进行了审核，特别是加强了市建委所提意见的调研和协调，提出了《天津市建设工程地震安全性评价管理办法（草案）》，提交市政府常务会议审议。1998 年 10 月 19 日，天津市政府第 7 次常务会议审议并通过《天津市建设工程地震安全性评价管理办法》，11 月 4 日李盛霖市长签署第 6 号天津市政府令发布实施。

《天津市建设工程地震安全性评价管理办法》就地震安全性评价管理部门、必须进行地震安全性评价的范围、结果评审与审批以及从事地震安全性评价工作的资质管理等事项进行了规定。它的颁布实施标志着天地震安全性评价工作开始步入法制化、规范化管理的轨道。该办法是天津市第一部防震减灾方面的法规，它的颁布实施也标志着天津市防震减灾立法工作迈出第一步。

《天津市建设工程地震安全性评价管理办法》于 2004 年 6 月废止。为贯彻实施《中华人民共和国行政许可法》，规范行政许可的设定，保证社会主义法制的统一，经 2004 年 6 月 21 日天津市人民政府第 30 次常务会议通过，市人民政府决定（市人民政府令 2004 年 27 号），废止 30 件政府规章和 80 件市政府规范性文件，其中包括《天津市建设工程地震安全性评价管理办法》。废止的理由是，被 2001 年 11 月 5 日《地震安全性评价管理条例》（国务院令第 323 号）取代。

二、制定《天津市防震减灾条例》

1998 年，市地震局开始进行天津市防震减灾地方法规制定的前期研究。1999 年开始进行《天津市防震减灾条例》的起草工作，在充分调查研究、征求局内各部门意见的基础上，完成《天津市防震减灾条例（征求意见稿）》。1999 年 12 月市地震局根据法制办意向性立法项目报送的要求，将《天津市防震减灾条例》制定报到市法制办，请求市政府将该项工作列入 2000 年天津市政府立法计划，得到了批准。

2000 年 3 月 9 日，市地震局按照立法程序发函征求 30 个政府相关部门的意见，按照反馈意见，进行修改，形成送审稿。2000 年 4 月 29 日，市地震局以津震发〔2000〕59 号文向市政府报送《天津市防震减灾条例（草案）》（送审稿）。

2000年6月市法制办按照立法程序开始进行审核。6月下旬，市法制办有关人员赴云南、四川等多地震的地区就地震安全性评价范围界定、地震应急措施与管理等问题进行调研。8月17日市法制办张秉银主任主持召开由地震局局长和建委主管副主任参加的协调会议，就地震安全性评价的范围进行了协调，达成了一致意见。11月下旬，市政府法制办根据市政府领导的要求组织建设部、国家地震局以及天津市有关方面的权威专家对地震安全性评价工程的范围进行论证，达成了共识，推进了条例的制定工作。2001年2月12日，天津市政府第35次常务会议审议并通过《天津市防震减灾条例（草案）》。

2000—2001年期间，在天津市政府审议《天津市防震减灾条例（草案）》的同时，市地震局与天津市人大常委会教科文卫委员会进行了联系沟通，天津市人大常委会教科文卫委员会提前介入《天津市防震减灾条例（草案）》的立法工作，并开展有关问题的调研和论证，为条例审议工作打下基础。

2001年，《天津市防震减灾条例（草案）》列入天津市人大年度立法计划。2001年7月18日，天津市十三届人大常委会第26次会议审议通过《天津市防震减灾条例》，并公布施行。

《天津市防震减灾条例》共37条，不分章，就地震监测预报、震灾预防、地震应急等事项加以规定，细化《中华人民共和国防震减灾法》。《天津市防震减灾条例》的一个特点是明确必须进行地震安全性评价工程的具体范围，并规定地震安全性评价和抗震设防要求应当纳入建设工程管理程序，明确地震安全性评价结果，应当按照国家规定报国家或者市地震工作主管部门审核批准，这在当时的地方立法中处于领先水平；《天津市防震减灾条例》对抗震设计、施工和监理等抗震设防重要环节作了规定；明确市和区县人民政府建设行政主管部门和其他有关部门应当加强建设工程抗震设防质量的监督管理。《天津市防震减灾条例》的另一个特点是将天津市地震应急工作中的成熟做法上升为法律制度，如强有感地震应急预案、人员密集场所应急疏导预案、重点目标抢险抢修预案的制定，应急指挥场所建设等。《天津市防震减灾条例》的公布施行，标志着天津市防震减灾工作全面进入了依法管理的新阶段，为天津市防震减灾工作的开展提供了强有力的法制保障。

三、修正《天津市防震减灾条例》

2004年，结合贯彻实施《中华人民共和国行政许可法》和几年来《天津市防震减灾条例》执行中的情况，市地震局推进《天津市防震减灾条例》的修正工作。2004年5月8日，市地震局将《〈天津市防震减灾条例〉修正案（草案）》（建议稿）上报天津市政府，请求审议批准。

2004年5月19日，天津市政府第27次常务会议审议并通过了修正案。2004年12月21日，天津市第十四届人大常委会第16次会议审议通过《天津市人民代表大会常务委员会关于修改〈天津市防震减灾条例〉的决定》。

天津市人民代表大会常务委员会关于修改《天津市防震减灾条例》的决定，明确增加部分地震安全性评价的工程范围并对原有条款进行了细化；明确市和区、县地震工作主管部门会同有关部门制定本行政区域内破坏性地震等应急预案。《天津市防震减灾条例》的修正，贯彻执行《中华人民共和国行政许可法》的要求，规范天津市防震减灾工作，对推进天津市防震减灾依法行政具有重要意义。

四、修订《天津市防震减灾条例》

2008年5月12日，四川汶川发生8级大地震，总结汶川地震预测预防和抗震救灾的经验，国家对《中华人民共和国防震减灾法》进行了修订。2008年12月27日，中华人民共和国第十一届全国人民代表大会常务委员会第六次会议审议通过了修订后的《中华人民共和国防震减灾法》，自2009年5月1日起施行。为贯彻实施修订后的《中华人民共和国防震减灾法》，2009年初，市地震局提出修订《天津市防震减灾条例》的建议，建议《天津市防震减灾条例》的修订纳入市人大和市政府年度的立法计划。

2009年5月，市地震局开始《天津市防震减灾条例》修订稿的起草工作。有关部门在认真学习防震减灾法的基础上，梳理出条例修订中应当解决的重点和难点问题，提出解决办法，经过论证，起草了天津市防震减灾条例修订初稿。其后，按照有关程序，将修订稿下发全市地震系统征求意见。12月2日，经局务会议审议通过，报市法制办。

《天津市防震减灾条例（修订初稿）》报市政府法制办后，法制办提出了修改意见，并要求征求市发改委、市建交委、市民政局等9个防震减灾主要部门的意见。按照市法制办的要求，2010年2月中旬完成了征求意见的工作，3月上旬，完成了上报稿的修改工作，并上报市政府法制办。

2010年《天津市防震减灾条例》的正式修订纳入市人大和市政府年度的立法计划。2010年9月20日，市地震局报送了《天津市防震减灾条例（修订送审稿）》（津震发〔2010〕77号）及修订说明。其后，市法制办按照立法程序开始进行审核。2010年11月27日，市政府法制办召开由市地震局、市建交委部门负责人和专家参加的协调会议，就市建交委提出的缩小应当进行地震安全性评价的建设工程范围的修改意见进行协调沟通并达成一致意见。

2010年12月28日，市政府第63次常务会议审议通过了《天津市防震减灾条例（修订草案）》，以津政函〔2010〕149号《关于提请审议〈天津市防震减灾条例（修订草案）〉的议案》上报市人大。

2011年1月6日，天津市十五届人大常委会第二十一次会议审议了《天津市防震减灾条例（修订草案）》（一读）。市地震局局长赵国敏受市政府委托，作了关于《天津市防震减灾条例（修订草案）》的说明。会议对《天津市防震减灾条例（修订草案）》作了肯定，同时提出了修改意见。会后，为进一步做好草案的审议和修改工作，2月12日，市人大法工委就条例修订工作的有关问题到市地震局进行调研；2月21日和24日，市人大法工委连续召开2次条例修订座谈会，倾听各方面专家、基层工作者、行政管理人员的意见和建议；3月7日和8日，市人大法工委召开条例修订审修会议，市法制办、市委法制室有关领导参加，对有关问题形成一致意见。

2011年3月25日，天津市十五届人大常委会第二十三次会议再次审议了《天津市防震减灾条例（修订草案）》（二读），委员们再次提出了修改意见。会后，为进一步做好草案的审议和修改工作，4月15日，市人大法制委组织有关委员和代表到长虹生态园地震应急避难场所和天津市地震台网中心进行调研；5月16日，市人大法工委就抗震设防把关、纳入基建程序等问题召开协调论证会，市发改委、市建交委、市规划局、市水务局等部门参加论证。

2011年5月20日，天津市第十五届人民代表大会常务委员会第二十四次会议审议通过了《天津市防震减灾条例》(三读)，于2011年8月1日起施行。

《天津市防震减灾条例》共46条。其特点是：一是创新抗震设防管理制度。条例赋予地震部门对一般建设工程不符合抗震设防要求的行政处罚权，加强了对量大面广的一般建设工程的监管。同时，规定建设工程的抗震设防要求应当纳入基本建设程序，要求市和区、县发展改革、规划、建设交通、水务等项目审批部门严格把关。二是创新防震减灾知识宣传教育制度。条例规定每年5月12日所在周，全市集中进行防震减灾宣传教育活动；鼓励单位和个人配备地震应急物品；规定市和区、县人民政府应当加强防震减灾科普教育设施建设；规定教育、科技、地震等有关部门和科协等社会团体对学校、社区开展的防震减灾科普活动给予技术指导和支持；要求地震监测设施管理单位设立开放日，对公众开放。三是创新地震应急演练制度。要求市和区、县抗震救灾指挥机构应当适时组织地震应急综合演练；制定地震应急预案的部门和单位应当每年至少组织一次本部门、本单位的地震应急演练；学校应当每年至少组织一次地震应急疏散演练。四是创新地震应急指挥和通信保障制度。要求市和区、县人民政府及其有关部门健全应急通信保障机制，完善应急指挥技术平台、地震灾情获取系统、地震应急基础数据系统，建立地震应急基础数据更新机制。五是创新震害防御基础探测制度。规定市或者区县人民政府应当组织开展陆地与海域地震活动断层探测和地震危险性评价，开展地震小区划和震害预测工作。六是创新震后信息发布制度。规定地震灾害发生后，有关震情、灾情和应对措施等信息，由市人民政府授权的人员统一发布。七是创新防震减灾规划执行考核制度。规定市和区、县人民政府应当严格执行防震减灾规划，建立防震减灾规划实施情况考核机制。

五、制定规范性文件

为加强防震减灾工作的规范化管理，深入贯彻落实防震减灾法律、法规和规章，天津市政府和有关部门加强了与法律、行政法规相配套的规范性文件的制定工作。1994—2010年，天津市政府及有关部门共制定了多项规范性文件，主要情况如下。

1994年市地震局与市公安局联合下发《关于印发〈地震监测设施和地震观测环境保护条例〉的通知》。

1996年6月26日，市政府批转了市建委、市人防办、市地震局制定的《天津市破坏性地震应急预案》(津政发〔1996〕31号)。

1997年市地震局与市规划土地局联合印发《关于认真贯彻〈地震监测设施和地震观测环境保护条例〉的通知》(津震发〔1997〕68号)。

1997年2月24日，市防震减灾工作领导小组制定印发《天津市强有感地震应急预案》（津防震组〔1997〕2号）。

1998年9月25日，市地震局与市教委、市教育局、市劳动局联合印发《关于进一步加强天津市各级各类学校防震减灾知识宣传、教育、普及工作的通知》（津震发〔1998〕24号）。

1999年11月11日，市物价局与市财政局联合印发《关于印发〈天津市地震安全性评价收费标准〉的通知》（津价费〔1999〕897号）。

2002年，市地震局与市发展计划委员会联合印发《关于将地震安全性评价和抗震设防要求纳入基本建设管理程序的通知》（津计投资〔2002〕615号）。

2006年12月14日，市地震局印发《天津市地震局行政复议规定（暂行）》（津震发〔2006〕121号）和《天津市地震行政处罚听证程序规定（暂行）》（津震发〔2006〕122号）。

2008年7月10日，市人事局、市地震局印发《关于印发〈天津市二级地震安全性评价工程师资格考试实施办法〉、〈天津市地震安全性评价工程师注册执业管理暂行办法〉和〈天津市二级地震安全性评价工程师资格考核认定办法〉的通知》（津人专〔2008〕28号）。

2002—2003年蓟县、静海县等区县相继制定与防震减灾法律、法规和规章相配套的规范性文件。主要有《蓟县贯彻实施〈天津市防震减灾条例〉细则》、《静海县建设工程抗震设防管理办法》等。

六、清理法规和规范性文件

《中华人民共和国行政许可法》于2004年7月1日起施行。按照天津市政府行政许可清理办公室有关会议和文件的要求，市地震局对防震减灾规范性文件进行了认真的清理。共清理了44件，其中地方性法规1件，为《天津市防震减灾条例》；政府规章1件，为《天津市建设工程地震安全性评价管理办法》；天津市政府、市政府办公厅文件2件，为《批转市地震局拟定的天津市防震减灾规划的通知》和《转发市地震局、市计委、市财政局关于建立健全天津市防震减灾计划体制和相应经费渠道意见的通知》；市地震局发文件40件。

在清理过程中，根据天津市法制办《关于印发行政许可清理工作中修改或废止地方性法规、政府规章及其他规范性文件的实施意见的通知》的要求和原则，市地震局对《天津市建设工程地震安全性评价管理办法》提出了废止意见，对《天津市防震减灾条例》提出修改意见。

第二节　行政执法

地震行政执法，是指国务院地震工作主管部门和县级以上地方人民政府负责管理地震工作的部门或者机构（以下统称地震行政执法机关），以及受委托进行地震行政执法的机构或者组织依据防震减灾法律、法规和规章的规定，按照法定权限和程序实施的具体行政行为。地震行政执法内容包括：地震行政检查；地震行政许可；地震行政确认；地震行政处罚；地震行政奖励。

自 1998 年开始，天津市开始推进地震行政执法工作。1998 年开始执法培训并组建了天津市第一批行政执法队伍，2004 年开始制定并完善多项行政执法规章制度，并适时开展行政执法工作，地震行政执法工作保障了防震减灾工作的顺利开展。

一、建立执法队伍与组织

1998 年《中华人民共和国防震减灾法》开始施行后，市地震局加强了执法队伍建设。

1998 年 4 月 15—16 日，根据《天津市持证执法管理办法》的规定，市地震局对全市申领行政执法证的人员进行了相关法律法规知识培训，其后参加了市的统一考试，经天津市政府法制办审查批准，全市第一批 58 名同志取得防震减灾行政执法资格。

5 月 8 日，防震减灾行政执法证书颁发仪式在市地震局举行。颁证仪式由天津市政府法制办主任张秉银主持。天津市副市长王德惠、天津市政府副秘书长周思纯，中国地震局副局长汤泉、国务院法制办副司长部凤涛、中国地震局办公室副主任徐卫、市地震局局长徐德诗等出席并为执法人员颁证。

自 1998 年开始，按天津市政府的有关规定，市地震局每两年组织一次执法人员参加天津市政府举办的公共法律培训和考试，连续较好完成执法人员培训和执法证的审验工作，为开展执法工作提供了保证。

2005 年，为切实依法履行法定职责，加强执法人员的统一组织和领导，全面提高防震减灾依法行政能力，市地震局开始推进防震减灾行政执法大队的组建工作，相关部门起草了《天津市防震减灾行政执法大队组建方案》，分别报请中国地震局和天津市政府，2005 年 12 月中国地震局与天津市政府法制办公室分别批复同意。天津市防震减灾行政执法大队的组建标志着天津市防震减灾行政执法进入了新的阶段。

天津市防震减灾行政执法大队主要职责包括：协调全市防震减灾执法工作，拟定执法责任目标和年度工作计划，并组织实施；指导各区县的防震减灾行政执法工作；对天津市行政区域内违反《中华人收共和国防震减灾法》《地震安全性评价管理条例》、《地震监测管理条例》和《天津市防震减灾条例》等法律、法规的行政违法行为依法进行查处；承办有关部门交办或移送的行政违法案件；参与中国地震局、市政府及有关部门交办或组织的防震减灾执法检查活动；负责接待并受理单位和个人对违反防震减灾法律法规行为的举报投诉和调查处理工作；按照有关规定向中国地震局和市政府及有关部门提供防震减灾行政执法信息；宣传防震减灾法律、法规、规章。组织领导的原则包括：市地震局组建防震减灾行政执法大队，有条件的区县地震办公室可组建本区县防震减灾执法队伍；市防震减灾行政执法大队在市地震局领导下开展工作，在监测中心加挂执法大队牌子，一个机构两块牌子；市防震减灾行政执法大队设队长 1 名，副队长 1—2 名；市防震减灾行政执法大队由具有执法证的人员组成，专职、兼职结合；执法经费列入年度预算；在执法工作中，执法人员由市防震减灾行政执法大队统一领导、组织和协调。

二、开展地震行政执法检查

2003年11月，为贯彻落实《地震安全性评价管理条例》和《天津市防震减灾条例》，加强建设工程抗震设防要求的监督管理，按照中国地震局《关于开展全国地震安全性评价检查工作的通知》（中震发防〔2003〕150号）精神，经天津市政府批准，从11月中旬开始在全市范围内开展地震安全性评价检查工作。

市领导十分重视检查工作，专门作出指示，要求成立检查工作领导小组，统一组织协调检查工作。并以市防震减灾工作联席会议办公室名义向各区县和有关委、办、局印发通知，部署检查工作，同时做好迎接中国地震局抽查的准备工作。

2003年11月14日，根据市领导的要求，成立了由市地震局任组长单位，市计委、市建委、市农委、市经委、市交委、市商委、市规划局和市法制办组成的检查领导小组，市防震减灾工作联席会议办公室印发了《关于开展地震安全性评价检查工作的通知》（津震联办〔2003〕6号）。通知明确检查工作分两阶段进行，第一阶段为自查，第二阶段为抽查。检查内容包括，重大建设工程是否进行地震安全性评价、地震安全性评价质量保证、地震安全性评价结果的使用、一般建设工程抗震设防要求监管的执行情况等。通知要求，各区县和有关委、办、局要针对2002年以来开始立项、（预）可研、设计、施工的建设工程开展自查。通知对做好抽查工作进行了部署。

截至2004年1月中旬，共有30个区县和有关委、办、局以及地震安全性评价单位提交了自查报告，领导小组抽查了蓟县、塘沽、天津市教委、市政工程局等区县和部门。

2004年1月10日，召开了地震安全性评价检查工作领导小组会议。市计委、市建委、市经委、市交委、市商委、市规划局、市地震局等部门的领导小组成员参加了会议。市地震局副局长李振海主持会议。会议议题是总结地震安全性评价检查工作，研究部署加强地震安全性评价工作。会议讨论并原则通过了《关于天津市地震安全性评价检查工作的报告》，并于1月17日报中国地震局（津震发〔2004〕2号）。

2005年底，市地震局再次开展了地震安全性评价及抗震设防要求行政执法检查工作，对20个建设工程项目依法进行了行政执法检查，其中包括大型房地产开发商和企事业单位。对所检查的工程项目，按照法律规定明确做出要求。

为做好行政执法检查工作，首先对执法人员组织了系统的专业法培训。培训内容主要市地震工作主管部门的法定职责，防震减灾行政执法程序，并对防震减灾行政执法案例进行了分析。同时对行政执法人员行为规范提出了严格要求，切实做到依法执法、公正执法、文明执法。第二，学习行政执法检查法律文书，对执法检查程序作出规定。第三，出发前召开碰头会，事先了解执法相对人的基本情况，工程项目的用途、规模、设计高度等基本情况，作到胸中有数，明确执法的具体目的和可能出现的问题等。

在执法检查中，坚持“三步走”执法原则，即法制教育、限期整改和行政处罚。一要法制宣传要到位，面对面将抗震设防要求的法律条款、立法宗旨、建设方应遵守的法律要求、违法所要承担的法律责任等进行详尽的宣传讲解。二是服务到位，对地震安全性评价报告的行政审批程序，地震安全性评价结果在工程设计中的重要性等执法相对人提出的问题进行详细解答。除此之外，还建立了地震安全性评价监督管理的长效机制，把被检查的单位和项目建成管理档案，定期进行督办。

三、规范行政许可

在2004年法律法规清理过程中，依据防震减灾法律、行政法规、地方性法规和政府规章，市地震局对防震减灾行政许可事项进行了清理，提出保留4项行政许可，分别为地震安全性评价结果审定和抗震设防要求确定，危害地震监测设施和地震观测环境的建设工程项目审批，地震安全性评价单位资质许可，地震安全性评价执业资格许可；并明确防震减灾行政许可的实施主体为市地震局和区县地震办公室，其中，地震安全性评价结果审定和抗震设防要求确定、地震安全性评价单位资质许可、地震安全性评价执业资格许可的实施主体为市地震局，危害地震监测设施和地震观测环境的建设工程项目的实施主体为市地震局和区县地震办公室。上述许可事项经天津市政府常务会议审议通过。

2004年10月14日，按照天津市政府的统一要求，市地震局正式进驻天津市行政许可服务中心，实行“一个窗口对外”的审批服务。市地震局认真选派素质高、业务精的人员到天津市行政许可服务中心工作。在上岗前，进行法律法规、审批程序等严格培训。工作中做到接待热情、服务周到、咨询耐心。实施的行政许可事项的接件、受理、现场审批均全部在天津市行政许可服务中心二楼101窗口完成，坚决不搞体外循环。另外，按照天津市审批办的有关要求，坚持不定期的走访活动，深入有关企业，就企业在行政审批中遇到的问题，进行上门服务，并就如何改进本部门的行政许可服务工作诚恳征询意见，收到较好效果。

四、开展行政处罚工作

行政处罚是指行政机关或其他行政主体依法定职权和程序对违反行政法规尚未构成犯罪的相对人给予行政制裁的具体行政行为。

从2000年开始，市地震局开始了行政处罚有关工作，市地震局行政处罚工作中，坚持教育与处罚相结合的原则，特别注意把教育工作做在事件发生之前，化解了有关事件的发生。10多年来，虽然立案多件，但没有进行一次罚款处罚。

2000年3月12日宝坻台站值班人员在检查测区环境时，发现在地电测区内的沙窝村正在打井。值班人员及时把情况通知台长并报局台管中心，同时制止打井。3月13日局预测预防处等部门到台站了解现场情况，就是否可以打井及打在什么位置基本不影响地电观测，与台站同志讨论形成初步意见后向局领导汇报。局领导组织有关部门和专家讨论研究后同意在中心点东北200米处打井，但要求不能采用金属井管。3 月 15 日，市地震局将《关于加强保护宝坻地震台和王 3 王 4 井地震观测环境的意见的函》（津震函〔2000〕8 号）递交县政府。同时市地震局领导与宝坻县政府领导协商，决定由县地震办公室协助市地震局落实好沙窝村按要求打井。3 月 18 日打井完成，成井后地电阻率前后没有发现明显变化。

2000 年 4 月 30 日，北郊九十二中学地震观测井水位发生异常变化，北郊地办调查发现，在地震观测井附近 200 米处，一个体养鱼户打水泥井一口，抽水养鱼，造成观测井水位的同步变化。由于当时有关法规没有明确的保护距离，因此，未对事主进行处罚，仅对事主进行批评教育，提出要求。

2007 年，天津某公司在天津新技术产业园区建设某综合楼工程。依据《天津市防震减灾条例》的规定，该工程应当进行地震安全性评价。2007 年 6 月，市地震局在行政执法检查中发现，该工程未进行地震安全性评价，但已开工建设。执法人员当即告知该公司，该工程未进行地震安全性评价而进行建设，属于违法行为。该公司表示研究后办理。而后，该公司一再拖延。2007 年 10 月，市地震局正式立案。执法人员按照执法程序，到该公司进行了调查，并到施工场地进行了现场勘验。同时，分别到调取了项目备案通知书和建设工程规划许可证等书证，查清了案件基本事实。此后，市地震局多次督促该公司，要求其改正违法行为。但该公司却以各种理由一再推拖，仍未改正其违法行为，该工程也未依法进行地震安全性评价。2008 年 9 月，市地震局依据《天津市防震减灾条例》拟对该公司进行行政处罚，向该公司送达了“行政处罚告知书”。该公司收到“行政处罚告知书”后，对违法行为后果的严重性有了深刻的认识，主动与市地震局联系，改正了违法行为，对该工程依法进行了地震安全性评价。

为了做好行政处罚工作，市地震局还做了有关的准备工作。2005 年，市地震局完成了行政罚款事项向天津市法制办和天津市财政局报批手续，获得罚款专用账号，领取了罚款单据；同时，与天津市工商银行沟通联系并订立协议，确定天津市工商银行为天津市防震减灾行政处罚罚款代收银行，在全市范围内确定代收网点 44 个。2006 年，市地震局制定了《天津市地震行政复议规定（暂行）》，2006 年 12 月 14 日以津震发〔2006〕121 号文件印发；制定了《天津市地震行政处罚听证程序规定（暂行）》，2006 年 12 月 14 日以津震发〔2006〕122 号文件印发。

第三节　法制监督

防震减灾法制监督是指国家权力机关对同级和下级行政机关防震减灾行政行为进行的督促、检查与纠正活动。防震减灾法制监督常用的方法主要有法制监督检查和法制监督调研。2001 年《天津市防震减灾条例》发布后，市人大围绕《天津市防震减灾条例》的贯彻实施持续地开展了法制监督工作。

2002年7月，在《天津市防震减灾条例》施行一周年之际，为加强对《天津市防震减灾条例》实施情况的监督，进一步宣传贯彻防震减灾法律法规，促进天津市防震减灾事业依法规范发展，天津市人大常委会组织对条例的实施进行了专项检查。天津市人大常委会副主任李振东、王鸿江、庄公惠、卢金发、陈洪江，市人大常委会教科文卫委、财经委、城建环保委领导和部分市人大科技专业代表参加检查。监督检查重点是抗震设防要求纳入基本建设管理程序、地震应急等重大问题。检查中，天津市人大代表听取了市地震局、市计委、市建委、市规划和国土资源局关于执行《天津市防震减灾条例》有关抗震设防情况的汇报；视察了天津市地震灾害紧急救援队建设情况，观看了救援队的演练，察看了防灾应急指挥中心的建设情况；视察了天津滨海500千伏变电站和天然气津沽罐站工程的抗震设防情况。在检查中，天津市人大代表围绕进一步落实政府有关部门的执法责任、制定依法规范管理的具体办法，加大工作力度等问题，发表了意见。检查后，天津市人大常委会教科文卫委员会向天津市政府提交了《关于检查〈天津市防震减灾条例〉实施情况的报告》，对进一步贯彻落实《天津市防震减灾条例》提出了建议。据此，天津市政府组织有关部门进行了整改，并将整改情况报告了天津市人大。

2008年6月12日，市人大常委会组织部分市人大常委会组成人员、市人大代表到市地震局进行调研，并组织座谈。市人大常委会副主任李亚力、李润兰和市人大常委会秘书长王世新参加调研，市有关部门负责人陪同调研。李亚力副主任一行实地考察了地震台网中心和地震应急指挥中心，在座谈会上，听取了市地震局和市建委、市规划局、市发改委、市教委负责同志的汇报。市地震局局长赵国敏就天津市《中华人民共和国防震减灾法》和《天津市防震减灾条例》贯彻实施情况做了全面汇报，并就健全区县工作机构、开展建筑物抗震能力普查、农村民居地震安全工程、完善防震减灾法规体系等问题提出了意见和建议。李亚力、李润兰分别在座谈上讲话。李亚力首先代表市人大常委会对参与支援四川灾区抗震重建工作的同志们表示了亲切地慰问，并提出要从落实科学发展观和坚持以人为本的高度，提高对贯彻防震减灾法和防震减灾条例的认识，不断增强贯彻落实防震减灾法律法规的责任感、使命感和紧迫感。要进一步加强对防震减灾法和防震减灾条例的学习、宣传力度，不断增强防震减灾的忧患意识，在全社会普及防震防灾的知识，提高社会抗御地震灾害的能力。各级人民政府和有关部门要各尽其责，落实责任，认真履行法定职责，并将各项责任落到实处。要加强防震减灾工作机构和队伍的建设，加强地震监测网络的建设和保护，努力提高地震监测预报的能力。要进一步完善应急预案，健全应急机制，并适时进行检查和演练。要加大监督力度，保证防震减灾法和防震减灾条例全面有效实施，为天津市防震减灾工作起到更好的保障作用。

2010年11月11日，市人大副主任李亚力率部分市人大常委会委员到滨海新区调研防震减灾工作，市人大教科文卫委员会主任委员程津新参加调研，市地震局局长赵国敏、滨海新区政府副区长郑伟铭等陪同调研。李亚力一行实地考察了防震减灾示范校塘沽二中和滨海地震台，听取了市地震局关于《天津市防震减灾条例》修订工作的汇报和滨海新区政府防震减灾工作的汇报。赵国敏局长就《天津市防震减灾条例》修订的必要性、防震减灾工作的现状及薄弱环节和条例修订所要解决的重点问题做了全面汇报，并与代表们对《天津市防震减灾条例》修订中加强防震减灾宣传教育、强化抗震设防要求纳入审批程序、开展地震应急演练等问题进行了深入和广泛的交流。李亚力在讲话中指出,《中华人民共和国防震减灾法》是一部规范全社会防震减灾活动的重要法律，贯彻好防震减灾法，对保障滨海新区开发开放，保障天津市科学发展、和谐发展具有重要意义。各级政府和有关部门要把防震减灾工作摆上重要的工作日程，进一步提高认识。当前，要重点抓好“十二五”规划的编制工作，有关部门要以防震减灾工作纳入国民经济和社会发展规划为契机，认真研究好、制定好天津市“十二五”期间防震减灾工作的总体规划，重视薄弱环节的应对，加强滨海新区防震减灾工作。要推动防震减灾知识进学校、进课堂、进教材，进一步加大防震减灾知识的宣传教育力度。要搞好专业队伍的建设，进一步完善地震监测网络建设，进一步加强防震减灾科学研究和新技术的推广应用。最后，李亚力强调，做好《天津市防震减灾条例》的修订工作，不仅是为了保证国家法治的统一，也是天津市更加深入贯彻《中华人民共和国防震减灾法》的迫切需要。人大各部门要早准备、早动手、早介入，积极发挥人大代表的作用。要认真听取和吸收人大代表的意见和建议，同时，与政府有关部门密切配合，充分保障立法质量，使地方立法在天津市防震减灾工作中发挥出应有的作用。

第四节　普　法

防震减灾普法指向地震系统和全社会普及防震减灾法制知识，促进和保证防震减灾工作的依法治理。

自1996年以来，市地震局制定了市地震局“三五”“四五”“五五”三个法制宣传教育五年规划，按照规划的要求，认真系统地开展地震系统、领导干部、全社会的防震减灾法制宣传教育工作，取得了好的效果，得到了中国地震局和天津市有关部门的好评，获得“四五”普法全国地震系统先进集体称号；王公学、杨毅诚分别获得“三五”“四五”普法全国地震系统先进个人称号。

一、法制宣传教育规划

1996年10月31日，根据市委宣传部、市司法局《关于在全市公民中开展法制宣传教育第三个五年规划》和国家地震局《地震系统法制宣传教育第三个五年规划》的要求，市地震局制定印发了《天津市地震局法制宣传教育第三个五年规划》。该规划分指导思想、主要任务、普法对象、普法内容、方法与步骤和组织领导等六章。在主要任务中明确，着重加强防震减灾法律法规的学习，全面推进天津市防震减灾事业的依法治理；积极向社会进行防震减灾法律法规的宣传教育。在普法内容中明确，要深入宣传教育《发布地震预报的规定》《地震监测设施和地震观测环境保护条例》《破坏性地震应急条例》等法规。在组织领导中明确“三五”普法工作领导小组，统一领导普法工作。确定领导小组组成，明确政策法规宣传处为其办事机构。

2001 年，根据天津市委市政府《关于批转〈市委宣传部、市司法局关于在全市继续开展法制宣传教育的第四个五年规划〉的通知》和中国地震局《关于印发〈地震系统法制宣传教育第四个五年规划〉的通知》，制定了印发了《天津市地震系统法制宣传教育第四个五年规划》。该规划分指导思想、目标和任务、工作要求、步骤和方法、组织领导及保障措施等五章。在普法内容中明确，要深入宣传教育《中华人民共和国防震减灾法》《地震监测设施和地震观测环境保护条例》《破坏性地震应急条例》《地震预报管理条例》《天津市防震减灾条例》《天津市建设工程地震安全性评价管理办法》等法律法规。

2006 年“五五”普法启动之初，市地震局普法工作领导小组在认真总结“四五”普法工作经验的基础上，对如何开展“五五”普法和依法治理工作进行了认真的调研。结合防震减灾工作实际，制定并印发了《天津市地震系统法制宣传教育第五个五年规划》。该规划分指导思想和工作目标、工作原则和主要任务、普法对象和工作措施、工作步骤和计划安排、组织领导及保障措施等五章。在指导思想中明确，结合防震减灾工作实际，深入开展防震减灾法制宣传教育，坚持法制宣传与防震减灾方针政策宣传相结合、坚持法制宣传与防震减灾科普教育相结合、坚持面向广大社会公众宣传与重点对象宣传相结合、坚持经常性宣传与重点时段宣传相结合，全面推进防震减灾依法行政，为实现防震减灾工作目标、促进防震减灾事业全面健康持续发展创造良好的社会环境和公正高效的法制环境。在普法对象中明确，地震系统法制宣传教育的对象分为系统外和系统内两大类。对系统外的宣传包括：市、区（县）、乡（镇）各级人民政府，政府各部门，企事业单位，学校，街道社区和农村，重点是政府领导和社会公众。对系统内的宣传包括地震系统所有的干部职工，重点是各单位领导干部和机关管理人员。在主要任务中明确，大力开展防震减灾法律法规规章的社会宣传。让全社会了解防震减灾的法律法规规章，是提高全社会的防震减灾法制意识，自觉依法参与防震减灾活动的基础。要大力开展《中华人民共和国防震减灾法》《破坏性地震应急条例》《地震预报管理条例》《地震安全性评价管理条例》《地震监测管理条例》《天津市防震减灾条例》，中国地震局制定的各项部门规章，以及防震减灾管理规范性文件的宣传。

二、面向社会防震减灾普法活动

自 1996 年“三五”普法以来，天津市防震减灾法制宣传普及既根据法制宣传普及的特点和时机进行了专项的宣传普及活动，也结合各类各级防震减灾知识宣传普及开展活动。

（一）利用法律法规颁布和实施机会开展宣传贯彻活动

1998 年以来，国家制定《中华人民共和国防震减灾法》等多部防震减灾方面的法律法规，天津市也先后制定颁布了《天津市防震减灾条例》等三部地方法规和政府规章，在每次法律法规和政府规章颁布后，有关部门利用法规和政府规章颁布机会，开展宣传贯彻活动。

1998年3月1日是《中华人民共和国防震减灾法》开始施行日。2月16日，国家地震局、国务院法制局、司法部、全国普法办联合召开宣传、贯彻《中华人民共和国防震减灾法》电视电话会议。天津市在长途电信局电报大楼和长信大厦设立分会场。会议之后，市政府当即就推进宣传、贯彻、实施防震减灾法的工作做出部署。市委常委、副市长曲维枝，市人大副主任王成怀出席会议并讲话。会议由市政府法制办负责同志主持，市地震局负责同志受市政府委托提出贯彻意见。出席会议的有市政府法制办、计委、经委、建委、科委、人防办、司法局、地震局有关负责同志，各区县人大、政府及地震办、司法办等负责同志。曲维枝副市长在讲话中要求：提高认识，加强领导，认真学习，广泛宣传；依据《中华人民共和国防震减灾法》，全面加强天津市防震减灾工作，提高综合防御能力。王成怀副主任在讲话中要求：加强执法监督工作力度，做到有法可依，有法必依，执法必严，违法必究，提高防震减灾法制化管理水平。3月1日，市政府法制办、市应急办、市地震局、市普法办、人大教科文卫委、市建委、市科协、国家地震局一测中心等部门单位在市抗震纪念碑广场联合举办《中华人民共和国防震减灾法》大型宣传咨询活动。市委常委、副市长曲维枝，市人大副主任王成怀、副市长王德惠、市政协副主席陆焕生和专程到津的国家地震局副局长何永年出席了活动。市领导和各主办单位的领导、专家、专业技术人员在现场接待群众，解答群众提问，向人们散发防震减灾法法小册子和地震科普资料。3月1日前后，新闻媒体加大对防震减灾工作的宣传报道。2月28日晚天津电视台播出市委常委、副市长曲维枝就《中华人民共和国防震减灾法》答记者问。2月28日天津日报刊载了全市97个单位同贺防震减灾法实施的贺卡。3月1日，天津有线电视台播出电视专题片“防震减灾法与老百姓”，《天津日报》《今晚报》《天津工人报》《天津青年报》《天津电视台》《天津人民广播电台》《天津交通电视台》等媒体对抗震纪念碑广场宣传咨询活动进行了采访和报到。

1998年11月4日，《天津市建设工程地震安全性评价管理办法》发布施行。12月9日，天津市政府法制办、市地震局联合召开宣传贯彻《天津市建设工程地震安全性评价管理办法》会议，天津市有关委、办、局领导，全市勘察设计单位的专业技术人员共计80余人参加。市政府法制办主任作了题为“提供认识，加强执法，促进建设工程地震安全性评价工作的健康发展”的讲话，市地震局局长对地震安全性评价工作进行了说明，中国地震局法规司司长卢寿德发表重要讲话，中国地震局研究员徐宗和作了题为“地震安全性评价与抗震设防要求”的报告。

2001年7月1日，《天津市防震减灾条例》发布施行。7月20日，天津市人大常委会召开《天津市防震减灾条例》新闻发布会，天津市人大常委会副主任王鸿江、庄公惠出席会议并讲话，天津市有关部门负责人出席会议。7月26日，市人大常委会教科文卫委员会、市政府法制办公室、市司法局、市地震局联合印发《关于做好〈天津市防震减灾条例〉宣传实施工作的通知》（津震发〔2001〕55号），部署推动宣传实施工作。

2009年5月1日，新修订的《中华人民共和国防震减灾法》开始施行，市地震局及有关部门开展了一系列宣传活动。4 月 22 日市地震局与市法制办、市发改委、市民政局等 7 部门联合召开天津市贯彻实施《中华人民共和国防震减灾法》会议，对全市宣传贯彻《中华人民共和国防震减灾法》作出全面部署。为全市地震系统职工配发了新修订的《中华人民共和国防震减灾法》单行本及《防震减灾法释义》等学习材料。编印《中华人民共和国防震减灾法》知识答卷，开展了《防震减灾法》知识问答活动。特邀中国地震局法制监督办公室主任徐卫为全市地震系统干部职工作《防震减灾法》的专题辅导讲座。组织有关部门负责人先后到和平区、河东区作《中华人民共和国防震减灾法》的辅导报告。5 月 10 日举办的大型宣传活动中，全面加强对新修订的《中华人民共和国防震减灾法》的宣传。

2011 年 8 月 1 日，经修订的《天津市防震减灾条例》施行。7 月 28 日上午，市人大常委会召开实施《天津市防震减灾条例》宣传贯彻动员会。市人大常委会副主任李亚力出席会议并发表了讲话。市有关委办局和各区县人大常委会、区县人民政府及各区县地震办公室的负责同志参加会议。会上，市人大常委会法工委负责同志介绍了防震减灾条例制定的背景及主要内容，市城乡建设和交通委、市教委负责同志就贯彻落实好防震减灾条例作了发言，市地震局局长赵国敏对全市地震系统贯彻实施防震减灾条例进行了工作安排。

（二）利用“3·1”“12·4”法制宣传日，开展专项的宣传活动

3 月 1 日是《中华人民共和国防震减灾法》实施纪念日，12 月 4 日市全国法制宣传日，每年“3·1”“12·4”天津市通过举办主题宣传活动开展防震减灾普法宣传活动。

1999 年 3 月 1 日是《中华人民共和国防震减灾法》实施周年纪念日。3 月 4 日至 8 日，市地震局与静海县、宁河县、宝坻县人民政府联合组织了“地震·防震·法规知识”科普下乡宣传活动。此次科普下乡是天津市防震减灾宣传向农村和边远地区延伸的具体措施，针对天津市在地震监测设施和地震观测环境保护、识别地震谣言以及农村建房等方面存在的问题开展宣传。3 月 4 日，市地震局局长刘连柱、静海县副县长魏宗靖、县人大副主任冯根山和县委宣传部、县科委、县法制办、镇政府等领导在静海县王口镇参加了此次科普下乡活动。宣传咨询站设在镇政府门前，各位领导亲自发放材料，向群众解答问题。宣传活动共发放宣传材料 2000 份，展出展牌 11 块，现场播放防震减灾知识电视录像。镇有线电台将地震、防震、法规有关知识向全乡群众反复广播宣传，同时介绍了静海地震台作为地磁前兆专业观测台对观测环境保护的要求等内容。县广播电视台在晚间新闻节目对现场活动情况做了专题报道。3 月 5 日，市地震局副局长郝团生，宁河县副县长李振亮，县法制办、县科委等领导参加了在宁河县芦台镇举行的科普下乡活动。芦台二中组织了二十余名学生身披“防震减灾，造福人民”绶带，向过往群众宣传防震减灾知识。播放了防震减灾电视录像片和“台站监测设施及观测环境保护”等内容的录音。这次宣传活动共发放宣传材料 3000 余份。3 月 7 日，宝坻县城关镇繁华街道上悬挂多幅“庆祝《中华人民共和国防震减灾法》实施一周年”、“贯彻执行防震减灾法，搞好防震减灾工作”等横标，十分醒目。在宣传活动现场，30 块展牌引起了群众的浓厚兴趣。他们仔细观看，并主动索要宣传材料。市地震局副局

长赵国敏，宝坻县人大副主任陈树骧、副县长孙立泉以及县法制办、司法局、科委、科协等领导参加了宣传咨询活动。宣传活动共发放宣传材料5000余份，播放防震减灾电视录像片2部。县广播电视台对市地震局赵国敏副局长进行了专访，并在晚间电视节目中播放。

2000年3月1日是《中华人民共和国防震减灾法》实施2周年纪念日。3月1—8日，市地震局与塘沽区、大港区、静海县、宝坻县人民政府联合组织“地震观测环境需要我们共同保护”主题宣传活动。这次活动紧紧围绕地震观测环境保护这一主题，采取了参观、座谈和实地考察等形式，宣传了防震减灾法和《地震监测设施和地震观测环境保护条例》（详细情况见第二篇第八章第三节“地震观测环境保护”）。

2003年3月1日是《中华人民共和国防震减灾法》实施五周年纪念日，天津市统一组织了防震减灾法施行五周年集中宣传活动。2月27日，市委宣传部、市依法治市领导小组办公室、市地震局、市灾害防御协会、市地震学会在天津科技大厦联合组织纪念报告会，原中国地震局副局长何永年应邀作报告。3月1日，全市18个区县分别在广场或繁华街道举办大型宣传活动。全市共出展牌230块，悬挂横幅标语70条，发放宣传材料万余份，受众几千人次。在集中宣传活动期间，各区县利用新闻媒体辐射面广的优势，在有线电视台滚动播放标语口号和专题录像片，在报纸开辟专栏刊载纪念文章。津南区副区长李树起在津南报上发表了题为“增强防震减灾意识，提升防震减灾能力”的文章。各区县还深入社区、学校开展多种形式的防震减灾法规知识宣传；和平、红桥、津南、塘沽、大港等区县在所属街道、居委会的宣传橱窗统一张贴《防震减灾施行挂图》和《防震减灾施行新闻图片》。

2008年3月1日是《中华人民共和国防震减灾法》实施十周年纪念日。3月1日上午，市地震局与18个区县分别举办以“依法开展防震减灾，保障人民生命安全”为主题的纪念《防震减灾法》实施十周年大型集中宣传活动。市地震局领导班子成员及各区县主管领导分别赴现场出席了宣传活动。市地震局将宣传主会场设在天津市最繁华的商业区—和平区金街，各区县在繁华地段设置了分会场。活动现场悬挂气球标语和横幅，宣传展牌沿街展出，咨询群众络绎不绝，活动气氛十分热烈。天津电视台、《今晚报》、《城市快报》及各区县有线电视等新闻媒体对宣传活动进行了全面报道。市地震局为宣传活动设计制作了纪念防震减灾法实施十周年1套24张专题宣传展牌，全面展示防震减灾法实施十年来，依法开展防震减灾工作取得的新进展、新成就，内容丰富，图文并茂。其次，我们还准备了5万份“防震减灾明白纸”宣传页和《天津市防震减灾条例》小册子。精心准备的大量宣传材料，为取得宣传实效奠定了基础。活动中，以全面贯彻实施防震减灾法律法规，防震减灾事业取得长足进步为重点，突出宣传《防震减灾法》确立的我国防震减灾工作方针、防震减灾基本法律制度、天津市防震减灾地方立法情况、防震减灾行政执法情况、依法开展监测预报、震灾预防、应急救援取得的新成就等内容，采取发放宣传材料、专家现场咨询等多种宣传形式，促进全社会了解防震减灾工作、了解防震减灾知识、了解防震减灾法律，营造全社会依法参与防震减灾活动的良好环境，取得了宣传实效。初步统计，全市共发放宣传材料10

余万份，接待群众现场咨询万余人次。在开展集中宣传活动的同时，有关区县还开展了推进防震减灾法律知识进机关、进学校、进社区、进乡村活动，广泛深入宣传防震减灾法律法规知识。其中，蓟县地震办公室在双柏里居委会组织召开“社区防震减灾知识座谈会”，会上社区居民代表与地震办公室的同志就如何搞好社区防震减灾知识普及进行了交流。津南区地震办公室在咸水沽第三中学开展了进行一次防震避险疏散演练、出一期墙报、出一期校刊、办一次学生画展和讲一堂地震科普知识课的“五个一”防震减灾系列宣传活动。宝坻区地震办公室组织区有关部门，召开贯彻防震减灾法和《地震监测管理条例》，加强台站保护的座谈会。静海县地震办公室利用农民赶大集的时间进行宣传，将宣传材料直接发到农民手中。通过上述活动，进一步扩大了纪念防震减灾法实施十周年宣传活动的广度和深度，产生了积极影响，为掀起贯彻落实防震减灾法新高潮营造了良好氛围。

“12·4”是法制宣传日，从2001年起，地震系统分别参加2001年在抗震救灾纪念碑、2007年在银河广场举行的全市大型法制宣传活动，宣传防震减灾知识和法律法规。

（三）利用“7·28”、“5·12”、“科技周”等时机，进行法制宣传

“7·28”是唐山地震纪念日，“5·12”是全国防灾减灾日，“科技周”是天津市科普宣传集中周，在每年“7·28”、“5·12”、“科技周”，全市都举行集中防震减灾知识宣传活动，在宣传防震减灾知识的同时，宣传防震减灾法制知识。详见第三篇第二章“防震减灾宣传教育”。

三、地震系统防震减灾普法教育

地震系统领导干部既是普法的对象，又担负着对社会进行防震减灾法律普及教育的任务，同时还关系到防震减灾法律法规的执行。因此，市地震局加强地震系统领导干部和职工的防震减灾普法教育，要求不仅要先学一步，而且要学深学透。

1998年3月1日，《中华人民共和国防震减灾法》开始施行。1998年3月11日，市地震局印发了《天津市地震局学习、宣传、贯彻〈防震减灾法〉计划》（津震发〔1998〕25号）对全年的学习、宣传、贯彻工作做出安排，要求各单位抓住《中华人民共和国防震减灾法》实施第一年的有利时机，结合本单位、本地的实际，学深学透；学习要和依法治理、社会宣传相结合，为《中华人民共和国防震减灾法》的实施创造社会氛围。3月25、26日市地震局连续两天举办《中华人民共和国防震减灾法》讲座，邀请参加起草《中华人民共和国防震减灾法》的三位专家作辅导报告。25日的参加对象是局机关领导和全体职工，26日为18个区县地办负责人和业务管理干部。专家们就立法背景、基本特征、基本法律制度、重点条款进行了讲解。市地震局对局机关中层干部的学习提出了严格的要求，要求精通，能够运用。除了系统的学习外，在3—4月组织了一个月的中层干部“强化学习活动”，采用“每会学一条，每会提几问”的方法，督促并引导干部学深学透。

2005年3月16—18日，市地震局举办天津市防震减灾法制培训班。各区县地震办公室主任

及执法人员、各部门主要负责人及局执法人员计70余人参加。中国地震局、市人大科教文卫委员会、市地震局有关领导出席。中国地震局、天津市政府法制办、人大教科文卫委员会的有关领导和专家进行了授课，对《中华人民共和国行政许可法》《中华人民共和国防震减灾法》以及《破坏性地震应急条例》《地震安全性评价管理条例》《地震监测管理条例》《天津市防震减灾条例》进行了详细讲解。

2009年新修订的《中华人民共和国防震减灾法》施行，市地震局制定学习计划，明确学习目标和任务，将《中华人民共和国防震减灾法》单行本和《中华人民共和国防震减灾法释义》发放到干部职工手中，组织地震系统领导干部开展了全面系统的学习。2009年3月30日，组织举办全市地震系统《中华人民共和国防震减灾法》培训班，邀请中国地震局法制监督办公室主任徐卫就《中华人民共和国防震减灾法》的修订与实施做专题讲座。局领导班子和全局干部职工、18个区县地震办公室主任、业务人员参加了培训。

四、全市领导干部防震减灾普法教育

减轻地震灾害，是一项复杂的社会系统工程，必须充分发挥政府领导职能，动员各行各业、全社会积极参与，才能取得实效。为此，有关部门开展对全市领导干部防震减灾法律法规普及教育。全市领导干部防震减灾法律法规普及教育主要有三种形式：领导干部防震减灾法律知识专题讲座、领导干部防震减灾知识答卷活动、在党校和行政学院应急管理培训内容中增加防震减灾法制知识课程。

2002年7月，在《天津市防震减灾条例》实施1周年之际，市地震局与市委宣传部、市依法治市办公室、市委科技工委组织了领导干部防震减灾法律法规知识答卷活动，全市各系统、各部门、大型企业和18个区县的处级以上领导干部近15000人参加，其中，许多区县五套班子领导或学习中心组成员参加了答卷活动。答卷回收率达98.2%，合格率达100 %，优秀率达95%。经参加单位活动办公室推荐，全市155人获得优胜奖。市活动办公室根据各参加单位的活动情况，评选出组织一等奖2名，二等奖4名，三等奖6名，优秀奖19名。通过这些活动，增强了领导干部防震减灾意识，对防震减灾法律法规普及起到了极大的促进作用。

2009年5月，在《中华人民共和国防震减灾法》修订公布实行之际，市依法治市领导小组办公室会同市地震局主办全市党政机关处级以上领导干部防震减灾法知识答卷活动，共发放答卷7500份。

2010年，市依法治市领导小组办公室将防震减灾法律法规纳入《2010年天津市领导干部法律知识考试复习要点》读本，在2010年全市“五五”普法验收处以上领导干部法律知识考试中，增加了防震减灾法律法规知识。

据统计，从2001年以来，举办领导干部防震减灾法律知识讲座30余场，涉及全市18个区县和市有关部门，参加领导干部人数达近万人。

第二章 防震减灾规划（计划）编制

防震减灾规划（计划）指五年和其后稍长一段时间防震减灾方面的规划或计划。天津市防震减灾规划（计划）是市政府指导防震减灾事业发展、审批重大项目和安排政府投资的依据，是指导天津市防震减灾事业发展的基础性和法规性文件。编制和组织实施防震减灾规划（计划），对有效配置公共资源，实现防震减灾战略目标具有重要作用。

天津市防震减灾规划（计划）编制起于20世纪80年代，1981年市地震局编制并向国家地震局上报了《天津市地震局“六五”计划和十年设想》。1986年编制并向国家地震局上报了《一九八六年至一九九〇年天津市地震工作发展规划纲要》。1991年市地震局编制并向市计委上报了《天津市减轻地震灾害十年规划和“八五”计划》，随后在1998年编制并向市政府上报了《天津市防震减灾九五计划和2010年远景规划》。1997年《中华人民共和国防震减灾法》颁布后，根据《中华人民共和国防震减灾法》的要求，有关规划统一按“防震减灾规划”命名。2000年，市地震局组织编制、市政府办公厅转发了《天津市防震减灾规划（2001—2015）》。2006年市政府组织编制了《天津市防震减灾第十一个五年规划》，并纳入天津市国民经济和社会发展第十一个五年规划的专项规划。

第一节 减轻地震灾害十年规划和“八五”计划编制

1991年，市地震局根据《国务院批转国家计委、国家地震局关于加强破坏性地震减灾工作意见的通知》（国发〔1990〕62 号）精神和市领导在天津市地震工作会议上讲话要求，编制了《天津市减轻地震灾害十年规划和“八五”计划》。该规划分为六部分：一是编制背景；二是指导思想和原则；三是奋斗目标和重点；四是“七五”期间计划完成情况；五是“八五”计划要点；六是“九五”设想。

一、计划编制

1990年11月，国务院印发《国务院批转国家计委、国家地震局关于加强破坏性地震减灾工作意见的通知》（国发〔1990〕62号），指出，90年代，我国进入新的强地震起伏增长活动期。为了防患未然，最大限度地减少灾害损失，要贯彻“预防为主、平震结合、常备不懈”和“自力更生、艰苦奋斗、发展生产、重建家园”的防灾救灾工作方针，对地震灾害的预防、抗御和救灾工作要做好充分准备，在破坏性地震发生时，能够有条不紊地开展各项工作。为贯彻执行国发〔1990〕62号文件，不断增强天津市综合防御和减轻地震灾害的能力，保障国民经济建设的顺利进行，市地震局制定了“天津市减轻地震灾害十年规划和八五计划”，于1991年3月2日上报天津市计划委员会并抄报国家地震局。

二、计划目标

规划明确，在20世纪90年代努力做好地震工作，不断增强天津市综合防御和减轻地震灾害能力，最大限度地减少地震灾害损失，发挥最大的社会效益和经济效益，努力实现国家减灾十年委员会提出的减少灾害损失30%的奋斗目标。

三、计划要点与重点项目

（一）地震监测预报及科普工作

在地震监测系统方面，要充分发挥现有台网的监控能力，巩固提高观测资料质量，强化地震速报和短临前兆观测，提供连续、可靠、准确、及时的观测成果，捕捉破坏性地震前兆信息。计划更新观测技术与仪器设备，推进遥测传输技术，实现智能化、数字化观测仪器，以实现天津地震台网优化方案；在宝坻台、张道口台架设双电源，解决停电中断观测问题；在现有台、点增上地温仪、电磁波仪及测录仪，增强短临前兆观测；更新通讯设备，保证震后不中断各台网资料传送和与震中地区宏观考察队伍信息联络。

在震情分析预报方面，一是要改进分析预报体制。要在规范化、制度化的基础上，建立分析预报中心与地震台、区县地震办公室两级分析预报体制。二是要加速推进地震信息快速反应系统的现代化建设。计划在“八五”期间完成会商室现代化建设，实现地震监视和震情分析会商所需的地震与地震前兆数据的采集、汇编、转发、常规处理、震情信息交换和地震综合预报决策。三是加强分析预报方法的应用研究工作。以短临预报跟踪为重点，开展地温、电磁波、水汞、水位等短临预报新方法的探索。在当前已有中期预报的情况下，发震时间预报是难点，为此，计划开展地震调研与触发机制的研究，要完成天津市区域程式指南系统软件，建立综合预报专家系统，使分析预报向科学化、实用化迈进一步。

在地震科普工作方面，要根据目前已有地震中期预报的形势，有针对性地开展工作，要组织创作一批群众喜闻乐见的地震科普作品，把地震防、抗、救的基本知识宣传，做到家喻户晓、人人明白，提高群众的参与意识。要适时地利用新闻媒介开展地震科普宣传，以扩大宣传面和宣传效果。要编写适合各级领导掌握的宣传材料，以便于组织开展防震减灾工作。要与教育部门合作，把地震知识编入中、小学教材。

（二）防震减灾工作

1. 天津市破坏性地震应急反应预案编制工作。于1991年底完成预案编制工作，内容包括震前防御、震时指挥和震后抢救、重建的计划方案。

2. 天津市地震小区划工作。于 1992 年底完成天津市区（中环线以内）约 160 平方公里地震小区划工作。于 1994—1995 年在外环线以内及重点规划区（如海河中下游、开发区等）开展地震小区划工作。

3. 震害预测工作。在 1991—1993 年完成天津市震害预测工作，内容包括预测在未来地震事件中，城市遭遇地震灾害的类型、震害程度、震害分布以及震害导致的经济损失、人员伤亡及社会影响等后果，有针对性地提出城市防震减灾对策分析意见。

4. 天津市地震对策实用化方案制定工作。1992—1994 年完成方案全面制定工作。

5. 地震演习工作。在一个区或县开展一次地震演习，检验各项减灾措施的效果。

第二节 防震减灾“九五”计划和 2010 年远景规划编制

1995 年 5 月至 1998 年，根据市政府和国家地震局的要求，市地震局组织并完成了《天津市防震减灾“九五”计划和 2010 年远景规划》编制工作。《天津市防震减灾“九五”计划和 2010 年远景规划》内容分十部分：一是防震减灾工作现状；二是防震减灾工作指导思想和奋斗目标；三是健全与完善防震减灾工作体系与计划体制；四是加强防震减灾法制建设，逐步形成比较完善的立法和法制监督机制，加强地震监测预报体系建设；六是加强抗震设防工作；七是加强地震应急快速反应系统建设；八是加速防震减灾科研和基础工作；九是搞好宣传教育，提高全民防震减灾意识；十是实施跨世纪人才培养工程。

一、计划编制

1995 年国家地震局编制了《中国防震减灾“九五”计划和 2010 年长期规划纲要（草案）》，印发了《关于将防震减灾工作纳入国民经济和社会发展“九五”计划和 2010 年长远规划意见的函》（震发〔1995〕080 号）。为响应国家地震局的要求，市政府办公厅《关于天津市地震设防工作的会议纪要》（津政办〔1995〕4 号）明确将防震减灾纳入天津市“九五”计划和长远规划。

根据市政府和国家地震局的要求，市地震局组织编制了《天津市防震减灾“九五”计划和 2010 年长远规划大纲》（一稿），1995 年 5 月 29 日，市地震局以津震〔1995〕64 号文件报市计委。

1996 年 4 月，天津市政府印发《天津市国民经济和社会发展“九五”计划和 2010 远景目标纲要》（津政发〔1996〕16 号），其后，1996 年 6 月 19 日，市地震局以津震〔1996〕62 号文件将《天津市防震减灾“九五”计划和 2010 年远景规划》（二稿）上报市政府，请求纳入天津市国民经济和社会发展“九五”计划。

1996 年 6 月 24 日，市政府在市地震局上报的计划上批示，市计委牵头，会同建委、科委等部门，结合全市的规划进行论证后，再报批。其后，市计委会同市建委、市科委等部门，结合全市的规划对市地震局将《天津市防震减灾“九五”计划和2010年远景规划》（二稿）进行了论证。1996年8月23日，市计委向市政府提出修改意见，并附市建委建议。

1996年9月10日，市政府领导在计委向市政府提出修改意见上批示，要求市地震局再次修改。市地震局根据市政府的批示和市计委汇总的意见进行再次修改。1997年1月26日，市地震局完成第三稿，并做了说明，报市政府。

1997年2月，国务院国办〔1997〕2号文件，要求“编制防震减灾十年目标实施纲要”，市建委提出暂不规划，先编制十年目标实施纲要。1997年6月至1998年编制并完成十年目标实施纲要。

1998年1月19日，市政府批示，根据全国地震局长会议精神，在防震减灾十年目标实施纲要基础上编制规划。1998年，市地震局完成《天津市防震减灾“九五”计划和2010年远景规划》（四稿）。

二、计划目标

根据国务院提出的全国防震减灾工作的十年目标，结合天津市工作的实际，确定“九五”防震减灾工作的奋斗目标是：在各级人民政府的领导下，依靠科技进步和全社会的共同努力，首先使中心市区和滨海新区基本具备抗御6级左右地震的能力，以此带动全市地震综合防御能力的提高，为下世纪初实现国务院提出的防震减灾十年目标打下坚实的基础。2010年防震减灾工作的远景目标是：在各级人民政府和全社会的共同努力下，使全市具备抗御6级左右地震的能力。

三、计划要点与重点项目

（一）健全与完善防震减灾工作体系

1. 加强政府对防震减灾工作的领导。成立以市政府主要领导为组长和副组长的天津市防震减灾工作领导小组，实行在政府统一领导下，市防震减灾工作领导小组统一指挥协调，各职能部门分工管理、各负其责的防震减灾工作管理体制。市防震减灾工作领导小组下设办公室，负责协调处理日常和应急工作。

2. 加强防震减灾工作机构建设，充分发挥政府职能作用。“九五”期间，在进一步健全各郊区、县防震减灾工作机构的同时，要在中心市区和滨海新区的政府部门恢复或新设防震减灾工作机构，加强领导，搞好防震减灾工作机构和队伍建设。成立天津市地震安全性评定委员会，负责天津市重大工程项目的场地地震安全性评价报告及成果的审定工作。成立天津市地震灾害损失评估委员会，负责破坏性地震发生后天津市地震灾害损失评估结果的审定工作。

3. 各部门、各行业都要根据国务院提出的我国防震减灾十年目标的要求，结合本部门、本行业实际，加强对防震减灾工作的领导，做好规划，编制预案，落实各项工作措施。

（二）加强防震减灾法规体系建设

1. 搞好法律、法规的学习和宣传，加强执法队伍建设，提高依法行政、依法管理的能力和水平。“九五”期间我们要继续贯彻执行国务院颁布的《破坏性地震应急条例》《地震监测设施和地震观测环境保护条例》等法规以及经国务院批准的《发布地震预报的规定》。结合“三五”普法，进一步加强对防震减灾法律、法规的宣传。加强执法队伍建设，提高依法行政、依法管理的能力和水平，加大执法工作的力度。

2. 加大天津市防震减灾地方立法工作的力度。结合国家将出台的《中华人民共和国减轻地震灾害法》和与之配套的《工程建设场地地震安全性评价管理条例》《地震重点监视防御区条例》等法规，进一步做好天津市防震减灾的地方立法工作，制定《天津市〈减轻地震灾害法〉实施条例》、《天津市工程建设场地地震安全性评价管理规定》和《天津市破坏性地震灾情上报规定》等地方法规。结合国家有关主管部门正拟出台的《建（筑）物工程抗震管理条例》，制定出台《天津市新建工程抗震管理规定》《天津市高层建筑工程抗震管理办法》和《天津市现有工程抗震管理规定》等有关规定。

3. 编制并不断完善破坏性地震应急预案的工作。要根据《破坏性地震应急条例》的要求，编制《天津市破坏性地震应急预案》和与之配套的“行动方案”及各项应急保障计划。针对强有感地震的应急工作，编制《天津市强有感地震应急预案》。各区县、各部门也要结合各自实际，着眼于地震的突发性和破坏性，编制各区县、各部门的破坏性地震应急预案，并使市、区、县、各委办局的地震应急预案形成一个有机的整体，以保证在破坏性地震发生后，能够分工明确、责任落实、快速启动、高效有序地实施。编制破坏性地震应急预案是一项经常性的、基础性的工作，随着情况的变化，要及时对《预案》进行补充和修订。

（三）加强城乡建设和工程建设中的防震减灾工作

1. 加强以工程场地地震安全性评价为基础的抗震设防工作。严格执行国务院批准的《中国地震烈度区划图（1990）》使用规定，做好新建大、中型重点工程建设项目和生命线工程项目的场地地震安全性评价工作。加强管理，从抗震设防标准、抗震设计和施工质量三个环节上把好关，提高工程质量。

2. 对已有的重要工程、特殊工程、生命线工程、高层建筑和易产生次生灾害的建筑、构筑物进行抗震能力鉴定和震害预测工作。视情况分别采取改造、维修、加固等措施，提高抗震减灾能力。

3. 按计划完成天津市成片危陋平房改造和技措技改工程的同时，对近期未规划的现有建筑分期分批进行抗震加固。

（四）加快防震减灾技术和信息系统现代化建设

“九五”期间，以天津数字化遥测地震台网建设和前兆台网技术改造计划以及地震信息处理系统建设计划的实施为重点，以此来带动天津市防震减灾技术和信息系统的现代化，从根本上改变天津市防震减灾技术和信息系统相对落后的状况。

1. 地震观测系统数字化建设与改造。通过天津数字化遥测地震台网的建设和前兆观测台网的技术改造项目的实施，基本完成地震观测技术由模拟向数字观测技术的过渡。

天津遥测地震台网数字化改造。对天津现有的遥测地震台网进行以宽频带、大动态、数字化为目标的技术改造，建立天津市数字化遥测地震台网。1996 年完成遥测地震台网中心的数字化改造任务，实现计算机自动定位。“九五”期间完成天津数字化遥测地震台网的建设任务，并与北京数字化遥测地震台网联网，实现数据共享。建成后的数字化遥测地震台网的自动化水平、信息质量和应急反应能力将达到全国先进水平，地震速报时间可由原先的 20 分钟提高到 10 分钟之内，台网监控能力达到 Ms≥1.5 级。

地震前兆台网技术改造。对现有台网布局进行必要的调整和优化，进一步改善观测条件，装备数字化观测仪器；适当增加短临前兆观测项目和辅助观测项目，开展综合观测；建立前兆台网信息中心，逐步实现前兆观测数据的传输和微机化管理。前兆台网监测能力达到 A 类。

2. 震情分析会商系统建设。开展地震短临预报指标体系和预报方法的研究，建立地震预报信息库和方法库，建立高分辨率、彩色大屏幕显示系统，使分析预报业务基本实现现代化和智能化。

3. 震害调查与快速评估实用化系统建设。继续做好天津市地震灾害的预测研究工作；建立动态的震害知识库和社会经济资料库；建立震害快速评估模型；装备地震现场震害考察专用微机、摄像器材、交通通信工具。形成一个功能较齐全、实用化的震害调查与快速评估系统，破坏性地震发生后迅速赶赴现场开展工作，按时完成震害评估任务，并及时提出辅助决策指挥的建议。

4. 地震信息处理系统现代化建设。利用先进的计算机网络技术、多媒体技术和现代通信技术，建立天津市防震减灾信息处理中心。该中心建成后，可将地震观测技术系统、震情分析与会商系统、震害调查与快速评估系统和应急指挥决策系统连结成一个有机的整体，实现地震信息输入、存贮、处理、输出一体化。实现与市政府、国家防震减灾中心计算机网络的互联。

5. 通信指挥系统建设。组织“地震应急通信指挥系统”和“大震现场通信系统”技术方案的调研和可行性论证，逐步建立起一个功能较齐全，适合天津市需要的综合防灾应急通信指挥系统。建立天津市地震信息计算机通信网络系统，实现市政府、人防办、地震局以及区县地办、地震台站间的计算机通信，及时传递震情信息。完善天津市地震专用无线通信网的功能，提高话音质量，扩大覆盖范围。

（五）加速防震减灾科学技术进步

围绕提高地震监测预报水平，提高确定抗震设防标准的科学水平以及提高地震应急反应能力，组织广大科技人员开展科研攻关。

1. 地震预报方法、数字化地震台网信息应用研究。以一年尺度的强地震中短期预报为重点，开展地震预报新理论、新方法的研究。以数字地震台网信息提取方法研究为重点，开展事件识别、定位方法、震源破裂过程、本区域地下岩层介质特征等方面的研究。

2. 渤海海域地震观测可行性研究。为了开拓海域的地震观测，开展渤海海域地震观测的可行性研究，并协同环渤海地区有关地震部门开展渤海地区地震监测和渤海地壳结构的研究工作。此项工程“九五”时期起步，力争在 2010 年前对渤海的地震活动形成一定的监控能力，实现提高环渤海经济区的地震综合防御能力，为渤海海上石油开发提供地震区划服务之目的。

3. 针对天津市第四纪松软覆盖层厚的特点，结合编制全国第四代烈度区划图的工作，开展对软土地基动力学特征、放大效应、震害类型及分布特征的研究。积极推广隔震、减震技术在天津市建筑工程和其他工程上的应用，开展生命线工程震害防御和高层建筑次生灾害的研究。

（六）天津市滨海新区震害预测和防震减灾对策示范工程

1. 开展滨海新区软土地基震害特征研究，编制滨海新区国土规划基础图件。开展滨海新区深层及浅层地质构造调查，编制滨海新区活动断裂构造分布图；通过对滨海新区布网钻孔取样及土层测试，编制滨海新区工程地质图、桩基浅层承载力分布图及土层液化势分布图；通过地震危险性分析，编制滨海新区地震动峰值加速度及地震反应谱分布图。

2. 开展软土地基上特殊行业、特殊结构的建构筑物震害预测方法与抗震能力鉴定方法研究。

3. 建立滨海新区示范区震害预测与综合减灾信息系统。开展社会环境与资源的调查；进行震害预测研究；建立基础资料数据库和 GIS 技术支持的地理图形信息系统；制定防震减灾规划和对策方案。

（七）加强防震减灾宣传教育工作

1. 建立宣传教育工作网络。宣传、教育、地震及科协等部门要密切协同，“九五”期间建立并完善天津市防震减灾宣传教育工作网络，制定防震减灾宣传教育工作规划和年度计划，充分发挥新闻、广播、电视及科普宣传阵地的作用，把防震减灾宣传和地震科学知识普及工作落到实处。

2. 采取多种方式做好常规宣传和强化宣传工作。组织编写防震减灾宣传提纲和防震减灾科普画册；举办防震减灾知识展览，组织开展中、小学地震知识竞赛和举办不同对象和类型地震知识讲座，举办青少年地震知识夏令营活动；结合“科技周”“国际减灾日”“唐山地震纪念日”等上街开展地震知识宣传和咨询活动；组织编写中、小学防震减灾知识教育资料，将防震减灾知识教育纳入中小学经常性安全教育活动。

（八）编制应急宣传预案，做好应急宣传

开展应急宣传对策的研究，编制应急宣传工作预案，做好应急宣传的各项准备。根据地震形势的需要，适时地确定宣传内容和力度，搞好应急宣传，做好社会稳定工作。

第三节　防震减灾规划（2001—2015 年）编制

1998 年 5 月至 2000 年 12 月，根据市政府的安排，市地震局组织并完成了《天津市防震减灾规划》编制工作。2000 年 12 月，市政府办公厅转发了《天津市防震减灾规划》。《天津市防震减灾规划》内容分四部分：一是防震减灾工作的指导思想、基本原则和奋斗目标；二是重点工作和任务；三是保障措施；四是重点项目。

一、规划编制

1997年颁布的《中华人民共和国防震减灾法》规定“国务院地震行政主管部门和县以上地方人民政府负责管理地震工作的部门或者机构，应当会同同级有关部门编制防震减灾规划，报本级人民政府批准后实施。”1998年国办发〔1998〕1号文件，1999年国办发〔1999〕22号文件要求，各地区、各部门要深入贯彻执行《中华人民共和国防震减灾法》编制好防震减灾规划。

为贯彻执行《中华人民共和国防震减灾法》和国务院的要求，1998年4月17日市政府津震纪〔1998〕11号“会议纪要”明确，由市计委牵头，会同有关部门，结合城市发展整体规划和经济发展规划，组织编写天津市防震减灾规划。

1999年5月26日，中国地震局以《关于开展防震减灾规划编制工作的通知》（中震发财〔1999〕22号）印发了《关于依法编制防震减灾规划的意见》。

根据市政府的安排，1998年5月至1999年11月市地震局组织调研、起草、论证工作，完成了《天津市防震减灾规划（征求意见稿）》的起草工作。

1999年11月23日，市地震局印发《关于征求<天津市防震减灾规划>（征求意见稿）意见的函》（津震函〔1999〕23号）征求市计委、市建委、市科委、市应急办等有关部门的意见，并进行了修改。

2000年1月11日，市地震局以津震〔2000〕6号文件报《天津市防震减灾规划（草案）》。1月13日市政府批示：“建议将此方案纳入天津市‘十五’计划和长远规划，并请地震局会同各有关部门照此组织实施。”

2000年6月14日，天津市长办公会议第32次纪要明确，原则同意以市政府名义批转《天津市防震减灾规划》。《天津市防震减灾规划》中的“十五”计划有关项目，由市计委牵头，尽早立项，争取中央资金的支持，地方按比例积极筹措资金。

2000年12月20日，市政府办公厅津政发〔2000〕80号文件转发《天津市防震减灾规划》。

二、规划目标

规划的近期目标（2001—2005年）是：在各级人民政府和全社会的共同努力下，使全市具备抗御6级左右地震的能力。主要指标如下：

（1）地震前兆观测台网的监测能力达到A类；测震台风监控能力达到ML≥1.0—1.5级；力争对天津及周边地区发生的破坏性地震在震前能作出一定程度的中期（一、二年内）预报和短期（三个月内）预测，震后及时作出有较高准确度的趋势判定。

（2）新建工程依法进行抗震设防，完成基本危陋房屋改造或加固。发生6级左右地震时，建（构）筑物遭受严重破坏的比例不超过5%，基本不出现人员伤亡，供水、供电、供气及交通、通信、医疗设施等生命线工程整体不遭受严重破坏。

（3）破坏性地震发生后，能立即启动应急预案，高效有序地开展应急指挥、调度和抢险救灾工作。烈度Ⅵ—Ⅶ度地区，恢复正常生活、生产秩序不超过 10 天；烈度Ⅶ—Ⅷ度地区，不超过 20 天。震情和灾情信息系统运转可靠。震后 5—10 分钟内实现较准确地震速报，30 分钟内实现灾情速报。

（4）社会公众有较高的防震减灾意识，震时能正确避险，震后能正确自救、互救，社会秩序不产生混乱。当发生地震谣传时，公众能正确处置。

规划的远期目标（2005—2015 年）是在达到抗御 6 级左右地震能力的基础上，使地震监测预报和建（构）筑物抗震能力在已有基础上有更大提高。具体指标是：在监测预报方面，监测预报系统先进可靠，除了做好中期预报外，力争对天津及周边地区破坏性地震作出有减灾实效的短期预报；在抗震设防方面，随着天津市经济实力的增强，提高建（构）筑物的抗震能力，做到遭遇历史最大烈度地震破坏时，建（构）筑物基本不产生严重破坏。

三、规划的重点工作和任务

规划明确当前和今后一段时期内的重点工作和任务是：各级人民政府和有关部门采取有效措施，切实建立健全防震减灾三大工作体系。

（一）进一步健全专家为主、专群结合的地震监测预报体系

各级人民政府要高度重视和大力加强地震监测预报工作。应用高新技术，提高装备水平，加快地震监测台网的现代化建设。市地震局对全市地震监测台网要实行统一规划，优化布局，在“九五”期间防震减灾技术系统建设与改造基础上，继续完善数字地震台网、数字强震台网、数字地震烈度速报台网和地震信息计算机网络系统，提高地震监测能力和速报水平，确保台网监测能力达到 ML≥1.0—1.5 级，定位精度小于 3 公里。对本区 ML3.5 级以上地震，5 分钟初步提供地震的位置，10 分钟作出准确的地震速报。对烈度达到Ⅳ度以上的地震在 10 分钟内提供烈度分布速报。同时，加强前兆观测台网的优化与改造，应用新技术，研制新仪器，建设数字化地震前兆台网，改善观测条件，保护观测环境，提高前兆信息的捕捉能力。

加强对中、短期地震预报科学技术研究，努力提高地震预报水平。地震预测是世界科学难题，要积极创造条件，鼓励和支持地震科技人员以严谨的科学态度和坚忍不拔的精神开展地震预测科学技术研究，探索地震发生的规律。建立并不断完善地震预报意见评审机构和制度，加强地震预报意见评定的科学性和合理性。

因地制宜地建立健全群众性地震测报网络。要认真研究新形势下如何开展地震群测群防工作，进一步发挥群测群防在防震减灾，尤其是地震短期和临震预测中的作用，努力提高地震预报水平。

（二）建立执法严格、常备不懈的震灾预防体系

积极开展地方立法工作，把防震减灾工作纳入法制管理轨道。按照国家已有的法律、法规，结合天津市实际，积极开展防震减灾地方立法工作，加快制定天津市防震减灾条例等地方防震减

灾法规和规章。建立健全执法队伍，加强执法工作，全面贯彻《中华人民共和国防震减灾法》、《天津市建设工程地震安全性评价管理办法》（市人民政府令1998年第6号）等法律法规，建立健全有效的监督制约机制，确保法律、法规的贯彻实施。

加强抗震设防的各项基础工作。继续开展地震活动断层探测工作，开展市区震害预测、滨海新区地震小区划工作。建设天津市地震烈度速报网。加强建设工程抗震设防的管理。依法开展对新建建设工程抗震设防管理，加强地震安全性评价工作，从抗震设防要求、抗震设计规范和施工质量三个环节上严格把关，提高建设工程的抗震能力。按照国家有关规定。对现有建（构）筑物进行抗震性能鉴定，对尚未达到抗震设防标准的要采取必要的抗震加固措施。结合村镇规划与建设，加强对农村建房抗震设防的管理、宣传与指导。建立并不断完善地震安全性评价评审机构和制度，科学、客观地提供地震安全性评价结果。学习、借鉴和吸收世界各国抗震设防的先进经验和技术，加强对工程抗震新技术、新材料和新结构体系研究，不断提高抗震技术水平。

认真做好地震应急预案工作。进一步完善各级、各类地震应急预案，明确各项具体工作的负责人，随着情况的变化，及时予以补充、修订。适时组织应急指挥和抢救的实战演习，检测反应能力，及时发现薄弱环节并尽早加以解决。

加强防震减灾宣传，努力提高全民防震减灾意识。针对不同的宣传对象，采取多种形式开展防震减灾知识宣传普及活动，建立现代化地震模拟仿真科普知识宣传教育基地，完善防震减灾宣传教育网络。以中小学生为重点，在全市各级各类学校普遍开展防震减灾知识宣传教育。

（三）建立反应迅速、突击力强的地震紧急救援体系

建立本地区的地震紧急救援队伍。根据大城市、大中型建筑和易燃易爆设施发生破坏性地震时紧急救援的需要，配备特殊手段和设备，以提高抢救效率。一旦发生重大灾情，可以迅速出发，赶赴现场，高效率地投入抢险救援工作。

组织有关力量，积极开展地震救援技术、装备的研究与开发，推广先进实用的科研成果，必要时也可以从国外引进，尽快改变救援技术落后的现状。

建立地震应急救援物资的储备系统。市级财政和各区、县财政应在财政预算和物资储备中适当安排抗震救灾资金、物资。其他相关部门认真储备城市地震应急救援工作所需的设备和专用救生器械，以及应急水源等生活必需品。建立应急储备管理制度。

加强灾情速报、灾情评估等基础建设，进一步提高灾情速报能力和灾害评估速度和准确性。为科学、客观地评价地震灾害损失评估结果，建立并不断完善地震灾害损失评审机构和制度。

四、规划重点项目

规划“十五”及中期（2001—2010年）的重点项目主要有：城市隐伏断层探测和地震危险性评价工程；震害预测与震灾快速评估系统建设；地震烈度和强震观测系统建设；地震政务通信系

统现代化建设；滨海地区地震活动观测系统建设与近海观测试验；滨海地区及近海海域地震区划工程；地震现场综合信息处理系统建设；地震预测的新技术、新方法研究；首都圈防震减灾示范区抗震加固工程项目；建设工程隔震减灾技术项目；地震应急系统工程建设。

规划远期（2010—2015 年）重点项目主要有：天津地区地质构造三维空间结构探测与图像绘制；滨海地区软土地震反应对比观测；渤海海域及环渤海地震观测系统建设。

第四节　防震减灾第十一个五年规划编制

2004 年 9 月至 2006 年 3 月，根据市政府的安排，市政府组织并完成了《天津市防震减灾第十一个五年规划》编制工作。2006 年 8 月，市政府审议通过并批转了《天津市防震减灾第十一个五年规划》。《天津市防震减灾第十一个五年规划》内容分六部分：一是防震减灾现状与社会需求；二是指导思想、规划目标和发展战略；三是“十一五”期间防震减灾主要任务；四是“十一五”期间的重点项目；五是规划实施的保障措施；六是“十一五”期间的重点项目投资估算。

一、规划编制

《国务院关于加强防震减灾工作的通知》（国发〔2004〕25 号）指出：要把防震减灾事业发展纳入国民经济和社会发展计划中，建立与经济社会发展水平和防震减灾需求相适应的投入机制。2004 年 9 月 23 日，市政府将《天津市防震减灾规划》列入天津市第 38 个重点专项规划。

2005 年 1 月 28 日，市政府组成以市政府副秘书长陈宗胜为组长，市地震局局长赵国敏为副组长，市委宣传部、发改委、城建委、教委、财政局、规管局、民政局、安监局、人防办分管领导为成员的“天津市防震减灾规划编制工作领导小组”。

2005 年 2—8 月，市地震局组织调研、起草、论证，完成了《天津市防震减灾规划（征求意见稿）》。2005 年 8 月 8 日，市地震局以办公会形式，审议通过了《天津市防震减灾规划（征求意见稿）》。

2005 年 8 月 12 日，市政府副秘书长陈宗胜主持召开天津市防震减灾“十一五”规划编制领导小组会议，讨论通过《天津市防震减灾“十一五”规划（讨论稿）》。

2005 年 8 月 16 日，市委副书记、常务副市长在市政府会议楼听取了市地震局局长赵国敏关于《天津市防震减灾“十一五”规划》编制工作情况的汇报，市发改委、财经办、研究室、财政局和统计局的负责同志出席汇报会。

2005 年 11 月 17 日，市发改委召开“天津市防震减灾规划专家论证会”，中国地震局副局长修济刚出席并讲话，市发改委副主任杨振江主持会议，以国家防震减灾规划编制领导小组组长汤泉为组长的专家组对《天津市防震减灾规划》进行论证。市地震局局长赵国敏受市防震减灾规划编制领导小组组长陈宗胜的委托，对《天津市防震减灾规划》的编制情况做了说明。

2006 年 3 月 7 日，市地震局以津震发〔2006〕22 号文报送《天津市防震减灾规划》给市发改委，请求纳入市政府审批计划。2006 年 3 月 23 日，市地震局以津震发〔2006〕39 号文报送《天津市防震减灾规划》。

2006 年 8 月 29 日，市政府以津政发〔2006〕75 号文批转《天津市防震减灾第十一个五年规划》等 12 个专项规划并纳入市政府专项规划。

二、规划目标

使未来地震的风险能够预期；避免和减少地震灾害造成的人员伤亡和财产损失；地震应急工作有序高效，尽可能把应急状态控制在局部范围，减少对社会正常秩序的冲击；缩短灾害恢复周期，避免和减少灾害给经济运行造成的中断或迟滞；为社会提供适合需求的、高质量的防震减灾公共产品和服务。

到 2010 年，中心城市具备抗御 6 级左右地震烈度的能力，当遭遇 6 级地震时，人员死亡率不超过 5×10^{-5}，经济损失率不超过 5%，灾后生活和经济秩序恢复时间不超过 1 个月；遭遇 7 级（X 度）地震时，人员死亡率不超过 1×10^{-3}，经济损失率不超过 10%，震后生活和经济秩序恢复时间不超过 2 个月。

到 2015 年，天津市行政区域全部具备抗御 6 级左右地震的能力，防震减灾综合能力率先达到中等发达国家水平。

到 2020 年，力争使天津市防震减灾综合能力达到发达国家水平。

在 2010 年前，应达到具体指标要求如下。

（一）地震监测预报

天津市行政区内地震监测能力达到 1.0 级，渤海海域地震监测能力达到 2.5 级；力争做到对天津市发生的 4—5 级地震震前有所察觉，5 级以上地震震前做出一定程度的预测，努力实现有减灾实效的地震预报；初步建立预测预警系统。

（二）地震灾害防御

城镇一般新建工程 100%达到区划图确定的抗震设防要求，重大工程和重要基础设施 100%按有关法律法规进行抗震设防，农村 80%以上的新建房屋采取抗震措施；防震减灾宣传教育普及率达到 80%。

（三）地震应急与救援

建立健全应急管理组织，完善地震应急预案体系和应急指挥技术系统；加强应急指挥场所和应急通信系统建设；建立灾情监测评估系统，整合应急资源，完善保障体系，各区县建立起 3—4 个防灾应急避难场所和 2—3 支地震应急救援志愿者队伍。当破坏性地震发生后，5 分钟内初报地震参数，10 分钟内精确报地震参数，15 分钟内各级指挥系统全面启动并给出震害预评估结果，45

分钟内给出震情趋势初步判断结果，1 小时内首批救援力量抵达震灾现场，12 小时内使灾民得到基本的生活救助，灾区社会秩序基本稳定。

三、规划任务

（一）提升地震监测预报能力

1. 加强地震综合监测能力建设

优化天津市地震观测台网布局，做好资源整合与结构调整。把蓟县地震台建成以地壳形变观测为主，兼有测震观测的区域监测中心。把静海地震台建成以地磁观测为主，兼有测震观测的区域监测中心。将滨海地震监测预警中心建成以开发区为中心，面向滨海新区，具备测震、强震动、前兆多种监测手段，集地震监测预报、预警、震灾防御与应急指挥为一体的区域防震减灾中心，并为开展渤海海域地震观测提供技术支持和条件保证。

建设立体观测技术系统。开展卫星遥感（RS）、全球定位系统（GPS）等技术在地震监测预报方面的应用研究，推进 GPS 观测网络和深井综合观测系统建设，构筑立体化地震监测网络体系；推进渤海深井地震台的实用化建设，开展海域地震观测技术的应用研究；与周边省市合作，建立以海岸地震观测为主，以海洋深井观测和海岛地震观测为辅的环渤海数字地震台网。

在重要建筑群和生命线工程设置强震动监测设施。建设地震宏观测报网，开展地震宏观异常观察，发挥群测群防在地震短临预报中的突出作用。

依法保护地震监测设施和观测环境。加大行政执法监督检查，及时完成各类地震监测设施向当地政府及规划部门通报和备案，尽快建立可能对地震观测造成影响的各类建设事先征求地震部门意见的制度，真正形成对地震监测设施有效保护的长效机制。

2. 努力提高地震预报水平

加强应用基础研究，探测深部精细构造，研究地壳动力条件，建立数值地震预报科学技术平台，探索物理性地震预报理论和方法。加强专业地震队伍和群测群防相结合，加强区域联防，做好短临跟踪，努力捕捉地震前兆信息，坚持科学家预测和政府应急管理风险决策相结合，努力实现有减灾实效的地震预报。

（二）全面提升震害防御能力

1. 高度重视城市建设的地震安全

天津市中心城区和滨海新区及卫星城建设必须充分考虑潜在地震危险，国土规划和重大工程建设必须依据地震活断层探测和地震安全性评价结果，项目审批部门必须把抗震设防要求作为项目可行性论证、工程设计和施工审批的必备内容。

开展滨海新区与近海海域活断层探测和危险性分析，开展滨海新区与外围新城的地震小区划，为滨海新区城市建设规划和海洋开发提供科学依据。实施重大生命线工程地震紧急处置系统示范工程；开展大型企业和城镇的震害预测，建立地震灾害预测技术平台；对重大活动要加强防震对策和地震预警工作。

2. 推进农村民居地震安全工作

建立推进市、区县两级农村民居地震安全工作组织，加强农村民居抗震设防管理。建设农村民居地震安全示范工程，编制适用的各种建筑结构的农村民居抗震设计施工图册，使新建农村民居达到抗御基本烈度的设防要求。

3. 大力开展防震减灾宣传教育

建立和完善覆盖全市的防震减灾知识宣传教育网络，开展防震减灾宣传进学校、进社区、进农村、进家庭活动，发挥新闻媒体的宣传主渠道作用，充分利用声像、影视等手段开展宣传。进行科普教育基地和科普示范学校建设。

（三）健全应急救援体系

1. 完善地震应急反应机制

完善地震应急预案管理体系和预案备案制度，及时修订地震应急预案。健全地震应急工作检查制度，适时组织开展不同形式和规模的地震应急演练，提高地震应急的实战能力。

不断完善各级政府地震应急指挥技术系统和信息通信系统，建立震灾预警与应急指挥中心联动系统，建立政府各部门间快速反应、协调有序、相互支持的地震应急救援协调联动机制。

建设动态化、定量化、可视化、数据全面、功能完善的市、区县两级地震应急基础资料数据库，并实现与其他灾害应急资料数据库的资源共享；建立多手段的准实时地震灾情信息监测与评估系统，以提高天津市的地震灾情快速获取能力，为政府应急指挥、救援决策提供科学依据。

2. 建立健全地震救援体系

加强地震灾害紧急救援队伍、地震现场工作队伍和社区地震应急救援志愿者队伍建设，逐步建立起社会应急救援网络体系。

将应急避难场所建设纳入到城市广场、绿地、公园建设的规划中，在人员密集地区和场所设置必需的应急疏散通道和避难场地。

构建和完善救灾物资储备机制，结合城市物流，合理建设救灾物资储备网络，满足救灾需要。

（四）切实加强群测群防工作

推进“三网一员”建设，即地震宏观测报网、地震灾情速报网和地震知识宣传网建设，乡（镇）设置防震减灾助理员，开展地震宏观异常观察，发挥群测群防在地震短临预报、灾情信息报告和普及地震知识中的重要作用。形成“横向到边、纵向到底”的群测群防网络体系。

制定市场经济条件下加强地震群测群防工作的政策措施。市地震主管部门要加强对区县地震工作的指导，使地震群测群防工作逐步规范化、制度化；区县政府要加大财政支持，建立稳定的地震群测群防经费渠道，研究制定本地区加强群测群防工作的计划和措施；各区县地震部门要制定本地区地震群测群防网络建设方案，制定群测群防工作管理办法，确定地震群测群防员岗位津贴发放标准，稳定工作队伍。

（五）推进防震减灾应用基础研究

开展数字地震观测数据应用研究、地震预报方法研究；开展断层探测新技术与评价方法研究；研究开发建筑抗震新技术、新材料；开展工程结构健康诊断、震害控防技术、岩土结构地震稳定性与软土地震反应研究；开展地震预警与紧急处置技术研究；完善地震灾害的监测、评估技术和减轻地震灾害的方法；加强地震应急与救援技术的研究。

（六）完善防震减灾法规体系

完善与《中华人民共和国防震减灾法》等法律法规相配套的地方防震减灾法律法规体系，进行地震监测设施和地震观测环境保护、抗震设防管理、地震活断层探测、重大工程的强震动监测、地震应急与紧急救助等方面的立法工作。

四、“十一五”期间的重点规划项目

（一）地震监测预报实验场建设

1. 滨海地震监测预警中心技术系统建设

（1）信息网络平台建设。建设地震信息网络、分布式数据库系统平台、数据信息共享服务系统。

（2）综合地震观测系统建设。为克服滨海地区厚沉积层等不利因素和强地表干扰，开展以测震、应力、形变、流体等为主要内容的深井综合地震观测。建立 GPS 连续观测站，监测滨海地区地壳形变变化。建立卫星遥感红外数据图像接收处理站，为实现滨海及外围地区中强震的短临预测，增添新的分析判断依据。

（3）环渤海虚拟地震台网建设。为提高对渤海海域地震的监测能力，依托“十五”期间建设的天津市地震高速行业专用网，与周边省市合作，应用 IP 数据传输技术，建立以海岸、海岛地震观测为主，辅以海洋深井观测的环渤海地震台网。

（4）地震预警与应急指挥系统建设。利用现有的高新技术，建立滨海地震预警与应急指挥技术系统，为地震应急、抗震救灾指挥提供指挥场所和各种必要的技术支持。地震发生时，迅速判断地震的规模、影响范围、人员经济损失等情况，并据此提出一系列科学的救灾方案和调度方案，实现地震应急信息快速传递、高效处理，提高应急救灾指挥与决策的技术水平。

建设内容包括地震应急指挥技术系统支撑平台、地震应急基础数据库、地震应急快速响应系统、地震应急指挥命令系统、地震应急指挥辅助决策系统、地震应急信息通告系统、地震应急指挥管理系统等。

（5）防震减灾科普教育基地建设。建设滨海防震减灾科普教育基地，加强对政府机关、大中型企业、社区居民等科普宣传，形成覆盖全区的防震减灾科普教育网络。

2. 地震立体观测与预测预警系统建设

（1）地壳运动观测网络建设。利用 GPS、合成孔径雷达等技术，建设 15—20 个地壳运动连续观测台，根据断层和构造分布，建立 100—150 个复测点，建设 1 个数据接收与处理中心。该网络可监测天津境内主要断裂活动，对于研究孕震力源、地震活动时空迁移规律、未来地震的地点和强度等一系列地震中、短期预测预报的科学问题提供定量的依据。

（2）深井地震综合观测网建设。在“十五”期间开展深井地震实验观测的基础上，“十一五”期间在陆地建设10个左右的地震深井综合观测和1－2个渤海海域深井综合观测台，并建立深井观测中心，建成天津市深井地震综合观测网。

（3）地震预测预警系统建设。包括物理场动态演化分析、动态求源预报、动力学数值预报等平台和预警系统。建设相应的震情分析预报和震情预警信息接收系统，初步建立实验场地震信息平台和强震预测数据库系统；初步形成多学科地震前兆动态图像处理系统；完成地震分级、动态预测预警系统建设，实现实验场区震情的快速处理、判定和发布。

（二）震害防御基础工程建设

1. 地震安全基础探测。开展蓟运河－宁河断层、汉沽断层探测和地震危险性评价；开展渤海近海海域断层探测与地震活动性评价，为滨海新区的规划建设和渤海开发提供科学依据。

2. 建（构）筑物抗震性能鉴定和除险加固。完成对全市城镇、开发区、保税区和港口等建（构）筑物抗震性能的调查工作，对抗震设防措施不完备的重要建筑、生命线工程，根据天津市实际情况采取分期除险加固。

3. 防震减灾科普宣传教育网络建设。建设包括数字剧场、虚拟现实系统、地震模拟震动台等宣教设施的市级防震减灾科普宣传教育基地。

各区县建设一所防震减灾科普示范学校和教育基地，形成层次分明、协调一致、覆盖全市的防震减灾科普教育网络。

4. 农居地震安全示范工程建设

对天津市农村民居的建筑类型和抗震能力进行全面调查，对各类形式民居的抗震能力作出评价。研发并提出适合天津市农村经济承受能力和满足抗震设防要求的抗震防震技术，编制不同类型的农村民居抗震技术规程和抗震建（构）造、加固标准图集，指导农民进行民居的建造和加固，为提高农村民居的综合抗震能力提供技术支撑。

在农村区县开展地震安全民居示范工程建设，推广已开发的农村民居抗震防震技术措施，提高农村民居的抗震防震能力。

结合天津市撤村建镇的发展规划，在小城镇规划中充分考虑活断层和地震危险性，纳入规划建设的民居工程严格按《中国地震动参数区划图》的要求和《抗震设计规范》进行设计、施工。

5. 重大生命线工程地震紧急处置示范工程建设

针对京津城际快速铁路、津滨轻轨以及燃气等生命线工程，开展地震紧急处置系统示范工程建设。

（三）地震应急救援基础设施建设工程

1. 地震应急响应系统建设

地震应急响应系统包括地震灾情监测评估系统和地震灾害联动响应系统。通过地震灾情监测评估系统建设，形成志愿者与专业队伍相结合、地面和空间采集相结合、人工与自动相结合的多手段动态灾情信息跟踪、获取系统，以满足灾害评估、应急指挥、救援调度的需要。通过地震灾害联动响应系统建设，充分利用先进的信息技术，建立多种信息源协同、多层次指挥协同、指挥员与专家协同、指挥部与现场实时/准实时信息交流与协同联动的响应系统，提高灾害评估效率、精度与科学决策能力。

2. 应急避难场所和疏散通道建设

对各区县公园、绿地、广场、体育场馆、学校操场等场地数量、地点、面积、位置的现状进行调查与统计分析，对各区县、街道、社区、楼栋人口分布状况进行统计分析，对各区县避难场所需求进行的统计分析，在以上工作的基础上，结合城市的发展方向和空间布局，以规划建设和改造相结合为原则，按照避难场所和疏散通道规划建设的规范要求进行建设和改造，配置必要的避险救生设施，设置应急标示牌。

3. 地震救援培训中心技术系统建设

建设天津市地震灾害紧急救援培训中心技术系统，为市级地震灾害紧急救援队、各区县应急抢险队伍和社区地震救援志愿者提供训练和培训技术支持。

（四）防震减灾应用基础研究

1. 数字地震观测应用技术综合研究

解决数字地震观测与数据处理中的关键技术问题，最大限度地利用数字地震台网产出的高质量数据，开展地震前兆和地震动观测信息管理、应用与数据共享应用研究，以提高地震监测、预报、预警和应急能力。

2. 震灾预防与地震应急技术研究

考虑地震灾害预防和应急反应等方面对科技水平提升的需求，通过高新技术的应用，提升震灾预防和地震应急的科技水平，力争在对减灾实效有重大影响的某些关键科技问题上实现突破。包括城市及海域隐伏断层探测与地震危险性评价技术与方法，软土地基工程抗震技术，建筑工程结构抗震与隔震技术，新型抗震材料开发与应用研究，地震预警技术，震时应急反应技术，城市土木基础设施震害快速评估技术等。

3. 地震孕育和发生机理研究

借助现代化观测手段提供的海量信息，建立地震孕育、发生的物理、数学模型，研究地震的形成、发生机理，探寻具有地区特点的地震发生与前兆响应之间的内在关系，形成具有区域特点的地震预报理论与方法。

五、“十一五”期间的重点项目规划投资估算

“十一五”期间重点项目总投资估算为39600万元，其中，中央投入12000万元，市级财政投入17000万元，区县级财政投入7600万元，企业投入3000万元。各项目投资估算如下：

（一）地震监测预报实验场建设

投资估算 12300 万元，其中滨海地震监测预警中心技术系统建设 1700 万元，地震立体观测与预测预警系统建设 10600 万元。由中央和市级财政共同投入。

（二）震害防御基础工程建设

投资估算 21000 万元，其中地震安全基础探测 8000 万元，建（构）筑物抗震性能鉴定和除险加固 5000 万元，防震减灾科普宣传教育网络建设 5000 万元，农村民居地震安全示范工程建设 1000 万元，重大生命线工程地震紧急处置示范工程建设 2000 万元。由中央、市级、区县级财政和企业共同投入。

（三）地震应急救援基础设施建设工程

投资估算 6000 万元，其中地震应急响应系统建设 1300 万元，应急避难场所和疏散通道建设 1000 万元，地震救援培训中心技术系统建设 3700 万元。由中央、市级和区县级财政共同投入。

（四）防震减灾应用基础研究

投资估算 300 万元，其中数字地震观测应用技术综合研究 100 万元，震灾预防与地震应急技术研究 100 万元，地震孕育和发生机理研究 100 万元。由中央和市级财政共同投入。

第三章　地震科学研究

地震科学研究是防震减灾事业发展的重要支撑，对于推动地震监测预报、震灾预防和地震应急的发展和水平的提高具有引领作用。

天津市地震科学研究伴随天津市防震减灾事业发展的始终，大致分为两个阶段。20 世纪 90 年代以前为第一阶段，主要从事以地震监测预报、地震对策为主的科学研究，在监测仪器、监测台网优化改造、预测预报方法等方面取得重要的研究成果。从 20 世纪 90 年代开始，全面开展了包括地震监测预报、震灾预防和地震应急的各方面的研究，在活动断层探测、应急响应应用技术、有感地震应对、基层社会服务等方面取得重要的实用化研究成果。

第一节　测震台网观测技术应用研究

市地震局科技工作者顺应测震台网观测技术由模拟向数字化发展的趋势与要求，不断加强观测技术的应用研究，促进了测震台网观测技术系统的改造升级。

一、井下与地面记录的地震波理论、应用与实验研究

为避开各种地面噪声的干扰，提高地震监测能力和分辨率，天津模拟遥测地震台网采取了井下测震的观测方式。由于井下地震记录与地面记录存在的某些差异，给井下和地面测震资料的解释和应用带来一定困难。因此，开展井下与地面记录的地震波理论、应用与实验研究成为重要的研究课题。1985 年 7 月至 1987 年 6 月，市地震局与南开大学合作完成国家地震局下达的“井下与地面地震波记录特征的对比分析和理论研究”（最终定名为“井下与地面记录的地震波理论、应用与实验研究”）科研课题。课题负责人为冯德益、卫鹏飞。该课题从理论、应用与实践等方面对井下和地面记录的地震波特征进行了对比分析。其中，第一部分为“井下与地面观测的地震波特征的初步理论分析及其某些应用”，在广泛调研国内外研究动态基础上，提出了计算井下与地面记录地震波理论地震图与频谱的数值方法及相应的计算程序，并完成了一定的计算工作，从而对井下与地面记录的地震波运动学特征（震相与初动、振幅及地面放大因子、波形、频谱）做了某些理论分析，并与实际观测结果进行了初步对比，探索了联合使用井下与地面台站记录进行地震定位的方法。第二部分为“井下和地面地震记录特征的对比分析”，对中国东部的三个地震台站的井下观测资料和地面观测资料进行了分析研究和对比，总结得到井下观测资料反映地震波有到时提前、波形逼真于基岩记录、尾波拖长，地面记录振幅放大、震动频率变化等特点，并进行了定量的统计计算，为井下和地面观测记录的统一使用打下了基础。该项研究为井下记录地震波资料的解释提供了理论依据和应用方法，为我国广大平原地区井下地震观测台网的资料应用与分析做出了贡献。1988 年 1 月 29 日该项研究通过市地震局学术委员会的验收，被评定为重要成果。

二、深井观测地震波分析研究

1988 年 2 月，市地震局为完善井下和地面地震观测的理论地震图与频谱计算方法，向国家地震局申报“井下测震观测分析”研究项目。1988 年 3 月，国家地震局和地震科学联合基金会批准并共同资助“井下测震观测分析”研究课题（最终定名为“深井观测地震波分析研究”）。该课题由市地震局牵头，会同国家地震局地球物理研究所、南开大学合作组织实施。项目负责人为冯德益。针对中国深井地震波观测中的问题，该项研究立足现有资料进行分析研究、理论探讨及实验验证，较系统地、合理地解释了诸如震级偏低、正频移、尾波拖长等问题，并提出了利用井下地震记录以及联合利用井下和地面地震记录进行地震参数测定（三维定位、震级测定）的某些实际方法，以及深井地震观测工作规程（建议稿），为我国深井观测地震波的资料分析处理的规范化及其在地震预测、地震工程、地震预报等方面的进一步应用，提供了科学依据。1991 年 7 月 10 日该项研究成果通过国家地震局科技监测司组织的专家鉴定。该项研究成果荣获国家地震局 1992 年度国家地震局科技进步二等奖。

三、微机技术在测震台网观测技术系统改造中的应用研究

为推进模拟台网向数字台网的过度创造条件和积累经验，遥测地震台网工程技术人员积极开

展了微机技术在台网观测技术系统中的应用研究。

1986—1987 年，研制“IBM—PC 机与 PTY—8 联机实时检测定位处理系统”，实现测震台网计算机的自动定位，对天津地区发生的 3 级以上地震及时做出自动速报。该系统利用单台 IBM—PC 机，采用模数转换器对台网 PTY—8 接收机的测震信号进行实时采集；利用计算机软件完成地震事件检测和震中快速定位。该系统实时检测程序采用编译 BASIC 语言和汇编语言相结合的方式，保证了一定的执行速度，且在抗干扰和时间服务方面具有一定的特色。该系统在无人关照下长期连续工作，一旦发生地震，可在 3 分钟之内输出各台站接收到地震波的初动到时、震中位置和发震时间。该项目被天津市地震局学术委员会鉴定为 1988 年天津市地震局重要成果，并荣获天津市地震局 1989 年度科技进步三等奖。项目主要完成人为李振兴、朱桂兰、马少强、何淑敏。

1987 年 1 月至 12 月，为充分发挥台网测震专用 APPLE 微机的利用率，把分析人员从人算手抄的烦琐劳动中解脱出来，遥测地震台网科研人员在 APPLE—II 微机上研发了适用于小型测震台网的“地震速报和常规数据处理软件”。该软件采用 BASIC 语言编写。使用时，将在记录图纸上量读的震相、到时、振幅、周期、延续时间等原始数据一次性输入到计算机，建立数据库。除完成数据本身的入库、显示、修改、删除等工作外，还可自动完成二次数据的生成及入库。如计算 S—P、地动位移；查算延续时间震级 M_D；进行震中定位；计算 M_L 震级；查找震中区汉字地名等。还具有显示和打印和达曲线、定位结果、震中位置图；打印地震速报单据、月地震目录、地震观测报告；绘制震中分布图等功能。项目负责人：郭效民。该软件包具有功能完善、实用性强等特点，适于在中小测震台网中推广应用，被市地震局学术委员会鉴定为 1988 年天津市地震局重要成果。

1987 年 9 月至 1988 年 12 月，遥测地震台网为解决蓟县地震台 768—II 遥测设备影响当地收看电视节目问题，采用 MCS—51 单片机成功研发“触发式数字传输系统”。对 768—II 遥测设备进行改造，自制调制解调电路，使之具有数据传输功能。发送端采用单片机控制模数转换、采样及数据存储，进而进行地震事件判定、启动电台、延时发送、判定地震结束、关闭电台等工作。接收端采用单片机判定起始码、接收和存储数据、进行数模转换、输出模拟信号等工作。该系统的研发成功表明天津市遥测地震台网在实现数字传输方面迈出了一步。该项目被鉴定为 1989 年天津市地震局重要成果，并荣获天津市地震局 1990 年度科技进步三等奖。项目主要完成人为郭效民、王玉生、高逊。

四、天津市数字地震台网建设

1997 年 5 月至 1999 年 1 月，实施“天津市数字地震台网建设”工程。该工程是“‘九五’中国数字地震观测系统建设和地震前兆台（网）技术改造”的子项工程，也是天津市测震台网数字化改造与建设的起始点。根据“中国数字地震观测系统建设”的总体设计要求，该工程采用速度量观测、16 位数据采集、台站 GPS 授时、数字数据传输、固态存储和计算机网络等先进技术，对蓟县等 8 个野外遥测地震台和位于市中心的台网数据处理中心进行数字化改造，实现了数据采样、数据传输、连续记录、事件自动检测和报警、自动及人机结合数据处理、数据文件自动生成和存储等功能，初步建成天津市数字地震台网。通过该项工程的实施，在系统灵敏度、时间精度、动态范围、抗干扰能力、数据处理速度、资料连续性、设备可靠性等方面均比改造前的模拟地震台网取得较大提高。台网地震波形记录清晰，观测动态范围从 40dB 提高到 70dB；网内地震检测震级下限从 2.0 提高到 1.7，上限从 4.5 提高到 5.5；地震速报时间缩短到 10 分钟以内。1999 年 9 月 12 日，“天津数字地震台网建设”工程通过中国地震局和天津市科委组织的工程验收和技术成果鉴定。该项成果荣获天津市（1999 年度）科技进步奖三等奖。项目主要完成人：王玉生、刘连柱、赵国敏、高逊、栗连弟等。

五、天津市数字遥测地震台网建设

1998 年 11 月至 2001 年 9 月，实施“首都圈防震减灾示范区系统工程”——天津市数字遥测地震台网建设项目。该项工程新建、改造 28 个数字遥测地震台（其中井下地震台 27 个）和数字地震信号接收处理中心；装备三分向电子反馈式井下地震计（27 个井下地震台）、120 秒甚宽带地震计（蓟县遥测地震台）、24 位高精度数据采集器、计算机网络设备以及数据处理软件；通过数字卫星通信（VSAT）、数字数据专线（DDN）和计算机网络技术，实现地震观测数据的实时汇集与处理；采用 TCP/IP 网络传输技术实现首都圈地区 107 个台地震波形数据的实时共享；台网中心数据处理软件实现地震事件实时检测与自动定位。经过“天津市数字遥测地震台网建设”项目的实施，进一步增强了监控和速报能力。台网监测地震震级下限中心市区为 M_L1.0，其他区域为 M_L1.5；台网地震速报 4 分钟提供计算机自动定位结果，10 分钟内做出经人工复核后的地震参数速报。2001 年 10 月 1 日，天津市数字遥测地震台网进入考核运行；12 月 4 日通过首都圈防震减灾示范区工程管理中心和天津市科委联合组织的验收和鉴定。

该项目荣获 2002 年中国地震局防震减灾优秀成果奖三等奖。主要完成人为王玉生、刘连柱、赵国敏、高逊、栗连弟。

第二节　地震前兆台网观测技术应用研究

工程技术人员大胆探索、勇于实践，不断更新和完善地震前兆台网观测技术系统，有力地推进了前兆台网观测技术系统的自动化、数字化、智能化和综合化建设。

一、合作研制 FD—128 型水氡自动测量仪

1974 年 3 月国家地震局下达研制水氡自动测量仪任务，天津市地震队水化学实验室与核工业部 261 厂签订合作研制水氡自动测量仪协议；1974 年年内研制出试验样机；1975 年对该机进行了

性能试验和现场试验；1975年9月国家地震局召开该仪器技术座谈会，邀请同行专家评议。1976年唐山地震后，为监测唐山强余震的急需，261厂在一个月内生产了20台FD—128水氡自动测量仪。FD—128水氡自动测量仪为实现水氡连续自动记录，较好地解决了水、气和电路自动控制三个连续过程。除国内使用外，还出口到美国、朝鲜等国家。1976年5月云南省龙陵7.6级地震和1976年7月唐山7.8级地震后，在震中区进行的强余震跟踪监测中，获得了5级以上地震水氡前兆异常的连续观测资料。1978年，天津市地震队与261厂合作研制的FD—128水氡自动测量仪获得全国科学大会奖。

二、研发SD—1型深井地声仪

1973年天津市地震队向天津市科技局申报“深井综合地震观测系统”研究课题（深井地声仪是该系统研发的重点）。该课题1974年列为天津市科技局重点科研项目，1977年列为中国科学院“全国防震抗震科技攻关项目”，1978年列为国家地震局重点科研项目。项目负责人为伍富昆。历经7年的研制、现场观测和技术改进，SD—1型深井地声仪的主要性能指标基本稳定可靠，达到设计要求。1985年10月15日至18日，国家地震局和天津市科学技术委员会共同主持召开SD—1型深井地声仪鉴定会。鉴定会认为“天津市地震局研制的SD—1型深井地声仪在换能器设计、制作、密封技术方面有独创性，在深井地声观测技术方面国内居领先地位，具有世界水平，同意通过技术鉴定”。该项成果获得国家地震局1985年度科技进步二等奖。项目主要完成人为伍富昆、付仲生、吴强、寇秀娥、赵魁玉、赵光宇、张翠芬、张文清、刘艳芬等。

三、宝坻地震台重力仪室人工控温装置研制

在宝坻地震台GS—15型重力仪用于台站重力观测，要求环境温度的年温差要小于1度、日温差要小于0.1度。宝坻地震台重力仪室为地下室结构，经检测其日温差尚可满足要求，但年温差相距甚远，已达到9度。1981年，在宝坻地震台研制了重力仪室人工控温装置，解决平原地区非山洞条件下的重力观测问题。该人工控温装置采取两级加热补偿的单项控温方式。第一级由处于连续工作状态的远红外电热管进行空气加热，粗略补偿控温后热量的自然损耗。第二级采取小功率电热器进行精细补偿。经实际检测，重力仪室增建人工控温装置后室温基本恒定，日温差达到小于0.1度的设计要求。该项目于1982年通过市地震局学术委员会的鉴定验收。该项成果获得国家地震局1982年度科技成果三等奖。项目主要完成人为陈金林、马杰生、韩润泉、张建新。

四、TDL—II型流量自动测量仪研制

1983年国家地震局下达“深井流量观测技术在地震监测中的应用”重点科研项目。市地震局科技人员采用数字电路技术研制成功“TDL—II型流量自动测量仪”。该测量仪采用数字电路技术，使涡轮（探头）提供的脉冲信息得到充分利用，选择合适的时间设置可将流体振动和气泡振动影响减到最小，进而有效提取出固体潮信息。1985年，“TDL—II型流量自动测量仪”通过国家地震局组织的专家验收。该项目获国家地震局1986年度科技进步三等奖。项目主要完成人：冯裕中、

张有昌。

五、ZYK—1 型自动遥测控制装置研制

1984—1985 年，市地震局采用 TP—801 单板机和长线数据传输技术研制“ZYK—1 型自动遥测控制装置”，实现了 PPM—739C 型磁力仪及分量线圈对地磁总场 F 和垂直分量 Z 的实时自动遥测。该装置在 TP—801 单板机的控制下，模拟 PPM—739C 型磁力仪人工测量过程，读取地磁总场 F 和垂直分量 Z 后，利用 TP—801 单板机的计算功能得出水平分量 H 值。实际检测表明，该装置自动化程度高，抗干扰性能强，工作可靠，是实现地磁场绝对测量自动化的途径之一。该项目获得 1987 年度天津市地震局科技进步四等奖。项目主要完成人：陈金林、吴强。

六、SSC—1 型水位数字传输系统研发

1984—1986 年，市地震局采用单板机等先进技术研发“SSC—1 型水位数字传输系统”，建成地下水遥测传输试验台网。1984 年国家地震局下达“天津地区地下水遥测传输试验”科研项目。经过总体方案设计和论证、样机研制、模拟实验、野外试验和提高系统性能等阶段，于 1986 年研制出 SSC—1 型水位数字传输系统，并建成试验台网。子台由 CBS 型水位传感器、T/D 转换器、M6800 单板机组成。水位传感器输出的随水位而变化的振荡信号，经 T/D 转换器变为脉冲信号，M6800 单板机在应用软件的支持下完成水位数据的采集及通信控制。中心台由分时多址接收器、解调器、M6800 单板机、APPLE 微机等组成。轮流接收并存储各子台发送的水位观测数据。1986 年 10 月至 1987 年 3 月完成试验台网的建设和试验运行。1987 年 4 月该系统通过国家地震局组织的专家鉴定。专家鉴定认为“在天津地区布设的 4 个子台与接收中心组成的水位数字传输系统实现收发端无人值守，从而使国内地震系统的水位观测实现了数字化与数据处理的自动化。该系统在地震地下水观测领域首先采用微机技术，具有国内先进水平”。该项目荣获国家地震局 1989 年度科技进步三等奖。项目主要完成人为赵宝、黄佳、彭伟。

七、汉沽地下水位数字遥测传输网建设

1987—1989 年，作为 SSC—1 型水位数字传输系统的推广应用项目，在汉沽区建成汉沽地下水位数字遥测传输网。汉沽水位传输网由汉 1 井、汉沽一中井、双桥 1 井、双桥 2 井、付庄 1 井和付庄 2 井等 6 眼井组成，数据接收中心设在汉沽区地震办公室。该汉水位传输网的建成有效地解决了偏远、无人井孔的水位实时观测和远程监控问题。1989 年 10 月汉沽地下水位数字传输网通过国家地震局验收。该项目获天津市地震局 1990 年度科技进步三等奖。项目主要完成人为赵宝、黄佳、彭伟、杨爽、荣跃华等。

八、地震前兆观测台网数字化改造

2000—2001 年，实施天津市数字化地震前兆台网工程对地震前兆观测台网进行全面技术改造。更新和新增 37 台套数字化地震前兆观测及辅助观测仪器，采用现场总线技术和 DQS 系列公用数

字化设备实现了前兆台站系统集成。首次设立地震前兆台网中心。建成由4个国家基本台（蓟县台、宝坻台、张道口台、静海台）、4个区域台（青光台、宁河台、塘沽台、徐庄子台）、6个无人值守台（小辛庄山洞、桑梓井、高村井、辛庄井、王3井、王4井）和一个省级前兆台网中心组成的数字化地震前兆台网。天津市数字化地震前兆台网工程项目的实施，增强了地震前兆观测的自动获取和传输能力；提高了观测精度，扩大了信息量；实现了前兆观测由模拟记录向数字记录的转变。数字化地震前兆台网建成后，增加了观测的信息量；实现了数据的快速传递和信息通信的网络化；加快了资料处理的速度；实现了首都圈范围内的资料共享；为提高天津及首都圈地区地震监控能力奠定了基础。该项目荣获天津市（2002年度）科技进步奖二等奖。项目主要完成人：付仲生、刘连柱、赵国敏、邓守琴、韩润泉、董洪军、张有昌、吴玉田等。

九、FRP减灾技术研究

2003年3月至2004年5月，市地震局李大华博士为首的科研小组完成中国地震局地震科学联合基金会下达的“FRP（Fiber Reinforced Polymers）减灾技术研究”科研课题。2004年12月28日，该课题通过天津市地震局科技委的验收。

科研小组在实践研究基础上，提出了建（构）筑物非金属结构的概念，并总结出纤维砌块结构、纤维混凝土结构和纤维仿木结构等3种非金属的结构形式。（1）为替代现有量大面广的砖混结构，在多层砌体房屋FRP抗震加固试验研究基础上提出了纤维砌块结构；（2）在地磁观测室研究建造基础上提出纤维混凝土结构，即采用纤维混凝土结构代替钢筋混凝土结构；（3）纤维仿木结构是针对山西应县木塔修复的FRP技术研究提出的，为古旧建筑修复和建造世界上最高、最长的建筑，提供了新思路和经验。实验研究表明，采用FRP（纤维增强材料）替代钢材等金属材料，在提高建构筑物耐震、抗风、抗腐、防火、挡水、无磁、拒盗、超高等能力方面具有明显优势。该项研究成果，对推进现代无金属结构的理论研究和应用具有一定的积极意义。FRP技术在静海地震台和昌黎地震台地磁观测室建造中已获得应用，建成的现代无金属结构地磁观测室为国内首创。

该课题获得2007年天津市地震局防震减灾优秀成果三等奖，主要获奖人员为李大华、刘连柱、赵国敏、吴玉田、张红筠。

十、数字地震前兆台网网络化升级改造

2004—2007年，实施“十五”中国数字地震观测网络项目——天津数字地震观测网络分项目——数字地震前兆台网工程。在“九五”地震前兆台网综合化、数字化改造的基础上，依托同期建设的地震信息网络，进行网络化升级改造。新增10台（套）支持TCP/IP协议、具备网络通信功能的“十五”数字化地震前兆观测仪器，建成综合化、数字化、网络化、智能化、标准化的现代地震前兆观测网络，实现了前兆观测数据的网络化传输、准实时汇集、数据库存储和动态监控。2007年10月31日天津市地震前兆台网建设项目通过竣工验收。该项目荣获天津市（2009年度）

科技进步奖三等奖和中国地震局（2010年度）防震减灾优秀成果三等奖。主要获奖人员为董洪军、邵永新、王建国、赵国敏、孙继忠、王伟。

第三节 地震预测预报方法探索研究

1983—1989年，市地震局监测预报科研人员参加了国家地震局组织开展的地震前兆与预报方法清理攻关、地震前兆与预报方法的实用化攻关研究。1991—2000年，市地震局监测预报科研人员参加了国家地震局组织开展的“短临预报方法及理论攻关研究”和“强地震中短期（一年尺度）预报技术研究”。2001年以来，市地震局科研人员围绕天津及邻近地区中短期地震预报技术，开展了一系列专题研究工作，并承担了中国地震局“十五”国家重点科技攻关计划项目“中国大陆强震短期预测方法及预测机理研究”的部分工作。

一、监测与预报方法清理攻关和实用化攻关研究

1983—1985年，国家地震局组织开展了“地震监测与预报方法清理攻关研究”，对各种观测资料曾出现过的所有异常进行系统的统计分析，并着重对异常出现之后，伴有和不伴有中强以上地震发生的正反两方面的情况作了系统的对比研究，从而对地震孕育过程和相应的前兆表现的主要特征取得了进一步的认识。1987—1989年，国家地震局又组织开展了“地震预报方法实用化攻关研究”，在“清理攻关”的基础上，辅之实验模拟和理论分析，研究地震前兆的识别及地震前兆信息的提取和相应的数据处理方法，形成了各学科有一定实用价值的地震分析预报方法。市地震局的科研人员参加了两次清理攻关的研究工作，在对仪器观测精度的认识、观测条件的选择、观测台网的布局、观测资料干扰因素的排除方法、异常的指标与判定、资料处理方法及预报地震方法等取得较大进展，并总结出“综合积分法”“模糊数学判定法”等分析预报方法。

（一）地震前兆与预报方法清理攻关研究

1983年5月，国家地震局科技监测司组织实施“地震前兆与预报方法清理攻关研究”。市地震局先后有56人次承担或参与了28个项目的攻关研究。其中，主要由市地震局作为负责单位、负责人完成的研究项目23项，与兄弟单位合作完成的有5项。1985年底，28项攻关研究任务全部完成并通过国家地震局验收。在各手段清理攻关工作总结评比中，市地震局负责完成的13个项目获得国家地震局科技监测司颁发的清理攻关专项奖。

天津市地震局承担地震监测与预报方法清理攻关研究项目清单

表 5-3-3-87

序号	项目名称	项目负责人
1	东部台址环境及观测技术	刘允秀*
2	天津张道口井及天津地区水氡、离子、气体、电导等综合清理研究	李一兵
3	地下水动态观测条件的清理攻关总结	黄振义*
4	华北地震综合分析预报清理攻关	李广鑫*
5	模糊数学方法在地震综合预报中的应用	冯德益*
6	地震活动图像——“地震串”图像的模糊识别	冯德益
7	诱发前震与地震危险区判别	赵根模
8	各项目前兆异常的评分和积分方法探讨	李广鑫
9	天津咸水层水位动态异常特征分析	王雅灵
10	天津市地下水井孔清理	黄振义
11	地磁短周期变化预报方法探索	龚绍京*
12	目前地电台站观测质量的评价	刘允秀* 王恩平*
13	短周期倾斜仪震前脉动现象的研究	郑熙铭*
14	利用地震波探测孕震介质性质变化	冯德益
15	地震活动中的相关性与波动现象	冯德益
16	最大震级曲线与强震发生时间的判断	卫鹏飞
17	强震的余震“窗口效应”	赵连璧
18	天津五级以上地震总结	卫鹏飞
19	宁河 6.9 级地震的地下水动态的异常特征剖析	王雅灵
20	断裂、断块活动与水位的关系	王雅灵
21	石油深井地下水动态资料清理攻关	杨国军
22	张道口 γ 测氡仪清理报告	董立本
23	FD—128 自动水氡测量仪现场监测清理报告	邹昌明

说明：*项目负责人之一

（二）地震前兆与预报方法的实用化攻关研究

1987—1989 年，国家地震局监测预报司在 1983—1985 年监测预报方法清理攻关基础上，再一次组织地震科技人员开展“地震前兆与预报方法的实用化攻关研究”。市地震局科技人员承担了 15 项地震监测与预报方法的实用化攻关研究项目，全部项目于 1989 年底按时完成并通过验收。

天津市地震局承担地震预报方法实用化攻关研究项目清单

表 5-3-3-88

序号	项 目 名 称	负责人
1	诱发前震方法规范性研究	赵根模
2	模糊预报方法与模糊评分方法	冯德益
3	模糊数学方法在综合预报中的应用	冯德益
4	地下水位异常指标及其与地震三要素的关系	黄振义
5	水位固体潮变及其与地震关系的研究	刘喜兰
6	浅牛 6 井水位异常的计算机识别与地震预报	刘喜兰
7	区域活断裂对水化学灵敏观测点的控制作用初探	唐仲兴
8	卢龙 5.3 级地震地下流体动态异常特征	王雅灵
9	饱和式磁力仪的正式观测与数据处理方法的研究	龚绍京
10	昌黎地磁转换函数的时间变化与唐山大震	吴占峰
11	地电阻率前兆特征及预报方法三要素指标初探	刘允秀
12	地下水动态主要干扰因素排除系统	高文海
13	积分法综合预报研究	李广鑫
14	天津双桥井咸水层水位动态映震敏感条件与监视预报效能剖析	王雅灵
15	京津冀地下水动态预报地震实用化系统结构与屏幕绘图系统	高文海

（三）综合分析预报清理攻关和积分法综合预报研究

1983 年 8 月至 1985 年 10 月，市地震局完成“华北地震综合分析预报清理攻关（天津部分）”研究课题。课题负责人为李广鑫。该课题综合清理了天津地区截止到 1982 年底以前十多年的各种前兆观测资料、异常及其与地震的对应情况、震例、分析预报情况，探讨了天津台网监测能力、前兆异常的综合判定、各项目异常的评分和积分方法、综合预报意见的评判等专题，总结归纳出用于今后地震综合预报实践的若干条经验，并提出了前兆异常的评分、综合积分预报方法。1986 年 1 月 17 日，该项研究成果通过市地震局学术委员会的鉴定验收，被评定为重要成果。该项研究成果荣获国家地震局科技监测司地震监测预报方法清理攻关专项二等奖。

1987—1988 年为推进地震综合预报方法的实用化，以李广鑫为组长的科研小组完成“积分法综合预报研究”课题。综合积分法是地震综合短临预报的一种分析方法，其特点是最大限度地综合利用和提取测震学的、各种前兆手段观测到的以及宏观异常等各种前兆信息。采用统计数学和模糊数学的方法，将不同强度的地震前异常学科种类、异常持续时间、异常强度等指标进行定量的分数判定。当异常积分达到一定量值时，运用前兆异常的空间分布和异常项目种类的组合，以及异常积分与地震时、空、强关系等对预测地震的三要素进行判定。该方法的内符检验结果良好，预测意见有较好的精确度和清晰度。1989 年 2 月 23 日，该项研究成果通过市地震局学术委员会的鉴定验收，被评定为重要成果，并荣获天津市地震局 1989 年度科技进步三等奖。

（四）蠕变水位及其预报地震效能研究

1983 年 6 月至 1985 年 8 月，市地震局完成“蠕变水位及其预报地震的效能”研究课题。课题负责人为王雅灵。“蠕变水位”是 1976 年唐山 7.8 级大地震后在汉沽区双桥井出现的与地震孕育、发生有着密切联系的一种水位异常变化现象。课题组依据 1978—1984 年间 9 次单一型“蠕变水位”一一对应唐山地区中强余震的实例，研究了“蠕变水位”异常的特征、成因、形成条件、震兆意义及预报效能。并在此基础上，探讨了双桥井“蠕变水位”对应唐山老震区中强余震的机理。该项研究课题获得天津市地震局 1983—1985 年度科技成果一等奖。

（五）模糊数学方法在地震预报领域中的应用研究

1984—1989 年，市地震局以冯德益研究员为首的科研团队先后承担了国家地震局重点科研和地震科学联合基金的多项课题，大力推进模糊数学方法在地震预报领域中的应用研究。

1984 年 1—12 月，市地震局与上海市地震局等单位合作完成国家地震局下达的“单项与多维判据的模糊分析、评判与优选”科研项目，该项目的最终定名为“模糊数学在地震研究中的某些应用”。先后完成了地震活动图像——“地震串”的模糊识别、地震前兆预报能力与地震预报意见的模糊评判、做出地震预报后的模糊决策、地震烈度的模糊评定、模糊数学在地震研究中的应用综述等 5 个方面的研究工作。该项目获国家地震局 1986 年度科技进步三等奖。

1985—1986 年完成国家地震局地震科学基金项目——“模糊数学方法在地震预报研究中的应用”。通过对地震簇（地震串）模糊识别与分析方法的研究，建立了可用于地震预报的一些经验关系式；提出地震危险性分析中不确定性的模糊处理方法；评价了地震预报效率；应用统计模糊方法，给出检验实例。通过模糊识别方法，研究了 1976 年唐山 7.8 级地震前，震中周围 600 千米范围内 50 余眼井孔的水氡前兆异常及其时空分布特征；提出了适用于样本任意分布情况下的模糊烈度评定方法；以 1920 年海源 8.5 级地震和 1937 年菏泽 7.0 级地震为例，重点研究了运用综合评判、隶属度、贴近度等模糊数学的概念与方法，对历史地震烈度进行评定和海源大震的震源机制的确定。该项目于 1989 年获国家地震局科学技术进步奖二等奖。主要获奖人为冯德益、林命周、蒋 淳、陈荣华、郑熙铭、吴国有、顾瑾平、虞雪君。

1987—1988 年，完成国家地震局 1987 年度地震科学基金项目——“模糊数学方法在地震综合预报中应用”。研究内容包括：（1）把模糊模式识别的直接方法，用于多台、多手段的前兆资料分析；通过建立适当的综合前兆从属函数，识别出某一地区较大地震前出现的中、短期前兆异常，进而归纳成可用于地震预报的中短期前兆模式。（2）利用模糊模式识别的直接方法，判定较大地震前几年或几个月内出现的地震活动平静异常；同时改进了模糊信息检索法在年度地震危险性估计中的应用，检验效果较好。该项目获天津市地震局 1990 年度科技进步一等奖。

二、短临预报方法及理论深入攻关和强地震中短期预报技术研究

1991—2000 年，市地震局组织科研人员先后参加了国家地震局组织开展的“地震短临预报方

法及理论深入攻关研究”和“强地震中短期（一年尺度）预报技术研究”。

（一）天津市地震分析预报程式指南应用系统

1991年，根据国家地震局的部署，市地震局研制完成“天津市地震分析预报程式指南应用系统”，建立了适合天津地区的短临预报指标体系和前兆信息处理方法软件。

（二）模糊数学及其与灰色系统理论及分维在地震预报与地震工程中的应用研究

1986—1992年，市地震局以冯德益研究员为首的科研团队与国家地震局分析预报中心、上海市地震局等单位合作完成“模糊数学及其与灰色系统理论及分维在地震预报与地震工程中的应用”课题研究。以模糊集理论为基础，提出了用于强震中长期预报的多种指标模糊识别与模糊评分方法，发展了用于地震危险区判定的模糊地震簇与贴近度等方法，改进了地震烈度的模糊评定方法，并把模糊综合评判、模糊决策、模糊线性规划等应用于地震损失评估和地震对策当中。同时还把模糊集理论与分形理论和灰色系统理论结合起来，提出了模糊自相识和模糊分维新概念，研究了大震活动的模糊时间与空间分维特性和地震前兆的模糊时空分维特性，建立了地震预测的灰色模糊模型。此外，以该项成果及其前期研究成果为基础，进行系统总结，编写了《模糊地震学》专著。此项目开辟了模糊地震学研究的新领域，在地震领域应用模糊数学方面达到了国际先进水平。1993年11月19日，该项成果通过地震科学联合基金会的鉴定验收。该项成果获得国家地震局1994年度科学技术进步奖三等奖。

（三）地磁短周期变化研究

1987—1992年，市地震局以龚绍京副研究员为首的科研团队与香港大学等单位合作完成“地磁短周期变化研究”。该成果是在地磁短周期变化领域的一项系统研究成果。依据地球内部的电磁感应理论，利用地球变化磁场的短周期成分，研究地壳的上地幔的电性结构，进而探测地震孕育伴随的深部电导率常。该课题组在国内首次系统地对一系列地磁短周期变化物理量及其与地震的关系进行了深入细致的研究，最早发现地磁短周期变化的明显变化异常的时空规律，特别是异常的周期效应，证实地震的发生确实伴有深部电导率的变化，揭示了用这些参量进行地震预报的光明前景。研究中应用各种先进的数据处理技术使衡量估计值精度和可靠性的指标达到了国际同类先进水平。该项成果获得国家地震局1994年度科学技术进步奖二等奖。

（四）地震波理论与计算在地震研究中的某些应用

1987—1992年，市地震局以聂永安副研究员为首的科研团队与南开大学合作完成“地震波理论与计算在地震研究中的某些应用”科研课题。该项研究成果对地震尾波的二维、三维单次和多次散射理论做出了有创造性的新结果。在合成地震图计算中改进了含贝塞尔函数的高频振荡函数的数值积分方法。1993年10月，该项成果通过市地震局组织的专家函审。该项成果获得国家地震局1995年科技进步二等奖。

（五）非线性方法应用研究

1992年，市地震局分析预报人员应用非线性学科分形和分维、模糊数学、最佳功率谱和地磁趋势面演化等方法，完成了对天津地区 19 个台（项）和外围区域 61 个台（项）的数万条数据进行了分析处理，并将分析处理结果应用于天津市及邻近地区“1993 年度年震情趋势预测研究报告”的震情趋势判定工作。

（六）地磁短周期变化水平分量相移与地震关系及其机理研究

1995 年 9 月至 1999 年 9 月，市地震局以龚绍京研究员为首的科研团队完成“地磁短周期变化水平分量相移与地震关系及其机理研究”。为考察 1979 年 3 月昌黎——白家疃间“巨相移”现象已否与地震有关，团队收集了多台站多年的观测资料，从时间和空间两个角度分析了与唐山 7.8 级、和林格尔 6.3 级地震的关系；为考察相移现象的物理机理，采取三维数值模拟方法研究了感应场振幅和相移的分布特征。经研究确认唐山 7.8 级、和林格尔 6.3 级地震在震中附近出现的磁短周期变化的水平分量明显相移现象，与震中区出现膨胀扩容造成地下流体变化有关，而不是外空场影响的结果。该项研究为中强地震前地磁异常监测预报提供了新的方法，在地震预报理论与实践中均有重要价值。2000 年 9 月 27 日，该项研究通过市地震局科技委验收，被评定为优秀成果。

（七）震情短临跟踪专题研究

1996 年市地震局完成了“首都圈地区地震活动时空演化及异常跟踪研究”、“首都圈中部地区前兆异常及中强地震危险性跟踪判定研究”和“渤海海峡强震危险性跟踪研究”等专题研究。

（八）天津及邻近地区地下流体地震预测技术研究

1997 年 9 月 30 日至 1999 年 12 月 30 日，市地震局以李一兵研究员为首的科研团队完成天津市科委 1997 年下达的天津市科技发展计划第 5 批重点攻关项目“天津及邻近地区地下流体地震预测技术研究”（项目编号：973111810）。该项研究以天津及邻近地区地下流体（水动态、水化学、油井动态、热流体）的观测资料为主，结合地震活动特征，开展了地下流体异常信息提取方法的无量纲化研究，实现了地下流体异常信息的时、空动态图像演化；研究了唐山 7.8 级、大同 6.1 级、大同 5.8 级、包头 6.4 级和张北 6.2 级等地震前后地下流体动态演化与强震关系，建立了地下流体“异常迁移模型”；提出了地震危险区判定的 5 个标志和 3 个步骤，并据此对天津及邻近地区未来半年至 1 年强震危险性进行了综合预测。2000 年 1 月 14 日，该课题通过天津市科委组织的鉴定验收，居国内同类研究领先地位，达到国际先进水平，并获得天津市（2000 年度）科技进步三等奖。主要获奖人为李一兵、邵永新、田山、王安滨、蒋淳。

三、强地震中短期预测技术研究

2001—2010 年，市地震局围绕天津及邻近地区强地震中短期预测技术研究开展了一系列专题研究工作，并承担了中国地震局“十五”国家重点科技攻关计划项目的部分专题研究工作。

（一）天津市中短期地震预报技术系统研究

2001—2004 年，市地震局完成天津市科学技术委员会 2001 年度重点攻关项目——《天津市中短期地震预报技术系统研究》。课题负责人为陈化然、赵国敏。该项研究在首都圈防震减灾示范区系统工程建立的数字观测技术系统和地震基础信息库基础上，把观测系统、信息系统和预测系统有机地结合，建立起实用的地震预测技术系统和相应的地震预报辅助判据数据库，初步实现中短期地震预测中地震预测动态信息与静态信息的结合。建立包括地理信息库、地质构造库、构造物理库、地震危险区库、台站信息库、前兆资料数据库、异常信息库、综合震例库、预报指标库和预测意见库等在内的地震预测基础信息库；从测震学和地震前兆学的角度，对天津市目前在地震预测预报工作中使用的方法、手段进行了较为深入的研究，筛选出适用于天津地区地震预报的方法及指标；初步建立天津市中短期地震预测综合指标体系，并编制出相应的软件系统；采用可拓学方法，将地震异常指标进行综合分析研究，初步建成“天津市中短期可拓学预测模型”。该项目于 2004 年 3 月通过市科学技术委员会组织的鉴定验收，并获得 2004 年度天津市科技进步三等奖。主要获奖人为陈化然、赵国敏、蒋淳、张杰卿、刘晓年。

（二）中国大陆强震短期预测方法及预测机理部分专题研究

2001—2005 年，市地震局参加中国地震局“十五”国家重点科技攻关计划项目《强地震短期预测及救灾技术研究》——“中国大陆强震短期预测方法及预测机理研究”，承担了部分专题研究工作。2003 年完成“华北地区强震短期前兆的判别标志与方法研究”（课题负责人郑文俊、马丽、车兆宏）、“华北地区强震的地震活动性短期预测方法研究”（课题负责人王俊国）、“基于断层相互作用理论的地震孕育发生过程和短期前兆模型研究”（课题负责人陈化然、李丽）和“中国大陆地震短期异常特征和综合预测方法研究”（课题负责人蒋淳）等 4 项科研课题。2004 年完成“强震前电磁短期阶段异常演变特征与识别标志研究”（课题负责人田山）科研课题。2005 年完成“中国大陆地震短期异常特征深入研究” 和“宝坻地电阻率观测的解剖看地电阻率短期预测方法的机理研究”等 2 项科研课题。

（三）天津及周边地区地震中短期预测技术研究

2007—2009 年，市地震局以赵国敏研究员为首的科研团队完成天津市科技支撑计划重点项目——《天津及周边地区地震中短期预测技术研究》。本项目资金预算 50 万元，全部由市财政拨款。2009 年该项目通过市科学技术委员会组织的鉴定验收。该项研究选取 8 种物理意义清楚、独立性较强的地震学参数，按照“场的扫描，源的跟踪”思路，对地震区（或构造单元）某一完整的地震活动期（幕）进行全时空（横向对比，纵向分析）扫描，建立地震学参数动态图像最优预报模型和短期预报方法；通过地电场观测的地震前兆异常提取技术研究、数字地磁观测加卸载相应比地震前兆异常研究、电磁场定点连续观测的 MT 方法的地震预测技术研究、数字前兆观测资料异常识别和预测技术研究、GPS 观测资料与地壳运动变形动态异常关系研究以及基于构造单元的水物理异常识别等工作，提取地震前兆物理量异常信息，丰富完善天津及周边地区基于地震前兆物理量的中短期预测技术指标；在分析我国地震学家对中国大陆的强震序列的总结基础上，重点研究了首都圈及周边地区地震序列的基本类型，并详述了各种类型地震序列的基本特征，探讨了震后趋势判定的技术指标；结合地震孕育发生的机理，按照地震孕育发生过程的中期到短期阶段的顺序，分别提取出天津及周边地区中期和短期地震预测指标，提出了适合天津及周边地区中强地震短期震兆判据。

第四节 分析预报系统技术应用研究

一、地下水数据库的建立及日常资料处理程序研制

1985年4月至12月，市地震局地下水室科研人员在应用微机（IBM—PC）处理和解析地下水资料方面做了初步尝试，完成31万个地下水观测数据的入库和21个日常资料处理程序（日常资料入库存盘、日常工作用图绘制、报表填写、均值计算、固体潮理论值计算、一般简单处理计算等）的编制工作，为大量地下水观测资料的入库和分析处理提供了必要条件。1987年该项目获得1983—1985年度天津市地震局地震科技成果、合理化建议和技术改进二等奖。主要完成人：陈荣昌、刘喜兰、高文海。

二、地震数据处理系统DIZHEN研制

1987年，市地震局地下水室科研人员在IBM—PC机上研发了用于处理地震观测资料（以地下水资料为主，含测震及其他前兆资料）的应用软件系统——“地震数据处理系统DIZHEN”（原课题名：“地下水观测资料的规格化与程序化研究”）。该系统由基于汉字dBASE—3和BASIC语言的“地震数据库管理系统、BASIC语言程序库和数据库与程序库之间接口”三大部分共计200余个命令文件、库文件及程序组成。应用该系统可以迅速完成地震观测数据的存储、管理和分析处理，初步实现了地震观测数据处理的微机化和程序化。1988年1月29日该项目通过市地震局学术委员会技术鉴定，1989年获得天津市地震局科技进步三等奖。主要获奖人为高文海、陈荣昌、刘喜兰、郑熙铭。

三、天津区域综合地震数据库系统研制

1989—1990年市地震局完成“天津地区综合数据库系统”研制任务。该系统是根据国家地震局颁布的《地震数据库系统技术规范》，采用汉字dBASE—3和高级BASIC语言，在IBM机上研发了数据库管理系统和区域地震综合数据库。1989年研制完成“综合地震数据库管理程序”；1990年完成1980—1989年8个专业地震台站、遥测地震台网以及地下水动态观测网全部观测数据的录入工作，总字节数约28MB。该系统具有较强的库结构管理功能以及对数据的编辑、查询、复制、检查、绘图、制表等功能；具有多种类型的输入接口，为数据录入提供了方便；具有多种专用和通用输出接口和信息处理接口，可实现数据库与其他高级语言及“地震分析预报实用化公关软件”的连接。1990年10月该项目通过国家地震局组织的专家验收。该项目荣获“1992年度国家地震

局科技进步三等奖”。主要获奖人为高文海、李振兴、马少强、何淑敏、朱桂兰。

四、地下水动态主要干扰因素排除系统软件研制

1987—1989 年市地震局与山东省地震局、河北省地震局科研人员合作，在对地下水位的主要干扰因素及其排除方法进行剖析基础上，根据各种干扰因素和水位异常特征，提出月、日、时三种不同时间序列的干扰因素排除方案，并在 IBM 微型计算机上研发出地下水动态观测干扰排除的实用化数据处理软件。1991 年该项目被天津市地震局学术委员会评为重要成果，1992 年获得天津市地震局科技进步三等奖。主要获奖人为高文海、刘喜兰、王宝银、秦清娟、黄振义。

五、地下水预报软件和打印机绘图软件的研制

1991—1992 年市地震局科研小组完成地下水动态分析预报软件和打印机绘图软件的研制工作。

地下水动态分析预报软件是以中国地震局发布的地震分析预报方法指南为依据，采用 C++语言编制的“中国地震分析预报软件系统（SSEPC）”子系统，又是可拆卸的独立系统。主要包括：地下水常规处理及基本图件绘制、主要干扰因素排除、异常提取、三要素预报等功能模块。1994 年该项目荣获天津市地震局科技进步三等奖。主要获奖人：高文海、何淑敏、曹永健。

打印机绘图软件是为“中国地震分析预报软件系统（SSEPC）”研发的配套工具软件。该软件采用“打印机仿真绘图技术”，实现了以打印机替代绘图仪输出高精度图形的功能。1994 年该项目荣获天津市地震局科技进步三等奖。主要获奖人为张昱、陈金林。

六、区域综合数据库的优化与攻关软件接口程序编制

1991—1992 年市地震局地震前兆研究室完成“区域综合数据库的优化与攻关软件接口编程、推广应用”科研项目。该项目以天津地区综合数据库系统为基础，对系统原有输入接口软件进行了改进、优化和扩充，完成了各观测手段已有数据格式与区域综合数据库接口软件的编程。利用这些程序可将已存储在磁盘上的各种格式的数据，按“地震数据库规范”规定的格式添加到区域综合数据库中。该项目于 1993 年通过天津市地震局学术委员会的验收，1994 年获得天津市地震局科技进步四等奖。主要获奖人为朱桂兰、李振兴、马少强、田 山。

七、油田地震信息监测研究与应用

1988 年 1 月至 1996 年 2 月，市地震局与大港石油管理局、山东地震局、华北石油管理局、胜利石油管理局、大庆石油管理局、辽河石油管理局合作完成“油田地震信息监测研究与应用”科研课题。该课题是由大港油田管理局资助的科技专项研究项目。

地震、石油部门的科技人员共同完成了 5 个方面的专项研究工作：（1）完善了由 43 口油井组成的油田地震信息监测网，弥补了第四系复盖区专业台少的缺陷；积累了丰富的观测资料，二次出版了 67 口油井资料汇编；正确的进行了几次石油井异常的识别和做出无震预报判断，在地震监测预报和保证油田生产、稳定社会中发挥了重要作用。（2）开展了油田地震信息提取方法、前兆

特征和异常机理等方面的研究，取得了一批研究成果，在国内外刊物上发表论文几十篇。1991、1995年先后出版了《油田开发工程与地震减灾》、《油田地震信息监测研究与应用》专著两部。（3）深入研究了油田地震灾害特点，提出了救灾对策；全面系统地总结了国内外注水诱发地震的研究成果，深化了注水诱发地震的机理，出版了《注水诱发地震研究》（1995 年）专著。（4）研究了注水开发后期油水井套损坏与地应力场变化的关系，提出了防治套管损坏的三项技术措施，取得了上亿元的经济效益。（5）首次发现了注水诱发地震，而地震又可增加石油产量的实例，为研究人工振动增油开辟了新途径，具有广泛的应用前景。

1996 年 2 月 27 日，该课题以专家函审方式通过市地震局组织的专家验收。该项课题获得天津市（1997 年度）科技进步奖三等奖。主要获奖人为李一兵、张德元、刘元生、赵根模、邵永新。

八、天津市地震分析预报技术系统

1999—2002 年市地震局组织实施"天津市地震分析预报技术系统"建设，该系统是"首都圈防震减灾示范区系统工程天津市分项工程"的子项工程。1999 年初开始进行系统设计，2002 年 3 月建设完成并通过竣工验收。

该系统是集软件和硬件、计算处理和分析会商于一体的综合技术系统，为分析预报人员提供了日常震情监视、紧急震情处置以及地震现场联络等工作平台，使分析会商工作更加方便迅捷，更具科学性、先进性和实用性。该系统具有了以下技术创新点。（1）首次将 GIS 技术应用于地震分析预报中，建立了全面的、完整的基础数据库和实时更新的观测资料数据库，研制了新一代先进的、规范的地震分析预报软件集成系统（Mapsis）。（2）首次采用"快思聪（Crestron）"中央控制系统，对会商室内的音频、视频、模拟信号、数字信号以及灯光、屏幕等实施控制和切换。（3）采用 3 条 ISDN 通讯线路实现了与中国地震局、北京市地震局、河北省地震局间的远程联席会商。（4）实现了与地震前兆台网中心、信息网络中心数据库的顺畅连接，保障及时准确获取和处理与地震预报相关联的数据资料。

该项目获得天津市（2002 年度）科技进步奖三等奖。主要获奖人为陈化然、刘连柱、赵国敏、郑文俊、蒋淳。

第五节　活动断层探测及软土地基评价与应用技术研究

自 1999 年起，市地震局有计划、分步骤地组织实施了天津市活动断层探测与评价工作，先后完成了"天津海河隐伏活断裂活动性定量评价"、"天津、沧东断裂探测与地震危险性评价"、"天津滨海新区隐伏断层探测与活动性研究"等项目。通过上述项目的实施，基本探明了天津市区、滨海新区和天津近海海域隐伏断层的空间位置、断层构造特征、活动性，评价了断层地震危险性和危害性，为城市规划、国土资源开发利用、重大项目建设提供了科学资料和基础依据。同时，开展了隐伏活动断层探测方法、定量化鉴定技术、探测成果数据管理与成果应用等关键技术的研究，形成了一套适于深覆盖地区、滨海软土条件下的断层探测与评价技术方法，取得了显著的社会效益和科学效益。

一、天津海河隐伏活断裂活动性定量评价

1999 年 5 月至 2001 年 9 月，市地震局实施完成“天津海河隐伏活断裂活动性定量评价”项目。项目负责人为刘连柱；技术负责人为赵根模。

该项目获得 2002 年度天津市科技进步奖二等奖和中国地震局防震减灾优秀成果二等奖。主要获奖人为刘连柱、赵根模、陈宇坤、陈化然、赵国敏、刘晓年、聂永安、卫鹏飞。

项目科技成果情况见第三篇第二章第一节。

二、天津市活动断层探测与地震危险性评价

2002 年 4 月至 2007 年 10 月，市地震局实施完成“天津市城市活断层与地震危险性评价”项目。项目负责人为赵国敏；技术负责人为陈宇坤。

该项目获 2008 年度中国地震局防震减灾优秀成果奖二等奖和天津市科技进步三等奖。主要获奖人为赵国敏、陈宇坤、李振海、邵永新、杨绪连、崔晓峰、聂永安、杨港生、刘芳。

项目科技成果情况见第三篇第二章第二节。

三、滨海新区主要断裂及其活动性探测与研究

2009—2010 年，市地震灾害防御中心实施完成“滨海新区主要断裂及其活动性探测与研究”项目。项目负责人为陈宇坤；技术负责人为闫成国。项目主要完成人为陈宇坤、闫成国、杨绪连、高武平、王志胜、任峰、杨菲、付仲生、杨港生、李文栋、刘红艳、纪静、张春丽、刘芳。

2010 年 3 月底，该项目通过市国土资源与房屋管理局组织的验收，该项成果评定为优秀级。2010 年年底，市国土资源与房屋管理局在新区召开项目成果发布会，向滨海新区各界公开发布了该项目研究成果。该项成果已应用于《滨海新区城市发展总体规划（2006—2020）》。

项目科技成果情况见第三篇第二章第四节。

四、近海海域隐伏活动断层探测和地震危险性评价

2008 年 10 月至 2012 年 12 月，市地震局实施完成“天津近海海域隐伏活动断层探测和地震危险性评价” 项目。项目主管王玉生，项目负责人陈宇坤，项目技术负责人闫成国 。项目组主要成员有高武平、刘红艳、王志胜、杨绪连、杨菲、刘芳、张春丽、任　峰、张文朋、纪静、姚新强、王向东等。

项目科技成果情况见第三篇第二章第四节。

五、天津滨海新区晚第四纪地层测年方法研究

2002年4月至2004年12月，市地震局完成中国地震局地震科学联合基金会下达的“天津滨海新区晚第四纪地层测年方法研究”（2002年度基金项目）。项目负责人为陈宇坤。

该项目针对滨海沉积物开展了系统测年方法研究，其主要研究的内容及成果如下：（1）天津滨海地区岩性地层及其沉积环境意义研究。通过研究，了解了滨海区内晚第四纪沉积发育的基本概况，为年代地层序列的建立奠定了基础。（2）天津地区晚第四纪沉积物测年技术研究。研究成果表明，在光释光年代测试中，要尽量采用蓝光激发和测试。对于滨海水沉积物的 ^{14}C 测年中、一定要选取质量较好的有机泥炭样品，否则结果会存在很大的不确定性，这也是滨海沉积物 ^{14}C 测年中面临的最大困难。（3）新年代学方法在隐伏断裂活动性评价中的应用研究。利用钻孔勘探，进行地层对比、微体古生物鉴定及岩心年代学测定，获得了海河隐伏断裂晚第四纪以来的活动特征，为断层地震危险性评价提供了依据。

2004年12月28日，该项研究通过天津市地震局科学技术委员会的验收。该项研究的主要完成人：陈宇坤、邵永新、张翠芬、王旭龙。

六、滨海新区软土地基地震和交通荷载作用效应技术研究

天津市滨海新区地下为巨厚沉积层上的高盐度、高湿度软土地基，具有独特的频谱特性。地震与交通等循环荷载下的软土地基是工程抗震设计中需要考虑的关键问题之一。2007年10月至2010年9月，市地震局实施完成“滨海新区软土地基地震和交通荷载作用效应技术研究”项目。该项研究是天津市科技创新专项资金项目——“天津滨海新区软土综合技术研究及工程示范”项目的第二专题课题（项目编号：07FDZDSF02100；课题编号：07FDZDSF02102）。课题负责人为天津大学建筑工程学院李忠献博士；技术负责人为市地震局陈宇坤博士。课题总经费280万元。

该课题对滨海新区软土地基在地震与交通荷载作用下的效应与防治技术开展了探索研究。围绕滨海新区软土地基进行地震与交通荷载作用效应问题，通过土工动、静力学试验，获得适应滨海软土特性的动本构模型，建立复合地基的沉降预测模式；通过地脉动观测、地震土层反应、强震动数据处理及有限差分模拟，给出了滨海地区地震动空间分布特征，分析软土影响，探索不同类型软土条件下裂缝发生和扩展机理。

首次提出利用动应变变形转折点作为结构性软土的强度判别标准，提出了新的塑性变形经验公式，建立了考虑综合因素的动孔压经验模型，引入映射中心可运动概念，建立了考虑循环软化的边界面动力本构模型；首次发现滨海地区软土地基存在低频放大、高频抑制及反应谱向长周期偏移的地震波频谱效应；首次提出基岩断层错动对上覆软土地基的影响以近似椭圆环形式传播的模式，仿真模拟基岩错动的软土位错与变形。

课题完成的滨海新区地震动参数分布图为滨海新区城市建设规划提供依据与参考；提出的地震和交通荷载作用下工程设计计算参数、沉降防护措施等，为今后的工程提供了技术支撑；研究

的地震时软土断层扩展机理，为断层避让距离的确定提供了理论依据，其成果已作为断层避让带和避让距离确定理论依据应用在滨海新区总体规划中。经天津市科学技术委员会审核，整体技术达到国际先进水平。

市地震局作为“天津滨海新区软土综合技术研究及工程示范”项目的第二承担单位（共十余家承担单位，第一承担单位为天津市勘察院），为总项目研究提供了重要的基础理论和工程示范依据，并参与了总项目成果汇总与报告编写。

2011 年 1 月 22 日，该课题与总项目一并通过天津市科学与技术委员会组织的验收和鉴定，成果鉴定评价为国际先进水平。课题主要完成人为李忠献、陈宇坤、雷华阳、高武平、王志胜、陆培毅、刘芳、杨菲、霍海峰、李帅、姜岩。该课题获得 2011 年度天津市科技进步奖三等奖。

第六节　地震应急响应应用技术研究

一、天津市地震快速反应系统建设

1995 年 11 月至 1997 年 2 月，市地震局完成市政府和中国地震局共同资助的“天津市地震快速反应系统建设”项目。该系统是为提高城市地震综合防御能力而建立的，以计算机网络为依托，将地震速报、前兆数据报送、异常分析处理及应急指挥查询等工作内容相互联通，形成的有机的快速反应系统。该系统地建立实现了地震数据采集、传输、处理的自动化和网络化。

该系统由地震快速定位系统、震后早期趋势估计系统、地震前兆分析管理系统、地震快速反应指挥查询系统和计算机网络系统建设等五部分组成。（1）地震快速定位系统：利用数字化技术对遥测台网的模拟记录方式进行数字化改造，实现了地震速报参数的计算机快速处理；（2）震后早期趋势估计系统：基于天津及邻近地区地震发生的规律、频次、类型等特点，利用统计理论归纳出具有一定概率水准的预测趋势判定意见，在计算机上建立了震后早期趋势估计系统；（3）地震前兆分析管理系统：利用计算机网络将区县地震办公室、地震台站的微机联接入网，实现地震前兆观测数据的归类、入库、分析和处理一体化；（4）地震快速反应指挥查询系统：解决了有关领导在地震发生后的非常时刻快速检索查询相关信息的需要；（5）计算机网络系统建设：该系统是地震快速反应系统应用程序的运行平台，为整体功能的实现提供了技术支持。

1997 年 2 月，该项目通过国家地震局组织的专家验收。1998 年该项目获得中国地震局科技进步奖三等奖。主要获奖人为牟光迅、郭效民、付仲生、张昱、田山。1999 年获得天津市（1998 年度）科技进步奖二等奖。主要获奖人为牟光迅、郭效民、付仲生、张昱、田山、王俊国、刁桂芩、邵永新、董晓阳。

二、地震现场动态图像传输系统

1997 年 3 月至 1999 年 9 月，市工程地震研究中心完成国家地震局预测预防司下达的“大震现场图像传输系统（预研究）”（最终定名：“地震现场动态图像传输系统”）科研任务。此项科研的目的是当有较大地震发生时，地震部门抵达现场后能借助该统将获取的震区震情、灾情动态音视频信息迅速传回到上级机关和指挥部门。

地震现场动态图像传输系统由地震现场图像采集传输系统和指挥中心图像信息传输回放系统构成，是一套完整的野外流动工作设备与多功能软件的集成，能迅捷可靠地建立野外现场与指挥部的联系，满足流动通讯与动态图像传输的需要。该系统可采用多种通讯手段，以 PSTN 为基本主信道，海事卫星和 GSM 为辅助备用信道。自主研发了基于 TCP/IP 协议的通讯软件，具有远程网络环境 FTP 上载和下载功能和点对点双向实时通信及会话能力。动态图像采取了实时采集压缩处理，即使在低于 64kbps 窄带宽条件下，动态图像仍有较好的图像质量和传输效率。

1999 年 8 月 6 日，地震现场动态图像传输系统通过中国地震局和市科委组织的专家鉴定和验收。2000 年该项目荣获天津市科技进步奖三等奖。主要获奖人员：张咏、徐德诗、杨桂君、李刚、赵国敏。2001 年该项目荣获中国地震局防震减灾优秀成果二等奖。主要获奖人为张咏、杨桂君、李刚、赵国敏、周峰、吴强、刘允秀、张昱、邱虎。

三、天津市地震现场震情及灾情获取系统

市地震局作为主要设计单位参加了“首都圈地震现场震情及灾情获取系统”总体设计。天津市首都圈地震现场震情及灾情获取系统工程按首都圈统一设计实施，负责系统采购、集成和试验工作。工程开始于 1998 年 11 月，结束于 2001 年 7 月。市地震局成立项目组负责系统集成和试验。项目组负责人为张咏，成员为杨桂君、李刚、张恒、邱虎、刘允秀、崔晓峰。

项目科技成果情况见第四篇第二章第三节。

四、天津市地震应急指挥中心建设

天津市地震应急指挥中心（又名：天津市防震减灾指挥中心）工程，开工于 1999 年 11 月，竣工于 2001 年 7 月底。工程建设按照“首都圈防震减灾示范区地震应急快速响应系统工程技术设计书”的要求实施。天津市地震地震局成立应急指挥中心项目组负责项目的实施。项目组成员为马少强、李刚、李振兴、吕自新、高逊、周利霞。

该项目荣获 2002 年中国地震局防震减灾优秀成果三等奖。主要获奖人为刘连柱、马少强、姚兰予、李刚、邱虎。

项目科技成果情况见第四篇第二章第三节。

五、天津市震害快速评估与辅助决策系统

天津市震害快速评估与辅助决策系统建设项目 2000 年 8 月启动，2001 年 10 月结束。该系统

可根据中期预报意见所确定的未来破坏性地震的位置和大小，通过一定的科学方法，对所预期的地震在天津市范围内造成的破坏情况作出的预测，为备震及抗震对策提供依据。该系统可以最快的速度收集各种有关的震害信息，了解与评估灾情，掌握灾情的发展，并以计算机联网的形式向救灾指挥中心及有关部门及时报告地震灾害现场的情况，为抗震救灾决策指挥提供依据。该建设项目由聂永安、吴国有、姚兰予负责，邱虎、郭瑞芝、李志强、李刚、王俊国、张恒、郑熙铭、王向东、张彦华、刘芳等参加了该项工作。

项目科技成果情况见第四篇第二章第三节。

第七节　地震社会学研究

狭义的地震社会学指对地震预报社会经济影响的研究。广义的地震社会学指地震及其灾害对社会、经济、心理等问题影响及社会对防灾减损等对策的科学研究。地震社会学研究涵盖地震监测预报、地震灾害防御、地震应急三大工作体系，是防震减灾社会服务的基础研究。

天津市地震社会学研究起于唐山地震。唐山地震后，人们广泛开展了唐山地震防震准备、抗震救灾以及恢复重建等调查研究，撰写了大量的地震对策文章，为地震社会学研究打下了基础。20 世纪 80 年代，市地震局与有关部门总结唐山地震的经验和教训，开展了广泛的地震对策研究，在有关会议上发表论文，编辑出版专著《地震对策》和《城市地震对策》。20 世纪 90 年代到 21 世纪初，围绕地震应急预案的制定开展了广泛的地震应急的研究，在城市地震应急和人员密集场所地震应急方面取得很多实用化成果。21 世纪初后期到 2010 年后初期，围绕地震应急服务标准的制定开展了基层组织地震应急的广泛研究，取得了基层组织地震应急的实用化成果。

一、地震对策研究

按地震活动“平静—活跃”的规律预测，20 世纪 80 年代我国地震活动经历八年的相对平静阶段之后将进入新的活跃期。为给未来可能发生的地震提供对策借鉴，国家地震局以及一些省区市地震局相继开展了地震对策研究，市地震局开展了相关的地震对策研究工作。

（一）唐山地震对策研究

1983 年 6 月 12 日，国家地震局兰州地震研究所在兰州召开旨在寻找防震救灾最佳方案的学术讨论会——“大震对策学术讨论会”。兰州地震研究所所长、大震对策创始人郭增建参加会议，并对大震对策的内涵和内容作了定位。市地震局在这次讨论会上展现了在大震对策方面的研究成果，向大会提交了《关于预报对策一些问题的讨论》《从唐山地震探讨大城市的预报对策》《回顾唐山地震，试论大城市地震防灾的几个问题》《组织防震抗震、制定大震对策—在唐山大地震中的作用》《天津市塘沽区防震抗震工作要点》等 6 篇论文。

（二）地震对策研究和《地震对策》的编写

1984—1986年，国家地震局组织地震对策研究和《地震对策》的编写出版工作。市地震局承担《地震对策》一书编辑组的工作。该书系统总结了近20年来中国地震对策经验和研究成果，是中国第一部有关防震减灾的大型著作。我国地震学家傅承义为该书作序，地震专家郭增建、陈鑫连担任主编。该书编辑组设在天津市地震局，编辑组成员有杨国军、徐慧生、王公学。全书分三篇二十八章，市地震局有关同志承担了第二篇各论的救灾对策、次生灾害对策、矿山震害对策、生活对策、社会治安对策，第三篇地震对策实例的唐山地震、诱发地震的撰写工作。1986年9月《地震对策》由地震出版社出版。《地震对策》1989年获国家地震局科技进步一等奖，1991年被国家科委列入国家科技成果。

（三）城市地震对策研究和《城市地震对策》编写

1987年5月，市地震局主持召开"全国城市地震对策学术讨论会"，对大城市地震灾害特征、严重性及其对策方案等方面开展了交流与讨论；同年，以南开大学社会学系为主，开展了对唐山大地震造成唐山市、天津市的经济损失、城市功能损伤及社会影响进行了全面系统的调查和研究，取得了一批有应用价值的实际资料。

1988年10月8日，国家地震局、在北京召开"地震对策国际学术讨论会"。由市政府副秘书长刘文藩率领的天津市地震代表团参加了会议，并有16篇有关城市地震对策方面的学术论文在会上交流。1989年9月，《地震对策国际学术讨论会论文选集》由学术书刊出版社出版，天津市有12篇论文入选。

1989—1991年，国家地震局震害防御司组织城市地震对策研究和《城市地震对策》一书的编写工作。1991年11月完成研究并出版。该书系统总结了中国城市防震减灾的经验，全面论述城市地震对策研究的目的、意义和方法，阐述城市地震监测预报、震害预测、抗震减灾、生命线工程防护、次生灾害减缓、地震救灾、地震灾害的社会经济问题，以及城市恢复与重建、加强政府救灾职能等诸方面的对策；探讨了某些特殊情况（如悬河、夜震）下的地震对策，以及关于未来城市地震对策的若干问题。在附录部分还介绍了不同类型的若干典型城市的地震对策实用化方案。该书由中国地震工程学家傅承义作序，由地震专家郭增建、陈鑫连担任主编。该书编辑组设在天津市地震局，编辑组成员有杨国军、王公学、徐慧生，卫鹏飞、龚鸿庆、聂永安、高伟等参加了部分统编工作。市地震局有关同志在本书中承担撰写的章节有：绪论、第一章城市地震灾害、第十二章特殊情况下的城市地震对策、第十三章未来城市的地震对策问题。

（四）专项对策研究

1.大港油田抗震防灾规划

天津大港油田作为我国大型石油生产企业，具有生产流程系统性强、易燃易爆物及设备高度集中、空间范围大、工程门类复杂、危险作业多的特点。针对这些特点制定的本规划包括五个部分、12章。第一部分（第1章）：油田地震危险性分析及震害预测背景介绍；第二部分（第2—6

章）：油田总体防灾规划；第三部分（第 7—10 章）：主要生产部门的防灾规划；第四部分（第 10—12 章）:外部条件保障；第五部分：专题研究附件。根据本规划，基本上能达到使油田各级领导和广大职工明确在震前、震时和震后应采取的措施行动。该规划是油田防止和减轻地震灾害的一本对策性专著。1991 年 6 月 7 日，中国石油天然气总公司抗震办公室下发《关于批准大港油抗震防灾规划的通知》正式批准实施。项目主要完成人为赵根模、卫鹏飞、张德元、辛永信、龚鸿庆、杨国军、李一兵、王公学、聂永安。

该规划于 1991 年 5 月被中国石油天然气总公司抗震办公室评为优秀抗震防灾规划,并于 1992 年获国家地震局科学技术进步奖二等奖。

2.天津市滨海新区（天津经济技术开发区）震灾预防震减灾对策示范工程

该项目是天津市政府和中国地震局共同资助的专题研究项目,1997 年 9 月 1 日立项实施,1999 年 8 月完成。承担单位为天津市地震局。该项目主要包括如下六方面的内容:（1）收集基础资料与建立相应的数据库;（2）地震环境与软土地基震害预测;（3）软土地基上建（构）筑物易损性分析与震害预测;（4）地震次生灾害、地震人员伤亡和经济失预测;（5）制定防震减灾规划与对策;（6）建立防震减灾计算机管理系统。在项目实施的过程中发表了 5 篇论文。

该项目项目主要完成人为聂永安、徐德诗、吴国有、邱虎、翟桐、张咏、崔晓峰。

3.2000 年天津市滨海新区综合防灾减灾对策

该项成果针对滨海新区各单种自然灾害的历史、现状及特征进行专项研究的基础上，对未来（2010 年前）可能出现的灾害程度进行评估，提出了相应的防灾减灾对策；建立了各种历史灾害数据库。研究工作的目的是为制定城市发展建设规划提供依据，最大限度地减轻自然灾害对滨海新区经济发展建设的影响。

该项成果在国内率先建立了针对一个地区的、综合性的历史灾害数据库，提出了地区性的综合防灾减灾目标和策略。提出的“综合防灾减灾观点”、生态建设与防灾相结合的观点及思路，在防灾减灾领域具有创新性。该项目主要完成人为赵国敏、王二林、郑熙铭、赵顺利、冯平。该项目获天津市（2001 年度）科技进步奖三等奖。

二、城市地震应急研究

1994 年日本阪神发生 7.2 级地震。1995 年国务院发布《地震应急条例》。受《地震应急条例》和阪神地震灾害的推动，从 1996 年开始天津市开展了多角度的城市应急准备工作。伴随地震应急准备工作的开展，城市地震应急研究多角度展开。

1996 年为针对城市特点做好天津市破坏性地震应急预案的制定工作，市地震局、市人防办等有关部门开展了城市地震应急预案制定的研究，提出了地震应急预案制定的原则和方法，圆满地完成了地震应急预案的制定。该预案在总结地震灾害应急的特点的基础上，科学地将军事应急预案编制的理论与方法运用到地震应急预案的编制中，并明确提出制定保障计划，提高了应急预案的科学性和实用性。

1997—1998年，在完成政府和部门应急预案制定之后，为将地震应急工作落实到基层单位，天津市防震减灾领导小组应急工作办公室推动人员密集场所、重点目标等基层单位的应急预案的制定研究，在此基础上，经过统一编发预案大纲、集中培训、个别指导修改等方式，天津市大型商场、影剧院、车站、机场、码头、医院、学校、宾馆饭店等共计271个单位制定了震时人员疏导方案，全市1500个重点目标都制定了应急抢险抢修预案。

1995年南黄海发生6.1级地震。借鉴上海市南黄海6.1级地震应急处置的经验，结合天津实际，天津市防震减灾工作领导小组应急办公室组织开展了强有感地震应急处置方法研究，在此基础上制定了《天津市强有感地震应急反应预案》。2003年结合宁河连续发生有感地震应急工作的实践，市地震局及时研究组织了对《天津市强有感地震应急预案》的修订工作。将有感地震应急工作从强有感地震应急预案中剥离出来，形成强有感地震和有感地震两个独立的预案，提高了预案的针对性和可操作性；细化了地震应急宣传、平息地震谣传等应急工作内容；进一步强化了地震工作主管部门在有感地震和强有感地震应急工作中的主导作用。

2003年4月23—24日，宁河连续发生4.1级、4.3级和3.8级有感地震。市地震局根据强有感地震应急反应预案开展了紧急应对。在应对的同时，李振海等有关人员开展了相关研究，根据研究的结果撰写了《认识有感地震》《谈谈应对有感地震》文章，发表在《天津日报》等有关报纸上和地震信息网上，开展应急宣传。这些文章被各地地震信息网广泛地转载。

三、基层组织、单位地震应急服务标准研究

我国地震灾害救助实践证明，灾区基层组织、单位和民众的避险和自救互救是大地震后拯救生命、减轻灾害损失的最及时和有效的方法，指导灾区基层组织、单位和民众的避险和自救互救是重要的地震社会服务和管理。根据“以人为本、执政为民”、“构建和谐社会”的理念和加强政府社会管理和公共服务的要求，中国地震局将制订《社区志愿者地震应急与救援工作指南》等五个基层组织、单位服务标准列入国家防震减灾“十一五”计划，国标委将制订《社区志愿者地震应急与救援工作指南》等五个基层组织、单位服务标准列入《全国服务标准2005—2008年发展规划》及《国标委计划》。

2007年根据中国地震局的安排，市地震局牵头承担《社区志愿者地震应急与救援工作指南》等五个基层组织服务标准的研究和制定。项目负责人王公学，天津市参加的人员有倪照鹏、朱思伟、陈鄢津、马信龙、张孟林、姚兰予、赵阳、刘瑞瑞、吴肖、郭靖等。这五个基层组织服务标准为《社区志愿者地震应急与救援工作指南》《人员密集场所地震避险》《医院地震紧急处置》《社区地震应急指南》《中小学校地震避险指南》。由于2008年发生汶川大地震，项目暂停了一段时间，于2010年相继再次启动。截至2014年底，《社区志愿者地震应急与救援工作指南》《人员密集场所地震避险》《社区地震应急指南》已批准发布，《医院地震紧急处置》《中小学校地震避险指南》

通过评审已报批。

《社区志愿者地震应急与救援工作指南》是国内第一个规范志愿者工作方面的标准。规定了社区志愿者地震应急与救援队伍建设要求和地震应急服务内容，以及震后参与应急救援服务的方法、程序和要求，适用于社区志愿者地震应急与救援队伍建设以及地震应急与救援服务。其他应急与救援工作可参照使用。给出的地震应急救援方法是适合非专业的地震救援志愿者队伍使用的科学实用方法。特别是急救方法不仅提供了通用的方法，而且提供了地震发生后的特殊情况下就地取材、简便易行的救护方法。给出的个人和公用装备是基于社区能力和自救互救需要考虑推出的适用装备。标准发布后，很多省市根据标准的要求建立队伍，进行培训和演练，也有的民间组织把此标准作为教材。

《人员密集场所地震避险》明确了人员密集场所地震避险的基本要求及避险职责，规定了避险准备、震时避险、震后疏散的方法和要求，适用于人员密集场所的地震避险服务和管理工作。该标准总结我国历次大地震避险经验和教训，特别是汶川地震避险的经验和教训，提出了适合我国国情的不同于日本、美国等发达国家的避险方法，即根据房屋的抗震性能确定适当的避险方法，把震时紧急撤离作为一种重要的选项。

《社区地震应急指南》规定了社区地震应急工作的基本要求，规定了震前准备的内容和方法，以及震后应对的方法、程序和要求。适用于城市社区、农村社区、行政村和自然村等基层组织，城市的街道、农村的乡镇的地震应急工作也可参考使用。该标准从预案编制、宣传教育与培训演练、疏散准备、物资准备四个方面规范应急准备，从紧急处置、组织救助、灾情报告与告知、组织疏散、防范与处置次生灾害、安置居民生活、维护社会秩序、开展心理帮助等八个方面规范震后应对工作，为社区地震应急工作提供全面指导。

《医院地震紧急处置》规定了医院地震紧急处置预案编制、宣传教育、设施设备管理等内容和要求，规定了震时避险、岗位处置、次生灾害源处置，震后疏散、紧急救援等方面的紧急处置方法和要求，适用于医院地震紧急处置工作，其他医疗机构也可参照使用。该标准根据医院专业性强、生命线系统复杂、留住人员行动能力有不同缺陷等特点，有针对地制定紧急处置措施，突出规定岗位紧急处置、次生灾害源紧急处置等处置措施。

《中小学校地震避险指南》提出了中小学校（含校内幼教班，下同）地震避险工作的一般要求，给出了地震避险平时准备的内容和要求，给出了震时避险、震后疏散的程序、方法和要求，适用于中小学校地震避险工作，其他学校或部分其他灾害的避险也可参照使用。该标准从地震避险预案编制、地震知识教育、地震应急演练、地震避险设施与物资准备四个方面规范平时地震；提供震时避险原则和两种不同避险方法（就近躲避、紧急撤离）的适用条件和具体事项；提供实用的震后疏散方法；为中小学校地震避险工作提供全面指导。

第八节 地震科研管理部门及科技咨询机构

为规范和加强地震科研工作的管理，市地震局设置了科研工作主管部门及地震科技咨询机构——学术委员会。

一、地震科研管理机构沿革

市地震局自1975年成立以来，就设置有内设机构负责地震科研工作的管理，其主要职责是负责全局科研（业务）项目计划任务书的编制，督促检查科研任务执行情况，组织科研成果的验收和鉴定，承担对外科研任务的组织管理工作。

1975年设置地震处。

1977年设置综合计划处。

1981年设立总工程师室，科研管理工作纳入总工程师室。

1983年撤销总工程师室，科研管理工作划归计划科研监测处。

1985年撤销计划科研监测处，科研管理工作划归新设立的综合计划处。

1991年设立科技监测处，科研管理工作职能由综合计划处调整到科技监测处。

1996年设立科技发展处，科研管理工作职能由科技监测处调整到科技发展处。

2004年市地震局机关机构改革，科技发展处与计划财务处合署办公。

2010年为强化科技管理部门的职能，“科技发展处”更名为“科学技术处”。

二、地震科技学术咨询机构沿革

1980年设立地震科技咨询机构——天津市地震局学术委员会，1998年更名为天津市地震局科技委。天津市地震局学术委员会（科技委）是在市地震局局长领导下的科技咨询审议智囊机构。学术委员会（科技委）采取任期制，其组成成员为聘任制，由局长聘任。学术委员会（科技委）设主任、副主任和若干名委员。学术委员会（科技委）委员由在职科技人员中业务水平较高和有一定科研组织管理工作经验的同志及少数领导干部组成。

（一）学术委员会阶段（1980—1998年）

1980年1月10日，为加强地震科研工作，贯彻执行百家争鸣的方针，不断提高地震预测预报水平，经市地震局党组会议审议通过，成立首届学术委员会。1984年3月31日，局学术委员会换届，产生第二届学术委员会。1988年9月7日，局学术委员会换届，产生第三届学术委员会。

1.首届学术委员会

1980年2月23日，市地震局印发《关于成立局学术委员会的通知》（津震发字第14号文），并印发《天津市地震局学术委员会章程（草案）》。

学术委员会主任：黄若影；副主任：欧阳欲德；委员：张伯骅、赵连璧、徐宝祥、尹集刚、黄振义、潘可群、刘以礼、杨国军、张文郁、李文国、赵宝、李振华；秘书：侯宗周。

《学术委员会章程（草案）》明确规定了天津市地震局学术委员会职责及5项任务，即：（1）审议局科研远景规划和年度计划草案并提出建议；（2）评议局内主要科研成果或学术论文；（3）提出科技人员技术培训工作建议；（4）主持和促进与局科研方向有关的学术活动；（5）反映科技人员的意见和建议，对妨碍科研工作和学术活动的不良现象，提出意见和建议。

2.第二届学术委员会

1984年3月31日，根据学术委员会章程的有关条款，经局领导研究，并征求有关部门意见，决定对学术委员会组成人员进行适当调整。

局长郝殿荣聘任尹集刚等15位同志组成第二届学术委员会。主任：尹集刚；副主任：尹伯忠、冯德益；委员（按姓氏笔画为序）：邓瑞成、刘以礼、李一兵、李文国、李振华、赵 宝、赵连璧、侯宗周、郭效民、龚绍京、黄振义、潘可群；秘书：侯宗周（兼）。

3.第三届学术委员会

1988年9月7日，根据学术委员会章程的有关条款，经局领导研究，局长尹伯忠聘任尹集刚等15位同志组成第三届学术委员会。主任：尹集刚；副主任：尹伯忠、冯德益；委员：李文国、卫鹏飞、赵连璧、侯宗周、潘可群、赵宝、郭效民、高文海、黄振义、李一兵、龚绍京、刘以礼。

1996年7月21日，增补徐德诗为第三届学术委员会副主任；增补赵国敏、张 咏、聂永安、郑文俊、王安滨为第三届学术委员会委员。

（二）科技委员会阶段（1998—2010年）

1998年3月24日，为适应地震科技工作发展的需要，市地震局学术委员会更名为天津市地震局科技委员会，简称科技委。从沿革的角度，该届科技委称为“天津市地震局第四届科技委员会”。2005年2月18日，召开局科技委换届大会，诞生第五届科技委员会。

1.天津市地震局第四届科技委员会

1998年3月24日，市地震局印发《关于聘任天津市地震局第四届科技委员会委员的通知》（津震发〔1998〕33号）。经局领导研究决定，聘任赵根模等16位同志组成第四届科技委员会。主任：赵根模；副主任：牟光迅、聂永安；委员：王安滨、王俊国、刘允秀、牟光迅、李一兵、李大华、张 昱、赵国敏、赵根模、聂永安、郭效民、徐德诗、蒋淳。

1998年3月31日，在天津市地震局第四届科技委员会第一次全体会议上，经全体委员审议并通过本届科技委员会章程。1998年4月6日，市地震局印发《关于印发〈天津市地震局第四届科技委员会章程〉的通知》（津震发〔1998〕40号）。章程明确天津市地震局科技委员会是市地震局为实施“科教兴国”战略，全面落实“科学技术是第一生产力”，充分发挥科技专家的作用而建立的地震科技咨询及审议的机构。章程规定科技委在市地震局局领导的直接领导下开展工作。科技委的主要职责：（1）对市地震局地震科技工作方向、目标、重点、科技管理体制改革、人才培养等方面的重大问题进行调研，为局领导提供决策参考；（2）对市地震局科技工作的中、长期发展规划、年度计划提供审议、咨询意见；（3）负责市地震局科技成果鉴定、验收、奖励项目的评审或推荐工作；（4）做好优秀地震科技人才的推荐工作。根据科技委章程，科技委下设若干专业组，组成人员除科技委委员外，还聘任相关专业的专家或业务骨干参加。

2.天津市地震局第五届科技委员会

2005年2月，因第四届科技委任期已满，根据天津市地震局科学技术委员会章程，在广泛征求意见基础上，经局长批准，聘任15位同志组成第五届科技委。主任：赵国敏；副主任：聂永安、李振海；委员：蒋淳、崔晓峰、付仲生、陈宇坤、李大华、陈化然、张咏、孙继忠、吴强、刘允秀、陈金林、刘晓年。

2005年2月18日，召开天津市地震局第五届科技委员会全体会议，修改《科技委员会章程》，设置新的学科专业组，聘任了学科专业组成员。

2008年5月，因蒋淳等3名委员退休，根据市地震局科学技术委员会章程，由科技发展处提名，报经局领导批准，增补李刚、曹井泉、王玉生3位同志为第五届科技委委员。

2010年8月，因李振海等5名委员工作调动或退休，根据市地震局科学技术委员会章程，由科技发展处提名，报经局领导批准，增补田山、邵永新、姚兰予、邱虎、董洪军5位同志为第五届科技委委员。

第九节　科研成果奖励工作

科研成果奖励是加强地震科研管理的重要工作环节。1980年8月26日，为鼓励地震系统广大科技工作者的积极性，推动地震事业的发展和科学水平的提高，国家地震局决定在局系统内对达到国内先进水平以上的地震科技成果开展奖励工作。1986年1月15日，国家地震局公布《国家地震局科学技术进步奖励条例》，并决定从1986年开始，实施“国家地震局科技进步奖”。1988年，市地震局根据国家地震局〔1987〕震发科字第569号文件精神，设立“天津市地震局科学技术进步奖”。2001年，中国地震局和天津市地震局根据国家有关规定，停止“中国地震局科学技术进步奖”和“天津市地震局科学技术进步奖”奖励工作。从2001年开始中国地震局设立“中国地震局防震减灾优秀成果奖”，该奖项不列入国家奖励系列。市地震局从2003年开始设立“天津市地震局防震减灾优秀成果奖”。

一、科技成果奖

根据国家地震局有关精神，天津市地震局科技成果奖励工作纳入“国家地震局科技成果奖”

系列。奖励范围包括地震科学技术研究、地震观测、地震预测预报和科技管理等四个方面。奖励分五个等级：一、二等级为部（委）级奖；三至五级为司（局）级奖。国家地震局科技成果一、二等奖由市地震局负责审核推荐，报国家地震局评定批准；三、四、五等奖由市地震局负责评定，报国家地震局备案复核。

市地震局1979—1982年度“国家地震局科技成果奖”申报、评审工作分“1979—1981年度、1982年度、1981—1982年度”三个批次进行。（1）1983年初，完成1979—1981年科技成果奖的评审，评出获奖成果22项（其中：四等奖3项、五等奖19项）。1984年3月26日，国家地震局对天津市地震局报批的1979至1981年度获奖项目予以批复（〔1984〕震发科字第099号文件）。（2）1983年下半年，完成1982年度地震科技成果奖的评审，评出获奖成果7项（其中：三等奖1项、四等奖3项、五等奖3项）。1983年9月21日，市地震局以津震发字〔1983〕21号文件将初评的1982年度地震科技成果报国家地震局科技监测司审批。（3）1985年3至4月，市地震局学术委员会召开三次会议，对各部门上报的48项1981—1982年度地震科技成果进行评审，评定出20项获奖项目（其中：四等奖4项、五等奖16项）。1985年5月24日，市地震局将拟授奖的1981至1982年度地震科技成果报国家地震局科技监测司审批。

1979—1982年度，经市地震局学术委员会评审，报国家地震局科技监测司批准，总共有49项成果获得“国家地震局科技成果奖”（其中：三等奖1项、四等奖10项、五等奖38项）。49个获奖成果中，地震科学技术研究成果34项、地震观测成果7项、地震预测预报成果3项、科技管理成果5项。

天津市地震局荣获“国家地震局科技成果奖”项目统计表

表5-3-9-89

序号	成果年份	颁奖年份	获奖项目数						备注
			合计	一等奖	二等奖	三等奖	四等奖	五等奖	
1	1979—1981年度	1984	22				3	19	
2	1982年度	1984	7			1	3	3	
3	1981—1982年度	1985	20				4	16	
4	总　计		49			1	10	38	

二、地震科技成果、合理化建议和技术改进奖

1986年10月3日，国家地震局以〔1986〕震发科字第377号文件印发《关于转发国务院修订发布〈合理化建议和技术改进奖励条例〉的通知》的几点暂行规定。为贯彻国家地震局（86）震发科字第377号文件精神，市地震局于1987年4月1日印发《关于奖励1983—1985年度地震科技成果、合理化建议和技术改进奖的通知》（〔1987〕津震发字第12号），随文下发《天津市地震局1983—1985年度地震科技成果、合理化建议和技术改进奖实施办法》及评审标准。

天津市地震局1983—1985年度地震科技成果、合理化建议和技术改进奖分三个等级。1987

年6月26日，在同行专家初审基础上，市地震局召开局工会负责人及有关处室负责人参加的局学术委员会扩大会议，从各部门申报的79个项目中评审出61个获奖项目（其中：一等奖10项；二等奖16项；三等奖35项）。

三、科技进步奖

1986年1月15日，国家地震局印发《关于发送〈国家地震局科学技术进步奖励条例〉和〈进行1983—1985年度奖励工作的通知〉》，决定从1986年起按《国家地震局科学技术进步奖励条例》进行科技成果的奖励工作。奖励范围包括：重大和重要的地震科学技术研究成果（科学理论研究成果和应用技术成果等）；有成效的地震观测预报成果；推广和采用已有的先进科学技术成果；科技管理和科技情报工作的重要成果等。国家地震局科技进步奖为部级奖，分三个等级。1987年11月24日，国家地震局印发〔1987〕震发科字第569号文件，决定设立省、自治区、直辖市地震局（办）及直属单位科学技术进步奖。获得省、自治区、直辖市地震局（办）及直属单位科学技术进步奖的项目可择优申报国家地震局级科技进步奖。

（一）“天津市地震局科技进步奖”评审和奖励工作

根据国家地震局〔1987〕震发科字第569号文件，市地震局于1988年开始设立“天津市地震局科学技术进步奖”。该奖项分四个等级。奖励范围包括地震科学技术研究、地震观测、地震预测预报和科技管理领域取得的优秀科技成果。

1988年完成1986—1987年度科学技术成果的评审和奖励工作。1989年完成1988—1989年度科学技术成果的评审和奖励工作。1990—1999年，逐年完成上一年度科学技术成果的评审和奖励工作。2000年根据国家和中国地震局关于停止部门评定科技进步奖的有关规定，《天津市地震局科技进步奖》评定工作终止。

1988—1999年的12年间，市地震局完成了对1986年以来科技进步成果的评审和奖励工作，获奖项目总数达129项。

天津市地震局科学技术进步奖获奖项目统计表

表5-3-9-90

序号	成果年份	颁奖年份	获奖项目数				
			合计	一等奖	二等奖	三等奖	四等奖
1	1986—87	1988	13	0	1	2	10
2	1988—89	1989	10	3	0	7	0
3	1989	1990	10	1	1	6	2
4	1990	1991	14	0	2	11	1
5	1991	1992	10	1	1	3	5
6	1992	1993	12	0	0	3	9
7	1993	1994	10	2	1	5	2
8	1994	1995	10	0	2	6	2

续表 5-3-9-90

序号	成果年份	颁奖年份	获奖项目数				
			合计	一等奖	二等奖	三等奖	四等奖
9	1995	1996	10	1	1	7	1
10	1996	1997	10	0	1	7	2
11	1997	1998	10	0	1	7	2
12	1998	1999	10	0	1	7	2
总计			129	8	12	71	38

（二）组织国家地震局科学技术进步奖的申报工作

根据国家地震局有关规定，市地震局认真组织了推荐“国家地震局科学技术进步奖”的申报工作。自 1986—1999 年，市地震局总共取得 26 项国家地震局科学技术进步奖。

取得国家地震局科学技术进步奖项目统计表

表 5-3-9-91

序号	颁奖年份	获奖项目数			
		合计	一等奖	二等奖	三等奖
1	1986	4	0	1	3
2	1987	0	0	0	0
3	1988	1	0	0	1
4	1989	1	0	0	1
5	1990	1	1	0	0
6	1991	2	1	1	0
7	1992	3	1	1	1
8	1993	1	0	1	0
9	1994	2	0	1	1
10	1995	2	0	2	0
11	1996	2	0	1	1
12	1997	4	0	3	1
13	1998	2	0	1	1
14	1999	1	0	1	0
总计		26	3	13	10

四、防震减灾优秀成果奖

为鼓励和表彰在防震减灾事业中做出突出成绩的科技工作者，中国地震局从 2001 年开始设立“中国地震局防震减灾优秀成果奖”，分为三个等级，该奖项不列入国家奖系列。2003 年 3 月 28 日，市地震局根据《中国地震局防震减灾优秀成果奖励办法（试行）》（中震发科〔2001〕44 号）设立“天津市地震局防震减灾优秀成果奖”并制定《天津市地震局防震减灾优秀成果奖励办法（暂行）》（津震发〔2003〕20 号）。分年度对在地震监测预报、地震灾害防御、地震科学技术以及防震减灾管理领域取得的优秀科技成果进行奖励，奖励分 4 个等级，并择优推荐获得一、二等奖项目参加中国地震局防震减灾优秀成果奖的评审。

（一）天津市地震局防震减灾优秀成果奖评审和奖励工作

为保持奖励工作的连续性，市地震局决定对 2000、2001、2002 三个年度取得的科技成果在2003年度“天津市地震局防震减灾优秀成果奖”评审中一并受理。2003年4月21日，市地震局科学技术委员会召开全体会议，审议了由各部门申报的33项请奖项目，以无记名投票方式评出获奖项目23项。此前，2002年4月，市地震局科技委在向中国地震局推荐2002年度防震减灾优秀成果时，评出3项天津市地震局防震减灾优秀成果奖奖励项目。自2004—2010年，天津市地震局防震减灾优秀成果奖评审工作每年进行一次，其间共奖励防震减灾优秀成果77项。

天津市地震局防震减灾优秀成果奖获奖项目统计表

表 5-3-9-92

序号	颁奖年份	获奖项目数				
		合计	一等奖	二等奖	三等奖	四等奖
1	2002	3	1	2	0	0
2	2003	23	2	4	11	6
3	2004	10	1	2	7	0
4	2005	10	1	1	3	5
5	2006	5	0	1	2	2
6	2007	8	1	1	5	1
7	2008	10	2	1	4	3
8	2009	8	1	2	4	1
总计		77	9	14	36	18

（二）组织中国地震局防震减灾优秀成果奖的申报工作

在做好天津市地震局防震减灾优秀成果奖评审奖励工作的同时，市地震局根据中国地震局的要求，认真组织好中国地震局防震减灾优秀成果奖的申报工作。2001—2009年，市地震局总共取得12项中国地震局防震减灾优秀成果奖。

表 5-3-9-93　获得中国地震局防震减灾优秀成果奖获奖项目统计表

序号	颁奖年份	获奖项目数			
		合计	一等奖	二等奖	三等奖
1	2001	3	1	2	0
2	2002	3	0	1	2
3	2003	1	0	1	0
4	2004	1	0	0	1
5	2005	2	0	1	1
6	2006	1	0	0	1
7	2007	0	0	0	0
8	2008	1	0	1	0
总计		12	1	6	5

获奖科技成果清单

自 1975 年市地震局建局以来，地震科技工作者发扬“敢于登攀”和“科技创新”精神，不断攻克艰难险阻，积极推进地震科技事业的进步与发展，取得了众多获奖科技成果。其中，市地震局主持完成或与有关单位合作完成的 4 项科研成果获得国家级奖；62 项科研成果获得部委级奖；316 项科研成果获得司局级奖。

一、国家级奖获奖项目

总共取得 3 项国家级奖，包括全国科学大会奖 1 项和国家级科技进步奖 2 项。

1978 年，市地震局水化学实验室与核工业部 261 厂合作研制的 FD—128 水氡自动测量仪项目获得全国科学大会奖。

市地震局与有关单位合作完成 3 项科研成果获得国家级科技进步奖。

获国家级科技进步奖项目汇总表

表 5-3-10-94

序号	颁奖年份	等级	获奖项目	主要获奖人员	主要完成单位
1	1993	三	水文地球化学地震监测预报系统	张炜、李宣瑚、鄂秀满等	国家地震局分析预报中心，河北省、甘肃省、福建省、天津市地震局
2	1997	三	十年尺度中国地震灾害损失预测方法研究	陈　颙、陈鑫连、付征祥、尹之潜、杨满栋	国家地震局分析预报中心、工程力学所，天津市地震局，国家地震局地球物理所
3	1999	三	《中国地震预报概论》（专著）	梅世蓉、冯德益、张国民等	国家地震局分析预报中心、天津市地震局、地震出版社

二、部（委）级奖获奖项目

获得部（委）级奖项共计 62 项，包括国家地震局科技进步奖、中国地震局防震减灾优秀成果奖和天津市科技进步奖三类。

1986—1999 年，荣获国家地震局科技进步奖项目共计 34 项。

获得国家地震局科技进步奖项目汇总表

表 5-3-10-95

序号	颁奖年份	等级	项目名称	主要获奖人员	主要完成单位
1	1986	二	SD—1 型深井地声仪	伍富昆、付仲生、吴强、寇秀嫩、赵魁玉、赵光宇、张翠芬、张文清、刘艳芬	天津市地震局
2		三	天津电信传输地震台网建设	郭效民、朱恩永等	天津市地震局

表 5-3-10-95

序号	颁奖年份	等级	项目名称	主要获奖人员	主要完成单位
3			TDL—2 型流量自动测量仪和 CY2691 型电导自动测量仪的研制	冯裕中、张有昌、秦茂康、翟培泉	天津市地震局、常州电子仪器厂
4			单项与多维判据的模糊分析与优选（模糊数学的某些应用）	冯德益、林命周、顾瑾平、蒋淳、虞雪君	天津市、上海市、甘肃省地震局
5	1988	三	张道口水化综合台建设	张伯骅、邹昌明、冯裕中、李一兵、鲍鸿儒	天津市地震局
6	1989	一	《地震对策》	郭增建、陈鑫连、王国治、陈章立、柴保平、宋守全、杨国军、阚志冲、商宏宽、王公学、徐慧生、楼宝棠、朱克文、盛志勇	国家地震局兰州地震研究所、科技监测司、天津市地震局、地球物理研究所、地震出版社、解放军总后勤部卫生部等
7			中国地震地下水动态观测网	汪成民、王铁成、贾化周、王国治、车用太、李宣瑚、郭一新、万登堡、李介成、万迪堃、黄祖彭、黄振义、刘保恒、孙天林、熊水英	国家地震局分析预报中心、河北省、江苏省地震局，地质研究所，云南省、四川省、辽宁省、甘肃省、广东省、天津市地震局等
8			张道口地震台水氡观测成果（1983—1987）	王增春、邓守琴、张有昌、邹昌明、董立本、张希泉、李君英、吕慧琴、于彩芹、刘寿臣、李一兵、王小鸿、唐仲兴、鲍鸿儒等	天津市地震局
9		二	模糊数学方法在地震预报研究中的进一步应用	冯德益、林命周、蒋淳、陈荣华、郑熙铭、吴国有、顾瑾平、虞雪君	天津市、上海市地震局，分析预报中心
10		三	SSC—1 型水位数字传输系统	赵宝、黄佳、彭伟	天津市地震局
11	1990	一	天津宝坻地震台重力观测成果（1984—1988）	张建新、马杰生、韩润泉、张昱、温岩、马泽田、陈金林	天津市地震局
12	1991	一	地震综合分析预报实用化研究	张国民、张肇诚、高旭、罗兰格、陈立德、李海华、罗灼礼、朱令人、胡新亮、张郢珍、李广鑫、马丽、罗平、程式、孙加林	分析预报中心，河北省、云南省、甘肃省、新疆自治区、四川省、天津市地震局
13		二	地下水动态学科分析预报地震方法指南及实用软件系统	汪成民、王宝银、贾化周、董守玉、王贵宣、车用太、高文海、殷世林、王铁城	分析预报中心，河北省、山东省地震局，地质研究所，天津市、江苏省、云南省地震局
14	1992	一	水文地球化学地震监测预报研究	张炜、李宣瑚、鄂秀满、王吉易、徐玉华、刘快胜、蔡诗凰、李正蒙、唐仲兴等	国家地震局分析预报中心，河北省、甘肃省、福建省、天津市、江苏省、四川省、云南省、辽宁省、陕西省地震局
15		二	深井观测地震波分析研究	冯德益、张少泉、卫鹏飞、王俊国、修济刚、吴国有、吴晓芝、郭建民、林云松	天津市地震局、国家地震局地球物理所、南开大学
16			华北地区地球化学背景场与地震关系的研究	蒋凤亮、李一兵、王永才、张炜、李桂如、王铁城、张伯骅、王基华、朱克文	国家地震局地质研究所，天津市、河北省、江苏省地震局，国家地震局分析预报中心，山东省地震局
17			大港油田抗震防灾规划	赵根模、卫鹏飞、张德元、辛永信、龚鸿庆、杨国军、李一兵、王公学、聂永安	天津市地震局、大港石油管理局

表 5-3-10-95

序号	颁奖年份	等级	项目名称	主要获奖人员	主要完成单位
18		三	天津区域综合地震数据库系统	高文海、李振兴、马少强、何淑敏、朱桂兰	天津市地震局
19	1993	二	中国地倾斜基本台网技术改造与综合效能	陈德福、吴翼麟、罗荣祥、刘国培、李正媛、张健民、林穗平、沈建华、李晓军	地震研究所、科技监测司，河北省、四川省、天津市、山东省、云南省地震局
20	1994	二	地磁短周期变化研究	龚绍京、陈伯舫、邓瑞成、林美、陈化然、王伯雄、杨桂君、张翠芬、李文栋	天津市、广东省、四川省地震局
21		三	模糊数学及其灰色系统理论及分维在地震预报与地震工程中的应用	冯德益、林命周、蒋淳、顾瑾平、刘喜兰	天津市地震局，国家地震局分析预报中心，上海市、江苏省、浙江省地震局
22			天津宝坻台地电阻率观测成果（1989—1993）	程瑞年、蒋金耀、张志新、曹永健、马泽田	天津市地震局
23	1995	二	天津宝坻地震台重力观测成果（1989—1993）	张建新、王向东、高福春、陈新、张昱、马泽田、龚永俭、马杰生	天津市地震局
24			地震波理论与计算在地震研究中的某些应用	聂永安、何柏荣、冯德益、吴国有、郭瑞芝、姚兰予、曾健、杨国军、赵根模	天津市地震局、南开大学
25			中国地震分析预报软件系统	牟其铎、朱文林、成小平、吴培稚、沈建华、刘耀炜、杨建思、高文海、胡新亮	国家地震局地球物理所，安徽省地震局，国家地震局监测预报司，甘肃省、天津市、河北省地震局，国家地震局地壳应力研究所
26	1996	二	十年尺度中国地震灾害损失预测方法研究	陈颙、陈鑫连、付征祥、尹之潜、杨满栋等	国家地震局分析预报中心、工程力学所，天津市地震局，国家地震局地球物理所
27		三	各类地震异常短临前兆体系及综合预报方法研究	罗兰格、程万正、陈立德、王振亚、郑熙铭	河北省、四川省、云南省、甘肃省、天津市地震局
28	1997	二	进入地震短临预报阶段地震学前兆综合标志体系的研究	韩渭滨、冯德益、陆远忠、孙加林、林邦慧、秦保燕、王炜、顾瑾平、辛华	四川省、天津市地震局，国家地震局地壳应力所、地球物理所，内蒙古、甘肃省、安徽省地震局
29			《中国地震预报概论》	梅世蓉、冯德益、张国民、朱岳清、高旭、张肇诚、姚家骝	国家地震局分析预报中心、天津市地震局、地震出版社
30			剪切波分裂应用研究	高原、郑斯华、冯德益、孙勇、王培德	国家地震局分析预报中心，天津市、辽宁省地震局，国家地震局地球物理所
31		三	首都圈半年至几年尺度强震危险性预测研究	张国民、孙士宏、陈绍绪、吕培苓、陈国星	国家地震局分析预报中心、综合观测中心，天津市、河北省地震局，国家地震局地球物理所
32	1998	二	地震序列类型和震后早期判定方法的研究	刘蒲雄、刘文龙、刁守中、王琳瑛、赵根模、吴开统、吴培稚、左兆荣、吕晓健	国家地震局分析预报中心，安徽省、山东省地震局，地球物理所，天津市地震局
33		三	天津市地震快速反应系统建设	牟光迅、郭效民、付仲生、张昱、田山	天津市地震局
34	1999	二	非线性算法用于地震预报的基础研究	王炜、陈颙、黄德瑜、蒋淳、聂永安等	上海市地震局，国家地震局分析预报中心，地球物理所，天津市、安徽省地震局

2001—2009 年，荣获中国地震局防震减灾优秀成果项目共计 14 项。

获得中国地震局防震减灾优秀成果奖项目汇总表

表 5-3-10-96

序号	颁奖年份	等级	项目名称	主要获奖人员	主要完成单位
1	2001	一	我国城市防震减灾示范研究	冯启民、成小平、杨亚第、赵振东、袁一凡、李谊瑞、聂永安、曲国胜、廖旭、李志强、吕红山、朱煌武、王方建、柔洁	中国地震局工程力学所、地球物理所、地质研究所，四川省、天津市、安徽省、辽宁省、山东省、新疆自治区地震局
2		二	地震现场动态图像传输系统	张咏、杨桂君、李刚、赵国敏、周峰、吴强、刘允秀、张昱、邱虎	天津市地震局
3			地震预报管理制度的研究与地震预报管理条例的制定	孙士宏、徐卫、杜安陆、李志雄、顾建华、王公学、刘成仁、邹其嘉、金祖彬	中国地震局分析预报中心，震害防御司、监测预报司，地球物理所，天津市、四川省地震局
4	2002	二	天津市海河隐伏断裂活动性定量评价	刘连柱、赵根模、陈宇坤、陈化然、赵国敏、刘晓年、聂永安、卫鹏飞、李一兵	天津市地震局
5		三	天津市数字遥测地震台网建设	王玉生、刘连柱、赵国敏、高逊、栗连弟	天津市地震局
6		三	天津市地震应急指挥系统	刘连柱、马少强、姚兰予、李刚、邱虎	天津市地震局
7	2003	二	天津数字化地震前兆台网建设工程	付仲生、刘连柱、韩润泉、孙继忠、张有昌、吴玉田、吴强、杨爽、邹积瑛	天津市地震局
8	2004	三	天津张道口地震台 1997—2002 年度地热观测成果	王建国、马建英、王宝锁、张有昌、邓守琴	天津市地震局
9	2005	二	天津蓟县地震台 1999—2003 年度重力观测成果	霍楔、董洪军、张建新、李春友、陈永刚、	天津市地震局
10		三	《数字遥测地震台网建设与运行》（专著）	蒋秀琴、陈金林、佟晓辉、吕金水、李广平	辽宁省地震局、广东省地震局
11	2006	三	张道口台水位观测成果（1998—2004）	王建国、马建英、王宝锁、张有昌、刘学岭	天津市地震局
12	2007	三	天津市蓟县地震台 2000 年—2005 年水管倾斜潮汐观测成果	李恩建、邢世海、陈嵩、董洪军、李春胜	天津市地震局
13	2008	三	天津市活断层探测与地震危险性评价	赵国敏、陈宇坤、李振海、邵永新、杨绪连	天津市地震局
14	2010	三	天津市地震前兆台网建设及应用成果	董洪军、邵永新、王建国、赵国敏、王伟	天津市地震局

（三）1997—2009 年，荣获天津市科技进步奖项目共计 14 项。

表 5-3-10-97　获得天津市科技进步奖科研项目汇总表

序号	颁奖年份	等级	项目名称	主要获奖人员	主要完成单位
1	1997	三	油田地震信息监测研究与应用	李一兵、张德元等	天津市地震局、大港石油管理局
2	1998	三	天津市地震快速反应系统建设	牟光迅、郭效民、付仲生、张昱、田山	天津市地震局
3	1999	三	天津市滨海新区（天津经济技术开发区）震害预测和防震减灾对策示范工程	聂永安、徐德诗、吴国有、邱虎、翟桐	天津市地震局、中国地震局工程力学所
4			天津数字地震台网建设	郭效民、赵国敏、孙继忠、栗连弟、高逊	天津市地震局
5	2000	三	地震现场动态图像传输系统	张咏、徐德诗、杨桂君、李刚、赵国敏	天津市工程地震研究中心
6			天津及邻近地区地下水流体地震预测技术研究	李一兵、邵永新、田山、王安滨、蒋淳	天津市地震局
7	2001	二	天津市海河隐伏断裂活动性定量评价	刘连柱、赵根模、陈宇坤、陈化然、赵国敏、刘晓年、聂永安、卫鹏飞	天津市地震局
8		三	天津市滨海新区综合防灾减灾对策及数据库的建立	赵国敏、王二林、郑熙铭、赵顺利、冯平	天津市地震局、滨海新区管委会、天津大学
9	2002	二	天津数字化前兆台网建设工程	付仲生、刘连柱、赵国敏、邓守琴、韩润泉、董洪军、张有昌、吴玉田	天津市地震局
10		三	天津市地震分析预报技术系统	陈化然、刘连柱、赵国敏、郑文俊、蒋淳	天津市地震局
11	2004	三	天津市中短期地震预报技术系统研究	陈化然、赵国敏、蒋淳、张杰卿、刘晓年	天津市地震局
12	2006	三	天津港口贸易经济规划区地震影响评价研究	赵国敏、卫鹏飞、李振海、刘奎义、刘允秀	天津市地震局
13	2008	三	天津市活断层探测与地震危险性评价	赵国敏、陈宇坤、李振海、邵永新、杨绪连	天津市地震局
14	2009	三	天津市地震前兆台网建设	董洪军、邵永新、王建国、赵国敏、孙继忠	天津市地震局

三、司（局）级奖获奖项目

获得司（局）级奖项 316 项，包括“国家地震局科技成果奖（三、四、五等奖）”、“天津市地震局地震科技成果、合理化建议和技术改进奖”、“天津市地震局科技进步奖”和“天津市地震局防震减灾优秀成果奖”四类。

1984—1985 年，荣获国家地震局科技成果奖项目共计 49 项。

天津市地震局荣获国家地震局科技成果奖（三、四、五等奖）项目汇总表

表 5-3-10-98

序号	颁奖年份	等级	项目名称	主要获奖人员
1	1984	四	唐山地震前天津地区地下水位动态特征与异常的初步分析	王雅灵
2			利用地下水化学预报地震的探索	张炜、林颐跃
3			唐山地震地下水位异常特征与地震孕育过程关系的探索	尹伯忠、黄振义、王雅灵
4		五	利用地下水位异常判断地震异常的可能性	黄振义、王雅灵
5			对天津市所观测到的唐山地震部分前兆的初步认识	唐顺善
6			1976 年 11 月 15 日宁河—汉沽 6.9 级地震宏观震中的调查报告	张钟瑶
7			大型抽水对地下水化学组分影响的几个问题讨论	李之鑫
8			应用气相色谱法探索深井水中气体含量变化与地震的关系	鲍鸿儒
9			唐山地震广义前震和晚期强余震	赵根模
10			地震活动高潮中地震中期预报问题的讨论	唐顺善、尹集刚
11			唐山地震前的视电阻率异常	刘允秀
12			对华北地震活动中期信息的认识及强震孕育阶段过程的探索	卫鹏飞、赵连璧、赵根模、褚宝珑、郭瑞芝
13			垂直地面的细长铁杆的二次磁场及对水泥电线杆的实测结果	龚绍京
14			地下水电导观测总结	冯裕中
15			气象预报地震	张玉松
16			华北缺震曲线	卫鹏飞
17			我国板内大地震之间的一种联系——诱发作用	赵根模
18			震源区的应变调整与水氡变化	唐顺善、杨家凤
19			利用微体古生物分析方法研究海平原（津沧）地区断裂新活动性及其与地震的关系	赵连璧、周英明、李惠祯
20			天津地区十年（1970—1979）地震震例总结	李广鑫
21			张道口短水准长期西倾的原因	郑熙铭
22			深层地下水中 He/Ar、N_2/Ar 浓度比的变化	鲍鸿儒
23		三	宝坻台重力室控温装置	陈金林、马杰生、韩润泉、张建新
24		四	ZC—1 型石英钟差测量计	赵宝
25			石英钟控制装置的研制与实验	郭效民
26			厚覆盖层地区基岩钢管标的干扰因素研究	郑熙銘
27		五	张道口井水氡突跳原因的实验研究	吕惠琴
28			太阳活动与地震	张宝书
29			华北地震活动特征及其地震预报实践	赵连璧、赵根模、卫鹏飞、褚宝珑、郭瑞芝

续表 5-3-10-98

序号	颁奖年份	等级	项目名称	主要获奖人员
30	1985	四	天津地区浅层咸水层水位常见干扰因素分析	尹伯忠、黄振义、王雅灵、李之鑫
31			天津市地震观测台网地震观测报告（含天津市地震台网观测报告编写细则）	薛志照、刘晓年、王俊国、杨港生
32			天津市地震观测区域台网规划（含：为提高观测质加强台站技术管理工作的回顾与思考）	潘可群、马健、张钟瑶
33			天津市地震局群测群防工作的组织和管理	蒋玉山等
34		五	天津市地下水动态观测网的建设与管理	尹伯忠、黄振义、王雅灵
35			“地震业务（科研）计划管理暂行规定”及组织实施	刘以礼
36			蓟县小辛庄形变山洞工程技术总结	周恩甫
37			塘沽地震台地电观测成果	宋新忠、刘学励、侯玉生、李凤群、李佩玲
28			宝坻地震台地电观测成果	程瑞年、张志新、王恩平
39			宝坻地震台地磁观测成果	杨宏、汪宝琢、李淑敏、王秀芳
40			徐庄子地震台地电观测成果	王宏星、徐锡琨、赵金波、栗连弟、李文栋
41			水氡（水化学）观测中干扰因素及排除方法的研究	李一兵等
42			流量自记仪时间控制装置	张有昌
43			水化学观测井孔选择中几个问题的探讨	唐仲兴、李一兵
44			宁河 6.9 级强余震前小震主应力轴的取向变化	赵根模
45			青光台地磁短周期时间的实践序列分析	龚绍京
46			水化学异常特征和机理的研究	冯裕中
47			水化学预报地震	张伯骅、李一兵、冯裕中
48			对华北地区震情的中期及渤海地区的短临预报意见	卢洋、李广鑫、吴晓芝、刘晓年
49			利用双桥井“蠕变水位”作 5 级中强余震的短临预报（含蠕变与水位）	王雅灵、尹伯忠、黄振义

1983—1985年度天津市地震局地震科技成果、合理化建议和技术改进奖获奖项目共计61项。

1983—1985年度天津市地震局地震科技成果、合理化建议和技术改进奖获奖项目汇总表

表5-3-10-99

序号	颁奖年份	等级	项目名称	主要获奖人员
1	1987	一	地磁短周期变化参量的时间变化与唐山地震的关系	龚绍京、吴占峰、戚成柱
2			蠕变水位及其预报地震的效能	王雅灵、黄振义、尹伯忠、郑熙铭
3			数据库的建立与非DBASE处理程序接口的探讨	吴晓芝、马少强、朱桂兰、何淑敏
4			天津市地震基本烈度复核评定报告	刘万衡、辛永信、苏来尔、赵旭光、张翠芬
5			适用于Apple机的工资管理程序	赵宝
6			宝坻地震台观测资料	马泽田、王恩平、韩润泉、刘汉丰、程瑞年、张建新、王宝琢、马杰生、张志新、王秀芳
7			地下水位地震监测预报	郑熙铭、金艳、黄振义、王雅灵、高文海
8			塘沽地震台观测资料	徐宝祥、刘学励、宋新忠、肖刚义、侯玉生、李佩玲、李凤群、秦桂云、王克志
9			台站的全面质量管理（含：监测工作的组织与管理）	潘可群、张钟瑶、马健、刘以礼、阳裕德、夏群、周恩甫、邹积瑛、李春友、国荣秀
10			地震科普宣传牌的研制（含：地震科普画册编制）	付梦刚、蒋玉山、贾荣泉、张咏、刘以礼、侯宗周、李振华、姜国华、孙崇森
11		二	中国强震目录数据库	吴晓芝、马少强、朱桂兰
12			地下水数据库的建立及日常资料处理程序	陈荣昌、刘喜兰、高文海
13			磁秤自动测定格值电路	赵宝、陈金林
14			FD—128水氡自记脱气装置改进试验	王增春
15			天津市宁河地区五级以上地震震源位置的修定及其意义	薛志照、王俊国、杨港生
16			γ能谱法在地震预报研究中的应用	邹昌明、王雪芳
17			1976年唐山7.8级地震前水氡含量异常的模糊识别和异常特征分析	冯德益、郑熙铭
18			天津海岸带的地震活动与新构造运动	赵根模、王若柏、刘雨田、郑文俊
19			水化学观测资料检评标准及其办法（试行）	李一兵、王小鸿、邹昌明、王增春、鲍鸿儒
20			用二甲基硅油代替液体石蜡密封自记水管的体会	邹积瑛
21			重力仪检修	马杰生、张建新、韩润泉
22			菏泽地震中期趋势评估	赵连璧、赵根模、卫鹏飞、褚宝珑、郭瑞芝

表 5-3-10-99

序号	颁奖年份	等级	项目名称	主要获奖人员
23			蓟县地震台观测资料	王济和、牟光迅、邢世海、程殿强、刘汉丰、吴玉田、郝晓东、陈永刚、李春胜
24			改进和加强计划、科研成果管理的办法和措施	刘以礼、刘晓年、姜国华
25			取暖用气供热改水暖供热	殷树林、陈凤章、肖凤桐、樊效良、杨晋林
26			天津市地震监测台网观测场地基础资料汇编	张钟瑶、潘可群、周恩甫、夏群
27		三	天津市无缝钢管厂李七庄厂区地震基本烈度与地震危险性评价报告	刘万衡、辛永信、赵旭光、卫鹏飞、郑允杜
28			天津地区石油深井基础清理攻关报告	杨国军、钱立信、王安滨
29			中国东部震群 H 值扫描及其前兆意义	吴晓芝、卫鹏飞
30			最大震级曲线预报中强地震的可能性	卫鹏飞
31			宝坻体积应变仪完井报告	夏群、张钟瑶、马泽田
32			蓟县山洞形变观测环境保护	潘可群、马健、夏群、张钟瑶、刘汉丰
33			从唐山地震探讨大城市的预报对策	杨国军、卫鹏飞
34			近震地震波衰减时间与震级的关系	王俊国
35			天津地区平原地面、井下和山上地震记录特征	薛志照
36			天津五级以上地震前兆特征总结	褚宝珑、卫鹏飞
37			蓟县倾斜仪观测精度浅析	张丽芳、郑允杜
38			北郊热电厂基本烈度评价报告	刘万衡、辛永信、赵旭光
39			断裂、断块活动与地下水位变化	王雅灵、尹伯忠、黄振义、郑熙铭、杜开锐
40			唐山地震震源深度分布与地壳结构的关系	薛志照
41			石川法计算机震中定位程序的引进	王俊国、杨港生
42			通讯电台机务维护工作和日常通讯工作	龙江南、高润荣、吕自新
43			关于天津台网综合监测能力的评价	李广鑫、卢洋、吴晓芝
44			静海地震台观测资料	吴玉田、康玉明、李文栋、刘春生、贺振华
45			宁河地震台观测资料	邓瑞成、王唤起、张存江、冯殿国、侯兴昌
46			唐山地震后震中区断层水平活动的观测结果	龚鸿庆、勾波、张红旭
47			张道口地震台水氡观测资料	王增春、邓守琴、张有昌、张希泉
48			台站观测仪器及附属设备技术革新改造项目	陈金林
49			青光地震台观测资料	张文郁、张咏、李耀宗、龚绍京、邹积瑛
50			对大面积曝光的感光纸如何去掉曝光后的黑迹	杨桂君

表 5-3-10-99

序号	颁奖年份	等级	项目名称	主要获奖人员
51			徐庄子地震台观测资料	徐锡琨、王宏星、赵金波、张堂、郭树旺
52			国际地震模糊数学讨论会	王树义、王大宏等
53			关于天津市地震局统计管理和统计分析工作的建议和措施（含：关于天津市地震局前兆综合井下观测研究项目的调查报告）	周爱华
54			加强和改进财务管理的措施	邢文英及财务科全体
55			组织举办天津市中学生知识竞赛	李振华、蒋玉山、付梦刚、孙崇森、侯宗周
56			对里光 DT—850 复印机的维护	孙国璋、刘金凤
57			组织举办天津市青少年地震科学夏令营	蒋玉山、侯宗周、董强、任守林、付梦刚
58			物资管理	樊效良等
59			教育培训工作	郝团生、朱凤桐
60			天津市地震局备震措施	贾荣泉、尤士达等
61			计划生育管理	蒋蕴华

1988—1999 年天津市地震局科技进步奖获奖项目共计 129 项。

天津市地震局科技进步奖获奖项目汇总表

表 5-3-10-100

序号	颁奖年份	等级	项目名称	主要获奖人员	备注
1	1988	二	张道口水化综合台建设	张伯骅、邹昌明、冯裕中、李一兵、鲍鸿儒等	
2		三	遥测地震台网的技术改造	郭效民、田真丽、赵魁玉、高逊、梁志敏	
3			1988 年天津市地震趋势分析研究报告	李文国及分析室、水室直接参加预报人员	
4		四	地震科普管理	蒋玉山、李振华、孙崇森、傅梦刚、刘以礼	
5			在 IBM—PC/XT 机上实现财务和人事档案管理系统	何淑敏	
6			ZYK—1 型自动遥测控制装置	陈金林、吴强	
7			张道口水化综合监测（含张道口水氡监测）	邹昌明、王小鸿、王增春、吕慧琴、刘寿臣	
8			1986 年平息天津市地震谣传	贾荣泉、李文国、尹伯忠、尹集刚	
9			我国大陆五级以上地震震例的再研究（天津部分）	李广鑫、卢洋、吴晓芝	
10			利用 PC—1500 计算机采集处理重力数据	张建新	

表 5-3-10-100

序号	颁奖年份	等级	项目名称	主要获奖人员	备注
11			1987 年度水化分析报告	李君英、唐仲兴、鲍鸿儒、张希泉	
12			诱发前震的物理机制与前兆意义	赵根模、刘喜兰	
13			用模糊数学的某些方法进行中长期地震预报的研究	吴国有、蒋淳	
14	1989	一	张道口水化综合台张道口井水氡观测资	王增春、邓守琴、张有昌、邹昌明、董立本、张希泉、李君英、吕慧琴、于彩芹、刘寿臣、李一兵、王小鸿、唐仲兴	
15			模糊数学方法在地震预报研究中的进一步应用	冯德益、蒋淳、吴国有、郑熙铭、林命周、顾瑾平、陈荣华、虞雪君	
16			SSC—1 型水位数字遥测传输系统	赵宝、黄佳、彭伟	
17		三	1989 年度地震趋势研究报告	郑文俊、李文国、郑允杜及分析室、水室、研究室预报人员	
18			宝坻、徐庄子、宁河地震台观测资料质量	邓瑞成、徐锡琨、马泽田及宝坻、徐庄子、宁河地震台观测技术人员	
19			积分法综合预报研究	李广鑫、吴晓芝	
20			大城市地震对策研究	杨国军、冯德益、苏来尔、尹集刚、李一兵	
21			IBM—PC 与 PTY—8 联机实时处理震中定位监测系统	李振兴、朱桂兰、马少强、何淑敏	
22			地震数据处理系统（地下水观测资料的规格化与程序化研究）	高文海、陈荣昌、刘喜兰、郑熙铭	
23			天津市蓟玉煤气厂等 10 项地震基本烈度复核	侯宗周、辛永信、苏来尔、赵旭光、张翠芬	
24	1990	一	天津宝坻地震台重力观测资料	张建新、马杰生、韩润泉、张昱、温岩、马泽田、陈金林	
25		二	天津板桥农场井喷时间的无震预报及防灾对策	尹集刚、贾荣泉、汪成民、王雅灵、刘惠忱、吕慧琴、郝团生、李一兵、李文国	天津市地震局、国家地震局分析预报中心、大港区地震办
26		三	天津汉沽水位遥测传输台网建设	赵宝、黄佳、彭伟、杨爽、荣跃华	
27			天津汉沽井咸水层水位动态映震敏感条件与监视预报效能的分析	王雅灵、黄振义、刘喜兰、金艳、高文海	
28			天津地震台网触发式数字传输系统的研制与试验	郭效民、王玉生、高逊	
29			地磁短周期变化的正常规律及异常指标的研究	龚绍京、杨桂君、田山、林美、王伯维	

表 5-3-10-100

序号	颁奖年份	等级	项目名称	主要获奖人员	备注
30			模糊数学在综合预报中的应用	冯德益、郑熙铭、蒋淳、吴国有、王焕萍	
31			京津冀地下水动态预报地震实用化系统结构与屏幕绘图系统	高文海、刘耀伟、王学聚	
32		四	远古时代京津唐一次大震的研究（含：史前地震对渤海海岸线形态影响）	赵根模、王若柏、刘雨田、郑文俊	
33		四	对北京西北地区近期地震活动的估计	王俊国	
34	1991	二	天津区域综合地震数据库	高文海、李振兴、马少强、何淑敏、朱桂兰、田山、曹永健	
35	1991	二	天津市地震局计划与科技成果管理	刘以礼、刘晓年、尹伯忠、尹集刚、姜国华、马健、张世英、邢文英、樊效良	
36	1991	三	模糊数学方法与模糊评分方法	冯德益、蒋淳、陈荣华、林命周	
37	1991	三	饱和式磁力仪的正式观测及数据处理方法的研究	龚绍京、田山、杨桂君、李文栋、邓瑞成	
38	1991	三	卢龙 5.3 级地震地下流体动态异常特征	王雅灵、黄振义	
39	1991	三	水位异常指标及其与地震三要素关系的研究	黄振义、马声浩、王安滨、王雅灵	
40	1991	三	津局监测台网技术管理	潘可群、陈金林、张钟瑶、邹积瑛、韩润泉	
41	1991	三	诱发前震预报方法规范性研究	赵根模、刁桂苓	
42	1991	三	水位固体潮畸变及其在地震研究中的应用预报	刘喜兰、陈荣昌	
43	1991	三	物资设备管理应用软件	朱桂兰、马少强、李振兴、马健、樊效良	
44	1991	三	强震前兆的模糊综合识别	郑熙铭、冯德益、李广鑫	
45	1991	三	张道口井气体观测资料	刘鸿举、杨宗杰、夏光陆、张友祥、吴桂英	
46	1991	三	天津遥测地震台网观测质量	郭效民、寇秀美、乌统煜、王玉生、侯玉生	
47	1991	四	塘沽地震台观测成果	宋新忠、刘学励、李佩玲、李凤群、王克志	
48	1992	一	深井观测地震波分析研究	冯德益、张少泉、卫鹏飞、王俊国、修济刚、吴国有、吴晓芝、郭建民、林云松、聂永安、郭瑞芝、何柏荣、荣振德、杨港生	
49	1992	二	大港油田抗震设防规划	赵根模、卫鹏飞、张德元、辛永信、龚鸿庆、杨国军、李一兵、王公学、聂永安	

表 5-3-10-100

序号	颁奖年份	等级	项目名称	主要获奖人员	备注
50		三	1991 年度地震趋势研究报告	王雅灵、刘喜兰、曹永健、金艳、吕慧琴	
51			大同 6.1 级地震前兆异常的模糊识别及其特征研究	郑熙铭、冯德益、李广鑫、郑文俊、马丽	天津市地震局、国家地震局分析预报中心
52			地下水动态主要干扰因素排除系统	高文海、刘喜兰、王宝银、秦清娟、黄振义	
53		四	注水诱发地震的震源应力场合尾波衰减特征	赵根模、杨港生	
54			模糊自相似及其在地震研究中的应用	蒋淳、冯德益、林命周、刘喜兰	
55			地面反射波 PP、SS 在井下地震记录图中的识别及其对静海地区地震活动性的新认识	乌统煜、赵慧君	
56			天津遥测地震台网井下地震波地动位移与地动速度记录的对比分析	赵慧君、田真丽、乌统煜	
57			天津市历史地震若干问题的修正与补遗	赵连璧、薛志照	
58	1993	三	蓟县地震台综合观测	刘汉丰、邹积瑛、王济和、李春友、冯殿国	
59			青光地震台综合观测	程殿强、张文郁、李耀宗、刘桂树、张其朴	
60			华北遥测地震台网联网（天津部分）	郭效民、王玉生、梁志敏、寇秀媺、马骥	
61		四	16—20 世纪华北构造应力场的可能变动	赵根模	
62			综合积分预报方法在四川地区的应用研究	李广鑫、程式、李振兴	天津市、四川省地震局
63			前兆台站观测数据与观测成果的微机处理系统	张昱、邹积瑛、韩润泉	
64			模糊空间分维在地震时空演化研究中的应用	刘喜兰、冯德益	
65			宝坻地震台地热观测项目建议	韩润泉、张建新、李光振、马丽丽、马泽田	
66			智能地震报警器	王玉生、高逊、田真丽、梁志敏、赵魁玉	
67			地下水流量映震效能的研究	王安滨、黄振义	
68			天津遥测地震台网无线方式直传市局的可能性试验	郭效民、王玉生、张忠臣、高逊、赵魁玉	
69			天津市北潭煤矿场区地震烈度复核	辛永信、卫鹏飞、张翠芬、姚兰予、苏来尔	
70	1994	一	模糊数学在强震长期预报与地震工程中的某些应用、模糊数学与灰色系统理论及分维在地震预报中的综合应用	冯德益、林命周、蒋淳、顾瑾平、刘喜兰、陈荣华、郑熙铭、虞雪君、吴国有、何建树、姜长矛、杨彩霞、曾健、王焕萍	

表 5-3-10-100

序号	颁奖年份	等级	项目名称	主要获奖人员	备注
71			地磁短周期变化研究	龚绍京、邓瑞成、陈伯舫、林美、陈化然、杨桂君、王伯维、张翠芬、李文栋、田山、张咏、张存江	
72		二	宝坻地震台地电观测（1988—1992年）	程瑞年、蒋金耀、张志新、曹永健、马泽田、刘允秀、邹积瑛、郑允杜、张钟瑶	
73		三	地震通讯系统信息管理数据库	龙江南、刘允秀、李振兴、张咏、张昱	
74			地下水预报软件	高文海、何淑敏、曹永健	
75			打印机绘图软件	张昱、陈金林	
76			宝坻地震台地震观测成果（1990—1993年）	马泽田、张建新、程瑞年、汪宝琢、蒋金耀	
77			宁河 M_S6.9 级地震前后横波分裂变化	赵慧君、牟光迅、冯萍芳	
78		四	区域综合数据库的优化与攻关软件接口程序推广应用	朱桂兰、李振兴、马少强、田山	
79			宁河地震台地震观测成果（1990—1993年）	邓瑞成、王唤起、张存江、杨振春、董晓阳	
80	1995	二	地震波理论与计算在地震研究中的某些应用	聂永安、何柏荣、冯德益、吴国有、郭瑞芝、姚兰予、曾健、杨国军、赵根模	
81			宝坻地震台重力观测成果（1989—1993年）	张建新、韩润泉、王向东、高富春、陈新、张昱、马泽田、龚永俭、马杰生	
82		三	王4井水化异常分析研究（含：宝坻王4井水氡高值变化的原因探讨）	邹昌明、唐仲兴、王增春、李一兵、王雪芳	
83			2005年前华北地震趋势预测	卫鹏飞、龚鸿庆	
84			地震活动异常的模糊熵值特征的研究	牟光迅、赵慧君、马淑芹、冯萍芳	
85			遥测地震台网观测质量	郭效民、王玉生、寇秀娥、栗连弟、高逊	
86			塘沽地震台观测成果（1991—1994年）	刘学励、李凤群、李佩玲、侯玉生、宋新忠	
87			天津地区短临预报跟踪与决策方案	李文国、李广鑫、赵连璧、张丽芳、李振兴	
88		四	宁河两次地震天津地下水变化特征	刘砚越、黄振义、唐仲兴	
89			对宁河台核旋观测干扰的调查分析	邓瑞成、张存江、王唤起、杨振春	
90	1996	一	油田地震信息监测研究与应用	李一兵、张德元、刘元生、赵根模、刘书文、张绍衡、王安滨、邵永新、张昭栋、刘子晋、刁桂苓、崔桂梅、杨港生、佟武	天津市地震局、大港石油管理局等

表 5-3-10-100

序号	颁奖年份	等级	项目名称	主要获奖人员	备注
91		二	地震波运动学特性与动力学特性变化指标在短临预报中的应用（含：神经网络在地震跟踪预报中的应用、华北北部地震前兆场时空演化模型的研究）	冯德益、郑熙铭、吴国有、陈化然、蒋淳、刘喜兰、郭瑞芝、虞雪君、田山	
92		三	强震前兆中短期跟踪预报的动态从属函数及其指标的研究	郑熙铭、冯德益、田山、金艳、刘寿臣	
93		三	H 法及高维图形分析法在近期强震危险区预测的定量判据和指标的研究	刘喜兰、冯德益、胡德淦、王公恕、肖远辉	
94		三	断层相互力学作用与 5—10 年地震危险性预测	姚兰予、赵根模、聂永安、马淑芹	
95		三	华北北部超孔隙水压带时空分布图像及强震危险区判定新方法研究	王雅灵、王安滨、闫晓梅、张翠芬、高福春	
96		三	防震减灾应急通信指挥系统	龙江南、刘允秀、李振兴、张咏、周锋	
97		三	地震序列的高频地震与低频地震及在序列类型判定中的应用	赵根模、姚兰予、杨港生	
98		三	地磁绝对值时空变量统一拟合法预测未来强震危险区方法研究	龚绍京、马淑芹、陈化然、姜国华、刘赤兵	
99		四	用功率谱时间函数识别地震变化异常	刘允秀、关化平、吕惠琴	
100	1997	二	天津市区震害预测研究	聂永安、卫鹏飞、乌统煜、张咏、姚兰予、朱桂兰、裴晓峰、张翠芬、辛永信	
101	1997	三	天津市地震专用无线通信网	陈金林、李文国、陈荣昌、付仲生、王玉生	
102	1997	三	1995 年天津 43 届世乒赛期间（5.1—5.4）及前后震情形势研究报告	李广鑫、郑文俊、唐仲兴、王恩平、张丽芳	
103	1997	三	考虑震级饱和的地震危险性分析方法及程序实现	姚兰予、聂永安、卫鹏飞	
104	1997	三	日本列岛和中国东部沿海地震对大陆地震影响（含：关于日本地震与华北地震相关性研究）	赵根模、卫鹏飞、杨港生、张翠芬、姚兰予	
105	1997	三	华北地区 1996 年度地震趋势的模糊统计与模糊分维预测研究	冯德益、蒋淳、刘喜兰、田山、陈化然	
106	1997	三	中等地震前天津前兆台网异常表现及其综合预报指标（含：天津前兆台网映震能力评价）	邵永新、李广鑫、李振兴、李文国、李一兵	
107	1997	三	地震数据通讯自动核对程序	高润荣、田山、吕自新、周峰、付仲生	
108	1997	四	传输台网野外台站多功能供电器	田真丽、高逊、王玉生	
109	1997	四	渤海及其周边地区的地震活动特征和近期变化	王俊国、马少强、吴晓芝、刁桂苓、冯萍芳	
110	1998	二	天津市地震快速反应系统建设	牟光迅、郭效民、付仲生、张昱、田山、王俊国、刁桂苓、邵永新、董晓阳	

表 5-3-10-100

序号	颁奖年份	等级	项目名称	主要获奖人员	备注
111		三	局域积能震荡和华北地区强震孕育过程的相似性研究	郑熙铭、肖家鑫、林家狄	
112			渤海、黄海及沿海地震空间分布的集群分析	赵根模、刁桂苓、杨港生	
113			线性度方法在前兆观测数据处理中的应用	吴国有、刘允秀、田山、关化平	
114			模糊神经网络在地震前兆场演化过程分析研究中的应用	蒋淳、冯德益、田山、汪德馨、郑熙铭	
115			人工神经网络理论在处理地震波信号方面的应用研究	聂永安、冯德益、姚兰予、蒋淳	
116			地下水流量与含水层系统的激发—响应关系研究	王安滨、黄振义、冯裕中、刘春国、孙继忠	
117			张道口台地下流体综合观测的实验研究	邓守琴、王安滨、张有昌、刘鸿举、杜桂芹	
118		四	渤海沿岸平均海平面变化与地震活动的关系研究	田山、辛永信、杨港生	
119			宝坻地电阻率与地下水位、大气降水关系研究	程瑞年、刘允秀、邹积瑛、蒋金耀、张志新	
120	1999	二	1998年张北6.2级地震的中期预报（含：华北地区地震活跃动期、危险程度及危险区的预测研究）	王俊国、郑文俊、吴晓芝、蒋淳、陈化然、刘喜兰、郑熙铭、杨港生、崔晓峰	
121		三	海河断裂活动性和深部构造的地震学观测研究	赵根模、杨港生、郭瑞芝、陈化然	
122			石油深井地震观测中“井管突升”地面崩裂异常机理及其社会影响对策研究	李一兵、刘喜兰、王安滨、邵永新、庞群英	
123			震时地震类型和震后趋势可能性估计档案箱	王俊国、崔晓峰、吴晓芝、冯萍芳、陈金萍	
124			天津地磁台网优化方案研究	龚绍京、邹积瑛、吴玉田、田山、董洪军	
125			天津遥测地震台网优化方案研究与天津强震仪台址报告	赵根模、郭效民、李文栋、乌统煜、王俊国	
126			天津地震地下水流体台网优化方案研究	李一兵、唐仲兴、王安滨、郑熙铭	
127			天津地震监测台网优化方案研究（含：天津地电台网优化方案研究）	李一兵、刘允秀、王恩平、吴强	
128		四	中强地震预报的领导应急对策	蒋淳、田山、朱凤桐	
129			地磁绝对值及长期变时空统一拟合法预报未来1—3年强震危险	陈化然、龚绍京	

2002—2009 年天津市地震局防震减灾优秀成果奖获奖项目共计 77 项。

天津市地震局防震减灾优秀成果奖获奖项目汇总表

表 5-3-10-101

序号	颁奖年份	等级	项目名称	主要获奖人员	备注
1	2002	一	天津海河隐伏断裂活动性定量评价	刘连柱、赵根模、陈宇坤、陈化然、赵国敏、刘晓年、聂永安、卫鹏飞、李一兵、唐仲兴、郑文俊、杨港生、田山、邱虎、牟光迅	
2		二	天津市数字遥测地震台网建设	王玉生、刘连柱、赵国敏、高逊、栗连弟、郭效民、田真丽、卞真付、孙继忠	
3			天津市地震应急指挥系统	刘连柱、马少强、姚兰予、李刚、邱虎、赵国敏、吴国有、张咏、聂永安	
4	2003	一	天津数字化地震前兆台网建设工程	付仲生、刘连柱、韩润泉、孙继忠、张有昌、吴玉田、吴强、赵国敏、徐学恭、王建国	
5			天津市地震通信网络系统	马少强、刘连柱、赵国敏、李刚、吕自新、孙继忠、刘赤兵、王玉生、牟光迅、李振兴、高逊、周丽霞、张文清、李一兵	
6		二	张道口台地温观测	王建国、马建英、王宝锁、张有昌、邓守琴、刘洪举、杜桂芹	
7			天津市防震减灾条例制定	王公学、刘连柱、赵国敏、牟光迅、杨毅诚	
8			天津市震害快速评估与辅助决策系统	聂永安、吴国有、姚兰予、邱虎、郭瑞芝、李志强、李刚、王俊国、王向东	
9			天津市地震分析预报技术系统	陈化然、刘连柱、赵国敏、郑文俊、蒋淳、田山、李轶群、刘文兵等	
10		三	天津市数字强震台网建设	王玉生、郭效民、卞真付、高逊、栗连弟	
11			中短期阶段强震孕育过程的三维数值模型	聂永安、陈宇坤、崔晓峰、张会银、宋锦良	
12			天津市防震减灾宣传教育系统建设	李秀英、赵阳、陈化然、张咏、李刚	
13			西南地区强震活动的伪三维有限元模型研究	陈化然、刘杰、蒋淳、王建国、刘文兵	
14			海河断裂的地震危险性评价	聂永安、姚兰予、邱虎、崔晓峰、崔玉红	
15			海河断裂的地震学评价	聂永安、崔晓峰、郭瑞芝、姚兰予、杨港生	
16			海河断裂的地震地质学评价	卫鹏飞、陈宇坤、张翠芬、唐仲兴、金艳	
17			天津市地下铁道 1 号线工程场地地震安全性评价	聂永安、刘允秀、崔晓峰、陈宇坤、赵旭光	
18			震情分析新方法软件系统	蒋淳、陈化然、王建国、田山、马骥	
19			应力释放和断层相互作用的预测方法及应用研究	姚兰予、邵永新	
20			天津地震台站信息管理系统	董洪军、张建新、陈嵩、孙晶岩、王建国	
21		四	震前海平面变化的成因及其前兆意义	赵根模、杨港生、刘喜兰、郭瑞芝、马淑芹	
22			滨海新区历史灾害、经济发展数据库	史美文、李刚、穆萍、郑熙铭、陈通	

续表 5-3-10-101

序号	颁奖年份	等级	项目名称	主要获奖人员	备注
23			天津地区地震前兆数据库建设	田山、郑文俊、刘喜兰、李君英、汪翠枝	
24			测震图纸的清理	孙贝珠、李文栋、陈金萍、马淑芹	
25			研制垂线式水位传感器自动标定器	杨爽、吴强、荣跃华	
26			形变台站数据处理系统	董洪军、李刚、孙晶岩、陈嵩、李恩建	
27	2004	一	天津港口贸易经济规划区地震影响报告	赵国敏、卫鹏飞、李振海、刘奎义、刘允秀、赵根模、邵永新、崔晓峰、王俊国、王辰昊、聂永安、刘晓年、杨旭连、杨港生、陈宇坤	
28	2004	二	天津市地震中短期地震预报技术研究	陈化然、赵国敏、蒋淳、张杰卿、刘晓年、李轶群、王俊国、郑文俊、刘喜兰	
29	2004	二	张道口台水位 1998—2002 年度观测成果	王建国、马建英、王宝锁、张有昌、邓守琴、刘洪举、杜桂芹、张秀英	
30	2004	三	张道口地震台综合观测资料	邓守琴、张有昌、王建国、刘洪举、刘学岭	
31	2004	三	大陆强震危险区可拓方法综合预报应用研究	蒋淳、陈化然、王建国、韩天锡、田山	
32	2004	三	《地震现场应急通信技术系统及装备》编辑出版	张咏、何惠良、杨桂君、闫明、张俊	
33	2004	三	天津奥林匹克体育中心体育场地地震安全性评价	聂永安、崔晓峰、陈宇坤、刘允秀、张翠芬	
34	2004	三	京沪高速公路天津段一期工程场地地震安全性评价	聂永安、刘允秀、崔晓峰、张翠芬、卫鹏飞	
35	2004	三	天津断层和沧东断层地球化学探测	李一兵、张有昌、任峰、王向东、卫鹏飞	
36	2004	三	天津市区域地质资料收集和地震地质调查	卫鹏飞、李一兵、张翠芬、刘晓年、任峰	
37	2005	一	天津市蓟县地震台（1999—2003 年度）重力观测成果	霍樑、董洪军、张建新、李春友、陈永刚、王云泉、韩润泉、李恩建、邢世海、陈嵩、李春胜、孙晶岩	
38	2005	二	《天津市地震监测志》	赵国敏、孙继忠、李一兵、郭效民、付仲生、王玉生、孙晶岩、卞真付、高逊	
39	2005	三	华北地区强震短期前兆识别标志与方法研究	郑文俊、马丽、车兆宏、田山、邵永新	
40	2005	三	天津市地下铁道 2 号线工程场地地震安全性评价	赵国敏、李振海、聂永安、卫鹏飞、崔晓峰	
41	2005	三	京津公路天津段工程场地地震安全性评价报告	陈宇坤、邱虎、刘芳、王向东、张翠芬	
42	2005	四	津蓟高速公路延长线工程场地地震安全性评价报告	陈宇坤、邱虎、刘芳、张翠芬、王向东	
43	2005	四	天津滨海地区晚第四纪地层测年方法研究	陈宇坤、王旭龙、邵永新、张翠芬	
44	2005	四	用数字式地震记录确定区域地震震级	崔晓峰、吴国有、李文栋、何淑敏	

续表 5-3-10-101

序号	颁奖年份	等级	项目名称	主要获奖人员	备注
45		四	宝坻井水温下降异常的研究	刘喜兰、马骥、龚永俭、金艳、张杰卿	
46			水位无线传输接收系统技术改进	荣跃华、吴强、王建国、杨爽	
47	2006	二	天津市地质灾害防治与防震减灾科技发展战略研究	聂永安、赵国敏、陈宇坤、李学美、路旭、赵瑞斌、梁建文、刘晓年、陈化然	
48		三	基于断层相互作用理论的地震孕育发生过程和短期前兆模型研究	陈化然、陈连旺、马宏生、王建国、张杰卿	
49			数字化前兆台网日常工作管理软件	王建国、吴强、荣跃华、崔晓峰、栗连弟	
50		四	沧东隆起和黄骅坳陷形成、演化过程与断裂关系的研究	卫鹏飞、陈宇坤、李一兵、张翠芬、刘晓年	
51			天津地区地下流体分析预报动态图像册（库）	刘喜兰、马骥、金艳、张杰卿、李君英	
52	2007	一	防震减灾宣传教育管理工作	刘允秀、赵国敏、冯俊生、李振海、聂永安、刘晓年、黄德才、刘梦青、穆萍、杨毅诚、赵阳、刘津丽、刘爱平、荣跃华	
53		二	水管倾斜仪观测成果	李恩建、邢世海、陈嵩、董洪军、李春胜、孙晶岩、陈永刚、霍梁、李春友	
54		三	FRP 减灾技术研究	李大华、刘连柱、赵国敏、吴玉田、张红筠	
55			前兆观测数据监视及异常自动识别软件系统	王建国、崔晓峰、聂永安、田山、王翠枝	
56			抽水对地壳形变观测干扰的试验与研究	董洪军、陈嵩、李恩建、邢世海、李春胜	
57			后续强震预测及其机理研究	蒋淳、陆远忠、魏雪丽、叶金铎、王俊国	
58			野外地震台站遥控供电控制仪研制	董洪军、陈嵩、李恩建、邢世海、李春胜	
59		四	大震速报远程备份系统	栗连弟、李恩建、许秀敏、岳秀霞、赵奎玉	
60	2008	一	天津市活断层探测与地震危险性评价	赵国敏、陈宇坤、李振海、邵永新、杨绪连、杨港生、刘芳、崔晓峰、聂永安、李一兵、卫鹏飞、陈化然、赵根模、付仲生、任峰	
61			天津市地震信息服务系统	李刚、马少强、冯俊生、孙晶岩、周利霞、刘爱平、张晖、王晓磊、张忠臣、杨毅诚、赵阳、曲阿丽、柴志勇	
62		二	天津地震应急指挥技术系统	邱虎、姚兰予、陈化然、杨绪连、张晖、杨桂君、岳鹏、刘芳、杨菲	
63		三	临港产业区建港造陆项目地震地质环境与灾害评价	陈宇坤、刘芳、杨绪连、高武平、邵永新	
64			天津、沧东断裂钻孔详堪钻探与活动性鉴定	邵永新、任峰、杨港生、李文栋、王志胜	
65			蓟县城区地震小区划	邱虎、陈宇坤、赵庆智、刘砚越、李文栋	
66			蓟县地震台定点形变观测映震能力研究	汪翠枝、陈嵩、李恩建、霍櫟、董洪军	

续表 5-3-10-101

序号	颁奖年份	等级	项目名称	主要获奖人员	备注
67		四	基础数据库建设与 GIS 系统集成	杨绪连、刘芳、杨港生、任峰、杨菲	
68			沧东断裂、天津断裂鉴定与地震危险性综合评价	陈宇坤、邵永新、李文栋、王志胜	
69			数字地震台网脉冲标定自动检测软件	栗连弟、王建国、李刚、崔晓峰、聂永安	
70	2009	一	天津及周边地区地震中短期预测技术研究	赵国敏、崔晓峰、刘文兵、聂永安、王俊国、曹井泉、蒋淳、田山、崔玉红、刁桂苓、杨国华、魏雪丽、邵永新、王翠枝、岳秀侠	
71		二	天津市数字地震观测网络项目测震分项工程	崔晓峰、赵国敏、聂永安、高逊、栗连弟、卞真付、岳秀侠、贺同江、赵魁玉	
72			天津市地震前兆台网建设及应用成果	董洪军、邵永新、王建国、赵国敏、王伟、徐学恭、赵金波、李恩建、陈嵩	
73		三	天津市数字强震动台网	吴强、卞真付、郭巍、荣跃华、高逊	
74			天津市汉沽区地震小区划	陈宇坤、闫成国、刘芳、杨港生、高武平	
75			中央大道（一期）海河隧道段工程场地地震安全性评价	陈宇坤、闫成国、王志胜、杨港生、杨绪连	
76			第五代地震动参数区划图天津市基础资料收集与图件编制	陈宇坤、付仲生、邱虎、杨绪连、王向东	
77		四	关于王 4 井水氡测值稳定性的对比研究	刘学领、马建英、程立康、马丽丽	

附录：学术论文与学术专著清单

一、学术论文

1971—1990 年，在国内期刊上发表的论文 231 篇，见前志书。1991—2010 年，在国内外期刊上发表论文见表 5-3-11-102。

1991—2010 年，在国内外期刊上发表论文

5-3-11-102

序	论文名	作者	刊物名及时间
1	深井中地震波观测结果的某种物理解释	王俊国等	《西北地震学报》13 卷 4 期 1991 年
2	油田开发工程与地震减灾	赵根模等	石油工业出版社 1991 年
3	地壳 Q 构造与观测结果解释	赵根模等	《西北地震学报》3 期 1991 年
4	全球海面变化	赵根模等	山东科技出版社
5	王 3、王 4 井的水化学组份变化与地震活动	李君英等	《油田开饭工程与地震减灾》1991 年

5-3-11-102

序	论文名	作者	刊物名及时间
6	菏泽 5.9 级地震前后菏泽台转换函数随时间变化的研究	龚邵京等	《地震学报》1991 年 1 期
7	水平地磁场台际转换函数及其与台湾花莲 7.8 级地震关系的研究	龚邵京等	《香港国际地震会议论文集》1991 年 10 月
8	地震烈度与地震动峰值的转换	李大华	《地震学报》12 卷 1 期 1991 年
9	轮 b 值的矩估计	李大华	《中国地震》7 卷 1 期 1991 年
10	强震记录仪器误差矫正的连锁方式法	李大华	《工程地震》3 期 1991 年
11	地震烈度与竖向地震动峰值的转换	李大华	《地震研究》14 卷 2 期 1991 年
12	振动计算连锁公示法反演的数值稳定性	李大华	《工程力学》8 卷 3 期 1991 年
13	多层砖房抗震可靠性分析与震害预测	李大华	《首届全国砌体建筑结构学术交流会论文集》第 2 卷 1991 年
14	结构振动反应数值分析的解析传递算子	李大华	《结构振动与强度学术交流会论文集》下册 1991 年
15	地震区建筑规范未解决问题	李大华	《工程建设优化》4 期 1991 年
16	中国东部经济发达地区中强地震防震救灾对策预案	王公学等	《地震学刊》1991 年第 2 期
17	地震谣言及其对策讨论	王公学等	《全国地震谣传对策研讨会论文集》1991 年 7 月
18	地震社会态度与政府决策	王公学	地震对策国际学术讨论会论文选集 1991 年 11 月
19	地震危险性分析计算程序 STASHA 使用说明	李大华	《国家核安全局软件开发移植报告》1991 年
20	用转换波法探测海城震区的深部构造	赵国敏等	《地球物理学报》35 卷增刊 1992 年
21	丹东基底构造与鸭绿江断裂带	赵国敏等	《中国地震学会年刊》地震出版社 1992 年
22	16—20 世纪华北构造应力场的可能变动	赵根模等	《地震学报》1992 年
23	宁河两次地震天津地下水变化特征	刘砚越	《地震学刊》1992 年
24	振动反应数值分析的连锁方式	李大华	《地震学报》13 卷 2 期 1992 年
25	地震反应谱数值计算方法的研究	李大华、底青云	《中国地震》8 卷 1 期 1992 年
26	振动计算连锁方式法反演数值稳定性	李大华	《工程力学》论文集北京科技出版社 1992 年
27	铁岭市区域地震活动性研究	李大华、王贵文	《世界地震工程》
28	地震动峰值统计结果在抗震结构可靠性分析中的应用	李大华	《工程结构可靠性》第三届学术交流会论文集
29	结构地震反应数值分析的解析递推格式	李大华	《地震工程与工程振动》12 卷 3 期 1992 年
30	结构地震反应数值分析的解析递推格式	李大华	《工程力学论文集》北京科技出版社 1992 年

5-3-11-102

序	论文名	作者	刊物名及时间
31	关于我国地震烈度区划工作的发展	李大华	《自然灾害学报》1卷2期1992年
32	GBJ11—89规范场地分类标准的可靠性验证	李大华、刘庆华	《世界地震工程》3期1992年
33	地下核爆破竖向设计地震反应谱的统计分析	李大华等	《防护工程》2期1992年
34	地下核爆破竖向设计地震反应谱的统计分析（1）	李大华等	《防护工程》2期1992年
35	北西地震带地震活动空间的模糊时间分维	刘砚越	《华北地震科学》1992年
36	中国东部地区中强地震灾害特点及其对策—溧阳等中等地震对策分析	王公学等	《溧阳地震工作文集》1992年6月
37	丹东地区基底构造与鸭绿江断裂带	赵国敏等	《地震学报》15卷3期1993年
38	辽东半岛地区地壳深部结构特征的研究	赵国敏等	《中国地震学会年刊》地震出版社1993年
39	弹性介质中界面上地震波行为研究	赵国敏等	《东北地震研究》9卷2期1993年
40	地震序列的自相似性分析及其在地震预报中的应用	蒋淳等	《地震学报》第4期总15期1992年
41	海洋平台冰力反应谱数值计算方法的研究	李大华等	《国际海冰会议论文集》《海洋工程4期》总11期1993年
42	高层建筑与抗震	王公学	《防震与减灾》1993年6月
43	地震测深资料数据采集与收录系统	赵国敏等	《中国地震》10卷4期1994年
44	线性连续变化非弹性介质中地震波摄像轨迹与走时研究	赵国敏等	《华北地震科学》12卷2期1994年
45	混合断裂活动性与场地构造的初步研究	赵国敏等	《中国地震学会年刊》地震出版社1994年
46	P波地震图上的地面放射波与S—P转换波（译文）等工10篇	赵国敏等	《世界地震译从》（专集）3期1994年
47	断层位错引起的应力场变动与地震危险性预测	赵根模等	《地震学报》1994年
48	地震序列中的高频与低频地震及其在序列类型判断中的应用	赵根模等	《地震学报》1994年
49	神经网络模型在地震预报中的某些应用	蒋淳等	《中国地震》第3期总10期1994年
50	天津市区的地震影响	王俊国等	《城市减灾》6期1994年
51	软土低地基家中危害的地震学证据	王俊国	《国际化大城市与天津城市发展研讨会论文集》，天津科技翻译出版公司1994年
52	锦州9—3人工岛场地设计地震反应谱的评定	李大华等	《中国海上油气》第1期总6期1994年
53	基础隔震结构图形动态仿真研究	李大华等	《国际房屋基础隔震会议论文集》5期1994年
54	海洋结构物冰振反应数值分析的解析递推格式	李大华等	《海洋工程》第2期总12期1994年
55	抗震结构物理参数的连锁方式法（1）——粘滞比例阻尼系统	李大华、谢礼立	《IEM检索四十周年论文集》1994年

5-3-11-102

序	论文名	作者	刊物名及时间
56	抗震结构物理参数的连锁方式法（2）——粘滞比例阻尼系统	李大华、谢礼立	《第四届全国地震工程学术会议论文集》1994 年
57	基建与减灾规划、设计的编制与审批	王公学等	《基建优化与减灾》1994 年 3 月
58	地震救灾的几个决策问题	王公学等	《自然灾害学报》1994 年 3 月
59	层状弹性介质中地震波运动学问题研究	赵国敏等	《长春地质学院学报》25 卷 3 期 1995 年
60	辽东半岛地区地壳深部结构特征的研究	赵国敏等	《发展中的地震科学研究》地震出版社 1995 年
61	天津宝坻王 4 井水氡高值变化原因探索	唐仲兴	《华北地震科学》第 2 期 1995 年
62	非地震因素引起水氡异常一例	邹昌明等	《地震地磁观测与研究》第四期
63	地学层析技术在隐伏地质灾害探测中的应用	赵国敏等	《自然灾害学报》5 卷 3 期 1996 年
64	瓦房店三家子地区岩溶探测与研究	赵国敏等	《辽宁地质》2 期 1996 年
65	日本列岛及中国东南沿海地震对中国大陆地震活动的影响估计	赵根模等	《高原地震》8 卷 3 期 1996 年
66	天津市区道路交通网络震害预测	聂永安	《城市减灾》1 期 1996 年
67	地震活动自助统计分析及其在地震预报中的应用	蒋淳等	《中国地震》第 4 期总 12 期 1996 年
68	电阻率和地震波速变化的关系及其在地震预报中的应用	崔晓峰	中国地震学会第六次学术大会论文摘要集，地震出版社，1996 年
69	利用地震序列波形特征判断后续震情的理论与方法		《防震与减灾》天津社会科学院出版社，1996 年
70	天津前兆台网映震能力评价	邵永新等	《地震》16 卷 4 期 1996 年
71	中等地震前天津前兆台网异常项目的统计特征	邵永新等	《防震与减灾》1996 年
72	观测层深度、厚度不同的油井在中强地震前的异常表现	邵永新等	《油田地震信息监测研究与应用》
73	用功率谱时间函数识别地震前兆异常	刘允秀等	《地震》16 卷 4 期 1996 年
74	火山地震灾害环境（译著）	李一兵、张德元	地震出版社 1996 年
75	天津及其邻近地区中等地震前的小震活动异常特征分析	王俊国等	《城市减灾》2 期 1996 年
76	华北地区 $M_S \geq 7$ 地震的时空减震效应	王俊国等	《城市减灾》4 期 1996 年
77	东亚大陆的地震迁移（一）	赵根模等	《地震学报》1 期 1997 年
78	东亚大陆的地震迁移（二）	赵根模等	《地震学报》1 期 1997 年
79	黄海与渤海地震空间的分布的集群分析	赵根模等	《地震学报》1 期 1997 年
80	地磁水平场转换函数在唐山地震前的异常反应	龚邵京等	《地震学报》1 期 1997 年
81	静海台地磁短周期变化异常与其附近地震的关系	田山等	《华北地震科学》16 卷 2 期 1997 年
82	力平衡加速度计强震记录仪器误差的矫正	李大华 刘芳	1997 年
83	CT 井间技术是探测工程建设场址地基结构的有效方法	赵国敏等	《东北地震研究》14 卷增刊 1998 年

5-3-11-102

序	论文名	作者	刊物名及时间
84	中强地震预报综合评判物元模型及其应用	蒋淳等	《系统工程理论与实践》第1期总18期1998年
85	1950—1995年中国地磁场模式的建立及应用研究	陈化然等	《中国地震》14卷1期1998年
86	地震集群分析法研究及其在海河断裂中的应用	杨港生等	《高原地震》10卷3期1998年
87	关于京西北—北三省交界地区中枪地震的跟踪预测与回顾	郑文俊	《东北地震研究》十四卷1998年
88	《基于GIS的城市防震减灾信息系统建设》	张咏等	《中国图像图形学报》9期1998年
89	《大地震现场动态图像传输系统》	张咏等	《东北地震研究》14卷增刊1998年
90	《大地震灾害现场动态图像传输系统》	张咏等	《第九届全国图像图形科技大会论文集》1998年
91	微机平台数字影像与应用技术及地震减灾中可视化信息的计算机处理	张咏等	《东北地震研究》14卷增刊1998年
92	局海底地震仪的观测确定地方震震级	杨桂君译	《世界地震译丛》6期1998年
93	静海台地磁短周期变化及其在地震短临预报中的应用	田山等	《地震地磁观测与研究》18卷6期1998年
94	张北6.2级地震前的中期预报	王俊国等	《华北地震科学》16卷3期1998年
95	1998年1月10日张北—尚义6.2级地震前的区域地震活动异常和预报	王俊国等	《地震》18卷4期1998年
96	天津及其邻近地区地震类型特征信息资料箱	王俊国等	《东北地震研究》，14卷，增刊1998年
97	天塔项目在防震减灾法中的定位	李大华等	天津市防震减灾学术研讨会论文1998年
98	中国地震活动性及其灾害防御的研究任务	李大华	中国抗震设防科技史料评述1998年
99	天津市建筑抗震设防与可持续发展	李大华	天津市可持续发展预警系统研讨会论文1998年
100	天津伯克高纯气体中心厂址地震安全性评价报告	李大华等	1998年
101	关于地震预报的内涵、外延及公共管理的讨论	王公学等	《国际地震动态》1998年3月
102	谈谈发布实施《防震减灾法》的作用与意义	王公学等	《东北地震研究增刊》1998年
103	华北强震水化学参量变化的模糊识别及方法评价	唐仲兴	《地震》第1期1999年
104	两次中等地震预测指标研究及其应用	郑文俊	《华北地震科学》2期1999年
105	地震活动中期预测指标研究及其应用	蒋淳等	《华北地震科学》17卷3期1999年
106	地震活动中期预测指标研究及其空间图像演化	蒋淳等	《地震》第1期总19期1999年
107	强震时空特性及其预报意义的初步研究	陈化然等	《减灾论谈》欧亚经济出版社1999年
108	地震活动预测指标空间图像演化特征的研究	陈化然等	田山地震国际学术研讨会1999年
109	渤海沿岸平均海平面变化与地震活动的关系研究	田山等	《海洋通报》16卷5期1999年
110	1999年8月17日土耳其伊兹米特M7.4地震的发震北京及其序列特征	王俊国等	《减灾论坛》欧亚经济出版社1999年

5-3-11-102

序	论文名	作者	刊物名及时间
111	地电阻率与地下水位、大气降水关系研究	刘云秀等	《中国地震》15卷2期1999年
112	坚固体孕震模式前兆能量场演化特征	陈宇坤 聂永安	《东北地震研究》15卷3期1999年
113	在围压作用下硬包体模型若干力学性质的研究	陈宇坤 聂永安	《华北地震科学》17卷2期1999年
114	静海—大成地裂缝群的构造特征及成因研究	陈宇坤 张翠芬	《减灾论坛》亚欧经济出版社1999年
115	弹塑性坚固体孕震模型的力学性质研究	聂永安 陈宇坤	《华北地震科学》17卷2期1999年
116	不确定性校正对地震危险性分析结果的影响	聂永安 陈宇坤	《灾害学》13卷4期1999年
117	坚固体孕震模式前兆场演化的数值模拟	聂永安 陈宇坤	《东北地震研究》15卷4期1999年
118	用小波变化进行信号特征检测的原理和方法	聂永安 崔晓峰	《地震地磁观测与研究》第3期总20期1999年
119	含典型裂纹系硬包体符合模型的应力场及破裂特征	崔晓峰 宋锦良	《地震学报》21卷6期1999年
120	天津市经济技术开发区防震减灾对策方案和防震减灾有关对策的超文本实现	崔晓峰	《减灾论谈》欧亚经济出版社1999年
121	《地震现场动态图像传输系统中的数据压缩与通信技术》	张咏等	《减灾论谈》欧亚经济出版社1999年
122	关于抗震设防立，法若干问题的思考	王公学等	《减灾论谈（一）》欧亚经济出版社1999年10月
123	张道口热水井最佳观测层选择的研究	张有昌等	《华北地震科学》第1期2000年
124	从岫岩Ms5.4级地震试析地震条带网络对远场前兆异常的控制作用	郑文俊等	《地震》第二十卷，2000年（增刊）
125	渤海周围地震构造条带及其与地震前兆异常分布关系的研究	郑文俊	《减灾论坛》欧亚经济出版社2期2000年
126	地震综合预测物元模型及其应用	蒋淳等	《地震学报》第4期总22期2000年
127	天津前兆台网地下流体灵敏组份及其统计特征	邵永新等	《减灾论坛》欧亚经济出版社2000年
128	ArcViewGIS技术系统平台的天津经济技术开发区震害预测与防震减灾对策工程	张咏等	天津市图象图形学会、天津市水利学会3S技术学术论文集2000年
129	中国海洋地震灾害研究进展	杨港生等	《海洋通报》4期2000年
130	渤海中部和胶辽海峡地震复发模式和地震危险性	杨港生等	《地震》4期2000年
131	1969年渤海7.4级大地震前后的区域地震活动现象	杨港生等	《华北地震科学》18期1期2000年
132	根据验潮记录研究中国海岸地壳构造变形	赵根模等	《地震地质》4期2000年
133	唐山7.8级地震前水氡异常演化特征	邵永新等	《西北地震学报》22卷3期2000年

5-3-11-102

序	论文名	作者	刊物名及时间
134	地下流体动态异常分布与构造的关系	邵永新等	《西北地震学报》22卷3期2000年
135	《基于ArcViewGIS技术系统平台在天津经济技术开发区震害预测与防震减灾对策工程中的应用》	张咏等	《第四届ArcInfo暨ERDAS中国用户大会论文集》地震出版社2000年9月
136	伊兹密特地震前的地震活动性分析	陈化然等	《国际地震动态》1期2000年
137	土耳其地震研究与监测情况	陈化然等	《国际地震动态》1期2000年
138	电阻率年变化与气象因素及水位的关系	田山等	《地震》20卷4期2000年
139	成层非均匀地壳中应变能密度场时空分布的动态模拟研究	陈宇坤 聂永安	《地震学报》22卷6期2000年
140	地学层析技术在隐伏地质灾害中的应用	赵国敏等	《中国发展西部经济文化研究丛书》2001年
141	丹东地区基底构造与鸭绿江断裂带	赵国敏等	《中国新时期人文科学优秀成果精选》2001年
142	唐山7.8级地震前后地下流体动态异常演化特征	邵永新等	《西北地震学报》2卷1期2001年
143	《基于互联网架构的多信道地震灾害现场信息传输系统》	张咏等	“21世纪信息通信技术研讨会暨天津市通信学会第六届学术年会”论文集，2001年9月
144	平原新生代沉积层对天津地方震定位影响及改善途径的研究	李文栋等	《地震地磁观测与研究》5卷22期2001年
145	寂静的前震与地震预测	赵根模等	《地震》第1期2001年
146	中国地震昼夜分布与季节分布统计	赵根模等	《地震》第3期2001年
147	《地震》第3期2001年	赵根模等	《华南地震》20卷1期
148	台湾地区两次M≥7地震前的地震空区和地震活动性异常特征	王俊国等	《2001年海峡两岸都市公共工程防震减灾学术研讨会论文集》2001年
149	利用地下流体异常预测强震危险区的标志与方法	邵永新等	《西北地震学报》23卷2期2001年
150	张道口台地下流体综合观测的试验与研究	邓守琴等	《减灾论坛》第2期2001年
151	利用SYBASE SQL ANYWERE管理台站前兆数据	王建国	《地震工程与工程振动》2期2001年
152	水平场转换函数空间分布特征的数值模拟	陈化然	《地震学报》23卷3期2001年
153	中国大陆强震时空关联特征初步定量研究	陈化然	《地震》21卷3期2001年
154	坚固体模型近地表形变场、应力场时空分布动态模拟研究	陈宇坤 聂永安	《西北地震学报》23卷2期2001年
155	2001年华北非均匀成层地壳有效剪应力场的动态模拟研究	陈宇坤 聂永安	《新构造与环境》地震出版社2001年
156	中国城市地震灾害特点、防灾对象及其对策	王公学等	《减灾论谈（二）》欧亚经济出版社2001年8月
157	地震动态应力场数值模拟及应用研究	赵国敏等	《吉林大学学报》32卷9—14 2002年增刊

5-3-11-102

序	论文名	作者	刊物名及时间
158	强震活动有限元模型研究及其初步应用	陈化然等	《中国地震》18 卷 3 期 2002 年
159	中国大陆强震时空关联特征及应用	陈化然等	《地震》22 卷 1 期 2002 年
160	基于断层相互作用地震活动有限元模型	陈化然等	《大地测量与地球动力学》2002 年
161	渤海周围地震构造条带的前兆异常肺部与震情趋势估计的研究	郑文俊	《地震》22 卷 3 期 2002 年
162	天津水动态项目异常的典型特征	邵永新等	《地震》22 卷 4 期 2002 年
163	首都圈“地震应急快速响应系统”技术设计及工程实施	张咏等	《武汉大学学报》27 卷增刊 2002 年
164	ZD8 仪地电阻率整点值短临异常研究	田山等	《地震》22 卷 2 期 2002 年
165	浅谈城市地震应急工作	王公学等	《城市与减灾》2002 年 2 期
166	天津地区井水位年变异常研究	刘喜兰等	《地震地质》25 卷 2 期 2003 年
167	声波方法在城市活断层探测与评价中的应用—人工地震、雷达和声波方法的比较与组合	赵根模 王大宏	《中国地震》第 3 期总 19 期 2003 年
168	2001 年 11 月 14 日昆仑山口 M8.1 地震前缓慢地震	赵根模等	《国际地震动态》9 期 2003 年
169	前兆异常动态扫描与区域构造活动背景结合的研究	郑文俊等	《中国地震》19 卷 3 期 2003 年
170	大陆强震危险区可拓方法综合预测应用研究	蒋淳等	《中国地震》19 卷 3 期 2003 年
171	地震现场应急通信技术系统及装备（专著）	张咏等	《地震现场应急通信技术系统及装备》地震出版社 2003 年
172	首都圈地震现场动态图像传输及数据压缩处理技术	张咏等	《筑减灾基业》地震出版社 2003 年
173	中国海洋地震灾害	赵根模等	《中国海洋志》2003 年
174	中国大陆活动地块划分的地震学证据	陈化然等	《地震》23 卷 1 期 2003 年
175	基于断层相互作用理论的强震成组孕育发生现象的研究	陈化然等	《地震》23 卷 3 期 2003 年
176	电阻率测深在地点异常判定中的应用	田山等	《地震》23 卷 3 期 2003 年
177	强震前地电阻率短期异常特征与识别标志研究	田山等	《地震地磁观测与研究》24 卷 6 期 2003 年
178	天津、天宫、龙宫——纪念天津建城市 600 周年	李大华	《天津青年报》2003 年
179	应县木塔保护对策	李大华等	《中国科技发展经典文库》中国言实出版社 2003 年
180	山西应县木塔与历史地震	李大华等	《山西地震》1 期 2003 年
181	日本法隆寺五重塔玄数初探	李大华	《天津城市建设学院学报》8 卷 4 期
182	复合纤维抗震加固大型模拟震动台试验	李大华等	《世界文化艺术中心：国际优秀论文网站》2003 不爱吧
183	论现代无金属结构	李大华等	《新世纪地震工程与防震减灾学术讨论会论文集》地震出版社；《当代专家论文精选》中国人事出版社 2003 年

5-3-11-102

序	论文名	作者	刊物名及时间
184	应县木塔采用纳米复合纤维加固的建议	李大华等	《关于“国家创新体系与人事制度改革学术研讨会”》世界华人名人网站 2003 年
185	现代无金属水工闸门问世	李大华	《高科技纤维与应用》28 卷 5 期 2003 年
186	现代无金属结构在地铁建设中应用的若干观点和建议	李大华等	《中国土木工程学会隧道及地下工程学会地铁专业委员会第十五届学术交流论文集》2003 年
187	现代无金属地磁观测室建造试验研究	李大华等	《地震地磁观测与研究》24 卷 6 期 2003 年
188	2001 年在昆仑山口西 Ms8.1 级地震地表破裂带	陈杰 陈宇坤	《第四纪研究》第 6 期总 23 期 2003 年
189	天津海河隐伏断裂的晚第四纪活动特征研究	陈宇坤 任峰	《地震地质》第 1 期总 26 期 2004 年
190	2001 年昆仑山口西 Ms8.1 地震最大位移讨论	陈宇坤 陈杰	《中国地震》第 4 期总 20 期 2004 年
191	2001 年昆仑山口西 Ms8.1 地震地表同位移分布特征	陈杰 陈宇坤	《地震地质》第 3 期总 26 期 2004 年
192	川滇地区应力场动态演化和强真戢相互作用三维有限元模拟	陈化然	《地震学报》26 卷 6 期 2004 年
193	天津市防震减灾技术系统建设与进展	赵国敏	《中国大陆地球物理深部构造与动力学研究》地震出版社 1043—10512004 年
194	水汞的基本动态	李君英	《首都圈地下流体监测与地震监测》9 期 2004 年
195	关于数字地震台网震级偏差原因的分析	栗连弟	《地震地磁观测与研究》9 期 2004 年
196	华北地区强震前电磁短期异常特征研究	田山等	《中国地震》20 卷 1 期 2004 年
197	华北地区强震前地磁短期异常特征研究	田山等	《地震》24 卷 2 期 2004 年
198	2003 年宁河地震序列特征的分析	王俊国等	《地震》24 卷 2 期 2004 年
199	华北地区 Ms≥5 地震平静的预报意义	王俊国等	《华北地震科学》22 卷 1 期 2004 年
200	华北地区强震前的信号震及其预测意义	王俊国等	《地震》24 卷 3 期 2004 年
201	纤维混凝土结构相对地磁观测室的研究	李大华等	《第八届全国混凝土结构基本理论及工程应用学术会议论文集》重庆大学出版社 2004 年中国科技论文在线
202	中华建筑理念及其超高层结构功能预测	李大华等	《第十八届全国高层建筑结构学术会论文集》重庆，2004 年中国科技论文在线

5-3-11-102

序	论文名	作者	刊物名及时间
203	纤维混凝土厂房结构抗震可靠度分析	李大华等	《第三届中国FRP学术交流会议论文》南京 2004 年中国科技论文在线
204	人口密集场所强有感地震应急疏导研究	王公学 杨毅诚等	《城市与减灾》，2004 年 2 期，收入《中国科技发展论坛》
205	断层相互作用与地震活动（专著）	陈化然等	科学出版社 2005 年
206	苏门答腊 M8.9 大震对中国大陆地震活动影响估计	赵根模等	《华南地震》2005 年
207	华北地下水位强震短期异常演化及前兆判别标志研究	郑文俊等	《地震》2 期 2005 年
208	近 20 年华北地电阻率异常空间演化与强震短期前兆判别标志的研究	郑文俊等	《中国地震》2 期 2005 年
209	声波探测显示的渤海湾西部全新世断层活动	赵根模 赵国敏	《中国地震》21 卷 2 期 2005 年
210	渤海湾西部声呐探测发现全新世埋藏槽谷	赵根模等	《地质通报》2005 年
211	近 20 年华北地电阻率异常空间演化及强震短临前兆判别标志研究	郑文俊等	《中国地震》21 卷 2 期 2005 年
212	千岛岛孤大震前哈佛大学矩心矩张量（CMT）解一致性的预测意义	王俊国等	《地震学报》27 卷 2 期 2005 年
213	断层项目作用与地震活动（专著）	陈化然、徐锡伟、赵国敏等	科学出版社 2005 年
214	天津地区地震灾害与预测（专著）	赵国敏等	地震出版社 2005 年
215	天津软土地区设计地震动参数特征研究	刘砚越等	《天津建设科技》Z1 期 15 卷 2005 年
216	抽水对地壳形变观测干扰的实验与研究	董洪军等	《天津市防震减灾 30 年纪念论文集》2005 年
217	关于天津台网地震速报的几点思考	岳秀侠等	《防灾科技学院学报》4 期 2006 年
218	天津王 4 井水汞有震异常分析	岳秀侠	《华北地震科学》4 期 2006 年
219	数字地磁资料在地震预测中应用研究	尚先旗等	《防灾科技学院学报》5 期 2006 年
220	抽水对地壳形变观测影响的研究	李恩建等	《防灾科技学院学报》1 期 8 卷 2006 年
221	王 3 井、王 4 井水化学测项数据录入及报表打印程序功能	王建国等	《地震地磁观测与研究》4 期 27 卷 2006 年
222	天津海河断裂活动性研究	赵国敏等	地震出版社 2006 年
223	声学探测技术在天津隐伏断层探测中的应用	陈宇坤等	《震害防御技术》2 期 2 卷 2007 年
224	天津模拟前兆观测数据共享模式及关键技术	王建国等	《地震地磁观测与研究》4 期 2007 年
225	前兆观测数据的监视及异常自动识别软件系统	王建国等	《地震研究》1 期 30 卷 2007 年
226	天津市地震前兆台网管理软件	王建国等	《华北地震科学》1 期 26 卷 2007 年
227	模拟前兆数据报文自动处理程序	王建国等	《华北地震科学》2 期 26 卷 2007 年

5-3-11-102

序	论文名	作者	刊物名及时间
228	水样处理对水氡观测影响的探讨	刘学领等	《地震地磁观测与研究》6 期 28 卷 2007 年
229	天津测震台网子台震级偏差浅析	岳秀侠等	《国际地震动态》4 期 2007 年
230	静海地震台地磁加卸载响应比与邻区地震关系研究	庞群英	《地震地磁观测与研究》1 期 2007 年
231	河北文安 5.5 级地震前天津地区流体短期前兆异常分析	庞群英	《山西地震》2 期 2007 年
232	数字化水位仪漏电干扰因素的分析与排除	马建英等	《地震地磁观测与研究》2 期 28 卷 2007 年
233	天津地区地震波速比分区变化特征	庞群英	《地震地磁观测与研究》5 期 2008 年
234	天津台网河北屯台震相到时误差分析	庞群英	《防灾科技学院学报》增刊 2008 年
235	Application of Acoustic Technique to Surveying a Buried Fault in Tianjin	陈宇坤等	《Earthquake Research in China》3 期 22 卷 2008 年
236	天津地区第四纪年代地层剖面研究	陈宇坤等	《地震地质》2 期 30 卷 2008 年
237	水氡观测样品脱气温度及观测时间的选取	刘学领等	《地震地磁观测与研究》2 期 29 卷 2008 年
238	河北文安 5.1 级地震前天津地区地下流体异常特征	马建英等	《地震》1 期 28 卷 2008 年
239	天津王 3 井开采引起的水化学测项变化机理的探讨	马建英等	《地震》2 期 28 卷 2008 年
240	天津潘庄井水位异常与地震关系的分析	马建英等	《华北地震科学》2 期 28 卷 2008 年
241	天津地区咸水井映震能力评估	马建英	《内陆地震》3 期 22 卷 2008 年
242	GM3 磁通门磁力仪稳定性分析	尚先旗等	《地震地磁观测与研究》4 期 2008 年
243	天津地区井水位受固体潮影响的特征研究	刘学领等	《防灾科技学院学报》10 期 2008 年
244	津滨轻轨地磁干扰范围的实验研究	徐学恭等	《地震地磁观测与研究》6 期 2008 年
245	现代无金属地磁观测室研究的若干观点和建议	吴玉田等	《地震地磁观测与研究》6 期 29 卷 2008 年
246	汶川地震中天津台网参数速报和信息发布对于本地区的作用	庞群英	《防灾科技学院学报》增刊 2009 年
247	天津测震台网子台地脉动分析与应用	岳秀侠等	《华北地震科学》4 期 2009 年
248	文安 ML5.5 地震前的大地电场异常初探	马君钊等	《国际地震动态》7 卷 7 期 2009 年
249	天津市活断层信息管理系统设计研究	杨绪连等	《科技咨询》1 期 2009 年
250	DLG 数据与 GIS 数据差异性分析研究	杨绪连等	《科技创新导报》2 期 2009 年
251	数字化地震前兆台网日常工作管理软件	王建国等	《地震研究》1 期 32 卷 2009 年
252	地震科学数据共享暨“九五”前兆数据入库与检查软件的研制	王建国等	《华北地震科学》2 期 27 卷 2009 年

5-3-11-102

序	论文名	作者	刊物名及时间
253	汶川地震期间天津地震前兆台网运行与管理	王建国等	《防灾科技学院学报》3期11卷2009年
254	"十五"天津地震前兆台网运行管理软件的研制	王建国等	《地震地磁观测与研究》3期30卷2009年
255	Data Collection Technology and Application Research for N—MT Magnetoelectricity Observation System 〔EB/OL〕. Wireless Communications, Networking and Mobile Computing	王建国等	EI:2009年
256	天津地震流体观测点质量与效能评估	马建英等	《防灾科技学院学报》11增刊2009年
257	天津两井水位同震效应分析	马建英等	《华北地震科学》1期27卷2009年
258	地热开发对王3、王4井水化学动态的影响及其原因分析	刘学领等	《地震地质》3期31卷2009年
259	天津地区咸水层水位映震能力的检验	刘学领等	《华北地震科学》2期27卷2009年
260	2000年云南姚安地震余震区的速度和衰减结构层析成像分析	张杰卿等	《地震》5期29卷2009年
261	徐庄子相对地磁观测室设计和建造	吴玉田等	《地震地磁观测与研究》3期30卷2009年
262	"5·12"地震震级—累积频度关系的研究	吴玉田等	《国际地震状态》4期2009年
263	天津地区地壳运动观测网络GPS基准站的勘选	张晖	《华北地震科学》3期2009年
264	高速区域网络环境中的网站负载均衡系统	李刚	《西北地震学报》3期2009年
265	天津地震现场应急通讯技术系统介绍	张楠	《石家庄经济学院学报》2010年
266	天津城市地铁对地磁观测干扰的实验研究	董洪军等	《地震地磁观测与研究》第31卷增刊8期2010年
267	"十五"天津市地震前兆台网建设成果	董洪军等	《中国科技成果》第11卷总第231期2010年第10期
268	天津地区井水位固体潮观测的加卸载响应比变化与附近地震关系的研究	马君钊等	《地震地磁观测与研究》31卷2期2010年
269	大地电场观测各类干扰源的调研与分析	马君钊等	《地震地磁观测与研究》31卷5期2010年
270	天津市滨海新区地震地质灾害评价与分区研究	刘芳等	《灾害学》1期26卷2010年
271	天津地区隐伏断裂地震危险性定量评价	陈宇坤等	《地震地质》1期32卷2010年
272	天津地区井水位气压系数变化与地震关系的探讨	刘学领等	《地震地磁观测与研究》3期31卷2010年
273	天津周良庄地热异常区水化学背景研究	刘学领等	《地震监测》1期2010年
274	测震台网卫星设备维护与问题的解决	孙路强等	《地震地磁观测与研究》1期31卷2010年
275	地磁方位标志的稳定性与磁偏角观测精度的研究	吴玉田等	《华北地震科学》1期28卷2010年

5-3-11-102

序	论文名	作者	刊物名及时间
276	平原地区地磁观测室设计研究	吴玉田等	《地震地磁观测》3期31卷2010年
277	天津市地震前兆台站综合评比及软件研制	王建国等	《地震地磁观测与研究》增刊31卷2010年
278	地下流体学科数据处理软件的研制	王建国等	《地震地磁观测与研究》1增刊31卷2010年1
279	天津市地震前兆台网的运行监控与维护管理	王建国等	《大地测量与地球动力学》1增刊30卷2010年
280	天津市地震前兆台网运行管理经验交流	王建国等	《地震监测》4期2010年
281	Design and Implementation of the Earthquake Precursor Network Running Monitoring Software Based on C/S Structure	王建国等	EI:2010年
282	Application of SQL Server Distributed Database in Seismic Precursor Network	王建国等	EI:2010年
283	一种基于宏观经济指标的地震灾害快速评估方法及实现	刘双庆等	《灾害学》26期3卷2010年
284	从技术底层分析地震应急综合评估系统的运行特点—以天津市为例	刘双庆等	《山西地震》5卷2010年
285	2008年3月11日河北卢龙3.9级地震预测过程	马建英等	《地震研究》1期33卷2010年

二、学术专著

1976—2006年正式出版学术专著23部。

1976—2006年正式出版学术专著统计表

表5-3-11-103

序号	书　名	作　者	时间	出版社
1	地下水与地震	天津市地震局地震处、北京市地震队	1976年	地震出版社
2	利用地下水预报地震	天津市地震局地震处、北京市地震队	1976年	地震出版社
3	地震对策	郭增建、陈鑫连、杨国军、王公学等	1986年	地震出版社
4	国家地震局京津冀地下水动态观测报告（天津部分）1980—1982	黄振义、王雅灵	1986年	地震出版社
5	GPS人造卫星精密定位系统（译著）	陈鑫连、李延兴、王树义等		地震出版社
6	自然灾害及其对策研究（译著）	卢振恒、杨国军、李荣安、王公学、郑熙铭	1987年	陕西科学技术出版社
7	地震波理论与应用	冯德益	1988年	地震出版社
8	模糊数学方法与应用	冯德益等		地震出版社
9	深井观测地震波典型记录与分析应用	冯德益、张少泉、卫鹏飞、王俊国	1990年	地震出版社
10	天津市国土资源地图集	卫鹏飞等	1990年	天津人民出版社
11	全球海面变化	赵根模等	1991年	山东科技出版社

续表 5-3-11-103

序号	书　名	作　者	时间	出版社
12	城市地震对策	郭增建、陈鑫连、杨国军、王公学等	1991 年	地震出版社
13	油田开发工程与地震减灾	赵根模等	1991 年	石油工业出版社
14	模糊地震学	冯德益、	1992 年	地震出版社
15	注水诱发地震研究	赵根模、张德元	1995 年	地震出版社
16	油田地震信息监测研究与应用	张德元、刘元生、李一兵	1995 年	地震出版社
17	火山 地震 灾害 环境（译著）	李一兵、张德元	1996 年	地震出版社
18	环渤海地区地震构造和古地震学研究	张德元、赵根模	1996 年	海洋出版社
19	数字遥测地震台网建设与运行	吴书贵、蒋秀琴、陈金林等	2003 年	地震出版社
20	地震现场应急通信技术系统及装备	张咏、何惠良、张俊等	2003 年	地震出版社
21	断层相互作用与地震活动	陈化然、徐锡伟、赵国敏等	2005 年	科学出版社
22	天津地区地震灾害与预测	赵国敏、陈化然、蒋淳、田山、王建国	2006 年	地震出版社
23	天津海河断裂活动性研究	赵国敏、赵根模、陈宇坤、聂永安、李振海等	2006 年	地震出版社

第四章　国际地震科技合作与交流

国际地震科技合作与交流是指在防震减灾领域与国外相关领域的合作研究与交流互访。天津市地震局对外交流起始于 1978 年，30 多年中，采取“请进来，走出去”的方法，多渠道、多方位开展国际科技交流与合作，先后与韩国、新西兰、日本、美国、澳大利亚等 20 多个国家和地区建立了地震科技合作与交流关系，其中“津惠地震结对城市”和“中韩地震观测技术”双边合作的建立，对提升天津市地震科学研究在国际上的影响力，推进防震减灾三大工作体系建设发挥了重要作用。

第一节　津惠地震结对城市

津惠地震结对城市是中国天津市与新西兰惠灵顿市响应“地震与特大城市”国际组织（EMI）倡议，建立的城市结对合作开展地震对策研究的项目。2000 年以来，天津市与惠灵顿市通过签署地震合作协议、举办城市发展与减灾研讨会、政府领导互访等形式，推进防震减灾合作的开展。

一、津惠地震结对城市的由来

1999年春季，国际科技组织发起在国际特大城市防震减灾行动计划下的城市结对合作开展防震减灾对策研究的项目。中国地震局参加国际特大城市防震减灾行动计划（EMI）会议，并根据国际科技组织“关于地震与特大城市动议”的议案，选定北京、天津、上海三个特大城市进行了推动。

天津市政府对该项目高度关注、积极响应，市长李盛霖于1999年7月12日和8月16日分别在中国地震局《关于参加EMI的TCP计划招标的函》上和天津市地震局《关于参加EMI的TCP计划竞标的请示》上，作出同意结对的批示意见。经过项目招标、竞标、专家评审等程序，最终天津市和上海市被推荐参加国际特大城市防震减灾行动计划。在中国地震局的协助下，经市政府同意，初步商定与新西兰惠灵顿市达成结对意向，合作开展防震减灾对策研究。

1999年12月1—4日，市地震局局长刘连柱率代表团出席在菲律宾首都马尼拉举行的第二届国际地震与特大城市动议（EMI）会议，与新西兰惠灵顿市政府灾害应急管理顾问史蒂文·詹森先生进行磋商，双方对天津市与惠灵顿市结为“地震结对城市”达成共识，拟就立法、生命线减灾与生命线响应/恢复计划、基于地理信息系统的地震灾害预测和评估、城镇应急计划、土地利用、在小学进行灾害知识普及、灾害成因与机理、地震工程、监测预报和其他等10个领域开展合作。

市地震局代表团回国后，以津震发〔1999〕号134文《关于参加第二届国际地震与特大城市动议研讨会（EMI）情况的报告》向市政府做了专题汇报。其后，根据盛霖市长的批示，提出两市建立“地震结对城市”合作关系的建议方案，并宣布正式启动“地震结对城市”计划，加强了两市间的联系沟通，草拟出《中华人民共和国天津市和新西兰惠灵顿市防震减灾管理合作备忘录》建议文本，磋商促成两市高层领导人互访的前期准备。

二、津惠地震结对城市合作协议

为推动津惠地震结对城市合作项目的健康发展，天津市政府和惠灵顿市政厅于2000年8月、2004年10月、2010年6月先后三次签署了地震结对城市合作协议。

2000年8月，梁肃副市长率天津市科技工业代表团对惠灵顿市进行正式友好访问。期间，梁肃副市长与惠灵顿市马克·布朗斯基市长共同签署了《天津市和惠灵顿市防震减灾应急管理合作备忘录》，双方确定第一步先行在“生命线震害预测、震害快速评估、经济社会信息与灾害管理、地震监测预报和活断层探测研究”等方面开展合作。

2004年10月13日，以分管副市长为团长的天津市政府代表团访问新西兰惠灵顿市。在惠访问期间，两市政府本着积极、务实的态度进行了深入与细致的磋商，就双边合作领域达成了广泛的共识。分管副市长和亚历克· 肖副市长分别代表两市政府签署《天津市人民政府和惠灵顿市政府联合公报》。《联合公报》指出，双方政府愿意照会各自机构，积极探索防御城市地震灾害的有效途径，并将其作为天津与惠灵顿减轻地震灾害动议伙伴关系的积极成果。市地震局局长赵国敏与新西兰地震工程委员会主席大卫• 霍普金斯签署了《关于天津城市生命线工程及地震危害性分析项目发展的谅解备忘录》《关于出版在惠灵顿召开的“津惠第二届防震减灾交流研讨会”会议记录汇编的谅解备忘录》和《关于推广应用新西兰基础隔震技术和产品的谅解备忘录》等3个文件。

2010年6月19日，市长率市科委、市地震局、滨海新区等负责同志出访新西兰惠灵顿市。在惠访问期间，市长和凯利·普雷加斯特市长进行了会谈，双方在充分肯定两市在防震减灾方面合作取得丰硕成果的基础上，就进一步加强两市防震减灾向全方位、多层次交流与合作交换了意见，达成了共识。双方在惠灵顿市市政厅签署了《天津市与惠灵顿市防震减灾深度合作框架协议》。约定两城市将进一步加大防震减灾合作交流力度，特别在震害防御基础探测、防震减灾宣传普及、地震应急等方面，加强人员培训、业务沟通和技术合作，为保障两市经济社会全面协调和可持续发展做出应有的贡献。

三、津惠城市发展与减灾研讨会

在国际地震与特大城市委员会（EMI）积极倡导下，天津市和惠灵顿市政府积极推进津惠地震结对城市合作计划，先后共同举办了两次城市发展与减灾研讨会，分享两市减灾技术和减灾对策的研究成果。

（一）天津与惠灵顿城市发展与减灾研讨会

2001年11月13—14日，天津市和惠灵顿市政府在中国天津水晶宫饭店举办了“天津与惠灵顿城市发展与减灾研讨会”。中新两国、津惠两市防震减灾领域的管理官员和专家学者约90余人参加会议。天津市市长李盛霖、分管副市长、惠灵顿市市长凯丽·彭德佳女士、中国地震局局长陈章立、EMI主席方德·本迪麦尔德先生出席开幕式并致辞。分管副市长和凯丽·彭德佳分别作了天津、惠灵顿两市经济发展与防震减灾对策的主旨报告。新西兰驻华大使、副大使、参赞也出席会议，会见部分会议代表。

会议的主题是：21世纪大城市的经济发展与防震减灾。会议的宗旨是通过交流城市防震减灾的成功经验，共同探讨城市经济发展和减轻灾害的各种对策和途径，最大限度地减轻和降低人类面临的各种城市灾害的威胁，保障城市经济的可持续发展。大会发言宣读论文35篇，中外双方围绕着城市减灾与可持续发展、城市减灾技术、地震预测、防震减灾知识宣传教育和地震应急管理领域进行了广泛地交流与深入的探讨。

会议期间，双方就防震减灾管理和技术合作进行了进一步的磋商，拟在城市活断层探测、GIS技术应用、地震观测及抢险技术、隔震技术、防震减灾知识宣传教育、加强减灾法规建设和依法监督管理等六个领域进一步开展合作。

（二）天津•惠灵顿第二次城市发展与减灾研讨会

2004年10月13—15日，天津市与新西兰惠灵顿市政府在惠灵顿市联合举办“天津·惠灵顿第二次城市发展与减灾研讨会”。分管副市长和惠灵顿市副市长亚历克·肖出席研讨会。市地震局局长赵国敏、副局长李振海和新西兰地震工程委员会主席大卫·霍普金斯与双方有关方面的政府官员、专家共60余人参加了会议。

10月13日，“天津·惠灵顿第二次城市发展与减灾研讨会”在惠市举行预备会议，研究确定正式会议的具体议程与安排。10月14日，“天津·惠灵顿第二次城市发展与减灾研讨会”举行开幕仪式，分管副市长和惠灵顿市副市长亚历克·肖分别致辞。分管副市长对研讨会的如期举办表示祝贺。研讨会上，赵国敏作了天津市防震减灾工作现状与发展的主题演讲，演讲共分四个部分：津惠双方地震科技交流与合作的回顾、天津市地震灾害背景、天津市防震减灾技术系统和防震减灾三大工作体系建设进展情况。新西兰地震工程委员会主席大卫·霍普金斯作了津惠防震减灾合作发展的主题演讲。

会议期间，天津市代表团访问了新西兰地质与核科学研究所、新西兰地震工程委员会，参观了惠灵顿市市政厅、新西兰 Te Papa 博物馆、新西兰维多利亚大学等。

四、津惠两市政府领导互访

为推进地震结对城市的建立和发展，天津市和惠灵顿市政府领导人进行了多次互访。

2000年8月19—28日，应惠灵顿市政厅正式邀请，梁肃副市长率天津市科技工业代表团首次出访新西兰。在惠灵顿市与惠灵顿市马克·布朗斯基市长会见，双方签署了《天津市和惠灵顿市防震减灾应急管理合作备忘录》。

2000年9月5—7日，惠灵顿市马克·布朗斯基市长率团回访。在水晶宫饭店，李盛霖市长会见了马克·布朗斯基市长一行，就合作领域等问题交换了意见。双方地震部门商定，拟定于2001年合适的时间，在中国天津召开“地震减灾与发展”为主题的双边学术论坛。惠灵顿市马克·布朗斯基市长一行在津期间，考察了天津市74中学防震减灾科普宣传工作。

2002年8月，应天津市政府邀请，新西兰惠灵顿市副市长亚力克·肖率团到津进行工作访问。市长李盛霖会见了亚力克·肖一行，亚力克·肖副市长一行与市地震局就进一步加强合作事宜进行洽谈，双方提出了《天津—惠灵顿防震减灾合作项目建议书》。

2002年12月3—5日，新西兰惠灵顿市副市长亚力克· 肖出席国际科技组织在上海举行的EMI第三届大城市防震减灾国际研讨会，并再次到天津市访问。王德惠副市长会见了亚力克·肖一行。亚克力·肖与市地震局主持工作副局长赵国敏就地震领域双边合作进行交谈，在城市地震活断层探测技术、建筑隔震技术等方面的应用研究以及共同编辑出版《城市发展与减灾》(英文版)论文集事宜达成合作意向。

2004年10月13日，分管副市长率天津市政府代表团赴新西兰进行友好访问，并出席在惠灵顿市举办的第二届城市发展与减灾研讨会。分管副市长会见惠灵顿市政厅副市长亚克力·肖，与亚克力·肖副市长共同签署结对城市联合公报。

2006年10月31日，新西兰惠灵顿市经济发展署副署长克里斯·利普斯库姆先生（Chris

Lipscombe）及其助手卢克·瑞克蒂先生（Luck Rikiti）到市地震局访问。

2010年6月8日，新西兰惠灵顿市市长凯利·普雷加斯特一行6人来市地震局进行交流访问。市地震局局长赵国敏会与普雷加斯特市长一行进行会谈。双方约定将于6月中旬，在惠灵顿市签署《天津市与惠灵顿市关于防震减灾深度合作框架协议》。凯利·普雷加斯特一行参观了天津市地震应急指挥中心和地震台网中心。

2010年6月19日，市长率科委、地震局、滨海新区等负责同志出访新西兰惠灵顿市。市长和凯利·普雷加斯特市长进行了会谈。双方在惠灵顿市市政厅签署了《天津市与惠灵顿市防震减灾深度合作框架协议》。

第二节　中韩地震科技合作

中韩地震科技合作项目是经中国地震局批准，天津市地震局与韩国地质矿产与资源研究院合作开展环渤海湾地震联合观测的政府间地震科技合作项目。1997年签署双边合作协议，2001年，“中韩联合地震观测台网蓟县台”正式开通运行，随后滨海地区地震活动联合观测研究项目纳入中国地震局与韩国地质矿产与资源研究院合作项目。

一、中韩地震“滨海地区地震活动研究”由来

1995年4月20日，市地震局接待来华出席在广州召开的亚洲地震委员会成立大会经由天津机场进出境的韩国地质矿产资源研究院全明纯博士，全明纯与市地震局有关地震监测预报研究人员进行了短暂的学术交流，双方就感兴趣的领域提出了交流的意向。1995年11月6日，已经担任韩国地质防灾中心主任的全博士率韩国科技代表团再次来访。1995年12月11日和1996年1月27日，市地震局先后派出地震前兆研究室赵根模研究员和聂永安高级工程师访韩，与韩国地质矿产资源研究院以及有关高等院校和单位进行学术交流，达成联合开展滨海地区地震活动研究的意向。

中韩地震科技合作项目得到了中国地震局的高度关注和大力支持，1996年11月20日经中国地震局报批，国家科委印发《关于执行中韩科技合作联委会第四次会议议定书的通知》（国科发外字〔1996〕523号），将天津市地震局和韩国地质矿产资源研究院共同开展“滨海地区地震活动研究”列入附件二“中韩合作研究项目”第8项，中韩地震科技合作项目被列入中韩科技合作项目。

1997年11月16—21日，市地震局副局长赵国敏率地震科技代表团赴韩进行工作访问，双方就“滨海地区地震活动研究”合作项目的实施计划进行具体磋商，确定了下一个年度的共同合作计划，内容包括：（1）双方选定在天津滨海地区和韩国西海岸地区分三个阶段开展“地震活动研究”“地震灾害评估与减轻研究”“强震地面运动研究”。（2）1998年3月，在中国天津举办“滨

海地区地震活动研究”工作会议。(3) 双方科技人员交流互访。(4) 双方将在天津开展地震联合观测项目列入明年工作会议的议题，进一步进行磋商。会谈结束后，双方签署了《天津市地震局与韩国地质矿产资源研究院合作开展滨海地区地震活动研究会谈纪要》。至此，“滨海地区地震活动研究”项目正式启动。

二、中韩地震“滨海地区地震活动研究”实施

1998 年 4 月 12—18 日，韩国地质矿产资源研究院和有关大学的专家五人到津参加中韩地震科技合作“滨海地区地震活动研究”项目工作会议。就合作项目的合作细节进行深入磋商，签署了会议备忘录，推动了双边合作研究的具体实施。

1999 年 4 月 28 日至 5 月 5 日，市地震局 4 人赴韩执行中韩科技合作“滨海地区地震活动”研究项目，考察宽频带数字地震台网，签署双边合作谅解备忘录，确定开展地震联合建立地震台站开展共同观测事宜。

1999 年 8 月 16—29 日，韩国地质矿产资源研究院 5 人到津执行合作项目，参观了蓟县地震台的测震、形变和蓟县 GPS 基准台等观测基础设施和观测仪器设备，了解地震台的观测环境、观测设备、观测数据的记录与传送以及故障的排除等情况。

1999 年 10 月 25 日至 11 月 4 日，蓟县地震台台长董洪军参加由中国地震局办公室副主任李强华为团长，中国地震局科技委员会李裕澈教授为顾问（兼翻译）的地震台长考察团赴韩国访问。参观考察了地质矿产资源研究所及其所属的遥测台站、韩国能源研究所、韩国气象厅、汉城国立大学等科研院所和企业。

2000 年 6 月 20—25 日，韩国地质矿产资源研究所池宪哲博士到访，就开展滨海地区地震活动研究项目的共同观测台站建设交换意见，并对观测台址进行了勘选。

2001 年 2 月 15—24 日，蓟县地震台台长董洪军参加中国地震局地震观测台站观测技术考察团赴韩国考察访问，重点考察了解韩国地震观测技术和观测环境设施。

2001 年 3 月 11—15 日，韩国地质矿产资源研究所池宪哲博士等四人赴蓟县地震台安装数字地震观测仪器。

2001 年 4 月 14—17 日，中韩地震联合观测数字台网开通仪式在蓟县台举行。

2002 年 11 月 19—22 日，中国地震局和韩国地质矿产资源研究院在蓟县地震台联合举办中韩合作数字化地震台网培训班，对分布在天津、山东、辽宁和吉林省局的五个地震台的观测技术人员进行观测和维护业务培训。天津市地震局参加培训班的人员有：董洪军、李文栋、姚兰予、卞真付、王大宏。

2003 年 12 月 23—26 日，韩国地质矿产资源研究所金根勇博士到津赴蓟县地震台对数字地震仪器进行调试。

2009 年 8 月 2—6 日，市地震局监测预报中心副主任栗连弟在赴韩国参加第八届远东国际地

震层析成像工作研讨会，参观考察韩国地质矿产资源研究所，就地震波层析成像技术进行交流。

2010 年 5 月 25 日，韩国地质资源研究院金根勇博士等 2 人赴蓟县地震台，与台站观测人员就蓟县台的数字地震仪的运行和日常观测情况进行交流，商讨解决日常维护中的技术问题。

三、“滨海地区地震活动研究”工作会议概况

（一）第一次工作会议

1998 年 4 月 12—18 日，市地震局和韩国 KIGAM 共同举办中韩地震科技合作“滨海地区地震活动研究”工作会议。韩国地质矿产与资源研究所田正秀博士、奇洹叙博士，韩国春南大学金性均教授，韩国淳朴大学赵奉坤教授，韩国深阳大学金俊经教授出席工作会议。国家地震局国际合作司双边合作处处长胡春峰代表国家地震局国际合作司王洪珍司长到会指导，并向会议致辞。市地震局局长徐德诗出席工作会议，并代表市地震局致欢迎词。开幕式由市地震局副局长赵国敏主持。市地震局专家学者 30 余人参加会议。在工作会议期间，双方介绍了地震防御研究的现状，围绕共同研究领域、研究课题、研究内容进行了讨论。双方专家学者各自发表了前期准备的资料和研究思路和预期目标，交流了在地震观测技术、地震预测资料分析和预报方法研究的成果。确定出合作课题第一阶段的研究内容和运作方式。在合作研究专题、在天津滨海地区进行地震联合观测、观测资料交换范围和交换访问学者等方面达成了一致意见，并签署了会议备忘录。会后，印刷了《中韩地震科技合作“滨海地区地震活动研究”工作会议交流文集》。部分韩国 KIGAM 专家还应天津市灾防协会的邀请，为全市会员作“韩国地震研究”学术报告。

（二）第二次工作会议

1999 年 8 月 16—29 日，韩国 KIGAM 姜博士等一行 5 人到津执行合作项目。在津期间，中韩双方地震专家举行工作会议，并进行研究成果交流。姜博士作题为“黄海地震活动观测与地震预报研究”学术报告，主要内容包括：黄海区域地震观测现状；韩国地震活动研究与地震预报的主要进展；中韩联合地震观测的建议。市地震局地震监测预报三位专家分别就“首都圈防震减灾示范区项目系统工程（天津部分）”“天津隐伏断层的活动性研究”和“滨海新区防震减灾工程”情况进行了介绍。双方地震专家围绕着“黄海地震活动情况”“黄海区域地震预报研究”和“黄海地震联合观测与研究的必要性及可行性” 以及“地震观测台址的勘选条件”进行了讨论。双方一致认为中韩联合地震观测是可行的，下一阶段合作工作主要是在天津地区开展地震台站地址的勘选。工作交流结束后，韩国外宾参观了“天津市地震局地震遥测系统”和“天津市地震局信息网络系统”。

四、中韩合作地震联合观测台网蓟县地震台开通仪式概况

2001 年 4 月 16 日，中国地震局在蓟县地震台隆重举行了中韩合作地震联合观测台网开通仪式。上午 10 时，中韩合作地震联合观测台网开通仪式在中国地震局国际合作司司长朱世龙的主持下宣布开幕。中国地震局副局长刘玉辰、韩国地质矿产研究所副所长刘孝信为“中韩联合地震观测台网蓟县台”揭牌。中国地震局国际合作司副司长黄建发、双边合作处处长赵明、监测预报司副

司长阴朝民、监测处副处长宋燕云、市地震局局长刘连柱、副局长牟光迅和科技部、天津市外办、韩国科技部、韩国驻华使馆、韩国地质矿产研究所地震研究中心的官员及专家出席了开通仪式。

开通仪式前，中韩双方专家对中韩合作数字化地震观测台网蓟县地震台宽频带数字地震仪、强震仪的安装和试运行情况进行了测试、验收，对仪器工作状态表示满意。

第三节　多边地震科技交流

天津市地震对外科技交流起始于1978年，当时正值天津市遭受唐山强震破坏开始恢复重建时期，主要外事活动是接待国外地震研究机构的专家的地震现场考察和灾害调查。随着地震事业的发展，天津市地震科技国际的交流日益增多，交流领域不断拓宽，交流方式亦愈益灵活。到20世纪90年代，先后和韩国、新西兰、日本、美国、澳大利亚等20多个国家和地区开展地震科技交流与合作，包括组织双边和多边学术研讨会，邀请国外地震专家到津讲学，派出访问学者开展合作研究、参加项目培训和学术会议等。

一、国外和港澳台地区专家学者来访

1991—2009年间，共有百余人次国外和中国港澳台地区专家学者到天津市参观考察、交流访问、讲学培训和参加学术会议。

国外和中国港澳台地区专家学者到津情况一览表

表5-4-3-104

日期	国家和地区	事项	来访专家
1990年2月25日	日本	考察宝坻台观测井技术	日本国立防灾中心滨田和郎、高桥末雄
1990年4月22—24日	苏联	地震考察	乌兹别克地震研究所和地磁、电离层、无线电波传播研究所阿勃杜拉别科夫和普切林
1990年5月10—19日	日本	来华讲学	日本气象研究所高山宽美
1990年5月18—27日	澳大利亚	地震考察	昆士兰大学J.M.W·鲁恩
1990年8月20—21日	美国	考察海岸带地质	新泽西州立大学普休蒂
1990年10月5日	香港	讲学	香港大学物理系陈伯舫
1990年10月18—11月6日	苏联	讲学	地震预报理论与数学地球物理所普拉佐罗夫
1990年12月4—13日	澳大利亚	讲学	澳大利亚昆士兰大学J.M.W·鲁恩
1991年1月24日	苏联	交流地震资料分析、处理程序和算法等	科学院地震预报理论研究所德米特里耶娃（OLGA DMITRIEVA）
1991年4月20—23日	苏联	交流访问	苏联大地物理所基辛（Kissin）和格雷尼夫斯基（Grinevski）

续表 5-4-3-104

日期	国家和地区	事项	来访专家
1991 年 4 月 12 日	日本	援助项目考察	日本三菱公司西田允等 8 人
1991 年 5 月 20—26 日	朝鲜	地震仪器使用与维修实习团	朝鲜地震局金里贤等 4 人
1991 年 9 月 14—20 日	苏联	地下水动态与地震关系学术交流	大地物理所基辛（Kissin）和格雷尼夫斯基
1991 年 10 月	朝鲜	地下水访华团	朝鲜地震局以金学明等 4 人
1991 年 11 月 30 日至 12 月 6 日	以色列	地震前兆、动物异常考察	以色列 WEIZMANN 科学研究院雅诺什夫妇
1991 年 12 月 10—13 日	日本	讲学考察	气象厅地震火山部地震预报课栗原隆治课长
1992 年 3 月 19—24 日	朝鲜	地震预报试验场考察团	朝鲜地震局副局长李大成 4 人
1992 年 4 月 29—30 日	冰岛	讲学	气象局地球物理分部主任斯蒂芬森夫妇
1992 年 5 月 25 至 6 月 3 日	日本	讲学	神户大学理学部地球物理学教室大内澈博士
1992 年 11 月 2 日	美国	参观宝坻台	美国地调局中美地震科技合作议定书协调人费尔逊博士 3 人
1992 年 11 月 27 日至 12 月 5 日	朝鲜	进修学习	朝鲜地震局副局长金圣男 2 人
1993 年 5 月 25—27 日	朝鲜	朝鲜历史资料汇编代表团	朝鲜地震局副局长金胜男 5 人
1993 年 8 月 13—20 日	韩国	经由天津出入境	韩国汉阳大学学和海洋科学系主任金昭九
1993 年 12 月 4 日	俄罗斯	参观宝坻台	俄罗斯大地物理联合研究所巴拿马列夫
1994 年 3 月 11 日	美国	座谈开发区自然灾害风险现状	美国商联邦产物保险股份有限公司（CHUBB）副总裁 3 人
1994 年 9 月 2—8 日	日本	讲学	日本东北大学地球物理研究所小山顺二博士
1994 年 9 月 20—21 日	越南	访问	越南国家自然科学技术中心主任邓福民等 3 人
1994 年 11 月 10—14 日	朝鲜	共同研究	朝鲜地震局地震预报方法实习团 4 人
1995 年 4 月 20—22 日	韩国	参加广州亚洲地震委员会议后来局访问	韩国地质矿产与资源研究所全明纯博士
1995 年 4 月 19—25 日	日本	数理地震学交流	日本东北大学地球物理研究所小山顺二博士
1995 年 4 月 28—29	中国台湾	地震的碎形（分形）特征讲学	台湾地球科学研究所王锦华博士夫妇
1995 年 5 月 3—6 日	日本	中日数理地震学研讨会	（外方 10 人，中方 20 人）
1995 年 7 月 23—25 日	日本	采集张道口井水样	日本地质调查所水文地质专家山口雄作博士和浦井念博士
1995 年 8 月 31 日至 9 月 3 日	土耳其	中土地震学研讨会	土耳其灾害事务管理局局长助理科萨奇 3 人
1995 年 9 月 4—10 日	新西兰	震源地区的分维估计	维多利亚大学统计与运筹研究所 David VereJone 教授夫妇
1995 年 11 月 6—9 日	韩国	地震监测预报和灾害减轻研究	韩国地质矿产与资源研究所全明纯博士等 6 人

续表 5-4-3-104

日期	国家和地区	事项	来访专家
1996 年 1 月 6—8 日	日本	了解唐山大地震 20 周年后的有关情况	日本岛县西乡村西蓟日中友好协会会长山梁重信先生
1996 年 11 月 1—13 日	朝鲜	访问	朝鲜民主主义共和国地震局副局长李哲等 3 人
1998 年 4 月 12—18 日	韩国	中韩合作工作会议暨学术交流会议	接待参加中韩科技合作“滨海地区地震活动研究”项目工作会议的韩国 KIGAM 和大学的专家学者一行五人
1998 年 4 月 22 日	美国	交流座谈	接待市政府引智办和侨办组织的北美华人科技协会高科技代表团成员谷继成、张哲和韩思厚博士来局座谈交流。
1998 年 5 月 22—24 日	法国	学术交流	法国斯特拉斯堡地球物理研究所黄桐波（PHO HOANGTRONG）教授及其夫人（LABORDECASTEROT ANN FRANCOISE）
1998 年 9 月 26 日	奥地利	地震工程与防灾研究和活断层测量讲学	奥地利维也纳理工大学地球物理系主任爱华德.布瑞克教授
1999 年 1 月 27—28 日	印度尼西亚	台网观测和数据处理	印度尼西亚气象和地球物理署台网运行管理部主任苏提延托博士和数据处理部哈贾迪博士
1999 年 4 月 27 日至 5 月 7 日	俄罗斯	甚低频电磁波技术	俄罗斯圣彼得堡地壳研究所萨拉耶夫等四人
1999 年 6 月 28 日至 7 月 5 日	朝鲜	学术研讨	朝鲜地震预报代表团姜镇硕等 4 人
1999 年 8 月 16—29 日	韩国	合作交流	韩国 KIGAM 姜博士等 5 人
1999 年 9 月 14—16 日	日本	学术交流	日本东京大学都市工学科小出治等 6 人
2000 年 6 月 20—25 日	韩国	中韩双方地震专家举行合作交流	韩国地质矿产资源研究所池宪哲博士
2000 年 9 月 18 日	日本	交流座谈	三井海上天津代表处首席代表张默。
2000 年 10 月 26 日	美国	学术交流	接待美国加利福尼亚大学大地构造研究所范光伟教授
2000 年 11 月 18—20 日	新西兰	学术交流	维多利亚数学与计算科学学院道格拉斯• 布罗林瑞格博士
2000 年 12 月 5 日	中国台湾	学术访问	建筑研究所安全防灾组组长陈建忠博士和陈伯勋副研究员
2001 年 3 月 11 日	韩国	安装数字地震仪	地质矿产资源研究所池宪哲博士
2001 年 4 月 14—17 日	韩国	中韩合作数字地震台网开通仪式	地质矿产资源研究所副所长云黄济等 6 人
2001 年 9 月 5 日	中国台湾	交流城市建筑防震法规技术	接待建筑研究所所长萧江碧、研究员蔡琸芳
2001 年 9 月 11 日	日本	讲学	日本系统与数据研究有限公司董事长中村丰一行 4 人
2001 年 11 月 10—16 日	新西兰	天津与惠灵顿城市发展与减灾研讨会	惠灵顿市凯丽市长为团长的政府代表团和 EMI 主席
2001 年 12 月 4—12 日	朝鲜	交流访问	朝鲜地震局地震科技代表团崔永哲一行四人来天津市地震局交流访问。

续表 5-4-3-104

日期	国家和地区	事项	来访专家
2001 年 12 月 16—25 日	日本	交流法制建设、城市抗震设防标准	神户大学大西一嘉副教授
2001 年 12 月 24—25 日	乌兹别克斯坦	参观数字化地震台网	地震研究所爱布拉基莫芙二人来局参观数字化地震台网
2002 年 4 月 10—11 日	哈萨克斯坦	考察数字地震仪器安装和使用	教育科学部第一副部长穆达诺夫一行 4 人
2002 年 6 月 14—15 日	葡萄牙	参观蓟县地震台	气象局局长
2002 年 8 月 21—22 日	新西兰	津惠合作项目到津访问	惠灵顿市政厅副市长亚历克等人
2002 年 11 月 8—17 日	朝鲜	数字地震资料分析处理交流	地震科技代表团崔顺钟一行 4 人
2002 年 11 月 19—23 日	韩国	中韩合作数字化地震台网培训班	韩国 KIGAM:Chi Heon Cheol、Shin InChul、Kim GeunYoung、Park JungHo、Lim LnSeub、We KwangHo、Kim Youn—Hee、Park Yunkyung
2003 年 8 月 19 日	中国台湾	交流测震仪器和数据传输有关问题	优联科技公司陈俊章和加拿大 Nanometrics 代理 Steve Kilty
2003 年 9 月 5—7 日	新西兰	交流访问	接待惠灵顿市市长凯丽一行 7 人
2003 年 9 月 25—27 日	秘鲁	考察数字强震仪器安装和使用情况	港震公司接待的秘鲁国家地球物理研究所 2 人
2003 年 10 月 23—26 日	韩国	调试仪器	地质矿产资源研究所金根勇
2006 年 10 月 31 日	新西兰	访问	惠灵顿市经济发展署副署长克里斯•利普斯库姆、卢克•瑞克蒂
2009 年 6 月 8 日	新西兰	交流访问	惠灵顿市市长凯利•普雷加斯特一行 6 人
2009 年 10 月 25 日	韩国	与蓟县地震台交流观测问题	地质资源研究院金根勇博士一行 2 人

二、科学研究和管理人员出访

1990 年以来，共有百余人次天津市从事地震科学研究、观测技术和科技管理人员参与国际或赴港澳台地震科技交流。

科学研究和管理人员交流出访情况表

表 5-4-3-105

日期	到访国家	事项	派出单位	出访人员
1990 年 11 月 17—29 日	日本	访问	国家地震局	蒋淳
1993 年 10 月 29 日至 11 月 1 日	日本	参加东亚地震学联合会议	市科委	龚绍京
1993 年 10 月 29 日至 11 月 1 日	日本	参加东亚地震学联合会议	国家地震局	冯德益、王树义
1994 年 11 月 20 日	朝鲜	中朝地震科技合作项目	国家地震局	卫鹏飞
1995 年 6 月 15 日	泰国	台站观测技术考察	国家地震局	马泽田
1995 年 9 月 10 日	朝鲜	中朝地震科技合作项目	国家地震局	王树义
1995 年 11 月 15—20 日	韩国	访问交流	国家地震局	赵根模
1996 年 1 月 27 日	韩国	参加中韩数字地震学高级研讨班	中国地震局	聂永安

续表 5-4-3-105

日期	到访国家	事项	派出单位	出访人员
1996 年 8 月 1 日	新西兰	地震预报方法研究	国家地震局	冯德益
1996 年 9 月 22 日	日本	防震减灾立法考察	国家地震局	王树义
1996 年 10 月 3—12 日	韩国	赴韩国访问	国家地震局	徐德诗
1996 年 10 月 14 日	韩国	参加中韩东亚地震学研讨会	国家地震局	姚兰予
1997 年 2 月 24 日	日本	参加国际研讨会	国家地震局	赵根模
1997 年 11 月 9 日	韩国	中韩地震科技合作项目	国家地震局	赵国敏、王树义、聂永安、赵根模
1998 年 3 月 30 日	美国	大中城市地震灾害综合防御管理	国家地震局	郝团生
1998 年 6 月 10 日	日本	大中城市防震减灾示范项目考察	国家地震局	赵国敏
1998 年 10 月 5 日	朝鲜	中朝地震科技合作项目	国家地震局	郑文俊
1998 年 12 月 10—20 日	日本	考察访问	国家地震局	赵国敏
1999 年 3 月 19—29 日	法国	考察访问	中国地震局	刘连柱
1999 年 4 月 28—5 月 5 日	韩国	中韩地震科技合作项目	中国地震局	王树义、陈化然、陈宇坤
1999 年 5 月 18—25 日	英国	第 22 届国际大地测量与地球物理学联合会 IUGG 大会	中国地震局	陈化燃、崔晓峰
1999 年 9 月 25 日至 10 月 5 日	土耳其	执行大地震现场考察任务	中国地震局	陈化然
1999 年 11 月 8—25 日	美国	执行地震科技考察任务	中国地震局	聂永安
1999 年 10 月 25 日至 11 月 4 日	韩国	考察访问	中国地震局	董洪军
1999 年 11 月 29 日至 12 月 5 日	菲律宾	第二届国际地震与大城市动议研讨会	中国地震局	刘连柱、聂永安、王树义
2000 年 2 月 17—23 日	日本	坂神地震 5 周年纪念活动，	市政府	王安滨
2000 年 6 月 26—30 日	日本	西太平洋地球物理学会议	中国地震局	陈化然
2000 年 8 月 1—15 日	日本	首都圈项目考察团	中国地震局	赵国敏
2000 年 8 月 19—28 日	新西兰	津惠合作项目	市政府	刘连柱、聂永安、王树义
2000 年 9 月 16—26 日	日本	中日都市地震防灾对比合作研究	中国地震局	聂永安、龚绍京、王公学
2001 年 2 月 15—24 日	韩国	台站观测技术考察	中国地震局	董洪军
2001 年 4 月 18—30 日	新西兰、澳大利亚	参加第二届国际统计学研讨会	中国地震局	蒋淳
2001 年 5 月 23 日至 6 月 6 日	美国	地震活断层探测与油气勘探技术考察	中国地震局	牟光迅
2002 年 3 月 29 日至 4 月 20 日	美国	地震灾害紧急救援技术培训项目	中国地震局	聂永安
2002 年 4 月 17 日至 5 月 1 日	美国	地震科技考察	中国地震局	刘连柱、陈化然
2002 年 5 月 10—25 日	德国	赴美考察	中国仪器进出口集团公司	赵国敏、孙继忠
2003 年 9 月 1—20 日	日本	科技管理交流与考察	市委科技工委	李振海

续表 5-4-3-105

日期	到访国家	事项	派出单位	出访人员
2003 年 9 月 9—29 日	日本	数字地震资料应用培训项目	国家外国专家局	姚兰予
2003 年 12 月 3—11 日	印度	减轻城市危险和灾害管理国际会	中国地震局	陈化然
2003 年 12 月 10—26 日	美国	设备验收考察	中国仪器进出口集团公司	陈金林
2004 年 1 月 4—27 日	新西兰	访问交流	市政府	陈宇坤、牟光迅、王树义
2004 年 1 月 8—18 日	韩国、中国港澳	防震减灾技术交流	天津市地震局	付仲生、刘晓年、朱桂兰
2004 年 2 月 5—19 日	欧洲	访问交流	市政府	刘赤兵
2004 年 6 月 25 日	德国	地震结对城市会议	中国地震局	陈化然
2004 年 2 月 17 日	泰国	地震台站观测技术考察	中国地震局	孙继忠
2004 年 4 月 15 日	日本	救援基地建设	中国地震局	王树义
2004 年 8 月 10 日	瑞士	第 32 届国际地质大会	中国地震局	蒋淳
2004 年 10 月 13—15 日	新西兰	津惠城市发展与减灾学术研讨会	天津市政府	赵国敏
2004 年 10 月 13—15 日	新西兰、澳大利亚	津惠城市发展与减灾学术研讨会及学术交流与访问考察	市地震局	李振海、陈宇坤、王玉生
2004 年 10 月 11 日	日本	JICA 大城市地震灾害缓解策略交流	科学技术部国际司	陈化然
2005 年 1 月	德国、荷兰、法国	学习考察	市委组织部	王玉生
2005 年 1 月 17 日	日本	参加世界减灾大会	中国地震局	聂永安
2005 年 3 月 24 日	日本	考察访问	市外办	冯俊生、刘允秀
2005 年 7 月 12 日	欧洲	考察访问	市地震局	李振海、付仲生
2005 年 11 月 5 日	美国	执行应急救援管理培训任务	中国地震局	姚兰予
2006 年 10 月 26—29 日	韩国	第五届远东亚地震断层研讨会	中国地震局	崔晓峰
2009 年 3 月 16—25 日	中国台湾	科技交流		冯俊生
2009 年 8 月 2—6 日	韩国	远东国际地震层析成像研讨会	中国地震局	栗连弟
2009 年 12 月 6—15 日	日本、韩国	考察交流		曹井泉、刘爱平、赵阳、李刚、邱虎、孙晶岩
2010 年 1 月 24—29 日	日本	科技交流		付仲生、陈玉坤、杨港生、刘芳
2010 年 6 月 14—23 日	澳大利亚、新西兰	交流合作	市政府	赵国敏、陈宇坤、邵永新
2010 年 7 月 18—30 日	刚果	地震安评		陈宇坤、雷生学
2010 年 10 月 2—17 日	意大利	参加培训		聂永安
2010 年 12 月 15—24 日	美国、加拿大	交流合作		王玉生、曹井泉

第六篇

组织机构与队伍建设

组织机构与队伍建设是防震减灾工作的基础。天津市防震减灾工作组织机构与队伍建设起于1967年3月27日河间6.3级地震后，经历了一个由分散到集中，由单一到综合，由建立到健全的发展过程。

1966年3月22日邢台7.2级地震发生以后，地质学家李四光提出“地震活动由西南向东北方向发展的趋势”，周总理指示“要密切注视京、津地区地震动向”。为此，中国科学院、地质部、国家测绘总局等单位相继组织地震工作队伍在津开展震灾调查及地质构造与地震活动关系的研究。

1967年3月27日河间发生6.3级地震。3月28日天津市警备区抓革命促生产指挥部设立防震办公室，其主要任务是协调中国科学院和地质部、国家测绘总局等单位派出的临时地震工作机构在津开展地震工作，同时发动群众利用土法开展地震前兆观测。

1969年，防震办公室更名为天津市地震办公室。1969年7月18日渤海7.4级地震后，市地震办公室委托地质部华北地质研究所协助筹建徐庄子地震台、塘沽地震台和青光地震台。1971年5月，地质部华北地质矿产研究所和水文地质工程地质研究所等在津从事地震观测研究的机构合并，组建天津市地震队，与市地震办公室合署办公。

1975年2月4日辽宁海城发生7.3级地震。2月13日市委决定成立市防震抗震领导小组，2月19日决定在市建委设立抗震办公室。同年5月18日，撤销地震办公室和抗震办公室，成立天津市地震局，作为天津市防震减灾工作机构和防震抗震领导小组的办事机构，统一管理全市的防震抗震工作。

天津市防震抗震领导小组与市地震局的成立，标志着天津市防震减灾工作进入了一个新的发展阶段。其后天津市防震抗震领导机构经历1983年和1996年的重组和更名，天津市地震局经1979年抗震办公室脱离、1983年领导机制调为国家地震局与地方政府双重领导以国家地震局为主的变更外，其总体格局未变。

伴随市级地震组织机构的建立，各区县也成立了相应的领导机构，设立地震办公室统一管理本辖区的地震工作。

第一章　防震减灾工作机构

天津市防震减灾领导机构是由天津市人民政府、天津警备区和有关部门领导组成的议事协调机构，负责决策、部署天津市防震减灾的重大事项。

1975年海城地震以来，天津市建立了不同形式的防震减灾工作领导机构：1975年建立防震抗震领导小组、1976年建立抗震救灾指挥部、1983年建立抗震防灾领导小组、1996年建立防震减灾工作领导小组，2000年建立防震减灾工作联席会议制度。伴随市级领导机构的成立，各区县也成立了相应的领导机构。

目前，已形成在市委、市政府领导下，市防震减灾工作领导小组统一协调指挥，区县政府和各职能部门依据《中华人民共和国防震减灾法》和《天津市防震减灾条例》赋予的职能，分工管理，各负其责的防震减灾工作领导体制。

前志对其间的领导机构已有述及，这里主要介绍1996年建立的防震减灾工作领导小组和2000年建立的防震减灾工作联席会议的情况。

第一节　天津市防震减灾工作领导小组

1996年2月5日，国务院办公厅转发《国家地震局关于我国地震重点监视防御区的确定和加强防震减灾工作意见的报告》（国办发〔1996〕2号）。国家地震局综合“震情、灾情以及国民经济和社会发展规划”三方面的因素，将包括天津在内的首都圈地区（晋冀蒙交界和京、津、唐地区）确定为全国21个重点监视防御区之一，作为今后一段时期（10年或更长一段时间）相对稳定的防震减灾重点地区和率先实现中国防震减灾十年目标的战略区。同时，在1996年度全国地震趋势会商会上，国家地震局基于震情确定了1996年发生地震可能性较大的12个“地震重点危险区”。1996年3月26日，市长张立昌主持召开了防震减灾工作专题市长办公会议，鉴于天津市位于“山西地震带北部至晋冀蒙交界地区”和“渤海及其沿岸地区”两个“地震重点危险区”之间的震情形势，为全面贯彻落实国务院办公厅国办发〔1996〕2号文件精神，决定成立市防震减灾工作领导小组。1996年6月25日，天津市政府印发《关于成立天津市防震减灾工作领导小组的通知》（津政人〔1996〕45号），成立以市长张立昌为组长；常务副市长李盛霖、副市长曲维枝、副市长王德惠、天津警备区副司令员李风河为副组长的天津市防震减灾工作领导小组，组织协调全市防震减灾工作。

1996—2010年，因政府换届及人事变更等原因，市政府对防震减灾工作领导小组负责人及组成人员先后3次做出调整。

1. 第一次调整。2000年7月20日，天津市政府印发《关于调整天津市防震减灾工作领导小组成员的通知》（津政人〔2000〕23号）对天津市防震减灾工作领导小组组成成员做出调整。市长李盛霖担任领导小组组长，常务副市长杨新成、副市长王德惠、副市长梁肃、天津警备区副司令员扬冀平担任副组长，领导小组组成人员由33个委办局及区县政府负责同志组成。

2. 第二次调整。2003年7月9日，天津市政府印发《关于调整天津市防震减灾工作领导小组成员的通知》（津政人〔2003〕28号），根据机构改革和人事变动的实际情况，对市防震减灾工作领导小组成员进行调整。市长戴相龙担任新一届领导小组组长，副市长夏宝龙、陈质枫和天津警备区副司令员俞森海任副组长，成员由45个委、办、局以及各区县负责同志组成。

3. 第三次调整。2009年2月20日，鉴于人事变动，经市政府领导同志同意，对市防震减灾工作领导小组组成人员进行调整。副市长王治平任领导小组组长，天津警备区副司令员李德生、市政府副秘书长王志铭、市地震局局长赵国敏任副组长，成员由42个委、办、局负责同志组成。

一般情况下，市防震减灾工作领导小组每年召开一次会议，传达贯彻国务院有关文件精神，总结上年度工作，研究部署和协调解决防震减灾有关工作和问题。遇有重大情况和突发事件，市防震减灾工作领导小组随时召开专题会议进行决策和部署。

第二节　市防震减灾工作联席会议

2000年6月12日，市长李盛霖主持召开第32次市长办公会议，作为会议的第三议题，研究了加强防震减灾工作的有关事宜。为贯彻《国务院办公厅关于成立国务院抗震救灾指挥部和建立国务院防震减灾工作联席会议制度的通知》（国办发〔2000〕17号）精神，会议决定建立天津市防震减灾工作联席会议制度，即平时，市防震减灾工作领导小组作为市防震减灾工作联席会议；一旦发生破坏性地震，市防震减灾工作领导小组立即转为抗震救灾指挥部。

2003年4月18日，市防震减灾工作联席会议召开第一次会议，传达国务院办公厅转发中国地震局《关于2003年地震趋势和进一步做好防震减灾工作意见的通知》精神，总结和部署天津市防震减灾工作，审议通过“天津市防震减灾工作联席会议制度”。

“天津市防震减灾工作联席会议制度”的主要内容如下：1. 防震减灾工作联席会议由市政府领导同志和有关部门、各区县负责同志组成，负责领导和统筹管理、组织协调全市防震减灾日常工作。各成员单位按照《天津市防震减灾条例》赋予的职能、职责开展工作，并会同其他部门共同推进防震减灾工作。2. 防震减灾工作联席会议的主要职责包括：研究、审议防震减灾工作的有关法规和实施细则；研究制定加强防震减灾工作的重大政策；审议全市防震减灾工作的总体发展规划；协调各部门、各区县涉及防震减灾工作的重大事项；通报重要震情和防震减灾工作情况。3. 防震减灾工作联席会议办公室设在市地震局，负责日常工作。办公室的主要职责：在防震减灾工作联席会议的领导下，负责联系各有关部门、各区县和各社会团体及大型企业；对天津市防震减灾工作中涉及政策性、法规性重大问题进行调研，提出政策性建议；组织拟定防震减灾工作的规划、计划，提交防震减灾工作联席会议研究审定；安排联席会议的议程；受联席会议委托，承担交办的工作。4. 各成员单位推荐一名处级领导干部作为联络员，负责日常工作的联络沟通。5. 防震减灾工作联席会议一般每年召开1次，由联席会议办公室报请分管市长批准后召开；为便于防震减灾日常工作的沟通和协调，根据工作需要，不定期召开联络员会议。

第三节 市防震减灾工作领导小组办事机构

1996年6月25日，市政府《关于成立天津市防震减灾工作领导小组的通知》（津政人〔1996〕45号）明确，市建委、人防办、地震局等有关委局根据各自职责，作为领导小组下设的办事机构。为做好破坏性地震应急工作，市防震减灾工作领导小组下设应急办公室。应急办公室主任由人防办刘国光兼任，副主任由市委宣传部刘凤银、市人防办王如意、市地震局王公学、市建委魏树森担任。办公地点设在市人防办。主要负责破坏性地震应急预案的制定和日常应急性准备工作。

2000年7月20日，市政府印发《关于调整天津市防震减灾工作领导小组成员的通知》（津政人〔2000〕23号），明确建立天津市防震减灾工作联席会议制度，并责成市地震局负责市防震减灾工作联席会议的日常工作。

2003年7月9日，市政府印发《关于调整天津市防震减灾工作领导小组成员的通知》（津政人〔2003〕28号），在调整市防震减灾工作领导小组成员的同时，进一步明确了市防震减灾工作领导小组办事机构的有关事宜。为了做好破坏性地震应急工作，市防震减灾工作领导小组下设应急工作办公室，办公室主任由市人防办主任刘国光兼任，办公地点在市人防办；根据国务院办公厅关于建立防震减灾工作联席会议制度的要求，为做好防震减灾的日常管理和协调工作，市防震减灾工作领导小组设立联席会议办公室，办公室主任由市地震局局长赵国敏兼任，办公地点在市地震局。

2006年9月，市政府印发《关于调整天津市防震减灾工作领导小组应急工作办公机构的通知》（津政人〔2006〕32号），为理顺和完善地震应急管理体制，进一步加强天津市防震减灾工作，决定将市防震减灾工作领导小组下设的应急工作办公室调整为市防震减灾工作领导小组办公室。办公室主任由市地震局局长赵国敏兼任，办公地点设在市地震局，负责防震减灾的组织、协调、管理工作，做好破坏性地震的应急工作。

第二章 地震工作机构

地震工作机构指从事地震工作管理和科研的机构。天津市地震工作机构从1967年河间地震后开始逐步建立，经不断演化，1975年成立集地震科研、预测、预报、防震、抗震工作为一体的天津市地震局。区县地震工作机构始建于 1975 年。1975 年 8 月，各区县落实贯彻市革委批转的《市地震工作会议纪要》（津革发〔1975〕46 号），相继成立区县地震办公室，负责组织管理辖区内地震业余测报和地震科普宣传等工作。

第一节　市级地震工作机构

天津市地震局是天津市政府和中国地震局依照中编办机构编制方案设立的，统一管理全市地震监测预报、地震灾害预防、地震应急救援事务的市级地震工作机构。

一、市级地震工作机构沿革

1967 年 3 月 27 日河北省河间县发生 6.3 级地震波及天津成灾。同年 3 月 28 日，天津警备区抓革命促生产指挥部成立防震办公室。1968 年，防震办公室改属市革委生产指挥部领导。防震办公室办公地点在和平区睦南道 41 号。

1969 年，防震办公室更名为天津市地震办公室，归属市科技局领导。市地震办公室主任：黄若影；副主任：韩满贵。市地震办公室办公地点在和平区长沙路市科技局院内。

1971 年 4 月 29 日，中国科学院《关于组建天津市地震队的意见》（科字〔1971〕93 号），商天津市革命委员会。1971 年 5 月，经天津市革命委员会第 11 次会议研究决定组建天津市地震队，归属市科学技术局领导，与市地震办公室合署办公。天津市地震队以地质部华北地质所、水文所、河北省地质局测绘队以及中国科学院地球所、地质所、工力所等在津开展地震监测预报研究工作的机构和人员为基础进行组建，定编 110 人，下设政工、业务、群防、后勤 4 个组，管辖徐庄子、塘沽、青光、张道口、葛沽、大毕庄地震台和水化分析队、地应力试验组，负责天津地区地震预测预报和研究工作。天津市地震队队长：王德发；副队长：徐兆凯、欧阳欲德、张咏、王佐卿、陈玉河。市地震队办公地点在河东区津塘公路 69 号。

1975 年 2 月 4 日辽宁省海城发生 7.3 级地震，天津市普遍有震感。同年 2 月 18 日，市委决定成立市防震抗震领导小组（中共天津市委文件津党发〔1975〕29 号），同时决定以市建委为主成立抗震办公室，在市防震抗震领导小组的领导下负责全市的防震抗震工作。同年 5 月 18 日，为了加强对地震科研、预测、预报、防震、抗震工作的集中统一领导，市委、市革委决定成立天津市地震局，归口市建委领导（天津市革委文件〔1975〕津革发 27 号）。市地震局办公地点在河东区津塘公路 69 号。市地震局成立后，原市抗震办公室和市地震办公室即行撤销。

1979 年 10 月，天津市革命委员会《关于同意恢复天津市抗震办公室及地震局划归科委领导的复函》（津革办函〔1979〕68 号）决定恢复天津市抗震办公室，仍归属市建委领导。

1983 年 2 月，天津市地震局办公地点迁址到河西区友谊路 19 号。

二、市地震局管理体制(隶属关系)变更及职能调整

1975年市地震局建局初期隶属市建委领导。此后，市地震局在管理体制上经历过2次调整。随着防震减灾工作的深入和管理体制的变更，市地震局的主要职能和任务也相应有过调整。

(一)1975—1979年

1975年5月，根据天津市革命委员会《关于成立天津市地震局的通知》(津革发〔1975〕27号)，天津市地震局隶属天津市基本建设委员会领导。市地震局职责任务：集中统一管理天津市地震科研、预测、预报、防震、抗震工作。

(二)1979—1983年

1979年10月，天津市革命委员会《关于同意恢复天津市抗震办公室及地震局划归科委领导的复函》(津革办函〔1979〕68号)决定天津市地震局归属天津市科学技术委员会领导，并对天津市地震局的工作职责和任务作调整。市地震局的主要职能和任务：贯彻执行党和国家的各项方针、政策；负责干部的培养、使用、考核、提拔、任免工作；制定科研计划，围绕全局工作中心，开展天津地区地震监测、分析预报及地震前兆研究工作；管理地方地震工作；开展地震监测预报新理论、新方法、新技术的开发和地震对策的研究；承担天津市工程地震、地震区划、烈度鉴定及有关科技咨询服务工作。

(三)1983—2010年

1983年8月，根据国务院办公厅《国务院关于转发国家地震局关于省、市、自治区地震工作机构和管理体制调整改革的报告的通知》(国办发〔1983〕63号)，天津市地震局实行以国家地震局为主，与天津市政府双重领导的管理体制。

1. 1983年改为“以国家地震局为主，与天津市政府双重领导”的管理体制后，市地震局的主要工作任务：管理天津市地震工作，负责监视天津市地震活动，开展地震前兆观测和科学研究，进行预测预报，为减轻地震灾害，为经济建设和国防建设服务。工作职责：(1)负责贯彻执行全国地震工作方针、政策、规章；制定天津市地震工作的长远规划、中期规划、年度计划，并组织实施；(2)负责天津市地震前兆观测和研究地震趋势，搞好预测预报；制定天津市地震监测系统的布局方案；参加国家地震局负责组织的京津唐地区震情联合监视；组织大震前后的监测工作和科学考察；(3)组织管理地震科学研究和科研成果的鉴定、推广；(4)指导群测群防工作、宣传地震科学知识和防震抗震科学知识，平息地震谣传，稳定生产和社会秩序，配合专业地震队伍做好地震工作；(5)进行震害考察和预测，为天津市经济建设规划及工程建设开展烈度、地震工程等技术咨询和技术服务；(6)组织天津市与国际、国内地震科学技术的交流与合作；(7)统一管理天津市地震部门的计划、财务、物资装备、人员编制和专业培训工作，提出地震工作机构设置的意见。

2. 1995年，根据中央编制委员会印发《关于印发省、自治区、直辖市地震机构改革方案的

通知》（中编发〔1995〕1号）要求，国家地震局印发《国家地震局关于印发天津市地震局职能配置、内设机构和人员编制方案的通知》（震发人编〔1995〕163 号），对天津市地震局工作职责和任务再次进行调整。主要工作职能：更好地贯彻“预防为主、综合防御”的方针，对天津市综合防震减灾工作实行统一管理，有效地行使行政管理职能和社会管理职能，全面推进本地区的防震减灾工作。主要工作职责：（1）制定天津市防震减灾工作的方针、政策，组织起草有关的地方法律、法规，制定颁布有关的技术规范，并监督检查其执行情况。（2）制订防震减灾事业中长期发展规划；编制防震减灾工作年度计划并组织实施；管理监督事业费和专项资金的使用。（3）管理地震监测预报工作，并承担在破坏性地震发生后天津市政府抗震指挥部机关办事机构的职责。负责提出地震趋势预报意见和所辖区域及全国地震重点监视防御区的建议，会同有关部门和协助政府拟定破坏性地震应急预案、综合防御措施，检查监督其落实。负责震情速报和地震灾情速报；管理地震灾害损失评估；参与制定地震灾区重建规划。（4）管理地震烈度区划和震害预测工作；管理城镇、经济开发区以及重大工程建设场地的地震安全性评价工作；负责地震安全性评价工作资格审查认证和任务登记。合同有关部门管理地震次生灾害和防灾工作。（5）管理以地震动参数和烈度表述的抗震设防标准；审定直辖市级以下重点项目建设场地的抗震设防标准；指导和监督重大工程及重要设施的抗震设防工作。（6）推进地震科技现代化；组织管理地震科学技术研究与攻关、科技成果的推广应用；组织开展地震科技国际合作与交流；指导与防震减灾事业有关的学会、协会工作。（7）会同有关部门开展防震减灾宣传教育工作，普及防震减灾知识，提高全社会的减灾意识。（8）领导所属事业单位；指导区、县防震减灾工作。（9）承担国家地震局和天津市人民政府交办的事项。

3. 2002 年，根据《中央机构编制委员会关于印发<省、自治区、直辖市地震机构改革方案>的通知》（中编发〔2001〕4号）精神，中国地震局印发《关于印发〈天津市地震局职能配置、机构设置和人员编制方案〉的通知》（中震发人〔2002〕106 号），明确天津市地震局实行中国地震局和天津市人民政府双重领导，以中国地震局为主的管理体制。根据授权承担本行政区域内防震减灾工作政府行政管理职能，依法履行防震减灾主管机构的各项职责。加强和新增的工作职能：（1）加强社会管理职能。依照《中华人民共和国防震减灾法》、《天津市实施〈中华人民共和国防震减灾法〉办法》等有关法律、法规的规定，监督、检查天津市的防震减灾工作。（2）加强行业管理职能。指导市、县防震减灾工作，对省级以下（含省级）地震台网（站）实行统一规划，资源共享。（3）建立健全天津市地震监测预报、震灾预防和紧急救援三大体系。（4）管理中国地震局移交的地震监测台网。（5）管理主要由地方投资并主要为地方防震减灾工作服务的一般项目。主要工作职责：（1）根据有关法律、法规、规章的规定，监督、检查天津市的防震减灾工作，负责拟定有关防震减灾的方针、政策，起草地方性法规、规章，制定规范性文件，并组织实施。（2）组织编制天津市防震减灾规划和计划；推进防震减灾计划体制和相应经费渠道的建立和完善；管理、监督事业费、基本建设费和专项资金的使用。（3）负责建立地震监测预报工作体系、按照全国地震监测台网（站）建设规划，负责统一规划天津市地震台网（站）及信息系统的建设，实现资源共享；制定天津市地震监测预报方案并组织实施；管理市级地震监测台网（站）；负责提出地震预报意见；强化天津市地震重点监视防御区的震情跟踪；对区、县地震监测台网（站）和群测群防工作实行行业管理；会同有关部门依法保护地震监测设施和地震观测环境。（4）会同有关部门建立震灾预防工作体系，负责监督管理本行政区域内建设工程抗震设防要求和地震安全性评价工作，按职责权限审定地震安全性评价结果，确定抗震设防要求；管理天津市的地震灾害预测；制定天津市破坏性地震应急预案并检查落实情况；组织开展防震减灾知识的宣传教育工作，并按照有关规定审核防震减灾宣传报道。（5）承担天津市人民政府抗震救灾指挥机构的办事机构的职能；负责震情和灾情速报，会同有关部门组织地震灾害调查与损失评估；参与制定地震灾区重建规划。（6）会同有关部门建立地震紧急救援工作体系。开展地震应急、救援技术和装备的研究与开发；会同有关部门组建和培训地震紧急救援队伍；协助区、县人民政府建立地震应急救援物资储备系统。（7）组织开展水库地震、海洋地震的监测和研究工作，会同有关部门防范地震次生灾害。（8）承担天津市的地震行政复议、行政诉讼工作；负责地震行业质量与技术监督管理工作；负责地震技术标准的宣传、贯彻、实施和监督；管理地震计量工作。（9）推进地震科学技术现代化；组织开展地震科学技术研究及其成果的推广应用；开展地震科学技术国际合作与交流；指导和管理与防震减灾事业有关的学会、协会工作。（10）领导下属单位；指导区县防震减灾工作。（11）承担中国地震局和天津市人民政府交办的其他事项。

三、市地震局机构设置及人员编制

市地震局内设机构分为行政管理机构和直属事业单位两部分。

（一）行政管理机构设置

1975年根据天津市革命委员会《关于成立天津市地震局的通知》（津革发〔1975〕27号），市地震局内设机构为“一室三处”，即办公室、政治处、地震处和抗震处四个处室。1977年7月，增设综合计划处。1978年12月，增设业务处，撤销地震处、综合计划处。1979年10月，市地震局由市建委划归市科委领导，抗震处整建制调至市建委。1981年4月，增设总工程师室。1981年9月，增设台站管理处、物资行政处、群测群防处；撤销业务处。1983年12月，增设计划科研监测处、后勤处；撤销总工程师室、台站管理处、物资行政处。

1985年5月调整内设机构，增设人事处、地震监测处、综合计划处；撤销政治处、群测群防处、计划科研监测处。1991年5月，实行“行政管理机构与事业单位分开”改革，对内设机构进行调整，增设人事教育处、科技监测处、震害防御处、审计监察处、老干部服务管理处；撤销后勤处、人事处、地震监测处。

1996年11月根据国家地震局的批复（震人〔1996〕171号）调整内设机构，撤销科技监测处（外事办公室）、震害防御处（地方地震工作处）；新设预测预防处、区县地办工作处、科技发展处、政策法规宣传处。预测预防处与区县地办工作处合署办公；科技发展处与科技开发处合署办公。调整后的内设机构设置为：办公室（外事办公室），政策法规、宣传处，人事教育处，计划财务处，科技发展处（科技开发处），预测预防处（区县地办工作处），机关党委，离退休干部管理处。

2004 年 5 月调整内设机构，设立办公室、外事办公室（合署办公），人事教育处、离退休干部管理处（合署办公），计划财务处、科技发展处（合署办公），监测预报处，震害防御处、法规处（合署办公），应急救援处，审计、监察处，机关党委（工会）。2010 年 12 月，对部分内设机构进行更名：计划财务处更名为发展与财务处、科技发展处更名为科学技术处、法规处更名为政策法规处。

（二）直属事业单位设置

1. 1975—1983 年

1975 年 5 月建局初期，下属机构仅有徐庄子地震台、塘沽地震台、青光地震台、宝坻地震台、武清地震台、蓟县地震台、宁河地震台和静海地震台等 8 个台站。随着事业发展、震情形势变化以及市地震局机构改革和职责调整，1975—1983 年期间下设业务机构有如下调整。

1976 年 5 月 26 日，经市革委第 94 次主任办公会议同意，组建地震工程研究所（科级单位），定编 20 人。主要职责：进行软弱地基及抗震处理的研究；开展对天津市现有工业、民用、市政工程、公用设施等建筑抗震加固，新建工程按不同的规模、类型、建设区域的研究；进行设防标准和抗震性能、建筑材料抗震性能的研究；工业振动对高、精、尖产品生产影响以及城市噪音、爆炸振动对人民生活和生产造成危害的研究。1979 年 10 月 5 日，地震工程研究所由市地震局整建制调入天津市建筑设计院。

1976 年 10 月 10 日，经市领导复函同意，成立流动观测队（科级单位），定编 100 人。主要职责：（1）地震地质：收集浅部及深部地质构造资料，编绘区地质构造图件。（2）测震：架设临时测震台网；研究天津及邻区历史大震活动规律；研究天津及邻区小震活动，通过研究小震预测大震；调研与汇总世界、全国及华北地震活动时空特征的研究成果。（3）地磁：架设临时地磁台。对宝坻、大良镇、马家店、冀县、胜芳、青光、柏各庄、宁河、东堤头、塘沽、文安、静海、徐庄子、沧州、歧口等地进行定期（1 次/每 2 个月或 1 个月）流动地磁测量。（4）重力：对滦县、昌黎、板桥、北闸口、双港、付村、华北所、杨柳青、小淀、荒草坨、大吨、林亭口、下仓、潘庄、武清、廊坊、宁河、永和村进行定期（1 次/每月）流动重力测量。形变：沿独津线、独万线、十万线、咸小线、咸塘线、汉塘线、芦汉线、潘芦线、潘津线、津咸线进行精密水准测量（1 次/每年）。（5）综合：汇集邻区及协作单位中长期资料和本队观测资料从地球物理场及地壳应力场变化；开展地震综合预报研究工作。1978 年 12 月流动观测队撤销。

1978 年 1 月 13 日，报经中共天津市委同意成立天津市地震监测处（津党办发〔1978〕4 号），为市地震局直属事业单位，使用流动队编制。主要职责：统一管理天津市专业台站、流动观测队伍和水化学实验室，在完成监测任务的基础上，做好分析预报与科研工作。1978 年 12 月 8 日，经中共天津市委同意（津党办发〔1978〕135号），撤销天津市地震监测处。

1978年6月29日，因业务工作需要，报经市革委（津革办发〔1978〕45号）同意，成立天津市地震预报研究室，定编50人，主要职责：围绕监测预报工作，开展重点前兆手段的攻关研究，以深井综合测震仪器研制为主的地震仪器研制和综合地震预报方法的研究。1979年11月13日，经市革委同意（津革办函〔1979〕88号），撤销天津市地震预报研究室。

2. 1983—2010年

1983年后，根据国家地震局关于省、市、自治区地震工作机构和管理体制调整改革方案，内设机构设置逐渐规范化，管理部门和事业单位分工渐显明晰。

1983年12月，根据工作需要，增设地震前兆研究室、地下水监测预报室（1991年5月撤销）；1987年，增设开发部（1990年撤销）；1991年5月，设立综合地震观测中心、分析预报中心和地震研究室，分别承担地震监测、地震预报和地震预报方法研究工作；1993年，根据后勤服务社会化的要求，撤销后勤处，组建机关服务中心，作为局属事业单位，承担全局后勤保障工作。

1998年、2004年和2009年，为适应防震减灾工作的新形势和新要求，市地震局分别对局属事业单位进行机构改革。

1998年进行第一次事业单位机构调整，组建台管中心，统一负责台站监测和人员管理；组建工程地震研究中心，适应抗震设防要求管理，服务于城市基础设施地震安评；组建数据信息中心，统一管理地震监测数据共享和信息化建设。

2004年5月，根据中编委《省、自治区、直辖市地震机构改革方案》（中编发〔2001〕4号）和中国地震局《关于省、自治区、直辖市地震机构改革方案的实施意见》（中震发〔2001〕216号）以及中国地震局批复《天津市地震局职能配置、机构设置和人员编制方案》（中震发人〔2002〕106号）的要求，市地震局结合事业单位职责任务调整以及现有人员实际情况，对事业单位再次进行机构调整。组建预报中心、信息中心、监测中心，分别承担地震监测预报和数据库建设、信息传输等工作任务；组建天津市工程地震研究院，作为独立法人事业单位，加大对社会服务的力度；组建社团办公室（新闻办公室），承担天津市地震学会、天津市灾害防御协会办事机构日常工作，负责防震减灾宣传教育。

2009年4月，根据国家人事制度改革的整体要求和中国地震局内设机构设置及任务调整，以及《中国地震局关于印发〈天津市地震局职能配置、机构设置和人员编制方案〉的通知》（中震发人〔2002〕106号），市地震局根据中国地震局《关于天津市地震局调整下属事业单位的批复》（中震人函〔2007〕117号），结合事业单位岗位设置管理工作的实施，参照地震系统其他省局事业单位法人管理改革工作的经验和做法，本着理顺关系，减少交叉的原则，再次对事业单位机构实施改革。对原有的5个事业单位按照防震减灾工作体系建设的要求进行归并，将原地震工程中心更名为“天津市地震灾害防御中心（天津市工程地震研究中心）”；原机关服务中心更名为“天津市地震应急保障中心（天津市地震局机关服务中心）”，把地震应急指挥大厅技术保障任务和地震应急救援装备管理工作从信息中心剥离出来并入“天津市地震应急保障中心”；将监测中心和预报中心整合成“天津市地震监测预报中心”；将原监测中心和预报中心的信息网络和数据库建设部分任务剥离出来，设立“天津市地震应急信息中心”；为加强地震科普教育功能和地震应急救援技术培训，新设立“天津市防震减灾教育培训中心”。更名和新设立的5个事业单位，先后完成了固定资产和资金测算、分账，并办理了事业单位法人登记手续。

（三）人员编制

1969年天津市地震办公室人员编制4人。1971年组建天津市地震队，人员编制110人。1975年5月18日，天津市革命委员会印发《关于成立天津市地震局的通知》（津革发〔1975〕27号），明确市地震局机关编制40人（含工勤人员），各台、站的专业人员根据国家地震局有关规定另列事业编制。

1977年7月8日，国家地震局印发文件（震发计字〔1977〕第144号），核定天津市地震局人员编制300人（含机关人员编制40人）。

1983年12月9日，国家地震局以震发计字〔1983〕第360号文件，再次核定天津市地震局事业编制280人（含机关人员编制45人）。

2002年6月27日，中国地震局印发《中国地震局关于印发〈天津市地震局职能配置、机构设置和人员编制方案〉的通知》（中震发人〔2002〕106号），核定天津市地震局事业编制249人（含机关人员编制42人）。

四、市地震局历届党政领导任职更迭情况

1975年7月12日，中共天津市委文件（津党发〔1975〕69号），中共天津市委常委会决定，建立中共天津市地震局核心小组，由林启予、黄若影、张咏组成，林启予任组长；任命林启予为天津市地震局局长；黄若影、张咏为天津市地震局副局长。

1975年12月24日，中共天津市委组织部文件（津党组〔1975〕41号），市委常委会决定：韩满贵、张静宇任中共天津市地震局核心小组成员。

1978年6月，以张龙斌为组长、刘凤成为副组长的天津市委工作组进驻天津市地震局主持工作。1979年5月，市委工作组撤离。

1979年4月7日，中共天津市委文件（津党发〔1979〕98号），中共天津市委第727次常委会议讨论决定：撤销天津市地震局党的核心小组，建立党组。冀广民任天津市地震局局长、党组书记；周龙任天津市地震局副局长、党组副书记；安群任天津市地震局副局长、党组成员；黄若影、韩满贵任天津市地震局党组成员；免张咏天津市地震局副局长。

1983年7月9日，中共天津市委印发关于调整天津市地震局领导班子的通知（津党〔1983〕128号）。经市委讨论决定，天津市地震局领导班子调整如下：郝殿荣任天津市地震局局长、党组书记；尹集刚、尹伯忠任天津市地震局副局长；冀广民任天津市地震局顾问；天津市地震局副局

长、党组副书记周龙离职休养。

1983 年 11 月 7 日，中共天津市委印发关于安群、黄若影离职休养的通知（津党〔1983〕223 号）。市委同意：原市地震局副局长、党组成员安群、黄若影离职休养。

1984 年 4 月 29 日，中共国家地震局党组关于同意尹集刚、戴祖谦为中共天津市地震局党组成员的通知（〔1984〕震发党字第 041 号）。经与中共天津市委工业交通工作部协商，同意尹集刚、戴祖谦为中共天津市地震局党组成员。

1985 年 7 月 9 日，中共国家地震局党组关于同意增补尹伯忠、李文国为中共天津市地震局党组成员的通知（〔1985〕震发党字第 029 号）。经与中共天津市委工业交通工作部协商，同意增补尹伯忠、李文国为中共天津市地震局党组成员。

1986 年 5 月 26 日，国家地震局文件（〔1986〕震发人字第 198 号），经研究决定：尹伯忠任天津市地震局局长；郝团生任天津市地震局副局长（列尹集刚之后）；免去郝殿荣天津市地震局局长职务，离职休养；免去冀广民天津市地震局顾问职务，离职休养。

1986 年 5 月 26 日，中共国家地震局党组文件（〔1986〕震发党字第 029 号），经研究决定：尹伯忠任中共天津市地震局党组书记；郝团生任中共天津市地震局党组成员；免去郝殿荣中共天津市地震局党组书记职务。

1996 年 5 月 14 日，中共国家地震局党组文件（震发党〔1996〕25 号），经研究，并经中共天津市委同意，中共天津市地震局党组组成如下：党组书记：徐德诗；党组成员：郝团生、赵国敏；党组纪检组组长：郝团生（兼）。免去尹伯忠中共天津市地震局党组书记职务；免去尹集刚、李文国中共天津市地震局党组成员职务。

同日，国家地震局文件（震发人〔1996〕118 号），经研究，并经中共天津市委同意，天津市地震局新一届领导班子组成如下（任期四年）：局长：徐德诗；副局长：郝团生、赵国敏；免去尹伯忠天津市地震局局长职务，按国家有关规定退休；免去尹集刚天津市地震局副局长职务，任助理巡视员。

1998 年 10 月 20 日，中共国家地震局党组文件（中震发党〔1998〕29 号），经研究，并经中共天津市委同意，刘连柱任中共天津市地震局党组书记，郝团生、赵国敏任中共天津市地震局党组成员，郝团生兼任中共天津市地震局党组纪检组组长。免去徐德诗中共天津市地震局党组书记职务，调中国地震局另行安排工作。

2000 年 8 月 8 日，经中国地震局党组研究，并经中共天津市委同意，牟光迅任天津市地震局副局长（中震发人〔2000〕283 号）。

2003 年 6 月 6 日，中共中国地震局党组关于赵国敏等职务任免的通知（中震发人〔2000〕283 号），经 2003 年 3 月 24 日党组会研究，并征得中共天津市委同意：任命赵国敏为天津市地震局局长、党组书记；任命李振海为天津市地震局副局长、党组成员，任职试用期一年；免去刘连柱天津市地震局局长、党组书记职务，另有任用。

2004 年 5 月 24 日，中共中国地震局党组文件（中震党发〔2004〕40 号），经 2004 年 3 月 16 日中共中国地震局党组会研究，并征得中共天津市委同意，免去牟光迅天津市地震局副局长、党组成员职务，另有任用。

2004 年 11 月 10 日，中共中国地震局党组文件（中震党发〔2004〕127 号），经 2004 年 8 月 5 日中共中国地震局党组会研究，并征得中共天津市委同意：任命冯俊生为天津市地震局副局长、党组成员、纪检组组长（排在李振海之前）；聂永安为天津市地震局副局长、党组成员，任职试用期一年；郝团生为天津市地震局巡视员；刘梦青为天津市地震局副巡视员。免去郝团生副局长、党组成员、纪检组组长职务。

2006 年 12 月 28 日，中共中国地震局党组关于天津市地震局领导班子组成的通知（中震党发〔2006〕79 号），经 2006 年 9 月 17 日中国地震局党组会决定，并征得中共天津市委同意，天津市地震局新一任领导班子组成及有关人员职务任免如下：局长、党组书记：赵国敏；副局长、党组成员：冯俊生、李振海、聂永安；党组成员、党组纪检组组长：武丁辰。免去冯俊生天津市地震局党组纪检组组长职务。

2010 年 6 月 8 日，中共中国地震局党组关于李振海免职的通知（中震党发〔2010〕60 号），经 2010 年 4 月 28 日中国地震局党组会决定，并征得中共天津市委同意，免去李振海天津市地震局副局长、党组成员职务，另有任用。

2015 年 2 月 2 日，中共中国地震局党组关于李振海、赵国敏职务任免的通知（中震党发〔2015〕20 号）。2014 年 12 月 18 日中国地震局党组决定，并征得中共天津市委同意：任命李振海为天津市地震局局长、党组书记；免去赵国敏天津市地震局局长、党组书记职务，保留正厅局待遇。

天津市地震局历届党政领导干部更迭任职简表

（1975 年 5 月至 2010 年 12 月）

表 6-2-1-106

届别	时　段	职　务	姓　名	备　注
一	1975 年 7 月至 1978 年 6 月	核心组组长、局长	林启予	
		核心组成员、副局长	黄若影	
			张　咏	
		核心组成员	韩满贵	
			张静宇	
二	1979 年 4 月至 1983 年 7 月	党组书记、局长	冀广民	
		党组副书记、副局长	周　龙	
		党组成员、副局长	安　群	
			黄若影	
		党组成员	韩满贵	
三	1983 年 7 月至 1986 年 5 月	党组书记、局长	郝殿荣	
		党组成员、副局长	尹集刚	1984 年 4 月始任局党组成员
		党组成员	戴祖谦	1984 年 4 月始任局党组成员

续表 6-2-1-106

届别	时 段	职 务	姓 名	备 注
		党组成员、副局长	尹伯忠	1985 年 7 月始任局党组成员
		党组成员	李文国	1985 年 7 月始任局党组成员
四	1986 年 5 月至 1996 年 5 月	党组书记、局长	尹伯忠	
		党组成员、副局长	尹集刚	
			郝团生	
		党组成员	李文国	
五	1996 年 5 月至 1998 年 10 月	局党组书记、局长	徐德诗	
		局党组成员、副局长	郝团生	
			赵国敏	
六	1998 年 10 月至 2003 年 6 月	党组书记、局长	刘连柱	2002 年 10 月免职，另有任用。
		党组成员、副局长	郝团生	党组纪检组组长
			赵国敏	2002 年 10 月主持全面工作
			牟光迅	2000 年 8 月始职党组成员、副局长
七	2003 年 6 月至 2004 年 11 月	党组书记、局长	赵国敏	
		党组成员、副局长	郝团生	党组纪检组组长
			牟光迅	2004 年 5 月免职，另有任用
			李振海	
八	2004 年 11 月至 2006 年 9 月	党组书记、局长	赵国敏	
		党组成员、副局长	冯俊生	党组纪检组组长
			李振海	
			聂永安	
九	2006 年 9 月至 2010 年 12 月	党组书记、局长	赵国敏	
		党组成员、副局长	冯俊生	
			李振海	2010 年 4 月免职，另有任用
			聂永安	
		党组成员	武丁辰	党组纪检组组长

第二节 区县工作机构

区县地震办公室是各区县党委、政府根据市委、市政府的统一部署，结合区县防震减灾工作实际需求而设立的管理地震监测预报、地震灾害预防和地震应急救援工作的政府职能部门。各区县地震办公室始建于 1975 年。其后，经历了数次区县政府精简机构的改革与调整。2017 年时，各区县多以在区县人防办、科委等部门加挂地震办公室牌子（合署办公）的方式，既保留了区县地震工作机构，又有效地行使了防震减灾工作的政府管理职能。

一、区县地震工作机构沿革

（一）1975 年全市 17 个区县相继成立地震办

天津市是全国开展区县地震工作最早的省份之一。1966 年邢台地震后，各区县相继组织开展了地下水、动物等地震前兆宏观异常观测，并创造了“土地电、土地磁、土应力”等多种观测方法。1967 年河间地震后，为配合市防震（地震）办公室的工作，各区县普遍依托革委会办事组、水利局、气象站等机构（部门）指派专人兼职负责地震工作。

1975 年 7 月 26 日，天津市革命委员会以津革发〔1975〕46 号文件批转《市地震工作会议纪要》。1975 年 8 月，各区县认真落实《市地震工作会议纪要》中关于“坚持‘条块结合，以块为主’的原则，充分发挥各级防震抗震领导小组的作用”和“区、县地震办公室应作为一个常设机构，配备专职干部，列入事业编制”等要求，大力加强防震抗震组织建设，相继成立了区县地震办公室。区县地震办公室隶属区县政府领导，业务工作接受市地震局指导。

1976 年 4 月 21 日，天津市革委会办公厅印发《关于地震办公室的编制的通知》（津革办发〔1976〕43 号），进一步明确了各区县地震办公室的人员编制和经费渠道。

1980 年 4 月，中共天津市委印发《批转市组织部〈关于区县党政机构分设〉的请示报告》（津党发〔1980〕23 号），将各区县地震办公室纳入政府系列，行使政府管理地震工作职能。

1981 年 3 月，大港区建区后，经大港区政府常务会议研究决定，成立大港区地震办公室。

（二）1983 年撤销市内 6 区地震办

1983 年 12 月，天津市政府办公厅转发《市地震局关于调整区县地震工作机构和人员编制、经费安排报告》（津政办发〔1983〕178 号），对区县地震工作机构进行调整。经过调整，保留了东郊、西郊、北郊、南郊和武清、宝坻、蓟县、宁河、静海以及塘沽、汉沽、大港等 12 个郊区县的地震办公室；撤销了和平、河北、河东、河西、南开、红桥等 6 个市区的地震办公室。

（三）1996 年在市内 6 区重组地震办

1996 年，根据天津市委、市政府《天津市区县党政机构改革实施意见》，除保留原有的 12 个区县地震工作机构外，在和平、河北、河东、河西、南开、红桥等 6 个市区重新组建地震工作机构。在 18 个区县地震办的管理体制上，西青、武清、南开、津南、宝坻、北辰、静海、宁河、蓟县、塘沽、大港等 11 个区县地震办公室隶属区县科委；和平、河北、河东、河西、红桥、汉沽等 6 个区地震办公室隶属区人防办；东丽区地震办公室隶属区建委。

（四）2001 年除撤销红桥区地震办外，其他区县地震办得到保留

2001 年，各区县根据天津市委、市政府《天津市区县、街道、乡镇机构改革实施意见》，为了适应社会主义市场经济发展的需要，有利于加强党的领导和促进政府职能转变，理顺各级政府、各部门之间的关系，精干公务员队伍、提高工作效率，进行了机构改革。在这次改革中，除撤销红桥区地震办公室外，保留了其他 17 个区县的地震工作机构。机构改革后，和平、河西、南开、

河北、河东、西青、塘沽、汉沽、大港、蓟县等10个区县地震办公室隶属区县人防办（在区县人防办加挂地震办的牌子）；北辰、津南、武清、宝坻、静海、宁河等6个区县地震办公室隶属区县科委（在区县科委加挂地震办的牌子）；东丽区地震办公室隶属区建委。红桥区地震办公室撤销后，其工作职能转由区人防办承担。

（五）2010年调整区县防震减灾工作机构

2010年，根据天津市委、市政府《关于印发〈天津市区县政府机构改革指导意见〉的通知》（津党发〔2009〕18号），各区县对防震减灾工作机构再次做出调整。调整后，和平、河西、河东、河北、红桥、南开、北辰、津南、西青、东丽、蓟县等11个区县在区县人防办加挂地震办公室的牌子；武清、静海、宁河、宝坻等4个区县在区县科委加挂地震办公室的牌子；塘沽、汉沽、大港3区并入滨海新区后，塘沽、汉沽、大港管委会作为滨海新区政府的派出机构，分别赋予滨海新区建设和交通局塘沽、汉沽、大港分局防震减灾工作管理职能。

二、管理职能和职责任务

随着防震减灾工作的深化，天津市区县地震工作机构的主要职能和职责任务相应做过两次较大的调整。以两次调整为界，区县地震工作机构主要职能和职责任务划分为以下三个阶段：

（一）以组织群众业余测报和地震科普宣传为主（1975—1990年）

1975—1990年为第一个阶段。此阶段以国家地震局颁发《地县地震局（办）工作条例（试用）》为标志，区县地震工作机构的主要职能和职责任务以组织群众业余测报和开展地震科普宣传为主。

1981年9月16日，国家地震局颁发《地县地震局（办）工作条例（试用）》，明确区县防震减灾工作机构的职能：1. 认真贯彻我国地震工作方针、执行有关规定，完成当地政府和上级地震工作部门交办的地震工作任务。2. 编制群测群防计划并组织实施。3. 宣传地震科学知识和防震知识，注意震情动态的社会反应。4. 各区、县参照骨干测报点的条件，因地制宜、合理布局，建设好三至五个测报点和适当数量的宏观哨，坚持以业余为主，有条件的区、县地震办公室要直接掌握一些观测手段。5. 积极开展群众性的地震科研活动。6. 在专业队伍的帮助下，搞好业务、技术培训和经验交流。7. 汇集分析观测资料，及时落实异常，组织震情会商，提出分析意见，并向当地政府和上级地震部门反映。

（二）扩展到地震综合防御（1990—1998年）

1990—1998年为第二个阶段，主要特点是从以群众测报和地震科普宣传为主，向开展地震综合防御的方向进行拓展。

在1990年10月召开的全国首届地方地震工作会议上，国家地震局明确提出了地方防震减灾工作机构的职能：1. 在上级地震部门的中长期地震预报基础上，负责本区域震情监测，特别是短临地震前兆预报分析工作；2. 开展地震科普知识宣传和普及教育，提高民众的防灾意识；3. 开展震害预测、工程地震及相应的地震对策工作，发挥社会全面防御、减轻地震灾害的整体功能。

（三）依据法定职责加强防震减灾管理（1998 年后）

1998 年 3 月 1 日《中华人民共和国防震减灾法》正式颁布施行，开启了区县地震工作机构依据法定职责开展防震减灾管理的阶段。

各区县地震工作机构根据《中华人民共和国防震减灾法》规定的县级以上人民政府负责管理地震工作部门的法定职责任务，全面行使法定职能，推进区县防震减灾三大工作体系建设的管理。

区县地震工作部门法定职责简表

表 6-2-2-107

序号	管理职能和职责任务	法律条款
1	防震减灾工作管理职能的分解与督促落实	第五条
2	承担抗震救灾指挥机构日常工作	第六条
3	防震减灾规划编制与实施	第十二条至第十六条
4	地震监测台网规划的制定	第十八条第二款
5	海域地震活动监测预测	第二十二条第一款
6	地震监测设施和观测环境的保护	第二十三条、第二十四条
7	地震监测信息报送	第二十五条
8	地震预测	第二十六条
9	其他单位和个人地震预测意见的接收管理	第二十六条
10	可能与地震有关异常现象的接收登记和调查核实	第二十七条
11	地震重点监视防御区加强震情监视工作	第三十条
12	余震监测、震后趋势判定、地震资料和信息的档案管理	第三十二条
13	防震减灾知识宣传教育和地震应急救援演练工作的指导、协助和督促	第四十四条第五款
14	辖区内地震应急预案的备案管理	第四十六条第三款
15	建设工程抗震设防要求执行情况和地震安全性评价工作的监督检查	第七十六条
16	对违法行为依法予以行政处分的实施	第八十二条、第八十三条
17	对违法行为依法采取行政强制措施、给予行政处罚或者追究有关民事责任的实施	第八十四条至第八十七条

第三节　地震学会和灾防协会

天津市地震学会和天津市灾害防御协会是两个具有独立法人资格，接受市科学技术协会、市社团管理局业务指导和监督管理的群众性学术团体。天津市地震学会和天津市灾害防御协会的办事机构均挂靠在天津市地震局。

一、天津市地震学会

天津市地震学会成立于 1978 年 3 月 28 日，是由天津市从事地震科学研究或热心于防震减灾事业的企事业单位及科技工作者自愿结成、非营利性、学术性的社会团体。1998 年，市地震学会根据国务院颁布的《社会团体登记管理条例》和学会组织自身发展的需要，办理了社团法人登记，完成了从非独立法人到独立法人的过渡。

天津市地震学会现有团体会员单位 22 个，个人会员 158 人，主要由市地震局和中国地震局第一监测中心以及天津市部分相关单位从事科学研究和工程技术人员组成。

多年来，天津市地震学会在学术交流、科普宣传、技术咨询等方面开展了大量而卓有成效的工作。在学术交流方面，邀请国内外的地震专家做学术报告，多次组织跨学科、综合性的大型学术研讨会。在科普宣传方面，积极参与“3·1”法制宣传日、“5·12”防灾减灾纪念日、“7·28”唐山地震纪念日和“科技周”宣传活动，组织开展了“青少年地震科普夏令营”等活动，连续 16 年被天津市科协评为“科技周”活动先进集体。在科技咨询方面，学会有关理事单位和会员承担多项地震安评和重大工程科研项目，为天津市国民经济的可持续发展做出了积极贡献。

（一）学会宗旨

广泛团结组织各理事单位和全市从事防震减灾工作的广大地震科技工作者，大力开展地震科学领域学术活动，积极推进地震科学技术繁荣和发展，综合研究天津市行政区内的地震灾害及其防御对策，不断提高全社会的减灾意识和天津市应对破坏性地震及其次生灾害“预、救、防”能力，最大限度地减轻地震灾害，为天津市经济和社会发展服务。

（二）业务范围

1. 综合研究天津市行政区域内可能发生地震灾害的背景、现状及发展趋势，并提出对策建议，为天津市各级政府和有关职能部门提供防震减灾决策依据。

2. 开展多学科、多层次、多部门的学术交流活动。开展对外交流，学习借鉴国内外先进理论和经验，努力促进地震科研成果转化。

3. 为天津市城市建设、经济发展提供咨询和技术服务，服务内容包括：与防震减灾相关的城市规划、建设、工程、技术项目的灾害预测、安全性评估、立项论证以及防震减灾对策等等。

4. 组织、协调各理事单位对重大地震灾害事件进行考察和综合研究，积极探索新理论，不断充实完善防震减灾工作的理论体系。

5. 收集、整理、研究各种地震灾害信息，编辑出版相关书刊。

6. 大力开展防震减灾科普宣传教育，普及防震减灾知识，增强全社会的防震减灾意识和广大公众的自救互救能力。

（三）历届理事会领导成员

1. 第一届理事会（1978 年 3 月至 1980 年 2 月）

理 事 长：林启予

副理事长：（资料缺失）

秘 书 长：欧阳裕德

2. 第二届理事会（1980年3月至1984年2月）

理 事 长：黄若影

副理事长：徐树心、郑象铣、胡曼华、郑文俊、朱成熹、欧阳裕德

秘 书 长：欧阳裕德

3. 第三届理事会（1984年3月至1987年10月）

理 事 长：尹集刚

副理事长：徐树心、冯德益

秘 书 长：侯宗周

4. 第四届理事会（1987年10月至1992年9月）

理 事 长：尹伯忠

副理事长：张祖胜、冯德益

秘 书 长：李之鑫

5. 第五届理事会（1992年9月至1998年2月）

理 事 长：尹伯忠（1992年9月至1996年5月）

徐德诗（1996年5月至1998年2月）

副理事长：张祖胜、冯德益

秘 书 长：董 强

6. 第六届理事会（1998年2月至2005年12月）

理 事 长：徐德诗（1998年2月至1998年10月）

李一兵（1999年6月至2005年12月）

副理事长：李延兴、解春贵、陈新秀、张祖胜

秘 书 长：阎 明

7. 第七届理事会（2005年12月至2011年5月）

理 事 长：赵国敏

副理事长：李振海（常务）、薄万举、解承祥、王光奇、姜忻良

秘 书 长：刘晓年

（四）机构设置

第一、二届理事会下设：学术组、普及组、秘书组。

第三届理事会下设：学术委员会、普及与教育工作委员会、刊物编辑出版委员会、组织委员会、咨询工作委员会。

第四届理事会下设：学术委员会、咨询委员会、组织委员会和普及委员会。

第五、六、七届理事会下设：学术委员会、科普宣传委员会、办公室。

二、天津市灾害防御协会

天津市灾害防御协会是天津市各有关单位、团体以及从事防灾、抗灾、减灾工作的管理人员和科技人员自愿组成的学术性社会团体。市灾防协会接受天津市科学技术协会、天津市社团管理局的业务指导和监督管理，挂靠天津市地震局。

1991 年 10 月 8 日，天津市灾害防御协会成立，并产生首届理事会。

1998 年 12 月 15 日，天津市灾害防御协会召开换届大会，产生第二届理事会。第二届理事会由 54 个理事单位和 93 名理事代表组成，常设机构“灾防协会办公室”设在天津市地震局社团管理办公室。办公地点在天津市河西区友谊路 19 号（天津市地震局院内）。

2005 年 9 月 20 日，市灾害防御协会召开第三次代表大会，71 个理事单位的代表出席会议。大会听取并审议通过了第二届灾防协会理事会工作报告和关于修改《天津市灾害防御协会章程》的说明等事项，选举产生了第三届理事会和常务理事。第三届理事会由 68 个理事单位、120 名理事代表组成。

（一）协会宗旨

灾防协会的宗旨是广泛团结组织社会各界从事防灾减灾的科技人员，综合研究天津市行政区内的各种重大自然灾害及其防御对策，不断提高全社会的减灾意识和天津市对各种灾害的“预、救、防”能力，最大限度地减轻或避免灾害可能造成的损失，为构建和谐天津服务。

（二）业务范围

1. 作为天津市人民政府及其有关部门开展减灾工作的参谋和助手，在综合研究天津市行政区域内可能发生的各种自然灾害现状及发展趋势的基础上，借鉴国内外减灾先进经验和技术，为天津市各级政府和有关职能部门提供防灾减灾决策依据和咨询服务。

2. 积极开展多学科、多层次、多部门的学术交流活动；大力推广防灾减灾最新研究成果、先进技术及管理经验。

3. 开展与综合防灾减灾相关的科技咨询服务，服务内容包括：与防灾减灾相关的城市规划、建设、工程、技术项目的灾害预测、安全性评估、立项论证、以及防灾对策等等。

4. 组织、协调、开展有关重大自然灾害事件的综合减灾研究以及相关的理论研究和应技术研究，不断推进与抢险救灾相关的新技术、新装备的研制与开发。

5. 协助天津市政府和有关职能部门收集、整理、研究各种自然灾害信息，编辑出版相关书刊；开展区域自然灾害现状和发展趋势研究、灾害现场考察、灾害影响评价、减灾效益快速评估等工作，为天津市人民政府及主管部门提供相关减灾科学论证报告。

6. 为天津市政府有关主管部门制定防止和减轻自然灾害的法律、法规、各项规章制度提出建议和咨询。大力开展科普宣传教育，普及减灾知识，增强全市人民减灾意识和抵御各种灾害的能力。

7. 积极开展横向交流，加强同国内外有关防灾减灾机构、部门或专家、学者的友好往来，不断拓展防灾减灾科技研究的领域和范围。

（三）历届理事会领导成员

1. 第一届理事会（1991 年 10 月至 1998 年 12 月）

名誉 会 长：吴 振、杨志华

会 长：陆焕生

常务副会长：尹伯忠（1991—1996 年）

徐德诗（1996—1998 年）

秘 书 长：尹集刚

2. 第二届理事会（1998 年 12 月至 2005 年 9 月）

会 长：陆焕生

常务副会长：刘连柱（1998—2002 年）

赵国敏（2002—2005 年）

秘 书 长：赵国敏

3. 第三届理事会（2005 年 9 月至今）

会 长：孙海麟

常务副会长：赵国敏

秘 书 长：李振海

（四）机构设置

第一、二届理事会下设：学术委员会、预测预报专业委员会、安全生产专业委员会、宣传教育委员会，灾防协会办公室

第三届理事会下设：学术委员会、宣传教育委员会、地震地质专业委员会、水利气象专业委员会，灾防协会办公室。

第三章 地震专业队伍建设

进入 20 世纪 90 年代后，为适应防震减灾事业发展的需要，市地震局不断加大地震专业队伍建设工作的力度。注重科技人才的引进，注重管理干部和专业技术干部的培养，注重职工的在职教育；在重大科研和工程建设实践中，加强对科技骨干和管理人才的培养，不断加大优秀领导干部选拔任用和优秀学科带头人培养使用的力度；积极推进事业单位人事制度改革，实施岗位设置管理，规范专业技术职称评定工作。经过十数年的持续努力，市地震局地震专业队伍的知识结构、年龄结构逐步得到改善，行政管理和专业技术人才队伍的综合素质和创新能力有所增强。2016 年，已拥有一支能运用现代科学技术和管理理念，基本适应防震减灾事业发展需要的地震专业队伍。

第一节 市地震局职工队伍概况

市地震局人员编制数。1977 年，国家地震局核定天津市地震局人员编制 300 人（含机关人员编制 40 人）。1983 年，国家地震局再次核定天津市地震局事业编制 280 人（含机关人员编制 45 人）。2002 年，中国地震局（国家地震局）核定天津市地震局事业编制 249 人（含机关人员编制 42 人）。

市地震局职工队伍规模及构成。市地震局建局之初（1975 年），全局机关干部和专业技术人员约 150 余人。随后，特别是 1976 年唐山地震之后，通过接收大专院校应届毕业生和从外省市调入地球物理、地震地质、物探等专业工程技术人员等方式，在较短的时间内队伍规模迅速壮大，1979 年达到 366 人。1980 年受抗震处和抗震研究所整体调出及其他因素的影响，职工队伍规模出现回落。1990 年前后维持在 300 人左右。随着自然减员和新的调入，1992—2004 年职工人数维持在 250 人左右。2004 年机构改革后，职工队伍规模进一步收缩，2005—2010 年在职职工人数维持在 200 人左右。

天津市地震局职工队伍规模及构成情况统计表

表 6-3-1-108　　单位：人

年度	国家地震局下达编制数	实有固定职工总数	党政及业务管理干部	专业技术干部					工人
				合计	高级职称	中级职称	初级职称	未定职称	
1978	300	253	43	148	—	8	—	140	62
1979	300	366	51	163	—	58	20	85	152
1980	300	349	46	163	—	57	30	76	140
1981	300	344	36	170	—	56	33	81	138
1982	300	345	37	166	—	58	68	40	142
1983	280	338	34	170	1	59	74	36	134
1984	280	324	42	212	1	59	70	82	70
1985	280	311	44	206	1	56	64	85	61
1986	280	305	43	204	1	54	64	85	58
1987	280	294	31	208	24	85	90	9	55
1988	280	297	32	210	24	83	93	10	55
1989	280	303	32	219	24	88	99	8	52
1990	280	287	25	210	24	85	97	4	52
1991	280	288	25	215	24	84	97	10	48
1992	280	249	21	219	39	79	89	12	9
1993	280	252	20	222	47	84	79	12	10
1994	280	244	39	195	42	68	78	7	10

续表 6-3-1-108

年度	国家地震局下达编制数	实有固定职工总数	党政及业务管理干部	专业技术干部					工人
				合计	高级职称	中级职称	初级职称	未定职称	
1995	280	244	39	185	37	93	53	2	20
1996	280	264	50	174	38	85	46	5	40
1997	280	261	50	171	36	90	38	7	40
1998	280	246	50	164	38	84	36	6	32
1999	280	246	58	165	35	90	34	6	23
2000	280	246	59	164	35	94	32	3	23
2001	280	248	60	165	39	91	32	3	23
2002	249	252	60	169	39	96	28	6	23
2003	249	249	57	169	39	101	27	2	23
2004	249	261	55	185	55	85	30	15	21
2005	249	233	42	170	52	86	23	9	21
2006	249	192	47	136	35	69	25	7	9
2007	249	192	44	139	33	65	31	10	9
2008	249	204	60	139	30	66	34	9	5
2009	249	195	63	130	25	65	40	0	2
2010	249	192	62	128	23	65	32	8	2

2010 年底，市地震局实有干部职工 192 人，其中：参照公务员管理人员 38 人；事业单位工作人员 154 人。干部职工中具有大专以上学历的人员 147 人，占到在职在岗职工总数的 76.5%，其中：硕士 33 人，博士（博士后）3 人。专业技术人员中具有副高以上职称的 23 人（含研究员 4 人），中级职称 65 人。

第二节　人才引进与培养

1991—2010 年，为建设一支知识结构、年龄结构与现实和发展需求相适应的高素质的干部职工队伍，市地震局不断加大人才引进与培养工作力度。注重高学历、高层次人才的引进，做好入职前的培训；借助中国地震局实施的“跨世纪科技人才培养系统工程”和“新世纪人才培养系统工程”，做好“跨世纪科技人才”和“新世纪优秀人才”的推荐与培养；搭建平台，设立青年奖励基金，扶植和激励青年科技人员迅速成长。

一、人才招录与岗前培训

为促进队伍知识结构和年龄结构的调整与优化，缓解自然减员等因素造成的队伍萎缩问题，市地震局认真做好人才招聘录用工作，保障了防震减灾事业对人才的需求。以 2006 年 1 月 1 日《中华人民共和国公务员法》和《事业单位公开招聘人员暂行规定》（人事部第六号令）的正式实施为界限，市地震局人才招录工作分为以接收大专院校应届毕业生为主和以社会公开招聘为主的两个阶段。

（一）接收国家分配大专院校应届毕业生为主阶段

1991—2005年，市地震局认真做好应届大中专毕业生和研究生的接收以及急需人才的引进工作，共计接收大中专毕业生和引进各类人才54人。1991—1995年，市地震局相继接收毕业自地震技术专科学校定向培养的大专和中专毕业生20余名。1991—2005年，先后接收18名来自北京大学、科技大学、云南大学、天津大学等高校以及中国地震局直属研究所毕业的应届大学毕业生和研究生；因工作急需以及解决夫妻两地生活等原因从地震系统内和系统外引进调入15名科技干部和行政管理干部。

1991—2005年人才引进统计表

表6-3-2-109

年度	人数	年度	人数
1991年	4	1999年	3
1992年	8	2000年	0
1993年	6	2001年	2
1994年	3	2002年	5
1995年	2	2003年	0
1996年	2	2004年	7
1997年	5	2005年	3
1998年	4	合计	54

（二）以面向社会公开招录为主的阶段

《中华人民共和国公务员法》和《事业单位公开招聘人员暂行规定》（人事部第六号令）均自2006年1月1日起实行。从2006年开始，市地震局参公管理人员和直属事业单位人员的招录一律实行社会公开招聘。2006—2010年，总共录用大中专毕业生和引进各类人才（包括参公管理人员和事业单位人员）共计53人。

2006—2010年公开招聘人才统计表

表6-3-2-110

年 度	参公管理人员	事业单位人员
2006年	0	7
2007年	4	9
2008年	4	13
2009年	4	0
2010年	4	8
合 计	16	37

1. 招录参公管理人员

市地震局从 2007 年开始参公管理人员的招录工作。该项工作在中国地震局的统一组织下进行，具体负责招录工作中的“招录计划编报、面试以及审核”等项。2007—2010 年总共录用 16 名参公管理人员。

（1）参公管理人员招录面试准备及相关工作

成立录用面试工作领导小组。根据《中华人民共和国公务员法》，公务员录用考试的笔试部分由国家公务员局统一组织，录用考试的面试部分由市地震局负责。为切实加强领导，明确责任，严格面试规则，严肃面试纪律，保证公务员招考面试工作的顺利进行，市地震局成立由局领导和人事教育处、纪检监察审计处有关同志组成的录用面试工作领导小组。

面试考官取证。2005 年，根据《中华人民共和国公务员法》和中国地震局的统一安排，市地震局委派 5 名同志参加了中央国家机关公务员面试考官的培训，经面试考官资格评审委员会评审，分别取得二级、三级面试考官资格。2006 年，参加培训的 5 名同志取得由中华人民共和国人事部颁发的考官资格证书。

设置面试考场。根据《中华人民共和国公务员法》关于面试考场位置相对独立与封闭，没有噪音干扰等规定，将天津市地震局办公楼七楼会议室设置为面试考场。该面试考场配备有录像或录音设备，具有全过程记录每个考生的面试情况的功能。

面试题本的领用。按照国家公务员局和天津市人事局的要求，面试前一天，安排专人和专车凭有效证明到天津市人才考评中心领取使用说明和面试题本。交接、传递、保管、拆封和销毁等按照管理机密文件的规定和要求进行。

（2）参公管理人员招录面试工作

根据国家公务员局和天津市人事局有关要求和规定，市地震局制定了《天津市地震局年度公务员招聘面试工作方案》并组织实施。

编报年度招聘录入计划。根据本单位编制限额和职位空缺情况，提前拟定下一年度的招聘职位录入计划，报中国地震局人事教育司审批。

复审参加面试人员资格。市地震局在面试前一天，对参加面试人员的资格进行复审。

面试工作。由市地震局与市人事局按 3∶4 比例配备面试考官，组成 7 人面试考官组。面试实行考官、考生双抽签制度，即通过差额抽签的方式确定面试考官，通过抽签确定考生分组及面试顺序。

确定考察人选。根据考试成绩确定考察人选，并对其进行报考资格复审、考察和体检。

拟录用人员及公示。根据考试成绩、考察情况和体检结果，确定拟录用人员名单，并予以公示。

2. 公开招聘事业单位人员

自 2006 年开始，根据《事业单位公开招聘人员暂行规定》（人事部第 6 号令）和中国地震局人事教育司《关于贯彻执行〈事业单位公开招聘人员暂行规定〉的通知》（中震发人〔2006〕18

号），市地震局事业单位人员招聘工作实行社会公开招聘。2006—2010年，除2009年暂停一年外，4年总共公开招聘了37名事业单位人员。

（1）2006年度公开招聘工作

2006年3月13日，天津市地震局以津震人函〔2006〕1号文件，将2006年拟招聘10名应届高校毕业生的计划报送中国地震局人事教育和科技司、抄报天津市教育委员会毕业生办公室。拟招聘计划经中国地震局审批同意后，市地震局采取网上发布和与相关院校联系等多种方式，发布招聘信息；对投档人员进行资格审查，从中选出16位参加面试；对通过面试应聘人员的思想政治表现、道德品质、业务能力、工作实绩等情况进行考核，并对应聘人员资格条件进行复查；通过复查的应聘人员，自行进行身体检查；根据考试、考核结果、体检结果（健康），按照考试和考核结果择优确定拟聘人员；对拟招聘人员进行为期7天的公示；公示无异议后，将《中国地震局系统招聘人员审批表》和《中国地震局各单位接收应届高校毕业生审批表》报送中国地震局人事教育和科技司审批；经中国地震局批复同意后，市地震局与拟聘的7名大学生（研究生）签订聘用合同（聘用合同期限5年，包括1年试用期）。2006年9月前，市地震局坚持德才兼备的用人标准，贯彻公开、平等、竞争、择优的原则，完成2006年度应届高校毕业生公开招聘工作。

（2）2007年度公开招聘工作

根据中国地震局人事教育和科技司批复的招聘计划，天津市地震局编制了公开招聘工作实施方案。2006年12月，在中国地震局、天津市地震局网站上发布招聘信息，包括天津市地震局情况简介、招聘的岗位、招聘人员数量；应聘人员条件；招聘方法；考试、考核的时间、内容、范围；报名方法等需要说明的事项。

2007年4月29日，根据中国地震局人事教育司《关于贯彻执行〈事业单位公开招聘人员暂行规定〉的通知》（中震发人〔2006〕18号）精神，为了做好2007年事业单位人员招聘工作，成立天津市地震局事业单位招聘工作小组及面试专家组。

市地震局对申请应聘人员进行资格审查，确定符合招聘条件的人员。考试（考核）采取"笔试+面试"的方法进行，其中笔试工作委托给天津市人事局考试中心。笔试成绩公布1周后，对通过笔试的应聘人员，按照一定的比例进行面试。通过笔试与面试的成绩综合来确定最终拟招聘人员，自行进行身体检查。根据考试（考核）结果、体检结果，择优确定拟聘人员。对拟招聘人员进行为期7天的公示。公示期满后，将拟聘人员报中国地震局人事教育和科技司审批。经中国地震局批复后，与招聘的9名事业单位人员签订了聘用合同。

（3）2008年度公开招聘工作

根据人事教育和科技司《关于做好2008年度事业单位公开招聘工作的通知》（中震人函〔2007〕246号）精神和《事业单位公开招聘人员暂行规定》（人事部第6号令），以及人事教育和科技司批复的招聘计划，市地震局制定了《天津市地震局2008年事业单位公开招聘实施方案》，成立招聘工作领导小组和招聘工作小组。2008年度公开招聘的考试采取笔试与面试相结合，通过笔试与面试的综合成绩确定最终拟招聘人员。1—2 月完成 2008 年招聘信息的网上公开发布；5 月完成招聘人员的资格审查，5 月 31 日开始进行考试（考核），从 7 月 1 日开始 2008 年度招聘的 13 名事业单位人员陆续报到。

（4）2010 年度公开招聘工作

2010 年 9 月 16 日，天津市地震局根据人事教育司《关于做好 2010 年度事业单位公开招聘工作的通知》(中震人函〔2009〕257 号)精神和人事部第六号令《事业单位公开招聘人员暂行规定》，制定了《天津市地震局 2010 年事业单位公开招聘实施方案》。在招聘工作中，坚持公开、平等、竞争、择优原则，严格按照发布招聘信息、进行资格审查、考试(考核)、复查、确定拟招聘人员、公示等招聘程序完成了 2010 年度 8 名事业单位人员的招聘工作。

（5）制定《天津市地震局公开招聘事业单位人员暂行规定》。

2011 年 9 月 2 日，市地震局在总结事业单位公开招聘工作实践的基础上，为规范招聘行为，实现人事管理的科学化、制度化和规范化，依据人事部令第六号《事业单位公开人员暂行规定》，制定《天津市地震局公开招聘事业单位人员暂行规定》。

自 2011 年起，应聘的应届研究生的考试（考核）只进行面试，不进行笔试。

（三）新录用研究生、大中专毕业生的岗前培训

为规范新录用大中专毕业生的岗前培训工作，市地震局于 2004 年 2 月 26 日制定了《天津市地震局新录用研究生、大中专毕业生下台站工作锻炼管理办法》。该办法规定新录用的研究生、大中专毕业生报到后一律到地震台站进行基层锻炼。一方面，通过基层实践了解地震观测工作的全过程，掌握各种观测仪器的使用方法和维护技能；另一方面，提高业务技能和独立处理地震观测工作的能力，培养在艰苦环境中攻坚克难的无私奉献精神。管理办法规定根据学历和岗位的不同，下基层锻炼的时限一般为几个月至 1 年。基层锻炼期满后，由局人事教育部门组织有关专家对新录用毕业生基层锻炼情况及业务技能进行综合考核。根据考核成绩，结合各部门工作需要和岗位需求，分期分批安排到适当岗位上岗工作。从 2006 年实行按岗位公开招聘开始，新录用人员经过一定时间基层锻炼且考评合格后，即回原招聘岗位工作。

二、“跨世纪科技人才”和“新世纪优秀人才”的推荐与培养

为贯彻党中央、国务院关于培养跨世纪学术和技术带头人的意见，进一步加强高层次专业技术人才队伍的建设，中国地震局于 1995 年启动了“跨世纪科技人才培养系统工程”。经过单位推荐、专家评审、量化评分和综合答辩等程序，市地震局聂永安入选中国地震局“跨世纪人才培养系统工程”第一层次人选。2002 年，中国地震局启动了“新世纪优秀人才百人计划”。2003 年 5 月，市地震局陈化然、陈宇坤入选中国地震局“新世纪优秀人才百人计划”第一批人选；2007 年 10 月，市地震局董洪军入选中国地震局“新世纪优秀人才百人计划”第三批人选。

为促进入选“跨世纪科技人才培养系统工程”和“新世纪优秀人才百人计划”年轻专业科技

人才的迅速成长，市地震局为入选人选提供了较佳的科研条件，支持和鼓励其承担重点科研课题及工程建设项目。在聂永安获得国家资助开展地震预报方法课题研究的同时，市地震局为其提供了微机和拨号上网等科研环境和条件，方便了网上检索、查阅资料。聂永安先后承担了省部级二级课题7项，并以第一完成人完成“海河断裂的地震危害性评价”“天津市震害快速评估与辅助决策系统”等项科研课题。陈化然承担了“天津市中短期地震预报技术系统研究”等项重点科研课题；陈宇坤先后承担了《天津市滨海新区隐伏断层探测与活动性评价》《滨海新区软土地基地震和交通荷载作用效应技术研究》以及《中非合作项目中的重点建设工程——刚果民主共和国（刚果金）布桑加水电站建设的工程场地地震动参数确定》等项重点科研课题和工程项目；董洪军承担了《天津市地震前兆台网建设及应用成果》、《中国陆态网（天津部分）》等重点科研和工程项目。

市地震局将“跨世纪人才和百人计划”人选的培养与人才队伍建设紧密结合，安排聂永安、陈化然、陈宇坤和董洪军参加了“津惠合作”“中韩合作”等国际地震科技合作项目的课题研究及考察培训活动。支持和鼓励“跨世纪人才和百人计划”人选参加硕士、博士学位的深造。陈化然、陈宇坤先后参加博士研究生的学习，获得博士学位；董洪军参加天津大学软件工程硕士班学习，取得硕士学位。

三、天津市地震局局长青年奖励基金

2008年，市地震局为鼓励青年科技人员积极参加科技项目和课题研究，设立了“局长青年奖励基金”。2009年3月18日，制定了《天津市地震局局长青年奖励基金管理办法（暂行）》（津震发〔2009〕23号）。

根据《天津市地震局局长青年奖励基金管理办法（暂行）》组织专家对2009年和2010年青年地震工作者申请课题、项目、自主研发成果、公开发表学术论文等情况分别进行了评审。其中：2009年共评出获奖科研项目22项，获奖论文22篇，自主研发并得到应用的成果1项；申请到省、部级以上重点科研项目子课题7项，局内科研课题15项；在核心期刊上发表的论文10篇，在国内外公开出版的刊物上发表的论文 11 篇，在中国地震局司、室内部期刊发表的论文 1 篇。2010年，共评出获奖科研项目31项，获奖论文33篇；申请到省、部级以上重点科研项目3项，省、部级以上重点科研项目子课题4项，局内科研课题24项；在核心期刊上发表的论文20篇，在国内外公开出版的刊物上发表的论文12篇，在中国地震局司、室内部期刊发表的论文1篇。

第三节　技术职称评聘

专业技术人员职称评定与聘任是广泛调动广大科技人员积极性、创造性，充分发挥科技的引领作用，促进防震减灾事业全面健康发展的一项政策性极强的重要工作。1966年之前，市地震局

科技干部中已有 8 人取得工程师职称。1979 年，根据国家地震局《关于确定与提升科技干部职称的暂行规定》和天津市科委有关精神，市地震局首次组织开展专业技术职称晋升工作。1983 年根据《中共中央办公厅、国务院办公厅关于整顿职称评定工作的通知》（中办发〔1983〕63 号）精神，高级及中、初级职称晋升工作暂停。经过整顿，从 1987 年 7 月开始重启职称评定工作。1991 年后，专业技术职称评定与聘任工作逐步走向了规范化和制度化。

一、首次开展专业技术职称晋升工作

明确科技人员的技术职称，对于调动广大科技人员的积极性，落实党的知识分子政策，发展地震科学技术，具有十分重要的意义。1979 年 6 月 19 日，市地震局根据国家地震局和天津市科委有关精神，印发《关于考核提升科技人员技术职称的工作安排》（津震发字〔1979〕第 49 号），明确本次科技人员考核、晋升职称工作在局党组统一领导下，由周龙、黄若影两位局领导挂帅，政治处和业务处负责日常的具体工作；各处、室、所和台站所在部门党支部领导下，负责本部门的考核和提升技术职称工作；局学术委员会筹备小组作为考核、晋升工作的咨询机构，在局党组的领导下会同各部门负责人共同负责技术业务审核。鉴于当时科技人员外语水平一般较低的实际情况，该次评定职称时，适当放宽了对外语程度的要求。

经群众评议，局学术委员会筹备小组和各部门领导同志共同进行技术、业务考核评审后，1979 年 7 月 14 日局党组召开第四次会议，批准潘可群等 50 名科技干部晋升为工程师，张德泉等 20 名科技干部晋升为技术员（津震党发字〔1979〕第 4 号）。

二、整顿职称评定工作与重启

1982 年底，市地震局继续组织开展了高级职称及中、初级职称的晋升工作。1983 年，根据《中共中央办公厅、国务院办公厅关于整顿职称评定工作的通知》（中办发〔1983〕63 号）中关于冻结高级及中、初级职称晋升工作的意见，职称晋升工作暂停。1984 年 1 月 7 日，按照中央职称评定工作领导小组的工作部署和国家地震局、天津市职称评定工作领导小组的要求，市地震局成立天津市地震局职称评定工作领导小组，对 1979 年以来市地震局职称评定、晋升工作进行检查总结。同年 1 月 17 日市地震局将“关于整顿职称评定工作总结汇报材料”上报国家地震局和天津市职称评定工作领导小组。

在国家地震局的部署和安排下，按照中共中央、国务院关于改革职称评定和实行专业技术职务聘任制的有关规定，市地震局重新启动职称晋升评聘工作。1987 年 1 月 13 日，成立以尹集刚为主任、冯德益为副主任，由十一人组成的专业技术职务评审委员会（津震发字〔1987〕第 4 号），负责“中级专业技术职务任职资格评审”和“高级专业技术职务任职资格初审和推荐工作”。1987 年 2 月 4 日，市地震局成立以尹伯忠为组长，尹集刚、郝团生为副组长的职称改革领导小组（津震发字〔1987〕第 5 号）。根据国家地震局关于专业技术职务聘任对外语要求的有关规定，在职称评审工作开始前，对申请任聘高、中级专业技术职务的专业技术人员进行了外语考试。在完成高、

中级职务任职资格评审工作的基础上，为做好高、中级职务聘任工作，市地震局于 1987 年 7 月 22 日印发《关于申请高、中级专业技术岗位的通知》（津震发字〔1987〕第 31 号）。随通知印发了《专业技术职务聘任的暂行规定》、《高、中级专业技术岗位设置》和《天津市地震局高、中级专业技术岗位职责及管理目标（试行）》三个附件。该通知明确："专业技术职务聘任主要依据工作需要，在此前提下，尊重个人的意愿，尽可能避免用非所学、用非所长，使每个专业技术人员都能在与本人的知识能力和客观需要相适应的工作岗位上得到聘任。"

1988 年 1 月 25 日，市地震局以津震发字〔1988〕第 4 号文件公布首次高、中级专业技术职务聘任结果。经过专业技术职务任职条件评审，共聘任高级专业技术人员 24 人（其中，研究员 1 人、副研究员 2 人、高级工程师 21 人）、中级专业技术人员 85 人（助理研究员 4 人、工程师 74 人、会计师 3 人、统计师 1 人、翻译 2 人、主治医师 1 人）。聘期由 1985 年底至 1990 年底。同年 2 月 25 日，天津市地震局以津震发字〔1988〕第 8 号文件公布首次初级专业技术职务聘任结果。初级专业技术人员 90 人（助理工程师及相当技术职务 52 人、技术员及相当技术职务 38 人）。

三、职称评聘工作步入规范化和制度化

进入 20 世纪 90 年代后，职称评聘工作逐步步入规范化和制度化的轨道。

（一）规范评审工作程序和考核实施方案

1992 年 7 月 22 日，制定《天津市地震局专业技术职务评审工作程序（试行）》。1993 年 1 月 6 日，制定《天津市地震局关于专业技术人员考核工作的实施方案》。

（二）两年调整一次专业技术职务评审委员会，更换专家不少于三分之一。

1998 年 7 月 16 日，根据中国地震局震人〔1998〕 103 号文件精神，对天津市地震局中级专业技术职务评审委员会组成人员进行调整。调整后的中级专业技术职务评审委员会由 13 人组成。同日，市地震局致函河北省地震局推荐聂永安、李大华参加河北省地震局新一届高级专业技术职务评审委员会的工作。

2000 年 4 月 6 日，根据中国地震局震人〔2000〕 47 号文件精神，对天津市地震局科研、工程系列中级专业技术职务评审委员会组成人员进行调整。调整后的科研、工程系列中级专业技术职务评审委员会由 11 人组成。

2004 年、2006 年和 2008 年，市地震局根据中国地震局人事教育和科技司关于地震专业技术职务任职资格评审委员会换届调整的有关精神，对科研、工程系列中级专业技术职务评审委员会组成人员均及时作出调整。

（三）1991—2010 年专业技术职务评审工作

1991—2010 年，累计评审出具备研究员（正研级高工）职称 18 人，高级工程师（副研究员）职称 103 人，中级职称 142 人。

1991—2010 年专业技术职称评定简表

表 6-3-3-111　　单位：人

年　度	研究员	高级工程师	工程师
1991	—	1	7
1992	—	1	5
1993	2	32	27
1994	1	8	15
1995	1	10	10
1996	—	6	12
1997	2	7	6
1998	2	4	5
1999	2	6	13
2000	2	4	4
2001	—	4	4
2002	—	4	7
2003	—	2	5
2004	2	3	7
2005	1	1	2
2006	—	—	2
2007	—	—	3
2008	2	2	2
2009		4	1
2010	1	4	5
合计	18	103	142

第四节　职工教育培训工作

职工教育培训是指根据工作职责和岗位需求，对专业技术人员、管理人员和工勤人员进行思想政治、道德素质、管理知识、专业技术、操作技能等方面的在职教育和岗位培训。为不断提高干部职工素质与能力，造就一支高素质的人才队伍，市地震局自建局后，根据中共中央、国务院颁发的《关于加强职工教育工作的决定》（1981 年），结合地震工作的特点和科研任务的需要，贯彻普遍提高和重点培养相结合、当前和长远相结合的方针，实行定向培养、按需施教，多学科、多层次、多规模、多形式地对职工进行在职教育和在岗培训。同时，按照中国地震局和天津市委组织部的年度调训计划和相关部委年度教育培训安排，鼓励和支持党政管理干部、专业技术干部参加各种教育培训、在职学历教育以及国外（境外）培训，不断更新优化管理干部和专业人才队伍的知识结构，逐渐提高了防震减灾人才队伍的整体素质。

一、市地震局教育培训工作委员会及办事机构

市地震局根据中共中央、国务院颁发《关于加强职工教育工作的决定》(1981 年)、《干部教育培训工作条例（试行）》(2006 年）和天津市委、市政府关于加强职工教育工作的有关要求，建立了干部职工教育培训工作委员会，加强教育培训工作的组织管理。1994 年 10 月 12 日，市地震局根据天津市培训工作委员会津培字〔1994〕1 号文件精神，成立培训工作委员会，其主要职责是，加强对全局成人教育培训工作的管理、统筹规划、协调指导、监督检查和服务。培训工作委员会主任：尹集刚；副主任：张世英；委员：王公学、冯德益、李文国、李一兵、李秀英、刘以礼、刘赤兵、朱凤桐、郑允杜、郑熙铭。培训工作委员会的办事机构设在局人事教育处。

1997 年 10 月 30 日，鉴于人事变动，市地震局对教育培训工作委员会组成人员进行调整。市地震局教育培训工作委员会主任：赵国敏；副主任：李振海；委员：王树义、孙继忠、牟光迅、付仲生、李一兵、李秀英、刘赤兵、刘艳芬、朱桂兰、郑熙铭、郭效民、赵根模、聂永安、黄德才、蒋　淳。

二、制定《天津市地震局职工教育管理规定（暂行）》

2005 年 3 月 30 日，市地震局为建设高素质、专业化的防震减灾工作队伍，提高职工教育工资质量，规范培训行为，促进职工教育工资健康发展，制定《天津市地震局职工教育管理规定（暂行）》(津震发〔2005〕42 号)。该“暂行管理规定”包括“职工教育的规划与计划”“培训活动的组织与实施”“职工教育审批程序”“职工在学期间待遇”“职工教育管理”“教育经费管理”“组织领导”以及“附则”等共计九章三十一条。

三、教育培训规划

根据中共中央、国务院颁发《关于加强职工教育工作的决定》(1981 年)、《干部教育培训工作条例（试行）》(2006 年）和中国地震局《2001 年—2005 年中国地震局干部教育培训规划》，市地震局结合防震减灾任务和队伍实际，分别制定了多份教育培训规划。

1. 1992 年制定《天津市地震局 1992—1995 年干部培训规划》

1992 年 6 月 29 日，为了适应改革开放和经济建设的需要，努力实现我国社会主义现代化建设第二步战略目标，把干部队伍培养成为一支掌握马列主义、毛泽东思想基本原理，坚持社会主义道路，具有专业知识和能力，德才兼备的干部队伍，市地震局根据《1992—1995 年天津市干部培训规划》和《1992—1995 年全国干部培训规划要点》，制定《天津市地震局 1992—1995 年干部培训规划》。

2. 1995年制定《天津市地震局地震教育工作“九五”规划》

1995年6月27日，根据国家地震局震人〔1994〕214号文件精神，制定《天津市地震局地震教育工作“九五”规划》。

3. 1997年制定“天津市地震局职工教育‘九五’规划”

1997年5月26日，根据中共天津市委组织部津党组发〔1997〕14号文件要求，市地震局制定“天津市地震局职工教育‘九五’规划”。原则——以在职教育为主，以岗位培训、继续教育为重点，按需择优培训，讲求实效。目标——建立一支跨世纪的热爱祖国、立志献身地震事业、掌握先进科学技术的地震工作队伍；力求使这支队伍专业结构、能级结构和年龄结构都朝着优化的方向发展。任务——建立一支素质好、水平高、结构合理的科技队伍和管理干部队伍；组织科技人员深入研究地震科学，使之不断拓宽、深化、丰富完善以提高预测预报水平，同时还要围绕防震减灾工作学习和掌握科学知识；组织管理干部岗位培训，以适应新的形势和任务以及机关职能的转变。

4. 2000年制定《天津市地震局“十五”教育培训计划》

2000年10月25日，为全面完成“十五”期间防震减灾工作任务，建设一支素质好、水平高、结构合理、精干高效的防震减灾队伍，根据中国地震局”《关于编制〈“十五”教育培训计划〉的通知》(中震人〔2000〕138 号)要求，依据《天津市防震减灾规划》，结合天津市地震局实际情况，编制《天津市地震局“十五”教育培训计划》。并明确提出了“十五”期间教育培训工作的目标，即：建立一支跨世纪的热爱祖国，立志献身地震事业，掌握先进科学技术的防震减灾队伍，力求使这支队伍结构合、精干高效和富有创新能力，适应防震减灾事业发展的需要。

5. 2008年制定《天津市地震局2008—2012年干部教育培训规划》

2008年6月17日，根据中共中央《干部教育培训工作条例(试行)》、《中国地震局2008—2012年干部教育培训规划》和《天津市防震减灾“十一五”事业发展规划》，编制《天津市地震局2008—2012年干部教育培训规划》。

四、教育培训工作年度计划

为保证教育培训规划的落实，市地震局按年度编制了年度职业教育培训计划。1992年6月29日，为贯彻落实《中共中央关于抓紧培养教育青年干部的决定》，制定《天津市地震局青年干部培训教育实施计划》。2006—2009 年，为进一步提高职工综合素质和岗位工作能力，根据中共中央《关于干部教育培训工作条例》，结合中国地震局和天津市委教育培训计划安排，每年编制“天津市地震局年度职业教育培训计划”，并逐一落实。2010年4月1日，为贯彻落实《干部教育培训工作条例(试行)》和《“十一五”干部教育培训规划》，编制了《天津市地震局2010年教育培训计划》。

五、教育培训工作经费投入

市地震局高度重视职工教育培训工作，在业务经费十分紧张的情况下，多方积极筹措教育经费，保障年度培训计划的落实。2006—2010 年职工教育培训工作经费 47.1 万元。

2006—2010 年市地震局教育培训工作经费投入统计表

表 6-3-4-112　　单位：万元

年度	教育培训	在职学历教育	合计
2006	1.5	0.6	2.1
2007	4.0	8.0	12.0
2008	4.0	5.0	9.0
2009	8.0	4.0	12.0
2010	8.0	4.0	12.0
合计	25.5	21.6	47.1

二、干部教育培训工作

1996—2000 年“九五”计划期间，市地震局根据《干部教育培训工作条例》和《教育培训五年规划》的要求，重点安排了处级以上干部的教育培训工作。首先着力加强和改进党组理论学习中心组学习，年度集中学习不少于 12 次。每年选派 10 名左右处级以上干部参加中央党校、国家行政学院、中国地震局杭州干部培训中心和市委党校、市行政学院、市委机关工委党校举办的各类研修班、轮训班、培训班。根据形势发展需要，适时举办全局处级以上干部专题班，聘请市委党校、市行政学院专家学者为专题班授课和报告。

2001—2005 年“十五”计划期间，根据“十五”防震减灾重点工程项目建设的需要，通过推荐不同层次领导干部和管理干部参加各类培训班（领导干部专题培训班、重点工程项目培训班和专项业务培训班等）的培训，组织处级以上领导干部赴韩国、日本、新西兰、美国以及欧洲等国家和地区进行学习考察研修等措施，强化“马列主义经典著作、党和国家方针政策、领导干部管理科学、国内外先进防震减灾科学技术理论及应用”的学习，不断更新观念和专业知识，使各级领导干部和专业技术干部在知识层次上从单一管理型向综合管理型转化，从单一学科向多学科复合型转化，促进了组织管理能力和科研、技术水平的进一步提高。

2006—2010 年“十一五”计划期间为落实《中华人民共和国公务员法》《公务员培训规定（试行）》的相关要求，紧紧围绕提升机关行政效能、改进机关服务质量的总目标，推进了公务员职业道德教育和实务能力的培训。每年除定期自行举办培训班对公务员初任进行培训外，还组织新录用公务员参加中国地震局人教司组织的为期 1 个月的公务员初任培训。同时，充分发挥网络学习在公务员培训中的作用，推行“领导干部和公务员学习积分管理制度”，稳步推进公务员在职接受继续教育。2006 年市地震局在职工中开展了防震减灾知识学习教育培训系列活动。8—11 月，相继举办了地震预报知识、地震监测知识、震害防御知识、地震应急知识、防震减灾科普知识、防震减灾法律法规以及天津市防震减灾工作三十年发展史等培训班。2009—2010 年，根据十七届四中全会决定建设学习型党组织的要求，连续两年举办两届处级以上领导干部、事业单位主任助理、地震台台长和机关管理人员参加的培训研修班。邀请市委党校公共管理学教研部原主任毛元生教授以提高管理者综合管理能力为中心，就领导者的角色认知、领导者角色本质、正职的角色、副职的角色等四个方面做专题讲座，拓展了干部的知识层次，拓宽了思路和理念，增强了创新能力和管理水平。

三、专业技术干部教育培训

1975—1990 年，为提高专业技术人员地震监测、地震预测预报研究水平，市地震局前后举办了“测震、地震地质、震源物理、计算机技术、工程地震、近震震源测定、模糊数学、地球物理”等 12 期培训班，453 人次参加学习。同时，针对地震台站观测人员中的 38 名初、高中毕业生，为尽快提高这批同志的业务技能，按照观测项目组织开展了观测技术知识系统培训活动。

1991—2005 年“八五、九五、十五”计划期间，紧紧围绕全局防震减灾事业发展的中心工作和重点项目，市地震局以专业技术人员委主要对象，先后举办了“深井观测地震波分析”“区域数据库应用”“系统理论在地震监测预报中的应用”“地球物理概论”“办公自动化计算机”“计算机应用能力”“计算机网络系统”“地震预报软件系统”“首都圈示范工程震害评估”等专项技术培训班。同时还举办了“英语口语培训班”、“英语口语强化班”等培训班，组织开展了科技知识讲座等培训活动。参加培训学习的专业技术人员达 1000 多人次。

1996—2005 年先后 5 批次派出专业技术人员和科技管理干部赴国外参加业务培训和考察。1996 年 1 月 27 日，聂永安赴韩国参加中韩数字地震学高级研讨班；2002 年 3 月 29 至 4 月 9 日，聂永安赴美国参加中国地震局组织的地震灾害紧急救援技术培训；2003 年 9 月 9—29 日，姚兰予赴日本参加地震监测预报培训考察；2004 年 10 月 11—28 日，陈化然赴日本参加联合国委托日本国际协力机构（JICA）举办的“大城市地震减灾战略培训”；2005 年 11 月 5—26 日，姚兰予赴美国参加应急救援管理培训。

2006—2010 年“十一五”计划期间，为落实《干部教育培训工作条例（试行）》（2006 年）和天津市委、市政府关于教育培训工作“全员培训率达到 30%”的要求，积极创造条件搭建职工教育培训平台，除推荐安排中国地震局有关司室和天津市有关部门组织的各类专业培训外，每年还自行举办各类专业专题培训班。2008—2010 年分别选送 45 人次、48 人次和 49 人次参加中国地震局和天津市有关部门举行的各类技术培训活动。2006 年自行举办了“地震应急现场工作培训班”；2007 年自行举办了“防震减灾信息员培训班”“防震减灾行政执法人员专业法培训班”；2008 年自行举办防震减灾“三网一员辅导员培训”“突发事件新闻应对培训班”“前兆台网运行培训班”；2009 年举办“地震信息网络系统运行维护培训班”“电工技能及安全用电知识培训班”“FHD 分量质子磁力仪标定培训班”“宏观异常培训班”以及“防震减灾信息员培训班”。2010 年自行举办了 14 个各类业务技术培训班。

四、在职学历教育

在职学历教育是指在职干部职工通过考试到所报考学校进行规定课程的学习，并取得国家规定的考试成绩后获得学历的学习。市地震局在对全局职工的学历层次进行全面摸底调查，实施动态跟踪管理的基础上，积极创造条件，选送具有专科学历的在职人员到相关院校进行“专升本”和参加高自考等学历教育；支持、鼓励科技干部、行政干部结合各自岗位特点和需要，借助高等院校、电视大学、中央党校、市委党校等平台，完成本科在职学历教育；支持、鼓励科级、处级、局级领导干部参加中国社科院、中共中央党校、吉林大学等研究生院的平台，完成研究生在职学历教育；支持、鼓励学科带头人攻读博士研究生。

1981—2013年，市地震局总共有83人次技术干部和管理人员参加了在职学历教育。其中：9人次取得中专学历、24人次取得大专学历、32人次取得大本学历、15人次取得研究生学历、3人次取得博士生学历。

1981年至2013年在职学历教育成果统计表

表6-3-4-113　　单位：人员

毕业年份	中专	大专	大本	研究生	博士研究生
1981	2	—	—	—	—
1986	7	2	—	—	—
1987	—	1	—	—	—
1988	—	3	—	1	—
1991	—	1	—	—	—
1995	—	—	—	1	—
1997	—	1	2	—	—
1998	—	—	—	1	—
2000	—	—	2	—	—
2002	—	1	1	—	—
2003	—	1	1	1	1
2004	—	—	—	2	—
2005	—	—	4	—	—
2006	—	3	3	—	—
2007	—	4	3	2	1
2008	—	1	6	—	1
2009	—	2	8	1	—
2010	—	—	—	2	—
2011	—	2	—	1	—
2012	—	2	—	3	—
2013	—	—	2	—	—
合计	9	24	32	15	3

1981—2013 年的 32 年间，市地震局职工在职教育工作成果显著，9 名来自地震监测一线的青年技术人员进入地震技术专科学校完成在职中专学历教育，取得中专毕业文凭；24 名同志结合各自岗位需要和特点，借助电大、职大、党校和高自考等平台，选择党政管理、行政管理、计算机技术、中文、图书馆学、会计等专业完成在职大专教育，取得大专毕业文凭；32 名同志结合各自岗位特点和需要，借助高等院校（中国科技大学、中国人民大学、南开大学、中国政法大学、天津大学、吉林大学、天津师范大学等）、中央广播电视大学、中央党校、天津市委党校等平台，参加计算机网络、计算机技术、地球物理、行政管理、经济管理、法学理论等本科专业的学习，取得大学本科文凭；3 名同志借助中国地震局与中国科技大学搭建的合作办学平台，先后到中国科技大学地球物理专业攻读研究生，取得硕士学位；3 名同志先后到中国地震局直属研究所（分析预报中心、地球物理研究所、预测研究所）攻读研究生，取得硕士学位；4 名具有本科学历的技术干部到南开大学电子与通信工程专业、天津大学软件工程专业攻读研究生，取得硕士学位；8 名科级、处级、局级领导干部参加了在职学历教育；5 名处、局级领导干部参加中国社会科学院研究生院企业管理专业（在职硕士研究生）、吉林大学地球探测科学与技术学院在职研究生班、中共中央党校研究生院法学理论专业在职研究生班、中共天津市委党校公共管理学专业（研究生），取得研究生毕业文凭，获得硕士学位；3 名科、处级领导干部参加中共中央党校函授学院经济管理专业（本科）学习，取得本科毕业文凭；先后有 3 名学科带头人报考中国地震局分析预报中心、地质研究所等单位攻读博士研究生，取得博士学位。

第七篇

人　物

本章记述天津市地震系统局级、副局级行政管理干部，享受国务院特殊津贴专家、研究员（正高级工程师）等工程技术人员，省部级劳动模范（先进工作者）。

第一章 人物传略

人物传略记载已故人物，分为地震系统局级、副局级行政管理干部和省部级劳动模范（先进工作者）两部分，以生年为序。

一、局级、副局级行政管理干部

周 龙 男，汉族，1919 年 9 月生，山东省莘县人，1940 年 6 月加入中国共产党，1983 年 7 月离职休养，1999 年 11 月因病去世。

1940 年 11 月至 1941 年 12 月在鲁西北地委党校学习、工作。1942 年 1 月至 1944 年 5 月任地委交通科科长。1944 年 6 月至 1947 年 12 月任专署交通局副局长。1948 年 1 月至 1950 年 12 月先后任临清县土改工作队员、区委书记、组织部长。1951 年 1 月至 1951 年 12 月到华北局党校学习。1952 年 1 月至 1957 年 9 月先后任峰峰矿务局党委组织部长、峰峰第二矿党委书记、峰峰市委基建部副部长、峰峰矿区党委第一书记。1957 年 10 月至 1963 年 9 月任峰峰煤矿基建局党委副书记、副局长。1963 年 10 月至 1970 年 1 月任天津市煤矿设备厂党委书记。1970 年 2 月至 1978 年 7 月任天津玉田煤矿党委书记。1978 年 8 月至 1979 年 3 月任天津南开大学工作组副组长。1979 年 4 月至 1983 年 7 月任天津市地震局副局长、副书记。

安 群 男，汉族，1920 年 2 月生，陕西省华县人，1937 年 12 月加入中国共产党，1983 年 11 月离职休养，2014 年 5 月因病去世。

1936 年 12 月至 1937 年 12 月任陕西省西安师范学生抗敌后援会、西安市新文字促进会执委常委。1937 年 12 月至 1941 年 5 月在延安抗大学习，派回师范任党支委、华县青救会组织部长。1941 年 5 月至 1946 年 6 月任陕西省委教导营二连文化教员、团除奸股股长。1946 年 6 月至 1956 年 6 月先后任内蒙古赤峰市公安副局长、旗公安科长、齐齐哈尔公安总局副局长、武汉水上公安局长、中央公安部八局五处代处长。1956 年 6 月至 1958 年 10 月先后任中央轻工业部制酒工业局副局长、机械设备局副局长。1958 年 10 月至 1973 年 1 月先后任甘肃省轻工业局副局长、轻工业厅副厅长、一轻部安装公司副经理。1973 年 1 月至 1979 年 4 月天津市建材局副局长。1979 年 4 月至 1983 年 11 月任天津市地震局党组成员、副局长。

黄若影 男，汉族，1921年11月生，广东省普宁县人，1946年7月加入中国共产党，1983年11月离职休养，1996年5月因病去世。

1945年6月至1948年10月任韩江支队第十一武工队队长、政治指导员。1948年11月至1949年11月任闽粤赣边纵队七团政治处主任。1949年12月至1952年4月任潮汕军分区政治部宣传青年科副科长。1952年5月至1954年10月先后任空军干部学校第二、第四大队副政委。1954年11月至1962年4月先后任空军十一、十二航校政治部组织科、直工科科长。1962年5月至1965年2月任民航兰州局机械专科学校政治部组织科科长，1965年3月至1969年2月先后任天津市化工局人事处副处长、化学工业公司党委副书记、化工工业公司生产指挥组负责人、化工公司革委会主任、化工局政工组负责人。1969年3月至1975年6月任天津市地震队负责人。1975年7月至1983年7月任天津市地震局党组成员、副局长。

冀广民 男，汉族，1921年12月生，河北省广宗县人，1938年3月加入中国共产党，1987年1月离职休养，1995年10月因病去世。

1938年4月至1939年9月在河北省广宗县、晋东南区党校任宣传委员。1939年9月至1950年7月先后在河北省冀县任区委书记、县长、县委书记。1950年7月至1958年9月先后任衡水地委、石家庄地委宣传部副部长、部长、副书记、书记、专员书记。1958年9月至1966年9月先后任河北工学院、天津工学院党委书记。1969年3月至1971年12月先后任天津工学院革命委员会、天津教育系统委员会委员、副主任。1971年12月至1979年4月先后任天津教育局党委副书记、局长、书记。1979年4月至1983年11月任天津市地震局局长、党组书记。1983年11月至1987年1月任天津市地震局顾问。

郝殿荣 男，汉族，1925年8月生，河北献县人，1945年5月加入中国共产党，1987年1月离职休养，2013年4月因病去世。

1945年6月至1948年7月先后在建国县、献县政府任职。1948年7月至12月华北局党校学习。1949年1月至1968年9月先后在天津市一区、纺织工会、市监察局、市委办公厅信访处任职。1968年10月至1973年11月在天津市革委104干校劳动。1973年11月至1974年4月任天津市科学技术局政工组组长。1974年5月至1977年12月任天津市科学技术局政治处主任。1977年12月至1981年1月任天津市科委政治处主任。1981年1月至1983年7月任天津市科学院临时领导小组负责人。1983年7月至1986年5月任天津市地震局党组书记、局长。

尹伯忠 男，汉族，1934年10月生，四川省乐山市人，大学本科学历，1983年加入中国共产党，高级工程师，享受国务院特殊津贴，天津市政协第九届委员，1996年5月退休，2015年9月因病去世。

1956年毕业于长春地质学院水文工程地质专业，先后在湖北水文工程地质大队、湖北地质局水文工程地质处、地质部中南地质科学研究所、地质部水文地质工程地质研究所任职。1971年调入天津市地震队任工程师，1983年2月至1986年5月任副局长，1986—1996年任天津市地震局局长、党组书记。1981年当选天津市科学技术协会第二次代表大会代表，1987年被聘为高级工程师，1988年任中国共产党天津市第五次代表大会代表，1992年享受国务院特殊津贴。曾任天津市政协第九届委员会委员、天津市地质学会第二届理事会理事、天津市地震学会第四届理事会理事长、天津市灾害防御协会第一届理事会常务副会长。

二、市级劳动模范（先进工作者）

欧阳裕德　男，汉族，1933年12月生，四川省资阳县人，1957年2月加入中国共产党，2008年6月因病去世。

1953年10月毕业于四川省资阳县第三中学（高中）。1953年10月至1963年1月先后任地质部641地质队练习生、甘肃酒泉镜铁地质队分队长、甘肃省白银市兰定地质队技术员和助工、甘肃省西泰岭地质大队助工。1963年1月至1969年10月先后任华北地质研究所矿床研究室助工、工程师、干部科副科长。1969年10月参加地震工作，1971年调入天津市地震队，先后任塘沽地震台台长、天津市地震队副队长。1975年转入市地震局，任副处长、工会副主席（正处级）。1980—1984年任市地震局学术委员会副主任。

在甘肃工作期间，参加了镜铁山铁矿勘探，攀登祁连山主峰探矿及深山探察镜铁山至酒钢的铁路和公路线等工作，做出显著成绩。1958年9月被评为甘肃省和全国青年社会主义建设积极分子；1959年10月被评选参加国庆十周年赴京劳模观礼团；1959年11月被甘肃省人民政府授予“甘肃省先进生产者”荣誉称号，被国务院授予“全国先进生产者”荣誉称号，并出席全国工业、交通、基建、财贸社会主义建设先进生产者代表大会。

赵惠君　女，汉族，1946年12月生，辽宁新宾县人，大专学历，2001年12月因病去世。

1968年毕业于天津第八中学（高中），1968年12月至1971年2月在河北省文安县刘么公社集体插队务农，1971年2月至1984年3月先后在文安地震台、宝坻林亭口地震台、宝坻圣人庄地震台、武清利尚屯地震台、青光地震台任观测工，1985年任助理工程师，1988年毕业于天津广播电视大学图书馆学专业（大专），1993年5月任工程师。

1976年7月28日唐山大地震强波及天津，青光地震台测震记录仪出现限幅（出格）。正在青光地震台值班的赵惠君同志在大地在颤动、房屋在摇晃的危急时刻，沉着应对，在震后十分钟内利用余震波形和单台定位方法，准确测定震中位置，为市委、市革委及时组织和部署全市抗震救灾工作提供了决策依据，争取到宝贵的时间。1977年被国家地震局评为“全国地震战线抗震救灾先进模范个人”，被天津市革命委员会授予“天津市工业学大庆先进工作者”荣誉称号。

第二章 人物简介

人物简介记载地震系统局级、副局级行政管理干部，享受国务院特殊津贴专家、研究员（正高级工程师）两部分，以生年为序。

一、局级、副局级行政管理干部简介

尹集刚 男，汉族，1937 年 5 月生，四川仁寿人，1981 年加入中国共产党，大学本科学历，高级工程师。

1959 年毕业于昆明工学院地质系，先后在中国科学院昆明地质研究所（1959 年 10 月至 1963 年 10 月）、北京地质研究所（1963 年 10 月至 1971 年 11 月）工作，任研究实习员。1971 年 11 月调入天津地震队，先后在塘沽地震台、地震地质组、分析预报室综合组从事专业技术工作，任助理工程师。1981 年 11 月至 1983 年 11 月任天津市地震局副总工程师，1983 年 11 月至 1996 年 5 月任天津市地震局副局长，1996 年 5 月任助理巡视员。1987 年 8 月被评为高级工程师，1978 年任天津市地震学会第三届理事长。1997 年 5 月退休。

李文国 男，汉族，1937 年 12 月生，天津宁河县人，1981 年加入中国共产党，大学本科学历，高级工程师。

1961 年毕业于西北大学地质系，1961 年 9 月至 1961 年 11 月任西北大学地质系助教，1961 年 11 月至 1964 年 3 月任南开大学地质地理系助教。1964 年 3 月调入地质部华北地质研究所，任技术员。1969 年开始参加地震工作，1971 年调入天津市地震队，1975 年转入天津市地震局。1971 年至 1980 年 12 月任分析预报室副组长，1981 年 1 月至 1983 年 6 月任分析预报室副主任，1983 年 5 月至 1995 年 8 月任分析预报室主任，1995 年 9 月任科监处处长，1997 年 4 月任助理巡视员。1987 年被评为高级工程师。1997 年 12 月退休。

徐德诗 男，汉族，1944 年 12 月生人，江苏吴县人，1984 年 12 月加入中国共产党，大学本科，天津市政协第十届委员会委员。

1968 年毕业于北京地质学院构造地球物理探矿专业。1968 年 9 月至 1976 年 5 月铁道部第一设计院任技术员。1976 年 5 月至 1979 年 7 月北京大兴地震办公室任技术员。1979 年 7 月至 1986 年 10 月北京市地震办公室任工程师。1986 年 10 月至 1996 年 5 月期间任国家地震局科技监测司开发部副主任（副处级）、震害防御司抗震办公室副主任（正处级）、办公室副主任（机关副司级）。

1996年5月至1998年11月任天津市地震局局长、局党组书记（1998年5月5日任中国人民政治协商会议天津市第十届委员会委员，1998年3月荣获天津市总工会“天津市九五立功先进个人”荣誉称号）。1998年11月调入中国地震局局机关。

刘梦青 男，汉族，1949年1月生，河南民权人，1971年1月加入中国共产党，在职大学本科学历，高级工程师。

1969年4月至1971年5月在内蒙古固阳县白灵淖公社插队，1971年5月至1973年8月在内蒙古自治区邮电管理局计划财务处工作。1976年毕业于大连工学院电子自控专业，调入天津市地震局。1976年9月至1979年4月先后任分析预报室测震组助理工程师、政治处人事干部，1979年4月至1985年8月任分析预报室助理工程师、工程师（1983年8月至1985年7月在中共天津市委党校“党政领导与管理专业”二年制专科脱产学习），1985年8月至1996年11月任计划财务处副处长、办公室副主任、机关服务中心主任，1996年11月至2004年4月任计划财务处处长（1995年7月至1997年12月在中央党校“经济管理专业”本科函授班学习），2004年4月任办公室主任，2004年8月任副巡视员（兼办公室主任）。1999年被评为高级工程师。2009年退休。

郝团生 男，汉族，1950年1月生，山西武乡人，1971年加入中国共产党，在职研究生学历。

1968年10月至1969年12月在天津市红岩化工厂工作，1970年1月至1976年4月在空军拉萨场站气象台任报务组长，1976年调入天津市地震局。1976年4月至1976年9月任业务处干事，1976年9月至1981年3月任东台地震台台长。1981年3月至1983年1月在国家地震局天水地震学校脱产学习。1983年9月至1985年8月在南开大学分校“政治学专业”两年制专科脱产学习。1985年8月至1986年6月任天津市地震局人事处副处长。1986年6月至2004年8月任天津市地震局副局长（1996年9月至1998年7月中国社科院研究生院企业管理专业两年制在职硕士研究生班学习），2004年8月任巡视员。2010年退休。

王树义 男，汉族，1950年7月生，天津武清人，1974年加入中国共产党，大学普通班学历，副译审。

1977年毕业于吉林大学外文系日语专业，分配到天津市地震局工作。1977年8月至1990年12月任情报资料室负责人。1990年12月至1996年10月任科技监测处副处长、外事办公室副主任、办公室副主任。1996年10月至2004年5月任外事办公室主任、办公室主任。2004年5月任人事教育处处长、机关党委副书记。2009年7月任副巡视员。2010年退休。

冯俊生 男，汉族，山西娄烦人，1952年2月生，1971年加入中国共产党，大专学历，高级工程师。

1966年5月至1968年2月任太原市政工程管理处通讯员，1968年2月至1972年11月任解放军某部高炮团通讯员、文书、营部代理书记，1972年11月至1981年3月任山西省地震局太原基准台党支部副书记，1981年3月至1984年8月任山西省地震局机关党支部书记，1984年8月至1992年6月任山西省地震局人事教育处副处长（主持工作）（1991年毕业于山西省委党校政治理论大专班。）1992年6月至1997年11月任山西省地震局人事教育处处长，1997年11月至1999年6月任山西省地震局离退休干部处处长。1999年6月至2004年8月任黑龙江省地震局副局长、党组成员。2004年调入天津市地震局任副局长、党组成员。1999年任黑龙江省地震安全性评委会副主任，2007年任天津图像土星学会常务理事。2001年被评为高级工程师。2012年退休。

武丁辰 男，汉族，1952年2月生，河南襄城人，1974年加入中国共产党，大专学历，高级工程师。

1970年12月至1976年3月任海军某部汽车连班长，1976年4月至1988年8月任国家地震局行政处科员（1985年8月至1988年6月在中央党校函授学院学习），1988年9月至1989年9月任国家地震局机关党委副主任科员，1989年10月至1994年5月任国家地震局审计监察司主任科员〔1992年10月至1996年10月参加北京大学高自考法律专业（大专）学习〕，1994年6月至1996年12月任国家地震局党组纪检组、监察部驻局监察专员办公室副处长，1996年12月至2001年4月任国家地震局党组纪检组、监察部驻局监察专员办公室处长，2001年4月至2006年8月任中央纪委驻中国地震局纪检组、中国地震局监察司主任（2001年3月至6月在中央党校脱产学习政治理论课程）。2006年9月任天津市地震局纪检组组长。2002年被评为高级工程师。2012年调入中国地震局局机关。

刘连柱 男，汉族，1953年5月生，山东章丘人，1984年9月加入中国共产党，大学普通班学历，研究员，享受政府特殊津贴。

1973年1月至1975年11月任山东省章丘闫家峪乡小学教师。1975年11月至1978年11月在中国科技大学地球和空间科学系地球物理专业学习，取得大学普通班学历。1978年11月至1980年1月在国家地震局分析室工作。1980年1月至1998年10月期间分别任国家地震局分析预报中心研究实习员、助理研究员；党委办公室副主任、主任；中心副主任、党委副书记、党委书记。1998年10月至2002年10月任天津市地震局局长、党组书记。1998年经人事部批准享受政府特殊津贴。1998年12月至2002年10月任天津市灾害防御协会常务副会长。2002年10月调回中国地震局分析预报中心。

赵国敏 男，汉族，1954年11月生，安徽太和县人，1973年4月加入中国共产党，在职研究生学历，工学硕士学位，研究员，天津市政协第十一届、第十二届委员，天津市政协第十三届常委。

1978年毕业于成都地质学院。1978年9月至1990年4月任辽宁省地震大队分队长，1990年4月至1995年3月任辽宁省地震局地震研究所副所长，1995年3月至1996年5月任辽宁省地震局局长助理兼科技开发处处长。1996年5月至2003年3月任天津市地震局副局长，2003年6月至2010年12月任天津市地震局局长、党组书记。1999—2003年在吉林大学地球探测科学与技术学院在职研究生班学习，取得工学硕士学位。1999取得研究员任职资格。主持完成“天津市滨海新区综合防震减灾对策及数据库的建立”、“天津市活断层探测与地震危险性评价”、“天津港口贸易经济规划区地震影响评价研究”等多项科研课题，获得省部级科技成果三等奖以上奖励19项。

2003年任天津市第十一届政协委员，2008年任天津市第十二届政协委员，2005年任天津市地质学会副会长，2006年任天津市灾害防御协会常务副会长，2007年当选中国共产党天津市第九次代表大会代表，2013年任天津市政协第十三届常委。

牟光迅 男，汉族，1956年5月生，辽宁朝阳人，1997年11月加入中国共产党，研究生学历，硕士学位，研究员，海南省政协第四届、第五届委员。

1975年11月至1977年9月天津市锻压机床厂工作，1978年2月至1982年6月在中国科技大学地球物理专业学习。1982年6月至1988年6月任天津市地震局蓟县地震台副台长（1985年9月至1988年6月中国科技大学地球物理专业研究生班脱产学习），1988年6月至1994年6月天津市地震局分析预报中心技术干部，1994年6月至1996年11月天津市地震局科技监测处干部（1995年取得高级工程师任职资格）。1996年11月至2000年8月先后任天津市地震局科技开发处副处长、处长。2000年8月至2004年3月天津市地震局副局长、党组成员（2001年获得研究员任职资格）。2004年3月至2012年9月任海南省地震局局长、党组书记。2012年9月任天津市地震局巡视员。2007年任海南省政协第四届、第五届委员。2008年荣获“海南省汶川地震抗震救援先进个人”荣誉称号。

李振海 男，汉族，1960年6月生，黑龙江克山人，1986年6月加入中国共产党，在职研究生学历，硕士学位。

1976年10月调入天津市地震局。1976年10月至1984年7月在局分析预报中心工作，1984年7月至1986年7月在天津市电视大学脱产学习，1986年7月至1990年10月任市地震局机关党委科员，1990年10月至1992年10月任市地震局人事教育处副主任科员，1992年10月至1994年10月任人事教育处主任科员，1994年10月至1997年1月任人事教育处副处长，1997年1月至2003年3月任人事教育处处长（2000年8月至2002年12月中共中央党校经济管理专业函授本科班学习）。2003年3月至2010年4月任天津市地震局副局长、党组成员（2005年9月至2008年7月中共中央党校研究生院法学理论专业在职研究生班学习）。2010年4月至2012年2月任西藏自治区地震局党组书记，2012 年 2 月至 2014 年 12 月任西藏自治区地震局局长、党组书记。2014 年 12 月任天津市地震局局长、党组书记。

聂永安 男，汉族，1961 年 5 月生，陕西扶风人，2000 年 6 月加入中国共产党，研究生学历，硕士学位，研究员，天津市科委授衔地震波专家。

1981 年毕业于西北工业大学应用物理系，获学士学位。1984 年毕业于国家地震局兰州地震研究所地球物理专业（研究生），获硕士学位；进入天津市地震局工作。1985 年 8 月至 1986 年 7 月任地震研究室研实员，1986 年 8 月至 1987 年 8 月任讲师团支教汉沽区第六中学英语老师，1987 年 9 月至 1993 年 7 月任地震研究室工程师，1993 年 8 月至 1996 年 11 月任地震研究室副研究员，1996 年 11 月至 1999 年 4 月任地震研究室副主任，1998 年被评为研究员，1999 年 4 月至 2004 年 4 月任工程地震研究中心主任，2004 年 4 月至 2004 年 8 月任地震预报中心主任，2004 年 8 月任副局长、党组成员。

1993 年 8 月国家地震局授予"国家地震局科技新星"荣誉称号，1994 年 12 月 30 日天津市科委授予地震波专家荣誉称号，2000 年 9 月天津市人事局和科协授予天津市优秀科技工作者荣誉称号。

1998 年被评为研究员。主要研究方向在地震波理论、地震预测方法、地震工程与对策等方面。主持完成《地震波理论、计算及应用》等科研课题多项；以第一作者发表论文 30 余篇；获省部级科技成果二等以上奖励 7 项。

二、研究员（正高级工程师）、政府授衔专家、享受国务院特贴专家简介

王雅灵 女，1933 年 3 月生，吉林省海龙县人，大学本科学历，高级工程师，享受国务院特贴专家。

1956 年毕业于东北地质学院水文地质工程专业。主要从事地震地下水动态观测、分析预报研究工作。承担国家级及省部级重要科研课题 10 余项，主要著作《唐山地震前天津地区地下水位动态特征与异常的初步分析》《形变与水位》《唐山地震地下水动态异常场特征与震源演化过程》《地震地下水动态及其影响因素分析》等。在中外刊物发表学术论文 50 余篇。

1979 年被天津市科委评为先进个人，1986 年被国家地震局评为全国地下水观测网建设"建网先进个人"。

冯德益 男，汉族，1934 年 12 月生，四川省三台县人，中共党员，苏联列宁格勒大学研究生学历，中国科技大学研究生院兼职教授，天津市科学技术委员会授予"地震预报专家"荣誉称号，享受国务院特贴专家。

1961 年苏联列宁格勒大学物理系地球物理专业地震波理论专题研究生毕业，任职于兰州地震

研究所。1983 年调入天津市地震局，曾任地震研究室主任。1983 年被评聘为研究员，1989 年被授予“天津市优秀科技工作者”荣誉称号，1991 年享受国务院政府特贴，1992 年 12 月天津市科学技术委员会授予“地震预报专家”荣誉称号。历任中国地震学会常务理事、天津市地震学会副理事长、中国火山学会理事、9 种学术刊物副主编或编委、国际地震学与地球内部物理学会地震预报委员会委员、国家地震局分析预报中心客座研究员及硕士研究生导师、中国科技大学研究生院兼职教授等职务。

主要从事地震学及地震预报研究工作，完成国家及省部级重要科研课题 30 余项，其中地震波速异常，模糊数学在地震研究中的应用，深井观测地震波分析等项研究成果达到国内领先或国际先进水平，获得国家地震局科技进步二等奖 4 项、三等奖 3 项。在国际合作研究中，多次主持国际学术会议。1980—1995 年期间，先后培养硕士研究生 16 人。在中外学术刊物上发表学术论文 300 余篇。主要著作有《地震波速异常》《模糊数学方法与应用》《地震波理论与应用》《模糊地震学》《中国地震预报概论》等共 12 部。

赵根模 男，1937 年 12 月出生，籍贯北京，大学本科学历，研究员，中国地震学会理事，享受国务院特贴专家。

1960 年北京大学毕业，1960—1962 年，在南开大学讲授大地测量学和第四纪地质学；1963—1969 年，在地质部华北地质研究所科研工作；1969—1998 年，在天津市地震局从事地震分析预报；1998—2007 年，从事活断层勘查工作。

1963 年奉地质部储委派遣调查黑龙江大兴安岭金矿时发现新石器古人类文化遗迹两处。1970—1976 年期间，发现京津唐地区地震活动性，地震 b 值，天津台网波速比出现显著异常，按地震学经验公式，推测天津唐山之间将发生 7.5 至 8 级大震。在局内做出预报，并在全国会商会测震分组会上发言正式预报唐山至天津间将发生 7.5 至 8 级大震，时间在 1976 年内。在 1978 至 1985 唐山地震总结中，发现地震触发与介质差别响应现象，总结出“响应地震，诱发前震”之规律，为提前数年预测大震位置提供了依据，在国家地震局预报方法攻关研究中被推举为十个攻关小组召集人之一，该方法在全国推广，至今仍在应用。1990—1998 年期间，总结出大震前断层缓慢滑动引起异常地脉动特征，对临震预报有重要意义。1999 年，获科技部科技进步奖 3 等奖。还获国家地震局科技进步奖 2 等奖 5 项，国家地震局分析预报中心一等奖 1 项，中国地震局防震减灾优秀成果二等奖 1 项，国家科委科技成果完成者证书 1 项，浙江省地震局防震减灾优秀成果二等奖 1 项，天津市科技一等和二等奖各 1 项。著有《注水诱发地震研究》《地震 · 火山 · 海啸灾害特点及防灾知识》等专著和多篇论文。

唐仲兴 男，1938 年 4 月生，浙江龙游人，中共党员，大学本科学历，研究员。

1960 年毕业于西北大学地质系，先后在南开大学、华北地质科学研究所任职。1972 年调入天津市地震队，1987年赴日本东京大学理学部地球化学实验室进修，1997年9月被评为研究员。曾任天津市地震局地下水研究室主任、中国地震学会地下流体专业委员会委员、全国水化基本台网调整领导小组和地下流体学科震情跟踪专家组成员。

长期从事水文地球化学地震监测、预报和科研工作。在地震气体地球化学、华北地震试验场的观测技术、华北地区地震水文地球化学背景场、潜在震源区地球化学指标以及水化短临前兆标志体系等领域进行了广泛地探索，均取得较好社会效益。尤其“水文地球化学监测预报研究”这一课题，经过五年的工作，推动了地震水文地球化学这一新型学科的发展，提高了地震测报水平。该项成果相继获得国家地震局科技进步一等奖和国家科技进步三等奖。其他研究成果获得国家地震局科技进步一等奖1项、三等奖1项。多次参加在印度、日本和国内举办的国际地震会议。合作编写《一九七六年唐山地震》《地震地下水动态及其影响因素分析》《水文地球化学地震前兆观测与研究》《华北地震水文地球化学研究》《华北地区地震水文地球化学图集》等专著，译著《日本地震地球化学研究》，发表论文30余篇。

李一兵 男，汉族，中共党员，1938年5月生，河北省吴桥县李古台村人，研究生学历，研究员，享受国务院特贴专家。

1963年毕业于北京地质学院，1966年该校石油地质系研究生毕业。1967年任职于大港油田，1976年调入天津市地震局，历任综合观测中心主任、地震信息中心主任。1993年被评聘为研究员，1996年被评为全国地震系统先进工作者。曾任油井动态与地震关系研究专业协调组组长、天津市地震学会理事长等职务。

主要从事地震监测、预报研究工作。主要研究方向为地震水文地球化学、石油深井在地震监测预报中的应用，油田开发工程与地震关系，大城市强断层探测与评价。与他人合著《华北地震水文地球化学背景场研究》《首都圈地震地下流体学》《石油深井地震监测研究与应用》等专著，发表论文20余篇，获省（部）级科技进步一、二、三等奖多项。

龚绍京 女，1938年7月21日（农历）生，湖南湘潭人，大学本科学历，研究员。

1962年毕业于北京大学物理系理论地球物理专业，任职地质部地质科学院物探研究所，主要从事地震电效应研究，曾提出在空气湿度大的情况下测定岩石压电系数的计算公式。1972年调入天津地震队，前期主要从事地磁学方面的观测预报和研究，曾提出宁河4.7级地震和唐山7.8级地震的地磁Z分量绝对日均差值异常；后期主要研究地磁短周期变化的垂直场和水平场转换函数与地震孕育的关系，在唐山、松潘、花莲、菏泽地震前均发现有异常。在国际上首次用磁变仪资料做水平场转换函数，为解决时间服务不精确的难题引进了稳健估计方法。在国外刊物和国际会议以及地震学报等刊物发表论文20多篇。主持完成的成果《地磁短周期变化研究》于1994年获国家地震局科技进步二等奖。1997至2000年作为中方负责人与日本东京大学工学部防灾研究室合作开展防灾方面的交流与研究。1998 年退休后，将其以前编写的计算转换函数的 Fortran 语言程序改编成 Matlab 程序，该程序已在中国地震局地球物理研究所国家地磁观测中心推广应用。

郑熙铭　男，江苏常州人，1938 年 10 月生，大学本科学历，研究员，享受国务院特贴专家。

1955 年考入天津大学，后因国家院系调整，于 1960 年毕业于武汉测绘学院。毕业后，先后任职于国家测绘总局二分局计算队、国家地震局测量大队，1972 年调入天津市地震局。曾任天津市测绘学会理事、天津市灾害防御协会学术委员、天津大学天津校友会副秘书长，现任天津市老科技工作者协会会员及会刊通讯员，天津市建言献策老专家团专家。

多年来，主要从事模糊数学和非线性理论在监测、预测、决策和对策中的应用研究。主持和承担省（部）级等各类课题 40 余项，其中，国家科技成果完成者 1 项，获省（部）级科技进步二、三等奖 5 项，主持天津市国土规划子专题"天津市综合防灾减灾及对策研究"，经专家评审达到国内领先水平。公开发表"地震前兆演化与能量非线性聚集的关系"等论文 100 余篇，合著专著 3 本，译文 30 余万汉字，技术报告 30 余篇。退休后，为繁荣老年文化，10 余年共创作发表各类题材作品 30 余件，受到中共天津市科技工委和天津市老科技工作者协会等有关部门的奖励和表彰。

高文海　男，1938 年 11 月生，河北省肃宁县人，中共党员，研究生学历，研究员。

1963 年毕业于武汉测绘学院，1966 年中国科学院测地所研究生毕业。1967 年河间地震后，开始从事地震工作达 30 余年，先后参加地形变、地壳结构、地震前兆信息处理方法和计算机在地震中的应用等项课题研究；参加唐山大地震等多次地震考察和地震分析预报工作；承担国家地震局"七五"、"八五"地震预报方法清理攻关和地震预报方法实用化攻关中多项科研项目研究以及国家地震局重点科研项目"中国地震分析预报系统和地震短期预报方法攻关研究"。在测量学、地震学和计算机科学的结合上，具有较扎实的理论基础和较丰富的实践经验，在将计算机应用于地震工作方面作出了突出成绩。发表论文 10 余篇、专著 2 部，主要论著有《中国地震分析预报系统》、《C++语言程序设计技巧及实例》《天津区域综合数据库系统》《近震的计算机定位》等。获国家地震局科技进步奖二等奖 2 项，三等奖 3 项。

卫鹏飞　男，1939 年 10 月生，河南嵩县人，大学本科学历，研究员。

1962 年 10 月毕业于南京大学地质系。作为天津地震工作队伍早期科技工作者之一，一直从事地质科学和地震学研究，曾经参加《天津通志・地震志》编纂。在国际地震科技学术交流和国内学术期刊发表论文 30 余篇。参加的"深井观测地震波分析与研究"和"大港油田抗震防灾规划"项目，分别获的国家科委技术委员会颁发的"国家科技成果完成者证书"、国家地震局科技进步奖二等奖。参加的"天津市海河隐伏断裂活动性定量评价"和"天津港口贸易经济规划区地震影响评价研究"项目，分别获得天津市科学技术进步奖二等奖和三等奖。

吴国有 男，1945年8月生，籍贯河北省，大学本科学历，研究员。中国地震学会会员，天津市建筑工程项目评标专家。

1969年毕业于中国科学技术大学地球物理系，1997年调入天津市地震局。从事地震工作近30年来，一直在分析预报室、地震研究室从事分析预报和地震研究工作。专业研究主攻方向为地震波理论研究，中短期地震预报方法研究。2002年被天津市建设委员会聘为天津市建筑工程项目评标专家，参与工程建设项目评标工作10余项。在地震科学核心刊物上发表学术论文30余篇，其中，作为第一作者发表的学术论文近10余篇。在《中国地震》上发表的《线性度方法在地震前兆数据处理中的应用》，曾经多次被一些省市地震局从事分析预报工作应用。研究成果获得科技部颁发的国家科技成果完成者证书2项，国家地震局科学技术进步二等奖3项，天津市科学技术进步三等奖1项。

张　咏 男，1946年生，河北邢台县人，1974年7月加入中国共产党，大学本科学历，研究员。

1970年毕业于北京大学地球物理系，先后任职于中国科学院地质研究所、地球物理研究所。1973年调入天津市地震队，1975年参加天津市地震局组建。在长达36年的工作经历中，主要从事地震现场、台站、地方地震和科研等工作。1976年带队赴云南龙陵地震现场考察，唐山地震后赴宁河任天津地震现场总指挥。在40岁开始计算机技术、卫星远程无线通信和图像信息处理的艰难探索，主持研制“地震动态图像传输系统”，分别获得中国地震局科技成果二等奖和天津市科技进步三等奖。该系统应用于全国18个地震重点监视区省局，出版专著《地震动态图像传输系统》。出席天津首届国际图像图形学学术会议，结集出版“Image Information and Transmission System in Earthquake Disaster Spot Based on Internet Frame”。承担“关于建设地震监测网远程视频监控与数据传输系统工程”研究、“构建基于可视化虚拟现实技术高临场感地震应急指挥与信息展示”系统设计、“掌上电脑（PDA）嵌入式地震应急信息管理系统与移动GIS”软件研究和“移动GIS环境下嵌入式灾害事件应急处理系统”设计等项系统建设设计工作。

蒋　淳 女，1951年8月生，天津市人，中共党员，大学普通班学历，研究员。

1976年毕业于华东石油学院地球物理勘探系地质专业。1976年8月分配到天津市地震局青光地震台，1978年在市地震局分析预报室地磁组工作，1984年在市地震局地震研究室工作，1996年到市地震局分析预报中心工作。1987年晋升工程师，1993年晋升高级工程师，1999年晋升研究员。

主要从事模糊地震学、统计地震学和非线性科学方法在地震活动性特征、地震前兆综合方法的预测研究。负责完成地震联合科学基金课题4项，中国地震局监测预报司、震害防御司合同制项目2项；参加国家自然科学基金课题2项，地震联合科学基金课题4项，天津自然科学基金课题3项；承担与参与国家科技“七五”至“十五”重点科技攻关课题多项。获得中国地震局科技进步奖二等奖 2 项、三等奖 2 项，天津市科技进步奖 3 项，天津市地震局科技进步奖多项。参加撰写论著《模糊地震学》《数理地震学进展》《滨海地震学》和《天津地区地震灾害与预测》；在国内外期刊公开发表论文 70 余篇。

田　山　男，汉族，1952 年 5 月 7 日生，天津蓟县人，大学普通班学历，研究员。

1976 年毕业于河北地质学院，分配到天津市地震局，主要从事地震地电、地磁的监测预报研究工作。主要研究方向：地震电磁观测技术的优化和改进；地震电磁观测资料的分析方法。提出了引进石油电测井技术改进目前地电阻率观测的方法，该方法可突显地震前兆信息，有效排除各种干扰；通过对文安地震、汶川、玉树、芦山地震等震例的研究，提出地电场资料的同台站、同测向、同时段的长、短极距观测值的比值方法，该方法可有效提取地震前的近场异常信息，并可完全排除观测资料中的大地电场远场变化，由此，开拓了定量化分析地电场观测资料的实用性有效途径。

主持和主要参加完成国家地震局"八五"至"十一五"期间的地电、地磁攻关课题多项，参加完成地震联合基金课题及天津市科技攻关项目多项。获省（部）级科技进步奖二等奖 1 项、三等奖 2 项；合作发表专著《断层相互作用与地震活动》《天津地区地震活动性与预测》；在地震学科核心期刊独立发表研究论文 16 篇，合作发表研究论文 40 余篇。

李大华　男，1955 年 7 月出生，江苏省睢宁县人，博士研究生学历，博士学位，研究员。

1978 年 2 月毕业于牡丹江师范学校，1978 年 2 月在黑龙江省海林县山市中学任教。1982 年 2 月调入中国地震局工程力学研究所，先后任实习研究员、助理研究员、副研究员技术职务，曾任研究室副主任职务。1991 年 8 月毕业于国家地震局工程力学研究所，取得博士学位。1997 年 12 月调入天津市地震局，先后任副研究员、研究员。

1982 年参与中美合作项目《建筑抗震设计概率基础》研究，完成《钢筋混凝土光滑恢复力模型研究》报告；1989 年作为《大连市地震小区划》主要完成者，获国家科技进步二等奖；1995 年参加《城市现有建筑震害预测和防御对策智能辅助决策系统》研究，获国家科技进步二等奖；2006 年参加《GB18306—2001 中国地震动参数区划图》编制，获中国标准创新贡献奖一等奖。主编天津城建学院毕业班讲义——《现代无金属结构研究与应用》，率先采用碳纤维复合筋替代钢筋完成天津静海地磁台地磁观测室的结构设计与建造。1993 年荣获国家地震局"一九九二年度国家地震局科技新星"荣誉称号；1996 年荣获地震科学联合基金先进个人称号；2008 年荣获天津市地震局汶川地震先进工作者称号。

曹井泉　男，1964 年 6 月出生，内蒙古林西县人，中共党员，博士研究生学历，工学博士，正研级高工。中国地震学会第六、七、八届地震预报专业委员会委员，中国地震学会第三、四届地下流体专业委员会委员。

1987 年 7 月毕业于内蒙古农牧学院地下水开发利用专业，获工学学士。1987 年 8 月至 1997 年 10 月在内蒙古兴安盟地震局工作。1997 年 11 月至 2007 年 5 月在内蒙古自治区地震局监测预报中心工作，先后任主任工程师、中心副主任兼首席预报专家（正处级）。2007 年 6 月调入天津市地震局，先后任监测预报中心副主任、主任。2005 年 9 月至 2008 年 7 月在内蒙古农业大学水文水资源专业攻读博士学位。2010 年 12 月获得正高级职称任职资格。

长期从事地震监测、地震预测研究和地下流体动力环境研究工作。主持和主要参加完成国家、中国地震局“八五”至“十一五”期间重点科技攻关课题，内蒙古自治区“十五”重点科研项目和天津市“十一五”地震安全基础工程地壳运动观测网建设项目总共 20 余项。提出地震学中短期“震兆稳定性”问题和“震兆稳定性检验”方法；采用全时空扫描技术，通过动态寻优，建立基于构造活动差异和地震活动涨落的地震学参数预报模型；提出了地震学参数动态图像预报方法；提出了利用井—含水层系统对应力变化的响应划分水文地质单元方法。发表论文 40 余篇，出版《内蒙古地震研究》专著 1 部。获中国地震局防震减灾优秀成果三等奖 1 项，省部级优秀论文一、二等奖多项。2008 年参加汶川 8.0 级地震抗震救灾，主持唐家山堰塞湖抢险的震情安全保障工作，受到国务院抗震救灾总指挥部的通令嘉奖。2008 年 12 月获中国地震局 2008 年度地震监测预报工作先进个人，2013 年 12 月获全国地震系统优秀个人。

邵永新 男，1966 年 3 月出生，天津市静海县人，中共党员，大学本科学历，学士学位，正研级高级工程师，天津市地震监测预报中心总工程师。

1988 年 7 月毕业于河海大学，调入天津市地震局，主要从事地震预报和地下流体等相关研究工作。参与《油田地震信息监测研究与应用》项目（1992—1996 年），作为负责人之一主持天津及邻近地区地下流体地震预测技术研究（1997—2000 年）、天津市活断层探测与地震危险性评价（2004—2007 年）、天津市地震前兆台网建设（2005—2007 年）、前兆仪器更新改造（2009 年—2011 年）项目。先后获天津市科技进步三等奖 4 项，中国地震局防震减灾优秀成果二等奖、三等奖各 1 项，中国地震局第三届全国青年地震工作者科技论文优秀奖。在《地震》《西北地震学报》、“EARTHQUAKE RESEARCH IN CHINA”、《地震地质》等杂志发表学术论文 20 多篇，参编《油田地震信息监测研究与应用》论文集和《首都圈地下流体监测与地震预测》专著，参编天津市滨海新区塘沽第二中学《地震的预防与监测》教材。1998 年、2000 年被评为天津市地震局监测预报先进个人，2002 年获天津市地震局优秀共产党员荣誉称号，2008 年被评为中国地震局奥运保障工作先进个人。任天津市地震局流体学科牵头人、中国地震学会地下流体专业委员会委员、中国地震局首都圈地区地下流体短临跟踪专家组成员。

陈宇坤 男，1970 年 12 月出生，甘肃省环县人，中共党员，博士研究生学历，博士学位，正研级高级工程师。

1994 年毕业于兰州大学地质系（本科），1997 年毕业于兰州地震研究所地震地质专业（硕士），2007 年毕业于中国地震局地质研究所构造地质学专业（博士）。1997 年 7 月调入天津市地震局，先后任助理工程师、工程师、副研究员。2009 年 7 月任正研级高级工程师。2004 年 5 月至 2009 年 3 月任天津市工程地震研究中心副主任；2009 年 3 月至 2010 年 7 月任天津市地震灾害防御中心副主任（主持工作）；2010 年 7 月任天津市地震灾害防御中心主任。

长期从事活动断层与工程地震研究工作。1998 至 2002 年参加天津海河隐伏断裂定量评价项目，获省部级二等奖；2002 至 2007 年主持天津市活断层探测与地震危险性评价项目，获省部级二等奖；2008 至 2011 年主持滨海新区软土地基的地震和交通荷载作用效应技术研究项目，获省部级三等奖。1997 年至今在《地震学报》《中国地震》《地震地质》《西北地震学报》《震灾防御技术》等刊物上发表学术论文 20 多篇，参编《天津海河断裂活动性研究》专著，主编《天津市活动断层探测与地震危险性评价》专著。2002 年被中国地震局评为“昆仑山口西 8.1 级地震综合科学考察”先进个人；2004 年第一批入选“中国地震局新世纪优秀人才百人计划”；2004 年和 2008 年获中共天津市委市级机关“优秀共产党员”荣誉称号；2009 年被人力资源和社会保障部、中国地震局授予“全国地震系统优秀个人”荣誉称号；2012 年获天津市科技系统五一劳动奖章。

附　　录

一、法　规

（一）天津市防震减灾条例（2011年版）

天津市人民代表大会常务委员会公告

第二十八号

《天津市防震减灾条例》已由天津市第十五届人民代表大会常务委员会第二十四次会议于2011年5月20日通过，现予公布，自2011年8月1日起施行。

天津市人民代表大会常务委员会

2011年5月20日

天津市防震减灾条例

第一条　为了防御和减轻地震灾害，保护人民生命和财产安全，促进经济社会的可持续发展，根据《中华人民共和国防震减灾法》和有关法律、法规，结合本市实际情况，制定本条例。

第二条　在本市行政区域内从事防震减灾活动，适用本条例。

第三条　市和区、县人民政府应当按照预防为主、防御与救助相结合的方针，加强对本行政区域内防震减灾工作的领导，健全防震减灾工作体系。

市和区、县人民政府应当将防震减灾工作纳入本级国民经济和社会发展规划，将防震减灾工作经费列入本级财政预算，并保障防震减灾工作的实际需要。

防震减灾工作经费应当用于地震监测预报、地震灾害预防、地震应急救援等工作。

第四条　市和区、县地震工作主管部门和发展改革、建设交通、规划、国土房管、财政、民政、教育、卫生、公安、水务、海洋、科技以及其他有关部门，按照职责分工，各负其责，密切配合，共同做好防震减灾工作。

第五条　市和区、县人民政府抗震救灾指挥机构负责统一领导、指挥和协调本行政区域的抗震救灾工作，其日常工作由本级地震工作主管部门负责。

第六条 各级人民政府应当组织开展防震减灾知识的宣传教育，支持开展地震群测群防活动，增强公民的防震减灾意识，提高全社会的防震、避震、自救互救能力。

每年5月12日所在周，全市集中进行防震减灾宣传教育活动。

鼓励单位和个人配备地震应急物品，掌握自救互救方法，降低灾害造成的损失。

第七条 市和区、县地震工作主管部门根据上一级防震减灾规划和本行政区域的实际情况，会同同级有关部门组织编制本行政区域的防震减灾规划，报本级人民政府批准后组织实施，并依法报上一级地震工作主管部门备案。

编制防震减灾规划应当与城乡规划、土地利用总体规划相协调。

市和区、县人民政府应当严格执行防震减灾规划，并逐步建立防震减灾规划实施情况考核机制。

第八条 地震监测台网实行统一规划，分级、分类管理。

市地震工作主管部门按照布局合理、资源共享、海域和陆地并重的原则，根据国家地震监测台网规划和本市实际，制定市地震监测台网规划，报市人民政府批准后实施。

市地震监测台网规划应当明确地震监测台网的布局方案、分阶段发展目标以及地震观测环境保护范围、保护要求等内容。

第九条 市级地震监测台网，由市地震工作主管部门管理，其建设投资和运行经费，按照国家规定由中央和市财政共同承担。

区、县地震监测台网，由区、县地震工作主管部门管理，业务上受市地震工作主管部门指导，其建设投资和运行经费由区、县财政承担。

第十条 核电站、油田、水库大坝、特大桥梁、发射塔、超限高层等重大建设工程的建设单位，应当按照国家规定建设专用地震监测台网或者设置强震动监测设施，其建设投资和运行经费由建设单位承担。

建设专用地震监测台网或者设置强震动监测设施的情况，应当报市地震工作主管部门备案，业务上受市地震工作主管部门指导。市地震工作主管部门应当定期对强震动监测设施的运行情况进行检查，给予技术指导和服务。

第十一条 地震监测台网和强震动监测设施的建设、运行管理，应当遵守法律、法规和有关标准。

有关单位在检测、传递、分析、处理、存贮、报送地震监测信息过程中，应当保证地震监测信息的质量和安全。

第十二条 市地震工作主管部门应当建立健全地震监测信息共享平台，为社会提供服务。

区、县地震工作主管部门，专用地震监测台网和强震动监测设施的管理单位，应当将地震监测信息及时报送市地震工作主管部门，实行信息共享。

第十三条 市地震工作主管部门应当加强海域地震活动的监测预测工作，开展海域地震观测技术研究，提出海域地震监测规划建设方案，提高海域地震活动监测预测能力。

海域地震发生后，市地震工作主管部门应当及时向海洋主管部门和海事管理机构等通报情况。

第十四条 任何单位和个人不得侵占、损毁、拆除或者擅自移动地震监测设施，不得危害地震观测环境。

市和区、县地震工作主管部门应当会同公安、规划、国土房管等有关部门，在地震监测设施附近设立保护标志，标明地震监测设施和地震观测环境保护的要求。

第十五条 新建、扩建、改建建设工程，应当避免对地震监测设施和地震观测环境造成危害。

建设国家重点工程，确实无法避免对地震监测设施和地震观测环境造成影响的，建设单位应当按照市和区、县地震工作主管部门的要求增建抗干扰设施；不能增建抗干扰设施的，应当依法新建地震监测设施。

前款规定增建或者新建地震监测设施所需的费用，由建设单位承担。

第十六条 本市行政区域内的地震长期、中期、短期和临震预报意见，由市人民政府按照国家规定程序统一发布。

地震灾害发生后，有关震情、灾情和应对措施等信息，由市人民政府授权的人员统一发布。

新闻媒体刊登、播发本市的有关地震消息，应当以市人民政府发布的内容为准。

第十七条 市地震工作主管部门应当根据国家地震烈度速报系统建设规划，制定本市地震烈度速报系统建设方案，报市人民政府批准后实施，并保障系统正常运行，为快速判断致灾范围和程度，指挥抗震救灾提供技术支持。

第十八条 市人民政府应当组织开展陆地与海域地震活动断层探测和地震危险性评价。

城乡规划、土地利用总体规划、环境保护规划等相关规划，应当依据地震活动断层探测结果和抗震设防要求，充分考虑潜在的地震风险。

第十九条 市或者区、县人民政府应当开展地震小区划和震害预测工作，组织制定地震小区划图。

第二十条 新建、扩建、改建建设工程，应当达到抗震设防要求。

抗震设防要求应当按照地震动参数区划图、地震小区划图或者经审定的地震安全性评价报告确定。

第二十一条 下列建设工程，应当依法进行地震安全性评价：

（一）公路、铁路上的长度大于五百米的多孔桥梁或者跨度大于一百米的单孔桥梁，长度大于一千米的隧道；

（二）市级广播中心、电视中心、电视发射台以及功率大于二百千瓦的广播发射台，电信和邮政枢纽，卫星通信地球站，应急通信指挥中心；

（三）城市快速轨道交通、地下铁路工程，铁路特大型站的候车楼，机场中的候机楼、航管楼、大型机库；

（四）单机容量大于三十万千瓦或者规划容量大于八十万千瓦的火力发电厂，总装机容量二十万千瓦的风电工程，五百千伏和二百二十千伏的变电站；

（五）八十米以上高层建筑物、构筑物；

（六）市级急救中心、中心血站和疾病预防控制中心，六千个座位以上体育馆，三万个座位以上的体育场，一千二百个座位以上的影剧院，建筑面积在二万平方米以上的、人员活动集中的多层大型公共建筑；

（七）市级城市供水、供气、供电、交通调度控制中心；

（八）生产和贮存易燃易爆、剧毒或者强腐蚀性产品的设施，研究、中试生产和存放剧毒生物制品和天然人工细菌、病菌的较大型建筑；

（九）位于地震动参数区划分界线两侧各八公里区域内的大型建设工程；

（十）位于复杂工程地质条件区域的新建开发区和占地面积三十万平方米以上的厂矿企业；

（十一）法律、法规规定和市人民政府确定的其他建设工程。

第二十二条 建设单位应当依法委托具有相应资质的地震安全性评价单位承担地震安全性评价工作。地震安全性评价单位应当在其资质许可的范围内承揽地震安全性评价业务，并对建设工程地震安全性评价质量负责。

地震工作主管部门应当依法加强对地震安全性评价单位及其从业人员的资质管理。

第二十三条 市地震工作主管部门负责依法审定建设工程的地震安全性评价报告，确定抗震设防要求。

依法由国务院地震工作主管部门审定的地震安全性评价报告，建设单位应当将该报告同时抄送市地震工作主管部门。

第二十四条 不需要进行地震安全性评价的建设工程，应当按照地震动参数区划图或者地震小区划图确定的抗震设防要求进行抗震设防；学校、医院等人员密集场所的建设工程，应当在当地房屋建筑抗震设防要求的基础上至少提高一档进行抗震设防。

第二十五条 建设工程的抗震设防要求应当纳入基本建设程序。

市和区、县发展改革、规划、建设交通、水务等项目审批部门，应当将抗震设防要求作为项目审查的必备条件；对没有抗震设防要求或者抗震设防要求不符合有关规定的，不予审查通过。

第二十六条 已经建成的建设工程，未采取抗震设防措施或者抗震设防措施未达到抗震设防要求的，应当按照国家有关规定进行抗震性能鉴定，并采取必要的抗震加固措施。

市国土房管部门应当会同市建设交通部门、市地震工作主管部门和其他有关部门，对本市行政区域内已建成的没有采取抗震设防措施的建筑物进行检查。

第二十七条 市和区、县人民政府应当加强对农村基础设施、公共设施和农民自建房抗震设防的管理和指导，制定推进农村民居地震安全工程的扶持政策，引导农民在自建房时采取科学的抗震措施，组织有关部门制定农村民居地震安全工程建设规划和农村民居建筑抗震设防技术标准，加强农村建筑工匠培训，提高农村建筑的抗震设防能力。

建设村镇基础设施、公用设施，应当按照抗震设防要求和抗震设计规范进行规划、设计和施工。

第二十八条　市和区、县人民政府应当制定应急避难场所建设规划；组织规划、建设交通、市容园林、地震等部门，根据本市应急避难场所规划，利用城市广场、绿地、公园等空旷区域或者选择符合国家标准的其他场所，设置应急疏散通道和建设地震应急避难场所，并完善相配套的交通、供水、供电、排污等基础设施。

地震应急避难场所的位置应当向社会公布。避难场所及其周围应当设置明显的指示标识。

未纳入应急避难场所规划但具备抵御地震风险能力的学校操场和公共体育场（馆），可以作为临时地震应急避难场所。

第二十九条　地震应急避难场所的管理单位应当按照国家有关规定，对场所、设施、物资等进行维护和管理，保持应急疏散通道畅通。

市和区、县地震工作主管部门应当会同有关部门，对地震应急避难场所的建设、维护和管理给予技术指导，并定期进行检查。

第三十条　市和区、县人民政府及其有关部门应当配备必要的应急装备和物资，建立健全物资储备、监管、调拨、紧急配送体系和储备信息库，并制定相应的保障制度和紧急调用方案。

第三十一条　市和区、县人民政府及其有关部门应当加强地震应急通信系统建设，健全应急通信保障机制，确保地震应急工作通信畅通。

第三十二条　市和区、县人民政府应当加强抗震救灾应急指挥中心建设，完善应急指挥技术平台、地震灾情获取系统、地震应急基础数据系统，建立地震应急基础数据更新机制，为抗震救灾指挥决策提供支撑。

第三十三条　市和区、县人民政府应当加强地震安全社区、示范学校和防震减灾科普教育基地建设，提高公民自救互救的意识和能力。

教育、科技、地震等有关部门和科协等社会团体对学校、社区开展的防震减灾科普活动、群测群防活动给予技术指导和支持。

地震监测设施管理单位在不影响地震监测的前提下，可以设立开放日，对公众开放。

学校应当进行防震减灾知识和地震应急知识普及教育，每年至少组织一次地震应急疏散演练，培养学生的安全避险意识和自救互救能力。

第三十四条　市和区、县地震工作主管部门会同有关部门制定本行政区域地震应急预案，报同级人民政府批准。

市和区、县人民政府有关部门和乡、镇人民政府，应当根据有关法律、法规、规章、上级人民政府及其有关部门的地震应急预案和本行政区域的实际情况，制定本部门、本地区地震应急预案。

市和区、县人民政府有关部门的地震应急预案报本级地震工作主管部门备案。乡、镇人民政府的地震应急预案报所在区、县地震工作主管部门备案。

地震应急预案应当根据实际情况适时修订。经修订的地震应急预案应当重新备案。

第三十五条 下列企业事业单位应当制定地震应急预案，并依法报所在区、县地震工作主管部门备案：

（一）通信、供电、供水、供气、排水等城市基础设施的经营管理单位；

（二）铁路、机场、港口、轨道交通等交通运输经营管理单位；

（三）医院、学校、托幼机构、文体活动场馆、大型商场、宾馆饭店等人员密集场所的经营管理单位；

（四）石油化工、易燃易爆、有毒有害、强腐蚀性、放射性、核设施、三级以上病原微生物实验室等可能发生严重次生灾害的工程项目或者设施的生产经营单位；

（五）金融、广播电视、重要综合信息存储中心等单位；

（六）档案馆、博物馆、市级以上重点文物保护单位；

（七）因地震灾害可能产生严重后果或者影响的其他单位。

其他单位可以根据实际需要制定地震应急预案，所在区、县地震工作主管部门予以指导。

第三十六条 市和区、县抗震救灾指挥机构应当适时组织地震应急综合演练。

制定地震应急预案的部门和单位应当每年至少组织一次本部门、本单位的地震应急演练。

第三十七条 地震预报意见发布后，市人民政府可以宣布所预报区域进入临震应急期。临震应急期一般为十日，必要时可以延长十日。

在临震应急期，市或者有关区、县人民政府应当按照地震应急预案统一部署和领导临震应急工作。各有关部门应当按照地震应急预案的职责分工，各负其责，密切配合，采取以下措施，做好临震应急和抢险救灾的准备工作：

（一）加强震情监视，随时报告震情变化；

（二）根据震情发展和建筑物抗震能力以及周围工程设施情况，发布避震通知，必要时组织避震疏散；

（三）要求有关部门对通信、供水、供电、供气等设施和次生灾害源采取紧急防护措施；

（四）督促检查抢险救灾准备工作；

（五）平息地震谣传和误传，保持社会稳定。

第三十八条 地震灾害发生后，市或者有关区、县人民政府应当依法实施相应地震应急预案，组织有关部门开展抗震救灾工作。

第三十九条 地震灾害发生后，市人民政府应当及时组织对地震灾害损失进行调查评估，为地震应急救援、灾后过渡性安置和恢复重建提供依据。

地震灾害损失调查评估的具体工作，由市地震工作主管部门会同市财政、民政、建设交通、国土房管、卫生等有关部门按照国家规定承担。

第四十条 地震灾害发生后，灾区的单位和个人应当服从当地抗震救灾指挥机构的统一指挥和调度，自觉维护社会秩序，积极参加救灾与重建活动。

第四十一条　地震灾害发生后，市人民政府应当根据震害情况和重新确定的抗震设防要求，根据法律规定组织编制恢复重建规划。

第四十二条　违反本条例规定，未进行地震安全性评价，或者未按照地震安全性评价报告确定的抗震设防要求进行抗震设防的，由市或者区、县地震工作主管部门责令限期改正；逾期不改正的，处三万元以上三十万元以下的罚款。

第四十三条　违反本条例规定，不需要进行地震安全性评价的建设工程，建设单位未按照地震动参数区划图或者地震小区划图进行抗震设防的，由市或者区、县地震工作主管部门责令限期改正；逾期不改正的，处二万元以上二十万元以下的罚款。

第四十四条　依照本条例规定行使监督管理权的部门及其工作人员，违反本条例规定，未履行监督管理职责的，对直接负责的主管人员和其他直接责任人员，依法给予处分；构成犯罪的，依法追究刑事责任。

第四十五条　制造地震谣言，扰乱社会正常秩序的，依法给予治安管理处罚；构成犯罪的，依法追究刑事责任。

第四十六条　本条例自2011年8月1日起施行。2001年7月18日天津市第十三届人民代表大会常务委员会第二十六次会议通过、2004年12月21日天津市第十四届人民代表大会常务委员会第十六次会议修正的《天津市防震减灾条例》，同时废止。

（二）天津市防震减灾条例（2004年版）

天津市人民代表大会常务委员会公告

第三十五号

天津市人民代表大会常务委员会关于《天津市防震减灾条例》的决定，已由天津市人民代表大会常务委员会第十六次会议于2004年12月21日通过，现予公布，自公布之日起施行。

天津市人民代表大会常务委员会

2004年12月21日

天津市人民代表大会常务委员会
关于修改《天津市防震减灾条例》的决定

2004年12月21日天津市第十四届人民代表大会常务委员会第十六次会议通过

天津市第十四届人民代表大会常务委员会第十六次会议决定，对《天津市防震减灾条例》作如下修改：

一、第八条第（一）项中“公路以及铁路干线”修改为“公路以及铁路”；第（五）项中“高层建筑”修改为“高层建筑物、构筑物”；第（七）项中“供水、供气、供电调度控制中心”修改为“供水、供气、供电、交通调度控制中心”；增加一项作为第（十）项“利用核能和贮存、处置放射性物质的建设工程”。

二、第九条第一款修改为：“地震安全性评价工作，建设单位必须在项目可行性研究阶段，委托本市或者外地具有建设工程地震安全性评价资质的单位进行。确定委托单位可以采用协商或者招投标方式。”

三、增加一条作为第十条：“市地震工作主管部门是本市地震安全性评价及其抗震设防要求的主管部门，区、县地震工作主管部门负责本行政区域内的地震安全性评价及其抗震设防要求的监督管理工作。

“市地震工作主管部门委托地震安全性评审组织对地震安全性评价报告进行评审。”

四、第十七条改为第十八条，修改为：“市和区、县地震工作主管部门会同有关部门制定本行政区域内破坏性地震应急预案、强有感地震应急预案、有感地震应急预案和抗震救灾指挥部编成及行动方案，由同级人民政府批准并组织实施。其中市破坏性地震应急预案，应当报国家地震工作主管部门备案。”

本决定自公布之日起施行。

《天津市防震减灾条例》根据本决定作相应的修正，重新公布。

天津市防震减灾条例

2001年7月18日天津市第十三届人民代表大会常务委员会第二十六次会议通过

根据2004年12月21日天津市第十四届人民代表大会常务委员会第十六次会议通过的《天津市人民代表大会常务委员会关于修改〈天津市防震减灾条例〉的决定》修正

第一条 为防御和减轻地震灾害，保护人民生命和财产安全，保障经济建设和社会发展，根据《中华人民共和国防震减灾法》和有关法律、法规，结合本市实际，制定本条例。

第二条 在本市行政区域内从事地震监测预报、地震灾害预防、地震应急、震后救灾与重建等（以下简称防震减灾）活动，适用本条例。

第三条　各级人民政府应当按照防御与救助相结合的方针，对本行政区域内的防震减灾工作实行统一领导。

市和区、县人民政府应当将防震减灾工作纳入本行政区域国民经济和社会发展计划，根据防震减灾工作的需要，保证必要的经费。

市和区、县人民政府地震工作主管部门和计划、规划、建设、民政、公安等行政主管部门，按照职责分工，各负其责，密切配合，共同做好防震减灾工作。

第四条　市和区、县地震工作主管部门应当根据震情和震害预测结果，会同同级有关部门编制防震减灾规划，报同级人民政府批准后实施。

防震减灾规划的修改，应当报经原批准机关批准。

第五条　地震监测台网的建设，实行统一规划，分级、分类管理。

市级地震监测台网，由市地震工作主管部门管理，其建设投资和运行经费，依照《中华人民共和国防震减灾法》的规定，由中央和地方财政共同承担。市级地震监测台网的设置与撤销，由市地震工作主管部门提出，报国务院地震工作主管部门审批。

区、县级地震监测台网，由区、县地震工作主管部门管理，业务上接受市地震工作主管部门的指导，其建设投资和运行经费，由区、县财政承担。区、县地震监测台网的设置与撤销，由所在地的区、县地震工作主管部门提出，报区、县人民政府批准并报市地震工作主管部门备案。

企业、事业单位建立的为本单位服务的地震监测台站，业务上接受市或者区、县地震工作主管部门的指导，其搬迁或者撤销时，应当报地震工作主管部门备案。

第六条　任何单位和个人不得损害地震监测设施和破坏地震观测环境，不得干扰和妨碍地震监测台站的工作。

地震监测设施所在地人民政府和各级公安、规划等部门应当依法保护地震监测设施和地震观测环境。

新建、扩建、改建建设工程，应当避免对地震观测环境造成妨害。确实无法避免的重点建设工程，建设单位在工程设计前应当征得市或者区、县地震工作主管部门的同意，并增建抗干扰工程或者迁移地震监测设施，其费用以及由此造成的损失由建设单位承担。

第七条　制定城市规划，应当充分考虑地震构造环境。选择建筑场地，必须避开地震活动断层。

第八条　新建、扩建、改建下列对社会有重大价值或者有重大影响以及可能发生严重次生灾害的建设工程，必须对其场地进行地震安全性评价：

（一）公路以及铁路上长度大于五百米的多孔桥梁或者跨度大于一百米的单孔桥梁；

（二）市级广播中心、电视中心、电视发射台以及功率大于二百千瓦的广播发射台，电信和邮政枢纽；

（三）铁路特大型站的候车楼、地下铁路，机场中的候机楼、航管楼、大型机库；

（四）单机容量大于三十万千瓦或者规划容量大于八十万千瓦的火力发电厂，五百千伏和二百二十千伏的变电站；

（五）八十米以上的高层建筑物、构筑物；

（六）五百张床位以上的医院，六千个座位以上的大型体育馆，一千二百个座位以上的大型影剧院，建筑面积在一万平方米以上的、人员活动集中的多层大型公共建筑；

（七）市级城市供水、供气、供电、交通调度控制中心；

（八）生产和贮存易燃易爆、剧毒或者强腐蚀性产品的设施，研究、中试生产和存放剧毒生物制品和天然人工细菌、病菌的较大型建筑；

（九）水库大坝、堤防以及其他可能发生严重次生灾害的大型建设工程；

（十）利用核能和贮存、处置放射性物质的建设工程；

（十一）位于地震动参数区划分界线两侧各八公里区域内的大型建设工程；

（十二）占地范围较大、位于复杂工程地质条件区域的大型厂矿企业以及新建开发区。

第九条 地震安全性评价工作，建设单位必须在项目可行性研究阶段，委托本市或者外地具有建设工程地震安全性评价资质的单位进行。确定委托单位可以采用协商或者招投标方式。

地震安全性评价的结果，应当按照国家规定报国家或者市地震工作主管部门审核批准。

按照本条例规定应当进行地震安全性评价的建设工程或者地区，必须根据地震安全性评价的结果，确定抗震设防要求，进行抗震设防。

进行地震安全性评价的单位，应当严格执行国家规定的地震安全性评价技术标准，并按照国家有关规定合理收取安全评价费。

第十条 市地震工作主管部门是本市地震安全性评价及其抗震设防要求的主管部门，区、县地震工作主管部门负责本行政区域内的地震安全性评价及其抗震设防要求的监督管理工作。

市地震工作主管部门委托地震安全性评审组织对地震安全性评价报告进行评审。

第十一条 本条例第八条规定以外的城镇建设工程和农村公共建筑以及乡镇企业生产、办公用房的建设工程，必须按照国家颁布的地震烈度区划图或者地震动参数区划图规定的抗震设防要求，进行抗震设防。

各级人民政府应当引导农民建造符合抗震设防要求的住房。

第十二条 地震安全性评价和抗震设防要求应当纳入建设工程管理程序。

必须对其场地进行地震安全性评价的建设工程，其建设单位应当将地震安全性评价结果和经国家或者市地震工作主管部门确定的抗震设防要求，列入建设工程项目的可行性研究报告。

不符合前款规定的建设工程，计划审批部门不予批准立项，规划部门不予核发建设工程规划许可证。

第十三条 建设项目的设计单位必须按照抗震设防要求和抗震设计规范进行抗震设计，并对设计质量负责。

建设项目的施工单位必须按照抗震设计的要求和施工规范进行施工，并对施工质量负责。

建设项目的监理单位必须按照抗震设计的要求和施工规范进行监理，保证监理的质量。

第十四条 市和区、县人民政府建设行政主管部门和其他有关部门应当加强对建设工程抗震设防质量的监督管理。

第十五条 已经建成的建筑物、构筑物，未采取抗震设防措施的，应当按照国家有关规定进行抗震性能鉴定，并采取必要的抗震加固措施。

第十六条 各级人民政府应当组织地震、科技、教育、新闻、文化等部门开展防震减灾知识的宣传教育，增强公民的防震减灾意识，提高公民的防震、避震、自救、互救能力。

学校应当开展防震减灾知识教育。

每年七月二十八日所在周，全市集中进行防震减灾宣传教育活动。

第十七条 市和区、县人民政府应当根据实际需要，在本级财政预算和物资储备中安排适当的抗震救灾资金和物资。

第十八条 市和区、县地震工作主管部门会同有关部门制定本行政区域内破坏性地震应急预案、强有感地震应急预案、有感地震应急预案和抗震救灾指挥部编成及行动方案，由同级人民政府批准并组织实施。其中市破坏性地震应急预案，应当报国家地震工作主管部门备案。

第十九条 大型商场、影剧院、车站、机场、医院、学校、宾馆等人员密集的公共场所，应当制定地震应急疏导预案，并设置紧急疏散通道和明显标志。

通信、供电、供水、供气等设施、救灾保障和可能发生严重次生灾害等地震应急重点目标的所在单位，应当制定地震应急重点目标抢险抢修预案，并采取相应的防范措施。

第二十条 市和区、县人民政府应当设置地震应急指挥场所，组织地震紧急救援队伍，责成有关部门进行必要的地震应急救助装备的储备，并制定地震应急救助装备的紧急调度方案，进行地震应急救助装备的使用训练工作。

第二十一条 地震应急指挥场所、人员密集的公共场所、学校以及地震应急重点目标的所在单位，应当加强对有关人员的培训，定期组织地震应急演练，提高地震应急能力。

第二十二条 地震预报实行统一发布制度。

本市行政区域内的地震长期预报、地震中期预报、地震短期预报和临震预报，由市人民政府发布。

新闻媒体刊登或者播发地震预报消息，必须以市人民政府发布的地震预报为准。

第二十三条 任何单位和个人提出的地震预测意见，应当向区、县级以上地震工作主管部门书面报告，也可以直接向国家地震工作主管部门书面报告，不得擅自扩散。

第二十四条 破坏性地震临震预报发布后，市人民政府可以宣布所预报区域进入临震应急期。临震应急期一般为十日，必要时可以延长十日。

在临震应急期，市或者有关区、县人民政府应当按照破坏性地震应急预案统一部署和领导临震应急工作。各有关部门应当按照破坏性地震应急预案的职责分工，各负其责，密切配合，采取以下措施，做好临震应急和抢险救灾的准备工作：

（一）加强震情监视，随时报告震情变化；

（二）根据震情发展和建筑物抗震能力以及周围工程设施情况，发布避震通知，必要时组织避震疏散；

（三）要求有关部门对通信、供水、供电、供气等设施和次生灾害源采取紧急防护措施；

（四）督促检查抢险救灾准备工作；

（五）平息地震谣传和误传，保持社会稳定。

第二十五条 破坏性地震发生后，市或者区、县人民政府应当立即实施破坏性地震应急预案，组织有关部门开展抗震救灾工作。

第二十六条 破坏性地震发生后，市地震工作主管部门应当及时会同有关部门对地震灾害损失进行调查、评估，并将灾情调查结果及时报告市人民政府，告知震区所在地的区、县人民政府。

地震灾区的任何单位和个人都有义务向各级人民政府及其有关部门及时报告灾情信息。

第二十七条 地震灾区人民政府应当根据震害情况和重新核定的抗震设防要求，制定重建规划，并报上一级人民政府批准后组织实施。

第二十八条 对地震工作有重大科学价值的地震遗址、遗迹，由市地震工作主管部门报市人民政府批准后，进行特殊保护，作为防震减灾科学研究和宣传教育基地。

典型地震遗址、遗迹的保护，应当列入地震灾区的重建规划。

第二十九条 违反本条例规定，有下列行为之一的，由市或者区、县地震工作主管部门责令停止违法行为，恢复原状或者采取其他补救措施；情节严重的，可以处五千元以上十万元以下罚款；造成损失的，依法承担民事责任；构成犯罪的，依法追究刑事责任：

（一）新建、扩建、改建建设工程，对地震监测设施或者地震观测环境造成危害，又未依法事先征得同意并采取相应措施的；

（二）损害地震监测设施或者破坏地震观测环境的；

（三）破坏市人民政府批准的典型地震遗址、遗迹的。

第三十条 违反本条例第八条、第九条第三款，有关建设单位不进行地震安全性评价，或者不按照地震安全性评价结果确定的抗震设防要求进行抗震设防的，由市或者区、县地震工作主管部门责令限期改正，可以处一万元以上十万元以下罚款。

第三十一条 违反本条例第十二条第三款，对未进行地震安全性评价的建设工程批准立项或者核发建设工程规划许可证的，对直接责任人员由其所在单位或者上级主管部门给予行政处分；构成犯罪的，依法追究刑事责任。

第三十二条 违反本条例第九条第四款、第十三条规定，有下列行为之一的，由建设行政主管部门或者其他有关主管部门按照职责权限，责令限期改正，可以处一万元以上十万元以下罚款；构成犯罪的，依法追究刑事责任：

（一）不按照国家规定的标准进行地震安全性评价的；

（二）不按照抗震设防要求和抗震设计规范进行抗震设计的；

（三）不按照抗震设计的要求和施工规范进行施工的；

（四）不按照抗震设计的要求和施工规范进行监理的。

第三十三条　违反本条例第二十三条，擅自向社会扩散地震预测意见的，由所在单位或者上级主管部门对直接责任人员或者直接负责的主管人员依法给予行政处分。

第三十四条　有下列行为之一的，由有关国家机关依照国家法律、法规的规定给予处罚；构成犯罪的，依法追究刑事责任：

（一）制造地震谣言，扰乱正常社会秩序的；

（二）乘地震之机盗窃、哄抢公私财物的；

（三）在地震应急与抗震救灾期间，妨碍抗震救灾人员执行公务或者进行破坏活动的。

（四）破坏性地震发生后哄抬物价，扰乱正常社会秩序的。

第三十五条　有下列行为之一的，对直接责任人员和主管人员由所在单位或者上级主管部门依法给予行政处分；构成犯罪的，依法追究刑事责任：

（一）违抗抗震救灾指挥机构的命令，拒不实施破坏性地震应急预案，拒不承担地震应急和救灾任务的；

（二）虚报、瞒报地震灾情的；

（三）截留、挪用、贪污地震救灾资金和物资的。

第三十六条　地震工作主管部门、其他有关行政主管部门及其工作人员，在防震减灾工作中滥用职权、玩忽职守、徇私舞弊或者临阵脱逃的，对直接责任人员由其所在单位或者上级主管部门给予行政处分；构成犯罪的，依法追究刑事责任。

第三十七条　本条例自公布之日起施行。

（三）天津市防震减灾条例（2001年版）

天津市人民代表大会常务委员会公告

第三十二号

《天津市防震减灾条例》已由天津市十三届人民代表大会常务委员会第二十六次会议于2001年7月18日通过，现予公布，自公布之日起施行。

天津市人民代表大会常务委员会

2001年7月18日

天津市防震减灾条例

（2001年7月18日天津市第十三届人民代表大会常务委员会第二十六次会议通过）

第一条 为防御和减轻地震灾害，保护人民生命和财产安全，保障经济建设和社会发展，根据《中华人民共和国防震减灾法》和有关法律、法规，结合本市实际，制定本条例。

第二条 在本市行政区域内从事地震监测预报、地震灾害预防、地震应急、震后救灾与重建等（以下简称防震减灾）活动，适用本条例。

第三条 各级人民政府应当按照防御与救助相结合的方针，对本行政区域内的防震减灾工作实行统一领导。

市和区、县人民政府应当将防震减灾工作纳入本行政区域国民经济和社会发展计划，根据防震减灾工作的需要，保证必要的经费。

市和区、县人民政府地震工作主管部门和计划、规划、建设、民政、公安等行政主管部门，按照职责分工，各负其责，密切配合，共同做好防震减灾工作。

第四条 市和区、县地震工作主管部门应当根据震情和震害预测结果，会同同级有关部门编制防震减灾规划，报同级人民政府批准后实施。

防震减灾规划的修改，应当报经原批准机关批准。

第五条 地震监测台网的建设，实行统一规划，分级、分类管理。

市级地震监测台网，由市地震工作主管部门管理，其建设投资和运行经费，依照《中华人民共和国防震减灾法》的规定，由中央和地方财政共同承担。市级地震监测台网的设置与撤销，由市地震工作主管部门提出，报国务院地震工作主管部门审批。

区、县级地震监测台网，由区、县地震工作主管部门管理，业务上接受市地震工作主管部门的指导，其建设投资和运行经费，由区、县财政承担。区、县地震监测台网的设置与撤销，由所在地的区、县地震工作主管部门提出，报区、县人民政府批准并报市地震工作主管部门备案。

企业、事业单位建立的为本单位服务的地震监测台站，业务上接受市或者区、县地震工作主管部门的指导，其搬迁或者撤销时，应当报地震工作主管部门备案。

第六条 任何单位和个人不得损害地震监测设施和破坏地震观测环境，不得干扰和妨碍地震监测台站的工作。

地震监测设施所在地人民政府和各级公安、规划等部门应当依法保护地震监测设施和地震观测环境。

新建、扩建、改建建设工程，应当避免对地震观测环境造成妨害。确实无法避免的重点建设工程，建设单位在工程设计前应当征得市或者区、县地震工作主管部门的同意，并增建抗干扰工程或者迁移地震监测设施，其费用以及由此造成的损失由建设单位承担。

第七条 制定城市规划，应当充分考虑地震构造环境。选择建筑场地，必须避开地震活动断层。

第八条 新建、扩建、改建下列对社会有重大价值或者有重大影响以及可能发生严重次生灾害的建设工程，必须对其场地进行地震安全性评价：

（一）公路以及铁路干线上长度大于五百米的多孔桥梁或者跨度大于一百米的单孔桥梁；

（二）市级广播中心、电视中心、电视发射台以及功率大于二百千瓦的广播发射台，电信和邮政枢纽；

（三）铁路特大型站的候车楼、地下铁路，机场中的候机楼、航管楼、大型机库；

（四）单机容量大于三十万千瓦或者规划容量大于八十万千瓦的火力发电厂，五百千伏和二百二十千伏的变电站；

（五）八十米以上的高层建筑物；

（六）五百张床位以上的医院，六千个座位以上的大型体育馆，一千二百个座位以上的大型影剧院，建筑面积在一万平方米以上的、人员活动集中的多层大型公共建筑；

（七）市级城市供水、供气、供电调度控制中心；

（八）生产和贮存易燃易爆、剧毒或者强腐蚀性产品的设施，研究、中试生产和存放剧毒生物制品和天然人工细菌、病菌的较大型建筑；

（九）水库大坝、堤防以及其他可能发生严重次生灾害的大型建设工程；

（十）位于地震动参数区划分界线两侧各八公里区域内的大型建设工程；

（十一）占地范围较大、位于复杂工程地质条件区域的大型厂矿企业以及新建开发区。

第九条 地震安全性评价工作，建设单位必须委托本市或者外地具有建设工程地震安全性评价资格的单位进行。确定委托单位可以采用协商或者招投标方式。

地震安全性评价的结果，应当按照国家规定报国家或者市地震工作主管部门审核批准。

按照本条例规定应当进行地震安全性评价的建设工程或者地区，必须根据地震安全性评价的结果，确定抗震设防要求，进行抗震设防。

进行地震安全性评价的单位，应当严格执行国家规定的地震安全性评价技术标准，并按照国家有关规定合理收取安全评价费。

第十条 本条例第八条规定以外的城镇建设工程和农村公共建筑以及乡镇企业生产、办公用房的建设工程，必须按照国家颁布的地震烈度区划图或者地震动参数区划图规定的抗震设防要求，进行抗震设防。

各级人民政府应当引导农民建造符合抗震设防要求的住房。

第十一条 地震安全性评价和抗震设防要求应当纳入建设工程管理程序。

必须对其场地进行地震安全性评价的建设工程，其建设单位应当将地震安全性评价结果和经国家或者市地震工作主管部门确定的抗震设防要求，列入建设工程项目的可行性研究报告。

不符合前款规定的建设工程，计划审批部门不予批准立项，规划部门不予核发建设工程规划许可证。

第十二条 建设项目的设计单位必须按照抗震设防要求和抗震设计规范进行抗震设计，并对设计质量负责。

建设项目的施工单位必须按照抗震设计的要求和施工规范进行施工，并对施工质量负责。

建设项目的监理单位必须按照抗震设计的要求和施工规范进行监理，保证监理的质量。

第十三条 市和区、县人民政府建设行政主管部门和其他有关部门应当加强对建设工程抗震设防质量的监督管理。

第十四条 已经建成的建筑物、构筑物，未采取抗震设防措施的，应当按照国家有关规定进行抗震性能鉴定，并采取必要的抗震加固措施。

第十五条 各级人民政府应当组织地震、科技、教育、新闻、文化等部门开展防震减灾知识的宣传教育，增强公民的防震减灾意识，提高公民的防震、避震、自救、互救能力。

学校应当开展防震减灾知识教育。

每年七月二十八日所在周，全市集中进行防震减灾宣传教育活动。

第十六条 市和区、县人民政府应当根据实际需要，在本级财政预算和物资储备中安排适当的抗震救灾资金和物资。

第十七条 市和区、县地震工作主管部门会同有关部门制定本行政区域内破坏性地震应急预案、强有感地震应急预案、有感地震应急预案和抗震救灾指挥部编成及行动方案，由同级人民政府批准并组织实施。其中市破坏性地震应急预案，应当报国家地震工作主管部门备案。

第十八条 大型商场、影剧院、车站、机场、医院、学校、宾馆等人员密集的公共场所，应当制定地震应急疏导预案，并设置紧急疏散通道和明显标志。

通信、供电、供水、供气等设施、救灾保障和可能发生严重次生灾害等地震应急重点目标的所在单位，应当制定地震应急重点目标抢险抢修预案，并采取相应的防范措施。

第十九条 市和区、县人民政府应当设置地震应急指挥场所，组织地震紧急救援队伍，责成有关部门进行必要的地震应急救助装备的储备，并制定地震应急救助装备的紧急调度方案，进行地震应急救助装备的使用训练工作。

第二十条 地震应急指挥场所、人员密集的公共场所、学校以及地震应急重点目标的所在单位，应当加强对有关人员的培训，定期组织地震应急演练，提高地震应急能力。

第二十一条 地震预报实行统一发布制度。

本市行政区域内的地震长期预报、地震中期预报、地震短期预报和临震预报，由市人民政府发布。

新闻媒体刊登或者播发地震预报消息，必须以市人民政府发布的地震预报为准。

第二十二条 任何单位和个人提出的地震预测意见，应当向区、县级以上地震工作主管部门书面报告，也可以直接向国家地震工作主管部门书面报告，不得擅自扩散。

第二十三条 破坏性地震临震预报发布后，市人民政府可以宣布所预报区域进入临震应急期。临震应急期一般为十日，必要时可以延长十日。

在临震应急期，市或者有关区、县人民政府应当按照破坏性地震应急预案统一部署和领导临震应急工作。各有关部门应当按照破坏性地震应急预案的职责分工，各负其责，密切配合，采取以下措施，做好临震应急和抢险救灾的准备工作：

（一）加强震情监视，随时报告震情变化；

（二）根据震情发展和建筑物抗震能力以及周围工程设施情况，发布避震通知，必要时组织避震疏散；

（三）要求有关部门对通信、供水、供电、供气等设施和次生灾害源采取紧急防护措施；

（四）督促检查抢险救灾准备工作；

（五）平息地震谣传和误传，保持社会稳定。

第二十四条 破坏性地震发生后，市或者区、县人民政府应当立即实施破坏性地震应急预案，组织有关部门开展抗震救灾工作。

第二十五条 破坏性地震发生后，市地震工作主管部门应当及时会同有关部门对地震灾害损失进行调查、评估，并将灾情调查结果及时报告市人民政府，告知震区所在地的区、县人民政府。

地震灾区的任何单位和个人都有义务向各级人民政府及其有关部门及时报告灾情信息。

第二十六条 地震灾区人民政府应当根据震害情况和重新核定的抗震设防要求，制定重建规划，并报上一级人民政府批准后组织实施。

第二十七条 对地震工作有重大科学价值的地震遗址、遗迹，由市地震工作主管部门报市人民政府批准后，进行特殊保护，作为防震减灾科学研究和宣传教育基地。

典型地震遗址、遗迹的保护，应当列入地震灾区的重建规划。

第二十八条 违反本条例规定，有下列行为之一的，由市或者区、县地震工作主管部门责令停止违法行为，恢复原状或者采取其他补救措施；情节严重的，可以处五千元以上十万元以下罚款；造成损失的，依法承担民事责任；构成犯罪的，依法追究刑事责任：

（一）新建、扩建、改建建设工程，对地震监测设施或者地震观测环境造成危害，又未依法事先征得同意并采取相应措施的；

（二）损害地震监测设施或者破坏地震观测环境的；

（三）破坏市人民政府批准的典型地震遗址、遗迹的。

第二十九条 违反本条例第八条、第九条第三款，有关建设单位不进行地震安全性评价，或者不按照地震安全性评价结果确定的抗震设防要求进行抗震设防的，由市或者区、县地震工作主管部门责令限期改正，可以处一万元以上十万元以下罚款。

第三十条 违反本条例第十一条第三款，对未进行地震安全性评价的建设工程批准立项或者核发建设工程规划许可证的，对直接责任人员由其所在单位或者上级主管部门给予行政处分；构成犯罪的，依法追究刑事责任。

第三十一条 违反本条例第九条第四款、第十二条规定，有下列行为之一的，由建设行政主管部门或者其他有关主管部门按照职责权限，责令限期改正，可以处一万元以上十万元以下罚款；构成犯罪的，依法追究刑事责任：

（一）不按照国家规定的标准进行地震安全性评价的；

（二）不按照抗震设防要求和抗震设计规范进行抗震设计的；

（三）不按照抗震设计的要求和施工规范进行施工的；

（四）不按照抗震设计的要求和施工规范进行监理的。

第三十二条 违反本条例第二十三条，擅自向社会扩散地震预测意见的，由所在单位或者上级主管部门对直接责任人员或者直接负责的主管人员依法给予行政处分。

第三十三条 有下列行为之一的，由有关国家机关依照国家法律、法规的规定给予处罚；构成犯罪的，依法追究刑事责任：

（一）制造地震谣言，扰乱正常社会秩序的；

（二）乘地震之机盗窃、哄抢公私财物的；

（三）在地震应急与抗震救灾期间，妨碍抗震救灾人员执行公务或者进行破坏活动的。

（四）破坏性地震发生后哄抬物价，扰乱正常社会秩序的。

第三十四条 有下列行为之一的，对直接责任人员和主管人员由所在单位或者上级主管部门依法给予行政处分；构成犯罪的，依法追究刑事责任：

（一）违抗抗震救灾指挥机构的命令，拒不实施破坏性地震应急预案，拒不承担地震应急和救灾任务的；

（二）虚报、瞒报地震灾情的；

（三）截留、挪用、贪污地震救灾资金和物资的。

第三十五条 地震工作主管部门、其他有关行政主管部门及其工作人员，在防震减灾工作中滥用职权、玩忽职守、徇私舞弊或者临阵脱逃的，对直接责任人员由其所在单位或者上级主管部门给予行政处分；构成犯罪的，依法追究刑事责任。

第三十六条 本条例自公布之日起施行。

（四）天津市建设工程地震安全性评价管理办法

天津市建设工程地震安全性评价管理办法

发文单位：天津市人民政府

文　　号：天津市人民政府令第 6 号

发布时间：1998 年 11 月 4 日

执行时间：1998 年 11 月 4 日

第一条　为加强本市建设工程地震安全性评价工作的管理，防御和减轻地震灾害，保护人民生命和财产安全，根据《中华人民共和国防震减灾法》，结合本市实际情况，制定本办法。

第二条　本办法所称的地震安全性评价工作，是指对建设工程场地的地震烈度复核、地震危险性分析、地震动参数（加速度、设计反应谱和地震动时程）的确定、地震小区划、场区及其周围地震地质稳定性评价、场区地震灾害预测等工作。

第三条　凡在本市行政区域内应当进行地震安全性评价的新建、扩建、改建建设工程项目，均适用本办法。

第四条　市地震工作主管部门是本市地震安全性评价工作的主管部门；区、县地震工作主管部门负责本行政区域内地震安全性评价管理工作。

市计划、规划、建设、财政、物价等有关主管部门，应当依照各自的职责，协同做好地震安全性评价工作。

第五条　下列新建、扩建、改建建设工程和地区，必须进行地震安全性评价：

（一）抗震设防要求高于地震烈度区划图或者地震动参数区划图设防要求的重大建设工程和可能发生严重次生灾害的建设工程；

（二）位于地震烈度区分界线附近的建设工程；

（三）某些地震研究程度和详细程度较差的边缘地区；

（四）占地范围较大、跨越不同工程地质条件区域的大型厂矿企业以及新建开发区。

前款规定以外的一般工业与民用建筑的建筑工程，按照国家颁布的地震烈度区划图或者地震动参数区划图规定的抗震设防要求进行抗震设防。

第六条　必须进行地震安全性评价的建设工程项目，其建设单位应委托具备地震安全性评价资格的单位进行评价工作，并将地震安全性评价结果和国务院地震工作主管部门或者市地震工作主管部门审核批准的抗震设防要求列入建设工程项目的可行性研究报告。

第七条 必须进行地震安全性评价的建设工程项目，其可行性研究报告中没有相应的地震安全性评价内容和国务院地震工作主管部门或者市地震工作主管部门审核批准的抗震设防要求的，计划部门不予批准，设计部门不予设计，其他主管部门不予办理有关手续。

第八条 从事地震安全性评价工作的本市单位，应当持有国务院地震工作主管部门或者市地震工作主管部门颁发的建设工程地震安全性评价资格证书，并按照证书级别及国家有关规定从事地震安全性评价工作。

从事地震安全性评价工作的项目技术负责人，应当由国务院地震工作主管部门或者市地震工作主管部门核发地震安全性评价上岗证书。

以上两款所发证书情况，由市地震工作主管部门报市计划、建设、人事主管部门备案。

第九条 在本市从事地震安全性评价工作的外省市单位，应当持有国务院地震工作主管部门核发的甲级资格证书，经市地震工作主管部门进行资格验证后，由市地震工作主管部门报市计划、建设、人事主管部门备案。

第十条 市地震安全性评定委员会负责全市地震安全性评价结果的评审和地震安全性评价工作的技术咨询。

市地震工作主管部门负责地震安全性评价结果的审定工作。

第十一条 建设工程项目地震安全性评价结果必须报市地震安全性评定委员会评审，由市地震工作主管部门审核批准，并确定抗震设防要求。

特别重大或者有特殊要求的建设工程项目的地震安全性评价结果，经市地震安全性评定委员会评审，并报国家地震烈度评定委员会评审后，由国务院地震工作主管部门审核批准，确定抗震设防要求。

经审核批准的抗震设防要求，任何单位和个人不得擅自降低或者提高。

第十二条 从事地震安全性评价的单位应当严格执行中华人民共和国地震行业标准《工程场地地震安全性评价工作规范》（DB001—94）。

第十三条 建设单位违反本办法不进行地震安全性评价，或者不按地震安全性评价结果确定的抗震设防要求进行抗震设防的，由市或者区、县地震工作主管部门责令建设单位限期改正，并可处以 1 万元以上 10 万元以下罚款。

第十四条 无地震安全性评价资格证书、超越证书级别及违反国家有关规定进行地震安全性评价的，或者违反地震安全性评价工作规范从事地震安全性评价活动的，其评价结果无效，并可视情节轻重及危害程度，由市地震工作主管部门分别给予警告，或者处以 5000 元以上 3 万元以下罚款。

第十五条 拒绝、阻碍地震工作管理人员依法执行地震安全性评价公务的，由公安机关按照《中华人民共和国治安管理处罚条例》予以处罚；构成犯罪的，依法追究刑事责任。

第十六条 地震工作管理人员在地震安全性评价活动中滥用职权，玩忽职守，徇私舞弊，构成犯罪的，依法追究刑事责任；尚不构成犯罪的，给予行政处分。

第十七条 当事人对地震安全性评价行政处罚决定不服的，可以依法申请行政复议或者提起诉讼。当事人逾期不申请行政复议又不起诉，也不履行行政处罚决定的，由作出行政处罚决定的机关，申请人民法院强制执行。

第十八条 天津经济技术开发区、天津港保税区、天津新技术产业园区的地震安全性评价管理工作，参照本办法执行。

第十九条 本办法自发布之日起施行。

二、重要文件辑存

（一）市政府文件

1. 1996年6月26日，市政府批转了市建委、市人防办、市地震局制定的《天津市破坏性地震应急预案》（津政发〔1996〕31号）。

批转市建委、市人防办、市地震局制定的《天津市破坏性地震应急预案》的通知

发文单位：天津市人民政府

文　　号：津政发〔1996〕31号

发布时间：1996年6月26日

执行时间：1996年6月26日

各区、县人民政府，各委、局，各直属单位：

市人民政府同意市建委、市人防办、市地震局制定的《天津市破坏性地震应急预案》（以下简称《应急预案》），现转发给你们，望遵照执行。

该《应急预案》是我市贯彻国务院《破坏性地震应急条例》（国务院令第172号）精神，努力实现国家防震减灾十年目标，组织进行平时应急准备和震后抗震救灾的总体方案。各区、县人民政府和各委、办、局都要以该《应急预案》为依据，尽快制定本地区、本部门的预案及专业预案，报市防震减灾工作领导小组审批备案。要以对国家和人民生命财产安全高度负责的精神，认真做

好这项工作，确保防震减灾应急措施落到实处。

天津市破坏性地震应急预案

根据国务院《破坏性地震应急条例》（国务院令第 172 号）规定，为使本市在出现破坏性地震时，高效而有秩序地做好抢险救灾工作，最大限度地减轻地震灾害造成的损失，特制定本预案。

一、地震灾情背景

我市位于郯庐强地震活动带以西，地处河北平原地震带与张家口—渤海地震带交汇处，历史上曾发生静海至霸县、武清至永清、葛沽、宁河四次较强地震，还曾受到相临地区（临沂、三河、渤海、唐山）强震的波及，造成相当程度的破坏。特别是 1976 年的唐山地震使我市遭受的破坏尤为惨重。

历史资料证明，大地震具有周期性活动的特点。从 80 年代末开始，我国大陆地震进入第 5 个活跃期。预计这一活跃期将持续到本世纪末。在此活跃期中，华北地区地震活动亦将增强。在《国务院办公厅转发国家地震局关于我国地震重点监视防御区的确定和加强防震减灾工作意见报告的通知》（国办发〔1996〕2 号）中，我市已被国家列入京、津、唐地震重点监视防御区。近年来，我市的城市建设有了很大发展，提高了防御震灾的能力，但仍有许多薄弱环节：全市尚存无抗震设防措施的旧有建筑；城市生命线系统（水、电、气、通讯等）的大部分重点工程项目虽已采取抗震加固措施，但抗震能力仍较脆弱；石油化学工业发达，化学危险品储量大、品种多；城市民用燃料气化率高，而且市区人口稠密，震后极易产生次生灾害。我市防震减灾应急准备工作任务繁重。

二、指导思想及行动原则

我市地震应急工作，要在市委、市政府领导下，按照国务院《破坏性地震应急条例》的要求，认真贯彻预防为主，防救结合，综合减灾的防震减灾工作方针，从我市实际情况出发，着眼于地震灾害发生的突然性和破坏性，立足于抗大震，从思想上、组织上、物资上全面做好地震应急的各项准备工作，把地震灾害损失减轻到最低限度。组织地震应急行动应遵循的原则是：长期准备，立足突发；预防为主，平震结合；集中指挥，分工负责；突出重点，全面组织；条块结含，以块为主；自救互救，专群结合；快速反应，高效有序；密切协调，主动配合；安定社会，稳定民心。

三、破坏性地震类别划分及职责分工

根据地震可能发生的地区和造成的破坏程度作如下分类：

一类：严重破坏性地震。在天津市及周边地区发生 7 级以上破坏性地震，都分区县达到 9 度以上破坏，市区达到 8 度左右破坏，造成人员伤亡惨重，经济损失特大，灾区丧失或部分丧失自我恢复能力，需要国家采取应急措施的地震事件。该类地震以市政府组织实施为主，并请求国务

院指导和帮助。

二类：中等破坏性地震。在天津市及周边地区发生 6—7 级破坏性地震，部分区县达到 8 度左右破坏，市区达到 6—7 度破坏，造成人员伤亡较重，经济损失严重，灾区部分丧失自我恢复能力，需要市政府采取应急措施的地震事件。该类地震由市政府直接组织实施。

三类：一般破坏性地震。在天津市及周边地区发生 6 级以下地震，部分区县遭到 6—7 度破坏，造成一定数量的人员伤亡和经济损失，需区、县政府采取应急措施的地震事件。该类地震以震区的区、县政府为主组织实施，必要时市政府派出工作组指导和帮助。

若三类地震发生在几个区、县交界部位，由主要受灾区县政府组织实施，相邻的区、县协助，市政府派出工作组协调。

四、组织指挥系统

（一）组织指挥体系及主要职责

我市破坏性地震应急组织指挥体系包括：市级；区、县和委、办、局级；街道、乡镇级。地震应急组织工作，在统一指挥下分级实施。

1. 天津市抗震救灾指挥部。指挥部下设指挥组、地震监测组、震害评估组、通信组、消防组、防化组、运输组、交通管理组、物资保障组、治安组、工程抢险组、医疗卫生组、恢复生产组、灾民安置组、涉外组、宣传教育组等 15 个组，各组分口掌握使用各应急救灾队伍。

其主要职责为：

（1）迅連接受与传递市委、市政府关于抗震救灾的各项指令；

（2）掌握各区、县和委、办、局抗震救灾指挥部的运作情况和各区域的灾情、社情、民情；

（3）部署市级抗震救灾专业队伍实施抢险救灾行动；

（4）下达各类救灾物资的调配供应计划；

（5）在重灾区开设现场指挥部；

（6）执行市委、市政府下达的其他工作任务。

2. 区、县和委、办、局抗震救灾指挥部。其主要职责为：

（1）迅速接受与传递市指挥部和上级领导关于抗震救灾的各项指令。

（2）掌握各所属单位抗震救灾指挥部（组）的工作情况。

（3）收集和上报本区域、本系统的灾情、社情、民情。

（4）部署本级抗震救灾专业队伍实施抢险救灾行动，及时向市指挥部报告救灾情况。

（5）组织协调各类救灾物资的调配供应。

（6）视情况在重灾区开设救灾现场指挥所。

（7）执行上级下达的其他工作任务。

3. 街道、乡镇抗震救灾指挥部。其主要职责：

（1）迅速接受与传递上级关于抗震救灾的各项指令。

（2）派出现场组深入居委会、村委会了解灾情、社情、民情并及时上报。

（3）组织群众撤离危险区，开展社区自救互救。

（4）配合救灾专业队伍实施救灾行动。

（5）协助有关部门安置灾民，发放救灾救济物品。

（6）执行上级下达的其他工作任务。

（二）指挥部设置地点

市抗震救灾指挥部，设在市人民政府，预备指挥所设在市人防办（和平区唐山道73号）。各区、县和各委、办、局抗震救灾指挥部，分别设在各区、县人民政府或指定位置。

市和区、县两级指挥部视灾情在重点方向、地域设立现场救灾指挥所。

各级抗震救灾指挥部设置后，及时报市指挥部备案，并迅速沟通有线和无线联络。

五、市属抗震救灾队伍编成

为保障及时和有效地实施紧急抗震救灾行动，拟从有关部门、单位抽调部分力量编成8支应急救援队伍，由市指挥部直接指挥，作为重点应急使用。

（一）工程抢险队。由市市政局、市房管局、市公用局、市建工集团总公司抽调部分力量编成。指挥所设在市建委。

（二）电力抢险队。由市电力局抽调部分力量组成。指挥所设在电力局。

（三）特种救援队。由市化学工业总公司、市环保局、市消防局、市卫生局抽调部分力量编成。指挥所设在市化学工业总公司。

（四）医疗救护队。由市卫生局抽调部分力量编成，指挥所设在市卫生局。

（五）通信保障队。由市邮电局、市人防通信站抽调部分力量编成。指挥所设在市邮电局。

（六）应急通输队。由市交通局、市公用局、天津铁路分局、市地方铁路局、民航天津管理局抽调部分力量编成，指挥所设在市交委。

（七）机动消防队。由市消防局编成，指挥所设在市消防局。

（八）治安、交通管理队。由市公安局、武警天津总队抽调部分力量编成，指挥所设在市公安局。

各抗震救灾专业队的编成、任务、数量及集结地点另行安排。

六、应急行动任务区分

（一）临震应急

市人民政府根据地震部门的预报，发布临震应急期公告。

预报发生地震地区的区县人民政府的临震应急工作主要包括：

1. 地震部门加强震情监视，随时报告震情变化。

2. 根据震情发展和建筑物抗震能力，对居民提出避灾劝告，必要时有组织地进行避震疏散。

3. 要求有关部门对生命线工程和次生灾害源采取紧急防护措施。

4. 对抢险救灾的各项准备工作进行督促检查。

5. 平息地震谣传或误传，保持社会安定。

（二）破坏性地震应急（一、二类）

1. 市人民政府的应急行动与决策。

（1）了解震情灾情，确定应急反应规模。

（2）向国务院报告震情灾情。

（3）宣布灾区进入震后应急期。

（4）启动抗震救灾指挥部，对地震应急工作实施集中领导。

（5）请求和联系驻军调派部队赶赴灾区抢险救灾。

（6）决定实行管制措施。

（7）请求国务院有关部门对灾区进行对口支接。

（8）请求邻区省级人民政府对灾区进行援助。

（9）派出工作组协助当地人民政府进行地震应急工作。对一类地震，组成包括当地人民政府领导和驻军首长参加的现场抗震救灾指挥部，直接领导灾区的地震应急工作。

2. 市抗震救灾指挥部应急行动。

严重破坏性地震发生后，抗震救灾指挥部全体成员迅速到位，率行指挥部紧急会议，研究部署应急抢险救灾工作。

（1）根据灾区抢险救灾的需求向市人民政府提出建议：请求驻军调派部队赶赴灾区；对灾区实行特别管制措施，请求国务院有关部门对灾区进行对口支援；请求邻区省级人民政府对实区进行援助；

（2）迅速组织开展抢险救灾各项具体工作；

（3）组织力量抢救人员和抢修被破坏的重要设施；

（4）组织有关部门支援灾区的应急抢险救灾工作；

（5）组织本行政区域内的非灾区对灾区进行援助。

3. 现场抗震救灾指挥部应急行动。

（1）组织灾区干部群众进行自救互救。

（2）组织现场抢险救灾队伍抢救人员。

（3）组织力量尽快抢修受损的水利、化工、核工等要害工程。采取紧急措施防止和控制火灾、爆炸、水灾、毒物污染等次生灾害。

（4）组织力量尽快抢修被破坏的市政公用设施，保障灾区供水、供电、交通、通信等生命线工程系统的正常使用。

（5）组织前来支援的医疗救护队伍医治伤病员，并做好灾区防疫工作。

（6）采取措施疏散和安置灾民，保障灾民的吃、穿、住等基本生活条件。

（7）密切监视震情，并与市指挥部联系，做好地震预报工作，进行地震现场考察与灾害损失评估并及时上报。

（8）尽快协助恢复当地政府系统的管理功能。

（9）组织有关部门维护社会治安，加强重要部门警卫，保护国家财产。

（10）组织有关部门确定实行交通管制，限制无关车辆和人员进入灾区、保证交通畅通。

（11）接待、安置救援人员，接收、调配救灾物款并监督使用情况。

（12）提出灾区需要援助项目的建议。

（13）提出震后应急期限和特别管制措施的建议。

（14）平息地震谣传或误传，保持社会安定。

4. 各专业部门抢险救灾指挥部的应急行动。

（1）市地震局负责加强监测预报工作，及时向市人民政府及国家地震局报告震情趋势及灾情信息，会同有关部门评估地震灾害损失并上报。

（2）市邮电局.负责抢修被破坏的通信设施，保障各级抗震救灾指挥部之间以及对重灾区救灾现场的通信联络。

（3）市建委负责组织市市政局、市建工集团总公司、市房管局等单位抢修被破坏的道路、桥梁等重要交通设施；清除路障、疏通主要交通干道，对危险的建筑物实施工程排险。

（4）市公用局、市电力局负责抢修被破坏的供水、供气、供电设施，尽快控制泄漏源、避免次生灾害的发生。

（5）市交委负责组织市交通局、天津铁路分局、市地方铁路局、民航天津管理局、天津港务局等单位抢修被破坏的铁路、水港、空港等重要设施，并负责抢险救灾人员、救灾物资和灾民疏散等运输保障。

（6）市卫生局负责组织急救队伍，利用各种医疗设施设立医疗点，抢救伤员，及时检查、检测灾区的饮用水源、食品等受染情况，采取有效措施防止和控制传染病的发生与流行。

（7）市公安局负责加强灾区的治安管理和安全保卫工作，预防和制止各种破坏活动，保障社会安定，尽快恢复正常的社会秩序。

市公安交通管理局负责交通疏导和恢复正常的交通秩序。

市消防局负责严密监视和预防灾区火灾的发生，一旦出现火情，立即组织力量扑救，营救人员，并协助有关部门进行抢救国家财产的行动。

（8）市化学工业总公司、市消防局、市环保局、市环卫局等单位按职责负责加强对危险品生产、使用、储运的管理，震后迅速组织力量进行全面检查，最大程度地控制危险源。对可能发生次生灾害的地点和设施采取紧急处置措施，加强监视、控制，防止次生灾害的发生和扩展。

（9）市商委负责组织有关单位供应救灾所需的燃料、食品、药品、饮水以及其他生活必需品。

市计委负责组织有关单位供应救灾工具、物资和工程抢险抢修材料。

（10）市经委负责组织有关单位对本市大型企业实施抢险抢修、自救互救，尽快恢复生产。

（11）市民政局负责设置灾民安置场所和救济物资供应点，与市商委配合，提供救济物品，保障灾民的基本生活，做好灾民的转移和安置工作。按市抗震救灾指挥部的要求，会同海关、红十字会等有关单位做好国内外援助物资的接收与发放工作。

（12）市委宣传部负责组织广播电台、电视台、报社等新闻单位，按照市抗震救灾指挥部的统一要求和部署，向社会发布震情和抗震救灾信息做好有关的宣传报道工作。

（13）市政府外事办公室负责抗震救灾中的各项涉外事务。

（14）其他各部门及企事业单位、社会团体，都要分别组织本系统、本单位的自救互救，并按有指挥部的要求开展救灾工作。

（15）天津警备区、驻津部队及武警天津总队作为抗震救灾的重要力量。当需要动用部队参与抗震救灾时，由市抗震救灾指挥部统一请求支援。天洋警备区负责统一组织指挥所属部队和驻津部队的救灾工作，并协调外援部队的行动。并请各部队按市抗震救灾指挥部的部署开展救灾行动。

（16）各级和各部门实施抗震救灾行动的协同动作，由市抗震救灾指挥部统筹协调，必要时下达具体指令。各种抗震救灾力量应以救生、消除次生灾害为主，积极主动协同配合。救灾工作阶段的区分，原则上按营救人员、消除次生灾害、安置灾民、清理灾场、恢复生产、重建家园的顺序进行。七、启动本预案的时机和程序

（一）国务院或市人民政府发布在本市范田及其周速地区发生一、二类破坏性地震短临预报时，由市人民政府宣布启动。

（二）无短临预报的情况下，在本市范围及其周边地区发生一、二类破期、性地震时，应急预案即行启动，市防震减灾应急办公室、震灾发生地区的人民政府及有关部门要立即按照应急预案采取紧急措施，防止灾害扩大。

（三）在市人民政府发布短临预报后，或在无短临预报的情况下，突然发生一、二类破坏性造震时，市抗震救灾指挥部组成单位的领导和救灾队伍应主动到预定位置收拢，展开救灾行动。

（四）发生第三类地震时，由本市震区区县人民政府负责宣布启动各自的预案。

八、关于抗震救灾相关方案的拟制

各区、县和委、办、局要根据市《破坏性地震应急预案》的要求，制定本级的应急预案及其各种保障计划，并报市防震减灾领导小组审定备案。市主要保障计划及负责单位如下：

（一）通信、警报保障计划由市邮电局和市人防办负责拟制；

（二）医疗救护保障计划由市卫生局负责组织拟制；（三）救灾物资保障计划由市计委负责组织有关部门拟制；

（四）生活必须品供应保障计划由市商委负责组织有关部门拟制；

（五）治安保卫保障计划由市公安局负责组织拟制；

（六）交通管理保障计划由市公安交通管理局负责组织拟制；

（七）运输保障计划由市交委负责组织有关部门拟制；

（八）供电保障计划由市电力局负责组织拟制；

（九）供水保障计划由市公用局负责组织拟制；

（十）供气保障计划由市公用局负责组织拟制；

（十一）消防保障计划由市消防局负责组织拟制；

（十二）特种救援保障计划（核工、化学、生物）由市化学工业总公司负责拟制；

（十三）宣传教育保障计划请市委宣传部组织拟制；

（十四）道桥保障计划由市建委负责组织有关部门拟制；

（十五）人口疏散保障计划由市民政局负责组织拟制。

附：天津市抗震救灾指挥系统编成表

天津市城多建设委员会
天津市人民政府人防办公室
天津市地震局
一九九六年六月七日

2. 1997年2月24日，市防震减灾工作领导小组印发《天津市强有感地震应急预案》（津防震组〔1997〕2号）。

天津市强有感地震应急反应预案

发文单位：天津市防震减灾工作领导小组

文　　号：津防震组〔1997〕2号

发布时间：1997年2月24日

执行时间：1997年2月24日

为保证天津市区域内出现强有感地震（烈度4—5度）时，迅速采取应急措施，稳定生产、生活和社会秩序，减轻和避免不必要的损失，特制定本预案。

一、震情背景

目前，我国大陆地震活动正处于本世纪以来第五个活跃期的高潮时段，预计这一活跃期将持续到21世纪初。在此活跃期中，华北地区地震活动亦将增强。天津市除了可能遭受地震破坏之外，遭遇强有感地震的可能性更大。天津市是一个人口密集的特大城市，由于唐山地震的影响，公众恐震心理比较严重，，一旦出现强有感地震，极易造成生产、生活及社会秩序的动荡，甚至造成不必要的损失。

二、指导思想及行动原则

强有感地震应急工作的指导思想是:在市委、市政府的领导下，从我市实际情况出发，认真贯彻“预防为主”的方针，做好强有感地震的应急准备工作；当出现强有感地震时，迅速采取强有力的措施，在尽可能短的时间内，稳定生产、生活及社会秩序，减轻和避免不必要的损失。

组织应急行动应遵循的原则是:预防为主，防患未然，快速反应，有序高效；职责明确，主动配合；安定社会，稳定人心。

三、任务区分

强有感地震的应急工作，在市政府统一领导下进行。各部门职能如下:

市地震局负责地震监测预报和地震速报，及时向市政府及国家地震局报告震情及震后地震趋势判断意见，并提出震后稳定社会秩序、安定生产、生活的参谋意见，提供宣传报道的内容。

市委宣传部负责组织广播电台、电视台、报社等新闻单位，按照市政府统一要求和部署，向社会发布震情信息，并做好有关宣传报道工作。

市应急办公室全面了解掌握震后情况，适时向市领导提出应急工作建议；根据市领导要求，组织协调各部门的应急行动；组织召开应急工作会议，部署应急工作；督促检查各单位的应急工作进展情况。

市邮电管理局负责提供应急通信保障。

市公安局负责交通、治安管理和安全保卫工作。

各区、县，按照各自管辖的范围，负责安定民心，稳定生产、生活和社会秩序。

各区、县地办、应急办负责震后群众情绪的收集和上报。

人口密集的公共场所（商场、车站、医院、学校、文化娱乐等）、负责本场所震时安全疏导，特别要防止拥挤伤人。

四、应急反应程序强有感地震应急反应程序如下:

1. 市地震局应急行动

（1）地震局在 15 分钟内发出《第一号震情通报》，粗略报告震中大概地点和震级。值班局长电话报市委、市政府主要负责人，地震局值班室电活报市委、市政府办公厅，市科委及市应急工作办公室。

（2）地震局在 20 分钟内发出《第二号震情通报》，详细报告地震三要素，由传真或信函速报市委、市政府办公厅 及有关部门。

（3）地震局在 2 小时内发出《第三号震情通报》，报告震情会商初步结论：可能的地震类型及趋势判断意见。并拟撰震情及趋势判断意见统发稿。由信函或传真速报市委、市政府办公厅以及市委宣传部，与此同时，地震局局长直接向防震减灾领导小组领导汇报震情及震情趋势判断意见，并提出对策意见。

2. 市政府的应急行动

（1）主管市长、秘书长分别到市地震局、应急办指挥应急行动。

（2）在得知准确地震三要素之后，根据地震影响程度，决策通过电视、广播向社会发布地震三要素消息，并报告国务院。

（3）在二小时内，决策通过电视、广播向社会发布震情趋势判断意见，并发布稳定社会秩序的公告。

（4）视情况召开应急工作会议，全面部署防震应急或稳定社会工作。

3. 市委宣传部的应急行动

（1）根据市政府的决策意见，在半小时内，组织电视台、电台向社会公布地震三要素消息。

（2）根据市政府的决策意见，在两小时内组织电视台、电台向社会发布有关震情趋势判断意见的消息，发布稳定社会秩序的公告。

（3）及时组织日报、晚报、电台、电视台刊登播出震情信息及稳定社会秩序的宣传报道。

4. 市公安部门应急行动

（1）地震发生后，立即组织警力，到公共场所（大型商场、影剧院等），处理突发事件，疏导群众疏散。

（2）地震发生后，立即组织警力到重要交通干线、重要地段，维持交通秩序，保证交通畅通。

（3）加强对要害部门、重点目标的安全保卫。

5. 邮电部门应急行动

震后立即采取措施，保障市政府、地震局、市应急办、宣传部、建委等应急部门的电话畅通。

五、保障措施

1. 各有关应急部门制定相应的强有感地震应急预案及保障计划。

2. 人口密集的公共场所制定震时稳定秩序，交全疏散的应急预案。

3. 开展防震减灾知识宣传，组织疏散演练，让群众了解强有感地震后应急处置方法。

4. 各有关单位加强值班，密切注意强有感地震的发生。

5. 各有关单位做好通信、交通等方面的准备。

3. 2005年4月30日，市政府印发《关于加强防震减灾工作的通知》(津政发〔2005〕035号)

关于加强防震减灾工作的通知

发文单位：天津市人民政府

文　　号：津政发[2005]35号

发布时间：2005年04月30日

执行时间：2005年04月30日

各区、县人民政府，各委、局，各直属单位：

为贯彻落实全国防震减灾工作会议和《国务院关于加强防震减灾工作的通知》(国发〔2004〕25号)精神，结合本市实际，现就进一步加强我市防震减灾工作有关问题通知如下：

一、防震减灾工作的指导思想和工作目标

我市处于首都圈地震重点监视防御区，历史上曾多次遭到地震灾害袭击，给人民生命财产造成了极大损失，国民经济建设受到严重影响。近几年来，我市地震监测预报、震灾预防、紧急救援三大工作体系建设取得重要进展，防震减灾能力总体上得到逐步提高，对预防和减轻地震灾害起到了有力保障作用。据预测，未来一个时期我国地震形势仍然十分复杂、严峻，人民群众生命财产安全和经济社会发展依然面临着地震灾害的潜在威胁。

目前，我市防震减灾工作与面临的地震形势和经济社会发展需要之间仍存在一定差距。主要表现在：地震监测预报工作体系还存在薄弱环节，城乡之间的震灾预防能力还不平衡，区县地震工作机构尚不健全，与经济社会发展水平和防震减灾需求相适应的投入机制尚不完善，这些问题都亟待解决，必须引起高度重视。

我市当前和今后一个时期防震减灾工作的指导思想是：以“三个代表”重要思想为指导，认真贯彻落实科学发展观，把人民生命安全放在首位。坚持防震减灾同经济建设一起抓，实行预防为主、防御与救助相结合的方针。切实加强地震监测预报、震灾预防、紧急救援三大工作体系建设，进一步完善地震灾害管理机制。依靠科技、法制和全社会力量，不断提高全社会的综合防震减灾能力，为人民群众的生命财产安全和全面建设小康社会的伟大事业提供可靠的保障。

我市防震减灾工作的奋斗目标是：到2020年，力争对发生在本市及邻区的中等强度以上地震作出有减灾实效的短临预测，一般工民建达到抗御本地区基本烈度的能力，生命线工程、大型公共设施和重要建筑达到国家规定的抗震设防要求，地震预警和应急救援做到及时有效，使我市防震减灾综合能力率先达到中等发达国家水平。

二、突出重点、全面防御，切实做好防震减灾的各项工作

（一）地震监测预报工作。

地震监测预报工作是防震减灾工作的基础，必须按照《地震监测管理条例》（国务院令第409号）的要求，针对地震监测预报体系的薄弱环节，加强现代化地震监测台网建设，提高地震监测预报能力。

1. 建成布局合理、设施完善、装备先进的数字化地震前兆台网。采用新技术对数字遥测地震台网进行优化，使台网布局更趋合理，市区地震监测能力达到1.0级，其他地区的监测能力达到1.5级；进一步提高地震速报能力。建设滨海地震监测预警中心和以测震为主的渤海海域综合观测点，建立环渤海虚拟地震台网，提高滨海地区和渤海海域的地震监测能力。扩建以市中心城区为主的强震动台网，当烈度大于等于四度的地震发生后，及时给出地震影响场烈度分布，并使强震观测信息更好地服务于我市整体规划和重大工程建设。重要建筑群和生命线工程必须设置强震动监测设施。

2. 依法保护地震监测设施和观测环境。各级人民政府要加强执法监督，依法保护地震监测设施和观测环境，涉及对地震观测造成影响的城乡各类建设，应事先征求地震部门的意见。因擅自建设对地震观测造成影响和破坏的，建设单位必须承担法律责任。

3. 努力提高地震预报水平。地震部门要加强短临跟踪，加强地震预报科学研究，坚持边监测、边研究、边预报，努力捕捉地震前兆信息，加强分析会商。坚持专业地震队伍和群测群防相结合、科学家预测和政府应急风险决策相结合，努力实现有减灾实效的地震预报。对举行国际、国内重大活动和重大节日的重点时段，要加强震情监视工作，及早做出科学的震情预测，提出应对措施。

4. 切实加强群测群防工作。研究制定新时期加强群测群防工作的政策措施，充分发挥群测群防在地震短临预报、灾情信息报告和普及地震知识中的重要作用，进一步加强“三网一员”建设，即地震宏观测报网、地震灾情速报网和地震知识宣传网建设，在乡镇设置防震减灾助理员。形成“横向到边、纵向到底”的群测群防网络体系。各区县财政要建立稳定的群测群防经费渠道，制定观测员岗位津贴发放标准，稳定群测群防工作队伍。

（二）震灾预防工作。

震灾预防工作是减轻地震灾害的有效途径，必须高度重视城市建设的地震安全，做好各项震灾预防的基础工作，做到防患于未然。

1. 加强抗震设防基础工作。2020年，完成对我市11条主要地震活断层探测与地震危险性评价工作；完成中心市区、各区县政府所在地、新建开发区的震害预测和地震小区划工作；依据相关法规条例，建立制度，把抗震设防要求作为项目可行性论证、工程设计和施工审批的必备内容纳入基本建设程序；新建生命线工程和重大建筑设施，都要设立强震观测设施。各区县政府地震工作主管部门要加强对建设工程抗震设防要求的管理和监督。土地利用规划和城乡规划，必须依据地震活断层探测和地震小区划结果，充分考虑潜在的地震危险。

建设工程项目管理部门要制定工作计划，在2010年前完成对全市城镇、开发区、保税区和港口等建筑抗震性能的调查工作。对抗震设防措施不完备的重要建筑、生命线工程，根据我市实际情况采取分期除险加固。

为保证2008年奥运会安全顺利举行,有关部门要对我市奥运场馆建设项目进行抗震设防专项检查。

2. 提高农村民居的抗震设防能力。必须高度重视农村民居抗震设防工作，地震、建设、农业部门要组织专门工作力量，编制推进地震安全农居工程计划，开发推广科学合理、经济适用的抗震设防农居图集和施工技术，尽快改变农居基本不设防的状况，提高农民的居住安全水平。各区县要在农民自愿的基础上，通过政策引导和扶持，组织实施农村民居地震安全示范工程，在总结试点经验的基础上，逐步推广普及。

3. 大力开展防震减灾宣传教育。各级宣传、地震、教育、科技、农业等部门和城镇社区，要制定防震减灾宣传教育计划，进一步完善宣传网络，继续深入开展防震减灾知识进校园、进社区、进乡村、进家庭活动。把防震减灾知识宣传普及纳入文明社区活动，并作为“文化、卫生、科技”三下乡活动的重要内容。逐步在每个区县建成一个防震减灾宣传示范社区。开展课堂教学与形式多样的课外活动相结合的中小学生防震减灾知识科普教育，推进防震减灾科普示范学校建设，在每个区县建成一所防震减灾示范学校和一个防震减灾科普教育基地。

4. 加强基层宣传员培训，组织防震减灾讲演团，开展经常性的防震减灾科普宣讲活动。要利用防震减灾科普教育基地加强宣传。

（三）地震应急救援工作。

地震应急救援工作，是最大限度地减轻地震灾害给人民生命财产和经济社会发展造成损失的有力保证，各级政府和有关部门必须做好各项地震应急救援准备工作。

1. 修订完善地震应急预案。要进一步修订完善市、区、县、街道（乡镇）、居民区（村）和各系统、部门、单位的破坏性地震、强有感地震、有感地震的应急预案。本级地震应急预案须向上一级备案。要本着科学性、实用性、全局性和权威性的原则，对所辖单位、地区的地震应急预案进行统一调整完善，形成程序明确、层级管理职责清晰的应急工作协调联动机制，确保在紧急情况下，临震不乱、决策科学、反应迅速、处置有力。

民政、卫生、建设、商业、交通、电力、水利等部门，除做好本单位地震应急预案外，还要做好全市地震应急救援预案。健全地震应急救援指挥机构，完善工作制度，明确部门职责，及时部署工作，加强指导和监督检查，确保在破坏性地震发生时，指挥有力、信息畅通、有序高效、措施得当。做到迅速妥善安排受灾群众的基本生活；统筹组织、安置伤员救治和疾病预防控制工作，做到大灾之后无大疫；保障应急物资供给运送，及时抢险修复生命线设施，减少次生灾害的发生。红十字会要动员、组织群众参加医疗救护培训，提高自救互救能力。

为避免出现地震应急工作的盲区，有关部门要编制落实对外地驻津单位、流动人口的应急预案，纳入所辖区县地震应急统一指挥系统。有关外事部门要部署落实在津外籍机构和人员的地震应急工作。

2. 健全落实地震应急救援指挥体系。健全地震应急指挥机构，做到职责明确、任务具体。加强市、区县地震应急指挥技术系统、灾情速报系统和应急救灾基础数据库系统建设，为地震应急救援工作提供有力的技术、信息保障。各区县要建立健全街道（乡镇）、居民区（村）的灾情速报网，建立工作制度，落实岗位责任。

3. 加强地震应急救援队伍建设。在充分依靠解放军、武警部队、民兵和预备役部队的同时，建立健全各单位的地震应急救援队伍，推进社区地震应急救援志愿者队伍建设，完善地震应急救援救助体系，形成社会基础广泛、协调统一的地震灾害救助力量。各区县要在 2005 年组建 2－3 支社区地震应急救援志愿者队伍。

市地震灾害紧急救援队伍要加强训练，提高在各种困难、复杂情况下的紧急救援能力。各单位的地震应急救援队伍和社区地震应急救援志愿者队伍都要开展应急培训，按照预案要求，适时组织地震应急演练，提高和检验地震应急反应能力。

各级政府要根据地震灾害应急物资需求量大、种类多、时间性强的特点，结合城市商品物流和日常消费的特点规律，合理建设应急物品的储备网络。

4. 设立地震应急疏散通道和避险场所。要结合城市广场、绿地、公园等建设，规划设置必需的应急疏散通道和避险场所，配置必要的避险救生设施。机关、学校、企业、商场、娱乐场所、居民区等要设立安全的地震应急疏散通道，确保畅通无阻，并就近设立避险场所。

5. 推进地震预警系统建设，建立多渠道的灾后恢复重建与救助补偿机制。积极推进大型企业和人口密集场所的地震预警系统建设，努力减少次生灾害和人员伤亡。逐步建立和完善政府投入、社会捐赠、地震灾害保险相结合、多渠道的灾后恢复重建与救助补偿机制。

三、加强组织领导

各级政府和有关部门必须充分认识到，做好防震减灾工作是实践“三个代表”重要思想的具体体现、是坚持以人为本和落实科学发展观的必然要求，是全面建设小康社会的重要保证，是加强党的执政能力建设、切实转变政府职能的客观需要。因此必须进一步采取有力措施，加强对防震减灾工作的领导。

（一）加强法规建设，提高依法行政水平。

推进各项防震减灾配套性法规建设工作，落实各项法规政策，完善执法程序，加强执法监督检查和行政检查，提高依法行政水平。

（二）加强防震减灾组织机构和队伍建设。

各区县人民政府要建立并坚持防震减灾联席会议制度，进一步完善区县防震减灾行政管理机构建设和队伍建设，确保人员稳定，确保我市防震减灾三大工作体系建设任务在区县的落实。

（三）完善防震减灾经费投入机制。

编制本地区“十一五”防震减灾规划和防震减灾长远规划，把防震减灾纳入国民经济和社会发展计划，建立与经济社会发展水平和防震减灾需求相适应的经费投入机制。贯彻落实《关于建立健全我市防震减灾计划体制和相应经费渠道的意见》(津政办发〔1997〕60号)，按照事权和财权相统一的原则，加大对市级地震监测预报、震灾预防、地震应急救助和宣传教育工作的投入。各区县政府要统筹安排所管理的地震监测预报、震灾预防、紧急救援三大工作体系的监测台网、信息通讯网、分析预报系统、防震减灾宣传、地震应急决策指挥等系统的工作经费和技术系统维护经费，以及相应的基本建设和技术改造资金。

各级领导必须以对党、对人民、对历史高度负责的精神，正确认识把握防震减灾和经济社会发展的关系，把防震减灾作为一项长期任务切实抓紧抓好，确保在未来地震灾害中，减轻人民生命财产和经济社会的损失，保障经济社会的可持续发展，实现我市全面建设小康社会的目标。

4. 2006年3月27日，天津市人民政府办公厅转发市地震局关于认真做好2006年防震减灾工作意见的通知(津政办发[2006]17号)

转发市地震局

《关于认真做好2006年防震减灾工作》的通知

发文单位：天津市人民政府办公厅

文　　号：津政办发〔2006〕17号

发布时间：2006年03月27日

执行时间：2006年03月27日

各区、县人民政府，各委、局，各直属单位：

市地震局《关于认真做好2006年防震减灾工作的意见》已经市人民政府领导同志同意，现转发给你们，请照此执行。

关于认真做好2006年防震减灾工作的意见

2006年是我市全面贯彻党的十六届五中全会和市委八届九次全会精神，加快滨海新区开发开放，实现天津经济大发展的重要一年，也是“十一五”规划的开局之年。面对新任务，我们必须认清形势，抢抓机遇，迎接挑战，以高度的责任感和使命感，加快防震减灾事业发展，提高防震减灾综合能力。现就进一步做好我市2006年防震减灾工作提出如下意见：

一、指导思想和总体要求

以邓小平理论和“三个代表”重要思想为指导，坚持用以人为本的科学发展观统领全局，认真贯彻市委八届八次、九次全会精神，找准防震减灾工作为经济社会发展服务的切入点，为实现我市“三步走”战略第二阶段目标，加快推进滨海新区开发开放做出新的贡献。

二、主要任务

（一）加强地震监测预报工作。面对复杂的地震形势，要进一步提高震情观念和责任意识，做好震情监视的各项工作。制定短临跟踪工作方案并组织实施。完成好各个重要时段的震情监视任务。地震监测台网要确保观测资料连续可靠，及时捕捉地震异常信息。做好分析会商，不断提高地震预测预报的科学水平。各区县要加强地震宏观信息网的建设，充分发挥群测群防在地震短临预报中的重要作用。

（二）健全地震应急处置机制，提高地震应急响应能力。各级政府和各有关部门以及重点企事业单位，要借鉴九江地震应急处置的经验教训，查找薄弱环节，修订完善地震应急预案。加强地震应急准备，适时组织地震应急演练，提高地震应急实战能力。各级规划、建设部门要结合城市广场、公园、绿地建设，积极推进地震应急避难场所的规划布局。各区县要开展社区地震应急救援志愿者队伍建设的试点工作。年内有关单位要按照应急检查工作制度的要求，对重点单位的地震应急工作进行检查。

（三）深入开展防震减灾知识宣传，提高市民的防灾意识。今年是唐山大地震30周年，邢台大地震40周年，2008年即将举办奥运会，要以此为契机，强化防震减灾宣传报道工作。各级宣传部门要组织制作防震减灾知识短片、展牌和宣传品，利用宣讲、展览、知识竞赛等多种形式深入农村、学校、社区开展宣传活动。教育部门要结合中小学生的素质教育，加强对中小学生的防震减灾知识教育。要充分发挥新闻媒体的宣传主渠道作用，利用电视、广播、计算机网络、报纸等宣传媒体，不失时机地做好防震减灾知识宣传工作。切实提高社会公众防震减灾意识、心理承受能力和自救互救能力。要严格地震灾害事件的新闻管理，有序组织好地震灾害事件新闻报道工作，坚持正确的舆论导向，确保社会稳定。采取报纸征文、学术交流、系列展览、知识讲座等多种形式，组织开展唐山大地震30周年纪念活动。

（四）加强建设工程抗震设防监管，增强城乡震灾预防能力。各区县政府要积极推进中心城区和区县政府所在地的地震小区划示范工程。要建立由建设、农业、地震等部门组成的地震安全农居工程协调组织，开展农村民居调查，进行安全农居样板设计，结合社会主义新农村建设，在有关区县开展试点，推动全市地震安全农居工程建设工作。工程建设项目的立项审批部门要按照法律法规的规定，将抗震设防要求纳入基建管理程序，要严格把关，不符合要求的不得审批。加大对重点工程、生命线工程、大型公共建筑和房地产开发项目抗震设防的监管力度。要加强行政执法，全面推进防震减灾行政执法工作。

（五）做好重点工程数字地震观测网络项目的建设工作。各区县要积极配合数字强震观测网络和信息服务系统的建设工作，保证“十五”重点项目的顺利实施。为了提高滨海新区的地震监测能力，年内要建成渤海井下地震观测试验台并投入试运行，滨海地震监测预警中心建设工程年内竣工。

（六）做好 2008 年奥运会的地震安全工作。要把地震安全纳入奥运组织工作程序。我市的奥运组织机构要会同有关部门制定奥运期间地震应急处置预案与震情监视方案，落实保障地震安全的各项措施。组织开展震情判定新方法研究，做好奥运期间震情监视准备工作。建设、地震部门上半年要对奥运建设项目进行抗震设防和施工质量检查。

（七）继续做好防震减灾“十一五”规划的编制工作。上半年要完成市防震减灾规划重点项目建议书的编制工作，各区县政府要把“十一五”防震减灾规划纳入区县发展规划。各区县防震减灾规划要与市防震减灾规划相衔接，为防震减灾事业的发展奠定良好的基础。

三、工作要求

（一）加强对防震减灾工作的领导。各级政府和各有关部门必须把防震减灾工作作为保障公共安全和经济社会协调发展的重要任务，列入议事日程，强化组织领导。要定期研究情况、加强督促检查、及时解决问题，做到思想重视、组织落实、责任明确、措施到位。各级领导干部要进一步增强责任感和紧迫感，切实把以人为本和执政为民的宗旨要求落实到防震减灾工作中。

（二）各部门要通力协作，密切配合。防震减灾工作是一项复杂的社会系统工程，是各相关部门的共同责任。一定要树立全局观念和大局意识，在市政府的领导下各司其职，密切合作，形成防震减灾工作的合力，切实把防震减灾各项工作落到实处。

（三）建立与经济社会发展水平相适应的防震减灾经费投入机制。各区县政府要按照《关于建立健全我市防震减灾计划体制和相应经费渠道的意见》（津政办发〔1997〕60 号）要求，按照事权和财权相统一的原则，建立与经济社会发展水平相适应的防震减灾经费投入机制，保障必要的经费投入。

（四）精心组织，全面完成年度工作任务。2006 年防震减灾任务繁重，各区县政府和相关部门要按照各自职能抓好落实，要制定周密的工作计划，落实保障措施，全面完成工作任务。

5. 2007 年 6 月 5 日，天津市政府办公厅转发市地震局市建委市农委关于我市农村民居地震安全工程实施意见的通知（津政办发〔2007〕52 号）

转发市地震局市建委市农委《关于我市农村民居地震安全工程实施意见》的通知

发文单位：天津市人民政府办公厅

文　　号：津政办发[2007]52 号

发布时间：2007 年 06 月 05 日

执行时间：2007 年 06 月 05 日

有关区、县人民政府，有关委、局，有关单位：

市地震局、市建委、市农委《关于我市农村民居地震安全工程的实施意见》已经市人民政府领导同志同意，现转发给你们，请照此执行。

关于我市农村民居地震安全工程的实施意见

为全面推进我市农村民居工程的实施，努力提高农村民居防震保安能力，根据《国务院办公厅转发地震局建设部关于实施农村民居地震安全工程意见的通知》（国办发〔2007〕1号）精神，结合本市实际情况，提出如下实施意见：

一、统一思想，提高认识

我市位于河北平原地震带和张家口至渤海地震带的交汇部位，历史上曾多次遭受地震灾害。1976年唐山地震，使我市67%的城乡建筑遭受破坏，宁河县、汉沽区的破坏率高达90%以上，人民生命财产遭受重大损失。我市处于国家地震基本烈度VII—VIII度的高烈度区，由于农民的自主建房未纳入建设管理程序，大多数房屋未经正规设计和施工，很难达到抗御地震基本烈度的能力，发生中强以上地震时，将直接危及人民生命财产安全。近年来我国农村地区地震安全问题尤为突出，一次6级左右地震往往造成相当数量的人员伤亡和大量的农村房屋倒塌与乡镇公用设施破坏，甚至一些4至5级的地震也能造成人员伤亡和经济损失。

2004年全国防震减灾工作会议明确提出，到2020年我国基本具备综合抗御6级左右、相当于抗御各地区地震基本烈度地震的能力。为实现这个目标，防震减灾工作必须逐步实现由局部的重点防御向有重点的全面防御转变，其中逐步实施农村民居地震安全工程被列为重点任务之一。做好农村民居地震安全工程，事关人民生命财产安全，事关全面建设小康社会目标的实现，为此，我们必须站在全局和战略的高度，充分认识其重要意义，采取有效措施，全面做好农村民居地震安全工程。

二、指导思想、工作目标和原则

（一）指导思想。以邓小平理论和“三个代表”重要思想为指导，坚持以人为本，贯彻落实科学发展观，按照构建社会主义和谐社会的要求，采取有力措施，增强农民群众的防震减灾意识，全面提高农村民居的抗震能力，保证农民群众的居住安全。

（二）工作目标。到2015年，全市农村民居具备抗御6级左右、相当于各农村区县地震基本烈度的能力。“十一五”期间，对全市农村民居进行基础资料调查，对抗震能力进行评估；以遭受地震基本烈度的地震不倒塌为目标，编制农村民居抗震技术规程和适合各种民居形式的建造、加固图集；建成覆盖农村各区县的示范村、镇；探索农村民居建设的管理模式和扶助政策；建立农村建筑工匠培训、农村民居地震安全技术服务和宣传的网络。

（三）工作原则。

1. 坚持政府引导、农民自愿。要通过广泛的宣传动员，让广大农民认识到农村民居地震安全工程的重要性。通过政府支持和社会扶助，调动农民群众的积极性。充分尊重农民意愿，通过典型宣传、科学指导、政策扶持等多种途径，积极引导农民群众自觉参与、自力更生建设地震安全农居。务求工作实效，杜绝“形象工程”和“政绩工程”，杜绝盲目建设和硬性推进。

2. 坚持因地制宜、分类指导。要根据民俗、自然条件和经济条件的不同，因地制宜地制定方案，进行分类指导。

3. 坚持经济实用、抗震安全。要立足当前，着眼长远，通过技术服务，在少提高造价的情况下引导农民建设抗震性能好、造价合理的住房，确保让农民真正受益。

4. 坚持统筹安排、协调发展。要根据社会主义新农村建设的总体部署，把农村民居地震安全工程与农村公共基础设施建设相结合，与农村人居环境综合治理、迁村并点相结合，促进农村面貌的整体改善。

三、主要任务

（一）制定农村民居地震安全工程建设规划。各有关区县应制定农居地震安全工程建设规划，明确总体思路、阶段目标、建设内容和保障措施，并纳入国民经济和社会发展计划。制定规划要紧密围绕统筹城乡发展和社会主义新农村建设的总体要求，充分保障农民的切身利益。

（二）开展农村民居抗震防震技术研究开发。对现有的不同形式、不同建筑结构的农村民居进行分类调查和抗震能力评估，为农村民居地震安全工程决策、规划提供依据，为分类指导和抗震技术规程以及建造、加固图集的编制提供依据。根据调查所得到的不同区域的典型农村民居结构类型，针对不同区域、不同社会经济发展水平条件下各种典型结构类型的农村民居，研发并提出当地农民经济上能承受且易于接受、简单适用的抗震防震技术、方案和指导性建议。编制农村民居抗震技术规程和抗震建造、加固图集，指导农村民居的建造和加固。开展地震环境和场地条件勘查，为地震环境、建房选址、抗震设防要求等技术服务提供依据。

（三）组织农村建筑工匠防震抗震技术培训。各有关区县要通过组织培训班、学习班等形式，普及抗震技术，培养一大批掌握农村民居建设抗震施工技术和操作技能的农村建筑工匠，为推进农村民居地震安全工程创造条件。

（四）组织实施农村民居地震安全示范工程建设。各有关区县要按照“试点先行，逐步推开”的原则，结合实际，选择有条件、有代表性的村镇开展示范村、示范户建设，发挥典型示范作用，推广农村民居抗震技术，带动农村民居地震安全工程的全面实施。

（五）建立农村防震抗震技术服务网络。各有关区县要以区县、乡镇两级负责地震、建设、农业工作的管理人员和地震群测群防网络为依托，建立农村防震抗震技术服务站和服务网络，对管理和服务人员进行培训，为农民群众建设和加固住房提供技术咨询和技术服务。

（六）加强农村建设规划工作，探索农村建房抗震管理模式。要按照统一规划、合理布局、科学选址、配套建设的原则，做好村镇建设规划编制工作，把抗震设防和综合防灾作为规划的重要内容。新规划的村镇建设要避开地震断裂带和抗震不利地段，对统一建设的农民住房，要按照有关的技术标准进行抗震设防，明确施工和验收要求，加强工程质量监管，确保抗震质量。对农民群众自主建设和改造住房，要积极探索符合实际、行之有效的抗震设防质量管理模式和管理办法。

四、保障措施

（一）加强领导，落实责任。各有关区县人民政府必须从讲政治、顾大局的高度，把农村民居地震安全工程作为社会主义新农村建设的一项重要任务，列入议事日程，健全工作机构，明确工作责任，分解工作任务，建立目标管理责任制和监督检查机制，做到层层有人抓、有人管，把各项工作措施落实到位。市地震局、市建委、市农委要在市政府的统一领导下，按照职责分工，做好农村民居地震安全工程的统筹规划和组织管理，精心制定实施方案，加强对各有关区县的指导和技术服务。市发展改革委、市财政局要加大投入力度，保障必须的工作经费。市科委要增加对有关区县的防震减灾科技投入，加强科技攻关和实用化推广。物价、监察等部门要加强监督检查，进一步清理对农民建房的不合理收费，严肃查处乘机向农民建房乱收费、乱罚款等行为，切实减轻农民建房负担。其他部门也要积极配合，共同做好农村民居地震安全工程。

（二）完善扶持政策，多渠道筹集资金。扶持政策是做好农村民居地震安全工程的保障，各级政府要结合社会主义新农村建设，按照群众自筹为主，政府扶持为辅的原则，研究制定相关的扶持政策和引导措施，加大资金投入。通过发挥村民自治组织的积极性，整合征地安置、救灾扶贫等各种涉农政策性补贴资金，帮助农民申请建房贷款等措施，拓宽投资渠道。

（三）强化宣传教育，提高防震减灾意识。要充分发挥宣传舆论的导向作用，通过广播、电视、网络等媒体开展宣传活动，利用板报、标语、宣讲、科技下乡等群众喜闻乐见的形式深入农村进行宣传。真正使农村民居地震安全工程进村入户、深入人心，让农民群众了解这项工作的重要意义，增强参与的主动性和自觉性，动员全社会共同关心和支持农村民居地震安全工程。

6. 2008年9月25日，天津市人民政府印发了《天津市地震应急预案》（津政发〔2008〕74号）。

关于印发天津市地震应急预案的通知

发文单位：天津市人民政府

文　　号：津政发〔2008〕74号

发布时间：2008年09月25日

执行时间：2008年09月25日

各区、县人民政府，各委、局，各直属单位：

现将《天津市地震应急预案》印发给你们，望遵照执行。

天津市地震应急预案

1 总则

1.1 编制目的

保障我市地震应急工作有力、有序、有效进行，最大限度地减少人员伤亡、减轻经济损失和社会影响。

1.2 编制依据

依据《中华人民共和国防震减灾法》、《破坏性地震应急条例》(国务院令第172号)、《天津市防震减灾条例》、《国家地震应急预案》(国办函〔2005〕36号)和《天津市突发公共事件总体应急预案》(津政发〔2006〕36号)，结合我市地震应急工作实际，制定本预案。

1.3 工作原则

(1)以人为本、力减损失。把保障人民群众生命财产安全作为地震应急工作的出发点和落脚点，最大限度地减少人员伤亡和财产损失。

(2)预防为主、平震结合。坚持预防为主，预防与救助相结合，全面做好地震应急的各项准备工作。

(3)统一指挥、分工负责。在市委、市政府的领导下，建立市抗震救灾指挥部统一指挥、各区县各部门分工负责、条块结合、属地为主的应急工作机制，实行领导、部门责任制。

(4)依靠科技、科学应对。采用先进的预测、预警和应急救援技术及装备，发挥专家和专业人员的作用，提高应对地震灾害的科技水平。

(5)军地联动、快速高效。建立广泛的社会动员机制，发挥驻津部队、武警部队以及民兵预备役部队的骨干作用和突击队作用，提高快速反应和高效处置能力。

1.4 适用范围

适用于天津市行政区域内处置地震灾害以及由地震灾害引起的次生灾害事件的应急活动。

2 组织指挥体系及职责

地震应急组织指挥体系由市抗震救灾指挥部，区县和委、办、局、直属单位抗震救灾指挥部，街道、乡镇抗震救灾指挥组构成。

2.1 市抗震救灾指挥部

2.1.1 指挥员组成

发生一般或较大地震灾害，启动Ⅱ级响应时，在市长领导下，由常务副市长任总指挥，主管防震减灾工作副市长、天津警备区一名副司令员和市地震局局长任副总指挥，组织受灾地区的抗震救灾行动。

发生重大或特别重大地震灾害，启动Ⅰ级响应时，由市长任总指挥，常务副市长任第一副总指挥，天津警备区司令员、主管防震减灾工作副市长及有关副市长任副总指挥，组织全市的抗震救灾行动。

2.1.2 指挥部职责

接受和传递市委、市政府关于抗震救灾的各项指令；了解和掌握各区域震情、灾情、社情、民情及发展趋势；组织指挥各种抢救抢险抢修行动；计划安排灾民安置和各类生活物资供应；组织灾后恢复与重建工作；组织新闻发布与宣传教育；执行市委、市政府下达的其他任务。

2.1.3 指挥部工作组组成

市抗震救灾指挥部下设13个应急工作组：

（1）综合协调组。由市应急办、市地震局牵头，市应急办、市地震局、市发展改革委、市教委、市建委、市交委、市国资委、市公安局、市财政局、市卫生局、市民政局和天津警备区等单位组成。主要职责：搜集汇总震情、灾情、社情、民情；制定应急救援行动计划；协助总指挥组织实施抗震救灾行动；掌握、报告、通报抗震救灾的进度情况；部署安排市地震灾害紧急救援队救援行动；协调国际、国内和有关单位赴津的救援行动；协调志愿者的救援行动；协调有关专家指导应急救援工作；办理指挥部会议、活动和文电。

（2）抢救抢险组。由天津警备区牵头，天津警备区、驻津部队、武警天津总队、驻津武警部队、驻津军事院校、医院等单位组成。主要职责：组织搜救被困群众和受伤人员；组织各类次生灾害处置及特殊建筑物的抢险；组织对可能发生次生灾害的地点和设施采取紧急防护措施；协调外援部队在津的救援行动；组织驻津部队、武警部队支援地方灾后恢复重建工作。

（3）群众生活组。由市民政局牵头，市民政局、市商务委、市财政局、市粮食局、市红十字会、市监察局、市审计局等单位组成。主要职责：组织实施受灾群众救助工作以及相应的资金物资保障；保障救灾所需的燃料、食品、药品、饮用水等生活必需品供应和救援人员基本生活必需品供应；指导有关区、县做好因灾倒房群众的紧急安置；保障灾区群众基本生活，保障灾区市场供应；接受和安排国内捐赠；负责抗震救灾款物的监管与审计。

（4）地震监测组。由市地震局牵头，市地震局、市安全监管局、市国土房管局、市环保局、市气象局等单位组成。主要职责：负责震情速报、通报和震情趋势判定；提供灾区的气象信息；组织宏观烈度考察、震害调查、灾害损失评估；组织对重大地质灾害隐患的监测预警和危险化学品等污染物防控。

（5）卫生防疫组。由市卫生局牵头，市卫生局、市质监局、市食品药品监管局、医药集团等单位组成。主要职责：负责医疗救护和卫生防疫，组织医疗救护队伍，调集医疗器械、药品，对受伤人员进行救治；监督、监测灾区生活饮用水、食品卫生和药品安全，预防和控制各种传染病等疫情的暴发流行。

（6）通信保障组。由市通信局牵头，市通信局、中国网通天津市分公司、中国移动天津有限公司、中国联通天津分公司、中国铁通天津分公司、中国电信天津市分公司、中国卫通天津市分公司等单位组成。主要职责：负责组织抢修抢通被破坏的通信设施；保障各级抗震救灾指挥部之间及其对重灾区救灾现场的通信联络。

（7）交通运输组。由市交委牵头，市交委、交通集团、天津港（集团）有限公司、天津海事局、北京铁路局天津铁路办事处、公交集团、民航天津安全监督管理办公室、天津滨海国际机场、天津铁路集团等单位组成。主要职责：负责被毁坏的铁路、港口、空港等重要设施的抢修；紧急调拨运输工具，保证抢险救援人员、物资的运输，伤员转运和灾民疏散。

（8）水利安全组。由市水利局牵头，市水利局、市环保局等单位组成。主要职责：负责水库安全；组织水利设施抢险抢修和河道、海挡受灾变形的治理；监测水质和防控污染，研究解决饮用水源安全等问题。

（9）宣传教育组。由市委宣传部牵头，市委宣传部、市政府新闻办、市外办、市台办、市广电局、市出版局、市地震局等单位组成。主要职责：负责组织震情、灾情、抗震救灾信息新闻发布和宣传报道工作；加强舆情收集分析，正确引导国内外舆论。

（10）基础设施抢修组。由市建委牵头，市建委、市经委、市市政公路局、市电力公司、建工集团、燃气集团、自来水集团、城建集团、住宅集团、市地铁总公司、津滨快速交通公司等单位组成。主要职责：负责组织道路、桥梁、轨道、供水、排水、供电、供气、供热等城市生命线工程的抢修；清除路障、疏通主要交通干道；清理灾区现场，对危险建筑物实施工程排险。

（11）恢复重建组。由市发展改革委牵头，市发展改革委、市建委、市经委、市商务委、市农委、市规划局、市财政局、市安全监管局、市国土房管局、天津保监局等单位组成。主要职责：负责组织震后房屋安全鉴定；负责组织震后快速恢复生产；拟制灾后重建规划；指导协调灾后重建工作。

（12）治安消防组。由市公安局牵头，市公安局、武警天津总队等单位组成。主要职责：负责灾区治安管理和安全保卫工作，预防和打击各种违法犯罪活动，维护社会治安，维护道路交通秩序；负责地震引发火灾、毒气泄漏等次生灾害的抢险救援；组织对党政机关、要害部门、金融单位、储备仓库等重要场所的警戒。

（13）涉外工作组。由市外办牵头，市外办、市公安局、市民政局、市卫生局、天津海关、天津边检总站、天津检验检疫局等单位组成。主要职责：负责组织与国际社会的联系和接收境外救援物资；安排外宾、港澳贵宾和境外来津救援人员的接待；组织对境外的信息发布。

2.1.4 指挥位置

发生一般或较大地震灾害时，市抗震救灾指挥部位于市地震局抗震救灾应急指挥中心，并视灾情在主要受灾区设立现场指挥所。

发生重大或特别重大地震灾害时，市抗震救灾指挥部位于市政府应急指挥中心，并在主要受灾区和重要部门设立分指挥所。市地震局在第一时间开通市抗震救灾应急指挥中心，与市政府应急指挥中心保持实时联络畅通。

当地震灾害影响室内指挥时，在银河广场开设临时应急指挥中心。

2.1.5 办事机构及职责

市抗震救灾指挥部下设办公室(以下称市抗震救灾办)，为市抗震救灾指挥部的常设办事机构，设在市地震局（河西区友谊路19号），同时加挂天津市抗震救灾应急指挥中心的牌子。市抗震救灾办根据市抗震救灾指挥部的决定，负责组织、协调、指导、检查本市突发地震事件的应急准备和应对工作。

2.2 区、县和委、办、局、直属单位抗震救灾指挥部

各区、县和委、办、局、直属单位成立本地区、本部门、本单位抗震救灾指挥部。主要职责：接受与传递市抗震救灾指挥部关于抗震救灾的各项指令；及时向市抗震救灾指挥部报告救灾情况；收集和上报本地区、本系统的灾情、社情、民情；部署本地区、本部门抗震救灾专业队伍实施抢险救灾行动；组织灾民安置和各类救灾物资的调配供应；组织指导街道、乡镇、学校、医院等基层单位和企业的抗震救灾工作；执行市委、市政府和市抗震救灾指挥部下达的其他任务。

2.3 街道、乡镇抗震救灾指挥组

街道、乡镇成立抗震救灾指挥组。主要职责：接受与传递上级关于抗震救灾的各项指令；深入居委会、村委会了解灾情、社情、民情并及时上报；组织社区自救互救和群众疏散；配合救灾专业队伍实施救灾行动；安置灾民，发放救灾救济物品；执行上级下达的其他任务。

3 应急救援队伍

为保障及时、有效地实施紧急抗震救灾行动，全市统一组建10支共4万人的应急救援队伍，由市抗震救灾指挥部直接调动使用，各应急工作组具体组织指挥，主要用于重点方向、主要受灾区、危险目标及紧要时刻的应急救援。

3.1 地震灾害紧急救援队

市地震局牵头组建，编制300人。由天津警备区直属分队、武警81师工兵营、市公安消防局特勤大队、武警医院和市地震局等单位编成。市地震局统一编队和计划分配人数，配备探测搜寻、抢险破拆、救援救护、个人防护、应急通信、专用车辆等设备。主要负责灾区第一时间的人员搜索和营救。

3.2 抢救抢险队

天津警备区牵头组建，编制16000人。由天津警备区、驻津部队、武警天津总队、驻津武警部队、驻津军事院校、医院等单位编成。天津警备区统一编队和计划分配人数，主要负责灾区的人员营救、灾民转移和紧急抢险等任务。

3.3 消防防化抢险队

市公安局牵头组建，编制1500人。由市公安消防局、市安全监管局、市市容委、市卫生局、市环保局、渤化集团等单位编成。市公安局统一编队和计划分配人数，主要负责地震引发火灾、毒气泄漏等次生灾害的抢险救援及特殊建筑物的抢险救援；协助有关部门抢救国家重要财产。

3.4 医疗救护队

市卫生局牵头组建，编制 1600 人。由市卫生局所属医疗机构、疾控机构、医科大学附属医院、中医药大学附属医院、市质监局、市食品药品监管局、医药集团等单位编成。市卫生局统一编队和计划分配人数，主要负责伤员的医疗救治和卫生防疫、食品与药品监管等。

3.5 通信抢修队

市通信局牵头组建，编制 600 人。由中国网通天津市分公司、中国移动天津有限公司、中国联通天津分公司、中国铁通天津分公司、中国电信天津市分公司、中国卫通天津市分公司等单位编成。市通信局统一编队和计划分配人数，主要负责被毁坏通信设施的抢修和抗震救灾的通信保障。

3.6 工程抢险队

市建委牵头组建，编制 1 万人（市政设施抢险 4000 人，公用设施抢险 6000 人）。由市市政公路局、建工集团、燃气集团、自来水集团、城建集团、住宅集团、市地铁总公司、津滨快速交通公司等单位编成。市建委统一编队和计划分配人数，主要负责被毁坏道路、桥梁、轨道等重要交通设施和供水、排水、供气、供热设施的抢修；清除路障、疏通主要交通干道；对危险建筑物实施工程排险。

3.7 电力抢险队

市经委牵头组建，编制 1000 人。由市电力公司编成。市经委统一编队和计划分配人数，主要负责被毁坏的电力线路及设施的抢修，保障灾区生产生活用电。

3.8 物资运输队

市交委牵头组建，编制 5000 人。由交通集团、天津港（集团）有限公司、天津海事局、北京铁路局天津铁路办事处、民航天津安全监督管理办公室、天津滨海国际机场、公交集团、天津铁路集团，以及各驻津的中央直属企业集团、重要民营企业等单位编成。市交委统一编队和计划分配人数，主要负责被毁坏的铁路、港口、空港等重要设施的抢修和抢险救灾人员、救灾物资、伤员转运、灾民疏散的运输保障。

3.9 治安交管队

市公安局牵头组建，编制 2000 人。由市公安系统编成。市公安局统一编队和计划分配人数，主要负责灾区的治安管理、安全保卫和交通疏导，维护社会稳定。

3.10 水利抢险队

市水利局牵头组建，编制 2000 人。由市水利局、市环保局等单位编成。市水利局统一编队和计划分配人数。主要负责被毁坏水库、河道、海挡等水利设施的抢修，保证城市饮用水源安全。

4 地震预警与预防

4.1 信息监测与报告

市地震局负责对全市各类地震观测信息的接收、检测、存储和分析处理，进行震情跟踪和分析预测，及时报告预测预报意见。区、县人民政府负责组织地震宏观异常信息的收集和上报。

4.2 预警级别及发布

4.2.1 预警的级别

破坏性地震（5 级以上地震）发生前，依据可能发生地震的紧迫程度，地震预警从低到高依次分为 3 级。

Ⅲ级：对应全国年度地震重点危险区，指未来 1 年或稍长时间内指定区域可能发生某一震级的地震。

Ⅱ级：对应地震短期预报，指 3 个月内在指定区域可能发生某一震级的地震。

Ⅰ级：对应临震预报，指 10 日内在指定区域可能发生某一震级的地震。

4.2.2 预警的发布

全国年度地震重点危险区，以国务院办公厅转发中国地震局文件发布；我市行政区域内的地震短期预报和临震预报，由市政府发布并同时向国务院报告。

4.2.3 预警状态结束

市地震局要随时跟踪震情发展，及时对监测到的信息进行分析研究和评估，应当结束预警状态时，要及时向市政府提出结束预警状态的建议。

4.3 预警预防行动

4.3.1 年度危险区判定及防震工作部署

根据全国地震年度趋势会商会议所划定并经国务院批准的全国地震重点危险区和我市年度地震趋势会商会议结果，市政府及时研究部署全市防震减灾有关工作。

4.3.2 短期地震预报及防震准备

在全国年度地震重点危险区判定和我市年度地震趋势会商会议结果的基础上，市地震局组织震情跟踪工作，提出短期地震预测意见，经中国地震局审核后，报市政府，由市政府决策发布短期地震预报，并部署安排防震准备。

4.3.3 临震预报及应急防御措施

在短期地震预测预报的基础上，市地震局组织震情短临跟踪工作，提出临震预测意见，上报市委、市政府和中国地震局，由市政府决策发布临震预报，宣布预报区进入临震应急期，实施临震应急防御措施。

发布临震预报后，预报区所在的区、县人民政府采取应急防御措施。主要内容是：加强震情监视，随时报告震情变化；根据震情发展和建筑物抗震能力以及周围工程设施情况，发布避震通知，必要时组织避震疏散；要求有关部门对生命线工程和次生灾害源采取紧急防护措施；督促检查抢险救灾的各项准备工作；做好平息地震谣传或误传的准备，保持社会安定。

5 应急处置

5.1 信息报告

5.1.1 震情速报

对于发生在我市及周边地区（首都圈地区）5.0 级以上的地震，市地震局在震后 10 分钟内完成地震参数的初步测定，震后 15 分钟内完成地震参数的准确测定，并将测定结果及时报告市委、市政府和中国地震局。

5.1.2 灾情速报

地震灾情速报内容包括地震造成破坏的范围、人员伤亡、经济影响和社会影响等。

地震发生后，区、县人民政府和各部门、各单位迅速收集地震灾情并进行上报；与此同时，有关的区、县人民政府迅速派人到震中或可能造成较大损失的地区收集震灾信息，及时汇总上报当地抗震救灾指挥部和地震部门。重大灾情和特殊情况可越级上报。

5.1.3 震情灾情公告

地震发生后 1 小时内，通过网络、新闻媒体等渠道公告地震发生的时间、地点和震级；地震发生后 4 小时内，公告初步灾情和震情趋势判断意见，并适时后续公告。

5.2 先期处置

突发地震事件发生后，灾区各级人民政府根据职责和规定的权限启动地震应急预案，及时有效地开展自救、互救和抢险救灾工作。

5.3 分级响应

5.3.1 Ⅰ级响应

应对重大和特别重大地震灾害事件，启动Ⅰ级响应。

Ⅰ级响应启动条件：我市遭受地震烈度Ⅷ度以上破坏或我市行政区域内发生 6.5 级以上地震。

Ⅰ级响应组织指挥：在市委、市政府领导下，市抗震救灾指挥部负责组织指挥全市地震应急工作。市抗震救灾指挥部总指挥由市长担任。设立市抗震救灾指挥部现场指挥部，现场指挥部总指挥由常务副市长担任。

Ⅰ级响应启动程序：市地震局向市委、市政府报告震情和灾情，并建议启动市地震应急预案Ⅰ级响应。经市委、市政府批准，市地震应急预案启动，市抗震救灾指挥部开始运作，指挥部工作组全部启动到位，市政府有关部门设立地震应急机构，负责本部门的地震应急工作。

5.3.2 Ⅱ级响应

应对较大和一般地震灾害事件，启动Ⅱ级响应。

Ⅱ级响应启动条件：我市遭受地震烈度Ⅵ－Ⅷ度破坏或我市行政区域内发生 5.0－6.4 级地震。

Ⅱ级响应组织指挥：在市委、市政府领导下，市抗震救灾指挥部负责组织指挥全市地震应急工作。市抗震救灾指挥部总指挥由常务副市长担任。视灾害情况设立市抗震救灾指挥部现场指挥部，总指挥由主管防震减灾工作副市长担任。

Ⅱ级响应启动程序：市地震局向市委、市政府报告震情和灾情，并建议启动市地震应急预案Ⅱ级响应。经市委、市政府批准，市地震应急预案启动，市抗震救灾指挥部开始运作，指挥部综合协调组、抢救抢险组、群众生活组、地震监测组、卫生防疫组、通信保障组、宣传教育组、治安消防组、涉外工作组启动到位，交通运输组、水利安全组、基础设施抢修组、恢复重建组进入待命状态。

5.3.3 应急响应和紧急处置主要内容

（1）收集汇总震情、灾情，向国务院报告并抄送国务院抗震救灾指挥部办公室和中国地震局，同时通报当地驻军领导机关。

（2）启动市地震应急预案，紧急部署抗震救灾行动。

（3）宣布灾区进入震后应急期，必要时决定实行紧急应急措施，维护社会治安和道路交通秩序。

（4）派遣市地震灾害紧急救援队赴灾区进行人员抢救。

（5）根据灾区的需求，调遣抢救抢险队和医疗救护队赴灾区进行人员抢救和医疗救护。

（6）查明通信破坏中断情况，采取应急措施沟通与灾区的通信联系。

（7）查明交通中断情况，采取应急措施抢通交通运输，优先保证救援人员的运送。

（8）查明电力中断情况，采取应急措施保障抗震救灾应急用电。

（9）组织抢修通信、交通、供水、供气、供电、供热、排水等生命线设施。

（10）组织查明次生灾害情况和威胁，及时进行处置和防御。

（11）组织安置灾民，必要时疏散居民，保障灾民食宿、饮水、医疗等基本生活需要。

（12）向公众公告震情和灾情，组织新闻媒体全面报道抗震救灾情况。

5.4 信息发布

遵循归口管理、政府发布，区别情况、分层报道，讲究方式、注重效果的原则，及时向社会发布震情、灾情和抗震救灾等信息。

5.5 特殊处置

当地震突发事件造成的破坏十分严重，超出我市自身处置能力时，市政府向国务院请求支援。

5.6 应急结束

应急结束的条件是：地震灾害事件的紧急处置工作完成；地震引发次生灾害的后果基本消除；经过震情趋势判断，近期无发生较大余震的可能；灾区基本恢复正常社会秩序。达到上述条件，市抗震救灾指挥部建议市政府宣布应急期结束。

6 恢复重建

6.1 善后处置

各区、县人民政府和有关委办局、直属单位要积极稳妥、深入扎实地做好善后处置工作。因救灾需要临时征用的房屋、运输工具、大型机械、通信设备及其他救援设备等应当及时归还；造成损坏或者无法归还的，按照国务院有关规定给予适当补偿或者作其他处理。

6.2 调查评估

市地震局现场应急工作队赴灾区开展地震宏观烈度考察、地震灾害损失调查及稳定社会的现场应急宣传等工作，按要求及时提供灾害损失预评估、初评估及总评估结果。

6.3 恢复重建

在市委、市政府的统一领导下，按照统筹规划、科学评估、分步实施的原则，编制灾后重建总体规划；明确各项支持政策，通过政府投入、对口支援、社会募集多渠道筹集灾后重建资金；统一部署，逐步实施。

7 附则

7.1 应急救援保障计划制定

各应急工作组和各有关单位根据预案规定的职责任务，组织制定相应的应急保障计划。保障计划与制定牵头单位如下：

（1）天津市抗震救灾综合协调保障计划，市地震局。

（2）天津市抗震救灾抢救抢险行动保障计划，天津警备区。

（3）天津市抗震救灾群众生活保障计划，市民政局。

（4）天津市抗震救灾地震监测预警保障计划，市地震局。

（5）天津市抗震救灾卫生防疫保障计划，市卫生局。

（6）天津市抗震救灾消防防化行动保障计划，市公安消防局。

（7）天津市抗震救灾市政设施抢修保障计划，市市政公路局。

（8）天津市抗震救灾公用设施抢修保障计划，市建委。

（9）天津市抗震救灾交通运输保障计划，市交委。

（10）天津市抗震救灾电力抢修保障计划，市经委。

（11）天津市抗震救灾通信保障计划，市通信局。

（12）天津市抗震救灾水利安全保障计划，市水利局。

（13）天津市抗震救灾社会治安保障计划，市公安局。

（14）天津市抗震救灾交通疏导保障计划，市公安交管局。

（15）天津市抗震救灾宣传教育保障计划，市委宣传部。

（16）天津市抗震救灾涉外事务协调工作保障计划，市外办。

（17）天津市抗震救灾恢复重建保障计划，市发展改革委。

7.2 预案管理

本预案由市政府批准发布。区、县人民政府和有关委办局、直属单位应参照本预案制定本区县、本部门的地震应急预案，报市抗震救灾办审核备案。

市地震局根据实际情况的变化，及时组织修订本预案。

7.3 培训与演练

在市应急办指导下，市地震局按照预案要求负责对市地震应急人员进行培训，负责组织全市的地震应急演练。

区、县人民政府和有关委办局、直属单位应按预案要求有计划地对应急救援人员和管理人员进行培训，提高其专业技能。

区、县人民政府和有关委办局、直属单位，应有计划有重点地组织相关部门针对预案进行演练。

7.4 监督检查

在市政府的领导下，由市地震局会同市政府有关部门，对本预案实施的全过程进行监督检查，确保应急措施到位。

本预案自发布之日起实施。

8 附件

8.1 地震灾害事件分级表

地震灾害等级	人员死亡	经济损失占年 GDP	初判条件
特别重大 地震灾害	300 人以上	1%以上	遭受地震烈度Ⅸ度以上或 辖区发生 7.0 级以上地震
重大 地震灾害	50－299 人		遭受烈度Ⅷ－Ⅸ度或 辖区发生 6.5－6.9 级地震
较大 地震灾害	20－49 人		遭受烈度Ⅶ－Ⅷ度或 辖区发生 6.0－6.4 级地震
一般 地震灾害	19 人以下		遭受烈度Ⅵ－Ⅶ度或 辖区发生 5.0－5.9 级地震

8.2 天津市地震应急预案框架

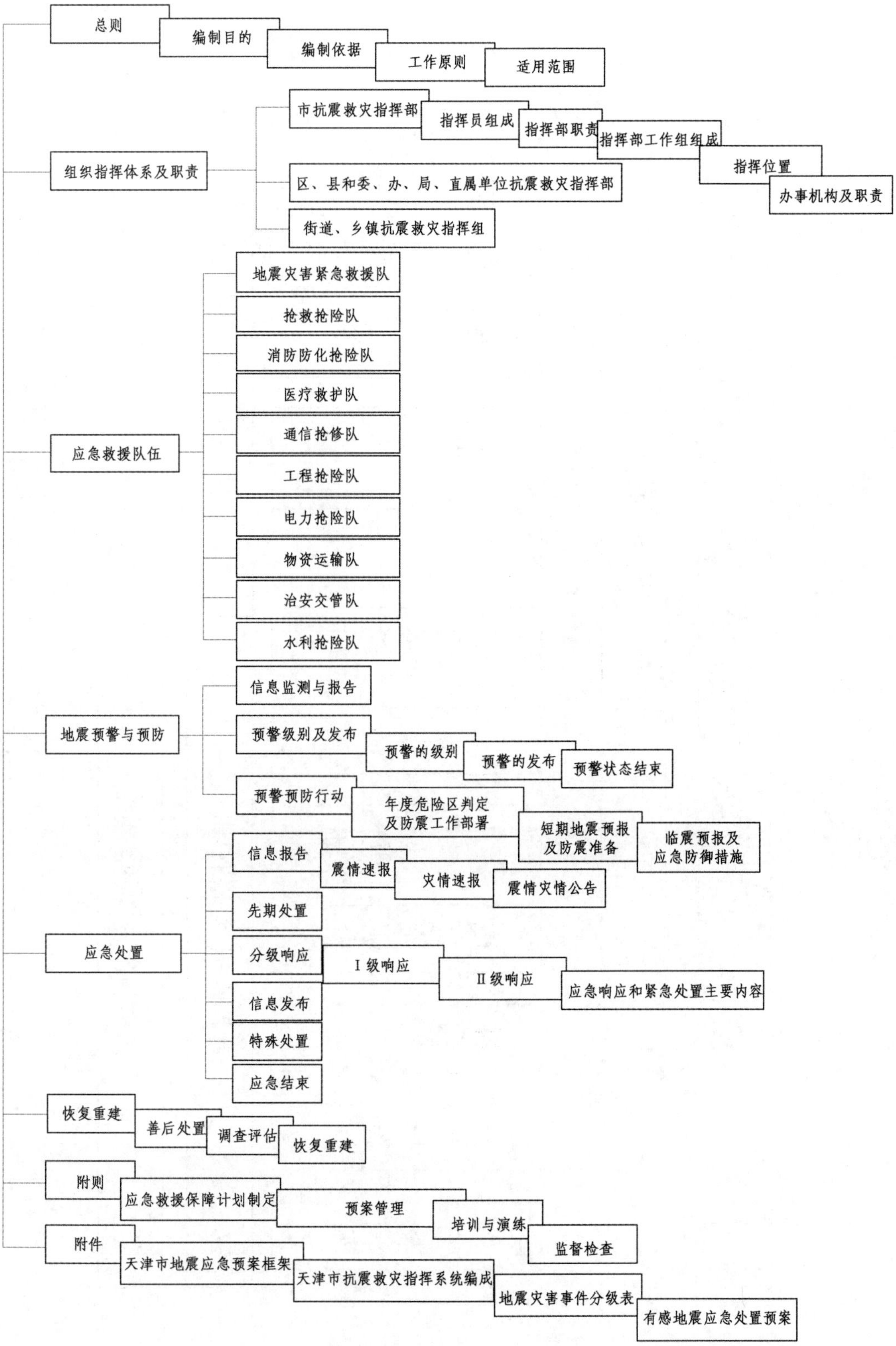

8.3 天津市抗震救灾指挥系统编成

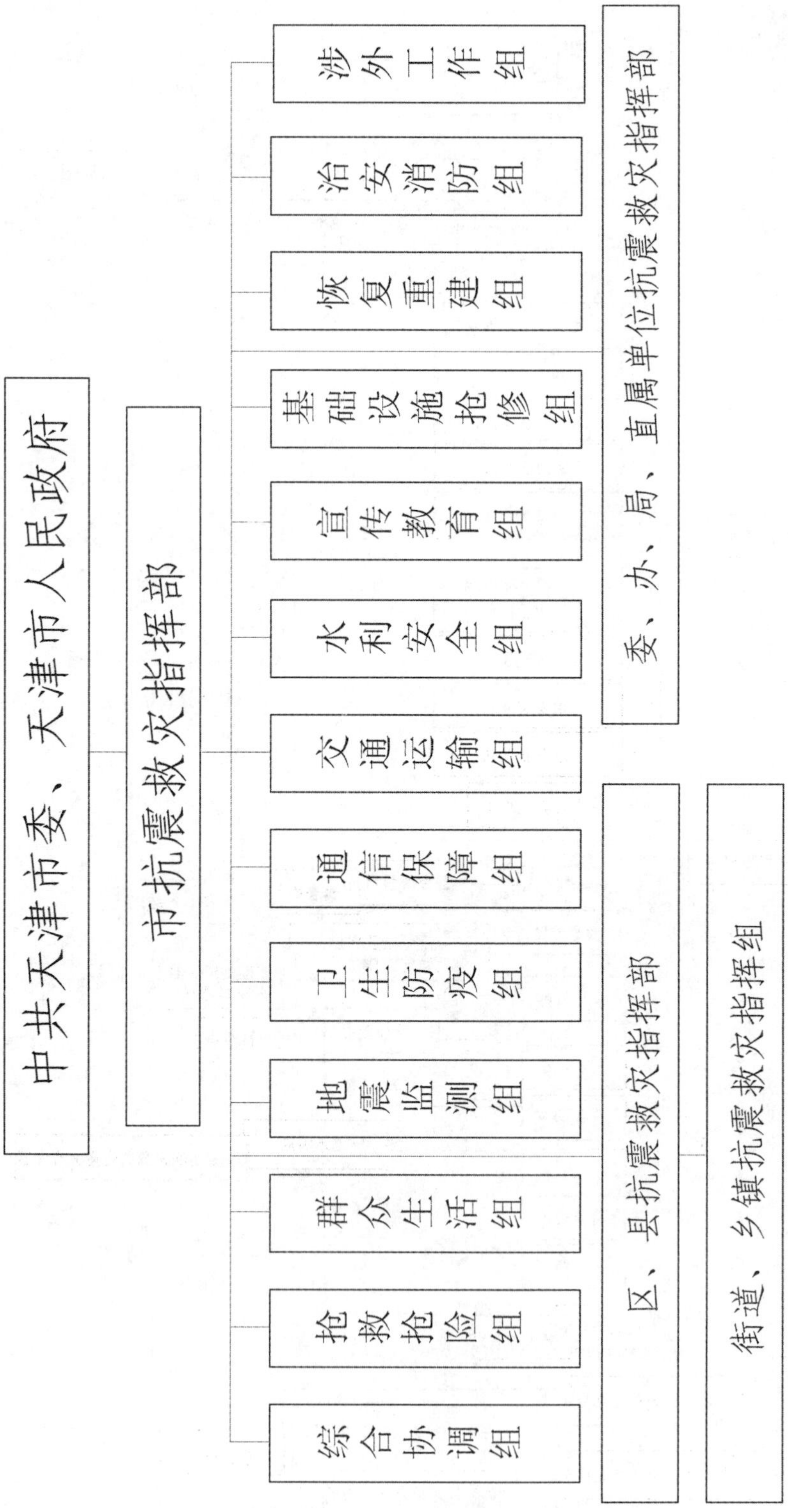

8.4 有感地震应急处置预案

有感地震是指人们感觉到的、但未直接造成人员重伤和死亡以及显著财产损失的地震。一般情况下是指我市遭受地震烈度 Ⅳ－Ⅵ度影响或我市行政区域内发生 3.5－4.9 级地震。

在市委、市政府的领导下，市地震局牵头负责有感地震的应急处置工作。

（1）信息报告

市地震局震后 10 分钟内完成地震参数的初步测定，15 分钟内完成地震参数的准确测定，震后 1 小时提出震情趋势判断意见，并及时将结果报告市委、市政府和中国地震局。

市地震局现场应急工作队震后 1 小时内出发，对宏观震中、有感范围、社情动态及社会影响等进行考察与调查，及时将调查结果报告市委、市政府和中国地震局。

（2）稳定社会工作

市地震局震后立即开通"热线电话"和"地震信息网"，回答市民问询，报道震情、地震应急工作情况。

市新闻宣传部门根据市政府的决策意见，迅速组织新闻媒体公告震情和趋势判断意见，宣传报道有感地震知识和应对措施。

受影响地区所在的区、县人民政府要立即派出工作组深入现场，调查了解情况，宣传地震知识，维护社会稳定。

受影响地区所在区、县的公安部门，立即组织警力，到公共场所处理突发事件，到重要交通干线、重要地段维持交通秩序。

区、县人民政府和区、县地震部门应注意收集社情、民情，掌握社会动态，一旦发现地震谣传，要及时报告并立即采取措施就地予以平息。

7. 2009 年 8 月 20 日，市政府办公厅转发市教委拟定的天津市中小学校舍安全工程实施意见的通知（津政办发〔2009〕120 号）

转发市教委拟定的《天津市中小学校舍安全工程实施意见》的通知

发文单位：天津市人民政府办公厅

文　　号：津政发〔2009〕120 号

发布时间：2009 年 08 月 20 日

执行时间：2009 年 08 月 20 日

各区、县人民政府，各委、局，各直属单位：

市教委拟定的《天津市中小学校舍安全工程实施意见》已经市人民政府领导同志同意，现转发给你，请照此执行。

天津市中小学校舍安全工程实施意见

根据《国务院办公厅关于印发全国中小学校舍安全工程实施方案的通知》（国办发〔2009〕34号）精神，为确保我市中小学校舍安全工程的顺利进行，保障师生生命安全，现提出如下实施意见：

一、工作目标和基本任务

中小学校舍安全工程，是2008年四川汶川“5·12”大地震后在全国范围内开展的全面改善中小学校舍安全状况的一项重要工作，这一工程直接关系广大师生的生命安全，也关系全社会的和谐稳定。我市的工作目标和基本任务是：在全市中小学校开展抗震加固、提高综合防灾能力建设，使学校校舍达到重点设防类抗震设防标准，并符合对山体滑坡、崩塌、泥石流、地面塌陷和洪水、台风、火灾、雷击等灾害的防灾避险安全要求。各区县人民政府要结合所在区域的实际情况，从2009年开始，用两年的时间，对存在安全隐患的中小学校舍进行抗震加固、迁移避险等防灾工作，提高综合防灾能力，确保实现学校校舍安全使用。

二、实施范围和主要内容

校舍安全工程覆盖全市城市和农村、公立和民办、教育系统和非教育系统的所有中小学。包括普通小学（含教学点）、普通初级中学、初级职业中学、九年一贯制学校、完全中学、普通高级中学、十二年一贯制学校、特殊教育学校（含工读学校）、中等职业学校（含成人中等专业学校）。

（一）对中小学校舍进行全面排查鉴定。各区县人民政府要组织有关部门包括专业技术部门对本行政区域内各级、各类中小学现有校舍（不含在建项目）进行逐栋排查，要按照抗震设防和有关防灾要求，在重点考虑抗震加固的同时，结合本区域内地质、地貌等实际情况，加强山区地区的防滑坡、防泥石流和沿海地区、库区周边的防洪、防台风的排查工作，并形成对每一座建筑的鉴定报告。2008年5月以后已经过排查并形成鉴定报告的校舍，可不再重新鉴定。

（二）科学制定中小学校舍安全工程实施规划和方案。根据排查、鉴定结果，各区县人民政府要结合本区县中小学布局结构调整及学校现代化标准建设的总体安排，委托有资质的部门科学制定中小学校舍加固工程的方案和具体的实施计划。

（三）分类别、分步骤实施校舍安全工程。2009年10月底以前完成排查鉴定工作。经过鉴定，对维修加固后可以达到抗震设防标准的校舍，要按照重点设防类抗震设防标准改造加固；对危房和不具备维修加固条件的校舍，要拆除重建；对根据学校布局结构调整及学校现代化建设总体规划的安排，确定需要调整的危房校舍，可不需改造加固，但必须确保拆除，不得使用。2010年完成全部加固改造任务。

2009年7月经市发展改革委《关于天津市农村中小学校舍安全工程总体方案的批复》（津发改社会〔2009〕693号）确定的11个有农业的区县、196所农村中小学校舍安全加固及功能提升工程，仍作为天津市校舍安全工程的组成部分，继续按照市政府办公厅《转发市教委拟定的天津市农村中小学校舍加固及功能提升工程实施意见的通知》（津政办发〔2009〕93号）执行。

（四）建立中小学校舍安全信息管理档案。各区县人民政府要依据排查鉴定情况逐栋建立安全档案，并纳入全国中小学校舍信息管理系统，全面反映中小学校舍安全基本情况。

三、组织领导和工作机制

我市中小学校舍安全工程由天津市学校校舍抗震安全排查及加固工作领导小组（以下简称领导小组）统一领导。市教委、市发展改革委、市监察局、市财政局、市人力社保局、市国土房管局、市建设交通委、市地震局等部门参加领导小组并根据职责分工开展工作，领导小组办公室设在市教委。各区县人民政府也要相应成立本地区的校舍安全工作领导小组并下设办公室。

各区县人民政府是校舍安全的责任主体，对本区县校舍安全工作负总责，要统一组织本行政区域内的公立和民办、教育系统和非教育系统的所有中小学校舍安全工程。民办、外资、企（事）业办中小学及中等专业学校、技工学校、成人中专、市教委直属学校等的校舍安全改造由投资方和主管部门负责，所在区县人民政府给予指导、支持并实施监管。上述学校的信息采集及上报工作由所在区县校舍安全工作领导小组办公室负责汇总后上报。

四、资金安排和管理

按照分级办学、分级管理的原则，我市中小学校舍安全工程所需资金主要由区县人民政府负责。市财政对财力困难的区县给予专项转移支付补助，具体比例是：对汉沽区、宝坻区、武清区、蓟县、宁河县和静海县义务教育学校校舍加固工程，市财政补助2/3；对其他区义务教育学校校舍加固工程，市财政给予一次性奖励。各区县财政要切实加大对中小学校舍安全工程的投入，列入财政预算，确保资金及时到位，防止学校出现新的债务。鼓励社会各界捐资捐物支持我市中小学校舍安全工程。

健全工程资金管理制度。工程资金实行分账核算，专款专用，不能顶替原有投入，更不得用于偿还过去拖欠的工程款和其他债务。严格杜绝挤占、挪用、克扣、截留、滞留、套取工程专款。要保证按工程进度拨款，不得拖欠工程款。对应纳入政府采购范围的货物、工程和服务，要实行政府采购。校舍安全工程建设执行《国务院办公厅转发教育部等部门关于进一步做好农村寄宿制学校建设工程实施工作若干意见的通知》（国办发〔2005〕44号）中有关减免行政事业和经营性、服务性收费等优惠政策。具体免除包括大配套费、合同审查费、招标服务费等。

五、监督检查和责任追究

各区县人民政府全面负责本行政区域内中小学校舍安全工程的实施和管理，并对校舍安全负责。主要职责包括：

（一）严格按照《教育部等11部门关于印发〈全国中小学校舍安全工程实施细则〉等三个配套文件的通知》（教财〔2009〕14 号）要求，组织对辖区内校舍进行逐一排查、鉴定，建立本地区中小学校校舍的安全档案和校舍基本信息库。

（二）制订本地区的工程总体规划、年度实施计划和项目改造方案。

（三）及时、足额落实本级政府应承担的工程资金，设立资金专户，按照工程进度及时拨付。

（四）保证工程建设用地。

（五）按国家有关规定减免工程建设收费。

（六）按基本建设程序组织项目前期论证、招投标、勘察、设计、施工、监理、竣工验收、办理基建财务决算等各个环节工作。

（七）建立健全监督检查制度，保证工程进度和质量，定期向上级报告工程进展情况。

市和区县两级人民政府要加强对工程建设的检查和监督，对工程实施情况组织督查与评估。校舍安全工程所有项目公开招投标，建设和验收的全过程接受新闻媒体和社会监督。要委托有资质的审计单位对中小学校舍安全工程进行全程跟踪审查，监察机关要加强对加固工程学校项目的监察，重点是检查地方政府及相关部门加强领导，落实责任，确保政令畅通。同时，要督促有关部门加强对校舍安全工程各个环节全过程的监管。

建立健全中小学校舍加固工程质量与资金管理责任追究制度。对发生因学校危房倒塌和其他因防范不力造成安全事故导致师生伤亡的地区，要依法追究当地区县人民政府主要负责人的责任。建设、评估鉴定、勘察、设计、施工与工程监理单位及相关负责人员也要对项目依法承担责任。要对资金使用情况实行跟踪监督。对挤占、挪用、克扣、截留、滞留、套取工程专项资金和违规乱收费或减少政府投入以及疏于管理影响工程目标实现的，要依法追究相关负责人的责任。

8. 2010年12月7日，天津市人民政府印发《天津市人民政府关于进一步加强我市防震减灾工作的意见》（津政发〔2010〕50号）。

关于进一步加强我市防震减灾工作的意见

发文单位：天津市人民政府

文　　号：津政发〔2010〕50号

发布时间：2010年12月07日

执行时间：2010年12月07日

各区、县人民政府，各委、局，各直属单位：

为进一步加强我市防震减灾工作，提高地震监测预报能力、城乡抗震设防能力、地震应急救援能力以及群众防震避险意识和能力，根据《国务院关于进一步加强防震减灾工作的意见》（国发〔2010〕18号）精神，现提出如下意见：

一、指导思想和工作目标

（一）指导思想。深入贯彻落实科学发展观，以最大限度地减轻地震灾害损失、保护人民生命财产安全、保障经济社会发展为根本目标，树立全面预防观，加快推进我市地震监测预报、震灾预防、紧急救援三大工作体系建设，强化我市防震减灾社会管理和公共服务职能，全面提高我市综合防御地震灾害的能力，为进一步加快滨海新区开发开放，实现天津科学发展和谐发展率先发展，提供安全保障。

（二）工作目标。到 2015 年，全市基本具备抗御 6 级左右地震的能力。具备本市行政区域内 1.0 级以上地震的监测能力，能够在 3 分钟内得出 3.0 级以上地震的初步测定结果；能够在 20 分钟内完成地震烈度速报。力争做到对本市可能发生的破坏性地震震前作出一定程度的预测，对我市有显著影响的地震震后 1 小时内给出我市震后趋势判定结果。新建、改建、扩建工程全部达到抗震设防要求。重大建设工程和可能发生严重次生灾害的建设工程依法进行地震安全性评价；农民自建房采取抗震措施，在遭遇中强地震时基本不倒。社会公众基本掌握防震减灾知识和震灾避险技能。依法编制或修订各级各类地震应急预案。建立较完善的抗震救援队伍体系。当遭遇破坏性地震时，1 小时内展开专业救援行动，12 小时内受灾群众基本生活得到安置。

到 2020 年，全市具备抗御 6 级左右地震的能力。地震监测能力、速报能力、预测预警能力显著增强；建、构筑物能抗御相当于当地地震基本烈度的地震；建立较为完备的地震应急救援体系；社会公众防震减灾意识明显提高。

二、扎实做好地震监测预报工作

（一）进一步增强地震监测能力。科学规划、优化布局，建设包括地面观测、空间观测和深井观测在内的多学科综合立体观测系统，拓展地震监测台网的监测频带范围。建设烈度速报台网，建立大震报警技术系统和速报备份系统。健全完善地震监测台网运行维护、质量检测技术保障体系，依法加强地震监测设施和地震观测环境的保护。加强地震监测的应用科学研究，提高地震监测数据及其产品的产出能力与水平。建立防震减灾综合数据信息资源库，搭建数据和业务系统的灾备应用环境及信息服务平台。

（二）进一步加强地震预测预报工作。充分发挥地学界等各方面的作用，坚持监测预报科研实验相结合、长中短临预报相结合、专群结合，多学科、多途径推进地震预测预报探索与实践，创新完善震情会商机制，努力提高地震预测预报能力和水平。大力推进地震预测理论、方法和技术创新，积极探索地震孕育、发生、发展的规律，推进地震预测从经验预测向物理预测的转变。加强地震信息发布管理，完善地震预测预报管理制度，规范社会组织和公民的地震预测行为，建立合作开放的地震预测预报机制。

（三）加强群测群防工作。进一步加强地震宏观测报网、地震灾情速报网、地震知识宣传网和街道（乡镇）防震减灾助理员的 “三网一员”建设，完善群测群防体系，充分发挥群测群防在地震短临预报、灾情信息报告和普及地震知识中的重要作用。研究制定支持和规范群测群防工作的政策措施，建立稳定的群测群防工作队伍和经费渠道，引导社会组织和公民积极参与群测群防活动。

三、切实提高震灾预防能力

（一）加强建设工程抗震设防监管。要切实把抗震设防要求纳入基本建设管理程序，作为建设项目可行性论证的必备内容，严格按照抗震设防要求和工程性建设标准进行设计。加强工程勘查、设计、施工、监理和竣工验收等环节的抗震设防质量监管，切实落实工程建设各方责任主体的质量责任。要建立联合监督管理机制，加大执法力度，落实行政监管责任制，杜绝建设工程的安全隐患。土地利用规划、城乡建设规划等相关规划，必须依据地震活动断层探测结果和抗震设防要求，充分考虑潜在的地震风险。

（二）加强建设工程地震安全性评价监督管理。超限高层、大型公共建筑、生命线工程等重大建设工程和可能发生严重次生灾害的建设工程，必须依法严格开展地震安全性评价，按照所确定的抗震设防要求和相关设计标准进行抗震设防。要强化地震安全性评价资质单位和从业人员的监督管理，实行建设工程地震安全性评价质量终身负责制。严格执行国家标准，认真落实地震安全性评价的工作要求，加强关键技术的研发和推广使用，提高工作质量。进一步完善地震安全性评价报告评审制度，确保报告的科学性和准确性。

（三）组织开展震害防御基础性工作。制定全市范围内全部活动断层的探测计划，重点完成蓟运河——宁河断层和汉沽断层的地震活动断层探测和危险性评价，为工程选址、发展布局、城市规划建设提供基础资料。大力开展区县城区和滨海新区各功能区的地震小区划与震害预测，进一步推广防震减灾综合示范区建设，提升抗御地震灾害的能力。进一步开展抗震普查和抗震性能鉴定工作，对抗震能力不足的重大工程及老旧房屋等采取加固和改造措施，消除安全隐患。

（四）全面加强农村防震保安工作。加强对农村基础设施、公共设施和农民自建房抗震设防的指导管理。村镇基础设施、公用设施要按照抗震设防要求和抗震设计规范进行规划、设计和施工。制定切实可行的农村民居地震安全工程扶持政策，引导农民自建房时采取科学的抗震措施。完善农村民居建筑抗震设防技术标准，建立技术服务网络，加强农村建筑工匠培训，普及建筑抗震知识。完成农村及城乡结合部房屋抗震排查工作，积极推进农村房屋加固改造工作。

（五）着力加强学校、医院等人员密集场所抗震设防。抓紧完成全市中小学校舍安全工程，组织开展其他学校、医院等人员密集场所抗震普查和抗震性能鉴定工作，根据普查鉴定结果科学制定整改方案，限期进行抗震加固与改造，及时消除安全隐患。新建的学校、医院等人员密集场所的建设工程，要按照高于当地房屋建筑的抗震设防要求进行设计和施工，增强抗震设防能力。要建立健全学校、医院等人员密集场所地震安全责任制，统筹落实各项抗震避险措施，提高综合防灾抗灾能力。

（六）强化生命线工程的抗震设防。加快危险路段、桥梁治理改造。优化电源布局和电网结构，对重要电力设施和输电线路实行差异化设计。加强公用通信网容灾备份能力和防震能力建设。对水库、重点河海堤防等水利设施的抗震性能进行鉴定与核查登记，认真落实病险水库、堤防除险加固措施。强化对输油气管线等设施的抗震设防管理和维护。

（七）提高基础设施的保障能力。建立健全紧急情况下运力征集、调用机制，提升应对震灾的综合运输协调和抢通保通能力。充分利用卫星通信、集群通信、宽带无线通信等各种技术，满足各级各类应急处置的通信需求。加快落实电力工程、水利工程、输油气管线等重要工程设施的安全保障措施，对涉及危险化学品和放射性物质的设施严格监管，及时消除安全隐患。城市轨道交通、高速铁路、输油气主干管网、电力枢纽等重要工程设施应逐步将紧急自动制动技术纳入安全运行控制系统，提升应对破坏性地震的能力。

（八）加大防震减灾宣传教育培训力度。建立防震减灾宣传长效机制，把防震减灾知识宣传教育纳入国民素质教育体系，并作为各级领导干部和公务员培训教育的重要内容。加大防震减灾科普示范学校建设力度，在中小学生中广泛开展防震避险知识和自救互救能力培训。建设国际先进、国内领先的防震减灾科普教育馆，筹划建设滨海防震减灾科教园区。完善科普教育网络，提供适合不同对象的防震减灾宣教服务产品，开展实时在线远程教育服务。加强防震减灾科普宣传作品创作，制作一批内容通俗易懂、形式灵活多样的防震减灾科普精品。

（九）做好信息发布和舆论引导。充分发挥各类新闻媒体的作用，加大防震减灾知识的传播力度。完善地震信息和新闻发布制度，建立重大地震灾害舆情收集和分析机制，形成地震突发事件新闻报道快速反应的渠道，完善各级地震部门的政府门户网站建设，及时、准确地向社会发布震情灾情信息，正确引导社会舆论。建立地震谣言应对机制，及时澄清不实报道和传闻。

四、大力推进地震应急救援能力建设

（一）健全完善地震应急指挥体系。按照统一指挥、反应迅速、运转高效、保障有力的要求，加强市抗震救灾指挥体系建设，完善区县、街道（乡镇）抗震救灾指挥体系。全面加强市抗震救灾指挥部及其办公室建设，健全应急准备、应急检查、信息发布等工作制度，完善指挥调度、信息共享、协调联动、专家咨询和社会动员等工作机制。完善地震应急指挥技术平台、地震灾害快速评估系统、地震灾情实时获取和快速上报系统、地震应急通信系统。建设独立、连续、安全传递指挥指令与应急数据的地震现场应急移动指挥平台，实现卫星、短波、超短波等多种通信手段的无缝对接。

（二）完善地震应急预案体系。加快完成各级各类地震应急预案的制定、修订工作，重点加强街道（乡镇）、社区（村）预案建设。加强预案动态管理，健全预案的备案评估和监督检查制度，确保预案及其配套保障计划的落实。进一步增强地震预案及相关预案的科学性、针对性和可操作性，经常性地开展预案演练，适时组织跨地区、跨部门以及军地联合抢险救灾演练。

（三）加强地震灾害救援力量建设。加强各级各类救援队伍建设和管理，完成市地震灾害紧急救援队装备配备，建立健全训练、培训、协同、调动、演练等相关机制。加快推进各级各类专业应急救援训练场所建设，开展应急管理人员、救援队伍和社会志愿者的培训和训练，适时组织开展救援演练，提高应急救援队伍的实战能力。积极开展地震应急救援志愿者队伍建设和社会动员机制建设，充分发挥志愿者和民间救援力量的作用。

（四）加快应急避难场所建设。编制天津市应急避难场所建设规划。要结合广场、公园、学校和体育场馆等公共设施，加快应急避难场所建设，统筹安排供水、供电、环保、物资储备等设施。学校、医院、商场、体育场馆等人员密集场所要配备必要的救生避险设施。建立地震应急避难场所基础数据库，编制人员疏导方案。

（五）完善物资储备保障体系。加强救灾物资储备体系建设，合理确定储备品种和规模，完善跨部门、跨地区、跨行业的物资生产、储备、调拨和紧急配送机制。鼓励引导社会力量开展应急物资储备，实现专业储备与社会储备、物资储备与生产能力储备的有机结合。

五、加强组织领导和政策保障

（一）抓好规划制定和落实。要把防震减灾事业发展纳入国民经济和社会发展总体规划，实现防震减灾与经济社会同步规划、同步实施、同步发展。要编制好“十二五”防震减灾事业发展规划，明确发展战略重点和具体建设项目，引领防震减灾事业又好又快发展。要做好全市防震减灾规划与国家防震减灾规划以及区县防震减灾规划的上下衔接，同时做好防震减灾规划与其他各项规划的衔接，统筹配置资源，形成规划合力。要加强防震减灾规划的实施监督和评估，确保规划重点项目和措施落实到位。

（二）加大防震减灾投入和人才培养。要切实把防震减灾工作经费列入本级财政年度预算，建立与经济社会发展水平和防震减灾事业发展需求相适应的投入机制。健全完善抗震救灾资金应急拨付机制。积极拓宽资金渠道，鼓励和引导社会各方力量支持防震减灾事业。要紧密结合防震减灾事业发展战略，制定人才队伍建设规划，建立一套科学合理有效的防震减灾人才培养、使用、评价制度，优化合理配置人才资源，形成有利于人才发展的良好环境。

（三）完善法制保障体系。建立健全防震减灾政策法规体系，积极推进《天津市防震减灾条例》的修订工作，加快制定地震活动断层探测、地震安全性评价和抗震设防要求管理、地震监测设施和观测环境保护等方面的制度，积极开展地震监测预报、震灾预防、应急救援等方面的地方标准建设。加大防震减灾法制宣传教育力度，增强公众防震减灾法制观念和意识。完善防震减灾行政执法、行政监督体制和机制，强化执法队伍建设，提高执法队伍整体素质。

（四）充分发挥地震科技支撑保障作用。认真落实《国家地震科学技术发展纲要（2007—2020年）》，健全完善促进地震科技创新的政策措施。加强地震科技基础与应用研究，努力突破制约防震减灾事业发展的科技瓶颈，推进地震监测预警、灾害防御和应急救援等领域的关键技术研发，加快地震科技成果转化和推广应用。多方位开展国内外地震科技交流，健全资源共享与开放合作机制，引进、消化、吸收国际国内的先进技术和经验，努力提升科技对防震减灾事业的贡献率。

（五）全面落实防震减灾责任。各区县人民政府、各有关部门要依法履行防震减灾职责，加强组织领导，把防震减灾工作列入重要议事日程，积极研究解决影响防震减灾事业发展的突出问题，及时掌握本区县、本部门防震减灾职责的落实情况，做到有部署、有检查、有督促、有落实。要加强区县基层防震减灾力量，保障工作条件，切实保证防震减灾基层管理责任得到全面落实。

（六）加强防震减灾工作监督检查。各区县人民政府、各有关部门要按照《中华人民共和国防震减灾法》的规定，建立完善防震减灾监督检查和责任追究制度，依法加大对防震减灾工作落实情况的督查力度。要自觉接受同级人大和上级机关对防震减灾工作的监督检查，认真落实各项整改意见和建议，确保防震减灾各项工作全面落实。

（二）部门文件

1. 1997 年，市地震局、市计委、市财政局关于建立健全我市防震减灾计划体制和相应经费渠道意见（津政办发〔1997〕60 号）

转发市地震局、市计委、市财政局《关于建立健全我市防震减灾计划体制和相应经费渠道意见》的通知

发文单位：天津市人民政府办公厅

文　　号：津政办发〔1997〕60 号

发布时间：1997 年 12 月 30 日

执行时间：1997 年 12 月 30 日

各区、县人民政府，各委、局，各直属单位：

市地震局、市计委、市财政局《关于建立健全我市防震减灾计划体制和相应经费渠道的意见》，已经市人民政府同意，现转发给你们，请照此执行。

关于建立健全我市防震减灾计划体制和相应经费渠道的意见

为贯彻落实《国家地震局、国家计委、财政部印发〈关于建立健全防震减灾计划体制和相应经费渠道的报告〉的通知》（国震发〔1997〕060 号）文件精神，促进防震减灾事业持续、快速、健康地发展，现就我市防震减灾计划体制和相应经费渠道提出如下意见：

一、目前我市由中央政府承担的国家地震监测基本台网、信息通讯主干网等的事业经费、基本建设、技术改造投资等经费和投资，继续维持现行渠道和管理方式不变，均由中央财政承担。

二、我市各区、县人民政府所管理的地方地震工作机构的人员经费，监测台网、信息通讯网、分析预报系统、防震减灾宣传和决策指挥等系统的事业经费及相应的基本建设和技术改造投资，由其所在地同级人民政府承担。

三、由市地震局管理的区域性地震监测网、信息通讯网、分析预报系统、市防震减灾决策指挥等技术系统，包括地方性法规建设 、防震减灾教育宣传 、大震应急工作、地震现场工作、震害预测与评估、抗震设防管理等内容在内的综合防震减灾工作项目，是在市政府的领导下，直接为我市经济和社会发展服务的，其所需的事业经费和相应的技术改造、基本建设投资，由市财政给予必要的资金支持。

四、市地震局是国家地震局和市政府双重领导的公益性单位，其综合防震减灾工作受市政府的直接领导，是市政府的防震减灾职能部门。其地方编制的地震工作人员经费仍由地方政府承担。中央编制人员的基本工资仍由中央财政承担，其公费医疗、住房等各类社会保障制度改革及地方性补贴、津贴等，仍由市财政视同地方公益性单位给予照顾；对职工的工作和生活用房的基本建设给予相应的投资和政策支持。

2. 1998 年，市地震局、市教委、市教育局、市劳动局《关于进一步加强我市各级各类学校防震减灾知识宣传、教育、普及工作的通知》（津震发〔1998〕24 号）。

关于进一步加强我市各级各类学校防震减灾知识宣传、教育、普及工作的通知

发文单位：天津市地震局、天津市教育委员会、天津市教育局、天津市劳动和社会保障局

文　　号：津震发〔1998〕124 号

发布时间：1998 年 9 月 25 日

执行时间：1998 年 9 月 25 日

各区县教育委员会、地震办公室，各高等院校、中等专业学校、中等技工学校：

为提高我市学生防震减灾知识水平，增强防震减灾意识，实现我市防震减灾“九五”工作目标，根据《中华人民共和国防震减灾法》和 1998 年 4 月 7 日市政府防震减灾工作会议的要求，现就进一步加强我市各级各类学校防震减灾知识宣传、教育、普及工作通知如下：

一、充分认识开展各级各类学校防震减灾知识宣传、教育、普及工作的重要性，切实加强领导。

我市地处首都圈地震重点监视防御区，面临我国大陆地震活动第五个活跃期仍将持续一段时间的地震形势，进一步加强我市防震减灾知识宣传教育，是保障我市社会、经济持续发展的重要措施之一。加强对学生特别是中小学生的防震减灾知识教育是实施素质教育的重要内容，是使我市防震减灾知识家喻户晓，最大限度地减轻地震灾害损失的有效方法，因此各级各类学校学生是防震减灾宣传、教育、普及工作的重点对象。

各区县教育行政部门和地震工作部门，都要把这项工作作为本部门的一项重要工作认真抓好。在防震减灾知识宣传教育中，各级各类学校都负有重要的责任，教育行政部门和地震工作部门要

指导和帮助学校开展工作，确保学校的防震减灾知识宣传教育落在实处。

二、开展防震减灾知识的宣传教育，目的是引导学生增强防震减灾意识，提高在地震灾害中自救互救的能力。

通过开展地震基础知识、地震预报知识、地震灾害知识、地震减灾知识、地震法规知识等内容的宣传教育，使学生了解我国防震减灾事业发展的历史；防御与减轻地震灾害的途径以及紧急避险与自救互救的措施方法，从而消除恐震心理，以良好的心态对待地震。要组织和鼓励学生，特别是我市边远农村的学生向家庭和社会传播学到的防震减灾知识，使他们在学习和传播科学知识的过程中，进一步增强自身素质。

三、针对各级各类学校的不同情况，因地制宜，因材施教，通过多种渠道，采取多种形式，搞好防震减灾知识宣传、教育、普及活动。

根据小学和初中学生的心理特点和知识水平，开展防震减灾知识教育应以课堂教学为主。其方式可结合开设的地理课、常识课教学，适当增加防震减灾知识的内容，也可利用科技教育活动课时间，进行比较系统地防震减灾知识教育。

高中阶段（包括职业高中、中专、职业中专、中技等）和高等院校采用开设讲座课，举办报告会，观看展览、录像片等形式宣传普及防震减灾知识。

开展防震减灾知识宣传、教育、普及活动，除课堂教学外，还可组织适合学生特点的课外、校外活动。地震知识竞赛、地震科学论文赛、地震科学夏令管、防震减灾演习等都是行之有效的宣传、教育、普及方式。提倡建立地震科学兴趣小组，在专家和老师的教育引导下，使这些热爱地震科学的学生了解更多知识，树立献身地震事业的志向。

四、加强防震减灾知识教育师资队伍的建设。

建立一支由地震专家和学校校长、老师组成的防震减灾知识教育师资队伍。地震工作者和教育工作者分工合作，共同承担教材、宣讲材料的编写、授课，课外活动的组织等工作任务。在宣传教育实践中，要不断总结，不断创新，提高宣传教育的实效，为加强相互间合作与交流，每年组织一次学校防震减灾知识宣传、教育、普及工作培训与研讨活动，以进一步提高师资队伍的教学辅导能力。

五、为推动我市学校防震减灾知识宣传、教育、普及工作顺利进行，成立由市地震局、市教委、市教育局、市劳动局主管领导和职能部门负责人组成的领导小组。领导小组办公室设在市地震局，负责具体工作。

领导小组组成：

组　长：赵国敏（市地震局副局长）

副组长：宋鸿奎（市教育委员会巡视员）

　　　　王　泓（市教育局副局长）

　　　　刁九健（市劳动和社会保障局副局长）

成　员：李秀英（市地震局）

叶　庆（市教育委员会）

赵　蓓（市教育局）

高进友（市劳动和社会保障局）

3. 1999年11月，天津市物价局、天津市财政局印发《天津市地震安全性评价收费标准》（津价费〔1999〕897号）

关于印发《天津市地震安全性评价收费标准》的通知

发文单位：天津市物价局、天津市财政局

文　　号：津价费〔1999〕897号

发布时间：1999年11月11日

执行时间：1997年11月11日

市地震局：

你局《关于印发〈天津市地震安全性评价收费办法〉的请示》（津震[1999]47号）收悉。为规范我市地震安全性评价收费行为，根据国家物价局、财政部《关于发布地震安全性评价收费项目及标准的通知》（[1992]价费字399号）以及《天津市建设工程地震安全性评价管理办法》（市政府令[1998]第6号）精神，结合我市实际情况，制定了《天津市地震安全性评价收费标准》，现予发布，并将有关事项通知如下，请各从事地震安全性评价单位遵照执行。

一、凡在本市行政区域内进行地震安全性评价工作的单位，其收费均应按照《天津市地震安全性评价收费标准》（见附件）执行，不得擅自提高收费标准。

二、地震安全性评价工作的范围，包括地震烈度复核、活断层评价、地震危险性分析、地震小区划、工程地震和震害预测等工作。

三、从事地震安全性评价单位应当严格执行国家质量技术监督局发布的《工程场地地震安全性评价技术规范》（GB17741—1999）。

四、凡在本市行政区域内从事地震安全性评价单位应当持有地震行政主管部门颁发的地震安全性评价许可证以及在天津市地震局注册登记的文件，到市物价局办理《收费许可证》。

五、从事地震安全性评价工作的单位对按国家规定必须进行地震安全性评价的工程，收费时使用市财政局监制的行政事业性收费票证，收费资金纳入同级财政专户管理，实行收支两条线；对按自愿委托方式进行地震安全性评价的工程，收费时使用税务部门印制的发票，收费收入依法纳税。

六、各级物价部门和财政部门要加强对收费单位的监督检查，对违反规定乱收费、只收费不提供服务，按照有关法规认真查处。

七、本收费标准自一九九九年十一月一日起执行。

附件：天津市地震安全性评价收费标准

一、区域地震活动性和地震构造

项目名称	主要方法	收费标准（元）	
		二级工作	三级工作
区域地震活动性分析	收集资料、编目编图、计算、分析	5000	3000
区域地震构造调查与研究	收集资料、野外调查、综合编图	10000	8000
地震区、带划分	综合对比分析、模式识别	4000	2500
备注：二、三级工作是按照《工程场地地震安全性评价技术规范》（GB17741—1999）划分的，（下同）。			

二、进场及场区地震活动性和地震构造

项目名称	主要方法	收费标准（元）	
		二级工作	三级工作
近场地震活动性分析	收集、研究有关资料统计分析	3000	2000
场区断层位置确定及活动性鉴定	物探、化探等各类勘查方法和测试手段	按有关工程勘察收费标准收费	
近场和场区地震构造综合评价	搜集资料、野外勘察、编图、综合评价	15000	10000
备注：场区面积超过2平方公里可参照标准由甲乙双方商定			

三、场地工程地震条件

项目名称	主要方法	收费标准（元）	
		二级工作	三级工作
场地勘察	钻孔勘察、探槽勘察	按有关工程勘察收费标准收费	
土动力性质测定	现场和室内测试、试验	按有关工程勘察收费标准收费	
场地工程地震条件评价	综合分析评价	4000	2000
备注：场区面积超过2平方公里可参照标准由甲乙双方商定			

四、地震烈度与地震动衰减关系

项目名称	主要方法	收费标准（元）	
		二级工作	三级工作
地震烈度衰减关系确定	收集资料、预处理、统计回归	6000	3000
基岩地震动衰减关系确定	收集资料、数据转换、统计回归	7000	4000

五、地震危险性概率分析

项目名称	主要方法	收费标准（元）	
		二级工作	三级工作
潜在震源区划分	模型设计、模式识别、综合分析	7000	6000
地震活动性参数确定	统计分析	7000	6000
地震危险性概率计算	综合分析计算	10000	8000
不确定性校正	经验估计、综合评价计算	4000	3000
综合评价	分析计算、综合评价	4000	2000
备注：场区不良地质条件下的工作费用由甲乙双方参照此标准商定			

六、场地地震动参数确定和地震地质灾害评价

项目名称	主要方法	收费标准（元）	
		二级工作	三级工作
场地地震动反应分析模型	资料整理、分析模型	6000	4000
模型参数确定	综合对比、分析、确定模型参数	6000	3000
输入地震动参数的确定	反演、拟合	6000 元/组	4000 元/组
场地地震动反应与场地地震相关反应谱的计算	对比分析综合计算	6000 元/组	4000 元/组
场地地震动参数确定	综合分析确定	5000	4000
地震地质灾害评价	现场调查、综合分析评价	10000	7000
备注：2 平方公里以上地质灾害评价由甲乙双方根据此标准商定。			

七、地震小区划综合分析

项目名称	主要方法	收费标准（元）
地震动小区划	综合分析、计算土层反应及场地地震相关反应谱、编图	8000—10000
地震地质灾害小区划	综合分析计算、编图	10000—12000
备注：以 50 平方公里为计费单位，不含基础工作。		

八、震害预测

<table>
<tr><th>项目名称</th><th>主要方法</th><th>收费标准（元）</th></tr>
<tr><td>建筑物</td><td>搜集资料、现场调查、测试、计算、综合分析</td><td rowspan="3">单体建筑物震害预测，不进行现场仪器测试的，以 5000 元起价，每平米 1.5 元；在现场应用仪器设备进行测试的，以 10000 元起价，每平米 2.5 元；群体建筑物震害预测每平米 0.5 元</td></tr>
<tr><td>构筑物</td><td rowspan="2">搜集资料、现场调查、建模、实验、计算、综合分析鉴定</td></tr>
<tr><td>生命线工程</td></tr>
<tr><td colspan="3">备注：不含地震危险性分析等基础工作。</td></tr>
</table>

说明：

四级工作地震烈度复核取费标准为每个建设工程场点 4.0 万元。一级工作其评价收费可参照二、三级评价工作收费标准由甲乙双方协商确定。

4. 2002 年，市地震局与市发展计划委员会《关于将地震安全性评价和抗震设防要求纳入基本建设管理程序的通知》（津计投资〔2002〕615 号文件）

关于将地震安全性评价和抗震设防要求
纳入基本建设管理程序的通知

发文单位：天津市发展计划委员会、天津市地震局

文　　号：津计投资〔2002〕615 号

发布时间：2002 年 8 月 13 日

执行时间：1997 年 11 月 11 日

各有关单位：

为贯彻执行《地震安全性评价管理条例》（国务院令 2001 年第 323 号）和《天津市防震减灾条例》（市人民代表大会常务委员会公告 2001 第 32 号），进一步落实市政府《天津市建设工程地震安全性评价管理办法》，切实做好我市建设工程项目的抗震设防工作，确保各类建设工程抗震设防能力，现就有关工作要求通知如下：

一、凡在本市行政区内的拟建工程项目，均需进行地震设防。地震安全性评价和抗震设防的有关内容应编入建设项目的可行性研究报告。

二、凡《天津市防震减灾条例》规定应进行地震安全性评价的建设项目（详见附件），必须对其建设场地进行地震安全性评价。具体程序是：

1. 项目建设单位应持项目建议书批复文件到市地震工作主管部门登记，由地震工作主管部门确定地震安全性评价类别，出具“地震安全性评价类别认定书”。

2. 项目建设单位凭“地震安全性评价类别认定书”，委托有地震安全性评价资质的单位进行地震安全性评价工作，编制地震安全性评价报告。

3. 市地震工作主管部门对地震安全性评价报告评审后，确定抗震设防要求，出具确认证明。

4. 项目可行性研究报告必须设有抗震设防专篇，并将地震安全性评价报告和市地震工作主管部门确定的抗震设防要求作为可行性研究报告的附件上报。

三、凡不需专门进行地震安全性评价的建设项目，项目建设单位要严格依据国家质量技术监督局颁布的《中国地震动参数区划图》（GB18306—2001）的要求进行抗震设防，并在建设项目的可行性研究报告中做专节论述。

四、市各有关项目审批部门，在组织论证审查建设项目可行性研究报告时，应会同同级地震工作主管部门对建设项目抗震设防内容进行认真审查，严格把关。凡不符合抗震设防要求的项目一律不能批准。

五、各项目设计单位、施工单位和工程监理单位要严格按照市地震主管部门确定的抗震设防要求和抗震设计规范进行工程设计、施工和监理，确保建设工程项目达到抗震设防要求，并分别承担工程设计质量、施工质量和监理质量的责任。

六、各级项目审批和地震主管部门，要认真贯彻执行国务院《地震安全性评价管理条例》、市人大《天津市防震减灾条例》、市政府《天津市建设工程地震安全性评价管理办法》，切实做好建设工程项目地震安全性评价和抗震设防要求的审批和管理工作，并会同有关部门做好监督和检查，对发现的问题要及时纠正、限期整改、不给建设项目留下任何隐患。

附件：必须进行地震安全性评价的工程项目

（一）公路以及铁路干线上长度大于五百米的多孔桥梁或者跨度大于一百米的单孔桥梁；

（二）市级广播中心、电视中心、电视发射台以及功率大于二百千瓦的广播发射台，电信和邮政枢纽；

（三）铁路特大型站的候车楼、地下铁路，机场中的候机楼、航管楼、大型机库；

（四）单机容量大于三十万千瓦或者规划容量大于八十万千瓦的火力发电厂，五百千伏和二百二十千伏的变电站；

（五）八十米以上的高层建筑；

（六）五百张床位以上的医院，六千个座位以上的大型体育馆，一千二百个座位以上的大型影剧院，建筑面积在一万平米以上的、人员活动集中的多层大型公共建筑；

（七）市级城市供水、供气、供电调度控制中心；

（八）生产和贮存易燃易爆、剧毒或者强腐蚀性产品的设施，研究、中试生产和存放剧毒制品和天然人工细菌、病菌的较大型建筑；

（九）水库大坝、堤防以及其他可能发生严重次生灾害的大型建设工程；

（十）位于地震动参数区划分界线两侧各八公里区域内的大型建设工程；

（十一）占地范围较大、位于复杂工程地质条件区域的大型厂矿企业以及新建开发区。

5. 2007 年，市地震局、市委宣传部、市教委、市科委《关于开展创建防震减灾科普示范学校活动的通知》（津震发〔2007〕53 号文件）

关于开展创建防震减灾科普示范学校活动的通知

各区县党委宣传部，各区县教育局、科委、地震办公室：

为了贯彻落实国务院关于"逐步在每个县（市）建立一所防震减灾科普示范学校"的要求，按照《天津市 2007 年防震减灾宣传教育工作计划》的安排，市委宣传部、市教委、市科委、市地震局决定开展创建防震减灾科普示范学校活动，现将有关事宜通知如下：

一、组织领导

为了保障创建工作顺利开展，成立以市委宣传部、市教委、市科委、市地震局等为成员单位的市防震减灾科普示范学校创建工作领导小组。下设办公室，办公室设在市地震局，具体负责创建工作的指导、推动、协调以及验收、考评工作。

领导小组成员：

组　长：赵国敏（市地震局局长）

副组长：刘凤银（市委宣传部副部长）

周剑琴（市教委副主任）

何志敏（市科委副主任）

李振海（市地震局副局长）

领导小组办公室成员：

主　任：刘允秀

成　员：李　陶、刘　坚、王从众、董晓阳、杨毅诚、赵阳

二、主要工作

（一）制定并下发《天津市防震减灾科普示范学校建设标准》（见附件）；

（二）由各区县自行确定一所防震减灾科普示范学校并上报市创建工作领导小组；

（三）由市创建工作领导小组统一组织验收、考评并命名。

三、进度安排

6—8 月，制定并下发《天津市防震减灾科普示范学校建设标准》，各区县制定示范学校制建工作计划并上报；

8—9 月，各区县确定示施学校并落实各项工作；

10—11 月，市创建工作领导小组统一组织推动指导和验收考评等工作；

12 月，命名市防震减灾科普示范学校。

请各有关单位接到通知后，尽快抓紧组织落实。各区（县）地震办公室要会同有关部门尽快制定本辖区防震减灾科普示范学校创建工作计划，于7月10日前上报市地震局（取系人：赵阳，电话：28351525）。

附件:《天津市防震减灾科普示范学校建设标准》

天津市防震减灾科普示范学使建设标准

一、组织领导

（一）成立学校防震减灾科普活动领导小组。

（二）建立防震减灾科普教育课外兴趣活动小组。

（三）确定2名辅导教师负责防震减灾知识科普教育工作。

二、活功计划

（一）编制学年防震减灾科普教育活动方案。

（二）编制应急避震、紧急疏散预案。

（三）将防震减灾知识纳入教学计划，每学年不少于4课时。

三、场所设施

（一）建设具有相对固定的防震减灾知识科普场所（可与其它宣传场所合建），室内面积不少于40平方米。

（二）设立防震减灾知识科普宣传栏不少于5米，每学年定期更换内容不少于2次。

（三）教学和公共场所、学生宿舍设置应急疏散标志。

（四）图书馆、活动室、声像室等配备防震减灾科普展板、图书、光盘。

四、活动内容

（一）系取科普讲座、知识竞赛、主题班会、演讲、主题夏令营、黑板报、书画展、网页制作等形式开展防震减灾科普教育活动。

（二）在“3·1”《中华人民共和国防震减灾法》实施日、科技周、防震减灾宣传周、国际减灾日等时段，举办防震减灾科普教育活动。

（三）开展模拟应急避震、紧急疏散演练，每学年不少于1次。

（四）防震减灾科普教育课外兴趣活动小组每学年开展活动不少于1次。

三、1991—2010 年天津市地震目录（1.0 级以上）

1991—2010 年天津市地震目录（1.0 级以上）

表 7-1-1-114

年	月	日	时	分	秒	北纬		东经		参考地点	震级（ML）	深度	资料来源（无）
1991	1	8	1	55		39°	39′	117°	25′	宝坻黑狼口	1.2		前大华北地震目录
1991	1	12	19	36		39°	21′	117°	43′	宁河芦台农场	1.5		前大华北地震目录
1991	1	26	19	56		39°	27′	117°	43′	宁河宁河镇	1.4		前大华北地震目录
1991	2	12	18	9		39°	28′	117°	46′	宁河宁河镇	1.3		前大华北地震目录
1991	2	14	8	59		38°	55′	116°	43′	静海王口镇	2.1		前大华北地震目录
1991	2	18	3	2		39°	16′	117°	46′	汉沽大田庄	2.7		前大华北地震目录
1991	2	27	23	31		39°	21′	117°	54′	宁河汉沽农场	1.8		前大华北地震目录
1991	3	16	20	54		39°	28′	117°	46′	宁河宁河镇	1.6		前大华北地震目录
1991	3	17	0	21		39°	21′	117°	28′	宁河潘庄镇	2.6		前大华北地震目录
1991	3	20	18	26		39°	22′	117°	43′	宁河芦台农场	1.3		前大华北地震目录
1991	4	7	13	47		39°	19′	117°	34′	宁河	1.7		前大华北地震目录
1991	4	16	2	44		39°	21′	117°	31′	宁河	1.8		前大华北地震目录
1991	5	14	1	44		39°	22′	117°	43′	宁河芦台农场	2.1		前大华北地震目录
1991	5	15	23	30		39°	39′	117°	25′	宝坻黑狼口	1.5		前大华北地震目录
1991	5	17	16	9		39°	24′	117°	49′	宁河苗庄	1.9		前大华北地震目录
1991	5	31	18	27		39°	13′	117°	15′	东丽大毕庄	1.8		前大华北地震目录
1991	6	1	16	3		39°	22′	117°	45′	宁河芦台农场	3		前大华北地震目录
1991	6	30	14	41		39°	58′	117°	15′	蓟县邦均镇	1.2		前大华北地震目录
1991	7	10	0	14		40°	01′	117°	28′	蓟县九百户	1.4		前大华北地震目录
1991	8	1	3	13		39°	18′	117°	46′	汉沽大田庄	3.1		前大华北地震目录
1991	8	9	20	28		39°	24′	117°	52′	宁河苗庄	1.6		前大华北地震目录
1991	8	27	4	7		39°	31′	117°	48′	宁河板桥	1.9		前大华北地震目录
1991	9	9	7	48		39°	43′	117°	30′	宝坻	2.1		前大华北地震目录
1991	9	14	23	58		39°	43′	117°	18′	宝坻	1.5		前大华北地震目录
1991	10	5	5	44		39°	18′	117°	57′	宁河汉沽农场	4		前大华北地震目录

续表 7-1-1-114

年	月	日	时	分	秒	北纬		东经		参考地点	震级（ML）	深度	资料来源（无）
1991	10	13	3	46		39°	58′	117°	25′	蓟县	1.6		前大华北地震目录
1991	11	7	12	29		39°	22′	117°	43′	宁河芦台农场	2.1		前大华北地震目录
1991	11	21	16	11		38°	57′	116°	52′	静海梁头	1.7		前大华北地震目录
1991	11	22	18	34		39°	22′	117°	43′	宁河芦台农场	1.8		前大华北地震目录
1991	11	22	18	43		39°	22′	117°	43′	宁河芦台农场	1.7		前大华北地震目录
1991	12	10	4	50		39°	15′	117°	04′	北辰双街	2		前大华北地震目录
1991	12	16	1	23		39°	48′	117°	30′	蓟县	3		前大华北地震目录
1991	12	22	2	7		39°	22′	117°	43′	宁河芦台农场	2		前大华北地震目录
1992	1	5	2	38		39°	34′	117°	55′	宁河岳龙庄	2.4		前大华北地震目录
1992	1	6	4	28		39°	13′	117°	06′	北辰北仓	1.6		前大华北地震目录
1992	1	13	14	25		39°	19′	117°	58′	宁河汉沽农场	2.3		前大华北地震目录
1992	1	29	5	22		39°	30′	117°	52′	宁河板桥	2.5		前大华北地震目录
1992	2	19	20	3		39°	57′	116°	52′	静海梁头	1		前大华北地震目录
1992	2	21	1	49		39°	55′	117°	09′	蓟县桑梓	2.5		前大华北地震目录
1992	2	22	3	0		39°	07′	117°	10′	中心城区	2		前大华北地震目录
1992	2	25	0	6		39°	52′	117°	22′	蓟县上仓	1		前大华北地震目录
1992	3	10	19	4		39°	33′	117°	25′	宝坻黄庄洼农场	1.7		前大华北地震目录
1992	3	27	6	27		39°	16′	117°	42′	宁河南涧沽	1.2		前大华北地震目录
1992	5	1	1	27		40°	03′	117°	39′	蓟县马伸桥	1.6		前大华北地震目录
1992	5	4	23	26		39°	15′	117°	37′	宁河淮淀	2.2		前大华北地震目录
1992	5	6	4	40		38°	57′	116°	52′	静海梁头	1.2		前大华北地震目录
1992	5	22	3	58		39°	10′	117°	31′	塘沽永河村	2.1		前大华北地震目录
1992	5	31	16	3		39°	22′	117°	43′	宁河芦台农场	2		前大华北地震目录
1992	7	7	10	7		38°	57′	116°	52′	静海梁头	1.1		前大华北地震目录
1992	7	21	23	58		39°	55′	117°	24′	蓟县上仓	3.2		前大华北地震目录
1992	7	22	5	43		39°	16′	117°	55′	汉沽双桥	4.9		前大华北地震目录
1992	7	28	15	14		39°	40′	117°	28′	宝坻王补庄	1.4		前大华北地震目录
1992	7	31	3	37		38°	55′	116°	48′	静海梁头	1.8		前大华北地震目录
1992	8	1	15	49		39°	19′	117°	55′	宁河汉沽农场	1.8		前大华北地震目录
1992	8	7	2	1		39°	48′	117°	22′	宝坻三岔口	1.4		前大华北地震目录
1992	8	16	12	46		38°	57′	116°	52′	静海梁头	1.3		前大华北地震目录
1992	8	30	22	27		39°	19′	117°	46′	宁河南涧沽	1.7		前大华北地震目录

续表 7-1-1-114

年	月	日	时	分	秒	北纬		东经		参考地点	震级（ML）	深度	资料来源（无）
1992	9	26	7	59		39°	06′	117°	10′	西青李七庄	1.8		前大华北地震目录
1992	9	29	5	4		39°	19′	117°	58′	宁河汉沽农场	1.8		前大华北地震目录
1992	9	29	22	14		39°	18′	117°	55′	宁河汉沽农场	2.4		前大华北地震目录
1992	9	30	4	52		39°	21′	117°	55′	宁河汉沽农场	2.2		前大华北地震目录
1992	10	4	23	48		39°	28′	117°	27′	宝坻大白庄	1.9		前大华北地震目录
1992	10	17	23	51		39°	22′	117°	43′	宁河芦台农场	2.1		前大华北地震目录
1992	11	12	2	40		39°	39′	117°	15′	宝坻马家店	1.8		前大华北地震目录
1992	11	26	2	4		39°	07′	117°	10′	中心城区	1.7		前大华北地震目录
1992	12	13	9	13		39°	13′	117°	10′	北辰北仓	2.3		前大华北地震目录
1992	12	16	4	28		39°	16′	117°	31′	宁河淮淀	1.6		前大华北地震目录
1992	12	24	22	2		39°	19′	117°	49′	宁河芦台镇	1.6		前大华北地震目录
1993	1	1	21	52		39°	27′	117°	48′	宁河宁河镇	1.8		前大华北地震目录
1993	1	11	21	45		39°	30′	117°	01′	武清南蔡村	1.1		前大华北地震目录
1993	1	12	8	55		39°	31′	116°	55′	武清城关镇	1.6		前大华北地震目录
1993	1	25	11	51		39°	10′	117°	48′	汉沽蔡家堡	2.2		前大华北地震目录
1993	2	14	19	20		39°	10′	117°	04′	北辰天穆	1.8		前大华北地震目录
1993	2	21	3	32		39°	46′	117°	16′	宝坻	2		前大华北地震目录
1993	4	15	12	4		39°	58′	117°	22′	蓟县	2.4		前大华北地震目录
1993	5	1	16	34		39°	19′	117°	42′	宁河任凤	2.6		前大华北地震目录
1993	5	7	17	17		39°	18′	117°	42′	宁河南涧沽	2.4		前大华北地震目录
1993	5	12	23	27		39°	45′	117°	15′	宝坻	2		前大华北地震目录
1993	5	13	22	59		39°	00′	116°	45′	静海台头	2		前大华北地震目录
1993	5	19	14	21		39°	19′	117°	55′	宁河汉沽农场	2.3		前大华北地震目录
1993	5	21	10	14		38°	57′	116°	52′	静海梁头	1.5		前大华北地震目录
1993	5	23	22	43		38°	57′	116°	52′	静海梁头	1		前大华北地震目录
1993	5	30	1	22		39°	54′	117°	25′	蓟县上仓	1.5		前大华北地震目录
1993	6	15	10	30		39°	46′	117°	13′	蓟县侯家营	2.3		前大华北地震目录
1993	8	6	22	13		39°	48′	117°	18′	宝坻三岔口	1.6		前大华北地震目录
1993	8	17	20	55		39°	21′	117°	54′	宁河汉沽农场	2.1		前大华北地震目录
1993	10	11	4	30		39°	01′	116°	52′	静海独流镇	2.3		前大华北地震目录
1993	11	3	7	41		39°	18′	116°	55′	武清石各庄	2		前大华北地震目录
1993	11	17	2	1		39°	15′	117°	51′	汉沽	2.2		前大华北地震目录

续表 7-1-1-114

年	月	日	时	分	秒	北纬		东经		参考地点	震级（ML）	深度	资料来源（无）
1993	11	18	7	5		39°	36′	117°	27′	宝坻黄庄洼农场	4.4		前大华北地震目录
1993	11	21	23	18		39°	15′	117°	43′	宁河清河农场	2		前大华北地震目录
1993	11	30	17	30		39°	37′	117°	27′	宝坻黑狼口	2.1		前大华北地震目录
1993	12	1	4	33		39°	21′	117°	55′	宁河汉沽农场	1.6		前大华北地震目录
1993	12	5	23	26		38°	57′	116°	52′	静海梁头	1.1		前大华北地震目录
1993	12	12	0	8		39°	01′	116°	52′	静海独流镇	1.8		前大华北地震目录
1993	12	24	10	16		39°	22′	117°	52′	宁河汉沽农场	3.2		前大华北地震目录
1994	1	11	0	37		39°	31′	117°	51′	宁河板桥	2.6		前大华北地震目录
1994	2	25	5	29		39°	15′	117°	37′	宁河清河农场	1.7		前大华北地震目录
1994	3	4	21	8		39°	13′	117°	28′	东丽赤土	2.4		前大华北地震目录
1994	3	6	4	26		39°	24′	117°	40′	宁河芦台农场	1.8		前大华北地震目录
1994	3	11	3	15		39°	10′	117°	15′	东丽大毕庄	1.9		前大华北地震目录
1994	3	14	23	31		39°	16′	117°	28′	宁河潘庄镇	1.6		前大华北地震目录
1994	3	25	11	51		39°	55′	117°	22′	蓟县上仓	1.9		前大华北地震目录
1994	3	30	4	45		40°	09′	117°	34′	蓟县小港	1.2		前大华北地震目录
1994	4	1	0	6		39°	19′	117°	49′	宁河芦台镇	2.2		前大华北地震目录
1994	4	22	10	18		38°	55′	116°	52′	静海梁头	1		前大华北地震目录
1994	5	6	8	59		39°	46′	117°	21′	宝坻霍各庄	1.5		前大华北地震目录
1994	5	7	14	55		39°	52′	117°	13′	蓟县侯家营	1.6		前大华北地震目录
1994	5	15	19	12		38°	58′	116°	48′	静海梁头	2		前大华北地震目录
1994	5	21	22	50		38°	52′	117°	33′	大港上古林	1.9		前大华北地震目录
1994	6	27	16	21		39°	21′	117°	43′	宁河芦台农场	1.9		前大华北地震目录
1994	7	2	18	42		39°	52′	117°	15′	蓟县侯家营	1.3		前大华北地震目录
1994	8	22	0	27		39°	22′	117°	43′	宁河芦台农场	1.6		前大华北地震目录
1994	8	29	1	54		39°	22′	117°	55′	宁河汉沽农场	1.7		前大华北地震目录
1994	9	13	7	31		39°	18′	117°	40′	宁河任凤庄	2.2		前大华北地震目录
1994	9	17	17	54		39°	58′	117°	24′	蓟县	1.1		前大华北地震目录
1994	9	18	11	32		40°	04′	117°	25′	蓟县	1.5		前大华北地震目录
1994	9	18	13	24		40°	03′	117°	16′	蓟县官庄镇	1.2		前大华北地震目录
1994	9	28	3	37		39°	16′	117°	43′	汉沽大田庄	2		前大华北地震目录
1994	10	13	17	37		38°	55′	116°	52′	静海梁头	1.5		前大华北地震目录
1994	10	25	3	41		39°	21′	117°	12′	武清梅厂	2.6		前大华北地震目录

续表 7-1-1-114

年	月	日	时	分	秒	北纬		东经		参考地点	震级（ML）	深度	资料来源（无）
1994	11	1	3	8		39°	45′	117°	28′	蓟县下仓	1.5		前大华北地震目录
1994	11	5	18	51		39°	16′	117°	51′	汉沽	2.4		前大华北地震目录
1994	11	27	8	38		39°	55′	117°	25′	蓟县上仓	1.4		前大华北地震目录
1994	12	2	9	42		39°	19′	117°	40′	宁河任凤庄	2.9		前大华北地震目录
1994	12	10	5	41		40°	01′	117°	16′	蓟县许家台	1.7		前大华北地震目录
1994	12	10	9	48		39°	55′	117°	10′	蓟县桑梓	1.3		前大华北地震目录
1994	12	11	2	2		40°	10′	117°	31′	蓟县小港	1		前大华北地震目录
1994	12	13	16	15		38°	55′	116°	52′	静海梁头	1.3		前大华北地震目录
1994	12	27	16	58		39°	22′	117°	43′	宁河芦台农场	1.4		前大华北地震目录
1995	1	21	22	31		39°	19′	117°	46′	宁河南涧沽	2.1		前大华北地震目录
1995	1	26	4	56		40°	01′	117°	21′	蓟县	1.1		前大华北地震目录
1995	1	29	20	24		39°	49′	117°	19′	宝坻三岔口	1.3		前大华北地震目录
1995	2	3	5	33		38°	57′	116°	46′	静海王口镇	1.6		前大华北地震目录
1995	2	6	17	2		39°	19′	117°	46′	宁河南涧沽	2.2		前大华北地震目录
1995	2	20	6	29		39°	18′	117°	58′	宁河汉沽农场	3		前大华北地震目录
1995	3	2	1	25		39°	21′	117°	58′	宁河汉沽农场	1.3		前大华北地震目录
1995	4	1	10	42		39°	21′	117°	49′	宁河芦台镇	2.3		前大华北地震目录
1995	4	1	10	49		39°	22′	117°	43′	宁河芦台农场	1		前大华北地震目录
1995	4	9	7	59		39°	22′	117°	52′	宁河汉沽农场	2.1		前大华北地震目录
1995	4	19	17	34		39°	22′	117°	52′	宁河汉沽农场	2.5		前大华北地震目录
1995	4	22	20	46		38°	55′	116°	52′	静海梁头	1.5		前大华北地震目录
1995	4	22	20	47		38°	58′	116°	52′	静海梁头	1.9		前大华北地震目录
1995	5	11	17	5		38°	52′	116°	51′	静海东双塘	1.8		前大华北地震目录
1995	6	15	15	45		39°	55′	117°	10′	蓟县桑梓	3.4		前大华北地震目录
1995	6	27	3	11		39°	55′	117°	10′	蓟县桑梓	1.6		前大华北地震目录
1995	7	1	13	28		39°	37′	117°	28′	宝坻林亭口镇	2		前大华北地震目录
1995	7	24	21	48		39°	37′	117°	34′	宝坻林亭口镇	1.7		前大华北地震目录
1995	7	28	11	44		38°	55′	116°	43′	静海王口镇	2.4		前大华北地震目录
1995	8	21	14	16		39°	49′	117°	22′	宝坻三岔口	1.2		前大华北地震目录
1995	8	30	17	35		39°	24′	117°	48′	宁河苗庄	1.9		前大华北地震目录
1995	9	4	12	16		39°	55′	117°	24′	蓟县上仓	1.6	5	前大华北地震目录
1995	9	6	17	33		39°	13′	117°	31′	塘沽永河村	2.3	12	前大华北地震目录

续表 7-1-1-114

年	月	日	时	分	秒	北纬		东经		参考地点	震级（ML）	深度	资料来源（无）
1995	9	8	7	11		38°	55′	116°	52′	静海梁头	1.2		前大华北地震目录
1995	9	20	1	14		39°	15′	117°	54′	汉沽双桥	2.1		前大华北地震目录
1995	9	20	4	19		39°	22′	117°	55′	宁河汉沽农场	2.1		前大华北地震目录
1995	10	6	19	40		38°	58′	116°	46′	静海台头	2.1		前大华北地震目录
1995	10	17	4	48		38°	55′	116°	52′	静海梁头	1.1		前大华北地震目录
1995	10	20	19	29		39°	22′	117°	43′	宁河芦台农场	1.3		前大华北地震目录
1995	12	10	4	48		39°	46′	117°	30′	宝坻新安镇	1.7		前大华北地震目录
1995	12	10	15	26		39°	49′	117°	21′	宝坻三岔口	1.7		前大华北地震目录
1995	12	11	6	16		39°	49′	117°	21′	宝坻三岔口	1.6	5	前大华北地震目录
1995	12	14	6	37		39°	51′	117°	22′	蓟县杨津庄	1.8		前大华北地震目录
1996	1	14	21	44		39°	52′	117°	19′	蓟县侯家营	1.8	8	前大华北地震目录
1996	1	20	23	17		39°	15′	117°	46′	汉沽大田庄	2.6	5	前大华北地震目录
1996	1	25	6	37		39°	15′	117°	28′	东丽赤土	1.9	12	前大华北地震目录
1996	2	3	3	51		39°	13′	117°	22′	东丽东堤头	2.1	5	前大华北地震目录
1996	2	3	20	3		38°	55′	116°	52′	静海梁头	1.1		前大华北地震目录
1996	2	12	1	24		39°	48′	117°	16′	宝坻三岔口	1.2	10	前大华北地震目录
1996	2	22	2	25		39°	1′	116°	55′	静海独流镇	1.5	6	前大华北地震目录
1996	3	24	23	52		39°	40′	117°	22′	宝坻王补庄	1.5	0	前大华北地震目录
1996	4	12	0	13		39°	46′	117°	25′	蓟县下仓	1.8	9	前大华北地震目录
1996	4	12	5	32		39°	39′	117°	25′	宝坻黑狼口	1.8	10	前大华北地震目录
1996	4	13	2	58		39°	48′	117°	22′	宝坻三岔口	1.6		前大华北地震目录
1996	4	24	23	16		39°	19′	117°	57′	宁河汉沽农场	2.3	7	前大华北地震目录
1996	5	11	8	46		39°	21′	117°	43′	宁河芦台农场	1.4		前大华北地震目录
1996	5	14	20	30		39°	16′	117°	22′	东丽东堤头	2.2	9	前大华北地震目录
1996	5	21	5	4		39°	28′	117°	52′	宁河板桥	1.7		前大华北地震目录
1996	5	22	5	43		39°	19′	117°	54′	宁河汉沽农场	1.9		前大华北地震目录
1996	5	22	18	21		39°	42′	117°	22′	宝坻王补庄	2.2	12	前大华北地震目录
1996	6	1	14	23		39°	34′	117°	25′	宝坻黄庄洼农场	1.8		前大华北地震目录
1996	6	6	22	0		39°	55′	117°	15′	蓟县尤古庄	2	9	前大华北地震目录
1996	6	20	8	13		39°	39′	117°	25′	宝坻黑狼口	3.4	14	前大华北地震目录
1996	7	4	5	34		39°	42′	117°	22′	宝坻王补庄	2.3	5	前大华北地震目录
1996	8	17	11	30		39°	13′	117°	04′	北辰北仓	1.8	10	前大华北地震目录

续表 7-1-1-114

年	月	日	时	分	秒	北纬		东经		参考地点	震级（ML）	深度	资料来源（无）
1996	8	17	11	50		39°	03′	116°	49′	静海台头	2.8	9	前大华北地震目录
1996	8	20	11	36		40°	01′	117°	37′	蓟县马伸桥	2.3		前大华北地震目录
1996	8	31	10	11		39°	46′	117°	22′	宝坻霍各庄	2.3	9	前大华北地震目录
1996	8	31	17	51		38°	55′	116°	52′	静海梁头	1.6		前大华北地震目录
1996	9	11	14	40		39°	34′	117°	25′	宝坻黄庄洼农场	3	12	前大华北地震目录
1996	9	13	0	32		39°	45′	117°	22′	宝坻霍各庄	2.7	10	前大华北地震目录
1996	9	13	6	12		39°	43′	117°	21′	宝坻	1.7	9	前大华北地震目录
1996	9	22	9	9		38°	55′	116°	52′	静海梁头	1		前大华北地震目录
1996	9	30	23	0		39°	18′	117°	48′	汉沽大田庄	2.1		前大华北地震目录
1996	10	1	5	1		39°	55′	117°	09′	蓟县桑梓	1.6		前大华北地震目录
1996	10	19	18	18		40°	04′	117°	28′	蓟县逯庄子	1.5		前大华北地震目录
1996	11	10	2	35		38°	58′	116°	49′	静海梁头	1.5	8	前大华北地震目录
1996	12	11	6	47		39°	21′	117°	43′	宁河芦台农场	1.6		前大华北地震目录
1996	12	16	17	57		40°	00′	117°	31′	蓟县九百户	1.4		前大华北地震目录
1996	12	24	20	29		39°	40′	117°	21′	宝坻石桥	1.5		前大华北地震目录
1997	1	8	12	49	15	39°	55′	117°	24′	蓟县上仓	1.5	9	前大华北地震目录
1997	1	29	17	3	57	39°	25′	117°	36′	宁河赵本庄	2.5	9	前大华北地震目录
1997	1	29	17	4	48	39°	25′	117°	34′	宁河赵本庄	2.3	9	前大华北地震目录
1997	2	15	1	47	9	39°	55′	117°	13′	蓟县尤古庄	1.6		前大华北地震目录
1997	3	15	14	56	31	38°	55′	116°	52′	静海梁头	1.3		前大华北地震目录
1997	3	24	19	52	23	39°	52′	117°	27′	蓟县杨津庄	1.8		前大华北地震目录
1997	4	2	2	13	2	38°	48′	116°	46′	静海子牙	1.9		前大华北地震目录
1997	4	30	4	18	1	40°	00′	117°	19′	蓟县邦均镇	1.3		前大华北地震目录
1997	7	15	17	59	28	39°	28′	117°	31′	宝坻黄庄	1.7	9	前大华北地震目录
1997	8	26	18	19	52	40°	04′	117°	16′	蓟县官庄镇	1.2		前大华北地震目录
1997	9	13	5	48	45	39°	25′	117°	46′	宁河廉庄	2.3	6	前大华北地震目录
1997	10	13	12	27	7	39°	19′	117°	46′	宁河南涧沽	2		前大华北地震目录
1997	11	2	8	24	58	39°	45′	117°	25′	宝坻霍各庄	2.6	12	前大华北地震目录
1997	11	4	8	26	36	39°	22′	117°	34′	宁河	2.1	9	前大华北地震目录
1997	11	5	14	34	53	39°	07′	117°	09′	中心城区	2.2	10	前大华北地震目录
1997	11	8	10	44	53	39°	42′	117°	25′	宝坻王补庄	2.2	5	前大华北地震目录
1997	11	23	1	44	36	39°	28′	117°	49′	宁河板桥	1.9		前大华北地震目录

续表 7-1-1-114

年	月	日	时	分	秒	北纬		东经		参考地点	震级（ML）	深度	资料来源（无）
1997	12	12	3	31	38	38°	58′	116°	46′	静海台头	2.3	12	前大华北地震目录
1997	12	17	5	31	9	39°	54′	117°	16′	蓟县尤古庄	1.6	14	前大华北地震目录
1997	12	22	7	56	51	39°	22′	117°	43′	宁河芦台农场	1.4		前大华北地震目录
1997	12	23	19	35	12	39°	36′	117°	28′	宝坻黄庄洼农场	2.2	10	前大华北地震目录
1998	1	5	19	47	37	39°	18′	117°	49′	宁河芦台镇	1.9		前大华北地震目录
1998	1	7	15	31	45	39°	25′	117°	49′	宁河苗庄	1.9		前大华北地震目录
1998	1	17	12	11	56	39°	21′	117°	51′	宁河芦台镇	1.8	11	前大华北地震目录
1998	1	17	21	4	40	39°	18′	117°	49′	宁河芦台镇	1.9	5	前大华北地震目录
1998	1	18	3	4	26	38°	55′	116°	52′	静海梁头	1.3		前大华北地震目录
1998	1	31	0	50	58	39°	19′	117°	48′	宁河芦台镇	2		前大华北地震目录
1998	3	7	2	52	31	39°	07′	117°	13′	中心城区	2.1	9	前大华北地震目录
1998	3	27	5	3	34	39°	37′	117°	19′	宝坻郝各庄	2.6	11	前大华北地震目录
1998	4	10	14	41	30	39°	46′	117°	22′	宝坻霍各庄	2.6	9	前大华北地震目录
1998	4	16	15	11	8	39°	46′	117°	19′	宝坻三岔口	2.5	9	前大华北地震目录
1998	5	10	9	9	17	39°	45′	117°	25′	宝坻霍各庄	2.4	12	前大华北地震目录
1998	5	15	11	56	49	38°	58′	116°	51′	静海梁头	2.9	5	前大华北地震目录
1998	5	18	15	15	22	39°	27′	117°	40′	宁河赵本庄	1.9		前大华北地震目录
1998	7	7	22	32	4	39°	21′	117°	58′	宁河汉沽农场	2.1	13	前大华北地震目录
1998	7	28	7	30	13	39°	52′	117°	16′	蓟县尤古庄	3.8	5	前大华北地震目录
1998	8	5	21	36	45	39°	28′	117°	34′	宝坻黄庄	1.8		前大华北地震目录
1998	9	5	6	28	1	39°	12′	117°	15′	东丽大毕庄	2		前大华北地震目录
1998	9	14	23	4	19	38°	55′	116°	52′	静海梁头	1.1		前大华北地震目录
1998	9	19	7	9	1	39°	16′	117°	46′	汉沽大田庄	2.6	5	前大华北地震目录
1998	11	3	3	57	51	39°	16′	117°	46′	汉沽大田庄	2.1		前大华北地震目录
1998	12	3	9	44	43	40°	03′	117°	15′	蓟县许家台	2.3	9	前大华北地震目录
1998	12	9	11	13	27	39°	16′	117°	48′	汉沽大田庄	2.4	11	前大华北地震目录
1998	12	26	8	45	10	39°	10′	117°	10′	中心城区	1.6	12	前大华北地震目录
1998	12	29	11	10	20	40°	10′	117°	28′	蓟县下营镇	1.9		前大华北地震目录
1999	1	20	14	13	26	39°	19′	117°	57′	宁河汉沽农场	3.5	5	前大华北地震目录
1999	1	20	14	21	17	39°	19′	117°	58′	宁河汉沽农场	2.6		前大华北地震目录
1999	2	17	10	51	59	38°	58′	117°	42′	塘沽大沽	2.5	8	前大华北地震目录
1999	5	1	0	36	34	39°	19′	117°	54′	宁河汉沽农场	2.3		前大华北地震目录

续表 7-1-1-114

年	月	日	时	分	秒	北纬		东经		参考地点	震级（ML）	深度	资料来源（无）
1999	5	8	13	9	47	39°	15′	117°	03′	北辰双口	1.7		前大华北地震目录
1999	5	25	2	22	21	39°	46′	117°	28′	蓟县下仓	2.5	14	前大华北地震目录
1999	8	28	8	48	43	39°	19′	117°	42′	宁河任凤庄	2.6	5	前大华北地震目录
1999	9	24	8	24	0	39°	16′	117°	51′	汉沽	2.4	5	前大华北地震目录
1999	10	12	10	37	48	40°	09′	117°	22′	蓟县罗庄子	2.2		前大华北地震目录
1999	10	23	21	26	37	39°	52′	117°	24′	蓟县上仓	2.2	9	前大华北地震目录
1999	10	24	2	38	6	39°	45′	117°	21′	宝坻霍各庄	1.8	9	前大华北地震目录
1999	10	25	7	1	18	39°	01′	116°	48′	静海台头	1.8	9	前大华北地震目录
1999	10	25	23	47	9	39°	07′	117°	12′	中心城区	2.3	9	前大华北地震目录
1999	12	1	21	6	40	39°	57′	117°	13′	蓟县尤古庄	2.6	8	前大华北地震目录
2000	1	26	16	21	37	40°	04′	117°	34′	蓟县马伸桥	3.1		前大华北地震目录
2000	1	26	16	23	38	40°	04′	117°	30′	蓟县逯庄子	1.6		前大华北地震目录
2000	2	2	16	44	28	39°	25′	117°	39′	宁河赵本庄	2.2		前大华北地震目录
2000	2	20	15	7	4	39°	43′	117°	27′	宝坻王补庄	1.5		前大华北地震目录
2000	3	6	8	57	35	40°	06′	117°	34′	蓟县马伸桥	1.9	11	前大华北地震目录
2000	3	16	21	24	15	39°	22′	117°	42′	宁河芦台农场	2.2		前大华北地震目录
2000	5	3	16	22	45	39°	16′	117°	28′	宁河潘庄镇	2.7	5	前大华北地震目录
2000	5	23	22	25	59	39°	27′	117°	31′	宝坻黄庄	2.1	10	前大华北地震目录
2000	6	13	3	10	18	39°	30′	117°	39′	宁河赵本庄	2.8	6	前大华北地震目录
2000	7	12	8	16	3	39°	28′	116°	55′	武清南蔡村	2.8	5	前大华北地震目录
2000	9	10	20	24	22	39°	19′	117°	52′	宁河芦台镇	2.2		前大华北地震目录
2000	10	22	11	0	47	39°	10′	117°	46′	汉沽蔡家堡	2		前大华北地震目录
2000	11	26	11	17	38	40°	10′	117°	22′	蓟县下营镇	1.2		前大华北地震目录
2000	11	27	9	9	25	40°	12′	117°	24′	蓟县下营镇	1.3		前大华北地震目录
2000	12	6	10	3	8	39°	13′	116°	55′	武清王庆坨镇	1.8	14	前大华北地震目录
2000	12	9	13	19	36	38°	57′	116°	43′	静海王口镇	2.9	8	前大华北地震目录
2000	12	11	9	27	32	39°	19′	117°	42′	宁河任凤庄	2.4		前大华北地震目录
2000	12	14	7	25	12	39°	16′	117°	52′	汉沽双桥	2.4	5	前大华北地震目录
2000	12	23	4	15	49	39°	24′	117°	49′	宁河苗庄	1.7	9	前大华北地震目录
2001	2	8	1	16	47	38°	49′	116°	49′	静海子牙	2.7	8	前大华北地震目录
2001	4	23	19	19	12	38°	58′	117°	22′	津南咸水沽	1.6	5	前大华北地震目录
2001	6	13	20	46	57	40°	07′	117°	19′	蓟县罗庄子	1.4	15	前大华北地震目录

续表 7-1-1-114

年	月	日	时	分	秒	北纬		东经		参考地点	震级（ML）	深度	资料来源（无）
2001	6	27	21	59	35	39°	46′	117°	19′	宝坻三岔口	1.8	12	前大华北地震目录
2001	8	6	14	45	46	39°	37′	117°	25′	宝坻黑狼口	2.3	5	前大华北地震目录
2001	9	9	4	24	33	38°	54′	116°	45′	静海王口镇	2	5	前大华北地震目录
2001	9	22	14	17	32	39°	12′	117°	01′	北辰双口	1.1		前大华北地震目录
2001	9	28	16	37	11	39°	27′	117°	07′	武清拾棉庄	3.1		前大华北地震目录
2001	10	1	16	43	51	39°	39′	117°	19′	宝坻郝各庄	2	13	前大华北地震目录
2001	10	10	13	7	26	39°	00′	116°	55′	静海独流镇	1.2	10	前大华北地震目录
2001	10	22	21	31	36	39°	43′	117°	25′	宝坻王补庄	1.1	11	前大华北地震目录
2001	11	2	14	22	53	39°	21′	117°	58′	宁河汉沽农场	1.8	7	前大华北地震目录
2001	12	7	8	18	0	39°	22′	117°	43′	宁河芦台农场	2.7	17	前大华北地震目录
2001	12	13	5	57	49	39°	22′	117°	43′	宁河芦台农场	1.6	12	前大华北地震目录
2001	12	19	18	13	12	39°	21′	117°	52′	宁河汉沽农场	2.5	22	前大华北地震目录
2001	12	22	19	35	30	39°	22′	117°	43′	宁河芦台农场	1.1	7	前大华北地震目录
2002	1	21	4	14	10	39°	16′	117°	51′	汉沽	2.1	14	前大华北地震目录
2002	2	4	3	26	45	38°	45′	117°	04′	静海西翟庄	1.8	5	前大华北地震目录
2002	2	9	5	58	55	39°	19′	117°	49′	宁河芦台镇	1		前大华北地震目录
2002	2	14	5	39	1	39°	43′	117°	10′	宝坻新开口	2.6	15	前大华北地震目录
2002	2	20	13	37	34	39°	43′	117°	28′	宝坻新安镇	1.1	9	前大华北地震目录
2002	3	1	1	39	52	39°	19′	117°	57′	宁河汉沽农场	1.1	5	前大华北地震目录
2002	4	7	13	4	22	39°	15′	117°	48′	汉沽	2	7	前大华北地震目录
2002	4	14	14	19	32	39°	43′	117°	25′	宝坻王补庄	1.7	6	前大华北地震目录
2002	4	15	12	9	0	39°	34′	117°	28′	宝坻黄庄洼农场	1.1	15	前大华北地震目录
2002	5	1	13	29	52	39°	39′	117°	19′	宝坻郝各庄	1.7		前大华北地震目录
2002	5	6	17	37	1	39°	37′	117°	22′	宝坻黑狼口	1.4	22	前大华北地震目录
2002	5	7	19	25	23	39°	31′	117°	04′	武清大良	1.3	10	前大华北地震目录
2002	5	9	0	49	12	39°	10′	116°	54′	武清王庆坨镇	1	22	前大华北地震目录
2002	5	26	12	20	21	39°	21′	117°	58′	宁河汉沽农场	1.8	10	前大华北地震目录
2002	6	4	3	27	33	39°	19′	117°	46′	宁河南涧沽	1.4	14	前大华北地震目录
2002	6	29	9	14	33	39°	49′	117°	19′	宝坻三岔口	1.1	12	前大华北地震目录
2002	7	24	0	34	25	39°	30′	117°	51′	宁河板桥	1.2	10	前大华北地震目录
2002	7	25	11	2	46	39°	06′	117°	21′	东丽新立村	1.5	14	前大华北地震目录
2002	8	8	1	55	19	39°	31′	117°	07′	武清大良	2.3		前大华北地震目录

续表 7-1-1-114

年	月	日	时	分	秒	北纬		东经		参考地点	震级（ML）	深度	资料来源（无）
2002	9	4	13	55	34	39°	48′	117°	28′	蓟县下仓	1.4	17	前大华北地震目录
2002	9	14	13	11	42	39°	22′	117°	43′	宁河芦台农场	1.1	5	前大华北地震目录
2002	9	16	3	24	47	39°	19′	117°	48′	宁河芦台镇	1.9	19	前大华北地震目录
2002	9	23	19	40	55	39°	21′	116°	49′	武清黄花店	1.2	10	前大华北地震目录
2002	9	30	7	42	23	39°	10′	117°	16′	东丽大毕庄	1.5	12	前大华北地震目录
2002	10	4	12	50	38	39°	22′	117°	43′	宁河芦台农场	1.4	9	前大华北地震目录
2002	11	13	23	9	57	39°	19′	117°	51′	宁河芦台镇	1.3	15	前大华北地震目录
2002	11	26	19	50	31	39°	19′	117°	46′	宁河南涧沽	2	15	前大华北地震目录
2002	12	1	4	42	59	39°	00′	116°	55′	静海独流镇	1.5	11	前大华北地震目录
2002	12	15	5	20	48	38°	58′	116°	52′	静海梁头	1.3	13	前大华北地震目录
2002	12	20	17	48	7	39°	37′	117°	27′	宝坻黑狼口	1.8	9	前大华北地震目录
2002	12	26	20	27	46	39°	52′	117°	22′	蓟县上仓	1.1	25	前大华北地震目录
2003	1	4	4	36	57	38°	51′	117°	07′	静海胡连庄	1	14	前大华北地震目录
2003	1	5	23	59	11	38°	58′	116°	54′	静海	1.2	13	前大华北地震目录
2003	1	7	23	2	53	39°	46′	117°	28′	蓟县下仓	1.1	20	前大华北地震目录
2003	1	10	9	51	58	38°	57′	116°	52′	静海梁头	1.4	5	前大华北地震目录
2003	1	30	0	12	42	39°	25′	117°	28′	宝坻大唐庄	1	12	前大华北地震目录
2003	2	7	6	21	23	39°	19′	117°	55′	宁河汉沽农场	1.5	15	前大华北地震目录
2003	2	27	16	43	42	39°	27′	117°	51′	宁河苗庄	1.7	13	前大华北地震目录
2003	3	7	12	52	45	39°	54′	117°	13′	蓟县尤古庄	1.2	16	前大华北地震目录
2003	3	22	14	18	32	40°	04′	117°	24′	蓟县蓟县	2.2	21	前大华北地震目录
2003	3	24	0	59	43	39°	43′	117°	22′	宝坻霍各庄	1.3	18	前大华北地震目录
2003	3	28	4	25	24	39°	46′	117°	13′	宝坻	1	6	前大华北地震目录
2003	4	2	8	17	48	39°	12′	117°	09′	北辰天穆	2.3	11	前大华北地震目录
2003	4	2	14	14	27	39°	10′	117°	12′	北辰宜兴埠镇	1	17	前大华北地震目录
2003	4	23	21	45	59	39°	19′	117°	37′	宁河任凤庄	4.1	23	前大华北地震目录
2003	4	24	2	39	16	39°	21′	117°	39′	宁河任凤庄	4.3	23	前大华北地震目录
2003	4	24	16	15	29	39°	21′	117°	37′	宁河任凤庄	3.8	25	前大华北地震目录
2003	4	24	21	0	15	39°	22′	117°	36′	宁河	1.1	9	前大华北地震目录
2003	4	25	0	24	7	39°	22′	117°	40′	宁河芦台农场	1.1	24	前大华北地震目录
2003	4	30	23	57	19	39°	22′	117°	43′	宁河芦台农场	1.5	20	前大华北地震目录
2003	5	1	23	30	25	39°	55′	117°	22′	蓟县上仓	1.5	16	前大华北地震目录

续表 7-1-1-114

年	月	日	时	分	秒	北纬		东经		参考地点	震级（ML）	深度	资料来源（无）
2003	5	3	1	25	12	39°	31′	117°	52′	宁河岳龙庄	1.5	18	前大华北地震目录
2003	5	3	5	34	32	39°	00′	117°	01′	静海管铺头	1.1	14	前大华北地震目录
2003	5	5	4	10	42	38°	57′	116°	54′	静海	2.1	14	前大华北地震目录
2003	5	8	6	58	52	39°	25′	117°	46′	宁河廉庄	1.5	18	前大华北地震目录
2003	6	3	6	48	59	39°	52′	117°	30′	蓟县杨津庄	1	28	前大华北地震目录
2003	6	22	10	38	49	39°	22′	117°	21′	武清上马台	3.4	10	前大华北地震目录
2003	6	30	8	33	25	39°	45′	117°	28′	蓟县下仓	1.7	12	前大华北地震目录
2003	7	2	23	30	19	39°	43′	117°	16′	宝坻	1.6	17	前大华北地震目录
2003	7	18	2	56	27	39°	16′	117°	48′	汉沽大田庄	2.5	12	前大华北地震目录
2003	8	1	8	11	21	39°	39′	117°	31′	宝坻林亭口镇	3.3	15	前大华北地震目录
2003	8	1	12	48	29	39°	37′	117°	30′	宝坻林亭口镇	1.1	12	前大华北地震目录
2003	8	1	13	0	52	39°	37′	117°	31′	宝坻林亭口镇	1.3	10	前大华北地震目录
2003	8	1	13	17	16	39°	37′	117°	31′	宝坻林亭口镇	1.1	9	前大华北地震目录
2003	8	1	19	49	11	39°	39′	117°	31′	宝坻林亭口镇	1.7	11	前大华北地震目录
2003	8	6	14	3	10	39°	37′	117°	28′	宝坻林亭口镇	1.8	6	前大华北地震目录
2003	8	10	15	34	35	39°	37′	117°	33′	宝坻林亭口镇	2	6	前大华北地震目录
2003	8	10	19	31	26	39°	37′	117°	31′	宝坻林亭口镇	2.5	13	前大华北地震目录
2003	8	11	15	0	50	39°	13′	117°	48′	汉沽	1.7	10	前大华北地震目录
2003	8	17	17	25	43	39°	16′	117°	34′	宁河淮淀	1.2	16	前大华北地震目录
2003	8	21	4	26	6	39°	18′	117°	46′	汉沽大田庄	2.2	17	前大华北地震目录
2003	8	26	22	3	47	39°	19′	117°	52′	宁河芦台镇	1.2	14	前大华北地震目录
2003	8	29	8	31	29	39°	10′	117°	13′	北辰宜兴埠	1.6	21	前大华北地震目录
2003	9	23	5	2	47	39°	54′	117°	27′	蓟县杨津庄	1	5	前大华北地震目录
2003	9	27	20	56	39	39°	49′	117°	15′	蓟县侯家营	1.7	17	前大华北地震目录
2003	10	2	18	18	46	39°	19′	117°	52′	宁河芦台镇	1	20	前大华北地震目录
2003	10	10	20	54	51	39°	18′	117°	45′	宁河南涧沽	1.4	15	前大华北地震目录
2003	10	16	21	38	46	39°	33′	117°	46′	宁河丰台镇	1.3	5	前大华北地震目录
2003	10	17	0	34	13	39°	25′	117°	49′	宁河苗庄	1	10	前大华北地震目录
2003	10	21	13	47	10	39°	34′	117°	27′	宝坻黄庄洼农场	1.6	12	前大华北地震目录
2003	10	22	8	36	25	39°	36′	117°	28′	宝坻黄庄洼农场	2.2	15	前大华北地震目录
2003	11	10	1	0	13	39°	37′	117°	28′	宝坻林亭口镇	1.1	10	前大华北地震目录
2003	11	16	7	59	11	39°	10′	117°	16′	东丽大毕庄	1.8	12	前大华北地震目录

续表 7-1-1-114

年	月	日	时	分	秒	北纬		东经		参考地点	震级（ML）	深度	资料来源（无）
2003	11	19	22	22	18	39°	19′	117°	51′	宁河芦台镇	1.8	6	前大华北地震目录
2003	12	7	20	4	30	38°	55′	116°	46′	静海王口镇	1.9	13	前大华北地震目录
2003	12	7	20	9	3	38°	57′	116°	43′	静海王口镇	1.2	7	前大华北地震目录
2003	12	11	22	48	48	39°	07′	117°	34′	塘沽永河村	4	16	前大华北地震目录
2003	12	11	22	49	31	39°	07′	117°	34′	塘沽永河村	3.7	16	前大华北地震目录
2003	12	11	22	54	35	39°	07′	117°	34′	塘沽永河村	1.8	13	前大华北地震目录
2003	12	11	22	58	16	39°	07′	117°	34′	塘沽永河村	1.6	17	前大华北地震目录
2003	12	11	23	3	3	39°	07′	117°	31′	塘沽永河村	1	15	前大华北地震目录
2003	12	11	23	4	2	39°	07′	117°	34′	塘沽永河村	1.1	13	前大华北地震目录
2003	12	11	23	14	19	39°	07′	117°	34′	塘沽永河村	3.3	16	前大华北地震目录
2003	12	11	23	20	27	39°	07′	117°	31′	塘沽永河村	1	15	前大华北地震目录
2003	12	11	23	23	22	39°	07′	117°	34′	塘沽永河村	1.6	15	前大华北地震目录
2003	12	11	23	24	11	39°	07′	117°	34′	塘沽永河村	2.1	15	前大华北地震目录
2003	12	11	23	27	11	39°	09′	117°	34′	塘沽永河村	1.1	5	前大华北地震目录
2003	12	11	23	31	8	39°	07′	117°	34′	塘沽永河村	1.9	16	前大华北地震目录
2003	12	12	0	33	8	39°	07′	117°	34′	塘沽永河村	1.6	15	前大华北地震目录
2003	12	12	7	2	15	39°	07′	117°	34′	塘沽永河村	1.2	14	前大华北地震目录
2003	12	12	7	30	40	39°	07′	117°	33′	塘沽永河村	1.9	15	前大华北地震目录
2003	12	12	10	57	38	39°	07′	117°	34′	塘沽永河村	3.2	15	前大华北地震目录
2003	12	12	12	22	17	39°	07′	117°	34′	塘沽永河村	2	14	前大华北地震目录
2003	12	12	14	1	50	39°	07′	117°	34′	塘沽永河村	2.5	15	前大华北地震目录
2003	12	12	16	6	20	39°	07′	117°	34′	塘沽永河村	1.3	14	前大华北地震目录
2003	12	13	7	21	19	39°	07′	117°	34′	塘沽永河村	1.4	13	前大华北地震目录
2003	12	13	19	5	49	39°	07′	117°	33′	塘沽永河村	1.2	16	前大华北地震目录
2003	12	16	16	51	19	39°	07′	117°	33′	塘沽永河村	1.2	15	前大华北地震目录
2003	12	19	23	13	18	39°	07′	117°	33′	塘沽永河村	1.2	15	前大华北地震目录
2003	12	21	4	27	14	39°	07′	117°	33′	塘沽永河村	1.9	17	前大华北地震目录
2003	12	25	10	16	40	39°	07′	117°	33′	塘沽永河村	1.4	14	前大华北地震目录
2003	12	26	22	45	33	39°	19′	117°	46′	宁河芦台镇	1.5	15	前大华北地震目录
2003	12	27	21	20	1	39°	06′	117°	33′	塘沽中心桥	1.4	14	前大华北地震目录
2003	12	28	19	7	25	38°	54′	117°	09′	静海团泊	2.3	20	前大华北地震目录
2004	1	2	19	22	16	39°	42′	117°	19′	宝坻石桥	1.3	17	前大华北地震目录

续表 7-1-1-114

年	月	日	时	分	秒	北纬		东经		参考地点	震级（ML）	深度	资料来源（无）
2004	1	4	15	48	18	39°	07′	117°	33′	塘沽永河村	2.6	17	前大华北地震目录
2004	1	6	15	18	11	39°	46′	117°	22′	宝坻霍各庄	1	10	前大华北地震目录
2004	1	8	21	43	2	39°	07′	117°	33′	塘沽永河村	1.4	15	前大华北地震目录
2004	1	14	21	26	31	39°	07′	117°	33′	塘沽永河村	1.3	14	前大华北地震目录
2004	1	16	8	31	16	39°	25′	117°	46′	宁河廉庄	1.1	19	前大华北地震目录
2004	1	16	19	24	43	38°	57′	116°	46′	静海王口镇	1.2	15	前大华北地震目录
2004	1	25	8	40	37	39°	19′	117°	48′	宁河芦台镇	1.2	14	前大华北地震目录
2004	1	29	8	57	17	39°	21′	117°	39′	宁河任凤庄	2.6	21	前大华北地震目录
2004	1	29	10	44	21	39°	01′	117°	01′	西青张家窝	1.3	13	前大华北地震目录
2004	2	22	15	33	23	38°	49′	116°	45′	静海子牙	1.4	13	前大华北地震目录
2004	2	29	7	7	5	39°	07′	117°	33′	塘沽永河村	1.1	14	前大华北地震目录
2004	3	13	21	41	9	39°	28′	117°	46′	宁河宁河镇	1.5	10	前大华北地震目录
2004	3	18	14	2	30	39°	07′	117°	31′	塘沽永河村	1.5	14	前大华北地震目录
2004	4	3	8	7	24	39°	51′	117°	21′	宝坻三岔口	1.2	15	前大华北地震目录
2004	4	8	2	4	33	39°	19′	117°	48′	宁河芦台镇	1.9	16	前大华北地震目录
2004	4	27	6	17	14	39°	25′	116°	55′	武清四一四	1.4	14	前大华北地震目录
2004	5	5	8	55	24	39°	19′	117°	37′	宁河任凤庄	3	20	前大华北地震目录
2004	5	15	20	2	37	39°	15′	117°	42′	宁河清河农场	1.5	19	前大华北地震目录
2004	5	27	20	46	51	39°	18′	117°	45′	宁河南涧沽	1.7	22	前大华北地震目录
2004	5	29	17	54	29	39°	49′	117°	18′	蓟县侯家营	1.6	5	前大华北地震目录
2004	5	29	19	36	19	39°	51′	117°	19′	蓟县侯家营	1.9	5	前大华北地震目录
2004	5	29	19	55	36	39°	51′	117°	19′	蓟县侯家营	1.7	16	前大华北地震目录
2004	6	6	8	40	36	39°	07′	117°	34′	塘沽永河村	2.3	24	前大华北地震目录
2004	6	6	8	44	38	39°	07′	117°	34′	塘沽永河村	2.5	25	前大华北地震目录
2004	6	6	16	38	28	39°	07′	117°	34′	塘沽永河村	2.3	25	前大华北地震目录
2004	6	7	6	50	44	39°	49′	117°	18′	蓟县侯家营	1.4	5	前大华北地震目录
2004	6	12	1	49	53	39°	18′	117°	54′	宁河汉沽农场	1.4	12	前大华北地震目录
2004	6	15	2	43	33	39°	49′	117°	16′	蓟县侯家营	1	10	前大华北地震目录
2004	6	18	12	9	9	39°	21′	117°	48′	宁河芦台镇	1.4	11	前大华北地震目录
2004	6	22	6	5	3	39°	55′	117°	19′	蓟县上仓	1.6	21	前大华北地震目录
2004	6	30	15	2	53	39°	25′	117°	46′	宁河廉庄	1.6	20	前大华北地震目录
2004	7	5	15	34	3	39°	13′	117°	48′	汉沽	1.4	14	前大华北地震目录

续表 7-1-1-114

年	月	日	时	分	秒	北纬		东经		参考地点	震级（ML）	深度	资料来源（无）
2004	7	5	17	1	49	39°	15′	117°	46′	汉沽大田庄	1.5	12	前大华北地震目录
2004	7	25	14	0	35	38°	54′	117°	28′	津南小站镇	2	24	前大华北地震目录
2004	7	25	20	8	15	39°	10′	117°	13′	北辰宜兴埠镇	1.3	26	前大华北地震目录
2004	8	10	11	50	40	39°	51′	117°	25′	蓟县杨津庄	1.3	10	前大华北地震目录
2004	8	12	22	0	31	39°	21′	117°	58′	宁河汉沽农场	1.3	9	前大华北地震目录
2004	8	17	0	9	17	39°	22′	117°	55′	宁河汉沽农场	1.1	19	前大华北地震目录
2004	8	17	19	15	4	39°	22′	117°	55′	宁河汉沽农场	2.1	14	前大华北地震目录
2004	8	20	18	58	18	39°	19′	117°	54′	宁河汉沽农场	1.5	18	前大华北地震目录
2004	9	5	17	19	58	40°	07′	117°	22′	蓟县罗庄子	1.2	20	前大华北地震目录
2004	9	19	23	14	52	39°	37′	117°	25′	宝坻黑狼口	1	10	前大华北地震目录
2004	9	19	23	18	44	39°	37′	117°	25′	宝坻黑狼口	2.4	12	前大华北地震目录
2004	9	19	23	24	40	39°	37′	117°	25′	宝坻黑狼口	1.6	10	前大华北地震目录
2004	9	19	23	48	58	39°	37′	117°	27′	宝坻黑狼口	1.1	12	前大华北地震目录
2004	9	19	23	54	34	39°	37′	117°	25′	宝坻黑狼口	2.4	14	前大华北地震目录
2004	9	22	21	8	21	39°	37′	117°	25′	宝坻黑狼口	1.1	10	前大华北地震目录
2004	9	24	19	58	33	39°	07′	117°	33′	塘沽永河村	1.5	11	前大华北地震目录
2004	9	24	21	11	26	39°	07′	117°	36′	塘沽宁车沽	1.2	24	前大华北地震目录
2004	10	3	5	5	35	39°	22′	117°	55′	宁河汉沽农场	1.4	24	前大华北地震目录
2004	10	4	19	40	0	39°	21′	117°	52′	宁河汉沽农场	1.6	19	前大华北地震目录
2004	10	8	5	59	4	39°	45′	117°	22′	宝坻霍各庄	1	10	前大华北地震目录
2004	10	10	2	25	53	39°	19′	117°	52′	宁河芦台镇	2.1	12	前大华北地震目录
2004	10	13	14	1	57	39°	28′	117°	51′	宁河板桥	1.8	20	前大华北地震目录
2004	10	31	17	52	22	39°	19′	117°	58′	宁河汉沽农场	1.3	10	前大华北地震目录
2004	11	2	10	34	54	39°	36′	117°	28′	宝坻黄庄洼农场	3.3	15	前大华北地震目录
2004	11	3	1	22	15	39°	37′	117°	28′	宝坻林亭口镇	1.8	18	前大华北地震目录
2004	11	3	7	5	9	39°	28′	117°	31′	宝坻黄庄	1.5	13	前大华北地震目录
2004	11	4	5	57	36	39°	37′	117°	28′	宝坻林亭口镇	1.4	11	前大华北地震目录
2004	11	5	6	36	3	39°	39′	117°	33′	宝坻林亭口镇	1.9	24	前大华北地震目录
2004	11	17	1	7	21	39°	15′	117°	16′	北辰小淀	1.8	6	前大华北地震目录
2004	11	27	8	2	21	39°	37′	117°	22′	宝坻黑狼口	1.5	12	前大华北地震目录
2004	11	30	20	41	28	39°	10′	117°	46′	汉沽蔡家堡	1.5	13	前大华北地震目录
2004	12	9	22	0	5	39°	09′	117°	07′	中心城区	1.8	7	前大华北地震目录

续表 7-1-1-114

年	月	日	时	分	秒	北纬		东经		参考地点	震级（ML）	深度	资料来源（无）
2004	12	15	19	53	40	38°	58′	116°	52′	静海梁头	1.7	8	前大华北地震目录
2004	12	21	4	18	54	39°	37′	117°	25′	宝坻黑狼口	1.1	12	前大华北地震目录
2004	12	22	0	56	45	39°	25′	117°	45′	宁河廉庄	2.8	20	前大华北地震目录
2004	12	28	3	30	19	39°	13′	117°	15′	东丽大毕庄	1.4	12	前大华北地震目录
2004	12	28	4	46	20	39°	13′	117°	16′	东丽大毕庄	1.2	14	前大华北地震目录
2004	12	28	12	22	24	39°	25′	117°	48′	宁河苗庄	2.3	14	前大华北地震目录
2004	12	30	15	28	0	39°	19′	117°	51′	宁河芦台镇	1.5	12	前大华北地震目录
2005	1	10	10	52	26	39°	46′	117°	30′	宝坻新安镇	2.2	19	前大华北地震目录
2005	1	14	0	11	46	39°	34′	117°	31′	宝坻黄庄洼农场	3.6	13	前大华北地震目录
2005	1	14	0	24	15	39°	34′	117°	31′	宝坻黄庄洼农场	2.5	13	前大华北地震目录
2005	1	14	1	52	45	39°	33′	117°	30′	宝坻黄庄洼农场	1.3	14	前大华北地震目录
2005	1	22	0	37	47	39°	09′	117°	06′	北辰天穆	1.3	15	前大华北地震目录
2005	1	27	9	13	43	39°	33′	117°	30′	宝坻黄庄洼农场	1.2	15	前大华北地震目录
2005	2	3	11	44	59	39°	34′	117°	27′	宝坻黄庄洼农场	1.9	14	前大华北地震目录
2005	2	8	6	52	12	39°	07′	117°	01′	西青杨柳青镇	1.7	17	前大华北地震目录
2005	2	28	5	43	15	39°	40′	117°	31′	宝坻大钟庄	2	23	前大华北地震目录
2005	3	13	20	13	58	39°	18′	117°	49′	宁河芦台镇	1.8	12	前大华北地震目录
2005	3	14	0	59	50	39°	21′	117°	58′	宁河汉沽农场	1.4	6	前大华北地震目录
2005	3	18	8	19	8	39°	22′	117°	52′	宁河汉沽农场	1.8	20	前大华北地震目录
2005	3	25	13	16	53	39°	21′	117°	40′	宁河任凤庄	2.2	24	前大华北地震目录
2005	4	20	10	10	35	39°	18′	117°	48′	汉沽大田庄	1.7	8	前大华北地震目录
2005	4	24	16	51	56	39°	24′	117°	46′	宁河廉庄	1.5	19	前大华北地震目录
2005	5	8	11	57	40	39°	21′	117°	58′	宁河汉沽农场	1.7	20	前大华北地震目录
2005	5	9	19	1	44	39°	21′	117°	55′	宁河汉沽农场	1.3	18	前大华北地震目录
2005	5	10	23	10	30	39°	46′	117°	22′	宝坻霍各庄	1.6	12	前大华北地震目录
2005	5	19	7	21	50	40°	09′	117°	31′	蓟县小港	2	17	前大华北地震目录
2005	6	11	10	23	1	39°	48′	117°	24′	蓟县下仓	1.1	10	前大华北地震目录
2005	6	14	5	59	15	39°	37′	117°	28′	宝坻林亭口镇	1.9	15	前大华北地震目录
2005	6	16	2	41	3	39°	19′	117°	48′	宁河芦台镇	1.6	15	前大华北地震目录
2005	6	16	11	31	51	39°	36′	117°	28′	宝坻黄庄洼农场	2.5	15	前大华北地震目录
2005	6	29	18	0	35	39°	36′	117°	28′	宝坻黄庄洼农场	1.6	14	前大华北地震目录
2005	7	7	1	0	40	39°	37′	117°	28′	宝坻林亭口镇	1	13	前大华北地震目录

续表 7-1-1-114

年	月	日	时	分	秒	北纬		东经		参考地点	震级（ML）	深度	资料来源（无）
2005	7	19	11	59	30	39°	19′	117°	58′	宁河汉沽农场	2	5	前大华北地震目录
2005	7	20	23	54	12	39°	52′	117°	22′	蓟县上仓	1	19	前大华北地震目录
2005	8	1	3	0	19	38°	57′	116°	46′	静海王口镇	2	10	前大华北地震目录
2005	8	29	19	27	55	39°	09′	117°	27′	东丽赤土	1.2	15	前大华北地震目录
2005	8	31	18	35	32	39°	19′	117°	55′	宁河汉沽农场	1.2	15	前大华北地震目录
2005	9	6	23	38	33	39°	15′	117°	58′	汉沽双桥	1.3	10	前大华北地震目录
2005	10	24	20	35	24	40°	01′	117°	13′	蓟县许家台	2.3	21	前大华北地震目录
2005	10	30	19	35	45	39°	18′	117°	58′	宁河汉沽农场	1	5	前大华北地震目录
2005	10	31	7	39	49	39°	18′	117°	55′	宁河汉沽农场	2.8	11	前大华北地震目录
2005	12	3	22	32	18	40°	04′	117°	22′	蓟县	1.3	5	前大华北地震目录
2005	12	8	10	3	40	39°	45′	117°	31′	宝坻新安镇	1.1	4	前大华北地震目录
2005	12	16	12	33	27	40°	01′	117°	13′	蓟县许家台	1.4	5	前大华北地震目录
2005	12	25	19	13	23	38°	52′	116°	46′	静海子牙	1.2	22	前大华北地震目录
2006	2	2	19	58	34	39°	37′	117°	28′	宝坻林亭口镇	1.1	11	前大华北地震目录
2006	2	14	1	7	43	39°	07′	117°	09′	中心城区	1.1	23	前大华北地震目录
2006	2	16	23	49	54	40°	01′	117°	16′	蓟县许家台	1.5	20	前大华北地震目录
2006	2	22	20	53	50	39°	16′	117°	19′	北辰东堤头	1	21	前大华北地震目录
2006	2	25	1	57	59	38°	54′	116°	45′	静海王口镇	2	14	前大华北地震目录
2006	3	24	18	43	4	39°	52′	117°	18′	蓟县侯家营	1.2	8	前大华北地震目录
2006	4	5	3	15	14	39°	30′	116°	49′	武清城关镇	1.1	11	前大华北地震目录
2006	4	13	7	2	11	39°	07′	117°	09′	中心城区	1	20	前大华北地震目录
2006	5	9	14	18	30	39°	16′	117°	52′	汉沽双桥	1.5	17	前大华北地震目录
2006	5	18	0	32	11	39°	52′	117°	25′	蓟县杨津庄	1.4	5	前大华北地震目录
2006	5	23	2	2	25	39°	21′	117°	55′	宁河汉沽农场	2	8	前大华北地震目录
2006	6	10	9	9	40	39°	46′	117°	15′	宝坻	1	18	前大华北地震目录
2006	6	19	11	37	54	39°	16′	117°	54′	汉沽双桥	1.1	16	前大华北地震目录
2006	6	29	20	14	18	39°	22′	117°	25′	宝坻大唐庄	1.8	16	前大华北地震目录
2006	7	15	21	11	9	39°	09′	117°	33′	塘沽永河村	1.2	20	前大华北地震目录
2006	7	20	4	33	50	39°	54′	117°	22′	蓟县上仓	1.5	21	前大华北地震目录
2006	7	20	12	0	22	39°	52′	117°	22′	蓟县上仓	2.1	20	前大华北地震目录
2006	7	28	16	13	11	39°	54′	117°	22′	蓟县上仓	1	17	前大华北地震目录
2006	8	13	21	46	22	39°	28′	117°	34′	宝坻黄庄	2	12	前大华北地震目录

续表 7-1-1-114

年	月	日	时	分	秒	北纬		东经		参考地点	震级（ML）	深度	资料来源（无）
2006	9	4	3	17	0	39°	55′	117°	19′	蓟县尤古庄	1.2	22	前大华北地震目录
2006	9	7	8	27	27	39°	19′	117°	45′	宁河南涧沽	1.6	17	前大华北地震目录
2006	10	16	10	51	2	39°	22′	117°	52′	宁河汉沽农场	2.2	5	前大华北地震目录
2006	10	17	7	37	28	39°	21′	117°	24′	宁河潘庄镇	1.6	19	前大华北地震目录
2006	10	26	6	15	48	38°	52′	116°	48′	静海子牙	1.6	17	前大华北地震目录
2006	11	2	13	51	54	39°	19′	117°	49′	宁河芦台镇	2.2	17	前大华北地震目录
2007	1	16	8	12	0	39°	21′	117°	55′	宁河汉沽农场	1.4	8	前大华北地震目录
2007	1	24	0	12	4	39°	45′	117°	22′	宝坻霍各庄	1.7	18	前大华北地震目录
2007	2	2	12	24	17	39°	19′	117°	55′	宁河汉沽农场	1.4	9	前大华北地震目录
2007	2	8	7	0	57	39°	21′	117°	55′	宁河汉沽农场	2.3	16	前大华北地震目录
2007	2	22	21	35	48	40°	06′	117°	24′	蓟县罗庄子	1.1	13	前大华北地震目录
2007	3	7	22	57	59	39°	25′	117°	43′	宁河廉庄	2.3	22	前大华北地震目录
2007	3	31	6	24	15	39°	37′	117°	28′	宝坻林亭口镇	1.3	17	前大华北地震目录
2007	5	13	12	38	42	39°	21′	117°	55′	宁河汉沽农场	3	14	前大华北地震目录
2007	6	13	12	17	27	38°	51′	116°	46′	静海子牙	1.1	16	前大华北地震目录
2007	6	18	2	11	22	39°	00′	117°	37′	塘沽	1.4	9	前大华北地震目录
2007	6	24	2	52	44	39°	18′	117°	46′	汉沽大田庄	1	20	前大华北地震目录
2007	7	14	10	43	44	39°	21′	117°	42′	宁河任凤庄	1.3	20	前大华北地震目录
2007	7	21	0	55	29	39°	19′	117°	55′	宁河汉沽农场	1.3	10	前大华北地震目录
2007	7	26	22	16	55	39°	13′	117°	15′	东丽大毕庄	1.1	13	前大华北地震目录
2007	7	26	23	20	36	39°	24′	116°	55′	武清四一四	1.4	24	前大华北地震目录
2007	8	6	1	55	54	38°	58′	116°	52′	静海梁头	1.2	16	前大华北地震目录
2007	8	13	7	33	13	39°	19′	117°	52′	宁河汉沽农场	1.5	9	前大华北地震目录
2007	8	27	16	9	59	39°	19′	117°	49′	宁河芦台镇	2.1	15	前大华北地震目录
2007	9	4	16	43	17	39°	43′	117°	10′	宝坻新开口	1.2	15	前大华北地震目录
2007	9	12	6	7	14	39°	19′	117°	51′	宁河芦台镇	1.4	17	前大华北地震目录
2007	9	20	23	39	32	38°	55′	116°	46′	静海王口镇	1.7	20	前大华北地震目录
2007	9	23	22	21	32	39°	43′	117°	22′	宝坻霍各庄	1.2	14	前大华北地震目录
2007	9	29	0	59	52	39°	10′	117°	09′	北辰天穆	1.5	10	前大华北地震目录
2007	10	6	5	17	34	39°	10′	117°	34′	塘沽永河村	2	24	前大华北地震目录
2007	11	19	7	19	32	39°	37′	117°	28′	宝坻林亭口镇	1.3	16	前大华北地震目录
2007	11	26	17	46	24	39°	19′	117°	48′	宁河芦台镇	1.6	20	前大华北地震目录

续表 7-1-1-114

年	月	日	时	分	秒	北纬		东经		参考地点	震级（ML）	深度	资料来源（无）
2007	12	17	17	49	37	39°	03′	117°	18′	东丽张贵庄	1.1	15	前大华北地震目录
2007	12	23	19	38	9	39°	43′	117°	24′	宝坻霍各庄	2.2	20	前大华北地震目录
2007	12	28	18	3	0	39°	43′	117°	22′	宝坻霍各庄	1	13	前大华北地震目录
2008	1	9	3	28	52	39°	40′	117°	31′	宝坻大钟庄	1	15	前大华北地震目录
2008	1	13	20	42	12	39°	58′	117°	22′	蓟县	1.5	10	前大华北地震目录
2008	2	26	11	37	3	39°	52′	117°	22′	蓟县上仓	1.5	21	前大华北地震目录
2008	3	9	9	11	2	39°	48′	117°	19′	宝坻三岔口	1.3	19	前大华北地震目录
2008	3	31	11	0	44	39°	49′	117°	22′	宝坻三岔口	1.2	20	前大华北地震目录
2008	4	17	7	1	13	39°	55′	117°	22′	蓟县上仓	2.2	20	前大华北地震目录
2008	4	25	2	1	11	39°	19′	117°	45′	宁河南涧沽	1.2	14	前大华北地震目录
2008	5	2	0	36	5	39°	16′	117°	46′	汉沽大田庄	1.7	23	前大华北地震目录
2008	5	17	6	25	0	39°	16′	117°	45′	汉沽大田庄	1.5	4	前大华北地震目录
2008	5	17	9	8	28	39°	16′	117°	46′	汉沽大田庄	1.7	14	前大华北地震目录
2008	5	17	20	17	35	39°	19′	117°	49′	宁河芦台镇	1.7	19	前大华北地震目录
2008	5	20	3	25	30	39°	16′	117°	48′	汉沽大田庄	1.4	12	前大华北地震目录
2008	5	30	7	8	55	39°	54′	117°	13′	蓟县尤古庄	2.1	18	前大华北地震目录
2008	6	3	15	21	36	39°	00′	116°	57′	静海良王庄	1.4	11	前大华北地震目录
2008	6	7	15	51	38	39°	21′	117°	52′	宁河汉沽农场	1.9	18	前大华北地震目录
2008	6	17	12	45	13	39°	19′	117°	48′	宁河芦台镇	1.7	14	前大华北地震目录
2008	6	27	4	36	16	39°	21′	117°	58′	宁河汉沽农场	1.4	8	前大华北地震目录
2008	7	24	3	9	11	39°	43′	117°	25′	宝坻王补庄	1.3	7	前大华北地震目录
2008	8	18	5	41	38	39°	19′	117°	57′	宁河汉沽农场	2	8	前大华北地震目录
2008	8	29	12	1	46	39°	19′	117°	58′	宁河汉沽农场	1.7	8	前大华北地震目录
2008	9	7	2	3	42	39°	04′	117°	16′	东丽张贵庄	1.1	9	前大华北地震目录
2008	9	21	5	22	38	39°	34′	117°	25′	宝坻黄庄洼农场	1	8	前大华北地震目录
2008	10	4	23	42	17	39°	37′	117°	25′	宝坻黑狼口	1	8	前大华北地震目录
2008	10	12	20	7	12	39°	22′	117°	49′	宁河芦台镇	1.1	6	前大华北地震目录
2008	11	27	14	57	45	39°	37′	117°	25′	宝坻黑狼口	1.6	14	前大华北地震目录
2008	12	5	12	9	5	40°	07′	117°	21′	蓟县罗庄子	1.3	8	前大华北地震目录
2008	12	17	9	7	29	39°	18′	117°	46′	汉沽大田庄	2.1	9	前大华北地震目录
2009	1	15	16	52	5	39°	36′	116°	51′	武清大王古庄	2.5	8	天津台网
2009	2	27	9	2	54	39°	19′	117°	49′	宁河芦台镇	1.5	8	天津台网
2009	2	27	22	42	31	38°	55′	116°	43′	静海王口镇	2.3	11	地球物理所
2009	2	28	15	21	21	39°	19′	117°	49′	宁河芦台镇	1.6	8	天津台网

续表 7-1-1-114

年	月	日	时	分	秒	北纬		东经		参考地点	震级（ML）	深度	资料来源（无）
2009	3	28	7	21	47	39°	51′	117°	22′	蓟县杨津庄	1	8	天津台网
2009	4	11	10	50	12	38°	52′	117°	10′	静海团泊	1.3	8	天津台网
2009	4	12	5	9	4	39°	01′	116°	55′	静海独流镇	1.6	8	天津台网
2009	4	18	0	36	41	39°	25′	117°	45′	宁河廉庄	1.4	9	天津台网
2009	4	25	12	49	1	39°	15′	117°	17′	北辰	1.4	10	河北台网
2009	5	4	20	51	39	39°	10′	117°	18′	东丽荒草坨	1.4	9	天津台网
2009	6	7	3	22	13	39°	19′	117°	49′	宁河芦台镇	1.7	14	天津台网
2009	6	9	2	26	58	39°	21′	118°	01′	宁河	1.5	11	天津台网
2009	6	11	6	16	3	39°	13′	117°	13′	北辰宜兴埠镇	1.5	9	天津台网
2009	6	13	7	21	31	39°	15′	117°	51′	汉沽	2.1	14	天津台网
2009	6	16	23	21	25	39°	28′	117°	33′	宝坻黄庄	1.3	8	天津台网
2009	6	19	16	1	5	39°	10′	117°	10′	北辰宜兴埠镇	1	6	天津台网
2009	8	4	4	47	34	39°	22′	117°	25′	宝坻大唐庄	1.6	8	天津台网
2009	9	17	1	3	40	39°	49′	117°	19′	宝坻三岔口	1	8	天津台网
2009	9	22	2	35	16	39°	19′	117°	48′	宁河芦台镇	2.4	9	天津台网
2009	9	25	7	42	8	39°	16′	117°	46′	汉沽大田庄	3.1	13	天津台网
2009	9	28	6	50	59	39°	37′	117°	28′	宝坻林亭口镇	2	9	天津台网
2009	10	12	4	56	57	39°	33′	117°	31′	宝坻黄庄洼农场	1.1	8	天津台网
2009	10	12	9	21	32	39°	52′	117°	16′	蓟县侯家营	1.1	10	天津台网
2009	10	30	3	2	22	39°	16′	117°	46′	汉沽大田庄	3.1	5	天津台网
2009	11	7	19	51	36	40°	07′	117°	22′	蓟县罗庄子	1.2	10	天津台网
2009	11	22	17	9	56	39°	28′	117°	48′	宁河宁河镇	3.7	7	天津台网
2009	11	23	5	22	28	39°	27′	117°	49′	宁河苗庄	1.1	13	天津台网
2009	11	25	12	33	20	39°	27′	117°	46′	宁河宁河镇	1.5	12	天津台网
2009	11	29	11	53	34	39°	22′	117°	49′	宁河苗庄	1.9	17	天津台网
2009	12	1	20	43	37	39°	22′	117°	58′	宁河	1.3	9	天津台网
2009	12	30	10	2	2	39°	42′	117°	25′	宝坻王补庄	1.2	13	天津台网
2010	1	2	5	20	45	39°	37′	117°	31′	宝坻林亭口镇	1.3	6	天津台网
2010	1	4	11	34	26	39°	24′	117°	49′	宁河苗庄	1.1	6	天津台网
2010	1	7	2	54	13	39°	46′	117°	22′	宝坻霍各庄	1.2	8	天津台网
2010	1	22	10	4	28	38°	46′	116°	46′	静海子牙	1.8	21	河北台网
2010	2	7	6	47	46	39°	16′	117°	46′	汉沽大田庄	1.5	5	天津台网
2010	2	8	21	29	42	39°	16′	117°	46′	汉沽大田庄	2.1	10	天津台网
2010	2	9	2	47	11	38°	46′	116°	58′	静海西翟庄	1.4	8	天津台网

续表 7-1-1-114

年	月	日	时	分	秒	北纬		东经		参考地点	震级（ML）	深度	资料来源（无）
2010	2	15	15	21	34	38°	55′	116°	46′	静海王口镇	1.1	8	天津台网
2010	3	13	12	58	38	39°	19′	117°	49′	宁河芦台镇	1.6	10	天津台网
2010	3	25	17	43	56	39°	19′	117°	55′	宁河汉沽农场	1.6	8	天津台网
2010	4	13	20	10	31	39°	28′	117°	46′	宁河宁河镇	1.5	6	地球物理所
2010	5	14	15	38	38	39°	22′	117°	52′	宁河汉沽农场	1.4	3	天津台网
2010	5	28	0	8	56	39°	00′	116°	49′	静海台头	2.2	10	天津台网
2010	6	1	8	50	28	38	56	116	42	静海	2.2	6	天津台网
2010	6	3	10	17	15	39°	19′	117°	51′	宁河芦台镇	2	12	天津台网
2010	6	11	1	23	33	39°	22′	117°	37′	宁河	1.2	8	天津台网
2010	6	17	1	20	52	39°	19′	117°	58′	宁河汉沽农场	1.8	11	天津台网
2010	6	22	3	15	27	39°	49′	117°	19′	宝坻三岔口	1.9	4	天津台网
2010	7	15	7	11	53	39°	54′	117°	25′	蓟县上仓	1.4	6	天津台网
2010	7	15	17	53	51	39°	19′	117°	49′	宁河芦台镇	1.4	8	天津台网
2010	7	15	18	41	46	39°	19′	117°	51′	宁河芦台镇	2.2	13	天津台网
2010	7	27	0	15	46	39°	16′	117°	22′	北辰东堤头	1.5	9	天津台网
2010	8	2	1	56	37	39°	19′	117°	55′	宁河汉沽农场	2.4	9	天津台网
2010	8	2	2	41	6	39°	19′	117°	55′	宁河汉沽农场	1.6	4	天津台网
2010	8	12	16	59	37	39°	34′	117°	28′	宝坻黄庄洼农场	1.3	8	天津台网
2010	8	13	22	34	7	39°	28′	117°	49′	宁河板桥	1.8	13	天津台网
2010	8	30	9	46	42	38°	58′	116°	52′	静海梁头	2.3	9	天津台网
2010	9	11	6	43	43	39°	04′	117°	07′	西青李七庄	1.1	9	天津台网
2010	9	12	15	52	16	39°	10′	117°	04′	北辰天穆	1.6	9	天津台网
2010	10	12	9	32	55	39°	46′	117°	16′	宝坻	1.1	8	天津台网
2010	10	17	23	39	52	40°	01′	117°	16′	蓟县许家台	1.7	11	天津台网
2010	11	10	5	56	21	39°	21′	118°	00′	宁河	1.7	6	天津台网
2010	11	12	8	16	25	39°	13′	117°	07′	北辰北仓	1.4	12	天津台网
2010	11	12	8	17	26	39°	12′	117	08′	北辰	1	3	河北台网
2010	11	20	2	0	16	39°	52′	117°	25′	蓟县杨津庄	1.1	8	天津台网
2010	12	18	2	25	14	39°	22′	117°	59′	宁河	1.6	11	天津台网
2010	12	29	6	20	5	39°	48′	117°	32′	蓟县	1.1	10	天津台网

编后记

按照《天津市政府第二轮修志编修规划（2006—2015）》安排，2007年6月，天津市地震局开始推进《天津通志·地震志（1991—2010）》的编修工作。其编修时间进程如下。

2007年6月7日，市地震局成立了以赵国敏局长为主任委员兼主编的《天津通志·地震志（1991—2005）》编修委员会和编辑室；其后编制了目录架构。

2009年7月6日，市地震局召开了《天津通志·地震志（1991—2010）》编修工作启动大会。其后对编修工作任务分工、时间进程做出安排，把编修任务落实到部门和单位。

2010年12月2日，市地震局成立了以赵国敏局长为组长的《天津通志·地震志》、《天津地震年鉴》编修工作领导小组，负责编修工作的组织、管理、督促和检查工作。

2010年10月开始，市地震局先后聘请4位退休老同志组成编辑部，具体负责资料收集和志稿编写。编辑人员采用查阅档案、文件、资料和当事者访谈等方式收集资料，在充分收集资料基础上进而编写志稿，到2015年2月完成了大部分篇章的初稿。

2015年市地震局领导换届后，十分重视地震志的编修工作。2016年，市地震局成立《天津市志·地震志（1991—2010）》编修委员会，负责组织协调编修和征求意见、审查等工作。主任由李振海局长担任。

2015年10月开始重启地震志的编修工作，聘请2位退休老同志对已完成的部分篇章初稿进行修改、补充，编写剩余部分，并进行统编总纂，2016年3月完成全书征求意见稿。

2016年3—5月，编修委员会办公室组织征求意见并组织修改。

2016年6月，编修委员会办公室组织对《天津市志·地震志（1991—2010）》进行审查，认定合格后，向市地方志编修委员会办公室提出复审申请。市地方志编修委员会办公室审验同意后，地震局付印《天津市志·地震志（1991—2010）》评审本

（蓝本）。

2016 年 6 月，市地方志编修委员会与市地震局联合召开《天津市志 ·地震志(1991—2010)》评审会。

本志书编修的指导思想是：以马列主义、毛泽东思想、邓小平理论、三个代表重要思想、科学发展观和习近平新时代中国特色社会主义思想为指导，坚持辩证唯物主义和历史唯物主义的观点，坚持解放思想、实事求是、与时俱进的思想路线，全面系统、客观准确的记述天津市防震减灾工作各个方面的历史和现状，为天津市的现代化建设和防震减灾事业发展服务。

本志书编修时坚持：一是突出时代特点，把在 1991—2010 年的二十年改革开放突飞猛进的时代，地震科技进步、基础设施逐步完善的特点充分表现出来；二是突出天津地方特色，把天津防震减灾工作中亮点表现出来；三要突出专业特色，把地震工作三大体系这一专业特色表现出来。

本志书时间断限为：上限从 1991 年 1 月 1 日起，下限到 2010 年 12 月 31 日止。为保证与前志的衔接和事件的完整性，部分内容做必要的上溯和下延。

本志书在横排门类时，根据 20 年防震减灾工作的特点和实际，突出防震减灾工作三大体系建设，设置了地震监测预报、地震灾害预防、地震应急三个主篇，并设置了法规、规划、科研、外事和组织机构和队伍建设两个防震减灾工作保障篇。

防震减灾工作是一种专业性很强的工作，本志书在述体应用上，包括综述、篇头序、章头序的编制过程中，注意解释术语、明确内涵、说明重要性、理清的历史发展脉络，以引导读者更好地读志、用志。

本志书在志体应用上，坚持据事直书，不加修饰与议论，力求完整记录事件发生的时间、地点、人物、过程等内容。

参加本志书编撰的有：王公学、陈金林、刘允秀、王树义。

参加本志书统编总纂的有：王公学、陈金林。

参加本志书部分内容撰写和为本志书提供资料的有：刘爱平、杨毅诚、姚兰予、董洪军、陈宇坤、王超、郭文超、刘子惠、曹井泉、李大华、赵阳、黄德才、王萍、曲阿丽、郝曼泽、刘芳、闫成国、王向东、刘瑞瑞、吴肖、李雅静、卞真付、栗连弟、岳秀侠、王建国、董洪军、贺同江、李刚、周丽霞、张建新、李恩建、徐学恭、何巧云、许可、崔晓峰、王伟、郑文俊、邵永新、刘文兵、马建英、张杰卿、曹井泉、戴永峰、邵娟、席玉萍、张斌、曹苏文、任峰、刘双庆。

本志书在编修过程中始终得到天津市地方志编修委员会办公室的高度重视和指导，得到了有关部门的通力配合和大力帮助。修志工作既光荣又辛苦，多年来，编纂人员兢兢业业、埋头耕耘、一丝不苟、无私奉献，做了大量艰苦细致的工作，付出了辛勤的劳动，加上有关职能部门、机构和档案、资料人员的大力支持和积极配合，从而保证了志书编纂的质量和进度，在此一并表示衷心感谢。

在修志过程中，编纂人员力求全面、客观记述 20 年中天津市防震减灾事业的发展历程、进展与成效，做到结构合理、言简意赅、文约事丰，努力提高志书的时代性、地方性和科学性，使本志能够成为一部人们认识、了解、研究修志期天津防震减灾工作的一部资料性工具书和百科全书。但由于编纂人员水平限制，加上修志期内机构、人员变动较大，个别资料缺失，书中内容难免会存在疏漏和错误，恳请各位读者指正。

编者

2016 年 12 月 16 日